H. P. Lovecraft
Gesammelte Werke

H. P. Lovecraft

Gesammelte Werke

Herausgegeben und neu übersetzt
von Florian F. Marzin

Anaconda

Penguin Random House Verlagsgruppe FSC® N001967

Die Deutsche Nationalbibliothek verzeichnet diese Publikation in der Deutschen Nationalbibliografie; detaillierte bibliografische Daten sind im Internet unter http://dnb.d-nb.de abrufbar.

Umschlagmotiv: H. P. Lovecraft, Photo by Lucius B. Truesdell,
akg-images / Mondadori Portfolio / Archivio GBB
Umschlaggestaltung: Druckfrei. Dagmar Herrmann, Bad Honnef
Satz und Layout: InterMedia – Lemke e. K., Heiligenhaus
Druck und Bindung: GGP Media GmbH, Pößneck
Printed in Germany
ISBN 978-3-7306-1312-2
www.anacondaverlag.de

Inhalt

Das Tier in der Höhle

Die schrecklichen Schlussfolgerungen, die sich meinem verwirrten und widerstrebenden Geist nach und nach aufdrängten, waren jetzt zu einer grauenvollen Gewissheit geworden. Ich hatte mich verirrt, hoffnungslos verirrt in der weitläufigen und labyrinthischen Abgeschiedenheit der Mammuthöhle. Wohin ich auch schaute, in keiner Richtung konnte mein angestrengter Blick etwas entdecken, das mir als Wegweiser nach draußen dienen konnte. Dass ich niemals mehr das gesegnete Tageslicht oder die schönen Hügel und Täler der Welt dort draußen erblicken sollte, daran konnte mein Verstand nicht länger zweifeln. Die Hoffnung war dahin. Doch geprägt von meinen lebenslangen philosophischen Studien, gewann ich aus meiner gleichgültigen Haltung eine nicht geringe Befriedigung, denn ich hatte häufig von den wilden Tobsuchtsanfällen gelesen, die Opfer in der gleichen Lage überkamen. Mir selbst widerfuhr nichts Derartiges, sondern ich blieb ruhig stehen, als mir bewusst wurde, dass ich mich verirrt hatte.

Auch die Überlegung, dass ich mich wohl jenseits des Gebietes einer üblichen Suchaktion befand, brachte mich keinen Augenblick aus der Fassung. Wenn ich sterben musste, so überlegte ich, war diese schreckliche, doch majestätische Höhle so willkommen als Grabstätte wie jeder Friedhof, eine Vorstellung, die eher zur Beruhigung beitrug denn zur Verzweiflung.

Letztendlich würde ich verhungern, das war mir klar. Manche waren unter Bedingungen wie diesen wahnsinnig geworden, doch ich spürte, dass dies nicht mein Schicksal wäre. Meine missliche Lage war ganz allein meine Schuld, denn vom Führer unbemerkt hatte ich mich von der Besichtigungsgruppe entfernt und, nachdem ich eine Stunde lang auf den verbotenen Wegen der Höhle gelaufen war, war ich nicht mehr in der Lage gewesen, die verzwickten Biegungen zurückzuverfolgen, denen ich nach Verlassen meiner Gefährten gefolgt war.

Meine Taschenlampe begann zu erlöschen. Schon bald würde ich von der totalen und fast greifbaren Dunkelheit der Eingeweide der Erde umschlossen sein. Als ich da im abnehmenden flackernden Licht stand, stellte ich mir die müßige Frage, wie mein absehbares Ende genau aussehen würde. Ich erinnerte mich an Berichte über eine Kolonie von Schwindsüchtigen, die sich in dieser riesigen Höhle niedergelassen hatte, um in der sauberen Umgebung dieser unterirdischen Welt mit ihrer konstanten Temperatur, der reinen Luft und der friedlichen Stille Heilung zu finden, stattdessen aber auf grausame und merkwürdige Weise tot aufgefunden worden war. Ich hatte die traurigen Überreste ihrer baufälligen Hütten gesehen, als ich mit der Gruppe dort vorbeikam, und hatte mich gefragt, welche Auswirkungen ein längerer Aufenthalt in dieser riesigen stillen Höhle auf jemanden, so kräftig und gesund wie ich, haben könnte. Nun, so sagte ich mir grimmig, war die Gelegenheit da, diesen Punkt zu klären, vorausgesetzt, dass der Nahrungsmangel mich nicht zu schnell hinwegraffen würde.

Als der letzte flackernde Strahl meiner Taschenlampe verblasst war, beschloss ich, nichts unversucht und keine Möglichkeit des Entkommens außer Acht zu lassen. Ich atmete, so tief ich konnte, ein und stieß in der vergeblichen Hoffnung, den Führer auf mich aufmerksam zu machen, eine Folge von lauten Rufen aus. Als ich rief, war ich fest davon überzeugt, dass meine Rufe unnütz waren und meine Stimme, durch die zahllosen Wälle des schwarzen Irrgartens um mich herum verstärkt und gebrochen, keine Ohren außer meinen eigenen erreichen würden.

Ganz plötzlich wurde meine Aufmerksamkeit überraschenderweise von leisen, näher kommenden Schritten in Anspruch genommen, die ich auf dem Felsboden der Höhle zu vernehmen glaubte.

Sollte meine Rettung so schnell erfolgen? Waren all meine schrecklichen Vorstellungen hinfällig, hatte der Führer meine unbotmäßige Abwesenheit von der Gruppe bemerkt, war meinem Weg gefolgt und suchte mich jetzt in diesem Kalksteinlabyrinth? Während diese freudigen Fragen meinen Geist beschäftigten, wollte ich schon erneut rufen, als beim Hinhören meine Freude unvermittelt in Grauen umschlug. Meine immer schon sehr scharfen Ohren, jetzt noch durch die absolute Stille der Höhle besonders geschärft, vermittelten mir in betäubender Klarheit die unerwartete und schreckliche Erkenntnis, dass diese Schritte *nicht die irgendeines sterblichen Menschen waren.* In der unirdischen Stille dieser unterirdischen Region hätten die Schritte des stiefeltragenden Führers wie eine Serie harter und fester Schläge geklungen. Diese Schritte aber waren weich und gleichmäßig, wie der Gang von Katzen. Außerdem, als ich genau hinhörte, schien es wie das Aufsetzen von *vier* anstatt von *zwei* Füßen zu klingen.

Ich war nun davon überzeugt, dass mein Rufen irgendein wildes Tier aufgeschreckt hatte, möglicherweise einen Puma, der zufällig in der Höhle herumgestreift war. Vielleicht, dachte ich, hatte der Allmächtige für mich einen schnelleren und gnädigeren Tod gewählt als zu verhungern, dennoch regte sich in meiner Brust der Selbsterhaltungstrieb, der niemals ganz schläft, und wenn eine Flucht vor der sich nähernden Gefahr mir nur ein härteres und langwierigeres Ende bereiten würde, beschloss ich trotzdem, mein Leben so teuer wie möglich zu verkaufen. Es mag seltsam klingen, aber ich konnte mir nicht vorstellen, dass der Besucher in anderer als böser Absicht kam. Deshalb verhielt ich mich sehr still und hoffte, dass die unbekannte Bestie in Ermangelung von sie leitenden Geräuschen so wie ich die Orientierung verlor und an mir vorbeiliefe. Doch diese Hoffnung wurde enttäuscht, denn die seltsamen Schritte kamen unbeirrt auf mich zu, das Tier hatte offensichtlich meinen Geruch aufgenommen, dem man in einer so reinen Luft wie hier in der Höhle ohne Zweifel auf große Entfernung folgen konnte.

Aus der Notwendigkeit, dass ich mich zur Verteidigung gegen einen unheimlichen und überraschenden Angriff aus der Dunkelheit bewaffnen musste, griff ich mir die beiden größten der Steinbrocken, die überall auf dem Boden der Höhle herumlagen, und hielt in jeder Hand einen zum sofortigen Einsatz bereit und wartete resigniert ab, was geschah. Inzwischen war das grässliche Tapsen der Pfoten näher gekommen. Ohne Zweifel war das Verhalten der Kreatur außergewöhnlich merkwürdig. Die meiste Zeit schien sie auf vier Füßen zu laufen, ohne die Bewegungen der Hinter- und Vorderbeine richtig in Einklang bringen zu können, doch in kurzen unregelmäßigen Abständen hatte ich den Eindruck, dass nur zwei Beine in die Fortbewegung involviert waren. Ich grübelte, mit welcher Art von Tier ich es wohl zu tun hatte, es musste, so überlegte ich mir, eine unglückliche Kreatur sein, die ihre Neugierde, einen der Eingänge der schrecklichen Höhle zu erforschen, mit lebenslanger Gefangenschaft in ihren unermesslichen Weiten bezahlt hatte. Zweifellos ernährte sie sich von den augenlosen Fischen, Fledermäusen und Ratten in der Höhle sowie von einigen gewöhnlichen Fischen, die mit jeder Überschwemmung des Green River hineingelangten, der auf irgendwie seltsame Art mit den Wasserläufen der Höhle verbunden war. Ich verbrachte meine grausige Nachtwache mit absonderlichen Vermutungen, welche Veränderungen das Höhlenleben in der körperlichen Erscheinung des Tieres verursacht hatte, und erinnerte mich an die Berichte der Ortsansässigen über die schrecklichen Veränderungen im Aussehen der Schwindsüchtigen, bevor sie nach ihrem langen Aufenthalt in der Höhle gestorben sind. Dann kam mir plötzlich die Erkenntnis, dass selbst, wenn ich meinen Gegner niederstreckte, ich *niemals sein Aussehen erfahren würde*, da meine Taschenlampe schon lange verloschen war und ich auch keine Streichhölzer besaß. Meine Anspannung wurde nun unerträglich. Meine aus den Fugen geratene Fantasie ließ in der mich umgebenden Dunkelheit grässliche und fürchterliche Gestalten entstehen, die sich tatsächlich auf mich zu *werfen* schienen. Die schrecklichen Schritte kamen immer näher. Ich glaubte, dass ich einen gellenden Schrei ausstoßen müsse, doch selbst wenn ich den Versuch unternommen hätte, hätte meine

Stimme wahrscheinlich versagt. Ich war versteinert und auf die Stelle gebannt. Ich zweifelte, dass mein rechter Arm in der Lage wäre, wenn es so weit war, den Stein auf das sich nähernde Ding zu werfen. Nun war das beständige *Tapp, Tapp* der Schritte nah, jetzt *sehr* nah. Ich konnte das schwere Atmen des Tieres vernehmen und vor Angst gelähmt bemerkte ich, dass es weither gekommen sein musste und deswegen ziemlich erschöpft war. Unvermittelt war der Bann gebrochen. Meine rechte Hand, geführt von meinem verlässlichen Gehör, schleuderte mit aller Kraft das Wurfgeschoss in Richtung eines Punktes in der Dunkelheit, von dem das Tapsen und das Atmen kam, und der Stein, so unwahrscheinlich es klingen mag, erreichte fast sein Ziel, denn ich hörte, wie das Ding zur Seite sprang und dann innehielt.

Nachdem ich mich nach dem neuen Ziel ausgerichtet hatte, schickte ich mein zweites Wurfgeschoss auf den Weg, diesmal höchst erfolgreich, denn mit überschäumender Freude hörte ich, wie die Kreatur scheinbar völlig zusammenbrach und bewegungslos liegen blieb. Die große Erleichterung überwältigte mich fast, und ich lehnte mich an die Wand hinter mir. Ich vernahm weiterhin das tiefe keuchende Atmen und mir wurde klar, dass ich die Kreatur nur verletzt hatte. Jetzt verschwand mein Verlangen, das Wesen zu untersuchen. Zu guter Letzt war ich doch von grundloser abergläubischer Furcht gepackt worden, und ich näherte mich nicht dem Körper und warf auch keine weiteren Steine, um dem Wesen endgültig den Rest zu geben. Stattdessen rannte ich, so schnell ich konnte, in die Richtung – so gut ich es in meinem aufgewühlten Zustand bestimmen konnte –, aus der ich gekommen war. Plötzlich hörte ich ein Geräusch oder eher eine regelmäßige Abfolge von Geräuschen. Einen Moment später hatten sie sich in ein scharfes metallisches Klicken verwandelt. Diesmal gab es keinen Zweifel. *Es war der Fremdenführer.* Und als ich in den Gewölbegängen das schwache Schimmern eines reflektierten Lichtstrahls einer sich nähernden Taschenlampe erblicke, rief, brüllte, ja schrie ich sogar aus purer Freude. Ich stürmte dem Schimmern entgegen, und bevor ich noch genau wusste, wie mir geschah, lag ich vor dem Führer auf dem Boden, umarmte seine Stiefel und plapperte, entgegen meiner sonstigen Zurückhaltung, meine Geschichte völlig wirr und idiotisch heraus und überschüttete meinen Zuhörer gleichzeitig mit Dankesbezeugungen. Schließlich gewann ich meinen normalen Geisteszustand zurück. Dem Führer war meine Abwesenheit beim Eintreffen am Eingang der Höhle aufgefallen und er hatte sich, vertrauend auf seinen intuitiven Orientierungssinn, zu einer sorgfältigen Durchsuchung der Nebengänge von der Stelle aus, wo er zum letzten Mal mit mir gesprochen hatte, aufgemacht und mich schließlich nach einer Suche von vier Stunden gefunden.

Nachdem er mir dies gesagt hatte, berichtete ich, ermutigt von seiner Gesellschaft und der Taschenlampe, von dem seltsamen Wesen, das ich ein Stück weiter hinten in der Dunkelheit verwundet hatte, und schlug vor, dass wir uns mithilfe der Taschenlampe ansahen, was für eine Art von Kreatur mein Opfer war. Mit einer aus der Gefährtenschaft geborenen Kühnheit folgte ich meinem Weg zurück an den Ort meiner schrecklichen Erfahrung. Schon bald entdeckten wir ein weißes Objekt auf dem Boden, weißer noch als selbst der glänzende Kalkstein. Wir näherten uns vorsichtig und gaben dann gleichzeitig einen Laut des Erstaunens von uns, denn von allen unnatürlichen Missgeburten, die jeder von uns in seinem Leben schon erblickt hatte, war dies bei Weitem die absonderlichste. Es schien ein besonders großer Menschenaffe zu sein, der möglicherweise aus einer herumziehenden Tierschau entkommen war. Sein Haar war schneeweiß, was ohne Zweifel auf die ausbleichende Wirkung seines langen Aufenthalts in der stockdunklen Höhle zurückzuführen war, außerdem war das Haar überraschend dünn, eigentlich bis auf die Kopfbehaarung nicht vorhanden, wo es aber so lang und dicht war, dass es bis auf die Schultern fiel. Das Gesicht war uns abgewandt und fast vollständig nach unten gekehrt. Die Stellung der Gliedmaßen zueinander war sehr eigenartig, erklärte aber die Unregelmäßigkeit bei ihrer Benutzung, die ich zuvor wahrgenommen hatte, als das Tier sich manchmal auf zwei und manchmal auf vier Beinen fortbewegt hatte. Aus seinen Fingern oder Zehen ragten lange, rattengleiche Krallen hervor. Die Hände oder Füße waren nicht zum Greifen geeignet, ein Umstand, den ich dem langen Aufenthalt in der Höhle zuschrieb, der, wie ich schon erwähnt habe, durch das allumfassende und fast unirdische Weiß, das für das ganze Wesen charakteristisch war, bewiesen wurde. Ein Schwanz war nicht zu sehen.

Die Atmung war jetzt sehr flach. Der Führer hatte seine Pistole gezogen und wollte der Kreatur offensichtlich den Gnadenschuss geben, als das Wesen plötzlich einen *Laut* ausstieß, der ihn die Pistole fallen lassen ließ. Der Laut ist schwer zu beschreiben. Er klang nicht nach irgendeiner bekannten Affenart, und ich fragte mich, ob der unnatürliche Klang nicht eine Folge des langen Aufenthalts in absoluter Stille war, verstärkt durch das unvermittelte Auftreten von Licht, etwas, was das Tier seit seinem Betreten der Höhle nicht mehr erfahren haben konnte. Das Geräusch, das ich einmal als tiefes Raunen beschreiben will, ging leise weiter.

Ganz überraschend schien ein Anflug von Energie durch den Köper des Tieres zu fahren. Die Pranken zuckten, und die Gliedmaßen bewegten sich. Mit einem Ruck drehte sich der weiße Körper, und das Gesicht sah uns an. Einen Moment lang war ich von dem Anblick seiner Augen so erschrocken, dass ich nichts anderes mehr wahrnahm. Die Augen waren schwarz, kohlrabenschwarz im Kontrast zu dem schneeweißen Haar und dem Körper. Wie bei anderen Höhlenbewohnern lagen sie tief eingesunken und hatten kaum eine Iris. Als ich genauer hinsah, stellte ich fest, dass sie zu einem Gesicht gehörten, das ein weniger fliehendes Kinn als bei einem durchschnittlichen Affen aufwies und eindeutig weniger behaart war. Die Nase war ziemlich ausgeprägt. Während wir auf den unheimlichen Anblick starrten, der sich uns bot, öffneten sich die breiten Lippen und heraus kamen verschiedene *Laute*, worauf das Wesen starb.

Der Führer klammerte sich an meinen Jackenärmel und zitterte so heftig, dass der Lichtstrahl zuckende unheimliche Schatten auf die Wände warf.

Ich bewegte mich nicht, sondern verharrte reglos, und meine erschrockenen Augen waren auf den Boden vor mir geheftet.

Die Furcht verging und Staunen, Scheu, Mitgefühl und Ehrfurcht traten an seine Stelle, denn die Laute, die von der dahingerafften Gestalt, die ausgestreckt auf dem Kalksteinboden lag, ausgestoßen worden waren, hatten uns die grausame Wahrheit enthüllt. Die Kreatur, die ich getötet hatte, das seltsame Tier aus der unermesslichen Höhle, war, oder war einmal, ein Mensch gewesen!!!

21. April 1905

Der Alchimist

Hoch oben auf der grasbewachsenen Kuppe eines Hügels, dessen Flanken am Fuß von den knorrigen Bäumen eines uralten Waldes gesäumt werden, steht das Schloss meiner Vorfahren. Jahrhundertelang haben seine hohen Zinnen düster auf das wilde und zerklüftete Land herabgeblickt. Es war Heimstatt und Bollwerk eines stolzen Geschlechts, dessen Abstammung älter war als selbst die moosbewachsenen Mauern des Schlosses. Diese alten Türme, von Generationen von Stürmen verwittert und unter der langsamen, doch mächtigen Kraft der Zeit zerbröckelnd, bildeten im Zeitalter des Feudalismus eine der gefürchtetsten und herausragendsten Festungen Frankreichs. Von den mit Pechspeiern versehenen Brustwehren und bemannten Zinnen waren Barone, Grafen und sogar Könige in die Flucht geschlagen worden, und in seinen weiten Sälen erklangen nie die Schritte von Eroberern.

Doch seit diesen ruhmreichen Jahren ist alles anders geworden. Eine Armut, die nur knapp über der ärgsten Not lag, in Verbindung mit einem stolzen Namen, der es verbat, durch einen Gelderwerb die Not zu lindern, haben verhindert, dass unser Geschlecht seinen Besitz in vormaliger Pracht aufrechterhielt. Die aus den Mauern fallenden Steine, die wuchernde Vegetation in den Parks, der ausgetrocknete, staubige Burggraben, das aufgebrochene Pflaster in den Höfen und die verfallenen Türme sowie die abgesackten Böden, die wurmstichigen Täfelungen und verblichenen Wandteppiche im Haus erzählten die bedrückende Geschichte verfallenen Glanzes. Im Verstreichen der Jahrhunderte ließ man einem nach dem anderen der vier großen Ecktürme verfallen, bis schließlich der letzte verbleibende Turm die traurig heruntergekommenen Abkömmlinge der einst mächtigen Herren dieses Besitzes beheimatete.

In einem der düsteren und weitläufigen Räume dieses übrig gebliebenen Turms erblickte ich, Antoine, der letzte der unglücklichen und verfluchten Grafen von C., vor neunzig Jahren das Licht der Welt. In diesen Mauern und in den dunklen, schattigen Wäldern, den wilden Schluchten und Höhlen des Hügels unterhalb des Schlosses verbrachte ich die ersten Jahre meines kummervollen Lebens. Meine Eltern kannte ich nicht. Mein Vater wurde im Alter von zweiunddreißig Jahren, einen Monat vor meiner Geburt, durch einen Stein getötet, den jemand von den verfallenen Wehrgängen des Schlosses herunterstieß. Und da meine Mutter bei meiner Geburt starb, oblag meine Pflege und Erziehung ganz dem letzten übrig gebliebenen Diener, einem alten, vertrauenswürdigen Mann von annehmbarem Verstand, dessen Name mir als Pierre in Erinnerung ist. Ich war ein Einzelkind, und das Fehlen von Gesellschaft, das aus diesem Umstand erwuchs, wurde noch durch die seltsame Art, in der mich mein betagter Aufpasser aufzog, verstärkt, denn er hielt mich von den Bauernkindern fern, die am Fuße des Hügels in zwischen den Feldern verstreuten Hütten lebten. Zu jener Zeit erklärte mir Pierre, dass dies so sein müsse, da meine adlige Geburt mich über die Gesellschaft solcher niederen Wesen stellte. Jetzt weiß ich, dass der eigentliche Grund die müßigen Geschichten von dem fürchterlichen Fluch, der auf unserem Geschlecht lastete, war, die sich die einfachen Bauern in ihren Hütten im Schein der Feuerstellen allnächtlich zuflüsterten und die mir nicht zu Ohren kommen sollten.

Auf diese Weise abgeschnitten und auf mich selbst beschränkt verbrachte ich meine Kindheit damit, über uralten Büchern zu brüten, die die von Schatten heimgesuchte Schlossbibliothek füllten, und ziel- und sinnlos durch den ewigen Dunst des gespenstischen Waldes zu streifen, der sich am Fuß des Hügels entlangzieht. Wahrscheinlich waren diese Umstände daran schuld, dass mein Geist schon früh in Melancholie verfiel. Diese Studien und Ausflüge, die das Dunkle und Okkulte in der Natur zum Ziel hatten, beanspruchten meine ganze Aufmerksamkeit.

Über meine eigene Familie erlaubte man mir nur sehr wenig zu erfahren, doch das wenige, das ich mir aneignete, schien mich sehr zu deprimieren. Vielleicht war es anfänglich nur die beständige Weigerung meines alten Erziehers, mit mir über meine Vorfahren väterlicherseits zu sprechen, die in mir das Grauen heraufbeschwor, das ich immer verspürte, wenn mein großer Name erwähnt wurde, doch als ich älter wurde, war ich in der Lage, verstreute Bruchstücke aus Gesprächen, die unfreiwillig über seine senilen Lippen kamen, zusammenzusetzen und die eine Verbindung zu einem bestimmten Umstand hatten, der mir zuerst seltsam vorgekommen war, jetzt aber ein leichtes Schaudern auslöste. Es war der Umstand, dass alle Grafen meines Geschlechts früh ihr Ende gefunden hatten. Hatte ich dies bis zu diesem Zeitpunkt als eine natürliche Angelegenheit in einer Familie von kurzlebigen Männern angesehen, grübelte ich später lange über diese vorzeitigen Todesfälle und begann, sie in Verbindung mit dem Gefasel des alten Mannes zu bringen, der häufig von einem Fluch sprach, der seit Jahrhunderten dafür verantwortlich war, dass die Träger des Titels nicht viel älter wurden als zweiunddreißig Jahre. An meinem einundzwanzigsten Geburtstag übergab mir Pierre ein Familiendokument, das, wie er erklärte, seit Generationen immer vom Vater auf den Sohn übergegangen war und jeder Besitzer dies so fortgesetzt hätte. Der Inhalt überraschte mich ungemein, und nachdem ich es durchgesehen hatte, waren meine schlimmsten Befürchtungen bestätigt. Zu jenem Zeitpunkt war mein Glaube an das Übernatürliche fest und tief verwurzelt, ansonsten hätte ich über die unglaubliche Geschichte gelacht, die sich vor mir ausbreitete.

Die Unterlagen führten mich zurück ins dreizehnte Jahrhundert, als das alte Schloss, in dem ich mich befand, eine gefürchtete und uneinnehmbare Festung gewesen war. Sie berichteten von einem bestimmten alten Mann, der einst auf unseren Besitzungen gelebt hatte, eine Person mit nicht geringen Fähigkeiten, doch nur wenig mehr als ein Bauer, und sein Name war Michel, gewöhnlich wegen seiner düsteren Erscheinung mit dem Zusatz Mauvais, der Böse, bedacht. Er war weit über das Maß seiner Mitmenschen gebildet und suchte nach dem Stein der Weisen und dem Elixier des Lebens. Er hatte den Ruf, in den schrecklichen Geheimnissen der Schwarzen Magie und Alchimie bewandert zu sein. Michel Mauvais hatte einen Sohn mit Namen Charles, einen Jungen, der genauso bewandert in den verborgenen Künsten war wie er selbst, den man deshalb Le Sorcier, den Zauberer, nannte. Dieses Paar, von allem ehrlichen Volk gemieden, verdächtigte man abscheulicher Praktiken. Von dem alten Michel sagte man, dass er seine Frau als Opfer für den Teufel verbrannt hätte, und das unerklärliche Verschwinden vieler junger Bauernkinder legte man diesem schrecklichen Paar zur Last. Doch der düstere Charakter von Vater und Sohn wurde von einem menschlichen Lichtstrahl erhellt, der böse alte Mann liebte seinen Sprössling abgöttisch, während der Jüngling für seinen Vater mehr als kindliche Zuneigung empfand.

Eines Nachts geriet das Schloss auf dem Hügel in höchste Aufregung über das Verschwinden des jungen Godfrey, Sohn des Grafen Henri. Ein von dem rasenden Vater angeführter Suchtrupp stürmte in das Dorf der Zauberer und stieß auf den alten Michel Mauvais, der geschäftig über einen riesigen, heftig kochenden Kessel gebeugt war. Ohne wirklichen Beweis, in seinem unbezähmbaren Wahnsinn von Wut und Verzweiflung, legte der Graf seine Hände an den Hals des alten Zauberers, und bevor er sich noch seines mörderischen Griffs bewusst wurde, war sein Opfer schon tot. In der Zwischenzeit war von freudigen Bediensteten die Nachricht eingetroffen, dass man den jungen Godfrey in einem abgelegenen, unbenutzten Zimmer des großen Schlosses gefunden hatte, doch es war zu spät, denn der arme Michel war schon umsonst gestorben. Als der Graf und seine Leute das einfache Haus des Alchimisten verließen, erschien die Gestalt von Charles Le Sorcier zwischen den Bäumen. Aus dem aufgeregten Geschnatter des herumstehenden Gesindes erfuhr er, was geschehen war, doch schien er zuerst vom Schicksal seines Vaters unbeeindruckt. Dann, als er sich langsam auf den Grafen zubewegte, sprach er mit dumpfer, doch schrecklicher Stimme den Fluch, der seitdem über dem Haus der C. liegt.

»Nie soll einer aus eurer Mörderbrut
Länger leben, als ihr es tut!«,

sprach er, als er, sich plötzlich rückwärts in den dunklen Wald bewegend, aus seinem Gewand eine Phiole mit farbloser Flüssigkeit zog und sie dem Mörder seines Vaters ins Gesicht warf, bevor er hinter dem schwarzen Vorhang der Nacht verschwand. Der Graf starb, ohne ein Wort zu sagen, und wurde am nächsten Tag begraben, nur wenig mehr als zweiunddreißig Jahre nach seiner Geburt. Von dem Mörder fand man keine Spur, obwohl unbarmherzige Gruppen von Bauern die angrenzenden Wälder und die Weiden um den Hügel absuchten.

Die Zeit und das Fehlen eines Mahners ließen die Familie des verstorbenen Grafen den Fluch vergessen, sodass, als Godfrey, der an der ganzen Tragödie unschuldig war und inzwischen den Titel trug, auf der Jagd von einem Pfeil im Alter von zweiunddreißig Jahren getötet wurde, nur die Trauer um sein Ableben die Gedanken bestimmte. Doch als man Jahre danach den nächsten jungen Grafen, Robert, ohne ersichtlichen Grund tot auf einem nahe gelegenen Feld fand, flüsterten die Bauern untereinander, dass ihr Herr vor kurzem seinen zweiunddreißigsten Geburtstag gefeiert hatte, als ihn der Tod ereilte. Louis, den Sohn Roberts, fand man im gleichen schicksalhaften Alter ertrunken im Burggraben, und so setzte sich die unheilvolle Chronik durch die Jahrhunderte hindurch fort: Henris, Roberts, Antoines und Armands schieden aus ihrem glücklichen und rechtschaffenen Leben, wenn sie knapp vor dem Alter ihres unglücklichen Vorfahren zum Zeitpunkt seiner Ermordung waren.

Dass mir bestenfalls noch elf weitere Jahre hier auf Erden blieben, war mir durch die Worte, die ich gelesen hatte, klar. Mein Leben, zuvor in meinen Augen nicht von besonderem Wert, wurde mir jetzt mit jedem Tag wertvoller, als ich tiefer und tiefer in die

Geheimnisse des verborgenen Reichs der Schwarzen Magie eindrang. So abgeschieden, wie ich lebte, hatten die modernen Wissenschaften keinen Einfluss auf mich gehabt, und ich plagte mich wie im Mittelalter, ähnlich vertieft in die Erlangung von dämonischem und alchimistischem Wissen, wie es der alte Michel und der junge Charles gewesen waren. So viel ich auch las, ich konnte keinen Hinweis auf den seltsamen Fluch finden, der auf meinem Geschlecht lag. In seltenen rationalen Momenten ging ich sogar so weit, nach einer natürlichen Erklärung zu suchen, und machte den finsteren Charles Le Sorcier und seine Nachkommen für die frühen Tode meiner Vorfahren verantwortlich, fand aber durch vorsichtige Nachforschungen heraus, dass keine Abkömmlinge des Alchimisten bekannt waren. Ich kehrte zu meinen okkulten Studien zurück und bemühte mich wieder, eine Zauberformel zu finden, die mein Geschlecht von dieser schrecklichen Heimsuchung befreien würde. In einer Sache war ich mir vollkommen sicher. Ich würde niemals heiraten, denn da es keinen anderen Zweig meiner Familie gab, würde ich den Fluch durch mich selbst zum Ende bringen.

Als ich mich dem Alter von dreißig näherte, wurde der alte Pierre in eine andere Welt abberufen. Alleine begrub ich ihn unter den Steinen des Innenhofes, über die er zu Lebzeiten so gerne spaziert war. So blieb ich denn als einziges menschliches Wesen in der großen Festung zurück, um weiter nachzugrübeln, und in meiner Einsamkeit begann ich, mein vergebliches Aufbegehren gegen das drohende Unheil aufzugeben, und versöhnte mich fast mit dem Schicksal, das viele meiner Vorfahren ereilt hatte. Viel Zeit verbrachte ich jetzt mit der Erkundung der verlassenen Säle und Türme des alten Schlosses, wovon mich in meiner Jugend die Angst abgehalten hatte, und von denen einige, wie mir der alte Pierre einmal gesagt hatte, schon seit vier Jahrhunderten von keinem Menschen betreten worden waren. Viele der Objekte, auf die ich stieß, waren seltsam und furchteinflößend. Möbel, bedeckt vom Staub der Jahrhunderte und von der langen Feuchtigkeit verrottet, boten sich meinen Augen dar. Überall gab es ausgedehnte Spinnennetze, und riesige Fledermäuse flappten mit ihren knochigen, unheimlichen Flügeln überall in den sonst unbewohnten Räumen.

Ich führte penibel Buch über mein genaues Alter bis hin zu Tag und Stunde, denn jede Bewegung des Pendels der mächtigen Uhr in der Bibliothek nahm mir ein Stück von meinem dem Untergang geweihten Leben. Schließlich näherte ich mich dem Zeitpunkt, den ich schon so lange befürchtet hatte. Da die meisten meiner Vorfahren, kurz bevor sie das genaue Alter von Henri erreicht hatten, umgekommen waren, war ich jeden Moment auf der Hut vor dem unbekannten Tod. Auf welche seltsame Art ich zu Tode kommen sollte, wusste ich nicht, doch ich war entschlossen, dass er mich nicht als feiges oder handlungsunfähiges Opfer vorfinden sollte. Mit neuer Kraft widmete ich mich meinen Untersuchungen des alten Schlosses und was sich darin befand.

Es war auf einer meiner ausgedehntesten Entdeckungsstreifzüge durch die verlassenen Teile des Schlosses, weniger als eine Woche vor dem Zeitpunkt, der die Stunde meines längstmöglichen Aufenthalts in dieser Welt markierte, über die hinaus nicht die leiseste Hoffnung auf ein Weiterleben bestand, dass mir das entscheidende Ereignis meines Lebens widerfuhr. Den größten Teil des Morgens hatte ich damit verbracht, halb verfallene Treppen in einem der am meisten in Mitleidenschaft gezogenen alten Türme hoch- und runterzusteigen. Im Verlauf des Nachmittags untersuchte ich die tiefer gelegenen Teile und stieg in einen Raum hinab, der entweder ein mittelalterliches Verlies oder ein später angelegtes Pulvermagazin zu sein schien. Als ich langsam durch den salpeterverkrusteten Gang am Fuß der Treppe lief, wurde der Boden sehr feucht, und schon bald sah ich im flackernden Schein meiner Fackel, dass mir eine vor Wasser triefende Mauer den Weg versperrte. Als ich mich umdrehte, um zurückzugehen, fiel mein Blick auf eine Falltür mit einem Ring, die sich direkt neben meinen Füßen befand. Ich hielt inne, und mir gelang es unter Schwierigkeiten, sie anzuheben. Sie enthüllte einen schwarzen Abgrund, aus dem ekelhafte Dämpfe drangen, die meine Fackel flackern ließen, und in dem unsteten Lichtschein sah ich den Anfang einer steinernen Treppenflucht.

Sobald die Fackel, die ich in die abstoßende Tiefe hineinhielt, gleichmäßig und hell brannte, begann ich mit dem Abstieg. Es waren viele Stufen, und sie führten zu einem engen, mit Steinen gefliesten Gang, der, wie mir klar war, tief unter der Erde liegen musste. Der Gang erwies sich als sehr lang und endete vor einer massiven Eichentür, die mit der hier unten allgegenwärtigen Feuchtigkeit überzogen war und meinen Versuchen, sie zu öffnen, widerstand. Nachdem ich meine Bemühungen in dieser Richtung aufgegeben hatte und ein Stück weit Richtung Treppe zurückgegangen war, wurde ich auf einmal mit etwas konfrontiert, das wohl die schauerlichste und beeindruckendste Erfahrung war, die ein menschlicher Geist zu ertragen in der Lage ist. Unvermittelt hörte ich, wie sich die schwere Tür hinter mir quietschend in ihren verrosteten Angeln öffnete. In meiner Aufregung war ich zu keiner vernünftigen Beurteilung der Situation fähig. An einem Ort, der so verlassen wie das alte Schloss ist, plötzlich mit der Anwesenheit eines Menschen oder Geistes konfrontiert zu werden, löste in mir ein unbeschreibliches Grauen aus. Als ich mich schließlich zu der Quelle des Geräuschs umdrehte, sind mir fast die Augen aus dem Kopf gefallen über den Anblick, der sich mir bot.

Dort in dem spitzbogigen Eingang stand eine menschliche Gestalt. Es war die eines Mannes, der eine eng anliegende Kappe und eine lange mittelalterliche Tunika von dunkler Farbe trug. Sein langes Haar und der wallende Bart waren von tiefschwarzer Farbe und unwahrscheinlich dicht. Seine Stirn war überdurchschnittlich hoch, seine Wangen tief eingesunken und faltig, und seine Hände, lang und wie Klauen gebogen, waren von einer tödlichen marmornen Blässe, wie ich sie noch nie an einem Menschen gesehen hatte. Sein Körper war dürr, fast ein Skelett, und auf seltsame Art gebeugt und verlor sich fast in den dicken Falten seines eigenartigen Gewands. Doch das Merkwürdigste waren seine Augen, zwei Höhlen abgrundtiefer Schwärze mit einem allwissenden Ausdruck, doch von unmenschlicher Bosheit geprägt. Sie waren jetzt auf mich gerichtet, durchstachen meine Seele mit ihrem Hass und bannten mich auf die Stelle, an der ich mich befand.

Schließlich sprach die Gestalt mit einer grollenden Stimme, deren dumpfer Grabesklang und unterschwellige Feindseligkeit mir einen Schauder durch den Köper jagte. Die Sprache, die die Gestalt benutzte, war jene heruntergekommene Form des Lateins, die von den etwas gebildeteren Menschen im Mittelalter benutzt wurde und die ich durch meine Nachforschungen in den Werken der alten Alchimisten und Dämonologen kannte. Die Erscheinung sprach von dem Fluch, der auf meinem Geschlecht lag, und von meinem bevorstehenden Ende, redete von dem Unrecht, das mein Vorfahr dem alten Michel Mauvais angetan hatte, und freute sich über die Rache des Charles Le Sorcier. Sie erzählte, wie der junge Charles in die Nacht geflohen war, nach Jahren zurückkam und den Erben Godfrey mit einem Pfeil tötete, kurz bevor er das Alter seines Vater bei dem Mord erreicht hatte, wie er heimlich zu den Besitzungen zurückgekehrt war und sich in dem schon damals zerstörten unterirdischen Raum eingenistet hatte, in dessen Tür jetzt der grässliche Erzähler stand. Er hatte Robert, Sohn des Godfrey, auf einem Feld überwältigt, ihm Gift eingeflößt und dann im Alter von zweiunddreißig dem Tod überlassen und so seinem Rachefluch Genüge getan. An dieser Stelle blieb es mir überlassen, das größte aller Geheimnisse zu lösen, wie nämlich der Fluch weiterhin erfüllt worden war, als Charles Le Sorcier, der Natur gehorchend, hatte sterben müssen, denn der Mann erging sich nun in der Darstellung der intensiven alchimistischen Studien der beiden Zauberer, Vater und Sohn, und berichtete insbesondere über die Forschungen Charles Le Sorciers bezüglich eines Elixiers, das dem, der es einnahm, ewiges Leben und Jugend gewähren sollte.

Seine Begeisterung schien für einen Moment die finstere Feindseligkeit aus seinen schrecklichen Augen zu tilgen, die mir anfänglich solche Furcht eingejagt hatten, doch plötzlich kam der teuflische Glanz wieder, und mit einem schaurigen Laut, dem Zischen einer Schlange ähnlich, hob der Fremde eine Glasphiole, um augenscheinlich meinem Leben genauso ein Ende zu setzen, wie es Charles Le Sorcier vor sechshundert Jahren mit meinem Vorfahren gemacht hatte. Das Erwachen meines Selbsterhaltungswillens löste den Bann, der mich bis jetzt hatte unbeweglich verharren lassen, und ich warf meine verlöschende Fackel auf die Kreatur, die mein Leben bedrohte. Ich vernahm, wie die Phiole harmlos auf den Steinen des Ganges zerbrach, als die Tunika des seltsamen Mannes Feuer fing und die grauenhafte Szenerie in einen schrecklichen Glanz getaucht wurde. Das Entsetzens- und Hassgeschrei, das der verhinderte Meuchelmörder ausstieß, erwies sich als zu viel für meine schon angegriffenen Nerven, und ich brach bewusstlos auf dem glitschigen Boden zusammen.

Als ich endlich wieder zu mir kam, herrschte schreckliche Dunkelheit, und mein Verstand, in Erinnerung an die Geschehnisse, zuckte davor zurück, noch mehr sehen zu müssen, doch seltsamerweise meisterte er dies. Wer, so fragte ich mich, war dieser boshafte Mann und wie war er in das Schloss gekommen? Warum sollte er den Tod des Michel Mauvais rächen, und wie war der Fluch durch all die langen Jahrhunderte seit Charles Le Sorcier aufrechterhalten worden? Die jahrelange Last war von meinen Schultern genommen, denn ich wusste, dass der, den ich niedergestreckt hatte, der Grund für die aus dem Fluch entstehende Gefahr gewesen war, und nun, da ich frei davon war, brannte ich darauf, mehr über die düsteren Umstände zu erfahren, die mein Geschlecht seit Jahrhunderten verfolgt und meine Jugend zu einem einzigen langen Alptraum gemacht hatten. Bereit zu weiteren Nachforschungen, suchte ich in meinen Taschen nach einem Feuerstein und Stahl und entzündete eine neue Fackel, die ich bei mir hatte.

Zuerst enthüllte das neue Licht die entstellte schwarze Gestalt des geheimnisvollen Fremden. Die grässlichen Augen waren jetzt geschlossen. Angeekelt von dem Anblick, drehte ich mich weg und betrat durch die spitzbogige Tür den dahinter liegenden Raum. Was ich vorfand, ähnelte sehr stark einem alchimistischen Labor. In einer Ecke befand sich ein riesiger Stapel gelben Metalls, das im Licht der Fackel beeindruckend glitzerte. Wahrscheinlich war es Gold, aber ich nahm mir nicht die Zeit, es zu untersuchen, denn ich war von dem, was ich durchgemacht hatte, merkwürdig betroffen. Auf der gegenüberliegenden Seite des Raumes befand sich eine Öffnung, die in eine der vielen wilden Schluchten des dunklen Waldes an der Hügelflanke führte. Erstaunt, doch nun wissend, wie der Mann sich Zugang zum Schloss verschafft hatte, machte ich mich auf den Rückweg. Ich wollte mit abgewandtem Kopf an den Überresten des Fremden vorbei, doch als ich näher kam, glaubte ich einen schwachen Laut von dem Körper zu vernehmen, so als ob noch nicht alles Leben aus ihm gewichen wäre. Bestürzt drehte ich mich um und untersuchte die verkohlte und zusammengeschrumpfte Gestalt auf dem Boden.

Plötzlich öffneten sich die schrecklichen Augen, die noch schwärzer waren als das verkohlte Gesicht, in dem sie saßen, und in ihnen lag ein Ausdruck, den ich nicht zu deuten wusste. Die aufgeplatzten Lippen versuchten Worte zu formen, die ich kaum verstand. Ich hörte den Namen Charles Le Sorcier und glaubte die Worte »Jahre« und »Fluch« aus dem zerstörten Mund zu vernehmen. Aber ich konnte immer noch keinen Sinn in dem unzusammenhängenden Gestammel erkennen. Über meine offensichtliche Unfähigkeit, ihn zu verstehen, blitzten mich seine dunklen Augen erneut voller Feindseligkeit an, bis ich trotz der Hilflosigkeit meines Gegners doch zu zittern begann.

Plötzlich erhob das Wrack mit einer letzten Kraftanstrengung seinen grässlichen Kopf von den feuchten, eingesunkenen Fliesen. Dann, als ich immer noch vor Angst bewegungsunfähig verharrte, schrie er die Worte heraus, die mich seitdem Tag und Nacht verfolgen. »Dummkopf!«, schrie er. »Ahnst du nicht mein Geheimnis? Hast du keinen Verstand, dass du erkennst, welcher Wille durch sechs Jahrhunderte hindurch den schrecklichen Fluch an deinem Geschlecht vollzogen hat? Habe ich dir nicht vom mächtigen Elixier des ewigen Lebens erzählt? Weißt du nicht, wie dieses Geheimnis der Alchimie aufgedeckt wurde? Ich sage dir, ich war es! Ich! Ich habe sechshundert Jahre gelebt, um meine Rache zu vollziehen, denn ich bin Charles Le Sorcier!«

Das Grab

Wenn ich die Umstände in Betracht ziehe, die zu meiner Inhaftierung in diesem Hort für Geisteskranke geführt haben, ist mir bewusst, dass meine momentane Situation einen natürlichen Zweifel an der Wahrheit meines Berichts hervorrufen muss. Es ist eine missliche Tatsache, dass die geistigen Fähigkeiten eines Großteils der Menschheit zu beschränkt sind, um mit Abgeklärtheit und Intelligenz jene vereinzelten Phänomene abzuwägen, die außerhalb der üblichen Erfahrungen liegen und sich nur psychologisch feinfühligen Individuen erschließen. Männer mit einem größeren Intellekt wissen, dass zwischen dem Realen und dem Irrealen keine scharfe Trennung existiert, dass die Erscheinung der Dinge durch die jeweilige individuelle körperliche und geistige Verfassung, in der wir sie wahrnehmen, bestimmt wird. Doch der prosaische Materialismus der Mehrheit bezeichnet als Wahnsinn die Momente höherer Erkenntnis, die den gewöhnlichen Schleier des bekannten Empirismus durchdringen.

Ich heiße Jervas Dudley und von frühester Kindheit an war ich ein Träumer und Visionär. Wohlhabend genug, um nicht arbeiten zu müssen, und vom Temperament her nicht für die eingefahrenen Studien und sozialen Vergnügungen meiner Mitmenschen geeignet, hatte ich meine Wohnstatt immer in den Reichen jenseits der sichtbaren Welt genommen. Meine Kindheit und Jugend verbrachte ich mit alten und wenig bekannten Büchern und mit Streifzügen durch die Felder und Haine unseres Stammsitzes. Ich glaube nicht, dass, was ich in den Bücher las oder in den Feldern und Hainen gesehen habe, genau dem entsprach, was andere Jungen gelesen und gesehen haben, doch davon darf ich nicht viel preisgeben, denn würde ich darüber sprechen, bestätigte dies nur die grausamen Verleumdungen meiner Intelligenz, die ich manchmal dem Flüstern der verborgenen Wächter um mich herum entnehme. Es genügt mir, die Geschehnisse zu berichten, ohne nach ihren Gründen zu fragen.

Ich habe schon gesagt, dass ich jenseits der sichtbaren Welt meine Heimstatt habe, doch nicht, dass ich dort alleine wohnte. Dies sollte kein menschliches Wesen tun, denn die Abwesenheit der Gesellschaft Lebender, zieht unweigerlich die Gesellschaft von Dingen nach sich, die nicht oder nicht mehr leben. Ganz in der Nähe meines Heims befindet sich eine bewaldete Senke, in deren dämmriger Abgeschiedenheit ich die meiste Zeit mit Lesen, Nachdenken und Träumen verbrachte! Dort, die moosbewachsenen Abhänge hinab, unternahm ich die ersten Schritte meiner Kindheit und um die merkwürdig verkrüppelten Eichen herum, wob ich meine ersten kindlichen Fantasievorstellungen. Die Dryaden, die diese Bäume bewachen, lernte ich gut kennen und habe häufig ihre wilden Tänze in den zitternden Strahlen eines abnehmenden Mondes beobachtet – doch davon sollte ich nicht sprechen. Ich will nur von dem einsamen Grab im dunkelsten Gebüsch des Hügels berichten, das verwüstete Grab der Hydes, einer alten, herausragenden Familie, deren letzter direkter Nachfahre schon viele Jahrzehnte vor meiner Geburt in sein dunkles Refugium gebettet worden war.

Das Grabmal, von dem ich hier spreche, ist aus altem Granit, der seit vielen Generationen vom Nebel und der Feuchtigkeit verwittert und blass geworden ist. Es liegt in den Hügel eingebettet, und man erkennt davon nur den Eingang. Die Tür, eine mächtige, hässliche Steinplatte, hängt an rostigen Eisenangeln und ist auf eine abschreckende Art mit schweren Eisenketten und Vorhängeschlössern gesichert, wie es einer grausamen Mode vor einem halben Jahrhundert entsprach. Der Wohnsitz des Geschlechts, dessen Abkömmlinge dort beerdigt sind, hatte einst auf dem Kamm des Hügels gestanden, in dem jetzt das Grab eingelassen ist, doch er war schon vor langer Zeit durch einen Brand zerstört worden, der von einem Blitzschlag ausgelöst worden war. Die älteren Bewohner dieses Landstrichs sprechen manchmal mit leiser und ängstlicher Stimme von dem mitternächtlichen Sturm, der das prachtvolle Herrenhaus zerstört hatte, und murmeln dann etwas von »göttlichem Zorn«, was mit der Zeit mein immer waches Interesse an dem finsteren Grabmal im Wald weiter verstärkte. Nur ein einziger Mann entkam dem Feuer. Als der letzte der Hydes an jenem Platz der schattigen Ruhe beigesetzt wurde, kam die Urne mit seiner Asche aus einem fernen Land, in das sich die Familie zurückgezogen hatte, als ihr Anwesen niedergebrannt war. Niemand war mehr übrig, um Blumen vor den Eingang zu legen, und nur wenige waren mutig genug, um den niederdrückenden Schatten zu begegnen, die merkwürdig um die verwitterten Steine zu tanzen schienen.

Ich werde nie den Nachmittag vergessen, als ich zum ersten Mal über das halb versteckte Haus des Todes gestolpert bin. Es war im Hochsommer, wenn die magischen Kräfte der Natur die Wälder in eine lebende und fast überschäumende grüne Masse verwandeln und die Sinne von dem wogenden grünen Meer und den feinen Gerüchen der Erde und der Vegetation berauscht werden. In dieser Umgebung verliert der Geist seinen Bezugspunkt, Zeit und Raum werden trivial und irreal, und die Echos einer vergessenen, vorzeitlichen Vergangenheit trommeln beständig auf das verzauberte Bewusstsein ein.

Ich war den ganzen Tag durch die geheimnisvollen Haine der Senke gewandert, gab mich Gedanken hin, die ich hier nicht erörtern will, und beschäftigte mich mit Dingen, die ich nicht preisgeben muss. Im Alter von zehn Jahren hatte ich von vielen Wundern gehört und sie gesehen, die der großen Masse unbekannt sind, und war unter bestimmten Gesichtspunkten schon seltsam alt. Als ich mir meinen Weg zwischen zwei verwachsenen Ansammlungen von Dornensträuchern hindurch gebahnt hatte, lag der Eingang der Gruft plötzlich vor mir. Ich hatte keine Ahnung, was ich da entdeckt hatte. Die dunklen Granitblöcke, die merkwürdig verschlossene Tür und die Grabreliefs über dem Eingangsbogen erweckten in mir kein Gefühl der Traurigkeit oder des Schreckens. Ich wusste viel über Gräber und Grüfte und meine Fantasie beschäftigte sich damit, doch man hatte mich in Hinblick auf mein besonderes Temperament von allen Begräbnisstätten und Friedhöfen ferngehalten. Das merkwürdige steinerne Gebäude in dem bewaldeten Hang weckte in mir lediglich mein Interesse und meine Vorstellungskraft und das kalte, feuchte Innere, in das ich vergeblich durch einen quälend offen stehenden Spalt spähte, barg für mich keinen Hinweis auf Tod und Niedergang. Doch dieser Augenblick der Neugierde gebar das verrückte, irrationale Verlangen, das mich in diese Hölle der Inhaftierung gebracht hat. Angespornt durch eine Stimme, die von der abscheulichen Seele des Waldes herstammen musste, beschloss ich, das lockende Dunkel trotz der massiven Ketten, die mir den Zugang versperrten, zu betreten. Im vergehenden Tageslicht rüttelte ich abwechselnd an der rostigen Absperrung, um das Steintor weiter zu öffnen, oder versuchte meine schlanke Gestalt durch den schon entstandenen Spalt zu schieben, doch mit keinem von beiden hatte ich Erfolg. War ich zuerst nur neugierig, so war ich jetzt besessen, und als ich in der zunehmenden Dämmerung nach Hause kam, schwor ich zu den hundert Göttern dieser Gruft, dass ich mir eines Tages *um jeden Preis* Zutritt zu den schwarzen, kalten Tiefen verschaffen würde, die nach mir zu rufen schienen. Der Arzt mit dem stahlgrauen Bart, der mich jeden Tag besucht, sagte einmal zu einem Besucher, dass diese Entscheidung der Anfang meiner bedauernswerten Monomanie war, doch ich will das endgültige Urteil darüber meinen Lesern überlassen, wenn sie alles erfahren haben.

Die Monate, die auf meine Entdeckung folgten, verbrachte ich mit vergeblichen Versuchen, das komplizierte Vorhängeschloss an der einen Spalt offen stehenden Gruft zu bezwingen, und mit vorsichtigen Erkundigungen über das Wesen und die Geschichte dieses Gebäudes. Mit den bekanntermaßen hellhörigen Ohren eines kleinen Jungen erfuhr ich viel, doch eine mir eigene Geheimniskrämerei hielt mich davon ab, jemandem von meinen Erkenntnissen oder meinem Entschluss zu erzählen. Es ist vielleicht erwähnenswert, dass ich von dem, was ich über das Wesen der Gruft erfuhr, weder überrascht noch verängstigt war. Meine ziemlich ungewöhnlichen Vorstellungen über das Leben und den Tod hatten mich dazu gebracht, eine unbestimmte Verbindung zwischen dem kalten Lehm und einem lebenden Körper zu vermuten, und ich spürte, dass die mächtige und finstere Familie des abgebrannten Herrenhauses in irgendeiner Form in dem steinernen Grabmal präsent war, das ich erkunden wollte. Geflüsterte Geschichten über die abseitigen Rituale und gottlosen Vergnügungen, die in der Vergangenheit in dem alten Saal stattgefunden hatten, weckten in mir ein noch größeres Interesse an dem Grab, vor dessen Tor ich jeden Tag ein paar Stunden saß. Einmal warf ich durch den schmalen Türspalt eine Kerze hinein, konnte aber außer einer feuchten Steintreppe, die nach unten führte, nichts erkennen. Der Geruch des Ortes stieß mich gleichzeitig ab und verzauberte mich. Ich spürte, dass ich ihn von früher kannte, aus einer Vergangenheit, die jenseits der Erinnerung liegt, sogar jenseits meines Aufenthalts in diesem Körper hier.

In dem Jahr nach der Entdeckung des Grabes stolperte ich auf dem mit Büchern vollgestopften Dachboden unseres Hauses über eine wurmstichige Übersetzung von Plutarchs *Parallelbiographien*. Als ich vom Leben des Theseus las, war ich sehr beeindruckt von dem Abschnitt, in dem von dem großen Stein berichtet wird, unter dem der jugendliche Held seine Bestimmung finden sollte, wenn er alt genug wäre, das riesige Gewicht anzuheben. Diese Legende zähmte meine brennende Ungeduld, die Gruft zu betreten, denn sie gab mir das Gefühl, dass die Zeit noch nicht gekommen war. Ich redete mir ein, warten zu müssen, bis ich genügend Kraft und Erfindungsgabe besäße, die mich in die Lage versetzten, die schweren Ketten an der Tür mit Leichtigkeit zu öffnen, und bis dahin wäre es besser, sich in das zu fügen, was der Wille des Schicksals schien.

Folglich wurden meine Aufenthalte vor dem feuchten Steinportal seltener und ich verbrachte die meiste Zeit mit anderen, gleichfalls befremdlichen Beschäftigungen. Manchmal stand ich in der Nacht ganz leise auf, um über jene Friedhöfe und Begräbnisstätten zu wandern, von denen mich meine Eltern ferngehalten hatten. Was ich dort gemacht habe, erzähle ich besser nicht, denn ich bin mir über die Realität bestimmter Dinge jetzt nicht mehr sicher, doch ich weiß, dass ich an Tagen nach solchen nächtlichen Streifzügen meine Umgebung häufig mit der Kenntnis von Dingen verblüfft habe, die seit Generationen in Vergessenheit geraten waren. Nach einer solchen Nacht überraschte ich meine Mitmenschen mit einem seltsamen Hinweis auf das Begräbnis des reichen und berühmten Richter Brewster, einer Persönlichkeit in der Geschichte dieses Landstrichs, der 1711 beigesetzt worden war und dessen Schiefergrabstein, in dem ein Totenkopf und gekreuzte Knochen eingemeißelt waren, langsam zu Staub zerfiel. In einem Anfall von kindlicher Fantasie beschwor ich, dass nicht nur der Totengräber Goodman Simpson vor der Beerdigung die Schuhe mit den silbernen Schnallen, die Seidenstrümpfe und die Samthosen des Verstorbenen gestohlen hätte, sondern auch, dass sich der nicht ganz tote Richter am Tage nach der Beisetzung noch zwei Mal in seinem Sarg herumgedreht hätte.

Doch der Gedanke, die Gruft zu betreten, ging mir nie aus dem Kopf und wurde noch von der unerwarteten genealogischen Entdeckung verstärkt, dass meine Vorfahren mütterlicherseits eine schwache Verbindung zu der als ausgestorben geltenden Familie Hydes aufwiesen. Als Letzter meiner väterlichen Linie war ich auch der letzte Nachkomme dieser älteren, geheimnisvolleren Linie. In mir breitete sich das Gefühl aus, das Grab gehöre mir, und ich fieberte mit heißem Verlangen dem Tag entgegen, an dem ich durch das Steinportal und die glitschigen Steinstufen hinab in die Dunkelheit schreiten würde. Ich entwickelte jetzt die Angewohnheit, angespannt an dem schmalen Spalt an der Tür zu horchen, wobei die bevorzugte Zeit für meine befremdliche Nachtwache die stillen Stunden um Mitternacht waren. Als ich volljährig wurde, hatte ich vor der verwitterten Fassade im Abhang eine kleine Lichtung in dem Dickicht geschaffen, und die umgebende Vegetation war wie die Wände und das Dach einer Gartenlaube darum herumgewachsen. Diese Laube war mein Tempel, die versperrte Tür mein Schrein, und dort lag ich auf dem Moos und hing absonderlichen Gedanken nach und träumte merkwürdige Träume.

Es war eine schwüle Nacht, in der mir die erste Enthüllung zuteilwurde. Ich musste aus Müdigkeit eingeschlafen sein, denn als ich die Stimmen hörte, hatte ich das deutliche Gefühl aufzuwachen. Ich zögere, von deren Klang und Akzent zu sprechen, und über ihr Wesen werde ich gar nichts sagen, doch ich kann sagen, dass sie in Wortwahl, Betonung und der Art der Aussprache eine unheimliche Andersartigkeit aufwiesen. Von dem groben Dialekt der puritanischen Kolonisten bis hin zu der präzisen Sprechweise von vor fünfzig Jahren schien jede Spielart der Ausdrucksweise in Neuengland vertreten, doch diese Tatsache wurde mir erst später bewusst. Zu diesem Zeitpunkt wurde meine Aufmerksamkeit von einem anderen Phänomen eingenommen, ein Phänomen, so verschwommen, dass ich keinen Eid darauf leisten kann, dass es real war. Ich hatte wohl die Vorstellung, dass bei meinem Erwachen in dem tief im Hang liegenden Grabmal ein *Licht* schnell gelöscht worden war. Ich glaube nicht, dass ich erstaunt oder erschreckt war, doch ich weiß, dass ich mich in dieser Nacht entscheidend und nachhaltig *verändert* habe. Als ich nach Hause kam, ging ich sofort zu einer verrotteten Kiste auf dem Dachboden, worin ich den Schlüssel fand, mit dem ich am nächsten Tag ganz einfach die Barriere überwand, gegen die ich so lange vergeblich angerannt war.

Im sanften Licht des späten Nachmittags betrat ich zum ersten Mal die Gruft in dem einsamen Hang. Ich war wie verzaubert, und mein Herz hüpfte vor einer Erregung, die ich nur als verworfen bezeichnen kann. Als ich die Tür hinter mir schloss und die feuchten Stufen im Licht meiner einsamen Kerze hinabstieg, hatte ich das Gefühl, den Weg zu kennen, und wenn die Kerze auch in den stickigen Ausdünstungen des Ortes flackerte, fühlte ich mich eigenartigerweise in der muffigen Grabesluft zu Hause. Als ich mich umsah, erblickte ich viele Marmorplatten, die Särge oder Überreste von Särgen trugen. Einige waren versiegelt und gut erhalten, andere aber waren fast verschwunden und nur die silbernen Griffe und Tafeln waren in weißlichen Staubhufen zurückgeblieben. Auf einer der Tafeln las ich den Namen von Sir Geoffrey Hydes, der im

Jahr 1640 aus Sussex gekommen und ein paar Jahre später hier gestorben war. In einer auffälligen Nische stand ein ziemlich gut erhaltener und leerer Sarg, an dem ein einzelner Name angebracht war, der mich zugleich lächeln und erschaudern ließ. Auf einen befremdlichen Impuls hin kletterte ich auf die breite Marmorplatte, löschte meine Kerze und legte mich in die leere Kiste.

Im Morgengrauen schwankte ich aus der Gruft und verschloss hinter mir die Tür mit der Kette. Ich war nicht länger ein junger Mann, obwohl erst einundzwanzig Winter meinen Körper hatten frösteln lassen. Die Frühaufsteher unter den Dorfbewohnern, die mich auf dem Nachhauseweg sahen, musterten mich auf seltsame Art und wunderten sich über die Anzeichen von ausschweifenden Vergnügungen bei jemand, der für seine nüchterne und zurückgezogene Lebensweise bekannt war. Ich zeigte mich meinen Eltern erst nach einem langen und erfrischenden Schlaf.

Von da an besuchte ich die Gruft jede Nacht und sah, hörte und tat Dinge, an die ich mich nicht erinnern darf. Meine Sprechweise, die schon immer von den Lebensumständen beeinflusst wurde, war das Erste, was der Veränderung unterlag, und meine plötzlich auftretende altertümliche Sprache fiel schon bald auf. Später bestimmten eine befremdliche Kühnheit und Verwegenheit mein Verhalten, bis ich schließlich unbewusst eine weltmännische Art an den Tag legte, die nicht zu meiner lebenslangen Abgeschiedenheit passte. Meine vormals stille Zunge sprach mit der spielerischen Grazie eines Chesterfield oder mit dem gottlosen Zynismus eines Rochester. Ich zeigte eine eigentümliche Gelehrtheit, ganz anders als das mönchhafte Wissen, über das ich in meiner Jugend gebrütet hatte, und beschrieb die Vorsatzblätter meiner Bücher mit lockeren, improvisierten Spottgedichten, die an Gay, Prior und die begabtesten augustinischen Gelehrten und Verseschmiede erinnerten. Eines Morgens beim Frühstück kam es fast zur Katastrophe, als ich in Nachahmung eines angetrunkenen Tonfalls einen Erguss weinseligen Frohsinns des achtzehnten Jahrhunderts, ein Stück georgischer Ausgelassenheit, die nie in einem Buch gestanden hat, zum Besten gab, der etwa so lautete:

Her zu mir, Freunde, mit den Humpen voll Bier,
Und trinkt auf das Jetzt, solang ihr noch hier,
Häuft auf die Teller euch ein gut's Stück vom Rind,
Denn Speisen und Trank geben, dass fröhlich wir sind:
So füllt Euer Glas,
Bald endet der Spaß;
Weil auf König und Maid leert ein Toter kein Fass!

Anakreons Nase war rot, sag einer an;
Doch stört so'n Zinken einen lustigen Mann?
Zum Henker! Rot bin ich lieber vom Gerstensaft,
Als weiß wie 'ne Lilie – und in Grabeshaft!
Nun, Betty, mein Schatz,
Komm gib mir 'nen Schmatz;
Denn für Wirtstöchter ist in der Hölle kein Platz!

Jung Harry ist auch nicht mehr ganz taufrisch,
Verliert bald die Peruk' und rutscht unter'n Tisch
Doch füllt die Pokale, lasst mir keinen geleert –
Besser doch unter'm Tisch als unter der Erd!
So schwelget und schluckt,
Wenn der Durst Euch juckt;
Sechs Fuß unter'm Rasen wird sich nicht gemuckt!

Hol's der Teufel! Ich kann kaum mehr geh'n;
Verdammich, und auch weder reden noch steh'n!
Heh, Gastwirt, schaff Er mir Platz auf einer Bank;
Ich bleib noch was hier, denn meine Frau ist krank!
Jetzt setz' ich mich hin;
Sonst schlag ich lang hin,
Doch treib' ich's lustig, solang ich auf Erden bin!

Ungefähr um diese Zeit entwickelte sich meine heutige Angst vor Feuer und Gewitter. Waren mir diese Dinge zuvor gleichgültig gewesen, empfand ich nun eine unaussprechliche Furcht davor und zog mich in die innersten Räume des Hauses zurück, wenn sich am Himmel ein solches elektrisches Schauspiel ankündigte. Eine meiner beliebtesten Zufluchtsstätten war der verfallene Keller des abgebrannten Herrenhauses, und ich stellte mir immer vor, wie das Gebäude wohl zu seiner Blütezeit ausgesehen hatte. Einmal verblüffte ich einen Dorfbewohner, indem ich ihn völlig selbstgewiss zu einem niedrigen Zwischenkeller führte, von dessen Existenz ich zu wissen schien, obwohl dieser schon seit Generationen nicht mehr aufgesucht worden und in Vergessenheit geraten war.

Zuletzt geschah, was ich schon lange befürchtet hatte. Meine Eltern, beunruhigt vom veränderten Verhalten und Erscheinungsbild ihres einzigen Sohnes, begannen über meine Unternehmungen ein Spionagenetz auszubreiten, das zu einer Katastrophe zu führen drohte. Ich hatte niemandem von meinen Besuchen des Grabes erzählt und mein Geheimnis seit den Kindertagen mit religiöser Inbrunst gehütet, doch nun war ich gezwungen, bei meinem Weg durch die Irrgärten der bewaldeten Senke Vorsicht walten zu lassen und mögliche Verfolger abzuschütteln. Meinen Schlüssel zur Gruft, von dem nur ich wusste, trug ich an einer Schnur um den Hals. Niemals nahm ich etwas von den Dingen, die ich im Grabmal entdeckte, mit hinaus.

Eines Morgens, als ich aus dem feuchten Grab herauskam und mit zitternden Händen die Kette vor dem Portal verschloss, gewahrte ich im Dickicht das schon lange befürchtete Gesicht eines Beobachters. Das unvermeidbare Ende war nah, denn meine Laube war entdeckt und das Ziel meiner nächtlichen Ausflüge enthüllt. Der Mann sprach mich nicht an, deshalb eilte ich nach Hause, um zu belauschen, was er meinem sorgengeplagten Vater berichtete. Standen meine Besuche hinter der mit Ketten verschlossenen Tür davor, aller Welt bekannt zu werden? Stellen Sie sich meine freudige Überraschung vor, als ich hörte, wie der Spion meinen Eltern in vorsichtigem Flüstern mitteilte, *dass ich die Nacht in der Laube vor dem Grab verbracht* und mit schläfrigen Augen den schmalen Spalt in der verschlossenen Tür betrachtet hätte. Welches Wunder hatte den Beobachter so in die Irre geleitet? Nun war ich überzeugt, dass eine übernatürliche Macht mich beschützte. Durch diese gottgesandten Umstände wurde ich kühn und begab mich ganz offen zu der Gruft, überzeugt davon, dass niemand mein Eintreten sehen könne. Ich muss nicht lange beschreiben, dass ich eine Woche lang in vollen Zügen die Freuden dieser Leichenfledderei genoss, bis sich das *Ding* zeigte und ich zu dieser verfluchten Heimstatt des Kummers und der Eintönigkeit gebracht wurde.

Ich hätte in jener Nacht nicht hinausgehen sollen, denn ein Hauch von Donner lag in den Wolken und aus dem stinkenden Sumpf am Grund der Senke stieg ein höllisches Phosphoreszieren auf. Auch der Ruf der Toten war anders. Statt des Grabmals am Hang rief jetzt der niedergebrannte Keller auf der Hügelkuppe nach mir, und der dort herrschende Dämon streckte seine unsichtbaren Finger nach mir aus. Als ich aus einem davor liegenden Hain auf die Lichtung vor die Ruinen trat, sah ich im dunstigen Mondlicht etwas, das ich immer irgendwie erwartet hatte. Das seit einem Jahrhundert zerstörte Herrenhaus erhob sich vor dem staunenden Betrachter wieder in seiner alten Pracht, und alle Fenster glänzten im Licht unzähliger Kerzen. Die Kutschen der Bostoner Honoratioren rollten die lange Auffahrt hinauf, während eine vielköpfige Abordnung gepuderter Stutzer der benachbarten Herrensitze zu Fuß ankam. Ich mischte mich unter die Menge, obwohl mir klar war, dass ich eher zu den Gastgebern als zu den Gästen gehörte. Überall im Saal war Musik, Gelächter, und der Wein floss in Strömen. Ich erkannte eine Reihe von Gesichtern, doch es wäre einfacher gewesen, wenn sie eingeschrumpft oder von Tod und Verfall aufgelöst gewesen wären. In einer wilden und unbändigen Menge war ich der Wildeste und Ausgelassenste. Schreckliche Gotteslästerungen flossen über meine Lippen, und in entsetzlichen Ausbrüchen achtete ich kein Gesetz Gottes, der Menschen oder der Natur.

Plötzlich erklang hoch oben im Dach ein Donnerschlag, dessen Dröhnen selbst noch die ekelhafte Feier übertönte, und brachte die betrunkene Gesellschaft zum Schweigen. Rote Flammenzungen und sengende Hitze schlossen das Haus ein und die vom Grauen eines Unheils, das selbst noch die Grenzen der ungezügelten Natur überschritt, gepackten Zecher flohen schreiend in die Nacht. Ich blieb als Einziger zurück, von einer niederschmetternden Angst, wie ich sie niemals zuvor verspürt hatte, in meinen Sessel gebannt. Und dann ergriff ein weiteres Grauen Besitz von mir. Wenn ich bei lebendigem Leib verbrannte und meine Asche in alle Winde zerstreut würde, *dann würde ich nie im Grabmal der Hyde beerdigt werden!* Stand dort nicht schon mein Sarg für mich bereit? Hatte ich nicht das Recht bis zum Ende aller Tage zwischen den Nachkommen von Sir Geoffrey Hyde zu ruhen? Jawohl! Ich würde mein Erbe im Grabmal beanspruchen, selbst wenn meine Seele die Zeitalter auf der Suche nach einer anderen passenden Wohnstatt durchstreifen müsste, die dann den freien Platz in der Nische in der Gruft einnehmen würde. *Jervas Hyde* wird niemals das traurige Schicksal des Palinurus teilen!

Als das Trugbild des brennenden Hauses verblasste, befand ich mich schreiend und um mich schlagend in den Armen zweier Männer, einer davon war der Spion, der mir zur Gruft gefolgt war. Es goss in Strömen, und am südlichen Horizont zuckten Blitze eines Gewitters, das vor kurzem über uns hinweggezogen war. Mein Vater stand mit sorgenvollem Gesicht dabei, als ich forderte, in das Grab gelegt zu werden, und beschwor die Männer in einem fort, mich so sanft wie möglich zu behandeln. Ein schwarzer Kreis auf dem Boden des zusammengefallenen Kellers zeugte von einem heftigen Blitzeinschlag, und von dort brachte eine Gruppe von Dorfbewohnern mit Laternen ein kleines altertümliches Kästchen, das der Blitzschlag ans Licht gefördert hatte.

Ich gab meine vergeblichen und nutzlosen Befreiungsversuche auf und beobachtete die Anwesenden, wie sie ihren Schatzfund begutachteten, und man erlaubte mir, daran teilzunehmen. Das Kästchen, dessen Schlösser von dem Blitz, der es zutage gefördert hatte, aufgebrochen worden waren, enthielt viele wertvolle Papiere und Dinge, doch ich hatte nur Augen für ein einziges. Es war eine Porzellanminiatur eines jungen Mannes mit hübscher Perücke und trug die Initialen »J. H.«. Das Gesicht vermittelte mir den Eindruck, in einen Spiegel zu schauen.

Am nächsten Tag brachte man mich in diesen Raum mit den vergitterten Fenstern, doch durch einen alten und einfältigen Diener, den ich in meiner Kindheit gemocht hatte und der wie ich den Friedhof liebt, wurde ich über bestimmte Dinge informiert. Was ich gewagt hatte, über meine Erlebnisse in der Gruft zu berichten, brachte mir nur mitleidiges Lächeln ein. Mein Vater, der mich regelmäßig besucht, behauptet, ich hätte nie das verschlossene Portal durchschritten, und beschwor, dass, nachdem er es untersucht hatte, das verrostete Vorhängeschloss in den letzten fünfzig Jahren nicht berührt worden sei. Er sagte auch, dass alle Dorfbewohner von meinen Besuchen bei der Gruft gewusst hätten und man mich häufig beobachtet hätte, wenn ich in der Laube vor der schaurigen Fassade schlief, die halb offenen Augen auf den Spalt gerichtet, der ins Innere führte. Gegen diese Behauptungen habe ich keinen stichhaltigen Beweis anzubieten, denn ich habe meinen Schlüssel bei dem Handgemenge in jener grausigen Nacht verloren. Die seltsamen Dinge aus der Vergangenheit, die ich bei meinen nächtlichen Treffen mit den Toten erfahren habe, tat er als Ausgeburten meiner lebenslangen und alles bestimmenden Beschäftigung mit den alten Büchern in der Familienbibliothek ab. Gäbe es nicht meinen alten Diener Hiram, dann wäre ich zu diesem Zeitpunkt schon vom meinem Wahnsinn überzeugt gewesen.

Hiram aber, treu bis in den Tod, bewahrte seinen Glauben an mich und hat das getan, was mich dazu brachte, zumindest Teile meiner Geschichte an die Öffentlichkeit zu bringen. Vor einer Woche hat er das Schloss an der Kette, die das Grab verschließt, aufgebrochen und stieg mit einer Laterne in die düstere Tiefe hinab. Auf einer Platte in einer Nische fand er einen alten, aber leeren Sarg, dessen angelaufene Platte nur ein einziges Wort trug: *Jervas*. Sie versprachen mir, mich in diesem Sarg und in dieser Gruft zu beerdigen.

Die Aussage des Randolph Carter

Ich wiederhole es noch einmal, meine Herren, Ihre Untersuchung ist nutzlos. Sperren Sie mich hier auf ewig ein, wenn Sie möchten, legen Sie mich in Ketten oder erschießen Sie mich, wenn Sie ein Opfer brauchen, um die Illusion dessen aufrechtzuerhalten, was Sie Gerechtigkeit nennen. Ich kann nicht mehr sagen, als ich schon gesagt habe. Ich habe Ihnen vorbehaltlos alles mitgeteilt, an was ich mich erinnern kann. Ich habe nichts verschwiegen und nichts verändert, und wenn etwas unklar blieb, dann liegt das an der dunklen Wolke, die sich über meinen Geist gelegt hat – diese Wolke und die unklare Natur der Schrecken, die für sie verantwortlich ist.

Nochmals erkläre ich, dass ich nicht weiß, was aus Harley Warren geworden ist, doch ich denke – hoffe fast –, dass ihm ein friedliches Vergessen zuteilgeworden ist, wenn es so eine Gnade überhaupt gibt. Es stimmt, ich bin fünf Jahre lang sein engster Freund gewesen und habe teilweise seine schreckliche Erforschung des Unbekannten unterstützt. Ich stelle nicht in Abrede, wenn meine Erinnerung auch ungenau und verschwommen ist, dass Ihr Zeuge, wie er behauptet, uns vielleicht um halb zwölf in jener grässlichen Nacht zusammen gesehen hat, wie wir auf dem Berg Gainsville in Richtung des Großen Zypressensumpfs gegangen sind. Und dass wir Taschenlampen, Spaten und eine merkwürdige Kabeltrommel mit daran befestigten Instrumenten bei uns hatten, will ich auch bestätigen, denn diese Dinge spielen eine Rolle in der fürchterlichen Szene, die in meinem verwirrten Gedächtnis eingebrannt ist. Doch was dann folgte, und warum ich am nächsten Morgen alleine und benommen am Rand des

Sumpfs gefunden wurde, darüber weiß ich nichts Genaues, was ich Ihnen aber schon immer und immer wieder gesagt habe. Sie behaupten, in dem Sumpf oder in der Nähe gäbe es nichts, was Ursache der schrecklichen Ereignisse hätte sein können. Ich wiederhole: Ich weiß nichts über das hinaus, was ich gesehen habe. Vielleicht eine Vision oder ein Alptraum – ich hoffe inbrünstig, dass es eine Vision oder ein Alptraum war. Dies ist meine ganze Erinnerung an die Geschehnisse in den grauenhaften Stunden, nachdem wir aus dem Blickfeld der Menschen verschwunden waren. Und warum Harley Warren nicht zurückkehrte, wissen nur er oder sein Schatten – oder irgendein namenloses Ding, das ich nicht beschreiben kann.

Ich habe schon gesagt, dass ich mit den abseitigen Studien des Harley Warren gut vertraut bin und sie bis zu einem gewissen Grad auch unterstützt habe. Aus seiner großen Sammlung von fremden, seltenen Büchern über verbotene Dinge, habe ich all die gelesen, deren Sprache ich verstand, doch das waren nur sehr wenige, verglichen mit denen, deren Sprache in nicht kannte. Ich glaube, die meisten waren in Arabisch abgefasst und das Buch von üblem Geist, das zum Untergang führte – das Buch, das er beim Verlassen dieser Welt in seiner Tasche hatte –, war in Schriftzeichen verfasst, die ich nirgendwo sonst gesehen habe. Warren hätte mir nie gesagt, was in diesem Buch steht. Nun, bezüglich unserer Studien muss ich noch einmal wiederholen, dass ich mich kaum noch daran erinnern kann. Mir erscheint es eine Gnade, dass ich es nicht kann, denn es waren schreckliche Studien, die ich mehr aus widerstrebender Faszination als aus wirklicher Neigung durchführte. Warren war immer der Beherrschende, und manchmal fürchtete ich ihn. Ich erinnere mich noch, wie sein Gesichtsausdruck in der Nacht vor den schrecklichen Ereignissen mich erschaudern ließ, als er unentwegt von seiner Theorie sprach, warum bestimmte Leichen nie verrotten, sondern unverändert fest und fett tausend Jahre lang in ihren Gräbern liegen. Jetzt aber fürchte ich ihn nicht mehr, denn ich glaube, dass er ein Grauen weit jenseits meines Vorstellungsvermögens erfahren hat. Jetzt fürchte ich um ihn.

Noch einmal erkläre ich, dass ich keine genaue Vorstellung von dem habe, was wir in dieser Nacht vorhatten. Ganz sicher hatte es eine Menge mit dem Inhalt des Buches zu tun, das Warren bei sich trug – das uralte Buch mit den unentzifferbaren Zeichen, das er einen Monat zuvor aus Indien erhalten hatte –, doch ich schwöre, dass ich keine Ahnung hatte, was wir suchten. Ihr Zeuge sagt, dass er uns um halb zwölf am Gainsville in Richtung des Großen Zypressensumpfs hat laufen gesehen. Das ist wahrscheinlich richtig, aber ich kann mich nicht erinnern. In meinem Bewusstsein ist nur eine Szene eingebrannt, und es muss lange nach Mitternacht gewesen sein, denn der schwindende Halbmond stand hoch am trüben Himmel.

Wir befanden uns auf einem uralten Friedhof, so alt, dass mich die vielen Anzeichen unendlicher Jahre erschaudern ließen. Ich befand mich in einer tiefen feuchten Kuhle, die von hohen Gräsern, Moos und merkwürdigen Ranken überwachsen war, und es herrschte ein schwacher Geruch, den meine eingeschränkte Fantasie absonderlicherweise mit verwesendem Stein in Verbindung brachte. Rings um uns waren die Anzeichen von Verwahrlosung und Niedergang, und ich schien erschreckt von der Vorstellung, dass Warren und ich die ersten lebenden Wesen waren, die seit Jahrhunderten diese Totenstille störten. Über dem Rand des Tals lugte verschwommen die bleiche Sichel des Mondes durch ekelerregende Dämpfe, die aus unbekannten Katakomben zu kommen schienen. In dem schwachen, zitternden Mondlicht konnte ich eine Reihe abstoßender Grabsteine, Urnen, Ehrenmäler und die Fassaden von Mausoleen erkennen, die sämtlich verfallen, moosbewachsen, von der Feuchtigkeit verschmutzt und teilweise unter der fetten Üppigkeit der unheilvollen Vegetation verborgen waren.

Meine erste klare Erinnerung an meine Anwesenheit auf diesem schrecklichen Gräberfeld zeigt mir, wie ich mit Warren vor einer bestimmten, halbverfallenen Gruft stehen blieb und wie wir einiges Gepäck ablegten, das wir wohl mit uns getragen hatten. Jetzt fiel mir auf, dass ich eine Taschenlampe und zwei Spaten bei mir hatte, während mein Gefährte eine ebensolche Taschenlampe und einen tragbaren Telefonapparat mitführte. Es fiel kein Wort, denn der Ort und die Aufgabe schienen uns bekannt zu sein, und ohne zu zögern ergriffen wir die Spaten und befreiten die flache, vorzeitliche Grabstätte von Gras, Gestrüpp und darüber gefallener Erde. Nachdem wir die Oberfläche, die aus drei immensen Granitplatten bestand, gereinigt hatten, traten wir einige Schritte zurück, um die gesamte Grabstätte überblicken zu können, und Warren schien im Kopf einige Berechnungen anzustellen. Dann ging er zu der Grabstätte zurück und setzte seinen Spaten als Hebel ein, um die Platte anzuheben, die am nächsten bei den Ruinen lag, die vor langer Zeit einmal ein Denkmal gewesen waren. Es gelang ihm nicht, und er gab mir ein Zeichen, dass ich ihm helfen sollte. Zu guter Letzt lockerten unsere gemeinsamen Anstrengungen die Steinplatte, wir hoben sie an und kippten sie zur Seite.

Das Entfernen der Platte legte eine schwarze Öffnung frei, aus der übel riechende Gase entströmten, die so ekelerregend waren, dass wir vor Grauen zurückwichen. Trotzdem näherten wir uns nach einem kurzen Moment wieder der Grube und stellten fest, dass die Ausdünstungen jetzt besser zu ertragen waren. Im Licht unserer Taschenlampen sahen wir das obere Ende einer Steintreppe, auf der irgendwelche ekelhafte Feuchtigkeit des Erdinneren stand und die von feuchten, mit Salpeter überzogenen Mauern eingefasst wurde. An dieser Stelle erinnere ich mich zum ersten Mal, dass gesprochen wurde. Warren sprach mit seiner weichen Tenorstimme lange auf mich ein. Er zeigte keinerlei Verunsicherung durch unsere furchteinflößende Umgebung.

»Es tut mir leid, aber ich muss Sie bitten, hier oben zu bleiben«, sagte er, »aber es wäre unverantwortlich, jemanden mit so schwachen Nerven wie Sie dort hinunterzulassen. Sie können sich nicht vorstellen, selbst nicht auf Grundlage von dem, was Sie gelesen und ich Ihnen erzählt habe, was ich dort unten sehen und tun werde. Das ist Teufelswerk, Carter, und ich bezweifle, dass jemand ohne eiserne Nerven das je durchstehen und gesund wieder hier heraufkommen könnte. Ich möchte Sie nicht beleidigen, und der Himmel weiß, dass ich froh bin, Sie bei mir zu haben, doch die Verantwortung liegt ohne Zweifel bei mir, und ich kann kein Nervenbündel wie Sie dort unten gebrauchen, wo möglicherweise Tod und Wahnsinn warten. Ich sage Ihnen, Sie können sich nicht vorstellen, was dieses Ding wirklich ist! Doch ich verspreche Ihnen, Sie über jeden meiner Schritte über das Telefon zu informieren – sehen Sie, das Kabel hier reicht einmal bis zum Mittelpunkt der Erde und zurück.«

Ich kann in meinem Kopf immer noch diese kaltblütig gesprochenen Worte hören und erinnere mich noch an meine Einwände. Ich schien verzweifelt darauf aus zu sein, meinen Freund in diese unheimlichen Tiefen zu begleiten, doch er war nicht umzustimmen. Er drohte sogar, das Unternehmen abzubrechen, wenn ich nicht einlenken würde. Eine Drohung, die ihren Zweck nicht verfehlte, denn nur er allein hatte den Schlüssel zu diesem Ding. An all das kann ich mich noch erinnern, obwohl ich nicht mehr weiß, was für ein Ding das war. Nachdem ich widerstrebend seinem Plan zugestimmt hatte, nahm Warren die Kabeltrommel und richtete die Instrumente ein. Auf sein Nicken hin nahm ich einen der Apparate und setzte mich auf einen alten, verblichenen Grabstein direkt neben dem frisch geöffneten Grab. Dann schüttelte er mir die Hand, schulterte die Kabeltrommel und verschwand in dem unbeschreiblichen Beinhaus.

Eine Minute lang sah ich noch das Licht seiner Taschenlampe und hörte das Klappern des Drahts, der hinter ihm auf den Boden sank, doch das Licht war schon bald verschwunden, so als ob er um eine Biegung der Steintreppe gegangen wäre, und die Geräusche erstarben ebenfalls. Ich war allein, aber durch die magischen Schnüre, deren isolierte Oberfläche im verschwommenen Licht der Mondsichel grün glänzte, an die unbekannten Tiefen gefesselt.

Ich kontrollierte im Licht der Taschenlampe unentwegt meine Uhr und lauschte mit fiebernder Ungeduld am Telefonhörer, doch über eine Viertelstunde lang hörte ich nichts. Dann vernahm ich ein schwaches Klicken aus dem Apparat und rief meinen Freund mit angespannter Stimme. Obwohl ich mit allem rechnete, war ich doch nicht auf die Worte vorbereitet, die beunruhigt und zitternd, wie ich es bei Harley Warren noch nie erlebt hatte, aus der schrecklichen Gruft zu mir heraufdrangen. Er, der mich vor kurzer Zeit so selbstsicher verlassen hatte, sprach nun von dort unten zu mir mit einem zitternden Flüstern, das bedrohlicher klang als der lauteste Schrei.

»Mein Gott! Wenn Sie sehen könnten, was ich sehe!«

Ich konnte nicht antworten. Ich konnte nur stumm abwarten. Dann erklangen wieder fast wahnsinnige Worte.

»Carter, es ist schrecklich, monströs, unbeschreiblich!«

Diesmal setzte meine Stimme nicht aus, und ich stieß eine Flut von aufgeregten Fragen in das Telefon. Von Grauen gepackt wiederholte ich immer wieder: »Warren, was ist es? Was ist es?«

Einmal mehr erklang die von Angst raue Stimme meines Freundes, doch nun schwang auch Verzweiflung mit.

»Das kann ich Ihnen nicht beschreiben, Carter! Es ist weit jenseits des Vorstellbaren – ich wage nicht, es Ihnen zu beschreiben – kein Mensch kann weiterleben, wenn er es gesehen hat. Großer Gott, davon habe ich nie geträumt.«

Wieder kehrte Stille ein, nur unterbrochen vom Strom meiner unzusammenhängenden, ängstlichen Fragen. Dann erklang Warrens Stimme schrill vor tiefster Bestürzung.

»Carter, um Gottes Willen, schließen Sie die Gruft mit der Granitplatte und sehen Sie, dass Sie wegkommen, wenn Sie können! Schnell! Lassen Sie alles stehen und liegen und versuchen Sie wegzukommen … das ist Ihre einzige Chance! Machen Sie, was ich gesagt habe, und stellen Sie keine Fragen!«

Ich hatte es gehört, war aber nur in der Lage, meine dummen Fragen zu wiederholen. Um mich herum waren die Gräber, die Dunkelheit und die Schatten, unter mir eine Bedrohung, die außerhalb des menschlichen Vorstellungsvermögens lag. Mein Freund befand sich allerdings in größerer Gefahr als ich, und trotz meiner Angst hatte ich das vage Gefühl, er würde mich dafür verfluchen, wenn ich ihn unter solchen Umständen allein ließe.

»Hau ab, Carter! Um Gottes Willen, schieb die Platte wieder drauf und hau ab, Carter!«

Etwas in der knabenhaften Ausdrucksweise meines offensichtlich hilflosen Gefährten gab mir meine Handlungsfähigkeit zurück. Ich traf eine Entscheidung und schrie sie zu ihm hinunter. »Warren, fass dich! Ich komme runter!« Doch bei dieser Ankündigung verwandelte sich der Tonfall meines Gefährten in einen Schrei der Verzweiflung.

»Nein! Du verstehst das nicht! Es ist zu spät und mein eigener Fehler. Schieb die Platte darüber und lauf weg – es gibt nichts, was du oder sonst jemand jetzt noch tun könnte!«

Der Klang der Stimme veränderte sich erneut und wurde jetzt weicher, so als ob Warren hoffnungslose Verzweiflung ergriffen hätte, dennoch schien er weiterhin von Angst geschüttelt.

»Schnell, bevor es zu spät ist!«

Ich versuchte, nicht darauf zu achten, versuchte die Lähmung, die mich gepackt hatte, abzustreifen und mein Vorhaben, ihm zu Hilfe zu kommen, auszuführen. Doch seine nächsten Worte erreichten mich noch in den Klauen unsäglichen Grauens.

»Carter, beeil dich! Es hat keinen Sinn, du musst fliehen. Besser nur einer als alle zwei … die Platte …«

Eine Pause, dann ein Klicken und die schwache Stimme von Warren.

»Es ist fast vorbei … mach es nicht noch schlimmer … verschließe diese verdammte Treppe und lauf um dein Leben … du verlierst Zeit … mach's gut, Carter … wir werden uns nicht wiedersehen.«

An dieser Stelle wurde Warrens Flüstern zu einem Schrei, ein Schrei, der sich in ein Kreischen verwandelte, in dem das Grauen aller Zeitalter lag.

»Verflucht seien diese Ausgeburten der Hölle, es sind unzählige. Mein Gott! Hau ab! Hau ab! HAU AB!«

Danach herrschte Stille. Ich weiß nicht, wie viele unendliche Äonen ich wie betäubt dasaß und in dieses Telefon flüsterte, murmelte, rief und schrie. Immer und immer wieder äonenlang flüsterte, murmelte, rief und schrie ich: »Warren! Warren! Antworte … bist du noch da?«

Und dann kam das Grauen über mich, das alles übertraf – das unglaubliche, undenkbare und fast unbeschreibbare Ding. Ich habe gesagt, dass Äonen vergangen zu sein schienen, seit Warren seine letzte, verzweifelte Warnung herausgeschrien hatte, und dass nun meine eigenen grässlichen Schreie die Stille zerrissen. Doch nach einer Weile klickte der Telefonapparat wieder, und ich bemühte mich, etwas zu hören. Wieder rief ich hinunter: »Warren, bist du da?«, und dann antwortete das Ding, das meinen Geist umwölkt hat. Meine Herren, ich werde nicht versuchen, dieses Ding zu erklären, diese Stimme, noch kann ich es im Einzelnen beschreiben, denn die ersten Worte schon raubten mir das Bewusstsein und ließen meinen Geist zu einem unbeschriebenen Blatt werden, bis zu dem Zeitpunkt als ich im Krankenhaus erwachte. Sollte ich sagen, dass die Stimme tief war, hohl, gallertartig, weit entfernt, unirdisch, nicht menschlich, körperlos? Was soll ich sagen? Das ist das Ende meines Erlebnisses und das Ende meiner Geschichte. Ich hörte diese Stimme und weiß nichts darüber hinaus – hörte sie, als ich versteinert auf diesem unbekannten Friedhof saß, in der Kuhle zwischen verwitterten Steinen und den verfallenen Gräbern, der wuchernden Vegetation und dem Verwesungsgeruch – habe sie deutlich aus den innersten Tiefen dieses verfluchten Grabes vernommen, als ich die amorphen, aasfressenden Schatten im untergehenden Mond tanzen sah. Und das hat sie gesagt:

»Du Narr, Warren ist TOT!«

Die Ratten im Gemäuer

Nachdem alle Arbeiten beendet waren, zog ich am 16. Juli 1923 in die Burg von Exham. Die Restauration war eine enorme Aufgabe gewesen, denn von dem verlassenen Gebäude war wenig mehr als Ruinen übrig gewesen, doch es war der Sitz meiner Vorfahren, sodass mich keine Kosten abschreckten. Seit der Zeit James I. war das Gebäude nicht mehr bewohnt, als eine abscheuliche, doch weitgehend ungeklärte Tragödie den Hausherrn, fünf seiner Kinder und einige Bedienstete dahingerafft und den dritten, einzig überlebenden Sohn unter dem Schatten von Aberglaube und Grauen vertrieben hatte, der mein direkter Vorfahr und einziger Überlebender dieses verabscheuungswürdigen Geschlechts war.

Da der einzige Erbe des Mordes bezichtigt wurde, fiel der Besitz an die Krone zurück. Der Beschuldigte hatte keinen Versuch unternommen, sich zu entlasten oder seinen Besitz zurückzuerlangen. Von einem Grauen gepackt, das größer war als Gewissensqualen oder die Angst vor dem Gesetz, hatte er nur den einzigen Wunsch, das alte Gebäude aus seinem Blickfeld und seiner Erinnerung zu verbannen. Aus diesem Grund floh Walter de la Poer, elfter Baron von Exham, nach Virginia und gründete die Familie, die im nächsten Jahrhundert als Delapore bekannt wurde.

Die Burg von Exham blieb unbewohnt, obwohl sie später den Ländereien der Norry zugeschlagen wurde und sie aufgrund ihrer besonderen Architektur häufig als Studienobjekt diente. Die Bauweise beinhaltete gotische Türme, die sich auf angelsächsischen oder romanischen Mauern erhoben, deren Fundamente wiederum noch älter waren und, wenn man den Legenden glauben will, auf römische, druidische oder walisische Ursprünge zurückgehen. Die Fundamente waren etwas Einzigartiges, denn sie waren auf der einen Seite Teil des Kalksteinfelsens, von dessen Kamm die Burg ein ödes Tal drei Meilen westlich von dem Dorf Anchester überblickte.

Architekten und Altertumsforscher untersuchten gerne dieses absonderliche Relikt aus vergessenen Jahrhunderten, doch die Landbevölkerung hasste es. Sie hassten es schon seit Jahrhunderten, als meine Vorfahren noch dort lebten, und sie hassten es jetzt, mit dem Moos und dem Schlamm des Verfalls daran. Es hatte keinen Tag gedauert, dann hatte ich in Anchester schon erfahren, dass es sich um ein verfluchtes Anwesen handelte. Und in dieser Woche haben die Arbeiter die Burg von Exham gesprengt und sind dabei, die letzten Spuren ihrer Fundamente zu zerstören. Die nackten Fakten meiner Abstammung habe ich immer gekannt, auch dass mein erster amerikanischer Vorfahr unter merkwürdigen Umständen in die Kolonien gekommen war. Was die Einzelheiten betrifft, hatte ich nicht die leiseste Ahnung, denn die Delapores waren immer sehr verschwiegen. Ganz anders als unsere benachbarten Plantagenbesitzer brüsteten wir uns nicht mit Kreuzrittern als Vorfahren oder anderen Helden des Mittelalters und der Renaissance, und auch wurde in der Familie kein großes Aufhebens über unsere Abstammung gemacht, außer was in einem versiegelten Umschlag stand, der vor dem Bürgerkrieg von jedem Familienoberhaupt dem ältesten Sohn übergeben wurde und nach seinem Tod zu öffnen war. Unser Ruhm beschränkte sich auf das, was wir uns nach der Einwanderung erarbeitet hatten, der Ruhm einer stolzen und ehrwürdigen, doch reservierten und zurückgezogenen Familie in Virginia.

Während des Bürgerkrieges verloren wir unser Vermögen, und unser Leben änderte sich völlig, als Carfax, unser Anwesen am Ufer des Flusses James, niedergebrannt wurde. Mein betagter Großvater war in dem fürchterlichen Flammenmeer umgekommen und mit ihm der Umschlag, der uns mit unserer Vergangenheit verband. Ich erinnere mich noch heute daran, wie ich im Alter von sieben Jahren das Feuer erlebte, die Rufe der Konföderierten Soldaten, die Schreie der Frauen und das Heulen und Beten der Neger. Mein Vater war bei der Armee, die Richmond verteidigte, und nach vielen Formalitäten wurden meine Mutter und ich durch die Linien gelassen, um sich ihm anzuschließen.

Am Ende des Krieges gingen wir alle in den Norden, von wo meine Mutter stammte, und ich wurde erwachsen, erreichte die mittleren Jahre und wurde als abgestumpfter Yankee reich. Weder mein Vater noch ich erfuhren je, was sich in dem Umschlag unserer Abstammung befunden hatte, und als ich mich dem grauen Geschäftsleben in Massachusetts widmete, verlor ich jegliches Interesse an den Geheimnissen, die offensichtlich weit unten in unserem Stammbaum lauerten. Wenn ich geahnt hätte, welcher Art sie waren, hätte ich freudig die Burg von Exham dem Moos, den Fledermäusen und den Spinnweben überlassen.

Als mein Vater 1904 starb, gab es keine Botschaft mehr, die er mir oder meinem einzigen Kind, Alfred, einem zehnjährigen Jungen ohne Mutter, hätte hinterlassen können. Dieser Junge war es, der die Familientradition wieder aufleben ließ, obwohl ich ihm nur ein paar Bruchstücke über unsere Vergangenheit mitteilen konnte, schrieb er mir von einigen interessanten alten Legenden, als er im Ersten Weltkrieg 1917 als Pilot nach England kam. Augenscheinlich hatten die Delapores eine abwechslungsreiche und auch dunkle Geschichte, denn ein Freund meines Sohns, Hauptmann Edward Norrys vom Royal Flying Corps, der in der Nähe unseres Familiensitzes in Anchester beheimatet war, berichtete vom Aberglauben der Landbevölkerung, den nur wenige Schriftsteller an Wildheit und Unglaublichem in der Lage wären, zu überbieten. Norry selbst nahm die Sache natürlich nicht ernst, doch mein Sohn fand Gefallen daran und füllte damit seine Briefe an mich. Zweifellos haben die Legenden meine Aufmerksamkeit auf unser überseeisches Erbe gelenkt und mich dazu gebracht, unseren Familiensitz zu erwerben und zu restaurieren, den Edward Norrys Alfred in seiner bildschönen Abgeschiedenheit gezeigt und angeboten hatte, einen sehr guten Preis dafür herauszuschlagen, da sein Onkel der momentane Besitzer wäre.

Ich kaufte die Burg 1918, wurde aber kurz darauf von meinem Plan, sie zu restaurieren, abgebracht, da mein Sohn als Kriegsinvalide heimkehrte. Während der zwei Jahre, die er noch lebte, kümmerte ich mich ausschließlich um seine Pflege und hatte sogar mein Geschäft meinen Partnern überlassen.

Im Jahr 1921 fühlte ich mich einsam und ohne Ziel, war ein Unternehmer im Ruhestand, nicht mehr jung, und beschloss, meine verbleibenden Jahre meinem neuen Besitz zu widmen. Als ich Anchester im Dezember besuchte, kümmerte sich Hauptmann Norrys, ein fülliger, liebenswerter junger Mann, um mich, der häufig an meinen Sohn gedacht hatte und mir seine Hilfe bei der bevorstehenden Restauration zusicherte, indem er Pläne und Berichte über die Burg zusammensuchte. Die Burg von Exham selbst begutachtete ich ohne besondere Gefühle, ein Haufen zusammengefallener, mittelalterlicher Ruinen, von Flechten überwachsen und überzogen mit Krähennestern. Die Mauerreste ragten gefährlich über einen Abhang, ohne Fußböden oder Innenkonstruktionen, lediglich die Steinmauern der frei stehenden Türme waren vorhanden.

Nachdem ich mir langsam eine Vorstellung verschafft hatte, wie das Gebäude vor dreihundert Jahren, als meine Vorfahren es verlassen hatten, ausgesehen hatte, begann ich, Arbeiter für den Wiederaufbau anzustellen. Dazu musste ich außerhalb der näheren Umgebung nach Leuten suchen, denn die Menschen aus dem Dorf Anchester hatten eine fast unglaubliche Furcht vor dem Ort und einen ebenso großen Hass darauf. Diese Vorurteile waren so mächtig, dass sie manchmal ihren Weg zu den Arbeitern von außerhalb fanden und viele von ihnen einfach wegliefen. Dieser Aberglaube schien sowohl das Gebäude als auch unsere Familie zu betreffen.

Mein Sohn hatte mir erzählt, dass man ihn während seines Besuches gemieden hatte, weil er ein de la Poer war, und mir ging es jetzt ähnlich, bis ich die Dorfbewohner davon überzeugte, wie wenig ich von meiner Abstammung wusste. Selbst dann brachten sie mir noch Abneigung entgegen, sodass ich meine Kenntnisse über die Geschichte des Dorfes durch Edward Norrys erhielt. Was mir die Leute nicht verziehen, war, dass ich das Symbol des Abscheus wieder aufbauen wollte, denn, ob nun vernünftig oder nicht, für sie war die Burg von Exham nichts weniger als ein Hort des Satans und der Werwölfe.

Als ich die Erzählungen, die Norrys für mich zusammentrug, in Verbindung brachte und sie mit den Berichten verschiedener Gelehrter, die die Ruinen untersucht hatten, ergänzte, fand ich heraus, dass das Gebäude auf einem Platz stand, wo sich ein prähistorischer Tempel befunden hatte, ein Druidentempel oder etwas noch Älteres, das aus der Zeit von Stonehenge stammte. Dass dort unbeschreibliche Riten durchgeführt wurden, bezweifelten nur wenige, und es gab beunruhigende Berichte, nach denen diese Rituale vom Zybelekult, den die Römer einführten, übernommen worden seien.

Inschriften, die in den unterirdischen Fundamenten noch erkennbar waren, trugen solch eindeutige Buchstaben wie: »DIV ... OPS ...MAGNA.MAT ...«, Zeichen der Magna Mater, deren dunkler Kult einstmals vergeblich den römischen Bürgern verboten wurde. Anchester war das Lager der dritten Augustinischen Legion gewesen, wie man an vielen Überbleibseln noch sehen konnte, und man sagte, dass der Tempel der Kybele prächtig und von Gläubigen überlaufen war, die namenlose Rituale unter Anleitung eines phrygischen Priesters durchführten. Die Berichte besagten zudem, dass mit dem Niedergang der alten Religion die Orgien in dem Tempel nicht aufhörten, sondern die Priester im Gewand des neuen Glaubens ihre alten Riten vollzogen. Außerdem, so hieß es, seien die Rituale nicht mit dem Abzug der Römer verschwunden und dass bestimmte Anglosachsen die Überreste des Tempels wieder in alter Form instand setzten und daraus eine Kultstätte entstand, die in der Hälfte des Siebenkönigreichs gefürchtet wurde. Um 1000 n. Chr. wurde dieser Ort in einer Chronik erwähnt als ein bedeutendes Kloster, in dem ein seltsamer und mächtiger Mönchsorden residierte und das von weitläufigen Gärten umgeben ist, die keine Mauern brauchten, um die eingeschüchterte Bevölkerung davon fernzuhalten. Es wurde nie von den Dänen zerstört, doch nach der Normanneninvasion musste ein dramatischer Niedergang stattgefunden haben, denn als Heinrich III.1261 die Ländereien meinem

Vorfahren Gilbert de la Poer, erster Baron von Exham, übereignete, gab es keinen Einspruch.

Vor diesem Zeitpunkt gibt es über meine Familie keine schlechten Zeugnisse, also musste sich danach etwas Merkwürdiges ereignet haben. In einer Chronik findet sich im Jahre 1307 ein Hinweis auf die de la Poer als »von Gott verflucht«, während die Dorflegenden nichts außer Bösem und einer schrecklichen Furcht vor der Burg berichten, die auf den Grundmauern des Tempels und des Klosters errichtet wurde. Was man sich an den Feuerstellen erzählte, war entsetzlich grauenhaft und wurde noch schlimmer durch die furchtsamen Auslassungen und das unbestimmte Drumherumreden. Meine Vorfahren wurden darin als eine Familie von ketzerischen Dämonen geschildert, gegen die Gilles de Rais und der Marquis de Sade wie blutige Anfänger erschienen, und über viele Generationen machten Gerüchte sie für das gelegentliche Verschwinden von Dorfbewohnern verantwortlich.

Die Schlimmsten sollen die Barone und ihre direkten Nachkommen gewesen sein, zumindest beschäftigten sich die meisten Geschichten mit ihnen. Wenn einer der Erben weniger abseitig veranlagt war, so wurde behauptet, dann starb er auf geheimnisvolle Weise früh, um einem Nachkommen Platz zu machen, der mehr der Art entsprach. Es schien einen inneren Zirkel in der Familie zu geben, der vom Familienoberhaupt angeführt wurde und nur ein paar Mitgliedern zugänglich war. Mehr die Veranlagung als die Abstammung regelte offensichtlich den Zugang zu diesem Zirkel, denn ihm gehörten auch einige an, die in die Familie einheirateten. Lady Margaret Trevor aus Cornwall, Gemahlin von Godfrey, dem zweiten Sohn des fünften Baron, wurde zu einem beliebten Schreckgespenst aller Kinder in der Gegend und die dämonische Heldin einer besonderen, schrecklichen Ballade, die man an der walisischen Grenze immer noch kennt. Ebenso in einer Ballade am Leben erhalten, doch als Beispiel für eine ganz andere Sache, ist die abscheuliche Geschichte von Lady Mary de la Poer, die kurz nach ihrer Heirat mit dem Earl von Shrewsfield von diesem und seiner Mutter getötet wurde, wobei beide Mörder von dem Priester, dem sie erzählten, was sie öffentlich nicht preiszugeben wagten, die Absolution erhielten und gesegnet wurden.

Diese Legenden und Balladen waren typisch für den groben Aberglauben und widerten mich entsetzlich an. Ihr Beharrungsvermögen und ihre Verbindung zu der langen Reihe meiner Vorfahren war dabei besonders abstoßend, während die Andeutung von schrecklichen Gewohnheiten unangenehm an den einzigen bekannten Skandal unter meinen unmittelbaren Vorfahren erinnerte, an meinen jungen Cousin Randolph Delapore aus Carfax, der sich unter die Neger mischte und ein Voodoopriester wurde, nachdem er aus dem amerikanisch-mexikanischen Krieg zurückgekehrt war.

Viel weniger beunruhigten mich die unbestimmten Berichte von Heulen und Stöhnen in dem kahlen, stürmischen Tal unterhalb der Kalksteinklippe, den Friedhofsgerüchen nach den Frühjahrsregen, dem zappelnden, quiekenden Ding, auf das Sir John Claves Pferd eines Nachts in einem einsamen Feld getreten war, und über den Diener, der über das, was er am helllichten Tage in dem Gebäude gesehen hatte, wahnsinnig geworden war. Das waren abgedroschene Gespenstergeschichten, und zu diesem Zeitpunkt war ich ein ausgewiesener Skeptiker. Die Berichte über das Verschwinden von Bauern konnte man nicht so leicht abtun, doch sie waren auch nichts Besonderes, wenn man von mittelalterlichen Verhältnissen ausging. Unverschämte Neugierde bedeutete den Tod, und mehr als einmal wurden die abgeschlagenen Köpfe öffentlich um das Gebäude herum zur Schau gestellt.

Einige dieser Erzählungen waren überaus bildhaft, und ich wünschte, ich hätte mich in meiner Jugend mehr mit den unterschiedlichen Mythologien beschäftigt. Zum Beispiel glaubte man, Legionen von Teufeln mit Fledermausflügeln hielten jede Nacht in dem Gebäude Hexensabbat. Diese Legionen erklärten zum Beispiel die übermäßig reiche Ernte an Feldfrüchten in den weiten Gärten. Am ausgeschmücktesten aber war der dramatische Bericht von den Ratten – dieses wogende Heer ekelhaften Ungeziefers, das drei Monate nach der Tragödie, die in der Flucht endete, aus der Burg hervorbrach – dieses glatte, schmutzige, eklige Heer, das alles vor sich her trieb und das Geflügel, Katzen, Hunde, Schafe und sogar zwei hilflose Menschen tötete, bevor seine Raserei abgeklungen war. Um diese unvergessliche Nagetierflut hatte sich ein eigener Reigen von Geschichten gebildet, denn sie kursierten zwischen den Dorfbewohnern, und in ihrem Kielwasser schwammen die Flüche und das Grauen.

Mit dieserart von Gerüchten hatte ich es zu tun, als ich mich mit einer durch das Alter bedingten Hartnäckigkeit an die Arbeit machte, das Haus meiner Vorfahren wieder aufzubauen. Man sollte aber nicht einen Moment lang glauben, dass diese Erzählungen meinen psychischen Zustand in irgendeiner Form beeinflussten. Auf der anderen Seite wurde mir von Hauptmann Norry und den Gelehrten, die mir beistanden und halfen, unausgesetzt Beifall und Ermutigung zuteil. Nachdem die Aufgabe zwei Jahre nach ihrem Beginn gelöst war, betrachtete ich die großen Räume, die getäfelten Wände, die hohen Decken, die Sprossenfenster und breiten Treppen mit einem Stolz, der mich für die immensen Kosten der Arbeiten entschädigte.

Jeder Aspekt des Mittelalters war beeindruckend wiederhergestellt, und die neuen Abschnitte verbanden sich perfekt mit den alten Mauern und Fundamenten. Der Stammsitz meiner Väter war fertig, und ich hoffte, dass mir nun doch noch der Ruhm eines Geschlechts zuteilwurde, dessen letzter Vertreter ich war. Ich würde hier wohnen und beweisen, dass ein de la Poer (ich hatte wieder die eigentliche Schreibweise des Namens angenommen) nicht notwendigerweise ein Teufel sein musste. Für meine Bequemlichkeit war natürlich gesorgt, denn wenn auch die Burg von Exham im mittelalterlichen Baustil errichtet war, war innen doch alles neu und frei von Ungeziefer und Geistern.

Wie ich schon gesagt habe, zog ich am 16. Juli 1923 ein. Mein Haushalt bestand aus sieben Bediensteten und neun Katzen, die mir besonders ans Herz gewachsen waren. Meine älteste Katze *Blacky* war sieben Jahre alt und stammte noch aus meinem Haus in Boston, Massachusetts, die anderen hatte ich mir, als die Burg restauriert wurde, während meines Aufenthalts bei Hauptmann Norrys' Familie angeschafft.

Die ersten fünf Tage waren geprägt durch außerordentliche Gelassenheit, und ich widmete mich der Auflistung der alten Familiendaten. Ich hatte inzwischen einige ausführliche Berichte von der letztendlichen Tragödie und der Flucht von Walter de la Poer zusammengetragen, von denen ich überzeugt war, dass sie der Inhalt des Umschlags waren, der beim Brand von Carfax vernichtet wurde. Es hatte den Anschein, dass mein Vorfahr zu Recht verflucht wurde, weil er alle anderen Mitglieder des Haushalts, außer vier mitbeteiligten Dienern, im Schlaf ermordet hatte. Dies geschah ungefähr zwei Wochen nach einer schockierenden Entdeckung, die sein ganzes Verhalten veränderte, die er aber niemandem sonst enthüllte, außer vielleicht den Bediensteten, die ihm halfen und danach die Flucht ergriffen.

Dieses Abschlachten, das den Vater, drei Brüder und zwei Schwestern einschloss, wurde ihm von den Dorfbewohnern verziehen und so nachlässig von den Vertretern des Gesetzes geahndet, dass der Verantwortliche geehrt, unbehelligt und offen nach Virginia auswandern konnte, wobei das allgemeine Gerücht die Runde machte, dass er das Land von einem uralten Fluch befreit hätte. Welche Entdeckung zu einer solch schrecklichen Handlung geführt haben konnte, lag außerhalb meiner Vorstellungskraft. Walter de la Poer musste schon jahrelang gewusst haben, was über seine Familie geredet wurde, sodass ihm neue Gerüchte keinen Anlass gegeben haben konnten. War er dann Zeuge eines abstoßenden, uralten Rituals geworden oder war er über ein furchtbares und enthüllendes Symbol in der Burg oder in unmittelbarer Nähe gestolpert? In England hatte er den Ruf eines zurückhaltenden, sanften Jünglings. In Virginia erschien er weniger hart und verbittert als eher gequält und ängstlich. Ein anderer herrschaftlicher Abenteurer, Francis Harley, erwähnt ihn in seinem Tagebuch als einen Mann von beispiellosem Gerechtigkeitssinn, Ehre und Geschmack.

Am 22. Juli ereignete sich der erste Zwischenfall, der, zuerst leicht abgetan, im Licht der späteren Ereignisse seine Bedeutung gewann.

Er war so beiläufig und bedeutungslos und unter den gegebenen Umständen völlig unauffällig, aber man muss sich vor Augen führen, dass ich mich in einem, mit Ausnahme der Mauern, völlig neuem Gebäude aufhielt und von gut ausgewählten Bediensteten umgeben war, sodass jegliche Vorahnung, wenn man nicht den Ort in Betracht zog, ganz abseitig war.

Woran ich mich später erinnerte, war Folgendes: mein alter schwarzer Kater, dessen Stimmungen ich gut kannte, war ohne Zweifel in einem Maße, das gar nicht seinem Charakter entsprach, beunruhigt und verängstigt. Er lief ruhelos und verstört von einem Raum in den anderen und schnüffelte unausgesetzt an den Mauern, die noch Teil des ehemaligen Bauwerks waren. Ich weiß, wie abgedroschen das klingt – wie der unvermeidliche Hund in einer Gespenstergeschichte, der immer knurrt, bevor sein Herr die Gestalt im Betttuch sieht – trotzdem kann ich es nicht ändern.

Am nächsten Tag beschwerte sich ein Diener über die Ruhelosigkeit sämtlicher Katzen im Haus. Er suchte mich in meinem Arbeitszimmer, einem hohen, nach Westen gelegenen Raum im ersten Stock auf, der weite Bögen, eine dunkle Eichentäfelung und ein dreigeteiltes spitzbogiges Fenster hatte, von dem man die Kalksteinklippe hinunter auf das öde Tal blickte, und selbst als er sprach, sah ich die schwarze Gestalt von *Blacky* an der westlichen Mauer entlangschleichen und an den neuen Paneelen kratzen, die die alte Steinmauer verkleideten.

Ich sagte dem Mann, dass es wohl einen Geruch oder eine Ausdünstung der alten Mauern gäbe, die, von Menschen nicht wahrgenommen, von den feineren Sinnen der Katzen aber selbst durch die neue Holztäfelung erfasst würden. Davon war ich wirklich überzeugt, und als der Mann vermutete, dass sich dort Mäuse oder Ratten aufhielten, erklärte ich ihm, dass es hier dreihundert Jahre lang keine Ratten gegeben hätte und man selbst die Feldmäuse aus der Umgebung nicht in diesen hohen Mauern anträfe. An diesem Nachmittag sprach ich mit Hauptmann Norrys, und er versicherte mir, dass es mehr als unwahrscheinlich sei, wenn sich Feldmäuse in so kurzer Zeit in der Burg eingenistet hätten.

An diesem Abend, als ich wie üblich den Diener entlassen hatte, zog ich mich in das westliche Turmzimmer zurück, das mein Privatgemach war und über eine Steintreppe und eine kleine Galerie aus dem Arbeitszimmer zu erreichen war, wobei die Treppe teilweise der alten Bausubstanz entstammte, die Galerie aber gänzlich neu war. Der runde Raum war sehr hoch und ohne Täfelung, sondern mit Wandbehängen versehen, die ich selbst in London ausgewählt hatte.

Als ich sah, dass *Blacky* bei mir war, schloss ich die schwere gotische Tür und begab mich beim Licht der Glühbirnen, die perfekte Imitationen von Kerzen waren, zur Ruhe. Schließlich machte ich das Licht aus und legte mich auf das Himmelbett mit der ehrwürdigen Katze an ihrem üblichen Platz auf meinen Füßen. Ich zog die Vorhänge des Bettes nicht zu, sondern blickte aus dem kleinen Nordfenster, das mir gegenüberlag. Ein heller Schein war am Himmel und ließ das feine Maßwerk des Fensters dunkel hervortreten.

Irgendwann muss ich unmerklich eingeschlafen sein, denn ich erinnere mich, aus seltsamen Träumen erwacht zu sein, als der Kater heftig von seinem angestammten Platz aufschreckte. Im schwachen Lichtschein sah ich ihn, den Kopf vorgereckt, seine Vorderbeine auf meinen Knöcheln und die Hinterbeine weit gestreckt. Er starrte intensiv auf einen Punkt in der Mauer westlich vom Fenster, einen Punkt, wo meine Augen nichts erkennen konnten, doch auf den sich jetzt meine ganze Aufmerksamkeit richtete. Während ich so schaute, wurde mir klar, dass *Blacky* nicht grundlos aufgeregt war. Ob sich die Wandbehänge nun tatsächlich bewegt haben, kann ich nicht beschwören. Doch ich meine, sie hätten sich leicht bewegt. Was ich allerdings beschwören kann ist, dass ich ein leises, deutliches Kratzen dahinter vernahm wie von Ratten oder Mäusen. Im nächsten Moment war die Katze mutig an den Wandbehang gesprungen und hatte ihn mit ihrem Gewicht heruntergerissen. Eine feuchte alte Mauer lag jetzt offen, mit einigen Ausbesserungsflecken der Restaurateure und keinerlei Anzeichen von Nagetieren.

Blacky rannte an diesem Teil der Wand auf und ab, zerfetzte den heruntergefallenen Wandbehang und versuchte, eine Pfote zwischen die Mauer und dem Eichenboden zu bekommen. Er fand aber nichts und kam nach einiger Zeit müde zu seinem Platz auf meinen Füßen zurück. Ich hatte mich die ganze Zeit nicht bewegt, aber schlafen konnte ich in dieser Nacht auch nicht mehr.

Am nächsten Morgen befragte ich sämtliche Bediensteten, doch außer dem Koch, der sich an das ungewöhnliche Verhalten einer Katze, die auf einem Fenstersims lag, erinnerte, hatte keiner von ihnen etwas Ungewöhnliches bemerkt. Diese Katze hatte irgendwann in der Nacht geheult und den Koch aufgeweckt, der dann sah, wie sie bedeutungsvoll zur offenen Tür und der dahinterliegenden Treppe starrte. Ich vertrödelte die Zeit bis zum Nachmittag und besuchte dann ein weiteres Mal Hauptmann Norrys, dessen Interesse durch meine Erzählungen geweckt wurde. Diese merkwürdigen Zwischenfälle, so geringfügig, doch auch merkwürdig sie waren, reizten seinen Sinn für das Ungewöhnliche und erinnerten ihn an eine Reihe von Geistergeschichten aus der Gegend. Wir beide waren von der Anwesenheit von Ratten überrascht, und Norrys lieh mir ein paar Fallen und Rattengift, das die Bediensteten nach meiner Rückkehr an passenden Stellen auslegten.

Ich war sehr müde und zog mich früh zurück, wurde aber von schrecklichen Träumen geplagt. Ich schien von einer sehr hohen Warte aus in eine dämmrige Grotte zu blicken, in der knietief der Dreck lag und ein dämonischer Schweinehirt mit weißem Bart mit seinem Stock eine Herde von schwammigen, zuckenden Kreaturen vor sich her trieb, deren Aussehen mich mit unerträglichem Ekel erfüllte. Als der Schweinehirte dann innehielt, überschwemmte eine mächtige Flut von Ratten den stinkenden Abgrund und tötete sowohl den Mann als auch die Kreaturen.

Aus diesen schrecklichen Träumen wurde ich durch eine plötzliche Bewegung von *Blacky* gerissen, der wie üblich auf meinen Füßen geschlafen hatte. Diesmal war der Grund für sein Fauchen und Grollen und seine Furcht klar, die ihn, ohne sich des Effekts bewusst zu sein, seine Krallen in meine Füße graben ließ. Aus allen Wänden des Raumes erklang das Ekel erregende Geräusch von hastenden, wütenden, riesigen Ratten. Kein Lichtschein erhellte diesmal den Zustand der Wandbehänge, das herabgerissene Stück war wieder angebracht worden, aber ich war nicht zu verängstigt, um das Licht anzuschalten.

Als die Glühbirnen angingen, sah ich sämtliche Wandbehänge in abscheulicher Bewegung, wobei die Muster einen einzigartigen Totentanz ausführten. Die Bewegung brach ebenso wie die Geräusche nahezu sofort ab. Ich sprang aus dem Bett und stocherte mit dem langen Griff des Bettwärmers, der ganz in der Nähe stand, in den Wandbehängen und hob einen Teil an, um zu sehen, was darunter wäre. Da war nichts außer den nackten Steinwänden, und auch die Katze nahm nichts Außergewöhnliches mehr wahr. Als ich die runde Rattenfalle im Raum untersuchte, stellte ich fest, dass alle Öffnungen zugeschnappt waren, doch es keine Spur von dem gab, was dort gefangen und wieder entkommen war.

An Schlaf war nicht mehr zu denken. Ich zündete eine Kerze an, öffnete die Tür und ging, gefolgt von *Blacky*, über die Galerie zu meinem Arbeitszimmer. Doch bevor wir noch die Steintreppe erreicht hatten, stürmte der Kater an mir vorbei und verschwand die alten Stufen hinunter. Als ich ihm folgte, vernahm ich plötzlich die Geräusche aus dem unter mir liegenden großen Raum, Geräusche, deren Ursprung nicht falsch gedeutet werden konnte.

Hinter den Eichenpanelen tobten und wüteten die Ratten, während *Blacky* wie ein genarrter Jäger hin und her rannte. Als ich unten angekommen war, schaltete ich das Licht ein, ohne dass diesmal die Geräusche verschwanden. Die Ratten tobten weiter mit solcher Macht und zielgerichtet, dass ich schließlich die Richtung ihres Zuges ausmachen konnte. Diese Biester, deren Zahl unvorstellbar war, kamen von irgendwo weit oben und zogen in ungeahnte Tiefen.

Jetzt vernahm ich Schritte in dem Gang, und kurz darauf stießen zwei Diener die schwere Tür auf. Sie suchten nach der unbekannten Ursache, die die Katzen in helle Aufregung versetzt und sie eine Reihe von Treppen hinuntergetrieben hatte, wo sie sich fauchend vor einer verschlossenen Tür zum Keller versammelten. Ich fragte, ob sie die Ratten gehört hätten, doch sie verneinten. Und als ich sie auf die Geräusche hinter der Täfelung aufmerksam machen wollte, waren diese verstummt.

Mit den zwei Männern begab ich mich zu der Kellertür, doch die Katzen waren inzwischen verschwunden. Ich beschloss, die darunter liegenden Gewölbe später zu untersuchen, doch im Moment beließ ich es bei einer Überprüfung der Fallen. Alle waren zugeschnappt, doch ohne Beute. Mich damit beruhigend, dass niemand außer mir und den Katzen die Ratten gehört hatte, blieb ich bis zum Morgen in meinem Arbeitszimmer und dachte nach, wobei ich mir jedes Bruchstück der Legenden, die ich über das Gebäude, das ich jetzt bewohnte, ausgegraben hatte, vor Augen führte.

Am Vormittag schlief ich ein wenig in dem einzigen bequemen Sessel in der Bibliothek, den mein Vorhaben, alles mittelalterlich einzurichten, verschont hatte. Später telefonierte ich mit Hauptmann Norrys, der herüberkam und mich bei der Untersuchung des Kellers unterstützte.

Wir fanden nichts, was uns weiterhalf, doch konnten wir uns angesichts der Tatsache, dass das Gewölbe von Römern gebaut worden war, eines Schauderns nicht erwehren. Jeder der niedrigen Bögen und massiven Pfeiler war römisch, nicht etwa eine beziehungslose Nachahmung der stümperhaften Angelsachsen, sondern repräsentierte die strenge und harmonische Klassik der Caesaren. Die Mauern trugen tatsächlich Inschriften, die den Gelehrten, die diesen Ort mehrfach erforscht hatten, bekannt waren. »P. GETAE. PROP … TEMP … DONA …« und »L.PRAEC … VS … PONTIFI … ATYS …«

Der Hinweis auf Atys ließ mich erzittern, denn ich hatte Catullus gelesen und wusste etwas über die abscheulichen Riten dieses orientalischen Gottes, dessen Verehrung sich mit dem der Kybele vermischte. Im Licht von Laternen versuchten Norrys und ich, die seltsamen, fast unkenntlichen Zeichen auf bestimmten unregelmäßigen Steinblöcken zu deuten, die im Allgemeinen für Altäre gehalten wurden, doch wir kamen zu keinem Ergebnis. Uns fiel ein, dass ein bestimmtes Zeichen, eine Art Sonne mit Strahlenkranz, von Gelehrten als vorrömisch angesehen wurde, was darauf hindeutete, dass diese Altäre von den römischen Priestern nur übernommen worden waren und zu einem älteren, wahrscheinlich von Ureinwohnern an dieser Stelle errichteten Tempel stammten. Auf einem dieser Blöcke befanden sich braune Flecken, die mich erstaunten. Der größte in der Mitte des Raumes trug auf seiner Oberfläche bestimmte Symbole, die auf eine Verbindung mit Feuer hindeuteten, möglicherweise Feueropfer.

Das haben wir in dem Gewölbe entdeckt, vor dessen Tür die Katzen geheult hatten und in dem Norrys und ich nun die Nacht verbringen wollten. Die Bediensteten brachten Liegen herunter und wurden angewiesen, sich nicht um das nächtliche Verhalten der Katzen zu kümmern und *Blacky* blieb zur Unterstützung und als Gesellschaft bei uns. Wir entschieden, die schwere Eichentür, eine moderne Nachbildung mit Lüftungsschlitzen, fest zu schließen, und nachdem wir das geregelt hatten, legten wir uns im Licht der Laternen hin und harrten der Dinge, die da kommen würden.

Das Gewölbe befand sich tief in den Fundamenten der Burg und ohne Zweifel tief in der überhängenden Kalksteinklippe, die über dem öden Tal aufragte. Ich zweifelte nicht daran, dass hier das Ziel der tobenden und unerklärlichen Ratten lag, doch warum, wusste ich nicht. Als wir erwartungsvoll auf unseren Liegen ruhten, bemerkte ich, dass ich bei meiner Nachtwache in halbbewusste Träume sank, die von den unruhigen Bewegungen der Katze auf meinen Füßen unterbrochen wurden.

Diese Träume waren nicht angenehm, sondern grauenvoll wie die in der Nacht zuvor. Ich sah wieder in die dämmrige Grotte, wo der Schweinehirt und seine schwammigen Kreaturen im Schlamm wühlten, und diesmal schienen diese Dinge näher und deutlicher zu sein, so deutlich, dass ich fast ihre Gesichtszüge erkennen konnte. Dann erkannte ich die Gesichtszüge einer der zuckenden Kreaturen und erwachte mit einem Schrei, der *Blacky* aufspringen ließ, während Hauptmann Norrys, der nicht geschlafen hatte, laut lachte. Norrys hätte noch mehr gelacht, oder auch weniger, hätte er gewusst, was mich aufschreien ließ. Doch ich selbst konnte mich erst später wieder daran erinnern. Entsetzliches Grauen lähmt oft das Gedächtnis auf gnadenvolle Weise.

Als es begann, weckte mich Norrys. Sein sanftes Rütteln riss mich aus demselben furchtbaren Traum, und er bedeutete mir, auf die Geräusche der Katzen zu hören. Es gab wirklich viel zu hören, denn hinter der geschlossenen Tür am oberen Ende der Steintreppe heulte und kratzte eine alptraumhafte Katzenversammlung, während *Blacky*, ohne sich um seine Artgenossen draußen zu kümmern, an den nackten Steinmauern entlangrannte, in denen die gleiche Flut von Ratten tobte, die mich in der letzten Nacht so beunruhigt hatte.

In mir stieg die Furcht hoch, denn hier war etwas Übernatürliches, das durch keine Vernunft erklärt werden konnte. Diese Ratten, wenn sie nicht eine Ausgeburt des Wahnsinns waren, die ich nur mit den Katzen teilte, mussten sich in den römischen Mauern bewegen, von denen ich glaubte, sie bestünden aus massiven Kalksteinblöcken, wenn nicht das Wasser in mehr als siebzehn Jahrhunderten Gänge hineingegraben hatte, die nun von den Nagetieren benutzt wurden. Doch selbst wenn es so war, minderte dies nicht das gespenstische Grauen, denn wenn es sich um lebendes Ungeziefer handelte, warum vernahm dann Norrys nichts von ihrer abstoßenden Gegenwart? Warum zwang er mich, *Blacky* zu beobachten und auf die Katzen vor der Tür zu hören und stellte weitläufige Vermutungen an, was mich wohl so erschütterte?

Als ich es schaffte, ihm so vernünftig wie möglich mitzuteilen, was ich zu hören glaubte, drang an meine Ohren das letzte verblassende Geräusch der tobenden Ratten, das noch *weiter nach unten* verklungen war, viel tiefer als dieser tiefste Keller, so als ob die gesamte darunter liegende Klippe vom Zug der Ratten erfüllt sei. Norrys war nicht so skeptisch, wie ich erwartet hatte, sondern schien tief verstört. Er machte mich darauf aufmerksam, dass die Katzen vor der Tür ihre Raserei eingestellt hatten, so als ob sie die Ratten abgeschrieben hätten, während *Blacky* weiter rastlos herumlief und mit den Krallen wütend auf dem Boden um den großen

Steinaltar in der Mitte des Raumes herumkratzte, der sich näher an Norrys' Liege als an meiner befand.

In diesem Moment empfand ich große Furcht vor dem Unbekannten. Etwas Außergewöhnliches hatte sich manifestiert, und ich bemerkte, dass Hauptmann Norrys, ein jüngerer, kräftigerer und wahrscheinlich viel rationaler eingestellter Mann genauso betroffen war wie ich, möglicherweise aufgrund seiner lebenslangen Vertrautheit mit den Legenden dieser Gegend. Im Augenblick konnten wir nichts anderes tun, als die alte schwarze Katze beobachten, die mit nachlassendem Eifer am Sockel des Altars herumkratzte und von Zeit zu Zeit mich anblickte und in ihrer bettelnden Art miaute, die sie benutzte, wenn ich ihr einen Gefallen tun sollte.

Norrys ging jetzt mit einer Laterne zum Altar und untersuchte die Stelle, wo *Blacky* herumscharrte. Er kniete sich schweigend hin und kratzte die Jahrhunderte alten Flechten an der Stelle weg, wo der massive römische Steinblock auf dem Mosaikfußboden stand. Er fand nichts und gerade als er dabei war, seine Bemühungen einzustellen, bemerkte ich etwas ganz Gewöhnliches, was mich erschaudern ließ, obwohl es auf nichts hindeutete, was ich mir nicht schon gedacht hätte.

Ich sagte es ihm, und wir betrachteten die fast nicht wahrnehmbare Manifestation mit der Hingabe einer faszinierenden Entdeckung und Erkenntnis. Lediglich die Flamme in der neben dem Altar abgesetzten Laterne flackerte leicht in einem Luftzug, der zuvor nicht dagewesen war und der eindeutig aus dem Spalt zwischen dem Boden und dem Altar kam, wo Norrys die Flechten entfernt hatte.

Die restliche Nacht verbrachten wir im hell erleuchteten Arbeitszimmer, wo wir aufgeregt unsere nächsten Schritte besprachen. Die Entdeckung einer Gruft, die tiefer lag als der tiefste bekannte römische Teil dieses fluchbeladenen Steinhaufens, eine Gruft, die den neugierigen Forschern über drei Jahrhunderte verborgen geblieben war, hätte uns auch ohne die düsteren Zusammenhänge in Aufregung versetzt. Wie es so ist, war die Begeisterung zweischneidig, und wir waren unsicher, ob wir die Burg aus abergläubischer Vorsicht für immer verlassen oder unserer Abenteuerlust nachgeben und uns mutig jedwedem Schrecken stellen sollten, der uns in den unbekannten Tiefen erwartete.

Am Morgen stand unser Entschluss fest, und wir fuhren nach London, um eine Gruppe von Altertumsforschern und Wissenschaftlern zusammenzustellen, die in der Lage wäre, das Geheimnis zu lösen. Ich sollte noch erwähnen, dass, bevor wir den Keller verließen, wir vergeblich versucht hatten, den Mittelaltar wegzuschieben, den wir als Eingang zu einer weiteren Grube namenloser Schrecken identifiziert hatten. Welches geheime Mittel dieses Tor öffnen würde, müssten klügere Leute als wir herausfinden.

Während unseres längeren Aufenthalts in London präsentierten Hauptmann Norrys und ich unsere Fakten, Schlüsse und Legenden fünf angesehenen Autoritäten, sämtlich Männer, von denen man annehmen konnte, dass sie jegliche Erkenntnisse über meine Familie, die sie vielleicht bei zukünftigen Forschungen erhielten, vertraulich behandeln würden. Wir stellten fest, dass die meisten von ihnen uns kaum belächelten, sondern wirklich interessiert und sehr sympathisch waren. Es ist nicht nötig, sie alle hier aufzuführen, doch ich will erwähnen, dass Sir William Brinton dazugehörte, dessen Ausgrabungen in Troja seinerzeit die halbe Welt begeisterten. Als wir alle im Zug nach Anchester saßen, fühlte ich mich am Rande von furchtbaren Enthüllungen, ein Gefühl, das sich am besten mit der Betroffenheit vieler Amerikaner über den unerwarteten Tod eines Präsidenten auf der anderen Seite des Ozeans vergleichen lässt.

Am Abend des 7. August erreichten wir die Burg Exham, wo die Bediensteten mir versicherten, dass sich nichts Ungewöhnliches ereignet hätte. Die Katzen und selbst der alte *Blacky* wären absolut ruhig gewesen, und nicht eine Falle im Haus wäre zugeschnappt. Am nächsten Tag wollten wir mit unserer Erkundung beginnen, und ich wies meinen Gästen wohlausgesuchte Zimmer zu.

Ich selbst legte mich in meinem Turmzimmer mit *Blacky* auf meinen Füßen schlafen. Der Schlaf kam schnell, doch ich wurde von schrecklichen Träumen geplagt. Es war eine Vision eines römischen Festes wie jene des Trimalchio, mit dem Grauen auf einem abgedeckten Tablett. Dann kam wieder die Sache mit dem Schweinehirt und seiner schmutzigen Herde in der dämmrigen Grotte. Doch ich erwachte im hellen Morgenlicht, und unten aus dem Haus drangen die üblichen Geräusche. Die Ratten, ob nun wirklich oder gespenstisch, hatten mich nicht belästigt, und *Blacky* schlief immer noch ruhig. Als ich hinunterging, bemerkte ich überall die gleiche Ruhe, ein Umstand, den einer der Gelehrten, ein Mann namens Thornton, dessen Fachgebiet die Psychologie war, ziemlich willkürlich der Tatsache zuschrieb, dass ich jetzt über die Sache geredet hätte, wozu mich bestimmte Kräfte hatten treiben wollen.

Jetzt war alles bereit, und um elf Uhr begab sich unsere gesamte Gruppe von sieben Mann mit starken Taschenlampen und Grabungswerkzeugen ausgestattet in den Keller und wir verriegelten die Tür hinter uns. *Blacky* war bei uns, denn die Forscher wollten ihn trotz seiner Erregbarkeit nicht ausschließen und waren sogar von seiner Anwesenheit angetan, falls es zu einem merkwürdigen Auftauchen von Nagetieren käme. Wir schauten uns die römischen Inschriften und unbekannten Muster auf dem Altar nur kurz an, denn drei der Forscher hatten sie schon gesehen und alle kannten ihr Aussehen. Unsere Aufmerksamkeit richtete sich auf den großen Mittelaltar und innerhalb einer Stunde hatte Sir William Brinton ihn dazu gebracht, zur Seite zu gleiten, bewerkstelligt durch eine unbekannte Art von Gegengewicht.

Jetzt lag etwas Schreckliches vor uns ausgebreitet, und wir wären übermannt worden, wenn wir unvorbereitet gewesen wären. Durch eine fast quadratische Öffnung im gefliesten Boden sahen wir eine Steintreppe, deren Stufen so schrecklich ausgetreten waren, dass in der Mitte nur noch eine schiefe Ebene bestand, und einen Haufen von menschlichen und fast menschlichen Knochen. Jene, die noch Skelette formten, zeigten Anzeichen von panischem Schrecken, und an allen sah man die Spuren von Nagetiergebissen. Alle Schädel zeigten Merkmale von Schwachsinnigen, Missgebildeten oder primitiven Halbaffen.

Über die höllisch verunreinigten Stufen wölbte sich ein abfallender Gang, der eindeutig aus dem nackten Fels gehauen war und aus dem ein Luftzug drang. Es war kein plötzlicher, heftiger Luftzug wie aus einer geschlossenen Gruft, sondern eine kühle, frische Brise. Wir hielten nicht lange inne, sondern begannen schaudernd einen Weg die Stufen hinunter freizuräumen. Zu diesem Zeitpunkt untersuchte Sir William die feuchten Wände und machte die merkwürdige Entdeckung, dass die Meißelspuren daraufhin deuteten, dass der Gang von *unten herauf* in den Fels geschlagen worden ist.

Ich muss jetzt sehr sorgfältig meine Worte wählen.

Nachdem wir ein paar Stufen zwischen den angenagten Knochen hinuntergestiegen waren, sahen wir vor uns ein Licht. Es war kein geheimnisvolles, phosphoreszierendes Licht, sondern gedämpftes Tageslicht, das nur von unbekannten Felsspalten in der das öde Tal überragenden Klippe stammen konnte. Dass solche Spalten von außen nicht entdeckt worden sind, ist nicht ungewöhnlich, denn nicht nur das Tal ist gänzlich unbewohnt, sondern die Klippe ist auch so hoch und überhängend, dass man nur aus einem Flugzeug die Oberfläche hätte genau untersuchen können. Nach ein paar weiteren Schritten verschlug uns der Anblick buchstäblich den Atem, so buchstäblich, dass Thornton, der Psychologe, tatsächlich bewusstlos in die Arme des verwirrten Mannes hinter ihm sank. Norrys, dessen breites Gesicht völlig bleich war, schrie einfach unartikuliert auf, während ich glaube aufgestöhnt oder gekeucht und meine Augen bedeckt zu haben.

Der Mann hinter mir, der Einzige in der Gruppe, der älter war als ich, krächzte mit der heisersten Stimme, die ich je vernommen habe: »Mein Gott!«. Von sieben gebildeten Männern wahrte nur Sir William Brinton die Fassung, etwas, was noch beachtenswerter ist, da er die Gruppe anführte und sich ihm als Erstem der Anblick bot. Im Dämmerlicht lag eine Grotte von enormer Höhe, die sich weiter erstreckte als das Auge reichte, eine unterirdische Welt unzähliger Geheimnisse und grauenhafter Verheißungen. Da waren Gebäude und Überreste von Bauwerken. Mein erschrockener Blick sah eine Anordnung uralter Grabhügel, einen Kreis von Monolithen, die Ruine eines niedrigen römischen Kuppelbaus, ein breites angelsächsisches Hünengrab und eine frühe englische Holzhütte, doch das alles wurde durch den ghoulischen Anblick in den Schatten gestellt, den der Boden bot. Von den Stufen breitete sich meterweise ein grässliches Gewirr von menschlichen Knochen aus, oder zumindest Knochen so menschlich wie die auf der Treppe. Sie wirkten wie ein aufgewühltes Meer, einige waren auseinandergefallen, andere bildeten noch Teile von Skeletten oder ganze Skelette. Die letzteren zeugten alle von einer dämonischen Raserei, entweder hatten sie sich gegen eine Bedrohung gewehrt oder sie umklammerten andere in eindeutig kannibalischer Absicht.

Als der Anthropologe Dr. Trask innehielt, um die Schädel zu klassifizieren, entdeckte er ein degeneriertes Sammelsurium, das ihn verwirrte. Die meisten standen in der Evolution unter dem Piltdown-Menschen, doch sie waren ohne Zweifel auf jeden Fall menschlich. Viele waren höher entwickelt und ganz wenige Schädel stammten von hoch entwickelten und intelligenten Exemplaren. Alle Knochen waren angenagt, meist von Ratten, doch andere auch von den halbmenschlichen Dingern. Dazwischen lagen viele kleine Rattenknochen – zu Grunde gekommene Mitglieder des tödlichen Heeres, das das Schlusskapitel des vorzeitlichen Dramas geschrieben hatte.

Es ist verwunderlich, dass keiner von uns Lebenden an diesem Tag der entsetzlichen Entdeckung seinen Verstand verloren hat. Kein Hoffmann oder Huysman könnte etwas erfinden, das unbegreiflicher, abstoßender oder grauenhafter wäre als die im Dämmerlicht liegende Gruft, durch die wir sieben stolperten. Wir schleppten uns von einer Enthüllung zur anderen und versuchten nicht daran zu denken, welche Ereignisse hier vor dreihundert, tausend, zweitausend oder gar zehntausend Jahren wohl stattgefunden hatten. Es war der Vorhof der Hölle, und der arme Thornton wurde erneut ohnmächtig, als Trask erwähnte, dass einige der Skelette sich in den letzten zwanzig oder mehr Generationen zu Vierfüßlern zurückentwickelt haben mussten.

Das Grauen türmte sich vor uns auf, als wir die Reste der Gebäude untersuchten. Die vierfüßigen Dinger mit ihren manchmal vorhandenen Merkmalen von Zweifüßlern waren in Steingehegen gehalten worden, aus denen sie im letzten Stadium ihres Deliriums aus Hunger und der Furcht vor Ratten ausgebrochen waren. Es musste große Herden davon gegeben haben, die mit Feldfrüchten gemästet wurden, deren Überbleibsel wir als eine Ekel erregende Schicht auf dem Boden von großen Steingruben fanden, die aus vorrömischer Zeit stammten. Jetzt wurde mir klar, warum meine Vorfahren so ausgedehnte Felder hatten, wenn ich das nur um Himmels Willen vergessen könnte. Nach dem Zweck der Herden musste ich nicht fragen.

Sir William, der mit seiner Taschenlampe in der römischen Ruine stand, erklärte uns das abscheulichste Ritual, das mir je zu Ohren gekommen ist, und beschrieb uns die Art von Nahrung, die in dem vorsintflutlichen Kult zu sich genommen wurde, den die Priester der Kybele vorfanden und mit dem eigenen verschmolzen. Norrys, der sich in den Schützengräben bewährt hatte, schwankte, als er aus der englischen Holzhütte kam. Es war eine Metzgerei und Küche, was er auch erwartet hatte, doch es war zu viel für ihn, an diesem Ort auf eine vertraute englische Umgebung zu stoßen und auf bekannte englische Inschriften, von denen einige aus dem Jahr 1610 stammten. Ich brachte es nicht fertig, in dieses Gebäude zu gehen, dessen dämonische Umtriebe erst durch den Dolch meines Vorfahren Walter de la Poer beendet wurden.

Ich brachte es fertig, das niedrige angelsächsische Gebäude, dessen Eichentür herausgefallen war, zu betreten, und fand dort eine schreckliche Reihe von zehn Steinzellen mit rostigen Gittern. In dreien befanden sich Skelette der hoch entwickelten Art, und an den knochigen Fingern von einem sah ich einen Siegelring mit meinem Familienwappen. Sir William fand unter einer römischen Kapelle eine Gruft mit noch älteren Zellen, die allerdings leer waren. Darunter befand sich eine niedrige Krypta mit Särgen, von denen einige schreckliche Inschriften in Latein, Griechisch und Phrygisch aufwiesen. Die Skelette darin wiesen keinerlei Beeinträchtigung auf.

In der Zwischenzeit hatte Dr. Trask einen der prähistorischen Grabhügel geöffnet und brachte Schädel ans Tageslicht, die nur unmaßgeblich menschlicher als die von Gorillas und die mit unbeschreiblichen Schnitzereien bedeckt waren. Das ganze grauenvolle Szenario ließ meinen Kater unbeeindruckt. Einmal sah ich ihn monströs auf einem Berg von Knochen sitzen und fragte mich, welche Geheimnisse er hinter seinen gelben Augen verbarg. Nachdem wir uns einen oberflächlichen Eindruck von den Abscheulichkeiten dieses Bereichs im Dämmerlicht verschafft hatten, einem Bereich, der so fürchterlich durch meine letzten Träume angekündigt worden war, wendeten wir uns dem augenscheinlich bodenlosen Abgrund zu, in den kein Lichtstrahl von der Klippe hinabdrang. Wir werden nie erfahren, welche ungesehenen, höllischen Welten hinter dem kleinen Stück, das wir hineingingen, lauerten, denn wir beschlossen, dass diese Geheimnisse nicht gut für die Menschheit wären. Doch direkt um uns herum gab es genug zu erforschen, und nach nur wenigen Schritten enthüllten uns die Taschenlampen unzählige, verfluchte Gruben, in denen die Ratten ihr Festmahl gehalten hatten. Durch das plötzliche Ausbleiben von Nachschub hatte das Heer der Nagetiere sich zuerst auf die Herden der verhungernden Dinger gestürzt und war dann aus der Burg herausgestürmt zu jener geschichtlichen Orgie der Zerstörung, die die Bauern nie vergessen werden.

Mein Gott, diese schmutzigen schwarzen Gruben, gefüllt mit zerbissenen, angenagten Knochen und geöffneten Schädeln! Diese alptraumhaften Abgründe, gefüllt mit keltischen, römischen und englischen Knochen aus unzähligen, unheiligen Jahrhunderten! Einige davon waren randvoll, und niemand konnte sagen, wie tief sie waren. Bei anderen reichte der Strahl unserer Taschenlampen nicht bis zum Boden, und darin hausten unvorstellbare Geister. Was geschah, so überlegte ich mir, mit den unglücklichen Ratten, die in der Dunkelheit dieses grässlichen Tartarus in eine solche Falle stolperten?

Einmal rutschte ich neben einer solch schrecklichen, gähnenden Öffnung aus, und einen Moment lang überkam mich panische Furcht. Ich muss wohl lange Zeit benommen gewesen sein, denn ich sah von der Gruppe nur noch den kräftigen Hauptmann Norrys. Dann kam aus der pechschwarzen, grenzenlosen Weite ein Geräusch, das ich zu kennen glaubte, und ich sah, dass mein alter schwarzer Kater wie ein geflügelter ägyptischer Gott an mir vorbeischoss und in dem unbekannten Abgrund verschwand. Doch ich blieb nicht weit hinter ihm zurück, denn einen Augenblick später gab es keinen Zweifel mehr. Es war das abscheuliche Scharren dieser höllischen Ratten, die immer auf der Suche nach neuen Schrecken waren und die mich sogar hier in diesen grässlichen Höhlen im Erdinneren verfolgten, wo Nyarlathotep, der verrückte, gesichtslose Gott, blind in der Dunkelheit zu dem Wimmern zweier amorpher, schwachsinniger Flötenspieler heult.

Meine Taschenlampe erlosch, doch ich rannte immer weiter. Ich vernahm Stimmen, Heulen und Echos, doch über allem lag das ekelhafte, abscheuliche Kratzen, das sich langsam immer weiter erhob, wie ein aufgedunsener Leichnam in einem öligen Fluss, der unter unzähligen Onyxbrücken hindurch in ein schwarzes, stinkendes Meer fließt.

Etwas rannte in mich hinein, etwas Weiches und Plumpes. Es müssen die Ratten gewesen sein, dieses geschmeidige, wütende Heer, das sich von den Toten und den Lebenden ernährt ... Warum sollten die Ratten nicht einen de la Poer verspeisen, so wie ein de la Poer verbotene Dinge isst? ... Der Krieg hat meinen Jungen gefressen, verflucht seien sie alle ... und die Yankees haben Carfax mit Feuer gefressen und Grandsire Delapore mit dem Geheimnis verbrannt ... Nein, nein, ich sage euch, ich bin *nicht* der dämonische Schweinehirt in der dämmrigen Grotte! Es war *nicht* Edward Norrys' fettes Gesicht an einem der schwammigen, zuckenden Dinger! Wer behauptet, ich sei ein de la Poer? Er lebte, doch mein Junge starb! ... Darf ein Norrys die Ländereien eines de la Poer besitzen? ... Es ist Voodoo, ich sage es euch ... diese gepunktete Schlange ... Verflucht seiest du, Thornton, ich werde dich lehren, in Ohnmacht zu fallen angesichts dessen, was meine Familie macht! ... Gottes Blut, du Hundsfott, ich werd' dir's zeigen ...

wünschest du zu enden wie jene? … Magna Mater! Magna Mater! … Atys … Dia ad aghaidh's ad aodaun … agus bas dunach ort! Dhomas's dholas ort, agus leat-sa! … Ungl … ungl … rrlh … chchch …

Das soll ich nach ihrer Auskunft gesagt haben, als sie mich nach drei Stunden in der Dunkelheit gefunden haben, in der Dunkelheit über dem halb aufgegessenen, plumpen Körper von Hauptmann Norrys, und mein Kater hing festgekrallt an meiner Kehle. Jetzt haben sie die Burg Exham in die Luft gesprengt, mir meinen Kater weggenommen, mich in diesen vergitterten Raum in Hanwell gesperrt und flüstern über meine Erbanlagen und was mir widerfahren ist. Thornton befindet sich im Zimmer nebenan, doch sie lassen mich nicht mit ihm sprechen. Auch versuchen sie die meisten Tatsachen über die Burg zu unterdrücken. Wenn ich über den armen Norrys spreche, dann klagen sie mich abscheulicher Sachen an, doch sie müssten wissen, dass ich es nicht getan habe. Sie müssten wissen, dass es die Ratten waren, diese rasenden, scharrenden Ratten, die mich nicht schlafen lassen, diese dämonischen Ratten, die hinter der Täfelung dieses Raumes entlanghasten und mich hinunter zu größerem Grauen locken, als ich je gekannt habe. Die Ratten, die sie nicht hören können, die Ratten, die Ratten im Gemäuer.

Das Unbeschreibliche

An einem späten Nachmittag im Herbst saßen wir auf einem verfallenen Grab aus dem siebzehnten Jahrhundert auf dem alten Friedhof in Arkham und machten uns Gedanken über das Unbeschreibliche. Ich blickte zu der riesigen Weide auf dem Friedhof, deren Stamm einen alten, nicht mehr zu entziffernden Grabstein schon fast völlig umschlossen hatte, und machte eine bizarre Bemerkung über die gespenstische und unaussprechliche Nahrung, die die mächtigen Wurzeln aus dieser alten, mit Verwesung gesättigten Erde ziehen mussten, als mein Freund mich ob solchen Blödsinns zurechtwies, denn hier hätte es schon seit über einem Jahrhundert keine Bestattungen mehr gegeben und logischerweise existiere keine andere Nahrung mehr für die Bäume als die übliche. Und außerdem, so fügte er hinzu, war meine dauernde Rede von »unbeschreiblichen« und »unaussprechlichen« Dingen ziemlich kindisch und passte zu meinen geringen Fähigkeiten als Autor. Ich liebte es, meine Geschichten mit Anblicken und Geräuschen enden zu lassen, die meine Helden lähmten und ihnen den Mut, die Worte und die Bilder nahmen, um zu berichten, was ihnen widerfahren war. Er meinte, wir wissen nur durch unsere fünf Sinne oder religiöse Eingebung von den Dingen, und deshalb ist es ziemlich unmöglich, sich auf einen Gegenstand oder eine Erscheinung zu beziehen, die nicht eindeutig mit der klaren Darstellung der Fakten oder den korrekten Lehrsätzen der Theologie – vorzugsweise jener der Kongregationalisten – beschrieben werden könnten, welche Veränderungen die Tradition und Sir Arthur Conan Doyle auch ins Feld führen mögen.

Mit diesem Freund, Joel Manton, hatte ich häufig schleppende Unterhaltungen geführt. Er war Rektor der East High School, geboren und aufgewachsen in Boston, und war ein Vertreter der selbstgerechten Taubheit Neuenglands gegenüber den feinen Obertönen des Lebens. Seiner Ansicht nach kam nur unseren normalen objektiven Erfahrungen eine ästhetische Bedeutung zu, und die Aufgabe des Künstlers läge nicht so sehr darin, starke Gefühle durch Handlungen, Gefühlsausbrüche und Erstaunen hervorzurufen, sondern ein ruhiges Interesse und Verständnis durch die genaue, ausführliche Beschreibung des Alltäglichen zu erwecken. Besonders wandte er sich gegen meine Eingenommenheit von dem Mystischen und Unerklärlichen, obwohl er viel mehr an das Übernatürliche glaubte als ich, würde er nie zugeben, dass es ein Stoff für die Behandlung in der Literatur sei. Dass man das größte Vergnügen in der Flucht aus der täglichen Tretmühle und in ungewöhnlichen und dramatischen Neukombinationen von Bildern finden kann, die gemeinhin von der Gewohnheit und Müdigkeit in die bekannten Muster unserer Wahrnehmung gepresst werden, war für seinen klaren, praktischen und logisch denkenden Geist etwas völlig Unvorstellbares. Für ihn hatten alle Dinge und Gefühle festgelegte Dimensionen, Eigenschaften, Ursachen und Wirkungen, und wenn er auch wusste, dass der Geist manchmal Visionen und Empfindungen einer viel weniger geometrischen, klassifizierbaren und ermittelbaren Natur hervorbringt, fühlte er sich berufen, eine willkürliche Grenze zu ziehen und all das auszuschließen, was von einem durchschnittlichen Bürger nicht erfahren oder verstanden werden kann. Außerdem war er sich sicher, dass nichts wirklich als »unbeschreiblich« bezeichnet werden konnte. Das ergab in seinen Augen keinen Sinn.

Obwohl ich mir der Wirkungslosigkeit einer metaphysischen und visionären Argumentation gegen die Selbstgefälligkeit eines eingefleischten Rationalisten bewusst war, stachelte etwas an dieser nachmittäglichen Unterhaltung meine Streitlust mehr als sonst an. Die verwitterten Grabsteine, die mächtigen Bäume und die hundertjährigen Walmdächer der alten, von Hexen heimgesuchten Stadt, die uns umgab, dies alles beflügelte mich darin, meine Arbeit zu verteidigen, und schon bald führte ich meine Angriffe auf dem ureigensten Gelände meines Feindes. Es war eigentlich nicht schwer, einen Gegenangriff zu führen, da ich wusste, dass Joel Manton in Wirklichkeit noch an manchem Altweiberaberglauben hing, den gebildete Menschen schon längst überwunden hatten, der Glaube, dass sterbende Personen an entfernten Orten erscheinen und die Abdrücke, die alte Gesichter auf den Fensterscheiben hinterließen, durch die sie ihr Leben lang geschaut hatten. Um diesem Geflüster der bäuerlichen Großmütter Ehre zu erweisen, gab ich meiner Überzeugung Ausdruck und bestand darauf, dass auf der Erde geisterhafte Substanzen unabhängig von ihrem materiellen Bezugspunkt existierten. Ich beschwor die Möglichkeit, an Phänomene zu glauben, die jenseits der normalen Erfahrung lägen, denn wenn ein Toter sein sichtbares oder greifbares Abbild um die halbe Welt oder über Jahrhunderte hinweg senden kann, wie kann es dann unmöglich sein, dass verlassene Häuser voller sonderbarer fühlender Dinge sind oder dass alte Friedhöfe vor schrecklichen körperlosen Geistern von Generationen wimmeln? Und da der Geist um all die Erscheinungen, die man ihm zuschreibt, bewirken zu können, nicht den Gesetzen der Materie unterliegen kann, warum soll es dann so außergewöhnlich sein, sich psychisch lebende tote Dinge in Gestalt – oder ohne Gestalt – vorzustellen, die für einen menschlichen Betrachter gänzlich und offensichtlich »unbeschreiblich« sind? »Der gesunde Menschenverstand«, wenn er über diese Dinge nachdenkt, versicherte ich meinem Freund mit einiger Herzlichkeit, ist eigentlich nichts weiter als die dumme Abwesenheit von Vorstellungskraft und geistiger Flexibilität.

Die Dämmerung war schon hereingebrochen, doch keiner von uns beiden wollte das Gespräch beenden. Manton schien von meinen Argumenten unbeeindruckt und begierig, sie zu widerlegen, und vertraute auf seine eigenen Ansichten, die zweifellos seinen Erfolg als Lehrer begründeten, während ich mir sehr sicher war, keine Niederlage hinnehmen zu müssen. Die Nacht brach herein, und in einigen der entfernten Fenster glommen Lichter auf, doch wir rührten uns nicht vom Fleck. Unser Sitzplatz auf dem Grab war sehr bequem, und ich wusste, dass mein nüchtern denkender Freund sich nicht durch den breiten Riss in dem alten, von Wurzeln aufgebrochenen Mauerwerk hinter uns oder die undurchdringliche Dunkelheit des Ortes beeindrucken ließ, die durch ein verlassenes und verfallenes Haus aus dem siebzehnten Jahrhundert entstand, das sich zwischen uns und der nächsten beleuchteten Straße befand. Dort in der Dunkelheit auf dem verwitterten Grab bei dem verlassenen Haus sprachen wir über das »Unbeschreibliche«, und nachdem mein Freund sein Gespött beendet hatte, erzählte ich ihm von den schrecklichen Tatsachen, die hinter einer Geschichte standen, die er am meisten verspottet hatte.

Meine Geschichte trug den Titel *Das Dachbodenfenster* und war 1922 in der Januarausgabe der Zeitschrift *Geflüster* erschienen. An vielen Orten, besonders im Süden und an der Pazifikküste, nahm man die Ausgabe aufgrund der Beschwerden von dummen Muttersöhnchen aus dem Verkauf, doch in Neuengland jagten sie keinem einen Schauder über den Rücken, und man zuckte über meine Absonderlichkeiten nur mit den Schultern. Als Erstes, so wurde mir versichert, war die Sache biologisch unmöglich, nichts weiter als ein weiteres ländliches Gerücht, das Cotton Mather völlig unbedarft in seine chaotischen Magnalia Christi Americana aufgenommen hatte, und zudem noch so nachlässig recherchiert, dass er noch nicht einmal den Ort angeben konnte, wo sich das Grauen abgespielt hatte. Und wie ich nun die wenigen Sätze des alten Mystikers aufgebauscht hätte – sei das schlichtweg ziemlich unwahrscheinlich und zeigte den oberflächlichen und herumfantasierenden Schreiberling! Tatsächlich hatte Mater nur von der Geburt dieses Dings gesprochen, doch nur ein billiger, auf Effekte zielender Mensch würde daran denken, es aufwachsen und es des Nachts in die Fenster der Leute sehen zu lassen und es lebend und bei Bewusstsein auf dem Dachboden eines Hauses zu verstecken, bis jemand es nach Jahrhunderten am Fenster sah und nicht beschreiben konnte, was sein Haar hatte weiß werden lassen. All das sei blühender Unsinn, und mein Freund Manton war nicht müßig, diese Tatsache hervorzuheben. Ich erzählte ihm, was ich in einem alten Tagebuch gelesen hatte, das zwischen 1706 und 1723 geführt worden war und das ich zwischen alten Familienpapieren keine Meile von dem Ort entfernt, wo wir uns jetzt gerade befanden, gefunden hatte, und von den verbrieften Narben auf Brust und Rücken meines Vorfahren, von denen das Tagebuch berichtete. Ich erzählte ihm auch von den Ängsten anderer Menschen in dieser Gegend und wie sie flüsternd über die Generationen weitergegeben wurden und von dem Jungen, der nicht etwa von einem geheimnisvollen Wahnsinn ergriffen worden war, als er 1793 das verlassene Haus auf der Suche nach bestimmten Spuren betreten hatte.

Es war eine unheimliche Sache gewesen – kein Wunder, dass sensible Schüler sich vor dem puritanischen Zeitalter in Massachusetts grauten. Man weiß so wenig von dem, was unter der Oberfläche vorging – so wenig, und doch war es ein grauenhaftes Brüten, das sich gelegentlich in ghoulischen Ausbrüchen manifestiert. Die Hexenprozesse werfen einen schrecklichen Lichtschein auf das, was in den verschrobenen Gehirnen der Menschen vorging, doch selbst das ist eine Kleinigkeit. Es gab nichts Schönes, keine Freiheit – man sieht das an den Überbleibseln der Gebäude und häuslichen Gerätschaften und an den giftigen Predigten der verklemmten Kirchenmänner. Und unter dieser rostigen, eisernen Zwangsjacke lauerten schleimige, verwerfliche Perversion und Teufelei. Hier lag fürwahr die Verherrlichung des Unbeschreiblichen.

In seinem dämonischen sechsten Buch, das niemand nach Einbruch der Dunkelheit lesen sollte, nimmt Cotton Mather kein Blatt vor den Mund, wenn er seinen Bannfluch ausspricht. Unnachgiebig wie ein biblischer Prophet und lakonisch streng, wie nach ihm keiner mehr war, berichtet er von dem Tier, das etwas hervorgebracht hatte, was mehr als ein Tier, aber weniger als ein Mensch war – das Ding mit dem entstellten Auge – und von dem schreienden, betrunkenen armen Teufel, den sie aufhängten, weil er ein solches Auge hatte. So viel berichtete er freizügig, doch ohne einen Hinweis, was danach passierte. Vielleicht wusste er es nicht, vielleicht aber wusste er es und wagte nicht, es niederzuschreiben. Andere wussten davon, doch auch sie wagten nicht, davon zu erzählen – es gibt keinen bekannten Hinweis, warum man von einem Schloss an der Tür zum Dachboden in dem Haus des kinderlosen, gebrochenen und verbitterten alten Mannes flüstert, der auf einem verlassenen Grab einen Grabstein ohne Inschrift aufgestellt hat, doch man kann genügend unterschiedliche Legenden aufspüren, die selbst das dünnste Blut gefrieren lassen.

Das steht alles in dem Tagebuch meiner Vorfahren, das ich gefunden habe, all die unterdrückten Andeutungen und heimlichen Geschichten von Wesen mit einem entstellten Auge, die man nachts vor Fenstern oder auf verlassenen Wiesen in der Nähe der Wälder gesehen hat. Irgendetwas ist auf der dunklen Straße im Tal über meinen Vorfahren hergefallen und ließ ihn mit Wunden wie von einem Horn auf der Brust und wie von Affenklauen am Rücken dort zurück, und als man in dem zertrampelten Staub nach Spuren suchte, fand man Abdrücke von gespalteten Hufen und schwach menschenähnlichen Füßen. Einmal erzählte ein Postreiter, er hätte gesehen, wie ein alter Mann auf Meadow Hill im Mondlicht vor Tagesanbruch ein schrecklich dahintrottendes namenloses Ding verfolgte und nach ihm rief. Viele glaubten ihm. Ganz sicher gab es merkwürdige Bemerkungen, als der kinderlose, gebrochene alte Mann 1710 in der Gruft hinter seinem Haus mit Blick auf den unbeschrifteten Grabstein beerdigt wurde. Niemals wurde die Tür zum Dachboden geöffnet, sondern man ließ das ganze Haus so wie es war, gefürchtet und verlassen. Wenn Geräusche daraus drangen, dann wurde geflüstert, und man erschauderte und hoffte, das Schloss an der Tür wäre stark genug. Die Hoffnung verging, als das Grauen im Pfarrhaus zuschlug und keinen Menschen am Leben oder in einem Stück ließ. Im Lauf der Jahre nahmen die Legenden die Form von Geistergeschichten an – ich vermute, das Ding, wenn es denn ein lebendes Wesen war, ist wohl gestorben. Die Erinnerung hat aber auf grässliche Weise überdauert – besonders grässlich, weil sie so geheim gehalten wurde.

Während meiner Erzählung war mein Freund Manton sehr still geworden, und ich sah, dass meine Worte ihn beeindruckt hatten. Als ich innehielt, lachte er nicht, sondern fragte ganz ernsthaft nach dem Jungen, der 1793 wahnsinnig geworden war und der erwartungsgemäß der Held meiner Geschichte war. Ich erzählte ihm, warum der Junge zu dem verlassenen Spukhaus gegangen war, und sagte, dass er interessiert war, weil er daran glaubte, dass Fenster die Abbilder jener speichern, die hindurchgesehen haben. Der Junge wollte sich das Fenster dieses schrecklichen Dachbodens ansehen, wegen Erzählungen von dem, was man dahinter sehen könnte, und war wie ein Verrückter schreiend zurückgekommen.

Als ich das gesagt hatte, verharrte Manton nachdenklich, gewann dann aber seine nüchterne Einschätzung zurück. Er räumte unter Vorbehalten ein, dass eine unnatürliche Missgeburt wirklich existiert hatte, gab aber zu bedenken, dass man selbst die schrecklichste Perversion der Natur nicht *unbeschreiblich* oder von der Wissenschaft als nicht zu erklären bezeichnen könne. Ich bewunderte seine Klarheit und seine Ausdauer und fügte noch einige Enthüllungen hinzu, die ich von alten Menschen erfahren hatte. Die späteren Geistergeschichten, stellte ich klar, haben ein monströses Etwas zum Gegenstand, fürchterlicher als irgendein Lebewesen sein kann, Erscheinungen von riesigen Bestien, die manchmal sichtbar, manchmal auch nur zu spüren waren, die sich in mondlosen Nächten herumtrieben und das alte Haus heimsuchten und die Gruft dahinter, wo neben dem blanken Grabstein ein Baum gewachsen war. Ob diese Erscheinungen jemals Leute aufgespießt oder erstickt haben, wie es in unbestätigten Berichten heißt, sei dahingestellt, doch sie haben einen starken und andauernden Eindruck hinterlassen und wurden noch heute von sehr alten Einheimischen gefürchtet. Aber in den letzten zwei Generationen sind sie in Vergessenheit geraten – vielleicht weil man nicht mehr darüber nachdachte. Außerdem, vom Standpunkt der Ästhetik her gesehen, wenn die psychischen Hervorbringungen menschlicher Wesen abartige Missgeburten sind, welche vernünftige Darstellung könnte dann einen Ausdruck oder ein Bild für eine so abseitige und verwerfliche Geistergestalt wie die Ausgeburt einer üblen, chaotischen Perversion, einer morbiden Blasphemie der Natur finden? Würde nicht die

Ausgeburt eines toten Gehirns in einem verrückten Alptraum einen solch grauenhaften Schrecken hervorbringen, dass dieser ein grässliches Beispiel für das perfekte und brüllende *Unbeschreibliche* ist?

Es musste schon sehr spät sein. Eine einzelne Fledermaus streifte mich geräuschlos, und ich glaube, sie berührte auch Manton, denn obwohl ich ihn nicht sehen konnte, bemerkte ich, dass er den Arm hob. Gleich danach sprach er.

»Steht denn das Haus mit dem Dachbodenfenster immer noch und ist verlassen?«

»Ja«, antwortete ich. »Ich habe es gesehen.«

»Und hast du irgendetwas dort entdeckt – auf dem Dachboden oder woanders?«

»Unter der Regenrinne lagen einige Knochen. Vielleicht hat der Junge diese gesehen – wenn er sehr sensibel war, hätte es wohl keine Erscheinung in den Fenstern gebraucht, um ihn aus der Bahn zu werfen. Wenn sie alle von demselben Wesen stammen, dann muss es eine abscheuliche, alptraumhafte Missgeburt gewesen sein. Es wäre eine Blasphemie, diese Knochen herumliegen zu lassen, deshalb ging ich mit einem Sack zurück und brachte sie in die Gruft hinter dem Haus. Es gab da eine Öffnung, in die ich sie warf. Glaube nicht, ich sei ein Dummkopf – du hättest den Schädel sehen sollen. Er hatte zehn Zentimeter lange Hörner, doch das Gesicht und die Kiefer waren wie deine und meine.«

Nun endlich spürte ich, wie Manton, der sich neben mir bewegt hatte, wirklich erschauderte. Doch seine Neugierde war unverändert.

»Und was ist mit den Fensterscheiben?«

»Alle weg. Ein Fenster hat überhaupt keinen Rahmen mehr, und in den anderen war keine Spur von Glas mehr in den rautenförmigen Öffnungen. Sie waren von der alten Art, diese Gitterfenster, die schon vor 1700 aus der Mode kamen. Ich glaube, dass schon seit hundert oder mehr Jahren keine Scheiben mehr darin sind – vielleicht hat der Junge sie zertrümmert, wenn er so weit gelangt ist, die Geschichten geben darüber keinen Aufschluss.«

Manton dachte wieder nach.

»Ich würde das Haus gerne sehen, Carter. Wo steht es? Mit oder ohne Fensterscheiben, ich muss mich dort ein bisschen umsehen. Und bei dem Grab, in das du die Knochen hineingeworfen hast, und dem anderen Grab ohne Inschrift – das ganze Anwesen erscheint mir ein wenig grauenvoll.«

»Du hast es gesehen – bis es zu dunkel wurde.«

Das setzte meinem Freund mehr zu, als ich erwartet hatte, denn auf diesen kleinen theatralischen Effekt hin wich er entsetzt vor mir zurück und stieß einen Schrei aus, der wie ein würgendes Keuchen klang, in dem sich seine ganze Anspannung löste. Es war ein absonderlicher Schrei, und noch grauenhafter war, dass er beantwortet wurde. Der Schrei war noch nicht verhallt, als ich in der der pechschwarzen Nacht ein knarrendes Geräusch hörte und wusste, dass sich in dem verfluchten Haus neben uns die Gitterfenster öffneten. Da alle Rahmen schon längst zerstört waren, wusste ich, es konnte nur der grässliche glaslose Rahmen des dämonischen Dachbodenfensters sein.

Dann kam aus der gleichen furchtbaren Richtung ein widerwärtiger, ekelhafter kalter Luftzug, gefolgt von einem spitzen Schrei direkt neben mir auf dem verwitterten Grab von Mensch und Monster. Einen Augenblick später wurde ich von einem fürchterlichen Schlag eines unsichtbaren riesigen Wesens unbestimmter Natur von meiner unheimlichen Sitzgelegenheit geworfen, Ich fiel auf den von Wurzeln durchzogenen Boden des grässlichen Friedhofs, während aus der Gruft ein solches Gewirr von Keuchen und Wimmern erklang, dass meine Vorstellung sich mit den Bildern von Miltons missgestalteten Verdammten erfüllt wurde. Es erhob sich ein Wirbel von eiskaltem Winde und dann das Prasseln von lockeren Ziegeln und Mörtel, doch bevor ich herausfand, was es war, versank ich in eine gnädige Ohnmacht.

Manton, obwohl kleiner als ich, ist der widerstandsfähigere, denn, obwohl seine Verletzungen schwerer waren, öffneten wir fast gleichzeitig die Augen. Unsere Betten standen nebeneinander, und nach ein paar Sekunden war uns klar, dass wir uns im St.-Mary's-Krankenhaus befanden. Krankenhausangestellte umringten uns neugierig, beflissen, unserem Gedächtnis auf die Sprünge zu helfen, indem sie uns sagten, wie wir hierhergekommen waren, und schon bald erfuhren wir von dem Bauern, der uns zur Mittagszeit in einem einsamen Feld jenseits von Meadow Hill gefunden hatte, eine Meile von dem alten Friedhof entfernt, wo einst ein altes Schlachthaus gestanden hat. Manton hatte zwei schlimme Wunden in der Brust und einige weniger schwerwiegende Risse oder Abschürfungen auf dem Rücken. Ich war nicht so schwer verletzt, aber mit sonderbaren Striemen und Quetschungen übersät, einschließlich des Abdrucks eines gespaltenen Hufs. Es war offensichtlich, dass Manton mehr wusste als ich, doch er erzählte den verwirrten und interessierten Ärzten nichts, bevor wir nicht genau unsere Verletzungen kannten. Dann erklärte er, wir seien die Opfer eines tückischen Stiers – obwohl es schwer war, mit dem Tier das alles zu erklären.

Nachdem die Ärzte und Schwestern gegangen waren, flüsterte ich ihm ängstlich eine Frage zu:

»Mein Gott, Manton, *was war das?* Diese Wunden – *war es das?*«

Ich war zu benommen, um zu triumphieren, als er mir die Dinge, die ich halb schon erwartet hatte, zuflüsterte –

»Nein – *es war überhaupt nicht so.* Es war überall – wie Gelatine – ein Schleim – und doch hatte es eine Gestalt, tausende Gestalten des Grauens jenseits aller Vorstellung. Da waren Augen – und eine Missbildung. Es war eine Grube – ein Mahlstrom – der letzte Gräuel. Carter, *es war unbeschreiblich*!«

Gefangen bei den Pharaonen

(Zusammen mit Harry Houdini)

I

Geheimnisse ziehen weitere Geheimnisse an. Seit mein Name als Vollbringer unerklärbarer Bravourstücke in aller Munde ist, habe ich von absonderlichen Geschichten und Geschehnissen erfahren, die die Leute mir aufgrund meiner Taten und meines Interesses berichtet haben. Einige davon waren trivial und unerheblich, einige hochdramatisch und ergreifend, einige führten zu absonderlichen und gefährlichen Erfahrungen und einige veranlassten mich zu ausgiebigen wissenschaftlichen und historischen Nachforschungen. Vieles davon habe ich freimütig preisgegeben und werde dies auch weiter tun, doch es gibt einen Fall, von dem ich nur sehr widerstrebend spreche und den ich nun auf beständiges Drängen der Herausgeber dieses Magazins doch schildern werde, da ihnen schon unbestimmte Gerüchte darüber von anderen Mitgliedern meiner Familie zu Ohren gekommen sind.

Die bis jetzt nicht öffentlich gemachten Ereignisse hängen mit meinem privaten Besuch in Ägypten vor vierzehn Jahren zusammen und sind von mir aus verschiedenen Gründen verschwiegen worden. Zum einen wehre ich mich dagegen, bestimmte unverbrüchliche Fakten und Zustände, die zweifellos den unzähligen Touristen, die über die Pyramiden herfallen, unbekannt sind und von den Behörden in Kairo, die sie nicht gänzlich leugnen können, mit großer Sorgfalt unter Verschluss gehalten werden, preiszugeben. Andererseits berichte ich nicht gern über einen Zwischenfall, bei dem meine eigene Fantasie eine so große Rolle gespielt hat. Was ich gesehen habe – oder glaubte gesehen zu haben – hat ganz bestimmt nicht stattgefunden, sondern ist wohl eher ein Ergebnis meiner damaligen Beschäftigung mit der Ägyptologie und meinen Vermutungen, die ich naturgemäß über den Gegenstand, der mich gerade beschäftigt, anstelle. Diese Anregung meiner Fantasie, verstärkt noch durch das tatsächliche Ereignis, was schrecklich genug war, war ohne Zweifel der Auslöser des immer größer werdenden Grauens in jener absonderlichen Nacht in weiter Vergangenheit.

Im Januar 1910 war meine Gastspielreise in England beendet, und ich hatte einen Vertrag für Auftritte in Australien unterschrieben. Für die Reise nahm ich mir genügend Zeit und beschloss, so zu reisen, wie es meinen Interessen am meisten entsprach. In Begleitung meiner Frau durchquerten wir gemütlich Europa und gingen in Marseille an Bord des P&O Dampfers *Malwa*, der nach Port Said fuhr. Von da aus wollten wir die wichtigsten archäologischen Fundorte in Unterägypten besuchen, bevor wir dann nach Australien weiterreisten.

Die Reise war angenehm und wurde verkürzt von den vielen Zwischenfällen, die einem Zauberkünstler abseits von seinem Beruf widerfahren. Um unbelästigt zu bleiben, hatte ich vorgehabt, meinen Namen geheim zu halten, doch ich wurde durch einen Berufskollegen, der es darauf anlegte, die Passagiere mit gewöhnlichen Tricks zu verblüffen, aus meiner Deckung gelockt. Ich konnte mich nicht zurückhalten, seine Kunststücke nachzumachen und wesentlich bessere zu zeigen, was natürlich sehr nachteilig für mein Inkognito war. Ich erwähne dies wegen des großen Effekts – einen Effekt, den ich hätte voraussehen können, bevor ich mich vor einer Schiffsladung Touristen demaskierte, die davor stand, sich über das ganze Niltal zu verstreuen. Das führte dazu, dass ich überall, wo ich hinkam, erkannt wurde und meiner Frau und mir die angenehme Anonymität nahm, die wir gesucht hatten. Ich reiste, um meine Neugierde zu befriedigen, und musste oft hinnehmen, dass ich selbst im Mittelpunkt der Neugierde stand.

Wir hatten uns wegen der malerischen und geheimnisvollen Eindrücke nach Ägypten aufgemacht, doch davon fanden wir nur wenig, als das Schiff in Port Said einlief und die Passagiere in kleinen Booten an Land gebracht wurden. Niedrige Sanddünen, schwankende Bojen im flachen Wasser und eine langweilige, europäisch anmutende Kleinstadt, in der es außer einer großen Statue von De Lesseps nichts Interessantes gab, machte uns begierig, schnell zu etwas zu kommen, was lohnenswerter wäre. Nachdem wir beratschlagt hatten, beschlossen wir, uns sofort nach Kairo und zu den Pyramiden aufzumachen, später dann wollten wir nach Alexandria zu unserem Schiff nach Australien und den griechisch-römischen Sehenswürdigkeiten, die diese alte Metropole möglicherweise zu bieten hätte.

Die Bahnfahrt war erträglich, und wir benötigten nur viereinhalb Stunden. Wir sahen viel vom Suezkanal, dem wir bis Ismailiya folgten, und später bekamen wir einen Eindruck vom Alten Ägypten, als wir einen Blick auf den restaurierten Süßwasserkanal aus der Mittleren Dynastie erhaschten. Schließlich sahen wir Kairo durch die einsetzende Abenddämmerung schimmern, ein blinkendes Sternbild, das zu einem Leuchtfeuer wurde, als wir im Gare Central ankamen.

Doch erneut erwartete uns eine Enttäuschung, denn bis auf die Menschen und ihre Kleidung war alles europäisch. Eine gewöhnliche Unterführung führte zu einem Platz, der von Kutschen, Taxis und Straßenbahnen erfüllt war, und die hohen Gebäude glänzten von elektrischem Licht, während genau das Theater, in dem man mich so inständig bat, aufzutreten, und das ich dann später als Zuschauer besucht habe, einen neuen Namen, »American Cosmograph«, verpasst bekommen hatte. Wir stiegen in Shepherd's Hotel ab, das wir in einem Taxi über breite, gut gepflegte Straßen erreichten und im perfekten Service des Restaurants, der Aufzüge und dem üblichen angloamerikanischen Luxus schienen der geheimnisvolle Orient und die Vergangenheit sehr weit entfernt.

Doch am nächsten Tag tauchten wir zu unserer Freude ins Herz einer Atmosphäre aus *Tausendundeiner Nacht*, und in den verwinkelten Straßen und exotischen Bauwerken von Kairo schien das Bagdad des Harun-al-Raschid wieder aufzuleben. Geführt von unserem Baedeker waren wir, auf der Suche nach einem Einheimischenviertel, in östliche Richtung an den Ezbekiyeh-Gärten vorbei und am Mouski entlanggegangen und waren schon bald in den Händen eines polternden Fremdenführers, der – ungeachtet der späteren Entwicklungen – unbestritten ein Meister seines Fachs war.

Erst nachher wurde mir klar, dass ich mich im Hotel um einen offiziellen Fremdenführer hätte bemühen müssen. Unser Führer, ein relativ sauberer Kerl mit einer merkwürdig hohlen Stimme und einem kahlrasierten Schädel, ähnelte einem Pharao, nannte sich »Abdul Reis el Drogman« und schien viel Macht über seine Mitmenschen zu haben, obwohl die Polizei behauptete, ihn nicht zu kennen, und meinte, dass Reis nicht mehr bezeichnete als einen Mann mit Autorität, während »Drogman« offensichtlich nur eine grobe Veränderung des Begriffs *dragoman* für jemanden ist, der Touristen herumführt.

Abdul führte uns zu den Wundern, von denen wir zuvor nur gelesen und geträumt hatten. Die Altstadt von Kairo selbst ist ein Märchenbuch und ein Traum – Labyrinthe enger Gassen, erfüllt von aromatischen Düften, arabeske Balkone und Erker treffen sich über den Pflasterstraßen fast, der Strudel des orientalischen Verkehrs mit seltsamen Rufen, Peitschenknallen, ratternden Karren, das Klingeln der Geldmünzen und schreiende Esel, ein Kaleidoskop von vielfarbigen Gewändern, Schleiern, Turbane und Fese, Wasserträger und Derwische, Hunde und Katzen, Wahrsager und Barbiere, und über allem schwebt das Winseln der Bettler, die in Nischen kauern, und das gleichförmige Rufen der Muezzins von den Minaretten, die sich kerzengrade in den immer blauen Himmel erheben.

Die überdachten, stilleren Basare waren kaum weniger verlockend. Gewürze, Parfüm, Weihrauchperlen, Teppiche, Seide und Messing – der alte Mohammed Suleiman sitzt mit untergeschlagenen Beinen zwischen seinen klebrigen Flaschen, während schwatzhafte Jugendliche Senfkörner in dem ausgehöhlten Kapitell einer alten Säule zerstoßen – wahrscheinlich eine römisch-korinthische aus dem benachbarten Heliopolis, wo Augustus eine seiner drei ägyptischen Legionen stationiert hatte. Das Altertum begann sich mit der Exotik zu vermischen. Und dann die Moscheen und das Museum – wir haben alle gesehen und versuchten, unser arabisches Hochgefühl nicht durch den dunkleren Charme des Ägyptens der Pharaonen, den die unbezahlbaren Schätze des Museums ausstrahlten, verblassen zu lassen. Das sollte der Höhepunkt sein, doch im Moment konzentrierten wir uns auf die mittelalterliche sarazenische Pracht der Kalifen, deren großartige Grabmoscheen ein schimmerndes, verzaubertes Nekropolis am Rande der Arabischen Wüste bildeten.

Schließlich führte uns Abdul am Sharia Mohammed Ali entlang zu der alten Moschee von Sultan Hassan und dem von Türmen flankierten Babel-Azab, hinter dem ein von hohen Mauern eingefasster Weg steil zur Zitadelle hinaufführt, die Saladin mit den Steinen vergessener Pyramiden errichtet hat. Bei Sonnenuntergang hatten wir den Felsen erstiegen, die moderne Moschee von Mohammed Ali umrundet und blickten von der schwindelerregenden Brustwehr hinab auf das geheimnisvolle Kairo – das geheimnisvolle Kairo, dessen verzierte Kuppeln, die schlanken Minarette und leuchtenden Gärten golden glänzten.

Weit über der Stadt thronte die römische Kuppel des neuen Museums und dahinter – jenseits des geheimnisvollen gelben Nils, der die Mutter der Zeiten und Dynastien ist – lauerten die bedrohlichen Sandfelder der Libyschen Wüste, wogend, verwirrend und mit noch älteren, bösen Geheimnissen.

Die rote Sonne sank tiefer und brachte die erbarmungslose Kühle der ägyptischen Abenddämmerung, und als sie über dem Rand der Welt schwebte wie jener uralte Gott Heliopolis – Re-Harakhte, die Horizontsonne –, sahen wir gegen ihren purpurnen Flammenschein die schwarzen Umrisse der Pyramiden von Gizeh – diese vorzeitlichen Grabstätten waren schon tausend Jahre alt, als Tutanchamun im fernen Theben seinen goldenen Thron bestieg. Da wussten wir, dass wir das Kairo der Sarazenen hinter uns gelassen hatten und wir uns den tieferen Geheimnissen des alten Ägyptens widmen mussten – dem schwarzen Kem von Re und Amen, Isis und Osiris.

Am nächsten Morgen besuchten wir die Pyramiden. Wir fuhren in einer zweisitzigen Kutsche über die Insel Chizereh mit ihren mächtigen Lebbakhbäumen und dann über die kleine Englische Brücke auf das westliche Ufer. Dann ging es die Uferstraße zwischen Reihen von hohen Lebbakhs und am ausgedehnten zoologischen Garten entlang zum Vorort Gizeh, wo seitdem eine neue Brücke nach Kairo gebaut worden ist. Dann bogen wir ins Landesinnere ab entlang des Sharia-el-Haram, kamen durch eine Gegend mit kristallklaren Kanälen und elenden Einheimischendörfern, bevor sich vor uns das Ziel unserer Suche erhob. Die Pyramiden durchstachen den Morgennebel und spiegelten sich in den Tümpeln neben der Straße. Auf uns blickten nun tatsächlich vierzig Jahrhunderte herab, so wie es Napoleon seinen Soldaten gesagt hatte.

Die Straße stieg jetzt plötzlich an, bis wir schließlich die Stelle erreicht hatten, wo der Transport zwischen der Straßenbahnstation und dem Mena House Hotel abgehen sollte. Abdul Reis, der uns geschickt Eintrittskarten für die Pyramiden besorgte, schien die uns umlagernden, schreienden und aufdringlichen Beduinen zu kennen, die in einiger Entfernung in einem schmutzigen Lehmhüttendorf lebten und jeden Reisenden bedrängten, denn er hielt sie nachhaltig auf Distanz und sicherte uns zwei hervorragende Kamele. Er selbst bestieg einen Esel und übertrug die Aufsicht über unsere Tiere einer Gruppe von Männern und Jungen, die eher teuer als nützlich waren. Der Weg, den wir zurücklegen mussten, war so kurz, dass wir die Kamele kaum gebraucht hätten, doch wir bedauerten nicht, unseren Erfahrungsschatz um diese schwierige Art der Wüstendurchquerung bereichert zu haben.

Die Pyramiden standen auf einem hohen Felsplateau und bildeten fast den nördlichsten Punkt einer Reihe von Begräbnisstätten der Könige und des Adels, die in der Nähe der erloschenen Hauptstadt Memphis angelegt worden waren, die auf dieser Seite des Nils etwas südlich von Gizeh lag und die ihre Blütezeit zwischen 3400 und 2000 v. Chr. hatte. Die größte Pyramide, die am nächsten an der heutigen Straße liegt, wurde von König Cheops oder Chufu ungefähr 2800 v. Chr. errichtet und erhebt sich bis in 137 Metern Höhe. In südwestlicher Richtung folgt die zweite Pyramide, die eine Generation später von König Chephren gebaut wurde und wirkt, obwohl sie etwas kleiner ist, größer, weil sie auf höher gelegenem Terrain errichtet ist, und die deutlich kleinere dritte Pyramide wurde von König Mykerinos ungefähr 2700 v. Chr. gebaut. Am Rande des Plateaus und östlich der zweiten Pyramide, mit einem Gesicht, das möglicherweise ein riesiges Porträt von Chephren ist, dem Erneuerer des Königreichs, befindet sich die riesige Sphinx – stumm, teuflisch und weiser als die Menschheit und alle Erinnerung.

An verschiedenen Orten findet man kleinere Pyramiden und die Überreste von kleineren Pyramiden, und das ganze Plateau ist übersät mit Gräbern von Adligen, die nicht der Königlichen Familie entstammten. Die letzteren waren seinerzeit durch *Mastabas* oder an Steinbänke erinnernde Strukturen um die Grabschächte markiert, wie man sie auf anderen memphischen Grabanlagen findet und wie man es an dem Grab Pernebs im Metropolitan Museum in New York veranschaulicht hat. In Gizeh sind solche offen liegenden Dinge aber der Zeit und den Plünderungen zum Opfer gefallen, und nur die in den Fels gehauenen Schächte, entweder mit Sand gefüllt oder von Archäologen freigelegt, künden von ihrer Existenz. Bei jedem Grab befand sich eine Kapelle, in der die Priester und die Angehörigen dem schwebenden *Ka*, dem Lebensodem des Dahingeschiedenen, Speisen opferten und beteten. Bei den kleinen Grabstätten befindet sich die Kapelle in den steinernen *Mastabas* oder den Gebäuden über dem Grab, doch die Grabkammern der Pyramiden, in denen die königlichen Pharaonen ruhten, waren eigene Tempel, die sich jeweils an der Ostseite der jeweiligen Pyramide befanden und über einen Hochweg mit der mächtigen Torkapelle oder Propylon am Rand des Felsplateaus verbunden waren.

Die Torkapelle der zweiten Pyramide, die nahezu im Sand versunken ist, liegt unterirdisch südöstlich der Sphinx. Nach einer nicht auszurottenden Gewohnheit wird sie als »Tempel der Sphinx« bezeichnet, und vielleicht ist das ja auch richtig, wenn die Sphinx tatsächlich den Baumeister der zweiten Pyramide, Chephren, darstellt. Es gibt absonderliche Berichte von der Sphinx vor Chephren – doch was auch immer ihre vormaligen Züge waren, der König hat sie durch seine eigenen ersetzt, damit die Menschen den Koloss ohne Furcht anblicken können.

In dem großen Tortempel hat man die lebensgroße Doritstatue von Chephren gefunden, die jetzt im Museum von Kairo steht, eine Statue, vor der ich ehrfürchtig verharrte, als ich sie erblickte. Ich bin nicht sicher, ob das gesamte Gebäude inzwischen freigelegt ist, doch 1910 befand sich der größte Teil davon unter der Erde und der Eingang wurde nachts gut verschlossen. Deutsche hatten dort die Aufsicht über die Arbeiten, und möglicherweise hat der Krieg oder andere Dinge die Arbeiten zum Erliegen gebracht. In Anbetracht meiner Erfahrungen und bestimmter Gerüchte unter den Beduinen, die man in Kairo leugnet oder nicht beachtet, würde ich gerne wissen, was sich in Verbindung mit einem bestimmten Schacht in einem Seitengang entwickelt hat, wo man Pharaonenstatuen gefunden hat, die ihre Entsprechung in Statuen von Pavianen haben.

Die Straße, auf der wir an diesem Morgen mit unseren Kamelen ritten, führte rechterhand direkt an dem Holzhaus der Polizeistation, dem Postamt, dem Gemischtwarenladen und anderen Läden vorbei und gabelte sich dann nach Süden und Osten, um in einem Kreis um das ganze Felsplateau herumzuführen, was uns zu einem Punkt im Schatten der Pyramide brachte, wo wir direkt in die Wüste hineinblickten. Wir ritten an riesigen Mauern vorbei, und als wir die östliche Seite umrundet hatten, blickten wir wieder auf ein vor uns liegendes Tal mit kleineren Pyramiden, hinter denen der ewige Nil im Osten schimmerte und die ewige Wüste im Westen. Ganz nah erhoben sich die drei Hauptpyramiden, deren größte, der äußeren Steinverkleidung beraubt, ihre riesigen Steinblöcke zeigte, doch die anderen beiden wiesen noch Reste der Verkleidung auf, die sie in jenen Tagen glatt und perfekt erschienen ließ.

Danach stiegen wir zur Sphinx herab und saßen stumm unter dem Zauber dieser schrecklichen, blinden Augen. Auf der breiten steinernen Brust erkannten wir schwach das Zeichen von Re-Harakhte, für dessen Abbild die Sphinx in späteren Dynastien fälschlicherweise gehalten wurde, und obwohl die Tafeln zwischen den beiden mächtigen Pranken mit Sand bedeckt waren, wussten wir doch, was Tutmosis IV dort hatte niederschreiben lassen, und kannten den Traum, den er als Prinz gehabt hatte. In diesem Moment berührte uns das Lächeln der Sphinx unangenehm, und wir dachten an die Legenden über unterirdische Gänge unter der monströsen Kreatur, die hinab und weiter hinab in Tiefen führen, die kein Mensch zu betreten wagt – Tiefen, die zu Geheimnissen führen, die älter sind als das Ägypten der Pharaonen, das wir ausgegraben haben, und eine düstere Verbindung zu der Existenz von unnatürlichen Göttern mit Tierköpfen im uralten Pantheon des Nils aufweisen. In diesem Moment habe ich mir eine müßige Frage gestellt, deren grässliche Bedeutung mir erst sehr viel später bewusst wurde.

Andere Touristen strömten nun herbei, und wir gingen zu dem im Sand begrabenen Tempel der Sphinx, fünfzig Meter weiter südöstlich, den ich schon als großes Tor des Hochwegs zu der Grabkapelle der zweiten Pyramide auf dem Plateau bezeichnet habe. Der größte Teil des Tempels lag immer noch unter der Erde, und wenn wir auch auf einem neu angelegten Weg zu den Alabasterkorridoren und Säulenhallen hinabstiegen, hatte ich das Gefühl, dass Abdul und der deutsche Aufseher vor Ort uns nicht alles zeigten, was es zu sehen gab.

Danach machten wir die übliche Umrundung des Pyramidenplateaus, nahmen die zweite Pyramide und die eigenartigen Ruinen ihrer östlich gelegenen Grabkapelle in Augenschein, die dritte Pyramide und ihre kleine südliche Nebenpyramide sowie die östliche Kapelle, die Felsengräber, die bienenwabenartigen Anlagen der Vierten und Fünften Dynastie und das berühmte Campbell-Grab, dessen dunkler Schacht steile achtzehn Meter zu einem düsteren Sarkophag hinabführt, den einer unserer Kameltreiber nach einem schwindelerregenden Abstieg an einem Seil von heruntergefallenem Sand befreite.

Nun drangen Rufe von der großen Pyramide zu uns herüber, wo Beduinen eine Touristengruppe belagerten und anboten, den Auf- und Abstieg in kürzest möglicher Zeit zu machen. Sie sagten, dass sieben Minuten der Rekord dafür wären, doch viele kräftige Scheiche und Söhne von Scheichen versicherten uns, sie könnten es in fünf Minuten schaffen, wenn sie durch ein ordentliches *Bakschisch* angespornt würden. Sie bekamen ihren Ansporn nicht, wir aber ließen uns von Abdul hinaufführen, wo sich ein unvergleichlicher Anblick bot, der nicht nur das entfernte glitzernde Kairo vor dem Hintergrund zitadellengekrönter goldvioletter Berghänge einschloss, sondern auch alle Pyramiden des Gebiets von Memphis von Roash im Norden bis nach Dashur im Süden. Die Stufenpyramide von Saqqara, die den Übergang von den niedrigen *Mastabas* zur richtigen Pyramide darstellt, war klar und deutlich in der Wüste zu erkennen. Ganz in der Nähe dieses Monuments des Übergangs wurde das berühmte Grab des Perneb gefunden – fast siebenhundert Kilometer nördlich vom Gebirgstal von Theben, wo Tutanchamun ruht. Wieder einmal blieb mir vor Ehrfurcht die Sprache weg. Der Anblick dieser Altertümer und die Geheimnisse, die jedem dieser alten Monumente innezuwohnen und diese zu behüten schienen, erfüllte mich mit einer Ehrfurcht und einem intensiven Gefühl wie nie etwas zuvor.

Müde von der Kletterei und abgestoßen von den unsäglichen Beduinen, deren Verhalten alle Anstandsregeln verletzte, verzichteten wir darauf, die engen Gänge im Inneren einer der Pyramiden aufzusuchen, doch wir sahen, wie sich eine Anzahl der abgehärtetsten Touristen auf den mühseligen Weg durch Cheops mächtiges Grabmal vorbereitete. Als wir unseren überbezahlten Leibwächter vor Ort entließen und mit Abdul Reis in der Abendsonne zurück nach Kairo fuhren, bedauerten wir halb unseren Verzicht. Es gab faszinierende Gerüchte über Gänge im unteren Teil der Pyramide, die in keinem Führer verzeichnet waren, Durchgänge, die hastig von bestimmten verschwiegenen Archäologen, die sie entdeckt und erforscht hatten, verschlossen und versiegelt worden waren.

Natürlich waren diese Gerüchte bei Licht betrachtet größtenteils aus der Luft gegriffen, doch es war schon merkwürdig, wie konsequent den Besuchern verboten wurde, die Pyramiden bei Nacht zu betreten oder die tiefsten Schächte und Grabkammern der Großen Pyramide zu besuchen. Vielleicht fürchtete man im letzteren Fall den psychologischen Effekt – einen Effekt, den die gigantische Masse von Mauerwerk auf den tief im Inneren sich befindenden Besucher haben könnte, der lediglich durch eine kleine Röhre, in der er nur kriechen konnte, mit der Welt draußen verbunden war und die durch Zufall oder böse Absicht blockiert werden konnte. Die ganze Sache war so unheimlich und verlockend, dass wir beschlossen, dem Plateau bei der nächsten sich bietenden Gelegenheit einen weiteren Besuch abzustatten. Für mich bot sich diese Gelegenheit viel schneller, als ich erwartet hatte.

An diesem Abend waren die Mitglieder unserer Gruppe irgendwie von dem anstrengenden Programm ermüdet, und ich machte mich alleine mit Abdul Reis auf einen Spaziergang ins arabische Viertel. Ich hatte es zwar schon tagsüber gesehen, doch ich wollte die Gassen und Basare auch noch in der Abenddämmerung studieren, wenn die Schatten und trüben Lichter ihr fantastisches Erscheinungsbild noch verstärken würden. Die Menge der Einheimischen verlief sich schon etwas, doch sie waren noch zahlreich und lärmend, als wir im Suken-Nahhasin, oder dem Basar der Kupferschmiede, auf eine Gruppe von feiernden Beduinen stießen. Ihr offensichtlicher Anführer, ein unverschämter junger Kerl mit groben Zügen und schiefem Fes, wurde auf uns aufmerksam und erkannte eindeutig mit wenig Freude meinen fähigen, aber zugegebenermaßen hochmütigen und spöttischen Führer.

Vielleicht, dachte ich, missfiel ihm bei meinem Führer das seltsame Lächeln der Sphinx, das ich häufig amüsiert bemerkt hatte, oder vielleicht störte ihn der hohle, gespenstische Klang von Abduls Stimme. Wie auch immer, schnell begann der Austausch von uralten Beleidigungen, und es dauerte nicht lang, dann riss Ali Ziz, wie der Fremde genannt wurde, wenn er nicht mit übleren Bezeichnungen belegt wurde, heftig an Abduls Gewand, eine Handlung, die sofort Erwiderung fand und zu einem ernsthaften Handgemenge führte, bei dem die beiden Kämpfenden ihre geliebte Kopfbedeckung verloren und sich noch schlimmer zugerichtet hätten, wäre ich nicht dazwischen gegangen und hätte sie mit nackter Gewalt getrennt.

Mein Einschreiten, zuerst von beiden Seiten unerwünscht, führte zumindest zu einer Unterbrechung der Tätlichkeiten. Mürrisch richteten die beiden Streithähne ihre Kleidung und besänftigten ihre Wut mit einem Anflug von Würde. So ernst wie plötzlich schlossen die beiden ein merkwürdiges Ehrenabkommen, das, wie ich schon bald erfuhr, eine lange, alte Tradition in Kairo hat – ein Abkommen, dass sie ihre Meinungsverschiedenheit in einem nächtlichen Faustkampf auf der Spitze der Großen Pyramide austragen würden, lange nachdem die letzten Touristen, die sich die Pyramiden im Mondlicht betrachteten, verschwunden wären. Jeder der beiden musste Sekundanten mitbringen, und die Sache sollte um Mitternacht stattfinden und auf ganz zivilisierte Weise ausgetragen werden.

Bei dieser ganzen Absprache gab es viel, was mein Interesse weckte. Der eigentliche Kampf versprach einzigartig und spektakulär zu werden, während die Vorstellung von der Szenerie auf diesem alten Bauwerk, von dem man das vorzeitliche Plateau von Gizeh im schwindenden Mondlicht der frühen Morgenstunden überblickte, jede Faser meiner Fantasie reizte. Auf meine Frage hin war Abdul nur zu bereit, mich in die Gruppe seiner Sekundanten aufzunehmen, und den restlichen Abend begleitete ich ihn zu verschiedenen Hütten in den verrufensten Teilen der Stadt – meist nordöstlich vom Ezbekiyeh gelegen –, wo er, einen nach dem anderen, eine erlesene und beeindruckende Bande von Halsabschneidern zu seiner Unterstützung zusammensuchte.

Kurz nach neun Uhr bestieg unsere Gruppe Esel, die so königliche oder touristenwirksame Namen trugen wie »Ramses«, »Mark Twain«, »J. P. Morgan« und »Minnehaha«, kurvten durch ein Straßenlabyrinth sowohl orientalischer als auch europäischer Viertel, überquerten auf der Brücke der Bronzelöwen den schlammigen und mit Schiffsmasten übersäten Nil und bewegten uns im schnellen Trab zwischen den Lebbakhbäumen Richtung Gizeh. Die Reise dauerte etwas über zwei Stunden, bei der wir am Ende an den letzten Touristen vorbeikamen, die letzte in die Stadt fahrende Straßenbahn grüßten und dann alleine mit der Nacht, der Vergangenheit und dem gespenstischen Mond waren.

Schließlich erblickten wir am Ende der breiten Straße die mächtigen Pyramiden, die ghoulisch und eine schwache vorzeitliche Bedrohung ausstrahlend, die ich am Tage nicht bemerkt hatte, aufragten. Sogar die kleinste von ihnen trug einen Hauch des Grässlichen – denn hatte man darin nicht in der sechsten Dynastie die Königin Nitokris lebendig begraben, die einst alle ihre Feinde zu einem Fest in einem Tempel unter dem Nil einlud und sie durch das Öffnen der Schleusen ertränkte? Ich erinnerte mich, dass die Araber Dinge über Nitokris flüsterten und sich von der dritten Pyramide während bestimmter Mondphasen fernhielten. Thomas Moore muss an sie gedacht haben, als er etwas schrieb, das die memphischen Schiffer vor sich hin murmeln.

Die unterirdische Nymphe, die da haust
Zwischen dunklen Schätzen und verborgenem Glanz
Es ist die Dame der Pyramide

Trotzdem wir früh dran waren, waren Ali Ziz und seine Gruppe schon vor uns da, denn wir sahen die dunklen Silhouetten ihrer Esel vor dem Wüstenplateau bei Kafrel-Haram. Wir hatten den Umweg durch diese schmutzige Arabersiedlung in der Nähe der Sphinx gemacht, anstatt die übliche Route zum Mena House zu nehmen, wo die unfähigen und schläfrigen Polizisten uns vielleicht gesehen und aufgehalten hätten. Hier, wo schmutzige Beduinen Kamele und Esel in den Felsengräbern von Chephrens Höflingen unterstellten, wurden wir über Felsen und Sand zur Großen Pyramide geführt, über deren von der Zeit in Mitleidenschaft gezogene Flanken die

Araber eifrig nach oben kletterten. Abdul Reis bot mir seine Hilfe an, die ich nicht benötigte.

Wie die meisten Reisenden wissen, ist die eigentliche Spitze der Pyramide schon lange zerstört, und jetzt befindet sich dort eine brauchbare Plattform von ungefähr zwölf Metern im Quadrat. Auf diesem unheimlichen Gipfel wurde ein jetzt ein Viereck gebildet, und ein paar Augenblicke später grinste ein teuflischer Wüstenmond auf einen Kampf herab, der, bis auf das Geschrei der Zuschauer, auch gut hätte in einem kleinen Sportklub in Amerika stattfinden können. Beim Zuschauen stellte ich fest, dass auch einige unserer weniger wünschenswerten Errungenschaften nicht fehlten, denn jeder Schlag, jede Finte und jedes Abblocken erschienen in meinen nicht unerfahrenen Augen etwas zurückhaltend ausgeführt zu werden. Es war schnell vorbei, und trotz meiner Zweifel an der Ernsthaftigkeit des Kampfes verspürte ich eine Art Besitzerstolz, als Abdul Reis zum Sieger erklärt wurde.

Die Versöhnung erfolgte unerwartet schnell, und mitten in dem Gesang, der Verbrüderung und dem Trinken, was darauf folgte, fiel es mir schwer, daran zu glauben, dass es überhaupt einen Streit gegeben hatte. Merkwürdigerweise schien ich selbst mehr im Mittelpunkt der Aufmerksamkeit zu stehen als die Kontrahenten, und mit meinen geringen Arabischkenntnissen glaubte ich herauszuhören, dass über meine Auftritte und meine Entfesselungskunststücke aus jeder Art von Handfesseln und Kisten gesprochen wurde, wobei es den Anschein hatte, als würden sie sich nicht nur überraschend gut auskennen, sondern auch eine gewisse Feindseligkeit und Ungläubigkeit gegenüber meinen Kunststücken an den Tag legen. Mir dämmerte langsam, dass die alte Magie Ägyptens nicht spurlos verschwunden war und Reste eines seltsamen Geheimwissens und der Priesterkulte heimlich unter den Fellachen so weit überlebt hatten, dass die Fähigkeiten eines fremden *Hahwi* oder Zauberers herabgesetzt und geleugnet werden. Ich dachte daran, wie sehr mein Führer Abdul Reis mit der hohlen Stimme einem alten ägyptischen Priester oder Pharao ähnelte oder der lächelnden Sphinx … und wunderte mich.

Plötzlich passierte etwas, das blitzschnell die Richtigkeit meiner Vermutungen bestätigte und mich meine Unbedarftheit, mit der ich in die Vorgänge dieser Nacht gestolpert war, verfluchen ließ, denn sie waren nichts anderes als ein rein böswilliges Komplott gewesen, wie sich jetzt herausstellte. Ohne Vorwarnung und ganz bestimmt auf ein geheimes Zeichen von Abdul hin, stürzte sich die ganze Beduinenbande auf mich und fesselte mich mit bereitgehaltenen dicken Seilen auf eine Weise, wie ich nie zuvor in meinem Leben, weder auf der Bühne noch anderswo, gefesselt worden war.

Zuerst wehrte ich mich, doch schon bald wurde mir klar, dass ein Mann nichts gegen über zwanzig kräftige Barbaren ausrichten kann. Mir wurden die Hände auf den Rücken gebunden, meine Knie vollständig angewinkelt und meine Handgelenke und Knöchel fest mit unnachgiebigen Seilen zusammengebunden. Man schob mir einen Knebel in den Mund und verband mir fest die Augen. Dann, als die Araber mich auf ihre Schultern hoben und ein ruckender Abstieg von der Pyramide begann, hörte ich die Schmähungen meines vormaligen Führers Abdul, der sich mit seiner hohl klingenden Stimme über mich lustig machte, sich freute und mir versicherte, dass meine »magischen Kräfte« schon bald einer außerordentlichen Probe unterzogen würden, die meine Selbstgefälligkeit, die ich aus meinen Triumphen in Amerika und Europa gewonnen hatte, schnell verfliegen lassen würde. Er erinnerte mich daran, dass Ägypten ein altes Land und voller tiefer Geheimnisse und vorzeitlicher Kräfte war, nicht zu vergleichen mit den heutigen Experten, deren Gerätschaften sämtlich nicht in der Lage waren, mich gefangen zu halten.

Ich kann nicht sagen, wie weit oder in welche Richtung sie mich brachten, denn die Umstände ließen keine genaue Beurteilung der Lage zu. Dennoch konnte ich zumindest sagen, dass es keine große Entfernung war, denn meine Träger bewegten sich nie schneller als im normalen Schritttempo und behielten mich nur eine überraschend kurze Zeit auf ihren Schultern. Diese erstaunlich kurze Zeitspanne lässt mich immer wieder fast erschaudern, wenn ich an Gizeh und das Plateau zurückdenke – wenn man bedenkt, wie nahe das bei den täglichen Touristenrouten existierte und auch heute noch existieren muss.

Diese böse Abscheulichkeit, von der ich spreche, zeigte sich mir zuerst nicht. Als man mich auf einem Untergrund absetzte, den ich eher als Sand, denn als Fels bezeichnen würde, legten mir meine Überwältiger ein Seil um die Brust und zogen mich ein paar Meter zu einer zerklüfteten Öffnung im Boden, in die sie mich brutal hinabließen. Mir schien es eine Ewigkeit zu dauern, während der ich gegen die rauen Felswände eines engen Schachts stieß, den ich für einen der zahlreichen Grabschächte hielt, bis die ungeheure, fast unvorstellbare Tiefe mir jegliche Vergleichsmöglichkeit nahm.

Das Grauen dieser Erfahrung verschlimmerte sich mit jeder verstreichenden Sekunde. Dass irgendein Abstieg durch den blanken Fels so lange dauern konnte, ohne den Kern des Planeten zu erreichen, oder dass irgendein von Menschenhand gefertigtes Seil lang genug sein konnte, mich in die unheiligen und offensichtlich unermesslichen Abgründe des Erdinneren hinabzulassen, schien mir so abseitig, dass es einfacher war, meinen überreizten Sinnen zu misstrauen, als die Tatsache als solche zu akzeptieren. Noch heute bin ich mir unsicher, denn ich weiß, wie trügerisch das Zeitgefühl ist, wenn man bewegt oder herumgewirbelt wird. Doch ich bin mir sicher, dass ich bis zu diesem Zeitpunkt mir mein logisches Denkvermögen bewahrt hatte und ich nicht Ausgeburten reiner Fantasie in ein Bild einbaue, dessen Realität schon scheußlich genug ist und durch eine Form von geistiger Illusion entsteht, die nicht weit von einer Halluzination entfernt ist.

All das war nicht der Grund für meine erste kurze Ohnmacht. Die bedrückende Anspannung steigerte sich, und das Einsetzen der späteren Schrecken hing mit meinem immer schneller werdenden Absinken zusammen. Sie ließen das unendlich lange Seil jetzt sehr schnell ab, und ich scheuerte bei meinem Sturz in die Tiefe brutal an den rauen, engen Schachtwänden entlang. Meine Kleidung ging in Fetzen, und noch durch den schlimmer werdenden quälenden Schmerz spürte ich, wie mir am ganzen Körper das Blut hinunterlief. Auch mein Geruchssinn wurde auf eine kaum zu beschreibende

Weise angegriffen. Ein feuchter, schaler Gestank kroch mir in die Nasenlöcher, der mit nichts zu vergleichen war, und darin waren schwache Spuren von Gewürzen und Weihrauch, die ihm etwas Höhnisches gaben.

Dann kam der geistige Zusammenbruch. Es war schrecklich – grauenhaft bar jeder Beschreibung, denn es griff nur die Seele an, ohne dass man es im Einzelnen beschreiben könnte. Es war das Toben eines Alptraums und die Summe alles Teuflischen. Die Plötzlichkeit des Geschehens war apokalyptisch und dämonisch – den einen Moment fiel ich dem Tode nah diesen engen Schacht der tausendfachen Folterungen hinunter, und im nächsten Moment erhob ich mich auf Fledermausflügeln durch die Abgründe der Hölle, schwebte frei und schoss durch unermessliche, grenzenlose, modrige Weiten. Ich erhob mich in schwindelerregende, unbeschreibbare Höhen kalten Äthers, dann stürzte ich keuchend in die saugenden Tiefen gefräßiger, ekelhafter Leere … Ich danke Gott, dass diese klauenbewehrten Furien des Bewusstseins, die mir halb den Verstand raubten und wie Harpyien an meinem Geist rissen, der Vergessenheit anheimgefallen sind. Diese eine kurze Ohnmacht gab mir die Stärke und die Festigkeit, jene noch größeren Läuterungen des kosmischen Schreckens zu ertragen, die auf meinem Weg noch vor mir lauerten und rumorten.

II

Nach diesem schauerlichen Flug durch den höllischen Raum kam ich nur sehr langsam wieder zur Besinnung. Der Vorgang war überaus schmerzhaft und von fantastischen Träumen durchsetzt, in denen mein gefesselter und geknebelter Zustand eigentümliche Gestalt annahm. Während ich diese Träume hatte, war mir ihre Natur ziemlich klar, doch schon kurz danach verwischten sie sich in meiner Erinnerung, und schon bald blieb nur noch eine Ahnung der grauenvollen Ereignisse – ob real oder reine Fantasie –

zurück, die darauf folgten. Ich träumte, mich im Griff einer großen schrecklichen Pranke zu befinden, eine gelbe haarige Pranke mit fünf Klauen, die sich aus der Erde erhoben hatte, um mich zu packen. Und als ich aufhörte darüber nachzudenken, was die Pranke war, erschien es mir, als wäre sie Ägypten. In dem Traum blickte ich zurück auf die Ereignisse der zurückliegenden Wochen und sah mich Stück für Stück von einem höllischen, ghoulischen Geist der alten Nilmagie unmerklich und heimtückisch verlockt und verstrickt, ein Geist, der schon vor den Menschen in Ägypten war und auch noch dort sein wird, wenn es keine Menschen mehr gibt.

Ich sah das Grauen und das unheilvolle Alter Ägyptens und die grässliche Verbindung, die es immer mit den Gräbern und Tempeln der Toten gehabt hatte. Ich sah gespenstische Prozessionen von Priestern mit Köpfen von Stieren, Falken, Katzen und Ibissen, Prozessionen, die endlos durch unterirdische Labyrinthe und titanische Säulenhallen zogen, in denen ein Mensch wie eine Fliege wirkt, und wie sie unaussprechliche Opfer unbeschreiblichen Göttern darboten. Steinerne Kolosse trieben grinsende Herden männlicher Sphinxe hinunter an die Ufer von unermesslichen, unbeweglichen Pechflüssen. Und hinter dem allen sah ich die unsägliche Verruchtheit vorzeitlicher Nekromanie, schwarz und gestaltlos, mich gierig in der Dunkelheit verfolgend, um den Geist auszulöschen, der es gewagt hatte, sie mit seinem Eifer zu verhöhnen.

In meinem schlafenden Gehirn nahm ein Drama von Hass und Verfolgung Gestalt an, und ich sah die schwarze Seele Ägyptens mich herausgreifen und mit unhörbarem Gewisper nach mir rufen, mich rufen und locken, mich durch den Glanz und die Pracht der Sarazenischen Oberfläche führen, doch mich dabei immer hinunter in die vom Alter wahnsinnigen Katakomben und Schrecken seiner toten und abgrundtiefen Pharaonenherzen zu ziehen.

Dann nahmen die Traumgesichter menschliche Formen an, und ich sah meinen Führer Abdul Reis im Gewand eines Königs mit dem höhnischen Lächeln der Sphinx auf seinem Gesicht. Und ich wusste, dass dieses Gesicht das Gesicht von Chephren dem Großen war, der die zweite Pyramide erbaut und das Gesicht der Sphinx nach seinen eigenen Zügen verändert hatte und der den riesigen Tortempel errichtet hat, dessen zahllose Gänge die Archäologen glauben aus dem geheimnisvollen Sand und dem schweigenden Fels ausgegraben zu haben. Ich blickte auf die lange, schlanke und starre Hand von Chephren, diese lange, schlanke und starre Hand, die ich an der Doritstatue im Kairoer Museum gesehen hatte – die Statue, die sie in dem grauenhaften Tortempel gefunden hatten – und wunderte mich, dass ich nicht aufgeschrien habe, als ich sie bei Abdul Reis bemerkte … Diese Hand! Sie war abscheulich kalt und sie zermalmte mich. Es war die Kälte und das Klammern der Sarkophage … der Eishauch und die Beklemmung des vergessenen Ägypten … Es war das dunkle, tote Ägypten selbst … diese gelbe Pranke … und es flüsterte Dinge von Chephren …

Doch in diesem Moment begann ich zu erwachen – oder zumindest in einen Zustand zu geraten, der weniger mit Schlaf zu tun hatte als der vorherige. Ich erinnerte mich an den Boxkampf auf der Spitze der Pyramide, den Verrat der Beduinen, ihren Angriff, meinen grauenvollen Abstieg an einem Seil in die endlosen Tiefen des Felsen und mein Schweben und Hinabtauchen in eine frostige Leere, die von wohlriechender Fäulnis erfüllt war. Ich stellte fest, dass ich jetzt auf feuchtem Felsboden lag und dass die Fesseln mir immer noch mit unverminderter Kraft ins Fleisch schnitten. Es war sehr kalt, und ich glaubte einen schwachen ekelerregenden Luftzug über mich hinwegstreichen zu spüren. Die Abschürfungen und Prellungen, die ich mir an der rauen Felswand geholt hatte, schmerzten schrecklich, und irgendein Bestandteil der Luft steigerte diesen Schmerz noch zu einem Brennen und Stechen, und als ich mich nur auf die Seite wälzte, langte das schon, um meinen ganzen Körper in ungeahnten Schmerzen erbeben zu lassen.

Als ich mich umdrehte, spürte ich einen Ruck und schloss daraus, dass das Seil, mit dem ich heruntergelassen worden war, immer noch mit der Oberfläche Verbindung hatte. Ob die Araber es immer noch in den Händen hielten oder nicht, konnte ich nicht sagen, genauso wenig konnte ich sagen, wie tief ich mich in der

Erde befand. Ich sah, dass mich vollständige oder nahezu vollständige Dunkelheit umgab, denn kein Mondlicht drang durch meine Augenbinde, doch ich vertraute nicht auf meine Sinne, dass die Tiefe, in der ich mich befand, etwas mit der scheinbaren Dauer meines Abstiegs zu tun hatte.

Ausgehend davon, dass ich mich zumindest in einem Raum annehmbarer Größe befand, der durch einen Schacht eine direkte Verbindung zur Oberfläche hatte, vermutete ich vage, dass mein Gefängnis möglicherweise in der versunkenen Torkapelle des alten Chephren lag – dem Tempel der Sphinx – vielleicht in einem der inneren Gänge, die mir unsere Führer bei unserem morgendlichen Besuch nicht gezeigt hatten, und aus dem ich leicht entkommen könnte, wenn ich den Weg zu dem verschlossenen Eingang fände. Es würde eine Wanderung durch ein Labyrinth werden, doch nicht schlimmer als andere, aus denen ich in der Vergangenheit herausgefunden hatte.

Als Erstes musste ich mich von meinen Fesseln, dem Knebel und der Augenbinde befreien, und das wäre keine große Aufgabe, denn fähigere Experten als diese Araber hatten jede bekannte Methode der Fesselung während meiner langen und wechselhaften Karriere als Entfesselungskünstler bei mir angewandt, doch niemand war jemals erfolgreich gewesen.

Dann kam mir in den Sinn, dass die Araber mir vielleicht am Eingang auflauerten und mich angriffen, wenn sie durch eine Bewegung des Seiles, das sie bestimmt oben noch in den Händen hatten, einen Hinweis auf mein Entkommen aus den Fesseln erhielten. Damit ging ich allerdings davon aus, dass mein Gefängnis sich wirklich in Chephrens Tempel der Sphinx befand. Der direkte Zugang im Dach, wo immer er sich befinden mag, konnte nicht weit von dem normalen modernen Eingang in der Nähe der Sphinx sein, denn dort oben gab es kaum eine große Entfernung, da das gesamte den Besuchern bekannte Areal nicht zu ausgedehnt ist. Während meines Besuchs am Tage war mir eine solche Öffnung nicht aufgefallen, doch diese Dinge konnte man in dem dahintreibenden Sand leicht übersehen.

Als ich zusammengeschnürt auf dem Felsboden liegend diese Angelegenheit überdachte, vergaß ich fast das grauenhaften Herunterlassen und den harten Kontakt mit den Schachtwänden, was mich vor kurzem hatte ohnmächtig werden lassen. Meine Gedanken waren jetzt ganz darauf konzentriert, wie ich die Araber überlisten konnte, und ich beschloss, mich als Erstes so schnell wie möglich zu befreien, dabei aber jeden Ruck an dem nach oben führenden Seil zu vermeiden, der einen leichten oder auch problematischen Weg in die Freiheit verhindert könnte.

Das aber war leichter gesagt als getan. Ein paar vorsichtige Versuche zeigten, dass man ohne merkliche Bewegungen nicht viel erreichen konnte, und ich war nicht überrascht, als ich nach einer besonders heftigen Bewegung spürte, wie das herabfallende Seil sich neben und auf mir zusammenrollte. Offensichtlich, so dachte ich, hatten die Beduinen meine Bewegung mitbekommen, ihr Ende des Seils losgelassen und waren zu dem normalen Eingang des Tempels geeilt, wo sie in mörderischer Absicht auf mich warteten.

Diese Aussicht war nicht angenehm – aber ich hatte in meinem Leben Schlimmerem, ohne mit der Wimper zu zucken, gegenübergestanden und auch diesmal würde ich nicht verzweifeln. Jetzt musste ich als Erstes meine Fesseln loswerden, und dann auf meinen Einfallsreichtum vertrauen, um unverletzt aus dem Tempel zu entkommen. Es ist merkwürdig, wie selbstverständlich ich davon ausging, dass ich mich nur in geringer Tiefe unter der Erde in dem alten Tempel von Chephren neben der Sphinx befand.

Diese Überzeugung wurde zerstört und alle vorherigen Vorstellungen, mich in ungewöhnlicher Tiefe und mit dämonischen Geheimnissen konfrontiert zu wähnen, kehrten durch Umstände zurück, die, während ich meinen gut durchdachten Plan fasste, auf schreckliche Art an Bedeutung gewannen. Ich habe gesagt, dass der herunterfallende Strick auf und neben mir zu liegen kam. Nun bemerkte ich, dass der Seilhaufen um mich herum immer höher wurde, höher als durch ein Seil von normaler Länge eigentlich möglich war. Die Wucht des herabfallenden Seils nahm zu, wurde zu einer Hanflawine, die sich um mich herum auftürmte und mich unter den Windungen des Seils halb begrub. Bald schon war ich völlig davon bedeckt und rang nach Luft, während die zunehmende Hanflawine sich weiter über mir auftürmte und mich zu ersticken drohte.

Meine Sinne schwanden erneut, und ich versuchte vergeblich gegen diese schreckliche und unentrinnbare Bedrohung anzukämpfen. Ich wurde nicht nur weit über das menschliche Maß hinaus gequält – nicht nur, dass die Lebenskraft und die Luft scheinbar langsam aus mir heraus gepresst wurden –, es war das Wissen, was diese unnatürliche Länge des Seils bedeutete, und das Bewusstsein, welche unbekannten und unwägbaren Abgründe des Erdinneren mich in diesem Moment umgaben. Mein endloser Abstieg und das pendelnde Schweben durch dämonische Weiten mussten also Wirklichkeit gewesen sein, und jetzt lag ich hilflos in einer namenlosen Höhle nahe dem Erdkern. Eine solch unvermittelte Bestätigung der schlimmsten Befürchtungen war nicht zu ertragen, und ich glitt ein zweites Mal in gnädiges Vergessen.

Wenn ich Vergessen sage, dann heißt das nicht, dass ich keine Träume hatte. Ganz im Gegenteil, mein Verlassen der bewussten Welt ging einher mit Visionen unaussprechlichen Grauens. Gott! … Wenn ich nur nicht so viel über Ägypten gelesen hätte, bevor ich in dieses Land kam, das der Quell aller Dunkelheit und des Grauens ist! Während dieser zweiten Ohnmacht füllte sich mein schlafender Geist aufs Neue mit grauenvollen Bildern des Landes und seiner vorzeitlichen Geheimnisse. Durch einen verdammungswürdigen Zufall erschienen in meinen Träumen die uralten Vorstellungen der Toten und ihrer seelischen und körperlichen Aufenthaltsorte jenseits dieser geheimnisvollen Grabstätten, die man eher als Häuser, denn als Gräber bezeichnen kann. Ich erinnerte mich, in Traumbildern, die aber glücklicherweise inzwischen verblasst sind, an die eigenartige und kunstvolle Konstruktion der ägyptischen Grabmäler und die überaus einzigartigen und schrecklichen Vorschriften, nach denen sie gebaut wurden.

Diese Leute dachten alle nur an den Tod und die Toten. Sie waren buchstäblich von der Wiedergeburt des Körpers überzeugt, mumifizierten ihn mit größter Sorgfalt und bewahrten die lebenswichtigen Organe in heiligen Gefäßen in der Nähe des Körpers auf, doch neben ihrem Glauben an den Körper glaubten sie noch an zwei weitere Elemente, die Seele, die nach ihrer Prüfung und Anerkennung durch Osiris im gesegneten Land wohnte, und den merkwürdigen und mächtigen *Ka* oder die Lebenskraft, die auf grauenvolle Weise durch die Ober- und Unterwelt wanderte, manchmal Zugang in die mumifizierten Körper verlangte und die Nahrungsopfer der Priester und Angehörigen in der Grabkapelle zu sich nahm und manchmal – wie man flüsterte – von dem Körper oder dem hölzernen Abbild, das immer neben dem Toten begraben wurde, Besitz ergriff und auf abscheuliche Art mit unbekanntem Ziel herumlief.

Tausende von Jahren ruhten diese Körper in ihren prachtvollen Särgen und starrten mit glasigen Augen nach oben, wenn sie nicht von einem *Ka* besucht wurden, und warteten auf den Tag, an dem Osiris *Ka* und Seele wieder vereinte und die bewegungslosen Legionen der Toten aus ihren versunkenen Häusern des Schlafs führte. Es sollte eine prächtige Wiedergeburt sein – doch nicht alle Seelen wurden anerkannt und nicht alle Gräber blieben unbehelligt, sodass man mit bestimmten abscheulichen *Fehlern* und teuflischen *Abnormitäten* rechnen musste. Selbst heute noch flüstern die Araber von unheiligen Zusammenkünften und schrecklichen Ritualen in vergessenen tiefen Kavernen, aus denen nur unsichtbare *Kas* und seelenlose Mumien unverletzt zurückkehren.

Die vielleicht boshaftesten Legenden, die das Blut gefrieren lassen, handeln von den abseitigen Produkten einer dekadenten Priesterschaft – *zusammengesetzte Mumien*, geschaffen aus der unnatürlichen Verbindung von menschlichen Körpern und Gliedmaßen und den Köpfen von Tieren, die ein Abbild der alten Götter sein sollten. Zu jedem Zeitpunkt in der Geschichte wurden heilige Tiere mumifiziert, sodass die heiligen Stiere, Katzen, Ibisse, Krokodile und ähnliche Tiere dereinst in noch größerer Pracht wiederkehren sollten. Doch erst zur Zeit der Dekadenz verband man menschliche und tierische Mumien miteinander – erst in der dekadenten Zeit, als man die Zusammenhänge zwischen Seele und *Ka* nicht mehr verstand.

Was mit diesen zusammengesetzten Mumien geschah, ist nicht bekannt, zumindest nicht öffentlich, aber sicher ist, dass kein Ägyptologe je eine davon gefunden hat. Es kursieren unter den Arabern wilde Gerüchte darüber, auf die man nicht zählen kann. Sie deuten sogar an, dass der alte Chephren – der von der Sphinx, der zweiten Pyramide und dem drohenden Tortempel – in einem unterirdischen Gewölbe mit seiner Frau Nitokris, der Königin der Ghoule, lebt und über die Mumien herrscht, die weder Mensch noch Tier sind.

Von jenen – von Chephren, seinen Gefährten und seiner absonderlichen Armee der unwirklichen Toten – träumte ich und deshalb bin ich froh, dass die genauen Bilder des Traums meinem Gedächtnis entfallen sind. Die fürchterlichste Vision stand in Verbindung mit einer müßigen Frage, die ich mir gestern gestellt hatte, als ich auf das große Rätsel in der Wüste geblickt und mich gefragt hatte, mit welchen unbekannten Tiefen der danebenliegende Tempel es wohl heimlich verbunden war. Diese Frage, so unschuldig und launenhaft gestellt, gewann in meinem Traum eine Dimension hysterischen, übermächtigen Wahnsinns … *Welche gewaltige und abscheuliche Abnormität hatte die Sphinx eigentlich einmal dargestellt?*

An mein zweites Erwachen – wenn es wirklich ein Erwachen war – erinnere ich mich mit purem Entsetzen, dem nichts in meinem Leben gleichkommt – außer einem Ereignis, das noch folgte – und das bei einem abenteuerlichen Leben wie nicht viele Menschen es geführt haben. Man erinnere sich, dass ich das Bewusstsein unter einem Sturzbach herabfallenden Seils verloren hatte, dessen Länge mir die unglaubliche Tiefe meiner momentanen Position enthüllte. Als ich nun wieder bei Sinnen war, spürte ich, dass das gesamte Gewicht von mir genommen war, und stellte, indem ich mich herumwälzte, fest, dass, obwohl ich immer noch gefesselt, geknebelt und meine Augen verbunden waren, *irgendetwas mich von der erdrückenden Hanfflut, unter der ich begraben gewesen war, befreit hatte.* Die Bedeutung dieser Veränderung erschloss sich mir erst langsam, doch auch dann, so denke ich, wäre ich wieder in Ohnmacht gefallen, wäre ich zu diesem Zeitpunkt nicht schon in einem Zustand emotionaler Erschöpfung gewesen, dass dieser neue Schrecken keinen Unterschied mehr machte. Ich war alleine … *mit was?*

Bevor ich mich mit weiteren Überlegungen quälen oder einen neuen Befreiungsversuch unternehmen konnte, zeigte sich eine weitere Veränderung. Ein zuvor nicht bemerkter Schmerz tobte durch meine Arme und Beine, und ich schien mit einer Menge von getrocknetem Blut bedeckt, die nicht allein aus meinen Verletzungen stammen konnte. Auch meine Brust schien mit hunderten von Wunden übersät, als wenn ein bösartiger riesiger Ibis darauf herumgehackt hätte. Offensichtlich war die Macht, die das Seil entfernt hatte, mir nicht wohlgesonnen und hatte damit begonnen, mir schreckliche Verletzungen beizubringen, bis sie irgendwie unterbrochen worden war. Dennoch waren meine Gefühle in diesem Moment ganz das Gegenteil von dem, was man erwarten konnte. Anstatt in einem bodenlosen Loch der Verzweiflung zu versinken, schöpfte ich neuen Mut und neue Tatkraft, denn nun hatte ich die Gewissheit, dass die bösen Mächte eine körperliche Existenz hatten und ihnen ein furchtloser Mann auf gleicher Ebene gegenüber treten konnte.

Durch die Kraft dieser Überlegungen zerrte ich wieder an meinen Fesseln und setzte mein ganzes in meinem Leben erworbenes Können ein, um mich zu befreien, wie ich es so oft im Scheinwerferlicht und im Applaus einer großen Zuschauermenge getan hatte. Die vertrauten Vorgänge der Entfesselung nahmen mich in Anspruch, und da nun der Berg aus Seil verschwunden war, gewann ich so halb den Glauben zurück, dass dieses überwältigende Grauen doch eine Halluzination gewesen war, und dass es nie einen schrecklichen Schacht, einen unvorstellbaren Abgrund und ein endlos langes Seil gegeben hatte. Befand ich mich also doch in dem Tortempel des Chephren neben der Sphinx und hatten sich die elenden Araber, als ich hilflos dalag, hereingeschlichen, um mich zu quälen? Auf jeden Fall musste ich mich befreien. Ich musste ungefesselt, ungeknebelt und sehenden Auges auf meine Beine kommen, um jeden möglichen Lichtschimmer, woher er auch kommen mag, wahrzunehmen, dann würde ich mich an der Auseinandersetzung mit den elenden, verräterischen Schuften sogar ergötzen können!

Ich kann nicht sagen, wie lange es dauerte, meine Fesseln abzuschütteln. Es musste aber länger gedauert haben als bei meinen Auftritten, denn ich war verletzt, erschöpft und entnervt von den Erlebnissen, die ich durchgemacht hatte. Als ich schließlich frei war und die kalte, feuchte und mit ekelhaften Gerüchen durchsetzte Luft mit tiefen Zügen einatmete, die noch übler war, wenn man sie ohne den Schutz des Knebel und der Augenbinde spürte, merkte ich, dass ich zu verkrampft und ausgelaugt war, um mich sofort auf den Weg zu machen. Ich lag da und versuchte meinen Körper zu strecken, der eine ungewisse Zeit zusammengeschnürt und gepeinigt worden war, und strengte meine Augen an, um einen Lichtschein zu erkennen, der mir einen Hinweis auf meine Lage geben könnte.

Nach und nach kehrten meine Kraft und Beweglichkeit zurück, doch sehen konnte ich immer noch nichts. Als ich mich taumelnd aufrichtete, spähte ich sorgfältig in jede Richtung, doch da war nur eine tiefschwarze Dunkelheit, die sich nicht von meinem Zustand, als ich die Binde über den Augen hatte, unterschied. Ich versuchte, meine blutverkrusteten Beine unter den zerrissenen Hosen zu bewegen, und stellte fest, dass ich gehen konnte, doch konnte ich nicht entscheiden, in welche Richtung. Ich sollte nicht wahllos loslaufen und mich vielleicht von dem gesuchten Ausgang entfernen. Ich hielt inne, um die Richtung zu ermitteln, aus der der kalte, nach Natron stinkende Luftzug kam, den ich beständig gespürt hatte. In der Annahme, dass seine Quelle möglicherweise der Eingang der Gruft sein könnte, bemühte ich mich, diesem Hinweis zu folgen, und ging beständig darauf zu.

Ich hatte Streichhölzer und sogar eine kleine Taschenlampe bei mir gehabt, doch natürlich waren aus den Taschen meiner zerrissenen und zerfetzten Kleidung schon längst alle schwereren Gegenstände herausgefallen. Als ich mich vorsichtig durch die Dunkelheit bewegte, wurde der Luftzug stärker und unerträglicher, bis er schließlich zu einem fast greifbaren Strom abscheulichen Gestanks wurde, der aus einer Öffnung strömte wie der Rauch des Dschinns aus der Flasche des Fischer in dem orientalischen Märchen. Der Orient … Ägypten … diese dunkle Wiege der Zivilisation war immer schon die Quelle von unaussprechlichen Schrecken und Wundern gewesen.

Je mehr ich über die Beschaffenheit dieses Höhlenwindes nachdachte, desto beunruhigter fühlte ich mich, denn abgesehen von dem Gestank hatte ich doch geglaubt, damit zumindest einen indirekten Wegweiser zur Außenwelt zu haben. Jetzt aber wurde mir klar, dass diesen fauligen Ausdünstungen jede Spur oder Verbindung mit der reinen Luft der Libyschen Wüste fehlte, sondern sie etwas sein mussten, das aus den finsteren, tiefer liegenden Grüften ausgestoßen wurde. Ich war also in die falsche Richtung gelaufen.

Nach einem Moment des Nachdenkens beschloss ich, nicht umzukehren. Außerhalb des Luftzugs hätte ich keinen Anhaltspunkt, denn der einigermaßen flache Felsboden wies keine spürbaren Unebenheiten auf. Wenn ich dem merkwürdigen Luftzug folgte, müsste ich zweifellos an irgendeine Art von Öffnung gelangen, von wo ich mir vielleicht meinen Weg entlang der Wände zur gegenüberliegenden Seite dieses riesigen und auf andere Art nicht zu erkundenden Gewölbes suchen könnte. Mir war klar, dass es fehlschlagen könnte. Ich wusste, dass dies kein Teil des allgemein zugänglichen Tortempels Chephrens war, und mir kam der Gedanke, dass dieses besondere Gewölbe vielleicht nicht einmal den Archäologen bekannt war und nur zufällig von den neugierigen und bösartigen Arabern, die mich gefangen gesetzt hatten, entdeckt worden war. Wenn dem so war, gab es dann ein Tor in den bekannten Teil des Tempels oder ins Freie?

Welchen Beweis besaß ich denn, dass dies überhaupt der Tortempel war? Für einen Augenblick brachen wieder meine wildesten Vermutungen über mich herein, und ich dachte an die lebhafte Mixtur von Eindrücken – der Abstieg, das Schweben im Raum, das Seil, meine Verletzungen und die Träume, die wirklich nur Träume waren. War das nun das Ende meines Lebens? Oder wäre es vielleicht sogar eine Gnade, wenn es das Ende wäre? Ich konnte keine meiner Fragen beantworten, sondern machte einfach weiter, bis mich das Schicksal ein drittes Mal dem Vergessen anheimgab.

Diesmal träumte ich nicht, denn das Ereignis trat so plötzlich ein, dass ich aus allen bewussten und unbewussten Gedanken gerissen wurde. In dem Augenblick, wo der ekelhafte Luftzug so stark wurde, dass er einen greifbaren Widerstand darstellte, stolperte ich über eine nach unten führende Stufe und fiel kopfüber eine dunkle Steintreppe hinab in einen unbekannten abscheulichen Abgrund.

Dass ich immer noch lebe ist der dem gesunden menschlichen Körper innewohnenden Lebenskraft zu verdanken. Oftmals denke ich an diese Nacht zurück und verspüre dann tatsächlich eine Belustigung angesichts des wiederholten Aussetzens meines Bewusstseins, Aussetzer, deren Abfolge mich an die groben Melodramen in den Filmen jener Zeit erinnerte. Natürlich besteht die Möglichkeit, dass diese Aussetzer niemals stattgefunden haben und dass all die Bilder dieses Alptraums unter der Erde nur der Traum einer einzigen langen Ohnmacht waren, die mit dem Herunterlassen in die Gruft begann und mit dem heilenden Balsam der frischen Luft auf dem Sand von Gizeh vor dem teuflischen Gesicht der im Morgenlicht daliegenden Sphinx endete.

Ich ziehe es vor, so gut ich kann, an diese letztere Erklärung zu glauben, auch weil die Polizei mir sagte, dass die Verriegelung von Chephrens Tortempel unberührt vorgefunden worden sei und dass es einen ansehnlichen Spalt, der an die Oberfläche führt, tatsächlich in einer Ecke des noch verschütteten Teils gäbe. Auch war ich froh, als die Ärzte meine Verletzungen ausschließlich auf meine Fesseln, das Hinablassen, meine Befreiung von den Stricken, meinen Sturz – wahrscheinlich in eine Vertiefung bei der Galerie im Inneren Tempel –, meinem Kriechen zur äußeren Absperrung, meinem Entkommen daraus und Ähnlichem zuschrieben … eine sehr beruhigende Diagnose. Und doch weiß ich, dass da mehr ist, als man auf den ersten Blick wahrnimmt. Ich habe an diesen langen Abstieg eine zu genaue Erinnerung, um es einfach abzutun – und es ist merkwürdig, dass niemand in der Lage war, einen Mann zu finden, auf den die Beschreibung meines Führers, Abdul Reis el Drogman, passt. Jenem Führer mit der Grabesstimme, der aussah und lächelte wie König Chephren.

Ich bin abgeschweift von meiner zusammenhängenden Erzählung – vielleicht in der vergeblichen Hoffnung, jene letzten Geschehnisse verschweigen zu können, die Geschehnisse, die auf jeden Fall eine Halluzination waren. Doch ich habe versprochen, alles zu enthüllen, und ich breche meine Versprechen nicht. Als ich nach diesem Sturz die dunklen Steinstufen hinab meine Sinne wiedererlangt hatte – oder glaubte sie wiedererlangt zu haben –, war ich allein und in der Dunkelheit wie zuvor. Der Gestank, schon vorher schlimm genug, war nun höllisch, doch inzwischen war ich schon so daran gewöhnt, dass ich ihn gleichgültig ertrug. Benommen kroch ich von der Stelle weg, von wo der ekelhafte Luftzug kam, und unter meinen blutenden Händen spürte ich die riesigen Steinplatten eines riesigen Pflasters. Einmal stieß ich mit meinem Kopf gegen etwas Hartes und stellte fest, dass es der Sockel einer Säule war – eine unglaublich mächtige Säule – deren Oberfläche von großen Hieroglyphen bedeckt war, die ich gut ertasten konnte.

Ich kroch weiter und kam zu anderen riesigen Säulen, die in weiten Abständen voneinander standen, als meine Aufmerksamkeit von etwas geweckt wurde, das ich schon eine Zeit lang unbewusst gehört hatte, bevor mein Bewusstsein darauf reagierte.

Aus einigen noch tiefer liegenden Spalten in den Eingeweiden der Erde drangen bestimmte Geräusche gleichmäßig und klar zu mir und sie glichen nichts, was ich jemals zuvor gehört hatte. Intuitiv spürte ich, dass sie sehr alt waren und eindeutig auf eine Zeremonie hindeuteten. Aufgrund meiner ägyptologischen Lektüre ordnete ich sie Flöten, Sambuken, Sistren und Tympanen zu. In ihrem rhythmischen Pfeifen, Dröhnen, Klappern und Trommeln spürte ich ein Element des Schreckens, weit jenseits aller bekannten irdischen Schrecken. Ein Schrecken, der abgelöst von individueller Angst war und die Form eines objektiven Mitleids für unseren Planeten annahm, dass er in seinem Inneren solche Schrecken beheimaten musste, wie sie diesen verdammungswürdigen Melodien zugrunde lagen. Die Geräusche wurden lauter, und ich spürte, dass sie näher kamen. Dann – und mögen sich alle Götter des Himmels vereinigen, um meinen Ohren dergleichen ein weiteres Mal zu ersparen – vernahm ich leise und weit entfernt das morbide und tausend Jahre alte Stampfen dieser marschierenden Dinger.

Es war grässlich, dass sich so unterschiedliche Schritte im Gleichklang bewegen sollten. Die Gewohnheit unheiliger Jahrtausende lag in diesem Marsch der Monstrositäten aus dem Inneren der Erde ... sie tappten, klapperten, gingen, stolzierten, polterten, schwankten, krochen ... und dazu der abstoßende Missklang dieser höhnischen Instrumente. Und dann – Gott bewahre mich vor der Erinnerung an diese arabischen Legenden – die Mumien ohne Seele ... der Versammlungsort der umherstreifenden *Kas* ... die Horden der vom Teufel verfluchten Toten des Pharaonenreiches aus vierzig Jahrhunderten ... die *zusammengesetzten Mumien* wurden von König Chephren und seiner Ghoulkönigin Nitokris durch die äußersten Onyxweiten geführt ...

Das Getrampel kam näher – der Himmel beschütze mich vor dem Geräusch dieser Füße, Pranken, Hufe, Tatzen und Klauen, das wieder Gestalt gewinnt! Das unendliche, in Dunkelheit liegende Pflaster entlang flackerte ein Lichtfunken in dem grauenvollen Wind, und ich versteckte mich hinter einer der riesigen Säulen, um eine Zeit lang dem Grauen zu entkommen, das vielfüßig durch die riesige Säulenhalle unmenschlicher Grausamkeit und vorzeitlichem Entsetzens auf mich zukam. Der Funken wurde größer, und das Stampfen und der unmelodiöse Rhythmus wurden abscheulich laut. Im zitternden orangenen Licht enthüllte sich vor mir eine Ehrfurcht gebietende Szene, dass ich in purem Erstaunen, das sogar Angst und Ekel vergessen ließ, um Luft ringen musste. Sockel von Säulen, deren Mittelteile in schwindelnde Höhen hinaufragten ... Sockel, von denen jeder den Eiffelturm zur Bedeutungslosigkeit verdammte ... Hieroglyphen, von unvorstellbaren Händen in Gewölbe geschnitten, wo Tageslicht nur eine weit zurückliegende Legende sein kann ...

Ich werde *keinen Blick* auf die marschierenden Dinge werfen. Das beschloss ich verzweifelt, als ich das Krachen ihrer Gelenke und ihr abscheuliches Winseln über der Totenmusik und dem Todesgetrampel vernahm. Es war eine Gnade, dass sie nicht sprachen … Doch mein Gott, *ihre verrückten Fackeln warfen Schatten auf die Oberflächen dieser dummen Säulen. Nilpferde sollten keine menschlichen Hände haben und Fackeln tragen … und Menschen keine Krokodilköpfe …*

Ich versuchte mich abzuwenden, doch die Schatten, die Geräusche und der Gestank waren überall. Dann erinnerte ich mich an etwas, was ich als Junge bei halbwachen Alpträumen gemacht hatte, und begann mir vorzusagen: »Das ist ein Traum! Das ist ein Traum!« Doch es half nichts, ich konnte nur meine Augen schließen und beten … zumindest glaubte ich, das zu tun, denn bei Visionen kann man sich nie sicher sein – und ich weiß, das konnte nichts anderes gewesen sein. Ich fragte mich, ob ich jemals wieder in die Welt zurückkehren würde, und öffnete manchmal verstohlen die Augen, ob ich irgendetwas von dem Ort, außer dem ekelhaft riechenden Luftzug, den endlos hohen Säulen und den traumatischen, abscheulichen Schatten eines unsagbaren Grauens wahrnehmen könnte. Jetzt erstrahlte der Glanz beständig mehr werdender Fackeln, und wenn dieser teuflische Ort nicht gänzlich ohne Mauer wäre, müsste ich schon bald eine Begrenzung oder einen Anhaltspunkt sehen. Doch als ich bemerkte, wie viele dieser Wesen sich versammelten, musste ich meine Augen wieder schließen – und auch, als ich ein bestimmtes Ding wahrnahm, das feierlich und bestimmt einherschritt, *ohne oberhalb der Taille einen Körper zu haben.*

Ein teuflisches heulendes Gurgeln oder Todesröcheln aus den Kehlen dieser ghoulischen Legionen untoter Blasphemien zerriss jetzt die Luft – diese Leichenhallenluft, vergiftet von Naphthalin- und Teergestank. Meine widernatürlich aufgerissenen Augen nahmen für einen Moment einen Anblick wahr, den sich kein Mensch, ohne in Panik, Furcht und Erschöpfung zu verfallen, vorzustellen vermag. Die Wesen hatten sich feierlich in einer Richtung aufgestellt, in der Richtung des ekelhaften Luftzuges, und im Licht der

Fackeln konnte man ihre gesenkten Häupter sehen – oder zumindest derjenigen, die über Köpfe verfügten. Sie beteten vor einer großen schwarzen Öffnung, aus der ein schrecklicher Gestank drang und die sich bis fast außer Sichtweite erstreckte. Wie ich erkennen konnte, wurde sie flankiert von zwei gigantischen Treppen, die sich irgendwo im Dunkel verloren. Eine war ohne Zweifel die Treppe, die ich hinuntergefallen war.

Die Ausmaße des Loches befanden sich in Übereinstimmung mit den Säulen – ein gewöhnliches Haus wäre darin verloren gegangen, und jedes durchschnittliche öffentliche Gebäude hätte man problemlos hineinschieben können. Die Öffnung war so groß, dass man den Kopf wenden musste, um ihre Begrenzung zu sehen … sie war so ausgedehnt, so abscheulich schwarz und so übel riechend … Direkt vor diesem gähnenden Zyklopentor warfen die Wesen Gegenstände – offensichtlich Opfergaben oder religiöse Gaben, wie man an ihren Gesten erkennen konnte. Chephren war ihr Oberhaupt, der höhnische König Chephren, *oder der Führer Abdul Reis*, gekrönt von einem goldenen Diadem und mit seiner Grabesstimme endlose Litaneien aufsagend. An seiner Seite kniete die schöne Königin Nitokris, die ich einen Moment lang im Profil sah und feststellte, dass ihre rechte Gesichtshälfte von Ratten oder Ghoulen weggefressen war. Als ich sah, welche Gegenstände als Opfergaben vor die stinkende Öffnung oder die dort hausende Gottheit geworfen wurden, schloss ich meine Augen erneut.

Mir schien, wenn ich von der Sorgfalt, mit der der Ritus durchgeführt wurde, ausging, dann musste die dort hausende Gottheit von einiger Bedeutung sein. War es Osiris oder Isis, Horus oder Anubis oder ein weithin unbekannter Gott der Toten, noch bedeutender und mächtiger? Eine der Legenden besagte, dass schreckliche Altäre und Statuen errichtet wurden für einen unbekannten Gott, bevor man die bekannten Götter verehrte …

Und nun, da ich mich fasste und die verzückte und grabesgleiche Anbetung dieser namenlosen Wesen beobachtete, kam mir eine Möglichkeit zur Flucht in den Sinn. In der Halle herrschte Dämmerlicht, und die Säulen lagen im Schatten. Wenn alle diese alptraumhaften Kreaturen in schändliche Verzückung versunken waren, wäre es mir vielleicht möglich, an ihnen vorbei zu einer der weit entfernten Treppen zu kriechen und unbemerkt nach oben zu steigen. Dann musste ich auf das Schicksal und mein Können vertrauen, um von dort in die Freiheit zu gelangen. Wo ich mich befand, wusste ich nicht, noch hatte ich ernsthaft darüber nachgedacht – und für einen Moment amüsierte es mich, dass ich ernsthaft eine Flucht aus etwas plante, von dem ich wusste, dass es nur ein Traum war. Befand ich mich in einem verborgenen und unbekannten, unterirdischen Bereich von Chephrens Tortempel – jenem Tempel, der Generationen lang beständig als Tempel der Sphinx bezeichnet worden ist? Ich konnte das nicht sagen, doch ich beschloss zum Leben und zu Bewusstsein hinaufzusteigen, wenn mein Können und meine Muskeln mich dahin brächten.

Flach auf meinem Bauch liegend begann ich meinen ängstlichen Weg zum Fuß der linken Treppe, die leichter erreichbar erschien. Ich kann die Aufregungen und Zwischenfälle dieses Unterfangens nicht beschreiben, doch man kann sie sich vorstellen, wenn man bedenkt, was ich beständig in dem schwachen, flackernden Licht im Auge behalten musste, um einer Entdeckung zu entgehen. Das untere Ende der Treppe lag, wie ich gesagt hatte, weit entfernt im Dunklen, um, ohne eine Biegung zu machen, bis hinauf über die riesige Öffnung zu reichen. Damit lag der letzte Teil meines Weges in einiger Entfernung von der abscheulichen Ansammlung, doch auch dann ließ mich der Anblick, der jetzt weit zu meiner Rechten lag, noch erschaudern.

Schließlich erreichte ich die Treppe und begann mit den Aufstieg, dabei hielt ich mich eng an der Wand und entdeckte so grässliche Verzierungen. Meine Sicherheit hing ganz von der verklärten Versunkenheit ab, mit der die Monstrositäten die stinkende Öffnung und die Nahrungsmittel, die sie davorgeworfen hatten, beobachteten. Obwohl die Treppe groß und steil war und aus mächtigen Porphyrblöcken errichtet, wie für Füße eines Riesen, schien der Aufstieg doch wahrhaft endlos. Die Furcht vor Entdeckung und der Schmerz, den die neuerliche Anstrengung in meinen Wunden hatte aufflammen lassen, führten dazu, dass sich dieser Aufstieg in meinem Gedächtnis eingebrannt hat. Ich hatte vorgehabt, sobald die oberste Stufe erreicht wäre, sofort auf jeder Treppe weiterzukriechen, die von dort aus nach oben führte, und nicht einen letzten Blick auf die leichenhaften Abscheulichkeiten zu werfen, die fünfundzwanzig oder dreißig Meter unter mir herumscharrten und niederknieten. Als ich fast den oberen Treppenabsatz erreicht hatte, kam es zu einer plötzlichen Wiederholung des donnernden Gurgelns und Todesröchelns, dessen feierlicher Rhythmus aber zeigte, dass es nicht ein Alarm war, der meine Entdeckung signalisierte. Es brachte mich dazu, anzuhalten und vorsichtig über die Brüstung zu spähen.

Die Monstrositäten begrüßten etwas, das sich aus der ekelhaften Öffnung geschoben hatte und sich der teuflischen Opfergaben annahm. Es war selbst aus dieser Höhe betrachtet etwas ziemlich Plumpes, Gelbes, Fellbedecktes und bewegte sich unruhig. Es hatte in etwa die Größe eines ordentlichen Nilpferdes, war aber von merkwürdiger Gestalt. Es schien keinen Hals, aber fünf einzelne, zottelige Köpfe zu haben, die in einer Reihe auf einem grob zylinderförmigen Körper saßen. Der erste war ziemlich klein, der zweite hatte normale Größe, der dritte und vierte waren gleichgroß und die größten, während der fünfte wieder kleiner, doch nicht so klein wie der erste war.

Aus diesen Köpfen schnellten sonderbar steife Tentakel, die gefräßig nach den Unmengen unaussprechlicher Nahrung griffen, die vor der Öffnung lagen. Ab und zu sprang das Ding auf und zog sich manchmal auf merkwürdige Weise in seine Behausung zurück. Seine Bewegungen waren so unvorhersehbar, dass ich fasziniert hinsah und wünschte, es würde weiter aus seiner Höhle hervorkommen.

Dann kam es *hervor* … es *kam* hervor, und bei diesem Anblick drehte ich mich um und floh in die Dunkelheit die vor mir liegenden nach oben führenden Stufen hinauf, hetzte, ohne es zu bemerken, unvorstellbare Treppen, Leitern und Rampen hinauf, zu denen mich weder meine Augen noch meine Vernunft führten und die ich immer dem Reich der Träume zuordnen muss, da es keinen Beweis dafür gibt. Es muss ein Traum gewesen sein, denn sonst hätte mich die Morgendämmerung niemals im Sand von Gizeh vor dem teuflisch im Morgenlicht glänzenden Gesicht der Sphinx gefunden.

Die Sphinx! Gott! – die müßige Frage, die ich mir an dem sonnigen Morgen zuvor gestellt hatte … *welche gewaltige und abscheuliche Abnormität hatte die Sphinx eigentlich einmal dargestellt?*

Verflucht sei der Anblick, ob im Traum oder nicht, der mir das höchste Grauen enthüllte – der unbekannte Gott der Toten, der sich seine mächtigen Flanken in den unbekannten Abgründen leckt, gefüttert mit grässlichen Leckerbissen von stummen Abscheulichkeiten, die nicht existieren sollten. Das fünfköpfige Monster, das herauskam … das fünfköpfige Monster, so groß wie ein Nilpferd … das fünfköpfige Monster – das war nur die Vorderpranke des eigentlichen Wesens …

Doch ich habe überlebt und ich weiß, dass alles nur ein Traum war.

Die Musik des Erich Zann

Obwohl ich mit größter Sorgfalt die Stadtpläne studiert habe, gelang es mir nicht, die Rue d'Auseil wiederzufinden. Es waren nicht nur moderne Stadtpläne, denn mir ist bewusst, dass sich Straßennamen ändern. Ganz im Gegenteil, ich habe mich tief in sämtliche Antiquariate vergraben und persönlich jeden Bezirk dieser Stadt nach jedem Namen durchforscht, der auch nur irgendwie an die Straße erinnerte, die ich als Rue d'Auseil kannte. Doch trotz all meiner Bemühungen bleibt es eine verstörende Tatsache, dass ich weder das Haus noch die Straße noch nicht einmal das Viertel finden konnte, wo ich während der letzten Monate meines ärmlichen Lebens als Student der Metaphysik an der Universität die Musik des Erich Zann gehört habe.

Mich wundert nicht, dass meine Erinnerung Lücken aufweist, denn meine geistige und körperliche Gesundheit wurde während der Zeit, als ich in der Rue d'Auseil wohnte, stark beeinträchtigt, aber ich erinnere mich, dass ich keinen meiner wenigen Bekannten mit dorthin nahm. Doch dass ich den Ort nicht mehr finden kann, ist zugleich einzigartig und verstörend, denn es war nur eine halbe Stunde Fußweg zur Universität und er wurde gesäumt von auffälligen Besonderheiten, die jemand, der dort war, wohl kaum vergisst. Ich habe nie jemanden getroffen, der in der Rue d'Auseil war.

Die Rue d'Auseil lag jenseits eines dunklen Flusses, an dessen Ufer steil aufragende Lagerhäuser aus Ziegeln mit blinden Fensterscheiben standen und über den sich eine massige, dunkle Steinbrücke wölbte. Am Fluss war es immer schattig, so als ob der Rauch der anliegenden Fabriken die Sonne permanent ausschließen würde.

Der Fluss selbst verbreitete üble Gerüche, die ich nirgendwo sonst gerochen habe und die mir vielleicht eines Tages den Weg weisen werden, denn diesen Geruch werde ich sofort wiedererkennen. Auf der anderen Seite der Brücke gab es schmale Kopfsteinpflasterstraßen mit Geländern und danach der Anstieg, erst nur wenig, doch dann, wenn man die Rue d'Auseil erreichte, ziemlich steil.

Nie habe ich eine Straße gesehen, die so steil und schmal war wie die Rue d'Auseil. Sie war fast wie eine Klippe und für alle Fahrzeuge gesperrt, hatte eine Reihe von Treppenfluchten und endete oben an einer efeubewachsenen Mauer. Das Pflaster war unregelmäßig und bestand teilweise aus Steinplatten, teilweise aus Pflastersteinen und manchmal auch dem blanken Boden mit einem grünlichen Bewuchs. Die Häuser waren hoch und hatten spitze Dächer, waren unglaublich alt und neigten sich wild nach vorne, hinten oder zur Seite. Manchmal berührten sich zwei vorwärts geneigte gegenüberstehende Häuser fast über der Straße wie zu einem Bogengang, und ganz gewiss hielten sie den größten Teil des Lichts vom Boden ab. Es gab einige Brücken über der Straße, die zwei Häuser verbanden.

Die Bewohner dieser Straße beeindruckten mich auf eigentümliche Weise. Zuerst dachte ich, es läge daran, dass sie alle verschwiegen und zurückhaltend waren, doch später dann merkte ich, dass es an ihrem hohen Alter lag. Ich weiß nicht, wie es dazu kam, dass ich mir in einer solchen Straße eine Wohnung nahm, doch ich war nicht ganz ich selbst, als ich dorthin zog. Ich hatte an vielen ärmlichen Orten gelebt, immer knapp bei Kasse, bis ich schließlich in dieses verfallene Haus in der Rue d'Auseil kam, das von dem gelähmten Blandot geführt wurde. Es war das dritte von oben und bei Weitem das höchste von allen.

Mein Zimmer befand sich im vierten Stock, das einzig bewohnte auf dieser Etage, denn das Haus stand fast leer. Am Abend, als ich einzog, hörte ich aus der Mansarde über mir seltsame Musik und am nächsten Tag fragte ich Blandot danach. Er sagte, dass es ein alter deutscher Geigenspieler sei, ein merkwürdiger stummer Mann, der sich als Erich Zann eingeschrieben hätte und abends in einem billigen Theaterorchester spielte, und er fügte hinzu, dass es Zanns

Verlangen, abends, nach seiner Rückkehr von dem Orchester, noch zu spielen, gewesen sein, warum er die hohe Mansarde mit dem einzigen Fenster in der Giebelwand genommen hätte, von dem aus er über die Grenzmauer auf das ansprechende Panorama dahinter blicken konnte.

Danach hörte ich Zann jede Nacht spielen und obwohl mich sein Spiel nicht schlafen ließ, war ich von seiner absonderlichen Musik gefangen. Ich hatte nicht viel Ahnung von Kunst, doch ich war mir sicher, dass keine seiner Melodien irgendeinen Bezug zu einer Musik hatte, die ich schon einmal gehört hatte, und schloss daraus, dass er ein Komponist von großer Originalität sein musste. Je länger ich zuhörte, desto mehr faszinierte sie mich, bis ich nach einer Woche beschloss, die Bekanntschaft des alten Mannes zu suchen.

Eines Abends, als er von seiner Arbeit kam, trat ich ihm im Korridor entgegen und erklärte, dass ich ihn kennenlernen und bei ihm sein wollte, wenn er spielte. Er war eine kleine, schmale, gebeugte Person mit schäbiger Kleidung, blauen Augen, einem merkwürdig satyrgleichen Gesicht und einem fast kahlen Kopf, und nach meinen ersten Worten schien er zugleich verschreckt und wütend. Meine offene Freundlichkeit erweichte ihn schließlich, und grummelnd wies er mich an, ihm die quietschenden und wackligen Stufen hinauf in die Dunkelheit zu folgen. Seine Mansarde war eine der beiden einzigen unter dem steilen Dach und lag nach Westen, in Richtung der hohen Mauer, die das Ende der Straße bildete. Die Mansarde war sehr geräumig und erschien durch die karge Ausstattung noch größer. Die einzigen Möbel waren ein schmales eisernes Bett, ein Waschgestell, ein kleiner Tisch, ein großes Bücherregal, ein eiserner Notenständer und drei altertümliche Stühle. Auf dem Boden verstreut lagen Notenblätter herum. Die Wände waren blankes Holz und wahrscheinlich nie verputzt gewesen, während das Übermaß an Staub und Spinnweben den Ort eher verlassen denn bewohnt wirken ließ. Offensichtlich lag Erich Zanns erstrebenswerte Welt der Schönheit in einem weit entfernten Kosmos der Fantasie.

Nachdem er mich genötigt hatte, Platz zu nehmen, schloss der stumme Mann die Tür, legte den hölzernen Riegel vor und entzündete eine Kerze, um seinen Gast in Augenschein zu nehmen. Nun holte er seine Fiedel aus der von Motten zerfressenen Hülle und setzte sich auf den am wenigsten unbequemen Stuhl. Er benötigte den Notenständer nicht, fragte mich auch nicht, was ich hören wolle, sondern spielte aus dem Gedächtnis und verzauberte mich über eine Stunde lang mit Melodien, die ich nie zuvor gehört hatte, Melodien, die er selbst ersonnen haben musste. Sie zu beschreiben ist für jemanden, der keine Ahnung von Musik hat, unmöglich. Sie waren eine Art Fuge mit Wiederholungen absolut unglaublicher Kunstfertigkeit, doch mir fiel auf, dass keine der absonderlichen Töne darunter waren, die ich bei anderer Gelegenheit in meinem Zimmer vernommen hatte.

Jene Töne, die mich gefangen und die ich häufig mehr schlecht als recht vor mich hin gesummt oder gepfiffen hatte. Als der Geigenspieler schließlich den Bogen weglegte, fragte ich ihn, ob er ein paar davon spielen könnte. Kaum hatte ich meine Bitte ausgesprochen, verschwand aus dem faltigen, satyrgleichen Gesicht die gelangweilte Gleichgültigkeit, die er während seines Spiels gezeigt hatte, und es erschien der gleiche seltsame Ausdruck von Schrecken und Wut, den ich schon festgestellt hatte, als ich den alten Mann ansprach. Einen Moment lag versuchte ich ihn zu überreden, denn ich konnte sehr leicht die Schrullen des Alters erkennen, und versuchte sogar die Laune meines Gastgebers zu beeinflussen, indem ich einige der Melodien pfiff, die ich in der Nacht zuvor gehört hatte. Doch diese Absicht verfolgte ich nur einen Augenblick, denn als der stumme Musiker das Pfeifen vernahm, verzog sich plötzlich sein Gesicht auf unbeschreiblich abscheuliche Weise und er streckte seine knochige rechte Hand aus, um meinen Mund zum Schweigen zu bringen und so die grässliche Nachahmung zu unterbinden. Während er dies tat, stellte er seine Exzentrik noch dadurch unter Beweis, dass er einen erschrockenen Blick zu dem einsamen Fenster warf, als ob er Angst vor einem Eindringling hätte, ein Blick, der doppelt unsinnig war, befand sich die Mansarde doch hoch und unerreichbar über sämtlichen benachbarten Dächern und war das Fenster der einzige Punkt, wie mir der Hausverwalter gesagt hatte, von dem man aus über die Mauer auf der Hügelkuppe blicken konnte.

Der Blick des alten Mannes brachte mir wieder Blandots Bemerkung in Erinnerung, und mit einer Anwandlung von Eskapismus fühlte ich den Wunsch, einen Blick über das weite, Schwindel erregende Panorama von im Mondlicht daliegenden Dächern und den Lichtern der Stadt hinter dem Hügelkamm werfen zu wollen, das sich von allen Bewohnern der Rue d'Auseil nur diesem griesgrämigen Musiker darbot. Ich bewegte mich auf das Fenster zu und hätte die unbeschreiblichen Vorhänge zur Seite gezogen, wenn der stumme Mieter nicht mit einer ängstlichen Wut, die noch größer war als zuvor, über mich hergefallen wäre. Diesmal deutete er mit seinem Kopf zur Tür und zog mich unruhig mit beiden Händen dorthin. Nun war ich ernsthaft über meinen Gastgeber verärgert, wies ihn an, mich loszulassen, und sagte ihm, dass ich sofort gehen würde. Sein Griff lockerte sich, und als er meine Verärgerung und Erregung bemerkte, milderte sich sein eigener Zorn. Sein Griff wurde wieder fester, doch diesmal als freundliche Geste, und er nötigte mich auf einen Stuhl, dann begab er sich nachdenklich zu dem überhäuften Tisch, wo er viele Worte mit einem Bleistift im schwerfälligen Französisch eines Ausländers niederschrieb.

Was er mir schließlich zu lesen gab, war eine Bitte um Toleranz und Vergebung. Zann schrieb, dass er alt, einsam und von seltsamen Ängsten geplagt war und unter nervösen Anfällen litt, die mit seiner Musik und anderen Dingen zusammenhingen. Ihm hätte gefallen, dass ich seiner Musik zugehört hatte, und er wollte, dass ich wiederkäme und mich nicht an seinem außergewöhnlichen Verhalten störte. Er könne aber seine absonderlichen Melodien niemandem vorspielen und ertrage es auch nicht, sie von anderen zu hören, und könne auch nicht ertragen, wenn irgendein anderer etwas in seinem Zimmer anfasste. Er hatte bis zu unserer Unterhaltung im Korridor nicht gewusst, dass ich sein Spiel in meinem Zimmer hören konnte, und bat mich, Blandot um einen tiefer gelegenen

Raum zu bitten, wo ich ihn nachts nicht hören konnte. Er würde, so schrieb er, die Mehrkosten in der Miete übernehmen.

Während ich das scheußliche Französisch entzifferte, wurde ich nachsichtiger gegenüber dem alten Mann. Wie ich war er ein Opfer von körperlichem und geistigem Leiden und meine metaphysischen Studien hatten mich Milde gelehrt. In der Stille ertönte ein leises Geräusch vom Fenster her, der Fensterladen musste wohl im Nachtwind geklappert haben, und aus irgendwelchen Gründen fuhr ich genauso erschrocken auf wie Erich Zann. Als ich mit dem Lesen fertig war, schüttelte ich meinem Gastgeber die Hand und verließ ihn als Freund.

Am nächsten Tag erhielt ich von Blandot ein teureres Zimmer im zweiten Stock, zwischen der Wohnung eines alten Geldverleihers und dem Zimmer eines ehrenhaften Sattlers. Im dritten Stock wohnte niemand.

Es dauerte nicht lang, dann bemerkte ich, dass Zanns Sehnsucht nach meiner Gesellschaft nicht so groß war, wie es schien, als er mich aus dem vierten Stock heraushaben wollte. Er forderte mich nicht auf, ihn zu besuchen, und wenn ich von selbst kam, dann schien er nervös und spielte lustlos. Das geschah immer bei Nacht, denn am Tage schlief er und empfing niemanden. Meine Gefühle für ihn wurden nicht größer, dennoch hielten mich der Mansardenraum und die absonderliche Musik in ihrem Bann. Ich hatte den eigentümlichen Wunsch, aus dem Fenster zu sehen über die Mauer und den unbekannten Abhang, wo die glitzernden Dächer und Türme sich ausbreiten mussten. Einmal ging ich während der Theatervorstellung, als Zann weg war, nach oben zur Mansarde, aber die Tür war verschlossen.

Doch ich schaffte es, das nächtliche Spiel des stummen alten Mannes zu belauschen. Zuerst schlich ich auf Zehenspitzen in mein altes Zimmer im vierten Stock, dann wurde ich kühn und erklomm die knarrende Treppe in den spitzen Giebel. Dort, in dem engen Vorraum, vor der verriegelten Tür mit dem zugehängten Schlüsselloch, hörte ich oft Töne, die mich mit nicht zu beschreibender Ehrfurcht erfüllten, eine Ehrfurcht vor unbestimmten Wundern und brütenden Geheimnissen. Es war nicht so, dass die Töne schrecklich gewesen wären, das waren sie nicht, doch sie trugen Schwingungen, die an nichts auf dieser Erde erinnerten, und in bestimmten Passagen erreichten sie eine symphonische Qualität, die man nur sehr schwer einem einzigen Musiker zuschreiben konnte. Zweifellos war Erich Zann ein Genie mit überschäumender Kraft. Die Wochen vergingen, und sein Spiel wurde immer ungestümer, während der alte Musiker immer hagerer und eigenbrötlerischer wurde. Er weigerte sich jetzt, mich überhaupt noch zu empfangen, und übersah mich, wann immer wir uns auf der Treppe begegneten.

Als ich dann eines Nachts an der Tür lauschte, hörte ich die kreischende Geige sich in ein chaotisches Babel von Tönen steigern, ein Inferno, das mich an meiner geistigen Gesundheit hätte zweifeln lassen, wäre nicht hinter der verriegelten Tür der Mitleid erregende Beweis erfolgt, dass dieses Grauen real war, ein schrecklicher, unartikulierter Schrei, den nur ein Stummer zustande bringt und der nur in Augenblicken außergewöhnlicher Furcht oder Bedrohung ausgestoßen wird. Ich klopfte mehrmals an die Tür, erhielt aber keine Antwort. Danach verharrte ich vor Kälte und Angst zitternd in dem dunklen Vorraum, bis ich hörte, wie der arme Musiker versuchte, sich mithilfe eines Stuhles vom Boden zu erheben. Da ich annahm, er wäre nach einer Ohnmacht gerade wieder zu Bewusstsein gekommen, klopfte ich erneut und rief laut meinen Namen, um ihn zu beruhigen. Ich hörte, wie Zann zum Fenster stolperte und sowohl die Scheiben als auch die Fensterläden schloss, dann stolperte er zur Tür, entriegelte sie unbeholfen und ließ mich ein. Diesmal war er wirklich froh, mich zu sehen, denn sein verzerrtes Gesicht glänzte erleichtert, während er sich an meine Jacke klammerte wie ein kleines Kind an den Rockzipfel seiner Mutter.

Am ganzen Körper zitternd, nötigte mich der alte Mann auf einen Stuhl, während er auf einen zweiten sank, neben dem seine Geige und der Bogen achtlos auf dem Boden lagen. Eine Zeit lang saß er apathisch da, nickte merkwürdig, erweckte aber den Anschein, als ob er angestrengt und ängstlich auf etwas lauschte. Schließlich schien er zufrieden, ging hinüber zum Tisch und schrieb ein paar Zeilen, gab sie mir und ging wieder zu dem Tisch, wo er schnell und ausgiebig weiterschrieb. In den wenigen Zeilen bat er mich, im Namen des Mitleids und zur Befriedigung meiner eigenen Neugierde auf meinem Platz zu verharren, während er auf Deutsch einen vollständigen Bericht über die Wunder und Schrecken abfasste, die ihn verfolgten. Ich wartete, und der Stift des stummen Mannes flog über das Papier.

Etwa eine Stunde später wartete ich immer noch, während der Stapel der von dem Musiker fieberhaft beschriebenen Blätter beständig anwuchs, als ich bemerkte, wie Zann plötzlich erschrocken auffuhr. Er blickte eindeutig auf die Vorhänge am Fenster und lauschte zitternd. Dann hatte ich den unbestimmten Eindruck, Musik zu hören. Es waren keine schrecklichen Töne, sondern eher eine außergewöhnlich tiefe und unendlich weit entfernte Melodie, die daraufhin deutete, dass sich der Musiker in einem der Nachbarhäuser oder jenseits der hohen Mauer befand, über die zu blicken mir nie gelungen war. Die Wirkung auf Zann war grässlich, denn er ließ den Stift fallen, stand unvermittelt auf, nahm seine Geige und begann, die Nacht mit seinem wildesten Spiel zu durchdringen, das ich nur von meinem Lauschen vor der verschlossenen Tür kannte.

Es ist zwecklos, Erich Zanns Spiel in dieser schrecklichen Nacht beschreiben zu wollen. Es war grauenvoller als alles, was ich jemals gehört hatte, denn jetzt sah ich auch seinen Gesichtsausdruck und erkannte, dass sein Antrieb extreme Furcht war. Er versuchte, Geräusche zu produzieren, um etwas abzuschrecken oder hinauszuwerfen, doch was, konnte ich mir nicht vorstellen, aber es musste grässlich sein. Sein Spiel wurde fantastisch, wahnsinnig und hysterisch, behielt aber bis zuletzt die Qualität seines außergewöhnlichen Genies, das der alte Mann ganz sicher besaß. Ich erkannte die Melodie, es war ein wilder ungarischer Tanz von der Art, wie sie in den Theatern beliebt waren, und mir kam zu Bewusstsein, dass ich zum ersten Mal hörte, dass Zann die Musik eines anderen Komponisten spielte.

Das Kreischen und Wimmern der verzweifelten Geige wurde immer lauter und wilder. Der Musiker war schweißgebadet und verrenkte sich wie ein Affe, wobei er immer gehetzt zum Fenster blickte. In seinen aufgewühlten Melodien konnte ich fast die Satyre und Bacchanale sehen, wie sie durch die Abgründe von Wolken, Rauch und Blitzen tanzten. Dann glaubte ich einen schrilleren, lang anhaltenden Ton zu vernehmen, der nicht von der Geige stammte, einen leisen, außergewöhnlichen, verheißungsvollen und höhnischen Ton, der weit aus dem Westen kam.

In diesem Augenblick begann der Fensterladen im heulenden Nachtwind zu klappern, der sich, wie als Antwort auf das wahnsinnige Geigenspiel in der Mansarde, draußen erhoben hatte. Zanns kreischende Geige brachte nun wie von selbst Töne hervor, von denen ich nicht geglaubt hatte, eine Geige könnte sie produzieren. Die Läden klapperten noch lauter, rissen sich los und schlugen gegen das Fenster. Dann zersplitterten unter den dauernden Schlägen die Scheiben und der kalte Wind fuhr ins Zimmer, ließ die Kerzen flackern und die Blätter auf dem Tisch auffliegen, auf denen Zann begonnen hatte, sein schreckliches Geheimnis niederzuschreiben. Ich schaute auf Zann und bemerkte, dass er nicht mehr bei Sinnen war. Seine blauen Augen traten glasig und gebrochen hervor, und sein wildes Spiel war zu einer blindwütigen, mechanischen, unbewussten Orgie geworden, die unmöglich zu beschreiben ist.

Ein plötzlicher Windstoß, heftiger als alle zuvor, packte das Manuskript und trug es Richtung Fenster. Ich stürzte den Blättern hinterher, doch sie waren verschwunden, bevor ich das geborstene Fenster erreichte. Da erinnerte ich mich an meinen lang gehegten Wunsch, aus dem Fenster zu blicken, dem einzigen in der Rue d'Auseil, von dem aus man wahrscheinlich den Abhang hinter der Mauer und die sich dort ausbreitende Stadt sehen konnte. Es war sehr dunkel, doch die Lichter der Stadt leuchteten immer, und ich erwartete, sie dort im Regen und Wind zu sehen. Doch als ich aus dem höchsten aller Giebelfenster hinausblickte, während die Kerzen flackerten und die verrückte Geige mit dem Nachtwind heulte, sah ich unter mir keine Stadt, keine freundlichen Lichter von erahnbaren Straßen, sondern nur die Schwärze eines endlosen Raumes, ein unvorstellbarer Raum, erfüllt von Bewegung und Musik, der an nichts Irdisches erinnerte. Als ich da, von Grauen gepackt, hinabblickte, blies der Wind in der alten Mansarde beide Kerzen aus und ich war in grimmige und undurchdringliche Dunkelheit gehüllt, erfüllt vom Chaos und der Hölle vor mir und hinter mir der dämonische Wahnsinn dieser alptraumhaften Geige.

Ich schwankte zurück in die Dunkelheit, ohne auf den Gedanken zu kommen, ein Streichholz anzuzünden, stieß gegen den Tisch, warf einen Stuhl um und tastete mir den Weg zu dem Punkt, von dem aus in der Dunkelheit die schreckliche Musik erklang. Ich konnte zumindest versuchen, mich und Erich Zann vor den Kräften zu retten, die gegen uns standen. Einmal glaubte ich zu spüren, wie etwas Kaltes mich berührte, und ich schrie auf, doch mein Schrei wurde übertönt von der abscheulichen Geige. Plötzlich traf mich der verrückt sägende Geigenbogen, und ich wusste, dass ich mich in der Nähe des Musikers befand. Ich tastete mich vor, berührte die Lehne von Zanns Stuhl, fand dann seine Schulter und rüttelte sie in dem Versuch, ihn zur Vernunft zu bringen.

Er reagierte nicht, und die Geige kreischte ohne Unterlass. Ich griff nach seinem Kopf, und es gelang mir, sein mechanisches Nicken zu unterbinden. Ich schrie ihm ins Ohr, dass wir beide vor den unbekannten Dingen der Nacht fliehen müssten. Doch weder antwortete er mir noch hielt er in seinem wilden Spiel inne, während die gesamte Mansarde von seltsamen Windstößen erfüllt war, die darin zu tanzen schienen. Als meine Hand sein Ohr berührte, erschauderte ich, obwohl ich nicht wusste, warum, bis ich sein unbewegliches Gesicht fühlte, das eiskalte, steife Gesicht, dessen glasige Augen tief in die Höhlen gesunken waren. Dann fand ich auf wundersame Weise die Tür und den hölzernen Riegel und floh panisch vor dem Ding mit den glasigen Augen in die Dunkelheit, weg von dem ghoulischen Heulen der verfluchten Geige, das sich noch steigerte, während ich davonlief.

Ich stürzte, sprang und flog die endlosen Treppen in dem dunklen Haus hinunter, rannte, ohne zu denken, die schmale, steile und alte Straße mit den Stufen und verfallenen Häusern entlang, stürzte über Stufen und das Kopfsteinpflaster der tiefer gelegenen Straßen und das schluchtartige Ufer des stinkenden Flusses entlang, über die große, dunkle Brücke hinweg zu den breiteren, gesünderen Straßen und Boulevards, die wir alle kennen. All diese schrecklichen Eindrücke sind in mir eingebrannt. Ich erinnere mich, dass es windstill war, der Mond am Himmel stand und überall die Lichter der Stadt glitzerten.

Trotz meiner sorgfältigen Suche und Nachforschungen ist es mir nie gelungen, die Rue d'Auseil wiederzufinden. Aber ich bin nicht wirklich traurig darüber, nicht darüber und auch nicht über den Verlust der eng beschriebenen Seiten, die allein die Musik des Erich Zann hätten erklären können.

In der Gruft

Meiner Ansicht nach gibt es nichts, was unzutreffender ist als die verbreitete Vorliebe für das Grobe und Deftige, die das Empfinden der meisten zu bestimmen scheint. Man nehme eine ländliche Umgebung in den Nordstaaten, einen stümperhaften und dickfelligen Totengräber, ein dummes Missgeschick in einer Gruft und kein durchschnittlicher Leser wird mehr erwarten als eine grobe komödiantische Posse. Aber bei Gott, die prosaische Geschichte von George Birchs Tod, die ich hier erzählen möchte, weist einige Aspekte auf, die einige unserer dunkelsten Tragödien heiter erscheinen lassen.

Birch zog sich eine Behinderung zu und wechselte 1881 seinen Beruf, doch er vermied, wann immer es sich verhindern ließ, darüber zu sprechen. Ebenso sein alter Arzt, Doktor Davis, der vor Jahren verstarb. Allgemein ging man damals davon aus, dass sein Leiden und der Schock aus einem unglücklichen Versehen resultierte, durch das sich Birch neun Stunden lang in der Leichengruft des Peck-Valley-Friedhofs eingeschlossen hatte und nur durch den Einsatz von grober, zerstörerischer Kraft entkam. Doch während dies unzweifelhaft zutrifft, gab es andere, dunklere Dinge, die mir der Mann, kurz bevor er im Alkoholdelirium starb, zuflüsterte. Er vertraute mir, da ich, nachdem Davis gestorben war, sein Arzt war, und vielleicht brauchte er jemanden, dem er trauen konnte. Birch war unverheiratet und ohne Verwandte gewesen.

Vor 1881 war Birch der Totengräber von Peck Valley gewesen und ein sehr abgebrühter und einfacher Zeitgenosse, wie die Vertreter seiner Zunft nun mal sind. Sein Verhalten, so wie es mir berichtet wurde, wäre heute undenkbar, zumindest in der Stadt, und selbst in Peck Valley würde man ein bisschen erschaudern, hätte man von der lockeren Auffassung des Totengräbers gewusst, wenn es zum Beispiel um die kostbare Totenkleidung ging, die man bei geschlossenem Sarg eh nicht sah, und das Maß der Würde, mit der die Verstorbenen in die nicht immer mit der nötigen Sorgfalt bemessenen Särge eingepasst wurden. Birch war ganz offensichtlich nachlässig, unempfindlich und unbeliebt, doch ich glaube immer noch nicht, dass er ein schlechter Mensch war. Er war einfach grobschlächtig und unsensibel – gedankenlos, achtlos und dem Alkohol zugeneigt, wie sein leicht vermeidbarer Unfall beweist, und ohne den Hauch von Vorstellungskraft, die einen durchschnittlichen Bürger die Schranken des guten Geschmacks nicht übertreten lässt.

Da ich kein geübter Geschichtenerzähler bin, weiß ich nicht, wo ich mit Birchs Geschichte beginnen soll. Ich denke, man muss in dem kalten Dezember 1880 anfangen, als der Boden gefroren war und die Totengräber bis zum Frühling keine Gräber ausheben konnten. Glücklicherweise war es ein kleines Dorf und die Todesfälle selten, sodass es möglich war, sämtlichen leblosen Schützlingen Birchs eine vorläufige Ruhestätte in der alten Leichengruft zu geben. Der Totengräber wurde bei dem kalten Wetter noch fauler und schien in seiner Achtlosigkeit sogar sich selbst zu übertreffen. Nie hatte er zerbrechlichere und schlechtere Särge gezimmert und sich weniger um das rostige Schloss an der Grufttür gekümmert, die er nachlässig aufriss und zuwarf.

Schließlich setzte das Frühjahrstauwetter ein und geschäftig wurden die Gräber für die neun stummen Ernten des Sensenmannes vorbereitet. Birch, obwohl er die Packerei des Umbettens und Begrabens scheute, machte sich an einem entsetzlichen Aprilmorgen an die Arbeit, stellte sie aber schon vor Mittag, nachdem er nur einen einzigen Leichnam in seine ewige Ruhestätte gelegt hatte, wieder ein, da die heftigen Regenfälle sein Pferd zu irritieren schienen. Dieser eine war Darius Peck, ein Neunzigjähriger, dessen Grab nicht weit von der Leichengruft entfernt war. Birch beschloss, am nächsten Morgen mit dem kleinen, alten Matthew Fenner weiterzumachen, dessen Grab auch ganz in der Nähe lag, ließ dann aber die Sache drei Tage auf sich beruhen und kam erst am Karfreitag, den fünfzehnten, wieder zur Arbeit. Da er in keiner Weise abergläubisch war, kümmerte ihn der Tag überhaupt nicht, doch danach weigerte er sich immer, irgendetwas Wichtiges am fünften Tag der Woche zu machen. Auf jeden Fall haben die Ereignisse an diesem Abend George Birch entscheidend verändert.

Also, am Freitag, den fünfzehnten April machte sich Birch mit dem Pferd und dem Wagen auf den Weg zum Grab, um den Leichnam Matthew Fenners zu überführen. Dass er nicht völlig nüchtern war, räumte er später ein, doch war er damals noch nicht der Säufer, zu dem er später geworden ist, um bestimmte Dinge zu vergessen. Er war gerade beschwipst und achtlos genug, um sein sensibles Pferd zu reizen, das, als er es grob zur Leichengruft hinzog, wieherte, keilte und den Kopf hin und her warf, so wie damals, als der Regen es anscheinend beunruhigt hatte. Der Tag war klar, aber es pfiff ein heftiger Wind, und Birch war froh, Unterschlupf zu finden, als er die eiserne Tür aufschloss und die in den Hang gebaute Gruft betrat. Ein anderer hätte wohl keine Erleichterung in dem feuchten, übel riechenden Raum mit den acht achtlos abgestellten Särgen gefunden, doch in jenen Tagen war Birch unempfindlich und nur darauf bedacht, den richtigen Sarg in das dazugehörige Grab zu bringen. Er hatte die Vorwürfe nicht vergessen, die aufgekommen waren, als Hannah Bixbys Angehörige ihren Leichnam auf den Friedhof der Stadt, in die sie umgezogen waren, gebracht haben wollten und feststellten, dass der Sarg von Richter Capwell sich unter ihrem Grabstein befand.

Das Licht war schwach, doch Birch hatte gute Augen und er nahm nicht versehentlich Asaph Sawyers Sarg, obwohl der ziemlich ähnlich aussah. Er hatte ihn eigentlich für Matthew Fenner gemacht, ihn dann aber in einem Anflug von Mitgefühl, als er sich daran erinnerte, wie nett und großzügig der kleine, alte Mann zu ihm bei seiner Pleite vor fünf Jahren gewesen war, zur Seite gestellt, weil er doch zu schlecht gezimmert und hässlich war. Der alte Matt bekam das Beste, wozu Birchs Fähigkeiten in der Lage waren, er war aber sparsam genug, das verworfene Exemplar aufzuheben und es für Asaph Sawyer zu benutzen, der an einem tückischen Fieber gestorben war. Sawyer war kein beliebter Mann gewesen, und es gab viele Geschichten über seine unmenschliche Rachsucht und sein unglaubliches Gedächtnis, wenn es um wirkliches oder nur eingebildetes Unrecht ging. Bei ihm hatte Birch keine Skrupel gehabt, ihn in den hässlichen Sarg zu stecken, den er nun beiseitestieß und nach dem Sarg von Fenner suchte.

Er hatte gerade den Sarg des alten Matt entdeckt, als der Wind die Tür zuwarf und ihn in größere Dunkelheit als zuvor sperrte. Das schmale Oberlicht ließ nur wenig Licht herein und der Luftschacht so gut wie gar keins, sodass er sich zwischen den langen Kisten zur Tür hindurchtasten musste. In diesem grabesgleichen Zwielicht rüttelte er an den rostigen Griffen, stieß gegen die Metallplatten und wunderte sich, warum das massive Tor auf einmal so widerspenstig war. In diesem Zwielicht begann er auch die Wahrheit zu erkennen und begann laut zu rufen, so als ob sein Pferd draußen mehr tun könnte, als eine teilnahmslose Antwort zu wiehern. Der lange nicht gewartete Riegel war offensichtlich abgebrochen und hatte den achtlosen Totengräber in der Gruft eingeschlossen; ein Opfer seiner eigenen Nachlässigkeit.

Das musste so gegen halb vier am Nachmittag passiert sein. Birch, der vom Temperament her ein Phlegmatiker und praktisch veranlagt war, rief nicht lange, sondern tastete nach einigen Werkzeugen, die er in einer Ecke des Raums gesehen hatte. Es kann bezweifelt werden, ob er von seiner schrecklichen und unheimlichen Lage betroffen war, aber der Umstand, dass er so weit von den menschlichen Pfaden entfernt eingeschlossen war, genügte, um ihn nachhaltig wütend zu machen. Sein Arbeitstag war leider unterbrochen und wenn nicht unwahrscheinlicherweise ein Herumtreiber vorbeikam, würde er wohl die ganze Nacht, wenn nicht länger, hier festsitzen. Schnell hatte Birch die Werkzeuge erreicht, einen Hammer und einen Meißel genommen und war zur Tür zurückgekehrt. Die Luft war inzwischen absolut unerträglich, doch darum kümmerte er sich nicht, während er halb dem Gefühl nach das schwere, rostige Metall des Riegels bearbeitete. Viel hätte er für eine Laterne oder eine Kerze gegeben, doch ohne das fuhrwerkte er, so gut er konnte, halbblind herum.

Als er feststellt, dass der Riegel hoffnungslos verklemmt war, zumindest für solch unzureichende Werkzeuge und unter diesen widrigen Umständen, schaute sich Birch nach anderen möglichen Fluchtwegen um. Die Gruft war in eine Hügelflanke gegraben, und der enge Belüftungsschacht führte durch gut einen Meter Erdreich, wodurch man diese Möglichkeit gar nicht in Betracht zu ziehen brauchte. Das über der Tür in der Ziegelmauer befindliche schlitzartige Oberlicht verhieß die Möglichkeit einer Erweiterung durch einen fleißigen Arbeiter, und während seine Augen darauf ruhten, zermarterte er sich das Gehirn, wie er es erreichen könnte. Es gab in der Gruft keine Leiter, und die seitlichen und an der Rückseite befindlichen Nischen für die Särge, die Birch nie benutzte, boten keine Möglichkeit, den Spalt über der Tür zu erreichen. Nur die Särge selbst blieben als mögliche Trittstufen übrig, und als ihm das durch den Kopf ging, überlegte er sich schon, wie er sie am besten aufeinandersetzen könnte. Drei übereinandergestellte Särge, so erkannte er, wären hoch genug, um das Oberlicht zu erreichen, doch besser wären vier. Die Kisten waren ziemlich gleichförmig und konnten wie Blöcke gestapelt werden, also überlegte er, wie er die acht so stapeln könnte, um bei vier übereinandergestellten eine brauchbare Plattform zu erhalten. Als er darüber nachdachte, kam er nicht umhin, sich zu wünschen, dass die Einzelteile seiner zusammengestellten Treppe besser gezimmert wären. Ob er daran gedacht hatte, dass es besser sei, sie wären leer, muss stark bezweifelt werden.

Zum Schluss entschied er sich dafür, mit drei Särgen, die er parallel zur Wand stellte, eine Basis zu schaffen, darüber zwei Lagen aus jeweils zwei und darauf dann einen einzelnen als Arbeitsplattform. Diese Pyramide könnte er mit geringem Aufwand besteigen und sie hätte die gewünschte Höhe. Besser war aber, nur zwei der Kisten als Basis zu nehmen, dann hätte er eine noch zur Verfügung, falls er, um dann hinauszukommen, eine größere Höhe benötigte. Der Eingeschlossene mühte sich im Zweilicht und setzte die unempfindlichen sterblichen Überreste ohne viel Federlesens zu seinem kleinen Turm von Babel Stück für Stück aufeinander. Mehrere von den Särgen begannen durch die Behandlung aufzubrechen, und Birch hatte vor, den gut gebauten Behälter des kleinen Matthew Fenner für die oberste Lage aufzusparen, damit er einen möglichst sicheren Stand hätte. In dem Halbdunkel verließ er sich hauptsächlich auf seinen Tastsinn, um den richtigen auszuwählen, und wirklich stieß er fast zufällig darauf, denn er kam ihm wie durch ein übernatürliches Eingreifen unter die Hände, nachdem er ihn schon unwissentlich neben einen anderen in die dritte Schicht gestellt hatte.

Der Turm war schließlich fertig, und er gönnte seinen schmerzenden Armen eine Pause, während der er sich auf die unterste Stufe seines grässlichen Bauwerks setzte. Danach stieg Birch mit seinen Werkzeugen vorsichtig hinauf und stand vor dem schmalen Oberlicht. Der Rahmen bestand aus Ziegeln, und zweifellos hätte er in kurzer Zeit genügend herausgemeißelt, um seinen Körper hindurchzuzwängen. Bei den ersten Hammerschlägen begann das Pferd vor der Gruft zu wiehern, was vielleicht ein Ansporn, vielleicht aber auch Verhöhnung war. In beiden Fällen wäre es passend gewesen, denn der unerwartete Widerstand des so einfach wirkenden Mauerwerks war ganz sicher ein teuflischer Hinweis auf die Vergeblichkeit menschlicher Hoffnungen und eine Aufgabe, die jeden nur denkbaren Ansporn benötigte.

Als die Dämmerung hereinbrach, mühte sich Birch immer noch. Er arbeitete hauptsächlich nach Gefühl, denn die frisch aufgezogenen Wolken verbargen den Mond, und obwohl er nur langsam vorankam, spornte ihn das langsame Vorankommen ober- und unterhalb der Öffnung doch an. Er war sich sicher, gegen Mitternacht frei zu sein, doch, wie es seine Art war, verband er auch diesen Gedanken nicht mit irgendwelchen gespenstischen Vorstellungen. Unbeeindruckt von bedrückenden Überlegungen über Zeit, Ort und die Gesellschaft unter seinen Füßen schlug er gleichmütig auf die Steinziegeln ein, fluchte, wenn ihn ein Splitter im Gesicht traf, und lachte, wenn einer das immer unruhiger werdende Pferd neben der Zypresse erwischte. Als das Loch groß genug war und er ab und zu einen Versuch unternahm, seinen Körper hindurchzuzwängen, ruckten und knarrten die Särge unter seinen heftigen Bewegungen. Es wäre nicht nötig, stellte er fest, einen weiteren Sarg auf seine Plattform zu stellen, um die erforderliche Höhe zu erreichen, denn die Öffnung befand sich genau in der richtigen Lage, wenn sie erst einmal groß genug wäre.

Es muss schon nach Mitternacht gewesen sein, als Birch meinte, er passe durch das Oberlicht. Trotz der vielen Pausen müde und verschwitzt stieg er auf den Boden und setzte sich auf den untersten Sarg, um Kraft für den abschließenden Ausstieg und den Sprung auf den Boden vor der Gruft zu schöpfen. Das hungrige Pferd wieherte beständig und unheimlich, und irgendwie wünschte er, es würde damit aufhören. Sein bevorstehendes Entkommen ließ ihn merkwürdigerweise kalt, und fast scheute er die Anstrengung, denn seine Gestalt wies die schlaffe Körperfülle der beginnenden mittleren Jahre auf. Als er die stark mitgenommenen Särge bestieg, wurde ihm sein Gewicht deutlich bewusst, besonders als er beim Erklettern des obersten das laute Krachen vernahm, das vom totalen Zusammenbruch seiner Holzkonstruktion kündete. Er hatte, so schien es, einen Fehler gemacht, den besten Sarg für ganz oben auszuwählen, denn gerade als er seinen plumpen Körper auf den vermoderten Deckel hievte, gab dieser nach und er fand sich sechzig Zentimeter tiefer auf etwas stehend wieder, das er sich lieber nicht vorstellen wollte. Verrückt von dem Geräusch oder dem Gestank, der jetzt sogar außerhalb der Gruft wahrzunehmen war, stieß das wartende Pferd einen Schrei aus, der zu entsetzlich war, um als Wiehern zu gelten, und stürmte, den ratternden Wagen hinter sich herziehend, wie wahnsinnig durch die Nacht.

Birch in seiner grässlichen Lage befand sich nun zu weit unten, um irgendwie durch das erweiterte Oberlicht zu kommen, sammelte aber dennoch seine Kraft für einen entschlossenen Versuch. Er klammerte sich an die Kante der Öffnung und versuchte sich hochzuziehen, als er sich auf unheimliche Art von einem deutlichen Ziehen an seinen Füßen zurückgehalten spürte. Im nächsten Moment überkam ihn zum ersten Mal in dieser Nacht die Furcht, denn wie er sich auch bemühte, er konnte den unbekannten Griff, der seine Füße unnachgiebig festhielt, nicht abschütteln. Schreckliche Schmerzen, wie von tiefen Wunden schossen durch seine Waden, und sein Geist befand sich in einem Strudel von Furcht, vermischt mit dem fest verankerten vernünftigen Denken, das Splitter, lose Nägel oder Bruchstücke des Holzkastens dafür verantwortlich machte. Vielleicht schrie er. Auf jeden Fall trat und strampelte er panisch und automatisch, während er schon halb bewusstlos war.

Instinktiv wand er sich durch das Oberlicht und ebenso instinktiv kroch er weg, als er auf dem feuchten Boden aufgeschlagen war. Wie es schien, konnte er nicht gehen, und dem hervortretenden Mond musste sich ein schrecklicher Anblick geboten haben, als er sich mit seinen blutenden Knöcheln zum Friedhofshäuschen schleppte, seine Finger in geistloser Eile in den schwarzen Boden krallte und sein Körper reagierte nur in der irrsinnigen Langsamkeit, die jemandem zu eigen ist, der in einem Alptraum von Phantomen gejagt wird. Es gab natürlich keinen Verfolger, denn er war alleine und lebte, als Armington, der Friedhofwächter, auf sein schwaches Klopfen an der Tür reagierte.

Armington half Birch auf ein Bett und schickte seinen kleinen Sohn Edwin nach Doktor Davis. Der Verletzte war bei Bewusstsein, sagte aber nichts von Bedeutung und murmelte nur Sachen wie: »Oh, meine Knöchel!«, »Loslassen!« oder »... gefangen in der Gruft.« Dann kam der Doktor mit seinem Medikamentenkoffer, stellte genaue Fragen und zog dem Patienten die Oberbekleidung, Schuhe und Socken aus. Die Wunden – beide Knöchel waren schrecklich um die Achillessehnen herum aufgerissen – schienen den alten Arzt sehr zu verwundern und ihn schließlich fast zu ängstigen. Seine Fragen gingen über das Medizinische hinaus, und seine

Hände zitterten, als er Knöchel versorgte und sie so verband, als wollte er sie so schnell wie möglich aus dem Blickfeld haben.

Für einen gleichgültigen Arzt war Davis' geheimnisvolles und verängstigtes Kreuzverhör wirklich merkwürdig, so als ob er aus dem schwachen Totengräber jede Einzelheit seines grausigen Erlebnisses herausquetschen wollte. Besonders begierig wollte er wissen, ob Birch sich sicher war – absolut sicher –, wessen Sarg ganz oben auf dem Stapel gewesen ist, wie er ihn erkannt hätte, wie er in der Dunkelheit sicher sein konnte, dass es Fenners Sarg war, und wie er ihn von dem ganz ähnlichen, schlechteren Sarg des boshaften Asaph Sawyer unterscheiden konnte. Wäre der stabile Sarg Fenners denn so leicht eingebrochen? Davis, der schon lange Arzt im Dorf war, hatte natürlich an den jeweiligen Trauerfeiern der beiden teilgenommen, und auch beide, Fenner und Sawyer, bei ihrer letzten Krankheit behandelt. Er hatte sich bei Sawyers Trauerfeier auch gefragt, wie der rachsüchtige Bauer es geschafft hatte, ausgestreckt in einer Kiste zu liegen, die so ähnlich der des kleineren Fenner war.

Als Davis nach zwei Stunden ging, hatte er Birch eingeschärft, immer darauf zu bestehen, dass seine Wunden ausschließlich von losen Nägeln und gesplitterten Holzstücken herrührten. Was sonst könnte man jemals beweisen oder glauben? Doch es wäre gut, so wenig wie möglich zu sagen und keinen anderen Arzt an die Wunden heranzulassen. Birch beherzigte sein Leben lang diesen Ratschlag, bis er mir seine Geschichte erzählte, und als ich die Narben sah – alt und weiß, wie sie waren – stimmte ich zu, dass es ein kluger Entschluss war. Er blieb immer lahm, denn die großen Sehnen waren durchtrennt, doch am meisten, so glaube ich, war seine Seele in Mitleidenschaft gezogen. Sein Verstand, einst so phlegmatisch und praktisch ausgerichtet, hatte unheilbare Wunden erhalten, und es war traurig, seine Reaktion auf zufällig hingeworfene Worte wie »Freitag«, »Gruft«, »Sarg« und andere ohne besondere Verbindung zu beobachten. Sein verängstigtes Pferd war nach Hause getrabt, doch sein verängstigter Geist hat das nie getan. Er hatte seinen Beruf gewechselt, doch etwas lauerte immer über ihm. Vielleicht war es nur die Furcht, vielleicht war es aber auch Furcht, gemischt mit einer sonderbaren Reue über zurückliegende Grausamkeiten. Sein Trinken verschärfte natürlich nur das, was er damit bekämpfen wollte.

Als Doktor Davis in jener Nacht Birch verlassen hatte, nahm er sich eine Laterne und ging zu der alten Leichengruft. Der Mond schien auf die verstreuten Ziegelbruchstücke und die verwüstete Fassade, und der Riegel an der großen Tür gab seinem Griff von außen sofort nach. Durch die Gerüche in den Sezierräumen gestählt, trat der Doktor ein und schaute sich um. Er unterdrückte das körperliche und geistige Ekelgefühl, das durch alles, was er sah und roch, heraufbeschworen wurde. Einmal schrie er laut auf und ein bisschen später stieß er ein Keuchen aus, das noch schrecklicher als ein Schrei war. Dann rannte er zu dem Friedhofshäuschen zurück und brach alle Regeln seines Standes, indem er den Patienten wachrüttelte, schüttelte und unausgesetzt auf ihn einflüsterte, was in den bestürzten Ohren des Patienten wie das Zischen einer Schlange klang.

»Es war Asaphs Sarg, Birch, ganz wie ich es mir gedacht habe! Ich kenne sein Gebiss, in dem im Oberkiefer die Vorderzähne fehlen – zeige um Himmels Willen niemals diese Wunden! Der Köper war schon stark verwest, doch wenn ich jemals Rachsucht in einem Gesicht gesehen habe – etwas, was einmal ein Gesicht war! … Du weißt, wie rachsüchtig er war – wie er den alten Raymond dreißig Jahre nach ihrem Grenzprozess ruiniert hat und wie er den jungen Hund, der nach ihm geschnappt hat, letztes Jahr im August getreten hat … Er war die Inkarnation des Teufels, Birch, und ich glaube, dass sein Auge-um-Auge-Zorn Zeit und Tod überwinden kann! Mein Gott, seinen Zorn – dem will ich mich nicht aussetzen!

Warum hast du das getan, Birch? Er war ein Schurke, und ich werfe dir nicht vor, dass du ihm den schlechtesten Sarg gegeben hast, doch wie immer bist du, verdammt nochmal, zu weit gegangen! In Ordnung, wenn du an dem Ding gespart hast, doch du weißt, was für ein kleiner Mann Fenner war.

Ich werde das Bild mein Leben lang nicht aus meinem Kopf bekommen. Du hast heftig gestrampelt, denn Asaphs Sarg befand sich auf dem Boden. Sein Kopf war zerquetscht und alles durcheinander. Ich habe schon einiges gesehen, doch da war eine Sache, die mir den Rest gab. Auge um Auge! Herr im Himmel, Birch, du hast bekommen, was du verdient hast! Beim Anblick des Schädels drehte sich mir der Magen um, doch das andere war noch schrecklicher – *die Füße waren glatt abgeschnitten, damit er in Matt Fenners alten Sarg passte!*«

Pickmans Modell

Du brauchst nicht zu denken, ich sei verrückt, Eliot – viele andere haben merkwürdigere Vorurteile als ich. Warum lachst du nicht über Olivers Großvater, der nie in einem Auto fahren würde? Wenn ich die U-Bahn nicht leiden kann, dann ist das meine Sache, und im Taxi sind wir übrigens viel schneller hierhergekommen. Da wir den Wagen genommen haben, mussten wir auch nicht die Park Street den Hügel hinauflaufen.

Ich weiß, dass ich viel nervöser bin als vor einem Jahr, als du mich das letzte Mal gesehen hast, doch du musst mir darüber keinen medizinischen Vortrag halten. Es gibt dafür weiß Gott genügend Gründe, und ich bin glücklich, überhaupt noch meine Sinne beisammenzuhaben. Warum die dritte Stufe? Du warst doch sonst nicht so neugierig.

Nun, wenn du es erfahren musst, warum also nicht. Vielleicht steht's dir zu, aber egal, du hast mir schließlich wie besorgte Eltern immer weiter Briefe geschrieben, als erfuhrst, dass ich aus dem Künstlerclub ausgetreten bin und mich von Pickman ferngehalten habe. Jetzt, nachdem er verschwunden ist, gehe ich manchmal wieder hin, doch meine Nerven sind nicht mehr das, was sie einmal waren.

Nein, ich weiß nicht, was aus Pickman geworden ist, und ich will auch keine Vermutungen anstellen. Du hast dir vielleicht schon gedacht, dass ich irgendwelche geheimen Informationen über ihn hätte, als ich den Kontakt abbrach – und deshalb will ich nicht darüber spekulieren, wo er jetzt ist. Soll die Polizei herausfinden, was sie kann – es wird aber nicht viel sein, wenn man davon ausgeht, dass sie noch nicht einmal von der alten Wohnung im Nordend wissen, die er unter dem Namen Peters gemietet hatte. Ich bin mir nicht sicher, ob ich selbst sie wiederfinden würde – nicht dass ich es versuchen würde, nicht einmal im hellen Tageslicht. Ja, ich weiß oder glaube zu wissen, warum er sie gemietet hatte. Darauf komme ich noch. Und ich glaube, du wirst, noch bevor ich alles berichtet habe, verstehen, warum ich der Polizei nichts davon gesagt habe. Sie hätten gewollt, dass ich sie hinführe, doch ich kann da nicht wieder hin, selbst wenn ich den Weg wüsste. Da war etwas, und nun kann ich nicht mehr mit der U-Bahn fahren (und vielleicht lachst du auch darüber) oder in einen Keller gehen.

Du hast sicher nicht gewusst, dass ich Pickman nicht wegen derselben dummen Gründe habe fallen lassen wie diese Waschweiber Dr. Reid, Joe Minot oder Rosworth. Morbide Kunst erschreckt mich nicht, und wenn jemand ein solches Genie wie Pickman ist, fühlte ich mich geehrt, ihn zu kennen, egal welche Richtung er mit seinen Arbeiten einschlug. Boston hat nie einen größeren Maler als Richard Upton Pickman hervorgebracht. Das habe ich gleich gesagt und sage es immer noch und bin auch keinen Millimeter davon abgewichen, als er mir sein »Ghoule beim Fressen« gezeigt hat. Das war, wie du dich erinnerst, als Minot den Kontakt mit ihm abbrach.

Du weißt, es ist hohe Kunst und man braucht ein tiefes Verständnis der Natur, um Sachen zu schaffen wie Pickmans Bilder. Jeder Pfuscher von Magazintitelbildern kann wild Farben verschmieren und es »Alptraum«, »Hexensabbat« oder das »Porträt des Teufels« nennen, doch nur ein begnadeter Maler schafft es, damit Furcht einzujagen oder es real erscheinen zu lassen. Und das, weil nur ein wirklicher Künstler die Struktur des Schrecklichen oder die Anatomie der Furcht kennt – die genaue Strichführung und die Proportionen, die mit den vergrabenen Instinkten oder den ererbten Erinnerungen des Schreckens übereinstimmen, und die genauen Farbabstufungen und Lichteffekte, um den schlafenden Sinn des Abscheulichen zu wecken. Ich muss dir nicht erklären, warum ein Fuseli uns richtig erschaudern lässt, während die billigen Titelbilder einer Geistergeschichte uns nur zum Lachen bringen. Diese Menschen halten etwas fest – jenseits des Lebens –, das sie in die Lage versetzt, uns für einen Moment zu packen. Doré hatte es. Sime hat es. Angarola aus Chicago hat es. Und Pickman hatte es wie kein Mensch zuvor und, ich bitte den Himmel darum, nie einer wieder.

Frage mich nicht, was sie sehen. Du weißt, in der Kunst besteht der Unterschied normalerweise in der Darstellung der lebenden atmenden Dinge, die man nach der Natur oder einem Modell malt, und dem künstlichen Zeug, das die kommerziellen Kleingeister im Atelier nach strengen Regeln zusammenschustern. Nun, ich würde sagen, dass der echte Maler des Unheimlichen aus seinen Visionen heraus schafft, die ihm die Vorlagen geben, oder nach Szenen aus der geisterhaften Welt, in der er lebt. Wie auch immer, er bringt Ergebnisse zustande, die sich von den Kleckserеien der Möchtegernkünstler so unterscheiden wie Bilder begabter Maler von den Hervorbringungen eines Abendschulgrafikers. Wenn ich jemals das erblickt hätte, was Pickman gesehen hat – doch nein! Hier, nehmen wir einen Drink, bevor wir weiterreden. Mein Gott, ich wäre nicht mehr am Leben, hätte ich je das gesehen, was dieser Mensch – wenn es ein Mensch war – gesehen hat!

Du erinnerst dich, dass Pickmans Stärke Porträts waren. Ich glaube nicht, dass irgendeiner seit Goya einen so grauenvollen Ausdruck in ein Gesicht oder eine Geste legen konnte. Und vor Goya musst du bis zu den mittelalterlichen Knaben zurückgehen, die die Wasserspeier und Schimären an Notre Dame und Mont Saint-Michel gestaltet haben. Die haben an alles Mögliche geglaubt und vielleicht auch gesehen, denn im Mittelalter gab es einige merkwürdige Zeiten. Ich erinnere mich, dass du selbst Pickman, ein Jahr bevor du weggegangen bist, einmal gefragt hast, woher zum Teufel er solche Ideen und Bilder nimmt. Hat er da nicht schmutzig gelacht? Dieses Lachen war ein Grund, warum Reid sich von ihm abgewandt hat. Reid hatte sich damals gerade mit vergleichender Pathologie beschäftigt und war ganz hingerissen von dem »inneren Zeug« und der biologischen oder evolutionären Bedeutung sowie den mentalen und physischen Auswirkungen davon. Er meinte,

Pickman stieße ihn von Tag zu Tag mehr ab, und zuletzt hatte er sogar Angst vor ihm – dass die Erscheinung und das Aussehen dieses Kerls sich langsam in eine Richtung bewegten, die ihm nicht behagte, zu etwas, das nicht menschlich war. Sie unterhielten sich viel über Ernährung, und er meinte, Pickman wäre im höchsten Maße abnormal und exzentrisch. Ich denke, du hast Reid gesagt, wenn ihr je darüber korrespondiert habt, dass Pickmans Bilder seine Nerven reizten und seine Fantasie beflügelten. Ich selbst habe es ihm gesagt – damals.

Doch denke immer daran, dass ich Pickman nicht wegen so etwas fallen ließ. Ganz im Gegenteil, meine Bewunderung für ihn nahm beständig zu, denn dieses »Ghoule beim Fressen« war ein riesiger Fortschritt in seiner Kunst. Wie du weißt, hätte es der Klub nie ausgestellt und das Museum für Schöne Künste hätte es nicht als Geschenk akzeptiert, und ich kann noch hinzufügen, dass niemand es kaufen würde, also blieb es bis zu dem Zeitpunkt, als er verschwand, in seinem Haus. Nun hat es sein Vater in Salem, wie du weißt, stammt Pickman aus einer alten Salemer Familie, und einer seiner Vorfahren wurde 1692 als Hexenmeister gehängt.

Ich hatte es mir angewöhnt, Pickman häufig zu besuchen, besonders nachdem ich mit meiner Studie über unheimliche Kunst begonnen hatte. Vielleicht war es seine Malerei, die mich auf den Gedanken brachte, aber egal, jedenfalls war er ein Quell von Fakten und Vorschlägen, als ich mit der Arbeit daran begann. Er zeigte mir all seine Bilder und Zeichnungen, einschließlich einiger Tusche- und Kohleskizzen, für die er, davon bin ich überzeugt, aus dem Klub geworfen worden wäre, wenn einige der Mitglieder sie zu Gesicht bekommen hätten. Es dauerte nicht lang, dann war ich sein Jünger und hörte stundenlang wie ein Schuljunge seinen Kunsttheorien und philosophischen Spekulationen zu, die abseitig genug waren, um ihn in die Irrenanstalt von Danvers zu bringen. Durch meine Heldenverehrung, zusammen mit dem Umstand, dass die meisten Leute immer weniger mit ihm zu tun haben wollten, öffnete er sich mir immer mehr, sodass er eines Abends meinte, wenn ich wirklich verschwiegen wäre und nicht zu zimperlich, dann würde er mir etwas ziemlich Ungewöhnliches zeigen – etwas noch Abseitigeres als alles, was er in seinem Hause hätte.

»Sie verstehen«, sagte er, »es gibt Dinge, die nicht hier in die Newbury Street passen – Dinge, die hier fehl am Platze wären und die man hier auch nicht herstellen kann. Mein Geschäft ist es, die Oberschwingungen der Seele einzufangen, und die findet man nicht unter den Emporkömmlingen in den künstlich geschaffenen Straßen der neu angelegten Stadtteile. Back Bay ist nicht Boston, es ist noch überhaupt nichts, weil es noch zu jung ist, um Erinnerungen zu haben und die örtlichen Geister anzuziehen. Wenn es hier Geister gibt, dann sind es die zahmen Geister der salzigen Marsche und seichten Gewässer, ich aber will menschliche Geister – die Geister von Wesen, die hoch entwickelt genug sind, um einen Blick in die Hölle zu werfen und die Bedeutung dessen zu erkennen, was sie sahen.

Ein Künstler muss im Nordend leben. Wenn einer der Ästheten es wirklich ernst meinte, müsste er in die Slums gehen, dort wo die vielfältigen Traditionen sind. Mein Gott, Mann! Erkennen Sie nicht, dass diese Orte nicht *gemacht*, sondern eigentlich *gewachsen* sind? Generation auf Generation lebte, fühlte und starb dort, zu den Zeiten als die Menschen sich nicht davor fürchteten, zu leben, zu fühlen und zu sterben. Wissen Sie, dass 1632 auf Copps Hill eine Mühle stand und dass die Hälfte der heutigen Straßen schon 1650 angelegt wurde? Ich kann Ihnen Häuser zeigen, die zweieinhalb Jahrhunderte alt sind, Häuser, die Dinge sahen, die ein modernes Haus zu Staub zerfallen ließe. Was wissen die modernen Gebäude schon vom Leben und den Kräften, die dahinter wirken? Sie nennen die Hexenkünste in Salem einen Irrglauben, ich aber wette, dass meine Ur-Ur-Ur-Urgroßmutter ihnen Dinge erzählen könnte. Sie wurde auf Gallows Hill gehängt, während Cotton Mather daneben stand und salbungsvoll blickte. Mather – verflucht sei er – befürchtete, dass sich jemand aus seinem verfluchten Käfig der Monotonie befreien könnte – ich wünschte, jemand hätte ihn mit einem Fluch belegt oder ihm in der Nacht das Blut ausgesaugt!

Ich kann Ihnen eines der Häuser zeigen, in denen er gewohnt hat, und ein anderes, das er trotz seiner tollen, kühnen Reden aus Angst nie betreten hat. Er wusste von Dingen, die er nicht gewagt hat, in diese dumme *Magnalia* aufzunehmen oder dem kindischen *Wunder der unsichtbaren Welt.* Wussten Sie, dass das gesamte Nordend einst von Tunneln durchzogen war, mit denen bestimmte Leute den Kontakt zu den Häusern der anderen, dem Friedhof und dem Meer aufrechterhielten? Mochten sie auch auf der Oberfläche verfolgt und verfemt werden – die Dinge liefen weiter, dort wo sie nicht erreichbar waren, und nachts lachten Stimmen, die man nicht lokalisieren konnte!

Warum wohl, mein Lieber, sind die vor 1700 gebauten Häuser nie abgerissen worden? Ich wette, dass man in acht von zehn im Keller etwas Abscheuliches finden würde. Es gibt kaum einen Monat, in dem man nicht von Arbeitern lesen kann, die in dem einen oder anderen zusammengestürzten alten Haus Ziegelbögen und Brunnen finden, die nirgendwohin führen. Einen davon können Sie noch in der Henchman Street ansehen, wo letztes Jahr Ausschachtungsarbeiten stattgefunden haben. Früher lebten dort Hexen und das, was sie mit ihren Zaubersprüchen heraufbeschworen, Piraten und ihre Beute vom Meer, Schmuggler und Freibeuter – und ich sage Ihnen, in den alten Tagen wussten die Leute zu leben und die Fesseln des Lebens abzuschütteln! Das war nicht die einzige Welt, wie ein kühner und kluger Mann wohl wusste, ha! Im Gegensatz dazu haben wir es heute mit engstirnigem Denken zu tun, dass sogar ein Klub von Möchtegernkünstlern das Zittern und Schaudern bekommt, wenn ein Bild über die Vorstellungen einer Teegesellschaft in Beacon Street hinausgeht.

Das einzig Tröstliche an der Gegenwart ist, dass sie zu verdammt dumm ist, um genaue Fragen an die Vergangenheit zu stellen. Was sagen uns die Karten, Chroniken und Stadtführer wirklich über das Nordend? Bah! Nur zum Beispiel, ich garantiere Ihnen, dass ich Sie durch dreißig oder vierzig Gassen und Netzwerke von Gassen nördlich der Prince Street führen kann, die keinen zehn Menschen, außer den Einwanderern, die dort leben, bekannt sind. Und was wissen diese Spaghettifresser schon von ihrer Bedeutung? Nein, Thurber, diese alten Orte haben wunderbare Träume und quellen über von Wundern, Grauen und dem Außergewöhnlichen, und es gibt keine lebende Seele, die es verstehen oder einen Vorteil daraus ziehen würde. Nun, da gibt es zumindest eine lebende Seele – denn ich habe nicht umsonst in der Vergangenheit herumgestöbert.

Sehen Sie, Sie sind doch an diesen Dingen interessiert. Was wäre, wenn ich Ihnen sagte, dass ich dort ein weiteres Atelier habe, wo ich das nächtliche Gefühl von uraltem Grauen einfange und Dinge male, an die ich in der Newbury Street noch nicht einmal denken kann? Normalerweise erzähle ich diesen verfluchten Waschweibern im Klub gar nichts davon – besonders dem verdammten Reid, der sogar unbewusst die Wahrheit herumflüstert, dass ich eine Art Monster auf der Rutsche abwärts die umgekehrte Evolution hinab wäre. Ja, Thurber, ich habe schon vor langer Zeit entschieden, dass man das Grauen genauso wie die Schönheit nach einer existierenden Vorlage malen muss, also machte ich einige Nachforschungen an Orten, von denen ich Grund hatte anzunehmen, dass dort das Grauen hauste.

Ich habe mir eine Hütte gemietet, von der ich glaube, dass außer mir keine drei wahren Amerikaner sie je zu Gesicht bekommen haben. Was die Entfernung betrifft, ist sie noch gar nicht mal so weit von der Hochbahn entfernt, doch was die Seele betrifft, liegt sie Jahrhunderte weit entfernt. Ich habe sie genommen wegen des seltsamen alten Ziegelbrunnens im Keller – einer der Art, von der ich Ihnen erzählt habe. Die Hütte ist schon fast zusammengefallen, sodass niemand dort wohnen möchte, und ich möchte Ihnen gar nicht sagen, wie wenig ich dafür bezahle. Alle Fenster sind mit Brettern vernagelt, doch das kommt mir nur zupass, denn für das, was ich dort mache, brauche ich kein Tageslicht. Ich male im Keller, wo die Inspiration am stärksten ist, doch ich habe auch im Erdgeschoss Räume möbliert. Die Hütte gehört einem Sizilianer, und ich habe sie unter dem Namen Paters gemietet.

Nun, wenn Sie Mumm haben, dann werde ich Sie heute Nacht mitnehmen. Ich glaube, die Bilder werden Ihnen gefallen, denn, wie ich schon sagte, habe ich mich dort ein bisschen gehen lassen. Es ist nicht weit – manchmal gehe ich zu Fuß, denn ich will mit einem Taxi in dieser Gegend keine Aufmerksamkeit erregen. Wir können an der South Station die Hochbahn bis Battery Street nehmen, und von da ist es nicht weit zu laufen.«

Nun, Eliot, nach dieser bombastischen Ankündigung blieb mir nicht viel anderes übrig, als mich zusammenzunehmen und nicht zum ersten freien Taxi, das wir sahen, zu rennen statt zu gehen. An der South Station stiegen wir in die Hochbahn um und gegen Mitternacht stiegen wir an der Battery Street die Treppe hinab und liefen auf der Uferstraße an der Constitution Wharf vorbei. Ich achtete nicht auf die kreuzenden Straßen und kann dir nicht sagen, in welche wir einbogen, doch ich weiß, dass es nicht die Greenough Lane war.

Als wir abbogen, gingen wir die verlassenste, älteste und schmutzigste Gasse hinauf, die ich in meinem Leben gesehen habe, mit abbröckelnden Giebeln, zerbrochenen Fensterscheiben und alten Kaminen, die halb verfallen sich gegen das Mondlicht abzeichneten. Ich glaube nicht, dass ich drei Häuser gesehen habe, die nicht aus der Zeit von Cotton Mather stammten, ganz sicher sah ich zumindest zwei mit einem Vorbau und einmal glaubte ich einen spitzen Dachfirst der fast vergessenen Vorgiebelbauweise zu sehen, auch wenn Historiker behaupten, davon gäbe es in Boston keine mehr.

Von dieser von trübem Licht erleuchteten Gasse bogen wir links in eine ebenso ruhige, aber noch engere Gasse ab, in der es überhaupt kein Licht mehr gab und die nach kaum einer Minute eine merkwürdige Biegung nach rechts in die völlige Dunkelheit machte. Kurz danach schaltete Pickman eine Taschenlampe an, deren Licht eine vorsintflutliche Kastentür enthüllte, die völlig wurmstichig war. Er schloss auf und schob mich in einen leeren Korridor, mit einstmals exquisiter Eichentäfelung, die ein beklemmendes Gefühl der Zeit von Andros, Phipps und der Hexenprozesse ausstrahlte. Dann führte er mich durch eine Tür zur Linken, zündete eine Öllampe an und forderte mich auf, es mir gemütlich zu machen.

Nun, Eliot, ich bin, wie es der Mann auf der Straße nennen würde, ziemlich »hartgesotten«, doch ich gebe zu, dass das, was ich an den Wänden dieses Raumes sah, mich ganz schön mitnahm. Es waren seine Bilder, verstehst du, die, die er nicht in der Newbury Street malen oder zeigen konnte, und er hatte recht, als er behauptete, er hätte »sich gehen gelassen«. Hier, nimm noch einen Drink, ich brauche auf jeden Fall einen!

Es hat keinen Zweck, sie dir beschreiben zu wollen, denn das schreckliche, blasphemische Grauen und der unglaubliche, eklige und moralische Eindruck kam von der einfachen Wirkung, die man mit Worten nicht beschreiben kann. Es gab keine der außergewöhnlichen Techniken, die Sidney Sime einsetzt, keine der Landschaften jenseits des Saturn und die Mondpilze, die Clark Ashton Smith benutzt, um das Blut gefrieren zu lassen. Im Hintergrund sah man hauptsächlich alte Friedhöfe, dichte Wälder, Klippen am Meer, Ziegeltunnel, altertümlich getäfelte Räume oder einfach Grabmale. Der Friedhof von Copps Hill, der ganz in der Nähe liegen musste, gab häufig den Hintergrund ab.

Der Wahnsinn und das Grauenerregende waren die Gestalten im Vordergrund, denn Pickmans morbide Kunst fand ihre höchste Vollendung in dämonischen Porträts. Es waren nur selten völlig menschliche Gestalten, sondern sie waren in unterschiedlichem Maße menschenähnlich. Die meisten Körper, obwohl aufrecht gehend, waren nach vorne gebeugt und erinnerten unbestimmt an Hunde. Die Haut der meisten wies eine unschöne Nähe zu Gummi auf. Uuh! Jetzt sehe ich sie wieder vor mir! Was sie machten, erspare mir bitte die genaue Antwort. Im Allgemeinen fraßen sie, ich werde nicht sagen, was. Die Bilder zeigten sie manchmal auf Friedhöfen oder unterirdischen Gängen oder seltener in ihren Schatzhöhlen. Und welch abscheulichen Ausdruck Pickman manchmal in die blinden Gesichter dieses hündischen Abschaums legte. Manchmal waren diese Wesen dargestellt, wie sie nachts durch offene Fenster sprangen oder wie sie auf der Brust von Schlafenden saßen und ihren Hals umklammerten. Eine Leinwand zeigte, wie sie winselnd einen Kreis um eine gehängte Hexe auf Gallows Hill bildeten, deren Gesicht von den ihren nicht zu verschieden war.

Aber glaube nicht, dass es an diesen abscheulichen Themen und der Ausführung der Bilder lag, was mich entsetzte. Ich bin kein kleines Kind und habe schon viel Ähnliches gesehen. Es waren die *Gesichter*, Eliot, diese verfluchten *Gesichter*, die von der Leinwand und aus ihr heraus wie lebend blickten! Mein Gott, ich glaubte, sie lebten *wirklich*! Dieser verdammte Hexer hatte mit seinen Farben das Höllenfeuer entzündet, und sein Pinsel war wie ein albtraumhafter Zauberstab. Gib mir die Weinkaraffe, Eliot!

Ein Bild trug den Titel »Die Unterrichtsstunde«, der Himmel sei mir gnädig, dass ich es jemals gesehen habe! Hör zu, kannst du dir vorstellen, jene hundegleichen Dinger hocken in einem Kreis auf einem Friedhof und zeigen einem kleinen Jungen, wie man sich auf ihre Art ernährt? Der Preis für einen Wechselbalg, ich denke, du kennst die alten Sagen, wie die unheimlichen Wesen ihre Abkommen in den Wiegen zurücklassen, aus denen sie die Menschenkinder gestohlen haben. Pickman zeigte, was mit diesen gestohlenen Kindern geschieht, wie sie aufwachsen, und dann bemerkte ich eine ekelhafte Übereinstimmung in den Gesichtern der menschlichen und nicht menschlichen Gestalten. Er hat in all seinen Abstufungen von fast menschlich bis kaum menschlich eine teuflische evolutionäre Verbindung zum Ausdruck gebracht. Die Hundeähnlichen haben sich aus Menschen entwickelt!

Erst in diesem Moment fragte ich mich, was mit ihren eigenen Abkömmlingen, die sie bei den Menschen als Wechselbälger zurückließen, geschah, als mein Blick auf ein Bild fiel, das eben dies zum Thema hatte. Es zeigte einen alten puritanischen Wohnraum mit schweren Balken und Sprossenfenstern, grobe, schwere Möbel des siebzehnten Jahrhunderts und die Familie saß zusammen, während der Vater aus der Bibel vorlas. Alle Gesichter drückten Ehrfurcht und Würde aus, doch eins zeigte einen teuflischen Hohn. Es war das eines jungen Mannes kurz vor der Volljährigkeit und es bestand kein Zweifel daran, dass er der Sohn des gläubigen Vaters war, doch ebenso war klar, dass er von unreinen Dingen abstammte. Es war ihr Wechselbalg, und in einem Anflug von hintergründiger Ironie hatte Pickman ihm eindeutig seine eigenen Züge gegeben.

Zu diesem Zeitpunkt hatte Pickman in einem angrenzenden Raum eine Lampe angezündet und hielt mir höflich die Tür auf, wobei er mich fragte, ob ich seine »modernen Studien« sehen wollte. Da ich vor Furcht und Ekel fast sprachlos war, hatte ich nicht viel zu seinen Bildern gesagt, doch ich denke, er begriff das und fühlte sich außerordentlich gelobt. Jetzt will ich dir noch einmal versichern, Eliot, dass ich kein Waschweib bin, das sofort losschreit, wenn etwas ein bisschen abseits des Alltäglichen ist. Ich befinde mich in den mittleren Jahren, bin ziemlich abgebrüht und ich denke, du kennst mich aus Frankreich gut genug, um zu wissen, dass mich so leicht nichts umhaut. Rufe dir auch ins Gedächtnis, dass ich mich gerade wieder beruhigt und an die schrecklichen Bilder gewöhnt hatte, die Neuengland als einen Vorhof der Hölle darstellten. Nun, trotz alledem brachte mich der nächste Raum dazu, einen Schrei auszustoßen, und ich musste mich am Türrahmen festhalten, um nicht zu Boden zu fallen. Im anderen Zimmer hatte ich gesehen, wie eine Bande von Ghulen und Hexen die Welt unserer Vorfahren überrannte, doch in diesem wurde das Grauen direkt in unser tägliches Leben gebracht.

Verdammt, dieser Mann konnte malen! Es gab ein Bild mit dem Titel »Untergrundbahnunfall«, auf dem eine Gruppe dieser abscheulichen Dinger aus irgendwelchen unbekannten Höhlen durch einen Riss im Boden des Boylston Street Bahnhofs kroch und eine Menschenmenge auf dem Bahnsteig angriff. Ein anderes zeigte einen Tanz zwischen den Gräbern auf Copps Hill zur heutigen Zeit. Dann gab es eine Vielzahl von Bildern, auf denen man Keller sah, wo die Monster durch Löcher und Risse im Gemäuer eindrangen und sich grinsend hinter Fässern und Kessel versteckten, wo sie auf ihre Opfer warteten, die die Treppe herunterkämen.

Eine widerwärtige Leinwand zeigte eine riesige Kreuzung in Beacon Hill, wo eine Armee dieser elenden Monster sich durch bienenwabenähnliche, unterirdische Tunnel zwängte. Es gab viele Darstellungen von Tänzen auf unseren heutigen Friedhöfen, doch ein anderes Thema schockierte mich irgendwie mehr als der Rest – eine Szene in einer unbekannten Gruft, wo sich eine Menge dieser

Biester um eines drängte, das einen bekannten Bostoner Stadtführer in der Hand hielt und laut daraus vorlas. Sie alle deuteten auf einen bestimmten Abschnitt und ihre Gesichter waren vor heftigem Lachen verzerrt, sodass ich fast das höllische Echo zu vernehmen glaubte. Das Bild trug den Titel: »Holmes, Lowell und Longfellow sind in Mount Auburn begraben.«

Als ich mich so langsam beruhigte und mich an diesen zweiten Raum von Teufeleien und Morbidität gewöhnte, versuchte ich mir über ein paar Gründe für meine entsetzliche Abscheu klar zu werden. Zuerst einmal, sagte ich mir, wirken diese Dinge abstoßend wegen der offenen Unmenschlichkeit und verwerflichen Grausamkeit, die sie in Pickmans Charakter offenlegen. Der Kerl musste ein unversöhnlicher Feind der Menschheit sein, um so viel Spaß am Quälen von Geist und Fleisch zu haben und der Abkehr von allen moralischen Vorstellungen. Zum zweiten erweckten sie Furcht wegen ihrer Perfektion. Diese Kunst überzeugte – als wir die Bilder sahen, sahen wir wirklich den Dämon und fürchteten uns. Und das Absonderliche war, dass Pickmans Bilder ihre Wirkung nicht durch den Einsatz von Unschärfe oder Abseitigem erzielten. Die Konturen waren scharf und lebensecht, und die Einzelheiten waren nahezu schmerzhaft genau. Und die Gesichter!

Was ich erblickte, war nicht die Sichtweise eines Künstlers, es war die Hölle selbst, glasklar und völlig wirklichkeitsgetreu. Bei Gott, genau so war es! Der Mann war keineswegs ein fantastischer oder romantischer Maler, er versuchte gar nicht den Eindruck einer wirbelnden, prismatischen Aura eines Traumes zu vermitteln, sondern stellte ganz kühl und teuflisch eine wirklich existierende und fest gefügte Welt des Grauens dar, die er gänzlich, klar und deutlich gesehen hatte. Gott weiß, was das für eine Welt sein mag oder wo Pickman diese blasphemischen Gestalten geschaut hat, die darin hüpfen, trotten und kriechen, doch eins ist ganz klar, er war auf jeden Fall, sowohl in Konzept als auch in Ausführung, ein sorgfältiger, gewissenhafter und fast wissenschaftlich *realistischer Künstler*.

Mein Gastgeber führte mich jetzt hinab in den Keller in sein eigentliches Atelier, und ich musste mich ob einiger höllischer Einzelheiten auf den unfertigen Leinwänden zusammenreißen. Als wir am Ende der feuchten Treppe angelangt waren, richtete er seine Taschenlampe auf eine Ecke des vor uns liegenden großen Raumes, und es wurde eine runde Ziegelsteineinfassung sichtbar, offensichtlich ein Brunnen in dem Lehmboden. Wir gingen näher, und ich sah, dass die Öffnung wohl eineinhalb Meter Durchmesser hatte und die Dicke der Einfassung, die sich zwanzig Zentimeter über den Boden erhob, gut dreißig Zentimeter maß. Eine gute Arbeit aus dem siebzehnten Jahrhundert, wenn ich mich nicht sehr täuschte. Das war, so meinte Pickman, wovon er gesprochen hatte, eine Öffnung des Tunnelsystems, das unter dem Hügel verlief. Ich stellte überflüssigerweise fest, dass sie nicht zugemauert war und dass eine schwere Holzscheibe den passenden Deckel bildete. Als ich mir vorstellte, womit dieser Brunnen verbunden gewesen war, wenn Pickmans Andeutungen nicht nur so dahingesagt waren, erschauderte ich ein wenig, dann drehte ich mich um und folgte ihm eine Stufe hoch durch eine enge Tür in einen mittelgroßen Raum mit Holzboden und eingerichtet wie ein Atelier. Eine Gaslampe sorgte für genügend Licht zum Arbeiten.

Die unfertigen Bilder, auf Staffeleien und gegen die Wand gelehnt, waren genauso grässlich wie die fertigen oben und zeigten die sorgfältige Arbeitsweise des Künstlers. Die Szenen waren gewissenhaft ausgeführt, und Bleistifthilfslinien zeugten davon, mit welcher Akribie Pickman für die richtige Perspektive und die richtigen Proportionen sorgte. Der Mann war ein großer Künstler, das sage ich selbst jetzt noch, wo ich so viel mehr weiß. Eine große Fotokamera auf dem Tisch erweckte mein Interesse und Pickman erklärte, dass er damit Fotos für seine Hintergründe mache, und er dann im Atelier nach den Fotos malte anstatt für einen bestimmten Hintergrund seine ganze Ausrüstung in der Stadt herumzuschleppen. Er meinte, ein Foto ist fast so gut wie der tatsächliche Blick oder ein Modell für die Nebenarbeiten, und erklärte, er würde die Kamera häufig benutzen.

Von den ekelhaften Skizzen und halbfertigen Grässlichkeiten, die von allen Seiten des Raumes auf mich eindrangen, ging etwas Beunruhigendes aus, und als Pickman unvermittelt eine große Leinwand an der im Schatten liegenden Wand enthüllte, war es mir bei meinem Leben unmöglich, einen Schrei zu unterdrücken. Der zweite, der mir in dieser Nacht entfuhr. Er hallte lange durch die schwach erleuchteten Räume dieses alten, ekelhaften Kellers, und ich musste mich zusammenreißen, um nicht in hysterisches Gelächter auszubrechen. Gütiger Gott! Eliot, ich weiß nicht wie viel Wirklichkeit und wie viel Ausgeburt meiner fiebernden Fantasie war. Ich glaube nicht, dass auf der Erde ein solcher Alptraum existieren kann!

Es war eine riesige, namenlose Blasphemie mit glühenden, roten Augen, die in ihren knöchernen Klauen etwas hielt, was einmal ein Mensch gewesen war, und knabberte an dessen Kopf wie ein Kind an einem Lutscher. Sie war etwas gehockt, und wenn man sie ansah, dann hatte man den Eindruck, dass sie jeden Moment ihre Beute fallen lassen und sich einen saftigeren Imbiss holen konnte. Doch zum Teufel, es war noch nicht einmal dieses höllische Ding selbst, das die Ausgeburt aller unsterblicher Schrecken war – nicht das Hundegesicht mit den spitzen Ohren, den blutunterlaufenen Augen, der flachen Nase und den hängenden Lippen. Es waren nicht die scharfen Klauen, nicht der schwammige Körper oder die gespaltenen Hufe – nichts davon, obwohl jedes einzelne Detail einen feinfühligen Menschen in den Wahnsinn hätte treiben können.

Es war die Technik, Eliot, diese verfluchte, ekelhafte, unnatürliche Maltechnik! So wie ich hier stehe, niemals habe ich sonst den Atem des Lebens so perfekt auf Leinwand gebannt gesehen. Das Monster war da – es starrte und nagte, nagte und starrte –, und ich wusste, dass nur wenn die Naturgesetze außer Kraft gesetzt wurden, ein Mann so etwas ohne Modell malen konnte – ohne einen Blick in die Unterwelt zu werfen, was noch keinem Sterblichen, ohne dass er seine Seele verkauft hätte, gelungen war.

An einer freien Stelle der Leinwand war mit einer Reißzwecke ein Stück Papier festgemacht, das sich jetzt vollständig aufgerollt hatte, wahrscheinlich, so überlegte ich mir, eine Fotografie, nach der Pickman den Hintergrund malen wollte, der dieses grässliche Ding umgeben sollte. Ich griff danach, um es aufzurollen, als ich plötzlich Pickman bemerkte, der wie gebannt dastand. Seit meinem Aufschrei, der in den Kellerräumen verhallt war, hatte er angestrengt gelauscht und nun schien er von Furcht gepackt, die aber nicht mit der meinen vergleichbar war, da sie eher körperlich als geistig zu sein schien. Er zog einen Revolver und bedeutete mir, still zu sein, dann ging er in den Hauptkeller und schloss die Tür hinter sich.

Ich glaube, ich war einen Moment lang wie gelähmt. Wie Pickman begann ich zu lauschen und glaubte ein schwaches, kratzendes Geräusch zu hören und eine Reihe von Quietschen oder Schlägen aus einer nicht feststellbaren Richtung. Ich dachte an große Ratten und erzitterte. Dann erklang ein dunkles Klappern, das mir irgendwie eine Gänsehaut verursachte – ein verstohlenes, greifendes Klappern, doch ich kann nicht richtig in Worte fassen, was ich meine. Es war, als ob ein schweres Stück Holz auf einen Stein oder einen Ziegel fällt – Holz auf Ziegel – an was musste ich da denken?

Es erklang wieder und lauter. Es kamen Schwingungen, als ob das Holz tiefer gefallen sei als vorher. Danach folgte ein scharfer knirschender Laut und ein knatternder Ruf von Pickman, und die sechs Kammern des Revolvers wurden geleert, so als ob ein Löwenbändiger effektvoll in die Luft schoss. Ein gedämpfter Schrei oder Stöhnen und dann ein dumpfer Schlag. Dann schlug wieder Holz auf Ziegel, eine Pause, und die Tür öffnete sich, auf die ich, so muss ich zugeben, gebannt geblickt hatte. Pickman erschien und fluchte auf die elenden Ratten, die in dem alten Brunnen hausten.

»Der Teufel weiß, was die fressen, Thurber«, grinste er, »denn diese alten Tunnel führen zum Friedhof, der Hexenkate und zur Meeresküste. Doch was es auch ist, es muss ihnen ausgegangen sein, denn sie waren ganz versessen darauf, rauszukommen. Ich nehme an, dein Geschrei hat sie aufgescheucht. In diesen alten Häusern sollte man besser vorsichtig sein – unsere Nagetierfreunde sind das einzig Unangenehme, obwohl ich manchmal denke, dass sie einen guten Beitrag zur Atmosphäre und der Stimmung hier liefern.«

Nun, Eliot, damit war das Abenteuer in dieser Nacht vorbei. Pickman hatte versprochen, mir den Ort zu zeigen, und das hatte er getan. Er führte mich, wie es mir schien, in einer anderen Richtung aus diesem Gewirr von Gassen hinaus, denn als wir zu einer Straßenlaterne kamen, befanden wir uns in einer fast vertrauten Straße mit halbverfallenen Wohnblocks und alten Häusern. Es stellte sich heraus, dass es die Charter Street war, doch ich war zu verwirrt, um mir zu merken, wo wir auf sie trafen. Es war spät, und die Hochbahn fuhr nicht mehr, also gingen wir durch die Hanover Street Richtung Stadtzentrum. An diesen Weg kann ich mich erinnern. Wir wechselten von der Tremont auf die Beacon, und Pickman verließ mich an der Ecke zur Joy, wo ich abbog. Seitdem habe ich nie wieder mit ihm gesprochen.

Warum habe ich ihn fallen gelassen? Sei nicht ungeduldig. Warte, bis ich Kaffee bestellt habe. Von dem anderen Zeug hatten wir genug, doch ich zumindest brauche noch etwas. Nein, es lag nicht an den Bildern, die ich dort gesehen habe, obwohl ich schwöre, sie waren schlimm genug, dass ihn neunzig Prozent der Bürger und Klubs in Boston aus ihren Häusern geworfen hätten, und ich denke, du fragst dich jetzt nicht mehr, warum ich die U-Bahn und Keller meide. Es war etwas, was ich am nächsten Morgen in meinem Mantel fand. Du erinnerst dich, das aufgerollte Papier, das an die abscheuliche Leinwand dort im Keller gesteckt war, das, was ich für eine Fotografie hielt, die als Hintergrund für das Monster dienen sollte. Dieser letzte Schrecken kam, als ich gerade dabei war, das Papier aufzurollen, und wie es scheint, habe ich es ungewollt in meine Tasche gesteckt. Aber da ist der Kaffee, nimm ihn schwarz, Eliot, wenn du klug bist.

Ja, dieses Stück Papier war der Grund, warum ich Pickman fallen ließ, Richard Upton Pickman, der größte Künstler, den ich je gekannt habe, und der verkommenste Mensch, der jemals das Leben in die Grenzen von Mythos und Wahnsinn getragen hat. Eliot, der alte Reid hatte recht gehabt. Er war nicht völlig menschlich. Entweder wurde er im Schattenreich geboren oder er fand einen Weg, das verbotene Tor zu öffnen. Jetzt ist es egal, denn er ist weg, zurück in die geheimnisvolle Dunkelheit, die er so liebte. Auf, mach die Kerzen an.

Bitte mich nicht zu erklären oder auch nur anzudeuten, was ich jetzt verbrenne. Frag mich auch nicht, was für das maulwurfgleiche Kratzen verantwortlich war, was Pickman zu geflissentlich auf die Ratten schob. Weißt du, es gibt Geheimnisse, die vielleicht noch aus der Zeit von Salem stammen, und Cotton Mather berichtet von noch seltsameren Dingen. Du weißt, wie verdammt lebensecht Pickmans Bilder waren – und wie wir uns alle fragten, wo er nur die Vorlagen für seine Gesichter herbekommt.

Nun, das Stück Papier war überhaupt keine Fotografie für irgendeinen Hintergrund. Darauf war einfach das monströse Wesen, das er auf die grässliche Leinwand gemalt hatte. Es war das Modell, das er benutzte, und der Hintergrund war einfach nur die Kellerwand seines Ateliers. Aber mein Gott, Eliot, *es war eine echte Fotografie.*

Cthulhus Ruf

> Jene großen Mächte oder Wesen könnten durchaus überlebt haben … ein Überleben in einem langen, abgeschiedenen Zeitraum als … Bewusstsein sich bildete, möglicherweise in Formen und Gestalten, die schon lange zurückgeschlagen waren, bevor die Menschheit entstand … Formen, von denen nur die Poesie und die Legenden eine flüchtige Erinnerung haben und sie als Götter, Monster, mythische Wesen aller Art bezeichnen …
>
> Algernon Blackwood

1. Das grauenvolle Relief

Ich meine, die größte Gnade auf der Welt ist die Unfähigkeit des menschlichen Geistes, alles, was er weiß, in Verbindung miteinander zu setzen. Wir leben auf einer schönen Insel des Unwissens inmitten eines unendlichen Meeres, und es war nicht gedacht, dass wir zu weit herumsegeln. Die Wissenschaften, von denen jede ihren eigenen Weg geht, haben uns bis jetzt wenig geschadet, doch eines Tages wird man die unterschiedlichen Erkenntnisse miteinander verbinden und dann eröffnen sich schreckliche Anblicke der Realität und unserer beängstigenden Lage darin, sodass wir entweder davon wahnsinnig werden oder vor dem schrecklichen Licht in den Frieden und die Sicherheit eines neuen Mittelalters fliehen.

Die Theosophen haben die Ehrfurcht gebietende Großartigkeit des kosmischen Kreislaufs erahnt, in dem unserer Welt und die Menschheit nur flüchtige Zufälle sind. Sie haben ein merkwürdiges Überleben in Aussicht gestellt, das das Blut gefrieren lassen würde, wäre es nicht in einen schmeichelhaften Optimismus verpackt. Doch mein kurzer Blick auf verbotene Zeitalter, der mich, wenn ich daran zurückdenke, schaudern lässt und mich verrückt macht, wenn ich davon träume, hat nichts mit ihnen zu tun. Dieser Blick ergab sich, wie alle schrecklichen Anblicke der Wahrheit, aus dem zufälligen Zusammensetzen von Dingen, die eigentlich nichts miteinander zu tun haben – in diesem Fall einem alten Zeitungsbericht und den Aufzeichnungen eines toten Professors. Ich hoffe, dass niemandem sonst das gelingt, ganz bestimmt nicht solange ich lebe, denn ich werde niemals wissentlich ein Glied in dieser entsetzlichen Kette preisgeben. Ich glaube, auch der Professor wollte Stillschweigen über den Teil bewahren, den er kannte, und hätte seine Aufzeichnungen wohl vernichtet, wenn ihn nicht so plötzlich der Tod ereilt hätte.

Ich erfuhr erstmals von diesen Dingen im Winter 1926/27 durch den Tod meines Großonkels George Gammell Angell, Professor für semitische Sprachen an der Brown-Universität in Providence, Rhode Island. Professor Angell war als Autorität für alte Inschriften weithin bekannt und häufig von den Direktoren berühmter Museen zu Rate gezogen worden, sodass sich vielleicht viele noch an seinen Tod im Alter von zweiundneunzig Jahren erinnern können. In seiner näheren Umgebung wurde das Interesse noch durch die merkwürdige Ursache seines Todes angestachelt. Der Professor erlag einem Schlaganfall, als er von der Fähre aus Newport kam. Wie Zeugen aussagten, fiel er plötzlich um, als er von einem wie ein Seemann aussehenden Neger angerempelt wurde, der von einem der seltsamen dunklen Höfe an dem steil abfallenden Hang kam, über den eine Abkürzung vom Hafen zum Haus des Verblichenen in der Williams Street führte. Die Ärzte fanden keine sichtbare Verletzung, kamen aber nach einer ratlosen Debatte zu dem Schluss, dass ein merkwürdiges Herzversagen, ausgelöst durch die für einen so alten Mann große Anstrengung des steilen Aufstiegs, für den Tod verantwortlich war. Seinerzeit sah ich keinen Anlass, dieses Urteil in Abrede zu stellen, später aber begann ich zu zweifeln – und mehr als zu zweifeln.

Als Erbe meines Großonkels und Nachlassverwalter, er war als kinderloser Witwer gestorben, erwartete man von mir, dass ich seine Papiere mit gebotener Sorgfalt in Augenschein nahm, und brachte dazu seine sämtlichen Unterlagen in meine Wohnung in Boston. Das meiste des von mir zusammengestellten Materials wird später von der Amerikanischen Archäologischen Gesellschaft veröffentlicht werden, doch es gab da eine Kiste, die ich außerordentlich merkwürdig fand und die ich anderen nicht zeigen wollte. Sie war verschlossen, und ich fand den Schlüssel nicht, bis ich den privaten Schlüsselring in Augenschein nahm, den der Professor immer in seiner Hosentasche getragen hatte. So gelang es mir, sie zu öffnen, doch dann schien ich nur einer noch größeren, besser gesicherten Barriere gegenüberzustehen. Was konnte die Bedeutung jenes merkwürdigen, tönernen Basreliefs und der nicht zusammenpassenden Bruchstücke und Scherben sein, die ich in der Kiste fand? War mein Großonkel in seinen letzten Jahren leichtfertig einem abergläubischen Schwindel aufgesessen? Ich beschloss, den exzentrischen Bildhauer ausfindig zu machen, der für diese offensichtliche Verwirrung des geistigen Friedens eines alten Mannes verantwortlich war.

Das Basrelief war grob rechteckig, drei Zentimeter dick und maß ungefähr fünfundzwanzig auf dreißig Zentimeter. Die Darstellung war weit entfernt von modernen Vorstellungen und Stilempfinden, obwohl die wunderlichen Einfälle des Kubismus und Futurismus wüst und ohne Zahl sind, bringen sie nicht häufig eine solch geheimnisvolle Regelmäßigkeit hervor, die Anklänge an uralte Schriften hat. Und eine Schrift schien die Ansammlung der Zeichen ohne Zweifel zu sein, obwohl mein Geist, trotz meiner Vertrautheit mit den Papieren und der Sammlung meines Großonkels, an der Identifizierung dieser speziellen Schrift scheiterte und ich auch nicht den leisesten Hinweis auf eine Ähnlichkeit fand.

Über diesen Hieroglyphen befand sich eine Figur, die eindeutig schmückenden Charakter hatte, obwohl die künstlerische Ausführung keinen klaren Aufschluss über ihr Aussehen gab. Es schien eine Art Ungeheuer zu sein oder ein Symbol, das für ein Ungeheuer stand, wie es nur eine kranke Fantasie gebären konnte. Wenn ich aufgrund meiner außergewöhnlichen Vorstellungsgabe meine, das Bild erinnerte gleichzeitig an einen Tintenfisch, einen Drachen und die Karikatur eines Menschen, dann tue ich dem Geist des Dings wohl nicht Unrecht. Ein tintenfischähnlicher Kopf mit Tentakeln saß auf einem geschuppten Körper mit verkümmerten Flügeln, doch es war eher die *gesamte Form* des Dings, die es in beunruhigender Weise Furcht einflößend machte. Hinter der Figur befand sich die Andeutung riesenhafter Bauwerke.

Die Aufzeichnungen, die zu dieser Merkwürdigkeit gehörten, neben einem Stapel von Zeitungsausschnitten, waren erst vor kurzem von Professor Angell verfasst worden und legten keinen Wert auf literarische Qualität. Was wie das wichtigste Dokument aussah, trug den Titel: Cthulhu Kult, in abschreckenden Buchstaben geschrieben, die verhindern sollten, dass jemand dieses unbekannte Wort unabsichtlich liest. Das Manuskript zerfiel in zwei Teile, der erste war überschrieben »1925 – Traum und Traumarbeiten von H. A. Wilcox, Thomas Street 7, Providence, R. I.« und der zweite: »Bericht von Inspektor John R. Legrasse, Bienville Street 121, New Orleans, La. beim Treffen der Amerikanischen Archäologischen Gesellschaft 1908 – Notizen & Prof. Webbs Bericht«. Die anderen Schriftstücke enthielten kurze Notizen, einige davon Aufzeichnungen über merkwürdige Träume unterschiedlicher Personen, Zitate aus theosophischen Büchern und Zeitschriften (erwähnenswert W. Scott-Elliotts *Atlantis und das verlorene Lemuria*), und der Rest waren Bemerkungen über lang existierende Geheimgesellschaften und verborgene Kulte, mit Querverweisen auf Abschnitte in mythologischen und anthropologischen Lehrwerken wie Frazers *Der goldene Zweig* und Miss Murrays *Hexenkult in Westeuropa*. Die Zeitungsausschnitte bezogen sich auf Geisteskrankheiten und gemeinschaftliche Ausbrüche von Hysterie oder Wahnsinn im Frühling 1925.

Der erste Teil des Hauptmanuskripts erzählte eine sehr eigenartige Geschichte. Es hatte den Anschein, dass am 1. März 1925 ein junger, düsterer Mann mit verstörtem und aufgeregtem Gehabe bei Professor Angell vorgesprochen und ein Basrelief aus Ton bei sich hatte, das noch sehr feucht und frisch war. Seine Visitenkarte trug den Namen Henry Anthony Wilcox, und mein Großonkel erkannte in ihm den jüngsten Sohn einer herausragenden Familie, die ihm flüchtig bekannt war. Zuletzt hatte er Bildhauerei an der Rhode Island School für Gestaltung studiert und lebte allein in einer Wohnung im Fleur-de-Lys-Gebäude nahe dem Institut. Wilcox war ein frühreifer Jüngling und ein anerkanntes Genie, aber sehr exzentrisch und hatte von frühester Kindheit an durch seltsame Geschichten und merkwürdige Träume, die er zum Besten gab, Aufmerksamkeit erregt. Er bezeichnete sich als »hypersensibel«, doch die gestandenen Leute dieser altehrwürdigen Handelsstadt nannten ihn einfach »verschroben«. Da er sich nie viel mit seinesgleichen abgab, war er mehr und mehr aus dem Blickfeld verschwunden und pflegte jetzt nur noch Umgang mit einer kleinen Gruppe von Ästheten aus einer anderen Stadt. Selbst der Kunstverein von Providence, eifrig darauf bedacht, seine konservative Einstellung zu erhalten, bezeichnete ihn als ziemlich hoffnungslos.

Das Manuskript des Professors berichtet, dass bei dem Besuch der Bildhauer unvermittelt nach den archäologischen Kenntnissen seines Gastgebers fragte, um die Hieroglyphen auf dem Basrelief zu entziffern. Er sprach auf eine träumerische, geschraubte Art, die den Eindruck von Gehabe und aufgesetzter Freundlichkeit erweckte, und mein Großonkel antwortete scharf, dass das deutlich fehlende Alter des Reliefs nahe lege, dass es nichts mit Archäologie zu tun hätte. Die Entgegnung des jungen Wilcox beeindruckte meinen Onkel so stark, dass er sie wortwörtlich niederschrieb. Sie war so außergewöhnlich abgehoben, wie die gesamte Unterhaltung wohl gewesen sein musste und was, wie ich seitdem herausgefunden habe, überaus typisch für ihn ist. Er sagte: »Es ist tatsächlich ganz frisch, denn ich habe es letzte Nacht in einem Traum von fremden Städten gemacht und Träume sind älter als das brodelnde Tyre, die nachdenkliche Sphinx oder die Gärten von Babylon.«

Danach begann er mit seiner erschütternden Geschichte, die so plötzlich aus seiner schlafenden Erinnerung entstand und das fieberhafte Interesse meines Onkels gewann. In der letzten Nacht hatte es leichte Erschütterungen eines Erdbebens gegeben, das spürbarste seit einigen Jahren in Neuengland, und Wilcox' Fantasie war davon geweckt worden. Beim Einschlafen hatte er einen unglaublichen Traum von großen mächtigen Städten aus riesigen Steinblöcken und in den Himmel reichenden Monolithen gehabt, von denen grüner Morast tropfte und in denen finster ein verstecktes Grauen schlummerte. Die Mauern und Säulen waren mit Hieroglyphen bedeckt, und von einem nicht erkennbaren Punkt unterhalb war eine Stimme erklungen, die keine Stimme war, eine chaotische Wahrnehmung, die nur die Vorstellungskraft in Laute verwandeln konnte, die er aber in einer fast unaussprechlichen Buchstabenfolge wiedergeben wollte: *Cthulhu fhtagn.*

Diese Buchstabenfolge war der Schlüssel zu einer Erinnerung, die Professor Angell erregte und verstörte. Er befragte den Bildhauer mit wissenschaftlicher Akribie und studierte mit brennendem Interesse das Basrelief, an dem der Jüngling verfroren und nur mit seinem Nachthemd bekleidet gearbeitet hatte, als er verblüfft erwacht war. Wilcox sagte später, dass mein Onkel sein Alter dafür verantwortlich gemacht hätte, die Hieroglyphen und das Bild nicht sofort erkannt zu haben. Viele seiner Fragen erschienen seinem Besucher höchst ungewöhnlich, besonders jene, die letzteren mit absonderlichen Kulten und Gesellschaften in Verbindung bringen wollten, und Wilcox verstand auch nicht die wiederholten Versicherungen der Verschwiegenheit, die er abgeben musste, um dafür in eine weit verbreitete mystische oder heidnische religiöse Gemeinschaft aufgenommen zu werden. Als Professor Angell davon überzeugt war, dass der Bildhauer tatsächlich nichts von einem Kult oder einem Kanon von mystischen Geschichten wusste, bedrängte er seinen Besucher, ihm seine zukünftigen Träume zu erzählen. Das trug regelmäßig Früchte, denn nach dem ersten Gespräch verzeichnet das Manuskript tägliche Besuche des jungen Mannes, bei denen er erstaunliche Bruchstücke von nächtlichen Visionen enthüllte, deren Inhalt immer schreckliche Ansichten von dunklen, nassen Steinen waren und eine unterirdische Stimme oder eine Intelligenz, die monoton auf einer unerklärlichen Wahrnehmungsebene rief, die man bestenfalls als Schnattern bezeichnen konnte. Die zwei Laute, die am häufigsten wiederholt wurden, könnte man mit der Buchstabenfolge *Cthulhu* und *R'lyeh* wiedergeben.

Am 23. März, so fährt das Manuskript fort, erschien Wilcox nicht, und Nachforschungen bei seiner Wohnung ergaben, dass er an einem seltsamen Fieber litt und nach Hause zu seiner Familie in die Waterman Street gebracht worden war. Er hatte in der Nacht laut aufgeschrien, damit eine Reihe von anderen Künstlern in dem Gebäude geweckt und schwebte seitdem beständig zwischen Bewusstlosigkeit und Delirium. Mein Onkel telefonierte sofort mit der Familie, und von diesem Zeitpunkt an beobachtete er den Fall genau. Er meldete sich häufig in der Praxis von Dr. Tobey in der Thayer Street, der für den jungen Mann verantwortlich war. Der fiebernde Geist des Jungen beschäftigte sich offensichtlich mit absonderlichen Dingen, und der Arzt schauderte manchmal, wenn er davon sprach. Dazu gehörte nicht nur, dass Wilcox wiederholte, was er zuvor geträumt hatte, sondern er war betroffen von einem gigantischen Ding, »kilometerhoch«, das herumlief. Obwohl er es nie vollständig beschrieb, überzeugten den Professor die Bruchstücke, die ihm Dr. Tobey mitteilte, dass dieses Ding identisch war mit jenem Objekt, das er mit seiner Traumskulptur versucht hatte darzustellen. Die Erwähnung dieses Objekts, so fügte der Arzt an, führte bei dem jungen Mann immer zu einem Versinken in Apathie. Unerklärlicherweise war seine Temperatur nur unwesentlich höher als normal, doch sein Gesamtzustand erweckte eher den Eindruck von Fieber als von einer Geisteskrankheit.

Am 2. April gegen drei Uhr nachmittags verschwanden plötzlich alle Anzeichen von Wilcox' Krankheit. Er saß aufrecht im Bett, wunderte sich, zu Hause zu sein, und wusste nichts von dem, was ihm im Traum oder in der Wirklichkeit seit der Nacht des 22. März widerfahren war. Von seinem Arzt für gesund erklärt kehrte er drei Tage später in seine Wohnung zurück, doch für Professor Angell war er seitdem keine Hilfe mehr. Alle absonderlichen Träume waren mit seiner Heilung verschwunden, und mein Onkel schrieb, nach einer Woche voller nutzloser und nichtssagender Träume der allergewöhnlichsten Art, keine weiteren mehr auf.

An dieser Stelle endete der erste Teil des Manuskripts, doch Verweise auf bestimmte verstreute Notizen gaben mir viel Stoff zum Nachdenken, tatsächlich so viel, dass nur der damals mir eigene Zweifel dafür verantwortlich war, dem Künstler zu misstrauen. Die angesprochenen Notizen beschäftigten sich mit Träumen verschiedener Personen, die diese in dem Zeitraum hatten, als der junge Wilcox seine seltsamen Visionen hatte. Wie es schien, hatte mein Onkel schnell eine ausgedehnte Befragung unter seinen engen Freunden angezettelt, die er, ohne aufdringlich zu wirken, nach ihren nächtlichen Träumen fragen konnte und nach ungewöhnlichen nächtlichen Zwischenfällen, die schon etwas zurücklagen. Seine Befragungen schienen auf unterschiedliche Resonanz gestoßen zu sein, doch er musste zu guter Letzt mehr Antworten erhalten haben, als ein durchschnittlicher Mensch ohne Sekretärin hätte bewältigen können. Die Originalbriefe waren nicht mehr vorhanden, doch seine Notizen stellten eine glaubwürdige Zusammenfassung dar. Durchschnittliche Menschen aus der Gesellschaft und dem Geschäftsleben – Neuenglands traditionelles »Salz der Erde« – berichteten meist nichts Besonderes, obwohl vereinzelt Fälle von beunruhigenden nächtlichen Visionen auftraten, immer zwischen dem 23. März und dem 2. April – dem Zeitraum, in dem der junge Wilcox im Delirium lag. Wissenschaftler waren ein bisschen ergiebiger, da in vier Fällen von verschwommenen Blicken auf absonderliche Landschaften gesprochen wurde und in einem Fall von der Bedrohung durch etwas Unnatürliches.

Von den Künstlern und Poeten kamen die entscheidenden Antworten, und mir war klar, dass eine Panik ausgebrochen wäre, hätten sie ihre Berichte vergleichen können. Trotz des Fehlens der Originalbriefe konnte ich mir gut vorstellen, dass mein Onkel konkrete Fragen gestellt hatte oder die Briefe so interpretiert hatte, dass sie das wiedergaben, was er erwartete. Deshalb war ich immer noch der Ansicht, dass Wilcox irgendwie von dem Material meines Onkels erfahren und dem alten Wissenschaftler einen Streich gespielt hatte. Die Antwortschreiben der Künstler erzählten merkwürdige Geschichten. Zwischen dem 28. Februar und dem 2. April hatte eine große Zahl von ihnen abseitige Dinge geträumt, und die Intensität der Träume hatte während der Zeit des Deliriums des Bildhauers deutlich zugenommen. Mehr als ein Viertel derjenigen, die etwas zu berichten hatten, sprach von Bildern und seltsamen Geräuschen, die denen glichen, die Wilcox erfahren hatte, und einige der Träumer gestanden eine greifbare Furcht vor dem riesigen namenlosen Ding ein, das sich zu guter Letzt ihnen gezeigt hatte. Ein Fall, der in den Notizen mit viel Gefühl beschrieben wurde, war sehr traurig. Jener Mensch, ein bekannter Architekt mit Interesse an Theosophie und Okkultismus, wurde zu der Zeit von Wilcox' Krankheit wahnsinnig und verstarb einige Monate später, nachdem er schreiend gebettelt hatte, vor einem entkommenen Bewohner der Hölle gerettet zu werden. Hätte mein Onkel hier den Namen und nicht nur eine Zahl angegeben, dann hätte ich versucht, eigene Nachforschungen anzustellen, doch leider konnte ich nur bei einigen ihre Identität ermitteln. Bei allen von ihnen stand der volle Name in den Notizen. Ich fragte mich, ob alle seine Untersuchungsobjekte so erstaunt über seine Fragen waren wie diese Gruppe. Es ist gut, dass sie niemals eine Erklärung dafür bekommen werden.

Die Zeitungsausschnitte, die ich erwähnte, berichteten von Fällen von Panik, Wahnsinn und Exzentrik während des genannten Zeitraums. Professor Angell musste ein Büro damit beauftragt haben, denn die Zahl der Ausschnitte war überwältigend und die Quellen verteilten sich über den ganzen Globus. Da wurde über einen nächtlichen Selbstmord in London berichtet, wo ein Schlafender sich mit einem gellenden Schrei aus dem Fenster gestürzt hatte. Dann ein erschütternder Leserbrief in einer südamerikanischen Zeitung, in dem ein Verrückter aus seinen Träumen eine schreckliche Zukunft ableitete. Eine Meldung aus Kalifornien beschreibt eine theosophische Gemeinde, die in weißen Gewändern um die »glorreiche Erfüllung« bittet, die nie eintritt, während Zeitungen aus Indien zurückhaltend von ernsthafter Beunruhigung unter den Einheimischen gegen Ende März sprechen. In Haiti kam es verstärkt zu Voodoo-Zeremonien, und Außenposten in Afrika berichten von seltsamen Gerüchten. Amerikanische Offiziere auf den Philippinen bemerkten, dass bestimmte Stämme um diese Zeit herum aufrührerisch waren, und die New Yorker Polizei hatte es mit Zusammenrottungen von Arabern in der Nacht vom 22. auf den 23. März zu tun. Das westliche Irland brodelte auch von Gerüchten und Legenden, und ein Maler fantastischer Bilder namens Ardois-Bonnot präsentierte bei der Pariser Frühjahrsausstellung 1926 ein blasphemisches Werk mit dem Titel *Traumlandschaften*. Die Berichte von Schwierigkeiten in Irrenhäusern waren zahllos, und nur ein Wunder hatte verhindert, dass die Ärzteschaft die merkwürdigen Übereinstimmungen nicht bemerkt und keine sonderbaren Schlüsse daraus gezogen hatte. Ohne Zweifel eine Menge unheimlicher Zeitungsausschnitte, und heute kann ich mir nur noch schwer vorstellen, wie ich sie mit meinem nüchternen Rationalismus einfach abgetan habe. Doch damals war ich mir sicher, dass der junge Wilcox von dem schon lang bestehenden Interesse des Professors irgendwie erfahren hatte.

2. Der Bericht von Inspektor Legrasse

Dieses lang bestehende Interesse, das den Traum und das Basrelief des Bildhauers für meinen Onkel so bedeutend hatten werden lassen, war der Gegenstand des zweiten Teils des langen Manuskripts. Es schien, als hätte Professor Angell schon einmal zuvor ein Bild jenes höllischen Wesens gesehen, das sich geheimnisvoll über den Hieroglyphen befand, und die absonderliche Buchstabenfolge gehört, die man als *Cthulhu* wiedergeben kann, und all dies in einem so entsetzlichen und grauenvollen Zusammenhang, dass seine nachdrückliche Befragung des jungen Wilcox nicht verwunderlich war.

Diese frühere Begegnung fand siebzehn Jahre zuvor im Rahmen des jährlichen Treffens der Amerikanischen Archäologischen Gesellschaft 1908 in St. Louis statt. Professor Angell, bekannt für seine fachliche Autorität und sein Wissen, nahm bei den Diskussionen eine hervorgehobene Stellung ein und war einer der Ersten, an den sich Außenstehende wandten, wenn es darum ging, Fragen kompetent beantwortet und Probleme fachlich gelöst zu bekommen.

Der Führer dieser Außenstehenden und schon nach kurzer Zeit Mittelpunkt des gesamten Treffens war ein gewöhnlich aussehender Mann in den mittleren Jahren, der den ganzen Weg von New Orleans heraufgekommen war und bestimmte spezielle Informationen erlangen wollte, die er dort nicht bekommen konnte. Sein Name war John Raymond Legrasse, und er war Inspektor bei der Polizei. Mit sich führte er den Grund seines Besuchs, eine absonderliche, abstoßende und augenscheinlich sehr alte Steinfigur, deren Herkunft er nicht bestimmen konnte.

Man kann sich vorstellen, dass Inspektor Legrasse nicht das geringste Interesse an Archäologie hatte. Ganz im Gegenteil, sein Wunsch nach Aufklärung entsprang einzig beruflichen Gründen. Die Figur, das Götzenbild, der Fetisch oder was immer es war, war einige Monate zuvor bei der Auflösung eines Voodoo-Treffens in den Sumpfwäldern südlich von New Orleans in seinen Besitz gelangt. Die Rituale, die sich mit der Figur verbanden, waren so abscheulich und einzigartig, dass die Polizei anerkennen musste, hier über einen dunklen, ihnen unbekannten Kult gestolpert zu sein, der unvergleichlich teuflischer war als selbst die schwärzesten Voodoo-Rituale in Afrika. Von der Herkunft der Figur war außer den wilden, unglaubwürdigen Erzählungen der festgenommenen Mitglieder absolut nichts zu erfahren. Aus diesem Grund suchte die Polizei nach allen alten Berichten, die vielleicht helfen könnten, dieses Furcht einflößende Symbol einzuordnen und dadurch die Ursprünge des Kults bis zu seiner Quelle zu verfolgen.

Inspektor Legrasse war kaum auf die Reaktion vorbereitet, die seine Ausführungen auslösten. Schon der erste Blick auf das Ding hatte ausgereicht, die versammelten Wissenschaftler in helle Aufregung zu versetzen, und sofort umringten sie ihn, um einen Blick auf die kleine Figur zu werfen, deren augenscheinliche Fremdartigkeit und offensichtliches Alter so eindeutig einen Blick in die unbekannte Vorzeit eröffnete. Dieses schreckliche Objekt entstammte keiner bekannten Kunstrichtung, doch schienen in der grünen Oberfläche dieses unbestimmbaren Steins Jahrhunderte, wenn nicht sogar Jahrtausende verewigt zu sein.

Die Figur, die schließlich zwischen den Männern zur genauen Untersuchung vorsichtig herumgereicht wurde, war ungefähr zwanzig Zentimeter hoch und kunstvoll gestaltet. Sie zeigte ein Ungeheuer von unbestimmt menschlicher Gestalt, aber mit einem tintenfischähnlichen Kopf, dessen Gesicht aus einer Ansammlung von Tentakeln bestand, einem gummiartigen Körper, bedrohlichen Klauen an den Vorder- und Hinterfüßen und schmale lange Flügel am Rücken. Dieses Ding, von dem eine furchtbare und übernatürliche Bösartigkeit auszugehen schien, war irgendwie korpulent und hockte bedrohlich auf einem viereckigen Block oder Podest, das mit unentzifferbaren Inschriften versehen war. Die Flügelspitzen berührten den hinteren Teil des Blocks, das Ding selbst saß in der Mitte, und die gebogenen Klauen der doppelt eingeknickten Hinterläufe lagen auf der vorderen Kante und reichten bis zu einem Viertel des Podestes herunter. Der Tintenfischkopf war nach vorne gebeugt, sodass die Tentakel auf der Rückseite der vorderen Klauen ruhten, die die Knie der hockenden Figur umfassten. Die Wirkung des Ganzen war verblüffend lebensecht, und durch die Tatsache, dass seine Herkunft völlig unbekannt war, erhöhte sich noch seine Furcht einflößende Wirkung. Das hohe, schreckliche und unbestimmbare Alter der Figur stand außer Zweifel, und sie wies keine Verbindung zu irgendeiner vorzeitlichen Zivilisation auf und auch zu keiner anderen.

Auch das Material war unbekannt und absolut beispiellos, denn der seifige, grünbraune Stein mit den golden schimmernden Flecken und Streifen erinnerte an nichts aus der Geologie oder der Mineralogie. Die Zeichen im Sockel waren auf gleiche Weise verblüffend, und keines der anwesenden Mitglieder, obwohl die Hälfte der auf diesem Gebiet führenden Wissenschaftler der gesamten Welt anwesend war, konnte auch nur den leisesten Anklang an irgendeine Sprache feststellen. Sie gehörten, wie die Figur und das Material, zu etwas, das schrecklich weit von der uns bekannten Menschheit entfernt war, etwas, das die grässliche Ahnung von unheiligen Lebenszyklen in sich trug, in denen unsere Welt und unsere Vorstellungen keinen Platz haben.

Und doch, als die Mitglieder bedeutungsvoll ihre Köpfe schüttelten und einräumten, vor dem Problem des Inspektors kapitulieren zu müssen, gab es unter ihnen einen Mann, der eine merkwürdige Verwandtschaft zwischen der monströsen Figur und den Schriftzeichen zu erkennen glaubte und auch gleich bedächtig von den seltsamen Gerüchten berichtete, die ihm zu Ohren gekommen waren. Dieser Mann war der verstorbene William Channing Webb, Professor für Anthropologie an der Universität Princeton, ein nicht unbekannter Gelehrter.

Professor Webb hatte vierzig Jahre zuvor an einer Expedition nach Grönland und Island auf der Suche nach Runeninschriften teilgenommen, die er aber nicht gefunden hatte, doch während er hoch oben an der westlichen Küste von Grönland war, stieß er auf einen einzigartigen Stamm von Eskimos, deren Religion, eine merkwürdige Form der Teufelsverehrung, ihn aufgrund der besonderen Blutrünstigkeit und Widerwärtigkeit erschaudern ließ. Es war ein Glaube, von dem andere Eskimostämme nur wenig wussten und von dem sie nur mit Schaudern sprachen und behaupteten, er stamme aus schrecklich weit zurückliegenden Äonen, bevor noch die Welt geschaffen worden war. Neben namenlosen Ritualen und Menschenopfern gab es ketzerische Beschwörungen eines höchsten Oberteufels oder *tornasuk*, und von dieser Formel hatte Professor Webb sorgfältig von einem alten *angekok* oder Zauberpriester eine phonetische Umschrift in lateinischen Buchstaben anfertigen lassen. Doch es ging hier im Wesentlichen um den Fetisch des Kultes, um den sie tanzten, wenn die Sonne hoch über den Eisbergen stand. Es war, so sagte der Professor, ein grobes steinernes Basrelief, das ein abscheuliches Bildnis und einige unentzifferbare Hieroglyphen trug. Und soweit er es beurteilen konnte, bestand eine grobe Übereinstimmung mit dem teuflischen Ding, das jetzt der Versammlung vorlag.

Diese Informationen, die von der Versammlung mit Überraschung und Erstaunen aufgenommen wurden, waren für Inspektor Legrasse von großem Interesse, und er überhäufte den Professor sofort mit Fragen. Er hatte von den im Sumpf verhafteten Kultanhängern einige ihrer Beschwörungsformeln niedergeschrieben und bat nun den Professor, sich so genau wie möglich an die Worte zu erinnern, die er bei den teufelsanbetenden Eskimos erfahren hatte. Danach folgte ein erschöpfender Vergleich von Einzelheiten und ein Moment wirklich beängstigenden Schweigens, als der Inspektor und der Professor auf eine den beiden höllischen Kulten, die so weit voneinander getrennt waren, gemeinsame Beschwörungsformel stießen. Was im Wesentlichen sowohl die Magier der Eskimos als auch die Priester im Sumpf von Louisiana vor ihren ähnlichen Götzenbildern intoniert hatten, klang etwa wie dies – die Worttrennungen entsprachen ungefähr dem Klangbild, wenn man die Formel laut aussprach:

Ph'nglui mglw'nath Cthulhu R'lyeh wgah'nagl fhtagn.

Legrasse war in einem Punkt dem Professor voraus, denn einige seiner inhaftierten Bastarde hatten ihm gesagt, was die Worte bedeuteten. Es war in etwa dies:

In diesem Haus in R'lyeh wartet träumend der tote Cthulhu.

Auf heftiges Drängen hin enthüllte Inspektor Legrasse so weit wie möglich seine sämtlichen Erfahrungen mit dem Sumpfkult und erzählte die Geschichte, der, wie ich sehen konnte, mein Onkel große Bedeutung zumaß. Sie entsprach den wildesten Träumen von Mythenschöpfern und Theosophen und schloss ein unerwartet hohes Maß von kosmischen Vorstellungen unter diesen Halbwilden und Ausgestoßenen ein.

Am 1. November 1907 erhielt die Polizei in New Orleans einen verzweifelten Hilferuf aus dem Sumpf- und Lagunengebiet im Süden. Die dortigen Bewohner, meist einfache, aber gutmütige Nachkommen der Männer Lafitts, waren vom Grauen vor einem unbekannten Wesen gepackt, das nachts zwischen ihnen umging. Es war eindeutig Voodoo, aber eine Art von Voodoo, die viel schrecklicher war als das übliche, und einige ihrer Frauen und Kinder waren verschwunden, seit das grässliche Getrommel in den dunklen, gespenstischen Wäldern begonnen hatte, in die sich keiner der Siedler wagte. Es gab wahnsinnige Rufe und heulende Schreie, Gesänge, die das Blut gefrieren ließen, und tanzende Teufelslichter. Der Bote fügte noch hinzu, dass die Leute es nicht mehr aushielten.

Also machten sich zwanzig Polizisten in zwei Mannschaftswagen und einem Automobil am späten Nachmittag unter der Führung des verschreckten Boten auf den Weg. Am Ende der befahrbaren Straße saßen sie ab und liefen meilenweit durch die schrecklichen Zypressenwälder, in denen es niemals Tag wird. Eklige Wurzeln und abscheulich herabhängendes Moos machten ihnen zu schaffen, dazu erweckten noch vereinzelte feuchte Felsbrocken oder Bruchstücke von verrotteten Mauern den Eindruck morbider Bedrohung, der von merkwürdig geformten Bäumen und jedem schwammigen Inselchen verstärkt wurde. Schließlich kam das ärmliche Dorf der Siedler in Sicht. Eine Ansammlung von Hütten. Hysterische Bewohner stürmten nach draußen und versammelten sich um die schwankenden Laternen der Polizisten. Nun konnte man das gedämpfte Schlagen der Trommeln von weit her vernehmen, und ein unregelmäßiger, schauderhafter Schrei war zu vernehmen, wenn der Wind sich drehte. Auch schien ein rötliches Leuchten durch das Unterholz jenseits der endlosen Weiten des nächtlichen Waldes zu dringen. Obwohl es den Siedlern nicht gefiel, wieder allein gelassen zu werden, waren sie keinesfalls bereit, auch nur einen Schritt in Richtung des Orts der unheiligen Rituale zu machen, deshalb begaben sich Inspektor Legrasse und seine neunzehn Männer ohne Führer in die schwarzen Arkaden des Grauens, die keiner von ihnen zuvor betreten hatte.

Das Gebiet, in das die Polizisten nun eindrangen, hatte den Ruf, ein Hort des Bösen zu sein, und war von den Weißen unerforscht. Es gab Geschichten von einem verborgenen See, den noch kein Sterblicher erblickt hatte und in dem ein riesiges, formloses, polypenartiges Wesen mit leuchtenden Augen hausen sollte, und die Siedler raunten, dass geflügelte Teufel aus unterirdischen Höhlen flogen und dem Wesen um Mitternacht huldigten. Sie sagen, es sei schon vor D'Iberville und La Salle, vor den Indianern und sogar vor allen Tieren und Vögeln der Erde dort gewesen. Es sei der Fleisch gewordene Alptraum und es zu sehen bedeutete den Tod. Aber es schickte den Menschen Träume, und deshalb wussten sie genug darüber, um sich fernzuhalten. Die fragliche Voodoo-Zeremonie fand am Rand dieses unheiligen Gebiets statt, doch dieser Ort war schon schlimm genug, denn alleine diese besondere Stelle, an der die Zeremonie stattfand, jagte den Siedlern mehr Angst ein als die schrecklichen Geräusche und andere Zwischenfälle.

Nur die Fantasie oder Wahnsinn könnten die Geräusche begreifen, die Legrasses Männer vernahmen, als sie sich durch den dunklen Morast in Richtung des roten Lichtscheins und der Trommeln bewegten. Es gibt Laute von Menschen und Laute von Tieren, und es war beängstigend, wenn man die einen hörte, man aber annehmen musste, dass sie von den anderen stammten. Animalische Raserei und orgiastische Ausbrüche schwangen sich hier mit Heulen und kreischender Ekstase in dämonische Höhen und durchdrangen den alptraumhaften Wald wie der Pesthauch aus den Tiefen der Hölle. Ab und zu verstummten die wilden Ausbrüche, und von einem gut organisierten Chor heiserer Stimmen erhob sich in einem Singsang die schreckliche Beschwörungsformel:

Ph'nglui mglw'nath Cthulhu R'lyeh wgah'nagl fhtagn.

Schließlich, als die Männer eine Stelle erreicht hatten, an der die Bäume weniger dicht standen, sahen sie das Spektakel. Vier wandten sich ab, einer fiel in Ohnmacht und zwei stießen einen entsetzten Schrei aus, worauf die schrillen Laute der Zeremonie glücklicherweise verstummten. Legrasse spritzte dem Ohnmächtigen Sumpfwasser ins Gesicht, während die anderen zitternd und von dem grauenvollen Anblick fast hypnotisiert dastanden.

In einem See des Sumpfes befand sich eine grasbedeckte Insel von etwa einem halben Hektar Größe, ohne Bäume und einigermaßen trocken. Darauf hüpfte und zuckte eine unglaubliche Versammlung menschlicher Abnormalitäten, wie sie noch nicht einmal die Maler Sime und Angarola darzustellen vermochten. Nackt zuckten, keuchten und heulten diese Mischlingsausgeburten um ein riesiges rundes Freudenfeuer herum, in dessen Mitte, durch zufällige Lücken in der Feuerwand zu sehen, ein großer Granitmonolith von zweieinhalb Meter Höhe stand, und oben darauf ruhte, in ihrer Winzigkeit völlig unverhältnismäßig, die abscheulich geformte Figur. Zehn galgenähnliche Gerüste bildeten um den Monolithen in der Mitte einen regelmäßigen Kreis, und daran hingen, Kopf nach unten, die abscheulich verstümmelten Körper der verschwundenen Siedler. Innerhalb dieser Begrenzung hüpften und tobten die Teilnehmer des Rituals. Die Hauptbewegungsrichtung der feiernden Masse zwischen dem Kreis der aufgehängten Körper und dem Feuer war von links nach rechts.

Es konnten reine Einbildung oder vielleicht Echos gewesen sein, die einen der Männer, einen nervösen Spanier, glauben machten, er höre von einem entfernten, dunklen Ort tiefer in dem Wald alter Legenden und des Grauens eine passende Antwort auf die Laute des Rituals. Diesen Mann, Joseph D. Galvez, habe ich später getroffen und befragt, wobei er sich mit einer blühenden Fantasie ausgestattet erwies. Er ging so weit anzudeuten, er hätte das leise Geräusch von mächtigen Flügeln gehört und dass er hinter weit entfernten Bäumen ein leuchtendes Auge und eine riesige weiße Masse gesehen hätte. Doch ich vermute, er hat zu viel von dem Aberglauben der Einheimischen mitbekommen.

Tatsächlich waren die Männer durch das Grauen nur einen Moment lang geschockt. Die Pflicht rief, und obgleich wohl fast hundert Menschen bei dem Ritual versammelt waren, vertrauten die Polizisten auf ihre Feuerwaffen und stürmten entschlossen die ekelhafte Zeremonie. Daraus resultierten für fünf Minuten ein unbeschreiblicher Lärm und Verwirrung. Es wurden heftige Schläge ausgeteilt, Schüsse abgefeuert, und einigen gelang die Flucht, doch zum Schluss hatte Legrasse ungefähr siebenundvierzig Gefangene, die er zwang, sich schnell anzuziehen und in einer Reihe, flankiert von den Polizisten, abzumarschieren. Fünf der Versammelten waren tot und zwei schwer verletzt; diese wurden auf improvisierten Bahren von ihren gefangenen Gefährten abtransportiert. Das Götzenbild auf dem Monolithen wurde heruntergenommen und von Legrasse weggebracht.

Als man nach einem anstrengenden und ermüdenden Marsch die Gefangenen im Hauptquartier in Augenschein nahm, stellte sich heraus, dass es ausschließlich minderwertige männliche Mischlinge von geringen geistigen Fähigkeiten waren. Die meisten waren Seeleute, Mischlinge von Negern und Mulatten, hauptsächlich von den Westindischen Inseln oder portugiesischen Ursprungs von den Kapverdischen Inseln, was dem heidnischen Kult einen besonderen Einschlag von Voodoo gab. Doch schon nach kurzer Befragung stellte sich heraus, dass etwas viel Bedeutenderes und älteres als Negerfetischismus involviert war. Die minderwertigen und ungebildeten Kreaturen hielten mit überraschender Beharrlichkeit an den zentralen Vorstellungen ihres ekelhaften Glaubens fest.

Sie verehrten, wie sie sagten, die Großen Alten, die lebten, lange bevor es Menschen gab, und die aus dem Himmel herab auf die noch junge Erde gekommen waren. Diese Großen Alten hätten sich jetzt ins Innere der Erde und auf den Meeresboden zurückgezogen, doch ihre toten Körper hätten in Träumen den ersten Menschen ihre Geheimnisse offenbart und daraus sei ein Kult entstanden, der nie vergangen ist. Genau das war ihr Kult, und die Gefangenen behaupteten, dass er immer existiert habe und immer in den entfernten Einöden und an den dunklen Orten auf der ganzen Welt existieren würde, bis der große Priester Cthulhu aus seinem dunklen Haus in der mächtigen Stadt R'lyeh unter dem Meer sich erheben und die Herrschaft über die Welt antreten würde. Eines Tages, wenn die Sterne richtig standen, würde er rufen und der Geheimkult wäre jederzeit bereit, ihn zu befreien.

Mehr war im Moment nicht zu sagen. Es gab ein Geheimnis, das selbst durch Folter nicht herauszubekommen war. Die Menschen waren nicht die einzigen Wesen auf der Erde mit Bewusstsein, denn aus der Dunkelheit kamen Wesen, um die wenigen Gläubigen zu besuchen. Doch das waren nicht die Großen Alten. Das Götzenbild stellte Cthulhu dar, doch keiner wusste, ob die anderen ihm glichen. Niemand konnte heutzutage die alte Schrift entziffern, doch die Dinge wurden mündlich überliefert. Das Gesangsritual war das Geheimnis, das nie laut ausgesprochen wurde. Der Gesang bedeutete nur dies: »In diesem Haus in R'lyeh wartet träumend der tote Cthulhu.«

Nur zwei der Gefangenen befand man für gesund genug, um sie zu hängen, der Rest wurde in verschiedene Irrenhäuser eingeliefert. Alle leugneten, an den rituellen Tötungen teilgenommen zu haben, und behaupteten, die Morde wären von den Schwarzgeflügelten begangen worden, die zu ihnen von den unbekannten Versammlungsorten in dem gespenstischen Wald gekommen seien. Doch für diese geheimnisvollen Fremden hatte man kein Anzeichen gefunden. Was die Polizei herausfand, erfuhr sie hauptsächlich von einem alten Mestizen namens Castro, der behauptete, er wäre in fremden Häfen gewesen und hätte in den Bergen von China mit den unsterblichen Anführern des Kults gesprochen.

Der alte Castro erinnerte sich an Bruchstücke der Legenden, die mit den Vermutungen der Theosophen übereinstimmten und die Welt und die Menschheit als vergänglich und Durchgangsstation darstellten. Andere Wesen hatten für Äonen die Welt regiert und in großen Städten gelebt. Überbleibsel von ihnen, so sagte der unsterbliche Chinese, konnte man immer noch als riesige Steine auf Inseln im Pazifik finden. Diese Wesen starben Äonen, bevor die Menschheit auftauchte, doch es gab Künste, die sie wiederbeleben könnten, wenn die Sterne ihren Kreis vollenden hätten und sich in der richtigen Position im Kreislauf der Ewigkeit befänden. Sie waren eigentlich von den Sternen gekommen und hatten ihre Abbilder mit sich gebracht.

Diese großen Alten, so fuhr Castro fort, bestanden nicht aus Fleisch und Blut. Sie hatten aber eine Gestalt, wie das von den Sternen gekommene Götzenbild bewies, doch diese Gestalt bestand nicht aus Materie. Wenn die Sterne richtig standen, dann konnten sie durch das All von einer Welt zur anderen reisen, doch wenn sie nicht richtig standen, konnten die Großen Alten nicht leben. Doch wenn sie auch nicht weiterlebten, dann waren sie doch nicht tot. Sie lagen alle in ihren Steinhäusern in der großen Stadt R'lyeh, bewahrt von den Zauberkräften des mächtigen Cthulhu für eine glorreiche Wiedergeburt, wenn die Sterne und die Erde dereinst besser auf sie vorbereitet wären. Doch wenn die Zeit gekommen ist, dann muss eine Kraft von außen ihre Körper befreien. Die Zauberkräfte, die sie in diesem Zustand bewahrten, hielten sie andererseits davon ab, sich selbst wiederzubeleben, und so können die Großen Alten nur wach im Dunkeln liegen und nachdenken, während Millionen von Jahren vergehen. Sie wissen alles, was im Universum vorgeht, denn sie verständigen sich durch Gedanken. Selbst jetzt unterhalten sie sich in ihren Gräbern. Als nach unendlichen Zeiten des Chaos die Menschen erschienen, sprachen die Großen Alten zu den Empfänglichen unter ihnen, indem sie ihnen Träume schickten, denn das war die einzige Art, wie sie in ihrer Sprache die Gehirne der Säugetiere erreichen konnten.

Dann, so flüsterte Castro, begründeten die ersten Menschen den Kult um die Götzenbilder, die ihnen die Großen Alten gezeigt hatten, jene Götzenbilder, die von dämmrigen Regionen auf dunklen Sternen stammten. Dieser Kult wird nicht untergehen, bevor nicht die Sterne richtig standen und der Geheimpriester den großen Cthulhu in seinem Grab erweckte, um seine Anvertrauten wiederzubeleben und seine Herrschaft über die Erde wieder auszuüben. Diese Zeit wäre einfach zu erkennen, denn dann wären die Menschen wie die Großen Alten frei, wild und jenseits von Gut und Böse, ohne Gesetze und Moral und alle Menschen würden toben, töten und vor Freude schreien. Dann würden ihnen die befreiten Großen Alten neue Wege des Tobens, des Tötens und der Freude zeigen, und über die ganze Erde würde ein Feuersturm von Ekstase und Freiheit hinwegfegen. Bis dahin musste der Kult die überkommenen Riten jener alten Art pflegen und die Prophezeiung der Wiederkehr der Großen Alten weitergeben.

In den alten Tagen hatten die Menschen mit den Großen Alten in ihren Gräbern durch Träume gesprochen, doch dann war irgendetwas passiert. Die große steinerne Stadt R'lyeh mit ihren Monolithen und Grabstätten war im Meer versunken, und die Wassermassen, die eine Barriere bilden, die nicht einmal Gedanken durchdringen können, hatten die geistige Verbindung unterbrochen. Doch die Erinnerung verlöschte nie, und die Hohepriester sagten, dass die Stadt wieder erscheinen würde, wenn die Sterne richtig standen. Dann kämen aus der Erde die schwarzen Geister der Erde, schimmlig, dunkel und voller verschwommener Gerüchte, die sie in den Höhlen unter dem Meeresboden aufgeschnappt hatten. Doch davon wagte der alte Castro nicht zu sprechen. Er verstummte abrupt, und nichts brachte ihn dazu, mehr davon preiszugeben. Erstaunlicherweise weigerte er sich, etwas über die *Größe* der Großen Alten zu sagen. Was den Kult betraf, so sagte er, dass er glaube, das Zentrum liege mitten in den unzugänglichen Wüsten Arabiens, wo Irem, die Stadt der Säulen, verborgen und unbehelligt vor sich hinträumt. Der Kult hätte nichts mit dem Hexenkult in Europa zu tun und war außerhalb seiner Mitglieder so gut wie unbekannt. In keinem Buch fand man einen Hinweis darauf, doch der unsterbliche Chinese hatte erklärt, dass es in dem *Necronomicon* des verrückten Arabers Arab Abdul Alhazred einige Doppeldeutigkeiten gäbe, die die Eingeweihten auf ihre Art interpretierten, besonders den vieldiskutierten Spruch:

Es ist nicht tot, was ewig lügt
und in fremden Zeiten selbst der Tod sich dem Sterben fügt.

Der tief beeindruckte und ziemlich verwirrte Legrasse hatte vergeblich versucht, geschichtliche Hinweise auf den Kult zu finden. Castro hatte offensichtlich die Wahrheit gesagt, als er behauptete, der Kult werde absolut geheim gehalten. Die Gelehrten an der Tulane-Universität konnten weder etwas über den Kult noch das Götzenbild sagen, und so war der Inspektor zu den anerkanntesten Wissenschaftlern des Landes gekommen und hatte nicht mehr als die Geschichte aus Grönland von Professor Webb erfahren.

Das fieberhafte Interesse, das auf dem Treffen durch Legrasses Bericht und noch verstärkt durch die Figur entstanden war, fand sich wieder in dem Briefwechsel jener, die daran teilgenommen hatten, und die Sache wurde auch kurz in der offiziellen Publikation der Gesellschaft erwähnt. Vorsicht ist das erste Gebot bei jenen, die daran gewohnt sind, mit Scharlatanerie und Täuschungen konfrontiert zu werden. Legrasse lieh das Götzenbild Professor Webb, doch beim Tod des Professors wurde es ihm zurückgegeben und blieb seitdem in seinem Besitz, wo ich es vor nicht allzu langer Zeit in Augenschein genommen habe. Es ist wirklich ein schreckliches Ding und hat ohne Zweifel Ähnlichkeit mit dem Traumgebilde des jungen Wilcox.

Ich wunderte mich nicht, dass mein Onkel von der Geschichte des Bildhauers fasziniert war, denn welche Gedanken mussten ihm mit seiner Kenntnis dessen, was er von Legrasse über den Kult erfahren hatte, gekommen sein, als er von einem sensiblen jungen Mann erfuhr, der nicht nur die Figur und die genauen Hieroglyphen des im Sumpf gefundenen Götzenbildes und der grönländischen Teufelsdarstellung *geträumt* hatte, sondern *in seinen Träumen* zumindest drei der Worte genau verstanden hatte, die die Teufel anbetenden Eskimos und die Kreaturen in Louisiana gerufen hatten? Dass Professor Angell sofort mit einer sehr sorgfältigen Untersuchung begann, war selbstverständlich, während ich den jungen Wilcox verdächtigte, irgendwie von dem Kult erfahren zu haben und sich eine Reihe von Träumen ausgedacht zu haben, um dieses Geheimnis auf Kosten meines Onkels auszuschmücken. Die Darstellung der Träume und die Zeitungsausschnitte, die der Professor gesammelt hatte, waren zweifellos stichhaltige Beweise, doch meine rationale Denkweise und das Außergewöhnliche der ganzen Sache ließen mich eine Schlussfolgerung ziehen, die ich für absolut vernünftig hielt. Nachdem ich das Manuskript nochmals sorgfältig durchgelesen und die theosophischen und anthropologischen Notizen mit Legrasses Bericht über den Kult verglichen hatte, begab ich mich nach Providence, um den Bildhauer aufzusuchen und ihm den Tadel zu verpassen, den ich für einen solchen Betrug an einem gebildeten und alten Mann für angemessen hielt.

Wilcox wohnte immer noch im Fleur-de-Lys-Gebäude in der Thomas Street, eine grässliche viktorianische Imitation der Bretonarchitektur des siebzehnten Jahrhunderts, die mit ihrer Stuckfassade zwischen lieblichen Häusern aus der Kolonialzeit auf dem altehrwürdigen Hügel und im Schatten des allerschönsten Georgianischen Giebels Amerikas protzte. Ich traf ihn in seiner Wohnung an und stellte sogleich anhand der herumstehenden Arbeiten fest, dass er wirklich ein Genie war. Er wird einmal, so glaube ich fest, als einer der großen Vertreter der dekadenten Kunst gelten, denn er hatte in Ton und wird eines Tages in Marmor jene Alpträume und Fantasien schaffen, die Arthur Machen in Worte und Clark Asthon Smith in Verse und seine Malerei fasst.

Dunkel, zerbrechlich und irgendwie unordentlich aussehend, drehte er sich auf mein Klopfen hin um und fragte mich, ohne aufzustehen, was ich wolle. Als ich ihm sagte, wer ich sei, zeigte er ein wenig Interesse, denn mein Onkel hatte durch die Untersuchung seiner absonderlichen Träume seine Neugierde geweckt, obwohl er ihm nie den Grund dafür genannt hatte. In dieser Beziehung befriedigte ich seine Neugierde nicht, versuchte ihn aber unmerklich aus der Reserve zu locken.

Nach kurzer Zeit war ich von seiner Aufrichtigkeit überzeugt, denn er sprach von den Träumen auf eine Art, die man nicht missverstehen konnte. Diese Träume und ihre Wirkung auf sein Unterbewusstsein hatten seine Kunst nachhaltig beeinflusst, und er zeigte mir eine Statue deren Gestalt, ob der Kraft ihrer dunklen Ausstrahlung, mich fast erzittern ließ. Er konnte sich nicht erinnern, dieses

Ding wirklich gesehen zu haben außer in seinem eigenen Traumrelief, doch die Umrisse hatten sich wie von selbst unter seinen Händen geformt. Es war ohne Zweifel jene riesige Gestalt, von der er in seinem Delirium gesprochen hatte. Dass er wirklich nichts von dem verborgenen Kult wusste, außer dem, was mein Onkel erwähnt hatte, stellte er schon bald klar, und wieder machte ich mir Gedanken, wie er möglicherweise an diese unheimlichen Bilder gekommen sein könnte.

Von seinen Träumen sprach er auf sonderbare, poetische Art und führte mir mit schrecklicher Lebhaftigkeit die feuchte Zyklopenstadt aus schleimigen grünen Steinen vor Augen – deren *Geometrie*, wie er seltsamerweise bemerkte, ganz *falsch* war – und ließ mich mit furchtbarer Deutlichkeit das unentrinnbare, geistige Rufen aus der Tiefe vernehmen: *Cthulhu fhtagn, Cthulhu fhtagn.*

Diese Worte waren ein Teil des schrecklichen Rituals gewesen, das von der Traumwache des toten Cthulhu in seiner steinernen Gruft in R'lyeh handelte, und trotz meiner rationalen Ansichten war ich tief betroffen. Ich war sicher, dass Wilcox beiläufig von dem Kult erfahren und dann über all das andere unheimliche Zeug, das er las und sich vorstellte, wieder vergessen hatte. Später dann fand es durch seine rege Fantasie Ausdruck in unterbewussten Träumen, in dem Basrelief und der grässlichen Statue, die ich jetzt vor mir sah, sodass er meinem Onkel nicht absichtlich etwas vorgemacht hatte. Dieser Junge war auf der einen Seite sehr empfindsam, auf der anderen schlecht erzogen, jemand, den ich nie mögen würde, doch ich war inzwischen bereit, sowohl sein Talent als auch seine Ehrlichkeit anzuerkennen. Ich verabschiedete mich freundschaftlich von ihm und wünschte ihm all den Erfolg, den sein Talent verhieß.

Die Sache mit dem Kult faszinierte mich noch immer, und manchmal hatte ich die Vorstellung, ich könne Ruhm erlangen, wenn ich seine Ursprünge und seine Verbindungen aufdeckte. Ich ging nach New Orleans und sprach mit Legrasse und anderen Teilnehmern an der damaligen Polizeiaktion, sah das Furcht einflößende Götzenbild und befragte sogar die noch lebenden inhaftierten Mischlinge. Leider war der alte Castro schon ein paar Jahre tot. Was ich nun aus erster Hand erfuhr, obwohl es nicht mehr als eine ausführliche Bestätigung dessen war, was mein Onkel niedergeschrieben hatte, weckte mein Interesse aufs Neue, denn ich war mir sicher, dass ich einer sehr realen, sehr geheimen und sehr alten Religion auf der Spur war, deren Enthüllung mich zu einem bekannten Anthropologen machen würde. Mein Ansatz war immer noch von der Vernunft bestimmt, *und ich wünschte, es wäre heute noch genauso* und ich könnte immer noch steif und fest behaupten, zwischen den Niederschriften der Träume und den von Professor Angell gesammelten Zeitungsausschnitten bestünde kein Zusammenhang.

Eine Sache, die ich begann in Zweifel zu ziehen, und ich fürchte, ich habe inzwischen *Gewissheit*, ist, dass der Tod meines Onkels kein natürlicher war. Er brach nach dem Stoß eines Negers auf einer schmalen Hügelstraße zusammen, die von einem Hafen heraufführte, in dem es von Mischlingen nur so wimmelte. Ich habe nicht vergessen, dass die Anhänger des Kultes in Louisiana Mischlinge waren und eine Beziehung zum Meer hatten, und es würde mich nicht wundern, wenn es geheime Methoden und vergiftete Nadeln gäbe, die ihnen genauso vertraut sind wie die geheimnisvollen Riten und ihr Glaube. Es ist wahr, dass man Legrasse und seine Männer in Ruhe gelassen hat, aber in Norwegen ist ein bestimmter Seemann, der etwas gesehen hatte, gestorben. Konnten nicht die weitergehenden Nachforschungen meines Onkels, nachdem er mit dem Bildhauer darüber gesprochen hatte, an finstere Ohren gedrungen sein? Ich glaube, dass Professor Angell sterben musste, weil er zu viel wusste, oder dabei war, zu viel herauszufinden. Ob mir das Gleiche droht, wird sich herausstellen, denn inzwischen habe ich viel erfahren.

3. Der Wahnsinn aus dem Meer

Wenn der Himmel mir jemals eine Gnade erweisen möchte, dann wird er meine Erinnerung an den Zufall auslöschen, durch den ich einen Blick auf eine Zeitung warf. Es war nichts, über das ich in meiner täglichen Routine gestolpert wäre, denn es war eine alte Ausgabe der australischen Zeitung *Sydney Bulletin* vom 18. April 1925. Sie war sogar dem Büro entgangen, das so emsig für die Forschungen meines Onkels Zeitungsausschnitte gesammelt hatte.

Ich hatte mich tief in die Forschungen dessen vergraben, was Professor Angell den »Cthulhu Kult« nannte, und besuchte einen gelehrten Freund in Patterson, New Jersey, der Kurator am örtlichen Museum und ein anerkannter Mineraloge war. Als ich eines Tages die Stücke der Sammlung untersuchte, die sich in einem Hinterzimmer des Museums auf Regalen befanden, fiel mein Blick auf ein seltsames Bild in einer der alten Zeitungen, die unter den Steinen ausgebreitet waren. Es war der erwähnte *Sydney Bulletin*, denn mein Freund hat weitläufige Verbindungen in alle Welt, und das Bild zeigte einen Ausschnitt eines abscheulichen Steinbildnisses, das fast mit dem identisch war, was Legrasse in dem Sumpf gefunden hatte.

Eilig nahm ich herunter, was auf dem Blatt lag, sah mir die Seite genau an und musste zu meiner Enttäuschung feststellen, dass der Bericht nicht besonders ausführlich war. Was aber dort stand war bei meiner Suche von entscheidender Bedeutung und ich riss den Artikel vorsichtig heraus. Dort stand Folgendes:

geheimnisvolles wrack auf see entdeckt

Die *Vigilant* lief mit einer seeuntüchtigen, schwer bewaffneten Yacht aus Neuseeland im Schlepp im Hafen ein. An Bord wurden ein Überlebender und ein Toter gefunden. Bericht von verzweifelten Kämpfen und Toten auf See. Der gerettete Seemann weigert sich, Einzelheiten preiszugeben. In seinem Besitz befand sich ein merkwürdiges Götzenbild. Untersuchung folgt.

Das Frachtschiff *Vigilant* der Morrison Corp. erreichte heute Morgen, aus Valparaiso kommend, seinen Heimathafen Garling Harbour und hatte die schwer beschädigte, aber schwer bewaffnete Dampfyacht Alert aus Dunedin, N. Z., in Schlepp, die man am 12. April auf 34°21› südlicher Breite und 152°17› westlicher Länge gesichtet hatte. Es befanden sich ein Überlebender und ein Toter an Bord.

Die *Vigilant* hatte am 25. März Valparaiso verlassen und wurde am 2. April von heftigen Stürmen und riesigen Wellen von ihrem Kurs nach Süden abgetrieben. Am 12. April wurde das Wrack gesichtet, und obwohl es augenscheinlich verlassen war, fand man, als man an Bord ging, einen Überlebenden, der sich halb im Delirium befand, und einen Toten, der schon vor über einer Woche verstorben war.

Der Überlebende umklammerte ein schreckliches steinernes Götzenbild unbekannter Herkunft, das ungefähr dreißig Zentimeter hoch war und das die Wissenschaftler der Universität Sydney, der Königlichen Gesellschaft und des Museums in der College Street in Erstaunen versetzte. Der Überlebende behauptete, es in der Kabine der Yacht in einem verzierten Kasten üblicher Machart gefunden zu haben.

Der Mann, nachdem er wieder seine Sinne beisammen hatte, erzählte die sehr merkwürdige Geschichte eines Piratenüberfalls und Gemetzels. Sein Name ist Gustaf Johansen, ein Norweger von einiger Intelligenz, und er war Zweiter Maat auf dem Zweimastschoner Emma aus Auckland, der am 20. Februar mit einer Besatzung von elf Mann nach Callao in See gestochen war.

Die *Emma*, so berichtete er, sei von dem mächtigen Sturm am 1. März aufgehalten und weit nach Süden abgetrieben worden und am 22. März bei 49°51› südlicher Breite und 128°34› westlicher Länge auf die *Alert* gestoßen, deren merkwürdige Besatzung aus unheimlich aussehenden Kanaken und Mischlingen bestand. Kapitän Collins weigerte sich, der nachdrücklichen Aufforderung abzudrehen Folge zu leisten, worauf die seltsame Mannschaft ohne Vorwarnung mit den schweren Kanonen der Yacht auf den Schoner zu feuern begann.

Die Männer der *Emma* nahmen den Kampf an, erklärte der Überlebende, und obgleich der Schoner durch Treffer unter der Wasserlinie zu sinken begann, schafften sie es, ihn neben ihren Gegner zu manövrieren und die Yacht zu entern. In dem Kampf gegen die wild aussehende und zahlenmäßig leicht unterlegene Mannschaft, die sich verzweifelt wehrte, waren sie gezwungen, alle zu töten.

Drei Männer der *Emma*, darunter Kapitän Collins und der Erste Maat Green, fanden ebenfalls den Tod, und die verbleibenden acht unter der Führung des Zweiten Maats Johansen, segelten mit der Yacht den ehemaligen Kurs zurück, um zu sehen, ob es einen Grund dafür gab, dass sie zum Abdrehen aufgefordert worden waren.

Am nächsten Tag stießen sie offensichtlich auf eine kleine Insel, auf der sie landeten, obwohl in diesem Meeresgebiet keine Insel bekannt ist. An Land starben irgendwie sechs der Männer, doch Johansen ist eigentümlich verschwiegen, wenn es um diesen Teil der Geschichte geht, und sagt nur, sie seien in eine Schlucht gestürzt.

Später, so scheint es, sind er und sein Gefährte an Bord der Yacht gegangen und wollten mit ihr zurücksegeln, wobei sie aber in dem Sturm vom 2. April scheiterten.

Von diesem Zeitpunkt an bis zu seiner Rettung am 12. hatte der Mann kaum eine Erinnerung und wusste noch nicht einmal, wann sein Gefährte William Briden gestorben ist. Bridens Tod hatte keine besondere Ursache und ist wahrscheinlich auf Erschöpfung zurückzuführen.

Ein Telegramm aus Dunedin besagte, dass die *Alert* dort als Handelsschiff zwischen den Inseln gut bekannt war und in den Häfen einen üblen Ruf hatte. Sie gehörte einer merkwürdigen Gruppe von Mischlingen, deren häufige Treffen und nächtliche Ausflüge in die Wälder ziemlich viel Neugierde erweckt hatten. Nach den Stürmen und dem Erdbeben des 1. März war sie in großer Hast in See gestochen.

Unser Korrespondent in Auckland stellt der *Emma* und ihrer Besatzung das beste Zeugnis aus und beschreibt Johansen als einen nüchternen und ehrenhaften Mann.

Morgen wird die Admiralität eine Untersuchung des Falles einleiten, bei der man alles unternehmen will, um Johansen zu ausführlicheren Aussagen zu bewegen, die er bis jetzt verweigert hat.

Das und die Abbildung des teuflischen Götzenbildes war alles, doch was für eine Flut von Überlegungen wurde dadurch bei mir ausgelöst! Hier war ein Hort neuer Informationen über den Cthulhu-Kult und Beweise, dass er sich sowohl auf das Land als auch auf die Meere erstreckte. Aus welchen Gründen hatte die seltsame Mannschaft die *Emma* aufgefordert abzudrehen, als sie mit ihrem Götzenbild an Bord dort segelten? Was war das für eine merkwürdige Insel auf der sechs Männer der *Emma* starben und worüber der Maat Johansen so geheimnisvoll tat? Was hatte die Untersuchung des Vizeadmirals ergeben, und was wusste man in Dunedin von diesem abscheulichen Kult? Doch die wichtigste Frage war, welche enge und übernatürliche Verbindung ergab sich aus den Ereignissen und Daten, die so sorgfältig von meinem Onkel notiert worden waren?

Am 1. März bzw. am 28. Februar, wenn man die Datumsgrenze in Betracht zieht, hatten sich das Erdbeben und der Sturm ereignet. Von Dunedin war die *Alert* mit ihrer abscheulichen Mannschaft hastig in See gestochen, als ob sie irgendwohin befohlen worden wäre, und auf der anderen Seite der Erde hatten Poeten und Künstler von einer fremden, feuchten Zyklopenstadt geträumt, während ein junger Bildhauer im Schlaf die Gestalt des schrecklichen Cthulhu modellierte. Am 23. März landete die Mannschaft der *Emma* auf einer unbekannten Insel, und sechs Männer starben, und genau an diesem Datum hatten die Träume von empfindsamen Menschen die höchste Intensität erreicht und wurden erfüllt von den Heimsuchungen durch ein riesiges Monster, während ein Architekt wahnsinnig geworden und ein Bildhauer ins Delirium gefallen war. Was war mit dem 2. April, dem Tag, an dem alle Träume von der feuchten Stadt verschwanden, und Wilcox gesund aus den Fesseln seines merkwürdigen Fiebers erwachte? Was bedeutete das alles – und was bedeuteten die Hinweise des alten Castro auf die versunkenen, von den Sternen stammenden Großen

Alten und ihrer kommenden Herrschaft, ihrem Kult und den *von ihnen gesandten Träumen*? Bewegte ich mich am Abgrund kosmischen Schreckens, den kein Mensch ertragen konnte? Wenn es so war, dann waren es allein geistige Schrecken, denn auf irgendeine Art war am 2. April die monströse Bedrohung der menschlichen Seele gestoppt worden.

An diesem Abend, nach einem Tag voller hastiger Telegramme und Vorbereitungen, verabschiedete ich mich von meinem Freund und nahm den Zug nach San Francisco. In weniger als einem Monat war ich in Dunedin, wo ich feststellte, dass über die absonderlichen Mitglieder des Kults, die in den Hafenkneipen herumgelungert hatten, nur wenig bekannt war. Es gab viel zu viel Abschaum, der sich am Hafen herumtrieb, als dass man ihm besondere Beachtung schenkte, doch es gab ein paar verschwommene Hinweise auf einen Ausflug, den die Mischlinge ins Landesinnere unternommen hatten, bei dem man schwaches Trommeln und rote Flammen in den weit entfernten Hügeln gesehen hatte.

In Auckland erfuhr ich, dass Johansen nach seiner oberflächlichen und unergiebigen Befragung in Sydney mit schneeweißem statt seines blonden Haars zurückgekehrt war, danach sein Haus in der der West Street verkauft hatte und mit seiner Frau in seine alte Heimat Oslo zurückgekehrt war. Von seinen bewegenden Erlebnissen hatte er seinen Freunden nicht mehr erzählt als den Vertretern der Admiralität, und sie konnten nicht mehr tun, als mir seine Osloer Adresse geben.

Danach reiste ich nach Sydney und sprach ergebnislos mit Seeleuten und Mitgliedern aus dem Büro des Vizeadmirals. Am Circular Quay in Sydney Cove sah ich mir die *Alert* an, die inzwischen verkauft worden war und als Handelsschiff diente, doch ihr gewöhnliches Aussehen gab mir keine Aufschlüsse. Das hockende Götzenbild mit dem Tintenfischkopf, dem Drachenkörper, den Flügeln und dem Sockel mit den Hieroglyphen befand sich im Museum am Hyde Park, und ich studierte es lange und ausgiebig. Es war ein unheilvoll beeindruckendes Stück Handwerkskunst und genauso geheimnisvoll, schrecklich alt und aus einem unirdischen absonderlichen Material, wie ich es schon an Legrasses kleinerem Exemplar bemerkt hatte. Geologen, so sagte mir der Kurator, meinten, es sei ein riesiges Rätsel, denn sie beschworen, dass es auf der Erde keinen solchen Stein gäbe. Da erinnerte ich mich mit einem Schaudern an das, was der alte Castro zu Legrasse über die Großen Alten gesagt hatte: »Sie sind von den Sternen gekommen und haben ihre Bildnisse mit sich gebracht.«

Aufgerührt wie nie zuvor beschloss ich nun, den Maat Johansen in Oslo zu besuchen. Kaum mit dem Schiff in London angekommen, begab ich mich sofort wieder an Bord zur norwegischen Hauptstadt und erreichte an einem Augusttag die hübschen Hafenanlagen im Schatten des Egebergs.

Johansens Haus lag, wie ich herausfand, in der Alten Stadt von König Harold Haardrada, die durch all die Jahrhunderte als Oslo bezeichnet wurde, während der größere Teil der Stadt sich hinter dem Namen »Christiana« verbirgt. Ich legte die kurze Strecke im Taxi zurück und klingelte mit klopfendem Herzen an der Tür eines kleinen, alten Gebäudes mit Stuckfassade. Eine traurige Frau öffnete und begrüßte mich. Ich war sprachlos vor Enttäuschung, als sie mir in stockendem Englisch mitteilte, dass Gustaf Johansen gestorben sei.

Er hatte seine Rückkehr nicht lange überlebt, erklärt seine Frau, denn die Ereignisse im Jahr 1925 auf See hatten ihn zerbrochen. Er hatte ihr nicht mehr erzählt als der Öffentlichkeit, doch er hatte ein langes Manuskript hinterlassen – über »technische Dinge«, wie sie sagte –, geschrieben in Englisch, offensichtlich damit sie nicht in Gefahr geriet, etwas davon zu lesen. Während eines Spaziergangs fiel in einer schmalen Gasse in der Nähe des Gothenburg-Docks ein Ballen Papier aus einem Dachbodenfenster und streckte Johansen nieder. Zwei indische Matrosen halfen ihm sofort auf die Beine, doch bevor der Krankenwagen eintraf, war er schon tot. Die Ärzte fanden keine Todesursache und meinten Herzversagen und seine mitgenommene Gesundheit seien dafür verantwortlich gewesen.

Ich spürte, wie jetzt dieses dunkle Grauen an meinen Lebenskräften saugte und mich nie wieder in Ruhe lassen würde, bis ich auch tot war, durch einen »Unfall« oder auch anders. Ich überzeugte die Witwe, dass ich ein berechtigtes Interesse an den »technischen Dingen« ihres Mannes und so einen Anspruch auf das Manuskript hätte, und so nahm ich es mit mir und las es während der Überfahrt nach London.

Es war ein einfaches, bewegendes Dokument – der Versuch eines einfachen Seemanns, ein nachträgliches Tagebuch zu verfassen – und darin wurde Tag für Tag die letzte, schreckliche Fahrt aufgerollt. Ich kann es hier nicht in all seiner Verschwommenheit und den Wiederholungen wiedergeben, doch ich werde die wesentlichen Punkte zusammenfassen, um zu zeigen, warum für mich das Geräusch der Wellen gegen den Schiffsrumpf so unerträglich wurde, dass ich mir Watte in die Ohren stopfen musste.

Gott sei Dank wusste Johansen nicht alles, selbst wenn er die Stadt und das Ding gesehen hat, ich jedoch werde nie mehr ruhig schlafen können, wenn ich an die Schrecken denke, die beständig dem Leben in Raum und Zeit auflauern und jenen unheiligen Blasphemien von den älteren Sternen, die im Meer träumen. Die alptraumhaften Kulte kennen sie und sind eifrig bemüht, sie auf die Welt loszulassen, wann immer ein weiteres Erdbeben ihre monströse Stadt wieder ins Sonnenlicht hebt.

Johansens Fahrt hatte so begonnen, wie er es der Vizeadmiralität geschildert hat. Die *Emma* war mit Ballast beladen am 20. Februar von Auckland abgesegelt und hatte die ganze Stärke des Erdbebens mitbekommen, das jenes Grauen vom Meeresboden nach oben gebracht hat, das die Träume der Menschen beeinflusste. Als man das Schiff wieder unter Kontrolle hatte, machte es gute Fahrt, bis man am 22. März auf die *Alert* stieß, und ich spürte das Bedauern des Maats, als er von dem Beschuss und dem Untergang seines Schiffes schrieb. Von den dreckigen Vertretern des Kultes auf der *Alert* sprach er mit deutlichem Abscheu. Sie hatten etwas besonders Abstoßendes an sich, was ihre Vernichtung fast zur Pflicht werden ließ, und Johansen zeigt ungläubiges Erstaunen, dass man ihn und seine Mannschaft vor dem Untersuchungsausschuss mit dem Vorwurf der Unbarmherzigkeit konfrontierte. Aus Neugierde machten sie sich danach unter Johansens Kommando mit der eroberten Yacht auf und sahen eine Säule aus dem Meer ragen, und bei 47°9' südlicher Breite und 126°43' westlicher Länge erreichten sie eine Küste aus schlammigen, stinkenden und überwachsenen riesigen Gebäuden, was nichts anderes als die Ausgeburt des größten irdischen Grauens gewesen sein konnte – die alptraumhafte Totenstadt R'lyeh, die vor undenkbaren Äonen von den riesigen, ekelhaften Geschöpfen errichtet wurde, die von den dunklen Sternen kamen. Dort lagen der große Cthulhu und seine Horden, verborgen in grünen, schleimigen Grüften, und schickten schließlich nach unzähligen Zyklen jene Gedanken aus, die das Grauen in die Träume der Empfindsamen brachte und die Gläubigen unwiderstehlich herbeiriefen, um die Befreiung und die Wiederauferstehung einzuleiten. Davon ahnte Johansen natürlich nichts, aber, bei Gott, er sah schon bald genug!

Ich glaube, dass sich bestimmt nur ein einzelner Berggipfel, gekrönt von der abscheulichen Zitadelle, in der der große Cthulhu begraben liegt, aus dem Wasser erhob. Wenn ich an das Ausmaß dessen denke, was dort unten alles brütet, dann würde ich mich am liebsten sofort umbringen. Johansen und seine Männer standen ehrfürchtig vor der kosmischen Majestät dieses wassertriefenden Babylon der älteren Dämonen und mussten wohl ohne Erklärungen geahnt haben, dass dies nicht von diesem oder einem anderen normalen Planeten stammte. Die Ehrfurcht vor der unglaublichen Größe der grünen Steinblöcke, vor der Höhe des großen, verzierten Monolithen und der verblüffenden Ähnlichkeit zwischen den mächtigen Statuen und Reliefs mit dem absonderlichen Götzenbild, das man in dem Kasten auf der *Alert* gefunden hatte, ist in jeder einzelnen Zeile der furchtsamen Beschreibung des Maats zu spüren.

Ohne zu wissen, was die Kunstrichtung Futurismus beinhaltet, kommt Johansens Beschreibung der Stadt dem ziemlich nahe. Statt die Strukturen oder Gebäude genau zu beschreiben, beschränkt er sich auf die Darstellung allgemeiner Eindrücke von großen Winkeln und Steinoberflächen, Oberflächen, die zu groß für unsere Erde und mit grauenhaften Hieroglyphen und Bildnissen bedeckt waren. Ich erwähnte seine Aussage über *Winkel*, denn damit deutet er etwas an, was mir Wilcox von seinen schrecklichen Träumen erzählt hatte. Er sagte, dass die *Geometrie* seiner Traumstadt abnormal, nicht euklidisch gewesen sei und von abscheulichen Sphären und Dimensionen bestimmt sei, die unseren fremd sind. Hier spürte nun ein ungebildeter Seemann das Gleiche, während er die schreckliche Realität vor Augen hat.

Johansen und seine Männer gingen an einem aufsteigenden, schlammigen Ufer dieser monströsen Akropolis an Land und kletterten riesige, schlüpfrige Steinblöcke hinauf, die keine Treppe für Sterbliche sein konnten. Selbst die Sonne am Himmel schien verschoben, wenn man sie durch die polarisierenden Nebel betrachtete, die von dieser wasserüberfluteten Perversion ausgingen. Eine unheimliche Bedrohung und Spannung lauerte beständig in diesen verrückten Winkeln der Steinblöcke, wo man beim zweiten Blick den Eindruck von konkaven Formen hatte, wo der erste doch konvexe gezeigt hatte.

Die Männer waren schon von heftiger Furcht gepackt, bevor mehr zu sehen war als Steine, Morast und Seegras. Jeder von ihnen wäre geflohen, hätte er nicht den Spott der anderen befürchtet, und sie suchten nur halbherzig, vergeblich, wie sich herausstellte, nach einem Andenken, das sie hätten mitnehmen können.

Es war Rodriguez der Portugiese, der bis zum Fuß des Monolithen hochkletterte und hinunterrief, was er entdeckt hatte. Die anderen folgten ihm und blickten erstaunt auf das riesige, verzierte Tor mit dem inzwischen schon vertrauten Tintenfischdrachen als Relief darauf. Es war, wie Johansen sagt, wie ein großes Scheunentor, und alle stimmten darin überein, dass es ein Tor sei, denn es hatte einen verzierten Griff, eine Türschwelle und einen Rahmen darum herum, doch sie konnten nicht entscheiden, ob es flach angebracht wie eine Falltür oder schräg wie ein Kellereingang war. Wie Wilcox sagen würde, die Geometrie dieses Ortes war ganz falsch. Man konnte nicht sicher sein, dass das Meer und der Boden waagerecht waren, denn die Lage von allen anderem schien auf fantastische Weise unbestimmt zu sein.

Briden schlug an verschiedenen Punkten auf den Stein, aber ohne Ergebnis. Donovan machte sich systematisch an der Kante darüber her und drückte sorgfältig auf jeden Punkt. Er kletterte endlos über die bizarre Steinplatte – man kann es klettern nennen, wenn das Ding nicht doch waagerecht lag –, und die Männer fragten sich, wie im Universum ein Tor so groß sein konnte. Dann bewegte sich das viertausend Quadratmeter große Tor sanft und langsam am oberen Ende nach innen, und man sah, dass es ein Gegengewicht hatte.

Donovan rutschte oder krabbelte am Rahmen entlang hinunter und zurück zu seinen Gefährten. Alle beobachteten das langsame Öffnen des verzierten Portals. In dieser Ausgeburt verschobener Dimensionen bewegte es sich in unnormaler diagonaler Richtung, sodass alle Gesetze der Materie und der Perspektive außer Kraft gesetzt schienen.

Die Öffnung war von einer fast greifbaren Schwärze. Die Dunkelheit hatte tatsächlich eine *materielle Qualität*, denn sie verdeckte die Teile der inneren Wände, die man hätte sehen müssen und brach wie Rauch aus ihrem Äonen langen Gefängnis. Sie verdunkelte deutlich die Sonne, als sie sich auf ihren klatschenden Schwingen in den verzerrten konvexen Himmel erhob. Der aus der Öffnung dringende Gestank war unerträglich, und nach kurzer Zeit glaubte der hellhörige Hawkins dort unten ein unschönes, schleifendes Geräusch zu vernehmen. Alle lauschten und sie lauschten auch noch, als es schlurfend in Sicht kam und der Berg aus grüner gelatineartiger Masse sich durch die schwarze Öffnung in die frische Luft der vergifteten Stadt des Wahnsinns nach draußen schob.

Die Handschrift des armen Johansen war fast nicht mehr zu entziffern, als er das niedergeschrieben hatte. Von den sechs Männern, die es nicht mehr bis zum Schiff schafften, waren nach seiner Meinung zwei in diesem verfluchten Augenblick aus purem Schrecken gestorben. Das Ding war nicht zu beschreiben, es gibt keine Sprache, in der man für so eine Ausgeburt des schreienden unbegreiflichen Wahnsinns, solch einen Widerspruch von aller Materie, Kraft und kosmischen Ordnung, Worte finden konnte. Ein Berg, der sich bewegte und stolperte. Mein Gott! Kein Wunder, dass auf der anderen Seite der Erde ein berühmter Architekt verrückt geworden ist und der arme Wilcox sich in diesem Augenblick im Fieber wand. Das Ding der Götzenbilder, der grüne klebrige Auswurf der Sterne, war erwacht und forderte sein Recht. Die Sterne standen wieder richtig, und was ein uralter Kult willentlich nicht geschafft hatte, hatte eine Gruppe von unschuldigen Seeleuten zufällig vollbracht. Nach unzähligen Äonen war der große Cthulhu wieder frei und taumelte vor Freude.

Drei Männer wurden von den schwammigen Klauen in die Höhe gerissen, bevor jemand die Flucht ergreifen konnte. Donovan, Guerrera und Angstrom. Parker stolperte, als die drei anderen kopflos über die endlosen Steinblöcke zum Boot flohen, und Johansen beschwor, von einem Winkel in dem Bauwerk verschluckt worden zu sein, der zuvor nicht dort war, eine Ecke, die hervorstach, sich aber verhielt, als führte sie einwärts. Nur Briden und Johansen erreichten das Boot und ruderten verzweifelt auf die *Alert* zu, als die berggroße Monstrosität die schleimigen Stufen hinunterglitt, innehielt und sich am Rande des Wassers niederließ.

Der Druck des Kessels war, obwohl alle Männer das Schiff verlassen hatten, nicht völlig abgesunken, und es dauerte nur einige Augenblicke des Hin-und-her-Hetzens zwischen Steuerhaus und Maschinenraum, um die *Alert* in Fahrt zu bringen. Langsam, inmitten des schrecklichen Grauens dieser unbeschreiblichen Szene, begann das Schiff die tödlichen Wasser aufzuwirbeln, während auf dem Gebäude an dieser teuflischen Küste, die nicht zur Erde gehört, das riesige Ding von den Sternen wütete und tobte wie Polyphemos das fliehende Schiff des Odysseus verfluchte. Dann, mutiger als der Zyklop der Sage, glitt der große Cthulhu ins Wasser und machte sich mit mächtigen, das Wasser aufwühlenden Zügen kosmischer Kraft an die Verfolgung. Briden schaute zurück und wurde wahnsinnig, immer wieder brach er in Lachen aus, bis ihn eines Nachts der Tod ereilte, während Johansen im Delirium umherstolperte.

Doch Johansen gab noch nicht auf. Da ihm klar war, dass das Ding die *Alert* gewiss einholen würde, solange der Dampfdruck noch nicht volle Stärke erreicht hatte, entschloss er sich zu einem verzweifelten Manöver. Er stellte die Maschine auf volle Kraft, stürmte wie ein Blitz nach oben und riss das Steuer herum. Die abscheuliche Brühe wurde heftig aufgewühlt, als der Dampfdruck beständig zunahm und der mutige Norweger sein Schiff direkt auf den ihn verfolgenden Glibber zusteuerte, der sich vor ihm aus der dreckigen Lache wie der Bug einer dämonischen Galeere erhob. Der schreckliche Tintenfischkopf mit den sich windenden Tentakeln erreichte fast den Bugspriet der soliden Yacht, doch Johansen fuhr unbeirrt weiter.

Es gab einen Knall wie ein explodierender Luftballon, einen schmatzenden Laut wie Schlamm, einen Gestank, als ob sich tausend Gräber geöffnet hätten, und ein Geräusch, das der Chronist nicht zu Papier bringen wird. Einen Moment lang war das Schiff von einer ätzenden und blind machenden grünen Wolke umgeben, und dann war da nur ein abscheuliches Schäumen achtern, wo sich, Gott im Himmel, die verstreuten Teile dieses namenlosen Dings in seiner ehemaligen Form wieder *zusammensetzten*, während mit jeder Sekunde die Entfernung zunahm, die die *Alert* durch den ansteigenden Dampfdruck gewann.

Das war es gewesen. Danach brütete Johansen nur in der Kabine über dem Götzenbild und kümmerte sich um Nahrung für sich und den lachenden Wahnsinnigen an seiner Seite. Nach seiner kühnen Flucht versuchte er nicht, irgendeinen Kurs einzuschlagen, denn irgendetwas war in ihm gestorben. Dann kam der Sturm des 2. April, und sein Bewusstsein verdunkelte sich. Er schreibt etwas über das Schweben durch flüssige Abgründe der Ewigkeit, verwirrende Ritte auf Kometenschweifen durch rotierende Universen und hysterische Stürze aus den Tiefen zum Mond und vom Mond zurück in die Tiefen, immer begleitet vom Chor der abscheulichen schrecklichen Großen Alten und den grünen, geflügelten, höhnenden Kobolden des Tartarus.

Aus diesen Träumen heraus kam die Rettung – die *Vigilant*, die Untersuchung des Vizeadmirals, die Straßen von Dunedin und die lange Reise zurück nach Hause in das alte Haus am Egeberg. Er konnte nichts davon erzählen, sie hätten ihn für verrückt gehalten. Er würde es vor seinem Tod aufschreiben, doch seine Frau durfte davon nichts erfahren. Der Tod wäre eine Erlösung, wenn er die Erinnerung auslöschte.

Das war das Manuskript, das ich las, und es liegt jetzt in dem Blechkasten neben dem Basrelief und den Papieren von Professor Angell. Dazu kommt noch dieser Bericht von mir – diese Probe meiner eigenen Gesundheit, wo ich das miteinander in Verbindung setze, was hoffentlich niemand sonst in Verbindung setzen wird. Ich habe sämtliche Schrecken des Universums gesehen, und selbst der Frühlingshimmel und die Sommerblumen sind jetzt Gift für mich. Dennoch glaube ich nicht, dass ich noch lange leben werde. Wie mein Onkel starb, wie der arme Johansen starb, so werde auch ich sterben. Ich weiß zu viel, und der Kult existiert immer noch.

Auch Cthulhu lebt noch, nehme ich an, in jenen Schluchten aus Stein, die ihn schützen, seit die Sonne jung war. Seine verfluchte Stadt ist wieder versunken, denn die *Vigilant* ist nach dem Aprilsturm über jene Stelle gefahren. Doch seine Priester auf Erden brüllen, tanzen und opfern noch an einsamen Orten bei den Götzenbildern auf den Monolithen. Bei dem Untergang der Stadt muss er wohl eingeschlossen worden sein, denn sonst würde die Welt jetzt vor Furcht und Raserei schreien. Wer kennt das Ende? Was sich erhoben hat, mag versinken, und was versunken ist, mag sich erheben. Die Abscheulichkeiten warten und träumen in der Tiefe und der Verfall breitet sich über die Städte der Menschen aus. Es wird eine Zeit kommen – aber ich will und kann nicht daran denken! Ich bete, dass, sollte ich das Manuskript nicht überleben, meine Testamentsvollstrecker die Vorsicht über ihre Neugierde stellen und es vernichten, bevor sie einen Blick darauf werfen.

Die Farbe aus dem All

Westlich von Arkham erheben sich die Hügel steil in die Höhe, und es gibt tiefe Täler mit ausgedehnten Wäldern, die noch nie eine Axt gesehen haben. In den engen, dunklen Schluchten neigen sich die Bäume in fantastischen Winkeln und schmale Wasserläufe plätschern dahin, ohne dass jemals ein Sonnenstrahl sie trifft. Auf den sanfteren Hängen stehen Gehöfte, alt und wackelig, mit gedrungenen, vom Moos überwachsenen Gebäuden, die im Windschatten der hohen Bergkämme seit Ewigkeiten über die Geheimnisse des alten Neuengland brüten. Doch jetzt stehen sie alle leer, die großen Kamine sind verfallen, und die mit Schindeln verkleideten Mauern krümmen sich gefährlich unter den niedrigen Walmdächern.

Die einstigen Bewohner haben sie verlassen, und Fremde wollen hier nicht leben. Franco-Kanadier haben es versucht, Italiener ebenfalls, und die Polen waren gekommen und wieder gegangen. Es liegt an nichts, was man sehen oder hören könnte oder mit dem man zurechtgekommen wäre, sondern hat mit der Einbildung zu tun. Der Ort tut der Einbildung nicht gut und bringt in der Nacht auch keine ruhigen Träume. Das muss es sein, was die Fremden aus der Gegend fernhält, denn der alte Ammi Pierce hat ihnen nie das erzählt, was er von den seltsamen Tagen noch weiß. Ammi, der schon seit Jahren ein bisschen verwirrt ist, ist der Einzige, der noch dort ausharrt oder der überhaupt noch von den seltsamen Tagen spricht, und er wagt es nur, weil sich sein Haus sehr nahe an den offenen Feldern und den viel befahrenen Straßen rund um Arkham befindet.

Es gab einmal eine Straße über die Hügel und durch die Täler, die genau dort hindurchführte, wo sich jetzt die Öde Heide befindet, doch die Leute benutzten sie nicht mehr, und es wurde eine neue gebaut, die sich in großem Abstand Richtung Süden schlängelt. Man kann immer noch Spuren der alten Straße zwischen dem Unkraut der zurückkehrenden Wildnis finden, und Teile davon werden immer noch vorhanden sein, selbst wenn die Hälfte der Senken für das neue Wasserreservoir geflutet sein werden. Dann werden die dunklen Wälder gefällt werden und die Öde Heide wird tief unter dem blauen Wasser schlummern, in dessen Oberfläche sich der Himmel spiegeln und die sich im Sonnenlicht kräuseln wird. Und die Geheimnisse der seltsamen Tage werden eins sein mit den Geheimnissen der Tiefe, mit der Sage vom alten Ozean und all den Mysterien der urzeitlichen Welt.

Als ich mich in den Hügeln und Tälern auf die Suche nach einem Platz für das neue Reservoir begab, warnte man mich, dieser Ort sei böse. Man hat mir das in Arkham gesagt, und weil dies eine sehr alte Stadt voller Legenden ist, dachte ich, dass das Böse etwas sein müsste, was die Großmütter seit Jahrhunderten ihren Kindern zuraunten. Die Bezeichnung »Öde Heide« erschien mir sehr seltsam und übertrieben, und ich fragte mich, wie sie wohl Eingang in die Folklore von Puritanern gefunden hatte. Dann erblickte ich mit eigenen Augen das sich nach Westen erstreckende, dunkle Gewirr von Schluchten und Abhängen und bezweifelte nichts mehr, außer die alten Mysterien, die darin lagen. Ich sah es im Morgenlicht, doch dort lauerten immer die Schatten. Die Bäume standen eng beieinander, und ihre Stämme waren zu dick für jeden gesunden, neuenglischen Wald. Die Stille in den schmalen Wegen zwischen ihnen war zu groß und der Boden zu weich von dem feuchten Moos und den Lagen von unendlichen Jahren des Verfalls.

Auf den Lichtungen, hauptsächlich entlang der alten Straße, lagen kleine Bauernhöfe, manchmal standen noch alle Gebäude, manchmal nur ein oder zwei und manchmal gab es nur noch einen einzelnen Schornstein oder ein sich schnell mit Schutt füllendes Kellergewölbe. Unkraut und Dornenbüsche hatten die Herrschaft übernommen, und verborgene, wilde Dinge raschelten im Unterholz. Über allem schwebte ein Hauch von Ruhelosigkeit und Bedrücktheit, ein Anflug von Unwirklichkeit und des Abseitigen, so als ob sich ein wichtiges Element der Perspektive oder des Spiels von Licht und Schatten verschoben hätte. Ich wunderte mich nicht, dass keiner der Fremden hier bleiben wollte, denn das war keine Gegend, in der man schlafen wollte. Sie erinnerte zu sehr an eine Landschaft, gemalt von Salvatore Rosa, oder einen abseitigen Holzschnitt aus einer Horrorgeschichte.

Doch das alles war nicht so schlimm wie die Öde Heide. Das erkannte ich in dem Moment, als ich in einem weitläufigen Tal darauf stieß, denn keine andere Bezeichnung würde dazu passen, wie auch nichts anderes zu dieser Bezeichnung passen würde. Als hätte ein Dichter diesen Namen geprägt, als er genau dieser Gegend ansichtig geworden war. Es musste, so überlegte ich bei dem Anblick, das Ergebnis eines Feuers sein, doch warum war niemals etwas Neues auf diesen fünf Morgen grauer Zerstörung gewachsen, die sich offen unter dem Himmel ausbreiteten wie ein großer, von Säure zerfressener Fleck zwischen Wäldern und Feldern? Sie lag im Wesentlichen nördlich der alten Straße, doch griff sie auch ein kleines Stück weit auf die andere Seite über. Ich verspürte ein seltsames Gefühl der Abneigung, mich zu nähern, und tat es schließlich nur, weil meine Arbeit mich dort hindurch- und vorbeiführte. Auf diesem ausgedehnten, freien Gelände gab es keinerlei Vegetation, nur einen feinen, grauen Staub oder Asche, die kein Luftzug je umherzublasen schien. Die Bäume in der Nähe waren gedrungen und wirkten krank, und viele abgestorbene Stämme standen oder lagen verrottet am Rand. Als ich schnell daran vorbeiging, sah ich die zusammengefallenen Ziegel und Steine eines alten Kamins und eines Kellers zu meiner Rechten und den schwarzen, klaffenden Schlund eines aufgegebenen Brunnens, dessen träge Dämpfe sich merkwürdig mit den Sonnenstrahlen vermischten. Im Vergleich dazu wirkten die dahinter liegenden, lang ansteigenden, dunklen Wälder fast einladend, und ich wunderte mich nicht mehr über das furchtsame Geflüster der Leute in Arkham. In der Nähe gab es keine Häuser oder Ruinen, und der Ort musste selbst in vergangenen Tagen einsam und abgelegen gewesen sein. Und in der Dämmerung, aus Angst davor, den seltsamen Ort noch einmal passieren zu müssen, machte ich auf meinem Weg die südliche Straße entlang, zurück in die Stadt, einen großen Bogen darum. Unbestimmt wünschte ich, dass Wolken aufziehen würden, da eine seltsame Verzagtheit angesichts der unendlichen Weiten über mir mich ergriffen hatte.

Am Abend befragte ich ein paar alte Leute über die Öde Heide und was mit der Bezeichnung »seltsame Tage«, die von vielen ausweichend gemurmelt wurde, gemeint sei. Wie auch immer, ich bekam keine wirkliche Antwort, außer dass all diese Mysterien weniger weit zurücklägen, als ich mir vorstellen könne. Es war keineswegs eine Angelegenheit von alten Legenden, sondern etwas, was sich erst in der Lebenszeit derer, die davon sprachen, ereignet hatte. Es war in den Achtzehnhundertachtzigern geschehen; eine Familie war verschwunden oder getötet worden. Die davon sprachen wurden nicht konkret, und weil sie mir alle rieten, den wirren Erzählungen von Ammi Pierce keine Beachtung zu schenken, suchte ich ihn am nächsten Morgen auf. Ich hatte gehört, er wohne allein in dem alten, wackligen Haus, wo die Bäume begannen, sehr mächtige Stämme zu haben. Es war ein Furcht einflößender, altertümlicher Bau, und er strömte den schwachen, üblen Geruch aus, der Häusern eigentümlich ist, die schon viel zu alt sind. Erst nach heftigem, mehrfachem Klopfen konnte ich den alten Mann aufwecken, und als er verhalten zur Tür schlurfte, wurde mir klar, dass er nicht erfreut war, mich zu sehen. Er war nicht so gebrechlich, wie ich erwartet hatte, doch seine Augen hingen auf merkwürdige Weise herunter, und seine unordentliche Kleidung und der weiße Bart ließen ihn müde und verbraucht erscheinen. Da ich nicht wusste, wie ich ihn am besten zum Erzählen bringen könnte, täuschte ich etwas Geschäftliches vor. Ich berichtete ihm von meinen Untersuchungen und stellte ein paar allgemeine Fragen über die Gegend. Er war weit aufgeweckter und gebildeter, als mir glauben gemacht worden war, und bevor es mir noch bewusst wurde, hatte er schon genauso viel von der Angelegenheit erfasst wie jeder andere Mann, mit dem ich in Arkham gesprochen hatte. Er verhielt sich nicht wie andere Bauern in den Bereichen, wo Reservoirs angelegt werden sollten. Von ihm kam kein Widerspruch dagegen, dass Kilometer von alten Wäldern und Ackerland ausgelöscht würden, wie es wahrscheinlich der Fall gewesen wäre, wenn sein Heim nicht weit außerhalb der Grenzen des zukünftigen Sees gelegen hätte. Er zeigte lediglich Erleichterung, Erleichterung über den Untergang der dunklen, alten Täler, durch die er sein Leben lang gestreift war. Es sei besser, dass sie jetzt im Wasser versinken würden – besser sie verschwänden – seit den seltsamen Tagen – im Wasser. Und mit diesem Hinweis wurde seine raue Stimme leiser, während er sich vorbeugte und seinen rechten Zeigefinger bedeutungsvoll und zitternd erhob.

Das war der Zeitpunkt, an dem ich die Geschichte erfuhr und als die faselnde Stimme kratzend und flüsternd erzählte, erschauderte ich, trotz des warmen Sommertages, immer wieder. Oftmals musste ich sein Geschwafel unterbrechen, wissenschaftliche Zusammenhänge, die er nur in einer Art von mangelhaft erinnerter Gelehrtensprache nachplapperte, zurechtrücken und Zusammenhänge herstellen, wenn ihm der Sinn für Logik und Kontinuität verloren ging. Als er geendet hatte, wunderte ich mich nicht, dass sein Geist etwas verwirrt war und warum die Bewohner von Arkham nicht viel über die Öde Heide sprachen. Ich beeilte mich, noch vor Sonnenuntergang in mein Hotel zu kommen, damit ich nicht im Freien, mit den Sternen über mir, sein müsste. Am nächsten Tag kehrte ich nach Boston zurück und kündigte meine Stellung. Ich konnte nicht noch einmal in dieses Chaos von Wäldern und Hängen gehen oder erneut dieser grauen, öden Heide gegenübertreten, wo der tiefe, schwarze Brunnen neben den verfallenen Ziegeln und Steinen gähnte. Die Reservoire werden schon bald gebaut, und all diese uralten Geheimnisse werden sicher unter den Wassermassen begraben sein. Doch selbst dann werde ich wohl diese Gegend nicht bei Nacht besuchen – zumindest nicht, wenn die unheimlichen Sterne am Himmel stehen, und nichts wird mich dazu bringen, das neue städtische Wasser von Arkham zu trinken.

Es begann alles, wie der alte Ammi sagte, mit dem Meteoriten. Davor hätte es, seit den Zeiten der Hexenprozesse, keine unnatürlichen Legenden gegeben, und selbst damals wurden diese westlichen Wälder nicht halb so gefürchtet wie die kleine Insel im Miskatonic River, wo der Teufel neben einem seltsamen Steinaltar, der älter als die Indianer war, Hof hielt. Es waren keine verwunschenen Wälder und die fantastische Abenddämmerung in ihnen war bis zu den seltsamen Tagen nie schrecklich gewesen. Dann war mittags jene weiße Wolke gekommen, eine Reihe von Explosionen in der Luft und die Rauchsäule über dem Tal tief in den Wäldern. Und in der Nacht hatte ganz Arkham von dem großen Stein gehört, der vom Himmel fiel und neben dem Brunnen auf Nahum Gardners Hof einschlug. Das war das Gebäude, das sich dort befand, wo sich die Öde Heide entwickeln sollte – das hübsche, weiße Haus von Nahum Gardner inmitten fruchtbarer Felder und Obstgärten.

Nahum war in die Stadt gekommen, um den Leuten von dem Stein zu berichten, und hatte auf dem Weg dorthin bei Ammi Pierce vorbeigeschaut. Ammi war damals vierzig Jahre alt gewesen, doch all die seltsamen Dinge waren ihm heute noch deutlich präsent. Er und seine Frau hatten die drei Professoren von der Miskatonic-Universität begleitet, die am nächsten Morgen herbeigeeilt kamen, um den unheimlichen Besucher aus unbekannten Regionen des Weltraums in Augenschein zu nehmen. Sie wunderten sich, warum Nahum ihn am Tag zuvor als sehr groß bezeichnet hatte. Er sei geschrumpft, sagte Nahum, als er auf den großen, braunen Haufen auf der zusammengeschobenen Erde und das verkohlte Gras nahe dem alten Brunnenschacht in seinem Vorgarten deutete, doch die gelehrten Männer entgegneten, dass ein Stein nicht schrumpfen würde. Der Stein strahlte immer noch Hitze aus, und Nahum sagte, dass er in der Nacht schwach geleuchtet habe. Die Professoren bearbeiteten ihn mit einem Geologenhammer und meinten, dass er seltsam weich sei. Er war in Wahrheit so weich, dass er beinahe formbar war, und sie schabten eher ein Stück davon heraus, als dass sie es abschlugen, um es für Untersuchungen mit zum College zu nehmen. Sie legten es in einen alten Eimer, den sie sich aus

Nahums Küche ausborgten, denn selbst das kleine Stück kühlte nicht ab. Auf dem Rückweg legten sie bei Ammis Haus eine Rast ein, und als Mrs Pierce sagte, dass das Stück kleiner und sich durch den Eimerboden brennen würde, machten sie besorgte Gesichter. Ohne Zweifel war es nicht groß, aber vielleicht hatten sie einfach weniger genommen, als sie glaubten.

Am Tag danach – all das spielte sich im Juni 1882 ab – fielen die Professoren in heller Aufregung erneut ein. Als sie bei Ammi vorbeikamen, erzählten sie ihm, was für seltsame Dinge in Zusammenhang mit der Probe passiert seien und wie sie vollständig verschwunden sei, nachdem man sie in ein Becherglas gelegt habe. Auch das Becherglas sei verschwunden, und die gelehrten Männer berichteten über die merkwürdige Wirkung des Steins auf Siliziumverbindungen. Er hatte sich in dem gut organisierten Labor ziemlich ungewöhnlich verhalten, er veränderte sich nicht und es gab keine Anzeichen von eingeschlossenen Gasen, als man ihn über Holzkohle erhitzte. Er reagierte überhaupt nicht, als man ihn in ein Bad von borsaurem Natron legte, und zeigte sich schon bald völlig unempfindlich gegenüber jeder Temperatur, der man ihn aussetzte, einschließlich einem Schweißbrenner. Auf dem Amboss erwies er sich als überaus formbar und in der Dunkelheit war sein Leuchten deutlich erkennbar. Hartnäckig weigerte er sich abzukühlen, und schon bald befand sich das College wirklich in Aufregung, da bei der Erhitzung das Spektrometer glänzende Linien von im normalen Spektrum bisher unbekannten Farben gezeigt hatte. Es gab hastige Erörterungen von neuen Elementen, bizarren optischen Eigenschaften und anderen Dingen, die Wissenschaftler verwirren, und so sagten sie lediglich, was Wissenschaftler gewöhnlich sagen, wenn sie mit etwas Unbekannten konfrontiert werden.

So heiß wie er war, untersuchten sie ihn unter Einsatz sämtlicher infrage kommender Chemikalien in einem Schmelztiegel. Wasser bewirkte nichts, Salzsäure ebenso wenig. Salpetersäure und selbst Königswasser zischte und spritzte nur, wenn sie auf seine heiße, undurchdringliche Oberfläche trafen. Ammi hatte Schwierigkeiten, sich an all das in der richtigen Form zu erinnern, doch als ich ihm einige der üblichen Lösungsmittel nannte, erkannte er sie wieder. Man versuchte es mit Ammoniak und Ätznatron, Alkohol und Äther, dem ekelhaften Schwefelkohlenstoff und Dutzend anderen Stoffen, doch obwohl die Masse mit der Zeit immer mehr abnahm und das Bruchstück langsam abzukühlen schien, zeigte doch kein Lösungsmittel irgendeine Wirkung auf die Substanz. Ohne Zweifel handelte es sich dabei um eine Art Metall. Zum einen war es magnetisch, und nachdem man es in die Säuren gelegt hatte, schienen schwache Spuren der Widmannstätten-Strukturen erkennbar, wie man sie in Meteor-Eisen gefunden hatte. Als die Abkühlung einen beträchtlichen Fortschritt gemacht hatte, führte man die Untersuchungen in Glasbehältern fort, und man ließ all die kleinen Stücke, die man von dem Stein genommen hatte, nach der Arbeit damit in einem Becherglas zurück. Am nächsten Morgen waren die Stücke und das Becherglas spurlos verschwunden, und nur ein verkohlter Fleck zeigte die Stelle auf dem Holzbrett, wo es sich einmal befunden hatte.

Das alles hatten die Professoren Ammi erzählt, während sie bei seinem Haus eine Pause einlegten, und wieder begleitete er sie, um sich den steinigen Boten von den Sternen anzusehen, allerdings war seine Frau beim zweiten Besuch nicht dabei. Diesmal war deutlich zu sehen, dass der Stein geschrumpft war, und selbst die nüchternen Professoren konnten nicht die Wahrheit dessen leugnen, was sie sahen. Überall um den verblassenden, braunen Haufen in der Nähe des Brunnens befand sich eine freie Fläche, außer dort, wo sich in der Erde die Furche befand, doch entgegen den zwei Metern Länge vom Tag zuvor, betrug diese jetzt kaum eineinhalb Meter. Die Furche strahlte immer noch Hitze ab, und die Gelehrten studierten sie neugierig, während sie ein weiteres, größeres Stück des Steins mit Hammer und Meißel entfernten. Sie drangen tief ein, und als sie die Probe entnahmen, sahen sie, dass der Kern des Dinges nicht wirklich gleichförmig war.

Was sie freigelegt hatten, schien die Oberfläche einer großen, farbigen Kugel zu sein, die in der Substanz eingebettet war. Die Farbe, die an einige der Streifen in dem seltsamen Spektrum der

Meteoritensubstanz erinnerte, war fast unmöglich zu beschreiben, und es war auch nur eine Analogie, es überhaupt Farbe zu nennen. Die Oberfläche glänzte, und als man darauf klopfte, vermittelte sie den Eindruck sowohl von Sprödigkeit als auch Hohlheit. Einer der Professoren schlug leicht mit dem Hammer dagegen, und die Kugel zerbrach mit einem beunruhigenden, leisen Plopp. Nichts trat daraus hervor, und jede Spur von dem Ding verschwand mit dem Zerbrechen. Zurück blieb ein Hohlraum von ungefähr acht Zentimetern Durchmesser, und jeder war der Überzeugung, dass man weitere finden würde, wenn sich die umgebende Substanz aufgelöst hätte.

Doch diese Vermutung war falsch, denn nachdem eifrige Versuche, durch Bohrungen weitere Kugeln zu finden, vergeblich waren, blieben die Suchenden einzig mit ihrer neuen Probe zurück, die sich aber als genauso erstaunlich erwies wie die vorherige. Abgesehen von der Ähnlichkeit mit Kunststoff, der Hitze, dem Magnetismus, einer schwachen Leuchtkraft, dem langsamen Abkühlen in konzentrierten Säuren, dem unbekannten Spektrum, dem Verfall in der Luft und der zerstörerischen Wirkung auf Siliziumverbindungen gab es keine, wie auch immer gearteten Identifizierungsmerkmale, und nach Abschluss der Untersuchungen waren die Wissenschaftler des Colleges gezwungen zuzugeben, dass sie es nicht einordnen konnten. Es war nichts von dieser Erde, sondern ein Stück aus dem Weltraum, und somit gehörte es zu außerirdischen Bereichen und unterlag außerirdischen Gesetzen.

In dieser Nacht tobte ein Gewitter, und als die Professoren am nächsten Tag zu Nahum hinausfuhren, erwartete sie eine bittere Enttäuschung. Der Stein, da er ja magnetisch war, musste eine bestimmte elektrische Ladung gehabt haben, denn er hatte die Blitze mit einer einzigartigen Kraft angezogen, wie Nahum es ausdrückte. Sechs Mal während einer Stunde hatte der Bauer Blitze in die Furche in seinem Vorgarten einschlagen sehen, und als das Gewitter vorüber war, blieb nichts weiter zurück als eine zerfetzte Grube bei der Brunnenöffnung, halb verbrannt und tief aufgerissen. Grabungen brachten nichts ein, und die Wissenschaftler fanden sich damit ab, dass alles verschwunden war. Es war ein völliger Misserfolg, sodass nichts übrigblieb, als zurück in die Labore zu gehen, und erneut das sich verflüchtigende Bruchstück zu untersuchen, das man sorgfältig in einem Bleibehälter verwahrte. Das Bruchstück überdauerte noch eine Woche, doch am Ende hatte man nichts von Bedeutung erfahren. Als es verschwunden war, war nicht das kleinste Krümelchen zurückgeblieben, und nach einer gewissen Zeit waren sich die Professoren sicher, dass sie wirklich mit offenen Augen einen rätselhaften Teil der unergründlichen Tiefen des Weltraums erblickt hatten, eine einsame, geheimnisvolle Botschaft von anderen Universen und anderen Bereichen der Materie, Kräfte und des Daseins.

Die Zeitungen in Arkham machten unter tätiger Hilfe der College-Professoren aus diesem Ereignis natürlich eine große Sache und Reporter suchten Nahum Gardner und seine Familie auf. Mindestens eine Bostoner Zeitung schickte einen Schreiberling, und Nahum wurde schnell zu so etwas wie einer lokalen Berühmtheit. Er war ein hagerer, leutseliger Mensch um die fünfzig und lebte mit seiner Frau und drei Söhnen in einem hübschen Gehöft im Tal. Er und Ammi besuchten sich häufig gegenseitig, wie es auch ihre Frauen taten, und nach all den Jahren war Ammi noch voll des Lobes für ihn. Nahum schien einigermaßen stolz auf die Aufmerksamkeit, die seiner Wohnstatt widerfahren war, und in den darauffolgenden Wochen sprach er häufig von dem Meteoriten. Im Juli und August war es heiß, und Nahum hatte mit der Heuernte auf den zehn Morgen Land jenseits von Chapman's Brook alle Hände voll zu tun, und sein klappriger Karren riss tiefe Furchen in die schattigen Wege. Die Arbeit ermüdete ihn mehr als noch vor Jahren, und er fühlte, wie das Alter begann, seinen Tribut zu fordern.

Dann kam die Zeit der Obsternte. Birnen und Äpfel gelangten langsam zur Reife, und Nahum schwor, dass seine Obstgärten mehr trugen als jemals zuvor. Die Früchte wuchsen zu ungewöhnlicher Größe und mit ungewohntem Glanz heran und in solcher Fülle, dass man zusätzliche Fässer besorgen musste, um ihrer Herr zu werden. Doch mit der Ernte kam die totale Enttäuschung, denn trotz des prächtigen Aussehens und des vordergründigen Glanzes war nicht ein einziges Exemplar genießbar. Zwischen den feinen Geschmack der Birnen und Äpfel hatte sich eine Bitterkeit und Übelkeit erregende Note geschlichen, sodass selbst der kleinste Bissen eine anhaltende Abscheu auslöste. Dasselbe traf auf die Melonen und Tomaten zu, und Nahum stellte traurig fest, dass seine gesamte Ernte verloren war. Schnell stellte er eine Verbindung zwischen den Ereignissen her und erklärte, dass der Meteorit den Boden verseucht hätte, und dankte dem Himmel, dass die meisten anderen Feldfrüchte sich auf dem höher gelegenen Acker an der Straße befanden.

Der Winter kam früh und wurde sehr kalt. Ammi traf Nahum nicht mehr so oft wie üblich, stellte aber fest, dass sein Freund besorgt wirkte. Auch der Rest der Familie schien wortkarg geworden zu sein, und ihre Kirchenbesuche oder die Teilnahme an den verschiedenen, gemeinsamen Veranstaltungen der Landleute waren nur sehr spärlich. Für diese Zurückhaltung oder Traurigkeit fand man keine Erklärung, doch die gesamte Familie gestand ab und zu ein, nicht ganz gesund zu sein und ein leichtes Gefühl der Beunruhigung zu haben. Es war Nahum selbst, der die genaueste Aussage von allen machte, als er erklärte, dass er von bestimmten Fußabdrücken im Schnee verwirrt sei. Es gab natürlich die üblichen winterlichen Spuren von Eichhörnchen, Kaninchen und Füchsen, doch der grüblerische Bauer bestand darauf, etwas gesehen zu haben, dessen Form und Anordnung nicht zusammenpassten. Er ging niemals ins Detail, doch schien er zu glauben, dass diese Spuren nicht zu dem Körperbau und dem Verhalten von Eichhörnchen, Kaninchen und Füchsen passten. Ammi schenkte diesem Gerede wenig Aufmerksamkeit, bis zu jener Nacht, als er auf dem Rückweg von Clarks Corner mit seinem Schlitten an Nahums Haus vorbeikam. Der Mond stand am Himmel, und ein Kaninchen rannte über die Straße, und die Sprünge dieses Kaninchens waren weiter als es Ammi oder seinem Pferd gefiel. Letzteres war gerade noch durch ein heftiges Reißen an dem Zügel am Durchgehen zu hindern. Danach brachte Ammi Nahums Erzählungen mehr Interesse entgegen und fragte sich, warum die Hunde der Gardners jeden Morgen so eingeschüchtert waren und zitterten. Sie hatten, so stellte sich heraus, fast gänzlich den Willen zum Bellen verloren.

Im Februar waren die Jungs von McGregor aus Meadow Hill unterwegs, um Murmeltiere zu jagen, und nicht weit von Gardners Haus erwischten sie ein ganz besonderes Exemplar. Die Form des Körpers schien auf eine seltsame Art, die man nicht beschreiben kann, anders zu sein, während das Gesicht einen Ausdruck hatte, den man nie zuvor bei einem Murmeltier gesehen hatte. Die Jungs waren überaus erschrocken und warfen das Ding sofort weg, sodass nur ihr abseitiger Bericht jemals den Landleuten zur Kenntnis kam. Doch das Scheuen der Pferde in der Nähe von Nahums Haus war jetzt allgemein bekannt und wurde zum Auslöser geflüsterter Vermutungen, die schnell eine bestimmte Form annahmen.

Die Leute schworen, dass der Schnee um Nahums Haus schneller schmelzen würde, als sonst wo, und Anfang März kam es in Potters Kramladen in Clark's Corner zu einer verhaltenen Auseinandersetzung. Stephen Rice war am Morgen bei den Gardners vorbeigefahren und hatte gesehen, wie der Stinkkohl schon aus dem Schlamm am Rand des Waldes auf der anderen Seite der Straße aufgeschossen war. Noch nie hatte er so große Exemplare davon gesehen und von einer so seltsamen Farbe, dass man sie nicht in Worte fassen konnte. Seine Form war monströs, und das Pferd hatte bei dem Geruch, der Stephen völlig unbekannt war, geschnauft. An diesem Nachmittag fuhren mehrere Leute an der Stelle vorbei, um die unnatürlichen Gewächse in Augenschein zu nehmen, und alle waren der Meinung, dass Pflanzen dieser Art nicht in eine intakte Welt gehörten. Man erwähnte ganz offen das Obst aus dem zurückliegenden Herbst, und es ging von Mund zu Mund, dass Nahums Land vergiftet sei. Natürlich lag es an dem Meteoriten, und als man sich erinnerte, wie merkwürdig die Männer vom College den Stein eingeschätzt hatten, sprachen einige der Bauern mit ihnen über diese Angelegenheit.

Eines Tages statteten die Professoren Nahum einen Besuch ab, aber da sie keinen Sinn für wilde Erzählungen und ländliche Folklore hatten, waren sie bei ihren Schlussfolgerungen sehr vorsichtig.

Die Pflanzen waren sicherlich ungewöhnlich, doch alle Stinkkohlarten seien mehr oder weniger seltsam in Form, Geruch und Farbe. Vielleicht waren irgendwelche Mineralien aus dem Stein in den Boden gedrungen, doch die würden schon bald weggeschwemmt sein. Und was die Spuren und die verängstigten Pferde betraf – war das ganz sicher nur ländliches Gerede, das so ein Phänomen wie der Meteorit fast folgerichtig auslöste. Für ernsthafte Männer gab es in Fällen von wilden Gerüchten wirklich nichts zu tun, denn das abergläubische Landvolk würde ja alles glauben und weitererzählen. Und daraufhin blieben alle Professoren in den seltsamen Tagen aus Geringschätzung der Gegend fern. Nur einer von ihnen, als man ihm zwei Phiolen mit Staub in Zusammenhang mit einer polizeilichen Ermittlung eineinhalb Jahre später zur Analyse übergab, erinnerte sich daran, dass die seltsame Farbe des Stinkkohls sehr stark einem der abnormalen Lichtstreifen ähnelte, die man im Spektrometer des Colleges bei der Untersuchung eines Bruchstücks des Meteors gesehen hatte und ebenfalls bei jener spröden Kugel, die in dem Stein aus den Abgründen des Weltraums eingebettet gewesen war. Die Proben in der polizeilichen angeordneten Analyse zeigten anfangs die gleichen seltsamen Streifen, verloren diese Eigenschaften später dann aber.

Rund um Nahums Gehöft schlugen die Bäume zu früh aus, und nachts schwankten sie geheimnisvoll im Wind. Nahums zweiter Sohn Thaddeus, ein Junge von fünfzehn Jahren, beschwor, dass sie auch schwankten, wenn kein Wind wehe, doch selbst die Gerüchteküchen würdigten diese Aussage nicht. Wie auch immer, es lag eindeutig Unruhe in der Luft. Die gesamte Gardner Familie entwickelte die Gewohnheit, beständig verstohlen zu lauschen, allerdings nicht auf ein Geräusch, das sie bewusst hätten benennen können. Dieses Lauschen war eher in den Momenten angesiedelt, in denen das Bewusstsein schon halb hinweggedämmert war. Leider wurden diese Momente von Woche zu Woche beständig häufiger, sodass man inzwischen allgemein davon sprach; »mit allen Gardeners ist etwas nicht in Ordnung«. Als der frühe Steinbrech aufblühte, hatte auch er eine seltsame Farbe, nicht genau dieselbe wie der Stinkkohl, aber deutlich ähnlich und ebenso jedem unbekannt, der sie sah. Nahum brachte einige der Blüten nach Arkham und zeigte sie dem Herausgeber der *Gazette*, doch dieser ehrenwerte Mann tat nichts anderes, als einen humorvollen Artikel zu schreiben, in dem die dunklen Ängste der Landbevölkerung einem höflichen Spott ausgesetzt wurden. Es war ein Fehler von Nahum gewesen, dem sturen Städter davon zu erzählen, wie sich die zu groß geratenen Trauermantelschmetterlinge in Zusammenhang mit dem Steinbrech verhielten.

Im April breitete sich eine Form von Wahnsinn unter der Landbevölkerung aus, und man begann, die Straße an Nahums Gehöft vorbei zu meiden, was schließlich zu ihrer völligen Aufgabe führte. Es lag an der Vegetation. Alle Bäume des Obstgartens blühten unentwegt in seltsamen Farben, und durch den steinigen Boden des Hofs und des sich anschließenden Weidelandes sprossen bizarre Gewächse, die nur ein Botaniker in die übliche Flora der Region hätte einordnen können. Nirgendwo waren gesunde, gewohnte Farben zu sehen, außer beim Gras und dem Laubwerk der Bäume, doch ansonsten gab es nur diese erschütternden, spektralfarbigen Abwandlungen in einer kranken, unterschwelligen, urzeitlichen Schattierung, die keine Entsprechung in den bekannten, irdischen Farben hatte. Der blühende Doppelsporn wirke wie eine unheilvolle Drohung, und die Blutwurz breitete sich unverschämt in ihrer perversen Farbgebung aus. Ammi und die Gardners glaubten, die meisten der Farben wiesen eine quälende Vertrautheit auf und kamen zu dem Ergebnis, dass sie an die spröde Kugel in dem Meteor erinnerten. Nahum pflügte und säte die zehn Morgen Weideland und den höher gelegenen Acker, machte aber nichts mit dem Land um das Haus herum. Er wusste, dass es keinen Zweck hätte und hoffte, dass der seltsame Bewuchs im Sommer das ganze Gift aus dem Boden sog. Inzwischen war er auf fast alles vorbereitet und hatte sich an das Gefühl gewöhnt, dass etwas in seiner Nähe war und darauf wartete, gehört zu werden. Dass die Nachbarn sein Haus mieden, setzte ihm natürlich zu, seiner Frau allerdings noch mehr. Die Jungs waren besser dran, gingen sie doch jeden Tag in die Schule, dennoch versetzten sie die Gerüchte in Angst. Thaddeus, ein besonders empfindsamer Junge, litt am meisten.

Im Mai kamen die Insekten, und Nahums Gehöft entwickelte sich zu einem Albtraum aus Summen und Gekrabbel. Die meisten der Tiere schienen in ihrem Aussehen und ihren Bewegungen nicht ganz normal zu sein, und ihr nächtliches Verhalten stand im Gegensatz zu allen vorherigen Erfahrungen. Die Gardners begannen, nachts Ausschau zu halten – planlose Ausschau in alle Richtungen nach etwas …, von dem sie nicht wussten, was es war. Es war zu diesem Zeitpunkt, als sie einräumen mussten, dass Thaddeus mit den Bäumen Recht gehabt hatte. Mrs Gardner war die nächste, die es vom Fenster aus sah, als sie die angeschwollenen Äste eines Ahorns gegen den vom Mond erleuchteten Himmel beobachtete. Die Äste bewegten sich, obwohl kein Wind wehte. Es musste der Saft sein. Etwas Seltsames hatte von allem, was jetzt wuchs, Besitz ergriffen. Und doch war es kein Mitglied von Nahums Familie, das die nächste Entdeckung machte. Die Gewohnheit hatte sie abgestumpft, und das, was sie nicht mehr sahen, erblickte ein schüchterner Vertreter für Windmühlenmodelle aus Bolton, der in Unkenntnis der ländlichen Legenden dort vorbeifuhr. Was er in Arkham zu berichten hatte, erschien als kurze Meldung in der *Gazette* und dort erfuhren auch alle Bauern, einschließlich Nahum zum ersten Mal davon. Die Nacht war dunkel gewesen, und die Lampen des Buggy leuchteten nur noch schwach, doch im Umkreis dieses Gehöfts im Tal, von dem jeder wusste, dass es sich um Nahums handeln musste, sei die Dunkelheit weniger undurchdringlich gewesen. Von der gesamten Vegetation, ob Gras, Blätter oder Blüten, ging unterschiedslos ein bestimmtes Leuchten aus, während einen Augenblick lang ein losgelöstes, phosphoreszierendes Stück verdächtig in dem Hof neben der Scheune herumschwirrte.

Bis zu diesem Zeitpunkt glaubte man, das Gras sei davon nicht betroffen, und die Kühe liefen frei auf der Weide neben dem Haus herum, doch gegen Ende Mai begann die Milch schlecht zu schmecken. Danach hatte Nahum die Kühe auf das oberhalb gelegene Land getrieben, und die Probleme waren damit verschwunden.

Nicht lange danach konnte man die Veränderungen am Gras und dem Laub mit bloßem Auge erkennen. Das ganze Gemüse wurde grau und entwickelte eine absolut einzigartige Form von Sprödigkeit. Ammi war jetzt die einzige Person, die das Gehöft noch besuchte, und auch seine Besuche wurden immer seltener. Als die Schule für die Sommerferien schloss, waren die Gardners tatsächlich von der Welt abgeschnitten, und manchmal ließen sie Ammi ihre Besorgungen in der Stadt erledigen. Sie verfielen auf merkwürdige Weise sowohl körperlich als auch geistig, und niemand war überrascht, als die Nachricht vom Wahnsinn der Mrs Gardner die Runde machte.

Es trug sich im Juni zu, ungefähr um die Zeit, als der Meteor ein Jahr zuvor herabgestürzt war, und die arme Frau schrie Dinge in der Luft an, die sie nicht beschreiben konnte. Während ihres Tobens gab sie nicht ein einziges Substantiv von sich, nur Verben und Pronomen. Dinge bewegten und veränderten sich, flatterten herum und die Ohren klingelten ihr von Schwingungen, die keine richtigen Töne waren. Etwas riss sie hinweg – ihr wurde etwas ausgesaugt – etwas klammerte sich an ihr fest, was dort nicht sein sollte – jemand musste es wegnehmen – nichts war jemals still in der Nacht – die Mauern und Fenster bewegten sich. Nahum brachte sie nicht in die Irrenanstalt des Countys, sondern ließ sie im Haus herumstreichen, solange sie nicht sich selbst oder anderen etwas antat. Selbst als sich ihr Zustand verschlechterte, unternahm er nichts. Doch als die Jungs vor ihr Angst bekamen, und Thaddeus fast in Ohnmacht gefallen war, als sie ihm Grimassen schnitt, beschloss er, sie auf dem Dachboden einzuschließen. Im Juli sprach sie nicht mehr und kroch auf allen vieren herum, und bevor dieser Monat vergangen war, hatte Nahum den verrückten Eindruck, dass sie in der Dunkelheit schwach leuchtete, genauso wie er es deutlich an der umgebenden Vegetation sah.

Nicht lange vor diesen Geschehnissen waren die Pferde durchgegangen. Irgendetwas hatte sie erschreckt, und ihr Wiehern und Ausschlagen in den Boxen war schrecklich gewesen. Offensichtlich konnte man nichts tun, um sie zu beruhigen, und als Nahum den

Stall öffnete, stürmten sie heraus wie verängstigte Rehe. Es dauerte eine Woche, bis man die vier Tiere wieder gefunden hatte, und es stellte sich heraus, dass sie jetzt unbrauchbar und unbeherrschbar waren. Irgendetwas war in ihren Köpfen passiert, und alle mussten zu ihrem eigenen Wohl erschossen werden. Nahum lieh sich für die Heuernte ein Pferd von Ammi, doch es stellte sich heraus, dass es nicht bereit war, sich der Scheune zu nähern. Es scheute, schlug aus und wieherte, und schließlich brachte man es vom Hof, während die Männer aus eigener Kraft den schweren Wagen zum Heuboden bringen mussten, um ihn bequem entladen zu können. Die Vegetation wurde weiterhin grau und spröde. Selbst die Blumen, deren Farbe so seltsam war, wurden jetzt grau, und die Früchte wurden grau, verschrumpelten und waren ohne Geschmack. Die Astern und Goldruten blühten grau und verkümmerten, auch die Rosen, Zinnien und Malven im Vorgarten waren zu blasphemisch aussehenden Dingern geworden, weshalb Nahums ältester Sohn, Zenas, sie wegschnitt. Zur gleichen Zeit starben die seltsam angeschwollenen Insekten, und selbst die Bienen hatten ihre Stöcke verlassen und waren im Wald verschwunden.

Als der September kam, verwandelte sich die gesamte Vegetation schnell zu einem grauen Staub, und Nahum befürchtete, dass auch die Bäume absterben würden, bevor das Gift aus dem Boden heraus war. Seine Frau hatte jetzt Anfälle, in denen sie schrecklich schrie, und er und seine Söhne befanden sich in einem andauernden Zustand nervlicher Anspannung. Sie mieden jetzt andere Menschen, und als die Schule begann, gingen die Jungs nicht hin. Allerdings war es Ammi, der bei einem seiner seltenen Besuche feststellte, dass das Wasser aus dem Brunnen nicht mehr in Ordnung war. Es hatte einen üblen Geschmack, nicht wirklich stinkend oder salzig, und Ammi riet seinem Freund, weiter oben einen neuen Brunnen zu graben und diesen zu benutzen, bis der Boden wieder in Ordnung wäre. Aber Nahum ignorierte den Hinweis, denn zu diesem Zeitpunkt war er schon unempfindlich gegenüber seltsamen und unangenehmen Dingen geworden. Er und seine Söhne nutzten weiter das verdorbene Wasser, tranken es lustlos und gleichgültig, so wie sie ihre kargen und schlecht zubereiteten Mahlzeiten einnahmen und ihre undankbaren und eintönigen häuslichen Pflichten die inhaltslosen Tage hindurch erfüllten. Über ihnen lag so etwas wie eine teilnahmslose Resignation, so als bewegten sie sich zum Teil in einer anderen Welt zwischen Reihen namenloser Wächter auf einen sicheren und vertrauten Untergang zu.

Im September wurde Thaddeus, nachdem er am Brunnen gewesen war, wahnsinnig. Er war mit einem Eimer losgegangen und kam mit leeren Händen zurück, schreiend und mit den Armen fuchtelnd, und manchmal schaute er sich verwirrt um oder flüsterte etwas wie »die sich bewegenden Farben dort unten«. Zwei in einer Familie war ziemlich übel, doch Nahum zeigte sehr viel Mut. Er ließ den Jungen eine Woche lang frei herumlaufen, bis er anfing zu stolpern und sich zu verletzen, dann schloss er ihn auf dem Dachboden in einem Raum ein, der dem seiner Mutter gegenüberlag. Die Art, wie sie sich durch die geschlossenen Türen anschrien, war sehr schrecklich, besonders für den kleinen Merwin, der mitbekam, wie sie in einer schrecklichen Sprache redeten, die nicht von dieser Erde war. Merwin begann beängstigend zu fantasieren und seine Ruhelosigkeit verschlimmerte sich, nachdem man seinen Bruder, der sein liebster Spielkamerad war, weggeschlossen hatte.

Nahezu gleichzeitig breitete sich das Sterben unter dem Vieh aus. Das Geflügel wurde grau und starb sehr schnell, sein Fleisch war trocken und beim Schneiden war es widerlich. Die Schweine wurden ungewöhnlich fett, und dann plötzlich fanden ekelerregende Veränderungen statt, die sich niemand erklären konnte. Natürlich war ihr Fleisch ungenießbar, und Nahum war mit seiner Weisheit am Ende. Keiner der Tierärzte auf dem Land würde sein Gehöft betreten, und der städtische Veterinär aus Arkham war deutlich überrascht. Die Schweine fingen an, grau und spröde zu werden, und noch bevor sie starben, fielen sie in Stücke, und ihre Augen und Schnauzen wiese einzigartige Veränderungen auf. Das war unerklärlich, denn man hatte sie nie mit den verdorbenen Pflanzen gefüttert. Dann geschah etwas mit den Kühen. Bestimmte Körperteile, manchmal auch der gesamte Körper, schienen auf unheimliche Art ausgedörrt oder zusammengedrückt, und scheußliche Dellen oder Zersetzungen waren an der Tagesordnung. Im letzten Stadium – und das Ende war immer der Tod – wurden sie grau und spröde, genau wie die Schweine. Eine Vergiftung kam nicht infrage, denn in allen Fällen befanden sich die Tiere in einer abgeschlossenen und unbehelligten Scheune. Keine Bisse von irgendwelchem herumkriechenden Viehzeug konnte den Virus eingeschleppt haben, denn welches Tier auf Erden konnte ein so festes Hindernis überwinden? Es konnte nur eine natürliche Krankheit sein – doch welche Krankheit solche Auswirkungen haben könnte, das lag jenseits aller Vermutungen. Als die Erntezeit kam, lebte auf dem Gehöft kein einziges Tier mehr, das Vieh und das Geflügel war tot, und die Hunde waren weggelaufen. Diese Hunde, drei an der Zahl, waren alle in einer Nacht verschwunden, und man hat nie mehr von ihnen gehört. Die fünf Katzen hatten sich schon vorher aus dem Staub gemacht, doch ihr Verschwinden war nicht weiter zur Kenntnis genommen worden, da es den Anschein hatte, dass es auch keine Mäuse mehr gab, und da nur Mrs Gardner an den anmutigen Katzen als Haustiere Gefallen gefunden hatte.

Am neunzehnten Oktober taumelte Nahum in Ammis Haus und brachte grässliche Neuigkeiten. In seinem Dachzimmer hatte den armen Thaddeus der Tod ereilt, und zwar auf eine Weise, die man nicht aussprechen kann. Nahum hatte in der umzäunten Familiengrabstätte hinter dem Gehöft ein Grab ausgehoben und dort hineingelegt, was er gefunden hatte. Es konnte nichts von außerhalb gewesen sein, denn das vergitterte, kleine Fenster und die verriegelte Tür waren unversehrt, die Umstände waren so wie in der Scheune. Ammi und seine Frau kümmerten sich, so gut es ging, um den verstörten Mann, waren allerdings in gleicher Weise erschüttert. Es schien, als beherrschte etwas überaus Schreckliches das Gardner-Gehöft und alles, was damit in Berührung kam, und die Anwesenheit eines Mitglieds aus dieser Familie in ihrem Haus war wie der Atem von etwas Unbekanntem und Unaussprechlichem. Ammi begleitete Nahum mit größtem Widerstreben nach Hause und tat sein Möglichstes, den hysterisch schluchzenden, kleinen Merwin zu beruhigen. Zenas brauchte nicht beruhigt zu werden. Er saß letztendlich nur da, starrte in die Ferne und machte das, was sein Vater ihm auftrug. Ammi dachte, dass sein Schicksal sehr gnädig war. Ab und zu wurden Merwins Schreie leise von dem Dachboden herab beantwortet, und als Antwort auf einen fragenden Blick erklärte Nahum, dass seine Frau sehr schwach geworden sei. Als die Nacht hereinbrach, schaffte es Ammi wegzukommen, denn noch nicht einmal seine Freundschaft konnte ihn dazu bringen, an diesem Ort zu bleiben, wenn die Vegetation schwach zu leuchten begann und die Bäume zu schwanken anfingen – oder auch nicht – ohne dass Wind wehte. Es war gut für Ammi, dass er nicht über mehr Fantasie verfügte. Aber wie die Dinge standen, war sein Geist ein bisschen angeschlagen, doch wäre er in der Lage gewesen, all die Anzeichen um ihn herum zu überdenken und in Zusammenhang zu stellen, wäre er mit Sicherheit unweigerlich dem Wahnsinn verfallen. Im Dämmerlicht eilte er nach Hause, während die Schreie der verrückten Frau und des verwirrten Kindes immer noch schrecklich in seinen Ohren klangen.

Drei Tage später, früh am Morgen, taumelte Nahum in Ammis Küche, und in Abwesenheit seines Freundes stammelte er erneut eine schreckliche Geschichte, während Mrs Pierce ihm vor Schreck erstarrt zuhörte. Diesmal war es der kleine Merwin. Er war verschwunden. Er war spät in der Nacht mit einer Laterne hinausgegangen, um einen Eimer Wasser zu holen, und nicht zurückgekommen. Schon seit Tagen war Merwin völlig aus der Fassung gewesen und hatte kaum gewusst, was er tat. Er hatte alles angeschrien. An jenem Abend erscholl ein entsetzlicher Schrei vom Hof, doch bevor der Vater noch die Tür erreichte, war der Junge schon weg. Es gab keinen Lichtschein seiner Laterne und von dem Jungen selbst keine Spur. Zu diesem Zeitpunkt, glaubte Nahum, dass auch die Laterne und der Eimer verschwunden wären, aber als die Morgendämmerung einsetzte und der Mann von seiner die ganze Nacht andauernden Suche in den Wäldern und auf den Feldern zurückkam, fand er einige seltsame Dinge neben dem Brunnen. Dort lag ein zerquetschter und offensichtlich irgendwie geschmolzener Eisenklumpen, der ganz bestimmt einmal die Laterne gewesen war, während ein verbogener Henkel und verdrehte Eisenringe, halb verschmolzen, daneben die Überreste des Eimers zu sein schienen. Das war alles. Nahum war schon darüber hinaus, sich Gedanken zu machen. Mrs Pierce war sprachlos, und Ammi, als er nach Hause kam und die Geschichte hörte, wusste auch nicht, was zu tun sei. Merwin war verschwunden, und es hätte keinen Zweck, die hier lebenden Leute zu informieren, denn die wollten mit den Gardners nichts zu tun haben. Es hätte auch keinen Zweck, die Bewohner in Arkham zu informieren, denn die nahmen das Ganze sowieso nicht ernst. Thad war dahin und nun hatte es auch Mernie erwischt. Irgendetwas kroch immerzu herum und wartete darauf, dass man es sah, fühlte und hörte. Schon bald würde es Nahum erwischen, und er bat Ammi, sich um seine Frau und Zenas zu kümmern, wenn diese ihn überleben würden. Es musste eine Art göttliche Strafe sein, doch er wusste nicht für was, er war immer ein aufrechter Mann im Sinne des Herrn gewesen, zumindest soweit er sich erinnerte.

Mehr als zwei Wochen lang sah Ammi nichts von Nahum, doch dann, in Sorge, was möglicherweise passiert sein könnte, überwand er seine Furcht und stattete den Gardners einen Besuch ab. Aus dem großen Kamin stieg kein Rauch auf, und einen Moment lang rechnete der Besucher mit dem Schlimmsten. Das Aussehen des gesamten Gehöfts war erschreckend – grau gefärbtes Gras und Laub auf der Erde, Weinreben hingen spröde von den alten Mauern und Giebeln herab, und große, kahle Bäume ragten mit offensichtlicher Bösartigkeit in den grauen Novemberhimmel, die, wie es Ammi erschien, durch unterschwellige Veränderung der Neigung der Äste ihre Ursache hatte. Trotz allem lebte Nahum noch. Er war schwach und lag in der niedrigen Küche auf dem Sofa, war aber völlig bei Bewusstsein und konnte Zenas einfache Anweisungen geben. In dem Raum war es eiskalt, und als Ammi deutlich zitterte, rief sein Gastgeber Zenas mit rauer Stimme zu, mehr Holz zu bringen. Holz wurde wirklich gebraucht, da die große Feuerstelle ungenutzt und ohne ein Feuer war und der kalte Wind, der durch den Kamin fuhr, Wolken von Ruß aufwirbelte. Augenblicklich fragte ihn Nahum, ob das Holz es für ihn komfortabler gemacht hätte, und da bemerkte Ammi, was geschehen war. Das stärkste Seil war schließlich gerissen, und der mitgenommene Geist des Bauern hatte sich gegen weitere Sorgen geschützt.

Vorsichtig Fragen stellend, konnte Ammi aber nicht herausfinden, was mit dem abwesenden Zenas geschehen war. »Im Brunnen – er lebt im Brunnen –«, war alles, was der umnachtete Vater hervorbrachte. Dann ging dem Besucher plötzlich der Gedanke an die wahnsinnige Frau durch den Kopf, und er änderte die Richtung seiner Nachforschungen. »Nabby? Warum, sie ist doch hier!«, war die Antwort des überraschten Nahum, und Ammi wurde schnell klar, dass er selbst nachsehen musste. Er ließ den harmlosen Brabbler auf dem Sofa zurück, nahm die Schlüssel von dem Nagel neben der Tür und stieg die knarrenden Stufen zum Dachboden hinauf. Es war sehr eng und eklig dort oben, und kein Geräusch war zu vernehmen. Von den vier Türen, die man sehen konnte, war nur eine verschlossen, und an dieser probierte er verschiedene Schlüssel aus, die er mitgenommen hatte. Der dritte erwies sich als der passende, und nach einiger Fummelei stieß Ammi die niedrige weiße Tür auf.

In dem Raum war es ziemlich dunkel, da das Fenster klein und mit groben, hölzernen Gitterstäben bestückt war, und Ammi konnte nichts auf dem weißen Holzfußboden sehen. Der Gestank war unerträglich, und bevor er weitergehen konnte, musste er erst zurück in einen anderen Raum und seine Lungen mit atembarer Luft füllen. Als er zurückkam, bemerkte er in einer Ecke etwas Dunkles, und als er genauer hinsah, schrie er auf. Während er noch schrie, glaubte er einen Augenblick lang, eine Wolke hätte das Fenster verdeckt, und eine Sekunde später fühlte er sich von einem hasserfüllten Luftzug berührt. Seltsame Farben tanzten vor seinen Augen, und wenn er nicht durch einen momentanen Schrecken gelähmt gewesen wäre, hätte er vielleicht an die Kugel in dem Meteor gedacht, die der Geologenhammer zerstört hatte, und an die abscheulichen Pflanzen, die im Frühling gewachsen waren. Aber so wie es war, dachte er nur an die blasphemische Monstrosität, der er gegenüberstand und die ganz eindeutig das gleiche Schicksal ereilt hatte wie den jungen Thaddeus und das Vieh. Doch das Entsetzlichste an diesem Schrecken war, dass es sich langsam und deutlich bewegte, während es weiter zerfiel.

Ammi gab keine weiteren Einzelheiten über diesen Vorfall preis, doch jenes Ding in der Ecke tauchte in seiner Erzählung nicht mehr als ein lebendes Objekt auf. Es gibt Dinge, die man nicht erwähnen sollte, und was man aus menschlicher Anteilnahme tat, wird vom Gesetz manchmal als grausam angesehen. Ich vermute, dass auf dem Dachboden nichts Lebendes zurückgelassen wurde, und wenn etwas, das noch lebte, dennoch dort verblieben wäre, dann hätte man es damit zu ewigen Höllenqualen verdammt. Jeder, außer einem sturen Bauern, wäre ohnmächtig oder wahnsinnig geworden, doch Ammi ging bei vollem Bewusstsein durch die niedrige Tür und schloss das verfluchte Geheimnis hinter sich ein. Jetzt musste er sich um Nahum kümmern, man musste ihn ernähren, ihn pflegen und ihn an einen Ort bringen, wo man für ihn sorgen konnte.

Bei seinem Abstieg die dunklen Stufen hinab hörte Ammi unten einen dumpfen Schlag. Er glaubte auch, einen plötzlichen Schrei gehört zu haben, und dadurch aufgeschreckt, erinnerte er sich an den feuchtkalten Luftzug, der ihn in dem fürchterlichen Raum dort oben berührt hatte. Welche Erscheinung hatte diesen Schrei heraufbeschworen? Eine unbestimmte Furcht ließ ihn innehalten, während weitere Geräusche von unten heraufdrangen. Ohne Zweifel wurde dort etwas Schweres herumgeschleppt, und ein überaus abscheuliches, eindringliches Geräusch – wie ein Saugen von einem teuflischen, üblen Wesen – war zu hören. In seiner fieberhaft übersteigerten Vorstellungskraft musste er unerklärlicherweise an das denken, was er auf dem Dachboden gesehen hatte. Herr im Himmel! In welche unheimliche Traumwelt war er nur hineingeraten? Er wagte sich weder einen Schritt vor noch einen zurück, sondern verharrte zitternd auf dem engen Treppenabsatz. Jede Kleinigkeit der Szenerie brannte sich in sein Gehirn ein. Die Geräusche, die fürchterliche Vorahnung, die Dunkelheit, die enge, steile Treppe – und, gütiger Himmel! …, das schwache, doch eindeutige Glühen sämtlichen Holzes in Sichtweite, einschließlich der Stufen, der Paneele, hervorstehender Latten und Balken!

Dann erklang von draußen das verzweifelte Wiehern von Ammis Pferd, gefolgt von einem Klappern, das auf eine kopflose Flucht hindeutete. Einen Moment später waren Pferd und Wagen schon außer Hörweite und ließen den verschrecken Mann auf der dunklen Treppe zurück, der sich fragte, was das Tier wohl in die Flucht getrieben hatte. Doch das war nicht alles, dort draußen waren noch andere Geräusche gewesen. Etwas wie ein Platschen – Wasser –, das musste vom Brunnen stammen. Er hatte sein Pferd, ohne es anzubinden, in der Nähe zurückgelassen, und ein Wagenrad musste die Kante des Brunnens gestreift und einen Stein hineingestoßen haben. Und immer noch glühte das schwache Phosphoreszieren in dem abscheulichen, alten Holz. Mein Gott, wie alt dieses Haus war! Ein Großteil davon schon vor 1670 erbaut, und das Walmdach nicht später als 1730.

Jetzt war ein kraftloses Kratzen auf dem Fußboden unten deutlich zu vernehmen, und Ammis Griff um den schweren Stock, den er auf dem Dachboden zu irgendeinem Zweck an sich genommen hatte, wurde fester. Langsam bekam er seine Nerven wieder unter Kontrolle, beendete seinen Abstieg und ging kühn in Richtung Küche. Doch er kam nicht ganz dorthin, denn was er suchte, war nicht mehr da. Es war ihm entgegengekommen, und es lebte immer noch – irgendwie. Ob es nun gekrochen oder von einer fremden Kraft gezogen worden war, konnte Ammi nicht sagen, doch es war dem Tod ausgeliefert. Alles war in der letzten halben Stunde geschehen, doch der Zusammenbruch, die graue Verfärbung und der Zerfall waren schon weit fortgeschritten. Es war schrecklich spröde, und ausgetrocknete Teile fielen von ihm ab. Ammi brachte es nicht fertig, es zu berühren, blickte aber entsetzt in die verzerrte Parodie, die einmal ein Gesicht gewesen war. »Was ist geschehen, Nahum – was ist geschehen?«, flüsterte er, und die klaffenden, aufgeworfenen Lippen waren gerade noch in der Lage, eine letzte Antwort zu geben.

»Nichts … nichts … die Farbe … sie brennt … kalt und nass, aber sie brennt … es lebt im Brunnen … ich hab es gesehen … eine Art Rauch … fast wie die Blumen letzten Frühling … der Brunnen leuchtet bei Nacht … Thad und Mernie und Zenas … alle leben … saugen das Leben aus allem … in dem Stein … es muss in dem Stein gekommen sein … hat die ganze Gegend vergiftet … ich weiß nicht, was es will … das runde Ding, das die Männer vom College aus dem Stein geholt haben … sie haben es zerbrochen … es hatte dieselbe Farbe … genau dieselbe wie die Blumen und die anderen Pflanzen … müssen noch mehr von ihnen gewesen sein … Samen … Samen … sie wuchsen … diese Woche habe ich sie zum ersten Mal gesehen … müssen durch Zenas stark geworden sein … er war ein großer Junge, voll von Leben … es ringt deinen Geist nieder, und dann kriegt es dich … brennt dich aus … im Wasser des Brunnens … du hattest Recht … böses Wasser … Zenas ist nie vom Brunnen zurückgekommen … konnte nicht wegkommen … zieht dich … du merkst, irgendwas kommt, kannst aber nichts dagegen tun … ich habs hin und wieder gesehen, seit es Zenas geholt hat … was ist mit Nabby, Ammi …? Mein Kopf ist nicht in Ordnung … weiß nicht mehr, wie lange es her ist, dass ich sie gefüttert habe … es wird sie kriegen, wenn wir nicht aufpassen … nur eine Farbe … ihr Gesicht nimmt manchmal nachts die Farbe an … und es brennt und saugt … es kommt von einem Ort, wo die Dinge nicht so sind wie hier … einer der Professoren hat das gesagt … er hatte Recht … nimm dich in Acht, Ammi, es will mehr … saugt das Leben aus …«

Das war alles. Was gesprochen hatte, konnte nicht mehr sprechen, denn es war völlig in sich zusammengefallen. Ammi bedeckte das, was übrig geblieben war, mit einem rotkarierten Tischtuch und torkelte aus der Hintertür in die Felder. Er stieg den Hang hinauf zu den zehn Morgen Weideland und stolperte auf der nördlichen Straße durch die Wälder nach Hause. Er brachte es nicht fertig, noch einmal an dem Brunnen vorbeizugehen, vor dem sein Pferd geflohen war. Er hatte durch das Fenster noch einen Blick darauf geworfen und festgestellt, dass in der Umrandung kein Stein fehlte.

Also hatte der schlingernde Wagen nichts losgerissen, das Platschen war von etwas anderem gekommen – etwas, das, nachdem es mit dem armen Nahum fertig war, in den Brunnen gegangen war.

Als Ammi nach Hause kam, waren das Pferd und der Wagen schon da, und seine Frau befand sich in den Klauen der Angst. Nachdem er sie, ohne irgendwelche Erklärungen abzugeben, beruhigt hatte, begab er sich sofort nach Arkham, um die Behörden darüber zu informieren, dass die Familie Gardner nicht mehr existierte. Er nannte keine Einzelheiten, berichtete nur vom Tod von Nabby und Nahum, der von Thaddeus war ja schon bekannt, und erwähnte, dass der Grund der gleiche zu sein schien, der auch für den Tod des Viehs verantwortlich war. Auch gab er an, dass Merwin und Zenas verschwunden seien. Auf der Polizeistation wurde Ammi eindringlich befragt und schließlich dazu verpflichtet, drei Polizisten, zusammen mit dem Leichenbeschauer, einem Arzt und dem Veterinär, der die kranken Tiere behandelt hatte, zum Gehöft der Gardners zu bringen. Widerwillig stimmte er zu, denn der Nachmittag war schon fortgeschritten, und er fürchtete, dass die Nacht über den verfluchten Ort hereinbrechen würde, doch die vielen Leute, die bei ihm waren, beruhigten ihn etwas.

Die sechs Männer fuhren in einem offenen, mehrsitzigen Wagen, der Ammis Buggy folgte, und kamen gegen vier Uhr bei dem heimgesuchten Gehöft an. Obwohl die Beamten an grausame Dinge gewohnt waren, blieb niemand von dem, was man unter der rotkarierten Tischdecke und auf dem Dachboden fand, unberührt. Der gesamte Eindruck des Gehöfts mit dem schrecklichen, grauen Verfall war schon schlimm genug, doch diese beiden, verschrumpelten Objekte waren jenseits aller Grenzen. Niemand ertrug ihren Anblick lange, und selbst der Leichenbeschauer musste zugeben, dass es da nicht viel zu untersuchen gab. Natürlich musste man Proben analysieren, also ging er daran, sie zu nehmen, und an diesem Punkt kam es im Nachhinein zu den überraschenden Entwicklungen im Labor des Colleges, wohin die beiden Phiolen mit Staub schließlich gelangten. Im Spektrometer zeigten sie ein unbekanntes Spektrum, in dem die rätselhaften Streifen genau die gleichen waren, die der seltsame Meteor ein Jahr zuvor aufgewiesen hatte. Die Fähigkeit, dieses Spektrum abzugeben, verschwand innerhalb eines Monats, danach bestand der Staub hauptsächlich aus alkalischen Phosphaten und Karbonaten.

Wenn Ammi geahnt hätte, dass die Männer sofort an Ort und Stelle etwas unternehmen würden, dann hätte er nichts über den Brunnen gesagt. Der Sonnenuntergang stand kurz bevor, und er war bemüht, rechtzeitig wegzukommen, aber er konnte nicht vermeiden, nervös auf die Steineinfassung auf der großen, freien Fläche zu blicken, und als ein Polizist ihn nach dem Grund fragte, gestand Ammi ein, dass Nahum vor irgendetwas dort unten Angst gehabt hatte – und zwar so große, dass er nie auch nur daran gedacht hatte, Merwin und Zenas dort zu suchen. Danach gab es nichts mehr, was die Leute davon abhielt, den Brunnen sofort trocken zu legen und zu untersuchen. Ammi musste zitternd warten, während Eimer nach Eimer faulen Wassers nach oben gebracht und auf dem durchnässten Boden um den Brunnen herum ausgegossen wurde. Die Männer rümpften angewidert die Nasen über die Flüssigkeit, und als es dem Ende zuging, hielten sie sich wegen des Gestanks, den sie nach oben brachten, die Nasen zu. Es dauerte nicht so lange, wie sie befürchtet hatten, da der Wasserstand überaus niedrig war. Es besteht kein Grund, ausführlich zu erwähnen, was sie fanden. Merwin und Zenas waren beide dort, zumindest Teile von ihnen, denn die Überreste bestanden hauptsächlich aus Knochen. Außerdem gab es noch ein kleines Reh und einen großen Hund im gleichen Zustand sowie eine Anzahl Knochen von kleineren Tieren. Der Schlamm und Schleim am Boden schien ungewöhnlich brüchig und warf Blasen. Ein Mann, der an den Griffen in der Brunnenwand mit einem langen Stab nach unten stieg, stellte fest, dass er den hölzernen Stab so weit er konnte in den Schlamm auf dem Boden stecken konnte, ohne auf festen Widerstand zu treffen.

Die Dämmerung war hereingebrochen, und man holte aus dem Haus Laternen. Als man dann feststellte, dass bei dem Brunnen nichts mehr zu holen war, gingen alle hinein, um sich in dem alten Wohnzimmer zu besprechen, während das wechselnde Licht eines geisterhaften Mondes draußen matt über die graue Verwüstung flimmerte. Die Männer standen bei der ganzen Angelegenheit offensichtlich vor einem Rätsel und konnten kein überzeugendes, glaubhaftes Element finden, das einen Zusammenhang herstellte zwischen dem seltsamen Pflanzenwuchs, der unbekannten Krankheit bei Vieh und Menschen und dem unerklärlichen Tod von Merwin und Zenas in dem verseuchten Brunnen. Sie hatten natürlich von den Gerüchten gehört, konnten aber nicht glauben, dass etwas, was den Naturgesetzen so widersprach, sich ereignet hatte. Ohne Zweifel hatte der Meteor den Boden vergiftet, doch die Erkrankung von Vieh und Menschen, die nie etwas gegessen hatten, was auf diesem Boden gewachsen war, war eine ganz andere Sache. War es das Brunnenwasser? Sehr wahrscheinlich. Es wäre wohl eine gute Idee, es zu analysieren. Doch welche Form von Wahnsinn hatte die beiden Jungen dazu gebracht, in den Brunnen zu springen? Ihre Taten waren so ähnlich, und die Überreste beider zeigten, dass sie an dem grauen, spröden Tod gelitten hatten. Warum war alles so grau und spröde?

Zuerst bemerkte der Leichenbeschauer, der neben einem Fenster saß, von dem man den Hof überblicken konnte, das Glühen um den Brunnen herum. Die Nacht war inzwischen vollständig hereingebrochen, und der abscheuliche Boden schien schwach zu leuchten – mehr als es im unbeständigen Mondlicht sein dürfte, doch dieses neue Leuchten war etwas anderes und existierte tatsächlich, und es schien, als käme es aus dem schwarzen Loch wie der gedämpfte Strahl eines Suchscheinwerfers und wurde von den kleinen Pfützen am Boden, wo man das Wasser hingeschüttet hatte, reflektiert. Es hatte eine abseitige Farbe, und als die Männer sich um das Fenster drängten, zuckte Ammi heftig zusammen. Denn die Farbe dieses seltsamen Strahls grässlicher Abscheulichkeit war ihm nicht unbekannt. Er hatte diese Farbe schon einmal gesehen und fürchtete sich, daran zu denken, was sie wohl bedeuten könnte. Er hatte sie an der scheußlichen, spröden Kugel in dem Meteoriten vor zwei Jahren gesehen, an den Pflanzen im Frühling und glaubte, sie auch für einen Moment an diesem Morgen vor dem kleinen, vergitterten Fenster des schrecklichen Dachbodens, wo sich unaussprechliche Dinge ereignet hatten, gesehen zu haben. Sie hatte dort für eine Sekunde aufgeleuchtet, und ein feuchtkalter, Hass erfüllter Luftzug war an ihm vorbeigestrichen – und der bemitleidenswerte Nahum war von etwas dieser Farbe geholt worden. Er hatte das kurz vor seinem Ende gesagt – gesagt, es sei wie die Kugel und die Pflanzen. Danach war das Pferd davongaloppiert, und Ammi hatte das Platschen im Brunnen gehört – und jetzt schickte der Brunnen einen bleichen, heimtückischen Strahl von derselben, dämonischen Farbe in die Nacht.

Es kommt der Aufgewecktheit von Ammis Denken zugute, dass er selbst in diesem Moment der extremen Anspannung über etwas nachdachte, das rein wissenschaftlich war. Er konnte sich aufgrund dessen, was er gelesen hatte, nur wundern, warum ein Dunst, den man bei Tageslicht an einem Morgen durch ein Fenster sah, und Ausdünstungen, die man als phosphoreszierenden Nebel vor einer schwarzen, öden Landschaft sah, den gleichen visuellen Eindruck hinterließen. Das war nicht in Ordnung – das war gegen die Natur –, und er dachte an die letzten schrecklichen Worte seines sterbenden Freundes: »es kommt von einem Ort, wo die Dinge nicht so sind wie hier … einer der Professoren hat das gesagt …«

Die drei Pferde, die an zwei ausgedörrten, kleinen Bäumen neben der Straßen angebunden waren, begannen nun panisch zu wiehern und zu scharren. Der Kutscher des Wagens wollte zur Tür stürmen, um sie zu beruhigen, doch Ammi legte ihm seine zitternde Hand auf die Schulter. »Geh nich da raus«, flüsterte er. »Da is mehr da draußen, als mer glauben. Nahum hat gesagt, da lebt etwas im Brunnen, das saugt dir das Leben aus. Sagte, es is aus einer runden Kugel gewachsen, so einer, wie wir in dem Meteor gesehen haben, der vor einem Jahr im Juni herunterkam. Es saugt und brennt, sagte er, und hat die gleiche Farbe wie jetzt das Licht dort, man kann es kaum sehen, und weiß nicht, was es ist. Nahum glaubte, es ernährt sich von allem, was lebt, und wird immer stärker. Sagte, er hätt es letzte Woche gesehen. Es muss was sein von weit draußen, von den Sternen, von wo, wie die Männer vom College letztes Jahr gesagt haben, der Meteor herkam. Aus was es ist und wie es funktioniert, ist nicht von Gottes Welt. Es kommt von irgendwo jenseits.«

Die Männer verharrten unentschlossen, während das Licht aus dem Brunnen immer stärker wurde und die angebundenen Pferde immer wilder mit den Hufen scharrten und wieherten. Es war ein wirklich abscheulicher Moment, das Grauen in dem alten und verfluchten Haus selbst, vier ekelhafte Überreste – zwei aus dem Haus und zwei aus dem Brunnen – im Holzschuppen hinter dem Haus und die unheilige Lichtsäule aus den schleimigen Tiefen davor. Ammi hatte den Kutscher ganz impulsiv zurückgehalten, ohne daran zu denken, dass er selbst die Berührung durch den feuchtkalten, farbigen Luftzug auf dem Dachboden unbeschadet überstanden hatte, aber vielleicht war seine Handlungsweise auch in Ordnung. Niemand wird erfahren, was in dieser Nacht da draußen vorging, und bis zu diesem Zeitpunkt hatte die blasphemische Entität aus dem Weltraum keinem menschlichen Wesen, das bei geistiger Gesundheit war, etwas angetan. Man kann nicht sagen, was sie letztendlich mit ihrer deutlich angewachsenen Macht getan hätte, doch Anzeichen dafür waren schon bald im Mondlicht des spärlich mit Wolken bedeckten Himmels zu sehen.

Ganz plötzlich atmete einer der Polizisten am Fenster kurz und heftig ein. Die anderen schauten ihn an, folgten seinem Blick nach oben zu dem Punkt, an dem sein müßiges Umhersehen verharrt hatte. Es brauchte keine Worte. Worüber man in den ländlichen Gerüchten gestritten hatte, brauchte man jetzt nicht mehr länger zu diskutieren, es war dieses Ding, von dem jeder der Gruppe später dann übereinstimmend flüsterte, wenn es um die seltsamen Tage ging, von denen in Arkham nie gesprochen wurde. Es ist notwendig voranzuschicken, dass es um diese Zeit am Abend windstill war. Später dann kam Wind auf, aber zu diesem Zeitpunkt wehte kein Luftzug. Selbst die trockenen Spitzen der spärlichen Wegrauke, grau und verdorben, und die Fransen an dem Stoffdach des Wagens bewegten sich nicht. Dennoch – mitten in dieser gottlosen Stille – bewegten sich die hohen, kahlen Äste sämtlicher Bäume im Hof. Sie verbogen sich ekelhaft und unkontrolliert, verschränkten sich zuckend in epileptischem Wahnsinn vor den vom Mondlicht beleuchteten Wolken, peitschten wirkungslos in der verderblichen Luft, so als ob eine fremde und körperlose Verbindung mit einem unterirdischen Schrecken an ihren schwarzen Wurzeln zerrte und riss.

Minutenlang wagte keiner der Männer zu atmen. Dann schob sich eine dunkle Wolke vor den Mond, und die Silhouette der verschlungenen Äste verblasste für einen Moment. In diesem Augenblick drang ein rauer, nahezu identischer und von Furcht gedämpfter Schrei aus sämtlichen Kehlen, denn der Schrecken war nicht mit der Silhouette verblasst, und in dem schrecklichen Moment größerer Dunkelheit sahen die Beobachter in den Baumwipfeln Tausende von kleinen Punkten herumwirbeln, die schwach und unheimlich glühten, und sich an den Ästen festsetzten, wie Elmsfeuer oder die Flammen, die an Pfingsten auf die Köpfe der Apostel niedergegangen waren. Es war eine monströse Formation von unnatürlichem Licht – wie ein übersättigter Schwarm von Aas genährten Glühwürmchen, die eine höllische Sarabande über einem verfluchten Moor tanzten – und ihre Farbe war von der gleichen Abseitigkeit, die Ammi gesehen hatte und fürchtete. Und während der ganzen Zeit wurde der Lichtstrahl aus dem Brunnen heller und heller und löste in den Köpfen der zusammengekauerten Männer ein Empfinden von Verderben und Abnormalität aus, das weiter über das hinausging, was sie sich bei klarem Bewusstsein hätten vorstellen können. Es *schien* nicht mehr aus dem Brunnenschacht heraus, sondern es *floss* nun heraus, und als der formlose Strom aus undefinierbarer Farbe den Brunnen verließ, hatte es den Anschein, als würde er direkt in den Himmel aufsteigen.

Der Veterinär zitterte und ging zur Vordertür, um den schweren Querbalken vorzulegen. Ammi zitterte nicht weniger, und da ihm die Stimme versagte, musste er gestikulieren, um die Aufmerksamkeit auf das stärker werdende Leuchten der Bäume zu lenken. Das Scharren und Wiehern der Pferde war absolut beängstigend geworden, doch niemand aus der Gruppe war bereit, sich für irgendetwas auf der Welt darum zu kümmern. Mit jedem Augenblick wurde das

Leuchten der Bäume intensiver, während sich ihre Äste unermüdlich immer weiter nach oben streckten. Das Holz der Brunneneinfassung leuchtete jetzt ebenfalls, und dann deutete ein Polizist auf einige Schuppen und Bienenstöcke in der Nähe der westlichen Mauer. Auch sie begannen zu leuchten, doch die abgestellten Pferdewagen der Besucher schienen davon noch nicht betroffen. Dann entstand ein wilder Tumult und Geklapper auf der Straße, und als Ammi die Lampe löschte, um besser nach draußen sehen zu können, erkannte man, dass die beiden Grauschimmel sich losgerissen hatten und mit dem Wagen durchgegangen waren.

Der Schock hatte dazu geführt, dass einige der Männer die Sprache wiedergefunden hatten und aufgeregt miteinander flüsterten. »Es befällt alles Organische, was es hier gibt«, murmelte der Leichenbeschauer. Keiner antwortete, doch der Mann, der in den Brunnen gestiegen war, vermutete, dass sein Stab etwas Unbeschreibliches aufgescheucht haben könnte. »Es war schrecklich«, fügte er hinzu. »Es gab keinen Boden. Nur Schlamm und Blasen und das Gefühl, da unten lauert etwas.« Draußen auf der Straße scharrte und wieherte Ammis Pferd immer noch ohrenbetäubend und übertönte fast das schwache Brabbeln, als sein Besitzer seine unzusammenhängenden Erklärungen murmelte. »Es kam aus diesem Stein … es wuchs dort unten … es hat sich alles Lebende geholt … es ernährt sich von Körper und Geist … Thad und Mernie, Zenas und Nabby … Nahum war der Letzte … sie alle haben das Wasser getrunken … durch sie wurde es stark … es kommt von jenseits, wo die Dinge nicht so sind wie hier … jetzt geht es nach Hause …«

In diesem Moment, als die Säule von unbekannter Farbe plötzlich heller aufflammte und sich zu fantastischen Andeutungen von Formen verwob, die jeder der Betrachter später anders beschrieb, kam von dem armen, angebundenen Hero ein Laut, wie ihn nie ein Mensch vorher oder nachher von einem Pferd vernommen hat. Alle in dem niedrigen Wohnzimmer hielten sich die Ohren zu, und Ammi wendete sich vor Abscheu und Ekel vom Fenster ab. Worte können es nicht vermitteln – als Ammi wieder hinaussah, lag das unglückliche Tier leblos und zusammengeschrumpft zwischen den zersplitterten Teilen des Buggy im Mondlicht auf dem Boden. Das war das Letzte, was sie von Hero sahen, bis sie ihn am nächsten Tag begruben. Doch im Moment war keine Zeit zu trauern, denn genau in diesem Augenblick lenkte ein Polizist stumm ihre Aufmerksamkeit auf etwas, was sich mit ihnen im selben Raum befand. Ohne Lampenlicht sah man deutlich, dass ein schwaches Phosphoreszieren den Raum erfüllt hatte. Es schimmerte auf den breiten Bodendielen, auf den Fetzen des alten Teppichs und an den kleinen Fensterscheiben. Es lief die hervorstehenden Eckpfeiler hoch und runter, funkelte auf dem Regalbrett und der Kamineinfassung und war auf den Türen und Möbeln. Von Minute zu Minute wurde es stärker und schließlich war offensichtlich, dass ein jedes gesunde Lebewesen dieses Haus verlassen musste.

Ammi zeigte ihnen die Hintertür und den Pfad durch die Felder zu den zehn Morgen Weideland. Sie gingen und stolperten wie in einem Traum und wagten nicht zurückzublicken, bis sie hoch genug auf sicherem Boden waren. Sie waren froh über den Pfad, denn sie hätten nicht den vorderen Weg an dem Brunnen vorbei nehmen können. Es war schon schlimm genug, an der schimmernden Scheune und den Schuppen vorbeizugehen und an den leuchtenden Obstbäumen mit ihrem knorrigen, teuflischen Aussehen, doch glücklicherweise vollführten die Bäume ihre schrecklichsten Windungen hoch oben. Als sie die einfache Brücke über Chapman's Brook überquerten, verschwand der Mond hinter einigen sehr dunklen Wolken, und von da an tasteten sie sich bis zu den offenen Wiesen blind vorwärts.

Als sie zurück ins Tal und zu dem entfernten Gehöft der Gardners dort unten blickten, bot sich ihnen ein Furcht einflößender Anblick. Das ganze Anwesen leuchtete in dieser unbekannten, abscheulichen Farbe; Bäume, Gebäude und auch das Gras und die Kräuter, die sich noch nicht gänzlich zu einer grauen, spröden Masse verwandelt hatten. Die Äste streckten sich alle gen Himmel, und an ihren Spitzen befanden sich ekelhafte Flammenzungen, und lodernde Tropfen desselben monströsen Feuers krochen über die Firste des Hauses, der Scheune und der Ställe. Es war das Bild einer Vision von Füssli, und über allem herrschte das Wüten leuchtender Formlosigkeit, dieser fremde und dimensionslose Regenbogen des rätselhaften Giftes aus dem Brunnen – brodelnd, fühlend, überschwappend, ausgreifend, funkelnd, verzerrend und ekelhaft blubbernd in seiner kosmischen, unbegreifbaren Farbigkeit.

Dann – ohne Vorwarnung – schoss das abscheuliche Ding wie eine Rakete oder ein Meteor zum Himmel auf, ohne eine Spur zu hinterlassen und verschwand durch ein rundes, merkwürdig regelmäßiges Loch in den Wolken, bevor noch jemand Luft holen oder aufschreien konnte. Keiner der Zuschauer kann jemals diesen Anblick vergessen, und Ammi starrte gebannt hinauf zu den Sternen Cygnus und Deneb, die heller als die anderen leuchteten und wo die unbekannte Farbe in der Milchstraße verschwunden war. Doch sein Blick wurde im nächsten Moment durch ein Knacken unten im Tal schnell zur Erde zurückgeholt. Es war nur das. Nur ein hölzernes Reißen und Knacken, keine Explosion, wie andere aus der Gruppe beschworen. Doch das Ergebnis war das gleiche, denn in einem fieberhaften, kaleidoskopischen Augenblick brach aus diesem verfluchten und dem Untergang geweihten Gehöft ein glänzendes, explosives Unheil aus unnatürlichen Funken und Materie hervor, das den Blick der wenigen, die es sahen, verwirrte, und es schickte einen solchen Ausbruch von farbigen und fantastischen Fragmenten in den Himmel, wie es ihn in unserem Universum nicht geben dürfte. Schnell glitt die Erscheinung auf das sich schließende Wolkenloch zu, durch das jenes andere, abseitige Ding schon verschwunden war, um kurz darauf ebenfalls darin zu verschwinden. Hinter und unter ihnen befand sich nur Dunkelheit, in die die Männer nicht wagten zurückzukehren, und um sie herum wehte ein schwarzer, kalter Wind aus den Tiefen des Weltalls. Er brüllte und heulte, peitschte die Felder und zerstörte die Wälder in einer wahnsinnigen, kosmischen Wut, und bald erkannte die Gruppe, dass es keinen Sinn hatte, darauf zu warten, dass der Mond hervorkäme, um zu sehen, was von Nahums Gehöft noch übrig war.

Zu eingeschüchtert, um irgendwelche Theorien aufzustellen, schleppten sich die sieben Männer die nördliche Straße Richtung Arkham entlang. Ammi ging es noch schlechter als seinen Gefährten, weshalb er sie bat, ihn noch bis zu seinem Haus zu begleiten, anstatt direkt in die Stadt zu gehen. Er wollte nicht allein die nächtlichen, sturmgepeitschten Wälder zu seinem Haus an der Hauptstraße durchqueren. Er hatte, anders als die anderen, noch einen zusätzlichen Schock zu verarbeiten und würde ewig unter einer schwärenden Furcht zu leiden haben, über die er jahrelang nicht wagte zu sprechen. Als die Augen der übrigen Beobachter auf dem Wind umtosten Hügel stur auf die Straße gerichtet waren, hatte Ammi einen Augenblick zurückgeschaut auf das überschattete Tal der Verwüstung, das noch bis vor Kurzem seinen unglücklichen Freund beheimatet hatte. Und an diesem heimgesuchten, weit entfernten Ort hatte er etwas sich langsam erheben sehen, nur um gleich wieder an der Stelle zusammenzubrechen, von wo dieser große, gestaltlose Schrecken in den Himmel geschossen war. Es war nur eine Farbe – doch keine Farbe von dieser Welt oder diesem Himmel. Und weil Ammi diese Farbe wahrgenommen hatte und wusste, dass dieser schwache Rest immer noch unten in dem Brunnen lauerte, war er seitdem nicht mehr der alte.

Ammi würde sich nie mehr in die Nähe dieses Ortes begeben. Jetzt ist schon mehr als ein halbes Jahrhundert seit den schrecklichen Ereignissen vergangen, doch er ist nie zurückgekehrt, und er wäre glücklich, wenn das neue Reservoir den Ort endlich auslöschen würde. Ich werde ebenfalls glücklich sein, denn mir gefällt nicht, wie, als ich dort war, das Sonnenlicht um die verlassene Brunnenöffnung herum die Farbe verändert hat. Ich hoffe, dass der Wasserstand des Reservoirs immer sehr hoch ist, doch selbst dann würde ich es nie trinken. Ich glaube nicht, dass ich die Gegend um Arkham noch einmal besuchen werde. Drei von den Männern, die mit Ammi zusammen dort gewesen waren, haben am nächsten Morgen die Ruinen bei Tageslicht noch einmal in Augenschein genommen, doch eigentlich gab es da keine wirklichen Ruinen. Nur die Ziegel des Kamins, die Steine des Fundaments, da und dort irgendwelchen Unrat von Steinen und Metall sowie die Einfassung des schändlichen Brunnens. Außer Ammis totem Pferd, das sie wegbrachten und begruben und dem Buggy, den sie ihm später zurückbrachten, war alles, was einmal gelebt hatte, hinüber. Zurück blieben fünf unheimliche Morgen staubiger, grauer Einöde, auf der seitdem nie etwas gewachsen ist. Bis zum heutigen Tag breitet sie sich dort aus wie eine große Fläche, die von Säure in die Wälder und Felder gefressen worden ist, und die wenigen, die sich trotz der ländlichen Geschichten je getraut haben, einen Blick darauf zu werfen, haben sie die Öde Heide genannt.

Die ländlichen Geschichten sind seltsam. Sie mögen noch seltsamer klingen, wenn Stadtmenschen und College-Chemiker interessiert genug wären, das Wasser aus diesem nicht genutzten Brunnen zu analysieren oder den grauen Staub, den anscheinend kein Wind verwehen kann. Botaniker sollten ebenfalls die verkümmerten Pflanzen am Rand dieser Stelle untersuchen, denn möglicherweise bringen sie Licht in die Behauptung des Landvolks, dass die Fäulnis sich ausbreite – Stück für Stück, vielleicht zwei, drei Zentimeter pro Jahr. Die Leute erzählen, dass die Farbe der in der Nähe wachsenden Kräuter im Frühling nicht ganz in Ordnung sei, und dass die Wildtiere seltsame Abdrücke im winterlichen Schnee hinterließen. Der Schnee schien in der Öden Heide auch nicht so reichlich zu fallen wie sonst wo. Pferde – die wenigen, die es im motorisierten Zeitalter noch gibt – scheuen in dem stillen Tal; und Jäger können sich in der Nähe dieses Flecks von grauem Staub nicht auf ihre Hunde verlassen.

Außerdem behauptet man, gäbe es auch einen schlechten Einfluss auf die Psyche. Eine ganze Reihe von Personen ist in den Jahren nach Nahums Verschwinden seltsam geworden, doch keiner brachte die Kraft auf wegzugehen. Die willensstärkeren Leute verließen alle die Gegend, und nur Ausländer versuchten noch, die alten, heruntergekommenen Gehöfte zu bewohnen. Doch auch sie hielten es nicht lange aus, und man fragte sich, welche Kenntnisse, jenseits der unseren, ihnen ihre wilden, unheimlichen Arten von geflüsterter Magie vermittelt haben. Ihre nächtlichen Träume, so beteuerten sie, wären sehr Angst einflößend in diesem abseitigen

Land, und sicherlich reicht allein ein Blick in die dunklen Reiche, um eine morbide Fantasie anzuheizen. Kein Besucher hatte sich jemals des Gefühls der Fremdheit beim Anblick jener tiefen Schluchten entziehen können, und Künstler überkam ein Schauder, wenn sie die dichten Wälder malten, deren Mystik sich nicht nur für das Auge, sondern auch in den Gedanken manifestierte. Ich selbst wundere mich über die Empfindungen, die mich auf meinem einzigen, einsamen Weg überkamen, noch bevor Ammi mir seine Geschichte erzählte. Als die Dämmerung hereinbrach, wünschte ich mir unterschwellig, dass einige Wolken aufziehen würden, denn eine seltsame Angst vor den Tiefen des Himmels über mir war in meine Seele gekrochen.

Fragen Sie mich nicht, was ich davon halte. Ich weiß es nicht – und das war's. Außer Ammi gab es niemanden, den man hätte fragen können; die Leute in Arkham sprechen nicht über die seltsamen Tage, und alle drei Professoren, die den Meteor und die farbige Kugel gesehen haben, sind inzwischen verstorben. Es gab noch weitere Kugeln – da können Sie sicher sein. Eine muss sich ernährt haben und dann geflohen sein, und möglicherweise war da noch eine andere, die zu spät kam. Ohne Zweifel befindet sie sich noch in dem Brunnen – ich weiß, dass da etwas mit dem Sonnenlicht, das ich über dem ekelhaften Brunnen sah, nicht in Ordnung war. Das Landvolk sagt, dass die Fäulnis jedes Jahr drei Zentimeter vorankriecht, also gibt es vielleicht selbst jetzt eine Art von Wachstum oder Ernährung. Doch welche dämonische Brut dort auch schwärt, sie muss an etwas gebunden sein, denn sonst würde sie sich schnell ausbreiten. Hängt sie an den Wurzeln der Bäume, die sich in die Luft krallen? Eine der momentan in Arkham kursierenden Geschichten erzählt von mächtigen Eichen, die leuchten und sich nachts auf eine Weise bewegen, wie sie es nicht tun dürften.

Was es ist, das weiß nur Gott. Wenn man es in Begriffen von Materie fassen müsste, dann würde ich sagen, dass das, was Ammi beschrieb, ein Gas war, allerdings unterlag dieses Gas keinen Gesetzen unseres Weltalls. Das war keine Frucht von den Welten und Sonnen, die man durch unsere Teleskope und auf den Fotografien unserer Observatorien sehen kann. Es war kein Odem aus den Himmeln, deren Bewegungen und Dimensionen unsere Astronomen ausmessen, oder die zu weit entfernt liegen, um vermessen zu werden. Es war einfach eine Farbe aus dem All – ein fürchterlicher Bote aus ungeformten Reichen der Unendlichkeit, jenseits aller natürlichen Erscheinungen, die wir kennen, aus Reichen, deren bloße Existenz unsere Sinne betäubt und uns erstarren lässt, angesichts der jenseits liegenden, kosmischen Abgründe, die sich vor unseren entsetzten Augen öffneten.

Ich zweifle sehr stark daran, dass Ammi mich bewusst belogen hat, und glaube auch nicht, dass sein Bericht der eines wahnsinnigen Sonderlings war, wie die Stadtleute mich vorgewarnt haben. Mit diesem Meteor war etwas Schreckliches in die Hügel und Täler gekommen, und etwas Schreckliches – obwohl ich nicht weiß, wie groß es ist – befindet sich immer noch dort. Ich werde froh sein, wenn das Wasser kommt. In der Zwischenzeit hoffe ich, dass Ammi nichts widerfährt. Er hat so viel von dem Ding gesehen, und dessen Einfluss ist so schleichend. Warum hat er es nicht geschafft wegzugehen? Er erinnert sich immer noch deutlich an die Worte des sterbenden Nahums – »konnte nicht wegkommen … zieht dich … du merkst, irgendwas kommt, kannst aber nichts dagegen tun …« Ammi ist ein so guter, alter Mann. Wenn die Bauarbeiten für das Reservoir beginnen, muss ich dem Chefingenieur einen Brief schreiben, dass er ein Auge auf Ammi haben soll. Ich hasse es, mir ihn als graue, verkrümmte, spröde Monstrosität, wie sie beharrlich meine Träume heimsucht, vorzustellen.

Das Grauen von Dunwich

Gorgonen, Hydras und Schimären – grässliche Geschichten von Celaeno und den Harpyen – mögen wie von selbst in den Köpfen von Abergläubischen entstehen – doch sie sind immer schon dort gewesen. Es sind Überlieferungen, Topoi – die Archetypen sind in uns und ewig. Wie sonst könnten Dinge, von denen wir bei wachem Bewusstsein wissen, dass sie nicht existieren, uns sonst beeinflussen? Es liegt daran, dass wir ganz selbstverständlich Angst vor diesen Dingen verspüren, da wir sie für fähig halten, uns körperlichen Schaden zuzufügen. Aber durchaus nicht! Diese Schrecken stammen aus älteren Epochen. Sie reichen weit zurück vor den körperlichen Zustand – denn auch ohne Körper wären sie die gleichen … Die Art des Grauens, von dem wir hier sprechen, ist rein spirituell – es ist mächtig und auf der Erde körperlos. Es bestimmt die Zeit unserer unschuldigen Kindheit – und so entsteht das Problem, dass die Lösung uns einen aufschlussreichen Einblick in die Zeit vor der Sprachfindung gibt und am Ende auch in das Schattenland vor der Menschwerdung.

Charles Lamb: *Hexen und andere Nachtgeschöpfe*

I

Wenn ein Reisender im nördlichen Massachusetts an der Kreuzung der Aylesbury-Überlandstraße direkt hinter Dean's Corner die falsche Richtung einschlägt, gerät er in ein einsames und seltsames Gebiet. Die Gegend steigt an, und die von Dornengestrüpp überwachsenen Steinmauern kommen immer näher an die Trasse der staubigen kurvenreichen Straße heran. Die Bäume der vielen Waldungen erscheinen zu hoch, und die Büsche, Sträucher und das Gras erreichen eine Dichte, wie man sie nicht oft in besiedelten Gebieten findet. Zur gleichen Zeit scheinen die Felder weniger und unfruchtbar zu werden, während die verstreuten Häuser sich auf erstaunliche Weise in Alter, Verkommenheit und Verfall gleichen. Ohne besonderen Grund zögert man, die gedrungenen einzelnen Gestalten, die man manchmal auf den Türschwellen oder den steinigen Wiesen sieht, nach dem Weg zu fragen. Diese Gestalten sind so schweigsam und heimlichtuerisch, dass man sich unbewusst mit verbotenen Dingen konfrontiert wähnt, mit denen man besser nichts zu tun haben will. Wenn die Straße über eine Kuppe führt und man die Berge hinter den tiefen Wäldern sehen kann, dann verstärkt sich noch der beunruhigende Eindruck. Die Gipfel sind zu rund und symmetrisch, als dass sie natürlich und angenehm erscheinen würden, und manchmal sieht man vor dem unnatürlich klaren Himmel die Silhouetten von kreisförmig aufgestellten Steinsäulen, die sich auf den meisten Berggipfeln befinden.

Schluchten und Abhänge von beeindruckender Tiefe schneiden den Weg, und die groben Holzbrücken wirken alle nicht besonders sicher. Wenn die Straße wieder nach unten führt, kommt man zu ausgedehnten Sumpflandschaften, die man instinktiv nicht mag und am Abend sogar fürchtet, wenn verborgene Ziegenmelker schnattern und Glühwürmchen in ungewöhnlich großer Zahl zu den heiseren unregelmäßigen Gesängen der quakenden Ochsenfrösche tanzen. Die dünne glänzende Linie des Oberlaufs des Miskatonic erweckt, wie er sich durch die runden Hügel windet, zwischen denen er entspringt, den unguten Eindruck einer Schlange.

Kommt man näher an die Berge heran, dann sind ihre bewaldeten Hänge imposanter als ihre felsigen Gipfel. Diese Hänge erheben sich so dunkel und steil, dass man sich wünscht, sie blieben auf Abstand, doch es gibt keine andere Straße, auf der man ihnen ausweichen könnte. Hinter einer Tunnelbrücke kann man ein kleines Dorf zwischen dem Fluss und dem Rand des Round Mountain gedrängt sehen und wundert sich, dass die verfallenen Giebel von einer älteren Bauweise künden als die angrenzende Region. Wenn man auf den zweiten Blick dann bemerkt, dass die meisten Häuser verlassen und nur noch Ruinen sind, dann trägt das nicht zur Beruhigung bei, auch nicht, dass sich in der verfallenen Kirche das einzige Geschäft des Weilers befindet. Man traut dem dunklen Tunnel der Brücke nicht, doch es gibt keinen anderen Weg. Hat man sie dann überquert, fällt es schwer, den Eindruck von einem schwülen üblen Gestank in der Dorfstraße angesichts des Morasts und des Verfalls von Jahrzehnten zu unterdrücken. Man ist immer erleichtert, wenn man den Ort hinter sich gelassen hat, auf der schmalen Straße um den Fuß der Berge herum ist, die dahinterliegende Ebene durchquert und man wieder die Aylesbury-Überlandstraße erreicht hat. Manchmal erfährt man dann später, dass man durch Dunwich gekommen ist.

Fremde besuchen Dunwich so selten wie möglich, und seit jener Zeit des Grauens wurden alle Wegweiser dorthin niedergerissen. Die Landschaft ist, wenn man nach dem üblichen Verständnis geht, mehr als nur durchschnittlich schön, doch es gibt keine Flut von Künstlern oder Sommerfrischlern, die es dorthin zieht. Vor zwei Jahrzehnten, als man über Hexen, Satanskult und absonderliche Erscheinungen im Wald nicht lachte, gab es gute Gründe, diesen Ort zu meiden. In unserer empfindsamen Zeit – seit das Grauen von Dunwich im Jahre 1928 von jenen verschwiegen wurde, denen das Wohl der Stadt und der Welt am Herzen lag – meiden die Leute den Ort, ohne genau zu wissen warum. Ein Grund, der aber unwissenden Fremden nicht bekannt sein kann, ist möglicherweise, dass die Einheimischen abstoßend dekadent sind und den Weg der Evolution ein ganzes Stück rückwärts beschritten haben, wie es bei vielen hinterwäldlerischen Gebieten in Neuengland der Fall ist. Sie bilden inzwischen eine eigene Rasse, mit den deutlichen Anzeichen von Niedergang und Inzucht. Ihre durchschnittliche Intelligenz ist bedauerlich niedrig, während ihre Geschichte vor Lasterhaftigkeit und Mord, Inzest und Taten von fast unbeschreiblicher Gewalt und Verruchtheit nur so strotzt. Die alte Oberschicht, bestehend aus den zwei oder drei noblen Familien, die 1692 von Salem kamen, befindet sich etwas über der allgemeinen Dekadenz, doch viele Zweige dieser Familien sind so tief in die andere Bevölkerung herabgesunken, dass nur noch ihre Namen auf ihre besondere Abstammung hindeuten. Einige der Whateleys und Bishops schicken ihre ältesten Söhne immer noch nach Harvard und Miskatonic, doch diese Söhne kehren nur sehr selten zu den verfallenen Giebeln zurück, unter denen ihre Vorfahren geboren wurden.

Niemand, selbst jene nicht, die alles über das letzte Grauen wissen, kann sagen, was mit Dunwich los ist, doch alte Legenden sprechen von unheiligen Ritualen und Versammlungen der Indianer, bei denen verbotene Gestalten aus den Schatten der großen kugelförmigen Berge gerufen wurden und wilde orgiastische Beschwörungen stattfanden, die von lautem unterirdischem Krachen und Donnern beantwortet wurden. Im Jahr 1747 kam Reverend Abijah Hoadley neu zu der Kongregationalkirche des Dorfes Dunwich und hielt eine erinnerungswürdige Predigt über die Nähe des Satans und seiner Ausgeburten. Er sagte:

> Man muss sagen, dass diese Blasphemien eines infernalischen Zugs von Dämonen zu weit bekannt sind, als dass man sie leugnen kann. Die verfluchten Stimmen von Azarel, Bazrael, Beelzebub und Belial sind aus dem Erdinneren von vertrauenswürdigen noch lebenden Zeugen gehört worden. Ich selbst stieß vor vierzehn Tagen auf eine deutliche Manifestation der bösen Kräfte an dem Berg hinter meinem Haus, wo es zu einem Rattern, Donnern, Grunzen, Schreien und Zischen kam, so wie es kein Ding auf Erden hervorbringen und was nur aus den Höhlen stammen kann, die nur die schwarze Magie entdecken und der Teufel öffnen kann.

Kurz nach dieser Predigt verschwand Mr Hoadley, doch der Text, der in Springfield gedruckt wurde, ist immer noch zugänglich. Über die Jahre hinweg wurde immer wieder von Geräuschen in den Bergen berichtet, und sie sind für die Geologen und Psychologen immer noch ein Rätsel.

Andere Überlieferungen sprechen von einem faulen Gestank in der Nähe der Kreise aus Steinsäulen auf den Bergkuppen und von dem Rauschen der Windwesen, das man zu bestimmten Stunden an genau festgelegten Stellen am Boden der großen Schluchten hören kann, während andere immer noch eine Erklärung für den Teufelstanzboden suchen, einer blanken, verwüsteten Bergflanke, wo kein Baum, kein Strauch oder Gras wachsen will. Auch versetzt die große Anzahl der Ziegenmelker, die in warmen Nächten schnattern, die Einheimischen in Todesangst. Man glaubt, diese Vögel warteten auf die Seelen der Sterbenden und dass ihre unheimlichen Schreie im Atemrhythmus des Leidenden erklängen. Wenn es ihnen gelänge, die fliehende Seele beim Verlassen des Körpers zu schnappen, flögen sie sofort unter dämonischem Zwitschern davon, doch wenn sie versagten, dann verstummten sie nach und nach enttäuscht.

Diese Geschichten sind natürlich abseitig und lächerlich, denn sie stammen aus sehr alten Zeiten. Dunwich ist aber tatsächlich unglaublich alt – weit älter als die Gemeinden im Umkreis von dreißig Meilen. Südlich des Dorfes kann man noch die Grundmauern und den Kamin des alten Bishophauses sehen, das vor 1700 erbaut worden ist, während die Ruinen der 1806 beim Wasserfall erbauten Mühle die Überreste des jüngsten Gebäudes sind. Hier gibt es keine Industrie, und die Fabriken aus dem neunzehnten Jahrhundert erwiesen sich als kurzlebig. Am ältesten sind die großen Kreise aus grob behauenen Steinsäulen auf den Berggipfeln, doch die schreibt man allgemein den Indianern und nicht den Siedlern zu. Anhäufungen von Schädeln und Gebeinen, die man in diesem Kreis und bei dem beachtlichen, tischförmigen Fels auf Sentinel Hill gefunden hat, stützen die verbreitete Annahme, dass es sich bei diesen Orten um ehemalige Begräbnisstätten der Pocumtucks handelt, auch wenn viele Ethnologen diese unbeweisbare Theorie verwerfen, da es sich bei den Gebeinen um Knochen von Weißen handele.

II

Es war in der Gemeinde Dunwich, in einem großen, nur teilweise bewohnten Bauernhof an einer Hügelflanke vier Meilen außerhalb des Dorfes und eineinhalb Meilen vom nächsten Haus entfernt, wo Wilbur Whateley am Sonntag, den 2. Februar 1913 um fünf Uhr morgens geboren wurde. Man erinnerte sich an das Datum, denn es war Lichtmess, was die Menschen in Dunwich aber anders bezeichnen, und weil Geräusche aus den Bergen drangen und alle Hunde im Umkreis vorher in der Nacht ohne Unterlass gebellt hatten. Weniger wichtig war der Umstand, dass die Mutter eine der dekadenten Whateleys war, eine irgendwie missgestaltete, unattraktive Albinofrau von fünfunddreißig Jahren, die bei ihrem alten und halb verrückten Vater lebte, von dem furchteinflößende Geschichten über Zauberei, die er in seiner Jugend praktiziert hatte, im Umlauf waren. Man wusste von keinem Ehemann Lavinia Whateleys, doch gemäß den Sitten der Gegend unternahm sie keinen Versuch, das Kind loszuwerden, wusste aber, dass die anderen Bewohner sich über seine Abstammung Gedanken machen würden – und so war es auch. Ganz im Gegenteil, sie schien auf merkwürdige Weise stolz auf ihr dunkelhäutiges, irgendwie einer Ziege ähnelndes Kind zu sein, das einen Kontrast zu ihrem eigenen kränklichen Albinismus mit ihren roten Augen bildete. Man hörte, wie sie viele seltsame Prophezeiungen über seine ungewöhnlichen Kräfte und seine unglaubliche Zukunft von sich gab.

Lavinia war dafür geschaffen, solche Dinge unter die Leute zu bringen, denn sie war ein einsames Wesen, das bei Gewitter in den Bergen herumlief und versuchte, die großen, abscheulichen Bücher ihres Vaters zu lesen, die über zwei Jahrhunderte im Besitz der Whateleys waren und die schon aufgrund des Alters und der

Wurmlöcher in Stücke fielen. Sie hatte nie eine Schule besucht, war aber erfüllt von nicht zusammenpassenden Bruchstücken alter Geschichten, die der alte Whateley ihr beigebracht hat. Das abgelegene Bauernhaus war stets wegen des alten Whateleys Ruf als Schwarzer Magier gefürchtet gewesen, und der überraschende, gewaltsame Tod von Mrs Whateley, als Lavinia zwölf Jahre alt war, hatte nicht dazu beigetragen, den Ort beliebt zu machen. Lavinia, die ganz alleine und seltsamen Einflüssen ausgesetzt war, verlor sich in wilde grandiose Tagträume und merkwürdige Beschäftigungen, auch wurde ihre Freizeit nicht groß durch ihre Pflichten im Haushalt eingeschränkt, denn die Maßgaben von Ordnung und Sauberkeit hatten sich schon lange verabschiedet.

In der Nacht, als Wilbur geboren wurde, erklang ein abscheuliches Schreien, das alle Laute der Berge übertönte, und die Hunde bellten in dieser Nacht, doch kein Arzt und keine Hebamme waren bei seiner Geburt zugegen. Die Nachbarn erfuhren erst eine Woche später von seiner Geburt, als der alte Whateley mit seinem Schlitten durch den Schnee nach Dunwich fuhr und einer Gruppe von Leuten in Osborns Laden wirr davon erzählte. In dem alten Mann schien eine Veränderung vorgegangen zu sein – eine Art von Verstohlenheit war seinem umnachteten Geist zu eigen geworden, was ihn unmerklich von jemandem, den man fürchtete, zu jemandem, der sich fürchtete, werden ließ – da er keiner war, der sich von einem gewöhnlichen Familienereignis berühren ließ. Zumindest zeigte er eine Spur von Stolz, den man später dann auch bei seiner Tochter feststellte, und an das, was er von dem Vater des Kindes sagte, daran erinnerten sich viele der Zuhörer noch nach Jahren.

»Ich kümmer mich nich, was de Leute sagen – wenn Lavinys Junge wie sein Vadder aussähe, dann könnt ihr euch nich vorstelln, wie er aussieht. Dürft nich glauben, ihr seid die Einzigen hier. Laviny hat was gelesen und was gesehn, von dem de meisten von euch nur redn. Ich nemm an, ihr Mann is en guter Ehemann, wanner diese Seite von Aylesbury findn kann. Un wenn ihr so viel über die Berge wüsst wie ich, dann wüsst ihr dass es ne bessere Hochzeit wie inner Kirche war. Ich sag euch was – *eines Tages hört ihr das Kind von Laviny rufn den Name von seinem Vadder obn aufm Sentinel Hill!*«

Der einzige Mensch, der Wilbur in den ersten Monaten seines Lebens sah, war der alte Zechariah Whateley von den nicht dekadenten Whateleys, und Earl Sawyers auf übliche Weise angetraute Ehefrau Mamie Bishop. Mamies Besuch entsprang ganz klar der Neugierde, und ihr ausführlicher Bericht entsprach dem, was sie gesehen hatte. Zechariah aber brachte zwei Alderney-Kühe dorthin, die der alte Whateley von seinem Sohn Curtis gekauft hatte. Dies war der Anfang von umfassenden Viehkäufen durch die Familie des kleinen Wilbur, die erst 1928 endeten, als das Grauen über Dunwich kam und wieder verschwand, doch niemals schien die baufällige Scheune der Whateleys durch das Vieh aus den Nähten zu platzen. Es gab eine Zeit, da schlichen neugierige Leute hinaus und zählten das Vieh, das unsicher auf dem steilen Hang hinter dem alten Bauernhof weidete, und nie fanden sie mehr als zehn oder zwölf blutleer wirkende Tiere. Offensichtlich sorgte eine Krankheit oder eine Seuche, vielleicht übertragen durch die ungesunden Weiden oder von dem pilzverseuchten Holz der schmutzigen Scheune übergesprungen, für eine hohe Sterblichkeit unter den Tieren der Whateleys. Die sichtbaren Tiere trugen merkwürdige Wunden oder Verletzungen, die manchmal wie Einschnitte wirkten, und während der ersten Monate behaupteten manche, die dort gewesen waren, dass sie dieselben Schnitte am Hals des grauhaarigen unrasierten alten Mannes und seiner schlampigen kraushaarigen Albinotochter gesehen hätten.

Im Frühling, der auf Wilburs Geburt folgte, nahm Lavinia ihre gewohnten Streifzüge durch die Berge wieder auf, wobei sie in ihren missgestalteten Armen das dunkelhäutige Kind trug. Nachdem die meisten der Bewohner das Kind gesehen hatten, verschwand das öffentliche Interesse an den Whateleys, und niemand hielt es für nötig, einen Kommentar zu der schnellen Entwicklung des Neugeborenen abzugeben. Wilburs Wachstum war wirklich erstaunlich, denn innerhalb von drei Monaten hatte er eine Größe und Stärke, die man erst bei einjährigen Kindern findet. Seine Bewegungen und sogar seine Laute zeigten eine Beherrschung und Ausgeprägtheit, die für ein Kleinkind außergewöhnlich waren, und niemand war wirklich überrascht, als er mit sieben Monaten schon laufen konnte, zwar schwankend, was sich nach einem Monat aber auch gegeben hatte.

Irgendwann später – an Halloween – war um Mitternacht ein mächtiger Lichtschein auf dem Gipfel von Sentinel Hill zu sehen, wo sich der alte tischgleiche Stein inmitten der vielen alten Knochen befand. Viel Gerede entstand als Silas Bishop – von den nicht dekadenten Bishops – erwähnte, dass er ungefähr eine Stunde, bevor der Lichtschein bemerkt wurde, den Jungen vor seiner Mutter her eilig den Berg hinaufrennen gesehen hatte. Silas war auf der Suche nach einem verirrten Kalb gewesen, doch als er die beiden Gestalten im schwachen Licht seiner Laterne gesehen hatte, hätte er fast sein Vorhaben vergessen. Sie stürmten lautlos durch das Unterholz, und der erstaunte Zuschauer schien der Ansicht zu sein, sie wären völlig unbekleidet gewesen. Später war er sich in Bezug auf den Jungen nicht mehr sicher, der vielleicht einen Gürtel und dunkle Shorts oder Hosen anhatte. Wilbur wurde niemals lebend und bei Bewusstsein ohne vollständige und hochgeschlossene Kleidung gesehen, denn eine unvollständige oder der Anschein von unvollständiger Kleidung schien ihn immer mit Wut und Unsicherheit zu erfüllen. Dieser Unterschied zu seiner nachlässigen Mutter und dem Großvater war besonders auffällig, bis das Grauen von 1928 die Gründe dafür offenbarte.

Die Gerüchte im nächsten Januar beschäftigten sich nur am Rande mit dem Umstand, dass »Lavinys schwarze Brut« im Alter von nur elf Monaten zu sprechen begonnen hatte. Sein Sprechen war aus zwei Gründen bemerkenswert, denn es war ganz anders als der Dialekt dieses Landstrichs und völlig frei von dem kindlichen Lispeln, auf das die meisten Kinder im Alter von drei oder vier Jahren glauben stolz sein zu müssen. Der Junge sprach nicht viel, doch wenn er es tat, dann drückte er Dinge aus, die für Dunwich und die Bewohner völlig ungewöhnlich waren. Das Ungewöhnliche lag nicht in dem, was er sagte, oder in den einfachen Worten, die er benutzte, sondern schien irgendwie mit seiner Betonung oder den Sprechorganen zusammenzuhängen. Auch sein Gesicht war ein Hinweis auf seine fortgeschrittene Entwicklung, denn obgleich er das fliehende Kinn seiner Mutter und seines Großvaters hatte, gab ihm seine schmale, früh ausgebildete Nase zusammen mit dem Ausdruck seiner dunklen, fast südländischen Augen die Aura von Erwachsensein und einer übernatürlichen Intelligenz. Er war trotz seiner besonderen Entwicklung hässlich. Seine dicken Lippen gaben ihm etwas Ziegengleiches oder Tierisches, er hatte großporige, gelbe Haut, raues, gekräuseltes Haar und merkwürdig lange Ohren. Schon bald verabscheute man ihn mehr als seine Mutter und seinen Großvater, und all das wurde noch angereichert mit Hinweisen auf die vergangene Zauberkunst des alten Whateley und wie einmal die Berge erzitterten, als er den schrecklichen Namen von *Yog-Sothoth* in einem Steinkreis brüllte und dabei ein großes Buch in seinen Armen vor sich hielt. Die Hunde hassten den Jungen, und er musste immer eine Menge Vorkehrungen gegen ihr bedrohliches Bellen treffen.

III

In der Zwischenzeit kaufte der alte Whateley immer weiter Vieh, ohne dass seine Herde größer wurde. Er schlug auch Holz und begann die unbewohnten Teile des Hauses zu reparieren. Es war ein weitläufiges Gebäude mit spitzem Dach, dessen hinterer Teil völlig im Hang verschwand, und die drei noch intakten Räume im Erdgeschoss waren für ihn und seine Tochter immer ausreichend gewesen. In dem alten Mann mussten noch ungeahnte Kraftreserven gesteckt haben, denn sonst hätte er diese schwere Arbeit nicht bewältigen können, und obwohl er hin und wieder unsinnig vor sich hin brabbelte, schien seine Zimmermannsarbeit von guter Qualität zu sein. Begonnen hatte es schon mit Wilburs Geburt, als er einen der vielen Schuppen plötzlich in Ordnung brachte, mit Schindeln deckte und ihm ein neues, gefälliges Aussehen gab. Jetzt, da er das leer stehende obere Stockwerk renovierte, erwies er sich wieder als geübter Handwerker. Seine Verrücktheit zeigte sich nur darin, dass er die Fenster in dem wiederhergestellten Bereich fest vernagelte – obwohl viele behaupteten, es wäre Blödsinn, sich überhaupt mit so etwas abzugeben. Noch unerklärlicher war, dass er einen weiteren Raum im Erdgeschoss für seinen Enkel herrichtete – einen Raum, den viele Besucher gesehen haben, doch keiner hat je das Obergeschoss betreten. In diesem Zimmer brachte er lange, stabile Bücherregale an, auf die er nach und nach in eindeutig sorgfältiger Ordnung die verrotteten alten Bücher und die Teile von Büchern stellte, die er in seinen Tagen unsystematisch in allen möglichen Ecken der verschiedenen Räume aufbewahrt hatte.

»Ich hab was mit angefangen«, sagte er, als er versuchte, eine zerrissene, bedruckte Seite mit einer Paste zu kleben, die er auf dem rostigen Küchenherd angerührt hatte, »doch der Junge ist in der Lage besseren Gebrauch von zu machen. Er soll sie habn, so wie er's braucht, denn sie habn alles, was er lern muss.«

Als Wilbur ein Jahr und sieben Monate alt war – im September 1914 – waren seine Größe und seine Fähigkeiten fast beunruhigend. Er war größer als ein vierjähriges Kind und sprach fließend und geistvoll. Er rannte frei in den Feldern und Bergen herum und begleitete seine Mutter auf ihren Streifzügen. Zu Hause brütete er über den absonderlichen Bildern und Texten in den Büchern seines Großvaters, während der alte Whateley ihn an langen ruhigen Nachmittagen unterrichtete und belehrte. Zu dieser Zeit war die Instandsetzung des Hauses beendet und jene, die es sahen, wunderten sich, warum eines der oberen Fenster zu einer Tür umgebaut worden war. Es war ein Fenster im hinteren, östlich gelegenen Teil, nahe an der Hügelflanke und niemand konnte sich vorstellen, warum eine hölzerne Rampe vom Boden bis dort hinauf gebaut worden war. Gegen Ende der Arbeiten bemerkten die Leute, dass der alte fensterlose Geräteschuppen, der seit Wilburs Geburt fest verschlossen war, wieder verfiel. Die Tür stand offen, und als Earl Sawyer einmal nach einem Viehverkauf hineinging, war er von dem eigentümlichen Gestank darin überwältigt – ein Gestank, den er nur einmal in seinem Leben in der Nähe der Indianerkreise auf den Bergen bemerkt hatte und der von nichts Gesundem auf dieser Erde stammen konnte. Doch die Häuser und Schuppen der Bewohner von Dunwich waren nie für ihre Wohlgerüche bekannt.

In den folgenden Monaten ereignete sich nichts, außer dass alle Bewohner meinten, ein langsames Anschwellen der geheimnisvollen Geräusche in den Bergen zu vernehmen. In der Nacht zum 1. Mai 1915 kam es zu Erschütterungen, die sogar die Bewohner von Aylesbury bemerkten, und im darauf folgenden Halloween bebte die Erde in absonderlichem Gleichklang mit Flammenausbrüchen – »die Hexen-Whateleys sind's« – auf dem Gipfel des Sentinel Hill. Wilbur wuchs weiter auf unheimliche Weise, sodass er im Alter von vier Jahren wie ein Zehnjähriger wirkte. Inzwischen konnte er selbstständig lesen, redete aber wesentlich weniger als vorher. Er zeigte eine große Verschlossenheit, und zum ersten Mal sprachen die Leute von dem beginnenden bösen Ausdruck in seinem tierhaften Gesicht. Manchmal murmelte er in einer unbekannten Sprache und sang absonderliche Melodien, die seine Zuhörer in unerklärlichem Schrecken erzittern ließen. Die Abneigung der Hunde gegen ihn, war nun weithin bekannt, und er war, wenn er durch die Gegend streifte, gezwungen eine Pistole zu tragen. Sein gelegentlicher Gebrauch der Waffe machte ihn unter den Besitzern von Wachhunden nicht beliebter.

Die wenigen Besucher des Bauernhofes fanden Lavinia häufig im Erdgeschoss vor, während aus dem vernagelten Obergeschoss seltsame Schreie und Schritte dröhnten. Sie gab nie eine Erklärung ab, was ihr Vater und der Junge dort oben taten, doch einmal, als ein zu Späßen aufgelegter Fischhändler versuchte, die verschlossene Tür zur Treppe zu öffnen, erbleichte sie und zeigte eine ungewöhnliche Furcht. Der Händler erzählte den Leuten im Laden von Dunwich, dass er meinte im Obergeschoss ein Pferd stampfen gehört zu haben. Die Leute wurden nachdenklich, dachten an die Tür mit der Rampe und an das Vieh, das so unauffällig verschwand. Dann erschauderte sie, als sie an die Geschichten aus der Jugend des alten

Whateley dachten und die seltsamen Dinge, die man aus der Erde heraufbeschwören konnte, wenn ein Ochse zur rechten Zeit bestimmten heidnischen Göttern geopfert wurde. Schon seit einiger Zeit hatte man bemerkt, dass die Hunde das gesamte Anwesen der Whateleys inständig hassten, so wie sie den jungen Wilbur hassten und fürchteten.

Als im Jahr 1917 der Kriegseintritt kam, hatte der ehrenwerte Sawyer Whateley als Vorsitzender des örtlichen Rekrutierungsbüros Schwierigkeiten, eine Anzahl von jungen Männern zu finden, die überhaupt für das Ausbildungslager geeignet waren. Die durch dieses Maß an durchgängiger Dekadenz alarmierte Regierung schickte einige Beamten und Ärzte, um die Sache zu untersuchen, eine Untersuchung, an die sich die Zeitungsleser in Neuengland sicher noch erinnern. Es war das öffentliche Interesse an dieser Untersuchung, dass die Reporter auf die Spur der Whateleys brachte, und im *Boston Globe* und *Arkham Advertiser* erschienen übertriebene Geschichten über die hellseherischen Fähigkeiten des jungen Wilbur, der Schwarzen Magie des alten Whateley, die Regale mit merkwürdigen Büchern, das versiegelte Obergeschoss des alten Bauernhauses, die Absonderlichkeit der gesamten Gegend und die Geräusche in den Bergen. Zu diesem Zeitpunkt war Wilbur viereinhalb Jahre alt und wirkte wie ein Junge von fünfzehn. Auf seiner Oberlippe und den Wangen zeigte sich ein dunkler krauser Flaum, und seine Stimme begann sich zu verändern.

Earl Sawyer ging mit zwei Reporter- und Fotografengruppen hinaus zum Haus der Whateleys und lenkte ihre Aufmerksamkeit auf den schrecklichen Gestank, der aus dem Obergeschoss zu kommen schien. Er sagte, es sei genau derselbe Gestank, den er damals in dem verlassenen Werkzeugschuppen bemerkt hatte, als die Reparaturarbeiten am Haus beendet waren, und wie die schwachen Gerüche, die er manchmal in der Nähe der Steinkreise in den Bergen bemerkt hatte. Die Bewohner von Dunwich lasen die Geschichten und grinsten über die offensichtlichen Fehler. Sie wunderten sich auch, dass die Schreiberlinge aus dem Umstand, dass der alte Whateley das von ihm gekaufte Vieh immer mit sehr alten Goldstücken bezahlte, ein solches Aufheben machten. Die Whateleys hatte die Besucher mit deutlicher Ablehnung empfangen, doch sie wollten durch eine heftige Zurückweisung oder der Weigerung zu sprechen nicht noch größere Aufmerksamkeit auf sich lenken.

IV

Ein Jahrzehnt lang gingen die Umtriebe der Whateleys im allgemeinen Leben einer verkommenen Gemeinschaft auf, die sich an ihre seltsamen Machenschaften gewöhnte und unempfindlich gegen ihre Ausbrüche in der Walpurgisnacht und an Halloween wurde. Zweimal im Jahr entzündeten die Whateleys Feuer auf dem Gipfel des Sentinel Hill und von Mal zu Mal wurde das Rumpeln im Berg stärker, während die ganze Zeit über in dem einsamen Bauernhaus eine absonderliche und abseitige Geschäftigkeit herrschte. Im Lauf der Zeit hörten Besucher Geräusche aus dem versiegelten Obergeschoss auch dann, wenn alle Familienmitglieder unten waren, und fragten sich, wie lange eine Kuh oder ein Ochse dort vor sich hinsiechte. Man sprach davon, den Tierschutzverein einzuschalten, doch daraus wurde nichts, denn den Leuten in Dunwich lag nichts daran, die Außenwelt auf sich aufmerksam zu machen.

Um 1923, als Wilbur zehn Jahre alt war und Stimme, Gestalt und sein bärtiges Gesicht den Eindruck des Erwachsenseins vermittelten, kam es in dem alten Haus zu einer weiteren Welle von umfangreichen Zimmermannsarbeiten. Sie fanden sämtlich in dem versiegelten Obergeschoss statt, und aus den weggeworfenen Bruchstücken schlossen die Leute, dass der Junge und sein Großvater sämtliche Zwischenwände und sogar den Boden des Dachbodens herausgerissen hatten und jetzt nur noch ein einziger großer Raum zwischen der Decke des Erdgeschosses und dem spitzen Dach bestand. Auch den großen Schornstein in der Mitte hatten sie abgerissen und den rostigen Herd mit einem dünnen Ofenrohr versehen, das außen am Haus entlangführte.

Im Frühling, der diesen Ereignissen folgte, bemerkte der alte Whateley die immer größer werdende Zahl von Ziegenmelkern, die aus der Cold-Spring-Schlucht kamen und unter seinem Fenster zwitscherten. Es schien, als messe er dem große Bedeutung bei, und sagte den Leuten in Osborns Laden, dass er glaube, seine Zeit sei gekommen.

»Die pfeifn jetzt, wie mein Atem geht«, sagte er, »un ich mein, sie machn sich bereit, meine Seel zu fangn. Sie wissn, es geht zu Ende und wolln se nich verpassn. Ihr werd wissn, Jungs, wenn ich tot bin, ob se se gekriecht ham oder nich. Wennse es schaffn, dann werdn se singn und lachn bis zum Morgengraun. Wenn nich, dann wernse stumm. Ich wart auf se und de Seelen, die se jagn, ham es manchmal nich leicht.«

Am 1. August 1924, dem Petri Kettenfest, wurde Dr. Houghton in Aylesbury hastig von Wilbur Whateley herbeigerufen, der sein letztes verbliebenes Pferd durch die Nacht gehetzt und von Osborns Laden aus telefoniert hatte. Der Arzt fand den alten Whateley in einem ernsten Zustand vor, Herzschlag und Atem zeigten, dass das Ende nah war. Die unförmige Albinotochter und der merkwürdig bärtige Enkel standen am Bett, während aus dem leeren Raum des Obergeschosses ein beunruhigendes rhythmisches Branden oder Klatschen erklang, so als ob Wellen an einen flachen Strand schlagen. Der Arzt war deutlich irritiert von den zwitschernden Nachtvögeln, eine scheinbar ungeheure Anzahl von Ziegenmelkern, die ihre endlose Botschaft immer wieder im Rhythmus des Atems des sterbenden Mannes wiederholten. Es war unheilig und unnatürlich – zu viel, dachte Dr. Houghton, der wie die gesamte Gegend nur widerstrebend der dringenden Aufforderung gefolgt war.

Gegen ein Uhr nachts kam der alte Whateley zu Bewusstsein und unterbrach sein Stöhnen, um ein paar Worte an seinen Enkel hervorzustoßen.

»Mehr Raum, Willy, schnell mehr Raum. Du wächst und das wächst schneller. Es wird bald bereit sein, dir zu dienen, Junge. Öffne die Tore für Yog-Sothoth mit dem langen Lied, das du findst auf Seite 751 der *Gesamtausgabe* un *dann* halt ein Streichholz ans Gefängnis. Feuer von der Ärde kanns jetzt nich verbrennen.«

Augenscheinlich war er ziemlich verrückt. Nach einer Pause, in der der Schwarm der Ziegenmelker seine Rufe der veränderten Atemfrequenz anpasste, und einige der absonderlichen Berggeräusche von weither erklangen, fügte er noch ein oder zwei Sätze hinzu.

»Füttre es regelmäßig, Willy un achte auf de Menge, aber lass es nich zu schnell für den Ort wachsn, wenns sein Quartier zerbricht oder rauskommt, bevor du es für Yog-Sothoth geöffnet hast, is alles vorbei und zwecklos. Nur die von jenseits könnens teilen und zum Lebn bringen … Nur sie, de Großen Alten, die zurückkommn wollen …«

Doch die Worte gingen in Stöhnen unter, und Lavinia schrie auf, als die Ziegenmelker sich der Veränderung anpassten. So blieb es mehr als eine Stunde, bis endlich das letzte Aufstöhnen kam. Dr. Houghton schloss die Lider über den glasigen Augen, als der Aufruhr unter den Vögeln abrupt ein Ende nahm. Lavinia schluchzte, doch Wilbur kicherte nur, als es in den Bergen leise rumpelte.

»Sie haben ihn nicht gekriegt«, murmelte er in seinem tiefen Bass.

Zu dieser Zeit war Wilbur ein beachtlicher Gelehrter auf seinem sehr beschränkten Gebiet und war durch seine Briefe bei vielen Bibliothekaren an weit entfernten Orten, wo man seltene und verbotene Bücher aufbewahrte, ziemlich bekannt. In der Gegend von Dunwich wurde er mehr und mehr gehasst und gefürchtet wegen bestimmter Vermisstenfälle in jüngster Zeit, die man ihm zur Last legte, doch es gelang ihm immer, die Nachforschungen durch Furcht und mit dem alten Gold zum Erliegen zu bringen, mit dem er wie ehemals sein Großvater immer mehr Vieh aufkaufte. Jetzt sah er gänzlich wie ein Erwachsener aus, und seine Größe, die inzwischen das Maß eines normalen Mannes erreicht hatte, schien noch zuzunehmen. Als ihn 1925 ein gelehrter Briefpartner von der Miskatonic-Universität besuchte und bleich und verwirrt wieder verschwand, war er ganze zwei Meter groß.

All die Jahre hindurch hatte Wilbur seine missgestaltete Albinomutter mit zunehmender Geringschätzung behandelt und verbot ihr schließlich, an Walpurgisnacht und Halloween mit ihm in die Berge zu gehen. 1926 gestand die arme Kreatur gegenüber Mamie Bishop, dass sie Angst vor ihm hätte.

»Es gibt mehr Geheimnisse um ihn, als ich dir erzählen kann, Mamie«, sagte sie, »und inzwischen weiß ich auch nicht mehr alles. Ich weiß nicht, was er will und was er vorhat.«

An diesem Halloween dröhnten die Geräusche der Berge lauter als je zuvor und auf dem Sentinel Hill brannte wie üblich das Feuer, doch die Menschen achteten mehr auf die rhythmischen Schreie der ungewöhnlich späten Ziegenmelker, die sich um das düstere Haus der Whateleys versammelt zu haben schienen. Nach Mitternacht steigerten sich ihre schrillen Schreie zu einem dämonischen Gezeter, das die gesamte Gegend erfüllte und erst gegen Morgengrauen verstummte. Dann verschwanden sie eilig Richtung Süden, wo sie schon einen ganzen Monat überfällig waren. Niemand war sich sicher, was dies zu bedeuten hatte. Erst später. Keiner der Bewohner schien gestorben zu sein – doch die arme, missgestaltete Lavinia wurde danach nie mehr gesehen.

Im Sommer 1927 begann Wilbur, zwei der Schuppen auf dem Hof zu reparieren und alle seine Bücher und Habseligkeiten hineinzubringen. Das war kurz nachdem Earl Sawyer den Leuten in Osborns Laden berichtet hatte, dass wieder Umbaumaßnahmen auf dem Bauernhof der Whateleys im Gange wären. Wilbur vernagelte alle Fenster und Türen im Erdgeschoss und schien die Zwischenwände niederzureißen, wie es er es mit seinem Großvater vier Jahre zuvor im Obergeschoss gemacht hatte. Er wohnte jetzt in einem der Schuppen, und Sawyer meinte, er schiene unnatürlich besorgt und zitterte. Allgemein verdächtigten ihn die Leute, etwas über das Verschwinden seiner Mutter zu wissen, und nur wenige begaben sich jetzt in seine Nähe. Er hatte jetzt eine Größe von zwei Meter zehn, und es gab keine Anzeichen, dass sein Wachstum damit abgeschlossen war.

V

Im folgenden Winter kam es einem merkwürdigen Ereignis, denn Wilbur verließ zum ersten Mal die Gegend von Dunwich. Mit Briefen an die Widener Bibliothek von Harvard, die Bibliothèque nationale in Paris, das Britische Museum, die Universität von Buenos Aires und die Bibliothek der Miskatonic-Universität in Arkham hatte er nicht erreicht, dass ihm ein dringend benötigtes Buch zugeschickt wurde, also hatte er sich schließlich selbst aufgemacht, schäbig, dreckig, bärtig und in den Dingen der Welt unerfahren, die nächstgelegene Ausgabe des Buches in Miskatonic einzusehen. Fast zweieinhalb Meter groß und mit einer billigen Reisetasche aus Osborns Laden ausgestattet, erschien dieser dunkle, ziegenhafte Dämon eines Tages in Arkham und fragte nach dem schrecklichen Buch, das in der Bibliothek des College unter Verschluss gehalten wurde. Es war das abscheuliche *Necronomicon* des verrückten Arab Abdul Alhazred in der lateinischen Übersetzung des Olaus Wormius, gedruckt im siebzehnten Jahrhundert in Spanien. Wilbur hatte zuvor noch nie eine Stadt gesehen, machte sich aber keine Gedanken, sondern wollte nur das Universitätsgelände finden, wo er achtlos an dem großen Wachhund mit den riesigen Zähnen vorbeiging, der unnatürlich wild und feindselig bellte und wütend an seiner dicken Kette zerrte.

Bei sich hatte er die unbezahlbare, aber unvollständige englische Ausgabe des Dr. Dee, die sein Großvater ihm vermacht hatte, und als er Zugang zu der lateinischen Ausgabe erhielt, begann er sofort die beiden Text zu vergleichen, um jenen Abschnitt zu finden, der auf der Seite 751 seines beschädigten Buches stehen musste. So viel musste er dem Bibliothekar sagen – demselben gelehrten Henry Armitage (M. A. der Miskatonic-Universität, Dr. phil. der Princeton-Universität und Dr. phil. der Johns-Hopkins-Universität), der ihn einst auf dem Bauernhof besucht hatte und ihn nun mit höflichen Fragen überhäufte. Er suche, musste Wilbur eingestehen, nach einer Formel oder Beschwörung, die den furchtbaren Namen *Yog-Sothoth* beinhalte, und er sei verwirrt von den aufgetauchten

Unterschieden, Dopplungen und Unbestimmtheiten, die eine Zuordnung nicht gerade leicht erscheinen lassen. Als er die Formel, die er schließlich auswählte, niederschrieb, blickte ihm Dr. Armitage zufällig über die Schulter und sah auf der linken Seite die lateinische Version, die so monströse Bedrohungen für den Frieden und die Ordnung der Welt enthielt.

> Man sollte nicht denken (so lautete der Text, den Armitage im Geist übersetzte), dass die Menschen die ältesten oder die letzten Herrscher über die Welt seien oder dass das bekannte Leben und die Substanz einzig bestehen. Die Großen Alten waren, die Großen Alten sind und die Großen Alten werden sein. Nicht in den Räumen, die wir kennen, sondern *dazwischen*. Sie schreiten ernst und urzeitlich, gestaltlos und unsichtbar für uns. *Yog-Sothoth* kennt das Tor. *Yog-Sothoth* ist das Tor. *Yog-Sothoth* ist der Schlüssel und der Wächter des Tores. Vergangenheit, Gegenwart und Zukunft sind in *Yog-Sothoth* eins. Er weiß, wo die Großen Alten einst eingedrungen sind und wo sie wieder erscheinen werden. Er weiß, wo sie über die Erde schritten und wo sie immer noch schreiten und warum niemand sie aufhalten kann. An ihrem Geruch können die Menschen manchmal erkennen, dass sie nah sind, doch ihren Versammlungsplatz kennt niemand und man erkennt sie nur an den Gesichtern der Menschen, die sie geschaut haben und von denen gibt es viele, die sich nach der Art ihrer Erfahrung des Anblicks von etwas ohne Form und Gestalt unterscheiden. Ungesehen wandeln sie an einsamen Orten, wo die Worte gesprochen und die Rituale vollzogen wurden. Der Wind trägt ihre Stimmen, und die Erde murmelt durch ihr Bewusstsein. Sie drücken die Wälder nieder und zerstören die Städte, mag keine Stadt und kein Wald die Hand spüren. Kadath in der Eisöde hat sie gekannt, doch was weiß die Menschheit schon von Kadath? In der Eiswüste des Süden und auf den versunkenen Inseln des Ozeans befinden sich Steine, die ihr Siegel tragen, doch

> wer hat schon die gefrorene Stadt oder die verschlossenen Türme, bedeckt von Seegras, gesehen? Der große Cthulhu ist ihr Cousin, und doch kann er sie nur verschwommen erkennen. *Iä! Shub-Niggurath!* Wir kennen sie als Fäulnis. Ihre Hand liegt an eurer Kehle, doch ihr seht sie nicht, und ihre Wohnstatt befindet sich auf eurer bewachten Schwelle. *Yog-Sothoth* ist der Schlüssel zum Tor, wo sich die Sphären treffen. Der Mensch herrscht nun dort, wo sie einst herrschten, und schon bald werden sie dort herrschen, wo der Mensch jetzt herrscht. Nach dem Sommer kommt der Winter und nach dem Winter der Sommer. Sie warten geduldig und mächtig, denn sie werden wieder herrschen.

Dr. Armitage, der das, was er las, in Bezug setzte zu dem, was er von Dunwich und seinen brütenden Wesen gehört hatte, und zu Wilbur Whateley mit seiner dunklen, abstoßenden Ausstrahlung, die von seiner zweifelhaften Geburt bis hin zu möglichem Muttermord reichte, verspürte eine Welle von Furcht, die so greifbar war wie der Hauch des Todes aus einem Grab. Der gebeugte Riese vor ihm erschien ihm wie die Ausgeburt eines anderen Planeten oder einer anderen Dimension, wie etwas, das nur zum Teil menschlich und verbunden war mit den schwarzen Abgründen des Seins und der Ewigkeit, die sich wie titanische Phantasmen jenseits der Bereiche von Energie und Materie, Zeit und Raum dahinziehen. In diesem Moment hob Wilbur seinen Kopf und begann mit seiner fremden hallenden Stimme zu sprechen, die von Stimmbändern kam, die nicht menschlich waren.

»Mr Armitage«, sagte er, »ich denke, ich muss das Buch mitnehmen. Es stehen Dinge darin, die ich unter bestimmten Bedingungen ausprobieren muss, die ich hier nicht habe, und es wäre eine Todsünde, wenn mich eine Vorschrift davon abhielte. Lassen Sie es mich mitnehmen, Sir, und ich schwöre Ihnen, niemand wird etwas bemerken. Ich muss Ihnen nicht sagen, dass ich gut darauf aufpassen werde. Nehmen Sie diese Ausgabe von Dee, auch wenn sie in schlechtem Zustand ist …«

Er brach ab, als er auf dem Gesicht des Bibliothekars deutliche Ablehnung bemerkte, und seine eigenen tierischen Gesichtszüge nahmen einen verschlagenen Ausdruck an. Armitage, fast bereit, ihm zu erlauben, die Passagen, die er benötigte, abzuschreiben, dachte plötzlich an die möglichen Konsequenzen und überlegte noch einmal. Es war eine zu große Verantwortung, einer solchen Kreatur den Schlüssel zu den blasphemischen äußeren Räumen zu geben. Whateley bemerkte, wie die Dinge standen, und antwortete leichthin.

»Nun, wenn Sie so darüber denken. Vielleicht stellt man sich in Harvard nicht so an wie Sie.« Und ohne ein weiteres Wort stand er auf und verließ das Gebäude, wobei er sich bei jeder Tür bücken musste.

Armitage hörte das wilde Bellen des Wachhundes und beobachtete Whateleys gorillaähnliches Schwanken, als dieser den Teil des Campus überquerte, den man vom Fenster aus sehen konnte. Ihm kamen die wildesten Geschichten in Erinnerung, die er gehört hatte, und er dachte an den Bericht im *Advertiser.* An all die Dinge und die Gerüchte, die er von den Bauern und Dorfbewohnern in Dunwich bei seinem Besuch dort aufgeschnappt hatte. Ungesehene Dinge, die nicht von der Erde stammten – oder zumindest nicht von der dreidimensionalen Erde – fegen feindlich und schrecklich durch die Schluchten von Neuengland und brüten abscheulich auf den Gipfeln der Berge. Davon war er schon lange überzeugt. Jetzt schien er die Nähe von einem schrecklichen Teil des hereinbrechenden Grauens zu spüren, und ein teuflisches Fortschreiten der schwarzen Herrschaft des alten und einst untätigen Alptraums zu sehen. Mit einem grässlichen Schaudern schloss er das *Necronomicon* weg, doch in dem Raum hing immer noch ein unheiliger undefinierbarer Gestank. »Als Fäulnis kennen wir sie«, zitierte er. Ja, der Geruch gleich genau dem, der ihm im Bauernhof der Whateleys vor weniger als drei Jahren hatte übel werden lassen. Er dachte wieder an den ziegenähnlichen und geheimnisvollen Wilbur und lachte höhnisch über das, was die Dorfbewohner über seine Herkunft sagten.

»Inzucht?«, murmelte Armitage halblaut. »Großer Gott, was für eine Dummheit! Zeig ihnen Arthur Machens Großen Gott Pan und sie glauben, es ist ein ganz normaler Skandal von Dunwich! Doch welches Ding – welcher verfluchte gestaltlose Einfluss von dieser Erde oder einer anderen Sphäre – war Wilbur Whateleys Vater? Geboren an Maria Lichtmess neun Monate nach Walpurgisnacht im Jahre 1912, als die Berichte über seltsame Geräusche aus der Erde Arkham erreichten. Was wandelte in dieser Mainacht über die Berge? Welcher Schrecken Roodmas hat sich hier in halb humanoider Form auf der Erde manifestiert?

Während der sich anschließenden Wochen suchte Dr. Armitage alle erreichbaren Informationen über Wilbur Whateley und die gestaltlosen Erscheinungen in der Gegend um Dunwich zusammen. Er nahm Verbindung mit Dr. Houghton in Aylesbury auf, der dem alten Whateley in seinen letzten Stunden beigestanden hatte, und in den letzten Worten des Großvaters, die ihm der Arzt übermittelte, fand er viel Stoff zum Nachdenken. Ein Besuch in Dunwich brachte nicht viel Neues, doch eine genaue Untersuchung der Passagen des Necronomicon, an denen Wilbur so interessiert gewesen war, schien neue und schreckliche Aufschlüsse über die Natur, die Methoden und die Pläne des fremden Unheils, das diesen Planeten bedrohte, zu vermitteln. Gespräche mit verschiedenen Gelehrten vorzeitlicher Legenden in Boston und Briefe zu vielen anderen sonst wo lösten bei ihm eine wachsende Verwunderung aus, die langsam zu einer immer stärkeren Beunruhigung und schließlich zu einer wirklichen Furcht wurde. Im Verlauf des Sommers fühlte er vage, dass man etwas gegen die am Oberlauf des Miskatonic lauernden Schrecken unternehmen müsste und gegen das monströse Wesen, das unter den Menschen als Wilbur Whateley bekannt war.

VI

Das eigentliche Grauen von Dunwich fand zwischen Petri Kettenfest und Herbstanfang 1928 statt, und Dr. Armitage war unter jenen, die Zeuge des monströsen Vorspiels waren. Inzwischen hatte er von Whateleys absonderlicher Reise nach Cambridge erfahren und von seinen besessenen Versuchen das *Necronomicon* aus der Widener Bibliothek zu leihen oder Passagen davon abzuschreiben. Diese Versuche waren vergeblich, denn Armitage hatte eindeutige Warnungen an alle Bibliothekare verschickt, in deren Obhut sich eines der schrecklichen Bücher befand. In Cambridge war Wilbur völlig mit den Nerven fertig gewesen, versessen das Buch zu erhalten, doch ebenso versessen darauf, wieder nach Hause zu kommen, so als ob er sich davor fürchtete, was passieren könnte, wenn er zu lange weg bliebe.

Anfang August kam es dann zu den halb erwarteten Ereignissen, und in den frühen Morgenstunden des dritten wurde Dr. Armitage unvermittelt von dem wütenden wilden Bellen des Wachhundes auf dem Collegecampus geweckt. Das halbwahnsinnige Bellen und Knurren ging tief und furchtbar weiter, wurde lauter und setzte dann in abscheulich bedeutsamen Pausen aus. Dann erfolgte ein Schrei aus einer ganz anderen Kehle – ein Schrei, der die Hälfte der Schlafenden in Arkham weckte und sie später noch in ihren Träumen verfolgte –, ein Schrei, der nicht von einem irdischen Wesen stammen konnte oder zumindest einem nicht gänzlich irdischen Wesen.

Armitage, der sich hastig Kleidung überstreifte und über die Straße und den Rasen zu den Universitätsgebäuden eilte, sah, dass andere schon vor ihm liefen, und hörte den Diebstahlalarm, der von der Bibliothek herüberschrillte. Ein offenes Fenster gähnte im Mondlicht. Was da gekommen war, hatte es tatsächlich geschafft einzudringen, denn das Rufen und Schreien, das nun schnell zu einem dunklen Murmeln und Stöhnen wurde, kam unmissverständlich aus dem Inneren. Eine Eingebung sagte Armitage, dass das, was dort vorging, nichts für unvorbereitete Augen war. Er schob mit Bestimmtheit die Menge beiseite und schloss die Eingangstür auf. Zwischen den Versammelten entdeckte er Professor Warren Rice und Dr. Francis Morgan, denen er etwas von seinen Vermutungen und Befürchtungen erzählt hatte, und ihnen gab er ein Zeichen, ihn zu begleiten. Die Geräusche im Inneren waren jetzt bis auf das tiefe Wimmern des Hundes fast verstummt, doch Armitage bemerkte mit einem plötzlichen Erschrecken, dass ein lauter Chor von Ziegenmelkern in den Büschen ein dämonisches rhythmisches Meckern begonnen hatte, das wie die letzten Atemzüge eines Sterbenden klang.

Das Gebäude war erfüllt von ekelhaftem Gestank, den Dr. Armitage nur zu gut kannte, und die drei Männer eilten durch die Halle in den kleinen Lesesaal der Altertumskunde, von wo das tiefe Wimmern kam. Einen Moment lang wagte keiner, das Licht anzuschalten, dann nahm Armitage seinen Mut zusammen und betätigte den Schalter. Einer der drei, es ist nicht sicher wer, schrie laut auf, als er sah, was vor ihnen zwischen den verschobenen Tischen und umgestoßenen Stühlen verstreut lag. Professor Rice erklärte, er habe für einen Augenblick das Bewusstsein verloren, doch weder schwankte er noch fiel er hin.

Das Ding, das halb verrenkt auf der Seite in einer Lache von grünlich gelber Flüssigkeit und teerähnlicher Klebrigkeit lag, war gut über zweieinhalb Meter groß, und der Hund hatte sämtliche Kleidung und Teile der Haut weggerissen. Es war noch nicht tot, zuckte aber stumm und unregelmäßig, während sich die Brust in abscheulicher Übereinstimmung mit dem wahnsinnigen Krakeelen der schrecklichen Ziegenmelker draußen hob und senkte. Stücke von Schuhleder und Kleidungsfetzen waren im Raum verteilt, und direkt vor dem Fenster lag ein leerer Jutesack, wo er offensichtlich hingeworfen worden war. In der Mitte des Raumes, neben dem Schreibtisch, lag ein Revolver. Eine verbeulte, noch im Lauf befindliche Patrone war später die Erklärung dafür, dass er nicht abgefeuert worden war. Das Ding aber verdrängte zu diesem Zeitpunkt alle anderen Eindrücke. Es wäre abgedroschen und nicht ganz richtig zu sagen, dass menschliche Worte es nicht beschreiben können, doch man kann sagen, dass niemand, dessen Vorstellungen den gewöhnlichen Lebensformen dieses Planeten und den drei bekannten Dimensionen verhaftet sind, es sich wirklich vorstellen könnte. Ohne Zweifel war es teilweise menschlich, mit sehr menschenähnlichen Händen und Kopf, und das animalische kinnlose Gesicht trug den Stempel der Whateleys. Der Körper aber und die unteren Gliedmaßen waren auf monströse Weise unglaublich, sodass nur eine wohl gewählte Kleidung es je in die Lage versetzte, auf Erden unbehelligt zu wandeln.

Oberhalb der Gürtellinie war alles nur halbmenschlich, und seine Brust, auf der die Pfoten des Hundes noch wachsam lagen, wies die lederhafte Haut eines Krokodils oder Alligators auf. Der Rücken war gelbschwarz gescheckt und erinnerte etwas an die Haut bestimmter Schlangen. Unterhalb der Taille war es am schlimmsten, denn dort erinnerte nichts mehr an einen Menschen; es war die Ausgeburt eines Alptraums. Die Haut war mit dichtem schwarzem Haar bedeckt und vom Unterleib hing schlaff eine Anzahl grüngrauer Tentakeln herab, die mit roten Saugnäpfen versehen waren. Sie waren seltsam angeordnet und schienen einer kosmischen Geometrie zu gehorchen, die auf der Erde oder im irdischen Sonnensystem unbekannt war. An jeder Hüfte befand sich eine tiefe rosa Einbuchtung, die wie ein rudimentäres Auge wirkte, während anstelle eines Schwanzes dort eine Art Rüssel oder Fühler mit tiefroten Einkerbungen war, der den Eindruck eines nicht entwickelten Mundes oder Rachens erweckte. Die Beine, abgesehen von ihrer schwarzen Behaarung, erinnerten an die Hinterläufe eines prähistorischen Sauriers und endeten in dick geäderten Tatzen, die man weder als Hufe noch als Klauen bezeichnen konnte. Mit den Atemzügen des Dings änderte sich die Farbe des Rüssels und der Tentakel, als ob es etwas mit der Blutzirkulation des unmenschlichen grünen Dings zu tun hätte. Wirkliches Blut gab es nicht, nur eine ekelhafte gelbgrüne Brühe, die auf den gestrichenen Boden tropfte, über das klebrige Zeug floss und eine merkwürdige Ätzspur hinterließ.

Die Anwesenheit der drei Männer schien das sterbende Ding zu Bewusstsein zu bringen, und es begann, ohne den Kopf zu bewegen, zu murmeln. Dr. Armitage schrieb nicht auf, was es sagte, doch er versicherte, dass es nicht Englisch war. Zuerst hatten die Silben nichts mit irgendeiner irdischen Sprache gemein, doch zum Ende hin hörte er einige unzusammenhängende Bruchstücke aus dem *Necronomicon*, jener monströsen Blasphemie, wegen der das Ding hierhergekommen war. Diese Bruchstücke klangen, so wie Armitage sich erinnert, etwa wie: »*N'gai, n'gha'ghaa, bugg-shoggog, y'hah, Yog-Sothoth, Yog-Sothoth* …« Sie verklangen im Nichts, während die Ziegenmelker erwartungsvoll ihr rhythmisches Geschrei ausstießen.

Dann verstummte das Keuchen, und der Hund hob seinen Kopf zu einem traurigen Geheul. Darauf folgte in dem am Boden liegenden gelben Ding eine Veränderung und es verdrehte die großen schwarzen Augen. Der Chor der lärmenden Ziegenmelker verstummte plötzlich, und durch die Geräusche der draußen verharrenden Menge hindurch war ein schreckliches Schwirren zu vernehmen. Vor der Mondscheibe sah man große Wolken von gefiederten Beobachtern sich erheben und außer Sichtweite ihrer Beute hinterherfliegen.

Plötzlich sprang der Hund mit einem erschrockenen Bellen auf und schaute unruhig aus dem Fenster, durch das er hineingekommen war. Die Menge schrie auf, und Dr. Armitage rief ihnen zu, dass niemand das Gebäude betreten dürfe, bis die Polizei oder ein Gerichtsmediziner da wäre. Er war froh, dass die Fenster zu weit oben waren, als dass jemand hätte hineinsehen können, und schloss sorgfältig die dunklen Vorhänge. Inzwischen waren zwei Polizisten erschienen, denen Dr. Morgan am Eingang entgegentrat und sie zu ihrem eigenen Besten davon abhielt, den stinkenden Leseraum zu betreten, bevor nicht der Gerichtsmediziner da gewesen und das am Boden liegende Ding bedeckt worden wäre.

In der Zwischenzeit hatten am Boden furchtbare Veränderungen stattgefunden. Man muss nicht die *Art* und das *Ausmaß* des Schrumpf- und Verwesungsprozesses beschreiben, der sich vor Dr. Armitage und Professor Rice abspielte, doch man kann sagen, dass es, abgesehen von dem Aussehen der Hände und des Gesichts, nur sehr wenig Menschliches an Wilbur Whateley gegeben hatte. Beim

Eintreffen des Gerichtsmediziners war nur noch eine klebrige weißliche Masse auf dem Boden, und der abscheuliche Gestank war fast verflogen. Augenscheinlich hatte Whateley keinen Schädel oder ein Knochengerüst besessen, zumindest im herkömmlichen Sinn. Er war so wie sein unbekannter Vater gewesen.

VII

Doch das war alles nur das Vorspiel zu dem eigentlichen Grauen von Dunwich. Von den verwirrten Offiziellen wurden die Formalitäten erledigt, die unnatürlichen Einzelheiten wurden sorgfältig vor der Presse und der Öffentlichkeit verborgen, und man schickte ein paar Leute nach Dunwich und Aylesbury, um nach dem Besitz zu sehen und irgendwelche Erben des verstorbenen Wilbur Whateley zu benachrichtigen. Sie stellten fest, dass sich die Gegend in hellem Aufruhr befand, einerseits wegen des zunehmenden Rumpelns unter den kuppelförmigen Bergen und andererseits wegen des ungewöhnlichen Gestanks und der schlurfenden, klatschenden Geräusche, die, beständig lauter werdend, aus der leeren Hülle drangen, die das Haus der Whateleys darstellte. Earl Sawyer, der sich während Wilburs Abwesenheit um das Vieh und das Pferd gekümmert hatte, war mit den Nerven fertig. Die Beamten fanden Ausflüchte, das geräuschvolle vernagelte Haus nicht zu untersuchen, und beschränkten sich auf einen einzigen Blick in Wohnräume des Verstorbenen, die sich in dem wiederhergestellten Schuppen befanden. Im Gericht von Aylesbury gaben sie einen gewichtigen Bericht ab, und die Erbschaftsangelegenheit zwischen den unzähligen Whateleys, ob dekadent oder nicht, die im oberen Tal des Miskatonic leben, ist immer noch nicht abgeschlossen.

Ein fast endloses Manuskript, in seltsamen Buchstaben in einer großen Kladde niedergeschrieben, schien eine Art Tagebuch zu sein, wenn man von den Absätzen, der unterschiedlichen Tinte und der Handschrift ausging. Diejenigen, die es in dem alten Pult, das seinem Besitzer als Schreibtisch diente, fanden, waren in höchstem Maße überrascht. Nachdem man eine Woche darüber diskutiert hatte, schickte man es zusammen mit der Sammlung seltsamer Bücher an die Miskatonic-Universität, damit es untersucht und möglicherweise übersetzt werde. Doch selbst die besten Linguisten sahen bald ein, dass dies nicht leicht werden würde. Von dem alten Gold, mit dem Wilbur und der alte Whateley ihre Rechnungen beglichen hatten, fehlt bis heute jede Spur.

In der Nacht des neunten Septembers brach das Grauen aus. Die Geräusche in den Bergen waren während des Abends sehr deutlich zu hören gewesen, und die Hunde bellten die ganze Nacht wie wild. Die Frühaufsteher am Zehnten bemerkten einen eigentümlichen Geruch in der Luft. Gegen sieben Uhr morgens hetzte der Viehjunge vom Hof George Coreys, der zwischen der Cold-Spring-Schlucht und dem Dorf liegt, wie wild mit den Kühen wieder zurück, die er zur Ten-Acre-Weide hätte treiben sollen. Als er in die Küche stolperte, war er fast besinnungslos vor Furcht, und draußen im Hof scharrte und brüllte die Herde Mitleid erregend, die dem Jungen in ebenso empfundener Furcht gefolgt war. Keuchend versuchte Luther seine Geschichte Mrs Corey zu erzählen.

»Dort oben, auf der Straße hinter der Schlucht, Mrs Corey, da ist was! Riecht nach Ärger, und alle Sträucher und kleinen Bäume sind rausgerissen an der Straße, als ob ein Haus dort langgezogen worden wäre. Und das is nich das Schlimmste, nee. Die *Abdrücke* im Hang, Mrs Corey, große runne Abdrücke, groß wie en Fass, alle tief wie wenn en Elefant langgegangen wär, *nur dass mehr da sin, als vier Füße machn könn*! Ich hab mer ein oder zwei angeschut, bevor ich weg bin, und jeder war von Linien durchzogn, die wie bei nem Palmwedel von einm Punkt ausgingn, doch zwei oder dreimal so groß. Un der Geruch war schrecklich, wie der beim alten Haus vom Hexenmeister Whateley …«

An dieser Stelle hielt er inne und schien wieder vor der Furcht zu zittern, die ihn nach Hause getrieben hatte. Mrs Corey, die von ihm keine weiteren Informationen bekommen konnte, telefonierte mit den Nachbarn, und so setzte das Vorspiel des Schreckens ein, das

das eigentliche Grauen ankündigte. Als sie Sally Sawyer erreichte, die Haushälterin bei Seth Bishop, dessen Hof dem der Whateleys am nächsten lag, war es an ihr, zuzuhören anstatt zu erzählen, denn Sallys Sohn Chauncey, der nicht gut schlief, war den Hügel hinauf zum Hof der Whateleys gelaufen und schreckerfüllt zurückgerannt, nachdem er einen Blick auf das Haus und die Weiden, wo Mr Bishop seine Kühe über Nacht ließ, geworfen hatte.

»Ja, Mrs Corey«, erklang die Stimme durch die Leitung, »Chauncey ist gerade zurück gekommen und konnte vor Furcht kaum sprechen! Er sagt, das alte Whateley-Haus sei total zerstört, als ob man es mit Dynamit in die Luft gejagt hätte. Nur der Fußboden ist noch da, und alles ist mit einem teerähnlichen Zeug überzogen, das schrecklich stinkt und von den Kanten, wo die Seitenwände weggeblasen wurden, auf den Boden tropft. Und da sind schreckliche Spuren im Boden, große runde Spuren, größer als Fässer, und darin ist das gleiche klebrige Zeug wie im Haus. Chauncey sagt, sie führen zu den Weiden mit einer großen Schneise und haben die Scheune mit ihren Steinmauern niedergerissen und alles andere, was im Weg war.

Und er sagt, Mrs Corey, dass er, obwohl er sich fürchtete, nach den Kühen gesucht habe und sie auf den oberen Weiden beim Teufelstanzboden in einem schrecklichen Zustand gefunden hat. Die Hälfte von ihnen war schon tot, und der anderen Hälfte war fast das ganze Blut ausgesaugt, und sie hatten Schnitte wie das Vieh der Whateleys, seitdem Lavinia die schwarze Brut geboren hatte. Seth ist jetzt losgegangen, nach ihnen zu sehen, doch ich hoffe, er geht nicht zu nah an das Haus des Hexenmeisters Whateley heran. Chauncey hat nicht genau darauf geachtet, wohin das Riesenvieh gegangen ist, nachdem es von der Weide runter war, aber er meint, es sei in Richtung der Schlucht und des Dorfes gelaufen.

Ich sage Ihnen, Mrs Corey, das ist was Fremdes, und ich für meinen Teil glaube, dass der schwarze Wilbur Whateley, den das schlimme Ende ereilt hat, das er verdient hatte, etwas dort herangezogen hat. Er war nicht gänzlich ein Mensch, wie ich schon immer gesagt habe, und ich glaube, dass er und der alte Whateley in dem verrammelten Haus etwas aufgezogen haben, das noch nicht einmal so menschlich ist wie er selbst. Um Dunwich herum hat es immer unsichtbare Dinge gegeben – lebende Dinge –, die nicht menschlich und nicht gut für die Menschen waren.

Der Boden hat letzte Nacht gesprochen und gegen Morgen hat Chauncey die Ziegenmelker so laut in der Cold-Spring-Schlucht zetern hören, dass er nicht schlafen konnte. Dann glaubte er ein weiteres Geräusch aus der Richtung von Hexenmeister Whateleys Haus zu hören, eine Art von Splittern oder Brechen von Holz, als ob man eine große Holzkiste aufbrechen würde. Wie auch immer, er konnte jedenfalls bis Sonnenaufgang nicht einschlafen, und dann stand er auf und ging rüber zum alten Whateleys Haus, um nachzusehen, was los ist. Und er hat genug gesehen, das sage ich Ihnen, Mrs Corey. Das verheißt nichts Gutes, und ich denke, das Mannsvolk sollte sich zusammenfinden und etwas unternehmen. Ich weiß, es geht etwas Schreckliches vor, und ich spüre, dass es höchste Zeit ist, auch wenn nur Gott weiß, was es ist.

Hat Ihr Luther darauf geachtet, wo die Spuren hinführen? Nein? Warten Sie, Mrs Corey, wenn sie auf der Straße diesseits der Schlucht waren und es noch nicht bei Ihnen ist, tippe ich, dass es in die Schlucht gegangen ist. Das ist wahrscheinlich. Ich habe schon immer gesagt, dass die Schlucht ein unheimlicher, ungesunder Ort ist. Die Ziegenmelker und Glühwürmchen dort verhalten sich nie so, als ob sie Gottes Geschöpfe seien, und man sagt, man könne dort seltsame Dinge umherhuschen und in der Luft sprechen hören, wenn man an der richtigen Stelle zwischen den Felsen bei Bear's Den steht.«

Am Nachmittag dieses Tages stampften drei Viertel der Männer und Jungen aus Dunwich über die Straßen und Wiesen zwischen den neuen Ruinen des Whateley-Hauses und der Cold-Spring-Schlucht und untersuchten die großen, absonderlichen Spuren, das verstümmelte Vieh der Bishops, die seltsamen ekelhaften Überreste des Bauernhofs und die zerstörte und plattgewalzte Vegetation auf den Feldern und am Straßenrand. Was immer über die Welt gekommen war, es war ohne Zweifel in die große finstere Schlucht gegangen, denn alle Bäume am Straßenrand waren in eine Richtung geknickt und eine breite Schneise in das seitliche Gebüsch gerissen. Es war, als ob eine Lawine ein Haus erfasst und durch das dichte Unterholz den fast senkrechten Hang hinabgerissen hätte. Aus der Schlucht drang kein Laut, nur ein entfernter, unbestimmter Geruch, und es ist nicht verwunderlich, dass die Männer es vorzogen, am Rand der Schlucht zu verharren und zu beratschlagen, anstatt hinabzusteigen und dem mächtigen Grauen in seiner Höhle die Stirn zu bieten. Die drei Hunde, die sich bei dem Trupp befanden, hatten zuerst heftig gebellt, waren aber jetzt, in der Nähe der Schlucht, verängstigt und ruhig. Jemand übermittelte per Telefon die Neuigkeit dem *Aylesbury Transcript*, doch der Herausgeber, gewohnt an wilde Geschichten aus Dunwich, schrieb nur eine kurze ironische Bemerkung darüber, die kurz danach von der *Associated Press* übernommen wurde.

Am Abend gingen alle wieder heim, und jedes Haus und jede Scheune wurde, so gut es ging, verbarrikadiert. Es muss nicht gesagt werden, dass kein Vieh auf den Weiden blieb. Etwa um zwei Uhr morgens weckte ein beängstigender Gestank und rasendes Hundebellen die Menschen auf Elmer Fryes Hof, der sich am östlichen Rand der Cold-Spring-Schlucht befand, und alle stimmten überein, ein gedämpftes Kratzen oder Schlurfen irgendwo draußen zu hören. Mrs Frye schlug vor, die Nachbarn anzurufen, und Elmer wollte schon zustimmen, als das Geräusch von splitterndem Holz ihre Überlegungen unterbrach. Es kam offensichtlich von der Scheune und kurz darauf vernahm man das abscheuliche Brüllen und Stampfen des Viehs. Die Hunde kauerten sich zusammen und krochen zu den Füßen der vor Furcht erstarrten Familie. Aus Gewohnheit zündete Frye eine Laterne an, wusste aber, dass es seinen Tod bedeutete, ginge er hinaus in den dunklen Hof. Die Kinder und Frauen wimmerten und wurden vom Schreien nur durch einen seltsamen alten Instinkt abgehalten, der ihnen sagte, dass ihr Leben davon abhinge, sich ruhig zu verhalten. Schließlich verklang das Brüllen des Viehs zu einem leidvollen Seufzen, dem ein lautes Krachen, Bersten und Brechen folgte. Die Fryes saßen aneinandergeklammert im Wohnzimmer und wagten nicht, sich zu bewegen, bis der letzte Laut weit weg in der Cold-Spring-Schlucht verklungen war. Dann, während aus dem Stall noch das beunruhigende Seufzen und aus der Schlucht das dämonische Schreien der Ziegenmelker zu hören war, schlich Selina Frye zum Telefon und verbreitete die Neuigkeit von der zweiten Phase des Grauens.

Am nächsten Tag befand sich der ganze Landstrich in Panik, und verängstigte schweigsame Gruppen kamen zu dem Ort, wo das teuflische Ding aufgetaucht war, und verließen ihn wieder. Zwei mächtige Schneisen der Verwüstung zogen sich von der Schlucht zum Hof der Fryes, riesige Fußabdrücke bedeckten den Boden, und eine Seite der alten roten Scheune war völlig eingedrückt. Man fand nur ein Viertel des Viehs. Teilweise waren nur noch zerfetzte Reste vorhanden, und jene Tiere, die überlebt hatten, mussten erschossen werden. Earl Sawyer schlug vor, in Aylesbury oder Arkham um Hilfe zu bitten, doch andere meinten, es hätte keinen Sinn. Der alte Zebulon Whateley aus einer Linie, die sich halb zwischen Gesundheit und Dekadenz befand, machte dunkle wilde Andeutungen über Rituale, die man auf den Berggipfeln durchführen müsste. Er kam aus einer Linie, in der die Tradition stark war, und seine Erinnerungen von Beschwörungen in den großen Steinkreisen bezogen sich nicht nur auf Wilbur und seinen Großvater.

Die Nacht brach über die Menschen eines heimgesuchten Landstrichs herein, die unfähig waren, eine wirkliche Verteidigung zu organisieren. In einigen wenigen Fällen taten sich eng verwandte Familien unter einem Dach zusammen und hielten im Dämmerschein Wache, doch in den meisten Fällen wurde nur wieder alles verbarrikadiert, und man erging sich in der sinnlosen Aktion, die Gewehre zu laden und Heugabeln griffbereit zu haben. Nichts geschah, abgesehen von einigen Geräuschen in den Bergen, und als der Tag anbrach, hofften viele, dass das neue Grauen so schnell verschwunden wäre, wie es aufgetaucht war. Es gab sogar besonders Mutige, die eine Expedition in die Schlucht vorschlugen, doch sie waren nicht bereit, der widerstrebenden Mehrheit ein Beispiel zu geben.

Als es wieder Abend wurde, wiederholte sich das Verbarrikadieren, doch es taten sich weniger Familien zusammen. Am nächsten Morgen berichteten die Fryes und die Bishops von Aufregung unter den Hunden und unbestimmten, weit entfernten Geräuschen und Gerüchen, während die ersten, die sich nach draußen begaben, von frischen Spuren auf der Straße zum Sentinel Hill sprachen. Wie zuvor zeugten die niedergewalzten Büsche an den Straßenrändern von der riesigen Masse des Grauens, während die Spuren auf zwei Bewegungsrichtungen hindeuteten, so als ob der sich bewegende Berg von der Cold-Spring-Schlucht gekommen und dann auf dem gleichen Weg sich dorthin zurückbegeben hätte. Am Fuß des Berges führte ein zehn Meter breiter Streifen von niedergetrampelten Büschen steil nach oben, und die Suchenden rangen um Atem, als sie sahen, dass selbst die gefährlichsten Stellen den unerbittlichen Weg nicht aufgehalten hatten. Was immer das Grauen auch war, es konnte eine fast senkrechte Felsklippe überwinden, und als die Leute auf einem anderen Weg den Berggipfel erreichten, sahen sie, dass die Spur dort endete oder, besser gesagt, das Ding dort umgekehrt war.

Es war die Stelle, an der die Whateleys in der Walpurgisnacht und an Halloween ihre höllischen Feuer entzündet und bei dem tischähnlichen Stein ihre teuflischen Rituale durchgeführt hatten. Jetzt bildete dieser Stein die Mitte eines von dem riesigen Grauen verwüsteten Bereichs, während seine konkave Oberfläche von einer dicken stinkenden Schicht der teerartigen Substanz überzogen war, die man auch auf dem Fußboden des zerstörten Bauernhofs der Whateleys gefunden hatte, von wo dieses Grauen gekommen war. Die Männer schauten sich an und murmelten vor sich hin. Dann schauten sie den Berg hinab. Offensichtlich hatte das Grauen den gleichen Weg hinunter wie hinauf genommen. Es war sinnlos, darüber nachzudenken. Vernunft, Logik und normale Vorstellungen von Beweggründen trafen nicht zu. Nur der alte Zebulon, der nicht dabei war, hätte die Lage richtig einschätzen und eine plausible Erklärung geben können.

Die Donnerstagnacht begann ähnlich wie die davor, endete aber weniger glücklich. In der Schlucht hatten die Ziegenmelker in einer

Weise gelärmt, dass viele nicht schlafen konnten, und gegen drei Uhr nachts läuteten alle Telefone heftig. Diejenigen, die den Hörer abhoben, vernahmen eine vor Furcht wahnsinnige Stimme schreien: »Hilfe, oh mein Gott! …« und einige meinten, ein Krachen gehört zu haben, bevor die Leitung zusammenbrach. Sonst gab es nichts. Niemand wagte, etwas zu unternehmen, und keiner wusste bis zum Morgen, woher der Anruf gekommen war. Dann riefen alle, die den Anruf bekommen hatten, die anderen an und fanden heraus, dass sich die Fryes nicht meldeten. Eine Stunde später erfuhr man die Wahrheit. Ein schnell zusammengestellter Trupp von bewaffneten Männern machte sich zum Hof der Fryes am Ende der Schlucht auf. Es war schrecklich, aber kaum eine Überraschung. Da waren viele Schneisen und Spuren, aber kein Haus mehr. Es war eingedrückt wie eine Eierschale, und in den Überresten konnte man nichts Lebendes oder Totes mehr finden. Nur der Gestank und das klebrige Teerzeug. Die Familie von Elmer Fryes gab es in Dunwich nicht mehr.

VIII

In der Zwischenzeit hatte sich hinter einer geschlossenen Tür in einem mit Bücherregalen vollgestopften Raum in Arkham eine stillere, mehr spirituell bedrohliche Phase des Grauens in dunkler Weise abgezeichnet. Der seltsame handschriftliche Bericht oder das Tagebuch von Wilbur Whateley, das der Miskatonic-Universität zur Übersetzung überlassen wurde, hatte bei den Experten der lebenden und toten Sprachen viel Sorge und Erstaunen ausgelöst. Die benutzten Schriftzeichen erinnerten zwar etwas an das verschnörkelte Arabisch, das in Mesopotamien gebraucht wurde, waren aber ansonsten allen verfügbaren Wissenschaftlern unbekannt. Die Linguisten kamen schließlich zu dem Ergebnis, dass der Text in einem eigenen Alphabet geschrieben war und damit den Anschein der Verschlüsselung erweckte, doch keine der bekannten Dechiffriermethoden erbrachte einen Hinweis, selbst wenn man jede Sprache in Betracht zog, die der Schreiber möglicherweise gekannt haben konnte. Die alten Bücher, die in Wilburs Besitz gewesen waren, obwohl außerordentlich interessant und in einigen Fällen verhießen sie auch neue Ansätze für die Forschungen der Philosophen und Naturwissenschaftler, waren in diesem Fall keine Hilfe. Eines davon, ein dicker Band mit einer eisernen Schließe, war in einem anderen unbekannten Alphabet verfasst – ein ganz anderes, das eher an Sanskrit als an etwas anderes erinnerte. Die alte Kladde hatte man schließlich Dr. Armitage überlassen, der einerseits ein besonderes Interesse an dem Fall Whateley hatte, andererseits über große linguistische Kenntnisse verfügte und in den mystischen Formeln der Antike und des Mittelalters bewandert war.

Armitage hatte die Vermutung, dass das Alphabet vielleicht in bestimmten verbotenen Geheimkulten benutzt wurde, die aus alten Zeiten überlebt hatten und in denen es viele Formen und Traditionen gab, die von den Magiern der arabischen Welt stammten. Doch diese Frage schien ihm nicht wichtig, denn es wäre unnötig, die Bedeutung der Symbole zu kennen, wenn sie, wie er vermutete, als Verschlüsselung einer modernen Sprache benutzt worden sind. In Anbetracht des umfangreichen Manuskripts war er davon überzeugt, dass der Verfasser sich wohl kaum die Mühe gemacht hatte, in einer anderen als seiner eigenen Sprache zu schreiben, außer vielleicht bei einigen speziellen Ausdrücken und Wendungen. Davon ausgehend machte er sich, in der Annahme, dass der größte Teil in Englisch abgefasst war, über das Manuskript her.

Dr. Armitage ahnte aus dem Scheitern seiner Kollegen, dass das Rätsel ein schweres und kompliziertes war und dass ein einfacher Lösungsansatz noch nicht einmal den Versuch wert wäre. Den ganzen August hindurch widmete er sich der Kryptologie, griff dabei auf seine riesige Bibliothek zurück und beschäftigte sich Nacht für Nacht mit der *Polygraphia* des Trithemius, Giambattista Portas *De Furtivis Literarum Notis*, De Vigenères *Traicté des chiffres*, Falconers *Cryptomenysis Patefacta*, den Abhandlungen von Davys und Thicknesse aus dem achtzehnten Jahrhundert und auch den ziemlich modernen Autoren wie Blair, von Marten und Klüber, und mit der Zeit gewann er die Überzeugung, es hier mit einer jener raffinierten und höchst einfallsreichen Chiffrierung zu tun zu haben, bei der es viele separate Auflistungen von korrespondierenden Buchstaben gibt, die wie eine vielspaltige Tabelle angeordnet sind und die Botschaft sich über willkürliche Schlüsselworte erschließt, die nur der Eingeweihte kennt. Die alten Werke schienen hilfreicher als die modernen, und Armitage kam zu dem Schluss, dass der Kode des Manuskripts ein sehr alter sein müsse, der ohne Zweifel schon seit vielen Jahrhunderten von den Eingeweihten weitergegeben wurde. Einige Male glaubte er sich schon am Ziel, bis ihn ein neues Hindernis wieder zurückwarf. Dann, Anfang September, erschien Licht am Horizont. Bestimmte Buchstaben an bestimmten Stellen des Manuskripts waren eindeutig und unmissverständlich identifiziert, und es wurde klar, dass das Manuskript tatsächlich in Englisch geschrieben war.

Am Abend des zweiten September gelang Dr. Armitage der Durchbruch, und er konnte zum ersten Mal einen zusammenhängenden Abschnitt in Wilbur Whateleys Tagebuch lesen. Es war tatsächlich ein Tagebuch, wie alle angenommen hatten, und es war in einem Stil abgefasst, der deutlich die okkulte Herkunft und die allgemeine Ungebildetheit des sonderlichen Wesens zeigte, das es geschrieben hatte. Schon der erste Abschnitt, datiert auf den 26. November 1916, den Armitage entschlüsselte, erwies sich als höchst erschreckend und beunruhigend. Geschrieben war es, wie er sich ins Gedächtnis rief, von einem dreieinhalbjährigen Kind, das wie ein Junge von zwölf oder dreizehn aussah.

»Habe heute das Aklo für den Sabaoth gelernt (es ging), was ich nicht mochte, denn es antwortet vom Hügel und nicht aus der Luft. Das oben ist mir weiter voraus, als ich dachte, und es hat nicht viel menschlichen Geist. Hab Elam Hutchins Collie Jack erschossen, als er mich beißen wollte. Elam sagte, er würde mich umbringen, wenn ich das täte. Ich denke, er wird es nicht tun. Großvater hat mich gestern

> Nacht die Dho-Formel aufsagen lassen, und ich glaube, ich habe die unterirdische Stadt bei den 2 Magnetpolen gesehen. Ich werde zu diesen beiden Polen gehen, wenn die Erde gesäubert ist, falls es mir nicht gelingt, mit der Dho-Hna-Formel durchzubrechen. Die aus der Luft haben mir am Sabbat gesagt, es könne Jahre dauern, bevor ich die Erde säubern kann, und ich denke, Großvater wird dann schon tot sein, also muss ich all die Winkel der Ebenen lernen und alle Formeln zwischen Yr und den Nhhngr. Die aus dem Außenreich werden mir helfen, doch ohne menschliches Blut können sie keine Gestalt annehmen. Das oben sieht genau richtig aus. Ich kann es ein bisschen erkennen, wenn ich das Voorish-Zeichen mache oder etwas Pulver von Ibn Ghazi darauf blase, und es sieht denen von Walpurgisnacht auf dem Hügel ähnlich. Das andere Gesicht wird bald verbraucht sein. Ich frage mich, wie ich aussehe, wenn die Erde gesäubert ist und es keine Erdenwesen mehr gibt. Der, der mit Aklo Sabaoth kam, sagte, ich werde die Gestalt jener von außen bekommen.«

Als der Morgen anbrach, stand Dr. Armitage der Angstschweiß auf der Stirn, und er befand sich im Zustand höchster Konzentration. Er hatte die ganze Nacht das Manuskript nicht beiseitegelegt, sondern im elektrischen Licht an seinem Schreibtisch gesessen und mit zitternden Händen die Seiten so schnell durchgelesen, wie er den verschlüsselten Text entschlüsseln konnte. Er hatte seine Frau angerufen, dass er nicht nach Hause käme, und als sie ihm von zu Hause das Frühstück brachte, konnte er kaum einen Bissen herunterbekommen. Den ganzen Tag las er weiter und hielt nur ungeduldig inne, wenn es notwendig wurde, die Entschlüsselungstabelle neu auf den Text zu justieren. Ihm wurde Mittag- und Abendessen gebracht, doch von beiden aß er nur eine Winzigkeit. Ungefähr gegen Mitternacht dieses Tages schlief er in seinem Sessel ein, wachte aber bald wieder von Alpträumen geplagt auf, die fast so schrecklich waren wie die Wahrheiten und Bedrohungen der menschlichen Existenz, die er herausgefunden hatte.

Am Morgen des vierten September bestanden Professor Rice und Dr. Morgan darauf, ihn zu besuchen, und nach einer Weile verließen sie ihn zitternd und aschfahl. An diesem Abend begab er sich ins Bett, fand aber nur eine Handvoll Schlaf. Am nächsten Tag, einem Mittwoch, saß er wieder vor dem Manuskript und begann, sich von den Abschnitten, die er gerade las, und jenen, die er schon entschlüsselt hatte, Notizen zu machen. In den frühen Morgenstunden dieser Nacht schlief er etwas in einem Lehnstuhl in seinem Büro, arbeitete aber schon vor Sonnenaufgang wieder an dem Manuskript. Kurz vor Mittag kam sein Arzt, Dr. Hartwell, und bestand darauf, dass er die Arbeit einstelle. Er weigerte sich und erklärte, dass es absoluten Vorrang für ihn habe, die Arbeit an dem Tagebuch abzuschließen, und versprach, zu gegebener Zeit eine Erklärung dafür zu liefern. In der Abenddämmerung beendete er seine schreckliche Aufgabe und sank erschöpft in seinem Sessel zurück. Als seine Frau ihm das Abendessen brachte, fand sie ihn halb bewusstlos vor, doch er war wach genug, um seine Frau mit einem schrillen Schrei zu warnen, als sie einen Blick auf seine Notizen werfen wollte. Müde erhob er sich, sammelte die beschriebenen Seiten ein und steckte sie in einen großen Umschlag, den er sogleich in seine Jackentasche steckte. Er war noch kräftig genug, um nach Hause zu gehen, benötigte aber ohne Zweifel ärztliche Hilfe, worauf Dr. Hartwell sofort gerufen wurde. Als der Arzt ihn zu Bett brachte, murmelte Armitage immer wieder: »Doch was, in Gottes Namen, können wir tun?«

Dr. Armitage schlief in der Nacht, war aber am nächsten Tag nicht ganz bei Sinnen. Er gab Hartwell keine Erklärungen, bestand aber in seinen lichteren Momenten auf eine längere Besprechung mit Rice und Morgan. Seine anderen Ausführungen waren allerdings erstaunlich, dazu gehörten seine wilden Appelle, dass man etwas in einem vernagelten Bauernhof vernichten müsse, und verrückte Hinweise auf einen Plan, der die Auslöschung der gesamten menschlichen Rasse und allen tierischen und pflanzlichen Lebens auf der Erde durch eine schreckliche ältere Lebensform aus einer anderen Dimension betraf. Er schrie, dass die Erde in Gefahr sei, denn diese Älteren Dinger wollten sie leerfegen und aus dem Sonnensystem und dem Kosmos der Materie weg auf eine andere Ebene oder Zustandsform der Ewigkeit bringen, aus der sie vor unnennbaren Äonen einst gekommen war. In anderen Momenten bat er um das schreckliche *Necronomicon* und das *Daemonolatreia* des Remigius, in denen er hoffte, eine Formel zu finden, um die drohende Gefahr abzuwenden.

»Haltet sie auf, haltet sie auf!«, schrie er. »Diese Whateleys haben sie hereingelassen, und der Schlimmste von ihnen lebt noch! Sagen Sie Rice und Morgan, dass wir etwas unternehmen müssen – es ist ein schweres Unterfangen, aber ich weiß, wie man das Pulver herstellt … Es ist seit dem zweiten August, als Wilbur hier zu Tode kam, nicht mehr gefüttert worden und nun …«

Doch Armitage besaß trotz seiner dreiundsiebzig Jahre eine gute Gesundheit, und nachdem er die nächste Nacht durchgeschlafen hatte, war seine Verwirrung vorbei, ohne dass ihn ein Fieber ereilt hätte. Spät am Freitagmorgen wachte er mit klarem Kopf auf, verspürte aber eine nagende Furcht und eine große Verantwortung. Am Samstagnachmittag fühlte er sich kräftig genug, in die Bibliothek zu gehen, um Rice und Morgan zu einer Besprechung zu bestellen, und den restlichen Tag und den Abend zermarterten sich die drei Männer ihre Gehirne mit den wildesten Vermutungen und verzweifelten Diskussionen. Absonderliche und schreckliche Bücher wurden aus den Regalen gezogen und aus den gesicherten Abteilungen des Lagers, Diagramme und Formeln wurden mit fiebriger Hast und in großer Anzahl kopiert. Zweifel gab es nicht. Alle drei hatten den Körper von Wilbur Whateley auf dem Boden eines Raumes in eben diesem Gebäude liegen gesehen, und danach konnte keiner von ihnen auch nur im Entferntesten das Tagebuch als die Ausgeburt eines Verrückten abtun.

Man zog in Erwägung, die Staatspolizei von Massachusetts zu informieren, verwarf diesen Gedanken aber wieder. Es gab einfach Dinge, die von jemand, der es nicht mit eigenen Augen gesehen hatte, nicht geglaubt werden konnten, was auch die nachfolgenden Untersuchungen bewiesen haben. Spät in der Nacht trennten sich die Männer, ohne einen genauen Plan entwickelt zu haben, doch Armitage verbrachte den ganzen Sonntag damit, Formeln zu vergleichen und Chemikalien zu mischen, die er sich aus dem Labor der Universität besorgt hatte. Je mehr er über das teuflische Tagebuch nachdachte, desto mehr zweifelte er, ob eine materielle Substanz in der Lage sei, das von Wilbur Whateley zurückgelassene Wesen zu zerstören. Jenes die Erde bedrohende Wesen, das, was ihm allerdings unbekannt war, in ein paar Stunden ausbrechen und zum unvergessenen Grauen von Dunwich werden würde.

Der Montag verlief genau wie der Sonntag, und Dr. Armitage widmete sich weiter unverdrossen seinen Nachforschungen und Experimenten. Das weitere Studium des monströsen Tagebuchs führte zu mehreren Änderungen seiner Pläne und ihm war klar, dass schließlich doch noch eine große Unsicherheit bestehen bliebe. Am Dienstag hatte er eine konkrete Vorgehensweise ausgearbeitet und war sich sicher, dass er binnen einer Woche nach Dunwich reisen würde. Am Mittwoch dann kam der große Schock. Irgendwo in einer Ecke des *Arkham Advertiser* befand sich eine ironische Meldung von *Associated Press* über das rekordverdächtige Monster, das der selbstgebrannte Whiskey in Dunwich auf den Plan gebracht hatte. Armitage, halb gelähmt, konnte nur noch Rice und Morgan anrufen. Bis spät in die Nacht beratschlagten sie, und am nächsten Tag waren alle drei mit hastigen Vorbereitungen beschäftigt. Armitage wusste, dass er sich mit grauenvollen Mächten einließ, gleichzeitig war ihm klar, dass es keinen anderen Weg gab, das auszumerzen, was andere vor ihm heraufbeschworen hatten.

IX

Am Freitagmorgen machten sich Armitage, Rice und Morgan mit dem Automobil nach Dunwich auf, wo sie gegen ein Uhr mittags eintrafen. Es war ein schöner Tag, doch selbst im strahlenden Sonnenschein schien eine Art stille Bedrohung und Last über den seltsam geformten Bergen und den tiefen schattigen Schluchten dieses heimgesuchten Landstrichs zu liegen. Manchmal konnte man vor dem Himmel einen der Steinkreise auf den Berggipfeln entdecken. Aus der unterdrückten Furcht, die in Osborns Laden zu spüren war, schlossen die drei, dass etwas Schreckliches passiert war, und erfuhren schon bald von der Auslöschung der Familie Frye und ihres Hofes. Den ganzen Nachmittag lang durchstreiften die drei Männer Dunwich, fragten die Einheimischen über die Geschehnisse aus und untersuchten mit wachsendem Grauen die Ruinen von Fryes Haus mit den Überresten des klebrigen teerartigen Zeugs, die abscheulichen Spuren im Hof, das verletzte Vieh von Seth Bishop und die riesigen Schneisen zerstörter Pflanzen an verschiedenen Orten. Der Pfad den Sentinel Hill rauf und runter wirkte auf Armitage wie eine Ankündigung des Weltuntergangs, und er betrachtete lange den finsteren altargleichen Stein auf dem Gipfel.

Schließlich beschlossen die Besucher, als sie von einer Gruppe von Staatspolizisten erfuhren, die an diesem Morgen von Aylesbury gekommen war, nachdem sie per Telefon die Meldung von der Tragödie der Fryes erhalten hatten, mit den Beamten Kontakt aufzunehmen und, soweit es ratsam schien, ihre Ergebnisse zu vergleichen. Sie fanden heraus, dass dies einfacher gesagt als getan war, da die Gruppe der Polizisten auf einmal unauffindbar war. Sie waren zu fünft in einem Auto unterwegs gewesen, das jetzt verlassen in der Nähe des zerstörten Frye-Anwesens stand. Die Einheimischen, die mit den Polizisten gesprochen hatten, schienen zuerst genauso verblüfft zu sein wie Armitage und seine Gefährten. Dann erinnerte sich Sam Hutchins an etwas und erbleichte, stieß Fred Farr an und deutete zu dem feuchten, gähnenden Eingang zur Schlucht, der ganz in der Nähe lag.

»Mein Gott«, keuchte er, »ich habe ihnen gesagt, sie sollten nicht in die Schlucht gehen, und ich hätte nie gedacht, dass jemand es bei den Spuren, dem Gestank und den Ziegenmelkern, die den ganzen Tag zetern, wagen würde …«

Die Einheimischen und die Besucher wurden gleichermaßen von einem kalten Schauder gepackt und alle schienen instinktiv die Ohren zu spitzen. Armitage, jetzt im Angesicht des Grauens und dessen Auswirkungen, zitterte vor einer Verantwortung, die die seine war. Schon bald würde die Nacht hereinbrechen, und dann würde diese berggroße Blasphemie ihren schauerlichen Weg beschreiten. *Negotium perambulans in tenebris …* rief sich der alte Bibliothekar die Formel ins Gedächtnis, die er auswendig gelernt hatte. Er überprüfte, ob seine Taschenlampe in Ordnung war. Der neben ihm stehende Rice holte aus seiner Reisetasche eine große Giftspritze, wie man sie gegen Insekten verwendet, während Morgan die Großwildflinte aus der Hülle zog, auf die er trotz der Warnungen seiner Kollegen, dass keine irdische Waffe hilfreich wäre, vertraute.

Armitage, der das abscheuliche Tagebuch gelesen hatte, wusste nur zu gut, welche Art von Manifestation zu erwarten wäre, doch er steigerte die Furcht der Bewohner von Dunwich nicht durch Hinweise oder Andeutungen. Er hoffte, es zu überwältigen, ohne der Welt einen Aufschluss darüber geben zu müssen, was da auferstanden war. Bei Einbruch der Dämmerung machten sich die Einheimischen auf den Nachhauseweg, eifrig bemüht sich einzuschließen, obwohl es genügend Beweise gab, dass sämtliche menschlichen Schlösser und Riegel nichts gegen eine Macht nützten, die Bäume zerbrach und Häuser zerstörte, ganz wie es ihr beliebte. Sie schüttelten über das Vorhaben der Besucher, bei den Ruinen nahe der Schlucht Wache zu halten, den Kopf und als sie gingen, hatten sie wenig Hoffnung, die Wachehaltenden jemals wiederzusehen.

In dieser Nacht rumpelte es in den Bergen, und die Ziegenmelker zeterten furchterregend. Ab und zu erfüllte ein Windstoß aus der Cold-Spring-Schlucht die Nachtluft mit einem abscheulichen Gestank, ein Gestank, den alle drei Zurückgebliebenen schon einmal gerochen hatten, als sie über einem sterbenden Ding standen, das fünfzehn Jahre als so gut wie menschliches Wesen durchgegangen war. Doch das erwartete Grauen erschien nicht. Was immer sich dort drinnen in der Schlucht befand, nahm sich Zeit, und Armitage erklärte seinen Kollegen, es wäre Selbstmord, es in der Dunkelheit anzugreifen.

Langsam graute der Morgen, und die Geräusche der Nacht erstarben. Es war ein grauer bleicher Tag mit vereinzelten Regenschauern, und immer dichtere Wolken türmten sich im Nordwesten hinter den Bergen auf. Die drei Männer aus Arkham waren unentschlossen, was jetzt zu tun sei. Sie suchten in einem der nicht zerstörten Nebengebäude Schutz vor dem stärker werdenden Regen und diskutierten, ob es klug wäre, abzuwarten oder den Kampf aufzunehmen und in die Schlucht zu gehen, um ihren namenlosen monströsen Gegner zu suchen. Die Regenfälle wurden immer heftiger, und vom Horizont hörte man entfernten Donner. Blitze zuckten, und dann schlug ein gezackter Blitz ganz in der Nähe ein, so als ob er direkt in die verfluchte Schlucht gefahren wäre. Der Himmel verdunkelte sich beständig, und die drei hofften, dass es sich um ein kurzes, heftiges Gewitter handele, dem schönes Wetter folgte.

Es war immer noch entsetzlich dunkel, als über eine Stunde später ein Stimmengewirr von der Straße herüberklang. Einen Moment später kam eine verängstigte Gruppe von mehr als einem Dutzend rennender, rufender und sogar hysterisch wimmernder Männer in Sicht. Einige an der Spitze begannen Worte zu schluchzen, und die drei aus Arkham waren entsetzt, als diese Worte eine verständliche Form annahmen.

»Oh, mein Gott, mein Gott«, stieß die Stimme hervor. »Es geht wieder um *und diesmal bei Tag*! Es ist draußen – ist draußen und geht in diesem Moment um, und nur der Herr weiß, wann es über uns kommt!«

Der Sprecher verstummte, aber ein anderer sprach weiter.

»Vor nicht einer Stunde hörte Zeb Whateley das Telefon klingeln, und es war Mrs Corey, die Frau von George, die unten an der Kreuzung wohnen. Sie sagte, Luther, ihre Aushilfe, wollte gerade die Kühe vor dem Sturm in Sicherheit bringen, als der große Blitz niederging, und er sah, wie alle Bäume am Eingang der Schlucht niedergedrückt wurden, und ein Gestank kam, eine ekelhafter Gestank wie der, als er die großen Spuren letzten Montagmorgen fand. Und sie sagt, dass er sagte, da wäre ein gleitendes, tapsendes Geräusch gewesen, anders als die niedergebogenen Bäume und Büsche es machen könnten, und dann wurden plötzlich die Bäume an der Straße niedergedrückt, und es erklang ein schreckliches Stampfen und Platschen im Schlamm. Doch Luther sah überhaupt nichts, nur die sich biegenden Bäume und Büsche.

Und dann weit vorne, wo der Fluss an der Straße entlangführt, hörte er ein schreckliches Krachen und Stöhnen auf der Brücke und meint, er hätte Holz brechen und splittern gehört. Und die ganze Zeit sah er gar nichts, nur wie die Büsche und Bäume niedergedrückt wurden. Und als das huschende Geräusch in der Ferne verschwand, in die Richtung von Hexenmeister Whateleys Besitz und Sentinel Hill, hatte Luther den Mut, dorthin zu gehen und sich den Boden anzuschauen. Es war alles Schlamm und Wasser, und der Himmel war dunkel, doch am Eingang der Schlucht, wo sich die Bäume bewegt hatten, waren einige der schrecklichen Abdrücke, die er schon am Montag gesehen hatte.«

In diesem Moment unterbrach ihn der aufgeregte Mann, der als Erster gesprochen hatte.

»Doch das ist nicht das Schlimmste – das war nur der Anfang. Zeb hier hat die Leute angerufen, und alle hörten ihm zu, als ein Anruf vom Anschluss der Bishops dazwischenkam. Dessen Haushälterin Sally war fast vor Angst gestorben, als sie gesehen hatte, wie die Bäume an der Straße niedergebogen wurden, und sie sagt, da wäre ein dumpfes Geräusch gewesen wie das Stampfen eines Elefanten, der sich auf das Haus zubewegt. Da sprang sie auf und sprach von einem furchtbaren Geruch und sagt, ihr Junge Chauncey hätte geschrien, es sei der gleiche Geruch wie bei dem Haus der Whateleys am Montagmorgen. Und alle Hunde bellten und heulten schrecklich.

Dann stieß sie einen lauten, markerschütternden Schrei aus und sagte, der Schuppen an der Straße werde eingedrückt, als ob ein Sturm ihn gepackt hätte, nur dass kein Sturm je so mächtig sein könnte. Alle lauschten, und wir hörten eine Menge Leute aufstöhnen. Plötzlich schrie Sally wieder und sagte, der Zaun vom Vorgarten sei eben niedergedrückt worden, doch es gab kein Anzeichen wovon. Dann hörten alle, wie Chauncey und der alte Seth Bishop auch aufschrien und Sally laut rief, dass etwas das Haus getroffen hätte, kein Blitz, nichts Sichtbares, doch etwas Schweres stieß gegen die Vorderfront und schob sich nach oben, schob sich immer weiter nach oben, obwohl man nichts sehen konnte. Und dann … und dann …«

Die Furcht war tief in den Gesichtern eingegraben, und Armitage, entsetzt wie er war, hatte nicht genug Kraft, um dem Sprecher etwas zu erwidern.

»Und dann … schrie Sally ›Hilfe, das Haus bricht zusammen‹ … und wir hörten in der Leitung ein Krachen und ein Geschrei … genau wie bei Elmer Frye, nur schlimmer …«

Der Mann verstummte, und ein anderer aus der Gruppe sprach. »Das ist alles – kein Geräusch oder ein Lebenszeichen kam danach durch die Leitung. Ist jetzt immer noch so. Wir, die es gehört haben, holten unsere Autos und Laster heraus und riefen so viele Männer bei Coreys Hof zusammen, wie wir kriegen konnten, und kamen hierher, um herauszufinden, was am besten zu tun sei. Ich denke, es ist die Strafe des Herrn für unsere Sünden und keiner wird ihr entgehen.«

Armitage sah, dass es Zeit war, etwas zu unternehmen, und sprach mit Bestimmtheit zu der verängstigten Gruppe der Bauern.

»Wir müssen es verfolgen, Leute.« Er gab seiner Stimme einen festen Klang. »Ich bin überzeugt, dass wir eine Chance haben, es aus dem Verkehr zu ziehen. Ihr Männer wisst, dass diese Whateleys Hexenmeister waren – nun, dieses Ding ist etwas, das der Hexenkunst entsprungen ist, und muss mit den gleichen Mitteln besiegt werden. Ich habe Wilbur Whateleys Tagebuch gelesen und auch einige seiner seltsamen alten Bücher. Ich glaube, ich kann die richtige Formel aufsagen, damit das Ding verschwindet. Natürlich kann man nicht sicher sein, doch wir müssen das Risiko eingehen. Es ist unsichtbar, das wusste ich, doch in dieser Giftspritze ist ein Pulver, mit dem man es vielleicht für einen Moment sichtbar machen kann. Wir werden später einen Versuch unternehmen. Es ist ein furchtbares Ding, doch es ist nicht so schrecklich wie das, was Wilbur hereingelassen hätte, wenn er länger gelebt hätte. Ihr werdet nie erfahren, was da über die Welt gekommen wäre. Jetzt müssen wir nur ein Ding bekämpfen, und es kann sich nicht vermehren. Es kann aber viel Unheil anrichten, also dürfen wir nicht zögern, die Welt davon zu befreien.

Wir müssen es verfolgen und wir beginnen an dem Ort, den es gerade niedergewalzt hat. Jemand soll die Führung übernehmen, denn ich kenne die Straßen hier nicht allzu gut, doch ich nehme an, dass es eine Abkürzung über die Felder gibt. Wie steht's damit?«

Die Männer drucksten einen Moment herum, dann sprach Earl Sawyer mit leiser Stimme und deutete mit seinem schmutzigen Finger durch den beständig nachlassenden Regen.

»Ich denke, am schnellsten kommen wir zu Seth Bishop über die untere Weide hier, durchqueren den Bach an einer seichten Stelle, steigen dann über Carriers Weide und durch das Wäldchen hinauf. Dann stoßen wir auf die obere Straße ganz in der Nähe von Seths Hof auf der anderen Seite.«

Armitage, Rice und Morgan machten sich in der angegebenen Richtung auf den Weg, und die meisten der Einheimischen folgten ihnen langsam. Der Himmel hellte sich auf, und es gab Anzeichen, dass der Sturm vorüber war. Als Armitage versehentlich in die falsche Richtung ging, machte ihn Joe Osborn darauf aufmerksam und übernahm die Führung. Mut und Selbstsicherheit stiegen, doch das Zwielicht in dem fast senkrecht ansteigenden bewaldeten Hang, der ziemlich am Ende ihrer Abkürzung lag und zwischen dessen seltsamen alten Bäumen sie fast wie auf einer Leiter würden nach oben klettern müssen, würde die neu gewonnene Zuversicht auf eine ernste Probe stellen.

Schließlich kamen sie auf einer schlammigen Straße heraus und stellten fest, dass die Sonne schien. Sie befanden sich ein kleines Stück hinter dem Anwesen von Seth Bishop, doch abgeknickte Bäume und schreckliche unverwechselbare Spuren zeigten, was hier vorbeigekommen war. Die Untersuchung der Ruinen hinter der Biegung nahm nur ein paar Augenblicke in Anspruch. Alles sah genauso aus wie bei den Fryes, und in den Trümmern, die einmal das Haus und die Scheune gewesen waren, fand man kein lebendes Wesen. Niemand wollte sich lange in dem Gestank und dem klebrigen teerartigen Zeug aufhalten, sondern alle wandten sich instinktiv den grauenhaften Spuren zu, die in Richtung des zerstörten Bauernhofs der Whateleys und des Altars auf dem Gipfel des Sentinel Hill führten.

Als die Leute an dem Ort von Wilbur Whateleys Wohnstatt vorbeikamen, erschauderten sie sichtbar, und es schien, als ob sich wieder ein Zaudern in ihre Begeisterung einschlich. Es war kein Vergnügen, etwas zu verfolgen, das so groß wie ein Haus und unsichtbar war und das über die Bösartigkeit eines Dämons verfügte. Am Fuß des Sentinel Hill verließen die Spuren die Straße und neben der breiten Schneise, die den vormaligen Weg des Ungeheuers den Berg hinauf und wieder hinunter markierte, befand sich eine frische Spur niedergedrückter Bäume.

Armitage zog ein Taschenfernrohr mit ansehnlicher Vergrößerung hervor und suchte die grüne Bergflanke ab. Dann reichte er das Fernrohr Morgan, dessen Augen besser waren. Einen Moment später schrie Morgan auf, reichte das Fernrohr Earl Sawyer und deutete mit seinem Finger auf einen bestimmten Punkt auf dem Hang. Sawyer, ungeschickt wie die meisten, die an optische Instrumente nicht gewohnt sind, fummelte eine Zeit lang herum, schaffte es aber dann mit Armitages Hilfe, das Gerät scharf zu stellen. Als es so weit war, schrie er wie Morgan auf.

»Allmächtiger Gott, das Gras und die Büsche bewegen sich! Es geht nach oben, langsam, wie Kriechen. Genau jetzt ist es oben, der Himmel weiß, was es da will.«

Dann schien sich unter den Männern eine Panik auszubreiten. Es war eine Sache, ein namenloses Ding zu verfolgen, doch etwas anderes, es dann gefunden zu haben. Zaubersprüche mögen schon in Ordnung sein – doch was, wenn sie versagten? Stimmen begannen Armitage zu fragen, was er von dem Ding wusste, und keine Antwort schien befriedigend. Alle schienen das Gefühl zu haben, einer Erscheinungsform der Natur gegenüberzustehen, die gänzlich abseitig und völlig außerhalb der menschlichen Erfahrung war.

X

Zu guter Letzt erklommen die drei Männer aus Arkham – der alte weißbärtige Dr. Armitage, der untersetzte grauhaarige Professor Rice und der schlanke jugendliche Dr. Morgan – den Berg alleine. Nach geduldigen Erklärungen der Handhabung ließen sie das Fernrohr bei der Gruppe, die unten an der Straße blieb, und ihr Aufstieg wurde von denen, die abwechselnd hindurchschauten, aufmerksam verfolgt. Es war ein schweres Unterfangen, und Armitage musste mehr als einmal geholfen werden. Über der sich abmühenden Gruppe zog das höllische Ding schneckengleich mühelos seine Bahn. Doch bald wurde deutlich, dass die Verfolger aufholten.

Curtis Whateley von dem nicht dekadenten Familienzweig hatte gerade das Fernrohr, als die Gruppe deutlich von der Schneise abwich. Er sagte den anderen, dass die Männer augenscheinlich zu einer abseits gelegenen Kuppe wollten, von der man die Schneise ein Stück vor dem Punkt, wo im Augenblick die Büsche niedergetreten wurden, überblicken konnte. Das erwies sich als richtig, und man sah, wie die Gruppe die niedrigere Erhebung erreichte, kurz nachdem die unsichtbare Blasphemie sie passiert hatte.

Dann rief Wesley Corey, der gerade durch das Fernrohr sah, dass Armitage die Spritze ausrichtete, die Rice trug, und dass gleich etwas passieren würde. Die Gruppe wurde unruhig, denn sie erinnerte sich daran, dass mit der Spritze das unsichtbare Grauen für einen Moment sichtbar gemacht werden sollte. Zwei oder drei der Männer schlossen ihre Augen, doch Curtis Whateley nahm sich wieder das Fernrohr und strengte seine Augen an. Er sah dass Rice, der sich etwas hinter und oberhalb des Wesens befand, eine hervorragende Möglichkeit hatte, das wichtige Pulver mit Erfolg zu versprühen.

Jene, die kein Fernrohr hatten, sahen nur das plötzlich Aufwallen einer grauen Wolke von der Größe eines mittleren Gebäudes unterhalb der Bergspitze. Curtis, der das Instrument in den Händen hielt, ließ es mit einem gellenden Schrei in den knöcheltiefen Schlamm der Straße fallen. Er schwankte und wäre wohl zu Boden gefallen, hätten ihn nicht zwei oder drei andere aufgefangen und festgehalten. Er stöhnte nur leise.

»Oh mein Gott … *das … das …*«

Eine Flut von Fragen brach über ihn herein, und nur Henry Wheeler dachte daran, das heruntergefallene Fernrohr aufzuheben und vom Schlamm zu säubern. Curtis war völlig verwirrt und konnte selbst einfache Antworten nicht geben.

»Größer als eine Scheune … alles sich windende Stricke … das ganze Ding sieht aus wie ein Ei, nur viel größer … mit Dutzenden von Beinen wie Fässer, die bei jedem Schritt halb verschwinden … es ist ganz schwammig wie Wackelpudding und aus sich windenden Stricken … am ganzen Körper große, hervorstehende Augen, zehn oder zwanzig Mäuler oder Rüssel, die an der Seite herausragen, riesige Ofenrohre, die sich öffnen und schließen … alle grau mit blauen und violetten Ringen … *und Herr im Himmel, dieses halbe Gesicht auf dem Rücken …*«

Diese letzte Erinnerung, wie sie auch aussah, erwies sich als zu viel für Curtis, und er fiel in Ohnmacht, bevor er noch ein weiteres Wort sagen konnte. Fred Farr und Will Hutchins trugen ihn an den Straßenrand und legten ihn in das feuchte Gras. Henry Wheeler richtete zitternd das Fernrohr auf den Berg, um zu sehen, was immer sich da zeigen würde. Durch das Okular sah er drei kleine Gestalten, die, so schnell es der Hang zuließ, Richtung Gipfel liefen. Nur diese drei, sonst nichts. Dann bemerkten alle ein merkwürdiges unzeitgemäßes Geräusch in dem tiefen Tal hinter ihnen und auch im Unterholz von Sentinel Hill. Es war das Zetern von unzähligen Ziegenmelkern, und in ihrem schrillen Chor schien Bedrohung und Bösartigkeit zu liegen.

Earl Sawyer nahm nun das Fernrohr und berichtete, dass die drei Gestalten jetzt den höchsten Punkt erreicht hätten und sich auf einer Ebene mit dem Altarstein befänden, allerdings ein gutes Stück davon entfernt. Eine der Gestalten erhob in rhythmischen Abständen ihre Hände über den Kopf, und als Sawyer dies sagte, schienen die anderen gedämpfte, halbmelodiöse Laute aus der Entfernung zu hören, als würde ein lauter Gesang die Gesten begleiten. Die unheimliche Silhouette auf dem abgelegenen Berggipfel muss ein grotesker und beeindruckender Anblick gewesen sein, doch keiner der Beobachter war in der Stimmung für ästhetische Betrachtungen. »Ich denke, er spricht jetzt die Beschwörung«, flüsterte Wheeler, als er wieder das Fernrohr hatte. Die Ziegenmelker zeterten heftig, aber in einem eigentümlich unregelmäßigen Rhythmus, der nicht dem des Rituals entsprach.

Plötzlich verblasste das Sonnenlicht, ohne dass eine Wolke zu entdecken gewesen wäre. Es war ein eigenartiges Phänomen, das alle mitbekamen. In den Bergen schien ein Rumpeln zu entstehen, das mit einem Rumpeln einherging, das eindeutig vom Himmel kam. Ein Blitz zuckte, und die erstaunten Männer suchten vergeblich nach den Hinweisen auf ein Gewitter. Der Gesang der Männer aus Arkham war jetzt deutlich zu hören, und Wheeler sah durch das Fernrohr, dass sie jetzt alle die Arme im Rhythmus des Gesangs erhoben. Von einem weit entfernten Bauernhof her ertönte das wütende Bellen von Hunden.

Das Licht veränderte sich zusehends, und die Leute blickten verwundert zum Horizont. Eine purpurne Dunkelheit, die aus der Veränderung des Spektrums des blauen Himmel entstand, legte sich auf die rumpelnden Berge. Dann zuckte wieder ein Blitz, heller als der zuvor, und die Leute glaubten, einen merkwürdigen Dunst rings um den Altarstein dort oben erblickt zu haben. Doch niemand hatte in diesem Moment durch das Fernrohr gesehen. Der unrhythmische Gesang der Ziegenmelker setzte sich fort, und die Männer von Dunwich klammerten sich aneinander, um einer unerklärlichen Bedrohung zu widerstehen, die sich in der Luft zu manifestieren schien.

Ohne Vorwarnung erklangen jene tiefen, krachenden, heiseren Laute, die keiner aus der verängstigten Gruppe jemals wieder vergessen wird. Sie stammten aus keiner menschlichen Kehle, denn kein Mensch könnte solche abscheulichen Laute hervorbringen. Eher hätte man gesagt, sie kämen direkt aus der Hölle, wäre ihre Quelle nicht eindeutig der Altarstein auf dem Gipfel gewesen. Es ist fast unmöglich, sie überhaupt *Laute* zu nennen, denn ein großer Teil des grässlichen tiefen Basses sprach die verborgenen Bereiche des Bewusstseins weit schrecklicher als das Gehör an, dennoch musste man sie so nennen, denn sie stellten zweifellos, wenn auch verschwommen, halbartikulierte *Worte* dar. Sie waren laut, so laut wie das Rumpeln und der Donner, die sie übertönten – und dennoch kamen sie von keinem sichtbaren Wesen. Und da die Vorstellung einen Anhaltspunkt für die Dinge der unsichtbaren Welt braucht, drängten sich die Männer am Fuß des Berges noch enger zusammen und wimmerten, als ob sie einen vernichtenden Schlag erwarten würden.

»*Ygnaiih … ygnaiih … thflthkh'ngha … Yog-Sothoth …*«, erklang das schreckliche Krächzen aus dem All. »*Y'bthnk … h'ehye – n'grkdl'lh …*«

Die Sprache schien hier abzubrechen, so als ob ein schrecklicher psychischer Kampf stattfände. Henry Wheeler presste seine Augen an das Fernrohr, sah aber nur drei menschliche Gestalten auf dem Gipfel, die alle ihre Arme heftig in merkwürdigen Bewegungen schwenkten, als sich ihre Beschwörung dem Höhepunkt näherte. Aus welcher dunklen Quelle urzeitlicher Angst oder Wissens, aus welchen unermesslichen Abgründen außerkosmischen Bewusstseins oder Umnachtung stammten diese lang überlieferten, halb artikulierten, krächzenden Laute? Im Moment schienen sie wieder an Kraft und Struktur zu gewinnen und fanden zu einer starken, endgültigen Raserei.

»Eh-*ya-ya-ya-yahaah – e'yayayayaaaa … ngh'aaaa … ngh'aaa …* h'yuh … HILFE! HILFE! … vv – vv – vv – VATER! VATER! YOG-SOTHOTH …«

Das war alles. Die bleiche Gruppe unten an der Straße, die immer noch über die eindeutig verständlichen Worte grübelte, die schwer und donnernd von der tobenden Leere neben dem schrecklichen Altarstein den Berg heruntergeklungen waren, vernahm nie wieder solche Worte. Stattdessen zuckten sie unter der schrecklichen Antwort der Berge zusammen, einem betäubenden, erschütternden Krachen, dessen Quelle, sei es nun das Erdinnere oder der Himmel, sie nie bestimmen konnten. Ein einzelner Blitz zuckte aus dem Zenit auf den Altarstein hernieder, und eine riesige Welle unsichtbarer Kraft und unerträglichen Gestanks schwappte vom Hügel über den gesamten Landstrich. Bäume, Gras und Büsche schwankten heftig, und die verängstigten Männer am Fuß des Berges, von dem höllischen Gestank geschwächt, wurden fast von den Beinen gerissen. Entfernt heulten Hunde, das grüne Gras und die Blätter der Bäume wurden gelbgrau, und auf die Wälder und Felder regneten die toten Ziegenmelker herab.

Der Gestank verzog sich schnell, doch die Vegetation erholte sich nie. Bis heute hat die Vegetation auf und um den schrecklichen Berg etwas Unheimliches und Unheiliges. Curtis Whateley erlangte gerade das Bewusstsein wieder, als die Männer aus Arkham jetzt wieder im strahlenden und makellosen Sonnenschein langsam den Berg hinunterkamen. Sie waren ernst und still und schienen von Erinnerungen geschüttelt zu werden, die schrecklicher waren als jene, die die Gruppe der Einheimischen zu einem zitternden Haufen hatte werden lassen. Auf die vielen Fragen antworteten sie nur mit einem Kopfschütteln und wiederholten die wichtigste Tatsache.

»Das Ding ist für immer verschwunden«, erklärte Armitage. »Es ist in das zerschlagen worden, woraus es geschaffen wurde, und kann nie wieder auferstehen. Es war eine Unmöglichkeit in einer normalen Welt. Nur der kleinste Teil bestand aus Materie, wie wir sie kennen. Es war wie sein Vater – und das meiste ist zu ihm zurückgekehrt in ein unbestimmtes Reich oder eine Dimension außerhalb unseres materiellen Universums. In einen tiefen Abgrund, aus dem es nur die verfluchtesten Riten menschlicher Blasphemie für einen Moment auf diesen Berg heraufbeschwören konnten.«

Es trat ein kurzes Schweigen ein, und in dieser Pause kamen die verwirrten Sinne von Curtis Whateley wieder zu Bewusstsein, und er legte stöhnend die Hand an seine Stirn. Sein Gedächtnis schien wieder an der Stelle einzusetzen, als er ohnmächtig geworden war, und das Grauen über den Anblick, der ihm die Besinnung raubte, setzte wieder ein.

»Oh, oh mein Gott, dieses halbe Gesicht – das halbe Gesicht *obendrauf … das halbe Gesicht mit dem roten Auge und dem weißen Albinohaar und fliehendem Kinn wie die Whateleys … Es war ein Tintenfisch, Tausendfüßler, Spinnending, doch obendrauf war ein halbes menschliches Gesicht und es sah wie der Hexenmeister Whateley aus, nur war es Meter groß …«*

Er hielt inne, und die Einheimischen schauten ihn mit Entsetzen an, das kurz davor war, in neues Grauen umzuschlagen. Nur der alte Zebulon Whateley, der sich an vergangene Dinge erinnerte und der bis jetzt nichts gesagt hatte, sprach nun.

»Vor fünfzehn Jahren«, sagte er, »hab ich gehört, wie der alte Whateley gesagt hat, dass wir eines Tages hören würden, wie Lavinys Kind auf dem Gipfel von Sentinel Hill nach seinem Vater ruft ...«

Doch Joe Osburn unterbrach ihn, um den Männern aus Arkham noch weitere Fragen zu stellen.

»*Was aber war es,* und wie hat der junge Hexenmeister Whateley es vom Himmel herab gerufen?«

Armitage wählte seine Worte mit Bedacht.

»Es war – nun, zum größten Teil war es eine Kraft, die nicht zu unserem Teil des Alls gehört, eine Art Kraft, die handelt, wächst und sich eine Gestalt nach anderen Gesetzen als unsere Natur gibt. Es ist nicht unsere Sache, solche Dinge von außerhalb heraufzubeschwören, und nur sehr absonderliche Leute und sehr absonderliche Kulte haben es überhaupt versucht. Etwas von diesen Wesen war in auch Wilbur Whateley – genug, um ihn zu einem Teufel und einem hellseherischen Ungeheuer und seinen Tod zu einem ziemlich schrecklichen Anblick werden zu lassen. Ich werde sein verfluchtes Tagebuch verbrennen, und wenn ihr klug seid, dann sprengt ihr diesen Altarstein in die Luft und reißt all die Steinkreise auf den anderen Bergen nieder. Dinge wie diese riefen die Wesen herbei, auf die die Whateleys so stolz waren – die Wesen, die die menschliche Rasse auslöschen und die Erde zu einem namenlosen Ort zu einem unbekannten Zweck bringen wollten.

Doch soweit es dieses Ding betrifft, das wir zurückgeschickt haben, die Whateleys haben es für ihre grässlichen Zwecke aufgezogen. Es wuchs aus den gleichen Gründen so schnell heran wie Wilbur – doch es war ihm überlegen, weil es wesentlich mehr von dem Außerirdischen in sich trug. Ihr braucht nicht zu wissen, wie es Wilbur aus der Luft herbeigerufen hat. Er hat es nicht gerufen. *Es war sein Zwillingsbruder, doch er war seinem Vater ähnlicher als Wilbur.*«

Der Flüsterer im Dunkeln

I

Denken Sie immer daran, dass ich bis zum Schluss nie etwas wirklich Schreckliches gesehen habe. Zu behaupten, ein mentaler Schock hätte meine Schlussfolgerungen ausgelöst – jenes letzte bisschen, das mich aus dem verlassenen Gehöft der Akeleys und mit einem gekaperten Auto nachts durch die wild aufragenden Hügel von Vermont hetzen ließ –, hieße, die nackten Tatsachen meiner letzten Erfahrung zu ignorieren. Ungeachtet meiner weitgehenden Kenntnis der Informationen und Spekulationen von Henry Akeley und der Dinge, die ich sah und hörte, und der unleugbaren Lebhaftigkeit der Erscheinung, mit der diese Dinge auf mich einwirkten, kann ich dennoch nicht beweisen, ob ich mich bei meinen schrecklichen Schlussfolgerungen irre oder nicht. Denn schlussendlich beweist Akeleys Verschwinden gar nichts. Die Leute fanden in seinem Haus nichts Ungewöhnliches, wenn man von den Einschusslöchern außen und innen absieht. Es war, als wäre er einfach für einen Streifzug durch die Hügel weggegangen und nicht zurückgekommen. Es gab noch nicht einmal Anzeichen, dass ein Besucher dort gewesen war oder dass diese schrecklichen Zylinder und Apparaturen sich jemals im Arbeitszimmer befunden hatten. Ebenfalls ohne Bedeutung ist, dass er zwischen den dicht gedrängten, grünen Hügeln und dem beständigen Plätschern der Bäche, in das hinein er geboren wurde und in dem er aufgewachsen war, Todesangst gehabt hatte, denn Tausende sind Opfer solcher morbiden Ängste. Außerdem kann seine exzentrische Art leicht als Erklärung für seine merkwürdigen Handlungen und seine Befürchtungen in Zusammenhang mit diesen herhalten.

Die ganze Angelegenheit, soweit sie mich betraf, begann mit den historischen und beispiellosen Überschwemmungen am 3. November 1927 in Vermont. Damals wie heute war ich ein Lehrender im Fach Literatur an der Miskatonic-Universität in Arkham, Massachusetts, und ein begeisterter Amateurforscher der Volkskunde von Neuengland. Kurz nach den Überschwemmungen, zwischen verschiedenen Berichten von den Nöten, dem Leiden und der Organisation von Hilfen, die die Zeitungen füllten, erschienen bestimmte abseitige Geschichten von Dingen, die man in den angeschwollenen Flüssen treibend gefunden hatte, sodass viele meiner Freunde sich in merkwürdigen Diskussionen ergingen und mich fragten, ob ich nicht etwas Licht in die Angelegenheit bringen könnte. Ich fühlte mich geschmeichelt, dass meine volkskundlichen Studien so ernst genommen wurden, und tat mein Bestes, um die wilden, verschwommenen Geschichten, die eindeutig altem, ländlichem Aberglauben entsprangen, kleinzureden. Es erheiterte mich, dass einige gebildete Leute darauf bestanden, dass etwas Wahres an dem Absonderlichen sein sollte und verdrehte Tatsachen hinter den Gerüchten stehen könnten.

Die Berichte, die mir zur Kenntnis kamen, bestanden zum größten Teil aus Zeitungsausschnitten, doch eine dieser »Schauergeschichten« war ein mündlicher Bericht, der einem meiner Freunde in einem Brief von seiner Mutter aus Hardwick, Vermont, übermittelt wurde. Die Art der beschriebenen Objekte war in allen Fällen im Wesentlichen gleich, doch schienen sie auf drei unterschiedliche Ereignisse zurückzugehen – eins stand in Verbindung mit dem Winooski River in der Nähe von Montpelier, ein weiteres mit dem West River in Windham County jenseits von Newfane und das dritte konzentrierte sich auf das Gebiet Passumpsic im Caledonia County oberhalb von Lyndonville. Natürlich erwähnten die kursierenden Geschichten auch andere Orte, doch bei genauer Analyse schienen alle auf diese drei zurückzugehen. In allen Fällen berichtete das Landvolk von Sichtungen eines oder mehrerer sehr merkwürdiger und verstörender Objekte in den reißenden Fluten, die von den einsamen Hügeln herabströmten, und eine weit verbreitete Tendenz entstand, diese Sichtungen mit primitiven, schon halb vergessenen Legenden in Verbindung zu bringen, die von alten Menschen bei dieser Gelegenheit wieder ins Bewusstsein gebracht wurden.

Die Leute glaubten, organische Formen zu erkennen, die nichts ähnelten, was sie jemals zuvor erblickt hatten. Natürlich gab es viele menschliche Körper, die von den Flüssen in jener tragischen Zeit angeschwemmt wurden, doch jene, die jene seltsamen Gestalten beschrieben, waren sich sehr sicher, dass diese, trotz einiger oberflächlichen Merkmale wie Größe und allgemeiner Erscheinung, nicht menschlich waren. Auch, so sagten die Zeugen, konnten es keine in Vermont bekannten Tiere sein. Es waren rosafarbene Objekte, ungefähr knapp einen Meter lang und mit schalentierartigen Körpern, die mit einem großen Paar Rückenflossen oder Membranflügeln und mehreren Gruppen von zusammenhängenden Gliedmaßen ausgestattet waren, sowie an der Stelle, wo sich normalerweise der Kopf befand, eine Art von verschlungenem Ellipsoiden hatten, auf denen sich eine große Anzahl von sehr kurzen Fühlern befand. Es war wirklich erstaunlich, wie die Berichte aus unterschiedlichen Quellen übereinstimmten, doch wenn man den Umstand in Betracht zog, dass die alten Legenden, die in der gesamten Gegend präsent waren, ein abstruses, lebhaftes Bild in der Fantasie der Zeugen hervorgerufen hatten, wurden die wundersamen Eindrücke doch relativiert. Ich war davon überzeugt – bei sämtlichen Zeugen handelte es sich um naives und einfaches Landvolk –, dass es in allen Fällen zerschmetterte und aufgedunsene menschliche Körper oder Vieh von den Farmen war, das in den reißenden Fluten trieb, und die verschwommene Erinnerung an alte Legenden diese beklagenswerten Objekte mit fantastischen Attributen versah.

Diese alten Erzählungen, verschwommen, schwer zu fassen und von der heutigen Generation fast vergessen, waren äußerst bemerkenswert und gingen eindeutig auf den Einfluss noch älterer indianischer Vorbilder zurück. Obwohl ich nie in Vermont gewesen war, kannte ich diese Erzählungen durch die überaus seltene Monografie von Eli Davenport, die von den ältesten Bewohnern des Staates mündlich tradiertes Material aus der Zeit vor 1839 enthält. Mehr noch, dieses Material stimmte eng mit Erzählungen überein, die ich selbst von älteren Landleuten in den Bergen von New Hampshire gehört hatte. Kurz zusammengefasst deutete es auf eine verborgene Rasse von monströsen Wesen hin, die zwischen den abgelegeneren Bergen lauerte – in den dichten Wäldern der höchsten Gipfel und den dunklen Tälern, wo die Flüsse aus unbekannten Quellen gespeist werden. Die Wesen sind nur selten gesehen worden, doch einzelne Menschen, die weiter als andere die Berghänge erklommen oder in die Tiefen besonders steiler Schluchten, die selbst von den Wölfen gemieden wurden, hinabstiegen, haben von Beweisen ihrer Existenz berichtet.

Diese Beweise waren Fuß- oder Klauenspuren im Schlamm von Bachläufen und auf Lichtungen und seltsame Steinkreise, die nicht so aussahen, als seien sie auf natürliche Weise entstanden, und um die herum das Gras niedergetrampelt war. Auch gab es in den Hügeln eine Anzahl von Höhlen von beachtlicher Tiefe, deren Eingänge auf eine Weise von Felsen verschlossen waren, die man kaum als zufällig bezeichnen konnte, und vor diesen eine ungewöhnlich große Anzahl von merkwürdigen Spuren, die sowohl hin als auch weg von ihnen führten – doch die Richtung der Spuren konnte nur vermutet werden. Und am schlimmsten waren die Dinge, die abenteuerhungrige Leute sehr selten im Dämmerlicht weit abgelegener Täler und in ausgedehnten, dichten Wäldern weit jenseits der üblichen Wanderrouten gesehen hatten.

Ich hätte mich viel wohler gefühlt, wenn die verstreuten Berichte von solchen Dingen nicht so gut zusammengepasst hätten. Aber tatsächlich stimmten all diese Gerüchte in vielen Punkten überein. Sie beteuerten, dass diese Wesen eine Art von großen, hellroten Krabben mit vielen Beinpaaren und zwei großen fledermausartigen Flügeln auf dem Rücken seien. Manchmal liefen sie auf allen ihren Beinen, manchmal nur auf dem hintersten Paar, um mit den anderen große, unbestimmbare Objekte zu transportieren. Einmal hatte man eine beachtliche Anzahl von ihnen beobachtet, wobei ein Teil von ihnen in organisierter Dreierformation durch einen flachen Waldbach watete. Bei einer anderen Gelegenheit hatte man eins dieser Wesen fliegen gesehen – es hatte sich nachts vom Gipfel eines kahlen, einsamen Hügels in die Lüfte erhoben und seine großen, schlagenden Flügel waren für einen kurzen Moment als Silhouette gegen den Vollmond zu sehen gewesen.

Diese Wesen schienen im Prinzip die Menschheit in Ruhe zu lassen, obwohl sie von Zeit zu Zeit für das Verschwinden von zu wagemutigen Personen verantwortlich gemacht wurden – besonders von Personen, die ihre Häuser zu nahe an gewisse Täler oder zu hoch in bestimmte Berge gebaut hatten. Viele Gegenden gerieten in den Ruf, ungeeignet zur Besiedlung zu sein, und dieser Ruf blieb auch bestehen, lange nachdem der Grund dafür schon in Vergessenheit geraten war. Die Menschen schauten mit Schaudern zu einigen der in der Nähe liegenden Bergmassive auf, selbst wenn sie sich nicht daran erinnern konnten, wie viele Siedler dort an den unteren Hängen dieser finsteren, grünen Wächter verschwunden und wie viele Farmhäuser niedergebrannt waren.

Nach den Aussagen der ältesten Legenden schienen diese Wesen nur solche Menschen angegriffen zu haben, die ihr Gebiet betraten; es gab aber spätere Berichte, die von ihrer Neugierde gegenüber den Menschen sprechen und ihren Versuchen, geheime Außenposten in der menschlichen Welt einzurichten. Es gab Erzählungen von seltsamen Krallenspuren, die man am Morgen unter den Fenstern von Bauernhäusern gefunden hatte, und vom gelegentlichen Verschwinden von Personen außerhalb der offensichtlich heimgesuchten Bereiche. Daneben gab es noch Zeugnisse von die menschliche Sprache imitierenden, summenden Stimmen, die einsamen Reisenden auf den Straßen und Feldwegen in den tiefen Wäldern erstaunliche Angebote machten, und von Kindern, die an Stellen lebten, wo der urtümliche Wald bis an die Vorgärten reichte, und die von Dingen, die sie gesehen oder gehört hatten, zu Tode erschreckt worden waren. In den jüngsten Erzählungen – jenem Stadium des zurückgehenden Aberglaubens und der

Vermeidung des Kontakts mit den gefürchteten Gegenden – gibt es schockierende Berichte über Einsiedler und abgelegene Bauernhöfe, deren Bewohner allem Anschein nach in einem bestimmten Lebensabschnitt eine abstoßende geistige Veränderung erfahren hatten, und man sie mied und sagte ihnen nach, sie wären Sterbliche, die sich an die seltsamen Wesen verkauft hätten. In einer der nordöstlichen Gegenden schien es um 1800 üblich geworden zu sein, abseitige und unbeliebte Mitmenschen als Anhänger oder Vertreter der verabscheuten Wesen zu bezeichnen.

Was diese Wesen eigentlich waren – darin variierten die Erklärungen natürlich. Der übliche Name, mit dem man sie bezeichnete, war »jene Wesen« oder »die alte Rasse«, es gab auch andere Bezeichnungen von lokaler und vorübergehender Art. Wahrscheinlich sah die Masse der puritanischen Siedler sie einfach als eine Art von Teufeln an und nahm sie zum Anlass für waghalsige theologische Spekulationen. Jene, die aus dem keltischen Sagenraum stammten – hauptsächlich die schottisch-irischen Einwanderer in New Hampshire und ihre Verwandtschaft, die sich auf Gouverneur Wentworths Landgabe hin in Vermont niedergelassen hatten – verbanden sie auf unbestimmte Weise mit den bösen Feen und Kobolden der Moore und Erdwerke und schützten sich mit den Bruchstücken von Beschwörungsformeln, die über viele Generationen weitergegeben wurden. Die Indianer aber hatten die abseitigste Theorie von allen. Obwohl die Legenden verschiedener Stämme sich unterscheiden, so gab es eine deutliche Übereinstimmung in dem entscheidenden Punkt: Sie stimmen unbestritten darin überein, dass diese Wesen nicht von diesem Planeten stammen.

Die Pennacook-Mythen, die die zusammenhängendsten und schillerndsten sind, besagen, dass die *Geflügelte Rasse* aus dem Sternbild des Großen Bären kam und sie in unseren irdischen Hügeln Minen anlegten, um eine Art Stein zu gewinnen, den es auf keinem anderen Planeten gibt. Die Mythen besagen, dass sie nicht hier lebten, sondern nur Außenposten unterhielten und mit großen Steinladungen zurück zu ihren eigenen Sternen am nördlichen Himmel flogen. Sie taten nur den Menschen etwas an, die ihnen zu nahe kamen oder sie beobachteten. Die Tiere wichen ihnen aufgrund einer instinktiven Abneigung aus, nicht weil sie von ihnen gejagt worden wären. Die Wesen konnten die Dingen und Tiere der Erde nicht essen und brachten ihre eigenen Nahrungsmittel mit von den Sternen. Es war nicht gut, sich in ihre Nähe zu begeben, und manchmal kamen junge Jäger, die in ihre Hügel gingen, nie zurück. Auch war es nicht gut, sie zu belauschen, wenn sie nachts in den Wäldern mit Stimmen wie ein Bienengesumm, das menschliche Laute imitierte, miteinander flüsterten. Sie kannten alle menschlichen Sprachen – die der Pennacook, der Huron, die der Leute der fünf Stämme –, aber es schien, dass sie keine eigene Sprache hatten oder brauchten. Sie sprachen mit ihren Köpfen, die verschiedene Farben annahmen, um unterschiedliche Dinge auszudrücken.

All die Legenden, ob von den weißen Einwanderern oder den Indianern, versiegten während des neunzehnten Jahrhunderts mit Ausnahme von einem gelegentlichem atavistischen Aufflackern. In dem Maße, wie die Siedler sich in Vermont ausbreiteten, und nachdem ihre Wege und Dörfer, einem bestimmten Plan folgend, sich etabliert hatten, erinnerten sie sich nicht mehr, welche Ängste und gemiedenen Orte diesen Plan beeinflusst hatten, und noch nicht einmal daran, dass es solche Ängste und Orte überhaupt gegeben hatte. Die meisten wussten nur, dass bestimmte hüglige Regionen als sehr ungesund, ertragsschwach und im Allgemeinen nicht als Ort, an dem man gut leben konnte, galten und dass man üblicherweise umso besser dran war, je weiter man sich von ihnen entfernt hielt. In den Zeiten, als die Folgen der Gewohnheit und der wirtschaftlichen Interessen sich so tief in die bekannten Orte eingegraben hatten, dass es keinen Grund mehr gab, diese zu verlassen, wurden die verfluchten Hügel mehr durch Zufall als durch einen bewussten Akt sich selbst überlassen. Außer gelegentlichen, örtlich begrenzten Schreckensmeldungen flüsterten nur noch wundergläubige Großmütter und in der Vergangenheit verhaftete Neunzigjährige von Wesen, die in diesen Hügeln lebten, und selbst diese Flüsterer räumten ein, dass man heutzutage von diesen Wesen nicht viel zu befürchten hätte, denn sie wären an die Gegenwart von Pferden und Siedlungen gewöhnt und die Menschen ließen ihr ausgewähltes Gebiet nun völlig in Ruhe.

Das alles hatte ich aus meinen Studien und aus bestimmten folkloristischen Erzählungen, auf die ich in New Hampshire gestoßen war, schon lange gewusst, und als die Gerüchte während der Flutkatastrophe sich ausbreiteten, konnte ich mir leicht erklären, welche Vorstellungen sie hervorgerufen hatten. Ich gab mir sehr große Mühe, dies meinen Freunden zu vermitteln und war gleichzeitig darüber amüsiert, als einige streitsüchtige Seelen weiterhin darauf bestanden, dass möglicherweise ein wahrer Kern in den Berichten steckte. Diese Personen versuchten hervorzuheben, dass die frühen Legenden eine entscheidende Beharrlichkeit und Übereinstimmung aufwiesen und dass die nahezu unerforschte Natur der Hügellandschaft von Vermont es überaus engstirnig erscheinen ließ zu sagen, was dort oder was dort nicht hauste. Sie konnten auch nicht durch meine Versicherung umgestimmt werden, dass diese Mythen einem in der Menschheit weit verbreitetem Schema entsprachen und von den frühen Phasen der Erfahrungen und Vorstellungen geprägt waren, die zu den immer gleichen fantastischen Bildern führten.

Es hatte keinen Zweck, diesen Andersdenkenden vor Augen zu führen, dass sich die Mythen in Vermont im Prinzip nur wenig von den wesentlichen Aspekten jener universellen Legenden unterschieden, in denen Naturerscheinungen personifiziert wurden, und die antike Welt mit Faunen, Dryaden und Satyren erfüllten – man denke nur an die *Kalikanzari* im modernen Griechenland und auch an die unzugänglichen Teile von Wales und Irland und die dortigen Hinweise auf seltsame, kleine und extrem versteckt lebende Arten von Erdgeistern und Höhlenbewohnern. Ebenfalls war es sinnlos, auf den noch erstaunlicheren Glauben der Bergstämme des Nepal an den gefürchteten *Mi-Go* – auch »Abscheulicher Schneemensch« genannt – hinzuweisen, der Furcht einflößend zwischen den Eis- und Felsspitzen der Himalaja-Gipfel lauert. Als ich diesen Beweis ins Feld führte, wendeten meine Gegner ihn gegen mich, indem sie behaupteten, dass gerade dies ein Anhaltspunkt für den wahrhaften

Kern der alten Legenden wäre und ein Argument für die reale Existenz einer merkwürdigen, älteren irdischen Rasse sei, die mit dem Aufkommen der Menschheit und ihrer Vorherrschaft gezwungen wurde, sich zu verstecken und die möglicherweise in einer geringen Anzahl bis in die verhältnismäßig nahe Vergangenheit, ja vielleicht sogar bis heute, überlebt hatte.

Je mehr ich über diese Theorien lachte, desto mehr beharrten diese sturköpfigen Freunde darauf, fügten noch hinzu, dass selbst ohne dieses Erbe an Legenden die aktuellen Berichte zu deutlich, folgerichtig, genau, und in ihren Schilderungen auch völlig nüchtern, seien, um gänzlich ignoriert zu werden. Zwei oder drei fanatische Anhänger gingen so weit, den alten Geschichten der Indianer, die den versteckten Wesen eine außerirdische Herkunft zuschrieben, eine Bedeutung einzuräumen. Dazu zitierten sie die überspannten Bücher von Charles Fort, in denen behauptet wird, dass Reisende von anderen Welten und aus den Weiten des Weltraums häufig die Erde besucht hätten. Die meisten meiner Widersacher jedoch waren lediglich Romantiker, die versuchten, die fantastischen Geschichten von lauernden »kleinen Leuten«, die durch den großartigen Horror-Autor Arthur Machen bekannt geworden sind, ins wahre Leben zu übertragen.

II

Unter den gegebenen Umständen war es zu erwarten, dass diese prickelnde Auseinandersetzung in Form von Briefen an den *Arkham Advertiser* öffentlich bekannt wurde. Einige davon wurden von den Zeitungen in den Regionen Vermonts, aus denen die Flut-Berichte stammten, nachgedruckt. Der *Rutland Herald* brachte eine halbe Seite mit Auszügen der Briefe beider Seiten, während der *Brattleboro Reformer* eine meiner langen historischen und mythologischen Ausführungen in Gänze abdruckte, zusammen mit einigen Kommentaren in der gewissenhaften Kolumne

»The Pendrifter's«, die meine skeptischen Rückschlüsse unterstützten und lobten. Im Frühling 1928 war ich schon zu einem bekannten Mann in Vermont geworden, ungeachtet dessen, dass ich noch nie einen Fuß in den Staat gesetzt hatte. Dann erreichten mich die herausfordernden Briefe von Henry Akeley, die mich nachhaltig beeindruckten und mich dazu brachten, zum ersten und zum letzten Mal dieses faszinierende Reich der wild bewachsenen, grünen Abgründe und murmelnden Waldflüsse zu betreten.

Das Meiste, was ich von Henry Wentworth Akeley weiß, stammt aus den Briefwechseln, die ich nach meinen Erlebnissen in seinem einsamen Gehöft mit seinen Nachbarn und mit seinem Sohn in Kalifornien führte. Er war, wie ich herausfand, der letzte Bewohner seines Besitzes in einer langen, vornehmen Linie von Juristen, Verwaltern und Gutsherren gewesen. In seiner Person, wie auch immer, hatte sich die Familie von den praktischen Dingen abgewandt hin zu einem reinen Gelehrtendasein, da er ein bemerkenswerter Student der Mathematik, Astronomie, Biologie, Anthropologie und der Volkskunde an der Universität von Vermont gewesen war. Ich hatte vorher nie etwas von ihm gehört, und auch in unserem Austausch gab er nicht viel aus seinem Leben preis, doch schon bei unserer ersten Begegnung stellte ich fest, dass er Charakter hatte und über Bildung und Intelligenz verfügte, obgleich er ein Einsiedler war und nur wenig Erfahrung in weltlichen Dingen hatte.

Trotz der unglaublichen Dinge, die er von sich gab, konnte ich mich nicht dagegen wehren, Akeley sofort ernster zu nehmen als alle anderen, die meinen Ansichten widersprachen. Zum einen war er den aktuellen Ereignissen wirklich nahe – sichtbar und greifbar –, über die er so abseitige Vermutungen anstellte, zum anderen war er bereit, seine Schlüsse wie ein wahrer Wissenschaftler in einem vorläufigen Status zu belassen. Er hatte kein persönliches Interesse daran, Recht zu haben, und ließ sich nur von dem leiten, was er als sicheren Beweis ansah. Natürlich begann ich, ihn für fehlgeleitet zu halten, doch hielt ich ihm zugute, dass es eine intelligente Fehlleistung war, und zu keiner Zeit konnte ich seinen Freunden beistimmen, die seine Ideen und seine Furcht vor den einsamen grünen Hügeln als krankhaft ansahen. Ich erkannte, dass er ein fähiger Mann war, und wusste, dass das, was er berichtet hatte, auf außergewöhnliche Umstände hindeutete, die eine Untersuchung wert waren, wie wenig sie auch mit den abseitigen Dingen, mit denen er sie verband, zu tun haben mochten. Später dann erhielt ich von ihm bestimmte materielle Beweise, die die Angelegenheit auf eine etwas andere und verstörend bizarre Grundlage stellten.

Es gibt nichts Sinnvolleres, als den langen Brief, soweit es möglich ist, in Gänze wiederzugeben, in dem Akeley sich vorstellt und der einen besonders wichtigen Meilenstein in meiner eigenen Geschichte als Wissenschaftler darstellt. Er befindet sich nicht mehr in meinem Besitz, aber in meinem Gedächtnis ist noch fast jedes Wort seiner unheilvollen Nachricht präsent, und nochmals versichere ich an dieser Stelle meine Überzeugung, dass der Mann, der ihn geschrieben hat, völlig gesund war. Hier ist der Text – ein Text, der in der engen, altertümlich wirkenden Schrift eines Menschen verfasst ist, der offensichtlich in seinem zurückgezogenen Gelehrtendasein nicht viel mit der Welt zu tun hatte.

Kostenlose ländliche Postzustellung
Townshend, Windham Co.,
Vermont
5. Mai 1928

Albert N. Wilmarth, Esq.,
118 Saltonstall St.,
Arkham, Mass.,

Sehr geehrter Herr,
mit großen Interesse habe ich den nachmaligen Abdruck Ihres Briefes im *Brattleboro Reformer* (23. April 28) über die kürzlich erschienenen Berichte von merkwürdigen Körpern gelesen, die man in unseren über die Ufer getretenen Flüssen im letzten Herbst gesehen hat, und über die eigenartigen Legenden, die so außerordentlich gut dazu passten. Es ist leicht

verständlich, dass ein Außenstehender eine Haltung wie die Ihre dazu einnimmt und auch warum »Pendrifter« Ihnen zustimmt. Diese Haltung wird allgemein von gebildeten Menschen in und außerhalb von Vermont geteilt und war auch meine Einstellung als junger Mann (ich bin jetzt 57), bevor mich meine Studien – im Allgemeinen und von Davenports Buch – dazu brachten, einige Nachforschungen in den nicht allzu oft besuchten Hügeln hier in der Gegend anzustellen.

Grund für diese Forschungen waren merkwürdige, alte Geschichten, die ich von Bauern der ungebildeten Sorte zu hören bekam; doch jetzt wünschte ich, ich hätte die ganze Sache auf sich beruhen lassen. Ich würde sagen – mit aller Bescheidenheit –, dass das Gebiet der Anthropologie und Volkskunde mir keinesfalls fremd ist. Ich habe mich zu einem großen Teil damit auf dem College beschäftigt und bin vertraut mit den meisten Kapazitäten wie Tylor, Lubbock, Frazer, Quatrefages, Murray, Osborn, Keith, Boule, G. Elliot Smith und so weiter. Es ist nicht neu für mich, dass Erzählungen von verborgenen Rassen so alt wie die Menschheit sind. Ich kenne die im *Rutland Herald* erschienenen Nachdrucke Ihrer Briefe und derer, die Ihnen widersprechen, und ich glaube zu wissen, an welchem Punkt sich ihre Auseinandersetzung im Moment befindet.

Was ich zu diesem Zeitpunkt sagen möchte, ist, dass ich leider bestätigen muss, dass Ihre Gegner näher an der Wahrheit sind als Sie, obwohl jede Vernunft auf Ihrer Seite zu sein scheint. Ihre Kontrahenten aber sind näher an der Wahrheit, als sie selbst zu wissen scheinen – da sie natürlich nur theoretisch argumentieren und nicht wissen können, was ich weiß. Wenn ich von dem Gegenstand so wenig wissen würde wie sie, würde ich mir nicht das Recht nehmen, so wie sie daran zu glauben. Ich wäre absolut auf Ihrer Seite.

Sie merken schon, dass es mir schwer fällt, auf den Punkt zu kommen, vielleicht weil ich wirklich Angst davor habe, aber letztendlich geht es darum, dass *ich sichere Beweise habe, dass monströse Dinge tatsächlich in den Wäldern auf den hohen Hügeln, die von niemanden besucht werden, leben.* Ich habe keins der Objekte in den Flüssen treiben sehen, von denen berichtet wurde, *aber ich habe solche Objekte* unter Umständen gesehen, die ich fürchte auszusprechen. Ich habe Fußspuren gesehen und zuletzt habe ich sie näher bei meinem Haus vorgefunden (Ich lebe in dem alten Akeley-Gehöft südlich der Gemeinde Townshend, nahe dem Dark Mountain), als ich Ihnen zu sagen wage. Auch habe ich an bestimmten Orten in den Wäldern Stimmen belauscht, deren Beschreibung ich nicht zu Papier bringen will.

An einer Stelle waren sie so laut, dass ich einen Phonographen – zusammen mit einem Mikrophon und einem Wachszylinder – dorthin brachte, und ich werde versuchen, Ihnen die Aufnahme zu Gehör zu bringen. Ich habe sie einigen alten Leuten hier oben vorgespielt, und eine der Stimmen hat sie fast ohnmächtig werden lassen ob der Ähnlichkeit zu bestimmten Lauten (jene summenden Töne, die Davenport erwähnt), von denen ihre Großmütter ihnen erzählt und für sie imitiert hatten. Ich weiß, was die meisten Leute von jemandem halten, der behauptet, »Stimmen zu hören« – aber bevor Sie Ihre Schlüsse ziehen, hören Sie sich einfach die Aufnahme an und fragen Sie einige der älteren Menschen aus den tiefen Wäldern, was sie davon halten. Wenn Sie es rational begründen können, sehr gut, doch da muss etwas dahinter stecken. Sie wissen ja: *ex nihilo nihil fit.*

Ich schreibe Ihnen nicht, weil ich eine Auseinandersetzung mit Ihnen beginnen möchte, sondern um Ihnen Informationen zukommen zu lassen, von denen ich glaube, dass ein Mann Ihrer Bildung sie überaus interessant finden wird. *Das bleibt aber unter uns. Für die Öffentlichkeit stehe ich auf Ihrer Seite,* denn bestimmte Dinge zeigen mir, dass es besser ist, wenn die Leute nicht zu viel von dieser Angelegenheit erfahren. Von dieser Stelle ab sind meine Forschungen völlig privat, und ich denke gar nicht daran, etwas zu sagen, was die Aufmerksamkeit der Leute erregen und sie dazu verleiten könnte, jene Orte zu besuchen, die ich erforscht habe. Es ist wahr – schrecklich wahr –, dass *es nichtmenschliche Kreaturen gibt, die uns die ganze Zeit beobachten,* die Spione unter uns haben, die Informationen sammeln. Einen großen Teil meiner Hinweise in dieser Angelegenheit habe ich von einem heruntergekommenen Mann, der, wenn er denn geistig gesund war (was ich glaube), *einer ihrer Spione war.* Später hat er dann Selbstmord begangen, aber ich habe gute Gründe zu glauben, dass es inzwischen andere seiner Art gibt.

Diese Kreaturen kommen von einem anderen Planeten, können im Weltraum leben und durchfliegen ihn mit ihren unförmigen, kräftigen Schwingen, die dazu geeignet sind, dem Äther standzuhalten, aber zum Steuern relativ ungeeignet, wodurch sie hier auf der Erde keine große Hilfe sind. Davon werde ich Ihnen später noch erzählen, falls Sie mich nicht jetzt sofort als Irren abtun. Sie kamen hierher, um aus tief unter den Hügeln befindlichen Minen Metalle abzubauen, und *ich glaube zu wissen, woher sie kommen.* Sie werden uns nichts tun, solange wir sie in Ruhe lassen, doch niemand kann sagen, was passieren wird, wenn wir zu neugierig werden. Natürlich könnte eine große Armee ihre Bergbaukolonie ausradieren. Davor haben sie Angst. Doch wenn das passieren würde, dann kämen mehr von ihnen aus dem Weltraum – in großer Zahl. Sie könnten leicht die Erde erobern, haben es aber bis jetzt nicht versucht, weil es nicht nötig war. Sie belassen die Dinge, so wie sie sind, weil sie keinen Ärger wollen.

Ich glaube, sie wollen mich aufgrund dessen, was ich herausgefunden habe, loswerden. In den Wäldern des Round Hill, östlich von hier, habe ich einen großen schwarzen Stein mit halb verwitterten, unbekannten Hieroglyphen gefunden, und nachdem ich ihn nach Hause gebracht hatte, veränderte sich alles. Wenn sie zu dem Schluss kommen, dass ich zu viel erahne, werden sie mich entweder töten *oder mich dorthin bringen, wo sie herkommen.* Von Zeit zu Zeit entführen sie gebildete Menschen, um zu erfahren, wie die Dinge in der menschlichen Welt stehen.

Das bringt mich zu dem anderen Grund, weshalb ich mich an Sie wende – nämlich um Sie aufzufordern, die momentane Diskussion zu unterdrücken, anstatt ihr eine noch breitere Öffentlichkeit zu verschaffen. *Man muss die Leuten von diesen Hügeln fernhalten*, und damit dies gelingt, darf man ihre Neugierde nicht weiter befeuern. Gott weiß, dass es schon genug Aufruhr gibt, Landerschließer und Immobilienmakler überschwemmen Vermont, zusammen mit Sommertouristen, die sich auf die abgelegenen Orte stürzen und die Hügel mit billigen Bungalows zubauen.

Ich würde begrüßen, wenn wir in Kontakt bleiben könnten, und ich werde versuchen, Ihnen die phonographische Aufnahme und den schwarzen Stein (er ist so verwittert, dass man auf Fotografien nicht viel erkennen kann) per Express zu schicken, wenn Sie denn wollen. Ich sage »versuchen«, denn ich glaube, diese Kreaturen sind in der Lage, hier in der Gegend Dinge zu manipulieren. Es gibt hier auf einem Bauernhof nahe des Dorfes einen mürrischen, hinterlistigen Kerl namens Brown, von dem ich vermute, dass er ihr Spion ist. Stück für Stück versuchen sie, mich von unserer Welt abzuschneiden, weil ich zu viel von der ihren weiß.

Sie haben eine erstaunliche Methode herauszufinden, was ich tue. Sie werden vielleicht diesen Brief nie erhalten. Wenn die Situation noch schlechter wird, sollte ich diesen Landesteil verlassen und zu meinem Sohn nach San Diego in Kalifornien ziehen, aber es fällt nicht leicht, sein Geburtshaus zu verlassen, wo die Familie seit sechs Generationen gelebt hat. Auch kann ich es kaum wagen, dieses Haus jemandem zu verkaufen, jetzt, nachdem die *Kreaturen* es im Auge haben. Es scheint, als ob sie den schwarzen Stein wiederhaben und die Tonaufnahme zerstören wollen, doch das werde ich, wenn ich kann, verhindern. Meine großen Wachhunde schrecken sie ab, und bis jetzt sind auch nur wenige hier aufgetaucht und die bewegten sich sehr unbeholfen. Wie ich gesagt habe, sind ihre Schwingen nicht für kurze Flüge auf der Erde geeignet. Ich habe die Entzifferung des Steines fast abgeschlossen – allerdings auf eine sehr schreckliche Weise –, und mit Ihren volkskundlichen Kenntnissen könnten Sie vielleicht genügend Lücken füllen, um mir zu helfen. Ich vermute, Sie kennen all die schrecklichen Mythen aus der Zeit, bevor der Mensch die Erde betreten hat – der Yog-Sothoth- und der Cthulhu-Sagenkreis –, der im *Necronomicon* angedeutet wird. Ich hatte einmal Zugang zu einer Ausgabe dieses Werkes und habe gehört, dass sich eine in Ihrer College-Bibliothek hinter Schloss und Riegel befindet.

Auf den Punkt gebracht, Herr Wilmarth, ich denke, dass wir mit unseren gemeinsamen Kenntnissen von großem gegenseitigen Nutzen sein können. Ich möchte Sie nicht in Schwierigkeiten bringen und denke, ich sollte Sie davor warnen, dass der Besitz des Steins und der Tonaufnahme Gefahren mit sich bringt, doch ich glaube, dass Sie das Risiko für die Erlangung weiterer Erkenntnisse auf sich nehmen. Ich werde runter nach Newfane oder Brattleboro fahren, um Ihnen zu schicken, was immer sie haben möchten, denn die Poststellen dort sind wesentlich vertrauenswürdiger. Ich sollte noch erwähnen, dass ich inzwischen alleine lebe, da Angestellte nicht mehr im Haus zu halten sind. Niemand möchte wegen der Dinge, die sich nachts nähern und die Hunde unentwegt bellen lassen, an diesem Ort bleiben. Ich bin froh, dass ich mich, als meine Frau noch lebte, nicht so tief in diese Angelegenheit verstrickt habe, denn es hätte sie in den Wahnsinn getrieben.

Ich hoffe, ich habe Sie nicht übermäßig belästigt und dass Sie sich entscheiden, mit mir in Kontakt zu treten, anstatt diesen Brief als Ausgeburt eines Irren in den Papierkorb zu werfen.

Ihr

ergebener

HENRY W. AKELEY

P. S. Ich lasse noch ein paar Abzüge von bestimmten Aufnahmen, die ich selbst gemacht habe, anfertigen, von denen ich glaube, dass sie als Beweise für einige Punkte, die ich angesprochen habe, dienen können. Die alten Leute glauben, dass sie erschreckend real seien. Bei Interesse werde ich sie Ihnen in Kürze zusenden. H. W. A.

Es ist schwer, meine Gefühle bei der ersten Lektüre dieses seltsamen Dokuments zu beschreiben. Unter normalen Umständen hätte ich über diese Absonderlichkeiten noch mehr lachen müssen, als über die wesentlich zurückhaltenderen Theorien, die mich schon zuvor erheitert hatten, doch etwas in dem Tonfall des Briefes brachte mich dazu, ihn unverständlicherweise ernst zu nehmen. Nicht, dass ich nur eine Sekunde lang an die verborgene Rasse von den Sternen, von der der Verfasser schrieb, glaubte, doch nach ein paar gravierenden ersten Zweifeln, machte sich in mir eine merkwürdige Gewissheit und Überzeugung breit, dass hier eine Begegnung mit einem authentischen, doch einmaligen, unnatürlichen Phänomen vorlag, das er nicht anders als auf diese fantastische Art erklären konnte. Ich kam zu dem Schluss, dass es sich nicht um das handeln konnte, was er meinte, doch auf der anderen Seite war es auf jeden Fall einer Untersuchung wert. Der Mann schien außerordentlich aufgeregt und erschrocken über etwas zu sein, doch es fiel schwer anzunehmen, dass es dafür keine Ursachen gab. Auf eine bestimmte Weise klang er völlig klar und logisch, und zudem passte seine Geschichte so überraschend gut zu einigen der alten Mythen, ja selbst zu den absonderlichsten indianischen Legenden.

Dass er wirklich verstörende Stimmen in den Hügeln belauscht und wirklich den schwarzen Stein gefunden hatte, von dem er schrieb, war, trotz der verrückten Schlussfolgerungen, die er daraus zog, durchaus möglich. Schlussfolgerungen, die vielleicht von dem Mann nahegelegt wurden, der behauptete, ein Spion der Außerirdischen zu sein, und sich später umgebracht hatte. Es lag auf der Hand, dass dieser Mann völlig verwirrt gewesen sein musste, doch konnte er wohl über eine Form schräger, abseitiger Logik verfügt haben, die den einfältigen Akeley – aufgrund seiner volkskundlichen Studien nur zu empfänglich für solche Dinge – seine Geschichte glauben ließ. Bei den letzten Entwicklungen – ausgehend von seiner Unfähigkeit, Angestellte an das Haus zu binden – waren Akeleys kleingeistige ländliche Nachbarn genau wie er davon überzeugt, dass das Haus nachts von unheimlichen Wesen belagert wurde. Und die Hunde bellten ja tatsächlich.

In Bezug auf die Tonaufnahme kann ich ihm nur glauben, dass er sie auf die von ihm beschriebene Weise erhalten hatte. Sie hatte eine Bedeutung, entweder waren es Tierlaute, die menschlichen Stimmen täuschend ähnlich waren, oder die Laute eines in der Nacht jagenden, versteckt lebenden, zurückgebliebenen menschlichen Wesens, dessen Zustand nicht weit über dem eines Tieres lag. Von diesen Überlegungen bewegten sich meine Gedanken wieder zurück zu dem schwarzen, mit Hieroglyphen bedeckten Stein und der Frage nach seiner Bedeutung. Dann auch zu den Fotografien, die Akeley mir zu schicken angekündigt hatte und die die alten Leute so schrecklich überzeugend fanden.

Als ich die eng beschriebenen Seiten nochmals las, überkam mich zum ersten Mal das Gefühl, dass meine leichtgläubigen Gegner vielleicht doch mehr auf ihrer Seite hatten, als ich eingestehen wollte. Schließlich bestand die Möglichkeit, dass sich in den gemiedenen Hügeln einige merkwürdige und vielleicht durch Erbschäden missgestaltete Ausgestoßene herumtrieben, aber natürlich keine Rasse von Monstern von den Sternen, wie die Folklore behauptete. Und wenn dies zuträfe, dann wären die seltsamen Körper in den über die Ufer getretenen Flüssen nicht gänzlich unglaubwürdig. War es zu vermessen anzunehmen, dass sowohl die alten Legenden als auch die jetzigen Berichte so viel Wahres in sich hatten? Aber selbst als ich mich meinen Zweifeln hingab, schämte ich mich, dass ein solch fantastisches und abseitiges Pamphlet, wie es Akeleys Brief darstellte, diese Zweifel ausgelöst hatte.

Schließlich entschied ich mich, Akeleys Brief in freundlich interessiertem Ton zu beantworten und um weitere Einzelheiten zu bitten. Seine Antwort kam sozusagen mit der nächsten Post und enthielt, wie versprochen, eine Reihe Abzüge von Szenen und Objekten, die zeigen sollten, was er berichtet hatte. Als ich die Bilder aus dem Umschlag genommen hatte und sie mir ansah, verspürte ich ein merkwürdiges Gefühl der Angst und der Nähe zu verbotenen Dingen. Obwohl die meisten davon unscharf waren, steckte in ihnen eine grässliche, suggestive Kraft, die durch den Umstand, dass es sich hier um Originalfotografien handelte, noch verstärkt wurde. Sie waren auf optische Weise mit dem verbunden, was sie abbildeten, das Ergebnis eines Übertragungsprozesses ohne Fehler, Vorurteile oder Täuschungen.

Je länger ich sie betrachtete, desto klarer wurde mir, dass meine ernsthafte Beschäftigung mit Akeley und seiner Geschichte kein Fehler gewesen war. Diese Bilder waren ein überzeugender Beweis für etwas in den Hügeln von Vermont, was zumindest weit außerhalb des allgemeinen Wissens und ebensolcher Erfahrungen lag. Die erschreckendste Aufnahme zeigte einen Fußabdruck – aufgenommen in einer Schlammpfütze im hellen Sonnenlicht, irgendwo im verlassenen Hochland. Ich sah auf den ersten Blick, dass es keine billige Fälschung war, denn die scharf umrissenen Kieselsteine und Grashalme auf dem Bild ermöglichten einen klaren Größenvergleich und ließen keine Möglichkeit offen für eine geschickte Doppelbelichtung. Ich habe das Ding als »Fußabdruck« bezeichnet, doch »Klauenabdruck« würde es genauer treffen. Selbst jetzt kann ich ihn kaum besser beschreiben, als zu sagen, er war auf abscheuliche Weise krabbenähnlich, und es schien unklar zu sein, in welche Richtung er führte. Es war kein sehr tiefer oder frischer Abdruck, doch schien er die Größe eines menschlichen Fußes zu haben. Von dem Fußballen aus zeigten Paare von gezackten Zangen in gegenüberliegende Richtungen – sehr verwirrend, wenn die einzige Funktion des Körperteils die Fortbewegung war.

Eine andere Fotografie – offensichtlich mit langer Belichtungszeit im tiefen Schatten aufgenommen – zeigte den Eingang einer Höhle in den Wäldern, der von einem regelmäßig gerundeten Felsblock verschlossen war. Auf dem nackten Boden davor konnte man ein ausgedehntes Muster von seltsamen Spuren erkennen, und als ich diese mit einer Lupe untersuchte, wurde mir in beunruhigender Weise klar, dass sie die gleichen waren wie auf dem anderen Bild. Das dritte Bild zeigte einen Kreis von aufrecht stehenden Druidensteinen auf dem Gipfel eines unwirtlichen Hügels. Um den geheimnisvollen Kreis herum war das Gras stark heruntergetreten, und es gab kahle Stellen, doch auch mit der Lupe konnte ich keine Spuren finden. Die extreme Abgelegenheit des Ortes war ersichtlich an den ausgedehnten, unbewohnten Bergzügen, die sich im Hintergrund bis zum nebelverhangenen Horizont erstreckten.

Wenn die verstörendste Aufnahme die von dem Fußabdruck war, dann war die von dem großen schwarzen Stein aus den Wäldern des Round Hill die am beeindruckendsten Merkwürdige. Akeley hat ihn offensichtlich auf seinem Schreibtisch abgelichtet, denn ich konnte auf der Aufnahme Reihen von Büchern und im Hintergrund eine Büste von Milton erkennen. Die Kamera befand sich, wie man vermuten konnte, senkrecht über dem Stein und zeigte eine gebogene Oberfläche von 30 auf 60 Zentimetern, doch eine genaue Aussage über die Oberfläche oder die exakten Maße des gesamten Dings zu treffen, würde die Möglichkeiten der Sprache überfordern. Welche außergewöhnlichen geometrischen Prinzipien für die Bearbeitung angewendet worden waren – denn bearbeitet war er auf jeden Fall – konnte ich noch nicht einmal erahnen. Noch niemals zuvor hatte ich etwas gesehen, das auf mich einen so fremden und eindeutig außerirdischen Ausdruck gemacht hat. Von den Hieroglyphen auf der Oberfläche sagten mit nur sehr wenige etwas, doch einige, die ich erkannte, schockierten mich nicht wenig. Natürlich konnte es sich um Fälschungen handeln, denn auch andere außer mir hatten das monströse und verabscheute *Necronomicon* des wahnsinnigen Arabers Abdul Alhazred gelesen, und trotzdem bekam ich eine Gänsehaut, als ich bestimmte Symbole erkannte, von denen ich aus meinen Studien wusste, dass sie in Verbindung mit dem blasphemischsten Flüstern von Dingen standen, die das Blut gefrieren ließen und die in den Zeiten, lange bevor die Erde und die inneren Planeten des Sonnensystems entstanden, eine Art von wahnsinnigem Halbleben führten.

Von den verbliebenen fünf Bildern zeigten drei Moore und Hügel, wo sich Überreste von verborgenen und schmutzigen Wohnstätten befanden. Ein weiteres zeigte einen merkwürdigen Abdruck ganz in der Nähe von Akeleys Haus, von dem er schrieb, dass er ihn an einem Morgen nach einer Nacht, in der die Hunde noch wilder als sonst gebellt hatten, fotografiert habe. Die Aufnahme war sehr unscharf, und man konnte wirklich keine Schlüsse daraus ziehen, aber es ähnelte auf teuflische Weise dem Abdruck, der in dem öden Hochland aufgenommen worden war. Die letzte Aufnahme war von Akeleys Gehöft, ein bescheidenes, weißes, zweistöckiges Haus mit einem Dachboden, ungefähr hundertfünfundzwanzig Jahre alt, mit einem gut gepflegten Rasen und einem mit Steinen eingefassten Weg, der zu einer geschmackvoll geschnitzten georgianischen Eingangstür führte. Auf dem Rasen befanden sich mehrere Wachhunde, die neben einem Mann mit ansprechendem Gesicht und kurz geschnittenem, grauem Bart saßen, den ich für Akeley hielt – er hatte mit Selbstauslöser fotografiert, wie man an dem mit einem Schlauch verbundenen Gummikolben in seiner rechten Hand erkennen konnte.

Nachdem ich mir die Bilder angesehen hatte, widmete ich mich dem dicken Packen eng beschriebener Seiten des dazugehörigen Briefes, und für die nächsten drei Stunden versank ich in ein Meer von unsagbarem Schrecken. Was Akeley vorher nur grob umrissen hatte, dafür lieferte er jetzt genaue Einzelheiten, präsentierte lange Umschriften von Worten, die er nachts in den Wäldern belauscht hatte, umfangreiche Abhandlungen über die rosafarbenen Gestalten, die er in der Dämmerung im Unterholz der Hügel beobachtet hatte, und einen schrecklichen, kosmischen Bericht, den er mit seinen weitläufigen und fundierten Kenntnissen aus den endlosen Ausführungen des verrückten, selbst ernannten Spions, der Selbstmord beging, extrahiert hatte. Ich wurde mit Namen und Begriffen konfrontiert, die ich von anderen Stellen in den grässlichsten Verbindungen kannte – Yuggoth, der Große Cthulhu, Tsathoggua, Yog-Sothoth, R'lyeh, Nyarlathotep, Azathoth, Hastur, Yian, Leng, der See von Hali, Bethmoora, das Gelbe Zeichen, L'mur-Kathulos,

Bran und das Magnum Innominandum –, und wurde durch namenlose Äonen und unvorstellbare Dimensionen gerissen zu Welten älterer und jenseitiger Daseinsebenen, über die der verrückte Autor des *Necronomicon* nur wilde Vermutungen angestellt hatte. Ich erfuhr von den Brutstätten vorzeitlichen Lebens und den Strömen, die daraus hervorgingen, und schließlich von dem kleinen Rinnsal, entsprungen aus einem dieser Ströme, das sich mit dem Schicksal unserer Erde verbunden hatte.

Mir schwirrte der Kopf, und wenn ich vorher versuchte, die Dinge wegzuerklären, begann ich nun, an die absonderlichsten und unglaublichsten Wunder zu glauben. Die Anzahl der greifbaren Beweise war verdammt groß und überzeugend, und Akeleys ruhige und wissenschaftliche Art – eine Art, die weit vom Wahnsinn, dem Fanatismus, der Hysterie oder selbst von außergewöhnlichen Spekulationen entfernt war – hatte enorme Auswirkungen auf mein Denken und meine Einschätzungen. Als ich den Furcht einflößenden Brief beiseitelegte, konnte ich seine Ängste verstehen und war bereit, alles in meiner Macht Stehende zu tun, die Leute von diesen unwirtlichen, verfluchten Hügeln fernzuhalten.

Selbst jetzt, da die Zeit die Wirkung des Gelesenen abgeschwächt hat und ich meine eigenen Erfahrungen und schrecklichen Zweifel teilweise in Frage stelle, gibt es Dinge in Akeleys Brief, die ich nicht wiedergeben oder in irgendeiner Form zu Papier bringen werde. Ich bin fast erleichtert, dass der Brief, die Tonaufzeichnung und die Fotografien jetzt verloren sind – und ich hoffe aus Gründen, die ich schon bald offenlegen werde, dass der neue Planet jenseits von Neptun nie entdeckt werden wird.

Nach der Lektüre des Briefes beendete ich meine Aussagen zu dem Schrecken von Vermont endgültig. Stellungnahmen meiner Gegner blieben unbeantwortet oder wurden mit Versprechungen abgetan, und nach und nach geriet die Auseinandersetzung in Vergessenheit. Zwischen Ende Mai und Anfang Juni befand ich mich in beständigem Briefwechsel mit Akeley, doch ab und zu ging ein Brief auch verloren, sodass wir unsere Aussagen wiederholen und einige Arbeit in die Anfertigung von Kopien stecken mussten. Hauptsächlich versuchten wir, unsere Notizen bezüglich abseitiger, mythologischer Forschungen zu vergleichen, um eine deutlichere Verbindung zwischen den schrecklichen Ereignissen in Vermont und dem allgemeinen Kodex der Welt der primitiven Legenden herzustellen.

Einer Sache waren wir uns fast sicher, dass diese Monstrositäten und das teuflische *Mi-Go* im Himalaja Ausdruck von ein und demselben Albtraum waren. Auch gab es erstaunliche zoologische Verbindungen, die ich unbedingt mit Professor Dexter von meinem College diskutiert hätte, wenn nicht Akeley kategorisch dagegen gewesen wäre, diese Sache mit irgendjemand anderem zu besprechen. Wenn es jetzt den Anschein erweckt, ich würde seinen Wunsch missachten, dann nur, weil ich denke, dass zu diesem Zeitpunkt eine Warnung vor diesen entlegenen Hügeln Vermonts – und vor den Berggipfeln des Himalajas, die kühne Bergsteiger mehr und mehr erklimmen wollen – wichtiger für die öffentliche Sicherheit ist als mein Schweigen. Eine Sache, der wir uns noch widmeten, war die Entschlüsselung der Hieroglyphen auf dem berüchtigten schwarzen Stein – eine Entschlüsselung, die uns vielleicht Kenntnisse verschaffen würde, die tiefer reichten und verwirrender wären als alles, was die Menschheit zuvor erfahren hatte.

III

Gegen Ende Juni erhielt ich die Tonaufnahme – aufgegeben in Brattleboro, da Akeley den Postämtern nördlich davon nicht mehr vertraute. Bei ihm verstärkte sich das Gefühl, ausspioniert zu werden, das noch durch den Verlust einiger unserer Briefe verstärkt wurde, und er schrieb viel über heimtückische Taten von Männern, die er als Werkzeug und Spione der versteckten Wesen ansah. Am verdächtigsten war ihm der mürrische Bauer Walter Brown, der am Rand der tiefen Wälder in einer heruntergekommenen Hütte am Berghang lebte und häufig in Brattleboro, Bellow Falls, Newfane und South Londonderry auf höchst unerklärliche und offensichtlich sinnlose Art herumlungerte. Er war überzeugt, dass er Browns Stimme einmal bei einer sehr schrecklichen Unterhaltung belauscht hatte, und war in der Nähe von Browns Hütte auf einen Fuß- oder Klauenabdruck gestoßen, was wohl der deutlichste Beweis war. Er war verdächtig nah bei Browns eigenen Fußabdrücken – Fußabdrücke, die in die Richtung des Klauenabdrucks zeigten.

Deshalb kam die Tonaufzeichnung aus Brattleboro, wohin Akeley über die einsamen Nebenstraßen Vermonts in seinem Ford gefahren war. Er gestand mir in einer beigelegten Nachricht, dass er begann, diese Nebenstraßen zu fürchten, und er inzwischen nur noch bei hellem Tageslicht nach Townshend fuhr, um Vorräte einzukaufen. Beständig wiederholte er, dass es sich nicht auszahle, zu viel zu wissen, solange man nicht sehr weit von diesen stillen und problematischen Hügeln entfernt war. Er würde schon bald nach Kalifornien zu seinem Sohn ziehen, doch es war nicht leicht, den Ort zu verlassen, an dem man mit all seinen Erinnerungen und seiner Familiengeschichte verwurzelt war.

Bevor ich mir die Tonaufnahme auf dem Abspielgerät, das ich mir von der Verwaltung des College geliehen hatte, anhörte, las ich mir alle Erklärungen dazu in den verschiedenen Briefen Akeleys noch einmal durch. Diese Aufnahme, so schrieb er, war ungefähr um ein Uhr nachts, am 1. Mai 1915 entstanden, nahe der Höhle mit dem verschlossenen Eingang, wo der bewaldete Westhang des Dark Mountain sich von Lees Sumpf aus erhob. An diesem Ort hörte man häufig seltsame Stimmen, aus diesem Grund hatte er den Phonographen, das Mikrofon und die Wachszylinder dorthin gebracht, in der Hoffnung, zu einer Aufnahme zu kommen. Aus früheren Erfahrungen wusste er, dass die Nacht zum ersten Mai – die abscheuliche Walpurgisnacht der europäischen Legenden – wahrscheinlich besser geeignet war als jede andere, und er wurde nicht enttäuscht. Doch es muss auch erwähnt werden, dass er niemals wieder Stimmen an diesem Ort gehört hat.

Anders als die meisten der im Wald belauschten Stimmen klangen die auf dieser Aufnahme, als intonierten sie einen Ritus, und es war eine eindeutig menschliche Stimme darunter, die Akeley aber keiner Person zuordnen konnte. Es war nicht die von Brown, sondern schien einem Mann höherer Bildung zu gehören. Die zweite Stimme aber war das Entscheidende – denn sie war das verfluchte *Gesumme*, das keine menschlichen Anklänge hatte, außer den menschlichen Worten, die in guter englischer Grammatik und mit einem gelehrten Unterton hervorgebracht wurden.

Die Aufnahmeapparatur hatte nicht gleichmäßig gut funktioniert und war nicht besonders für den abgelegenen und durch den Bewuchs gedämpften Ort des belauschten Rituals geeignet, sodass die tatsächlich aufgenommene Sprache nur bruchstückhaft war. Akeley hatte mir ein Transkript von dem, was er glaubte, verstanden zu haben, geschickt, und ich schaute es mir noch einmal an, während ich das Wiedergabegerät bereit machte. Der Text war eher auf eine mysteriöse Weise dunkel denn eindeutig erschreckend, doch die Kenntnis seiner Herkunft und die Art, wie er zustande gekommen war, ließ doch einen ahnungsvollen Schrecken aufkommen, unabhängig davon, welche Worte da gesprochen wurden. Ich gebe sie hier so wieder, wie ich mich erinnere, und ich bin mir sehr sicher, dass ich sie noch genau im Gedächtnis habe, nicht nur aus der Lektüre des Transkripts, sondern weil ich mir die Aufnahme immer und immer wieder angehört habe. Es ist nichts, was man leicht vergisst!

(UNDEFINIERBARE GERÄUSCHE)

(EINE KULTIVIERTE MÄNNLICHE MENSCHLICHE STIMME) … ist der Herr der Wälder, selbst zu … und die Gaben der Männer von Leng … von den Quellen der Nacht zu den Abgründen des Weltalls, und von den Abgründen des Weltalls zu den Quellen der Nacht, immer gepriesen der Großen Cthulhu, der Tsathoggua und Der, Der nicht Genannt werden darf. Immer gepriesen, und Überfluss für die Schwarze Ziege der Wälder. Iä! Shub-Niggurath! Die Ziege mit der tausendfachen Brut!

(EINE SUMMENDE NACHAHMUNG MENSCHLICHER SPRACHE)
Iä! Shub-Niggurath! Die Schwarze Ziege der Wälder mit der tausendfachen Brut!

(MENSCHLICHE STIMME)
Und es kam einst, dass der Herr der Wälder gewesen ... sieben und neun, die Onyxstufen hinunter ... (Ver)ehrung sei ihm im Abgrund, Azathoth. Er, von dem Ihr uns habt Wunder(sames) gelehrt ... auf den Schwingen der Nacht hinaus jenseits des Raums, hinaus jenseits der ... zu dem, dessen jüngstes Kind Yuggoth ist, sich einsam windend im schwarzen Äther am Rand ...

(SUMMENDE STIMME)
... geht zu den Menschen und findet den Weg dorthin, sodass jener im Abgrund davon erfahre. Nyarlathotep, dem Mächtigen Boten, müssen alle Dinge berichtet werden. Und er wird die Gestalt von Menschen annehmen, die Wachsmaske und das Gewand, das ihn verbirgt, und er wird kommen von der Welt der sieben Sonnen, um zu verhöhnen ...

(MENSCHLICHE STIMME)
... (Nyarl)athotep, großer Bote, Bringer fremder Freude durch den Abgrund zu Yuggoth, Vater von Millionen Auserwählter, Jäger zwischen ...

(STIMME BRICHT AB WEGEN ENDE DER AUFZEICHNUNG)

Dies waren die Worte, die ich vernehmen sollte, sobald ich das Abspielgerät in Betrieb setzte. Ich verspürte einen Anflug von echter Furcht und Widerstreben, als ich den Abtastarm aufsetzte und das anfängliche Kratzen der Nadel vernahm, und war froh, die ersten bruchstückhaften Worte einer menschlichen Stimme zu vernehmen – eine weiche, gebildete Stimme, die einen Anflug von Bostoner

Akzent hatte und die definitiv von keinem Bewohner der Hügel Vermonts stammte. Als ich dem verführerischen, sanften Vortrag lauschte, stellte ich fest, dass die Worte genau Akeleys sorgfältigem Transkript entsprachen. Und weiter ging der Singsang der weichen Bostoner Stimme … »Iä! Shub-Niggurath! Die Ziege mit der tausendfachen Brut …«

Und dann hörte ich *die andere Stimme*. Auch im Nachhinein erzittere ich noch, wenn ich daran denke, wie erschrocken ich war, obwohl ich durch Akeleys Beschreibung darauf vorbereitet war. Jenen, denen ich seitdem die Aufnahme beschrieben habe, beharren darauf, nichts außer billigem Imponiergehabe oder Wahnsinn darin zu erkennen, *doch wenn sie das verfluchte Ding selbst gehört* oder den Stapel von Akeleys Briefen gelesen hätten (besonders den schrecklichen und umfassenden zweiten Brief), bin ich mir sicher, dass sie anderer Meinung wären. Im Nachhinein ist es ein entsetzlicher Jammer, dass ich mich nicht über Akeley hinweggesetzt und anderen die Aufnahme vorgespielt habe – ebenfalls ein entsetzlicher Jammer ist, dass alle seine Briefe verloren sind. Für mich, der ich diese Töne aus erster Hand kenne, und mit meinem Wissen von ihrem Hintergrund und den anderen, sie betreffenden Umständen, stammte die Stimme von einem monströsen Wesen. Sie folgte unmittelbar in ritualisierter Antwort der menschlichen Stimme, doch in meiner Vorstellung war es ein morbides Echo, das sich seinen Weg aus unvorstellbaren, außerweltlichen Höllen über unbeschreibbare Abgründe hinweg suchte. Es ist mehr als zwei Jahre her, dass ich den blasphemischen Wachszylinder abgespielt habe, doch in diesem Moment, wie in allen anderen Momenten, höre ich immer noch dieses matte, teuflische Summen, so als ob es das erste Mal wäre.

Iä! Shub-Niggurath! Die Schwarze Ziege der Wälder mit der tausendfachen Brut!

Doch obgleich mir diese Stimme immer im Ohr klingt, bin ich noch nicht einmal heute in der Lage, sie gut genug zu analysieren, um eine genaue Beschreibung zu liefern. Es war wie das Brummen eines widerlichen, riesigen Insekts, das schwerfällig in die Sprachformen einer fremden Rasse gepresst wurde, und ich bin davon überzeugt, dass die Organe, die diese Töne produzierten, keinerlei Ähnlichkeit mit den menschlichen Sprachorganen haben, auch nicht mit denen irgendeines anderen Säugetiers. Es gab Einzelheiten bei der Betonung, der Bandbreite und den Obertönen, die dieses Phänomen gänzlich außerhalb der menschlichen Sphäre und des irdischen Lebens stellte. Bei dem plötzlichen Erklingen der Stimme war ich beim ersten Mal fast wie betäubt, und ich hörte den Rest der Aufnahme in einer Form von abwesender Benommenheit. Als die längere Passage mit dem Gesumme kam, verstärkte sich bei mir das Gefühl einer blasphemischen Unendlichkeit, das mich bei den vorherigen, kürzeren Passagen überkommen hatte. Schließlich brach die Aufnahme während einer unerwartet klaren Rede der menschlichen, Bostoner Stimme plötzlich ab, doch ich saß da und starrte noch lange, nachdem das Gerät automatisch abgeschaltet hatte, geistesverloren vor mich hin.

Ich muss nicht extra betonen, dass ich diese schockierende Aufnahme noch viele Male abspielte und nervenaufreibende Versuche unternahm, sie im Austausch mit Akeley zu analysieren und zu kommentieren. Es wäre sowohl sinnlos und verwirrend an dieser Stelle alles zu wiederholen, was wir vermuteten, aber ich sollte anmerken, dass wir beide übereinstimmten, einen Hinweis auf die Quelle von einigen der abscheulichsten, urzeitlichen Gebräuche in den rätselhaften, alten menschlichen Religionen gefunden zu haben. Auch schien es uns offensichtlich, dass es alte und enge Beziehungen zwischen den versteckten Kreaturen von außen und bestimmten Angehörigen der menschlichen Rasse gab. Wie weitreichend diese Beziehungen waren und wie sie sich heute, verglichen mit früheren Zeiten, darstellten, konnten wir noch nicht einmal vermuten, doch zumindest gab es Raum für nahezu grenzenlose, schreckliche Spekulationen. Es schien zu bestimmten Zeiten eine furchtbare, undenkbare Verbindung zwischen den Menschen und der namenlosen Unendlichkeit gegeben zu haben. Es gab Hinweise, dass diese blasphemischen Kreaturen von dem dunklen Planeten Yuggoth am Rande unseres Sonnensystems kamen, doch das war wahrscheinlich nur der dicht besiedelte Außenposten einer furchtbaren interstellaren Rasse, deren eigentliche Heimat sogar weit jenseits des Einstein'schen Raum-Zeit-Kontinuums oder des größten bekannten Kosmos liegen musste.

Währenddessen diskutierten wir weiter über den schwarzen Stein und wie wir ihn am besten nach Arkham bringen konnten – Akeley erachtete es für nicht ratsam, ihn an dem Ort seiner albtraumhaften Forschungen zu besuchen. Aus irgendwelchen Gründen hatte Akeley Angst, das Ding einem der üblichen oder von seinen Gegnern zu vermutenden Transportweg anzuvertrauen. Sein endgültiger Plan war, den Stein quer durch das County nach Bellows Falls zu bringen und ihn mit der Boston und Maine Post über Keene, Winchendon und Fitchburg befördern zu lassen, selbst wenn dies bedeutete, dass er auf weit einsameren und häufiger die bewaldeten Hügel durchquerenden Straßen fahren musste, als wenn er die Hauptstraße nach Brattleboro nähme. Er schrieb, dass er am Postamt in Brattleboro, als er die Tonaufnahme aufgegeben hatte, einen Mann bemerkte hatte, dessen Aussehen und Benehmen sehr beunruhigend gewesen sei. Dieser Mann schien ängstlich zu vermeiden, mit den Angestellten zu sprechen, und er bestieg den Zug, mit dem das Päckchen transportiert wurde. Akeley gestand, dass er sich beim Versenden der Tonaufnahme unwohl gefühlt hatte, bis er von mir erfuhr, dass sie sicher angekommen war.

Um diese Zeit – es war die zweite Juliwoche – ging ein weiterer Brief von mir verloren, wie ich aus den besorgten Briefen von Akeley erfuhr. Infolgedessen teilte er mir mit, meine Briefe nicht mehr an ihn in Townshend zu schicken, sondern zu einem Postfach im Hauptpostamt von Brattleboro, wohin er häufig mit seinem Auto fuhr oder mit dem Bus, der die unrentable Bahnlinie ersetzt hatte. Ich spürte, wie er immer besorgter wurde, denn er erging sich mehr und mehr in der Schilderung des heftiger werdenden Bellens der Hunde in mondlosen Nächten und frischer Klauenabdrücke, die er manchmal morgens auf der Straße und im Schlamm direkt an seinem Hinterhof fand.

Einmal berichtete er mir von einer großen Anzahl Abdrücke in einer Reihe, die sich einer ebenso großen Zahl von Hundespuren direkt gegenüber befand. Er schickte mir eine abscheulich verwirrende Fotografie davon als Beweis. Die hatte er nach einer Nacht aufgenommen, in der die Hunde wie wahnsinnig gebellt und geheult hatten.

Am Mittwochmorgen, dem 18. Juli, erhielt ich ein Telegramm aus Bellow Falls, in dem Akeley mir mitteilte, dass er mir den Stein mit B & M per Zug, Nr. 5508, der Bellow Falls um 12:15 Uhr östlicher Zeit verließ und am Nordbahnhof in Boston um 4:12 Uhr morgens ankommen sollte, zuschicke. Dann sollte er, so überlegte ich, spätestens am nächsten Mittag in Arkham ankommen, und so blieb ich den gesamten Donnerstagvormittag zu Hause, um ihn in Empfang zu nehmen. Doch die Mittagszeit ging vorüber, ohne dass der Stein eintraf, und als ich beim Postamt anrief, erhielt ich die Auskunft, dass keine Sendung für mich eingetroffen sei. Das Nächste, was ich – inzwischen im Zustand steigender Besorgnis – unternahm, war ein Ferngespräch zum Postbüro im Bostoner Nordbahnhof, und ich war kaum überrascht zu erfahren, dass meine Sendung dort nicht aufgetaucht sei. Der Zug Nr. 5508 war mit nur 35 Minuten Verspätung gestern dort eingetroffen, doch hatte er kein an mich adressiertes Paket dabeigehabt. Der Postbeamte versprach, auf jeden Fall Nachforschungen anzustellen, und so beschloss ich meinen Tag damit, dass ich Akeley einen Eilbrief schickte, in dem ich die Situation beschrieb.

Mit lobenswerter Schnelligkeit kam am folgenden Nachmittag eine Stellungnahme vom Bostoner Büro. Ein Angestellter rief mich sofort an, nachdem er von dem Fall Kenntnis erhalten hatte. Es schien, als würde sich der Postangestellte im Zug 5508 an einen Vorfall erinnern, der für meinen Verlust verantwortlich sein könnte – eine Auseinandersetzung während des Aufenthalts in Keene, New Hampshire, kurz nach ein Uhr nachts östlicher Standardzeit, mit einem Mann, schlank, blond und bäuerlich, der eine sehr seltsame Stimme hatte.

Der Mann, so sagte der Postangestellte, war entsetzlich aufgeregt wegen eine schweren Kiste, die er erwartete, die jedoch weder auf dem Zug, noch in den Büchern der Post verzeichnet war. Er hatte seinen Namen mit Stanley Adams angegeben, und seine ungewöhnlich breite, brummende Sprechweise hatte den Angestellten beim Zuhören benommen und schläfrig gemacht. Der Angestellte konnte sich nicht mehr erinnern, wie das Gespräch endete, doch kam er erst wieder voll zu Bewusstsein, als der Zug sich in Bewegung setzte. Der Beamte in Boston ergänzte, dass der Angestellte ein junger Mann sei, dessen Aufrichtigkeit und Zuverlässigkeit außer Frage standen, mit bekanntem Vorleben und schon lange im Unternehmen.

An diesem Abend begab ich mich nach Boston, um den Angestellten persönlich zu befragen, seinen Namen und seine Adresse hatte ich mir vom Büro geben lassen. Er war ein offener, einnehmender Mensch, doch ich stellte fest, dass er seiner ursprünglichen Aussage nichts hinzufügen konnte. Sonderbar war seine Gewissheit, dass er den merkwürdigen Fragesteller keinesfalls wiedererkennen würde. Nachdem klar war, dass er nicht mehr zu sagen hatte, kehrte ich nach Arkham zurück und brachte die Nacht damit zu, Briefe an Akeley, an die Postbehörde, an die Polizeiwache und das Postbüro in Keene zu schreiben. Ich war mir sicher, dass dem Mann mit der seltsamen Stimme, der einen so ungewöhnlichen Einfluss auf den Angestellten ausgeübt hatte, eine entscheidende Bedeutung in dem Fall zukam, und hoffte, dass die Angestellten vom Bahnhof in Keene sowie Unterlagen des Telegrafenamtes vielleicht Hinweise darüber gaben, wie, wann und wo er seine Nachfrage gemacht hatte.

Ich muss eingestehen, dass alle meine Nachforschungen ohne Ergebnis blieben. Der Mann mit der seltsamen Stimme war tatsächlich am frühen Nachmittag des 18. Juli am Bahnhof in Keene bemerkt worden, und einer der dort Herumlungernden glaubte, ihn vage mit einer schweren Kiste in Verbindung bringen zu können, doch der Mann war allen unbekannt und nie zuvor oder danach dort gesehen worden. Er hatte nicht das Telegrafenbüro aufgesucht und, soweit man feststellen konnte, auch keine Nachricht erhalten; ebenfalls wurde keine Nachricht, die in irgendeiner Form auf die Anwesenheit des schwarzen Steins in Zug Nr. 5508 hindeutete, von dem Telegrafenbüro an irgendjemanden übermittelt. Selbstverständlich unterstützte mich Akeley bei diesen Nachforschungen und begab sich sogar persönlich nach Keene, um die Leute am Bahnhof zu befragen, doch seine Einstellung zu der Sache war mehr schicksalsergeben als meine. Der Verlust des Pakets erschien ihm eine unheilvolle und bedrohliche Erfüllung unvermeidlicher Entwicklungen, und er hatte keine wirkliche Hoffnung, daran etwas ändern zu können. Er sprach von den nicht zu bezweifelnden telepathischen und hypnotischen Kräften der Kreaturen in den Hügeln und ihrer Agenten, und in einem seiner Briefe deutete er an, dass der Stein schon längst nicht mehr auf der Erde sei. Soweit es mich betraf, war ich selbstverständlich wütend, denn ich war überzeugt davon, dass zumindest eine Möglichkeit bestanden hätte, aus den verwitterten Hieroglyphen einige wichtige und erstaunliche Dinge zu erfahren. Diese Angelegenheit hätte mich wirklich nachhaltig erschüttert, wenn nicht Akeleys schnell aufeinanderfolgende Briefe einen neuen Aspekt des ganzen schrecklichen Hügelproblems aufgeworfen hätten, der sofort meine ganze Aufmerksamkeit erforderte.

IV

Die unbekannten Wesen, wie Akeley mit einer zittriger werdenden Handschrift mitteilte, kamen ihm mit ganz neuer Entschlossenheit immer näher. Das nächtliche Bellen der Hunde in dunklen oder mondlosen Nächten war nun grässlich, und es gab Versuche, ihn auf den einsamen Straßen, die er benutzen musste, zu belästigen. Am zweiten August, als er mit seinem Auto auf dem Weg ins Dorf war, lag ein Baumstamm quer über der Straße, genau da, wo sie durch ein dichtes Waldstück verläuft, und das wilde

Bellen der beiden großen Hunde, die er bei sich hatte, zeigte ihm nur zu gut, welche Dinge da in der Nähe lauerten. Was wohl passiert wäre, wenn er nicht die Hunde dabei gehabt hätte, wagte er sich nicht vorzustellen – doch seitdem verließ er das Haus nicht, ohne zumindest zwei von seinen treuen und mächtigen Gefährten dabeizuhaben. Weitere Zwischenfälle auf der Straße ereigneten sich am fünften und sechsten August, dabei streifte bei dem ersten Zwischenfall ein Schuss seinen Wagen, und beim zweiten Mal deutete das Bellen der Hunde auf die Anwesenheit von den unheiligen Waldkreaturen hin.

Am 15. August erhielt ich einen verzweifelten Brief, der mich überaus beunruhigte, und ich wünschte, Akeley würde seine einsame Verschlossenheit aufgeben und die Hilfe des Gesetzes in Anspruch nehmen. In der Nacht vom zwölften zum dreizehnten war es zu Furcht einflößenden Ereignissen gekommen, Kugeln schwirrten um das Gehöft, und am Morgen fand man drei der zwölf großen Hunde erschossen. Auf der Straßen befanden sich unzählige Klauenabdrücke mit den menschlichen Fußabdrücken von Walter Brown dazwischen. Akeley hatte in Brattleboro angerufen, um mehr Hunde zu bekommen, aber bevor er viel sagen konnte, war die Telefonleitung schon tot. Später fuhr er dann mit seinem Auto nach Brattleboro und hörte, dass die Monteure der Telefongesellschaft die Hauptleitung an der Stelle, wo sie durch die einsamen Hügel nördlich von Newfane verlief, sauber durchschnitten vorgefunden hatten. Er selbst machte sich auf den Heimweg mit vier guten, neuen Hunden und mehreren Schachteln Munition für sein Großwild-Repetiergewehr. Den Brief hatte er auf dem Postamt in Brattleboro geschrieben, und er erreichte mich ohne Verzögerung.

Meine Stimmung in der Angelegenheit schwankte beständig zwischen Wissenschaftlichkeit und einer besorgten, persönlichen Anteilnahme. Ich fürchtete um Akeley in seinem abgelegenen, einsamen Gehöft und auch zum Teil um mich selbst wegen meiner klaren Verstrickung in dieses merkwürdige Hügelproblem. Die Kreaturen *breiteten sich also aus*. Würden sie über mich kommen und mich verschlingen? In meinem Antwortbrief beschwor ich ihn, Hilfe zu suchen, und deutete an, dass, wenn er es nicht täte, ich etwas unternehmen würde. Ich schrieb, dass ich ihn persönlich trotz seiner gegenteiligen Wünsche in Vermont besuchen und ihm helfen würde, die Situation den zuständigen Behörden zu erklären. Als Antwort erhielt ich lediglich ein Telegramm aus Bellow Falls, das wie folgt lautete:

ICH SCHÄTZE IHRE HALTUNG, ABER KÖNNEN NICHTS TUN. UNTERNEHMEN SIE NICHTS, DENN ES WÜRDE NUR UNS BEIDEN SCHADEN. WARTEN SIE AUF ERKLÄRUNGEN.

HENRY AKELY

Doch die Angelegenheit wurde beständig schlimmer. Auf meine Antwort auf dieses Telegramm erhielt ich eine mit zittriger Hand geschriebene Mitteilung von Akeley mit dem überraschenden Hinweis, dass er weder das Telegramm geschickt, noch den Brief, dessen offensichtliche Antwort das Telegramm darstellte, erhalten hätte. Eilige Nachfragen von ihm in Bellow Falls hatten ergeben, dass die Nachricht von einem seltsamen, blonden Mann mit einer merkwürdig breiten, brummenden Sprechweise aufgegeben worden war. Mehr konnte Akeley allerdings nicht herausfinden. Der Angestellte zeigte ihm den vom Absender mit Bleistift gekritzelten Originaltext, doch die Handschrift war ihm völlig unbekannt. Es fiel auf, dass der Absender falsch geschrieben war: -A-K-E-L-Y, ohne das zweite »E«. Bestimmte Zusammenhänge drängten sich auf, doch mitten in dieser offensichtlichen Krise, wollte er nicht weiter darüber spekulieren.

Er berichtete von dem Tod weiterer Hunde sowie der Anschaffung neuer und von Feuergefechten, die in mondlosen Nächten zur Gewohnheit geworden waren. Zwischen den Klauenabdrücken auf der Straße und hinter dem Hof fand man jetzt regelmäßig die Spuren von Brown und ein oder zwei anderen Schuhe tragenden, menschlichen Gestalten. Es war, wie Akeley zugab, eine ziemlich üble Situation, und schon bald würde er nach Kalifornien zu seinem Sohn gehen müssen, unabhängig davon, ob er seinen Besitz verkaufen oder nicht verkaufen könnte. Aber es war nicht einfach, den Ort zu verlassen, den man als sein Heim ansah. Er musste versuchen, noch ein bisschen auszuharren, vielleicht konnte er die Eindringlinge ja vertreiben – besonders wenn er offen zeigte, dass er nicht weiter ihre Geheimnisse ergründen wollte.

Sofort schrieb ich Akeley, ich wiederholte mein Hilfsangebot und schlug erneut vor, ihn zu besuchen und ihm zu helfen, die Behörden von der akuten Gefahr, in der er sich befand, zu überzeugen. In seiner Antwort schien er jetzt weniger diesem Plan abgeneigt, als seine vorherigen Schreiben hatten vermuten lassen, doch er meinte, er würde noch eine Weile aushalten – lange genug, um seine Angelegenheiten zu ordnen und sich mit dem Gedanken anzufreunden, sein ihm fast krankhaft ans Herz gewachsenes Geburtshaus zu verlassen. Die Leute sähen ihn wegen seiner Forschungen und Spekulationen schräg an, und es wäre besser, sich still und leise abzusetzen, als die ganze Gegend zu einem Hexenkessel zu machen und weitreichende Zweifel an seiner geistigen Gesundheit zu säen. Er habe die Nase voll, wie er eingestand, aber er wolle, wenn möglich, einen ehrenvollen Abschied haben.

Dieser Brief erreichte mich am achtundzwanzigsten August, und ich entwarf und schickte ihm eine so ermutigende Antwort wie nur möglich. Offensichtlich zeigte diese Ermutigung Wirkung, denn danach hatte Akeley weniger Schreckliches zu berichten. Dennoch war er nicht besonders optimistisch und meinte, dass es nur die Phase des Vollmondes war, die die Kreaturen abhielt. Er hoffte, dass es nicht zu viele bewölkte Nächte gäbe, und deutete an, dass er sich bei abnehmenden Mond vielleicht eine Unterkunft in Brattleboro nehmen würde. Ich schrieb ihm einen weiteren, ermutigenden Brief, doch am 5. September bekam ich erneut Nachricht von ihm, die meinen Brief wohl auf dem Weg zu ihm gekreuzt haben musste und die konnte ich nicht in hoffnungsvollem Ton beantworten. Aufgrund der Bedeutung dieses Schreibens gebe ich es besser ganz wieder, so gut ich den in krakeliger Schrift abgefassten Text noch in Erinnerung habe. Im Wesentlichen lautete er wie folgt:

Montag,
Lieber Wilmarth –
Ein ziemlich entmutigendes P. S. zu dem letzten Brief. Letzte Nacht war es dicht bewölkt – trotzdem kein Regen –, und nicht ein bisschen Mondlicht drang durch. Die Dinge stehen ziemlich schlecht und ich glaube, entgegen allem, was wir gehofft haben, dass das Ende nah ist. Nach Mitternacht landete etwas auf dem Hausdach, und alle Hunde sprangen auf, um zu sehen, was es war. Ich konnte hören, wie sie knurrten und in Raserei verfielen, und dann gelang es einem von ihnen, von einem niedrigeren Anbau aus auf das Dach zu springen. Es kam zu einem schrecklichen Kampf, und ich hörte ein fürchterliches Summen, das ich nie vergessen werde. Auf einmal war da ein schockierender Gestank. Zur gleichen Zeit flogen Kugeln durch das Fenster, die mich fast getroffen hätten. Ich denke, die Hauptgruppe der Kreaturen aus den Hügeln hatte es zum Haus geschafft, weil die Hunde durch die Sache auf dem Dach abgelenkt waren. Was dort oben ist, weiß ich noch nicht, aber ich befürchte, die Kreaturen haben gelernt, besser mit ihren Weltraumflügeln zu steuern. Ich löschte das Licht, nutzte die Fenster als Schießscharten und deckte rundum alles mit Gewehrfeuer ein, wobei ich gerade so hoch zielte, um die Hunde nicht zu treffen. Damit schien die Sache beendet, allerdings fand ich am Morgen große Blutlachen im Hof und außerdem Pfützen von einem grünen, klebrigen Zeug, das den übelsten Gestank absonderte, den ich je gerochen habe. Ich stieg das Dach hinauf und fand dort mehr von dem klebrigen Zeug. Fünf Hunde waren getötet worden – es tut mir leid, sagen zu müssen, dass einer davon, da er in den Rücken getroffen wurde, auf mein Konto geht, weil ich zu tief gezielt hatte. Jetzt ersetze ich die Scheiben, die bei der Schießerei zu Bruch gegangen sind, und fahre dann nach Brattleboro, um neue Hunde zu kaufen. Ich denke, die Leute des Hundezwingers halten mich wahrscheinlich für verrückt. Werde später eine

weitere Nachricht senden. Ich vermute, dass ich in ein oder zwei Wochen bereit bin wegzuziehen, obwohl mich der Gedanke daran fast umbringt.
In Eile
AKELEY

Doch das war nicht der einzige Brief von Akeley, der sich mit meinem kreuzte. Am nächsten Morgen – 6. September – kam ein weiterer, diesmal ein hektisches Gekritzel, das mich gänzlich aus der Fassung brachte und mich völlig darüber verzweifeln ließ, was ich nun sagen oder machen sollte. Wieder kann ich nichts Besseres tun, als den Inhalt so getreu wiederzugeben, wie ich ihn in Erinnerung habe.

Dienstag
Die Wolkendecke reißt nicht auf, also wieder kein Mond, und sowieso nimmt er bereits ab. Ich habe das Haus mit elektrischem Draht umgeben und einen Suchscheinwerfer angebracht, als ob ich nicht wüsste, dass sie die Kabel schneller durchschneiden, als ich sie reparieren kann. Ich glaube, ich werden verrückt. Vielleicht ist alles, was ich Ihnen geschrieben haben, nur ein wahnsinniger Traum. Vorher war es schon schlimm genug, doch jetzt ist es unerträglich. *Letzte Nacht haben sie zu mir gesprochen* – gesprochen mit diesen verfluchten, summenden Stimmen – und haben mir Dinge gesagt, *die ich nicht wage, Ihnen gegenüber zu wiederholen*. Ich hörte sie deutlich durch das Hundegebell hindurch, und als sie einmal verstummten, *half ihnen eine menschliche Stimme aus*. Halte Sie sich aus der Sache raus, Wilmarth – es ist schlimmer, als Sie oder ich je vermutet haben. *Sie haben nicht vor, mich nach Kalifornien zu lassen – sie wollen mich lebend wegbringen, oder was theoretisch und mental als lebend gelten kann* – nicht nur zu Yuggoth, sondern noch weiter – weg aus der Galaxis und *möglicherweise über die letzte gebogene Grenze des Weltraums hinaus*. Ich sagte ihnen, dass ich nicht dorthin, wo sie wollten,

gehen würde *oder den schrecklichen Weg, den sie vorgeschlagen hatten, beschreiten würde,* doch ich fürchte, das war vergeblich. Ich lebe so abgeschieden, dass sie schon bald, ob bei Tag oder bei Nacht, kommen werden. Sechs weitere Hunde sind tot, und als ich heute nach Brattleboro fuhr, spürte ich die Anwesenheit der Kreaturen jedes Mal, wenn die Straße durch die Wälder führt.

Es war ein Fehler, dass ich Ihnen die Tonaufnahme und den schwarzen Stein geschickt habe. Vernichten Sie besser die Aufnahme, bevor es zu spät ist. Ich werde Ihnen morgen weitere Zeilen schicken, wenn ich dann noch hier bin. Ich wünschte, ich könnte dafür sorgen, dass meine Bücher und Habseligkeiten nach Brattleboro gebracht und dort aufbewahrt werden. Wenn ich könnte, würde ich alles stehen und liegen lassen und weglaufen, aber irgendetwas in mir hält mich zurück. Ich kann nach Brattleboro, wo ich wahrscheinlich in Sicherheit wäre, doch dort würde ich mich genauso gefangen fühlen wie hier im Haus. Und ich glaube zu wissen, dass es mich nicht viel weiter bringen würde, selbst wenn ich alles zurückließe und es versuchte. Lassen Sie sich nicht in diese Sache hineinziehen.

Ihr
Akeley

Nachdem ich diese Zeilen erhalten hatte, konnte ich die ganze Nacht nicht schlafen und war völlig verunsichert über Akeleys Gesundheitszustand. Der Inhalt der Nachricht war gänzlich krank, doch seine Ausdrucksweise – in Anbetracht all dessen, was davor geschehen war –, hatte eine grauenhafte Überzeugungskraft. Ich unternahm keinen Versuch, darauf zu antworten, dachte, es sei besser abzuwarten, bis Akeley meinem letzten Brief geantwortet hätte. Diese Antwort kam tatsächlich am nächsten Tag, doch ließen seine neuen Informationen alles, was in einer Antwort auf meinen Brief zu schreiben gewesen wäre, hinfällig werden. Hier wieder, so gut ich mich erinnere, der Wortlaut der Nachricht, die gekritzelt und voller Flecken und deutlich in großer Eile verfasst worden war.

Mittwoch
W…
Ihr Brief kam, aber es hat keinen Zweck, weiter zu diskutieren. Ich habe vollständig aufgegeben. Ich wundere mich, dass ich überhaupt noch genug Willenskraft habe, sie zurückzuhalten. Ich kann nicht entkommen, selbst wenn ich bereit wäre, alles aufzugeben und zu fliehen. Sie werden mich kriegen.

Erhielt gestern einen Brief von ihnen – der Postbote brachte ihn, während ich in Brattleboro war. Mit Schreibmaschine geschrieben und aufgegeben in Bellows Falls. Schreiben mir, was sie mit mir tun wollen – ich kanns nicht wiederholen. Nehmen auch Sie sich in Acht. Vernichten Sie die Tonaufnahme. Wolkenverhangene Nächte, und der Mond nimmt beständig ab. Wünschte, ich könnte um Hilfe bitten – es würde meiner Willenskraft guttun – aber jeder, der es überhaupt wagte zu kommen, würde mich für verrückt halten, es sei denn, es gäbe einen Beweis. Kann die Leute nicht bitten, grundlos zu kommen – ich habe keinen Kontakt zu irgendjemanden und das schon seit Jahren nicht mehr.

Aber das Schlimmste habe ich Ihnen noch gar nicht erzählt, Wilmarth. Holen Sie tief Luft, denn Sie werden schockiert sein. Doch ich sage die Wahrheit. Es ist so – *ich habe eins dieser Dinger gesehen und es berührt, oder zumindest einen Teil davon.* Mein Gott, ist das furchtbar. Es war natürlich tot. Einer der Hunde hatte es erwischt, und ich habe es heute Morgen neben dem Zwinger gefunden. Ich habe versucht, es im Holzschuppen aufzubewahren, aber es hatte sich in ein paar Stunden aufgelöst. Nichts war übrig geblieben. Sie erinnern sich, all die Dinger in den Flüssen wurden nur am ersten Morgen nach der Flut gesichtet. Und nun kommt das Schlimmste, ich hatte versucht, es für Sie zu fotografieren, doch als ich den Film entwickelt hatte, *war nichts außer dem Holzschuppen darauf zu sehen.* Aus was hat das Ding wohl bestanden? Ich habe es gesehen und berührt und sie alle haben Spuren hinterlassen. Es bestand mit Sicherheit aus fester Materie – aber welche Art von Materie? Die Gestalt lässt sich nicht beschreiben. Es war eine große Krabbe mit einer Menge von aufgewölbten, fleischigen Ringen oder Knoten, öliges Zeug, überzogen mit Fühlern, dort wo bei einem Menschen der Kopf sein würde. Dieses grüne, klebrige Zeug ist wohl ihr Blut oder sonstige Körperflüssigkeit. Und noch mehr von ihnen sollen jede Minute auf der Erde ankommen.

Walter Brown wird vermisst, wurde nicht mehr an den üblichen Orten in den Dörfern gesehen, an denen er sich sonst herumtrieb. Ich muss ihn mit einer Kugel erwischt haben, aber die Kreaturen scheinen ihre Verwundeten und Toten wegzubringen.

Heute Nachmittag gelangte ich ohne Schwierigkeiten in die Stadt, aber ich befürchte, sie halten sich im Moment zurück, weil sie sicher sind, mich zu kriegen. Das schreibe ich hier im Postamt von Brattleboro. Könnte mein Abschiedsbrief sein – wenn dem so ist, dann schreiben Sie meinem Sohn George Goodenough Akeley, 176 Pleasant Street, San Diego, Kalifornien –, *aber kommen Sie keinesfalls hierher.* Schreiben Sie dem Jungen, wenn Sie innerhalb einer Woche nichts von mir hören, und kontrollieren Sie die Zeitungen nach Neuigkeiten.

Ich werde jetzt meine letzten zwei Trümpfe ausspielen, wenn ich genügend Willenskraft aufbringe. Zuerst werde ich es bei den Dingern mit Giftgas probieren (ich habe die notwendigen Chemikalien dafür zur Hand und habe für mich und die Hunde Atemmasken gemacht), und wenn das nichts helfen sollte, wende ich mich an den Sheriff. Wenn sie wollen, können sie mich in eine Irrenanstalt sperren – es wäre auf jeden Fall besser als das, was die *anderen Kreaturen* vorhaben. Vielleicht kann ich ihre Aufmerksamkeit auf die Abdrücke rund um das Haus lenken. Sie sind zwar verwischt, aber ich finde sie jeden Morgen. Nehme aber an, dass die Polizei behaupten wird, ich hätte sie irgendwie gefälscht, da ich ihnen allen suspekt bin.

Muss versuchen, einen Staatspolizisten zu überzeugen, hier eine Nacht zu verbringen, um selbst zu sehen, was los ist – aber die Kreaturen würden sicher davon erfahren und sich in dieser Nacht zurückhalten. Sie durchtrennen die Telefonleitung jedes Mal, wenn ich nachts telefonieren will; die Männer der Telefongesellschaft halten es für sehr merkwürdig und wollen es untersuchen, falls sie nicht eher glauben, ich würde es selbst tun. Ich habe seit über einer Woche nicht mehr versucht, die Leitung reparieren zu lassen.

Ich könnte einige der ungebildeten Leute dazu bringen, die tatsächliche Existenz der Schrecknisse zu bestätigen, doch jeder lacht darüber, was sie sagen, und außerdem haben sie den Ort, an dem ich lebe, schon so lange gemieden, dass sie von den neuen Entwicklungen keine Ahnung haben. Keinen von diesen heruntergekommenen Bauern könnte man für Geld und gute Worte dazu bringen, sich meinem Haus auch nur auf weniger als eine Meile zu nähern. Der Postbote hat gehört, was sie erzählen, und darüber Witze gemacht – Gott im Himmel! Wenn ich nur wagte, ihm zu sagen, wie real alles ist. Ich überlege, ob ich ihm die Abdrücke zeigen soll, aber er kommt am Nachmittag, und dann sind sie üblicherweise schon verblasst. Wenn ich einen konservieren würde, indem ich eine Kiste oder einen Topf darüber stellte, dann würde er ganz bestimmt denken, es sei ein Spaß oder eine Fälschung.

Ich wünschte, ich wäre nicht zu einem solchen Einsiedler geworden, sodass die Leute ab und zu vorbeischauten, wie sie es früher getan haben. Ich habe nie gewagt, den schwarzen Stein oder die Fotografien oder die Tonaufnahme jemand anderem zu zeigen als diesen ungebildeten Leuten. Die anderen hätten gesagt, es seien Fälschungen und hätten nur darüber gelacht. Aber jetzt würde ich versuchen, ihnen die Bilder zu zeigen. Darauf sieht man deutlich die Klauenabdrücke, selbst wenn man die Dinger, die sie machen, nicht fotografieren kann. Was ein Ärger, dass niemand sonst das *Ding* heute Morgen gesehen hat, bevor es verschwunden ist!

Aber warum mache ich mir noch Sorgen. Nachdem, was ich durchgemacht habe, scheint eine Irrenanstalt so gut wie alles andere zu sein. Die Ärzte können mir dabei helfen, wieder klar zu werden und dieses Haus zu vergessen, und all das wird mich retten.

Schreiben Sie meinem Sohn George, wenn Sie nichts mehr von mir hören. Leben Sie wohl, zerstören Sie die Tonaufnahme und halten Sie sich aus allem heraus.

Ihr ... AKELEY

Offengestanden löste dieser Brief bei mir blankes Entsetzen aus. Ich wusste nicht, was ich antworten sollte, doch kritzelte ich einige unzusammenhängende Sätze mit Ratschlägen und Ermutigungen und schickte sie per Einschreiben. Ich erinnerte mich, Akeley dazu gedrängt zu haben, sich sofort nach Brattleboro und in den Schutz der Behörden zu begeben, und ergänzte, dass ich sofort mit der Tonaufnahme in die Stadt käme und helfen würde, das Gericht von seiner geistigen Gesundheit zu überzeugen. Auch glaubte ich, mich zu erinnern, geschrieben zu haben, dass es jetzt an der Zeit wäre, die Leute vor diesen Kreaturen in ihrer Mitte zu warnen. Man wird feststellen, dass in diesem Moment der Anspannung meine Überzeugung davon, was Akeley glaubte und mir erzählte, ohne Zweifel war, allerdings glaubte ich, dass der Versuch, das tote Monster zu fotografieren, nicht aufgrund seiner abseitigen Natur misslungen war, sondern weil Akeley in seiner Aufregung einen Fehler gemacht hatte.

V

Am Samstagnachmittag, den 8. September, erreichte mich der erstaunlich andere und beruhigende Brief, der sich offensichtlich mit meiner wirren Nachricht gekreuzt hatte und der sauber auf einer neuen Schreibmaschine getippt war, dieser seltsame Brief mit Beschwichtigungen und einer Einladung, der von einer außerordentliche Veränderung in dem ganzen albtraumhaften Drama in den einsamen Hügeln zeugte. Wieder zitiere ich aus der Erinnerung – aus speziellen Gründen versuche ich, so viel von der Art und dem Stil einfließen zu lassen, wie ich kann. Er war in Bellows Falls abgestempelt, und sowohl der Text als auch die Unterschrift war getippt, so wie es häufig bei Anfängern im Maschinenschreiben vorkommt. Doch der Text selbst war für einen Anfänger erstaunlich perfekt, und ich vermute, dass Akeley früher schon mit einer Schreibmaschine gearbeitet hatte – vielleicht im College. Dass der Brief mich erleichtert hat ist klar, doch jenseits meiner Erleichterung machte sich ein beunruhigendes Gefühl breit. Wenn Akeley in seinem Schrecken gesund gewesen war, war er jetzt, da er davon befreit war, auch gesund? Und was musste man sich unter der erwähnten »verbesserten Beziehung« vorstellen? Das ganze Schreiben stellte eine grundsätzliche Änderung zu Akeleys vorheriger Haltung dar! Doch hier ist der wesentliche Inhalt des Textes, aus meinem Gedächtnis, auf das ich sehr stolz bin, niedergeschrieben.

Townshend, Vermont,
Donnerstag, den 6. September 1928

Mein lieber Wilmarth,
es ist mir eine große Freude, Sie in Bezug auf die albernen Dinge, die ich Ihnen geschrieben habe, beruhigen zu können. Ich sage »albern«, doch meine ich damit nur meine beunruhigende Einstellung, nicht die Beschreibung bestimmter Phänomene. Diese Phänomene sind real und wichtig genug,

mein Fehler ist gewesen, sie in einen unnatürlichen Zusammenhang zu stellen.

Ich glaube, erwähnt zu haben, dass meine seltsamen Besucher versuchten, mit mir in Verbindung zu treten und mit mir zu sprechen. Letzte Nacht hat dieser Austausch stattgefunden. In Antwort auf bestimmte Zeichen ließ ich einen Boten derer dort draußen – einen Menschen, lassen Sie mich hinzufügen – mein Haus betreten. Er erzählte mir vieles, dass weder Sie noch ich überhaupt vermutet hatten, und zeigte mir deutlich auf, wie völlig falsch wir die Absichten der Äußeren für die Unterhaltung ihrer geheimen Kolonie auf diesem Planeten verstanden hatten.

Es hat den Anschein, dass die üblen Legenden über das, was sie den Menschen angeboten haben, und über alles, was sie in Bezug auf die Erde planten, ein Ergebnis von unfähiger Falschinterpretation ihrer allegorischen Sprache ist – einer Sprache, die natürlich aus einem kulturellen Hintergrund und einer Denkweise entstanden sind, die sich völlig von allem unterscheiden, was wir uns erträumen können. Ich gebe offen zu, dass auch meine Vermutungen genauso weit daneben lagen wie die Vorstellungen der analphabetischen Bauern und eingeborenen Indianern. Was ich als krankhaft, schändlich und grauenvoll angesehen habe, ist in Wirklichkeit Ehrfurcht gebietend, den Verstand erweiternd und *herrlich* – meine vorherige Einschätzung ist nichts weiter als die ewige menschliche Veranlagung, das *gänzlich andere* zu hassen, zu fürchten und davor zurückzuschrecken.

Jetzt bedauere ich, was ich diesen fremden und unglaublichen Wesen während unserer nächtlichen Gefechte angetan habe. Wenn ich mich nur dazu entschieden hätte, zuerst mit ihnen friedlich und vernünftig zu reden! Aber sie hegen keinen Groll gegen mich, ihre Gefühle sind ganz anders organisiert als bei uns. Es war ihr Unglück, dass ihre Agenten in Vermont einige unwürdige Vertreter unserer Rasse waren – der verstorbene Walter Brown zum Beispiel. Er beeinflusste mich wesentlich gegen sie. Tatsächlich haben sie niemals vorsätzlich Menschen verletzt, aber häufig grausames Unrecht erfahren und wurden von unserer Rasse ausgespäht. Es gibt einen großen, geheimen Kult von üblen Menschen (ein Mann Ihrer Gelehrtheit wird wissen, was ich meine, wenn ich sie mit Hastur und dem Gelben Zeichen in Verbindung bringe) mit dem Ziel, sie im Namen von monströsen Mächten aus anderen Dimensionen aufzuspüren und zu vernichten. Die umfassenden Vorsichtsmaßnahmen der Äußeren dienen der Abwehr dieser Angreifer – und sind nicht gegen die normalen Menschen gerichtet. Übrigens habe ich erfahren, dass viele unserer verloren gegangenen Briefe nicht von den Äußeren, sondern von den Vertretern dieses verleumderischen Kultes entwendet worden sind.

Alles, was die Äußeren von den Menschen wollen, ist Friede, Nichteinmischung und einen stärkeren intellektuellen Austausch. Das Letztere ist absolut notwendig, jetzt da unsere Erfindungen und Hilfsmittel unser Wissen und unseren Lebensbereich ausdehnen und es immer unmöglicher für die Äußeren wurde, ihren notwendigen Außenposten auf diesem Planeten *geheim* zu halten. Die außerirdischen Wesen haben den Wunsch, die Menschheit genauer kennenzulernen, und dass einige der führenden menschlichen Philosophen und Wissenschaftler mehr über sie erfahren. Mit diesem Austausch von Wissen würden alle Bedrohungen verschwinden und ein befriedigender *modus vivendi* wäre hergestellt. Die Vorstellung, es gäbe irgendeinen Plan, die Menschheit zu *versklaven* oder zu *erniedrigen*, ist lächerlich.

Als Anfang dieser verbesserten Beziehungen haben die Äußeren logischerweise mich, da meine Kenntnisse von ihnen so beachtlich sind, als ersten Vermittler auf der Erde ausgewählt. Letzte Nacht haben sie mir viel erzählt – Tatsachen von überwältigender und neue Sichtweisen öffnender Art –, und noch mehr wird mir nach und nach in Wort und Schrift vermittelt werden. Zunächst wird man nicht von mir verlangen, eine Reise nach *draußen* zu unternehmen, doch später werde ich es wahrscheinlich selbst *wünschen* – unter Einsatz bestimmter Fähigkeiten –, und dabei über alles hinausgehen, was wir heutzutage als menschliche Erfahrung ansehen. Mein Haus wird nicht länger belagert. Alles ist wieder im Normalzustand, und die Hunde sind überflüssig geworden. Anstelle des Schreckens habe ich eine große Bereicherung an Wissen und intellektuellem Abenteuer erfahren, wie sie nur wenigen Sterblichen zuteil geworden ist.

Die äußeren Wesen sind vielleicht die wundersamsten organischen Existenzen in oder sogar jenseits von Zeit und Raum – Angehörige einer im ganzen Kosmos beheimateten Rasse –, und alle anderen Lebensformen sind lediglich degenerierte Varianten ihnen. Sie sind eher pflanzlich denn tierisch, wenn man von der Materie, aus der sie bestehen, ausgeht, und haben eine irgendwie pilzartige Struktur, doch das Vorhandensein einer chlorophyllartigen Substanz und eines einzigartigen Verdauungssystems unterscheidet sie gänzlich von den echten Kormophyten. Tatsächlich bestehen diese Wesen aus Materie, die in unserem Teil des Universums gänzlich unbekannt ist – mit Elektronen, die eine ganz andere Schwingungsrate haben. Deshalb kann man diese Wesen auch nicht mit *gewöhnlichen* Kameras, die aus unserem Universum stammen, ob mit Film oder Fotoplatten, aufnehmen, obwohl wir sie mit unseren Augen sehen können. Mit den entsprechenden Kenntnissen allerdings könnte jeder gute Chemiker eine Fotoemulsion herstellen, die in der Lage wäre, ihr Abbild festzuhalten.

Diese Gattung ist fähig, die kalten und luftlosen interstellaren Abgründe völlig unbeschadet in körperlicher Form zu durchqueren, aber einige Varianten dieser Wesen können dies nur mit mechanischer Hilfe oder nach merkwürdigen, chirurgischen Eingriffen. Nur wenige Arten besitzen die ätherfesten Schwingen, die charakteristisch für die Art hier in Vermont sind. Die Wesen, die bestimmte abgelegene Berggipfel der

Alten Welt bewohnen, sind auf andere Weise dorthin gelangt. Ihre Ähnlichkeit mit der Tierwelt und der Art von Struktur, die wir als stofflich ansehen, ist das Ergebnis einer parallelen Entwicklung und nicht Zeichen einer nahen Verwandtschaft. Ihre Gehirnkapazität übertrifft die einer jeden anderen existierenden Lebensform, dennoch ist die geflügelte Variante in unserer Hügellandschaft nicht die am weitesten entwickelte. Normalerweise kommunizieren sie mittels Telepathie, doch verfügen sie über rudimentäre Sprechorgane, die nach einer kleinen Operation (Chirurgie, die von ihnen meisterhaft beherrscht wird, ist eine alltägliche Angelegenheit) annähernd in der Lage sind, die Sprache von solchen Lebewesen zu imitieren, die noch Sprache benutzen.

Ihr momentaner Hauptaufenthaltsort ist ein noch unentdeckter, dunkler Planet ganz am Rande unseres Sonnensystems – jenseits des Neptun, der neunte von der Sonne aus gerechnet. Er ist, wie wir vermutet haben, das Objekt, das geheimnisvoll in bestimmten alten und verbotenen Schriften als »Yuggoth« erwähnt wird, und schon bald wird er Ausgangspunkt einer seltsamen Konzentration von Geisteskräften in Richtung unserer Welt sein, als Bemühung, den geistigen Austausch zu erleichtern. Ich wäre nicht überrascht, wenn die Astronomen durch diese Gedankenströme eines Tages dazu gebracht würden, Yuggoth zu entdecken, wenn die Äußeren dies wollen. Doch Yuggoth ist natürlich nur eine Zwischenstation. Hauptsächlich bewohnen diese Wesen seltsam gestaltete Abgründe, die völlig außerhalb der menschlichen Vorstellungskraft liegen. Das Raum-Zeit-Bläschen, das wir als den gesamten Kosmos ansehen, ist nur ein Atom in ihrer wirklichen Unendlichkeit. *Und so viel dieser Unendlichkeit, wie der menschliche Geist begreifen kann, wird mir schließlich zuteilwerden, so wie nicht mehr als fünfzig anderen Männern seit Bestehen der Menschheit.*

Sie werden das für wilde Fantasien halten, Wilmarth, doch mit der Zeit werden Sie diese riesige Möglichkeit anerkennen, über die ich gestolpert bin. Ich möchte so viel wie möglich von dem mit Ihnen teilen, doch dazu muss ich Ihnen Tausende von Dingen sagen, die ich nicht zu Papier bringen kann. In der Vergangenheit habe ich Sie gewarnt, mich zu besuchen. Jetzt, da hier alles sicher ist, nehme ich diese Warnung zurück und lade Sie ein, hierher zu kommen.

Können Sie zu Besuch kommen, bevor Ihr Collegesemester wieder beginnt? Es wäre wirklich wunderbar, wenn Sie es einrichten könnten. Bringen Sie die Tonaufnahme und alle meine Briefe als Datenmaterial mit, wir werden sie brauchen, um die Einzelheiten zu einer kompletten, ungeheuren Geschichte zusammenzufügen. Sie sollten auch die Fotografien mitbringen, da es scheint, dass ich die Negative und meine Abzüge in der zurückliegenden Aufregung verlegt habe. Doch was für eine Anzahl von Fakten habe ich diesem unzureichenden und vorläufigen Material hinzuzufügen – *und welch erstaunliche Mittel habe ich, um meine Ergänzungen einzugliedern!*

Zögern Sie nicht – ich werde jetzt nicht mehr überwacht, und Sie werden mit nichts Unnatürlichem oder Bedrohlichem konfrontiert werden. Kommen Sie einfach, und ich hole Sie mit meinem Wagen vom Bahnhof in Brattleboro ab. Richten Sie sich darauf ein, so lange, wie Sie wollen, zu bleiben, und erwarten Sie abendliche Gespräche über Dinge jenseits aller menschlicher Vorstellung. Es versteht sich von selbst, dass Sie niemandem davon erzählen, denn diese Angelegenheit darf nicht an die allgemeine Öffentlichkeit dringen.

Die Zugverbindung nach Brattleboro ist nicht schlecht – Sie können sich einen Fahrplan in Boston besorgen. Nehmen Sie die Boston-&-Maine-Bahn nach Greenfield und steigen dort für die kurze verbleibende Strecke um. Ich schlage vor, Sie nehmen den passenden 16:10 Uhr Standard-Zug von Boston. Der erreicht Greenfield um 19:35 Uhr, und von dort geht es um 19:19 Uhr weiter nach Brattleboro, wo Sie um 22:01 Uhr ankommen. Lassen Sie mich wissen, wann Sie kommen, und dann werde ich mit meinem Wagen am Bahnhof sein.

Entschuldigen Sie bitte, dass ich mit Schreibmaschine schreibe, doch meine Handschrift ist in letzter Zeit etwas zittrig geworden, wie Sie ja festgestellt haben, und ich fühle mich auch nicht in der Lage, längere Texte mit Hand zu schreiben. Ich habe mir gestern in Brattleboro eine neue Corona gekauft – es scheint ganz gut zu funktionieren.

Ich erwarte Ihre Antwort und hoffe, Sie bald zu treffen mit der Tonaufnahme und allen meinen Briefen – und den Fotografien.

Ich verbleibe der Ihre
In Erwartung
HENRY W. AKELEY

An Albert N. Wilmarth, Esq.,
Miskatonic-Universität
Arkham, Mass.

Die Bandbreite meiner Gefühle, als ich diesen so untypischen Brief gelesen, wieder gelesen und darüber gegrübelt habe, kann man nicht wirklich beschreiben. Ich habe schon gesagt, dass ich zuerst erleichtert war, aber mich auch unwohl fühlte, doch das gibt nur unzureichend den Anklang der unterschiedlichen und weitgehend unbewussten Gefühle wieder, die sowohl Erleichterung als auch Besorgnis einschlossen. Zum Ersten war der Text ein so absoluter Gegensatz zu den vorhergegangenen schrecklichen Ereignissen – der Stimmungswechsel von extremer Furcht zu kühler Selbstgefälligkeit, ja sogar Begeisterung, war so unerwartet wie ein Blitzschlag aus heiterem Himmel und allumfassend! Ich konnte nicht glauben, dass in nur einem Tag sich die psychologischen Voraussetzungen von jemandem so komplett geändert hatten, der mir diese letzte wahnsinnige Nachricht vom Mittwoch geschickt hatte, egal welche erlösenden Erfahrungen dieser Tag auch gebracht hatte. In einigen Momenten brachte mich ein Gefühl von miteinander in Widerspruch stehenden Realitäten dazu zu glauben, dass dieses ganze Drama um fantastische Mächte ein halb-visionärer Traum sei, der meinem eigenen Gehirn entsprungen war. Dann dachte ich an die Tonaufnahme, und das führte zu noch größerer Verunsicherung.

Der Brief erschien mir gänzlich dem zu widersprechen, was zu erwarten gewesen wäre! Ich analysierte meine Eindrücke und stellte fest, dass er zwei unterschiedliche Erklärungen zuließ. Erstens einzuräumen, dass Akeley vorher geistig gesund gewesen war und es auch jetzt noch ist, doch dann war die darin geschilderte Veränderung der Situation gravierend und undenkbar, und zweitens, der Wechsel in Akeleys Verhalten, seiner Einstellung und seiner Sprache war weit außerhalb der Normalität oder Vorhersehbarkeit. Die gesamte Persönlichkeit des Mannes musste eine heimtückische Verwandlung erfahren haben – eine so tiefgreifende Verwandlung, dass man kaum die beiden Persönlichkeiten miteinander vereinbaren konnte, wenn man davon ausging, dass beide gleichermaßen geistige Gesundheit repräsentierten. Die Wortwahl, die Schreibweise – alles war gänzlich anders. Und mit meiner akademischen Sensibilität für Schreibstile stellte ich deutliche Unterschiede in seinen allgemeinen Formulierungen und Redewendungen fest. Auf jeden Fall mussten die emotionale Erschütterung oder die Enthüllungen, die eine solch tiefgreifende Veränderung bewirkten haben, sehr drastisch gewesen sein! Doch andererseits war dieser Brief sehr charakteristisch für Akeley. Die alte Leidenschaft für das Unendliche – die alte wissenschaftliche Wissbegierde. Ich konnte nicht einen Augenblick – oder mehr als einen Augenblick – daran glauben, dass es sich um Betrug oder eine üble Fälschung handelte. Bewies nicht die Einladung – die Bereitschaft, dass ich den Wahrheitsgehalt des Briefes persönlich überprüfte – seine Echtheit?

Ich ging Samstagnacht nicht zu Bett, sondern saß da und dachte über die Schatten und wundersamen Ereignisse nach, die hinter dem Brief standen. Mein Kopf dröhnte von der plötzlich aufgetauchten Kette von abseitigen Vorstellungen, mit denen ich in den letzten vier Monaten konfrontiert worden war, und versuchte in einem Kreislauf von Zweifel und Anerkennung, der im Prinzip nur den Wegen folgte, die ich bei den vorherigen Absonderlichkeiten eingeschlagen hatte, das erstaunliche, neue Material einzuordnen.

Lange vor Tagesanbruch war ein brennendes Interesse und Neugierde an die Stelle der ersten Welle von Sprachlosigkeit und Beunruhigung getreten. Wahnsinn oder Normalität, Metamorphose oder nur Erleichterung, es bestand die Möglichkeit, dass Akeleys gefährliche Forschungen tatsächlich einen erstaunlichen Perspektivwechsel ausgelöst hatten, einen Wechsel, der sofort die Gefahr verschwinden ließ – ob real oder nur eingebildet – und ihm neue, verrückte Vorstellungen von kosmischem und übermenschlichem Wissen vermittelt hatte. Mein eigenes Interesse an dem Unbekannten drängte mich, ihn zu treffen, und ich fühlte mich von diesem morbiden Überschreiten von Grenzen angezogen. Die in den Wahnsinn treibenden und auszehrenden Beschränkungen durch Zeit, Raum und Naturgesetze abzuschütteln – mit den weiten Bereichen der *Außenwelt* in Verbindung zu treten – sich den dunklen und abgrundtiefen Geheimnissen der Unendlichkeit und des Ultimativen zu nähern –, ganz sicher eine Sache, die es wert war, dass man dafür sein Leben, seine Seele und seine geistige Gesundheit opferte! Akeley hatte ja gesagt, dass keine Gefahr mehr bestand – er hatte mich zu sich eingeladen, anstatt mich wie zuvor zu warnen. Ein Prickeln machte sich in mir breit, wenn ich daran dachte, was er mir wohl mitzuteilen hätte. Es war ein faszinierender, ja fast paralysierender Gedanke, in dem einsamen und ehemals belagerten Gehöft zusammen mit einem Mann zu sitzen, der tatsächlich mit Abgesandten aus dem Weltraum gesprochen hatte, dort zu sitzen mit der schrecklichen Tonaufnahme und dem Stapel Briefe, in denen Akeley von seinen früheren Schlussfolgerungen berichtete.

Spät am Sonntagmorgen telegrafierte ich Akeley, dass ich am folgenden Mittwoch, den 12. September, nach Brattleboro käme, wenn ihm das passen würde. Nur in der Wahl des Zuges wich ich von seinen Vorschlägen ab. Offen gesagt hatte ich keine Lust, mitten in der Nacht in diesem heimgesuchten Teil Vermonts anzukommen; statt die von ihm vorgeschlagene Zugverbindung zu akzeptieren, telefonierte ich mit dem Bahnhof und entschied mich für eine andere. Wenn ich früh aufstand und den üblichen Zug um 8:07 Uhr nach Boston nähme, konnte ich den Zug um 9:25 Uhr nach Greenfield erreichen, der um 12:22 mittags dort ankäme. Dort hatte ich Anschluss an dem Zug, der in Brattleboro um 13:08 Uhr ankäme – eine viel bessere Zeit als 22:01 Uhr, um Akeley zu treffen und mit ihm durch die engen und geheimnisvollen Hügel zu fahren.

Ich teilte ihm meine Pläne in einem Telegramm mit und war froh, als ich aus der Antwort, die gegen Abend eintraf, erfuhr, dass mein angehender Gastgeber damit einverstanden war. Sein Telegramm lautete:

IN ORDNUNG. WERDE ZUM 13:08 UHR ZUG AM MITTWOCH DA SEIN. VERGESSEN SIE NICHT AUFNAHME UND BRIEFE UND FOTOGRAFIEN. HALTEN SIE REISE GEHEIM. ERWARTEN SIE GROSSE ENTHÜLLUNGEN.

AKELEY

Der Erhalt dieser Nachricht als Antwort auf das Telegramm, das ich Akeley geschickt hatte – und das entweder ihm direkt vom Amt in Townshend per offiziellem Boten oder über die wiederhergestellte Telefonleitung übermittelt sein musste, erlöste mich von jeden noch unterschwellig vorhandenen Zweifeln an der Urheberschaft des erstaunlichen Briefes. Meine Erleichterung war spürbar – tatsächlich war sie größer, als ich mir zu diesem Zeitpunkt selbst eingestand, denn all meine Zweifel waren ziemlich tief begraben. In dieser Nacht schlief ich lang und fest, und an den folgenden zwei Tagen war ich mit den Vorbereitungen ausgiebig beschäftigt.

VI

Am Mittwoch brach ich wie geplant auf und hatte eine Reisetasche mit dem Nötigsten und dem wissenschaftlichen Material dabei, einschließlich der grauenhaften Tonaufnahme, den Fotografien und Akeleys sämtlichen Briefen. Wie versprochen hatte ich niemandem gesagt, wohin ich fuhr, denn mir war klar, dass die Angelegenheit absoluter Geheimhaltung bedurfte, selbst wenn sie sich höchst vorteilhaft entwickeln sollte. Der Gedanke an einen tatsächlichen mentalen Kontakt mit fremden außerirdischen Wesen war schon für meinen gebildeten und irgendwie vorbereiteten Geist herausfordernd genug, und wenn dies so war, wie musste man sich die Auswirkung auf die große, ahnungslose Masse vorstellen? Ich kann nicht sagen, ob Furcht oder abenteuerliche Erwartung in mir überwogen, als ich in Boston umstieg und die lange Fahrt nach Westen antrat, die mir bekannten Regionen verlassend und hinein in solche, die mir weniger vertraut waren. Waltham – Concord – Ayer – Fitchburg – Gardner – Athol.

Der Zug erreichte Greenfield mit sieben Minuten Verspätung, doch man hatte den Anschlusszug nach Norden warten lassen. Hastiges Umsteigen, und als die Waggons im Sonnenschein des frühen Nachmittags in Richtung jener Gegenden losrumpelten, von denen ich so viel gelesen, die ich aber noch nie besucht hatte, verspürte ich eine seltsame Atemnot. Ich wusste, dass ich jetzt einen insgesamt altertümlicheren und einfacheren Teil Neuenglands betrat als die kommerziellen, verstädterten Küsten und südlichen Landesteile, in denen ich mein ganzes Leben verbracht hatte, ein ursprüngliches, altes Neuengland, ohne Fremde und Fabrikrauch, Werbeplakate und Betonstraßen, außer jenen, in die das moderne Leben schon Einzug gehalten hatte. Es würde seltsame Überbleibsel des überkommenen einfachen Lebens geben, dessen tiefe Wurzeln es zu einem authentischen Teil der Landschaft machten – dieses fortgesetzt einfache Leben, das seltsame alte Erinnerungen bewahrt und den fruchtbaren Boden für dunkle, wundersame und selten erwähnte Überzeugungen bereitet hat.

Ab und zu sah ich den blauen Connecticut River in der Sonne glänzen, und nachdem wir Northfield verlassen hatten, überquerten wir ihn. Vor uns ragten grüne, geheimnisvolle Hügel auf, und als der Schaffner vorbeikam, erfuhr ich, dass wir schon in Vermont waren. Er sagte mir, dass ich meine Uhr eine Stunde zurückstellen sollte, denn die nördliche Hügelregion hätte nichts mit der neu eingeführten Sommerzeit am Hut. Als ich das tat, hatte ich das Gefühl, den Kalender um ein Jahrhundert zurückzudrehen.

Der Zug blieb nahe beim Fluss und jenseits davon, in New Hampshire, und ich sah die steilen Hänge des Wantastiquet, um den sich einige alte Legenden rankten, näher kommen. Dann erschienen zu meiner Linken Straßen und zur Rechten lag eine grüne Insel im Fluss. Die Leute standen auf und reihten sich an der Tür auf, und ich folgte ihnen. Der Waggon kam zum Stehen, ich stieg aus und trat auf den langen, überdachten Bahnsteig von Brattleboro.

Als ich über die lange Reihe von wartenden Fahrzeugen blickte, blieb ich einen Moment stehen, um herauszufinden, welches wohl Akeleys Ford wäre, doch man erkannte mich schon, bevor ich die Initiative ergreifen konnte. Sofort war klar, dass es nicht Akeley selbst war, der mir mit ausgestreckter Hand und der vorsichtig geäußerten Frage, ob ich denn Mister Albert N. Wilmarth aus Arkham sei, entgegentrat. Dieser Mann hatte keine Ähnlichkeit mit dem bärtigen, ergrauten Akeley auf der Fotografie, sondern war eine jüngere, städtisch wirkende Person, modisch gekleidet, und er hatte nur einen schmalen, schwarzen Schnurrbart. Seine kultivierte Stimme hatte einen seltsamen, fast beunruhigend vertrauten Anklang, den ich allerdings nicht zuordnen konnte.

Als ich nachfragte, erklärte er, ein Freund von meinem angehenden Gastgeber und an seiner statt von Townshend hergekommen zu sein. Akeley, so sagte er, habe plötzlich einen asthmatischen Anfall erlitten und fühle sich nicht in der Lage, die Fahrt an der frischen Luft zu machen. Doch es sei nichts Ernsthaftes, und an den Plänen, die meinen Besuche beträfen, gäbe es keine Änderungen. Ich konnte nicht herausfinden, wie viel dieser Mr Noyes – wie er sich vorgestellt hatte – von Akeleys Nachforschungen und Entdeckungen wusste, doch es schien mir, dass seine lockere Art ihn als einen der üblichen Landesfremden abstempelte. Mir ins Gedächtnis rufend, was für ein Einsiedler Akeley gewesen war, war ich ziemlich überrascht über die schnelle Verfügbarkeit eines solchen Freundes, doch dies hinderte mich nicht daran, in den Wagen zu steigen, zu dem er mich geführt hatte. Es war nicht das kleine, alte Auto, das ich nach Akeleys Beschreibungen erwartet hatte, sondern ein tadelloses Exemplar eines neueren Modells – augenscheinlich Noyes eigenes –, und es hatte Nummernschilder aus Massachusetts mit dem amüsanten »Heiligen Kabeljau«, dem Emblem dieses Jahres. Mein Begleiter, so vermutete ich, musste ein Sommergast in der Gegend von Townshend sein.

Noyes stieg neben mir in den Wagen und startete ihn sofort. Ich war froh, dass er nicht redselig war, denn eine eigenartige, bedrückende Stimmung machte mich unwillig, ein Gespräch zu führen. Die Stadt wirkte in der Nachmittagssonne sehr hübsch, als wir ein Gefälle hinunterfuhren und dann nach rechts auf die Hauptstraße abbogen. Sie döste vor sich hin wie die älteren Städte Neuenglands, die wir aus unserer Kindheit kennen, und etwas in dem Zusammenwirken von Dächern, Giebeln und Backsteinmauern formte Konturen, die tiefe Saiten althergebrachter Gefühle zum Klingen brachten. Ich kann sagen, dass ich mich am Tor zu einer Region befand, halb verzaubert durch die Gegenwärtigkeit von ungebrochenen Zeitläufen, eine Region, in der alte, seltsame Dinge die Möglichkeit hatten zu wachsen und erhalten blieben, weil sie nie gestört wurden.

Als wir aus Brattleboro hinausfuhren, verstärkte sich mein Gefühl der Beklemmung und böser Vorahnung, die eine von der hügeligen Landschaft und den aufragenden, bedrohlichen und näher rückenden grünen und felsigen Hängen ausgehende Missstimmung auslöste, die auf merkwürdige Geheimnisse und unsterbliche Überlebende, die vielleicht – oder vielleicht auch nicht – eine Bedrohung der Menschheit darstellten, hindeutete. Eine Zeit lang folgte unsere Route einem breiten, flachen Fluss, der von irgendwo aus den unbekannten Hügeln im Norden herabkam, und mir schauderte, als mein Begleiter mir sagte, es sei der West River. Es war in diesem Fluss, wie ich mich aus den Zeitungsberichten erinnerte, wo man die krabbenähnlichen Wesen nach der Flut hatte treiben sehen.

Nach und nach wurde die Gegend um uns herum ursprünglicher und einsamer. Altertümliche, überdachte Brücken ragten Angst einflößend aus der Vergangenheit unter Felsüberhängen hervor, und die halb stillgelegten Bahngleise, die neben dem Fluss entlangführten, schienen einen sichtbaren Hauch des Verfalls auszuatmen. Es gab Ehrfurcht gebietende, fruchtbare grüne Täler, an deren Rand sich große Felswände erhoben, Neuenglands jungfräulicher Granit, grau und kahl, obgleich sich die Vegetation auf den Kuppen ausgebreitet hatte. Es gab Schluchten, in denen ungezähmte Flüsse die unvorstellbaren Geheimnisse von Tausenden wegelosen Gipfeln hinunter zu den großen Strömen brachten. Von Zeit zu Zeit zweigten schmale, halb verborgene Straßen ab, die ihren Weg durch den dichten, wuchernden Baumbestand des Waldes bahnten, zwischen dessen urzeitlichen Bäumen gut und gerne ganze Armeen von Elementargeistern lauern konnten. Als ich das sah, dachte ich daran, wie Akeley auf seinen Fahrten auf diesem Weg von unsichtbaren Akteuren belästigt worden war, und bezweifelte nicht mehr, dass es solche Dinge geben konnte.

Das malerische, ansehnliche Dorf Newfane, das wir in weniger als einer Stunde erreichten, war die letzte Verbindung zu einer Welt, die, gänzlich erschlossen und bewohnt, der Mensch noch sein Eigen nennen konnte. Danach brachen alle Verbindungen zu unmittelbar greifbaren und gegenwärtigen Dingen ab, und wir gerieten in eine fantastische Welt der schweigenden Irrealität, durch die sich die schmale Straße gleich einem Band auf und ab schlängelte und fast wie ein lebendiges, launisches Wesen ihren Weg zwischen den einsamen grünen Hügeln und halb verlassenen Tälern nahm. Außer dem Motorengeräusch und den manchmal von entfernten Gehöften zu uns dringenden Lauten vernahmen meine Ohren nur das gurgelnde, unheimliche Plätschern von verborgenen Wasserläufen und zahllosen, in den schattigen Wäldern versteckten Quellen.

Die Nähe und Unmittelbarkeit der erdrückenden Hügelkuppen wurde jetzt immer atemberaubender. Ihre steil aufragenden Hänge und ihre Schroffheit waren beeindruckender, als ich mir von dem, was mir zu Ohren gekommen war, vorgestellt hatte, und schienen nichts mit der prosaischen, uns bekannten Welt gemeinsam zu haben. Die ausgedehnten, unbetretenen Wälder an jenen unzugänglichen Hängen schienen fremde und unglaubliche Dinge zu beheimaten, und ich spürte, dass selbst die Form der Hügel eine seltsame, seit Äonen vergessene Bedeutung hatte, so als wären sie riesige Hieroglyphen, hinterlassen von einer sagenumwobenen Rasse von Titanen, deren Herrlichkeit nur in seltenen, tiefen Träumen weiterlebte. All die Legenden aus der Vergangenheit, all die verblüffenden Rückschlüsse in Henry Akeleys Briefen und die Beweisstücke bewirkten, dass sich bei mir das Gefühl der Erwartung, aber auch das von zunehmender Bedrohung steigerte. Der Zweck meines Besuches und die Furcht einflößenden Abnormalitäten, die ihm zugrunde lagen, überkamen mich ganz plötzlich wie ein eisiger Wasserguss, der fast meine Leidenschaft für seltsame Dinge hinwegspülte.

Mein Fahrer musste meine Verwirrung bemerkt haben, denn als die Straße schlechter und unüberschaubarer wurde, unsere Fahrt langsamer und holpriger, wechselten seine vereinzelten Kommentare zu einem steten Fluss von Erklärungen. Er sprach von der Schönheit und Merkwürdigkeit der Landschaft und gestand eine gewisse Vertrautheit mit den volkskundlichen Studien meines Gastgebers ein. Seine höflichen Fragen zeigten deutlich, dass er wusste, dass ich aus wissenschaftlichen Gründen kam und dass ich Material von einiger Wichtigkeit bei mir führte, doch er ließ offen, ob er die Tiefe und Bedrohlichkeit des Wissens, das Akeley schließlich erworben hatte, guthieß.

Sein Benehmen war so herzlich, normal und städtisch, dass seine Bemerkungen mich hätten beruhigen und mir Sicherheit geben müssen, aber dennoch verstärkte sich mein Unwohlsein eher, während wir weiter in die unbekannte Wildnis der Hügel und Wälder holperten und schlingerten. Manchmal schien er mich darüber aushorchen zu wollen, was ich über die monströsen Geheimnisse dieser Gegend wusste, und mit jedem neuen Versuch wurde diese schwache, spöttische, verwirrende *Vertrautheit* in seiner Stimme deutlicher. Es war keine gewöhnliche, angenehme Vertrautheit trotz des vollkommen wohlklingenden und kultivierten Klangs der Stimme. Irgendwie brachte ich sie mit vergessenen Albträumen in Verbindung und hatte die Befürchtung, dass ich, wenn ich sie erkannte, wahnsinnig werden würde. Wenn es irgendeinen plausiblen Grund gegeben hätte, hätte ich meinen Besuch sofort abgebrochen. Doch so, wie es war, konnte ich das nicht gut tun – und mir schien, dass nach meiner Ankunft eine gesetzte, wissenschaftliche Unterhaltung mit Akeley persönlich eine große Hilfe wäre, bei mir alles wieder ins Lot zu bringen.

Außerdem wies die hypnotisierende Landschaft, die wir in fantastischer Weise durchfuhren und in die wir eintauchten, einige seltsame, faszinierende Elemente kosmischer Schönheit auf. Die Zeit selbst hatte sich in dem Labyrinth, das hinter uns lag, aufgelöst, und um uns herum breiteten sich nun die blühenden Wellen eines Feenlandes und die wiedergewonnene Lieblichkeit verlorener Jahrhunderte aus – die altehrwürdigen Haine, die unberührten Weiden, gesäumt von zarten herbstlichen Blüten, und in großen Abständen die kleinen braunen Bauernhöfe, die sich zwischen hohen Bäumen flankiert von Sträuchern wilder Rosen und zwischen Wiesengras duckten. Selbst das Sonnenlicht schien einen überirdischen Glanz zu haben, so als ob eine besondere Atmosphäre oder ein spezieller Hauch die ganze Gegend umgab. Ich hatte vorher noch nie so etwas erblickt, außer in den magischen Ansichten, die den Hintergrund der Bilder der frühen italienischen Malerei darstellten. Sodoma und Leonardo schufen solche Orte, doch nur weit entfernt sichtbar, durch die Säulen der Arkadengewölbe der Renaissance hindurch. Wir quälten uns nun tapfer durch die Mitte des Bildes, und ich glaubte, in der Geisterhaftigkeit etwas zu entdecken, das ich im Innersten immer schon gewusst oder das ich ererbt hatte, und nach dem ich die ganze Zeit vergeblich gesucht hatte.

Plötzlich, als wir um eine langgezogene Kurve am Ende eines steilen Anstiegs bogen, hielt der Wagen an. Zu meiner Linken, jenseits eines gut gepflegten Rasens, der sich bis zur Straße hin erstreckte und von einer Einfassung aus weißen Steinen umgeben war, erhob sich ein weißes, eineinhalbstöckiges Haus von einer für diese Gegend ungewöhnlichen Größe und Vornehmheit, und dahinter und zur Rechten standen eine Ansammlung direkt aneinander liegender oder durch Arkaden verbundener Scheunen, Hütten und eine Windmühle. Ich erkannte es von der Fotografie, die ich erhalten hatte, sofort wieder und war nicht erstaunt, den Namen Henry Akeley auf dem an der Straße befindlichen Briefkasten aus galvanisiertem Eisen zu lesen. In einiger Entfernung hinter dem Haus erstreckte sich ein flaches Stück sumpfigen und kaum bewachsenen Landes, und dahinter erhob sich ein steiler, dicht bewaldeter Hang, der in einem gezackten grünen Kamm endete. Ich wusste, dass dies der Gipfel des Dark Mountain war und dass wir uns inzwischen schon auf halber Höhe befanden.

Noyes bat mich zu warten, nachdem er aus dem Wagen gesprungen war und mein Reisegepäck genommen hatte, während er ins Haus ginge und Akeley meine Ankunft melden würde. Er selbst hätte noch woanders etwas Wichtiges zu erledigen und könne nur einen Moment bleiben. Als er hastig den Weg entlangeilte, stieg auch ich aus, um mir ein bisschen die Beine zu vertreten, bevor ich wieder zu einer Unterhaltung Platz nehmen würde. Meine Nervosität und Anspannung hatte den Höhepunkt erreicht, nun, da ich mich tatsächlich an dem Ort befand, an dem die schreckliche Belagerung stattgefunden hatte, die in Akeleys Briefen so eindringlich beschrieben war, fürchtete ich wirklich die bevorstehende Unterhaltung, die mich über jene außerirdischen und verbotenen Welten in Kenntnis setzen sollte.

Der enge Kontakt mit dem gänzlich Abseitigen ist häufig eher erschreckend denn inspirierend, und es gefiel mir gar nicht, dass dieses Stück staubiger Straße der Ort war, wo die monströsen Spuren und die stinkende, grüne Jauche nach mondlosen Nächten voller Schrecken und Tod gefunden worden waren. Nebenbei bemerkte ich, dass keiner von Akeleys Hunden hier irgendwo zu sein schien. Hatte er sie sofort alle verkauft, als die *Äußeren* mit ihm Frieden geschlossen hatten? So viel Mühe ich mir auch gab, konnte ich nicht das gleiche Vertrauen in den Umfang und die Ehrlichkeit dieses Friedens setzen, so wie er in Akeleys letztem und völlig anderem Brief geschildert wurde. Letztendlich war er ein sehr einfach gestrickter Mensch, der nur wenig Erfahrungen mit der Welt hatte.

Gab es nicht vielleicht einige tiefen und finsteren Untertöne in dieser neuen Verbindung?

Ausgelöst durch meine Gedanken richtete ich meinen Blick nach unten auf die staubige Straße, auf der sich die grässlichen Beweise befunden hatten. Die letzten Tage waren trocken gewesen, und die gefurchte, unregelmäßige Oberfläche der Straße war, trotz der Abgeschiedenheit der Gegend, von allen Arten von Spuren übersät. Neugierig untersuchte ich die Formen unterschiedlicher Abdrücke, währenddessen ich versuchte, meine makabren Vorstellungen, die der Ort und meine Erinnerungen heraufbeschworen, im Zaum zu halten. In der herrschenden Grabesstille lag etwas Bedrohliches und Beunruhigendes, ebenso in dem gedämpften unterschwelligen Plätschern entfernter Bäche und in den drohenden grünen Gipfeln und den dunkel bewaldeten Abhängen, die den Horizont verstellten.

Dann kam mir ein Bild vor Augen, das diese unterschwellige Bedrohung und Anflüge von Wunderbarkeit mild und unbedeutend erscheinen ließ. Ich habe gesagt, dass ich die unterschiedlichen Abdrücke auf der Straße mit interessierter Neugierde in Augenschein nahm – doch auf einmal wurde diese Neugierde durch eine plötzliche und paralysierende Woge heftigen Schreckens hinweggerissen. Obwohl die Spuren im Staub gründlich durch- und übereinander lagen und kaum eine genaue Untersuchung zuließen, hatte mein ruheloser Blick bestimmte Einzelheiten an der Stelle, wo der Weg zum Haus auf die Straße traf, bemerkt, und mir war, jenseits aller Zweifel und Hoffnung, die schreckliche Bedeutung dieser Einzelheiten klar. Ich hatte nicht umsonst stundenlang über den Fotografien der Klauenspuren der *Äußeren* gebrütet, die mir Akeley geschickt hatte. Zu genau kannte ich die Spuren dieser ekelerregenden Zangen und die Andeutung von gegensätzlichen Richtungen, die bezeichnend für den Schrecken waren, wie ihn sonst keine Kreatur auf diesem Planeten hervorrufen konnte. Es bestand für mich keine Möglichkeit eines barmherzigen Irrtums. Hier waren tatsächlich – ganz offen vor meinen eigenen Augen und sicherlich nicht älter als ein paar Stunden – mindestens drei Abdrücke, die sich blasphemisch von der Fülle verwischter Fußabdrücke abhoben, die zu und von Akeleys Gehöft weg führten. *Es waren die höllischen Spuren der lebenden Pilze von Yuggoth.*

Ich riss mich gerade noch rechtzeitig genug zusammen, um einen Aufschrei zu unterdrücken. Aber überhaupt, was war das denn mehr, als ich hätte erwarten können, wenn man davon ausgeht, dass ich Akeleys Briefen wirklich Glauben schenkte? Hatte er nicht geschrieben, er hätte mit den Dingern Frieden geschlossen? Warum also sollte es merkwürdig sein, dass einige von ihnen Akeley besucht hatten? Doch der Schrecken war stärker als die Beruhigung. Konnte man erwarten, dass irgendein Mensch gleichgültig bleibt, wenn er zum ersten Mal die Klauenabdrücke von lebenden Wesen aus den Tiefen des Weltraums erblickt? Just in diesem Augenblick sah ich, wie Noyes aus der Tür trat und mit schnellen Schritten auf mich zukam. Ich musste, so beschloss ich, mich unter Kontrolle haben, denn es bestand die Möglichkeit, dass dieser aufgeweckte Freund nichts von Akeleys umfangreichen und erstaunlichen Untersuchungen des Verbotenen wusste.

Akeley, so teilte mir Noyes hastig mit, freue sich und sei bereit, mich zu empfangen, doch sein plötzlicher Asthmaanfall würde ihn hindern, in den nächsten ein oder zwei Tagen ein guter Gastgeber zu sein. Diese Anfälle trafen ihn jedes Mal schwer, und mit ihnen ging ein entkräftendes Fieber und allgemeine Schwäche einher. Während sie anhielten, war er zu nicht viel zu gebrauchen – konnte nur flüstern und sich nur unbeholfen und kraftlos bewegen. Gleichzeitig schwollen seine Füße und Knöchel an, sodass er sie wie ein gichtiger alter Fleischesser bandagieren musste. Heute gehe es ihm besonders schlecht, sodass ich mich größtenteils selbst um mich kümmern müsste, doch er wäre trotzdem nicht weniger begierig auf ein Gespräch. Ich würde ihn in seinem Arbeitszimmer rechts von der Eingangshalle finden, der Raum, dessen Fensterläden geschlossen sind. Er müsse das Sonnenlicht meiden, wenn er krank sei, denn seine Augen seien dann sehr empfindlich.

Als sich Noyes von mir verabschiedet hatte und Richtung Norden wegfuhr, ging ich langsam auf das Haus zu. Die Tür war für mich offen gelassen worden, doch bevor ich mich ihr näherte und eintrat, warf ich einen forschenden Blick auf das gesamte Anwesen, um herauszufinden, was mir auf so unbegreifliche Weise seltsam daran vorkam. Die Scheunen und Ställe erschienen gewöhnlich genug, und ich bemerkte Akeleys mitgenommenen Ford in seinem geräumigen Unterstand. Dann erfasste ich das Geheimnis der Merkwürdigkeit: Es war die umfassende Stille. Normalerweise hört man auf einem Bauernhof zumindest die unterschwelligen Geräusche von Tieren, doch hier fehlten sämtliche Anzeichen von Leben. Was war mit den Hühnern und Schweinen los? Den Kühen, von denen Akeley behauptet hatte, mehrere zu besitzen? Denkbar war, dass sie sich auf der Weide befanden, und die Hunde waren wahrscheinlich verkauft, doch das Fehlen von jeder Art von Grunzen und Gackern war wirklich ungewöhnlich.

Ich verweilte nicht lange auf dem Weg, sondern trat entschlossen durch die offene Tür und schloss sie hinter mir. Dieses Vorgehen hatte mich einiges an mentaler Kraft gekostet und nun, da ich mich drinnen befand, hatte ich einen kurzen Anflug, sofort wieder umzukehren. Nicht, dass der Ort in irgendeiner Form finster wirkte, im Gegenteil, ich empfand die würdevolle, spätkolonialistische Eingangshalle als sehr geschmackvoll und beruhigend und bewunderte den offensichtlichen Geschmack des Mannes, der sie eingerichtet hatte. Was in mir den Wunsch zu fliehen auslöste, war etwas Unterschwelliges und Undefinierbares. Vielleicht war es der merkwürdige Geruch, den ich glaubte wahrzunehmen – obwohl ich wusste, dass muffiger Geruch sogar in den bestgepflegten der alten Bauernhäuser präsent ist.

VII

Gegen diese düsteren Gedanken ankämpfend, befolgte ich Noyes Anweisungen und öffnete die messingbeschlagene, weiße Panelentür zu meiner Linken. Wie man mir gesagt hatte, war der dahinterliegende Raum abgedunkelt, und als ich ihn betrat, bemerkte ich, dass der seltsame Geruch darin stärker war. Ebenfalls schien die Luft von schwachen, fast rhythmischen Schwingungen erfüllt zu sein. Im ersten Moment konnte ich aufgrund der geschlossenen Fensterläden kaum etwas erkennen, doch dann wurde meine Aufmerksamkeit durch ein entschuldigendes, knarrendes oder flüsterndes Geräusch aus dem großen Lehnsessel in der gegenüberliegenden, dunkleren Ecke des Zimmers gelenkt. In den schattigen Tiefen sah ich die verschwommenen weißen Flecken von dem Gesicht und den Händen eines Mannes, und gleich darauf hatte ich den Raum durchquert, um die Gestalt, die versucht hatte zu sprechen, zu begrüßen. So schwach das Licht auch war, hatte ich doch erkannt, dass dies mein Gastgeber sein musste. Ich hatte mir die Fotografien mehrfach angesehen, und es gab angesichts des ausgeprägten, wettergegerbten Gesichts und des gestutzten, grauen Bartes keinen Zweifel.

Doch auf den zweiten Blick prägten Trauer und Besorgnis meinen Eindruck, es war das Gesicht eines sehr kranken Mannes. Ich spürte, dass hinter dem gequälten, starren und unbeweglichen Ausdruck und dem glasigen, nicht blinzelnden Blick mehr als ein Asthmaanfall stecken musste, und erkannte, wie fürchterlich ihn die schrecklichen Ereignisse mitgenommen haben mussten. Reichten sie nicht aus, ein jedes menschliche Wesen zu brechen – selbst einen jüngeren Mann als diesen unerschrockenen Erkunder des Verbotenen? Die seltsame und plötzliche Erleichterung, so befürchtete ich, war zu spät gekommen, um ihn vor so etwas wie einem allgemeinen Zusammenbruch zu bewahren. Die Art, wie seine schmalen Hände schlaff in seinem Schoß lagen, wirkte mitleiderregend. Er war in einen weiten Morgenmantel gehüllt, und um Kopf und Nacken trug er einen leuchtend gelben Schal oder Kappe.

Dann bemerkte ich, dass er versuchte, in dem abgehackten Flüstern, mit dem er mich begrüßt hatte, etwas zu sagen. Es war anfänglich schwer, das Flüstern zu verstehen, da der graue Schnurrbart die Bewegung seiner Lippen verbarg und etwas an seinem Klang mich stark verwirrte, doch als ich mich konzentrierte, konnte ich schon bald den Inhalt dessen, was er sagte, überraschend gut erfassen. Seine Sprache war keinesfalls ländlich geprägt und die Ausdrucksweise war geschliffener, als seine Briefe mich hatten erwarten lassen.

»Mr Wilmarth, wie ich annehme? Verzeihen Sie, wenn ich nicht aufstehe. Ich bin ziemlich krank, wie Ihnen Mr Noyes sicher gesagt hat, doch das konnte mich nicht davon abhalten, Sie dennoch zu empfangen. Sie wissen, was ich in meinem letzten Brief geschrieben habe, es gibt so viel, was ich Ihnen sagen muss, morgen, wenn ich mich besser fühlen werde. Ich kann Ihnen gar nicht sagen, wie glücklich ich bin, Sie nach all unseren Briefen persönlich kennenzulernen. Sie haben sie natürlich bei sich? Auch die Fotografien und die Tonaufnahme? Noyes hat Ihre Reisetasche in die Eingangshalle gestellt – ich nehme an, Sie haben sie gesehen. Ich fürchte, heute Abend werden Sie gänzlich auf sich selbst gestellt sein. Ihr Zimmer ist im ersten Stock – das über diesem hier –, und das Badezimmer erkennen Sie an der offenen Tür, direkt wenn Sie die Treppe hinaufkommen. Eine Mahlzeit steht für Sie im Esszimmer bereit, gehen Sie einfach durch die Tür zu Ihrer Rechten, bedienen Sie sich, wann immer sie wollen. Morgen werde ich ein besserer Gastgeber sein – doch im Moment macht mich meine Schwäche hilflos.

Fühlen Sie sich wie zu Hause – würden Sie die Briefe, Bilder und die Aufnahme bitte holen und auf den Tisch hier legen, bevor Sie Ihre Tasche nach oben bringen? Wir werden hier über sie sprechen, mein Phonograph steht dort auf dem Ecktisch.

Nein danke – es gibt nichts, was Sie für mich tun können. Ich kenne diese Anfälle schon seit Langem. Kommen Sie zu einem kurzen Besuch später noch einmal herein und gehen dann zu Bett, wenn Sie möchten. Ich bleibe hier – wahrscheinlich schlafe ich auch hier, wie ich es häufig tue. Am Morgen werde ich weit besser in der Lage sein, mich mit den Dingen zu beschäftigen, um die wir uns kümmern müssen. Natürlich ist Ihnen die gänzlich erstaunliche Natur der Angelegenheit hier bewusst. Uns werden – wie nur wenigen Menschen auf der Erde – Bereiche von Raum und Zeit eröffnet und Kenntnisse vermittelt, weit jenseits der menschlichen Wissenschaft und Philosophie.

Wissen Sie, dass Einstein irrte und dass bestimmte Objekte und Kräfte sich schneller als das Licht bewegen *können*? Mit der richtigen Hilfe erwarte ich, in der Zeit vor- und rückwärts zu reisen und tatsächlich die Erde in vergangenen und zukünftigen Epochen *sehen* und *fühlen* zu können. Sie können sich gar nicht vorstellen, bis zu welchem Grad diese Wesen die Wissenschaft entwickelt haben. Es gibt nichts, was sie mit dem Geist oder dem Körper eines lebenden Organismus nicht anstellen können. Ich erwarte, andere Planeten, ja sogar andere Sterne und Galaxien zu besuchen. Die erste Reise wird zu Yuggoth führen, der nächsten Welt, die gänzlich von den Wesen besiedelt ist. Es ist eine fremde, dunkle Welt am äußersten Rand unseres Sonnensystems – bisher unseren Astronomen unbekannt. Wenn die Zeit gekommen ist, dann werden die Wesen direkte Gedankenströme zu uns senden und dafür sorgen, dass sie entdeckt wird, oder vielleicht gibt auch einer von den menschlichen Verbündeten den Wissenschaftlern einen Hinweis.

Auf Yuggoth gibt es mächtige Städte – große Ebenen von Terrassentürmen, erbaut aus schwarzem Stein wie jenem, den ich versucht habe, Ihnen zu schicken. Der stammte von Yuggoth. Dort scheint die Sonne nicht heller als ein ferner Stern, doch die Wesen brauchen kein Licht. Sie haben andere, empfindlichere Sinne und ihre Häuser und Tempel haben keine Fenster. Licht schadet, behindert und verwirrt sie sogar, da es in dem schwarzen Kosmos außerhalb von Raum und Zeit, aus dem sie eigentlich stammen, nicht existiert. Ein Besuch von Yuggoth würde jeden labilen Menschen in den Wahnsinn treiben – doch ich gehe dorthin. Die dunklen Flüsse von Teer, die unter diesen seltsamen, zyklopischen Brücken hindurchströmen – Bauwerke einer älteren Rasse, die ausgestorben und vergessen war, bevor die Wesen aus den endlosen Tiefen nach Yuggoth kamen –, sollten ausreichen, aus jedem Menschen einen Dante oder Poe zu machen, wenn er seine geistige Gesundheit lange genug bewahrt, um zu berichten, was er gesehen hat.

Aber denken Sie daran, diese dunkle Welt von Pilzgärten und fensterlosen Städten ist nicht wirklich beängstigend. Nur uns erscheint dies so. Möglicherweise war unsere Welt für die Wesen genauso beängstigend, als sie diese in der Vorzeit erkundet haben. Wissen Sie, diese Wesen waren schon hier, bevor die sagenhafte Epoche von Cthulhu geendet hatte, und sie erinnern sich an das versunkene R'lyeh, als es sich noch über dem Wasser befand. Sie sind auch in die Erde eingedrungen – es gibt Öffnungen, von denen die Menschen nichts wissen – einige davon befinden sich sogar hier in den Hügeln von Vermont –, und dort unten gibt es ganze Welten von unbekanntem Leben, das blau erleuchtete K'n-yan, das rot erleuchtete Yoth und das schwarze, lichtlose N'kai. Es ist N'kai, woher der furchtbare Tsathoggua kam – Sie wissen, die amorphe, krötenartige Gottkreatur, die in den Pnakotischen Manuskripten und dem *Necronomicon* erwähnt wird sowie im Commoriom-Mythenkreis, überliefert von dem Hohepriester Klarkash-Ton aus Atlantis.

Doch darüber werden wir später noch sprechen. Es muss jetzt schon vier oder fünf Uhr sein. Besser, Sie holen jetzt die Sachen aus Ihrer Reisetasche, essen einen Happen und kommen dann für ein gemütliches Gespräch zurück.«

Ich drehte mich langsam um und folgte den Anweisungen meines Gastgebers, ich nahm meine Reisetasche, holte die gewünschten Dinge heraus und legte sie auf den Tisch, anschließend stieg ich zu dem Raum hinauf, der mir zugewiesen worden war. Mit der Erinnerung an die Abdrücke auf der Straße noch frisch in meinem Kopf, hatten mich Akeleys Ausführungen eigenartig betroffen gemacht, und die vertrauten Anklänge dieser unbekannten Welt pilzartigen Lebens – das verbotene Yuggoth – erschütterten mich mehr, als ich für möglich gehalten hätte. Ich war außerordentlich besorgt wegen Akeleys Erkrankung, muss aber einräumen, dass sein raues Flüstern sowohl einen hasserfüllten als auch mitleidgebietenden Beiklang hatte. Wenn er nur nicht so von Yuggoth und seinen schwarzen Geheimnissen *begeistert* wäre!

Mein Zimmer erwies sich als sehr hübsch und schön eingerichtet, und außerdem fehlte der muffige Geruch und das verstörende Gefühl von Schwingungen. Nachdem ich meine Reisetasche abgestellt hatte, begab ich mich wieder nach unten, um Akeley zu sehen und mich dem Essen zu widmen, das für mich bereitstand. Das

Esszimmer befand sich direkt hinter dem Arbeitszimmer, und ich sah, dass sich ein Küchenanbau daran anschloss. Auf dem Esstisch erwartete mich eine reichliche Auswahl an Sandwiches, Kuchen und Käse, und eine Thermosflasche nebst einer Tasse mit Untertasse zeigte, dass auch an heißen Kaffee gedacht worden war. Nach einem wohlschmeckenden Mahl goss ich mir eine großzügig bemessene Tasse Kaffee ein, stellte allerdings fest, dass der kulinarische Standard in diesem Detail versagt hatte. Beim ersten Schluck zeigte sich ein leicht bitterer, unangenehmer Beigeschmack, sodass ich auf mehr verzichtete. Während des Essens hatte ich an Akeley gedacht, der im abgedunkelten Nebenzimmer still in seinem Lehnsessel saß. Als ich einmal zu ihm hineinging und ihn bat, die Mahlzeit mit mir zu teilen, flüsterte er, dass er im Moment nichts essen könne. Später, bevor er sich schlafen legte, würde er etwas Malzmilch trinken – mehr bräuchte er heute nicht.

Nach dem Essen bestand ich darauf, in der Küchenspüle das Geschirr zu spülen, und dabei schüttete ich auch gleich den Kaffee weg, der mir nicht zugesagt hatte. Dann, bei meiner Rückkehr in das abgedunkelte Arbeitszimmer, zog ich einen Sessel näher in die Ecke, wo mein Gastgeber saß, und war bereit für jedwedes Gespräch, das Akeley zu führen in der Lage war. Die Briefe, Fotografien und die Tonaufnahme befanden sich noch auf dem großen Tisch in der Mitte des Zimmers, doch wir mussten nicht einmal darauf zurückgreifen. Es dauerte nicht lange, dann hatte ich auch den merkwürdigen Geruch und das seltsame Gefühl von Schwingungen vergessen.

Ich habe schon erwähnt, dass es in Akeleys Briefen Dinge gab – besonders in dem zweiten, umfangreichsten –, die ich mich nicht wagen würde, zu zitieren oder zu Papier zu bringen. Diese Zurückhaltung gilt noch in größerem Maße für die Dinge, die mir an diesem Abend in dem abgedunkelten Raum in den einsamen, verwunschenen Hügeln zugeflüstert worden sind. Ich kann noch nicht einmal das Ausmaß des kosmischen Schreckens andeuten, der von der heiseren Stimme vor mir ausgebreitet wurde. Akeley hatte schon vorher von grässlichen Dingen gewusst, doch was er, seit er den Pakt mit den außerirdischen Dingern geschlossen hatte, von ihnen erfuhr, war fast mehr, als ein gesunder Mensch ertragen konnte. Selbst jetzt weigere ich mich noch entschieden zu glauben, was er über die Beschaffenheit der letzten Unendlichkeit, das Nebeneinander der Dimensionen und die verheerende Lage unseres Raum-Zeit-Kosmos in der Kette von miteinander verknüpften Kosmen, die unmittelbar den Superkosmos von Krümmungen, Winkeln und materiellen und halbmateriellen elektrischen Formen bilden, mitteilte.

Niemals zuvor war ein gesunder Mensch so gefährlich nahe dem innersten Wesen des Seins gekommen, niemals zuvor war ein organisches Gehirn der gänzlichen Auslöschung in dem Chaos, das Form, Kraft und Symmetrie durchdringt, näher gewesen. Ich erfuhr, woher Cthulhu *ursprünglich* gekommen ist und den Grund für die Hälfte der großen, in der Geschichte verzeichneten Novaausbrüche. Ich ahnte – durch Hinweise, die selbst mein Informant nur zögerlich preisgab – die Geheimnisse, die hinter den beiden Magellanschen Wolken und anderen Sternennebeln steckten, und die dunkle Wahrheit, die sich in den uralten Allegorien von Tao verbarg. Die Natur der *Doelen* war eindeutig entschlüsselt, und ich erfuhr das Wesen (allerdings nicht den Ursprung) der *Hunde von Tindalos*. Die Legende von *Yig, Vater der Schlangen*, konnte nicht mehr länger als symbolisch angesehen werden, und mir wurde übel, als ich von dem mächtigen, nuklearen Chaos jenseits des festgefügten Sternenraums erfuhr, das im *Necronomicon* gnädigerweise hinter der Bezeichnung Azathoth verborgen wird. Es war entsetzlich zu erleben, wie die übelsten Albträume geheimer Mythen sich in konkrete Begriffe verwandelten, deren starke, morbide Gehässigkeit bei Weitem die kühnsten Andeutungen in den uralten und mittelalterlichen Mythen übertrafen. Unausweichlich führte dies zu der Schlussfolgerung, dass die ersten Erzähler dieser verfluchten Legenden mit Akeleys *Äußeren* Kontakt gehabt haben mussten und möglicherweise außerirdische Reiche besucht hatte, so wie es Akeley jetzt vorhatte.

Mir wurde von dem schwarzen Stein erzählt und was er bedeutete, und ich war froh, dass er mich nicht erreicht hatte. Meine

Vermutungen bezüglich der Hieroglyphen waren nur zu richtig gewesen! Akeley schien sich jetzt mit dem ganzen teuflischen System, auf das er gestoßen war, versöhnt zu sein, versöhnt und begierig, sich weiter in die monströsen Abgründe zu begeben. Ich fragte mich, welcher Art diese Wesen waren, mit denen er seit seinem letzten Brief an mich gesprochen hatte, und ob die meisten davon Menschen waren, so wie der erste Bote, den er erwähnt hatte. Die Anspannung in mir wurde unerträglich, und ich entwickelte alle möglichen Theorien über den seltsamen, aufdringlichen Geruch und das heimtückische Gefühl von Schwingungen in dem abgedunkelten Raum.

Die Nacht brach inzwischen herein, und wenn ich mir ins Gedächtnis rief, was Akeley mir über vorherige Nächte berichtet hatte, ließ mich der Gedanke, dass kein Mond am Himmel stehen würde, erschaudern. Auch die Art, wie sich das Gehöft im Schatten des bewaldeten Hangs duckte, der zum unerforschten Kamm des Dark Mountain hinaufführte, gefiel mir gar nicht. Mit Akeleys Erlaubnis entzündete ich eine kleine Öllampe, drehte den Docht herunter und stellte sie in ein Bücherregal neben die gespenstische Büste von Milton. Kurz danach bereute ich es allerdings, denn im Lichtschein wirkten das angespannte, bewegungslose Gesicht und die apathischen Hände grässlich unnatürlich – wie bei einer Leiche. Er schien völlig bewegungsunfähig zu sein, obwohl er ab und zu steif nickte.

Nach dem, was er mir schon gesagt hatte, konnte ich mir nicht vorstellen, welche noch weitgehenderen Geheimnisse er sich für den nächsten Tag aufgehoben hatte, doch schließlich stellte sich heraus, dass seine Reise nach Yuggoth und darüber hinaus – *und meine mögliche Teilnahme daran* – das Thema des morgigen Tages sein würde. Es muss ihn amüsiert haben, als er mein blankes Entsetzen bemerkte, als mir eine kosmische Reise in Aussicht gestellt wurde, denn sein Kopf wackelte heftig, als ich meine Furcht zeigte. Im Prinzip sprach er ganz ruhig darüber, wie menschliche Wesen dies bewerkstelligen könnten und schon einige Male bewerkstelligt hätten – diesen unmöglich erscheinenden Flug durch die Weiten des Alls. Es schien, *dass nicht der gesamte menschliche Körper tatsäch-*

lich die Reise unternahm, sondern dass die erstaunlichen, chirurgischen, biologischen, chemischen und mechanischen Fähigkeiten der Äußeren einen Weg gefunden hatten, menschliche Gehirne ohne die dazugehörige, körperliche Hülle transportieren zu können.

Es gab eine harmlose Methode, das Gehirn aus dem Körper zu lösen und diesen während der Abwesenheit am Leben zu erhalten. Die reine Gehirnmasse wurde dann in einem ätherdichten Zylinder aus Metall, das man auf Yuggoth gewann, in einer von Zeit zu Zeit erneuerten Flüssigkeit gelagert. Bestimmte Elektroden führten dort hinein und verbanden es mit Apparaturen, die in der Lage waren, die drei vitalen Funktionen Sehen, Hören und Sprechen zu erfüllen. Den Gehirnzylinder unbeschädigt durch den Weltraum zu befördern, war für die geflügelten Pilzwesen keine große Sache. Auf jedem der von ihnen bewohnten Planeten waren Apparaturen vorhanden, die so justiert werden konnten, dass man sie mit den ausgelösten Gehirnen verbinden konnte. Durch diese Anpassung verfügten die herumreisenden Intelligenzen auf jedem Abschnitt durch und jenseits des Raum-Zeit-Kontinuums über ein volles sensorisches Leben, obwohl es ein körperloses und mechanisches Leben war. Es sei genauso einfach, wie wenn man eine Tonaufnahme mit sich herumträgt und sie immer abspielt, wenn ein Phonograph oder ein entsprechendes Gerät zu Verfügung steht. Der Erfolg stehe außer Frage. Akeley hatte keine Befürchtungen. Hatte es nicht wunderbar immer und immer wieder funktioniert?

Zum ersten Mal erhoben sich die leblosen, schlaffen Hände und deuteten steif auf ein Regal an der gegenüberliegenden Wand. Dort waren mehr als ein Dutzend Zylinder aus einem Metall, wie ich noch keines gesehen hatte, aufgereiht – die Zylinder waren ungefähr 30 Zentimeter hoch und hatten fast den gleichen Durchmesser. An der konvexen Vorderseite eines jeden befanden sich, in einem gleichschenkligen Dreieck angeordnet, drei merkwürdige Anschlussbuchsen. Einer der Zylinder war mit zwei von den Buchsen mit einem Paar einzigartig aussehenden Maschinen, die im Hintergrund standen, verbunden. Was ihr Zweck war, musste man mir nicht sagen, und ich zitterte, als hätte ich Schüttelfrost. Dann sah ich, wie die

Hand in eine nähergelegene Ecke deutete, wo einige komplizierte Instrumente in einem Gewirr von Steckern und Kabeln standen, einige davon ähnlich den Geräten auf dem Regal hinter den Zylindern.

»Hier befinden sich vier unterschiedliche Instrumente, Wilmarth«, flüsterte die Stimme. »Vier Anlagen für je drei Zylinder, macht insgesamt zwölf Einheiten. Sie sehen also, dass vier unterschiedliche Lebensformen in den Zylindern dort vertreten sind. Drei Menschen, sechs pilzartige Wesen, die nicht in der Lage sind, körperlich durchs All zu reisen, zwei Wesen vom Neptun (Mein Gott, wenn Sie nur sehen könnten, welche Art von Körper sie auf ihrem Heimatplaneten besitzen), und die restlichen sind Entitäten aus den zentralen Höhlen einer besonders interessanten dunklen Welt jenseits der Galaxie. In dem Hauptaußenposten im Round Hill gibt es ab und zu noch mehr Zylinder und Apparaturen – Zylinder mit außerkosmischen Gehirnen und Sinnen jenseits allem, was wir kennen – Verbündete und Forscher jenseits der weit entferntesten Bereichen – und spezielle Apparaturen, die ihnen Eindrücke vermitteln und es ihnen ermöglichen, sich in einer Art auszudrücken, die ihnen und allen denkbaren Zuhörern entspricht. Round Hill ist, wie die meisten der Hauptaußenposten dieser Wesen und auch in den unterschiedlichen Universen, ein überaus kosmopolitischer Ort. Natürlich wurden mir nur die eher gewöhnlichen Arten für meine Experimente zur Verfügung gestellt.

Nehmen Sie die drei Apparate dort, auf die ich deute, und stellen Sie sie auf den Tisch. Den großen mit den beiden Glaslinsen nach vorne – dann den Kasten mit den Elektroröhren und dem Resonanzboden – und nun den mit der metallenen Scheibe auf der Oberseite. Jetzt fügen Sie den Zylinder mit der Beschriftung »B-67« darauf ein. Stellen Sie sich einfach auf den Windsor-Stuhl, um das Regalbrett zu erreichen. Schwer? Egal! Vergewissern Sie sich, dass es die Nummer B-67 ist. Kümmern Sie sich nicht um den neuen, glänzenden Zylinder, der mit den beiden Testinstrumenten verbunden ist – der mit meinem Namen darauf. Stellen Sie B-67 auf den Tisch neben die Apparate und achten Sie darauf, dass an allen drei Apparaten der Schalter ganz links steht.

Jetzt verbinden Sie das Kabel des Apparats mit den Linsen mit der oberen Buchse des Zylinders – gut so! Verbinden Sie den Röhrenapparat mit der linken unteren und das Gerät mit der Scheibe mit der anderen Buchse. Nun bringen Sie alle Schalter in die äußerste rechte Position – zuerst den Linsenapparat, dann den mit der Scheibe und dann den Röhrenapparat. Perfekt. Ich sollte Sie vielleicht in Kenntnis setzten, dass es sich dabei um ein menschliches Wesen handelt – genau wie wir. Morgen werde ich Ihnen einen Eindruck von den anderen geben.«

Bis heute ist mir nicht klar, warum ich diesem Geflüster so sklavisch Folge geleistet habe, oder warum ich mich nicht fragte, ob Akeley nun gesund oder wahnsinnig war. Nach den davorliegenden Ereignissen hätte ich eigentlich auf alles vorbereitet sein müssen, doch dieser technische Humbug schien so zu den typischen Hirngespinsten verrückter Erfinder und Wissenschaftler zu passen, dass er in mir eine Saite des Zweifels zum Klingen brachte, wozu selbst das vorherige Gespräch nicht in der Lage gewesen war. Was der Flüsterer da andeutete, war jenseits allen menschlichen Vorstellungsvermögens, wenn nicht die anderen Dinge noch unglaublicher und absurder waren, und das nur, weil sie so unglaublich weit von einer Überprüfbarkeit entfernt waren.

Während mein Verstand noch in diesem Chaos herumirrte, wurde mir ein Knarren und Surren der drei Maschinen, die ich mit dem Zylinder verbunden hatte, bewusst – ein Knarren und Surren, das bald einer völligen Stille wich. Was würde jetzt passieren? Würde eine Stimme erklingen? Und wenn dem so wäre, welchen Beweis hätte ich, dass es sich nicht um eine geschickt installierte Funkverbindung handelte, über die ein in der Nähe sich verbergender, aber uns beobachtender Sprecher zu uns sprach? Auch jetzt könnte ich nicht beschwören, was ich zu hören bekam oder welche Art von Geschehnissen sich in diesem Moment abspielten. Doch irgendetwas fand da wirklich statt.

Um es kurz und bündig zu machen, der Apparat mit den Elektroröhren und der Resonanzmembran begann plötzlich zu sprechen, und zwar mit einer Präzision und Intelligenz, die keinen

Zweifel daran ließen, dass er tatsächlich anwesend war und uns beobachtete. Die Stimme erklang laut, metallisch, ohne Leben und gänzlich mechanisch. Sie war absolut gleichförmig in Tonfall und Modulation, aber knarrte und schepperte mit tödlicher Präzision unbeirrt vor sich hin.

»Mr Wilmarth«, sagte sie, »Ich hoffe, dass ich sie nicht erschrecke. Ich bin ein menschliches Wesen genau wie Sie, obwohl sich mein Körper sicher an einem Lebenserhaltungssystem im Round Hill befindet, ungefähr zweieinhalb Kilometer östlich von hier. Ich selbst bin allerdings hier bei Ihnen, mein Gehirn befindet sich in dem Zylinder, und ich sehe, höre und spreche zu Ihnen mittels dieses elektronischen Modulators. In etwa einer Woche begebe ich mich hinter den Abgrund, wie ich es schon oftmals zuvor getan habe, und ich erwarte, dabei die angenehme Gesellschaft von Mr Akeley zu haben. Ich hoffe, dass auch Sie dabei sein werden, denn ich kenne Sie vom Sehen und natürlich Ihre Reputation und habe Ihren Briefwechsel mit unserem Freund genau verfolgt. Ich bin selbstverständlich einer jener Männer, die sich mit den Wesen von außerhalb, die unseren Planeten besuchen, verbündet haben. Ich bin ihnen zuerst im Himalaja begegnet und habe ihnen auf verschiedene Art und Weise geholfen. Als Gegenleistung vermittelten sie mir Erfahrungen, die nur wenigen Menschen zuteilwurden.

Begreifen Sie, was es bedeutet, wenn ich Ihnen sage, dass ich auf siebenunddreißig Himmelskörpern war – Planeten, Dunkelsternen und kaum zu beschreibenden Objekten –, einschließlich acht außerhalb unserer Galaxis und zweien jenseits der gekrümmten kosmischen Grenzen von Raum und Zeit? All das hat mir in keiner Weise geschadet. Mein Gehirn wurde durch Abspaltung so geschickt dem Körper entnommen, dass es primitiv wäre, diese Operation als Chirurgie zu bezeichnen. Diese Besucher verfügen über Methoden, die diese Trennung einfach, ja fast normal machen, und der Körper altert nicht, während das Gehirn entfernt ist. Ich sollte hinzufügen, dass das Gehirn durch diese mechanischen Apparate und eine minimale Nahrungszufuhr mittels des gelegentlichen Wechsels der Konservierungsflüssigkeit nahezu unsterblich ist.

Alles in allem hoffe ich inständig, dass Sie sich dafür entscheiden, Mr Akeley und mich zu begleiten. Die Besucher sind erpicht darauf, gebildete Menschen wie Sie kennenzulernen und ihnen jene großen Abgründe zu zeigen, von denen die meisten von uns in fantasievoller Unschuld geträumt haben. Am Anfang mag es merkwürdig erscheinen, ihnen zu begegnen, aber ich weiß, dass Ihnen das nichts ausmachen wird. Ich denke, Mr Noyes wird ebenfalls bei uns sein – der Mann, der Sie vermutlich in seinem Wagen hierher gebracht hat. Er gehört schon seit Jahren zu uns – ich nehme an, dass Sie seine Stimme als eine von denen auf der Aufnahme, die Mr Akeley Ihnen geschickt hat, wiedererkannt haben.«

Auf mein heftiges Zusammenzucken hin verstummte der Sprecher für einen Moment, bevor er fortfuhr.

»Also, Mr Wilmarth, ich überlasse es Ihnen, möchte nur ergänzen, dass ein Mann mit Ihrer Hingabe zum Absonderlichen und der Volkskunde sich niemals eine solche Gelegenheit entgehen lassen sollte. Es gibt nichts zu fürchten. Sämtliche Eingriffe sind schmerzlos, und der mechanisierte Zustand der Wahrnehmung hält viel Erfreuliches bereit. Wenn die Elektroden getrennt werden, fällt man lediglich in einen Schlaf mit besonders lebhaften und fantastischen Träumen.

Und nun, wenn es Ihnen nichts ausmacht, sollten wir unsere weitere Unterhaltung auf morgen vertagen. Gute Nacht – bringen Sie einfach alle Schalter in die linke Position, egal in welcher Reihenfolge, aber vielleicht betätigen Sie den Linsenapparat zuletzt. Gute Nacht, Mr Akeley, behandeln Sie Ihren Gast gut! Sind Sie bereit mit den Schaltern?«

Und das war es. Ich gehorchte automatisch und legte alle drei Schalter um, obwohl ich von meinem Zweifel an allem, was passiert war, benommen war. In meinem Kopf drehte sich noch alles, als ich Akeleys flüsternde Stimme vernahm, die mir sagte, dass ich die Apparate einfach so, wie sie waren, auf dem Tisch stehen lassen sollte. Er gab zu den Geschehnissen keinen Kommentar ab, und tatsächlich hätte kein Kommentar meine verwirrten Gedanken beruhigen können. Ich hörte ihn sagen, ich könne die Lampe mit hinauf in mein Zimmer nehmen, und schloss daraus, dass er hier alleine im Dunklen ruhen wollte. Es war offensichtlich Zeit für eine Ruhepause, denn seine Ausführungen während des Nachmittags und Abends waren von einer Art gewesen, die auch einen kräftigeren Mann erschöpft hätte. Immer noch verwirrt, wünschte ich meinem Gastgeber eine »Gute Nacht« und begab mich mit der Lampe nach oben, obwohl ich eine gute Taschenlampe bei mir hatte.

Ich war froh, das Arbeitszimmer mit dem seltsamen Geruch und dem unterschwelligen Gefühl von Schwingungen verlassen zu haben, dennoch konnte ich natürlich, wenn ich bedachte, an welchem Ort ich war und welche Mächte ich hier traf, nicht das scheußliche Gefühl der Bedrohung, der Heimtücke und der kosmischen Abnormalitäten abschütteln. Diese wilde, einsame Gegend, der dunkle, geheimnisvolle Wald auf dem Hang, der sich direkt hinter dem Haus erhob, die Fußspuren auf der Straße, der kranke, bewegungslose Flüsterer im Dunkeln, die teuflischen Zylinder und Apparate und, um allem die Krone aufzusetzen, die Angebote von abseitigen chirurgischen Eingriffen und noch abseitigeren Reisen – all diese Dinge, so neu und schnell aufeinanderfolgend, kamen mit einer solchen Macht über mich, dass sie meine Willenskraft schwächten und meine körperlicher Kraft unterminierten.

Zu erfahren, dass mein Begleiter Noyes der menschliche Teilnehmer bei diesem zurückliegenden, monströsen Teufelsritual auf der Tonaufnahme war, versetzte mir einen gelinden Schock, obwohl ich ja vorher schon eine vage Vertrautheit mit seiner Stimme bemerkt hatte. Ein weiterer Schock war meine eigene Einstellung zu meinem Gastgeber, wann immer ich mir die Zeit nahm, darüber nachzudenken. Während ich Akeley, wie er sich in unserem Briefwechsel darstellte, instinktiv gemocht hatte, war es nun so, dass mich deutliche Abneigung erfüllte. Seine Krankheit sollte Mitgefühl in mir auslösen, doch stattdessen ließ sie mich erschaudern. Er war so starr, träge und leichenhaft, und das unablässige Flüstern war hasserfüllt und unmenschlich!

Dieses Flüstern erschien mir anders als jedes Flüstern, das ich je gehört hatte, und abgesehen davon, dass die von dem Schnurrbart verdeckten Lippen des Sprechers unbewegt blieben, schwang in ihm eine unterschwellige Kraft und Ausdauer mit, die für das Keuchen eines Asthmatikers beachtlich waren. Ich konnte den Sprecher verstehen, selbst wenn ich mich auf der anderen Seite des Raums befand und ein- oder zweimal hatte es den Anschein, dass der schwache, aber durchdringende Klang seine Ursache nicht in Schwäche, sondern in bewusster Zurücknahme hatte – warum dies so war, konnte ich nur vermuten. Von Anfang an verspürte ich eine verstörende Eigenheit im Klang. Jetzt, da ich versuche, die Sache einzuschätzen, glaube ich, diesen Eindruck einer unterbewussten Vertrautheit zuordnen zu können, vergleichbar der, die mir Noyes Stimme so verschwommen bedrohlich erscheinen ließ. Doch wann oder wo ich dem Ding, dem ich sie zuordnete, begegnet war, konnte ich nicht sagen.

Doch eins war klar – ich würde keine weitere Nacht hier verbringen. Mein wissenschaftlicher Eifer hatte sich angesichts der Furcht und des Abscheus aufgelöst, und jetzt verspürte ich nichts als den Wunsch, diesem Gespinst von Düsterkeit und unnatürlichen Offenbarungen zu entfliehen. Ich hatte genug erfahren. Es musste tatsächlich seltsame, kosmische Verbindungen geben, aber diese Dinge waren bestimmt nicht dafür geeignet, dass normale Menschen sich damit beschäftigten.

Blasphemische Einflüsse schienen mich zu umgeben und auf meinen Sinnen zu lasten. Schlafen, so entschied ich, kam nicht in Frage, also löschte ich nur die Lampe und legte mich vollständig bekleidet aufs Bett. Zweifellos war das verrückt, doch ich war vorbereitet auf einen möglichen Zwischenfall. Meine rechte Hand umklammerte den Revolver, den ich mitgebracht hatte, und in meiner Linken hielt ich die Taschenlampe. Von unten drang kein Laut herauf, und ich konnte mir vorstellen, wie dort mein Gastgeber in leichenhafter Starre im Dunkeln saß.

Irgendwo tickte eine Uhr, und ich war dankbar für das vertraute Geräusch. Es erinnerte mich aber auch an ein anderes Merkmal dieser Gegend, das mich irritiert hatte – das totale Fehlen tierischen Lebens. Ganz bestimmt gab es hier keine Nutztiere, und jetzt stellte ich fest, dass auch die üblichen nächtlichen Geräusche von wilden Tieren fehlten. Mit Ausnahme des unheimlichen Plätscherns von entfernten, versteckten Wasserläufen herrschte eine unnatürliche Stille – interplanetarisch –, und ich fragte mich, welches von den Sternen gekommene, undurchdringliche Unheil sich über die Region gelegt hatte. Ich erinnerte mich, dass in den alten Legenden Hunde und andere Tiere immer die *Äußeren* gehasst hatten, und überlegte, was diese Spuren auf der Straße wohl zu bedeuten hätten.

VIII

Fragen Sie mich nicht, wie lange mein Abgleiten in den Schlaf gedauert hat und wie viel von all dem lediglich ein Traum war. Wenn ich Ihnen erzähle, dass ich zu einer bestimmten Zeit aufwachte und bestimmte Dinge gesehen und gehört habe, werden Sie sicher entgegnen, dass ich überhaupt nicht aufgewacht und dass alles nur ein Traum gewesen sei, bis zu dem Zeitpunkt, als ich aus dem Haus stürmte, zu dem Unterstand stolperte, in dem ich den alten Ford gesehen hatte, und mir das alte Gefährt für eine wahnsinnige, ziellose Höllenfahrt durch die verwunschenen Hügel nahm, die schließlich – nach stundenlangem Geholpere und über verschlungene Irrwege durch die Wälder – in einem Dorf endete, das sich als Townshend herausstellte.

Natürlich werden Sie auch alles andere in meinem Bericht herunterspielen und behaupten, dass sämtliche Fotografien, die Tonaufnahmen, die Zylinder und die Geräusche der Apparate und ähnliche Beweise Teile eines von dem vermissten Henry Akeley für mich initiierten Betrugs sind. Sie werden sogar vermuten, dass er mit anderen exzentrischen Zeitgenossen zusammengearbeitet hat, um diesen blödsinnigen und gut durchdachten Scherz in Szene zu setzen, dass er das Päckchen in Keene abgefangen und Noyes dazu gebracht hat, diese schreckliche Tonaufnahme zu machen. Es ist aber merkwürdig, dass man Noyes bis jetzt nicht finden konnte. In keinem der Dörfer, die in der Nähe von Akeleys Wohnstatt liegen, kannte man ihn, obwohl er doch häufig in der Gegend gewesen sein musste. Ich wünschte, ich hätte mir die Zeit genommen, mir sein Nummernschild zu merken, aber vielleicht ist es nach allem auch besser, dass ich es nicht tat. Ich weiß – entgegen allem, was Sie sagen können, und entgegen allem, was ich mir manchmal selbst versuche einzureden –, dass abscheuliche, außerirdische Mächte dort in den fast unerforschten Hügeln lauern – und dass diese Mächte Spione und Abgesandte in der menschlichen Welt haben. Mich so weit wie möglich von diesen Mächten und ihren Abgesandten fernzuhalten, ist alles, was ich mir von meinem zukünftigen Leben erhoffe.

Als auf meinen verzweifelten Bericht hin eine Gruppe von Männern aus dem Sheriffbüro sich zu dem Gehöft begab, war Akeley spurlos verschwunden. Sein weiter Morgenmantel, der gelbe Schal und die Fußbandagen lagen in der Nähe seines Lehnstuhls auf dem Boden des Arbeitszimmers, und man konnte nicht sagen, ob irgendwelche anderen seiner Kleidungsstücke ebenfalls verschwunden waren. Die Hunde und das Vieh waren tatsächlich nicht auffindbar, und es gab ein paar merkwürdige Einschusslöcher, sowohl in den Außenmauern als auch im Inneren; abgesehen davon konnte man nichts Ungewöhnliches finden. Keine Zylinder oder Apparate, keines der Beweisstücke, die ich in meiner Reisetasche mitgebracht hatte, kein seltsamer Geruch oder das Gefühl von Schwingungen, keine Abdrücke auf der Straße und keines der problematischen Dinge, die ich ganz zuletzt gesehen hatte.

Nach meiner Flucht blieb ich eine Woche in Brattleboro und stellte Nachforschungen bei allen möglichen Leuten an, die Akeley gekannt hatten, und das Ergebnis überzeugte mich, dass diese Vorkommnisse weder meiner Einbildung entsprungen noch ein Täuschung waren. Akeleys Erwerb von Hunden, Munition und Chemikalien sowie das Durchschneiden seiner Telefonleitung waren aktenkundig, während alle, die ihn kannten – einschließlich seinem Sohn in Kalifornien – seinen gelegentlichen Bemerkungen über seine seltsamen Forschungen eine gewisse Beständigkeit attestierten. Gestandene Bürger hielten ihn für wahnsinnig und betonten sofort, alle Beweise wären lediglich Humbug, von einem Verrückten ausgedacht und mithilfe von exzentrischen Mitstreitern ausgeführt, doch das einfachere Landvolk bestätigte Akeleys Aussagen bis in alle Einzelheiten. Einigen von diesen Landleuten hatte er die Fotografien und den schwarzen Stein gezeigt und ihnen die grässliche Tonaufnahme vorgespielt, und alle hatten erklärt, dass die Abdrücke und die summende Stimme genau solche wären, wie sie in den Legenden beschrieben wurden.

Sie bestätigten ebenfalls, dass, nachdem er den schwarzen Stein gefunden hatte, verdächtige Sichtungen und Geräusche in zunehmender Zahl in der Nähe von Akeleys Haus bemerkt worden waren und dass der Ort nun von allen gemieden werde, außer dem Postboten und einigen anderen charakterstarken Menschen. Dark Mountain und Round Hill waren beide als heimgesuchte Orte bekannt, und ich konnte niemanden finden, der sie genauer erforscht hätte. In der Geschichte der Region war das gelegentliche Verschwinden von Einheimischen gut dokumentiert, und inzwischen war auch das des vagabundierenden Walter Browns erfasst, den Akeley in seinen Briefen erwähnt hatte. Ich stieß sogar auf einen Bauern, der persönlich einen der seltsamen Körper zu Zeiten der Flut im angeschwollenen West River hatte treiben sehen, doch was er erzählte war so konfus, dass es nicht wirklich aussagekräftig war.

Als ich Brattleboro verließ, beschloss ich, niemals nach Vermont zurückzukehren, und ich war mir ziemlich sicher, mich auch daran zu halten. Diese unwirtlichen Hügel sind ganz sicher ein Außenposten einer Furcht einflößenden kosmischen Rasse – was ich immer weniger in Zweifel ziehe, seit ich von der Entdeckung eines neuen, neunten Planeten jenseits des Neptun gelesen habe, genau wie dieses Wesen es vorausgesagt hatte. Die Astronomen, ohne sich bewusst zu sein, wie schrecklich zutreffend der Name ist, haben ihn »Pluto« genannt. Ich bin jenseits jeden Zweifels überzeugt, dass es sich dabei um nichts anderes als den finsteren Yuggoth handelt – und mir läuft es kalt über den Rücken, wenn ich versuche, mir auszumalen, was der wirkliche Grund dafür ist, *warum* seine monströsen Bewohner wollten, dass er auf diese Weise und zu diesem Zeitpunkt entdeckt wurde. Vergeblich versuche ich mir einzureden, dass diese dämonischen Kreaturen nicht dabei sind, neue Wege einzuschlagen, die schädlich für die Erde und ihre eigentlichen Bewohner sind.

Aber ich muss noch berichten, wie diese schreckliche Nacht in dem Bauernhaus endete. Wie ich schon sagte, fiel ich schließlich in einen unruhigen Schlummer, einen Schlummer, erfüllt von Traumfetzen, in denen sich Bilder von monströsen Landschaften zeigten. Was mich aufweckte, kann ich nicht sagen, doch bin ich mir sehr sicher, dass ich in diesem Moment aufwachte. Meine erste, verwirrte Wahrnehmung war ein verhaltenes Knarren der Fußbodendielen auf dem Flur vor meiner Zimmertür und ein unbeholfenes, gedämpftes Herumwerkeln am Türschloss. Das jedoch verschwand nahezu sofort, sodass mein erster klarer Eindruck jener von den Stimmen war, die ich aus dem Arbeitszimmer unter mir hörte. Es schienen mehrere Sprecher zu sein, die sich stritten.

Nachdem ich ein paar Sekunden zugehört hatte, war ich hellwach, denn die Art der Stimmen war so, dass jeder Gedanke an Schlaf unmöglich war. Der Tonfall war merkwürdig verschieden, und niemand, der die verfluchte Tonaufnahme gehört hatte, konnte Zweifel haben, von wem zwei dieser Stimmen stammten. So grässlich der Gedanke auch war, wusste ich, dass ich mich unter einem Dach mit namenlosen Wesen des äußersten Weltraums befand, denn diese beiden Stimmen waren unverwechselbar das blasphemische Summen, das die *Äußeren* bei ihrer Kommunikation mit den Menschen benutzten. Die beiden klangen unterschiedlich – in Tonlage, Klang und Geschwindigkeit des Sprechens –, doch sie waren beide von der gleichen verfluchten Art.

Die dritte Stimme kam zweifellos aus einer mechanischen Sprechmaschine, die mit einem der Gehirne in den Zylindern verbunden war. Es gab da genauso wenig Zweifel wie bei dem Summen, denn die laute, metallische, leblose Stimme am gestrigen Abend mit ihrem gleichförmigen, ausdruckslosen Kratzen und Klappern und der unpersönlichen Präzision und Bedachtsamkeit hatte sich mir unvergesslich eingeprägt. Ich nahm mir nicht die Zeit, darüber nachzudenken, ob die Intelligenz hinter dem Kratzen dieselbe war, die zuvor mit mir gesprochen hatte, doch kurz darauf wurde mir klar, dass *jedes* Gehirn stimmliche Töne der gleichen Art von gleicher Qualität von sich geben würde, wenn es mit dem gleichen mechanischen Sprechapparat verbunden wäre. Der einzig mögliche Unterschied könnte in der Wortwahl, dem Rhythmus, der Geschwindigkeit des Sprechens und der Betonung liegen. Die unheimliche Gesprächsrunde wurde von zwei eindeutig menschlichen Stimmen vervollständigt, eine davon war die raue Stimme eines unbekannten und offensichtlich bäuerlichen Menschen und die andere der geschliffene Bostoner Akzent meines vormaligen Fahrers Noyes.

Während ich versuchte, die Worte zu verstehen, die der robust gezimmerte Boden so verblüffend gut dämpfte, wurde mir gleichfalls das vielfältige Schaben, Kratzen und Umherschlurfen in dem Raum unter mir bewusst, sodass ich den Eindruck hatte, dass er voller lebender Wesen sein müsse – viel mehr als die wenigen, deren Stimmen ich identifiziert hatte. Die genaue Art dieses Schabens ist sehr schwer zu beschreiben, da es kaum Vergleichsmöglichkeiten gibt. Es schien, als würden sich von Zeit zu Zeit Objekte wie lebende Wesen quer durch den Raum bewegen, ihre Schritte klangen irgendwie nach einem harten, schlaffen Klappern – so als würden Dinge aus Horn oder Hartgummi unkoordiniert gegeneinanderschlagen. Es klang, um einen konkreteren, aber weniger zutreffenden Vergleich zu ziehen, als würden Leute mit losen, splittrigen Holzschuhen klappernd über einen polierten Holzfußboden schlurfen. Über die Natur und das Aussehen jener, die für das Geräusch verantwortlich waren, wollte ich mir keine Gedanken machen.

Es dauerte nicht lange, bis ich feststellte, dass es unmöglich war, einen sinnvollen Zusammenhang herzustellen. Einzelne Worte –

einschließlich Akeleys und meinem Namen – verstand ich ab und zu, besonders, wenn sie aus dem mechanischen Sprechapparat kamen, doch ihre wahre Bedeutung blieb ohne den Kontext nicht erschließbar. Heute weigere ich mich, irgendetwas Bestimmtes hineinzuinterpretieren, und auch ihre erschreckende Wirkung auf mich kam mehr aus der *Vorstellung* denn aus *Erkenntnis*. Ich war mir sicher, dass es sich um eine schreckliche und abnormale Versammlung handelte, die hier unter mir stattfand, doch zu welchem abseitigen Zweck konnte ich nicht ergründen. Es war seltsam, wie dieses deutliche Gefühl des Üblen und Blasphemischen mich trotz Akeleys Versicherung der Freundlichkeit der *Äußeren* durchdrang.

Ich hörte geduldig zu und konnte die Stimmen schließlich unterscheiden, doch selbst dann bekam ich nicht viel von dem mit, was die Stimmen sagten. Es schien aber, dass ich bestimmte, typische Gefühle bei einigen der Sprecher identifizieren konnte. Eine der summenden Stimmen strahlte eindeutig Autorität aus, während die mechanische Stimme trotz der künstlichen Lautstärke und Gleichmäßigkeit unterwürfig und bittend erschien. Noyes Tonfall verströmte so etwas wie eine versöhnliche Haltung. Bei den anderen konnte ich keine bestimmten Eigenschaften feststellen. Das mir vertraute Flüstern von Akeley war nicht zu hören, was aber nicht verwunderlich war, da es den soliden Fußboden meines Raumes wohl nicht durchdringen konnte.

Ich versuche nun, einige der zusammenhanglosen Worte und andere Geräusche, die ich aufschnappte, niederzuschreiben und diese, so gut ich kann, einem der Sprecher zuzuordnen. Die ersten verständlichen Satzteile, die ich hörte, stammten von dem Sprechapparat.

(DER SPRECHAPPARAT)
»... über sich selbst gebracht ... schickte die Briefe und die Aufnahme zurück ... Schluss damit ... hineingenommen ... hören und sehen ... verdammt ... letztendlich unmenschliche Macht ... ein neuer, glänzender Zylinder ... mein Gott ...«

(ERSTE SUMMENDE STIMME)
»... Zeit, dass wir aufhören ... klein und menschlich ... Akeley ... Gehirn ... sagt ...«

(ZWEITE SUMMENDE STIMME)
»... Nyarlathotep ... Wilmarth ... Aufnahme und Briefe ... billiger Betrug ...«

(NOYES)
»... (ein unaussprechliches Wort oder Name, möglicherweise *N'gah-Kthun*) ... harmlos ... Friede ... einige Wochen ... theatralisch ... habe ich euch doch schon vorher gesagt ...«

(ERSTE SUMMENDE STIMME)
»... kein Grund ... ursprünglichen Plan ... Effekte ... Noyes kann zusehen ... Round Hill ... neuer Zylinder ... Noyes' Auto ...«

(NOYES)
»... gut ... ganz wie ihr wollt ... hier unten ... Pause ... Ort ...«

(VERSCHIEDENE STIMMEN GLEICHZEITIG, WORTE UNVERSTÄNDLICH)

(VIELE SCHRITTE, EINSCHLIESSLICH DEM EIGENARTIGEN SCHLURFEN UND SCHABEN)

(EINE SELTSAME ART VON FLAPPENDEM GERÄUSCH)

(DAS GERÄUSCH EINES STARTENDEN UND WEGFAHRENDEN AUTOS)

(STILLE)

Das ist das Wesentliche, was meine Ohren vernahmen, während ich bewegungslos auf dem fremden Bett im ersten Stock des Bauernhauses inmitten dieser dämonischen Hügeln lag – ich war vollständig bekleidet, mit einem Revolver in meiner rechten Hand und einer Taschenlampe in meiner linken. Ich war, wie ich schon sagte, hellwach, doch eine seltsame Lähmung ließ mich dennoch, lange nachdem die Geräusche verstummt waren, untätig verharren. Ich hörte von irgendwo weit entfernt das hölzerne, eigentümliche Ticken einer antiken Wanduhr und schließlich das unregelmäßige Schnarchen eines Schlafenden. Akeley musste nach der seltsamen Versammlung eingenickt sein, und ich war sicher, dass er den Schlaf auch brauchte.

Was ich von der Sache halten oder was ich jetzt tun sollte, das zu entscheiden schaffte ich nicht. Was *hatte* ich denn schließlich gehört, das über das hinausging, was ich nach den mir schon bekannten Dingen hätte erwarten können? Hatte ich nicht gewusst, dass die namenlosen *Äußeren* jetzt im Bauernhaus willkommen waren? Zweifellos war Akeley von ihrem unerwarteten Besuch überrascht worden. Trotzdem hatte mich etwas in diesen Gesprächsfetzen unermesslich entsetzt und die schrecklichsten und abseitigsten Zweifel hervorgerufen und in mir den inbrünstigen Wunsch ausgelöst, ich möge aufwachen, und alles wäre nur ein Traum. Ich glaube, mein Unterbewusstsein muss etwas bemerkt haben, was meinem Bewusstsein entgangen ist. Aber wie stand es um Akeley? War er nicht mein Freund, und hätte er nicht protestiert, wenn mir irgendein Unheil angetan werden sollte? Das friedliche Schnarchen da unten schien meine plötzlich angestiegenen Ängste zu verspotten.

War es möglich, dass man Akeley hintergangen und als Lockvogel benutzt hatte, um mich mit seinen Briefen, der Tonaufnahme und den Fotografien in diese Hügel zu locken? Hatten diese Wesen im Sinn, uns beide durch einen gemeinsamen Unglücksfall aus dem Weg zu räumen, weil wir zu viel herausgefunden hatten? Wieder dachte ich an die plötzliche und unnatürliche Veränderung der Situation, die zwischen Akeleys früheren Briefen und dem letzten Brief stattgefunden haben musste. Mein Instinkt sagte mir, hier war etwas schrecklich falsch. Alles war nicht, was es schien. Dieser bittere Kaffee, den ich nicht getrunken hatte – war das nicht ein Versuch einer versteckten, unbekannten Entität, mich unter Drogen zu setzen? Ich musste sofort mit Akeley sprechen und seinen gesunden Menschenverstand wieder herstellen. Sie hatten ihn mit ihren Versprechungen der Enthüllung kosmischer Geheimnisse hypnotisiert, doch jetzt musste er der Vernunft gehorchen. Wir mussten aus der Sache herauskommen, bevor es zu spät war. Wenn er nicht die Willenskraft für die Flucht in die Freiheit hatte, würde ich sie ihm liefern. Oder, wenn ich ihn nicht überzeugen konnte zu fliehen, würde zumindest ich mich davonmachen. Sicher würde er mir erlauben, seinen Ford zu nehmen und ihn in einer Werkstatt in Brattleboro zurückzulassen. Ich hatte den Wagen in dem Unterstand stehen sehen – das Tor war jetzt, seit die Gefahr als vorüber erachtet wurde, unverschlossen und offen –, und ich war mir sicher, dass der Wagen höchst wahrscheinlich fahrbereit war. Das kurzzeitige Missfallen gegenüber Akeley, das mich während und nach der abendlichen Unterhaltung überkommen hatte, war jetzt gänzlich verschwunden. Er war in einer Lage, die sich von meiner nur wenig unterschied, also mussten wir zusammenhalten. Da mir seine schlechte Verfassung bewusst war, hasste ich es, ihn in diesem kritischen Moment aufzuwecken, doch es musste sein. So wie die Dinge lagen, konnte ich nicht bis zum Morgen an diesem Ort bleiben.

Schließlich war ich wieder in der Lage zu handeln und streckte mich intensiv, um meine Muskeln bewegungsfähig zu bekommen. Ich stand vorsichtig auf, eher instinktiv als überlegt. Ich fand meinen Hut und setzte ihn auf, nahm meine Reisetasche und begab mich im Licht der Taschenlampe nach unten. Nervös wie ich war, umklammerte ich mit der rechten Hand den Revolver und hielt in der linken sowohl die Reisetasche als auch die Taschenlampe. Warum ich diese Vorsichtsmaßnahmen ergriff, wusste ich selbst nicht, denn ich war ja auf dem Weg, den außer mir einzigen Bewohner des Hauses aufzuwecken.

Als ich auf Zehenspitzen die knarrenden Treppenstufen hinab in die Eingangshalle stieg, konnte ich den Schlafenden deutlicher hören und bemerkte, dass er sich in dem Raum zu meiner Linken befinden musste – dem Wohnzimmer, das ich noch nicht betreten hatte. Zu meiner Rechten lag die gähnende Dunkelheit des Arbeitszimmers, aus dem ich die Stimmen gehört hatte. Die unverschlossene Tür des Wohnzimmers aufstoßend suchte ich im Licht der Taschenlampe einen Weg zu dem Ausgangspunkt des Schnarchens und richtete schließlich den Lichtstrahl auf das Gesicht des Schläfers. Doch im nächsten Augenblick drehte ich ihn weg und schlich mich – vorsichtig wie eine Katze – in die Halle zurück, diesmal entsprang meine Vorsicht sowohl dem Instinkt als auch der Überlegung. Denn der Schläfer auf der Couch war ganz sicher nicht Akeley, sondern mein ehemaliger Fahrer Noyes.

Ich konnte noch nicht einmal vermuten, was eigentlich los war, doch der gesunde Menschenverstand sagte mir, es wäre am besten, so viel wie möglich herauszufinden, bevor ich jemanden aufweckte. Als ich die Eingangshalle erreicht hatte, schloss und verriegelte ich die Wohnzimmertür hinter mir und verkleinerte damit auch die Gefahr, Noyes aufzuwecken. Dann betrat ich das dunkle Arbeitszimmer, wo ich Akeley – entweder wach oder schlafend – in dem Lehnsessel in der Ecke, der offensichtlich sein Lieblingsplatz war, zu finden hoffte. Während ich mich darauf zu bewegte, fiel der Lichtstrahl meiner Taschenlampe auf den großen Tisch in der Mitte und beleuchtete einen der teuflischen Zylinder, verbunden mit der Seh- und Hörapparatur daneben, und eine Sprechapparatur dicht dabei, bereit, sofort angeschlossen zu werden. Das, so überlegte ich, musste das konservierte Gehirn sein, das ich während der furchtbaren Konferenz gehört hatte, und einen Moment lang verspürte ich ein abseitiges Verlangen, es an den Sprechapparat anzuschließen, um zu hören, was es zu sagen hätte.

Es musste sich aber schon jetzt meiner Anwesenheit bewusst sein, denn die Seh- und Hörapparatur würde bestimmt das Licht meiner Taschenlampe und das leise Knarren des Dielenbodens unter meinen Füßen übermitteln. Doch letztlich wagte ich nicht, mir an dem Ding zu schaffen zu machen. Nebenbei bemerkte ich, dass es der neue, glänzende Zylinder mit Akeleys Namen drauf war, den ich zuvor am Abend in dem Regal bemerkt und von dem mein Gastgeber gemeint hatte, ich solle mich nicht weiter darum kümmern. Wenn ich mir den Moment wieder vor Augen führe, dann kann ich nur meine Verzagtheit bedauern und wünschte, ich wäre so mutig gewesen, den Apparat zum Sprechen zu bringen. Gott weiß, welche Geheimnisse, schreckliche Zweifel und Fragen der Identität auf diese Weise beantwortet worden wären. Doch andererseits ist es wohl ein Akt der Gnade, dass ich die Finger davon ließ.

Von dem Tisch richtete ich meine Taschenlampe in die Ecke, in der ich Akeley vermutete, doch zu meiner Überraschung befand sich kein menschliches Wesen, weder wach noch schlafend, in dem Lehnsessel. Von der Sitzfläche bis auf den Fußboden breitete sich der bekannte, alte Morgenmantel aus und daneben lag auf dem Boden der gelbe Schal und die großen Fußbandagen, die mir so seltsam vorgekommen waren. Als ich zögernd versuchte herauszufinden, wo Akeley wohl sein könnte und warum er so plötzlich seine Krankenkleidung abgelegt hatte, bemerkte ich, dass der seltsame Geruch und das Gefühl von Schwingungen nicht mehr in dem Raum vorhanden war. Was war der Grund dafür? Seltsamerweise fiel mir jetzt auf, dass ich sie nur in Akeleys Nähe bemerkt hatte. Wo er gesessen hatte, waren sie am stärksten gewesen, und außer in dem Raum, in dem er sich befand, beziehungsweise vor den Türen dieses Raumes waren sie völlig abwesend. Ich hielt inne, ließ den Lichtstrahl der Taschenlampe durch das dunkle Arbeitszimmer gleiten und zermarterte mein Gehirn nach einer Erklärung für die neuerliche Wendung in dieser Sache.

Hätte ich nur, um Himmels Willen, den Ort verlassen, ohne den Lichtstrahl noch einmal auf den leeren Sessel zu richten. Wie es sich jetzt ergab, war meine Flucht nicht leise, sondern begann mit einem unterdrückten Schrei, der den schlafenden Wächter jenseits des Flurs zwar nicht direkt weckte, aber unruhig hatte werden lassen. Dieser Schrei und Noyes immer noch unverändertes Schnarchen waren die letzten Laute, die ich in diesem von Düsterkeit erstickten Bauernhaus inmitten der mit dunklen Wäldern überzogenen Hügelkämme gehört habe – dieser Sammelpunkt von transkosmischem Schrecken mitten in den einsamen grünen Hügeln und fluchbeladenen Bächen einer gespenstischen, ländlichen Region.

Es ist ein Wunder, dass ich in meiner totalen Verwirrung weder meine Taschenlampe noch meine Reisetasche oder den Revolver verloren habe, aber irgendwie passierte das nicht, tatsächlich gelang es mir, den Raum und das Haus zu verlassen, ohne weiteren Krach zu machen, mich selbst und meine Besitztümer zu dem alten Ford im Schuppen zu bringen, das altertümliche Fahrzeug zu starten und mich auf einen unbekannten, sicheren Ort in dieser schwarzen, mondlosen Nacht hinzubewegen. Die Fahrt, die nun folgte, war wie ein Stück Wahnsinn aus den Werken von Poe oder Rimbaud oder aus den Bildern von Doré, doch am Ende erreichte ich Townshend. Und das war es. Wenn ich mich noch immer geistiger Gesundheit erfreue, dann habe ich Glück gehabt. Manchmal habe ich Angst davor, was die Jahre bringen werden, besonders seit der neue Planet Pluto auf so seltsame Weise entdeckt wurde.

Wie schon gesagt, richtete ich meine Taschenlampe, nachdem ich ihren Lichtstrahl hatte im Raum kreisen lassen, wieder auf den leeren Sessel und bemerkte jetzt erst einige Dinge, die halb verborgen unter den Falten des leeren Morgenmantels lagen. Das waren die Objekte, drei an der Zahl, die die Leute des Sheriffs bei ihrer späteren Untersuchung nicht gefunden hatten. Wie ich schon zu Beginn gesagt habe, war nichts offensichtlich Schreckliches an ihnen. Das Besorgniserregende war, was man daraus schließen konnte. Selbst jetzt noch habe ich Momente, in denen ich zweifle – Momente, in denen ich teilweise den Unglauben derjenigen akzeptiere, die meine Erlebnisse auf Träume, zerrüttete Nerven und Wahnvorstellungen zurückführen.

Die drei Objekte waren in ihrer Art verdammt gute Ausführungen und ausgestattet mit raffinierten Klammern, um sie an organischen Extremitäten zu befestigen, über die ich keine Vermutungen anstellen möchte. Ich hoffe – hoffe inständig –, es waren die Wachsformen eines meisterhaften Künstlers, entgegen dem, was mir meine tiefsten Befürchtungen eingeben. Mein Gott! Dieser Flüsterer im Dunkeln mit seinem kranken Geruch und den Schwingungen! Hexenmeister, Bote, Wechselbalg, Außerirdischer … das grässliche, unterdrückte Summen … und die ganze Zeit in dem neuen, glänzenden Zylinder in dem Regal … armer Teufel … »erstaunliche chirurgische, biologische, chemische und mechanische Fähigkeiten« …

Die Objekte auf dem Stuhl, perfekt bis ins letzte, winzige Detail der Übereinstimmung – oder Identität –, waren Gesicht und Hände von Henry Wentworth Akeley.

Die Berge des Wahnsinns

I

Ich bin nun gezwungen zu sprechen, weil die Wissenschaftler sich grundlos weigern, meinen Ratschlägen zu folgen. Es ist gänzlich gegen meinen Willen, meine Gründe gegen die geplante Invasion der Antarktis – was nichts anderes als eine umfassende Fossilienjagd und im Endeffekt ein Aufbohren und Abschmelzen der uralten Eiskappe ist – öffentlich zu machen. Noch mehr zögere ich, weil meine Warnung wahrscheinlich vergeblich sein wird. Der Zweifel an den Fakten, so wie ich sie offenlegen werde, ist unvermeidlich, doch würde ich das, was außergewöhnlich und unglaublich erscheint, verschweigen, dann könnte es unser aller Ende bedeuten. Die bis jetzt unter Verschluss gehaltenen konventionellen Fotografien und Luftaufnahmen werden meine Aussagen bestätigen, denn sie sind unglaublich lebensnah und deutlich. Trotzdem wird man sie aufgrund der vielfältigen Möglichkeiten von Fälschungen in Zweifel ziehen. Die Tuschzeichnungen werden als offensichtlicher Betrug abgetan werden, obwohl die Kunstexperten die merkwürdige Technik nicht leugnen können und sich darüber eigentlich die Köpfe zerbrechen sollten.

Letzten Endes muss ich wohl auf das Urteil und die Reputation der wenigen führenden Wissenschaftler setzen, die einerseits über genügend Unabhängigkeit des Denkens verfügen, um die von mir gesammelten Beweise nach ihrer immanenten Überzeugungskraft oder unter Berücksichtigung von bestimmten urzeitlichen und höchst seltsamen Mythen zu beurteilen, und andererseits über genügend Einfluss verfügen, den allgemeinen Forschungsdrang der Welt von einem übereilten und überzogenen Wettlauf zur Erforschung dieser Berge des Wahnsinns abzuhalten. Es ist leider eine unglückliche Tatsache, dass eher unbedeutende Männer wie ich selbst und meine Kollegen von einer recht kleinen Universität kaum eine Möglichkeit haben, Einfluss zu nehmen, wenn es sich um Dinge handelt, die extrem außergewöhnlich oder hoch widersprüchlicher Natur sind.

Weiterhin spricht gegen uns, dass wir im engsten Sinne keine Spezialisten in den im Wesentlichen betroffenen wissenschaftlichen Bereichen sind. Als Geologe bestand meine Aufgabe, neben der Leitung der Expedition der Miskatonic-Universität, einzig in der Bergung von tief in Fels- und Erdschichten lagernden Organismen aus verschiedenen Bereichen des antarktischen Kontinents, mithilfe des bemerkenswerten, von Professor Frank H. Pabodie aus der Technischen Abteilung entwickelten Bohrgeräts. Ich hatte nicht das Verlangen in irgendeinem anderen Bereich als diesem Pionierarbeit zu leisten, aber ich hoffte, mit diesem neuen Gerät an verschiedenen Punkten entlang schon erforschter Routen Materialien ans Licht bringen zu können, die bisher mit den früheren Bohrmethoden nicht erreichbar waren. Pabodies Bohrgerät, wie der Öffentlichkeit schon aus unseren Berichten bekannt ist, war einmalig und völlig neuartig bezüglich des geringen Gewichts, des einfachen Transports und der Möglichkeit, das bekannte artesische Bohrverfahren mit dem Prinzip des kleinen kreisförmigen Felsbohrers zu kombinieren und damit schnell durch unterschiedlich harte Schichten zu gelangen. Ein stählerner Bohrkopf, zusammensteckbare Rohre, Benzinmotor, ein zusammenlegbares hölzernes Bohrgerüst, Sprengausrüstung, Seile, ein Schneckenbohrer für den Aushub und zusätzliche Rohre für Bohrlöcher von 13 Zentimetern Durchmesser und bis zu 350 Metern Tiefe, samt sämtlichem Zubehör, ergaben ein Gewicht nicht größer, als dass drei, von je sieben Hunden gezogene Schlitten es befördern konnten.

Das wurde durch die besondere Aluminiumlegierung ermöglicht, aus der die meisten Metallteile gefertigt waren. Die fünf großen Dornier-Flugzeuge, extra für die großen Höhen entwickelt, die notwendig waren, um das antarktische Plateau zu überfliegen, waren von Pabodie mit eigens dafür entwickelten Geräten zur Treibstofftemperierung und mit Schnellstartvorrichtungen ausgestattet worden und in der Lage, die gesamte Expedition von einer Basis am Rande der großen Eisbarriere zu verschiedenen, ausgewählten Orten im Landesinneren zu bringen. Von diesen Orten aus würden wir unter Einsatz einer genügenden Anzahl von Schlittenhunden weiterkommen.

Wir planten, ein so großes Areal, wie eine antarktische Saison zuließ – oder sogar länger, wenn es absolut notwendig würde –, zu erforschen, indem wir uns hauptsächlich auf die Bergregion und auf das Plateau südlich des Rossmeeres konzentrierten, eine Region, die unterschiedlich genau schon von Shackleton, Amundsen, Scott und Byrd untersucht worden war. Durch häufige, mit dem Flugzeug durchgeführte Ortswechsel und über Entfernungen, die groß genug waren, um von geologischer Relevanz zu sein, erwarteten wir eine große Menge von Material aus dem Boden zu holen, besonders aus den Schichten des Präkambriums, aus denen vorher nur wenige Fossilien geborgen worden waren. Zudem hatten wir vor, aus den oberen Schichten der fossilienreichen Felsformationen so viele wie Proben möglich zu gewinnen, da die Urgeschichte dieses öden Reichs von Eis und Tod von höchster Bedeutung für unser Wissen um die Vergangenheit der Erde ist. Es ist allgemein bekannt, dass der antarktische Kontinent einst warm, ja sogar tropisch war, mit wuchernder Vegetation und tierischem Leben, von dem die Flechten, die Meeresbewohner, Spinnentiere und die Pinguine an der nördlichen Küste nur die überlebenden Arten sind. Wir hofften, diese Informationen bezüglich der Vielfalt, der Genauigkeit und des Detailwissens zu erweitern. Wenn eine Probebohrung Anzeichen von Fossilien zeigt, würden wir sie durch eine Sprengung erweitern, um Fundstücke von guter Größe und gutem Zustand zu erhalten.

Unsere unterschiedlich tiefen Bohrungen, die wir an vielversprechenden, eisfreien oder fast eisfreien Boden- und Felsstellen vornahmen, beschränkten sich auf Abhänge und Felsgrade, denn die Ebenen waren von einer zwei bis drei Kilometer dicken Eisschicht bedeckt. Wir konnten es uns nicht erlauben, Bohrtiefe durch unterschiedlich dicke Eisschichten zu verlieren, deshalb hatte Pabodie einen Plan ausgearbeitet, bei dem in einer Anzahl von eng beieinanderliegenden Bohrlöchern Kupferelektroden hinabgesenkt wurden und mithilfe von elektrischem Strom, den uns ein Benzingenerator lieferte, das Eis geschmolzen wurde. Es ist genau dieses Verfahren, das wir bei einer solchen Expedition wie der unseren nur erproben konnten, das aber die geplante Starkweather-Moore-Expedition entgegen aller meiner Warnungen, die ich seit unserer Rückkehr aus der Antarktis vorgebracht habe, großflächig einsetzen will.

Die Öffentlichkeit ist über die Miskatonic-Expedition durch unsere regelmäßigen Funkberichte an den *Arkham Advertiser* und *Associated Press* sowie durch die späteren Artikel von Pabodie und mir informiert. Teilnehmer der Expedition waren vier Männer der Universität: Pabodie und Lake von der Biologischen Fakultät, Atwood von der Physikalischen Fakultät (gleichzeitig ein Meteorologe) und ich als Geologe und offizieller Leiter. Daneben gab es noch sechzehn Assistenten, sieben davon graduierte Studenten der Miskatonic-Universität sowie neun erfahrene Mechaniker. Von den sechzehn Assistenten waren zwölf erfahrene Piloten und alle, bis auf zwei, qualifizierte Funker. Acht von ihnen konnten mit Kompass und Sextanten navigieren, einschließlich Pabodie, Atwood und mir. Dazu kamen noch die Mannschaften unserer beiden Schiffe, ehemalige Walfangschiffe, die für die Fahrt im Eis aufgerüstet worden waren und zusätzlich über Dampfmaschinen verfügten. Die Expedition wurde von der Nathaniel Derby Pickman Foundation finanziert und von einigen anderen Stellen zusätzlich unterstützt. Unsere Vorbereitungen waren äußerst sorgfältig und blieben nahezu von der Öffentlichkeit unbeachtet. Die Hunde, Schlitten, Maschinen, Lagerzubehör und die Teile der fünf Flugzeuge wurden nach Boston geliefert und auf unseren Schiffen verstaut. Wir waren für unser spezielles Vorhaben exzellent ausgerüstet, und in allen Belangen was Material, Nahrungsvorräte, Transport und Material für die Lagererrichtung betraf, konnten wir auf die jüngsten Erfahrungen unserer kompetenten Vorgänger bauen. Es lag an der außergewöhnlichen Anzahl und dem Ruhm dieser Vorgänger, dass unsere eigene Expedition – so ambitioniert sie war – so wenig von der übrigen Welt beachtet wurde.

Wie die Zeitungen berichtet haben, verließen wir den Hafen von Boston am 2. September 1930, nahmen gemächlich Kurs die Küste hinunter durch den Panama-Kanal, machten Halt in Samoa und in Hobart auf Tasmanien, wo wir unsere letzten Vorräte an Bord nahmen. Da niemand von unserer Expedition zuvor in den Polarregionen gewesen war, vertrauten wir völlig unseren Schiffskapitänen. J. B. Douglas kommandierte die Brigg *Arkham* und hatte das Kommando über den Verband, und Georg Thorfinnssen befehligte die Bark *Miskatonic*, beides altgediente Walfänger in den arktischen Gewässern. Als wir die bewohnten Bereiche der Welt hinter uns ließen, sank die Sonne im Norden immer tiefer und verharrte jeden Tag länger über dem Horizont. Ungefähr auf dem 62. südlichen Breitengrad sahen wir unsere ersten Eisberge, plattenförmige Objekte mit senkrechten Seiten. Kurz bevor wir den südlichen Polarkreis erreichten, den wir am 20. Oktober unter gebührend bizarren Feierlichkeiten überquerten, gerieten wir in größere Schwierigkeiten mit Treibeis. Die sinkenden Temperaturen bereiteten mir nach der langen Reise durch die Tropen erhebliche Schwierigkeiten, doch ich versuchte mich auf noch größere Unbill, die kommen würde, vorzubereiten. Bei vielen Gelegenheiten schlugen mich die merkwürdigen atmosphärischen Erscheinungen völlig in ihren Bann, dazu gehörte eine fast lebensechte Fata Morgana, die erste, die ich je gesehen habe, bei der die entfernten Berge die Gestalt von Wehrtürmen unvorstellbarer kosmischer Festungen annahmen.

Nachdem wir uns durch das Treibeis gekämpft hatten, das glücklicherweise keine große Fläche einnahm und nicht allzu dick war, erreichten wir auf 67 Grad südlicher Breite und 175 Grad östlicher Länge wieder offenes Wasser. Am Morgen des 26. Oktober »blitzte«

im Süden Land auf und noch vor Mittag verspürten wir alle die Aufregung, als wir eine ausgedehnte, hohe und schneebedeckte Gebirgskette sahen, die sich vor uns erstreckte und unser gesamtes Gesichtsfeld durchzog. Zu guter Letzt hatten wir einen Ausläufer des großen, unbekannten Kontinents und seiner geheimnisvollen Welt des gefrorenen Todes erreicht. Diese Gipfel gehörten offensichtlich zum Admiralitätsgebirge, das Ross entdeckt hatte, und unsere Aufgabe war nun, Kap Adare zu umschiffen und an der Ostküste von Viktorialand entlang zu unserem ins Auge gefassten Platz für das Basislager am Ufer der McMurdo-Bucht am Fuße des Vulkans Mt. Erebus auf 77 Grad und 9 Minuten südlicher Breite zu gelangen.

Dieser letzte Abschnitt der Reise war abwechslungsreich und aufwühlend. Im Westen erhoben sich durchgehend geheimnisvolle, hohe, kahle Berggipfel, während die im Norden stehende Mittagssonne oder die noch tiefer stehende, den Horizont fast berührende Mitternachtssonne im Süden ihre trüben rötlichen Strahlen über den weißen Schnee schickte und dabei das Eis und die Wasserläufe blau und die kahlen Granithänge schwarz färbte. Zwischen den öden Gipfeln tobte in unregelmäßigen Abständen der schreckliche antarktische Wind herab, dessen sprunghaft variierenden Geräusche den vagen Eindruck eines wilden und fast melodiösen Pfeifens erweckten, dessen Töne eine große Bandbreite aufwiesen und aus einer unterbewussten Erinnerung heraus mich beunruhigten, ja sogar etwas Erschreckendes hatten. Irgendetwas an diesem Anblick erinnerte mich an die fremden und verstörenden asiatischen Malereien von Nicholas Roerich und an die noch fremderen und verstörenderen Beschreibungen des übel beleumundeten Plateau von Leng, die sich in dem gefürchteten *Necronomicon* des wahnsinnigen Arabers Abdul Alhazred befinden. Zu einem späteren Zeitpunkt tat es mir wirklich leid, dass ich niemals einen Blick in dieses unheilvolle Buch, das sich in unserer College-Bibliothek befindet, geworfen habe.

Am 7. November, der westliche Gebirgszug verschwand zeitweise aus unserem Blickfeld, passierten wir Franklin Island und am nächsten Tag sahen wir die Bergkegel des Mt. Erebus und des

Mt. Terror auf der Rossinsel vor uns, und dahinter die lang gezogene Gebirgskette der Parry-Berge. Im Osten erstreckte sich jetzt die niedrige weiße Linie der großen Eisbarriere, die sich aber wie die Felsenklippen von Quebec senkrecht bis auf eine Höhe von 70 Metern erhob und den südlichsten Punkt unserer Reise markierte. Am Nachmittag fuhren wir in die McMurdo-Bucht ein, blieben aber vom Ufer weg im Windschatten des Vulkans Mt. Erebus, aus dessen Krater Rauch aufstieg. Der Lavagipfel erhob sich gut 4300 Meter vor dem östlichen Himmel wie der heilige Fujiyama auf japanischen Darstellungen, während dahinter die weiße, geistgleiche Masse des erloschenen Vulkans Mt. Terror die Höhe von 3600 Metern erreichte. Von Zeit zu Zeit stieß der Mt. Erebus Rauchwolken aus, und einer der graduierten Studenten, ein intelligenter junger Kollege namens Danforth, machte uns darauf aufmerksam, dass auf dem schneebedeckten Abhang wohl Lava zu sehen war. Er erklärte weiter, dass dieser Berg, 1840 entdeckt, ohne Zweifel die Quelle für Poes Vision gewesen sein musste, als er sieben Jahre später schrieb:

Wie die Berge, die rastlos spei'n,
Die Feuerströme ausspei'n,
Wie der Berg am Nordpol, der kreißend
Ein flammendes Meer gebiert,
Das sich gewaltsam und reißend
Hinunterstürzt und verliert,
Hinunterwälzt und verliert.

Danforth war ein eifriger Leser abseitiger Texte und hatte schon viel von Poe gesprochen. Ich selbst war auch wegen der antarktischen Szenerie in Poes einziger längeren Erzählung an dem Autor interessiert – dem verstörenden und verschlüsselten *Arthur Gordon Pym*. An dieser vegetationslosen Küste und auf der hochragenden Eisbarriere kreischten eine Unzahl von Pinguinen und schlugen mit ihren Flossen, während viele fette Robben im Wasser schwimmend oder auf langsam dahindriftenden Eisschollen zu sehen waren.

Kurz nach Mitternacht, am Morgen des 9. Novembers, gelang uns mithilfe von kleinen Booten eine schwierige Landung auf Ross Island. Wir zogen lange Taue von jedem der beiden Schiffe an Land und bereiteten das Ausladen unserer Ausrüstung mithilfe von Hosenbojen vor. Unsere Gefühle angesichts des ersten Betretens antarktischen Bodens waren ergreifend und vielfältig, selbst wenn an genau diesem Ort die Expeditionen von Scott und Shackleton schon vor uns da gewesen waren. Unser Lager auf der Eisfläche am Fuße des Vulkans war nur provisorisch, das Hauptquartier blieb weiterhin an Bord der *Arkham.* Wir brachten die gesamte Bohrausrüstung, die Schlitten und die Hunde, Zelte, Nahrungsvorräte, Benzintanks, die Gerätschaften zum Schmelzen des Eises, normale Fotoapparate und solche für Luftaufnahmen, die Flugzeugteile sowie anderes Zubehör, einschließlich dreier kleiner tragbarer Funkgeräte (zusätzlich zu denen in den Flugzeugen), mit denen wir in der Lage waren, von jedem Punkt des antarktischen Kontinents, den wir vorhatten aufzusuchen, mit der großen Funkanlage auf der Arkham in Kontakt zu treten, an Land. Mit der Funkanlage des Schiffes, gedacht für die Kommunikation mit der übrigen Welt, sollten Berichte zu der leistungsstarken Funkstation des *Arkham Advertisers* in Kingsport Head, Massachusetts, gesendet werden. Wir hofften, unsere Forschungen innerhalb eines antarktischen Sommers abzuschließen, wenn sich dies aber als unmöglich erweisen sollte, würden wir auf der *Arkham* überwintern und die *Miskatonic,* bevor das Eis zufror, nordwärts schicken, damit sie Nachschub für den nächsten Sommer holte.

Ich muss nicht wiederholen, was die Zeitungen schon über unsere anfängliche Arbeit berichtet haben, den Aufstieg auf den Mt. Erebus, unsere erfolgreichen Bohrungen nach Mineralien an verschiedenen Stellen von Ross Island und die einzigartige Geschwindigkeit, mit der Pabodies Gerätschaften diese selbst durch harten Fels erledigten, den provisorischen Test der kleinen Eisschmelzanlage, unsere gefährliche Überwindung der großen Eisbarriere mit Schlitten und Gerätschaften und schließlich das Zusammenbauen der fünf mächtigen Flugzeuge in dem Lager oberhalb der Eisbarriere. Die Gesundheit unserer Landungsgruppe – zwanzig Mann und 55 Alaska-Schlittenhunde – war bemerkenswert, obwohl wir bis zu diesem Zeitpunkt natürlich noch keinen wirklich bedrohlichen Temperaturen oder Stürmen ausgesetzt gewesen waren. Die meiste Zeit schwankte das Thermometer zwischen minus 18 Grad Celsius und minus 7 bis 4 Grad Celsius, aber durch die Winter in Neuengland waren wir an solche Verhältnisse gewöhnt. Das Barriere-Lager war nicht als unser Dauerlager geplant, es sollte als Vorratslager für Benzin, Verpflegung, Dynamit und anderen Nachschub dienen. Um die notwendige Forschungsausrüstung zu transportieren, brauchten wir nur vier der Flugzeuge, das fünfte verblieb – zusammen mit einem Piloten und zwei Männern von den Schiffen – beim Vorratslager, falls es notwendig werden sollte, uns von der *Arkham* aus zu erreichen, sollten unsere Erkundungsflugzeuge verloren gehen. Später dann, wenn wir die anderen Flugzeuge nicht mehr zum Transport der Ausrüstung bräuchten, würden wir eins oder zwei für einen regelmäßigen Pendelverkehr zwischen diesem Zwischenlager und einer dauerhaften Basis auf dem großen Plateau jenseits des Beardmore-Gletschers etwa 1100 Kilometer weiter südlich einsetzen. Trotz der nahezu gleichlautenden Berichte von entsetzlichen Winden und Stürmen, die vom Plateau herabkommen, verzichteten wir auf zusätzliche Lager und nahmen das Risiko im Gegenzug für Wirtschaftlichkeit und wahrscheinlich höhere Effizienz in Kauf.

Über Funk übermittelten wir Berichte von dem atemberaubenden vierstündigen Nonstop-Flug unseres Geschwaders am 21. November über das hohe Schelfeis und die im Westen aufragenden mächtigen Bergspitzen und von der unergründlichen Stille, in der das Geräusch der Flugzeugmotoren widerhallte. Der Wind bereitete uns nur mäßige Schwierigkeiten, und unser Funkkompass führte uns sicher durch ein dichtes Nebelfeld. Als sich vor uns, zwischen 83 und 84 Grad südlicher Breite, ein lang gezogener Berghang erhob, war uns klar, dass wir den Beardmore-Gletscher erreicht hatten, den größten Talgletscher der Welt, und dass die gefrorene See nun von einer zerklüfteten Bergküste abgelöst würde. Jetzt würden wir tatsächlich die weiße, seit Äonen tote Welt des tiefsten Südens betreten. Genau in dem Moment, als wir dies realisierten, sahen wir weit im Osten den Gipfel des Mt. Nansen, der sich bis in eine Höhe von 4500 Metern erhob.

Die erfolgreiche Einrichtung des südlichen Basislagers oberhalb des Gletschers auf 86 Grad, 7 Minuten südlicher Breite und 174 Grad, 23 Minuten östlicher Länge sowie die erfolgreichen Bohrungen und Sprengungen an unterschiedlichen Punkten, die wir mit unseren Hundeschlitten und mit kurzen Flügen erreichten, ist allgemein bekannt, ebenso die mühsame, aber triumphale Besteigung des Mt. Nansen von Pabodie und zwei Studenten, Gedney und Carroll, vom 13. bis zum 15. Dezember. Wir waren ungefähr 3400 Meter über Meereshöhe, und als Probebohrungen ergaben, dass sich an bestimmten Punkten nur vier Meter unter Schnee und Eis fester Boden befand, machten wir ausgiebigen Gebrauch von dem kleinen Schmelzgerät, brachten Bohrungen nieder und setzten Dynamit an vielen Stellen ein, wo keine der vorherigen Expeditionen überhaupt daran gedacht hatte, Bodenproben zu nehmen. Der präkambrische Granit und der Bake-Sandstein bestätigten so unsere Annahme, dass wir es mit einer homogenen Schicht eines ausgedehnten Kontinents, der sich in westlicher Richtung erstreckte, zu tun hatten, doch sich irgendwie von den Bereichen östlich unter Südamerika unterschied und von dem wir damals annahmen, er wäre ein kleinerer Kontinent, getrennt von dem größeren durch eine Eisbrücke des Ross- und Weddell-Meeres. Doch inzwischen hat Byrd diese Hypothese widerlegt.

Einige der Sandsteinschichten gaben uns nach den Bohrungen und Sprengungen unter Einsatz von Hammer und Meißel ihre Geheimnisse frei. Wir fanden einige hoch interessante fossile Abdrücke und Bruchstücke, hauptsächlich von Farnen, Seetang, Seelilien, Trilobiten, Krinoiden und Weichtieren wie Armfüßler und Seeschnecken, die alle in Verbindung mit der vorzeitlichen Geschichte dieser Region von großer Bedeutung waren. Außerdem gab es da noch eine sonderbare, dreieckig gestreifte Einkerbung von 30 Zentimetern Breite, die Lake aus drei Teilstücken Schiefer zusammengesetzt hatte, welche aus einer Tiefensprengung herrührten. Die Fragmente stammten von einem Punkt weiter westlich in der Nähe der Königin-Alexandra-Berge. Lake als Biologe erschien die seltsame Markierung außerordentlich rätselhaft und herausfordernd, doch für meinen Geologenblick sah sie der Faltenbildung, die man häufig bei Sedimentgestein vorfindet, nicht unähnlich. Da Schiefer nichts anderes als eine metamorphe Formation ist, in die Sedimentgestein eingepresst worden ist, und dieser Prozess zu verzerrenden Effekten wie dieser Markierung führen kann, sah ich keinen Grund, mich über diese Einkerbungen zu wundern.

Als am 6. Januar 1931 Lake, Pabodie, alle sieben Studenten, vier Mechaniker und ich selbst mit zwei der großen Flugzeuge direkt über den Südpol flogen, wurden wir von einem plötzlich aufkommenden, heftigen Wind, der sich glücklicherweise nicht zu einem der üblichen Stürme entwickelte, zur Landung gezwungen. Dies war, wie auch die Zeitungen berichteten, einer von mehreren Erkundungsflügen, bei denen wir neue Erkenntnisse über die topografischen Gegebenheiten in Regionen erlangen wollten, die bisherigen Expeditionen verschlossen geblieben waren. In dieser Beziehung waren unsere Flüge im Nachhinein gesehen enttäuschend gewesen, doch sie vermittelten uns einen großartigen Eindruck von den überaus fantastischen und trügerischen Luftspiegelungen in den Polarregionen, von denen wir auf See schon einen Vorgeschmack erhalten hatten. Weit entfernte Berge schwebten am Himmel wie verwunschene Städte, und oft verwandelte sich die gesamte weiße Landschaft in der Magie der tief stehenden Mitternachtssonne zu einem goldenen, silbernen, tiefroten Land dunsanischer Träume und abenteuerlicher Erwartung. Wenn es bewölkt war, hatten wir große Schwierigkeiten zu fliegen. Das lag daran, dass die schneebedeckte Landschaft und der Schnee in der Luft die Tendenz hatten, sich zu einem mystischen, undurchdringlichen Abgrund zu vereinigen, in dem es keine erkennbare Horizontlinie gab, die die beiden trennen würde.

Letztendlich beschlossen wir, unseren eigentlichen Plan umzusetzen, der darin bestand, mit allen vier Flugzeugen 800 Kilometer nach Osten zu fliegen und dort, an einem Punkt einer kleineren kontinentalen Abspaltung, wie wir damals irrtümlich glaubten, ein neues Zwischenlager einzurichten. Geologische Proben aus diesem Bereich würden uns als Vergleichswerte nützlich sein.

Wir waren immer noch in hervorragender körperlicher Verfassung, unsere einseitige Ernährung aus Konserven und Pökelfleisch ergänzten wir durch Limettensaft, und die Temperaturen, die sich konstant um 15 Grad minus bewegten, ermöglichten uns, ohne die dicksten Pelzjacken auszukommen. Es war jetzt Hochsommer, und wenn wir uns beeilten und vorsichtig blieben, könnten wir Anfang März unsere Arbeiten abgeschlossen haben und damit ein langweiliges Überwintern in der langen antarktischen Nacht vermeiden. Eine Reihe von heftigen Stürmen war aus dem Westen kommend über uns hereingebrochen, aber wir waren durch die Fähigkeiten von Atwood ohne Schäden davongekommen. Er hatte aus großen Schneeblöcken behelfsmäßige Schutzwälle für die Flugzeuge und Windbrecher errichtet und das Camp ebenfalls mit Schneewällen geschützt. Unser Glück und unsere Leistungsfähigkeit konnte man wirklich schon fast unheimlich nennen.

Die Öffentlichkeit kannte selbstverständlich unser Expeditionsprogramm und war natürlich auch über Lakes merkwürdiges und verbissenes Insistieren auf eine westliche oder eher nordwestliche Erkundungsexpedition informiert, noch bevor wir komplett ins neue Zwischenlager umgezogen waren. Es schien, als hätte er lange und mit verstörend gewagten Schlussfolgerungen über der dreieckigen Streifenmarkierung auf der Schieferplatte gegrübelt, was ihn dazu veranlasst hatte, darin einen Widerspruch zur Natur und der geologischen Epoche zu sehen, und dabei seine Neugier bis ins Unendliche steigerte, sodass er versessen darauf war, weitere Bohrungen und Sprengungen in der sich im Westen entlangziehenden Formation durchzuführen, zu der die ausgegrabenen Stücke eindeutig gehörten. Er war absonderlicherweise davon überzeugt, dass die Markierung vom Abdruck eines unförmigen, unbekannten und nicht klassifizierten Organismus stammte, der ziemlich hoch entwickelt war; dabei ließ er völlig außer Acht, dass der Fels, aus dem das Stück stammte, unglaublich alt war – aus dem Kambrium oder sogar dem Präkambrium. Damit konnte man eine mögliche Existenz von hoch entwickelten Lebensformen, ja sogar aller Lebensformen, außer Einzellern oder bestenfalls Trilobiten, ausschließen. Diese Fragmente mit ihrer seltsamen Markierung mussten 500 Millionen bis zu einer Milliarde Jahre alt sein.

II

Die Fantasie der Öffentlichkeit, so wie ich es sehe, entzündete sich an unseren Funkberichten von Lakes Aufbruch nach Nordwesten, wohin noch nie ein Mensch seinen Fuß gesetzt, geschweige denn, sich auch nur eine Vorstellungen davon gemacht hatte, und sie entzündete sich, obwohl seine wilden Hoffnungen, die gesamte Wissenschaft der Biologie und Geologie zu revolutionieren, mit keinem Wort erwähnt worden waren. Die zusammen mit Pabodie und fünf anderen vom 11. bis zum 18. Januar durchgeführte Exkursion mit Schlitten, die die Bohrungen vorbereiten sollte und überschattet wurde von dem Verlust zweier Schlittenhunde, als man eine der großen Verwerfungen auf dem Eis überquerte, brachte immer größere Bereiche des urzeitlichen Schiefers zum Vorschein, und selbst ich war an der einzigartigen Menge von weiteren fossilen Spuren der gleichen Art in den uralten Schichten interessiert. Wie auch immer, diese Spuren mussten von sehr primitiven Lebensformen stammen und stellten kein größeres Rätsel dar, außer dass diese Spuren sich allem Anschein nach in einer präkambrischen Schicht befanden. Doch ich sah weiterhin keine ausreichende Begründung für Lakes Wunsch nach einer Unterbrechung unseres engen Zeitplans, einer Unterbrechung, die alle vier Flugzeuge, viele Männer und die gesamte technische Ausrüstung in Anspruch nehmen würde. Am Ende legte ich gegen den Plan keinen Einspruch ein, doch entgegen Lakes Bitte, aufgrund meines geologischen Fachwissens mich der Nordwest-Expedition anzuschließen, beschloss ich, darauf zu verzichten. Während die Expedition unterwegs war, verblieb ich mit Pabodie und fünf Männern im Basislager, um die endgültigen Pläne für die Verlegung nach Osten auszuarbeiten. Zur Vorbereitung dieser Verlegung war ein Flugzeug schon dabei, große Mengen von Benzin aus der McMurdo-Bucht heranzuschaffen, doch auch damit konnte man sich Zeit lassen. Im Lager befanden sich noch ein Schlitten und neun Hunde, denn es wäre dumm gewesen, in einer gänzlich verlassenen Welt des ewigen Todes ohne Transportmittel zurückzubleiben.

Wie jeder sich erinnern wird, schickte Lake von seinem Abstecher in unbekannte Regionen eigene Berichte mittels der Kurzwellensender in den Flugzeugen, die gleichzeitig auch von unseren Geräten und denen der *Arkham* in der McMurdo-Bucht empfangen wurden und von dort auf dem Fünfzig-Meter-Band in die Welt verschickt wurden. Die Expedition brach am 22. Januar um vier Uhr morgens auf, und die erste Funkmeldung erreichte uns nicht einmal zwei Stunden später, als Lake mitteilte, er würde landen und eine kleinere Bohrung zusammen mit einer geringen Eisschmelze ungefähr 500 Kilometer von unserer Position entfernt durchführen. Sechs Stunden danach erfuhren wir durch eine weitere begeisterte Nachricht von den hektischen Grabungen, bei denen eine nicht sehr tiefe Bohrung und eine Sprengung durchgeführt worden waren. Dies hatte zur Entdeckung von Schieferfragmenten geführt, die die gleichen Kratzspuren aufwiesen wie eben jene, die uns ursprünglich Rätsel aufgegeben hatte.

Nach weiteren drei Stunden wurde uns durch eine kurze Meldung mitgeteilt, dass man auf dem Weiterflug wäre und sich im Zentrum eines heftig tobenden Sturms befände. Als ich dagegen protestierte, sich weiteren Gefahren auszusetzen, antwortete Lake höflich, dass diese neu entdeckte Spezies alle Gefahren wert sei. Mir wurde klar, dass seine Begeisterung einen Punkt erreicht hatte, wo sie fast an Meuterei grenzte, und dass ich nichts gegen dieses kopflose Vorgehen, das den Erfolg der gesamten Expedition aufs Spiel setzte, unternehmen konnte. Der Gedanke an das immer tiefere Eindringen in diese heimtückische und unheimliche weiße Endlosigkeit von

Stürmen und unergründlichen Geheimnissen, die sich von uns aus mehr als 2400 Kilometer zu der halb erwarteten, halb vermuteten Küste von Queen-Mary-Land und Knox-Land erstreckte, war äußerst beunruhigend.

Dann aber, nach einer oder anderthalb Stunden, kam aus Lakes in der Luft befindlichen Flugzeug die doppelt aufregende Meldung, die mich fast meine Vorbehalte vergessen ließ, und ich wünschte mir, ich hätte an der Expedition teilgenommen.

10.05 Uhr abends. Während des Fluges. Nach dem Schneesturm habe ich eine Bergkette vor uns gesehen, die höher ist als alles andere, was wir zuvor gesehen haben. Könnte dem Himalaja entsprechen, das Plateau eingeschlossen. Wahrscheinlich 76 Grad 15 Minuten südlicher Breite, 113 Grad 10 Minuten Ost. Erstreckt sich, soweit ich sehen kann, von rechts nach links. Glaube, zwei rauchende Bergkegel zu erkennen. Alle Gipfel sind dunkel und schneefrei. Stürme kommen aus dieser Richtung und behindern die Navigation.

Nach dieser Nachricht standen Pabodie, die Männer und ich sprachlos vor dem Empfänger, denn dieser riesige Bergzug, 1200 Kilometer entfernt, weckte in uns größte Abenteuerlust, und wir waren begeistert, dass unsere Expedition, wenn auch nicht wir persönlich, seine Entdecker waren. Eine halbe Stunde später meldete sich Lake erneut.

Moultons Flugzeug war gezwungen, auf dem Plateau im Vorgebirge zu landen, niemand verletzt, vielleicht können wir es reparieren. Wir laden die wichtigsten Ausrüstungsgegenstände für die Rückkehr oder notwendige weitere Erkundungen in die drei anderen um, aber zurzeit sind keine weiteren Flugtransporte notwendig. Die Berge übersteigen jegliche Vorstellung. Ich steige in Carrolls Flugzeug, das wir komplett entladen haben, zu einem Erkundungsflug auf. So etwas könnt ihr euch nicht vorstellen. Der höchste Gipfel muss wohl über 12 000 Meter hoch aufragen. Der Mount Everest ist aus dem Rennen. Atwood wird die Höhe mit einem Theodoliten ermitteln, während Carroll und ich losfliegen. Möglicherweise lag ich mit den Kegeln falsch, da die Formationen geschichtet erscheinen. Wahrscheinlich präkambrischer Schiefer, durchsetzt mit anderen Gesteinsschichten. Die Umrisse erwecken einen merkwürdigen Eindruck. Es gibt gleichförmige Bereiche mit Quadern, die an den höchsten Gipfeln wie angeklebt hängen. Der gesamte Bereich erscheint im rot-goldenen Licht der tief stehenden Sonne märchenhaft. Wie ein geheimnisvolles Land in einem Traum oder ein Tor zu einer verbotenen Welt unerklärlicher Wunder. Ihr müsstet hier sein und es sehen.

Obwohl es eigentlich Schlafenszeit war, dachte keiner von uns Zuhörern auch nur einen Moment daran, sich zur Ruhe zu begeben. In der McMurdo-Bucht, wo man im Vorratslager und auf der *Arkham* diese Nachrichten auch erhielt, war es bestimmt nicht anders, denn Kapitän Douglas schickte einen Glückwunsch zu der beeindruckenden Entdeckung an alle, und Sherman, der Leiter des Vorratslagers, schloss sich dem an. Wir waren natürlich besorgt wegen des beschädigten Flugzeugs, hofften aber, dass es problemlos zu reparieren wäre. Dann, um 11.00 Uhr nachts, kam ein weiterer Funkspruch von Lake.

Ich bin mit Carroll über dem höchsten Teil des Vorgebirges. Bei den momentanen Wetterbedingungen wagen wir uns nicht an die wirklich hohen Gipfel, aber vielleicht später. Das Aufsteigen mit der Maschine ist wirklich harte Arbeit, und das Fliegen auf dieser Höhe eine gefährliche Sache, aber es ist es wert. Der Bergzug ist ziemlich kompakt, kann nicht sehen, was dahinter liegt. Die Hauptgipfel überragen das Himalaja und sind sehr merkwürdig. Das Gebirge sieht aus, als würde es aus präkambrischem Schiefer bestehen, mit deutlichen Anzeichen von anderen Schichten dazwischen. Bei den Vulkanen habe ich mich geirrt. Die Formation erstreckt sich weiter, als wir sehen können. Über 7000 Meter völlig schneefrei. An den Hängen der höchsten

Berge gibt es seltsame Ausbildungen. Große flache quadratische Blöcke mit exakt senkrechten Flächen und rechteckigen Kanten, schmale senkrechte Wälle, wie die an steilen Berghängen klebenden, alten asiatischen Burgen auf Roerichs Gemälden. Wirklich beeindruckend, aus der Ferne gesehen. Wir fliegen näher und Carroll meint, sie wären aus kleineren Teilen zusammengesetzt, aber das ist eher Verwitterung. Die meisten Kanten sind zerbröckelt und abgerundet, so als ob sie seit Millionen von Jahren Stürmen und Klimaveränderungen ausgesetzt gewesen wären. Teilbereiche, besonders weiter oben, scheinen aus hellerem Fels zu bestehen als jede Schicht an den eigentlichen Hängen, vielleicht kristallinen Ursprungs. Bei einem nahen Vorbeiflug kann man viele Höhleneingänge sehen, einige davon unnatürlich regelmäßig in ihrer Form, quadratisch oder halbkreisförmig. Ihr müsst hierherkommen und das untersuchen. Ich glaube, ich habe auf einem Berggipfel einen rechteckigen Wall gesehen. Die Höhe scheint zwischen 10 000 und 12 000 Metern zu betragen. Ich selbst befinde mich auf 7200 Metern, und ich friere bis auf die Knochen. Der Wind heult und pfeift über die Pässe und durch die Höhlen, doch bis jetzt haben wir mit dem Fliegen keine Probleme.

Von diesem Moment an lieferte Lake eine halbe Stunde lang einen steten Fluss von Kommentaren und teilte uns seinen Plan mit, einige der Gipfel zu ersteigen. Ich antwortete ihm, dass ich mich ihm anschlösse, sobald er ein Flugzeug schicken würde, und dass Pabodie und ich den besten Plan zur Nutzung des Benzins ausarbeiten würden – wo und wie wir die vorhandenen Mittel unter Maßgabe der geänderten Ausrichtung unserer Expedition konzentrieren könnten. Offensichtlich benötigten sowohl Lakes Bohrungen als auch seine Flugzeugeinsätze jede Menge Material, das zu dem neuen Basislager, das am Fuße der Berge einzurichten war, transportiert werden musste, und es war möglich, dass der Flug Richtung Osten unter diesen Umständen in diesem Sommer überhaupt nicht stattfinden konnte. In Zusammenhang damit setzte ich mich mit Kapitän Douglas in Verbindung und bat, so viel wie möglich der Ausrüstung aus dem Schiff mit dem einen Schlittengespann, das wir bei ihm zurückgelassen hatten, auf die Barriere hinaufzubringen. Wir mussten aber auf jeden Fall eine direkte Verbindung durch die unbekannten Bereiche zwischen Lake und der McMurdo-Bucht einrichten.

Lake funkte mich später an, um mitzuteilen, er hätte entschieden, dass das Lager an der Stelle bleiben sollte, wo Moultons Flugzeug landen musste und wo die Reparaturarbeiten schon einige Fortschritte machten. Die Eisdecke war sehr dünn, sodass man vereinzelt den dunklen Untergrund sehen konnte, und er würde an dieser Stelle einige Bohrungen und Sprengungen niederbringen, bevor er irgendwelche Schlittenexpedition oder Kletterpartien in Angriff nahm. Er sprach von der unbeschreiblichen Majestät der gesamten Landschaft und seinen merkwürdigen Gefühlen, sich im Schatten mächtiger, stummer Zinnen, die wie eine Wand bis zum Himmel aufragten, am Rand der Welt zu befinden. Atwood hatte mit dem Theodoliten ermittelt, dass die fünf höchsten Gipfel zwischen 10 000 und 11 500 Meter hoch waren. Die windanfällige Lage des Terrains bereitete Lake eindeutig Sorgen, denn sie sprach dafür, dass es zu gelegentlichen, heftigen Stürmen kommen konnte, weit gefährlicher als alles, was uns bis jetzt widerfahren war. Sein Lager befand sich etwas mehr als acht Kilometer von dem Punkt, an dem sich das Vorgebirge abrupt erhob. Ich konnte selbst über eine eisige Leere von 1100 Kilometer hinweg einen Hauch von unbewusster Beunruhigung in seinen Worten wahrnehmen, als er darauf bestand, dass wir uns in der Angelegenheit beeilten, damit wir diese fremdartige, neue Gegend so schnell als möglich wieder verlassen könnten. Jetzt würde er sich eine Ruhepause gönnen nach einem endlosen Arbeitstag voller nahezu unvorstellbarer Hektik, Stress und unzähliger Erkenntnisse.

Am Morgen führte ich über Funk ein Dreiergespräch mit Lake und Kapitän Douglas an ihren weit entfernt liegenden Standorten. Wir kamen überein, dass eins von Lakes Flugzeugen zu meinem Lager käme, um Pabodie, fünf weitere Männer und mich sowie so viel Benzin wie möglich zu holen. Die endgültige Lösung der Benzinverteilung konnte noch ein paar Tage warten, da Lake im Moment genug für die Heizung des Lagers und zur Durchführung von Bohrungen hatte, bis eine Entscheidung über die Expedition Richtung Osten gefallen wäre. Letztlich sollte auch das alte, südliche Lager wieder aufgefüllt werden, doch wenn wir die Expedition nach Osten aufgaben, würden wir dieses Lager nicht vor dem nächsten Summer wieder nutzen. In der Zwischenzeit sollte Lake ein Flugzeug zur Erkundung des direkten Wegs zwischen seiner neuen Gebirgskette und der McMurdo-Bucht aussenden.

Pabodie und ich stellten uns darauf ein, unser Lager für einen längeren oder kürzeren Zeitraum zu verlassen, je nachdem. Wenn wir in der Antarktis überwintern würden, dann würden wir wahrscheinlich direkt von Lakes Lager zu der *Arkham* fliegen, ohne nochmals hierher zurückzukehren. Einige unserer Rundzelte waren schon mit Schneeblöcken befestigt worden, und nun beschlossen wir, die Sache zu Ende zu bringen und ein dauerhaftes Eskimodorf daraus zu machen. Aufgrund unserer reichlich vorhandenen Zelte hatte Lake schon alles, was er brauchte, vor Ort, selbst wenn wir noch dazustießen. Ich gab über Funk durch, dass Pabodie und ich nach einem Tag Arbeit und einer Nacht Ruhe bereit wären, uns nach Nordwesten zu begeben.

Wie auch immer, nach vier Uhr nachmittags war unsere Arbeit nicht sehr ergiebig, denn um diese Zeit begann Lake, die außergewöhnlichsten und aufregendsten Nachrichten zu übermitteln. Sein Arbeitstag hatte ungünstig begonnen, denn die Erkundung der fast schneefreien Felsoberflächen mit dem Flugzeug ergab eine völlige Abwesenheit der archäischen und urzeitlichen Schichten, nach denen er suchte und aus welchen ein großer Teil der mächtigen Gipfel bestand, die sich in verlockender Ferne vom Lager erhoben. Die meisten der gesichteten Felsen waren offensichtlich Sandstein der Jura- und Perm-Periode und Trias-Schiefer mit vereinzelten, glänzend schwarzen Einschüben, die auf harte Schieferkohle hindeuteten. Das versetzte Lake einen ziemlichen Dämpfer, da er nur auf Funde, die mehr als 500 Millionen Jahre alt waren, aus war. Es wurde ihm klar, dass er, wenn er eine solche archäische

Schieferschicht finden wollte wie die, in der er die seltsamen Spuren gefunden hatte, er eine lange Schlittenfahrt von dem Vorgebirge zu den steilen Hängen der gigantischen Berge selbst unternehmen musste.

Nichtsdestotrotz hatte er beschlossen, vor Ort einige Bohrungen durchzuführen, wie sie im üblichen Programm der Expedition vorgesehen waren, also machten sich fünf Mann daran, das Bohrgerüst aufzubauen, während der Rest die Einrichtung des Lagers zu Ende brachte und mit der Reparatur des Flugzeugs fortfuhr. Für den ersten Versuch wählte man den weichsten Fels aus, den man finden konnte, eine Sandsteinformation ungefähr 400 Meter vom Lager entfernt, und die Bohrung machte gute Fortschritte, ohne dass man viele zusätzliche Sprengungen durchführen musste. Etwa drei Stunden später, nach der ersten wirklich großen Sprengung bei der Operation, hörte man einen Aufschrei der Sprengmannschaft, und kurz danach stürmte der junge Gedney, der Vorarbeiter der Gruppe, mit verblüffenden Neuigkeiten ins Camp.

Sie waren auf eine Höhle gestoßen. Kurz vorher war die Bohrung auf eine Schicht von Kalkstein getroffen, voller kleiner fossiler Kopffüßler, Korallen, Seeigel und Armfüßler sowie vereinzelter Spuren der Kieselskelette von Schwämmen und Knochen von marinen Wirbeltieren, letztere wahrscheinlich von Knochenfischen und Haien stammend. Das war für sich selbst genommen schon bedeutend genug, da es die ersten Versteinerungen waren, auf die wir gestoßen waren, doch als kurz danach der Bohrkopf durch die Schicht in einen Hohlraum stieß, wurde die Bohrmannschaft von einer noch mächtigeren Begeisterung ergriffen. Eine massive Sprengung hatte das unterirdische Geheimnis enthüllt, denn jetzt erstreckte sich vor den erstaunten Forschen unter einer gezackten Öffnung von eineinhalb Metern Durchmesser und etwa einem Meter Stärke eine flache Aushöhlung in dem Kalkstein, die vor mehr als fünfzig Millionen Jahren durch das rieselnden Wasser einer vergangenen tropischen Welt entstanden war.

Die Aushöhlung der Schicht war nicht mehr als zwei Meter tief, zog sich aber endlos in alle Richtungen hin und war von einem frischen Luftzug erfüllt, der darauf hindeutete, dass sie Teil eines ausgedehnten unterirdischen Höhlensystems war. An der Decke und auf dem Boden befanden sich große Stalaktiten und Stalagmiten, manche zu Säulen zusammengewachsen, doch noch viel wichtiger als alles andere waren die ausgedehnten Anhäufungen von Muscheln und Knochen, die an manchen Stellen sogar den Durchgang blockierten – herabgespült aus unbekannten Dschungeln von Baumfarnen und Pilzen des Mesozoikums und tertiären Zykladen, Fächerpalmen und einfachen Blütensamern. Diese Ansammlung von Fossilien enthielt mehr Überbleibsel von Tieren aus dem Eozän und der Kreidezeit, als der kundigste Paläontologe binnen eines Jahres hätte zählen oder gar klassifizieren können. Weichtiere, Panzer von Krustentieren, Fische, Amphibien, Reptilien, Vögel und frühe Säugetiere, kleine wie große, bekannte und unbekannte. Kein Wunder, dass Gedney brüllend ins Lager gelaufen kam, und ebenfalls kein Wunder, dass jeder seine Arbeit stehen und liegen ließ und Hals über Kopf zu dem hoch aufragenden Bohrgerüst rannte, das den neu gefundenen Zugang zu den Geheimnissen des Erdinneren und weit zurückliegenden Zeitaltern markierte.

Sobald Lake seine erste brennende Neugierde befriedigt hatte, kritzelte er eine Nachricht in sein Notizbuch und beauftragte den jungen Moulton, zum Lager zurückzulaufen und diese über Funk durchzugeben. Das war die erste Information, die mich von der neuen Entdeckung erreichte, und sie berichtete über die Identifizierung von urzeitlichen Muscheln, Knochen von Knochen- und Panzerfischen, Überresten von Panzerlurchen und Thekodonten, großen Schädelfragmenten von Mosasauriern, Dinosaurierwirbeln und Knochenplatten, Zähnen und Flügelknochen des Pterodaktylus, Bruchstücken vom Archäopteryx, Zähnen von Haien aus dem Miozän, primitiven Vogelschädeln sowie Schädeln, Wirbelknochen und anderen Knochen urzeitlicher Säugetiere wie Paläotherien, Xiphodonten, Eohippi, Oreodonten und Titanotheren. Es war nichts aus der jüngeren Erdgeschichte dabei, wie zum Beispiel von einem Mammut, einem Elefanten, einem Kamel, Rotwild oder einem Rind. Aufgrund dessen kam Lake zu dem Schluss, dass die letzten Ablagerungen in der Höhle im Oligozän stattgefunden haben mussten und diese somit in ihrem jetzigen trockenen, toten und unzugänglichen Zustand mindestens dreißig Millionen Jahre überdauert hatten.

Andererseits war diese Anhäufung sehr alter Lebensformen absolut ungewöhnlich. Obwohl die Kalksteinschicht, belegt durch die darin eingeschlossenen Fossilien, wie Glasschwämme, unwiderlegbar aus der Zeit zwischen Jura und Kreide und keinen Hauch früher stammte, gehörten die offen liegenden Fragmente in der Höhle, die eine überraschende Anzahl von Organismen umfassten, zu einer deutlich älteren Periode. Ja, es gab sogar Überreste von Fischen, Weichtieren und Korallen, die dem Silur und Ordovizium entstammten. Die unvermeidliche Schlussfolgerung daraus war, dass in diesem Teil der Erde es zu einer einzigartigen Kontinuität des Lebens von vor über 300 Millionen Jahren bis vor gerade einmal 30 Millionen Jahren gekommen war. Wie weit diese Kontinuität über das Oligozän hinaus, als die Höhle sich abgekapselt hatte, erhalten blieb, konnte noch nicht einmal vermutet werden. Auf jeden Fall musste die im Pleistozän heraufziehende Eiszeit vor etwa einer halben Million Jahren, gerade mal gestern, gemessen am Alter dieser Höhle, für sämtliche urzeitliche Lebensformen, denen es in diesem eingeschränkten Bereich gelungen war, ihre natürliche Zeit zu überdauern, das Ende bedeutet haben.

Lake wollte seine erste Meldung so nicht stehen lassen und verfasste einen weiteren Bericht, den er über das Eis zum Lager bringen ließ, noch bevor Moulton zurück war. Danach blieb Moulton am Funkgerät eines der Flugzeuge und übermittelte mir und der *Arkham*, die sie der restlichen Welt mitteilte, die regelmäßigen Ergänzungen, die ihm Lake von nacheinander ankommenden Boten überbringen ließ. Jene, die die Zeitungsberichte verfolgt haben, werden sich daran erinnern, welche Aufregung diese nachmittäglichen Berichte bei den Wissenschaftlern auslöste. Berichte, die schließlich, nach all den Jahren, zur Ausrichtung dieser Starkweather-Moore-Expedition führten, die ich mit aller Kraft von ihrem Vorhaben abzubringen suche. Es ist besser, wenn ich die Berichte wörtlich in der Form wiedergebe, wie sie Lake geschickt hat und wie unser Lagerobmann McTighe sie aus dessen Stenoschrift transkribierte.

Fowler machte sehr wichtige Entdeckungen in den Sand- und Kalkstein-Bruchstücken von der Sprengung. Mehrere deutliche dreieckig gestreifte Spuren, wie die in dem urzeitlichen Schiefer, beweisen, dass die Urheber seit 600 Millionen Jahren bis ins ausgehende Jura nur mit geringen physiologischen Veränderungen und abnehmender Durchschnittsgröße überlebt haben. Die Abdrücke aus dem Jura sind, wenn überhaupt, offensichtlich primitiver oder dekadenter als die älteren. Stellt die Bedeutung dieser Entdeckung in der Presse heraus. Das bedeutet für die Biologie, was Einstein für die Mathematik und Physik war. Passt zu meinen vorherigen Forschungen und untermauert Rückschlüsse. Scheint nahezulegen, wie ich schon vermutet habe, dass die Erde schon einen ganzen Zyklus oder Zyklen von organischem Leben hinter sich hatte, bevor der jetzige mit den Einzellern des Archäozoikums begonnen hat. War schon vorhanden und spezialisiert spätestens vor einer Milliarde Jahren, als der Planet jung und zu großen Teilen für jede Lebensform, basierend auf Protoplasma, unbewohnbar war. Frage ist: wann, wo und wie die Entwicklung stattgefunden hat.

Später. Untersuche bestimmte Knochenfragmente von großen Land- und Wassersauriern sowie einfachen Säugetieren, habe einzelne, begrenzte Wunden oder Verletzungen an den Knochen festgestellt, die keinen bekannten Raubtieren oder fleischfressenden Tieren irgendeiner Epoche zugeordnet werden können. Zwei unterschiedliche Arten – gerade tiefe Löcher und offensichtlich Hackspuren, ein oder zwei Fälle von eindeutig durchschnittenen Knochen. Nicht viele Exemplare weisen solche Spuren auf. Ich schicke jemanden zum Lager, elektrische Taschenlampen zu holen. Dehne die unterirdische Suche durch Abhacken von Stalaktiten aus.

Noch später. Habe ein eigenartiges Stück Speckstein gefunden, ungefähr fünfzehn Zentimeter im Durchmesser und vier Zentimeter dick, passt überhaupt nicht zu einer der sichtbaren Gesteinsformationen. Grünlich, aber kein Indiz, seinen Ursprung zu bestimmen. Ist unnatürlich glatt und gleichmäßig. Hat die Form eines fünfzackigen Sterns, an dem die Spitzen abgebrochen sind, und Spuren von Kerben zwischen den Zacken und in der Mitte. In der Mitte der unbeschädigten Oberfläche befindet sich eine kleine glatte Vertiefung. Gibt viele Rätsel in Bezug auf Herkunft und Verwitterung auf. Wahrscheinlich eine Laune der Wasserkorrosion. Carroll glaubt, dass er mit dem Vergrößerungsglas zusätzliche Merkmale von geologischer Bedeutung gefunden hat. Gruppen kleiner Punkte, die in regelmäßigen Mustern angeordnet sind. Während wir arbeiten, knurren die Schlittenhunde bösartig und scheinen diesen Speckstein nicht zu mögen. Muss herausfinden, ob er einen besonderen Geruch ausströmt. Melde mich wieder, wenn Mills mit den Taschenlampen zurück ist und wir weiter die Höhle erforschen.

10.15 Uhr nachts. Wichtige Entdeckung. Orrendorf und Watkins haben bei der Arbeit in der Höhle im Licht der Taschenlampen ein monströses, fassförmiges Fossil von gänzlich unbekannter Natur gefunden, möglicherweise pflanzlich, wenn nicht ein überwachsener Panzer eines Meereshohltiers. Das Gewebe ist offensichtlich durch Salzablagerungen konserviert worden. Fest wie Leder, doch an einigen Stellen erstaunlich dehnbar. Spuren von abgebrochenen Teilen an den Enden und Seiten. Ein Meter achtzig Länge und in der Mitte ein Durchmesser von einem Meter, der sich zu den Enden hin auf 30 Zentimeter verjüngt. Wie ein Fass mit fünf aufgeworfenen Ringen statt Dauben. Seitliche Bruchstellen wie von dünnen Stängeln am mittleren Wulst. In den Furchen zwischen den Wülsten seltsame Auswüchse. Kämme oder Flügel, die sich auffalten wie Fächer. Bis auf einen, den man auf über zwei Meter ausbreiten kann, sind alle stark in Mitleidenschaft gezogen. Die Sache erinnert mich an bestimmte Monster urzeitlicher Mythen, besonders an die *Alte Rasse* im *Necronomicon*. Es scheinen Hautflügel zu sein, die sich an einem Gerippe von Hohlknochen befanden. An den Flügelspitzen befinden sich kleine Öffnungen in den Knochen. Die Enden des Körpers sind eingeschrumpft und geben keinen Hinweis darauf, was im Inneren war oder was dort abgebrochen ist. Wenn wir wieder im Lager sind, muss ich das Objekt sezieren. Kann nicht sagen, ob es pflanzlicher oder tierischer Natur ist. Viele Merkmale sind eindeutig von unglaublicher Primitivität. Habe alle Leute angewiesen, weitere Stalaktiten wegzuschlagen und nach weiteren Objekten zu suchen. Weitere beschädigte Knochen gefunden, aber die müssen warten. Probleme mit den Hunden. Sie können das neu entdeckte Fossil nicht ertragen und würden es wohl in Stücke reißen, wenn wir sie nicht davon fernhielten.

11.30 Uhr nachts. Achtung, Dyer, Pabodie, Douglas. Angelegenheit von größter, wenn nicht überwältigender Wichtigkeit. *Arkham* muss dies sofort Kingsport-Hauptstation übermitteln. Das merkwürdige, fassförmige Objekt ist das urzeitliche Ding, das die Spuren auf den Felsen hinterlassen hat. Mills, Boudreau und Fowler haben eine Gruppe von weiteren dreizehn an einer Stelle in der Höhle zwölf Meter vom Eingang entfernt gefunden. Dazwischen merkwürdig abgerundete Specksteinstücke, kleiner als das schon vorher gefundene, sternförmig, aber ohne Bruchstellen außer an den Spitzen. Von den organischen Objekten sind acht perfekt erhalten, mit allen Extremitäten. Habe alle an die Oberfläche gebracht und die Hunde in einen deutlichen Abstand zum Lager geschafft. Sie können die Dinger einfach nicht ertragen. Achtet genau auf die Beschreibung, und wiederholt sie, damit keine Fehler passieren. Das muss den Zeitungen exakt übermittelt werden.

Im Ganzen sind die Objekte zwei Meter fünfzig lang. Der fassförmige Torso mit den fünf Wülsten misst ein Meter achtzig und hat in der Mitte einen Durchmesser von einem Meter, an den Enden von 30 Zentimetern. Dunkelgrau, dehnbar und unglaublich fest. Die gleichfarbigen Hautflügel sind zwei Meter lang und waren zusammengefaltet in den Furchen und dort angewachsen. Die Knochen der Flügel sind hohl, von etwas hellerem Grau und haben Löcher an den Spitzen. Die ausgebreiteten Flügel haben gezackte Kanten. An jedem der fünf Wülste des Torso befindet sich auf dem Scheitelpunkt je ein Büschel beweglicher Arme oder Tentakel, die fest am Rumpf anlagen, aber bis zu einem Meter ausgestreckt werden konnten. Wie die Tentakel einer primitiven Seelilie. Die einzelnen Stängel, sieben Zentimeter im Durchmesser, verzweigen sich nach fünfzehn Zentimetern in wiederum fünf Stängel, die sich nach zwanzig Zentimetern in fünf kleine, schmaler werdende Tentakel oder Ranken verzweigen, sodass jeder Tentakel über fünfundzwanzig Auswüchse verfügt.

An der Spitze mündet der Torso in einen breiten, massigen Hals von heller grauer Farbe, an dem sich Anzeichen einer kiemenähnlichen Struktur befinden, und darauf sitzt ein gelblicher fünfzackiger, seesternartiger Kopf, bedeckt mit sieben Zentimeter langen, drahtigen Flimmerhärchen, die in Regenbogenfarben schimmern. Kopf ist dick und geschwollen, ungefähr sechzig Zentimeter von einem Ende zum anderen, wobei aus jedem Zacken ein biegsamer, gelblicher Schlauch von sieben Zentimetern Länge herausragt. Der Schlitz genau in der Mitte des Kopfes ist wohl die Atmungsöffnung. Am Ende jedes Schlauches befindet sich eine Verdickung, von der man eine gelbliche Membran zurückziehen kann und eine glasige, rötliche Kugel sichtbar wird, wahrscheinlich ein Auge. Zwischen den Zacken des seesternförmigen Kopfes wachsen fünf etwas längere rötliche Schläuche, welche in einer sackartigen, gleichfarbigen Verbreiterung enden, die sich auf Druck zu einer glockenförmigen Öffnung von fünf Zentimetern Durchmesser öffnet, die von scharfen, weißen, zahnähnlichen Vorsprüngen gesäumt ist. Möglicherweise Münder. Alle diese Schläuche, Flimmerhärchen und Tentakel liegen fest an dem Seesternkopf, an dem massiven Nacken und dem Torso an. Die Beweglichkeit – trotz der Festigkeit – ist beachtlich.

Am unteren Ende des Torso existieren ähnliche, aber gänzlich anders funktionierende Gegenstücke zu den Kopforganen. Ein breiter hellgrauer Pseudo-Nacken ohne Kiemenandeutung endet in einem grünlichen fünfzackigen Seesternorgan. Starke muskulöse Arme, einen Meter zwanzig lang, sich von achtzehn Zentimetern an der Basis bis zu sieben Zentimetern an der Spitze verjüngend. An jeder Spitze befindet sich, mit dem schmalen Ende angewachsen, eine grünliche, von fünf Adern durchzogene, dreieckige Membran, etwa zwanzig Zentimeter an der Basis und fünfzehn Zentimeter an der Spitze messend. Das ist das Paddel, die Flosse oder der Pseudo-Fuß, der die Abdrücke im Fels von vor einer Milliarde bis zu fünfzig oder sechzig Millionen Jahren vor unserer Zeit hinterlassen hat. Zwischen den Zacken des Seesterngebildes wachsen sechzig Zentimeter lange rötliche Schläuche, die sich von sieben Zentimetern an der Basis auf zwei Zentimeter an der Spitze verjüngen, wo sich Öffnungen befinden. All diese Körperteile sind unglaublich fest, aber extrem dehnbar. Die einen Meter zwanzig langen Arme mit den Paddeln wurden ohne Zweifel zur Fortbewegung benutzt, im Wasser oder irgendwie anders. Wenn man den Torso bewegt, erhält man den Eindruck von großer Muskelkraft. Bei Auffindung waren all diese abstehenden Extremitäten eng um den Pseudo-Nacken und den Torso gefaltet, genau wie die Extremitäten am anderen Ende.

Kann das Objekt nicht eindeutig dem Reich der Pflanzen oder der Tiere zuordnen, aber tendiere inzwischen zum Tierreich. Möglicherweise eine unglaublich hoch entwickelte Hohltierart, bei der sich bestimmte primitive Merkmale erhalten haben. Deutliche Merkmale von Stachelhäutern, trotz einiger gegenteiliger Anzeichen. Die Struktur der Flügel gibt in Bezug auf einen maritimen Lebensraum Rätsel auf, doch könnten sie zum Schwimmen eingesetzt worden sein. Die Symmetrie im Aufbau ist in ihrer Oben/unten-Struktur seltsamerweise pflanzenähnlich, anders als die tierische Vorne-nach-hinten-Anordnung. Die unglaublich frühe Periode der Entwicklung, lange bevor die ersten bekannten urzeitlichen Protozoen entstanden sind, macht jede Vermutung des Ursprungs unmöglich.

Die vollständigen Exemplare haben eine unheimliche Ähnlichkeit mit Kreaturen vorzeitlicher Mythen, und die Vorstellung, dass sie vor Äonen auch außerhalb der Antarktis existiert haben mögen, folgt zwangsläufig. Dyer und Pabodie haben das *Necronomicon* gelesen und Clark Ashton Smiths auf dem Text basierende, albtraumhafte Darstellungen gesehen, und werden verstehen, wenn ich von der *Alten Rasse* spreche, die das Leben auf der Erde durch ein Versehen oder aus Spaß geschaffen hat. Menschen, die sich damit beschäftigt haben, gingen immer davon aus, dass sich diese fantastischen Darstellungen von urzeitlichen, tropischen Hohltieren ableiteten. Ebenso auch die Übereinstimmung mit den mystischen Wesen, von denen Wilmarth im Zusammenhang mit dem Auftreten des Cthulhu-Kults gesprochen hat – usw.

Eine weites Forschungsfeld tut sich hier auf. Die Fundstücke stammen wahrscheinlich aus der Oberen Kreidezeit oder dem frühe Eozän, wie man aus den anderen Fossilien schließen kann. Über ihnen befinden sich mächtige Stalagmiten. Schwere Arbeit, diese wegzuhauen, aber ihre Festigkeit verhindert weitere Beschädigungen. Ihr Erhaltungszustand ist erstaunlich, wahrscheinlich bedingt durch Einfluss des Kalksteins. Bis jetzt keine weiteren Funde, aber wir werden später weitersuchen. Unsere Aufgabe ist jetzt, die vierzehn mächtigen Objekte ohne Einsatz der Schlittenhunde, die wütend bellen und die man nicht in die Nähe der Objekte lassen darf, ins Lager zu bringen. Mit neun Männern, drei haben wir zurückgelassen, um die Hunde zu bewachen, können wir die drei Schlitten ziemlich gut handhaben, doch der Wind ist wirklich übel. Ich muss eine Verbindung mit der McMurdo-Bucht herstellen und mit dem Transport des Materials beginnen. Muss aber eins der Objekte sezieren, bevor wir eine Pause machen können. Wünschte, ich hätte hier ein richtiges Labor. Dyer soll sich nachträglich noch in den Allerwertesten beißen, weil er versucht hat, mich von meiner Expedition nach Westen abzuhalten. Zuerst die höchsten Berge der Welt und dann das. Wenn das Letztere nicht der absolute Höhepunkt der Expedition ist, dann weiß ich nicht. Wir haben Wissenschaftsgeschichte geschrieben. Glückwunsch, Pabodie, für den Bohrer, der die Höhle geöffnet hat. *Arkham*, jetzt bitte Beschreibung wiederholen.

Als Pabodie und ich diesen Bericht erhielten, war unsere Begeisterung nahezu unbeschreiblich, und auch unsere Kameraden standen uns in nichts darin nach. McTighe, der die wichtigsten Passagen, so wie sie aus dem dröhnenden Funkgerät kamen, eilends transkribiert hatte, übertrug sofort, nachdem der Funker von Lake sich abgemeldet hatte, seine stenografische Mitschrift komplett in Langtext. Allen war die epochale Bedeutung dieser Entdeckung bewusst, und ich sandte Lake meine Glückwünsche, direkt nachdem der Funker der *Arkham* den Bericht, wie verlangt, wortgetreu wiederholt hatte. Sherman von dem Nachschublager an der McMurdo-Bucht und auch Kapitän Douglas von der *Arkham* folgten meinem Beispiel. Später dann fügte ich in meiner Funktion als Leiter der Expedition einige Anmerkungen hinzu, die ebenfalls von der *Arkham* an die restliche Welt übermittelt werden sollten. Natürlich war in dieser außergewöhnlichen Situation nicht an eine Verschnaufpause zu denken, und mein einziger Wunsch war, so schnell wie möglich zu Lakes Lager zu gelangen. Ich war enttäuscht, als ich erfuhr, dass ein von den Bergen heraufkommender Sturm jeden Flug dorthin unmöglich machte.

Doch innerhalb einer Stunde wurde die Enttäuschung durch neue Entwicklungen wieder verdrängt. Lake meldete sich mit weiteren Nachrichten und berichtete von dem erfolgreichen Transport aller vierzehn Objekte in das Lager. Es war ein hartes Stück Arbeit gewesen, da die fassförmigen Dinger sich als sehr schwer herausgestellt hatten, doch die neun Männer hatten es ordentlich zustande gebracht. Jetzt beeilten sich einige der Gruppe, in sicherer Entfernung vom Camp eine Umzäunung aus Schnee zu bauen, in die die Hunde zur bequemeren Fütterung gebracht werden konnten. Die Objekte lagen auf dem festen Schnee nahe dem Lager, mit Ausnahme von einem, an dem Lake einen groben Versuch unternahm, es zu sezieren.

Dieses Sezieren erwies sich als schwieriger als erwartet, denn trotz der Hitze des Benzinofens in dem neu errichteten Laborzelt büßte das extrem dehnfähige Gewebe des ausgewählten Objekts – ein mächtiges, völlig intaktes – nichts von seiner lederartigen Festigkeit ein. Lake überlegte hin und her, wie er die notwendigen Einschnitte ohne zu große Gewalt vornehmen könnte und ohne dabei zu riskieren, die Feinheiten des Aufbaus, auf die es ihm ankam, zu zerstören. Er hatte zwar noch weitere sieben völlig erhaltene Exemplare, doch das waren zu wenig, um sie rücksichtslos zu vergeuden, bevor in der Höhle ein unbegrenzter Vorrat gefunden worden war. Schließlich ließ er dieses Exemplar wieder nach draußen bringen und schaffte eins herein, das, obwohl die Seesternelemente an beiden Enden vorhanden waren, ziemlich beschädigt war und der Torso entlang einer der dicken Wülste aufgerissen war.

Die sofort über Funk mitgeteilten Ergebnisse waren wirklich verblüffend und aufrüttelnd. Mit Exaktheit und Präzision hatte das, was Lake mit seinen Instrumenten, die kaum in der Lage waren, dieses abnorme Gewebe zu durchtrennen, nichts mehr zu tun, doch selbst das Wenige, was er herausfand, verursachte bei uns Erstaunen und Befremden. Die Biologie, wie wir sie kannten, würde wohl komplett umgeschrieben werden müssen, denn dieses Ding war kein Ergebnis irgendeines der Wissenschaft bekannten Zellwachstums. Es hatte kaum ein Mineralienaustausch stattgefunden, und trotz des Alters von möglicherweise vierzig Millionen Jahren waren die inneren Organe noch völlig erhalten. Die lederartige, gegen jeden Verfall resistente und nahezu unzerstörbare Struktur war ein Wesensmerkmal dieses Dings und entsprang einer Evolutionsperiode des Paläozens, die völlig außerhalb unserer Vorstellungskraft lag. Zuerst war alles, was Lake fand, trocken, doch als die Hitze im Zelt zu einem Taueffekt führte, trat an der verletzten Seite des Dings eine organische Feuchtigkeit auf, die einen scharfen, stechenden üblen Geruch absonderte. Es war kein Blut, aber eine dicke dunkelgrüne Flüssigkeit, die offensichtlich die gleiche Funktion erfüllte. An diesem Punkt seiner Arbeit angelangt, waren alle 37 Schlittenhunde in den provisorischen Verschlag in der Nähe des Lagers gebracht worden. Doch selbst auf diese Entfernung versetzte der stechende, merkwürdige Geruch die Hunde in Raserei und ließ sie wütend bellen.

Weit davon entfernt, uns bei der Einordnung dieser fremden Lebensform hilfreich zu sein, hatte die provisorische Sezierung das Geheimnis nur noch vergrößert. Alle Vermutungen über ihre Extremitäten waren zutreffend gewesen, und in diesem Licht konnte man nur schwerlich zögern, von einem Tier zu sprechen. Doch die Untersuchung der inneren Organe erbrachte so viele Beweise pflanzlicher Strukturen, dass Lake nur völlig ratlos sein konnte. Das Ding hatte einen Verdauungstrakt und einen Blutkreislauf und schied Abfallprodukte durch die rötlichen Schläuche an seiner seesternförmigen Unterseite aus. Bei flüchtiger Inaugenscheinnahme konnte man zu dem Schluss kommen, dass der Atemapparat eher Sauerstoff als Kohlendioxid ausstieß, daneben gab es Anzeichen von seltsamen Luftkammern und die Fähigkeit, die Atmung von der Einlassöffnung zu mindesten zwei vollständig entwickelten Atmungssystemen umzuleiten, die aus Kiemen und Poren bestanden. Ganz offensichtlich war es amphibisch und wahrscheinlich dazu angelegt, auch lange Winterschlafperioden zu überstehen. In Verbindung mit dem Hauptatmungssystem gab es Organe zur Lauterzeugung, die allerdings Absonderlichkeiten aufwiesen, die im Moment nicht zu klären waren. Artikulierte Sprache im Sinne von Silbenbildung erschien kaum möglich gewesen zu sein, aber Erzeugung von Pfeiftönen über eine große Bandbreite der Modulation war höchst wahrscheinlich. Die Muskulatur war schon fast übernatürlich ausgeprägt.

Das Nervensystem war so komplex und hoch entwickelt, dass es Lake fassungslos machte. Obwohl das Wesen in mancher Hinsicht außerordentlich primitiv und archaisch wirkte, verfügte es über eine Gruppe von Ganglienknoten und Nervenverbindungen, die eine extrem spezialisierte Entwicklungsstufe nahelegten. Das fünffach gelappte Gehirn war erstaunlich weit entwickelt, und es gab Sinnesorgane, die mit den drahtigen Flimmerhärchen auf dem Kopf verbunden waren und Wahrnehmungsaspekte mit einschlossen, die bei anderen irdischen Organismen nicht vorkamen. Möglicherweise verfügte es über mehr als fünf Sinne, sodass sich seine Lebensgewohnheiten aus keiner existierenden Lebensform ableiten ließen. Es musste, überlegte Lake, ein Organismus von hoher Empfindlichkeit und stark differenzierter Wahrnehmung in seiner urzeitlichen Welt gewesen sein, ganz wie die Ameisen und Bienen heutzutage. Es vermehrte sich wie die pflanzlichen Kryptogamen, besonders die Pteridophyten, da es an den Flügelspitzen Sporenbeutel besaß und sich offensichtlich aus Thallus oder Prothallus entwickelte.

Dem Objekt zu diesem Zeitpunkt einen Namen zu geben, wäre völliger Unsinn gewesen. Es sah aus wie ein Hohltier, war aber eindeutig mehr als das. Es war teilweise pflanzlich, hatte aber drei Viertel der Merkmale eines Tiers. Die symmetrische Form und bestimmte andere Attribute legten nahe, dass es maritimen Ursprungs war, doch niemand konnte genau sagen, wie weit es sich später angepasst hatte. Darüber hinaus vermittelten die Flügel den nachhaltigen Eindruck, es mit einem Flugwesen zu tun zu haben. Wie es zu dieser außerordentlich komplexen Evolution und das Hinterlassen von Fußabdrücken in urzeitlichen Felsen auf der noch jungen Erde kommen konnte, lag weit jenseits der Vorstellungskraft, sodass Lake unwillkürlich die vorzeitlichen Mythen von der *Alten Rasse* in den Sinn kamen, die von den Sternen herabgekommen war und das irdische Leben aus Scherz oder aus Versehen initiiert hatte, und auch die wilden Geschichten über kosmische Bergwesen von jenseits des Universums, die ein an Folklore interessierter Kollege aus der Anglistischen Fakultät der Miskatonic-Universität erzählte.

Selbstverständlich zog Lake die Möglichkeit in Betracht, dass die präkambrischen Abdrücke von einem weit weniger entwickelten Vorfahren des Untersuchungsobjekts stammen könnten, verwarf diese auf allzu schwachen Füßen stehende Theorie aber sogleich wieder, als er die höher entwickelten Merkmale der älteren Fossilen in Betracht zog. Wenn überhaupt, dann wiesen die jüngeren Abdrücke eher Merkmale von Dekadenz, denn von höherer Entwicklung auf. Die Größe des Pseudo-Fußes hatte sich reduziert und die äußere Körperform erschien gröber und einfacher strukturiert. Dazu kam noch, dass die Nerven und Organe, die Lake gerade untersucht hatte, bestimmte Anzeichen der Regression von komplexeren Formen zeigten. Verkümmerte und zurückgebliebene Teile waren überraschend zahlreich vorhanden. Insgesamt konnte man wenig zur Aufklärung beitragen, und Lake zog sich wieder auf die Mystik zurück, um einen vorläufigen Namen zu finden, indem er seine Fundstücke scherzhaft die *Alte Rasse* nannte.

Ungefähr um 2.30 Uhr nachts, nachdem er weitere Arbeiten aufgeschoben und sich etwas Ruhe gegönnt hatte, bedeckte Lake den sezierten Organismus mit einer Plane und studierte die unbeschädigten Organismen mit neuerlichem Interesse. Die unausgesetzt herabscheinende antarktische Sonne begann deren Gewebe ein bisschen aufzutauen, sodass die Kopfteile und deren Schläuche sich bei zwei oder drei von ihnen anscheinend etwas aufgefaltet hatten, doch Lake ging nicht davon aus, dass bei den herrschenden Temperaturen von um minus achtzehn Grad die Gefahr einer einsetzenden Verwesung bestand. Allerdings schob er die nicht sezierten Exemplare enger zusammen und errichtete ein weiteres Zelt über ihnen, um sie vor der direkten Sonneneinstrahlung zu schützen. Das würde auch helfen, etwaige Gerüche von den Hunden fernzuhalten, deren feindselige Unruhe sich zu einem wirklichen Problem auswuchs, obwohl sie sich in deutlicher Entfernung und hinter immer höher werdenden Schneewällen, die von einer wachsenden Anzahl von Männern aufgeschichtet wurden, befanden. Lake ließ die Zeltbahnen rundherum mit Schnee beschweren, um sie in dem aufkommenden Wind zu sichern, denn von den riesigen Bergen herab kündigte sich ein wirklich schwerer Sturm an. Frühere Befürchtungen in punkto plötzlich aufkommender antarktischer Stürme lebten wieder auf, und unter

Atwoods Anleitung wurden Vorkehrungen getroffen, die Zelte, den neuen Hundezwinger und die provisorischen Schutzwälle für die Flugzeuge auf der dem Gebirge zugewandten Seite mit weiterem Schnee abzusichern. Diese Schutzwälle hatte man, als gerade nichts anderes zu tun war, begonnen, aus festen Schneeblöcken zu errichten, doch sie waren keinesfalls so hoch, wie es notwendig gewesen wäre. Lake beorderte schließlich alle verfügbaren Männer an diese Arbeit.

Es war nach vier Uhr morgens, als Lake sich abmeldete und uns riet, genau wie er selbst und seine Gruppe, sobald die Schneewälle noch etwas höher wären, eine Ruhepause einzulegen. Er nahm sich noch die Zeit für einen freundlichen Plausch durch den Äther und lobte ein weiteres Mal die wirklich wunderbare Bohrausrüstung, die ihm sehr bei seiner Entdeckung geholfen hatte. Atwood funkte ebenfalls Grüße und Lob. Ich übermittelte einen herzlichen Glückwunsch, bestätigte ihm nochmals, wie Recht er mit dem Weg nach Westen gehabt hatte, und wir alle kamen überein, um zehn Uhr morgens wieder über Funk Kontakt aufzunehmen. Wenn sich der Sturm zu diesem Zeitpunkt gelegt hätte, würde Lake ein Flugzeug zu unserem Lager schicken. Bevor ich mich zur Ruhe begab, schickte ich eine abschließende Nachricht mit Anweisungen an die *Arkham*, wie die heutigen Neuigkeiten in abgemilderter Form an die Außenwelt weitergegeben werden sollten, da die Gesamtheit der Details so übermächtig war, dass sie eine Welle des Unglaubens auslösen konnten, bevor wir weitere Beweise liefern konnten.

III

Ich glaube, niemand von uns hat an diesem Morgen einen tiefen oder durchgehenden Schlaf gehabt, denn die Aufregungen der Lakeschen Entdeckung und die immer stärker werdende Wucht des Sturms stellten sich dem entgegen. Selbst bei uns wütete der Sturm so heftig, dass wir uns fragten, um wie viel schlimmer es noch in Lakes Lager sein musste, das ja direkt unter den unbekannten Gipfeln lag, zwischen denen er entstanden war und von denen er herabfegte. McTighe war um zehn Uhr auf den Beinen und versuchte, wie verabredet, Lake ans Funkgerät zu bekommen, doch irgendwelche elektrischen Interferenzen in den aufgewühlten Luftmassen westlich von uns schienen die Kommunikation zu verhindern. Wir konnten jedoch die *Arkham* erreichen, und Douglas teilte uns mit, dass er genau wie wir vergeblich versucht hatte, mit Lake Kontakt aufzunehmen. Er wusste nichts von einem Sturm, denn in der McMurdo-Bucht herrschte nur schwacher Wind, ganz anders als das andauernde Wüten bei uns.

Den ganzen Tag lang verharrten wir aufmerksam am Funkgerät und versuchten selbst mehrfach mit Lake in Verbindung zu treten, doch erfolglos. Um die Mittagszeit erhob sich von Westen kommend ein wütender Sturm, der uns für unser Lager das Schlimmste befürchten ließ, allerdings schwächte er sich gegen zwei Uhr mittags auf moderate Windgeschwindigkeiten ab. Gegen drei Uhr war es fast windstill, und wir nahmen unsere Versuche, Kontakt mit Lake zu bekommen, wieder auf. In Anbetracht dessen, dass er über vier Flugzeuge verfügte, jedes mit einem hervorragenden Kurzwellenfunkgerät ausgestattet, konnten wir uns keinen Zwischenfall vorstellen, der diese gleichzeitig außer Betrieb gesetzt hätte. Nichtsdestotrotz hielt die bleierne Stille an, und wenn wir an die unglaubliche Zerstörungskraft dachten, die der Wind in Lakes Lager entfaltet haben musste, kamen wir nicht umhin, die schrecklichsten Rückschlüsse daraus zu ziehen.

Gegen sechs Uhr wurden unsere Befürchtungen fast zur Gewissheit, und nach einer Besprechung über Funk mit Douglas und Thorfinnssen überlegte ich, notwendige Schritte für eine Untersuchung der Lage einzuleiten. Das fünfte Flugzeug, das wir in der McMurdo-Bucht mit Sherman und zwei Seeleuten im Vorratslager zurückgelassen hatten, befand sich in gutem Zustand und war jederzeit einsatzbereit. Es schien, als wäre der Notfall, für den es gedacht war, genau jetzt eingetreten. Über Funk teilte ich Sherman mit, sich mit dem Flugzeug und den beiden Seeleuten so schnell wie möglich zu mir ins südliche Lager zu begeben, denn das Wetter wäre ausgenommen gut. Danach wurde besprochen, wer mit auf die anstehende Erkundungsmission käme, und wir entschieden, dass alle Männer sowie der Schlitten und die Hunde, die hier im Lager verblieben waren, daran teilnehmen sollten. Selbst eine so umfangreiche Ladung würde für eine der großen Maschinen, die nach unseren besonderen Anforderungen zum Transport schwerer Gerätschaften gebaut worden waren, keine Probleme darstellen. In Abständen versuchte ich weiterhin, Lake zu erreichen, doch gänzlich ohne Erfolg.

Sherman und die Matrosen Gunnarsson und Larsen starteten um halb acht und meldeten mehrfach von unterwegs einen ruhigen Flug. Um Mitternacht erreichten sie unser Lager, und wir begannen, die nächsten Schritte zu besprechen. Es war ein gefährliches Unternehmen, mit einem einzelnen Flugzeug ohne eine Reihe von Zwischenlagern über die Antarktis zu fliegen, aber niemand hatte Einwände gegen die offenliegende Notwendigkeit. Um zwei Uhr, nachdem wir das Flugzeug vorbereitet hatten, legten wir eine kurze Ruhepause ein, waren aber nach vier Stunden schon wieder auf den Beinen, um das Packen und Beladen zu Ende zu bringen.

Am 25. Januar um 7.15 Uhr morgens flogen wir unter McTighes Leitung mit zehn Männern, sieben Hunden, einem Schlitten, Nahrungs- und Benzinvorräten sowie anderen Dingen einschließlich der Funkausrüstung des Flugzeugs Richtung Nordwesten. Das Wetter war klar, ziemlich ruhig, und es herrschten relativ milde Temperaturen. Wir erwarteten kaum Schwierigkeiten, den Längen- und den Breitengrad zu erreichen, an denen Lake sein Lager aufgeschlagen hatte. Unsere Befürchtungen kreisten darum, was wir am Ende unseres Fluges finden oder nicht finden würden, denn noch immer antwortete nur Schweigen auf unsere Funksprüche an das Lager.

Jede Kleinigkeit des viereinhalbstündigen Fluges ist in meiner Erinnerung eingebrannt, da er eine wichtige Phase in meinem Leben darstellt. Er markiert, im Alter von vierundfünfzig Jahren, meinen Verlust von Ruhe und Ausgeglichenheit, die auf dem Wissen der Existenz der uns umgebenden Welt und der Naturgesetze basieren. Von da an waren wir zehn, ganz besonders aber der Student Danforth und ich, mit einer abscheulich erweiterten Welt lauernder Schrecken konfrontiert, die nichts aus unseren Gedanken mehr tilgen kann und die wir der Menschheit gerne erspart hätten, wenn wir denn könnten.

Die Zeitungen haben die Berichte veröffentlicht, die wir von unterwegs übermittelten, von dem Nonstop-Flug, von den heimtückischen Windböen in den oberen Atmosphäreschichten, unserem Blick auf das Loch im Boden, wo Lake drei Tage zuvor auf halbem Wege seine Bohrung niedergebracht hatte, und unsere Sichtung von jenen lockeren Schneeformationen, wie sie bereits Amundsen und Byrd erwähnten, und die vom Wind über die endlosen Weiten des Eisplateaus getrieben wurden. Dann kam der Moment, als es nicht mehr möglich war, unsere Überraschung in solche Worte zu fassen, die von der Presse verstanden worden wären, und kurz darauf mussten wir uns selbst einer strikten Zensur unterwerfen.

Es war Matrose Larsen, der zuerst die gezackte Linie von teuflisch anmutenden Kegeln und Spitzen vor uns bemerkte, und seine Rufe ließen alle an die großen Kabinenfenster stürzen. Trotz unserer Geschwindigkeit wurden sie nur sehr langsam deutlicher, was uns zeigte, dass sie sehr weit entfernt und nur aufgrund ihrer großen Höhe sichtbar waren. Nach und nach erhoben sie sich bedrohlich gegen den westlichen Himmel, und wir konnten verschiedene kahle, glatte dunkle Gipfel erkennen, die in dem rötlichen antarktischen Licht vor dem herausstechenden Hintergrund von schimmernden Eiswolken einen fantastischen Eindruck vermittelten. Dem ganzen Schauspiel war ein dauernder, betörender Anklang von schaurigen Geheimnissen und deren möglicher Enthüllung zu eigen, so als ob diese mächtigen, albtraumhaften Gipfel die Pfeiler eines Furcht einflößenden Eingangs in die verbotenen Sphären des Traums und der vielfältigen Küsten von weit zurückliegenden Zeiten, Räumen und fernen Dimensionen wären. Ich konnte mich des Gedankens nicht erwehren, dass die Gipfel etwas Böses waren – Berge des Wahnsinns, deren jenseitige

Hänge über irgendeinem verfluchten äußersten Abgrund thronten. Dieser aufgewühlte, schimmernde Wolkenhintergrund trug in sich unbeschreibliche Ahnungen von einer unbestimmten ätherischen *Jenseitigkeit* – weit über irdische Räume hinaus – und war eine schreckliche Mahnung an die totale Verlassenheit, Abgeschiedenheit, Trostlosigkeit und den äonenlangen Tod des leblosen und unergründlichen Kosmos.

Es war der junge Danforth, der unsere Aufmerksamkeit auf die seltsamen Regelmäßigkeiten an den höheren Gipfeln lenkte – Regelmäßigkeiten wie die perfekten Würfel, die dort hingen und von Lake in seinen Berichten schon erwähnt worden waren und tatsächlich seinem Vergleich mit den traumhaften Eindrücken von vorzeitlichen Tempelruinen auf wolkenverhangenen asiatischen Berggipfeln Recht gaben, wie sie vieldeutig und befremdlich von Roerich gemalt worden sind. Diese gesamte unirdische, geheimnisvolle Gebirgslandschaft hatte wirklich etwas Verwunschenes, an Roerich Gemahnendes. Das hatte ich schon im Oktober empfunden, als wir zum ersten Mal Viktorialand erblickten, und ich spürte es jetzt wieder. Ich fühlte ebenfalls erneut einen bedrückenden Anflug von Übereinstimmung mit alten Mythen und wie verstörend dieses erstorbene Reich dem übel beleumundeten Plateau von Leng in den vorzeitlichen Schriften ähnelte. Mythenforscher haben Leng in Zentralasien lokalisiert, aber die Erinnerung des Menschen oder die seiner Vorgänger reicht weit zurück, und es kann gut sein, dass bestimmte Erzählungen von Ländern, Bergen und Tempeln des Schreckens viel älter als Asien sind und aus Zeiten vor jeder menschlichen Zivilisation, die wir kennen, über uns kamen. Ein paar waghalsige Mystiker haben den Ursprung des bruchstückhaften *Pnakotischen Manuskripts* im Pleistozän gesehen und die Verehrer des Tsathoggua als ebenso außerirdisch eingeschätzt wie Tsathoggua selbst. Leng, wo immer es in Raum und Zeit schwären möge, ist keine Gegend, der ich zu nahe kommen möchte, noch behagte mir die Nähe einer Welt solch zweideutiger und archaischer Ungeheuerlichkeiten, wie sie Lake uns beschrieben hatte. Im Moment bereute ich, dass ich jemals das schreckliche *Necronomicon* gelesen oder so häufig mit dem unerquicklichen gelehrten Volkskundler Wilmarth an der Universität gesprochen hatte.

Diese Stimmung war zweifellos auch der Grund für meine heftige Reaktion auf die bizarre Luftspieglung, die vor uns an dem immer intensiver schimmernden Himmel erschien, als wir uns den Bergen näherten und die abgerundeten Formen des Vorgebirges schon erkennen konnten. In den zurückliegenden Wochen hatte ich schon Dutzende von solchen Trugbildern gesehen, einige davon auch genauso ungewöhnlich und fantastisch lebensecht wie die gegenwärtige, doch diese war etwas ganz anderes und trug eine abartige Qualität bedrohlicher Symbolik in sich, und ich erschauderte, als das brodelnde Labyrinth beeindruckender Mauern, Türme und Minarette sich vor uns aus den tobenden Eisschwaden über unseren Köpfen erhob.

Es wirkte wie eine Stadt für Riesen, keiner dem Menschen bekannten oder auch vorstellbaren Architektur folgend, mit ausgedehnten Anhäufungen von nachtschwarzem Mauerwerk, das eine Missachtung sämtlicher geometrischer Gesetze darstellte und in einer grotesken Form finsterer Abseitigkeit gipfelte. Es gab Kegelstümpfe, manchmal mit terrassenförmigen oder geriffelten Seitenflächen, überragt von hohen zylinderförmigen Sockeln, die teilweise vorstehende Auswölbungen hatten und häufig von Stapeln muschelartiger Scheiben gekrönt wurden, seltsame, überhängende, Simsen ähnelnde Konstruktionen, die wie Türme von zahlreichen rechteckigen Platten oder runden Scheiben oder fünfstrahligen Sternen erschienen, wobei jedes Element das vorherige überlappte. Es gab zusammengesetzte Kegel und Pyramiden, teils frei stehend, teils auf Zylindern oder Würfeln oder flachen Kegelstümpfen und Pyramiden, und ab und zu auch nadelförmige Spitzen in Gruppen von je fünf Exemplaren. All diese albtraumhaften Gebilde schienen durch röhrenartige Brücken miteinander verbunden, die sich in verschiedenen atemberaubenden Höhen von dem einen zum anderen erstreckten. Die mutmaßlichen Abmessungen des Ganzen waren erschreckend und einschüchternd durch ihre schiere Größe. Der allgemeine Eindruck dieser Luftspiegelung war nicht unähnlich den beunruhigenden Formen, die der arktische Walfänger Scoresby 1820 gesehen und in Zeichnungen festgehalten hatte, doch zu diesem Zeitpunkt und an diesem Ort, mit den dunklen unbekannten Berggipfeln, die sich in erstaunliche Höhen vor uns erhoben, und der abseitigen Entdeckung aus der Vorzeit in unseren Köpfen sowie dem möglichen Unglück, das den größeren Teil unserer Expedition ereilt hatte, sahen wir wohl alle darin eine verborgene Spur des Verderbens und eine übermächtige, bösartige Bedrohung.

Ich war froh, als die Luftspiegelung begann, sich aufzulösen, obwohl dabei die unterschiedlichen albtraumhaften Türme und Kegel zeitweise verzerrtere Formen von noch größerer Abscheulichkeit annahmen. Als das gesamte Trugbild schließlich in den aufgewühlten Luftmassen verschwunden war, blickten wir wieder nach vorne und sahen, dass das Ende unseres Fluges nicht mehr fern war. Die unbekannten Berge vor uns erhoben sich verstörend wie ein Furcht einflößender, von Riesen geschaffener Wall, und die seltsam regelmäßigen Konturen waren jetzt sogar schon ohne Fernglas erkennbar. Wir befanden uns inzwischen über dem niedrigsten Vorgebirge und konnten zwischen dem Schnee, Eis und den kahlen Stellen des Hauptplateaus einige dunkle Punkte erkennen, bei denen wir annahmen, dass sie Lakes Lager und die Bohrstelle waren. Die höheren Vorberge erhoben sich ungefähr acht bis neun Kilometer entfernt und bildeten eine deutlich zu unterscheidende Bergkette vor den mehr als himalajahohen Gipfeln hinter ihnen. Schließlich leitete Ropes, der Student, der McTighe im Cockpit abgelöst hatte, den Sinkflug Richtung des linkerhand befindlichen dunklen Flecks ein, dessen Größe auf das Lager hindeutete. Währenddessen schickte McTighe den letzten unzensierten Funkspruch von unserer Expedition in die Welt hinaus.

Jeder hat natürlich die unbefriedigenden kurzen Nachrichten über unseren restlichen Aufenthalt in der Antarktis gelesen. Einige Stunden später sendeten wir einen zurückhaltenden Bericht von der Tragödie, die wir vorfanden, und teilten widerwillig mit, dass Lakes gesamte Mannschaft von den schrecklichen Stürmen des gestrigen Tages oder der vorherigen Nacht ausgelöscht worden war. Elf waren tot, der junge Gedney wurde vermisst. Die Leute hatten Nachsicht mit den verschleierten, fehlenden Einzelheiten, und führten dies auf den Schock zurück, den die traurigen Ereignisse bei uns ausgelöst haben mussten, und glaubten uns, dass die fürchterliche Gewalt des Sturms alle elf Körper so in Mitleidenschaft gezogen hätte, dass an eine Rückführung in die Außenwelt nicht zu denken gewesen sei. Ja, ich rechne es mir hoch an, dass wir, selbst in unserem Leid, in der großen Verwirrung und dem nervenzerfetzenden Schrecken, bei dem, was wir sagten, den Boden der Wahrheit kaum einmal verließen. Die große Lüge lag in dem, was zu sagen wir uns nicht wagten, was ich auch jetzt nicht aussprechen würde, ginge es nicht darum, andere vor den namenlosen Schrecknissen zu warnen.

Es ist unbestritten, dass der Wind schreckliche Verwüstungen angerichtet hatte. Ob die Männer das hätten überleben können, auch wenn sonst nichts geschehen wäre, muss stark bezweifelt werden. Der Sturm, der in seiner rasenden Wut die Eispartikel vor sich her gepeitscht hatte, musste heftiger gewesen sein als alles, was wir bei unserer Expedition bisher erlebt hatten. Einer der Flugzeugschutzwälle – alle, so schien es, hatten sich in einem unfertigen und unzureichendem Zustand befunden – war nahezu pulverisiert und der abseits stehende Bohrturm war in Stücke gerissen. Die offen liegenden Metallteile der Flugzeuge und Bohrmaschinen waren blank geschmirgelt, und zwei der kleinen Zelte waren trotz ihrer Schneebefestigung völlig zerrissen. Holzteile, die dem Sturm ausgesetzt waren, wiesen Scharten auf und waren bar jeglicher Farbe, und sämtliche Spuren im Schnee waren ausgelöscht. Wahr ist auch, dass keines der urzeitlichen Objekte sich in einem Zustand befand, in dem man es als Ganzes der Außenwelt hätte präsentieren können. Wir sammelten ein paar Brocken von einem großen, durcheinander geworfenen Haufen, darunter auch einige der grünlichen Specksteinfragmente, deren seltsame fünffache Ausstülpungen und blasse, zu Mustern angeordnete Punkte zu vielen zweifelhaften Vergleichen geführt hatten, sowie einige fossile Knochen, darunter welche mit den seltsamen Spuren einer Verwundung.

Keiner der Hunde hatte überlebt, der eilig aus Schnee errichtete Zwinger nahe des Lagers war völlig zerstört. Er konnte Opfer des Sturms geworden sein, allerdings deutete die Zerstörung auf der dem Lager zugewandten und eigentlich dem Wind abgewandten Seite auf einen Riss oder einen Ausbruch der wild gewordenen Tiere selbst hin. Alle drei Schlitten fehlten, und wir haben versucht, dies damit zu erklären, dass der Sturm sie hinaus ins Unbekannte geweht hätte. Die Bohr- und Eisschmelzausrüstung am Bohrloch war zu schwer beschädigt, als dass man sie hätte reparieren können, wir benutzten die Trümmer dazu, den etwas beunruhigenden Eingang, den Lake freigesprengt hatte, wieder zuzuschütten. Genauso ließen wir die beiden am schlimmsten beschädigten Flugzeuge im Lager zurück, da die Gruppe der Überlebenden nur noch über vier ausgebildete Piloten, Sherman, Danforth, McTighe und Ropes, verfügte und überdies Danforth sich in einem psychisch zu angegriffenen Zustand befand, um ein Flugzeug zu fliegen. Wir sammelten alle Bücher, wissenschaftliches Gerät und sonstige Ausrüstungsgegenstände zusammen, die wir finden konnten, doch vieles war hoffnungslos vom Sturm verweht. Auch die überzähligen Zelte und Pelzjacken fehlten oder waren in einem sehr schlechten Zustand.

Ungefähr vier Uhr nachmittags, nachdem ausgedehnte, ergebnislose Suchflüge uns dazu gezwungen hatten, Gedney aufzugeben, sendeten wir eine wohl bedachte Meldung an die *Arkham,* um sie weiterzugeben, und ich glaube, wir taten gut daran, sie so zurückhaltend und unverbindlich zu halten, wie nur irgend möglich war. Das meiste, was wir von unserer Aufregung preisgaben, betraf unsere Hunde, deren wildes Aufbäumen in der Nähe der biologischen Objekte man nach den Berichten des armen Lake hatte erwarten können. Ich glaube, wir erwähnten allerdings nicht, dass sie die gleiche Unruhe zeigten, als sie an den merkwürdigen grünlichen Specksteinen und einigen anderen Objekten, die über den verwüsteten Bereich verstreut waren, herumschnüffelten. Dazu gehörten wissenschaftliche Instrumente, die Flugzeuge und die Maschinen, sowohl im Lager als auch an der Bohrstelle, deren Teile vom Wind gelockert, bewegt oder anderweitig beeinflusst worden waren, als ob dieser eine neugierige und forschende Qualität besessen hätte.

Bei den vierzehn biologischen Objekten blieben wir verzeihlicher Weise ziemlich vage. Wir behaupteten, dass die einzigen, die wir vorfanden, beschädigt wären, doch es wäre genügend übrig, um Lakes Beschreibung als völlig zutreffend und genau zu bezeichnen. Es war schwer, unsere persönlichen Gefühle in dieser Angelegenheit zu kontrollieren, und wir nannten weder eine Zahl noch in welchem Zustand die waren, die wir fanden. Zu diesem Zeitpunkt waren wir schon überein gekommen, nichts zu übermitteln, was auf einen Ausbruch von Wahnsinn unter Lakes Männern hindeuten könnte, und doch erschien es wie Wahnsinn, als wir sechs dieser beschädigten Ungeheuerlichkeiten aufrecht begraben unter fast drei Metern Schnee fanden. Die Gräber waren fünfzackig und darauf waren Gruppen von Punkten, genau wie jene auf den seltsamen grünlichen Specksteinen, die man in mesozoischen oder tertiären Schichten gefunden hatte. Es schien, als ob die von Lake erwähnten acht perfekt erhaltenen Objekte alle vom Sturm hinweggetragen worden wären.

Wir blieben in Hinblick auf den allgemeinen Seelenfrieden der Öffentlichkeit ebenfalls sehr vorsichtig, deshalb berichteten wir auch nur sehr wenig von dem Furcht einflößenden Flug über die Berge, den Danforth und ich am nächsten Tag unternahmen. Es war klar, dass nur ein so leicht wie irgend möglich gemachtes Flugzeug überhaupt eine Chance hatte, diesen hohen Gebirgszug zu überwinden, was glücklicherweise die Besatzung des Erkundungsflugs auf uns beide reduzierte. Bei unserer Rückkehr, um ein Uhr morgens, stand Danforth kurz davor, hysterisch zu werden, doch bewahrte er auf bewundernswerte Weise seine Beherrschung. Es bedurfte keiner Überredungskunst, ihm das Versprechen abzunehmen, weder unsere Skizzen noch andere Dinge, die wir in unseren Taschen zurückbrachten, vorzuzeigen und den anderen nicht mehr zu sagen, als wir der Außenwelt mitzuteilen abgesprochen hatten. Wir versteckten unsere belichteten Filme, um sie später im Geheimen zu entwickeln, sodass dieser Teil meines jetzigen Berichts für Pabodie, McTighe, Ropes und Sherman genauso neu ist, wie für den ganzen Rest der Welt. Tatsächlich sind Danforths Lippen noch verschlossener als die meinen, da er etwas sah oder meinte, gesehen zu haben, von dem er noch nicht einmal mir etwas sagen will.

Wie bekannt ist, umfasste unser Bericht die Beschreibung eines mühevollen Aufstiegs des Flugzeugs, die Bestätigung von Lakes Einschätzung, dass die erhabeneren Gipfel aus urzeitlichem Schiefer und anderen urzeitlichen, gefalteten Schichten bestanden, die unverändert mindestens seit dem ausgehenden Jura existierten, dem üblichen Kommentar über die regelmäßigen, hängenden Würfel- und Mauerformationen, die Feststellung, dass es sich bei den Höhlenöffnungen um ausgespülte Kalksteinadern handelte, die Vermutung, dass bestimmte Berghänge und Pässe es erfahrenen Bergsteigern ermöglichen könnten, den gesamten Gebirgszug zu erklettern, und einen Hinweis, dass der geheimnisvolle jenseitige Bereich ein weitausgedehntes Plateau, unveränderlich wie die Berge selbst, in 6700 Metern Höhe darstellt, uralt und übersät mit merkwürdigen Felsformationen, die aus einer dünnen Eisschicht herausragen und mit sanft ansteigenden Hügeln zwischen der Oberfläche des Plateaus und den steil aufragenden höchsten Gipfeln.

Diese Informationen, so weit sie reichen, entsprechen in jeder Beziehung der Wahrheit und die Männer im Lager waren völlig damit zufrieden. Wir begründeten unsere lange Abwesenheit von über sechzehn Stunden, viel länger als unsere geplante Flugzeit, Landung, Erkundungs- und Steinsammlungsprogramm benötigt hätte, mit einer fantastischen Geschichte von ungünstigen Windbedingungen, und berichteten wahrheitsgemäß von unserer Landung bei den entfernten Vorbergen. Glücklicherweise klang unser Bericht realistisch und uninteressant genug, um keinen der anderen auf den Gedanken zu bringen, den Flug zu wiederholen. Wenn irgendeiner versucht hätte, dies zu tun, hätte ich meine ganze Überredungskraft eingesetzt, ein solches Vorhaben zu verhindern, und ich weiß nicht, was Danforth getan hätte. Während wir unterwegs waren, hatten Pabodie, Sherman, Ropes, McTighe und Williams ununterbrochen an den beiden am wenigsten beschädigten Flugzeugen von Lake gearbeitet, um sie trotz der eigentlich unerklärlichen Beschädigungen an einigen wichtigen Teilen wieder flugfähig zu bekommen.

Wir beschlossen, am nächsten Morgen die Flugzeuge zu beladen und zu unserem alten Lager zurückzukehren. Selbst wenn es einen Umweg bedeutete, war es doch die sicherste Strecke zurück zur McMurdo-Bucht, denn der direkte Flug über meistenteils unbekanntes Gebiet dieses seit Urzeiten toten Kontinents würde bedeuten, eine Unzahl von zusätzlichen Gefahren in Kauf zu nehmen. Weitere Forschungen waren angesichts der tragischen Dezimierung der Mannschaft und des Verlusts des Bohrgeräts kaum noch durchführbar, und die Zweifel und der Schrecken um uns herum, den wir nicht öffentlich machten, ließ uns an nichts anderes denken, als dieser südlichen Welt der Einsamkeit und des schwärenden Wahnsinns so schnell wie möglich zu entkommen.

Wie die Öffentlichkeit weiß, fand unsere Rückkehr in die Welt ohne weitere Zwischenfälle statt. Sämtliche Flugzeuge erreichten nach einem ruhigen Nonstop-Flug das alte Lager am Abend des 27. Januar, und am 28. Januar bewältigten wir die Strecke zur McMurdo-Bucht in zwei Etappen, da wir schon bald nach dem Start eine kurze Zwischenlandung einlegen mussten, nachdem der heftige Wind über dem Schelfeis jenseits des Plateaus ein Seitenruder beschädigt hatte. Nach weiteren fünf Tagen kämpften sich die *Arkham* und die *Miskatonic* mit allen Männern und sämtlicher Ausrüstung an Bord durch das dichter werdende Treibeis und nahmen ihren Weg durch das Rossmeer, wobei im Westen die uns verspottenden Berge von Viktorialand gegen den aufgewühlten Himmel aufragten und das Heulen des Windes zu einem Pfeifkonzert von großem Tonumfang wurde, welches mein Blut sofort gefrieren ließ. Zwei Wochen später hatten wir die letzten Anzeichen des Polargebiets hinter uns zurückgelassen und dankten Gott, dass wir befreit waren von diesem verfluchten und heimgesuchten Reich, in dem Leben und Tod, Raum und Zeit dunkle und widernatürliche Verbindungen eingingen in den unbekannten Epochen, als die Materie erstmals auf der kaum abgekühlten Planetenoberfläche schwamm und sich wand.

Seit unserer Rückkehr haben wir unentwegt daran gearbeitet, jede weitere Antarktis-Expedition zu verhindern, und haben bestimmte Zweifel und Vermutungen einmütig und vertrauensvoll totgeschwiegen. Selbst der junge Danforth mit seinem Nervenzusammenbruch war während seiner Untersuchung durch die Ärzte nicht zusammengezuckt oder hatte herumgestottert, doch, wie ich schon sagte, da gab es eine Sache, die er allein sah, die er noch nicht einmal mir erzählte, allerdings denke ich, es wäre seiner psychischen Gesundheit dienlich, wenn er dies täte. Es könnte einiges erklären und würde ihm große Erleichterung verschaffen, denn vielleicht war das Ding nichts anderes als die Nachwirkungen eines vorangegangenen Schocks. Diesen Eindruck erhielt ich in seinen seltenen Momenten der Unzurechnungsfähigkeit, wenn er mir unzusammenhängende Dinge zuflüstert, Dinge, die er heftig in Abrede stellt, sobald er wieder bei klarem Verstand ist.

Es wird eine schwere Aufgabe sein, andere von dem großen weißen Süden abzuschrecken, und einige unserer Anstrengungen werden diesem Plan auch eher entgegenlaufen, weil sie erst das Interesse auf diese Sachen lenken. Wir hätten von Anfang an wissen müssen, dass die menschliche Neugierde keine Grenzen kennt und dass die Ergebnisse, die wir veröffentlichten, ausreichten, andere dazu zu bringen, demselben uralten Trieb nach dem Unbekannten zu folgen. Lakes Berichte über die monströsen Lebensformen hatten Naturforscher und Paläontologen in höchste Aufregung versetzt, obwohl wir klug genug waren, weder die Teile, die wir von den begrabenen Exemplaren abgetrennt hatten, noch Fotografien der von uns vorgefundenen Objekte der Öffentlichkeit zugänglich zu machen. Gleiches trifft auf die noch merkwürdiger beschädigten Knochen und die grünlichen Specksteine zu. Danforth und ich halten die Bilder und Zeichnungen, die wir auf dem Plateau hinter der Bergkette gemacht haben, zusammen mit den zerknüllten Zetteln, die wir geglättet, mit Schrecken studiert und in unseren Taschen mit zurückgebracht haben, unter strengstem Verschluss. Doch jetzt wird die Starkweather-Moore-

Expedition zusammengestellt und in einem Umfang ausgerüstet, der unsere damaligen Mittel um ein Vielfaches übertrifft. Wenn wir sie nicht davon abbringen, dann werden sie den innersten Bereich der Antarktis erreichen und dort bohren und abschmelzen, bis sie schließlich das zutage bringen, was das Ende der Welt, wie wir sie kennen, bedeuten kann. Deshalb muss ich jetzt sämtliche Bedenken beiseitelassen, auch bezüglich jenes letzten Namenlosen hinter den Bergen des Wahnsinns.

IV

Nur mit größtem Zögern und Widerwillen richte ich meine Gedanken wieder auf Lakes Lager und auf das, was wir wirklich dort entdeckt haben, und jenes andere hinter dem Furcht einflößenden Gebirgszug. Ich bin ständig versucht, die Einzelheiten abzumildern und eher Andeutungen denn wirkliche Fakten und naheliegende Schlussfolgerungen zu liefern. Ich hoffe, schon genug gesagt zu haben, um den Rest kurz zusammenfassen zu können. Der Rest beinhaltet den Schrecken, den wir im Lager vorfanden. Ich habe schon berichtet von dem sturmzerfetzten Lagerbereich, den zerstörten Schutzwällen, den kaputten Maschinen, der Aufgebrachtheit unserer Hunde, dem Fehlen der Schlitten und anderer Dinge, dem Tod von Männern und Hunden, dem vermissten Gedney und den sechs abartig beerdigten Lebensformen aus einer schon seit vierzig Millionen Jahren vergangenen Welt, deren Gewebe trotz der vielfältigen schweren Verletzungen immer noch seltsam fest war. Ich erinnere mich allerdings nicht, ob ich schon erwähnt hatte, dass wir bei der Zählung der Hundekadaver feststellten, dass ein Tier fehlte. Wir machten uns darüber bis zu einem späteren Zeitpunkt keine Gedanken, eigentlich machten nur Danforth und ich uns überhaupt darüber Gedanken.

Das Wichtigste, was ich verschwiegen habe, steht in Verbindung mit diesen Kadavern und bestimmter anderer Dinge, die vielleicht oder auch nicht eine abscheuliche und unglaubliche Erklärung des vorgefundenen Chaos sein könnten. Zu dem Zeitpunkt, als ich versuchte, diese Gedanken von den restlichen Männern fernzuhalten, war es viel einfacher und auch wahrscheinlicher, alles auf den Ausbruch von Wahnsinn bei einigen Männern aus Lakes Gruppe zu schieben. Wie die Dinge lagen, war jener dämonische Sturm von den Bergen herab fähig, jeden Mann hier inmitten des Zentrums aller irdischer Mysterien und Verwüstung in den Wahnsinn zu treiben.

Die Krönung aller Abnormalitäten waren allerdings die Körper, menschliche wie tierische. Sie alle mussten einen schrecklichen Kampf ausgefochten haben und waren auf eine teuflische und unbeschreibliche Weise zerfleischt und zerfetzt worden. Der Tod war, soweit wir es beurteilen konnten, bei jedem durch Strangulation oder Zerreißen eingetreten. Die Probleme begannen offensichtlich bei den Hunden, denn ihr nachlässig errichteter Zwinger war eindeutig von innen heraus niedergerissen worden. Aufgrund der Abneigung der Tiere gegenüber den höllischen urzeitlichen Organismen befand er sich in einiger Entfernung vom Lager, doch sämtliche Vorsichtsmaßnahmen waren vergeblich gewesen. Als man die Hunde in dem mächtigen Sturm hinter schwachen Schneewällen von nur unzureichender Höhe zurückließ, waren sie in wilder Jagd ausgebrochen; ob ausgelöst durch den Sturm oder einen unterschwellig stärker werdenden Geruch, der von den albtraumhaften Lebensformen ausging, konnte man nicht sagen. Natürlich waren diese mit Zeltplanen bedeckt gewesen, doch die tief stehende antarktische Sonne hatte beständig darauf geschienen, und Lake hatte ja erwähnt, dass die Sonnenwärme seltsame Geräusche erzeugte und auch dazu führte, dass sich Gewebeteile dieser Dinger gelockert und ausgedehnt hätten. Vielleicht hatte der Sturm die Zeltplanen von ihnen weggerissen und die Dinger umhergeschleudert, sodass ihr beißender Geruch trotz ihres unglaublichen Alters stärker wurde und sich weiter ausbreitete.

Doch was immer geschehen war, es war schrecklich und abscheulich genug, und vielleicht sollte ich diese Ekel erregenden Einzelheiten beiseitelassen und endlich von dem Schlimmsten berichten. Meine fest gefasste Meinung, und sie gründet sich auf eigene Wahrnehmung und eindeutige Schlussfolgerungen sowohl von Danforth als auch von mir, ist, dass der vermisste Gedney in keiner Weise für die Übelkeit erregenden Zustände, die wir vorfanden, verantwortlich sein konnte. Ich habe gesagt, dass die Körper fürchterlich in Mitleidenschaft gezogen waren. Jetzt muss ich hinzufügen, dass einige davon Schnitte und Abtrennungen aufwiesen, die auf merkwürdige, kaltblütige und unmenschliche Art ausgeführt worden waren – sowohl bei Menschen als auch bei den Hunden. Aus allen kräftigeren und fetteren Körpern, ob Zwei- oder Vierbeiner, hatte man, wie ein sorgfältiger Metzger, größere Fleischteile herausgetrennt, und um die Körper herum war merkwürdigerweise Salz verstreut, das aus den geplünderten Proviantkisten der Flugzeuge stammte. Dieser Umstand führte zu den schrecklichsten Vermutungen. Das hatte sich alles in einem der notdürftig aufgetürmten Flugzeugschuppen abgespielt, aus dem das Flugzeug herausgezogen worden war, und die starken Winde hatten alle Spuren getilgt, die möglicherweise Aufschluss über die Ereignisse hätten geben können. Verstreute Kleidungsfetzen, die von den verstümmelten menschlichen Körpern heruntergerissen worden waren, gaben uns auch keine Hinweis. Es ist sinnlos, die schwachen Abdrücke im Schnee an einer windgeschützten Stelle des zerstörten Lagers zu erwähnen, denn diese Spuren erinnerten überhaupt nicht an menschliche Füße, aber passten deutlich zu dem, was der bemitleidenswerte Lake in der vorherigen Woche über die fossilen Abdrücke gesagt hatte. Hier, im Schatten dieser Berge des Wahnsinns, durfte man seiner Fantasie keinen freien Lauf lassen.

Wie ich schon angemerkt habe, hat sich bestätigt, dass Gedney und ein Hund vermisst wurden. Als wir zu dem schrecklichen Unterstand kamen, vermissten wir insgesamt zwei Männer und zwei Hunde, aber das weitgehend intakte Zelt, in dem Lake seziert hatte und das wir jetzt betraten, nachdem wir die abartigen Gräber untersucht hatten, hielt eine Überraschung für uns bereit. Es war nicht in dem Zustand, wie Lake es verlassen hatte, denn die abgedeckten Teile der urzeitlichen Ungeheuerlichkeiten waren von dem provisorischen Tisch entfernt worden. Tatsächlich hatten wir schon festgestellt, dass eines der sechs von uns gefundenen unvollständigen und abartig bestatteten Wesen, das, welches einen besonders widerwärtigen Geruch absonderte, aus den Teilen bestand, die Lake zu analysieren versucht hatte. Auf und um den Tisch herum lagen andere Sachen verstreut, und wir brauchten nicht lange, um darin die sorgfältig, aber seltsam und laienhaft sezierten Teile von einem Mann und einem Hund zu erkennen. Ich spare mir, die Gefühle der Leute bei der Übelkeit erregenden Erkenntnis zu beschreiben, um wen es sich dabei gehandelt hatte. Lakes chirurgische Instrumente waren verschwunden, doch es gab Hinweise darauf, dass sie sorgfältig gereinigt worden waren. Der Benzinofen fehlte ebenfalls, doch an seinem Standort fanden wir sonderbarerweise eine Menge Streichholzreste. Wir beerdigten die menschlichen Überreste neben den anderen zehn Männern und die des Hundes bei den anderen fünfunddreißig Tieren. Was die merkwürdigen Flecken auf dem Labortisch betraf und das Durcheinander von brutal behandelten, illustrierten Büchern, die darum herum lagen, waren wir viel zu verstört, um Vermutungen anzustellen.

Das waren die grässlichsten Funde im Lager, doch andere Dinge waren gleichermaßen beunruhigend. Das Verschwinden von Gedney und dem Hund, den acht völlig intakten Lebensformen, den drei Schlitten und bestimmten Instrumenten, illustrierten technischen und wissenschaftlichen Büchern, Schreibutensilien, elektrischen Taschenlampen und Batterien, Nahrungsmitteln und Treibstoff, Öfen, überzähligen Zelten, Pelzjacken und ähnlichem, das war alles ohne vernünftige Beziehung zueinander, wie auch die verspritzten Tintenflecken auf bestimmten Papierstücken und die Anzeichen von seltsam fremdartig vorgenommenen Untersuchungen an den Flugzeugen und anderen Maschinen, sowohl im Lager als auch an der Bohrstelle. Die Hunde schienen die merkwürdig zerlegten Maschinen zu verabscheuen. Auch waren die Vorratsschuppen durchwühlt, es fehlten einige Nahrungsmittel, und es gab unnatürliche Haufen von Konservendosen, die in fast lachhafter Art und an den unmöglichsten Stellen aufgebrochen worden waren. Die Anzahl der verstreuten Streichhölzer – intakte, zerbrochene oder angezündete – stellte ein weiteres, eher nebensächliches Rätsel dar, ebenso wie die zwei oder drei Zeltplanen und Pelzjacken, die merkwürdig zerrissen den Eindruck erweckten, jemand habe auf unmögliche Art versucht, sie sich überzuziehen. Der Zustand der menschlichen und tierischen Körper und das verrückte Begräbnis der beschädigten, vorzeitlichen Lebensformen passte alles zu der Annahme, es hier mit einem Ausbruch von zerstörerischem Wahnsinn zu tun zu haben. Angesichts der Möglichkeit, dass sich so etwas wie das wiederholen könnte, fotografierten wir alle wichtigen Beweise für die geistige Verwirrung, die im Lager geherrscht haben musste, und werden die Bilder zur Untermauerung unseres Widerstands gegen die Abreise der geplanten Starkweather-Moore-Expedition einsetzen.

Nachdem wir die Leichen in dem Unterstand entdeckt hatten, bestand unsere erste Handlung darin, die abseitigen Gräber mit den fünfeckigen Spitzen zu fotografieren und zu öffnen. Uns fiel gleich die Ähnlichkeit dieser grässlichen Schneehügel mit ihren Gruppen von nebeneinander liegenden Punkten mit Lakes Beschreibung der seltsamen grünlichen Specksteine auf, und als wir dann einige der Specksteine in einem großen Steinhaufen fanden, war die Übereinstimmung wirklich sehr frappant. Die gesamte Anordnung erinnerte abscheulich betörend an die Seesternköpfe der urzeitlichen Entitäten, und wir kamen zu dem Schluss, dass diese suggestive Qualität heftig auf den angegriffenen Geisteszustand von Lakes erschöpfter Mannschaft gewirkt haben musste. Unser erster Blick auf die dort bestatteten Lebensformen war ein Moment des Grauens und löste bei Pabodie und mir die Erinnerung an einige der schockierenden, vorzeitlichen Mythen aus, von denen wir gelesen oder gehört hatten. Wir kamen überein, dass der fortgesetzte Anblick und die andauernde Präsenz dieser Dinger, zusammen mit der bedrückenden polaren Einsamkeit sowie den dämonischen Stürmen aus den Bergen Lakes Gruppe in den Wahnsinn getrieben hatte.

Wahnsinn, wahrscheinlich Gedneys Wahnsinn, als einziger möglicherweise Überlebender, war eine Erklärung, die jeder, soweit es die geäußerten Meinungen betraf, sofort bereit war zu akzeptieren, doch ich bin nicht so einfältig, in Abrede zu stellen, dass ein jeder von uns wilde Vermutungen hegte, die mit aller Konsequenz auszusprechen der gesunde Menschenverstand ihm verbot. Am Nachmittag unternahmen Sherman, Pabodie und McTighe einen anstrengenden Erkundungsflug über das gesamte Gebiet und suchten den Horizont mit Ferngläsern nach Gedney und allen anderen vermissten Sachen ab, doch ohne etwas zu finden. Sie berichteten, dass sich die gigantische Bergkette sowohl nach rechts als auch nach links unendlich weit ausdehne, ohne auch nur an Höhe zu verlieren oder irgendwelche Einschnitte zu haben. Doch an einigen der Gipfel wären Formationen von Würfeln und Wällen ausgeprägter und glatter, sodass sich die fantastisch anmutende Ähnlichkeit mit den von Roerich gemalten asiatischen Hügelruinen noch verstärkte. Die geheimnisvollen Höhlenöffnungen an den schwarzen schneefreien Gipfeln zogen sich so weit hin, wie man sehen konnte.

Trotz der zutage getretenen Schrecken hatten wir noch genügend Forschergeist und Abenteuerlust in uns, um uns Gedanken über das unbekannte Reich hinter diesen geheimnisvollen Bergen zu machen. Wie unsere wohlbedachte Nachricht besagte, begaben wir uns nach einem Tag des Grauens und des Staunens um Mitternacht zur Ruhe, doch nicht, ohne vorher einen gut durchdachten Plan zu entwickeln für einen oder auch mehrere Flüge am nächsten Morgen, in großer Höhe über die Bergkette mit einem von allem Ballast, außer einer Kamera für Luftaufnahmen und einer geologischen Ausrüstung, befreiten Flugzeug. Es wurde entschieden, dass Danforth und ich den ersten Versuch unternähmen, und wir standen um sieben Uhr morgens für einen frühen Abflug auf, doch heftige Winde, so wie wir es in unserer kurzen Nachricht an die Außenwelt mitteilten, verzögerten unseren Start bis fast neun Uhr.

Ich habe schon den unverfänglichen Bericht wiederholt, den wir den Männern im Lager und auch der Außenwelt nach unserer Rückkehr, sechzehn Stunden später, lieferten. Es ist nun meine schreckliche Pflicht, diesen Bericht zu vervollständigen, indem ich die barmherzig ausgesparten Dinge durch Hinweise auf das, was wir wirklich in der verborgenen Welt hinter den Bergen vorfanden, vervollständige. Hinweise, die schließlich dasjenige erkennen lassen werden, was bei Danforth schließlich zu einem Nervenzusammenbruch führte. Ich wünschte, er würde ein wirklich offenes Wort über das verlieren, was er allein glaubt gesehen zu haben, selbst wenn es wahrscheinlich nur ein nervöses Trugbild war, was für ihn vielleicht der letzte Strohhalm ist, der ihn vor dem Wahnsinn bewahrt. Doch er weigert sich konsequent. Ich kann nur seine später geflüsterten, unzusammenhängenden Wortfetzen wiederholen, von dem, was ihn aufschreien ließ, als das Flugzeug nach den realen und greifbaren Schrecknissen, die ich ebenfalls erfuhr, über den windgepeitschten Bergpass aufstieg. Das soll mein letztes Wort dazu sein. Wenn die offenliegenden Beweise für die immer noch existierenden urzeitlichen Schrecken, die ich erbracht habe, nicht ausreichen, andere davon abzuhalten, ins Innere der Antarktis vorzudringen, oder wenigstens davon, zu tief unter die Oberfläche dieser Öde von verbotenen Geheimnissen und nichtmenschlicher, seit Urzeiten verfluchter Vernichtung vorzustoßen, dann trage ich keine Verantwortung für das unnennbare und vielleicht unermesslich Böse, was da über uns kommen könnte.

Danforth und ich hatten, unter Hinzuziehen von Pabodies Notizen, die er auf seinem Nachmittagsflug gemacht und die wir mit einem Sextanten überprüft hatten, berechnet, dass der niedrigste, erreichbare Pass irgendwo rechts von uns in Sichtweite des Lagers lag und zwischen 7500 und 8000 Metern hoch war. Zu diesem Punkt brachen wir in unserem gewichtsreduzierten Flugzeug für unseren ersten Erkundungsflug auf. Das Lager selbst, auf dem Vorgebirge, das sich von einem hohen kontinentalen Plateau erhob, befand sich auf ungefähr 4000 Metern Höhe, doch der Höhenunterschied, den wir bewältigen mussten, erwies sich als nicht so gravierend wie es schien. Trotzdem war uns nur allzu bewusst, dass mit zunehmender Höhe die Luft dünner und die Kälte zunehmen würde. Für bessere Sicht mussten wir die Kabinenfenster geöffnet lassen. Natürlich hatten wir unsere dickste Fellkleidung an.

Als wir näher zu den verbotenen Gipfeln kamen, finster und bedrohlich über der Linie der von Spalten durchzogenen und zerrissenen Gletschern aufragend, entdeckten wir immer mehr von den merkwürdigen, regelmäßigen Formationen, die an den Abhängen klebten und uns erneut an die seltsamen asiatischen Gemälde von Nicholas Roerich gemahnten. Die urzeitlichen und verwitterten Felsschichten zeigten, wie zutreffend Lakes Berichte gewesen waren, und bewiesen, dass diese grauen Zinnen schon seit frühesten Erdzeitaltern, vielleicht seit über fünfzig Millionen Jahren, hier aufragten. Es war zwecklos, Vermutungen darüber anzustellen, wie hoch sie einmal gewesen sein mochten, aber alles wies darauf hin, dass in dieser merkwürdigen Gegend sich die klimatischen Verhältnisse nur wenig veränderten und so der Verwitterungsprozess extrem verlangsamt wurde.

Aber es war das Gewirr von Würfeln, Wällen und Höhlenöffnungen an den Berghängen, das uns am meisten faszinierte und beunruhigte. Ich studierte sie mit dem Fernglas und machte Fotos, während Danforth das Flugzeug flog. Von Zeit zu Zeit löste ich ihn am Steuer ab, damit er sich mit dem Feldstecher umsehen konnte, obwohl meine fliegerischen Fähigkeiten kaum erwähnenswert sind. Wir konnten ohne Schwierigkeiten erkennen, dass der Großteil des Gesteins aus hellem archäischem Quarz bestand und von einer extremen und beunruhigenden Regelmäßigkeit war, die der bemitleidenswerte Lake nicht mal angedeutet hatte. Sie waren ganz anders als die Formationen, die man in den weiten Bereichen der eigentlichen Oberfläche sehen konnte.

Wie Lake gesagte hatte, waren ihre Kanten zerbröckelt und abgerundet durch die unendlichen Zeiten der Verwitterung, aber ihre übernatürliche Festigkeit und das harte Material hat sie vor der Auslöschung bewahrt. Viele Teile, besonders die direkt am Hang, schienen aus dem gleichen Material wie die sie umgebenden Felsen zu bestehen. Das ganze Gebilde sah aus wie die Ruinen von Machu Picchu in den Anden oder die vorzeitlichen Grundmauern von Kish, die die Oxford-Field-Museum-Expedition 1929 freigelegt hatte. Wir beide, Danforth und ich, glaubten, *singuläre riesige*

Blöcke zu erkennen, die auch Lakes Flugpartner Carroll erspäht hatte. Wie man das Vorkommen dieser Blöcke an diesem Ort erklären konnte, lag offen eingestanden jenseits meiner Fähigkeiten, und ich zweifelte an meinen Fähigkeiten als Geologe. Vulkanisches Gestein weist häufig seltsame Regelmäßigkeiten auf, so wie der berühmte *Damm des Riesen* in Irland, aber dieser überhängende Berghang war, trotz Lakes erster Vermutung, rauchende Bergkegel gesehen zu haben, ohne Zweifel in seiner Struktur nicht vulkanischen Ursprungs.

Die seltsamen Höhlenöffnungen, in deren Nähe die abseitigen Formationen besonders häufig auftraten, waren ob ihrer Regelmäßigkeit ein weiteres, allerdings weniger geheimnisvolles Rätsel. Sie waren, wie Lake schon berichtet hatte, meist fast quadratisch oder halbkreisförmig, so als ob natürliche Öffnungen von Zauberhand in eine symmetrische Form gebracht worden wären. Ihre Anzahl und weitflächige Streuung waren beachtlich und legten nahe, dass die ganze Region wabenartig mit Tunneln durchsetzt war, die in die Kalksteinschicht getrieben worden waren. Uns war es zwar nicht möglich, tief in die Höhlen hineinzusehen, doch erkannten wir darin weder Stalaktiten noch Stalagmiten. Um die Öffnungen herum waren die Berghänge außerordentlich glatt und regelmäßig, und Danforth meinte, dass sich die von der Verwitterung verursachten leichten Brüche und Löcher zu ungewöhnlichen Mustern zusammenfügten. Unter dem Einfluss der schrecklichen und unerklärlichen Geschehnisse, deren Spuren wir im Lager entdeckt hatten, glaubte er, dass die Löcher Ähnlichkeit mit der verstörenden Anordnung von Punkten auf den uralten grünlichen Specksteinen hatten, die ihre grässliche Entsprechung in den abseitigen Schneehaufen über den beerdigten sechs monströsen Objekten fanden.

Wir waren inzwischen langsam über die höheren Vorberge aufgestiegen und bewegten uns auf den relativ niedrigen Pass zu, den wir ausgewählt hatten. Während des Fluges blickten wir manchmal hinunter auf den Schnee und das Eis der Landroute und fragten uns, ob wir den Weg auch mit den einfacheren Mitteln früherer Tage hätten bewältigen können. Zu unserer Überraschung stellten wir fest, dass das Terrain bei Weitem nicht so schwierig war, wie man hätte vermuten können, und trotz der Gletscherspalten und einiger anderer übler Stellen hätten Scott, Shackleton oder Amundsen sich mit ihren Hundeschlitten nicht davon abschrecken lassen. Einige der Gletscher schienen in ungewöhnlicher Gleichmäßigkeit hinauf zu vom Wind freigelegten Pässen zu führen, und als wir den von uns ausgewählten Pass erreicht hatten, stellten wir fest, dass auch er keine Ausnahme war.

Unsere Angespanntheit und Erwartung, als wir uns darauf einstellten, den Bergkamm zu überfliegen und einer unberührten Welt ansichtig zu werden, kann kaum in Worte gefasst werden, selbst wenn wir keinen Grund dazu hatten, anzunehmen, dass die Bereiche hinter der Bergkette sich wesentlich von denen unterscheiden würden, die wir schon gesehen und überflogen hatten. Der Hauch von üblen Geheimnissen, der diese Bergkette umgab, und der sich zwischen den Gipfeln erstreckende, schimmernde Himmel hatten eine außerordentlich subtile und bedrückende Wirkung, die man nicht beschreiben kann. Eher hatte es etwas mit vagen psychologischen Vorgängen und ästhetischer Assoziation zu tun, die sich mit außergewöhnlichen Gedichten und Gemälden sowie Mythen, die sich in verfluchten und verbotenen Büchern verbargen, verbunden hatten. Selbst der Ansturm des Winds trug eine merkwürdige Art bewusster Böswilligkeit in sich, und für kurze Zeit hatte es den Anschein, als wohne in der Art, wie die Böen durch die überall vorhandenen Höhlenöffnungen bliesen, und dem beständigen Toben und Heulen ein bizarres, melodiöses Säuseln oder Pfeifen großen Tonumfangs inne. Es war ein unbestimmter Eindruck von allumfassendem Abscheu in diesem Geräusch, so komplex und nicht festzumachen wie die anderen dunklen Wahrnehmungen.

Nach einem langsamen Aufstieg befanden wir uns jetzt nach Maßgabe des Höhenmessers in einer Höhe von 7850 Metern und hatten die Schneefelder definitiv unter uns zurückgelassen. Hier oben existierten nur dunkle, kahle Felshänge und die ersten Anzeichen von stark zerklüfteten Gletschern, allerdings auch hier gab es hervorstehende Würfel, Wälle und Höhlenöffnungen, die das Unnatürliche, Fantastische und Traumhafte noch verstärkten. Als ich meinen Blick die Kammlinie entlang schweifen ließ, glaubte ich, jenen Gipfel mit dem Wall direkt auf der Spitze zu sehen, den der arme Lake erwähnt hatte. Der Gipfel schien halb von dem merkwürdigen antarktischen Dunst verborgen, ein Dunst, der möglicherweise für Lakes ersten Eindruck von Vulkanismus verantwortlich gewesen ist. Der Pass ragte direkt vor uns auf, glatt und windumtost, zwischen seinen gezackten und bösartig herabblickenden Seitenpfeilern. Dahinter lag ein von tobenden Wolkenmassen erfüllter Himmel, erleuchtet von der tief stehenden Polarsonne, der Himmel über dem weiten, geheimnisvollen Reich, auf das noch nie ein menschlicher Blick gefallen war.

Noch ein paar Meter höher und wir würden dieses Reich vor Augen haben. Danforth und ich tauschten vielsagende Blicke aus, denn uns fehlten die Worte. Eine Unterhaltung wäre in diesem heulenden, pfeifenden Wind, der über den Pass fegte, und dem ungedämpften Geräusch der Flugzeugmotoren auch nur schreiend möglich gewesen. Und dann hatten wir auch die letzten paar Meter geschafft, wir blickten endlich über den Gebirgskamm und auf die vor uns ausgebreiteten Geheimnisse einer älteren und gänzlich fremden Welt.

V

Ich glaube, als wir schließlich den Pass überflogen hatten und sahen, was dahinter lag, schrien wir beide in einer Mischung von Ehrfurcht, Erstaunen, Erschrecken und Zweifel an unseren Sinnen gleichzeitig auf. Natürlich hatten wir irgendwo im Hinterkopf eine natürliche Erklärung parat, um unseren Geisteszustand erst einmal zu stabilisieren. Wahrscheinlich dachten wir an etwas wie die grotesk verwitterten Felsformationen im *Garten der Götter* in Colorado oder die außerordentlich symmetrisch vom Wind geformten

Felsen in der Wüste von Arizona. Vielleicht glaubten wir sogar, es mit einer Luftspiegelung zu tun zu haben, wie es gestern Morgen der Fall gewesen war, als wir uns zum ersten Mal diesen Bergen des Wahnsinns näherten. Wir mussten einfach einen solchen normalen Bezug haben, an den wir uns klammern konnten, als unser Blick über das endlose, von Stürmen verwüstete Plateau glitt und wir das fast unendliche Labyrinth von riesigen, regelmäßigen und geometrisch vollkommenen Steinmassen sahen, die ihre zerfressenen und durchlöcherten Zinnen aus einer Eisschicht erhoben, die nicht dicker als dreizehn bis sechzehn Meter, an einigen Stellen sogar deutlich dünner war.

Die Wirkung, die dieser übermächtige Anblick auf uns hatte, ist nicht zu beschreiben, denn eine teuflische Missachtung bekannter Naturgesetze war ganz offensichtlich. Hier, auf einem urzeitlichen, höllischen Plateau, in 6500 Metern Höhe und unter klimatischen Bedingungen, die seit vormenschlichen Zeiten, nicht weniger als eine halbe Million Jahre zurück, für alles Leben tödlich waren, erstreckte sich, so weit das Auge reichte, eine Ansammlung regelmäßig geformter Steine, die man nur in einem verzweifelten Versuch mentaler Selbsttäuschung nicht als bewusst und künstlich geschaffen bezeichnen konnte. Wir hatten bis jetzt, solange es ernsthafte Überlegungen betraf, kategorisch abgelehnt, dass die Würfel und Wälle an den Berghängen auch nicht natürlichen Ursprungs sein konnten. Wie konnte es auch anders sein, da der Mensch selbst sich in seiner Entwicklung gerade mal vom Affen getrennt hatte, als dieses Gebiet unter die Herrschaft des bis heute andauernden eisigen Todes gefallen war?

Doch nun schien jegliche Vernunft unwiederbringlich hinfällig geworden zu sein, denn dieser gigantische Irrgarten von quadratischen, gebogenen und verwinkelten Blöcken wies Merkmale auf, die keine beruhigende Erklärung mehr zuließ. Es war ganz offensichtlich, dass hier die blasphemische Stadt der Luftspiegelung in nicht zu bestreitender Realität vor uns lag. Also hatte dieses verdammenswerte Trugbild doch einen realen Ursprung gehabt. Es musste in der oberen Atmosphäre eine Schicht von Eispartikeln gegeben haben, und dieses entsetzliche, steinerne Relikt hatte sein Abbild gemäß den einfachen Gesetzen der Reflexion über die Berge projiziert. Natürlich war das Phantombild verdreht und verzerrt gewesen und hatte Dinge gezeigt, die in dem realen Objekt nicht vorhanden waren, doch als wir jetzt seine real existierende Quelle sahen, erschien sie uns sogar noch abscheulicher und bedrohlicher als jenes weit entfernte Abbild.

Nur die unglaubliche und übernatürliche Festigkeit dieser großen Steintürme und Wälle hatten die Furcht einflößenden Gebilde im Lauf von hunderttausenden, vielleicht sogar Millionen Jahren, in denen sie hier verharrten und den Stürmen des öden Hochlandes ausgesetzt waren, vor der Zerstörung bewahrt. *Corona Mundi* … Das Dach der Welt … Alle möglichen fantastischen Bezeichnungen kamen uns über die Lippen, während wir völlig verwirrt auf das unglaubliche Phänomen hinabblickten. Und wieder kamen mir die geheimnisvollen urzeitlichen Mythen in den Sinn, die mich, seit ich zum ersten Mal diese tote antarktische Welt erblickt hatte, so unablässig verfolgten – das dämonische Plateau von Leng, die Mi-Go oder abscheulichen Schneemenschen des Himalaja, die *Pnakotischen Manuskripte* mit ihren Andeutungen über den vormenschlichen Cthulhu-Kult, das *Necronomicon* und die Hyperborischen Legenden von dem formlosen Tsathoggua und dem schlimmer als formlosen Gezücht von den Sternen, das mit diesem Halbwesen in Verbindung gebracht wurde.

Dieses Gesteinsfeld zog sich endlose Kilometer fast unverändert in jede Richtung hin, und tatsächlich, als unsere Blicke ihm nach rechts und links entlang der Linie der niedrigen, leicht ansteigenden Vorberge, die es von den eigentlichen Bergkämmen trennte, folgten, stellten wir fest, dass wir keinerlei Veränderungen, bis auf eine Schneise rechts von dem Pass, über den wir gekommen waren, feststellen konnten. Zufällig waren wir glücklicherweise auf einen Teilbereich von unfassbarer Ausdehnung gestoßen. Auf den Vorbergen verstreut befanden sich da und dort merkwürdige Steingebilde, die diese schreckliche Stadt mit den schon bekannten Würfeln und Wällen verbanden, die offensichtlich eine Art Außenposten in den

Bergen darstellten. Letztere waren, genauso wie die seltsamen Höhleneingänge, auf der Innenseite der Berge von gleicher Art wie auf der Außenseite.

Zum großen Teil bestand das namenlose Steinlabyrinth aus Mauern, die zwischen einem und fünfzig Metern aus der Eisschicht herausragten und eine Stärke von eineinhalb bis zu drei Metern hatten. Sie waren aus beachtlichen Blöcken von dunklem urzeitlichen Schiefer und Sandstein gebaut, Blöcke, von denen einige ein mal zwei mal zweieinhalb Meter maßen. An einigen Stellen sah es so aus, als seien sie direkt aus dem festen unebenen Urgestein des präkambrischen Schiefers herausgeschnitten worden. Die Gebäude waren von recht unterschiedlicher Größe, es gab unzählige weitausgedehnte, wabenartige Anordnungen, aber auch einzelne kleinere Strukturen. Die vorherrschenden Formen waren Kegel, Pyramiden oder Terrassen, doch es gab auch viele perfekte Zylinder, Würfel, Gruppen von Würfeln und anderen rechtwinkligen Formen sowie eigenartig verteilte Gebäude, deren fünfeckiger Grundriss grob an moderne Festungsanlagen erinnerte. Die Erbauer hatten das Prinzip des Bogens großflächig und routiniert eingesetzt, und in der Blütezeit der Stadt hatte es bestimmt auch Kuppelbauten gegeben.

Die gesamte Anlage war in unbeschreiblichem Maße verwittert, und die Eisfläche, aus der sich die Türme erhoben, war übersät mit herabgefallenen Steinblöcken und unzähligen Trümmern. An den Stellen, wo die Eisschicht durchsichtig war, konnten wir die unteren Teile der mächtigen Säulen erkennen und sahen die vom Eis konservierten Steinbrücken, die die verschiedenen Türme auf unterschiedlicher Höhe miteinander verbanden. An den aus dem Eis herausragenden Wällen bemerkten wir Bruchstellen, an denen andere, höhere Brücken der gleichen Art einmal befestigt gewesen waren. Bei der genaueren Untersuchung stießen wir auf unzählige große Fenster, einige von ihnen waren mit Läden von inzwischen versteinertem Holz verschlossen, doch die meisten standen auf eine dunkle und bedrohliche Art offen. Natürlich hatten die meisten der Ruinen kein Dach mehr, und die oberen Mauerkanten waren vom Wind abgeschliffen, während andere von steilerer Kegel- oder Pyramidenform, oder die, die von sie umgebenden, höheren Bauwerken geschützt waren, bis auf die allgegenwärtigen Verwitterungsspuren völlig intakt waren. Mit dem Feldstecher konnten wir gerade noch Reliefverzierungen ausmachen, die sich in waagrecht verlaufenden Streifen befanden, Verzierungen, zu denen auch die seltsame Anordnung von Punkten gehörten, deren Vorkommen auf den uralten Specksteinen jetzt eine deutlich höhere Bedeutung eingeräumt werden musste.

An vielen Stellen waren die Gebäude total zerstört und die Eisdecke aus vielerlei geologischen Gründen tief zerfurcht. Andernorts waren die Steingebilde bis auf Höhe der Vereisung abgetragen. Ein breiter Einschnitt, der sich von der Mitte des Plateaus bis zu einer Bergspalte im Vorgebirge etwa zwei Kilometer links von dem Pass, den wir überquert hatten, hinzog, war völlig frei von Gebäuden und war möglicherweise, so unsere Schlussfolgerung, das Bett eines breiten Flusses, der im Tertiär – vor Millionen von Jahren – durch die Stadt geflossen war und sich in einen bemerkenswerten unterirdischen Abgrund des mächtigen Gebirgszuges ergossen hat. Sicherlich, neben allem anderen, war dies ein Gebiet durchsetzt von Höhlen, Klüften und unterirdischen Geheimnissen, die noch nie ein Mensch ergründet hatte.

Zurückblickend und in Anbetracht unserer damaligen Empfindungen und unserer Benommenheit beim Anblick dieser mächtigen Überreste aus Äonen, die wir als vormenschlich ansahen, kann ich mich nur wundern, dass wir unsere fünf Sinne beisammenhielten. Natürlich war uns bewusst, dass etwas – Zeitabläufe, wissenschaftliche Theorien oder unser Bewusstsein – erbärmlich aus dem Gleis geraten war, doch wir bewahrten ausreichend Haltung, um unser Flugzeug zu steuern, viele Dinge fast minutiös zu studieren und sorgfältig eine Serie von Fotografien zu machen, die jetzt uns und der Welt gute Dienste leisten werden. In meinem Fall hat mir mein gewohnter wissenschaftlicher Forscherdrang sicher geholfen, trotz all meiner Verwirrung und dem Gefühl der Bedrohung, brennende Neugierde zu verspüren, dieses uralte Geheimnis zu ergründen – zu erfahren, welche Art von Lebewesen diesen unerklärlichen, gigantischen Ort geschaffen und darin gelebt hatten und welche Beziehungen zu der übrigen Welt ihrer Zeit oder anderer Epochen eine solch einzigartige Konzentration von Leben gehabt haben konnte.

Denn dieser Ort konnte nicht nur eine normale Stadt gewesen sein. Es musste der Mittel- und Ausgangspunkt von einem vorzeitlichen und unglaublichen Kapitel der Erdgeschichte sein, dessen Einfluss nach außen nur noch schwach in den abseitigsten und abwegigsten Mythen feststellbar und vollkommen im Chaos terrestrischer Verformung getilgt worden war, lange bevor die menschliche Daseinsform, wie wir sie kennen, sich vom Affen getrennt hatte. Hier erstreckte sich eine urzeitliche Metropole, verglichen mit der das sagenhafte Atlantis und Lemuria, Commoriom und Uzuldaroum, Olathoë im Land Lomar, Phänomene der heutigen Zeit und noch nicht einmal der gestrigen sind. Eine Metropole, deren Namen man zusammen mit den vormenschlichen Blasphemien flüstert, wie Valusia, R'lyeh, Ib im Land Mnar und die *Namenlose Stadt* in der arabischen Wüste. Beim Flug über dieses Gebiet von festgefügten mächtigen Türmen trug mich meine Vorstellungskraft – von allen Fesseln befreit – ziellos in fantastische Reiche und knüpfte Verbindungen zwischen dieser verlassenen Welt und einigen meiner wildesten Träume, die sich mit dem wahnsinnigen Schrecken, den wir im Lager bezeugt hatten, beschäftigten.

Aus Gewichtsgründen hatten wir den Tank des Flugzeugs nur zum Teil gefüllt, was uns jetzt bei unseren Erkundungen zu großer Vorsicht zwang. Doch selbst unter diesen Bedingungen erforschten wir noch eine extrem große Fläche, da wir auf eine Flughöhe herabgegangen waren, auf der der Wind kaum noch spürbar war. Die Bergkette schien kein Ende zu haben, ebenso die Ausdehnung der beängstigenden Stadt, die sich am Fuß der uns zugewandten Vorberge entlangzog. Ein Flug von achtzig Kilometern in beide Richtungen zeigte keinerlei Veränderungen in dem Labyrinth von Felsen und Mauerwerk, das tot aus dem ewigen Eis aufragte. Doch gab es einige erstaunliche Veränderungen, so zum Beispiel die Reliefs in den Felswänden der Schlucht, wo der breite Fluss einst die Vorberge durchbrochen hatte und seiner Mündung in den Abgrund zugestrebt war. Die Landspitze an der Stelle, wo der Fluss einmündete, war zu riesigen Pfeilern moduliert worden, und etwas an der grob fassförmigen Form beschwor seltsam undeutliche, hasserfüllte, verwirrende und unklare Erinnerungen sowohl bei Danforth als auch bei mir herauf.

Wir stießen auch auf einige sternförmige, offene Bereiche, eindeutig öffentliche Plätze, und bemerkten verschiedene wellenförmige Unregelmäßigkeiten des Bodens. Wo sich ein steiler Hügel erhob, war dieser meist zu einem weitläufigen Steinhaus ausgehöhlt worden, doch es gab mindestens zwei Ausnahmen. Von letzteren war die eine zu stark verwittert, als dass man hätte sagen können, was wohl ihr ursprünglicher Zweck gewesen war, während die andere ein fantastisches kegelförmiges Monument und direkt aus dem harten Fels herausgeschlagen war. Es erinnerte grob an solche Gebilde wie das allseits bekannte Schlangengrab in dem antiken Tal von Petra.

Als wir weiter ins Landesinnere flogen, stellten wir fest, dass die Stadt sich doch nicht unendlich weit erstreckte, obwohl es zu den Seiten hin so erschienen war. Nach ungefähr fünfzig Kilometern wurden die bizarren Steingebäude weniger, und fünfzehn Kilometer weiter erreichten wir ein durchgängiges Trümmerfeld ohne irgendwelche Anzeichen von künstlicher Bearbeitung. Der Flusslauf jenseits der Stadt schien durch eine breite, tiefer liegende Eingrenzung markiert zu sein, während das Land deutlich stärker zerklüftet war und sanft anstieg, um schließlich gen Westen im Nebel zu verschwinden.

Bis zu diesem Zeitpunkt hatten wir noch keine Landung unternommen, doch das Plateau hinter uns zu lassen, ohne einen Versuch unternommen zu haben, die mächtigen Gebäude aus nächster Nähe in Augenschein zu nehmen, wäre unverzeihlich gewesen. Also beschlossen wir, einen passenden Ort bei den Vorbergen in der Nähe unseres Passes zu suchen, dort zu landen und zu Fuß einige Erkundungen durchzuführen. Obwohl die sanften Hügel teilweise mit unzähligen Ruinen überzogen waren, sahen wir bei unserem niedrigen Überflug doch eine Anzahl von möglichen Landeplätzen. Wir wählten den am nächsten zum Pass liegenden aus, da unser nächster Flug uns über den Pass und zurück zum Lager bringen sollte. Gegen halb ein Uhr mittags hatten wir Erfolg und landeten auf einem glatten, harten Eisfeld, das völlig frei von Steinen oder anderen Objekten war und sich gut für einen späteren problemlosen Start eignete.

Es erschien unnötig, das Flugzeug für unseren kurzen Aufenthalt mit einem Schneewall zu sichern, da es auf dieser Höhe zum Glück auch keine heftigen Winde gab. Wir achteten allerdings darauf, dass die Landekufen gesichert und die lebenswichtigen Teile der Maschine gegen die Kälte geschützt waren. Für unseren Fußmarsch entledigten wir uns der dicken Fliegerjacken und nahmen nur wenig Ausrüstung mit, wie einen Taschenkompass, eine kleine Kamera, ein paar Nahrungsmittel, dicke Notizbücher und Papier, Geologenhammer und Meißel, Probenbeutel, Kletterseile und starke elektrische Taschenlampen mit zusätzlichen Batterien. Diese Ausrüstungsgegenstände hatten wir im Flugzeug, falls wir die Gelegenheit zu einer Landung erhalten würden und am Boden Fotografien, Zeichnungen und topografische Profile erstellen und Gesteinsproben von eisfreien Hängen, Aufbrüchen oder Berghöhlen nehmen könnten. Glücklicherweise hatten wir genug Papier dabei, um es in kleine Schnipsel zu reißen und in einem Probebeutel mit uns zu führen und es nach dem alten Prinzip von Hänsel und Gretel zu benutzen, um unseren Weg durch ein unterirdisches Labyrinth zu markieren. Wir wollten diese Methode anwenden, wenn wir auf ein Höhlensystem stoßen sollten, in dem kaum ein Luftzug herrschte und es uns möglich war, anstatt durch in den Fels geschlagene Zeichen auf diese schnelle und einfache Art unseren Weg zu markieren.

Als wir vorsichtig über den verkrusteten Schnee in Richtung des beeindruckenden steinernen Labyrinths, das sich gegen den schimmernden Himmel im Westen erhob, hügelabwärts liefen, hatten wir dasselbe beklemmende Gefühl unerklärlicher Wunder wie vier Stunden zuvor bei unserer Annäherung an den unergründlichen

Gebirgspass. Tatsache ist, dass wir uns schon an den Anblick der unglaublichen Geheimnisse, die hinter dem Gebirgszug verborgen lagen, gewöhnt hatten, doch die Aussicht, jetzt tatsächlich diese vorzeitlichen Gemäuer zu betreten, errichtet von vernunftbegabten Wesen vor Millionen von Jahren, bevor noch irgendwelche Menschen existierten, war in jeder Beziehung Ehrfurcht gebietend und in seinen möglichen schrecklichen Konsequenzen kosmischen Ausmaßes bedrückend. Die in dieser großen Höhe dünne Luft machte körperliche Anstrengungen noch schwerer als üblich. Danforth und ich stellten aber fest, dass wir sehr gut damit zurechtkamen und fühlten uns jeder Herausforderung, die da kommen mochte, gewachsen. Wir mussten nur ein paar Schritte machen, um zu einer formlosen Ruine direkt auf Höhe der Eisschicht zu kommen, während sich fünfzig oder achtzig Meter weiter ein großes Gebäude ohne Dach befand, das in seiner mächtigen, fünfzackigen Gestalt bis zu einer unregelmäßigen Höhe von etwa drei Metern aufragte. Dahin machten wir uns auf, und als wir schließlich die verwitterten zyklopischen Blöcke berührten, fühlten wir, dass wir eine unerhörte und fast blasphemische Verbindung zu vergessenen Äonen geschaffen hatten, die unserer Spezies normalerweise verschlossen waren.

Dieses sternförmige Gemäuer, vielleicht hundert Meter im Durchmesser, bestand aus unregelmäßigen Blöcken von Jura-Sandstein, deren Seitenfläche durchschnittlich zwei auf zweieinhalb Meter maß. Es gab eine Reihe von bogenförmigen Schlupflöchern oder Fenstern, die etwas über einen Meter breit waren und eine lichte Höhe von eineinhalb Metern hatten. Sie verteilten sich in ziemlich regelmäßigen Abständen an den Zacken des Sterns und dazwischen, und ihre untere Kante befand sich gut einen Meter über der Eisfläche. Als wir hineinschauten, stellten wir fest, dass die Mauern ganze eineinhalb Meter dick waren, es keine Trennwände im Inneren gab und die Innenseiten der Mauern Spuren von Wandgemälden oder Flachreliefs aufwiesen. Etwas Ähnliches hatten wir auch vermutet, als wir in geringer Höhe über dieses Gemäuer und andere ähnliche geflogen waren. Es musste einmal niedriger liegende Teile gegeben haben, doch alle Spuren, die darauf hindeuteten, waren mittlerweile von der dicken Schicht aus Eis und Schnee verborgen.

Wir krochen durch eins der Fenster und versuchten vergeblich, die fast unkenntlichen Wandverzierungen zu ergründen, aber wir unternahmen keinen Versuch, den Eisboden aufzubrechen. Unser Erkundungsflug hatte gezeigt, dass viele Gebäude in der Mitte der Stadt von weniger Eis bedeckt waren, und wenn wir solche Bauten auswählten, die noch über ein Dach verfügten, fänden wir vielleicht völlig eisfreie Innenräume, durch die wir auf die wirkliche Bodenebene gelangen konnten. Bevor wir das Bauwerk verließen, fotografierten wir es sorgfältig und untersuchten die riesigen, ganz ohne Mörtel errichteten Mauern mit zunehmender Verunsicherung. Wir wünschten, Pabodie wäre bei uns, denn sein technisches Wissen hätte uns vielleicht Aufschluss darüber geben können, wie man diese titanischen Steinblöcke in einem unglaublich weit zurückliegenden Zeitalter, als die Stadt und ihre Außenbezirke entstanden waren, bewegt hatte.

Der knapp einen Kilometer lange Weg den Hügel hinunter in die eigentliche Stadt, während dessen der Wind brutal und sinnlos zwischen den hohen Gipfeln tobte, wird bis ins kleinste Detail auf ewig in meinem Gehirn eingebrannt bleiben. Nur in wildesten Albträumen konnte ein Mensch, außer Danforth und mir, solcher optischer Effekte gewahr werden. Zwischen uns und dem aufgewühlten Himmel im Westen lag diese monströse Ansammlung von dunklen Steintürmen, deren abseitige und unglaubliche Formen uns aus jedem neuen Blickwinkel neuerlich entsetzten. Es war ein zu Stein gewordenes Trugbild, und gäbe es da nicht die Fotografien, würde ich immer noch an der Existenz eines solchen Ortes zweifeln. Die Struktur des Mauerwerks entsprach durchgängig dem Gebäude, das wir untersucht hatten, aber die außergewöhnlichen Formen, die sie hier, mitten in der Stadt, aufwiesen, waren unbeschreiblich.

Selbst die Bilder belegen nur ein oder zwei Varianten der unendlichen bizarren Erscheinungsformen, der unzähligen Variationen, der übernatürlichen Festigkeit und der gänzlich nicht menschlichen Exotik. Es gab geometrische Formen, für die selbst Euklid keine Bezeichnung gefunden hätte – völlig irreguläre Kegelschnitte, Terrassierungen jeder überstehenden und unproportionierten Bauweise, Sockel mit seltsamen Auswölbungen, rätselhafte Gruppen von zerbrochenen Säulen und fünfzackige oder fünfseitige Anordnungen von albtraumhafter Ungeheuerlichkeit. Als wir uns näherten, konnten wir unter einigen durchsichtigen Stellen der Eisschicht röhrenförmige Steinbrücken erkennen, die die merkwürdig gefleckten Strukturen auf unterschiedlicher Höhe miteinander verbanden. Gewöhnliche Straßen schien es nicht zu geben, der einzig freie Bereich lag eineinhalb Kilometer links von uns, wo der urzeitliche Fluss zweifellos seinen Weg durch die Stadt und schließlich die Berge genommen hatte.

Mit unseren Ferngläsern konnten wir häufig waagrecht an den Außenmauern verlaufende, fast gänzlich verwitterte Friese und Gruppen von Punkten erkennen, und uns einigermaßen vorstellen, wie die Stadt einmal ausgesehen haben musste, selbst wenn die meisten Dächer und Turmspitzen erwartungsgemäß verschwunden waren. Alles in allem war es ein komplexes Durcheinander von gewundenen Straßen und Gassen, eigentlich tiefe Schluchten, von denen nur wenige durch die überhängenden Gebäude und Brücken mehr waren als schlichte Tunnel. Jetzt, wie die Stadt so unter uns ausgebreitet lag, erhob sie sich wie ein fantastischer Traum vor dem Nebel im Westen, dessen nördlichen Rand die rötliche antarktische Nachmittagssonne versuchte zu durchdringen. Wenn diese Sonne für einen Moment von dichteren Wolken verdeckt wurde und die ganze Szenerie im Schatten lag, war dies in einer unterschwelligen Art beängstigend, die ich wohl nie enträtseln kann. Auch fügte das schwache Heulen und Pfeifen des Windes in den hohen Bergpässen hinter uns noch ein Gefühl schrecklicher Vorahnung hinzu. Der letzte Teil unseres Abstiegs war ungewöhnlich steil und kurz und endete an der Kante eines Felsabbruchs, von der es steil nach unten ging und die uns vermuten ließ, dass sich an dieser Stelle mal eine Terrasse befunden hatte. Unter der Eisschicht, so glaubten wir, musste sich eine Treppe oder etwas Vergleichbares befinden.

Als wir schließlich, über eingestürzte Mauern kletternd, in die labyrinthische Stadt gelangten, fühlten wir uns angesichts der bedrückenden Nähe, der immensen Höhe und der Omnipräsenz der zerfurchten und zerlöcherten Mauern wie Zwerge. Unsere Verwirrung erreichte erneut einen Grad, bei dem ich mich über die Selbstbeherrschung wunderte, zu der wir noch fähig waren. Danforth war offensichtlich stark mitgenommen und stellte einige absolut irrelevante Spekulationen über die schrecklichen Ereignisse im Lager an, die ich umso entschiedener zurückwies, da ich selbst nicht gegen bestimmte Rückschlüsse, die viele der Dinge hier in diesen morbiden Überbleibseln eines urzeitlichen Albtraums nahelegten, gefeit war. Auch bei ihm beeinflussten diese Spekulationen seine Fantasie, denn an einer Stelle, wo eine mit Trümmern übersäte Straße eine scharfe Biegung machte, bestand er darauf, auf dem Boden verblasste Spuren von Markierungen zu sehen, die ihm gar nicht gefielen. Kurz darauf blieb er stehen und lauschte einem imaginären, unterschwelligen Geräusch, das von irgendwoher kam, ein gedämpftes, melodisches Pfeifen, wie er sagte, ähnlich dem des Windes in den Berghöhlen, doch irgendwie verstörend anders. Die allgegenwärtigen fünfzackigen Strukturen und die wenigen erkennbaren, gemalten Arabesken hatten eine schwache finstere Ausstrahlung, der wir uns nicht entziehen konnten, und führten bei uns zu einer schrecklichen, unterbewussten Gewissheit in Bezug auf die vorzeitlichen Entitäten, die diesen unheiligen Ort geschaffen und bewohnt hatten.

Dennoch hatten wir weder unsere Abenteuerlust noch unseren Forschergeist vollständig verloren und absolvierten automatisch unser Programm, Proben von allen unterschiedlichen Gesteinsarten einzusammeln, die wir in den Mauern vorfanden. Wir wollten eine umfangreiche Auswahl haben, um später genauere Rückschlüsse auf das Alter dieses Ortes ziehen zu können. Nichts an den großen äußeren Mauern schien älter als das Jura oder die Kreidezeit zu sein, noch war irgendein Stein an diesem Ort älter als das Pliozän. Wir waren völlig davon überzeugt, dass wir uns in einem

Reich der Toten bewegten, das mindestens eine halbe Million Jahre lang existiert hatte, wahrscheinlich noch länger.

Bei unserem Weg durch diesen Irrgarten im schattigen Dämmerlicht der Steingebilde hielten wir bei allen Öffnungen an, studierten die Innenräume und untersuchten die Möglichkeiten hineinzukommen. Einige befanden sich zu weit oben, während andere nur eisbedeckte Ruinen ohne Dach und völlig zerstört waren, wie das Gebäude auf dem Hügel. Ein Gebäude erschien weitläufig und einladend, lag aber an einem tiefen Abgrund, ohne dass es eine erkennbare Möglichkeit zum Abstieg gegeben hätte. Ab und zu hatten wir die Möglichkeit, das versteinerte Holz eines erhalten gebliebenen Fensterladens zu untersuchen, und waren beeindruckt von dem sagenhaften Alter, das sich an der immer noch erkennbaren Maserung zeigte. Dieses Holz stammte von Gymnospermen und Koniferen des Mesozoikums, besonders Palmfarnen, und von Fächerpalmen und frühen Angiospermen, zweifellos aus dem Tertiär. Wir entdeckten nichts, was aus jüngerer Zeit als dem Pliozän stammte. So wie die Läden angebracht waren, an deren Kanten wir Anzeichen von seltsamen und schon lange verschwundenen Scharnieren fanden, deutete auf verschiedene Funktionen hin. Einige waren an der Innenseite, andere an der Außenseite der tiefen Fensterhöhlen befestigt gewesen. Es schien, dass sie sich verklemmt und so das Verrosten der wahrscheinlich metallenen Aufhängung und Schließvorrichtung überdauert hatten.

Nach einer Weile stießen wir in den Ausbuchtungen eines riesigen fünfseitigen Kegels mit unbeschädigter Spitze auf eine Reihe von Fenstern, die in einen gut erhaltenen Raum mit einem Steinfußboden führten, aber diese befanden sich zu weit oben, als dass ein Abstieg in den Innenraum ohne ein Seil möglich gewesen wäre. Wir hatten zwar ein Seil bei uns, wollten uns aber nicht mit dem acht Meter tiefen Abstieg abmühen, besonders nicht in der dünnen Luft, die unseren Kreislauf extrem belastete, außer wir wären dazu gezwungen. Dieser weitläufige Raum war möglicherweise eine Halle oder ein Versammlungsort irgendwelcher Art, und unsere elektrischen Taschenlampen enthüllten uns unterschiedliche, prägnante und zum Teil verblüffende Flachreliefs, die in breiten Bändern an den Mauern angeordnet waren und sich mit ebenso breiten Streifen von konventionellen Arabesken ablösten. Wir verzeichneten diesen Ort genau auf unseren Skizzen und nahmen uns vor, ihn zu untersuchen, wenn wir keinen leichter zugänglichen Innenraum fänden.

Letztendlich fanden wir genau den Zugang, auf den wir gehofft hatten. Einen Torbogen von ungefähr zwei Metern Breite und drei Metern Höhe, der das Ende einer ehemaligen Brücke, die eine Gasse überspannt hatte, markierte und ungefähr eineinhalb Meter über der gegenwärtigen Eisschicht lag. Diese Bogengänge waren selbstverständlich mit den oberen Geschossen verbunden, und in diesem Fall existierte eines dieser Obergeschosse noch. Das so zugängliche Gebäude zu unserer Linken bestand aus einer Anzahl von rechteckigen Terrassen, die nach Westen gerichtet waren. Auf der anderen Seite der Gasse, wo sich ein weiterer Bogengang wölbte, war ein verwitterter Zylinder ohne Fenster und mit einer seltsamen Auswölbung drei Meter oberhalb der Öffnung. Darin war es völlig dunkel, und der Bogengang schien sich in einen Schacht unendlicher Tiefe zu öffnen.

Trümmerhaufen machten das Betreten des ausgedehnten Gebäudes zur Linken noch einfacher, dennoch zögerten wir einen Moment, bevor wir die lang erwartete Gelegenheit wahrnahmen. Obwohl wir dieses ausgedehnte Gebiet urzeitlicher Geheimnisse betreten hatten, erforderte es doch neuen Mut, den Schritt in ein vollständig erhaltenes Gebäude, das zu einer undenkbar alten Welt, deren Natur für uns immer bedrohlicher wurde, zu wagen. Wie auch immer, schließlich unternahmen wir den Schritt ins Ungewisse und kletterten über den Schutt in die klaffende Öffnung. Der dahinter liegende Gang war mit großen Schieferplatten ausgekleidet und schien der Ausgang eines langen, hohen Korridors mit verzierten Wänden zu sein.

Als wir die vielen Bogengänge, die davon abzweigten, sahen und uns klar wurde, zu wie vielen möglichen Räumen diese führen könnten, entschieden wir, nun unser Hänsel-und-Gretel-

Markierungssystem zum Einsatz zu bringen. Bis zu diesem Zeitpunkt hatte unser Kompass zusammen mit häufigen Blicken zwischen den Türmen in unserem Rücken hindurch zurück zu der breiten Bergkette uns davor bewahrt, uns zu verirren, ab jetzt würden wir auf unsere Papierschnitzel zurückgreifen müssen. Dementsprechend zerrissen wir unser entbehrliches Papier in passende Stücke, steckten sie in einen Beutel, den Danforth an sich nahm, und wollten sie, so sparsam wie unsere Sicherheit es erforderte, einsetzen. Diese Methode würde uns davor bewahren herumzuirren, denn es schien kein nennenswerter Luftzug in dem urzeitlichen Gebäude zu herrschen. Sollte sich ein solcher entwickeln oder unser Papiervorrat zu Ende gehen, konnten wir auf die sicherere, aber umständlichere und langwierigere Methode der Felsmarkierung zurückgreifen.

Wie ausgedehnt das vor uns liegende Gebiet war, konnten wir ohne genauere Untersuchung nicht abschätzen. Die engen und häufigen Verbindungen zwischen den unterschiedlichen Gebäuden machten es wahrscheinlich, dass wir auf Brücken, die unter der Eisschicht lagen, von einem zum anderen gelangten, außer wenn diese durch Zusammenbrüche oder geologische Spalten zerstört worden waren, denn es schien nur wenig Eis in die mächtigen Gebäude eingedrungen zu sein. Nahezu alle Bereiche, in denen das Eis durchsichtig war, hatten gezeigt, dass die darunter befindlichen Fenster fest mit Läden verschlossen waren, als ob die Stadt in diesem einheitlichen Zustand verlassen worden war, bevor die Eisschicht die tiefer gelegenen Bereiche für alle kommenden Zeiten eingeschlossen hatte. Tatsächlich konnte man den erstaunlichen Eindruck gewinnen, dass dieser Ort in einem dunklen, lang zurückliegenden Zeitalter eher sorgfältig geschlossen und verlassen, denn von einer plötzlichen Katastrophe überrascht worden oder einem langsamen Niedergang anheimgefallen war. Hatte man das Vordringen des Eises vorausgesehen und hatten sich die unbekannten Bewohner in großer Zahl auf den Weg zu einem weniger gefährdeten Ort gemacht? Die Erforschung der genauen geologischen Bedingungen bezüglich der Eisbildung an dieser Stelle musste bis zu einem späteren Zeitpunkt zurückgestellt werden. Allerdings war sie eindeutig nicht auf einen vordringenden Gletscher zurückzuführen. Vielleicht war der Schneedruck, vielleicht auch Überflutungen durch den Fluss, oder das Abbrechen eines Gletschers in der Bergkette dafür verantwortlich, und hatte für das jetzt von uns wahrgenommene Phänomen gesorgt. In Bezug darauf war der Vorstellungskraft keine Grenzen gesetzt.

VI

Es würde zu weit führen, gäbe ich eine detaillierte, minutiöse Beschreibung unserer Wanderungen durch diesen höhlenartigen, seit Äonen verlassenen Irrgarten vorzeitlicher Gebäude; diesem monströsen Hort alter Geheimnisse, in dem nach unzähligen Epochen nun zum ersten Mal die Schritte menschlicher Füße erklangen. Das trifft in besonderer Weise zu, enthüllten sich doch durch unser genaues Studium der überall vorhandenen Ornamente schreckliche Ereignisse. Unsere Blitzlichtaufnahmen dieser Flachreliefs werden viel dazu beitragen, die Wahrheit dessen, was wir jetzt offenlegen werden, zu beweisen, und es ist bedauerlich, dass wir nicht mehr Filme dabei hatten. Nun, wie es auch sei, als alle unsere Filme aufgebraucht waren, machten wir in unseren Notizbüchern grobe Skizzen von bestimmten, besonders auffälligen Merkmalen.

Das von uns betretene Gebäude war von besonderer Größe und Ausgestaltung und vermittelte uns eine beeindruckende Vorstellung von der Architektur dieser namenlosen, nur in geologischen Zeiträumen messbaren Vergangenheit. Die Innenwände waren weniger massiv als die Außenmauern, aber auf den unteren Ebenen sehr gut erhalten. Verwirrende Komplexität zusammen mit unerklärlichen, variierenden Unterschieden in der Bodenhöhe waren das Charakteristikum des gesamten Objekts, und wir wären bestimmt hoffnungslos in diesem Gewirr verloren gewesen, hätten wir nicht eine Spur aus Papierschnitzeln hinter uns zurückgelassen. Wir beschlossen, zuerst die stärker in Mitleid gezogenen oberen Bereiche zu untersuchen, deshalb stiegen wir in diesem Irrgarten ungefähr dreißig Meter nach oben, wo die höchste Ebene von Räumen, schneebedeckt und stark verfallen, offen unter dem Polarhimmel lag. Der Aufstieg fand über steile, mit Querrinnen versehene Steinrampen oder schräge Flächen statt, die uns als Ersatz von Treppen dienten. Die von uns betretenen Räume waren von jeder denkbaren Form und Größe und reichten von fünfzackigen Sternen und Dreiecken bis zu Würfeln. Grundsätzlich konnte man sagen, dass sie im Allgemeinen eine Grundfläche von zehn auf zehn und eine Höhe von gut sechs Metern hatten, obgleich auch größere Räume existierten. Nachdem wir gewissenhaft die oberen Bereiche und die Eisschicht untersucht hatten, stiegen wir Ebene für Ebene in den unterirdischen Teil hinab, wo wir bald feststellten, dass wir uns in einem Irrgarten von miteinander verbundenen Räumen und Passagen befanden, die sich wahrscheinlich über weite Bereiche außerhalb dieses Gebäudes erstreckten. Die riesenhafte Masse und Größe von allem, was uns umgab, war auf rätselhafte Art bedrückend, und in all den Umrissen, den Abmessungen, den Verzierungen, den Proportionen und den baulichen Feinheiten dieser blasphemischen, urzeitlichen Steingebilde lag etwas Unbestimmtes, aber grundsätzlich Nichtmenschliches. Aus dem, was auf den Flachreliefs zu sehen war, erkannten wir schnell, dass diese gewaltige Stadt mehrere Millionen Jahre alt war.

Wir können noch nichts darüber sagen, welche Technik dazu benutzt wurde, die riesigen Steinmassen zu transportieren und zu verbauen, doch die Funktion des Bogens hatte eindeutig große Bedeutung. In den von uns untersuchten Räumen gab es keinerlei bewegliche Habe, ein Umstand, der unsere Vermutung, die Stadt sei auf geordnete Weise verlassen worden, unterstützte. Das allumfassende Dekorelement waren Flachreliefs, die in waagrechten, übereinander angeordneten Streifen von einem Meter Breite vom Boden bis zur Decke reichten, unterbrochen von ebensolchen Streifen mit geometrischen Mustern. Es gab natürlich Ausnahmen, doch die Vorherrschaft war überwältigend. Häufig, warum auch immer, war eine Reihe von glatten Kartuschen mit merkwürdig strukturierten Gruppen von Punkten entlang der geometrischen Verzierungen eingearbeitet.

Wie wir bald sahen, war die Technik ausgereift, perfekt und in der Ästhetik bis zum höchsten Grad vollkommen, doch gänzlich bis ins letzte Detail jeder bekannten menschlichen Kunsttradition fremd. In der Feinheit der Ausführung kam keine Skulptur, die ich je gesehen habe, dem nahe. Die kleinsten Einzelheiten von Pflanzen oder kleinen Tieren waren trotz der beachtlichen Größe der Reliefs erstaunlich lebensecht ausgeführt, während die geometrischen Muster wahre Wunder großer Kunstfertigkeit darstellten. Diese Arabesken zeigten eine umfassende Kenntnis mathematischer Prinzipien und bestanden aus annähernd symmetrischen Kurven und Winkeln, basierend auf der Zahl fünf. Die Bilderfriese entsprachen einer stark formalisierten Technik, bei der es zu einem eigenartigen Einsatz der Perspektive kam, dennoch hatten sie eine künstlerische Ausdruckskraft, die uns über die Abgründe langer geologischer Zeitabschnitte in ihren Bann zog. Ihre Darstellungsmethode orientierte sich an einem Nebeneinander der plastischen Ausformung und zweidimensionaler Umrisse und verkörperte eine analytische Psychologie, die weit über der jeder alten menschlichen Zivilisationen stand. Es ist sinnlos, diese Kunst mit irgendetwas zu vergleichen, was man in unseren Museen findet. Diejenigen, die unsere Fotos zu sehen bekommen, werden vielleicht in bestimmten abseitigen Konzepten der verwegensten Futuristen einen Anklang daran finden.

Die arabesken Ornamente bestanden alle aus eingravierten Linien, deren Tiefe auf intakten Mauern zwischen zwei und fünf Zentimetern schwankte. Fanden sich Kartuschen mit Punkten darauf, offensichtlich Inschriften in einer unbekannten und urzeitlichen Sprache und Schrift, lagen diese ungefähr vier Zentimeter und die Punkte noch einen Zentimeter tiefer. Die Bilderfriese waren als Flachreliefs etwa fünf Zentimeter tief in die Wände eingesenkt. Bei einigen konnte man noch Reste von der früheren Bemalung erkennen, doch bei den meisten hatten die unglaublichen Zeiträume sämtliche Farben, die vielleicht einmal aufgetragen waren, aufgelöst und weggeschmirgelt. Je mehr man diese beeindruckende Technik studierte, desto mehr bewunderte man sie. Neben der strikten Formgebung konnte man die genaue und exakte Auffassungsgabe und das zeichnerische Können der Künstler erkennen, und auch die eigentliche Formgebung selbst diente dazu, das wirkliche Wesen und die Diversität eines jeden dargestellten Objekts zu symbolisieren und zu akzentuieren. Wir spürten aber auch, dass neben dieser sichtbaren Vollkommenheit andere Aspekte außerhalb unserer Wahrnehmung verborgen waren. Bestimmte Anmutungen hier und da gaben uns vage Hinweise auf unterschwellige Symbole und Anreize, die bei einem anderen mentalen und emotionalen Hintergrund und einem größeren oder andersartigen Wahrnehmungsapparat für uns vielleicht von tiefer und ergreifender Bedeutung gewesen wären.

Die auf den Flachreliefs dargestellten Szenen zeigten offensichtlich das Leben in der vergangenen Zeit ihrer Entstehung und beinhalteten zum großen Teil geschichtliche Ereignisse. Es war dieses außergewöhnliche Geschichtsbewusstsein dieser urzeitlichen Rasse – ein glücklicher Umstand, der durch Zufall sich auf wundersame Weise zu unserem Vorteil auswirkte –, das die Flachreliefs so einschüchternd aussagekräftig für uns machte und wegen dessen wir das Fotografieren und Abzeichnen dieser als unsere wichtigste Aufgabe ansahen. In einigen Räumen waren die üblichen Ausschmückungen durch Landkarten, astronomische Darstellungen und andere wissenschaftliche Zeichnungen in vergrößertem Maßstab ersetzt worden. Diese Dinge lieferten uns eine einfache und schreckliche Bestätigung dessen, was wir schon von den Bilderfriesen und Flachreliefs erfahren hatten. Ich kann nur hoffen, dass meine Hinweise auf das, was dadurch enthüllt wurde, bei denen, die mir überhaupt glauben, keinesfalls eine Neugierde auslöst, die größer ist als die natürliche Vorsicht. Es wäre eine Tragödie, wenn jemand gerade durch die Warnung, sich davon fernzuhalten, verführt würde, dieses Reich des Todes und der Schrecken aufzusuchen.

Die verzierten Wände wurden unterbrochen von hohen Fenstern und mächtigen, vier Meter hohen Türöffnungen, an denen sich ab und zu noch die versteinerten Holzplanken, offensichtlich Läden und Türen, befanden, die kunstvoll geschnitzt und poliert waren. Sämtliche metallenen Aufhängungen waren schon lange verschwunden, aber einige der Türen befanden sich noch an ihrem Platz, und wir mussten sie zur Seite schieben, um uns einen Weg von Raum zu Raum zu bahnen. Fensteröffnungen mit seltsamen Scheiben, zumeist oval, hatten an einigen Stellen die Zeit überdauert, doch nicht in großer Anzahl. Es gab häufig auch ausgedehnte Nischen, im Allgemeinen leer, doch ab und an befanden sich darin bizarre, aus grünem Speckstein modulierte Objekte, die entweder zerbrochen oder nicht für Wert befunden waren, sie mitzunehmen. Andere Öffnungen dienten ohne Zweifel inzwischen verschwundenen technischen Einrichtungen, wie Heizung, Beleuchtung und Ähnlichem, so wie man sie auf vielen der Flachreliefs sehen konnte. Die Decken schienen ungenutzt zu sein, waren aber manchmal mit grünen Specksteinplatten oder anderen Fliesen verkleidet, die inzwischen herabgefallen waren. Der Boden war manchmal mit solchen Fliesen ausgelegt, doch meistens bestand er aus blankem Stein.

Wie ich schon erwähnt habe, fehlten sämtliche Möbel und andere bewegliche Habe, aber die Flachreliefs vermittelten ein klares Bild von den seltsamen Gerätschaften, die sich in diesen grabgleichen, widerhallenden Räumen befunden hatten. Oberhalb der Eisschicht waren die Böden im Allgemeinen von einer dicken Lage von Schutt, Geröll und Trümmern bedeckt, doch weiter unten wurde dies immer weniger. In einigen der tiefer gelegenen Räumen und Gängen war nichts außer grobem Staub und altersbedingten Verkrustungen, während manche Bereiche den beunruhigenden Eindruck erweckten, erst vor Kurzem umfassend gesäubert worden zu sein. Natürlich waren an Stellen von Abbrüchen und Rissen die unteren Ebenen genauso mit Schutt bedeckt wie die oberen. Ein zentraler Hof, in der Art, wie wir solche auch aus der Luft in anderen Gebäuden gesehen hatten, sorgte dafür, dass das Innere nicht in völliger Dunkelheit lag und wir unsere elektrischen Taschenlampen in den oberen Räumen kaum benutzen mussten, es sei denn, wir wollten die Flachreliefs genauer untersuchen. Unter der Eisschicht herrschte nur schwaches Zwielicht und in großen Teilen der verschachtelten, unteren Ebenen war es beinahe stockdunkel.

Um auch nur einen ungefähren Eindruck von unseren Gedanken und Gefühlen bei dem Eindringen in diesen seit ewigen Zeiten schweigenden Irrgarten nicht menschlicher Architektur zu bekommen, muss man das hoffnungslos verwirrende Chaos von schwärenden Stimmungen, Erinnerungen und Eindrücken, dem wir ausgesetzt waren, mit in Betracht ziehen. Das schier unfassbare Alter und die tödliche Trostlosigkeit dieses Ortes reichten aus, um jeden empfindsamen Menschen zu überwältigen, dazu kamen noch die unerklärlichen Schrecken im Lager und die Erkenntnisse, die wir aus den beängstigenden Flachreliefs um uns herum zogen. In dem Moment, als wir auf einen vollständig erhaltenen Abschnitt mit Reliefs stießen, bei dem es keine Möglichkeit mehr gab, diese falsch zu interpretieren, genügte eine kurze Untersuchung, um uns die abscheuliche Wahrheit zu enthüllen. Eine Wahrheit – es wäre naiv, dies abzustreiten –, die unabhängig voneinander Danforth und ich schon vorher vermutet, doch der Vorsicht halber dem anderen auszusprechen vermieden hatten. Es konnte keine beschwichtigenden Zweifel mehr über die Natur der Wesen geben, die diese monströse, ausgestorbene Stadt vor Millionen von Jahren, als die Vorfahren der Menschen noch primitive Säugetiere waren und riesige Dinosaurier durch die tropischen Steppen Europas und Asiens zogen, erbaut und bewohnt hatten.

Zuvor hatten wir uns, jeder für sich, noch verzweifelt an eine andere Deutungsmöglichkeit geklammert und darauf beharrt, dass die Allgegenwärtigkeit des fünfzackigen Motives nur eine kulturelle oder religiöse Überhöhung eines in der Natur vorkommenden, archaischen Objekts wäre, das perfekt die Fünfzackigkeit verkörperte, so wie es das dekorative Motiv des heiligen Stiers im minoischen Kreta war, der Skarabäus in Ägypten, in Rom die Wölfin und der Adler und die Totemtiere bei vielen wilden Volksstämmen. Doch dieser eine Zufluchtsort war uns nun genommen, und wir waren gezwungen, der erschütternden Wirklichkeit ins Auge zu sehen, die der Leser dieser Seiten zweifellos schon lange vorausgeahnt hat. Ich kann es auch jetzt kaum schwarz auf weiß zu Papier bringen, aber vielleicht ist das auch gar nicht nötig.

Die Wesen, die einst zu Zeiten der Dinosaurier in diesen fürchterlichen Gebäuden wohnten und lebten, waren natürlich keine Dinosaurier, sondern etwas viel Schlimmeres. Dinosaurier waren in ihrem Sinne erst kürzlich aufgetretene und fast gänzlich hirnlose Lebewesen, doch die Erbauer der Stadt waren alt und klug und hatten Spuren in Felsen hinterlassen, die schon damals gut und gerne eine Milliarde Jahre alt waren. Felsen, die sich gebildet hatten, bevor das eigentliche Leben auf der Erde einen Status erreicht hatte, der über Einzeller hinausging. Diese Wesen hatten das Leben erschaffen und es sich zunutze gemacht und waren ohne Zweifel der Ausgangspunkt jener alten Mythen, die in Schriften wie den *Pnakotischen Manuskripten* und dem *Necronomicon* ängstlich angedeutet werden. Sie waren die *Alte Rasse*, die von den Sternen herabgekommen ist, als die Erde noch jung war, die Wesen, deren Gestalt das Ergebnis einer nicht natürlichen Evolution war und deren Kräfte von einer Art waren, die dieser Planet nie hervorgebracht hat. Jetzt daran zu denken, dass vor nur einem Tag Danforth und ich tatsächlich ihre seit Millionen von Jahren versteinerten Überreste … und dass der bemitleidenswerte Lake und seine Mannschaft sie direkt vor sich gehabt hatten …

Es ist mir nicht möglich, die Abfolge, in der wir uns das unheimliche Kapitel vormenschlicher Geschichte erschlossen haben, in der richtigen Reihenfolge wiederzugeben. Nach dem ersten Schock, der mit diesen Entdeckungen einherging, brauchten wir etwas Zeit, um uns wieder zu sammeln, und es war inzwischen drei Uhr geworden, bevor wir zu unserer systematischen Erkundung aufbrachen. Die Flachreliefs in dem Gebäude, das wir betraten, waren relativ jüngeren Datums, vielleicht zwei Millionen Jahre alt, wie wir bei der Überprüfung geologischer, biologischer und astronomischer Einzelheiten feststellen konnten, und waren von einer künstlerischen Qualität, die man im Vergleich mit den Objekten, die wir nach dem Überqueren von einigen Brücken unter der Eisschicht in älteren Gebäuden vorgefunden hatten, als dekadent bezeichnen könnte. Ein anderes Bauwerk, das aus dem massiven Fels herausgehauen war, schien vierzig oder auch fünfzig Millionen Jahre alt zu sein, datierte also aus dem Eozän oder dem oberen Paläozän. Es enthielt Flachreliefs in einer Kunstfertigkeit, die, bis auf eine ungeheure Ausnahme, alles andere übertraf, was wir gesehen haben. Das war nach unserer einhelligen Einschätzung das älteste Wohngebäude, das wir betreten haben.

Gäbe es nicht die Fotografien, um das Erzählte zu untermauern, würde ich nichts von meinen Entdeckungen und Schlussfolgerungen erzählen, denn man würde mich als Wahnsinnigen wegsperren. Natürlich kann man die bruchstückhafte, zeitlich unendlich weit zurückliegende Frühgeschichte vom Leben dieser sternköpfigen Dinger auf anderen Planeten und in anderen Galaxien und Universen einfach als fantastische Mythologie, geschaffen von ihnen selbst, abtun, doch stimmen die in den Reliefs integrierten Diagramme und Muster auf so unheimliche Weise mit den neuesten Entdeckungen der Mathematik und Astrophysik überein, dass ich wirklich nicht mehr weiß, was ich davon halten soll. Mögen andere darüber entscheiden, wenn sie die Fotos gesehen haben, die ich veröffentlichen werde.

Natürlich gab jede Gruppe der von uns gefundenen Reliefs nur einen Teil einer umfangreichen Geschichte wieder, auch konnten wir noch nicht einmal damit beginnen, die einzelnen Teile dieser Geschichte in die richtige Abfolge zu bringen. Einige der ausgedehnten Räume bildeten bezüglich ihrer Flachreliefs selbstständige Einheiten, während in anderen Fällen sich die Darstellungen über mehrere Räume und Gänge fortsetzten. Die beeindruckendsten Karten und Diagramme befanden sich an den Wänden eines entsetzlichen Gewölbes, das sich noch unter der ehemaligen Oberfläche erstreckte, eine Aushöhlung, die eine Grundfläche von ungefähr siebzig Metern im Quadrat und eine Höhe von zwanzig Metern hatte und die zweifellos eine Art von Lehranstalt gewesen war. In den verschiedenen Räumen und Gebäuden wiederholten sich auffallend oft die Darstellungen von bestimmten Entwicklungen und einzelnen Phasen in der Geschichte dieser Rasse, die offensichtliche bei den Künstlern und den Bewohnern beliebt waren. Doch manchmal halfen uns voneinander abweichende Fassungen des gleichen Sachverhalts, strittige Punkte zu klären und Lücken zu schließen.

Ich wundere mich immer noch, wie wir so viel in der kurzen Zeit, die uns zur Verfügung stand, ergründen konnten. Aber natürlich haben wir selbst nur eine grobe Vorstellung und die meisten Erkenntnisse stammen aus der späteren Auswertung von den Fotografien und Skizzen, die wir gemacht hatten. Vielleicht war diese spätere Auswertung der Grund – die lebendig gewordenen Erinnerungen und undeutlichen Bilder, zusammen mit seiner allgemeinen Empfindsamkeit und dem letzten vermeintlichen schrecklichen Anblick, dessen Wesen er noch nicht einmal mir enthüllen will – für Danforths jetzt erfolgten Zusammenbruch. Aber es musste sein, denn wir können unserer Warnung nicht ohne möglichst umfangreiche Informationen Nachdruck verleihen, und genau diese Warnung ist das wichtigste Ziel. Gewisse unterschwellige Einflüsse in dieser unerforschten antarktischen Welt von abseitigen Zeitverläufen und außerirdischen Naturgesetzen macht es unumgänglich, jegliche weitere Erforschung zu verhindern.

VII

Sämtliche Ergebnisse, so weit wir sie bis jetzt entschlüsseln konnten, werden in Kürze in einem offiziellen Bericht der Miskatonic-Universität veröffentlicht. Hier umreiße ich nur die wichtigsten und außergewöhnlichsten Punkte in ungeordneter und formloser Weise. Die Mythen, oder besser gesagt die Flachreliefs, veranschaulichten die Ankunft dieser sternköpfigen Wesen aus den Tiefen des Kosmos auf einer im Entstehen begriffenen, noch völlig leblosen Erde, und die Ankunft von vielen anderen außerirdischen Entitäten, die sich aufgemacht hatten, den Weltraum zu erforschen. Es scheint, dass sie in der Lage waren, den interstellaren Raum mithilfe ihrer großen Hautflügel zu durchqueren. Das würde seltsamerweise einige abseitige Geschichten von Bergbewohnern bestätigen, von denen mir vor langer Zeit ein Kollege der Altertumsfakultät berichtet hatte. Die Wesen hatten hauptsächlich im Meer gelebt, fantastische Städte erbaut und schreckliche Kriege gegen namenlose Gegner mit komplizierten Geräten geführt, die auf unbekannten Prinzipien der Energie basierten. Ganz offensichtlich reichten ihre wissenschaftlichen und technischen Fähigkeiten weit über die der heutigen Menschheit hinaus, doch machten sie von den weitgefächerten Möglichkeiten nur Gebrauch, wenn sie dazu gezwungen wurden. Einige der Reliefs legten nahe, dass sie eine Phase hochtechnisierten Lebens auf anderen Planeten durchlaufen hatten, aber schließlich auf den Standpunkt verfallen waren, dessen Auswirkungen seien emotional unbefriedigend. Ihre außergewöhnlich widerstandsfähige Konstitution und die Einfachheit ihres Lebensstils ermöglichte es ihnen, auf einem Hochplateau ohne gezüchtete Nahrungsmittel aus künstlicher Produktion zu leben, ja sogar ohne Bekleidung, außer manchmal zum Schutz gegen die Witterung.

Im Meer erschufen sie das Leben auf der Erde, zuerst als Nahrungsquelle, dann zu anderen Zwecken, und benutzten dazu vorhandene Substanzen und altbekannte Methoden. Die weiterführenden Experimente kamen dann, nachdem sie verschiedene kosmische Gegner ausgeschaltet hatten. Das Gleiche hatten sie schon auf anderen Planeten gemacht, nicht nur die notwendigen Nahrungsmittel hergestellt, sondern auch mehrzellige Organismen, die unter mentalem Einfluss in der Lage waren, aus ihrem Gewebe sämtliche Arten von temporären Gliedmaßen zu formen. Dadurch entstanden ideale Sklaven, um die schweren Arbeiten der Gemeinschaft zu erledigen. Diese formbaren Gewebeansammlungen waren ohne Zweifel das, was Abdul Alhazred in seinem beängstigenden *Necronomicon* nur in zaghaften Andeutungen als »Shoggothen« bezeichnet; doch selbst dieser verrückte Araber gibt keinen Hinweis darauf, dass diese Wesen jemals auf der Erde existiert hätten, außer in den Träumen jener, die bestimmte, bewusstseinserweiternde Kräuter genossen hatten. Nachdem die sternköpfige *Alte Rasse* auf diesem Planeten ihre einfachen Nahrungsmittel künstlich erzeugt und eine ausreichende Anzahl von Shoggothen herangezogen hatte, ließen sie auch zu, dass Zellballungen sich zu anderen Formen pflanzlichen und tierischen Lebens entwickelten, wobei sie diejenigen ausrotteten, die sich als problematisch erwiesen.

Unter Einsatz der Shoggothen, deren Gestalt so modifiziert werden konnte, dass sie in der Lage waren, große Gewichte zu heben, wuchsen die unterseeischen Städte zu ausgedehnten und beeindruckenden steinernen Labyrinthen heran, ähnlich denen, die sie später an Land errichteten. Tatsächlich hatte die höchst anpassungsfähige *Alte Rasse* in anderen Teilen des Universums häufig an Land gelebt und viele Elemente der terrestrischen Bauweise beibehalten. Als wir die Reliefs mit architektonischen Darstellungen der urzeitlichen Städte studierten, einschließlich der, deren seit Äonen verlassene Korridore wir gerade durchschritten, beeindruckte uns eine seltsame Übereinstimmung, für die wir bis jetzt, noch nicht einmal für uns selbst, eine Erklärung gefunden haben. Die Spitzen der Gebäude der uns umgebenden Stadt waren natürlich schon seit langer Zeit verwittert und zu formlosen Ruinen verfallen, in den Flachreliefs allerdings klar zu erkennen und zeigten umfangreiche Gruppen von nadelspitzen Spiralen, ziselierte Spitzen von Kegeln, Pyramiden und Türme aus horizontal übereinander geschichteten Scheiben, die auf zylindrischen Sockeln ruhten. Das entsprach genau dem, was wir in dem monströsen und bedrohlichen Trugbild am Himmel gesehen hatten, das von einer Stadt stammte, deren ursprüngliche Silhouette schon seit tausenden, ja zehntausenden von Jahren nicht mehr existierte, sich aber über den unergründlichen Bergen des Wahnsinns auf dem Weg zu Lakes Unglückslager unseren ungläubigen Blicken dargeboten hatte.

Über das Leben der *Alten Rasse*, sowohl im Meer als später auch an Land, ließen sich unzählige Bände füllen. Diejenigen im seichten Wasser hatten weiterhin vollen Gebrauch von den Augen am Ende ihrer fünf Haupttentakel gemacht und die Bildhauerei und die Schrift auf gängige Weise benutzt, wobei sie beim Schreiben einen Griffel und wasserfeste Wachsoberflächen einsetzten. Die tiefer im Meer lebenden Wesen benutzen zwar einen phosphoreszierenden Organismus für die Beleuchtung, ihre Sehfähigkeit wurde allerdings durch merkwürdige, besondere Sinnesorgane verstärkt, die sich in den Flimmerhärchen auf ihrem Kopf befanden, Sinnesorgane, die alle der *Alten Rasse* besaßen und sie teilweise unabhängig von dem Vorhandensein einer Lichtquelle machten. Die Art ihrer Reliefs und ihrer Schrift hatte sich während des Niedergangs eigentümlich verändert und beinhaltete ein offensichtlich chemisches Lackierungsverfahren, mit dem ein Leuchten erreicht wurde. Doch die Flachreliefs gaben uns darüber keine klare Auskunft. Diese Lebewesen bewegten sich im Meer teilweise schwimmend, wozu sie seitliche, haarsternartige Arme einsetzten, und teilweise durch Zucken mit den unteren Tentakeln an dem Pseudofuß. Manchmal führten sie auch lange Gleitphasen unter Einsatz von zwei oder mehr ihrer fächerartigen Flügel aus. An Land bewegten sie sich auf ihrem Pseudofuß, doch von Zeit zu Zeit flogen sie mit ihren Schwingen auch in große Höhen oder über weite Entfernungen. Die vielen schmalen Tentakel, in die sich ihre Arme auffächerten, waren unglaublich sensibel, flexibel, kräftig und präzise in der Muskel-Nerven-Koordination. Damit verfügten sie über unschlagbare Fähigkeiten und Geschick bei allen künstlerischen und sonstigen manuellen Tätigkeiten.

Die Widerstandsfähigkeit der Wesen war nahezu unglaublich. Selbst der schreckliche Druck, der in den tiefsten Meeren herrscht, konnte ihnen nichts anhaben. Nur sehr wenige von ihnen schienen überhaupt zu sterben, außer durch Gewalteinwirkung, und es gab nur sehr wenige Bestattungsstätten. Der Umstand, dass sie über ihre aufrecht begrabenen Toten fünfzackige, mit Inschriften versehene Grabmäler errichteten, rief, nachdem wir es auf den Reliefs erkannt hatten, bei Danforth und mir Überlegungen hervor, die eine erneute Pause zur Besinnung nötig machten. Die Lebewesen vermehrten sich durch Sporen wie Gefäßsporenpflanzen, was auch Lake schon vermutet hatte, aber aufgrund ihrer unglaublichen Widerstandskraft und Langlebigkeit und der fehlenden Notwendigkeit ärztlicher Eingriffe, kümmerten sie sich nicht um das weite Feld der Entwicklung der Prothallien, außer wenn sie neue Gebiete besiedelten. Der Nachwuchs erreichte schnell das Erwachsenenstadium und erhielt eine Ausbildung, die über jeden Standard hinausging, den wir uns vorstellen können. Das herrschende intellektuelle und ästhetische Leben war hoch entwickelt und basierte auf einem genau festgelegten Kodex von Sitten und Gebräuchen, die ich umfassender in meiner demnächst erscheinenden Monografie ausführen werde. Dieser Kodex unterschied sich nur graduell bei Land- und Meeresbewohnern, hatte aber dieselben Grundlagen und Vorschriften.

Obwohl sie wie Pflanzen in der Lage waren, ihren Nahrungsbedarf aus anorganischen Substanzen zu decken, bevorzugten sie doch organische, besonders tierische Nahrung. Die, die im Wasser lebten, verzehrten Meerestiere ungekocht, doch die Landbewohner kochten ihre Nahrungsmittel. Sie jagten das Wild und hielten Zuchtvieh, das sie mit scharfen Werkzeugen schlachteten, deren Spuren unsere Expedition an Knochen festgestellt hatte. Die üblichen Temperaturen konnten ihnen nichts anhaben, und in ihrem natürlichen Zustand waren sie in der Lage, in Wassertemperaturen nahe dem Gefrierpunkt zu existieren. Als sich vor fast einer Million Jahre die große Eiszeit des Pleistozäns ausbreitete, mussten die Landbewohner bestimmte Maßnahmen dagegen ergreifen, so zum Beispiel den Einsatz von künstlichen Heizungen, bis schließlich die tödliche Kälte sie zurück ins Meer getrieben hat. Bei ihren vorzeitlichen Flügen durch das Weltall, so besagen die Legenden, hatten sie bestimmte Chemikalien zu sich genommen, die sie fast völlig unabhängig von Nahrung, Luft und Wärme machten, doch zum Zeitpunkt der Eiszeit waren diese Kenntnisse verloren gegangen. Auf jeden Fall hätten sie diesen künstlichen Zustand nicht unendlich ausdehnen können, ohne Schaden zu nehmen.

Da sie sich nicht geschlechtlich fortpflanzten und halb pflanzlich waren, fehlte der *Alten Rasse* die biologische Voraussetzung für ein säugetierähnliches Familienleben, doch es schien, als hätten sie sich in großen Gemeinschaftshaushalten nach den Prinzipien von Nützlichkeit und mentaler Einstellung organisiert, wie wir aus den Darstellungen der Beschäftigungen und Unterschiede der zusammenlebenden Individuen entnahmen. Die von ihnen benutzten Möbel befanden sich immer in der Mitte der großen Räume, und man ließ sämtliche Wände frei für die Bilder und Reliefs. Die Beleuchtung, im Fall der Landbewohner, wurde von Gerätschaften bewirkt, die möglicherweise auf elektrochemischen Prozessen basierten. Sowohl an Land als auch unter Wasser benutzten sie merkwürdige Tische, Stühle und zylinderförmige Gestelle – sie ruhten sich aus und schliefen aufrecht mit zusammengefalteten Tentakeln – sowie Regale für die aufklappbaren Stapel von gepunkteten Platten, die ihre Bücher darstellten.

Die Regierungsstruktur war offensichtlich höchst komplex und wahrscheinlich sozialistisch, doch in dieser Beziehung konnten wir aus den Flachreliefs keine gesicherten Erkenntnisse gewinnen. Es gab regen Handel, sowohl auf lokaler Ebene als auch zwischen den Städten, wobei kleine, flache, fünfzackige und mit Schriftzeichen versehene Marken als Geld dienten. Möglicherweise gehörten die kleineren der verschiedenen grünlichen Specksteine, die wir gefunden hatten, zu dieser Währung. Obwohl diese Kultur im Wesentlichen eine städtische war, wurde etwas Ackerbau und umfangreiche Viehzucht betrieben. Es gab auch Bergbau und einige Manufakturen. Es wurde viel gereist, doch andauernde Wanderungsbewegungen scheinen sehr selten stattgefunden zu haben, außer in Zeiten der Kolonisation, wenn die Rasse sich ausbreitete. Für die individuelle Fortbewegung gab es keine Hilfsmittel, die *Alte Rasse* war auf Land, in der Luft und im Wasser in der Lage, sich mit hoher Geschwindigkeit fortzubewegen. Große Gewichte indessen wurden durch Lasttiere bewegt, im Meer von Shoggothen und in der späteren Zeit des Lebens auf Land von einer eigentümlichen Vielfalt von Wirbeltieren.

Diese Wirbeltiere, wie auch unzählige andere Lebensformen, Tiere und Pflanzen, im Wasser, auf dem Land und in der Luft, waren das Ergebnis einer unkontrollierten Evolution, die auf dem Zellplasma der *Alten Rasse* basierte, aber sich von ihnen unbeachtet vollzog. Sie konnten sich unkontrolliert entwickeln, solange sie nicht in Konflikt mit der dominanten Rasse gerieten. Lebensformen, bei denen dies der Fall war, wurden sofort ausgelöscht. Es war interessant für uns, auf den allerletzten und überaus dekadenten Reliefs ein primitives, herumstolperndes Säugetier zu sehen – von den Landbewohnern manchmal als Nahrung gebraucht, manchmal auch zur Belustigung – dessen schwache äffische Anmutung unmissverständlich war. Beim Bau der Städte an Land wurden die mächtigen Steinblöcke im Allgemeinen von Pterodaktylen mit riesigen Flügeln bewegt, einer Spezies, die bis zum heutigen Zeitpunkt der Paläontologie unbekannt war.

Die Hartnäckigkeit, mit der die *Alte Rasse* verschiedene geologische Veränderungen und Verschiebungen der Erdoberfläche überlebt hat, grenzt ans Wunderbare. Obwohl nur wenige oder gar keine ihrer ersten Städte länger als bis zum Archäischen Zeitalter überdauert haben, gab es keine Unterbrechung ihrer Überlieferung oder in der Weitergabe ihrer Aufzeichnungen. Der Ort, an dem sie zum ersten Mal den Planeten betraten, war der Antarktische Ozean, und es ist anzunehmen, dass dies nicht lange, nachdem sich die Masse des Mondes aus dem benachbarten Südpazifik gelöst hatte, geschehen war. Nach einer der Karten eines Reliefs war damals der gesamte Globus von Wasser bedeckt, und im Laufe der Äonen breiteten sich vereinzelte Steinstädte von der Antarktis her aus. Eine andere Karte zeigte einen großen Bereich trockenen Landes um den Südpol, und es ist wahrscheinlich, dass einige der Lebewesen sich versuchsweise an Land niederließen, doch ihre wichtigsten Zentren befanden sich auf den am nächsten gelegenen Meeresböden. Spätere Karten zeigten, wie diese Landmasse zerbrach und sich bewegte, während losgelöste Teile nach Norden abdrifteten. Damit wird auf beeindruckende Weise die vor Kurzem aufgekommene Theorie der Kontinentaldrift bestätigt, wie sie von Taylor, Wegener und Joly vertreten wird.

Mit der Erhebung einer neuen Landmasse im Südpazifik setzten dramatische Veränderungen ein. Einige der unterseeischen Städte wurden hoffnungslos zerstört, doch das war noch nicht einmal das größte Unglück. Eine andere Rasse, Landlebewesen mit der Gestalt von Oktopussen und wahrscheinlich identisch mit dem sagenhaften, vormenschlichen Gezücht von Cthulhu, kam aus den Tiefen des unendlichen Weltalls auf die Erde herab und entfachte einen ausgedehnten Krieg, der die *Alte Rasse* eine Zeit lang gänzlich ins Meer zurücktrieb – ein vernichtender Schlag für die sich gerade entwickelnde Besiedlung des Landes. Später wurde dann Frieden geschlossen und die neuen Landmassen Cthulhus Abkommen überlassen, während die *Alte Rasse* das Meer und die älteren Landstreifen behielt. Neue Städte wurden an Land gegründet, die größte davon in der Antarktis, die als der Ort ihrer ersten Landung ihnen heilig war. Von da an, wie auch schon zuvor, blieb die Antarktis das Zentrum der Zivilisation der *Alten Rasse* und alle auffindbaren Städte, die von Cthulhus Gezücht errichtet worden waren, wurden ausgelöscht. Dann sanken plötzlich die Landmassen im Pazifik wieder ab und rissen dabei die schreckliche steinerne Stadt R'lyeh und sämtliche kosmischen Oktopusse mit in die Tiefe, sodass die *Alte Rasse* wieder über den Planeten herrschte. Zurück blieb lediglich eine wie ein Schatten über ihnen liegende Furcht, die sie aber nicht thematisierte. Lange Zeit später befanden sich ihre Städte auf allen Landmassen und überall auf dem Meeresboden, deshalb werde ich in meiner demnächst erscheinenden Monografie empfehlen, dass Archäologen systematische Bohrungen mit Pabodies Geräten an bestimmten, weit auseinanderliegenden Gebieten unternehmen sollen.

Der durch die Jahrhunderte sich fortsetzende Trend war vom Wasser zum Land, ein Trend, der durch die Entstehung immer neuer Landmassen noch unterstützt wurde, doch die Meere wurden nie vollständig verlassen. Ein weiterer Grund für die Migration auf das Land waren neu entstandene Schwierigkeiten in der Aufzucht und der Beherrschung der Shoggothen, worauf das gesamte Leben unter Wasser fußte. Im Laufe der Zeit, wie die Flachreliefs betrübt einräumten, war das Wissen, wie man aus anorganischer Materie Leben erschuf, verloren gegangen, sodass die *Alte Rasse* abhängig davon war, bestehende Formen zu modifizieren. An Land erwiesen sich die großen Echsen als sehr fügsam, doch die Shoggothen im Meer, die sich durch Teilung vermehrten und inzwischen einen gefährlichen Grad von Intelligenz erreicht hatten, stellten eine Zeit lang ein außergewöhnliches Problem dar.

Die *Alte Rasse* hatte sie immer durch eine Form von hypnotischer Suggestion kontrolliert und hatte ihre zähe, gallertartige Masse temporär in verschiedene nützliche Glieder und Organe geformt, doch jetzt benutzten die Shoggothen ihre modulierenden Kräfte selbst und gaben sich aus ihrer Erinnerung stammende, willkürliche Formen. Wie es aussah, hatten sie ein halb funktionstüchtiges Gehirn entwickelt, dessen eigener und manchmal störrischer Wille den Anweisungen der *Alten Rasse* nachkam, ihnen aber nicht immer gehorchte. Reliefs, auf denen solche Shoggothen abgebildet waren, erfüllten Danforth und mich mit Schrecken und Übelkeit. Normalerweise waren sie formlose Entitäten, bestehend aus einem weichem Gelee, der wie ein Zellklumpen aus Blasen aussah, und wenn er kugelförmig war, einen Durchmesser von ungefähr fünf Metern besaß. Aber eigentlich veränderten sie dauernd ihre Gestalt und Masse, brachten temporäre Auswüchse hervor oder entwickelten Organe zum Sehen, Hören, Sprechen, indem sie ihre Meister imitierten, entweder spontan oder auf Befehl.

Es schien, dass sie irgendwann in der Mitte des Perm, vielleicht vor 150 Millionen Jahren, besonders unberechenbar geworden waren und die im Meer lebende *Alte Rasse* einen regelrechten Unterwerfungskrieg gegen sie unternahm. Die Bilder dieses Krieges und die geköpften, mit Schleim überzogenen Körper, wie die Shoggothen ihre abgeschlachteten Opfer meist zurückließen, strahlten selbst über den Abgrund unglaublich langer Zeiträume eine sonderbar grauenvolle Intensität aus. Die *Alte Rasse* hatte seltsame Waffen, die durch molekulare Zerstörung wirkten, gegen die aufrührerischen Entitäten eingesetzt und am Ende den vollständigen Sieg davongetragen. Danach, so zeigten die Reliefs, kam ein Abschnitt, in dem die Shoggothen gezähmt und von bewaffneten Angehörigen der *Alten Rasse* niedergerungen wurden, so wie die Wildpferde des amerikanischen Westens von den Cowboys gezähmt wurden. Obwohl während der Rebellion die Shoggothen die Fähigkeit gezeigt hatten, an Land zu leben, hat man diese Möglichkeit nicht weiter verfolgt, denn ihre Nützlichkeit an Land hätte kaum die Schwierigkeiten aufgewogen, sie unter Kontrolle zu halten.

Während der Zeit des Jura wurde die *Alte Rasse* mit einer neuen Widrigkeit in Form einer weiteren Invasion aus dem Weltall konfrontiert. Diesmal waren es Wesen, die wie eine Verbindung von Pilzen und Krebstieren aussahen und von einem nicht identifizierbaren Planeten stammten, so abgelegen wie der erst kürzlich entdeckte Pluto. Diese Kreaturen waren zweifellos die gleichen, die in den geflüsterten Legenden des Nordens beschrieben werden und an die man sich im Himalaja als den Mi-Go oder den abscheulichen Schneemenschen erinnert. Um diese Wesen zu bekämpfen, versuchte die *Alte Rasse* zum ersten Mal seit ihrer Ankunft auf der Erde, wieder in den Weltraum vorzustoßen, doch trotz aller üblichen Vorbereitungen waren sie nicht mehr in der Lage, die Erdatmosphäre zu verlassen. Worin auch immer das alte Geheimnis des interstellaren Reisens bestanden hatte, es war nun unwiederbringlich für sie verloren. Am Ende hatten die Mi-Go die *Alte Rasse* vollständig von den nördlichen Landmassen vertrieben, doch sie hatten keine Möglichkeit, die im Meer Lebenden zu behelligen. Nach und nach begann der Rückzug der *Alten Rasse* in ihren ehemaligen antarktischen Lebensraum.

Es war überraschend, auf den Bildern von diesen Kriegen festzustellen, dass sowohl Cthulhus' Gezücht als auch die Mi-Go aus Materie bestanden, die der, die wir kennen, weit fremder war, als die, aus denen die *Alte Rasse* bestand. Sie waren in der Lage, körperliche Veränderungen vorzunehmen und wieder rückgängig zu machen, zu denen ihre Gegner nicht fähig waren, und stammten wahrscheinlich aus noch weiter abgelegenen Bereichen des Kosmos. Die *Alte Rasse* war trotz ihrer unnatürlichen Widerstandsfähigkeit und ihrer Langlebigkeit ausschließlich aus Materie und musste ihren Ursprung in dem uns bekannten Raum-Zeit-Kontinuum haben, während man über die Herkunft der anderen nur mit angehaltenem Atem spekulieren konnte. All dies natürlich nur unter dem Vorbehalt, dass die außerirdischen Wurzeln und die Besonderheiten, die den Invasoren zugeschrieben wurden, nicht reine Mythologie sind. Es könnte sein, dass die *Alte Rasse* einen kosmischen Rahmen geschaffen hat, um ihre gelegentlichen Niederlagen akzeptabler erscheinen zu lassen, denn Geschichtsbewusstsein und Stolz waren ihre hervorstechendsten Charaktereigenschaften. Es ist auffallend, dass in ihren Annalen nie die vielen, weit fortgeschrittenen und fähigen Rassen von Wesen Erwähnung finden, deren Kulturen und mächtige Städte durchgehend in bestimmten abseitigen Legenden präsent sind.

Auf vielen der Reliefkarten und Bildern waren die geologischen Veränderungen durch die Äonen hindurch lebensnah dargestellt. In bestimmten Fällen müssen existierende wissenschaftliche Erkenntnisse revidiert werden, während bei anderen ihre kühnen Behauptungen vollständig bestätigt werden. Die schon von mir erwähnte Hypothese von Taylor, Wegener und Joly, dass alle Kontinente Teilstücke einer ehemaligen antarktischen Landmasse sind, die durch die Zentrifugalkraft auseinander gerissen wurde und deren Teile auf einer tiefer gelegenen, zähflüssigen Schicht auseinander gedriftet sind – eine Hypothese, nahegelegt durch die zueinander passenden Umrisse von Afrika und Südamerika und die Art, in der die großen Gebirgsketten sich aufgefaltet haben, wird in umfassender Weise durch diese unheimliche Quelle bestätigt.

Landkarten aus dem Karbon, einer Zeit vor mehreren hundert Millionen Jahren, zeigten deutliche Risse und Abgründe an Stellen, an denen später Afrika von den Bereichen Europas (damals das Valusia vorzeitlicher, höllischer Legenden), von Asien, den beiden Amerikas und dem Antarktischen Kontinent getrennt wurde. Andere Bilder – und besonders auffallend war eines in Verbindung mit der Gründung der weitläufigen, toten Stadt um uns herum vor fünfzig Millionen Jahren – zeigten klar umrissen sämtliche heutigen Kontinente. Und auf der jüngsten Darstellung, die wir fanden und die wahrscheinlich aus dem Pliozän stammt, erscheint die Welt in ihrer heutigen Form sehr deutlich, bis auf die Landbrücke zwischen Alaska und Sibirien, der Verbindung von Nordamerika und Europa über Grönland und von Südamerika mit dem antarktischen Kontinent über Graham Land. Auf den Karten aus der Karbonzeit, ob Meeresboden oder Landmassen, befanden sich auf dem ganzen Globus Symbole für die weit ausgedehnten, steinernen Städte der *Alten Rasse*, doch auf den späteren Ausfertigungen war klar erkennbar, dass sich diese zum antarktischen Kontinent hin zurückgezogen hatten. Die letzte Karte aus dem Pliozän verzeichnete nur noch auf dem antarktischen Kontinent und der Spitze von Südamerika Landstädte und keine Meeresstädte mehr jenseits des fünfzehnten Breitengrads südlicher Breite. Das Wissen und das Interesse an der nördlichen Welt, außer dem Studium der Küstenlinien, wahrscheinlich durch lange Erkundungsflüge mithilfe ihrer Membranflügel, war offensichtlich bei der *Alten Rasse* auf null gesunken.

Die Zerstörung von Städten durch das Auffalten von Bergketten, das Auseinanderreißen der Kontinente durch zentrifugale Kräfte, Erdbeben zu Lande und auf dem Meeresgrund und andere Naturkatastrophen gehörten praktisch zum Leben, und es war merkwürdig, wie die Reparaturen und Ersatzbauten im Lauf der Zeitalter immer weniger wurden. Die weitläufige Metropole, die sich um uns herum erstreckte, schien das letzte Zentrum dieser Rasse gewesen zu sein, erbaut zu Beginn der Kreidezeit, nachdem ein gewaltiges Beben die vorherige, noch größere Stadt, nicht weit entfernt, vernichtet hatte. Es scheint, als ob diese Region der heiligste Ort von allen gewesen ist, wo, wie wir annehmen, die Ersten der *Alten Rasse* sich auf dem Meeresboden angesiedelt hatten. In dieser neuen Stadt – vieles von ihrem Erscheinungsbild konnten wir auf den Flachreliefs sehen, sie erstreckte sich über 150 Kilometer in jede Richtung entlang der Bergkette, viel weiter, als wir bei unserem Erkundungsflug gekommen waren – wurden nach der Überlieferung bestimmte heilige Steine aufbewahrt, die einmal Bestandteil der ersten Stadt auf dem Meeresgrund gewesen und erst nach Äonen durch Erdbewegungen in den tiefer liegenden Schichten wieder ans Licht gekommen waren.

VIII

Natürlich untersuchten Danforth und ich mit besonderem Interesse – jeder mit einer ganz eigenen, speziellen Beklemmung – unsere nähere Umgebung. Material dazu gab es im Überfluss, und wir waren glücklich, in dem Gewirr ein Haus jüngeren Datums zu finden, dessen Mauern, trotz Beschädigungen durch eine daneben liegende Spalte, Reliefs in dekadenter Ausführung trugen, die von der Geschichte dieser Region aus den Zeiten nach der Karte aus dem Pliozän berichteten, von der wir unsere letzten umfassenden Informationen über die vormenschliche Welt erhalten hatten. Es war der letzte Ort, den wir genauer untersuchten, denn das, was wir dort fanden, lenkte unsere Aufmerksamkeit auf etwas anderes.

Zweifellos befanden wir uns an einem der seltsamsten, bizarrsten und schrecklichsten Orte auf dem Globus. Von allen existierenden Regionen der Erde war dies die absolut älteste, und in uns wuchs die Überzeugung, dass dieses unheimliche Hochland in der Tat das albtraumhafte Plateau von Leng sein musste, von dem selbst der Autor des *Necronomicon* nur in Andeutungen sprach. Die lang gezogene Bergkette begann mit niedrigen Erhebungen in Luitpold Land an der Küste des Weddell Meeres und zog sich offensichtlich quer durch den ganzen Kontinent. Der wirklich hohe Teil bildete einen mächtigen Bogen von etwa dem 82. Breitengrad südlicher Breite und dem 60. Längengrad östlicher Länge hin zum 70. Breitengrad und dem 115. Längengrad. Die konkave Seite befand sich in Richtung unseres Lagers und die seewärts gerichtete endete in der Region der mit ewigem Eis bedeckten Küste, deren Hügel Wilkes und Mawson vom Polarkreis aus gesehen hatten.

Und doch schienen noch mehr gewaltige Naturphänomene sich in beunruhigender Nähe zu befinden. Ich habe schon gesagt, dass die Berggipfel höher als der Himalaja sind, doch die Reliefs belegten, dass sie nicht die höchsten sind. Diese grässliche Ehre gebührt zweifellos etwas, das darzustellen die Hälfte der Reliefs zurückschreckte, während die anderen es nur mit deutlich spürbarem Widerwillen und Bedrückung taten. Anscheinend gab es einen Teil der uralten Landmasse, der als dunkles, namenloses Böses gemieden wurde, jener erste Teil, der sich aus den Wassern erhoben hatte, als die Erde den Mond abstieß und die *Alte Rasse* von den Sternen herabgekommen war. Städte, die dort errichtet worden waren, fielen schnell in Schutt und Asche und wurden verlassen vorgefunden. Dann, als die ersten Verwerfungen in der Erdkruste während der Jurazeit in dieser Region stattfanden, war plötzlich eine beängstigende Reihe von Gipfeln inmitten des Chaos emporgeschossen, und die Erde erhielt ihre höchsten und schrecklichsten Berge.

Wenn der Maßstab der Reliefs zutraf, dann mussten diese verabscheuten Dinger über 13 000 Meter hoch sein, unglaublich höher als selbst die beeindruckenden Berge des Wahnsinns, die wir überquert hatten. Wie es aussah, erstreckten sie sich von etwa dem 77. Breitengrad südlicher Breite und dem 70. Längengrad östlicher Länge bis zu 70 Grad Breite und 100 Grad Länge – weniger als fünfhundert Kilometer von der verlassenen Stadt entfernt, sodass wir ihre gefürchteten Gipfel am trüben, westlichen Horizont hätten sehen müssen, wenn nicht der dichte, schimmernde Dunst gewesen wäre. Ebenso müsste an der lang gezogenen Küste am Polarkreis, von Queen-Mary-Land aus, das nördliche Ende zu sehen sein.

Einige der *Alten Rasse* hatten in der dekadenten Phase seltsame Gebete an diese Berge gerichtet, doch niemand begab sich jemals in ihre Nähe oder dachte darüber nach, was jenseits davon wäre. Kein Mensch hat diese Berge je erblickt und beim Studium der Gefühle, die in den Flachreliefs zum Ausdruck kamen, betete ich, dass es auch so bleiben würde. An der Küste von Queen-Mary-Land und Kaiser-Wilhelm-Land befinden sich Hügel, die uns vor dem Dahinterliegenden beschützen, und ich danke dem Himmel, dass noch niemand in der Lage war, dort an Land zu gehen und die Hügel zu erklimmen. Ich bin nicht mehr so kritisch gegenüber alten Geschichten und Ängsten, wie ich es einmal war, und ich schmunzelte nicht über die Darstellungen in den vormenschlichen Reliefs von Blitzen, die ab und zu bedeutungsschwanger auf jedem der bedrohlichen Gipfeln verharrt hatten, oder dass von einer dieser schrecklichen Spitzen ein Licht die gesamte lange Polarnacht hindurch leuchtete. Es mag eine sehr reale und sehr ungeheuerliche Bedeutung in dem alten pnakotischen Geflüster von Kadath in der *Kalten Einöde* liegen.

Das Gelände um uns herum war aber nicht weniger merkwürdig, selbst wenn es nicht ganz so fluchbeladen wirkte. Schon bald nachdem die Stadt gegründet war, wurden der hohe Gebirgszug zum Standort der wichtigsten Tempel erkoren, und viele Reliefs zeigten, welch groteske und fantastische Türme in den Himmel ragten, wo wir jetzt nur noch die seltsamen Würfel und Mauern sahen. Im Laufe der Jahre hatten sich die Höhlen gebildet und wurden in die Tempel integriert. Mit dem Vergehen der Jahrhunderte wurden sämtliche Kalksteinadern durch das Grundwasser ausgehöhlt, sodass die Berge, das Vorgebirge und die Ebenen unterhalb davon ein beachtliches Netz von untereinander verbundenen Kavernen und Galerien aufwiesen. Viele der Darstellungen auf den Reliefs berichteten von den unterirdischen Erkundungen, die schließlich zur Entdeckung eines dunklen, stygischen Meers führten, das tief im Bauch der Erde verborgen war.

Dieser ausgedehnte, in völliger Dunkelheit liegende Schlund war ohne Zweifel von dem großen Fluss ausgewaschen worden, der von den namenlosen und schrecklichen westlichen Bergen herabgeströmt war und ehemals am Fuße der Bergkette der *Alten Rasse* abbog und an ihr entlang zum Indischen Ozean geflossen war, wo er zwischen Budd-Land und Totten-Land an Wilkes' Küste in den Ozean gemündet hatte. Nach und nach hatte er an der Biegung die Kalksteinbasis des Hügels ausgewaschen, bis zuletzt seine nagenden Fluten die Kavernen des Grundwassers erreicht hatten und sich mit ihnen vereinigten, um einen noch größeren Abgrund zu schaffen.

Schließlich hatte sich das gesamte Wasser in die ausgehöhlten Hügel ergossen und das alte Flussbett war zum Ozean hin ausgetrocknet. Große Teile der späteren Stadt, wie wir sie jetzt vorfanden, waren in das Flussbett gebaut. Die *Alte Rasse* hatte verstanden, was passiert war, und mit ihren vorhandenen künstlerischen Fähigkeiten schlugen sie mächtige, reich verzierte Pfeiler aus den Felsen der Vorberge, um die Stelle zu markieren, an der der Fluss seinen Weg in die immerwährende Dunkelheit genommen hatte.

Dieser Fluss, einst von erhabenen Steinbrücken überspannt, war eindeutig der, dessen ausgetrockneten Verlauf wir bei unserem Erkundungsflug gesehen hatten. Seine Lage, dargestellt in verschiedenen Reliefs, die die Stadt zeigten, half uns bei der zeitlichen Einordnung der unterschiedlichen Stadien der sich über Äonen erstreckenden und lange abgeschlossenen Geschichte dieser Region. Dadurch waren wir in der Lage, schnell, aber gewissenhaft, eine Karte der wichtigsten Bezugspunkte der Stadt anzufertigen, Plätze, herausstechende Gebäude und Ähnliches, was uns bei unseren weiteren Erkundungen helfen würde. Schon bald hatten wir eine Vorstellung von der gesamten, beeindruckenden Anlage, wie sie vor einer, zehn oder gar fünfzig Millionen Jahren ausgesehen hatte, denn die Reliefs vermittelten uns einen genauen Eindruck von den Gebäuden, den Bergen, Plätzen, Außenbezirken und der Landschaft mit der üppigen tertiären Vegetation. Es muss eine wunderbare, geheimnisvolle Schönheit gewesen sein, und als ich mich dieser Vorstellung hingab, vergaß ich fast das beklemmende Gefühl einer düsteren Bedrohung, das, durch das unmenschliche Alter, die Massivität, die Verlassenheit, die Abgelegenheit und das eisige Zwielicht ausgelöst, auf mir lastete. Doch wie einige der Flachreliefs zeigten, hatten auch die Bewohner der Stadt unter dem Eindruck schrecklicher Dinge gelitten, denn es gab eine immer wiederkehrende finstere Szene, in der die *Alte Rasse* dargestellt wird, wie sie vor einem entsetzlichen Objekt, das allerdings nie gezeigt wird, zurückschreckt. Man hatte es in dem großen Fluss gefunden, und wahrscheinlich war es aus den schrecklichen westlichen Bergen herab durch die sanften Hügel von lianenüberwachsenen Palmfarnwäldern dorthin geschwemmt worden.

Nur in einem der zuletzt errichteten Gebäude mit dekadenten Reliefs erhielten wir einen Hinweis auf die sich abzeichnende endgültige Katastrophe, die dazu führte, dass die Stadt verlassen wurde. Zweifellos musste es irgendwo noch viele weitere Darstellungen aus dieser Zeit geben, selbst in einer anstrengenden und unsicheren Periode nachlassender Tatkraft und Willens, und tatsächlich fanden wir wenig später Hinweise, dass dem so war. Doch blieben diese Bilder die einzigen, die wir direkt in Augenschein nehmen konnten. Wir glaubten, uns später damit beschäftigen zu können, doch, wie ich schon sagte, zwangen uns die Umstände, uns im Moment anderen Dingen zuzuwenden. Vielleicht nicht bewusst, aber es musste eine Grenze gegeben haben, als sich bei der *Alten Rasse* sämtliche Hoffnungen auf ein langes Verweilen an diesem Ort zerschlagen hatten, sodass die bildlichen Ausschmückungen gänzlich eingestellt wurden. Der letzte entscheidende Schlag war natürlich der Beginn der großen Eiszeit, die den größten Teil der Erde in ihrer Umklammerung hielt und die unglückseligen Polregionen niemals wieder freigegeben hat, eine Eiszeit, die in anderen Bereichen der Erde den Untergang der sagenhaften Länder von Lomar und Hyperborea besiegelte.

Wann diese Entwicklung in der Antarktis begann, ist schwer mit genauen Jahresangaben zu belegen. Heutzutage legen wir den Beginn der Eiszeiten bei ungefähr einer halben Million Jahre vor unserer Zeit fest, doch an den Polen muss diese schreckliche Phase schon viel früher eingesetzt haben. Alle Zahlenangaben geben teilweise nur Vermutungen wieder, doch es ist sehr wahrscheinlich, dass die dekadenten Reliefs weniger als eine Million Jahre alt sind und die Stadt bereits vollständig verlassen war, bevor das Pleistozän auf der Erde anbrach.

Auf den dekadenten Reliefs sieht man, dass die Vegetation merklich zurückgegangen war und die *Alte Rasse* das Landleben fast völlig aufgegeben hatte. In den Häusern gab es Heizungen, und im Winter waren die Reisenden in schützende Kleidung gehüllt. Wir fanden später eine Reihe von Kartuschen (die fortlaufenden Darstellung auf den Friesen war in diesen späten Reliefs häufig unterbrochen), die die anwachsende Migration in wärmere Bereiche zeigten; einige flohen in Unterwasserstädte weit vor der Küste, andere stiegen durch das weitverzweigte Netz der Kalksteinkavernen in den ausgehöhlten Hügeln hinab zu den dunklen Abgründen der unterirdischen Gewässer. Am Ende sah es so aus, als ob sich der in der Nähe liegende Abgrund der größten Beliebtheit bei den Auswanderern erfreut hatte. Das lag zum Teil an der traditionellen Verehrung dieser speziellen Region, aber auch, was einleuchtender erscheint, an der Möglichkeit, weiter die großen Tempel zu nutzen, die sich auf den wabenartig mit Gängen durchzogenen Bergen befanden, und die zurückgebliebene, ausgedehnte Stadt als Sommerresidenz und als Basis, um den Kontakt mit den verschiedenen Bergwerken aufrechtzuerhalten, zu nutzen. Die Verbindung zwischen den neuen und den alten Wohnstätten wurde verbessert durch umfangreiche Arbeiten an den unterirdischen Stollen und auch, indem man zahlreiche direkte Tunnel zwischen der alten Metropole und dem dunklen Abgrund in den Fels trieb, steil nach unten führende Schächte, deren Eingänge wir, nach unseren sehr genauen Schätzungen, sorgfältig auf unserer Karte verzeichneten. Es stellte sich schließlich heraus, dass zumindest zwei dieser Tunnel in für eine Erkundung annehmbarer Entfernung von unserem jetzigen Standort lagen. Beide befanden sich am dem Gebirge zugewandten Rand der Stadt, einer weniger als vierhundert Meter in Richtung des urzeitlichen Flussbetts, der andere ungefähr in doppelter Entfernung in der entgegengesetzten Richtung.

Wie es schien, hatte der Abgrund an manchen Stellen eine Art von Küstenschelf, doch die *Alte Rasse* legte ihre neue Stadt unter Wasser an, zweifellos weil sie so mit einer wärmeren und konstanteren Umgebungstemperatur rechnen konnte. Die Tiefe dieses verborgenen Meeres muss sehr groß gewesen sein, sodass die Hitze im Erdinneren seine Bewohnbarkeit für unendlich lange Zeit sicherstellte. Die Lebewesen hatten offensichtlich keine Schwierigkeiten, sich dem teilweisen und manchmal auch vollständigen Leben unter

Wasser anzupassen, da sie es niemals zugelassen hatten, dass ihre Kiemen verkümmerten. Es gab viele Reliefs, die zeigten, wie sie ihre Verwandten regelmäßig in deren unterseeischen Städten besuchten und häufig in ihrem tiefen Fluss badeten. Die Dunkelheit, die im Erdinneren herrschte, konnte eine Rasse, die an lange antarktische Nächte gewöhnt war, gleichfalls nicht abschrecken.

So dekadent ihre Kunst inzwischen auch war, hatten die letzten Flachreliefs eine wahrhaft epische Qualität, mit der sie von dem Bau der neuen Stadt in der Meereskaverne berichteten. Die *Alte Rasse* war mit wissenschaftlicher Akribie an die Aufgabe herangegangen, hatte hartes Felsgestein aus dem Herzen der durchlöcherten Berge herausgebrochen und die besten Arbeiter aus der nächstgelegenen Unterwasserstadt damit beauftragt, ihre neue Stadt auf beste Weise zu bauen. Diese Arbeiter brachten alles mit, was zu diesem Unternehmen nötig war. Shoggothen-Gewebe, aus dem Steintransporteure und andere Lasttiere für die Kavernenstadt herangezogen wurden, sowie andere organische Materie, aus der phosphoreszierende Organismen zur Beleuchtung entstehen würden.

Schließlich erhob sich eine mächtige Stadt auf dem Boden dieses stygischen Meeres, ihre Architektur entsprach weitgehend der der oberirdischen Stadt, und die Ausführung trug, da es bei Bauunternehmungen im Wesentlichen auf präzise, mathematische Berechnungen ankam, nur sehr wenige dekadente Züge. Die neu aufgezogenen Shoggothen wuchsen zu enormer Größe und einfacher Intelligenz heran und waren in der Lage, Anweisungen mit erstaunlicher Schnelligkeit auszuführen. Sie schienen mit der *Alten Rasse* durch Nachahmung von deren Stimmen zu kommunizieren – eine Art von melodischem Pfeifen von großem Tonumfang, wenn Lakes Untersuchung recht haben sollte – und mehr durch gesprochene Worte als von mentalen Befehlen, wie in früherer Zeit, gesteuert zu werden. Wie auch immer, man hielt sie ausgezeichnet unter Kontrolle. Die phosphoreszierenden Organismen produzierten Licht in wirkungsvoller Weise, sodass der Verlust des vertrauten, polaren Leuchtens in der oberirdischen Nacht hinreichend kompensiert wurde.

Künstlerische Arbeiten und Ornamente wurden weiter angefertigt, wiesen aber natürlich dekadente Züge auf. Die *Alte Rasse* schien diesen Niedergang ihrer Kultur bemerkt zu haben und in vielen Fällen ergriffen sie weit vor seiner Zeit die Maßnahmen Konstantins des Großen, indem sie besonders schöne Bildwerke von der oberirdischen Stadt herunterschafften, so wie jener Herrscher während einer vergleichbaren Phase des Niedergangs Griechenland und Asien ihrer wertvollsten Kunstwerke beraubte, um seiner neuen Hauptstadt Byzanz einen Glanz zu verleihen, den seine eigenen Untertanen nicht zu schaffen vermochten. Dass der Abtransport der steinernen Kunstwerke nicht in weit größerem Rahmen erfolgte, ist wohl dem Umstand geschuldet, dass die Stadt nicht sofort komplett verlassen wurde. Als sie dann gänzlich aufgegeben wurde, ganz sicher bevor die Eiszeit des Pleistozän weit fortgeschritten war, hatte sich die *Alte Rasse* wahrscheinlich schon mit ihrer dekadenten Kunst abgefunden oder nahm die künstlerische Überlegenheit der alten Reliefs nicht mehr wahr. Auf jeden Fall hatten die seit Urzeiten schweigenden Ruinen um uns herum keinen Ausverkauf ihrer Kunstwerke erlebt, dennoch waren die besten freistehenden Skulpturen, genauso wie andere bewegliche Habe, entfernt worden.

Die dekadenten Kartuschen und die Reliefs erzählten diese Geschichte und, wie ich schon sagte, sie waren die jüngsten, die wir bei unserer eingeschränkten Suche fanden. Sie vermittelten uns ein Bild, wie die *Alte Rasse* zwischen der Stadt auf dem Land im Sommer und der Stadt im unterirdischen Meer im Winter hin- und herzog und manchmal Handel mit den Städten auf dem Meeresgrund vor der antarktischen Küste trieb. Zu diesem Zeitpunkt musste der endgültige Untergang der Stadt auf dem Land deutlich geworden sein, denn die Reliefs erhielten viele Anzeichen, wie sich der vernichtende Würgegriff der Kälte intensivierte. Die Vegetation wurde immer weniger, und die schrecklichen Schneefälle des Winters tauten selbst im Hochsommer nicht vollständig. Die Saurier waren gänzlich verschwunden und die Säugetiere auch nahezu am Ende. Um weiter auf der Oberfläche arbeiten zu können, wurde es notwendig, einige der amorphen und merkwürdigerweise kälteverträglichen Shoggothen dem Leben an Land anzupassen, etwas, was die *Alte Rasse* früher abgelehnt hatte. In dem großen Fluss gab es kein Leben mehr, und das Meer hatte die meisten seiner Bewohner verloren, außer den Walen und den Seehunden. Alle Vögel waren davongeflogen, außer den großen, grotesken Pinguinen.

Was danach passiert war, können wir nur vermuten. Wie lange mag die neue Stadt in der Kaverne wohl überlebt haben? War sie immer noch da unten, eine steinerne Leiche in ewiger Dunkelheit? War das unterirdische Wasser am Ende auch zugefroren? Welches Schicksal war den Städten auf dem Meeresboden widerfahren? Waren irgendwelche von der *Alten Rasse* vor der sich ausbreitenden Eisfläche nach Norden geflohen? Die bisherige Geologie zeigt keinerlei Hinweise auf ihre Präsenz. Waren die schauerlichen Mi-Go noch lange eine Gefahr in den Ländern des Nordens gewesen? Kann man mit Gewissheit sagen, was möglicherweise bis heute in den dunklen, unergründlichen Abgründen der tiefsten Ozeane schlummert, und was nicht? Diese Lebewesen waren offensichtlich in der Lage, jedem Druck standzuhalten, und Seeleute haben von Zeit zu Zeit seltsame Objekte aus dem Meer gefischt. Und hat die Theorie von den Killerwalen wirklich die barbarischen und geheimnisvollen Verletzungen bei antarktischen Seehunden hinreichend erklärt, die vor einer Generation Borchgrevingk festgestellt hat?

Die Lebewesen, die der bemitleidenswerte Lake gefunden hat, passen nicht zu diesen Vermutungen, denn ihre geologische Umgebung beweist, dass sie zu einem sehr frühen Zeitpunkt in der Geschichte der Stadt gelebt haben müssen. Von ihrem Fundort ausgehend, waren sie bestimmt nicht weniger als dreißig Millionen Jahre alt und – erinnern wir uns daran – zu dieser Zeit hat die unterirdische Seestadt und selbst die Kaverne noch nicht existiert. Diese Wesen hätten sich an eine ältere Szenerie erinnert, mit überall reichhaltiger, tertiärer Vegetation, einer frühen Stadt auf dem Land mit blühender Kunst und einem breiten Strom, der am Fuße der mächtigen Berge nordwärts zu einem weit entfernten, tropischen Ozean floss.

Und doch mussten wir an die biologischen Objekte denken, besonders an die acht gänzlich erhaltenen, die aus Lakes schrecklich verwüstetem Lager verschwunden waren. Der ganzen Angelegenheit haftete etwas Abnormales an: die abseitigen Dinge, die wir verzweifelt dem Wahnsinn eines Einzelnen zuschrieben, die Furcht einflößenden Gräber, die Menge und *die Art* der verschwundenen Ausrüstung, Gedney, die überirdische Widerstandsfähigkeit dieser vorzeitlichen Ungeheuerlichkeiten und die völlig absonderlichen grundlegenden Eigenschaften, die diese Rasse aufwies, wie uns die Reliefs inzwischen gezeigt hatten. Danforth und ich hatten in den letzten Stunden jede Menge davon gesehen, und wir waren bereit, dem Glauben zu schenken und über viele entsetzliche und unglaubliche Geheimnisse der urzeitlichen Natur Schweigen zu bewahren.

IX

Ich habe gesagt, dass unser Studium der dekadenten Flachreliefs dazu geführt hatte, unsere Pläne zu ändern. Grund dafür waren natürlich die in den Berg gehauenen Gänge in diese dunkle, unterirdische Welt, von deren Existenz wir zuvor keine Kenntnis hatten, die wir aber jetzt finden und durchschreiten wollten. Aus dem deutlich erkennbaren Maßstab der Reliefs leiteten wir ab, dass ein steil abfallender Weg von ungefähr eineinhalb Kilometern Länge durch einen jeden der benachbarten Tunnel uns an den Rand der Schwindel erregenden, dunklen Klippen über dem großen Abgrund bringen würde, an deren Flanke wir auf begehbaren Wegen, angelegt von der *Alten Rasse*, weiter hinab zu dem felsigen Ufer des verborgenen und von Nacht umgebenen Ozeans gelangen würden. Diesen beeindruckenden Abgrund tatsächlich zu erblicken, war eine Verlockung, der man, nachdem wir davon erfahren hatten, nicht widerstehen konnte, doch uns wurde klar, dass wir sofort losgehen mussten, wollten wir dies noch während unseres jetzigen Aufenthalts bewerkstelligen.

Es war jetzt drei Uhr nachmittags, und wir hatten nicht genügend Ersatzbatterien, um unsere Taschenlampen ewig brennen zu lassen. Mit dem Studium und dem Abzeichnen hatten wir so viel Zeit unter der Eisschicht verbracht, dass unsere Batterien fast fünf Stunden ununterbrochen in Betrieb gewesen waren und selbst unsere speziellen Trockenbatterien bestenfalls noch vier Stunden lang halten würden, doch wenn wir eine der Taschenlampen als Reserve behielten und nur an besonders interessanten oder schwierigen Stellen einsetzten, könnten wir einen Sicherheitspuffer über diesen Zeitraum hinaus schaffen. Es wäre nicht gut, in diesen weitverzweigten Katakomben ohne Licht herumzuirren, deshalb mussten wir, um den Abgrund zu erforschen, auf alle weiteren Untersuchungen der Bildreliefs verzichten. Natürlich hatten wir vor, diesen Ort für Tage oder gar Wochen zum intensiven Studium und Fotografieren wieder aufzusuchen – unsere Neugierde hatte schon lange die Oberhand über den Schrecken gewonnen –, doch jetzt durften wir keine weitere Zeit verlieren. Unser Vorrat an Papierschnitzeln zur Wegmarkierung war äußerst begrenzt, aber wir waren nicht willens, zusätzlich weitere Notizbücher und Skizzenblocks, mit Ausnahme eines großen Notizbuchs, dafür zu opfern. Im schlimmsten Fall konnten wir immer noch auf Felsmarkierungen zurückgreifen, und natürlich wäre es möglich, für den Fall, dass wir uns tatsächlich verirrten, uns durch den einen oder anderen Schacht ans Tageslicht vorzuarbeiten, selbst wenn das erhebliche Zeit für Versuch und Irrtum kosten würde. Schließlich machten wir uns ungeduldig in Richtung des nächstgelegenen Tunnels auf.

Gemäß den Reliefs, nach denen wir unsere Karte gezeichnet hatten, konnte der ausgewählte Tunneleingang nicht viel weiter als vierhundert Meter von unserem Standort entfernt sein. Auf dem Weg dorthin befanden sich anscheinend gut erhaltene Gebäude, die man auf dem unter der Eisschicht liegenden Boden passieren konnte. Der Eingang selbst befand sich im Untergeschoss eines ausgedehnten fünfzackigen Gebäudes, zwischen den beiden dem

Vorgebirge am nächsten gelegenen Zacken. Dieses Gebäude war offensichtlich für öffentliche oder religiöse Zwecke gedacht und wir versuchten, uns daran zu erinnern, ob wir es bei unserem Erkundungsflug über die Ruinen gesehen hätten, doch als wir im Geiste den Flug Revue passieren ließen, kam uns keine solche Struktur ins Gedächtnis. Wahrscheinlich, so unser Fazit, waren die oberen Bereiche völlig zerstört, oder sie waren gänzlich unter einer Gletscherzunge begraben, die wir gesehen hatten. Im letzteren Fall konnte es gut sein, dass der Tunnel komplett verschüttet war und wir den anderen nahe gelegenen, etwa eineinhalb Kilometer nördlich, ausprobieren müssten. Das dazwischen liegende Flussbett verhinderte, dass wir bei dieser Erkundung irgendeinen der südlich gelegenen Tunnel wählten. Wenn die beiden am nächsten liegenden ebenfalls verschüttet waren, stand zu bezweifeln, dass unsere Batterien für einen Versuch bei einem dritten, noch weiter nördlich liegenden, ausreichen würden, zumal dieser sich nochmals eineinhalb Kilometer von unserer zweiten Wahl entfernt befand.

Auf unserem beschwerlichen Weg im trüben Licht durch das Labyrinth mithilfe von Karte und Kompass – wir durchquerten Räume und Gänge in allen Stadien zwischen Zerstörung und perfekter Erhaltung, kletterten Rampen hinauf, überquerten höher gelegene Ebenen und Brücken und kletterten wieder hinunter, kamen zu verschütteten Türöffnungen und Trümmerhaufen, hasteten ab und zu durch gut erhaltene und unheimlich makellose Abschnitte, liefen in die Irre und mussten unseren Weg zurück finden (wobei wir in diesen Fällen unsere Papierschnitzel wieder einsammelten), und manchmal kamen wir an einem offenen Schacht vorbei, durch den das Tageslicht herabschimmerte – bereiteten uns die bildhaften Darstellungen an den Wänden beständige Qualen. Viele von ihnen stellten bestimmte Ereignisse von immenser geschichtlicher Bedeutung dar, und nur die Aussicht, sie bei einem späteren Besuch ausgiebig zu untersuchen, brachte uns dazu, sie unbeachtet zu lassen. Doch von Zeit zu Zeit verlangsamten wir für einen Moment unsere Schritte und schalteten unsere zweite Taschenlampe ein. Wenn wir noch Filme gehabt hätten, hätten wir bestimmt kurz angehalten, um einige der Flachreliefs zu fotografieren, doch zeitraubendes Abzeichnen kam nicht infrage.

Ich komme jetzt wieder an einen Punkt, wo die Versuchung zu zögern oder gewisse Dinge nur anzudeuten, statt sie deutlich auszusprechen, sehr groß ist. Wie auch immer, es ist notwendig auch den Rest zu enthüllen, um mein Vorhaben, weitere Expeditionen zu verhindern, zu rechtfertigen. Wir hatten uns bis fast zu der vermuteten Stelle des Tunneleingangs durchgekämpft, hatten im zweiten Stock eine Brücke zu einer spitz zulaufenden Mauer überquert und waren in einen zerfallenen Gang hinabgestiegen, der reich mit dekadent ausgeführten und offensichtlich rituellen Darstellungen der späten Epoche verziert war, als – ungefähr halb neun Uhr abends – uns Danforths empfindliche Nase den ersten Hinweis auf etwas Ungewöhnliches gab. Ich nehme an, wenn wir einen Hund dabei gehabt hätten, wären wir schon früher gewarnt worden. Zuerst konnten wir nicht sagen, was mit der vormals kristallklaren Luft passiert war, doch schon nach ein paar Sekunden reagierte unsere Erinnerung eindeutig. Ich spreche es hier klar und deutlich aus: es war ein Geruch – und dieser Geruch war schwach, unterschwellig und eindeutig von der Art, die uns Übelkeit bereitet hatte, als wir das abseitige Grab des Wesens, das Lake seziert hatte, geöffnet hatten.

Natürlich war uns die Sache zu diesem Zeitpunkt nicht sofort so klar, wie es jetzt den Anschein hat. Es gab verschiedene annehmbare Erklärungen, und wir tauschten jede Menge davon flüsternd aus. Doch das Wichtigste war, dass wir uns nicht ohne weitere Nachforschungen zurückzogen, denn da wir schon so weit gekommen waren, hätte uns nichts weniger als eine Katastrophe davon abhalten können. Egal, was wir hätten vermuten können, es wäre zu abseitig, um daran zu glauben. In der normalen Welt passieren solche Dinge nicht. Wahrscheinlich war es eine rein irrationale Instinkthandlung, dass wir das Licht unserer Taschenlampe abdunkelten und wir dadurch nicht länger von den dekadenten und finsteren Reliefs, die von den unheilvollen Wänden auf uns herabblickten, verunsichert wurden. Wir verlangsamten unser Vordringen zu einem vorsichtigen Gänsemarsch, krochen über den von Geröll übersäten Boden und unzählige Trümmerhaufen.

Danforths Augen waren, ebenso wie seine Nase, besser als die meinen, denn er erkannte zuerst die seltsame Art des Verfalls, nachdem wir an vielen halb verschütteten Bogentüren, die in Räume und Gänge auf der Bodenebne führten, vorbeigekommen waren. Es sah nicht so aus, wie es nach zahllosen Jahrtausenden der Verwitterung hätte sein sollen, und als wir vorsichtig das Licht verstärkten, sahen wir eine Schleifspur, die anscheinend erst kürzlich hier entstanden sein musste. Die wilde Verteilung der Trümmer konnte keinen Hinweis geben, doch in den glatteren Bereichen gab es Zeichen, die darauf hindeuteten, dass hier schwere Objekte entlanggezogen worden waren. Einmal glaubten wir, Anzeichen von parallel verlaufenden Spuren, wie von Kufen, zu erkennen. Das brachte uns dazu, eine weitere Pause einzulegen.

Während dieser Pause bemerkten wir, diesmal gleichzeitig, vor uns einen weiteren Geruch. Paradoxerweise war dies zugleich ein weniger und stärker irritierender Geruch, weniger intensiv, aber entsetzlich an diesem Ort und unter diesen Umständen ... außer, natürlich, Gedney ... Der Geruch war eindeutig und vertraut, der von gewöhnlichem Treibstoff – einfachem Benzin.

Die Motivation für unsere Handlungen nach diesen Vorkommnissen zu erklären, überlasse ich den Psychologen. Wir wussten jetzt, dass irgendetwas, das für die schrecklichen Gräuel im Lager verantwortlich war, in dieses nachtschwarze Grab der Zeitalter gekrochen sein musste, und man konnte nicht länger an der Existenz von namenlosen Dingen zweifeln, die direkt vor uns lagen – in diesem Moment oder zumindest vor Kurzem. Am Ende trieb uns die brennende Neugierde an, weiterzumachen, oder Besorgnis oder Selbsthypnose oder der unbestimmte Gedanke einer Verantwortung für Gedney oder was auch immer. Danforth murmelte wieder von dem Abdruck, den er an der Wegbiegung in den oberen Ruinen glaubte gesehen zu haben und von dem leisen, melodiösen Pfeifen, das er meinte wenig später schwach aus den unbekannten Tiefen vernommen zu haben – grundsätzlich von großer Bedeutung in Anbetracht von Lakes Untersuchungsbefund und trotz der großen Ähnlichkeit mit den Tönen, die der Wind in den Höhlen erzeugte. Ich selbst sinnierte leise über das verlassene Lager, über das, was daraus verschwunden war, und wie der Wahnsinn eines einzelnen Überlebenden das Unmögliche – den Weg über die mächtigen Berge und den Abstieg in die unbekannten, vorzeitlichen Gebäude – zustande gebracht haben konnte.

Keiner von uns beiden konnte den anderen oder sich selbst von etwas definitiv überzeugen. Während wir verharrten, hatten wir das Licht vollständig gelöscht und stellten fest, dass ein kümmerlicher Rest von Tageslicht, der herabdrang, uns vor der absoluten Dunkelheit bewahrte. Automatisch begannen wir weiterzugehen und suchten, indem wir ab und zu die Taschenlampe kurz aufblitzen ließen, unseren Weg. Der in seiner Ruhe gestörte Verfall vermittelte ein Gefühl, das wir nicht abschütteln konnten, und der Benzingeruch wurde intensiver. Wir sahen mehr und mehr Ruinen, die unser Fortkommen behinderten, bis wir schon bald feststellten, dass der Weg vor uns verschwand. Unsere pessimistische Einschätzung der Eisspalte während des Fluges hatte sich als allzu zutreffend erwiesen. Unsere Tunnelerkundung hatte sich als Sackgasse herausgestellt, und wir waren noch nicht einmal in der Lage, die unterste Ebene zu erreichen, in der sich die Tunnelöffnung zu dem unterirdischen Abgrund befand.

Das Licht der Taschenlampe fiel auf die grotesk verzierten Wände des blockierten Gangs, in dem wir standen, und enthüllte verschiedene Türöffnungen in unterschiedlichen Stadien des Verfalls; aus einem davon drang der Benzingeruch, der den anderen Geruch überdeckte, besonders deutlich. Als wir uns das genauer ansahen, stellten wir fest, dass zweifellos dieser spezielle Eingang erst kürzlich ein wenig von Trümmern gesäubert worden war. Was auch immer der lauernde Schrecken sein würde, uns war klar, dass der direkte Zugang zu ihm offen vor uns lag. Es wird keinen wundern, dass wir eine Zeit lang verharrten, bis wir den nächsten Schritt unternahmen.

Und als wir schließlich durch die Öffnung in die Dunkelheit traten, war unser erstes Gefühl Enttäuschung. Denn in der mit

Trümmern übersäten, verzierten Krypta, ein perfekter Würfel von ungefähr sechs Metern Seitenlänge, befand sich kein Objekt von erkennbarer Größe, sodass wir uns sofort nach einer weiteren Türöffnung umsahen. Einen Moment später erblickten Danforths scharfe Augen eine freie Stelle in dem von Geröll übersäten Boden, und wir drehten das Licht beider Taschenlampen voll auf. Doch was wir in deren Licht sahen, war schlichtweg uninteressant. Trotzdem berichte ich davon, wegen dem, was es implizierte. Es war eine grob freigeräumte Stelle, auf der einige kleinere Objekte nachlässig verstreut lagen, und in einer Ecke musste erst vor Kurzem eine beachtliche Menge von Benzin vergossen worden sein, um selbst bei der großen Höhe des Plateaus einen so intensiven Geruch zu hinterlassen. Mit anderen Worten, es musste sich um eine Art von Lager handeln, ein Lager von neugierigen Lebewesen, die wie wir von dem überraschend blockierten Gang zum Abgrund zur Umkehr gezwungen worden waren.

Lassen Sie es mich klar und deutlich sagen: Die verstreuten Objekte stammten, soweit es das Material betraf, alle aus Lakes Lager, unter anderem Blechdosen, die auf ebensolch merkwürdige Weise geöffnet worden waren, wie die an jenem verwüsteten Ort, viele abgebrannte Streichhölzer, drei illustrierte Bücher, mehr oder minder auf eigentümliche Art verschmiert, ein leeres Tintenfass in seiner bebilderten Schachtel, ein zerbrochener Füllfederhalter, einige seltsam zerschnittene Stücke von Pelzkleidung und Zeltbahnen, eine leere Batterie, die kurzgeschlossen worden war, eine Bedienungsanleitung, die zu unserer Zeltheizung gehörte, und verstreute, zusammengeknüllte Papiere. Das war schon schlimm genug, doch als wir die Papiere geglättet hatten und sahen, was darauf war, stellten wir fest, dass es schlimmer nicht mehr werden konnte. Schon im Lager hatten wir einige unerklärlich beschmierte Papiere gefunden, die uns vielleicht hätten darauf vorbereiten können, doch der Effekt, den ihr Anblick hier in den vormenschlichen Kavernen einer albtraumhaften Stadt bei uns auslöste, war fast unerträglich.

Ein verrückt gewordener Gedney mochte vielleicht für diese Gruppen von Punkten in Nachahmung der, die man auf den grünlichen Specksteinen gefunden hatte, verantwortlich sein, für die Punkte auf den abartigen fünfzackigen Grabhügeln, und möglicherweise hatte er auch die groben, hastig hingeworfenen Zeichnungen geschaffen – mal recht exakt, mal völlig unkenntlich –, die die Umrisse der Umgebung der Stadt und den Weg von einem runden Platz – einem Platz, den wir als den großen, zylinderförmigen Turm auf den Reliefs identifizierten und den wir während unseres Erkundungsfluges als ausgedehntes rundes Loch wahrgenommen hatten – außerhalb unserer gegenwärtigen Route zu diesem fünfzackigen Gebäude und dem darin befindlichen Tunneleingang zeigte. Ich wiederhole, er konnte diese Zeichnungen angefertigt haben, denn diese stammten offensichtlich, wie unsere eigenen, von späten Reliefs irgendwo in diesem Eislabyrinth, doch keinesfalls von welchen, die auch wir gesehen und zur Kartenerstellung benutzt hatten. Doch dieser talentlose Stümper hätte es nie fertig gebracht, diese Zeichnungen in der merkwürdigen, geübten und überlegenen Technik, vielleicht sogar der der dekadenten Reliefs, von denen sie kopiert worden waren, auszuführen, abgesehen von der Eile und Nachlässigkeit, mit der dies geschah. Sie entsprachen ohne Zweifel der Technik, die die *Alte Rasse* selbst in ihrer Blütezeit benutzt hatte.

Es wird Menschen geben, die sagen, Danforth und ich wären völlig wahnsinnig gewesen, da wir danach nicht um unser Leben liefen, denn unsere Schlussfolgerungen standen jetzt – so abseitig sie auch sein mochten – eindeutig fest und waren von einer Art, die ich für jene, die meinen Bericht bis hierher gelesen haben, nicht weiter erklären muss. Vielleicht waren wir verrückt, denn habe ich nicht gesagt, dass diese schrecklichen Gipfel die Berge des Wahnsinns seien? Aber es gibt Beispiele für ein solches Verhalten, wenngleich in weniger drastischer Form, von Männern, die tödliche Bestien im afrikanischen Dschungel verfolgen, um sie zu fotografieren oder ihre Gewohnheiten zu studieren. Halb betäubt durch die Schrecknisse loderte in uns doch die Flamme von Wissensdurst und Neugierde, die am Ende triumphierte.

Natürlich wollten wir den Ungeheuerlichkeiten, von denen wir wussten, dass sie hier gewesen waren, nicht in die Augen sehen;

aber wir waren uns sicher, dass sie jetzt weg sein mussten. Sie hatten inzwischen den anderen, in der Nähe liegenden Eingang zu dem Abgrund gefunden und waren auf dem Weg zu welchen nachtschwarzen Überbleibseln der Vergangenheit auch immer, die sie an dem letzten Abgrund erwarten mochten – jenem Abgrund, den sie noch nie gesehen hatten. Wenn dieser Eingang ebenfalls verschüttet sein sollte, wären sie nach Norden gegangen, um weitere zu suchen. Erinnern wir uns daran, dass sie nicht unbedingt auf Licht angewiesen sind.

Wenn ich mich an diesen Moment zurückerinnere, kann ich mir kaum vor Augen führen, in welchem Gemütszustand wir uns damals befanden – welche plötzliche Änderung unserer Zielsetzung unsere Erwartungshaltung intensivierte. Wir wollten sicherlich nicht dem ins Auge sehen, was wir fürchteten, doch ich will nicht abstreiten, dass wir den unbewussten, unterschwelligen Wunsch verspürten, bestimmter Dinge von einem versteckten Beobachtungspunkt aus ansichtig zu werden. Wahrscheinlich hatten wir auch unser Verlangen nicht aufgegeben, einen Blick auf den Abgrund selbst zu werfen, obwohl sich inzwischen ein neues Ziel aufgedrängt hatte, nämlich dieser große, runde Platz, der auf den zerknüllten Zetteln, die wir gefunden hatten, verzeichnet war und den wir vorher als riesigen zylinderförmigen Turm auf den ältesten Reliefs gesehen hatten, der aus der Luft allerdings nur als ungeheure, kreisförmige Öffnung erkennbar war. Etwas Beeindruckendes in der Darstellung, selbst bei diesen hastig hingeworfenen Zeichnungen, brachte uns zu der Annahme, dass auf der unter der Eisschicht liegenden Ebene noch imposante Strukturen zu finden sein würden. Vielleicht befänden sich dort architektonische Wunder, wie sie von uns bis jetzt noch nicht entdeckt worden waren. Ganz sicher war er unvorstellbar alt, wenn man von den Reliefs ausging, auf denen er abgebildet war, und gehörte auf jeden Fall zu den ersten Gebäuden der Stadt. Die Reliefs dort, falls erhalten, könnten extrem aussagekräftig sein. Mehr noch, es könnte dort eine gute Verbindung zur oberen Ebene geben, einen kürzeren Weg, als den, auf dem wir uns so vorsichtig vorangekämpft hatten und auf dem möglicherweise die anderen hinabgestiegen waren.

Auf jeden Fall studierten wir die schrecklichen Zeichnungen, die ziemlich exakt unseren eigenen entsprachen, und machten uns entlang der festgelegten Route auf den Weg zu dem runden Platz, der Route, die die namenlosen Wesen vor uns zwei Mal benutzt hatten. Der andere mögliche Zugang zu dem Abgrund lag noch jenseits davon. Ich muss nicht von unserem Weg berichten, auf dem wir eine sparsame Spur von Papierschnitzel legten, denn er gestaltete sich genauso wie der, auf dem wir in der Sackgasse gelandet waren, außer, dass er sich dichter am Boden hielt und sogar durch unterirdische Gänge führte. Ab und zu fanden wir in den Resten und Trümmern, durch die wir schritten, bestimmte beunruhigende Spuren, und nachdem wir aus dem Bereich des Benzingeruchs heraus waren, wurden wir wieder mit dem nur schwach wahrnehmbaren, sporadisch auftretenden Geruch der abscheulicheren und penetranteren Art konfrontiert. Nachdem der Weg von unserer vorherigen Route abgezweigt war, leuchteten wir mit dem Strahl unserer einzigen Taschenlampe von Zeit zu Zeit verstohlen die Wände ab und sahen fast jedes Mal die allgegenwärtigen Reliefs, die wohl die dominante ästhetische Ausdrucksweise der *Alten Rasse* gewesen waren.

Gegen halb zehn abends, während wir einen gewölbten Gang durchquerten, dessen zunehmend mit Eis bedeckter Boden etwas unterhalb des umgebenden Bereichs zu liegen schien und dessen Decke zunehmend niedriger wurde, sahen wir helles Tageslicht vor uns, und wir waren in der Lage, unsere Taschenlampe auszuschalten. Es schien, als hätten wir den weiten kreisförmigen Platz erreicht und befänden uns nicht weit unter der Oberfläche. Der Gang endete in einem Bogen, der für diese riesigen Ruinen überraschend niedrig war, doch konnten wir, noch bevor wir ihn erreicht hatten, eine Menge sehen. Dahinter erstreckte sich ein erstaunlicher, runder Platz, wohl siebzig Meter im Durchmesser, übersät mit Trümmern und vielen verschütteten Eingängen in der Art, wie wir ihn gleich durchschreiten würden. In den Wänden waren, wo immer sich Platz dafür fand, kühn zu einem spiralförmigen Band von heroischem Ausmaß komponierte Reliefs, welche trotz der Verwitterung aufgrund der offenen, ungeschützten Lage des Ortes eine künstlerische Qualität zeigten, weit jenseits dessen, was wir zuvor angetroffen hatten. Der mit Trümmern bedeckte Boden war ziemlich dick vereist, und wir nahmen an, dass der eigentliche Boden sich deutlich tiefer befand.

Das auffallendste Objekt an diesem Ort war die riesige Steinrampe, welche die Ausgänge aussparend sich in einer scharfen Biegung ins Freie erstreckte und spiralförmig an dem mächtigen zylindrischen Wall entlang nach oben führte, wie ein innen liegendes Gegenstück zu jenen, die sich an der Außenseite der Tempeltürme im antiken Babylon befanden. Nur die Geschwindigkeit unseres Fluges und die verzerrte Perspektive hatte uns diese Rampe mit der Innenseite des Walls verwechseln lassen, sodass uns diese Besonderheit aus der Luft verborgen geblieben war und uns dazu gezwungen hatte, einen anderen Weg unter die Eisschicht zu suchen. Pabodie wäre vielleicht in der Lage gewesen, zu erkennen, welche Baukunst die Rampe an Ort und Stelle hielt, doch Danforth und ich konnten sie nur bewundern und staunen. Vereinzelt bemerkten wir Steinkonsolen und Säulen, doch was wir sahen, schien nicht die Aufgabe zu erfüllen, für die sie gedacht waren. Die Rampe war außerordentlich gut bis hin zur Spitze des Turms erhalten – ein höchst beachtlicher Umstand, bedenkt man die ungeschützte Lage –, und hatte die abseitigen und beunruhigenden, kosmischen Friese an den Mauern geschützt.

Als wir hinaus in das bedrückende Zwielicht dieses ungeheuerlichen Zylinderbodens traten, fünfzig Millionen Jahre alt und ohne Zweifel das allerälteste Gebäude, das je unsere Augen erblickt haben, sahen wir, dass sich die Mauern, an denen sich die Rampe entlangzog, bis in eine schwindelerregende Höhe von zwanzig Metern erhoben. Dies bedeutete, wie wir von unserem Erkundungsflug wussten, dass die Eisschicht an der Außenseite eine Dicke von ungefähr fünfzehn Metern haben musste, da der klaffende Abgrund, den wir vom Flugzeug aus gesehen hatten, sich auf dem Kamm eines etwa sechs Meter hohen Schutthügels befand und irgendwie zu drei Viertel seines Umfangs von einem Bogen höherer Ruinen geschützt wurde. Wie die Flachreliefs zeigten, hatte sich der ursprüngliche Turm in der Mitte eines weiten, runden Platzes befunden und war vielleicht 150 bis 200 Meter hoch gewesen, mit Stapeln von waagrechten Scheiben zur Spitze hin und einer Reihe von nadelspitzen Spiralen auf der obersten Balustrade. Der größte Teil des Mauerwerks war offensichtlich nach außen und nicht nach innen gefallen. Ein glücklicher Umstand, denn sonst wäre die Rampe wohl zerschmettert und der gesamte Innenraum zugeschüttet worden. Doch auch so waren an der Rampe traurige Spuren von Zerstörung zu sehen, während der Schutt bei allen Eingängen auf Bodenniveau den Eindruck erweckte, dass er erst kürzlich notdürftig beiseite geräumt worden war.

Es dauerte nur einen Moment, bis uns klar wurde, dass jene anderen tatsächlich auf diesem Weg abgestiegen waren und es der logische Weg für unseren eigenen Aufstieg war, trotz der langen Spur von Papierschnitzeln, die wir hinter uns gelassen hatten. Die Turmöffnung befand sich nicht weiter von den Vorbergen und von dem auf uns wartenden Flugzeug entfernt, als das große, terrassenförmige Gebäude, das wir betreten hatten, und alle weitere Forschungsexkursionen, die wir bei dieser Expedition unter der Eisschicht machen würden, würden sich auf diese Region beschränken. Merkwürdig, dass wir immer noch daran dachten, weitere Forschungen durchzuführen – selbst nach allem, was wir gesehen und vermutet hatten. Dann, als wir vorsichtig unseren Weg durch die Trümmer auf dem Boden suchten, bot sich uns ein Anblick, der eine Zeit lang alles andere vergessen ließ.

Es waren die drei eng beieinander stehenden Schlitten, die sich in dem spitzen Winkel an der nach außen gerichteten Biegung der Rampe befanden und so bis zu diesem Zeitpunkt von uns nicht gesehen werden konnten. Da waren sie – die drei aus Lakes Lager verschwundenen Schlitten –, stark mitgenommen von einem harten Gebrauch, unter anderem von brutalem Zerren über lange schneefreie Passagen von Mauerwerk und Trümmern und Getragenwerden über unwegsame Stellen. Sie waren sorgfältig und sinnvoll beladen und enthielten Dinge, die uns überaus bekannt waren – einen Benzinofen, Benzinkanister, Instrumentenkästen, Vorratsdosen, Planen voller Bücher und andere Planen mit nicht so eindeutigem Inhalt –, alles stammte aus Lakes Ausrüstung. Nach allem, was wir in dem anderen Raum gefunden hatten, waren wir bis zu einem gewissen Grad auf diesen Fund vorbereitet. Der wirkliche Schock kam, als wir näher traten und eine Zeltplane aufdeckten, deren Form uns besonders verdächtig vorkam. Es hatte den Anschein, dass andere – ebenso wie Lake – ein Interesse daran hatten, typische Lebensformen zu sammeln, denn da lagen zwei, beide steifgefroren, perfekt konserviert, mit Heftpflastern versorgt, wo es einige Wunden im Nacken gegeben hatte, und sorgfältig eingewickelt, damit es keine weiteren Beschädigungen geben würde. Es waren die Körper des jungen Gedney und des vermissten Hundes.

X

Viele Menschen werden uns vielleicht als gefühllos und wahnsinnig ansehen, dass wir so kurz nach dieser düsteren Entdeckung an den nördlichen Tunnel und den Abgrund dachten, und ich will auch nicht behaupten, dass uns diese Überlegungen sofort durch den Kopf gingen, doch es gab besondere Umstände, denen wir uns gegenübersahen und die unseren Überlegungen eine neue Richtung gaben. Wir hatten den armen Gedney wieder mit der Plane bedeckt und verharrten in einer Art sprachlosen Fassungslosigkeit, als die Geräusche bis in unser Bewusstsein vordrangen. Es waren die ersten Geräusche, die wir seit unserem Abstieg von dem offenen Land, wo die Stürme von den unirdischen Höhen herabheulten, vernahmen. Wir kannten sie, und so banal sie auch waren, ihr Auftreten in dieser abgelegenen Welt des Todes war überraschend und nervenzermürbender, als irgendwelche abseitigen oder märchenhaften Töne es hätten sein können, denn sie provozierten eine neue Sicht auf all unsere Vorstellungen von kosmischer Harmonie.

Hätte es eine vage Übereinstimmung mit dem melodischen Pfeifen über einen großen Tonbereich besessen, wie es Lakes Obduktionsbericht bei diesen anderen Wesen erwarten ließ und wie es unsere überreizte Fantasie in jedes Heulen des Windes, seit wir den Schrecken im Lager gesehen hatten, hineininterpretierte, dann hätte es zu der uns umgebenden, seit Äonen toten Region gepasst. Eine Stimme aus anderen Epochen passte auf einen Friedhof aus anderen Epochen. Aber wie es nun war, erschütterte das Geräusch all unsere festgefügten Ansichten – unsere stillschweigende Akzeptanz, dass die innere Antarktis eine Wüste ist, so umfassend und unveränderbar, bar jedes normalen Lebens, wie die sterile Scheibe des Mondes. Was wir hörten waren nicht die markerschütternden Töne irgendeiner begrabenen Blasphemie der grauen Vorzeit, deren überirdisch widerstandsfähigen Körper eine seit vielen Zeitaltern entbehrte Polarsonne jetzt Töne entlockt hatte. Nein, es war etwas so unglaublich Banales und uns seit unseren Tagen auf See vor Viktorialand und den Tagen im Lager an der McMurdo-Bucht Vertrautes, dass uns bei dem Gedanken, es hier zu hören, wo es eigentlich nichts zu suchen hatte, fast das Blut gefror. Um es kurz zu machen, es war lediglich das heisere Krächzen eines Pinguins.

Das gedämpfte Geräusch drang aus einer sich unter der Eisschicht befindenden Nische, fast genau gegenüber von dem Gang, aus dem wir gekommen waren, also eindeutig aus der Richtung, in der der andere Tunnel zu dem großen Abgrund lag. Die Anwesenheit eines lebenden Wasservogels an diesem Ort, in einer Welt, deren Oberfläche seit Äonen durchgängig ohne Leben gewesen war, konnte nur zu einer Schlussfolgerung führen, doch zuerst wollten wir überprüfen, ob die Geräusche wirklich real waren. Und tatsächlich, sie wiederholten sich, und manchmal schienen sie aus mehr als einer Kehle zu stammen. Als wir nach der Quelle suchten, betraten wir einen Eingang, von dem der meiste Schutt weggeräumt war. Als wir den Bereich des Tageslichtes hinter uns gelassen hatten, nahmen wir unsere Wegmarkierung wieder auf, da wir unseren Papiervorrat mit einigem Widerwillen aus einem der Zeltplanbündel auf den Schlitten ergänzt hatten.

Als der vereiste Boden von einem ausgedehnten Geröllfeld abgelöst wurde, bemerkten wir einige deutliche, seltsame Schleifspuren und fanden einmal einen klaren Abdruck von der Art, die zu beschreiben völlig überflüssig wäre. Der Weg, den das Krächzen der Pinguine nahelegte, stimmte genau mit dem überein, den wir mithilfe von Karte und Kompass als zu dem nördlicher liegenden Tunneleingang führend ermittelt hatten, und wir waren froh, dass ein Durchgang ohne Brücken auf Bodenniveau frei von Hindernissen schien. Nach unserer Skizze sollte der Tunnel im Untergeschoss eines pyramidenförmigen Gebildes, das wir von unserem Erkundungsflug noch vage als gut erhalten in Erinnerung hatten, seinen Anfang nehmen. Entlang unseres Weges beleuchtete unsere Taschenlampe die allgegenwärtigen Reliefs, doch wir blieben nicht einmal stehen, um sie in Augenschein zu nehmen.

Plötzlich erhob sich vor uns eine massige, weiße Gestalt, und wir schalteten die zweite Taschenlampe ein. Es ist seltsam, wie unser neues Ziel unser Denken von früheren Ängsten auf jene gelenkt hatte, die möglicherweise ganz in der Nähe lauerten. Diese anderen Wesen mussten, da sie ihre Vorräte auf dem großen, runden Platz gelassen hatten, geplant haben, nach ihrem Erkundungsgang in Richtung oder sogar bis zu dem Abgrund, zurückzukehren, wir aber hatten alle Vorsicht sie betreffend so vollständig, als ob sie nie existiert hätten, aus unserem Denken getilgt. Dieses weiße, watschelnde Ding war fast zwei Meter groß, doch uns wurde sofort klar, dass es keines von diesen anderen war. Sie waren größer und dunkel, und nach den Reliefs bewegten sie sich an Land, trotz der seltsamen, von ihrer Herkunft aus dem Meer stammenden Tentakeln, auf eine gleitende, sichere Weise. Allerdings wäre es gelogen, zu behaupten, dass uns das weiße Etwas nicht einen ordentlichen Schreck einjagte. Tatsächlich hatte uns für einen Moment eine primitive Furcht überwältigt, noch heftiger als unsere schlimmsten

Befürchtungen bezüglich der anderen. Dann kam die Erlösung, als die weiße Gestalt in einen Seitengang zu unserer Linken glitt und sich zu zwei anderen derselben Art gesellte, die es mit rauem Krächzen gerufen hatten. Es war einfach nur ein Pinguin, allerdings von einer mächtigen, unbekannten Art, größer als die größten bekannten Königspinguine und monströs in seinem Albinismus und dem offensichtlichen Fehlen von Augen.

Als wir dem Wesen in den Seitengang gefolgt waren, sahen wir im Licht unserer beiden Taschenlampen eine unbekümmerte und gleichgültige Dreiergruppe augenloser Albinos, die alle derselben unbekannten, riesengroßen Art angehörten. Ihre Größe erinnerte uns an einige der urzeitlichen Pinguine, die auf den Reliefs der *Alten Rasse* dargestellt waren, und wir brauchten nicht lange, um zu dem Schluss zu kommen, dass unsere Exemplare Nachkommen dieser waren, die zweifellos an einem Zufluchtsort in tiefer gelegenen, wärmeren Bereichen überlebt hatten, dessen Dunkelheit ihre Pigmentierung hatte verschwinden und ihre Augen zu nutzlosen Schlitzen werden lassen. Dass der weitläufige Abgrund jetzt ihr Lebensbereich war, stand für uns eindeutig fest, und dieser Beweis dafür, dass der Abgrund über die Zeiten hinweg eine Quelle der Wärme und der Bewohnbarkeit darstellte, löste bei uns sehr merkwürdige und beunruhigende Vorstellungen aus.

Wir fragten uns auch, was diese drei Vögel dazu gebracht hatte, ihren angestammten Lebensbereich zu verlassen. Der Zustand und die Unberührtheit der toten Stadt legte den Schluss nahe, dass diese zu keinem Zeitpunkt als zeitlich begrenzter Aufenthaltsort für sie gedient hatte, während die absolute Gleichgültigkeit des Trios gegenüber unserer Anwesenheit es unwahrscheinlich erscheinen ließ, sie seien durch irgendwelche anderen Wesen aufgeschreckt worden. War es möglich, dass jene anderen sie angegriffen hatten oder versucht hatten, ihren Fleischvorrat aufzufüllen? Wir zweifelten daran, dass der ekelhafte Geruch, der die Hunde in Raserei versetzt hatte, eine ähnliche Reaktion bei den Pinguinen auslöste, da ihre Vorfahren offensichtlich gütlich mit der *Alten Rasse* koexistiert hatten – eine freundliche Beziehung, die wohl bestanden hatte, solange die *Alte Rasse* gelebt hatte. Wir bedauerten, im Sinne des Geistes reiner Wissenschaft, diese abnormalen Kreaturen nicht fotografieren zu können, dann ließen wir sie mit ihrem Gekrächze zurück und drangen weiter in Richtung des Abgrunds vor, dessen freien Zugang wir jetzt als gegeben ansahen, und der Weg dorthin lag durch vereinzelte Pinguinspuren klar vor uns.

Wenig später ließ uns ein steiler Abstieg in einem langen, niedrigen, türlosen und überraschend relieffreien Gang glauben, wir näherten uns nun tatsächlich dem Tunneleingang. Wir waren noch zwei Pinguinen begegnet und hörten weitere unmittelbar vor uns. Dann endete der Gang in einem ungeheuren, offenen Platz, was uns sofort aufstöhnen ließ, ein künstlich geschaffener, perfekter Felsendom tief unter der Erde, fünfunddreißig Meter im Durchmesser und mit einer lichten Höhe von siebzehn Metern, in den sich rundherum in gleichmäßigen Abständen niedrige Bogengänge öffneten, bis auf eine Stelle, wo die Symmetrie des Gewölbes von einer gähnenden, schwarz eingefassten Öffnung durchbrochen wurde, deren Höhe fast fünf Meter betrug. Das war der Eingang zu dem großen Abgrund.

In diesem ausgedehnten Dom, dessen Decke mit beeindruckenden, wenn auch dekadenten Reliefs das vorzeitliche Firmament wiedergab, watschelten ein paar Pinguine umher, Fremde an diesem Ort, unbeeindruckt und blind. Der Tunnel verlor sich steil hinab, die Öffnung war verziert mit grotesk gestalteten Pfosten und Querbalken. Aus der Öffnung drang ein etwas wärmerer Luftzug, der sogar einen leichten Dunst erzeugte. Wir fragten uns, was für Lebewesen, außer Pinguinen, die grenzenlose Tiefe dort unten, das Gewirr der Schächte im Boden und das riesige Gebirge wohl verbergen mochten. Weiterhin fragten wir uns, ob nicht die Spuren von Rauch über einem Berggipfel, zuerst von Lake beobachtet, aber auch der merkwürdige Dunst, den wir rund um den von Mauern gekrönten Gipfel gesehen hatten, doch durch verschlungene Kanäle aufsteigende Dämpfe aus den tiefsten Bereichen des Erdinneren waren.

Beim Betreten des Tunnels stellten wir fest, dass, zumindest am Anfang, seine Abmessung etwa fünf Meter sowohl an Höhe, als auch an Breite betrug, die Seiten, der Boden und die gewölbte Decke bestanden aus dem üblichen megalithischen Mauerwerk. Die Seitenwände waren vereinzelt mit Kartuschen in konventionellen Mustern des späten, dekadenten Stils verziert, und die gesamte Konstruktion sowie die Reliefs waren unglaublich gut erhalten. Der Boden war ziemlich sauber, bis auf eine dünne Schmutzschicht, in der sich nach oben führende Pinguinspuren und nach unter führende Spuren der anderen befanden. Je tiefer man kam, desto wärmer wurde es, und schon bald knöpften wir unsere dicke Kleidung auf. Wir fragten uns, ob es dort unten irgendwelche vulkanische Aktivität gab und ob das Wasser des dunklen Meeres warm wäre. Nachdem wir eine kurze Strecke zurückgelegt hatten, wich das Mauerwerk dem nackten Fels, doch der Tunnel veränderte sich nicht und behielt seine Proportionen bei. Manchmal wurde der Neigungswinkel so steil, dass man Absätze in den Boden geschlagen hatte. Verschiedene Male bemerkten wir seitliche Eingänge zu kleinen Galerien, die wir nicht auf unseren Zeichnungen hatten, doch keine würde für uns auf dem Rückweg ein Problem darstellen, und jede war ein willkommener Schlupfwinkel, falls wir überraschenden Besuch von den Entitäten auf ihrem Rückweg vom Abgrund erhielten. Der unbeschreibliche Geruch dieser Dinger war sehr deutlich. Zweifellos war es ein Selbstmordunternehmen, unter diesen Umständen in den Tunnel vorzudringen, doch die Lockungen des Unergründeten sind bei manchen Menschen stärker, als viele vermuten würden – und tatsächlich, es waren genau diese Lockungen, die uns überhaupt erst in diese unmenschliche, polare Wüste gebracht hatten. Wir sahen auf unserem Weg immer wieder Pinguine und machten uns Gedanken, wie groß die Entfernung wohl wäre, die wir hinter uns bringen mussten. Die Reliefs hatten den Eindruck eines etwa eineinhalb Kilometer langen, steilen Abstiegs bis zu dem Abgrund vermittelt, doch vorherige Wegstrecken hatten gezeigt, dass man sich nicht unbedingt auf den Maßstab verlassen konnte.

Nach etwa vierhundert Metern wurde der unbeschreibliche Geruch sehr penetrant, und wir führten sorgfältig Buch über die seitlichen Öffnungen, die wir passierten. Es gab keinen sichtbaren Dunst wie am Eingang des Tunnels, was bestimmt an der hier fehlenden kälteren Luft lag. Die Temperatur stieg beständig, und wir waren nicht überrascht, als wir auf einen Haufen von Material stießen, der uns erschütternd bekannt vorkam. Er bestand aus Pelzen und Zeltplanen aus Lakes Lager, und wir machten uns nicht die Mühe, die bizarren Formen zu untersuchen, in die diese zerrissen worden waren. Nicht weit hinter dieser Stelle bemerkten wir die zunehmende Größe und Anzahl der seitlichen Gänge und schlossen daraus, dass wir den wabenartigen Bereich unter den Vorbergen erreicht haben mussten. Der unbeschreibliche Geruch mischte sich jetzt mit einem anderen, merkwürdigen, kaum weniger üblen Geruch, welcher Art konnten wir nicht sagen, doch erinnerte er uns an Verwesung oder auch unbekannte unterirdische Pilze. Dann kam eine überraschende Erweiterung des Tunnels, auf die uns die Reliefs nicht vorbereitet hatten – eine Erweiterung, die sich zu einer hohen, natürlich wirkenden elliptischen Kaverne ausdehnte, mit einem eingeebneten Boden von etwa fünfzig Metern Länge und sechzehn Metern Breite sowie vielen großen Abzweigungen, die in geheimnisvolle Dunkelheit führten.

Obwohl diese Höhle einen natürlichen Eindruck erweckte, enthüllte eine Untersuchung mit beiden Taschenlampen, dass sie wohl künstlich durch das Niederreißen von Wänden zwischen benachbarten Gängen geschaffen worden war. Die Wände der Kaverne waren rau, und die hohe Decke übersät mit Stalaktiten, doch der feste Felsboden war geglättet worden und frei von Schutt und Trümmern, und selbst Staub fehlte vollständig. Mit Ausnahme des Tunnels, durch den wir gekommen waren, traf das auch auf den Boden aller abzweigenden Gänge zu, und die Einzigartigkeit dieses Zustands stellte uns vor Rätsel, die wir nicht lösen konnten. Der merkwürdige, neue Gestank, der sich dem unbeschreiblichen Geruch zugesellt hatte, war hier extrem intensiv, sodass er den anderen völlig überdeckte. Etwas an diesem gesamten Ort, mit dem polierten, ja fast glänzenden Boden, verwirrte und erschreckte uns mehr, als alle ungeheuerlichen Dinge, die wir zuvor gesehen hatten.

Der gleichmäßig geformte Ausgang direkt vor uns, zusammen mit der großen Anhäufung von Pinguin-Exkrementen davor, ließ keinen Zweifel daran aufkommen, welches der richtige in der Unzahl gleicher Höhlenöffnungen war. Trotzdem nahmen wir unsere Wegmarkierungen mit Papierschnitzeln wieder auf, falls es später zu komplizierteren Situationen kommen sollte, denn wir konnten nicht davon ausgehen, weiterhin Spuren im Staub vorzufinden. Während wir voranschritten, ließen wir den Strahl der Taschenlampe über die Tunnelwände gleiten und blieben sofort überrascht stehen, als wir die radikale Veränderung bemerkten, die bei den Reliefs in diesem Bereich des Tunnels eingetreten war. Wir hatten natürlich die um sich greifende Dekadenz der Reliefs von der *Alten Rasse* zur Zeit des Tunnelbaus bemerkt und hatten auch die schlechtere Ausführung der Arabesken in den Abschnitten, die hinter uns lagen, zur Kenntnis genommen, doch jetzt, in diesem tieferen Abschnitt jenseits des Felsendoms, gab es einen plötzlichen Unterschied, der nicht zu erklären war, einen Unterschied sowohl grundsätzlicher Art als auch in der reinen Ausführung, der eine solch tiefgreifende und katastrophale Entartung und einen solchen Niedergang der Fähigkeiten darstellte, den man angesichts der bis jetzt beobachteten Verfallsrate nicht hätte erwarten können.

Diese neuen und dekadenten Arbeiten waren grob und nachlässig ausgeführt, und ihnen fehlte jeder Sinn fürs Detail. Die Flachreliefs waren tief in den Fels gemeißelt und in gleicher Weise zu Friesen angeordnet wie die Kartuschen, die wir vorher gesehen hatten, doch die Oberfläche der Reliefs war nicht auf der gleichen Höhe, wie die sie umgebende Wand. Danforth war der Meinung, es wären neue Reliefs, die man wie ein Palimpsest nach der Auslöschung der ursprünglichen darauf gesetzt hatte. Ihrer Art nach waren sie dekorativ und konventionell und bestanden aus groben Spiralen und Winkeln, die der mathematischen Fünfertradition der *Alten Rasse* folgten, doch erschienen sie eher wie eine

Parodie, denn eine Weiterführung dieser Tradition. Wir bekamen den Eindruck nicht aus unseren Köpfen, dass ein unterschwelliges, gänzlich fremdes Element dem ästhetischen Ausdruck hinzugefügt worden war, ein fremdes Element, so vermutete Danforth, das auch der Grund für die mühsame Auslöschung und Neuanfertigung war. Es wirkte, aber auch wieder nicht, wie das, was wir als die Kunst der *Alten Rasse* ansahen, und ich wurde beharrlich an die Vermischung von Kunststilen erinnert, wie sie Skulpturen in Palmyra aufwiesen, die unbeholfen im römischen Stil angefertigt worden waren. Dass schon andere erst kurze Zeit vor uns diesen Fries erblickt hatten, ergab sich aus einer leeren Taschenlampenbatterie auf dem Boden vor einem der charakteristischen Muster.

Da wir es uns nicht leisten konnten, Zeit für eine genauere Untersuchung zu vergeuden, gingen wir nach einem kurzen Blick weiter, doch leuchteten wir häufig die Wände ab, um zu sehen, ob es weitere Abweichungen in den Darstellungen gäbe. Nichts davon war zu erkennen, zudem die Reliefs, wegen der vielen seitlich abzweigenden Tunnel mit geglättetem Boden, recht spärlich waren. Wir sahen und hörten einige Pinguine und vernahmen sehr leise und weit entfernt ihr Gekrächze irgendwo tief im Erdinneren. Der neue und unerklärliche Gestank war ungeheuer intensiv, und wir konnten kaum noch den anderen unbeschreiblichen Geruch wahrnehmen. Kleine Wolken von Dunst vor uns deuteten auf einen zunehmenden Temperaturunterschied und die relative Nähe der lichtlosen Klippen an dem großen Abbruch hin. Dann, ziemlich überraschend, sahen wir einige Objekte auf dem polierten Boden vor uns, Objekte, die eindeutig keine Pinguine waren, und nachdem wir uns versichert hatten, dass diese sich nicht bewegten, schalteten wir unsere zweite Taschenlampe an.

XI

Wieder einmal bin ich an einen Punkt gelangt, an dem es sehr schwer fällt, fortzufahren. Ich sollte inzwischen schon ausreichend abgehärtet sein, doch es gibt einige Erfahrungen und Eindrücke, die zu große Wunden geschlagen haben, als dass man sie heilen könnte, die vielmehr eine Empfindlichkeit hinterlassen haben, welche das ehemalige Grauen in Gänze wieder aufleben lässt. Wie ich sagte, haben wir einige Objekte vor uns auf dem polierten Boden gesehen, und ich sollte hinzufügen, dass im selben Moment unsere Nasen einer gesteigerten Intensität des vorherrschenden, fremden Gestanks ausgesetzt wurden, nun aber deutlich vermischt mit dem unbeschreiblichen Geruch von den anderen, die vor uns hier gewesen waren. Das Licht der zweiten Taschenlampe ließ keinen Zweifel daran aufkommen, was die Objekte waren, und wir wagten nur näher heranzutreten, weil wir aus der Entfernung sehen konnten, dass sie so wenig eine Gefahr darstellten wie die sechs identischen Wesen, die wir in den sternförmigen Grabhügeln in Lakes Lager vorgefunden hatten.

Sie waren tatsächlich genauso unvollständig wie die meisten, die wir ausgegraben hatten, doch die dunkelgrüne Lache, die sich um sie herum ausbreitete, bewies, dass diese Unvollständigkeit ihren Ursprung nicht vor allzu langer Zeit haben konnte. Es schienen nur vier zu sein, obwohl Lakes Bericht nahelegte, dass nicht weniger als acht die Gruppe bildeten, die sich vor uns befand. Sie in diesem Zustand zu finden, überraschte uns völlig, und wir fragten uns, welch entsetzlicher Kampf dort unten in der Dunkelheit stattgefunden hatte.

Wird eine Gruppe von Pinguinen angegriffen, dann wehren sie sich heftig mit ihren Schnäbeln, und wir hörten jetzt deutlich die Geräusche einer weit entfernten Kolonie von ihnen. Hatten diese anderen eine solche Kolonie aufgescheucht und eine mörderische Verfolgung heraufbeschworen? Die Objekte legten das nicht nahe, wie wir jetzt bei näherer Betrachtung bemerkten, denn Pinguinschnäbel konnten schwerlich solche Verletzungen in dem widerstandsfähigen Gewebe, wie es Lake analysiert hatte, verursacht haben. Außerdem schienen die großen, weißen Vögel, die wir gesehen hatten, ausnehmend friedfertig zu sein.

Hatte es dann vielleicht einen Kampf zwischen den anderen gegeben und waren die fehlenden vier dafür verantwortlich? Wenn ja, wo waren sie? Waren sie ganz in der Nähe und stellten eine unmittelbare Bedrohung für uns dar? Als wir langsam und widerwillig auf die Kadaver zugingen, warfen wir ängstliche Blicke in die Seitengänge mit den glatten Böden. Was immer hier auch passiert war, ganz offensichtlich hatte es die verängstigten Pinguine zu ihrer ungewöhnlichen Wanderung getrieben. Es musste sich also in der Nähe der schwach zu hörenden Kolonie in den unermesslichen Abgründen vor uns ereignet haben, denn es gab keinerlei Hinweise darauf, dass irgendwelche Vögel hier gelebt hätten. Vielleicht, so überlegten wir, war es zu einer schrecklichen Verfolgungsjagd gekommen, die schwächere Partei hatte versucht, zu den zurückgelassenen Schlitten zu kommen, und war hier von ihren Verfolgern überwältigt worden. Man konnte sich den dämonischen Kampf zwischen namenlosen, ungeheuerlichen Entitäten vorstellen, die aus dem dunklen Abgrund hervorbrachen und Scharen von panischen, kreischenden Pinguinen vor sich hertrieben.

Wie ich sagte, näherten wir uns den verstreuten und unvollständigen Objekten langsam und vorsichtig. Herr im Himmel, hätten wir uns ihnen besser gar nicht genähert, sondern wären so schnell wie möglich aus diesem blasphemischen Tunnel mit dem schmierigen, glatten Boden und den dekadenten, nachgemachten Wandgemälden, die jene Dinge, an deren Stelle sie getreten waren, verhöhnten, geflohen – bevor wir sahen, was wir gesehen haben, und bevor sich Dinge in unseren Geist einbrannten, die uns niemals wieder ein unbeschwertes Leben würden führen lassen.

Wir hatten beide Taschenlampen auf die am Boden liegenden Objekte gerichtet und erkannten schnell, welcher Art ihre Unvollständigkeit war. Zerfleischt, zerdrückt, verdreht und auseinandergerissen, wie sie waren, war das wesentliche Merkmal bei allen die vollständige Enthauptung. Von jedem war der sternförmige Kopf mit den Tentakeln entfernt worden, und als wir näher kamen, sahen wir, dass die Enthauptung mehr nach einem teuflischen Reißen oder Saugen aussah, als nach einer üblichen Form des Kopfabschlagens. Ihre Ekel erregende, dunkelgrüne Jauche bildete eine große, sich ausbreitende Pfütze, doch ihr Gestank wurde zum Teil von dem neuen seltsamen Geruch überdeckt, der hier beißender war als irgendwo anders auf unserem Weg. Erst als wir den Kadavern sehr nahe gekommen waren, konnten wir die Quelle dieses zweiten, unerklärlichen Geruchs identifizieren, und in diesem Moment erinnerte sich Danforth an einige sehr lebensechte Reliefs aus der Geschichte der *Alten Rasse* im Perm, also vor ungefähr 150 Millionen Jahren, und sie lösten bei ihm einen nervenzerfetzenden Schrei aus, der markerschütternd durch den alten, unterirdischen Gang mit den üblen epigonischen Reliefs hallte.

Ich selbst war kurz davor, in seinen Schrei einzustimmen, denn auch ich hatte diese vorzeitlichen Abbildungen gesehen und hatte mit einer Gänsehaut die Kunstfertigkeit bewundert, mit der der unbekannte Künstler den schleimigen Überzug auf einigen verstümmelten und geköpften Exemplaren der *Alten Rasse* dargestellt hatte, jenen, die von den Furcht einflößenden Shoggothen während des großen Unterwerfungskrieges auf die für sie charakteristische Weise abgeschlachtet und ihrer Köpfe beraubt worden waren. Es waren ruchlose, albtraumhafte Bilder, selbst wenn sie äonenalte, vergangene Dinge zeigten, denn die Shoggothen und ihre Taten sollten nicht von Menschen gesehen oder von anderen Wesen dargestellt werden. Der wahnsinnige Autor des *Necronomicon* hatte vergeblich versucht, zu versichern, dass keines dieser Wesen je auf diesem Planeten existiert und nur unter Drogeneinfluss stehende Träumer sie je erblickt hätten. Formloses Protoplasma, das in der Lage war, jegliche Formen und Organe zu bilden – fließende Anhäufungen von blubbernden Zellen – gummiartige, fünf Meter große, dehnbare Sphären – Sklaven mentaler Beherrschung, Erbauer von Städten – immer missmutiger und immer intelligenter werdend – immer amphibischer, mit immer größerer Fähigkeit zur Nachahmung – Herr im Himmel! Welcher Irrsinn hatte selbst die blasphemische *Alte Rasse* dazu gebracht, sich solcher Dinger zu bedienen, und sie auch noch darzustellen.

Und nun sahen Danforth und ich den frisch schimmernden, reflektierenden schwarzen Schleim, der dick die kopflosen Körper überzog und den unbekannten neuen üblen Gestank absonderte, dessen Ursache sich nur eine abseitige Fantasie vorstellen konnte. Er klebte sowohl an den Körpern als auch – in geringerer Menge – angeordnet *in einer Reihe von Punktgruppen* an den Mauern mit den verfluchten, neuen Reliefs. In diesem Moment erkannten wir die Macht des kosmischen Schreckens bis in ihre allerletzte Konsequenz.

Es war nicht wie die Angst vor den vier vermissten anderen, denn im Prinzip hielten wir sie nicht für bösartig. Sie waren die Lebensform eines anderen Zeitalters und einer anderen Lebensordnung. Die Natur hatte ihnen übel mitgespielt, wie sie es auch mit jedwedem anderen tut, was der menschliche Irrsinn, Gefühllosigkeit oder Grausamkeit noch hier in dieser grässlichen, toten oder schlafenden, polaren Wüste zutage fördern wird – und das hier war ihre tragische Heimkehr gewesen.

Sie waren noch nicht einmal Wilde, denn was hatten sie eigentlich getan? Dieses schreckliche Erwachen in der Kälte einer unbekannten Epoche, wahrscheinlich ein Angriff von den rasenden, wütend bellenden Vierbeinern, und ihre verwirrte Verteidigung gegen sie, ebenso gegen die wilden weißen Affen in ihrer merkwürdigen Verhüllung und mit ihren Utensilien … armer Lake … armer Gedney … und arme *Alte Rasse*! Sie waren schließlich Wissenschaftler – was haben sie getan, was wir an ihrer Stelle nicht getan hätten? Gott, was für eine Intelligenz und Ausdauer! Was für ein Anblick des Unglaublichen, genau wie diese Verwandten und Vorfahren auf den Reliefs Dingen gegenübergestanden hatten, die ebenso unglaublich gewesen waren, sie allerdings mit etwas weniger Staunen anblickten. Eine evolutionäre Seitentwicklung, Pflanzen, Ungeheuer, Sternengezücht – was immer sie auch waren, sie waren wie Menschen!

Sie hatten einst die eisigen Gipfel überwunden, an deren Hängen ihre Tempel standen, in denen sie ihre Götter verehrten, und hatten die Wälder von Baumfarnen durchstreift. Sie fanden ihre tote Stadt schlummernd unter einem Fluch und hatten von ihrem Untergang – wie wir – aus den Reliefs erfahren. Sie hatten versucht, ihre noch lebenden Gefährten in den sagenhaften Tiefen der Dunkelheit, die sie nie gesehen hatten, zu erreichen – und was hatten sie gefunden? Das alles schoss Danforth und mir gleichzeitig durch den Kopf, als wir von den mit Schleim überzogenen, kopflosen Körpern auf die üblen Palimpseste der Reliefs und die teuflischen Punktegruppen aus frischem Schleim an der Mauer neben ihnen blickten. Wir schauten und begriffen, was dort unten in der riesigen Unterwasserstadt, in dem von Pinguinen gesäumten Abgrund triumphiert und überlebt haben musste, und genau jetzt begann, wie als Antwort auf Danforths hysterischen Schrei, sich von dort ein düsterer wirbelnder Dunst auszubreiten.

Der Schock, ausgelöst durch den abartigen Schleim und die enthaupteten Körper, ließ uns zu stummen Statuen erstarren, und erst später stellte sich in Gesprächen heraus, dass unsere Gedanken in diesem Moment absolut identisch gewesen waren. Uns erschien es wie eine Ewigkeit, die wir dort standen, aber es konnten nicht mehr als zehn bis fünfzehn Sekunden gewesen sein. Dieser hassgeschwängerte, wirbelnde Dunst kroch näher heran, so als ob er von einer entfernten Masse, die sich auf uns zubewegte, vorangetrieben würde, und dann erklang ein Geräusch, das vieles von dem, was wir uns überlegt hatten, Makulatur werden ließ. Das löste den Bann und versetzte uns in die Lage, wie verrückt, an krächzenden, verwirrten Pinguinen vorbei, auf dem Weg, den wir gekommen waren, zurück zur Stadt zu stürmen – durch tief unter dem Eis liegende, vorzeitliche Gänge hin zu dem großen, offenen Rund mit der spiralförmige Rampe, hinauf in die gesunde, frische Luft und das Tageslicht.

Das schon erwähnte, neue Geräusch hatte viele unserer Vorhaben über den Haufen geworfen. Denn nach den Kenntnissen aus Lakes Obduktion hätten wir es jenen zuordnen müssen, die wir für tot hielten. Später erzählte mir Danforth, dass es genau dem entsprach, was er in stark gedämpfter Form an der Straßenbiegung oberhalb der Eisschicht wahrgenommen hatte, und ganz sicher wies es eine erschreckende Ähnlichkeit mit dem Pfeifen des Windes auf, das wir beide von den hoch gelegenen Berghöhlen her gehört hatten. Selbst auf die Gefahr hin, kindisch zu wirken, will ich noch eine weitere Sache erwähnen, wenn auch nur, weil mein Eindruck auf so überraschende Weise mit Danforths übereinstimmte. Natürlich war unsere Lektüre der gleichen Bücher die Grundlage für unsere übereinstimmende Interpretation, doch Danforth machte eine seltsame Andeutung von unbekannten und verbotenen Quellen, auf die Poe Zugriff gehabt haben könnte, als er vor einem Jahrhundert seinen *Arthur Gordon Pym* schrieb. Man wird sich erinnern, dass es in dieser fantastischen Erzählung ein Wort von unbekannter, doch schrecklicher und außerordentlicher Bedeutung in Verbindung mit der Antarktis gibt und das von den riesigen, schneeweißen Vögeln in dieser verwunschenen, inneren Region des antarktischen Kontinents beständig herausgeschrien wird: *Tekeli-li! Tekeli-li!* Ich muss zugestehen, es war genau das, was wir hinter dem auf uns zuströmenden, weißen Dunst zu vernehmen meinten – das heimtückische, melodische Pfeifen über einen großen Tonumfang hinweg.

Bevor noch drei Noten oder Silben erklungen waren, befanden wir uns schon auf der Flucht, denn wir wussten, die Schnelligkeit der *Alten Rasse* befähigte jeden durch den Schrei aufgeschreckten, uns verfolgenden Überlebenden des Massakers uns sofort zu überwältigen, wenn er das wollte. Trotzdem hegten wir die schwache Hoffnung, dass nicht aggressives Verhalten unsererseits und das Zurschaustellen einer vergleichbaren Intelligenz ein solches Wesen dazu bringen könnte, uns, falls wir gefasst würden, zu verschonen, wenn auch nur aus wissenschaftlicher Neugierde. Außerdem, warum sollte ein Wesen, das nichts für sich selbst zu fürchten hatte, uns etwas antun. Da es unter diesen Umständen sinnlos war, sich verbergen zu wollen, benutzten wir unsere Taschenlampen, um während des Laufens einen Blick hinter uns zu werfen, und stellten fest, dass der Nebel sich lichtete. Würden wir schlussendlich ein vollständiges und lebendes Exemplar jener anderen sehen? Wieder erklang dieses heimtückische, melodische Pfeifen – *Tekeli-li! Tekeli-li!*

Dann, wir hatten gerade bemerkt, dass wir gegenüber unserem Verfolger etwas an Vorsprung gewannen, kam uns der Gedanke, dieser könnte verletzt sein. Doch wir konnten kein Risiko eingehen, denn es war offenkundig, dass er, aufgeschreckt durch Danforths Schrei, uns verfolgte und nicht vor einer anderen Entität floh. Die zeitliche Abfolge war zu eindeutig, um noch Zweifel zu haben. Wo sich dieser schwer vorstellbare und kaum auszusprechende Albtraum befand, dieser übel riechende, ungefügte Haufen Schleim sprühenden Protoplasmas, dessen Rasse den Abgrund erobert und Landlebensformen in die Höhlensysteme der Hügel ausgesandt und die Reliefs neu angelegt hatte, darüber konnten wir keine Vermutungen anstellen, und es kostete uns Überwindung, dieses möglicherweise verletzte Exemplar der *Alten Rasse*, vielleicht ein einsamer Überlebender, der Gefahr einer erneuten Gefangennahme und einem unbeschreiblichen Schicksal zu überlassen.

Gott sei Dank wurden wir nicht langsamer. Der wirbelnde Nebel wurde wieder dichter und bewegte sich mit zunehmender Geschwindigkeit vorwärts, während die herumirrenden Pinguine hinter uns krächzten und kreischten und Anzeichen von Panik zeigten, die uns überraschte angesichts der relativ geringen Reaktion, als wir an ihnen vorbei kamen. Erneut erklang das bedrückende, weit gefächerte Pfeifen – *Tekeli-li! Tekeli-li!* Wir hatten uns getäuscht. Das Ding war nicht verletzt, sondern hatte lediglich angehalten, als es auf die Körper seiner toten Artgenossen und die höllischen Schleiminschriften bei ihnen gestoßen war. Wir werden nie erfahren, was der Inhalt dieser dämonischen Nachricht war, aber die Begräbnisstätten in Lakes Lager hatten gezeigt, welche große Fürsorge diese Wesen ihren Toten entgegenbrachten. Unsere rücksichtslos eingesetzte Taschenlampe enthüllte jetzt vor uns den großen, weiten Felsendom, in dem sich viele Wege trafen, und wir waren froh, diese morbiden epigonischen Reliefs, die wir mehr gefühlt denn gesehen hatten, hinter uns zu lassen.

Als wir den Dom erreicht hatten, ging uns ein weiterer Gedanke durch den Kopf, nämlich die Möglichkeit, unseren Verfolger in diesem verwirrenden Knotenpunkt von einmündenden, großen Gängen abzuschütteln. In dem weiten Raum befand sich eine Anzahl von blinden Albinopinguinen, und es war deutlich, dass ihre Furcht vor der herannahenden Entität unerklärlich groß war. An diesem Punkt dämpften wir das Licht unserer Taschenlampe auf das zur Fortbewegung absolut Notwendige und beschränkten den Lichtstrahl auf den Bereich direkt vor uns. Die im Nebel verängstigt krächzenden, umherirrenden mächtigen Vögel würden unsere Schritte übertönen, unseren Weg verschleiern und irgendwie eine falsche Spur legen. Mitten in dem wirbelnden Nebel wäre der schmutzige und nicht glänzende Boden des jenseitigen Haupttunnels im Unterschied zu den anderen, krankhaft polierten Höhlengängen nicht besonders verlockend, selbst, soweit wir das beurteilen konnten, nicht für die vermuteten speziellen Sinne, die die *Alte Rasse* in Notfällen, allerdings nicht vollständig, von Licht unabhängig machten. Tatsächlich befürchteten auch wir in unserer Hast, den falschen Weg zu wählen. Wir hatten beschlossen, uns in gerader Richtung auf die tote Stadt zuzubewegen, denn es wäre nicht auszudenken, welche Konsequenzen es hätte, sich hier, in den unbekannten Vorbergen, im Gewirr der wabenartigen Gänge zu verirren.

Der Umstand, dass wir entkamen und überlebten, ist der klare Beweis, dass der Verfolger den falschen Gang gewählt hat und wir glücklicherweise den richtigen. Die Pinguine allein hätten uns nicht gerettet, doch zusammen mit dem Nebel war dem wohl so. Nur ein gütiges Schicksal hatte die Nebelschwaden im richtigen Moment dicht genug gehalten, denn sie waren dauernd in Bewegung und drohten sich aufzulösen. Ja, sie hatten sich für einen Moment gelichtet, gerade als wir aus dem Tunnel mit den ekelhaften, neu geschaffenen Reliefs in den Felsendom kamen, sodass wir tatsächlich der herankommenden Entität ansichtig wurden, als wir einen letzten, verzweifelt furchtsamen Blick zurückwarfen, bevor wir unsere Taschenlampen herunterdrehten und uns zwischen die Pinguine mischten, in der Hoffnung, der Verfolgung zu entgehen. Wenn das Schicksal, das uns beschützte, gnädig war, dann war das, was uns den Blick zurück gewährte, genau das Gegenteil, denn dieser kurze Augenblick ist verantwortlich für einen Gutteil des Schreckens, der uns seitdem verfolgt.

Der Grund, warum wir nochmals zurücksahen, war wahrscheinlich der unwiderstehliche Drang des Verfolgten, die Natur seines Verfolgers und den Abstand zu ihm abzumessen, oder vielleicht war es ein Reflex, eine unbewusste Frage, die von einem unserer Sinne aufgeworfen wurde und eine Antwort verlangte. Während unserer Flucht, als alle unsere Sinne darauf gerichtet waren, zu entkommen, waren wir nicht in der Lage, uns auf Einzelheiten und deren Bedeutung zu konzentrieren, doch einige unserer Gehirnzellen mussten sich mit den Eindrücken beschäftigt haben, die unsere Nasen ihnen lieferten. Später dann realisierten wir, was es war. Unser größer werdender Abstand zu der übel riechenden Schleimschicht auf den kopflosen Kadavern und die gleichzeitige Annäherung der uns verfolgenden Entität hatte nicht zu einer Veränderung der Gerüche geführt, die logischerweise zu erwarten gewesen wäre. In der Nähe der niedergestreckten Dinger war der neue und unerklärliche Geruch übermächtig gewesen, doch jetzt hätte er von dem namenlosen Gestank der anderen völlig verdrängt sein müssen. Das war nicht der Fall – der neuere und noch weniger erträgliche Geruch erschien jetzt deutlich unverfälschter und wurde mit jeder Minute giftiger und intensiver.

Also schauten wir uns gleichzeitig um, so mochte es wirken, doch ohne Zweifel hatte die begonnene Bewegung des einen zu einer sofortigen gleichartigen Bewegung des anderen geführt. Dabei ließen wir beide Taschenlampen in Richtung des jetzt dünner werdenden Nebels in voller Stärke aufflammen, entweder aus der primitiven Angst heraus, alles sehen zu wollen, was wir konnten, oder dem weniger primitiven, doch ebenso unbewussten Willen, diese Entität zu blenden, bevor wir das Licht dämpften und zwischen den aufgescheuchten Pinguinen in dem Labyrinth vor uns verschwanden. Eine unselige Tat! Weder Orpheus noch Lots Weib bezahlten mehr für einen Blick zurück. Und wieder erklang das schockierende, weitgefächerte Pfeifen – *Tekeli! Tekeli-li!*

Ich sollte einfach frei heraus sagen, selbst wenn ich nicht ertrage, es direkt auszusprechen, was wir dort gesehen haben, denn zu diesem Zeitpunkt hatten wir das Gefühl, das wir es noch nicht einmal uns gegenüber zugeben durften. Die Worte, die den Leser erreichen, können noch nicht einmal einen ungefähren Eindruck vermitteln von der Abscheulichkeit, die wir erblickten. Es verstörte unser Bewusstsein so vollständig, dass ich mich wunderte, dass wir noch genug Verstand hatten, um unsere Taschenlampen wie geplant abzublenden, und wir den richtigen Tunnel zu der toten Stadt wählten. Uns musste der reine Instinkt geleitet haben, vielleicht besser, als es der Verstand gekonnte hätte, doch wenn es das war, was uns gerettet hat, dann haben wir einen hohen Preis dafür bezahlt. Von unserem Verstand war nur noch wenig übrig. Danforth war völlig überspannt, und das Erste, an was ich mich vom Rest des Weges erinnere, war, ihn beschwingt hysterisch eine Art von Mantra singen zu hören, in dem nur ich allein etwas anderes als totalen Irrsinn erkennen konnte. Es hallte in schrillen Echos zwischen dem Krächzen der Pinguine wider, hallte wider in den Gängen vor uns und in den – Gott sei Dank – jetzt leeren Gängen hinter uns. Er konnte nicht sofort damit begonnen haben, denn sonst wären wir nicht mehr am Leben, blindlings voranstürmend. Mir schauderte bei dem Gedanken, was eine etwas andere nervliche Reaktion für uns bedeutet hätte.

»South Station, U-Bahnhof – Washington, U-Bahnhof – Park Street, U-Bahnhof – Kendall – Central – Harvard …« Der arme Kerl sang die vertrauten Haltestellen des Tunnels zwischen Boston und Cambridge, der durch die friedvolle, Tausende von Kilometern entfernte Heimaterde Neuenglands führte, doch für mich war das Ritual weder unwichtig noch vermittelte es heimatliche Gefühle. Es war nur schrecklich, denn ich erkannte klar den monströsen, entsetzlichen Bezug, der diese Reaktion ausgelöst hatte. Wir waren davon ausgegangen, dass, wenn wir zurückblickten und der

Nebel dünn genug wäre, wir eine schreckliche und unglaubliche, sich bewegende Entität zu sehen bekämen, doch was diese Entität wäre, davon hatte wir keine klare Vorstellung. Was wir dann sahen, denn der Nebel war tatsächlich sehr dünn geworden, war etwas gänzlich anderes, und unermesslich scheußlicher und grauenhafter. Es war objektiv die pure Inkarnation dessen, was fantastische Schriftsteller als »Ding, das es nicht geben darf« beschreiben und das, was ihm am nächsten kam, war der Vergleich mit einem langen, heranrauschenden U-Bahn-Zug, wie man ihn vom Bahnsteig aus sehen kann – die breite, schwarze Front erscheint aus der endlosen, unterirdischen Entfernung, versehen mit merkwürdigen bunten Lichtern, und füllt den schauerlichen Tunnel wie ein Kolben den Zylinder.

Wir waren aber nicht auf einem Bahnsteig. Wir standen vor ihr auf den Schienen, als die albtraumhafte, weiche Säule aus stinkender, schillernder schwarzer Masse durch den fünf Meter durchmessenden Tunnel beständig schneller werdend auf uns zuquoll und eine wirbelnde, sich zusammenballende Wolke aus dem Abgrund vor sich herschob. Es war ein schreckliches, unbeschreibliches Ding, schneller als jeder U-Bahn-Zug, eine formlose Masse aus Protoplasmablasen, schwach leuchtend und mit unzähligen, sich temporär formenden und wieder auflösenden Augen, die wie Pusteln grünen Lichts auf der den Tunnel ausfüllenden Vorderseite erschienen, die auf uns zuraste und dabei die Pinguine zerschmetterte und über den glänzenden Boden schlitterte, den es und seine Artgenossen auf diese ekelhafte Weise von allem Abfall gereinigt hatten. Und immer noch dieser unheimlich höhnische Schrei – *Tekeli! – Tekeli-li!*

Und dann erinnerten wir uns daran, dass die dämonischen Shoggothen, die schließlich von der *Alten Rasse* zum Leben erweckt und mit künstlichen Organstrukturen versehen worden waren, keine Sprache, außer den Gruppen von Punkten, kannten, um sich auszudrücken, und gleichfalls keine Möglichkeit der Stimmbildung hatten, bis auf die Nachahmung der Laute ihrer verstorbenen Herren.

XII

Danforth und ich können uns daran erinnern, wie wir aus dem großen Felsendom mit den Reliefs entkamen und uns den Rückweg durch zyklopische Räume und Gänge der toten Stadt erkämpften, doch das sind nur Traumsequenzen und keine bewussten Erinnerungen an Einzelheiten oder Anstrengungen. Es war, als ob wir in einer nebelhaften Welt oder einer Dimension ohne Zeit, Substanz oder Orientierung trieben.

Das graue Zwielicht in dem weiten, offenen Rund brachte uns wieder etwas zu Verstand, aber wir näherten uns nicht noch einmal den versteckten Schlitten oder schauten nach dem armen Gedney und dem Hund. Sie haben eine seltsame und riesige Begräbnisstätte, und ich hoffe, das Ende unseres Planeten wird sie noch immer unverändert ereilen.

Während wir uns die riesige, spiralförmige Rampe hinaufquälten, spürten wir zum ersten Mal die schreckliche Müdigkeit und Kurzatmigkeit, die unsere Hetzjagd durch die dünne Luft auf dem Plateau bewirkt hatte, doch noch nicht einmal die Angst zusammenzubrechen konnte uns dazu bringen, eine Pause einzulegen, bevor wir die Grenze zu dem normalen Reich von Sonne und Himmel erreicht hatten. Unser Abschied von diesen untergegangenen Epochen hatte etwas unterschwellig Angemessenes, denn als wir keuchend unseren Weg entlang der Wand des zwanzig Meter hohen Zylinders aus urzeitlichem Mauerwerk nahmen, begleitete uns die gesamte Strecke ein heroischer Bilderfries im frühen, unverfälschten Stil der lang verstorbenen Bewohner. Ein Abschiedsgruß der *Alten Rasse*, geschaffen vor fünfzig Millionen Jahren.

Als wir schließlich auf die Mauerkrone krochen, befanden wir uns auf einem großen Haufen durcheinanderliegender Steinblöcke, die geschwungenen Wälle höherer Steinkonstruktionen im Westen und den drohenden Gipfeln der großen Berge hinter stärker verfallenem Mauerwerk im Osten. Die tief stehende, antarktische Mitternachtssonne lugte vom südlichen Horizont rötlich durch Lücken in den zerklüfteten Ruinen, und das Ehrfurcht gebietende Alter und die Leblosigkeit der albtraumhaften Stadt schien im Gegensatz zu den relativ bekannten und vertrauten Dingen, wie die Strukturen der polaren Landschaft, noch bedrückender. Der Himmel über uns war eine aufgewühlte und schimmernde Masse von dünnen Eisnebeln, und die Kälte fuhr uns in die Knochen. Ausgepumpt setzten wir unsere Ausrüstung ab, die wir während unserer verzweifelten Flucht instinktiv festgehalten hatten. Für den beschwerlichen Abstieg, die Schutthaufen hinab und den Weg durch das urzeitliche Steinlabyrinth zu dem Vorgebirge, wo unser Flugzeug wartete, knöpften wir wieder unsere dicke Kleidung zu. Über das, was uns aus der Dunkelheit des geheimnisvollen Erdinneren und den vorzeitlichen Abgründen hatte fliehen lassen, verloren wir kein Wort.

Es dauerte noch nicht einmal eine Viertelstunde, bis wir die steilen Hänge der Vorberge erreicht hatten – die vermutlich vorzeitliche Terrasse, über die wir herabgestiegen waren –, und schon konnten wir die dunkle Masse unseres großen Flugzeugs inmitten der wenigen Ruinen auf dem vor uns ansteigenden Hang erkennen. Auf halber Strecke den Hügel hinauf zu unserem Ziel hielten wir kurz inne, um Luft zu holen, und warfen einen weiteren Blick auf das fantastische Gewirr von unbeschreiblichen Steingebilden unter uns, das sich einmal mehr geheimnisvoll vor den unbekannten, westlichen Gefilden erhob. Dabei stellten wir fest, dass der Himmel dort frei von dem Morgendunst war, die ruhelosen Eisnebel waren in den Zenit aufgestiegen, wo ihre verhöhnenden Konturen dabei waren, bizarre Muster zu bilden, aber davor zurückschreckten, deutliche und endgültige Gestalt anzunehmen.

Jetzt lag dort deutlich sichtbar an dem äußersten weißen Horizont hinter der grotesken Stadt eine schwach erkennbare, elfenhafte Linie von gezacktem Violett, deren nadelspitze Höhen sich wie Traumgebilde vor dem sich dahinter erstreckenden rosafarbenen westlichen Himmel abhoben. Hin zu diesem schimmernden Band erstreckte sich das leicht ansteigende, uralte Plateau; das ausgewaschene Bett des ehemaligen Flusses durchschnitt es wie ein unregelmäßiges Schattenband. Für ein paar Sekunden blieb uns angesichts der überirdischen Schönheit der Szenerie aus Bewunderung die Luft weg, doch dann schlich sich eine unterschwellige Furcht in unsere Seelen. Denn diese weit entfernte, violette Linie konnte nichts anderes sein als die Berge des verbotenen Landes, die höchsten Gipfel der Erde und die Heimstatt aller irdischen Schrecken, Brutstätte von namenlosen Abscheulichkeiten und vorzeitlichen Geheimnissen, gemieden und verehrt von jenen, die sich fürchteten, ihre Bedeutung darzustellen, unbehelligt von irgendeinem lebenden Wesen auf Erden, doch besucht von unheimlichen Blitzen und in der Polarnacht merkwürdige Lichtstrahlen über die weiten Ebenen sendend – ohne jeden Zweifel war es der unbekannte Vorläufer des verfluchten Kadath in der *Kalten Ödnis*, jenseits des abscheulichen Leng, über das unheilige Legenden ausweichende Angaben machten. Wir waren die ersten Menschen, die es jemals gesehen haben, und ich hoffe bei Gott, wir bleiben auch die letzten.

Wenn die Reliefkarten und Bilder in der vormenschlichen Stadt zutrafen, konnten diese rätselhaften, violetten Berge nicht viel weniger als fünfhundert Kilometer entfernt liegen, nichtsdestoweniger erhob sich ihre elfenhafte Erscheinung scharf über dem fernen, verschneiten Berggrat wie der gezackte Rand eines mächtigen, fremden Planeten, der in ein unbekanntes Firmament aufgeht. Ihre Höhe musste demnach jenseits jedes Vergleichs sein – sie erhoben sich in dünne Atmosphärenschichten, die von gasförmigen Geistern bewohnt sind und von denen wagemutige Piloten, nachdem sie aus unerklärlichen Gründen abgestürzt waren, nur noch sterbend flüstern konnten. Als ich so auf sie blickte, dachte ich an bestimmte Hinweise in den Reliefs auf das, was der inzwischen versiegte Fluss von den verfluchten Hängen in die Stadt herabgespült hatte, und fragte mich, wie viel Verstand und wie viel Torheit in den Ängsten der *Alten Rasse*, die sie so zurückhaltend darstellten, gelegen hatte. Mir wurde bewusst, dass die nördlichen Ausläufer der Berge nahe an die Küste von Queen-Mary-Land heranreichten, wo genau in diesem Moment Sir Douglas Mawsons Expedition kaum 1500 Kilometer entfernt forschte, und hoffte, dass kein böses Schicksal

Sir Douglas und seinen Leuten einen Blick auf das gewährte, was hinter dem schützenden Bergzug möglicherweise harrte. An diesen Gedanken kann man erkennen, in welch ausgelaugtem Zustand ich mich in diesem Moment befand – und Danforth schien es noch schlechter zu gehen.

Lange bevor wir an der großen sternförmigen Ruine vorbeikamen und unser Flugzeug erreicht hatten, galten unsere Befürchtungen der niedrigeren, doch immer noch beeindruckenden Bergkette vor uns, die wir wieder überqueren mussten. Die von Ruinen überzogenen Hänge der Vorberge erhoben sich beeindruckend und geheimnisvoll vor dem östlichen Himmel und erinnerten uns wieder an die seltsamen, asiatischen Gemälde von Nicholas Roerich, und wenn wir an die verfluchten, wabenartigen Gänge in den Bergen dachten und die beängstigenden, amorphen Entitäten, die es auf ihrem stinkenden, kriechenden Weg vielleicht sogar bis hinauf in die höchsten Turmspitzen geschafft hatten, konnten wir nicht ohne Furcht daran denken, erneut an den bedrohlichen, zum Himmel gerichteten Höhlenöffnungen vorbeizufliegen, in denen der Wind ein melodisches Pfeifen von einem großen Tonumfang erzeugte. Was die Angelegenheit noch schlimmer machte, war der Nebel, der über einigen der Gipfel lag und den auch der bemitleidenswerte Lake gesehen und fälschlicherweise für den Rauch von Vulkanen gehalten hatte, und wir dachten schaudernd an den gleichen Nebel, dem wir gerade entkommen waren und an den blasphemischen, Schrecken ausbrütenden Abgrund, aus dem all diese Nebelschwaden aufstiegen.

Mit dem Flugzeug war alles in Ordnung, und wir quälten uns in unsere dicken Fliegerkombinationen. Danforth brachte ohne Schwierigkeiten den Motor zum Laufen, und wir starteten sanft über der albtraumhaften Stadt. Unter uns erstreckten sich die vorzeitlichen, riesenhaften Gebäude, wie sie es auch schon bei unserer ersten Sichtung getan hatten – eine so kurze, doch auch unendliche Zeitspanne zuvor – und wir begannen unseren Aufstieg mit einigen Schleifen, um die Windsituation für unsere Überquerung des Passes zu sondieren. In großer Höhe musste es reichlich

Turbulenzen geben, denn die Eiswolken im Zenit vollführten die absonderlichsten Bewegungen, doch in 8000 Metern Höhe, die wir erreichen mussten, um den Pass zu überqueren, konnten wir recht gut navigieren. Als wir uns den aufragenden Gipfeln näherten, wurde das seltsame Pfeifen wieder deutlich hörbar, und ich bemerkte, wie Danforths Hände an den Instrumenten zitterten. Obwohl ich ein Flugamateur war, dachte ich in diesem Moment, dass es besser wäre, ich würde die die Steuerung für den Flug zwischen den Gipfeln hindurch übernehmen, und als ich Anstalten unternahm, mit ihm den Platz zu tauschen und seine Aufgabe zu übernehmen, wehrte er sich nicht. Ich konzentrierte mich auf meine Fähigkeiten und meine Selbstbeherrschung und starrte auf den rötlich schimmernden Himmelsabschnitt zwischen den Bergen, die den Pass einrahmten – zwang mich unentwegt, den Nebelschwaden auf den Bergspitzen keine Beachtung zu schenken, und wünschte, meine Ohren wären mit Wachs versiegelt, wie die von Odysseus' Männern vor der Küste der Sirenen, um das irritierende Pfeifen des Windes aus meinem Bewusstsein zu bannen.

Danforth allerdings, von seinen Aufgaben als Pilot entbunden, steigerte sich in einen gefährlichen nervösen Zustand hinein und war nicht in der Lage, Ruhe zu bewahren. Ich spürte, wie er sich wand und zappelte, als er zurück auf die entschwindende schreckliche Stadt blickte, nach vorne auf die ausgehöhlten, mit Würfeln versehenen Bergspitzen, zur Seite, wo sich die verschneiten, mit Mauerresten übersäten Vorberge befanden, und nach oben in den grotesk bewölkten Himmel. Es war in dem Moment, da ich gerade versuchte, sicher über den Pass zu fliegen, als seine irren Schreie fast eine Katastrophe auslösten, denn sie zerstörten meine krampfhaft bewahrte Selbstbeherrschung und ließen mich für einen Moment hilflos an den Kontrollen herumhantieren. Eine Sekunde später hatte ich mich wieder im Griff, und wir hatten den Pass sicher überflogen – doch ich glaube, Danforth wird niemals wieder so sein, wie er einmal war.

Ich habe schon erwähnt, dass Danforth sich weigert, preiszugeben, welcher letzte Schrecken Auslöser für seine irren Schreie war –

ein Schrecken, da bin ich mir traurigerweise sicher, der für seinen jetzigen Zusammenbruch hauptsächlich verantwortlich ist. Es gab Fetzen einer gebrüllten Unterhaltung, die wir durch das Heulen des Windes und das Motorengeräusch hindurch führten, während wir die sichere Seite des Passes erreichten und langsam in Richtung des Lagers hinabglitten, aber die befassten sich zumeist mit dem Bewahren von Geheimnissen, wie wir es vor Verlassen der albtraumhaften Stadt abgesprochen hatten. Bestimmte Dinge, so stimmten wir überein, waren nicht geeignet für die Ohren anderer und schon gar nicht dafür, dass man leichtfertig darüber sprach – und ich würde auch jetzt nicht darüber sprechen, wenn es nicht notwendig wäre, die Starkweather-Moore-Expedition und mögliche andere auf jeden Fall zu verhindern. Für den Frieden und die Sicherheit der Menschheit ist es absolut unumgänglich, dass einige der dunklen, toten Ecken und der unermesslichen Tiefen der Erde in Ruhe gelassen werden, damit nicht schlafende Ungeheuer zu neuem Leben erwachen und widernatürlich überlebende Albtraumwesen sich aus ihren dunklen Höhlen herauswinden und zu neuen und größeren Eroberungszügen ansetzen.

Alles, was Danforth je über diesen letzten Schrecken preisgegeben hat, war, dass es eine Luftspieglung gewesen sei. Es war nichts, so sagte er, was mit den Würfeln und Höhlen oder den widerhallenden, dunstigen, von Gängen durchzogenen Bergen des Wahnsinns, die wir durchquerten, zu tun hatte, sondern eine einzelne, fantastisch-dämonische Erscheinung zwischen den wirbelnden Wolken am Zenit, von dem, was hinter diesen violetten westlichen Bergen lag und von der *Alten Rasse* gemieden und gefürchtet wurde. Es ist sehr gut möglich, dass dieses Trugbild seinen Ursprung in den Belastungen hatte, denen wir zuvor ausgesetzt waren, sowie in der wirklichen Stadt hinter den Bergen, die wir nur als Luftspiegelung am Tag zuvor von Lakes Lager aus gesehen hatten, doch für Danforth war das so real, dass er immer noch darunter leidet.

In seltenen Fällen flüstert er unzusammenhängende und unverantwortliche Dinge von »der schwarzen Grube«, »dem modulierten Rand«, »den Proto-Shoggothen«, »den fensterlosen Monolithen mit fünf Dimensionen«, »dem namenlosen Zylinder«, »den älteren Pharaonen«, »Yog-Sothoth«, »dem urzeitlichen weißen Glibber«, »der Farbe aus dem All«, »den Schwingen«, »den Augen in der Dunkelheit«, »der Mondleiter«, »dem Echten, dem Ewigen, dem Unsterblichen« und anderen bizarren Dingen, doch wenn er ganz er selbst ist, dann weist er das alles zurück und schiebt es auf seine seltsame und abseitige Lektüre in früheren Jahren. Doch Danforth gehört zu den Wenigen, die sich gewagt haben, die wurmzerfressene Ausgabe des *Necronomicon*, die sich unter Verschluss in unserer Universitätsbibliothek befindet, komplett durchzuarbeiten.

Die höheren Luftschichten, die wir beim Überfliegen des Gebirgszugs durchquerten, waren bestimmt wolkig und durchwirbelt genug, und ohne sie am Zenit selbst gesehen zu haben, kann ich mir gut vorstellen, dass die brodelnden Eisnebel die merkwürdigsten Formen angenommen haben. Die Fantasie, davon ausgehend wie lebensnah entfernte Szenarien manchmal von turbulenten Wolkenschichten reflektiert, gebrochen und vergrößert werden, kann gut für den Rest verantwortlich gemacht werden – und natürlich hat Danforth auch erst Andeutungen von diesem speziellen Schrecken gemacht, als seine Erinnerung eine Verbindung zu seiner lang zurückliegenden Lektüre hatte herstellen können.

Damals waren seine Schreie nichts anderes als eine Wiederholung eines einzigen, wahnsinnigen Ausrufs, von nur allzu offensichtlichem Ursprung:

»*Tekeli! Tekeli-li!*«

Der Schatten über Innsmouth

I

Während des Winters 1927/28 führten Beamte der Bundesregierung eine seltsame und geheime Untersuchung bestimmter Gegebenheiten im alten Seehafen von Innsmouth, Massachusetts, durch. Die Öffentlichkeit erfuhr erstmals im Februar davon, als es zu einer Reihe von Razzien und Verhaftungen kam, gefolgt vom Niederbrennen und Sprengen – unter entsprechenden Sicherheitsvorkehrungen – einer riesigen Anzahl verfallener, von Würmern zerfressener und wahrscheinlich leer stehender Häuser an dem verlassenen Kai. Gleichgültige Menschen nahmen diesen Vorfall als eine heftige Auseinandersetzung im verzweifelten Kampf gegen den Alkohol hin.

Wer jedoch intensiver die Nachrichten verfolgte, wunderte sich über die erstaunlich hohe Zahl der Festnahmen, die unnatürlich große Zahl von Männern, die gebraucht wurde, diese vorzunehmen, und die geheimnisvollen Umstände unter denen die Verhafteten weggeschafft wurden. Man erfuhr nichts über eine Gerichtsverhandlung oder Strafen, auch wurde keiner der Festgenommenen jemals in einem regulären Gefängnis des Landes gesehen. Es gab unklare Hinweise auf Seuchen und Konzentrationslager und später dann von Verteilung auf verschiedene Marine- und Militärgefängnisse, doch nichts Konkretes kam ans Licht. Innsmouth selbst blieb nahezu entvölkert zurück und weist auch bis jetzt nur träge Anzeichen einer Wiederbelebung auf.

Auf Beschwerden von vielen liberalen Organisationen reagierte man mit langen vertraulichen Gesprächen, und Vertretern dieser

Organisationen wurden Besuche in bestimmten Lagern und Gefängnissen erlaubt. Das Ergebnis davon war, dass diese Organisationen sich danach überraschend zurückhaltend verhielten und schweigsam wurden. Journalisten waren allerdings schwerer in den Griff zu bekommen, aber am Ende kooperierten sie mit der Regierung. Nur eine Zeitung – ein Boulevardblatt, das beständig wegen seiner wilden Berichterstattung in Verruf geriet – erwähnte ein Unterseeboot, das Torpedos in den Meeresabgrund direkt hinter dem Teufelsriff hineingeschossen hätte. Dieser Punkt, zufällig aufgeschnappt in einer Seemannskneipe, erschien nun wirklich weit hergeholt, da sich das flache, schwarze Riff gut zweieinhalb Kilometer außerhalb vom Hafen von Innsmouth befindet.

Die Leute in der Umgebung und den nahegelegenen Städten tauschten sich untereinander viel über diese Sache aus, aber äußerten wenig gegenüber Außenstehenden. Seit nahezu einem Jahrhundert sprachen sie über das sterbende und halb verlassene Innsmouth, und nichts Neues konnte wilder und grässlicher sein, als das, was sie Jahre zuvor schon geflüstert und angedeutet hatten. Viele Vorkommnisse hatten sie Verschlossenheit gelehrt, und so gab es keinen Grund, jetzt Druck auf sie auszuüben. Außerdem wussten sie wirklich nicht viel, denn ausgedehnte Salzsümpfe, öde und unbewohnt, trennten Innsmouth von seinen Nachbarn auf der Landseite.

Nun aber werde ich diesen Bann des Schweigens bezüglich jener Dinge brechen. Die Ergebnisse, da bin ich überzeugt, sind so gesichert, dass der Öffentlichkeit kein Schaden entstehen wird, außer vielleicht ein Schock des Abscheus durch Andeutungen dessen, was die entsetzten Einsatzkräfte in Innsmouth vorgefunden haben. Außerdem kann es für das, was dort vorgefunden wurde, möglicherweise mehr als eine Erklärung geben. Ich weiß nicht, wie viel von der ganzen Geschichte man selbst mir nicht erzählte, und es gibt viele Gründe, dass ich nicht tiefer in die Sache eindringen möchte, denn meine Verstrickung in diese Angelegenheit war schon viel tiefer als die eines jeden anderen Laien, und ich habe Eindrücke erhalten, die ausreichen, um mich drastische Maßnahmen ergreifen zu lassen.

Ich war es, der in den frühen Morgenstunden des 16. Juli 1927 in panischer Flucht Innsmouth verließ und dessen angstvolle Bitten um eine Untersuchung und Eingreifen durch die Behörden die ganze, inzwischen bekannte Sache ins Rollen brachte. Ich war durchaus willens, solange die Angelegenheit neu und unsicher war, mich ruhig zu verhalten, doch jetzt, da die Neugierde sich gelegt hat und es eine alte Geschichte ist, an der die Öffentlichkeit das Interesse verloren hat, verspüre ich ein seltsames Verlangen über die wenigen, schrecklichen Stunden in diesem übel beleumundeten und vom Bösen überschatteten Hafen des Todes und die blasphemischen Absonderlichkeiten zurückhaltend Auskunft zu geben. Die einfache Darlegung hilft mir, das Vertrauen in meine eigenen Fähigkeiten wiederherzustellen, mir sicher zu sein, dass ich nicht einfach der Erste war, der einer allgemeinen Halluzination zum Opfer fiel. Es hilft mir auch, mir über einen bestimmten, schrecklichen Schritt klar zu werden, der vor mir liegt.

Ich hatte nie etwas von Innsmouth gehört bis zu dem Tag, bevor ich es zum ersten Mal sah und – bis jetzt – auch zum letzten Mal. Ich feierte meine Volljährigkeit mit einer Reise durch Neuengland – Sehenswürdigkeiten, Antiquariate, Genealogie – und wollte eigentlich direkt von dem altehrwürdigen Newburyport nach Arkham fahren, aus dem die Familie meiner Mutter stammt. Ich hatte kein Auto, sondern reiste per Bahn, Straßenbahn und Bus, wobei ich immer die billigste Route wählte. In Newburyport sagte man mir, dass die Eisenbahn das beste Beförderungsmittel wäre, um nach Arkham zu kommen, und erst am Fahrkartenschalter im Bahnhof, als ich mich über den hohen Fahrpreis beschwerte, hörte ich zum ersten Mal etwas von Innsmouth. Der untersetzte, scharfsinnig wirkende Abgestellte, dessen Dialekt zeigte, dass er nicht aus der Gegend stammte, schien meinen Anstrengungen nach Wirtschaftlichkeit Sympathie entgegenzubringen und machte einen Vorschlag, den kein anderer meiner Auskunftsgeber erwähnt hatte.

»Ich *würde* vorschlagen, Sie nehmen den alten Bus«, sagte er mit einem gewissen Zögern, »aber die Leute hier in der Gegend halten nicht viel davon. Er fährt durch Innsmouth – Sie haben vielleicht davon gehört –, und deshalb mögen die Leute ihn nicht. Er wird von einem aus Innsmouth betrieben – Joe Sargent –, aber er kriegt hier keine Fahrgäste und auch nicht in Arkham, nehme ich an. Ich wundere mich, dass er überhaupt noch fährt. Ich nehm an, dass er wirklich billig ist, doch ich habe noch nie mehr als zwei oder drei Passagiere im Bus gesehen – niemand anderen als die Leute aus Innsmouth. Er fährt an dem Platz direkt vor Hammond's Drugstore ab, um 10 Uhr morgens und 7 Uhr abends, wenn sie nicht erst kürzlich die Zeiten geändert haben. Sieht aus wie eine schreckliche Klapperkiste – ich bin nie damit gefahren.«

Das war das erste Mal, dass ich von dem überschatteten Innsmouth hörte. Jeder Hinweis auf eine Stadt, die nicht auf den üblichen Karten verzeichnet oder in den neueren Reiseführern aufgeführt war, hätte mich grundsätzlich interessiert, und die seltsamen Art der Andeutungen des Angestellten erweckte in mir so etwas wie Neugierde. Ich dachte mir, eine Stadt, die bei ihren Nachbarn eine solche Abneigung auslöst, musste zumindest sehr ungewöhnlich und der Aufmerksamkeit eines Touristen wert sein. Wenn sie vor Arkham läge, würde ich dort Halt machen – und so bat ich den Angestellten, mir etwas über die Stadt zu erzählen. Er wurde sehr nachdenklich und sprach in einem Tonfall, der zeigen sollte, dass er eigentlich über dem stand, was er sagte.

»Innsmouth? Nun, das ist eine seltsame Art von Stadt unten an der Mündung des Manuxet. War mal fast eine bedeutende Metropole – ein großer Hafen vor dem Krieg von 1812 –, doch alles ist in den letzten hundert Jahren oder so dahingegangen. Hat heute keine Eisenbahnanbindung mehr – B & M hat niemals eine Strecke dort hindurch gebaut, und die Nebenlinie von Rowley aus wurde schon vor Jahren stillgelegt.

Mehr leer stehende Häuser als Einwohner, glaube ich, und keine nennenswerte Wirtschaft, außer Fisch- und Hummerfang. Aller Handel findet hauptsächlich hier oder entweder in Arkham und Ipswich statt. Einstmals hatte sie eine ordentliche Anzahl von Manufakturen, doch heute ist nichts davon übrig, außer einer Goldgießerei, und dort wird nur noch sehr selten gearbeitet.

Aber diese Gießerei war mal ein großes Ding, und der alte Marsh, der Besitzer, muss reicher als Krösus sein. Ein seltsamer alter Vogel, der sich fast ausschließlich in seinem Haus aufhält. Man vermutet, dass er mit zunehmendem Alter von einer Hautkrankheit oder Hautveränderung befallen wurde, die dazu führte, dass er sich den Blicken entzieht. Enkel von Kapitän Obed Marsh, der das Geschäft gründete. Seine Mutter soll irgendeine Ausländerin gewesen sein – man sagt Insulanerin aus der Südsee –, also gab es einen Aufstand, als er vor fünfzig Jahren ein Mädchen aus Ipswich heiratete. Doch das machen sie immer bei Leuten aus Innsmouth, und die Menschen hier und in der umliegenden Gegend versuchen immer, jede Spur von Innsmouth-Blut in ihren Adern zu verbergen. Doch Marshs Kinder und Enkel sehen genauso aus wie alle anderen, soweit ich das beurteilen kann. Man hat sie mir, wenn sie in der Stadt waren, gezeigt, nun, wenn ich nachdenke, dann scheint es, dass die älteren Kinder in der letzten Zeit nicht mehr hier gewesen sind. Den Alten habe ich nie gesehen.

Warum sind alle so schlecht zu sprechen auf Innsmouth? Nun, junger Freund, Sie müssen nicht allzu viel darauf geben, was die Leute hier sagen. Man bringt sie nur schwer dazu, den Mund aufzumachen, doch wenn es einmal so weit ist, dann halten sie ihn auch nicht mehr. Sie erzählen Dinge über Innsmouth, meistens im Flüsterton, schon seit mindestens hundert Jahren, wie ich vermute, und ich meine, mehr als alles andere haben sie Angst. Einige der Geschichten würden Sie zum Lachen bringen – über den alten Kapitän Marsh, der mit dem Teufel einen Pakt schloss und Kobolde aus der Hölle heraufbrachte, damit sie in Innsmouth leben, oder von einer Art Teufelsanbetung und grässlichen Opferritualen an einigen Orten in der Nähe der Kais, auf die Leute um 1845 oder so gestoßen sind –, aber ich komme aus Panton in Vermont, und diese Art Geschichten liegen mir fern.

Vielleich interessiert Sie auch, was einige der alten Leute über das schwarze Riff vor der Küste erzählen – Teufelsriff nennen sie es. Die meiste Zeit ragt es aus dem Wasser und ist überwiegend, wenn überhaupt, von nur wenig Wasser bedeckt, doch man kann es kaum als Insel bezeichnen. Die Legenden besagen, dass man manchmal ganze Heerscharen von Teufeln auf dem Riff sehen kann, die dort herumlungern, ins Wasser springen und aus Höhlen, die unter der Oberfläche liegen, herausschießen. Das Riff ist zerklüftet und unregelmäßig, knapp zwei Kilometer vor der Küste, und bis zum Ende des Schiffsverkehrs fuhren die Seeleute große Umwege, nur um ihm aus dem Weg zu gehen.

Das galt aber nur für Seeleute, die nicht aus Innsmouth stammten. Einer der Gründe, der gegen den alten Kapitän Marsh sprach, war, dass man vermutete, er würde manchmal bei Nacht, wenn die Gezeiten günstig waren, dort an Land gehen. Vielleicht war dem so, denn ich würde schon sagen, dass diese Felsformation interessant ist, und er möglicherweise nach einem Piratenschatz gesucht und ihn auch gefunden hat, doch es wurde auch erzählt, er würde dort mit Dämonen verkehren. Im Grunde glaube ich, dass alles in allem der Kapitän für den schlechten Ruf des Riffs verantwortlich gewesen ist.

Das war vor der großen Seuche von 1846, die mehr als die Hälfte der Bewohner dahingerafft hat. Man hat nie herausgefunden, was es gewesen ist, aber wahrscheinlich war es eine ausländische Krankheit, von Schiffen aus China oder von sonst wo eingeschleppt. Die Seuche war auf jeden Fall wirklich schlimm – sie führte zu Aufständen und allen Arten von schrecklichen Geschehnissen, sie sich nicht weiter ausbreiteten –, sodass der Ort in einem bemitleidenswerten Zustand zurückblieb. Er erholte sich nie mehr davon – dort können heute nicht mehr als noch 300 oder 400 Leute leben.

Doch der wirkliche Grund, warum die Menschen so fühlen, sind einfach Rassenvorurteile – und ich verurteile sie nicht dafür. Ich selbst hasse dieses Volk aus Innsmouth und würde mich auch niemals in ihre Stadt begeben. Ich nehme an, Sie wissen – denn an Ihrer Sprechweise erkenne ich, dass Sie aus dem Westen kommen –, wie groß die Zahl von Schiffen aus Neuengland war, die sonderbare Häfen in Afrika, Asien, in der Südsee und sonst wo ansteuerten und welche seltsamen Menschen sie manchmal mit nach Hause brachten. Vielleicht haben Sie von dem Mann aus Salem gehört, der mit einer chinesischen Ehefrau zurückkam, und vielleicht wissen Sie auch, dass irgendwo in der Gegend von Cape Cod noch immer eine Gruppe von Fidschi-Insulanern lebt.

Nun, es muss etwas mit den Lebensumständen der Leute von Innsmouth zu tun haben. Der Ort war schon immer gänzlich von Sümpfen und Wasserläufen vom Rest der Region abgeschnitten, und wir kennen nicht die genauen Umstände in der Angelegenheit, aber es ist offensichtlich, dass der alte Kapitän Marsh ein paar merkwürdige Exemplare mit nach Hause gebracht hat, als er mit seinen drei Schiffen in den Zwanziger- und Dreißigerjahren die Meere befuhr. Auf jeden Fall haftet den heutigen Bewohnern von Innsmouth ein fremder Wesenszug an – ich weiß nicht, wie ich es beschreiben soll, aber es lässt einen zusammenzucken. Sie werden es ein bisschen bei Sargent bemerken, wenn Sie seinen Bus nehmen. Einige von ihnen haben seltsam schmale Köpfe mit flachen Nasen und vorgewölbte, starre Augen, die anscheinend niemals blinzeln, und ihre Haut scheint irgendwie nicht in Ordnung zu sein – rau und verkrustet und die Seiten ihrer Hälse sind alle verschrumpelt und aufgefaltet. Außerdem sind sie schon mit jungen Jahren kahlköpfig. Die Alten sehen am schlimmsten aus – Tatsache ist, ich glaube nicht, schon einmal einen wirklich alten Kerl von ihrer Art gesehen zu haben. Vermute, sie sterben, weil sie zu tief ins Glas schauen. Die Tiere hassen sie – sie hatten häufig jede Menge Ärger mit den Pferden, bevor es Autos gab.

Niemand von hier oder in Arkham und Ipswich will irgendwas mit ihnen zu tun haben, und wenn sie in die Stadt kommen oder jemand in ihren Fischgründen versucht zu fischen, dann verhalten sie sich sehr abweisend. Merkwürdig ist, dass es vor dem Hafen von Innsmouth immer große Fischbestände gibt, wenn anderswo keiner zu finden ist, aber versuchen Sie mal dort zu fischen, dann werden Sie feststellen, wie die Kerle Sie fortjagen! Diese Leute kamen üblicherweise mit der Bahn – liefen zu Fuß, nachdem man die Nebenstrecke stillgelegt hatte, nach Rowley und nahmen von dort den Zug –, doch jetzt benutzen sie den Bus.

Ja, es gibt ein Hotel in Innsmouth – Gilman House –, aber ich glaube nicht, dass es viel hermacht. Ich würde Ihnen nicht empfehlen, es auszuprobieren. Bleiben Sie lieber hier und nehmen morgen den zehn Uhr Bus, dann können Sie den Abendbus um acht Uhr nach Arkham nehmen. Es gab da mal vor einigen Jahren einen Fabrikinspektor, der übernachtete im Gilman, und er hat eine Menge unschöner Erinnerungen daran. Scheint, als hielten sie dort seltsame Versammlungen ab, denn dieser Kollege hat Stimmen in anderen Räumen gehört – obwohl die meisten leer standen –, die ihn erzittern ließen. Er glaubte, es sei eine fremde Sprache, doch er sagte, das wirklich Schlimme daran der Klang einer Stimme war, die manchmal sprach. Sie klang so unnatürlich wie überschlagend, sagte er, sodass er sich angezogen aufs Bett legte. Er blieb die ganze Nacht wach und stand beim ersten Dämmerlicht auf. Die Stimmen waren einen Großteil der Nacht zu hören gewesen.

Dieser Kollege, Casey war sein Name, hatte eine Menge darüber zu erzählen, wie die Leute in Innsmouth ihn beobachtet und irgendwie bewacht hatten. Er hielt die Marsh-Gießerei für einen seltsamen Ort, sie befindet sich in einer alten Manufaktur an den unteren Wasserfällen des Manuxet. Was er gesagt hat, deckt sich mit dem, was ich gehört habe. Die Geschäftsbücher waren in schrecklichem Zustand, und es gab keinen klaren Nachweis für irgendwelche Geschäfte. Hören Sie, es war immer eine Art von Geheimnis, wo das Gold herkam, dass die Marshs verarbeiteten. Sie schienen nie viel davon einzukaufen, doch noch vor Jahren haben sie eine enorme Menge von Goldbarren in den Umlauf gebracht.

Es gab Gerede über den seltsamen, fremden Schmuck, den die Seeleute und Arbeiter der Manufakturen manchmal heimlich verkauften und den man ein, zwei Mal an den Frauen der Marshfamilie gesehen hat. Die Leute räumten ein, dass der alte Kapitän Obed ihn vielleicht in einem heidnischen Hafen erworben hat, besonders seit er Mengen von Glasperlen und Tand orderte, wie ihn die Seefahrer benutzen, um mit den Eingeborenen Handel zu treiben. Andere glaubten und glauben noch immer, er hätte auf dem

Teufelsriff einen alten Piratenschatz gefunden. Doch jetzt kommt eine merkwürdige Sache: Der alte Kapitän ist jetzt schon sechzig Jahre tot, und kein ordentliches Schiff hat den Hafen seit dem Bürgerkrieg verlassen, doch immer noch kaufen die Marshs eine gewisse Menge von dieser Eingeborenenhandelsware – zumeist Glas- und Gummitand, so wie man sagt. Vielleicht gefällt es den Leuten in Innsmouth auch selbst. Der Himmel weiß, ob sie inzwischen genauso übel sind wie die Kannibalen der Südsee oder die Eingeborenen von Guinea.

Die Seuche von 1846 muss wohl die Besten von ihnen hinweggerafft haben. Egal, es gibt jetzt eine fragwürdige Anzahl von ihnen, und die Marshs und andere reiche Leute sind genauso schlecht wie alle anderen. Wie ich Ihnen gesagt habe, wahrscheinlich gibt es nicht mehr als 400 Einwohner in der Stadt, trotz der vielen Straßen, die es dort geben soll. Ich denke, man kann sie als »Weißen Abschaum« bezeichnen, wie man es unten im Süden macht – gesetzlos und heimtückisch und voller geheimer Umtriebe. Sie fangen eine Menge Fisch und Hummer und bringen sie mit Lastwagen in den Handel. Seltsam wie die Fischschwärme gerade dort und anderswo nicht sind.

Niemand kommt dahinter, was diese Leute machen, und die Beamten der Schulbehörde und der Volkszählung haben einen wirklich schweren Stand. Sie können sicher sein, dass neugierige Fremde in Innsmouth nicht willkommen sind. Ich persönlich habe von mehr als einem Geschäfts- oder Regierungsmann gehört, der dort verschwunden ist, und es geht das Gerücht um von einem, der wahnsinnig geworden ist und jetzt in der Irrenanstalt von Danvers sitzt. Sie müssen dem Kerl einen gehörigen Schrecken eingejagt haben.

Deshalb würde ich an Ihrer Stelle nicht die Nacht dort verbringen. Ich war niemals dort und habe auch kein Verlangen danach, doch ich denke, ein Besuch bei Tage wird Ihnen nicht schaden, auch wenn die Leute hier in der Gegend Ihnen davon abraten werden. Wenn Sie sich nur umsehen und nach Dingen aus der alten Zeit suchen, dann sollte Innsmouth der passende Ort für Sie sein.«

Und so verbrachte ich einen Teil des Abends in der Bibliothek von Newburyport und suchte nach Informationen über Innsmouth. Als ich versucht hatte, die Einheimischen in den Geschäften, den Restaurants, den Tankstellen und der Feuerwache zu befragen, stellte sich heraus, dass sie noch verschlossener waren, als der Fahrkartenverkäufer mir vorausgesagt hatte, und ich hatte auch nicht die Zeit, ihren anfänglichen, instinktiven Widerstand zu überwinden. Sie zeigten eine Art merkwürdiges Misstrauen, als wäre etwas Bedrohliches in jedem, der sich zu sehr für Innsmouth interessierte. Im YMCA, wo ich übernachtete, wurde ich von dem Angestellten fast entmutigt, einen solch düsteren, dekadenten Ort aufzusuchen, und die Leute in der Bibliothek zeigten die gleiche Einstellung. Für die gebildeten Menschen war Innsmouth eindeutig ein extremer Fall von der Degeneration einer Bevölkerungsgruppe.

Die Geschichtsbücher über Essex County in den Regalen der Bibliothek enthielten nur wenige Angaben, außer, dass die Stadt 1643 gegründet worden war, vor dem Unabhängigkeitskrieg für ihren Schiffsbau bekannt und im neunzehnten Jahrhundert ein bedeutender Umschlagspunkt des Seehandels war. Später dann ein eher kleines Manufaktur-Zentrum, dem der Manuxet die Energie lieferte. Die Seuche und die Aufstände wurden nur kurz erwähnt, so als wären sie ein Schandfleck in der Geschichte des County.

Angaben über den Niedergang gab es nur wenige, doch die Aussagekraft eines späteren Berichtes war eindeutig. Nach dem Bürgerkrieg beschränkte sich die Industrie einzig und allein auf die Marsh-Gießerei-Gesellschaft, und die Herstellung von Goldbarren war der einzig verbleibende, nennenswerte Geschäftszweig neben dem immerwährenden Fischfang. Die Fischerei zahlte sich aber immer weniger aus, da der Preis für die Ware beständig fiel und große Unternehmen ihnen Konkurrenz machten, doch in dem Gebiet rund um den Hafen von Innsmouth gab es nie einen Mangel an Fischen. Fremde ließen sich nur selten dort nieder, und es gab einige diskret verschleierte Andeutungen, dass eine Gruppe von Polen und Portugiesen, die es versucht hatten, auf ziemlich drastische Weise vertrieben worden war.

Am interessantesten waren die unscheinbaren Hinweise auf seltsamen Schmuckstücke, die irgendwie mit Innsmouth in Verbindung gebracht wurden. Offensichtlich hatten diese in der ganzen Gegend für mehr als nur ein bisschen Aufmerksamkeit gesorgt, da erwähnt wurde, dass sich einige der Schmuckstücke in der Miskatonic-Universität in Arkham und im Ausstellungsraum der Newburyport Historischen Gesellschaft befänden. Die bruchstückhafte Beschreibung von ihnen war nüchtern und kurz, doch für mich war da ein Unterton von steter Fremdheit. Etwas Abseitiges und Herausforderndes umgab sie, sodass sie mir nicht aus dem Kopf gingen, und trotz der schon späten Stunde beschloss ich, mir das hier vorhandene Stück, wenn es sich ermöglichen ließ, anzusehen. Es war ein großes, unförmiges Ding, das offensichtliche die Funktion einer Tiara hatte.

Der Bibliothekar gab mir ein Empfehlungsschreiben an die Kuratorin der Gesellschaft, eine Miss Anna Tilton, die in der Nähe wohnte, und nach einer kurzen Erklärung war die altehrwürdige Dame so freundlich, da die Uhrzeit nicht außergewöhnlich weit fortgeschritten war, mich in das schon geschlossene Gebäude zu führen. Die Sammlung war wirklich beachtlich, doch in meinem momentanen Zustand hatte ich nur Augen für das bizarre Objekt, das in einer Ecke auf einem Regalbrett im elektrischen Licht glänzte.

Es bedurfte nicht eines ausgeprägten Sinns für Schönheit, dass mir bei dem Anblick der seltsamen, überirdischen Herrlichkeit dieses fremden, prunkvollen Fantasiegebildes, das dort auf einem purpurrotem Kissen ruhte, wortwörtlich die Luft wegblieb. Auch jetzt kann ich nur schwer beschreiben, was ich sah. Es war eindeutig eine Art von Tiara, wie die Beschreibung schon besagt hatte. Sie hatte eine hohe Vorderseite, mit einem sehr weiten und unregelmäßigen Umfang, so als wäre sie für einen ungewöhnlichen, elliptischen Kopf geschaffen worden. Das Material schien hauptsächlich Gold zu sein, doch ein unheimlicher, hellerer Glanz ging von einer seltsamen Legierung mit einem ebenfalls schönen und kaum zu identifizierenden Metall aus. Der Zustand war fast perfekt, und man hätte Stunden mit dem Studium der beindruckenden und verwirrend unüblichen Gestaltung zubringen können – einige einfache, geometrische Formen und einige deutlich maritime – in die Oberfläche als Relief geschnitzt oder geformt, anmutig und mit höchster handwerklicher Befähigung ausgeführt.

Je länger ich es ansah, desto mehr war ich fasziniert, doch zu dieser Faszination gesellte sich ein seltsam befremdliches Element, das ich weder benennen noch einordnen konnte. Zuerst glaubte ich, es wäre die merkwürdige, außerweltliche Anmutung dieses Kunstwerks, die mein Unbehagen auslöste. Alle Kunstobjekte, die ich je gesehen hatte, gehörten entweder zu der Tradition eines Volksstamms oder einer Nation oder waren Ausdruck einer bewussten Abwendung von diesen Traditionen. Nichts davon traf auf diese Tiara zu. Sie war eindeutig Ergebnis einer ausgefeilten Technik von unbegrenzter Reife und Perfektion, obwohl sich diese gänzlich von jeglicher Technik – östlicher oder westlicher, antiker oder moderner –, von der ich je gehört und sie ausgeübt gesehen hätte, unterschied. Es war, als ob diese Handwerkskunst von einem anderen Planeten stamme.

Wie auch immer, schon bald bemerkte ich, dass mein Unbehagen noch einen zweiten, vielleicht ebenso starken Grund hatte, der in den bildhaften und mathematischen Anklängen der fremden Ornamentik lag. Sämtliche Muster deuteten verborgene Geheimnisse und unvorstellbare Abgründe in Zeit und Raum an, und die einförmigen maritimen Darstellung in den Reliefs bekamen einen fast düsteren Aspekt. In den Ornamenten gab es Fabelmonster von ekelhafter Abseitigkeit und Bösartigkeit – andeutungsweise halb Fisch, halb Frosch –, bei denen man sich nicht eines eindringlichen und unbehaglichen Gefühls der Pseudoerinnerung erwehren konnte, so als ob sie ein Bild von tief versteckt liegenden Zellen und Gewebe hervorrufen würden, deren unterdrückte Funktionen gänzlich urzeitlich sind und stetig weitergegeben wurden. Zeitweise bildete ich mir ein, dass jede Abbildung dieser blasphemischen Fisch-Frösche überquoll mit der ultimativen Essenz des unbekannten und unmenschlichen Bösen.

In merkwürdigem Gegensatz zur Pracht der Tiara war ihre profane Geschichte, die mir Miss Tilton erzählte. Sie war für eine lächerliche Summe in einer Pfandleihe 1873 in der State Street von einem betrunkenen Seemann versetzt worden, der kurz danach bei einer Schlägerei umkam. Die Gesellschaft hatte sie direkt von dem Pfandleiher erworben und sie sofort entsprechend ihrer Bedeutung ausgestellt. Die Auszeichnung nannte als möglichen Herkunftsort Ostindien oder Indochina, doch diese Zuordnung sei mit Vorsicht zu genießen.

Miss Tilton, die mir alle Vermutungen über die Herkunft der Tiara und deren Anwesenheit in Neuengland auseinanderlegte, war der Ansicht, dass sie Teil eines exotischen Piratenschatzes war, den der alte Kapitän Obed Marsh entdeckt habe. Diese Sichtweise wurde auch nicht entkräftet durch die beständigen Angebote der Marshs, sobald sie von ihrer Existenz erfahren hatten, sie für eine große Summe zu kaufen, die sie bis zum heutigen Tag – trotz der unveränderten Haltung der Gesellschaft, sie nicht zu veräußern – stetig wiederholten.

Als die gute Dame mich aus dem Gebäude führte, stellte sie klar, dass die Piratentheorie vom Glück der Marsh bei den gebildeten Menschen in der Region verbreiteten Anklang fand. Ihre eigene Meinung von dem überschatteten Innsmouth, das sie nie besucht hatte, brachte die Entrüstung über eine Gemeinschaft zum Ausdruck, die weit auf der kulturellen Skala heruntergerutscht war, und sie versicherte mir, dass die Gerüchte über Teufelsanbetung teilweise ihren Grund in einem geheimen Kult fanden, der sich dort ausgebreitet und die traditionellen Religionen verdrängt hatte.

Er wurde, so sagte sie, »Der esoterische Orden von Dagon« genannt und war ohne Zweifel eine entwurzelte, quasi-heidnische Sache, die vor einem Jahrhundert aus dem Osten gekommen war, als die Fischer in Innsmouth immer weniger fingen. Sein Weiterbestehen unter den einfachen Leuten war nur natürlich, wenn man das plötzliche und dauerhafte Wiederauftauchen reichlicher Fischbestände in Betracht zog. Schon bald hatte der Orden den größten

Einfluss in der Stadt, verdrängte die Freimaurer völlig und machte ihren Tempel zu ihrem neuen Versammlungsort.

All das, so die fromme Miss Tilton, ergab einen hervorragenden Grund, die alte Stadt des Verfalls und der Trostlosigkeit zu meiden, doch für mich war es nur ein weiterer Anreiz. Meinen architektonischen und historischen Erwartungen hatte sich nun ein starkes anthropologisches Interesse hinzugesellt, und ich fand in dieser Nacht in meinem kleinen Raum im YMCA kaum Schlaf.

II

Am nächsten Morgen stand ich kurz vor zehn Uhr mit einer kleinen Reisetasche vor Hammond's Drugstore am alten Marktplatz und wartete auf den Bus nach Innsmouth. Als der Zeitpunkt seiner Ankunft näher kam, bemerkte ich ein allgemeines Streben der Herumstehenden zu anderen Stellen an der Straße oder zu dem *Ideal Lunch* auf der gegenüberliegenden Seite des Platzes. Augenscheinlich hatte der Fahrkartenverkäufer die Abneigung der Leute hier gegenüber Innsmouth und seinen Bewohnern nicht übertrieben. Ein paar Augenblicke später knatterte ein kleiner, altersschwacher Bus von schmutzig grauer Farbe die State Street entlang, bog ab und fuhr direkt auf den Bordstein vor mir zu. Sofort war mir klar, dass dies der richtige war, eine Vermutung, die durch das fast unleserliche Schild an der Windschutzscheibe – »*Arkham – Innsmouth – Newb'port*« schnell bestätigt wurde.

Es befanden sich nur drei Fahrgäste darin, finstere, ungepflegte Männer mit mürrischem Gesichtsausdruck und irgendwie jugendlicher Erscheinung. Als das Fahrzeug anhielt, stolperten sie unbeholfen heraus und liefen stumm und fast verstohlen die State Street entlang. Der Fahrer stieg ebenfalls aus, und ich verfolgte, wie er in den Drugstore ging, um einige Dinge einzukaufen. Das musste Joe Sargent sein, den der Fahrkartenverkäufer erwähnt hatte, und noch bevor ich Einzelheiten erkannte, überkam mich eine Welle der Abneigung, die man nicht erklären oder beschreiben kann. Blitzartig empfand ich es als völlig natürlich, dass die hiesigen Bewohner nicht mit einem Bus fahren wollten, der diesem Mann gehört und von ihm gesteuert wird, und dass sie nicht öfter, als unbedingt nötig, den Wohnort eines solchen Mannes und seiner Mitmenschen aufsuchen wollten.

Als der Fahrer aus dem Drugstore kam, musterte ich ihn genauer und versuchte, den Grund meines schlechten Eindrucks herauszufinden. Er war schlank, hatte einen gekrümmten Rücken und war knapp einen Meter achtzig groß, trug schäbige, blaue Kleidung und eine verschlissene, graue Schiebermütze. Er war vielleicht fünfunddreißig Jahre alt, aber die seltsamen, tiefen Falten an der Seite seines Halses ließen ihn älter erscheinen, wenn man nicht in sein dumpfes, ausdrucksloses Gesicht sah. Er hatte einen schmalen Kopf, hervorstehende, blaue Augen, die nie zu blinzeln schienen, eine flache Nase, ein fliehendes Kinn und eine ebensolche Stirn und außergewöhnlich unterentwickelte Ohren. Seine langen, dicken Lippen und die grobporigen, gräulichen Wangen schienen fast ohne Bartwuchs, wenn man von den wenigen, blonden Haaren, die an verschiedenen, unregelmäßig verteilten Stellen sprossen, absah. An einigen Stellen schien die Haut eigenartig unregelmäßig zu sein, so als würde sie sich wegen einer Hautkrankheit ablösen. Seine Hände waren groß und deutlich von Adern gezeichnet und hatten eine ungewöhnlich blau-graue Färbung. Die Finger waren allerdings ungewöhnlich kurz angesichts der übrigen Hand und schienen die Tendenz zu haben, sich in die große Handfläche zu krallen. Als er auf den Bus zuging, bemerkte ich seinen teilweise schwankenden Gang und dass seine Füße extrem groß waren. Je genauer ich sie betrachtete, desto mehr fragte ich mich, wie er überhaupt Schuhe dafür bekommen konnte.

Der Kerl wirkte auf eine eigentümliche Art schmierig, was meine Abneigung noch verstärkte. Er musste eindeutig in der Nähe des Fischereihafens arbeiten oder wohnen, denn er schleppte diesen charakteristischen Geruch mit sich herum. Wie viel fremdländisches Blut in ihm war, konnte ich nicht einmal vermuten. Sein merkwürdiges Aussehen war ganz sicher nicht asiatischen, polynesischen, arabischen oder negroiden Ursprungs, dennoch konnte ich verstehen, warum die Leute es als fremd bezeichneten. Ich selbst würde denken, dass es sich eher um körperlich Degeneration, denn um Fremdheit handelte.

Ich war enttäuscht, als ich feststellte, dass es keine weiteren Fahrgäste im Bus geben würde. Irgendwie gefiel mir der Gedanke nicht, alleine mit diesem Fahrer zu sein. Aber als die Abfahrtszeit schließlich kam, überwand ich meine Bedenken und folgte dem Mann in den Bus, reichte ihm einen Dollarschein und murmelte ein einziges Wort: »Innsmouth«. Erstaunt musterte er mich kurz, während er mir wortlos vierzig Cent Wechselgeld herausgab. Ich wählte einen Platz weit hinter ihm, aber auf der gleichen Seite, weil ich während der Fahrt auf die Küste blicken wollte.

Schließlich setzte sich das heruntergekommene Fahrzeug mit einem Ruck in Bewegung und ratterte lautstark, inmitten einer Wolke von Abgasen, an den alten Backsteinhäusern der State Street vorbei. Als ich mir die Leute auf den Bürgersteigen ansah, glaubte ich zu bemerken, dass sie den Anblick des Busses vermeiden wollten oder zumindest versuchten, diesen Anschein zu erwecken. Dann bogen wir rechts in die High Street ab, wo die Fahrt ruhiger wurde und wir an stattlichen alten Häusern aus der Zeit der frühen Republik und noch älteren, kolonialen Bauernhöfen vorbeifuhren, passierten Lower Green und den Parker River und erreichten schließlich einen langen, eintönigen Abschnitt einer offenen Küstenlandschaft.

Es war ein warmer, sonniger Tag, doch die Landschaft von Sand, Riedgras und krüppligem Unterholz wurde, je weiter wir vorankamen, immer trostloser. Vom Fenster aus konnte ich das blaue Wasser und die sandige Küstenlinie der Insel Plum sehen und nun, als unsere schmale Straße von der Hauptstraße nach Rowley und Ipswich abgezweigt war, bewegten wir uns näher am Strand. Nirgendwo waren Häuser zu sehen, und am Zustand der Straße konnte ich feststellen, dass hier in der Gegend wenig Verkehr herrschte. Die schmalen, verwitterten Telefonmasten führten nur zwei Drähte.

Ab und zu fuhren wir über grob gezimmerte, hölzerne Brücken, die über Gezeitenbäche führten, die sich weit ins Landesinnere hinein schlängelten und die allgemeine Abgeschiedenheit der Region noch verstärkten.

Von Zeit zu Zeit bemerkte ich – über die Sanddünen hinweg – abgestorbene Baumstümpfe und zerfallene Grundmauern und erinnerte mich an eine alte Überlieferung in einem der Geschichtsbücher, dass dies einmal ein fruchtbarer und dicht besiedelter Landstrich gewesen war. Die Veränderung, so wurde berichtet, fand gleichzeitig mit der Seuche von 1846 in Innsmouth statt, und das einfache Landvolk glaubte, sie stände in Zusammenhang mit verborgenen Kräften des Bösen. Tatsächlich aber war der Grund die unkluge Abholzung der Wälder in Küstennähe, die dem Boden seinen besten Schutz nahm und dem vom Wind angewehten Sand Tür und Tor öffnete.

Schließlich verschwand die Insel Plum aus unserem Gesichtsfeld, und zu unserer Linken breiteten sich die unendlichen Weiten des Atlantiks aus. Unsere schmale Straße stieg steil an, und ich fühlte mich etwas unbehaglich, als ich die verlassene Hügelkuppe, wo sich unsere zerfurchte Straße mit dem Himmel traf, ins Auge fasste. Es war, als würde der Bus seinen Aufstieg immer weiter fortsetzen, die sichere Erde gänzlich verlassen und sich mit den unbekannten Bereichen der höheren Luftschichten und des geheimnisvollen Himmels verbinden. Der Geruch des Meeres nahm eine bedrohliche Form an und der starr gebeugte Rücken sowie der schmale Kopf des schweigenden Fahrers wurden mir mehr und mehr verhasst. Als ich ihn ansah, bemerkte ich, dass sein Kopf fast genauso haarlos war wie sein Gesicht und nur ein paar blonde Strähnen die graue, raue Haut bedeckten.

Dann hatten wir die Hügelkuppe erreicht, und vor uns breitete sich das dahinter liegende Tal aus, wo der Manuxet direkt nördlich einer langen Reihe von Klippen, die in Kingsport Head endeten und dann hin zum Cape Ann abbogen, ins Meer mündete. Am weit entfernten, dunstigen Horizont konnte ich gerade noch die verschwommenen Umrisse von Kingsport Head ausmachen, auf dem das merkwürdige alte Haus stand, von dem so viele Legenden erzählten, doch im Augenblick war meine ganze Aufmerksamkeit von dem Anblick dessen, was direkt unterhalb lag, gefangen genommen. Ich realisierte, dass ich mich Angesicht zu Angesicht mit dem von Gerüchten überschatteten Innsmouth befand.

Es war eine sich weit erstreckende, dicht bebaute Stadt, doch mit einer unheilschwangeren Abwesenheit von Lebenszeichen. Aus dem Gewirr von Schornsteinen stieg nicht die kleinste Rauchwolke auf, und die drei hohen Kirchtürme ragten kahl und farblos vor dem Meereshorizont auf. Die Spitze von einem war schon verfallen, und bei diesem und einem der anderen waren an der Stelle, wo die Zifferblätter der Uhren sich befinden sollten, nur schwarze Löcher. Das ausgedehnte Gewirr von durchhängenden Dächern und spitzen Giebeln verstärkte noch den offensichtlichen Eindruck von wurmstichigem Verfall, und als wir nun die Straße hinunterfuhren, erkannte ich, dass viele der Dächer gänzlich zusammengebrochen waren. Es gab auch große, quadratische Georgianische Häuser mit Satteldächern, Kuppeln und »Witwenwachen«. Diese befanden sich meist ziemlich weit vom Meer entfernt, und einige wenige schienen in einem guten, soliden Zustand zu sein. Aus ihrer Mitte heraus erstreckten sich, von schief stehenden Telegrafenmasten ohne Leitungen gesäumt, die verrosteten, überwucherten Gleise der Bahnlinie ins Landesinnere und die kaum noch sichtbaren Spuren der alten Kutschenstraße nach Rowley und Ipswich.

Am Hafen war der Verfall am schlimmsten, dennoch erblickte ich mittendrin den weißen Glockenturm eines ziemlich gut erhaltenen Ziegelgebäudes, das den Eindruck einer kleinen Fabrik erweckte. Der Hafen war schon lange versandet und wurde von einem alten Wellenbrecher umschlossen, auf dem ich die kleinen Gestalten einiger Angler sitzen sah und an dessen Ende sich das Fundament eines ehemaligen Leuchtturms erhob. Innerhalb dieser Barriere hatte sich eine sandige Landzunge gebildet, auf der sich einige baufällige Schuppen, vertäute Fischerboote und verstreute Hummerkörbe befanden. Der einzige Tiefwasserzugang schien dort zu sein, wo der Fluss an dem Ziegelgebäude mit dem Glockenturm vorbeifloss, nach Süden abbog und am Ende des Wellenbrechers ins Meer mündete.

Da und dort reichten die Überbleibsel von Pieren noch ins Meer hinein, wo sie sich in gänzlichem Verfall auflösten. Die am südlichsten gelegenen schienen am stärksten in Mitleidenschaft gezogen. Weit draußen im Meer bemerkte ich trotz der Flut eine lange, schwarze Linie knapp über der Wasseroberfläche, die mir das Gefühl einer seltsamen, unterdrückten Bösartigkeit vermittelte. Das musste das Teufelsriff sein. Während ich hinübersah, schien eine unterschwellige, seltsame Anziehung sich zu der grimmigen Abscheu hinzuzugesellen, und merkwürdigerweise verwirrte mich dieses neue Gefühl mehr als der ursprüngliche Eindruck.

Auf der Straße begegnete uns niemand, doch nun kamen wir an verlassenen Gehöften in den unterschiedlichsten Stadien des Verfalls vorbei. Ich bemerkte ein paar bewohnte Häuser, deren zerbrochene Fensterscheiben mit Lumpen zugestopft waren und in deren mit Abfall übersäten Höfen Muschelschalen und tote Fische herumlagen. Ein oder zwei Mal sah ich lustlos wirkende Menschen in verwahrlosten Gärten arbeiten oder an dem nach Fisch stinkenden Strand unterhalb nach Muscheln graben und Gruppen von dreckigen, affengesichtigen Kindern, die vor den mit Unkraut überwachsenen Türschwellen spielten. Irgendwie erschienen mir diese Leute beunruhigender als die verfallenen Gebäude, denn fast ein jeder wies bestimmte Absonderlichkeiten im Aussehen und den Bewegungen auf, die mich instinktiv abstießen, ohne dass ich in der Lage gewesen wäre, diese zu benennen oder einzuordnen. Einen Moment lang glaubte ich, dass diese körperlichen Merkmale mich an ein Bild erinnerten, das ich mit verschrecktem oder traurigem Gemüt in einem Buch gesehen hatte, doch dieser schwache Erinnerungsfetzen verflog sofort wieder.

Als der Bus die unteren Bereiche erreichte, bemerkte ich in der unnatürlichen Stille das beständige Rauschen eines Wasserfalls. Die schiefen, ungestrichenen Häuser wurden mehr, standen beiderseits der Straße und erweckten eher einen städtischen Eindruck als die Gegend, die wir hinter uns ließen. Der vor uns liegende Anblick hatte sich zu einem Stadtbild verdichtet, und an manchen Stellen war noch zu sehen, wo vormals das Straßenpflaster aus Kopfstein und die Bürgersteige aus Lehmziegeln gewesen waren. Sämtliche Häuser standen offensichtlich leer, und es gab Lücken, in denen zusammengefallene Schornsteine und Kellermauern von den Gebäuden zeugten, die hier in sich zusammengebrochen waren. Über allem hing der übelste Fischgestank, den man sich vorstellen kann.

Schon bald tauchten kreuzende und einmündende Straßen auf. Auf der linken Seite führten sie Richtung Küste in ungepflasterte Bereiche von Schmutz und Verfall, während die rechts den Anblick von vergangener Pracht boten. Bis zu diesem Zeitpunkt hatte ich keinen Menschen in der Stadt erblickt, doch jetzt gab es spärliche Anzeichen von Bewohnern – ein paar Fenster mit Vorhängen und manchmal ein verbeultes Auto am Straßenrand. Der Straßenbelag und die Bürgersteige waren immer deutlicher zu erkennen, und obwohl die meisten Häuser ziemlich alt waren – Holz und Ziegelkonstruktionen aus dem frühen neunzehnten Jahrhundert –, hatte man sie offensichtlich, damit sie bewohnbar blieben, in Ordnung gehalten. Inmitten dieser unveränderten Überbleibsel aus der Vergangenheit vergas ich als Amateuraltertumsforscher fast den ekelhaften Gestank sowie mein Empfinden von Bedrohung und Abscheu.

Doch ich erreichte nicht mein Ziel, ohne einen sehr nachhaltigen Eindruck der besonders unangenehmen Art zu erhalten. Der Bus hatte einen runden Platz erreicht mit gegenüberstehenden Kirchen daran und einer verwahrlosten, runden Grünfläche in der Mitte. An der rechter Hand vor uns liegenden Einmündung erblickte ich eine große Säulenhalle. Der ehemals weiße Anstrich war jetzt grau und blätterte ab, und die schwarz-goldene Inschrift am Giebel war so verblichen, dass ich nur mit Mühe die Worte »Esoterischer Orden von Dagon« lesen konnte. Das war also der ehemalige Freimaurertempel, der jetzt einem degenerierten Kult diente. Während ich mich bemühte, die Inschrift zu entziffern, wurde ich von dem lauten Dröhnen einer kaputten Glocke auf der anderen Straßenseite aufgeschreckt, und ich drehte mich schnell um, um aus dem Fenster auf meiner Seite des Busses zu sehen.

Das Geräusch kam von einer aus Stein errichteten Kirche mit einem gedrungenen Turm, die eindeutig jüngeren Datums als die meisten Häuser war. Erbaut in einem unbeholfenem, gotischen Stil, und mit einem unproportional hohen Kellergeschoss, dessen Fenster mit Läden verschlossen waren. Obwohl des Zifferblatt der Uhr auf der Seite, die mir zugewandt war, keine Zeiger hatte, wusste ich, dass die rauen Glockenschläge elf Uhr schlugen. Dann wurden plötzlich alle Gedanken an Zeit durch ein Bild von größter Intensität und unbeschreiblichem Schrecken ausgelöscht, das über mich kam, bevor ich überhaupt richtig erfasste, was es war. Die Kellertür der Kirche stand offen und gewährte einen Blick auf ein schwarzes Rechteck im Inneren. Und während ich noch hinschaute, durchquerte ein unbestimmtes Objekt dieses dunkle Rechteck. In mein Gehirn brannte sich in diesem Moment die Vorstellung eines albtraumhaften Schreckens ein, was noch beängstigender wurde, da eine nüchterne Betrachtung nicht den geringsten Anhaltspunkt für etwas Albtraumhaftes zu Tage fördern würde.

Es war ein lebendes Wesen – das Erste außer dem Fahrer, das ich zu Gesicht bekommen hatte, seit wir in den inneren Teil der Stadt gekommen waren –, und wäre ich in einem gefestigteren Zustand gewesen, hätte ich dabei, was immer es auch war, nichts Erschreckendes gefunden. Logischerweise, wie ich einen Moment später erkannte, war es der Pastor, angetan mit einem besonderen Gewand, das man zweifellos benutzte, seit der Orden von Dagon die Rituale der örtlichen Glaubensgemeinschaften verändert hatte. Das, was wahrscheinlich meine erste, unbewusste Wahrnehmung beeinflusst und den Anflug von abseitigem Schrecken ausgelöst hatte, war die hohe Tiara gewesen, die er trug, eine fast genaue Kopie jener, die mir Miss Tilton am Abend zuvor gezeigt hatte. Diese Sache, die meine Vorstellung anregte, hatte dem verschwommenen Gesicht und der in ein Gewand gehüllten, schlurfenden Gestalt namenlose, finstere Attribute zugeordnet. Ich kam schnell zu dem Schluss, dass es keinen Grund für mein Erschaudern aufgrund irgendwelcher Pseudo-Erinnerungen gab. War es nicht zu erwarten, dass ein örtlicher Mysterienkult bei seinen Zeremoniengewändern einen Kopfschmuck benutzte, mit dem die Gemeinschaft auf seltsame Weise vertraut ist – und der vielleicht Teil eines Schatzes war?

Ein paar wenige, abweisend wirkende junge Leute waren jetzt auf den Bürgersteigen zu sehen – einzeln und in schweigenden Zweier- oder Dreiergruppen. Im Erdgeschoss der verfallenen Häuser befanden sich manchmal kleine Geschäfte mit schmuddeligen Ladenschildern, und ich bemerkte ein oder zwei Lastwagen, während wir auf der Straße entlangknatterten. Das Geräusch der Wasserfälle wurde immer deutlicher, und vor uns lag ein ziemlich tiefes Flussbett, das von einer langen, eisernen Straßenbrücke überspannt wurde, hinter der sich ein weiter, offener Platz, der Town Square, befand. Als wir über die Brücke rumpelten, schaute ich nach beiden Seiten und erkannte am Rande des mit Gras bewachsenen Abhangs sowie ein Stück unterhalb einige Manufakturen. Der Fluss tief unter uns führte viel Wasser, und zu meiner Rechten, flussaufwärts sah ich zwei mächtige Wasserfälle und mindestens einen flussabwärts zu meiner Linken. An dieser Stelle war das Geräusch ohrenbetäubend. Dann rollten wir auf den halbkreisförmigen Platz jenseits des Flusses und kamen auf der rechten Seite vor einem hohen, von einer Kuppel gekrönten Gebäude zum Stehen, an dem sich noch Reste eines gelben Anstrichs und ein halb verblichenes Schild befanden, das darauf hinwies, dies sei Gilman House.

Ich war froh, aus diesem Bus herauszukommen, und begab mich mit meiner Reisetasche sofort in die Hotellobby, um sie dort aufbewahren zu lassen. Es war nur eine einzige Person zu sehen – ein älterer Mann ohne Anzeichen des »Innsmouth-Aussehens«, wie ich es inzwischen insgeheim bezeichnete – und ich entschied mich, in Erinnerung daran, dass in diesem Hotel schon eigenartige Dinge vorgefallen waren, ihm keine von all den Fragen zu stellen, die mich beschäftigten. Stattdessen schlenderte ich hinaus auf den Platz, den der Bus schon wieder verlassen hatte, und studierte die Szenerie genau und sorgfältig.

Auf einer Seite der offenen, kopfsteingepflasterten Fläche befand sich das schnurgerade Flussbett, auf der anderen Seite ein Halbkreis von Backsteingebäuden mit Satteldächern, die aus der Zeit um 1800 stammten, und von denen verschiedene Straßen nach Südosten, Süden und Südwesten abgingen. Es gab nur wenige, kleine Straßenlampen – alle weißleuchtend und nur mit Schwachstrom betrieben –, und ich war beruhigt, dass ich meine Abreise vor Einbruch der Dunkelheit geplant hatte, obwohl ich wusste, dass ein Vollmond scheinen würde. Die Gebäude waren alle in einem ordentlichen Zustand, und es gab vielleicht ein Dutzend Läden, die geöffnet hatten. Einer davon war ein Lebensmittelladen der First-National-Ladenkette, dazu ein düsteres Restaurant, eine Apotheke und ein Fischgroßhandel, und außerdem am östlichen Rand des Platzes direkt am Fluss das Büro der einzigen Fabrik der Stadt, der Marsh-Gießerei-Betriebe. Man konnte ungefähr zehn Leute sehen, und vier oder fünf Autos und Lastwagen standen herum. Man musste mir nicht erst sagen, dass dies das Stadtzentrum von Innsmouth war. Ich konnte einen Blick auf den blauen Hafen erhaschen, vor dem sich die verfallenen Reste von drei ehemals schönen, georgianischen Kirchtürmen erhoben. In Richtung der Küste, auf der anderen Seite des Flusses sah ich den weißen Glockenturm, der ein Gebäude krönte, das ich für die Marsh-Gießerei hielt.

Aus irgendwelchen Gründen beschloss ich, mit meinen Nachforschungen in dem Lebensmittelladen zu beginnen, dessen Personal wahrscheinlich nicht aus Innsmouth stammte. Ich stieß auf einen einsamen, ungefähr siebzehnjährigen Jungen, der in der Verantwortung stand, und freute mich, eine Aufgewecktheit und Freundlichkeit festzustellen, die umfangreiche Informationen versprach. Er schien außerordentlich beflissen zu sein, sich zu unterhalten, und schon bald stellte sich heraus, dass er diesen Ort, den Fischgestank und die unheimlichen Bewohner nicht leiden konnte. Wenn er mit jemandem von außerhalb sprechen konnte, war dies für ihn eine Erleichterung. Er stammte aus Arkham, wohnte bei einer Familie aus Ipswich, und wann immer er einen Moment frei hatte, fuhr er weg. Seine Familie wollte nicht, dass er in Innsmouth arbeitete, aber die Ladenkette hatte ihn hierher versetzt, und er wollte seine Arbeit nicht aufgeben.

Er sagte, dass es keine öffentliche Bibliothek und keine Handelskammer in Innsmouth gäbe, aber ich würde mich wahrscheinlich schon zurechtfinden. Die Straße, die ich gekommen war, hieß Federal Street. Westlich davon befanden sich die alten, noblen Wohnstraßen – Broad, Washington, Lafayette und Adams –, und östlich davon lagen zur Küste hin die Elendsviertel. In diesen Vierteln entlang der Main Street würde ich die alten georgianischen Kirchen finden, doch die seien schon lange verlassen. Man sollte sich in dieser Gegend nicht zu verdächtig verhalten, besonders nördlich des Flusses, denn die Leute dort seien missmutig und feindselig. Einige Fremde wären dort schon verschwunden.

Bestimmte Orte waren fast so etwas wie verbotenes Gebiet, wie er auf die harte Tour gelernt hätte. Man sollte nicht zu lange in der Nähe der Marsh-Gießerei verweilen oder einer der immer noch genutzten Kirchen sowie der Säulenhalle des Ordens von Dagon am New Church Park. Diese Kirchen wären recht seltsam – alle wurden heftig von den jeweiligen Konfessionen anderswo verdammt und hatten offensichtlich abseitige Zeremonien und ebensolche kirchlichen Gewänder. Ihr Glaubensbekenntnis war ungewöhnlich und geheimnisvoll und beinhaltete Andeutungen von wundersamen Transformationen, die zu körperlicher Unsterblichkeit – irgendeiner Art – hier auf Erden führten. Der Pastor des Jungen, Dr. Wallace von der Asbury Kirche von Maine in Arkham, hatte ihn eindringlich davor gewarnt, einer der Glaubensgemeinschaften in Innsmouth beizutreten.

In Bezug auf die Bewohner von Innsmouth wusste der Junge nicht, was er von ihnen halten sollte. Sie waren so geheimnisvoll und selten zu sehen wie Tiere, die in Höhlen lebten, und man konnte sich kaum vorstellen, wie sie sich die Zeit vertrieben, abgesehen von ihrer nachlässigen Fischerei. Vielleicht, zog man die Menge von schwarzgebranntem Schnaps, den sie konsumierten, in Betracht, verbrachten sie den Großteil des Tages im Alkoholrausch. Sie schienen auf mürrische Weise in einer Art Brüderschaft und gegenseitigem Verstehen verbunden und verschmähten die Welt, so als ob sie Zugang zu anderen, besseren Sphären des Daseins hätten. Ihr Aussehen, besonders diese starrenden, nicht blinzelnden Augen, die man nie geschlossen sieht, war sicherlich entsetzlich genug, aber ihre Stimmen waren einfach widerlich. Es war schrecklich, sie nachts in ihren Kirchen singen zu hören, ganz besonders während ihrer Hauptfeiertage oder Erneuerungsfeste, die zwei Mal im Jahr, am 30. April und dem 31. Oktober, stattfanden.

Sie liebten das Wasser und schwammen häufig im Fluss und im Hafen. Oftmals fanden Wettschwimmen zum Teufelsriff statt, und jeder hier schien in der Lage zu sein, an diesem anstrengenden Wettkampf teilzunehmen. Wenn man darüber nachdachte, dann waren es hauptsächlich die jungen Leute, die man in der Öffentlichkeit sah, und von diesen waren es die älteren, die am heruntergekommensten aussahen. Wenn es Ausnahmen gab, dann waren es meist Personen ohne Abweichungen, wie der alte Angestellte im Hotel. Man wunderte sich, was mit der Masse der alten Leute geschah und ob das »Innsmouth-Aussehen« nicht eine seltsame, schleichende Krankheitserscheinung war, die mit den Jahren immer ausgeprägter wurde.

Natürlich konnte nur eine sehr seltene Krankheit eine solch umfassende und tiefgreifende Veränderung bei einem Organismus nach der Pubertät auslösen – Veränderungen, die die Knochenstruktur, wie zum Beispiel den Schädel, betrafen –, aber dennoch war dieser Aspekt nicht rätselhafter und unerhörter als die sichtbaren Anzeichen der Krankheit selbst. Es würde wohl schwer sein, wandte der Junge ein, wirklich stimmige Rückschlüsse in dieser Angelegenheit zu ziehen, da niemand, egal wie lange er in Innsmouth auch lebte, persönlichen Kontakt mit einem Einheimischen bekam.

Der Junge war sich sicher, dass noch schlimmere Exemplare als die schlimmsten sichtbaren irgendwo eingesperrt waren. Die Leute hörten manchmal ganz seltsame Laute. Die baufälligen Schuppen am Kai nördlich des Flusses waren eindeutig durch versteckte Tunnel verbunden und bildeten so einen guten Aufenthaltsort für die nicht in Erscheinung tretenden Abnormalitäten. Es war unmöglich zu sagen, welch fremdartiges Blut – falls überhaupt – in den Adern dieser Dinger floss. Manchmal, wenn Vertreter der Regierung oder andere von außerhalb in die Stadt kamen, versteckten sie die besonders abstoßenden Exemplare.

Es wäre zwecklos, so sagte mein Informant, die Einheimischen irgendetwas über diesen Ort zu fragen. Der einzige, der bereit wäre zu reden, sei ein sehr alter, normal aussehender Mann, der in dem Armenhaus auf der Nordseite der Stadt lebte und seine Zeit mit Herumspazieren verbrachte oder bei der Feuerwache herumlungerte. Dieser merkwürdige Kerl, Zadok Allen, sechsundneunzig Jahre alt, war im Kopf nicht ganz richtig und ein stadtbekannter Säufer. Er war ein seltsames, verstohlenes Individuum, schaute beständig über seine Schulter, als ob er vor etwas Angst hätte, und wenn er nüchtern war, brachte man ihn nicht dazu, überhaupt mit Fremden zu sprechen. Andererseits konnte er auch keinem Angebot seines bevorzugten Giftes widerstehen, und wenn er erst einmal betrunken war, dann präsentierte er mit flüsternder Stimme erstaunliche Fetzen aus seiner Erinnerung.

Doch alles in allem könnte ich nur wenig Nützliches von ihm erfahren, da seine Geschichten nur verrückte, bruchstückhafte Andeutungen von unmöglichen Wundern und Schrecken waren, die keinen anderen Ursprung haben konnten als seine eigene wirre Fantasie. Niemand hat ihm je geglaubt, aber die Einheimischen sahen es dennoch nicht gerne, wenn er trank und mit Fremden sprach, und es war nicht ungefährlich, ihm Fragen zu stellen. Auf ihn gingen wahrscheinlich einige der wildesten, allgemein verbreiteten Gerüchte und Wahnideen zurück.

Von Zeit zu Zeit hatten verschiedene, nicht einheimische Bewohner über monströse Dinge berichtet, die sie gesehen hätten, aber im Umfeld von Zadoks Geschichten und den deformierten Bewohnern war es kein Wunder, dass solche Vorstellungen existierten. Keiner der Zugezogenen blieb abends lange draußen, denn es war allgemein bekannt, dass dies nicht ratsam sei. Außerdem wären die Straßen elend dunkel.

Was die Geschäfte betraf – das Vorkommen an Fischen war wirklich ungemein reichhaltig, doch die Einheimischen zogen immer weniger Nutzen daraus. Auch fielen die Preise, und die Konkurrenz nahm zu. Die eigentliche Einnahmequelle der Stadt war die Gießerei, deren Geschäftsräume sich nur wenige Häuser weiter an diesem Platz befanden. Den alten Marsh sah man nie, doch manchmal begab er sich in einem geschlossenen Wagen mit verhängten Fenstern in den Betrieb.

Es gab jede Menge Gerüchte, wie Marsh jetzt wohl aussehe. Einst war er ein bekannter Dandy gewesen, und die Leute behaupteten, er würde immer noch die eleganten, knielangen Mäntel der Edwardischen Epoche tragen, die seinen merkwürdigen Missbildungen angepasst wären. Früher hatten seine Söhne das Büro am Platz geführt, doch in letzter Zeit waren sie mehr und mehr aus der Öffentlichkeit verschwunden und überließen der jüngeren Generation im Wesentlichen die Geschäftsführung. Das Aussehen seiner Söhne und deren Schwestern wurde immer absonderlicher, besonders bei den älteren, und man sagte, dass ihre Gesundheit nachließ.

Eine der Marsh-Töchter war eine abstoßend reptilienhaft anmutende Frau, die eine große Anzahl von Schmuckstücken trug, die eindeutig aus derselben Tradition stammten, die auch die seltsame Tiara hervorgebracht hatte. Mein Auskunftsgeber hatte sie viele Male gesehen und gehört, dass sie aus einem geheimen Schatz stammten, entweder von Piraten oder von Dämonen. Der Geistliche oder Priester – oder wie man ihn heutzutage auch nannte – trug ein ebensolches Schmuckstück als Kopfschmuck, allerdings bekam man sie nur selten zu Gesicht. Andere Exemplare dieser Art hatte der Junge nicht gesehen, doch in der Gegend um Innsmouth soll es noch viele geben.

Die Marshs, ebenso wie die anderen drei vornehmen Familien der Stadt, die Waites, die Gilmans und die Eliots, lebten sehr zurückgezogen. Sie wohnten in riesigen Häusern entlang der Washington Street, und von einigen erzählte man sich, dort würden Familienangehörige versteckt, deren Aussehen nicht für die Öffentlichkeit geeignet war und die offiziell als verstorben galten.

Der Junge warnte mich, dass viele der Straßenschilder verschwunden seien, und dann zeichnete er eine grobe, doch hinreichend genaue Karte von den wichtigsten Punkten in der Stadt.

Nachdem ich einen Blick darauf geworfen hatte, war ich mir sicher, dass sie eine große Hilfe sein würde, und steckte sie unter ehrlichen Dankesbezeugungen ein. In Anbetracht der Schmuddeligkeit des einzigen Restaurants, das ich gesehen hatte, erstand ich einen ordentlichen Vorrat an Käsekräckern und Ingwerwaffeln, die mir später als Mittagessen dienen sollten. Mein Programm sah vor, die Hauptstraßen abzulaufen, mit jedem Nichteinheimischen, auf den ich traf, zu sprechen und mit dem acht Uhr Bus nach Arkham zu fahren. So wie es aussah, war die Stadt ein bedeutendes und hervorstechendes Beispiel für den Niedergang einer Gemeinschaft, doch da ich kein Soziologe war, würde ich meine Untersuchungen auf das Feld der Architektur beschränken.

So begann ich meinen systematischen, doch etwas unsicheren Weg durch die schmalen, unheilüberschatteten Straßen von Innsmouth. Die Brücke überquerend und dann in Richtung des Rauschens des unteren Wasserfalls gehend, kam ich dicht an der Marsh-Gießerei vorbei, aus der seltsamerweise keinerlei Arbeitsgeräusche zu hören waren. Das Gebäude stand am Rand des steilen Flussufers, in der Nähe einer Brücke, am Knotenpunkt einiger Straßen, den ich für das ehemalige, aus den frühen Tagen stammende Stadtzentrum hielt, das nach dem Befreiungskrieg durch das heutige Zentrum abgelöst worden war.

Nachdem ich die Schlucht auf der Brücke der Main Street wieder überquert hatte, kam ich in eine völlig verlassene Gegend, die mich erschaudern ließ. Unmengen von zusammengefallene Satteldächern bildeten eine gezackte und fantastisch anmutende Silhouette, über die sich schaurig der Turm einer Kirche erhob, dessen Spitze zerstört war. Einige Häuser an der Main Street waren bewohnt, doch die meisten völlig verfallen. Entlang der ungepflasterten Straßen sah ich die offenen, schwarzen Fensterhöhlen von verlassenen Hütten, von denen sich viele aufgrund des abgesunkenen Fundaments in gefährlicher Schieflage befanden. Diese Fenster starrten so gespenstig, dass ich einigen Mut aufbringen musste, mich ostwärts zu den Hafenanlagen zu wenden. Ganz bestimmt stieg der Schrecken, der von einem einzelnen zerstörten Haus ausging, nicht in linearer, sondern in geometrischer Progression, wenn diese Gebäude immer mehr wurden und eine Stadt völliger Verwüstung bildeten. Der Anblick dieser endlosen Straßen von fischäugiger Leere und Tod, und der Gedanke an die miteinander verschlungene Unendlichkeit von schwarzen, vor sich hinbrütenden Räumen, die den Spinnennetzen, Erinnerungen und dem Gewürm anheimgefallen waren, riefen rudimentäre Ängste und Abneigungen hervor, die nicht einmal die größte mentale Stärke zerstreuen konnte.

Die Fish Street war genauso verlassen wie die Main Street, doch befanden sich an ihr viele Lagerhäuser aus Ziegeln und Stein, die immer noch in bestem Zustand waren. Die Water Street sah fast genauso aus, bis auf eine Reihe von seeseitigen Lücken, wo sich einmal die Piere befunden hatten. Ich sah keine lebende Seele, außer den vereinzelten Fischern auf dem weit entfernten Wellenbrecher, und es gab keinerlei Geräusche, außer dem Klatschen des Gezeitenwassers im Hafen und dem Dröhnen der Wasserfälle des Manuxets. Die Stadt griff mehr und mehr meine Nerven an, und während ich mich auf den Weg zurück über die schwankende Water-Street-Brücke machte, schaute ich mich immer wieder um. Die Fish-Street-Brücke war gemäß der Zeichnung nur noch eine Ruine.

Nördlich des Flusses gab es Anzeichen von etwas Leben – Fischpackereien, die in Betrieb waren, rauchende Schornsteine und ausgebesserte Dächer dann und wann, manchmal Geräusche undefinierbaren Ursprungs und selten mal eine dahinschlurfende Gestalt in den düsteren Straßen und ungepflasterten Gassen –, doch das erschien mir noch beklemmender als die öde Leere im Süden. Zum einen waren die Menschen hier noch abstoßender und abnormaler als die in der Nähe des Zentrums der Stadt, sodass ich einige Male mit einem üblen Gefühl an etwas absolut Fantastisches erinnert wurde, das ich nicht einordnen konnte. Ohne Zweifel war der fremde Einschlag bei den Einwohnern von Innsmouth hier stärker als weiter im Landesinneren – wenn es sich bei dem »Innsmouth-Aussehen« nicht um einen Rasseneinfluss handelt, sondern doch um eine Krankheit, dann befanden sich in diesem Bezirk die am weitesten fortgeschrittenen Fälle.

Eine Sache, die mich beunruhigte, war der *Verteilung* der wenigen, leisen Geräusche, die ich hörte. Üblicherweise hätten sie nur aus den Häusern kommen dürfen, die sichtbar bewohnt waren, doch in Wirklichkeit waren sie am lautesten hinter den verfallensten Fassaden. Man vernahm ein Huschen, Knarren und raue, zweifelhafte Laute, und ich dachte mit einem unbehaglichen Gefühl an die verborgenen Tunnel, von denen der Ladenjunge gesprochen hatte. Plötzlich fragte ich mich, wie die Stimmen von diesen Bewohnern wohl klingen mochten. Ich hatte in diesem Viertel noch kein Wort gehört und hatte auch überhaupt kein Verlangen danach.

Ich verharrte nur kurz, um mir zwei schöne, aber verfallene alte Kirchen in der Main und der Church Street anzusehen, und verließ dann hastig dieses abscheuliche Elendsviertel am Hafen. Mein logisch nächstes Ziel wäre der New Church Park gewesen, doch irgendwie konnte ich es nicht ertragen, noch einmal an dieser Kirche vorbeizukommen, in deren Kellergeschoss ich die Furcht einflößende Gestalt jenes Priesters oder Pastors mit dem seltsamen Kopfschmuck gesehen hatte. Außerdem hatte mich der Ladenjunge gewarnt, dass diese Kirche und ebenso die Halle des Ordens von Dagon kein empfehlenswerter Aufenthaltsort für Fremde sei.

Aus diesem Grund hielt ich mich auf der Main Street nordwärts bis zur Martin Street, dann bog ich Richtung Landesinnerem ab, überquerte die Federal Street in sicherem Abstand vom Park und betrat die verfallene Gegend der Patrizierhäuser in den nördlichen Abschnitten der Broad, Washington, Lafayette und Adams Street. Obwohl bei diesen stattlichen, alten Alleen der Belag in schlechtem Zustand und sie heruntergekommen waren, war ihre von Ulmen überschattete Würde noch nicht gänzlich verschwunden. Ein Herrenhaus nach dem anderen fesselte meinen Blick, die meisten standen altersschwach und mit Brettern vernagelt auf vernachlässigten Grundstücken, doch ein oder zwei in jeder Straße zeigten Anzeichen, dass sie bewohnt waren. In der Washington Street befand sich eine Reihe von vier oder fünf in hervorragendem Zustand, mit gut gepflegten Rasen und Gärten. Das prächtigste von ihnen – mit breiten, terrassenförmigen Gartenanlagen, die sich hinter dem Haus bis zur Lafayette Street erstreckten – hielt ich für das Heim des alten Marsh, des geplagten Gießereibesitzer.

In all den Straßen stieß ich auf kein lebendes Wesen, und ich wunderte mich über das völlige Fehlen von Katzen und Hunden in Innsmouth. Eine weitere Sache, die mich verwirrte und beunruhigte, war, dass selbst in den am besten gepflegten Häusern die meisten Fenster im zweiten Stock und im Dachgeschoss fest mit Fensterläden verschlossen waren. Verschlossenheit und Heimlichtuerei waren wohl allgemein verbreitet in dieser verschwiegenen Stadt der Fremdartigkeit und des Todes, und ich konnte mich des Gefühls nicht erwehren, dass ich überall aus dem Hinterhalt von verschlagenen, starrenden Augen, die niemals geschlossen waren, beobachtet wurde.

Ich zuckte zusammen, als rechts von mir aus einem Turm brüchige Glockenschläge drei Uhr verkündeten. Nur zu gut erinnerte ich mich an die gedrungene Kirche, von der diese Töne kamen. Der Washington Street folgend erreichte ich nun einen neuen Bezirk, wo früher Handel und Industrie herrschten. Ich sah vor mir die Ruinen einer Manufaktur und weitere Ruinen sowie die Spuren eines alten Bahnhofs und jenseits davon eine gedeckte Eisenbahnbrücke, die weiter oben, zu meiner Rechten den Fluss überspannte.

An der baufälligen Brücke vor mir stand ein Warnschild, doch ich ging das Risiko ein und begab mich wieder ans südliche Ufer, wo sich Anzeichen von Leben zeigten. Verstohlene, schlurfende Kreaturen starrten geheimnisvoll in meine Richtung, und eher normale Gesichter musterten mich kalt und neugierig. Innsmouth wurde schnell unerträglich, ich bog in die Paine Street ein und lief auf den Platz zu, in der Hoffnung, dort ein Fahrzeug zu bekommen, das mich – noch vor der immer noch weit entfernten Abfahrtszeit des abscheulichen Busses – nach Arkham brächte.

Das war der Moment, als ich die verfallene Feuerwache zu meiner Linken bemerkte und den rotgesichtigen Mann mit buschigem Bart und wasserblauen Augen, in nicht zu beschreibende Lumpen gekleidet, auf einer Bank davor sitzen sah. Er unterhielt sich mit zwei ungepflegten, doch nicht abnormal aussehenden Feuerwehrleuten. Das musste natürlich Zadok Allen sein, der halbverrückte, neunzigjährige Säufer, dessen Geschichten über das alte Innsmouth und den darüberliegenden Schatten so grauenhaft und unglaublich waren.

III

Mich musste ein launischer, kleiner Teufel geritten haben oder ein satanischer Drang dunkler, verborgener Kräfte, der mich meine Pläne ändern ließ. Ich hatte lange zuvor beschlossen, meine Untersuchungen ganz auf die Architektur zu beschränken, und im Moment beeilte ich mich, zum Town Square zu kommen, in der Hoffnung, dort eine Fahrgelegenheit zu finden, mit der ich schnell aus dieser schwärenden Stadt von Tod und Niedergang herausgelangen konnte. Doch der Anblick des alten Zadok Allen lenkte meine Gedanken in eine neue Richtung, und meine Schritte wurden unwillkürlich langsamer.

Ich war mir sicher, dass dieser alte Mann nichts anderes bieten konnte, als Andeutungen von wilden, unzusammenhängenden und unglaubwürdigen Legenden, und war gewarnt worden, dass die Einheimischen nicht begeistert waren, wenn man mit ihm sprach, doch der Gedanke daran, dass dieser Zeuge des Niedergangs der Stadt mit Erinnerungen an die frühen Tage der Schifffahrt und der Manufakturen dort saß, war eine Verlockung, der meine Vernunft nicht widerstehen konnte. Und schließlich sind die seltsamsten und verrücktesten Mythen häufig nur Symbole und Allegorien, die sich auf Wahrheiten gründen, und der alte Zadok musste alles gesehen haben, was sich in den letzten neunzig Jahren in und um Innsmouth ereignet hatte. Die Neugierde gewann die Überhand gegenüber Vernunft und Vorsicht, und in meiner jugendlichen Selbstgewissheit glaubte ich, in der Lage zu sein, einen wahren Kern von wirklichen geschichtlichen Ereignissen aus seinen verwirrten, überzogenen Aussagen herauszufiltern, wahrscheinlich mithilfe von Whiskey.

Ich wusste, dass ich ihn in diesem Moment und an diesem Ort nicht ansprechen konnte, denn die Feuerwehrleute hätten dies bemerkt und wären dagegen eingeschritten. Stattdessen, so überlegte ich, würde ich mich mit schwarzgebranntem Schnaps ausrüsten, den ich mir an einem Ort besorgte, den mir der Ladenjunge genannte hatte und wo jede Menge davon zur Verfügung stand. Dann würde ich mich in der Nähe der Feuerwache ganz unauffällig platzieren und mich dem alten Zadok nähern, wenn er zu einem seiner üblichen Streifzüge aufbrach. Der Junge hatte gesagt, dass Zadok sehr ruhelos sei und sich selten länger als ein oder zwei Stunden an der Wache aufhalte.

Eine Literflasche Whiskey war leicht, allerdings nicht billig zu bekommen, ich erstand sie im Hinterzimmer eines kleinen Kramladens ganz in der Nähe des Town Square, in der Eliot Street. Der schmutzig wirkende Kerl, auf den ich dort traf, hatte einen Anflug des starrenden Blicks des »Innsmouth-Aussehens«, doch sein Verhalten war einigermaßen zivilisiert, vielleicht war an umgängliche Fremde als Kunden gewöhnt – Lastwagenfahrer, Goldeinkäufer und ähnliche –, die manchmal in die Stadt kamen.

Als ich wieder zum Town Square kam, stellte ich fest, dass mir das Glück hold war, denn als ich aus der Paine Street schlenderte und um die Ecke von Gilman House bog, sah ich sofort die hohe, schlanke, zerlumpte Gestalt von Zadok Allen höchstselbst. Meinem Plan folgend, erweckte ich seine Aufmerksamkeit, indem ich meine neu erworbene Flasche herumschwenkte, und schon bald bemerkte ich, dass er sehnsüchtig hinter mir her schlurfte, als ich auf meinem Weg in die verlassenste Gegend der Stadt, die mir einfiel, in die Waite Street abbog.

Ich fand meinen Weg mithilfe der Karte, die der Ladenjunge angefertigt hatte, und bewegte mich auf den völlig verlassenen Streifen Land im südlichen Hafenbereich zu, den ich schon vorher besucht hatte. Die einzigen Menschen dort waren die Fischer auf dem entfernten Wellenbrecher gewesen, und wenn ich noch einige Straßenzüge weiter nach Süden ginge, wäre ich aus ihrem Gesichtsfeld verschwunden, würde auf dem verlassenen Kai ein Plätzchen zum Sitzen finden und könnte den alten Zadok ungesehen so lange aushorchen, wie ich wollte. Noch bevor ich die Main Street erreichte, vernahm ich hinter mir ein schwaches, keuchendes »He, Mister!« und ließ den alten Mann sofort zu mir aufschließen und einige ordentliche Schlucke aus der Literflasche nehmen.

Als wir die Water Street entlanggingen und südwärts mitten in die überall gegenwärtigen, absonderlichen, schiefen Ruinen abbogen, streckte ich vorsichtig meine Fühler aus, stellte aber fest, dass die alte Zunge sich nicht so schnell löste, wie ich erwartet hatte. Schließlich erblickte ich in Richtung der See zwischen eingestürzten Ziegelmauern eine offene, grasbewachsene Fläche und dahinter ein mit Unkraut überwachsenes, aus Erde und Mauerwerk bestehendes Pier. Anhäufungen von moosüberwucherten Steinen versprachen eine akzeptable Sitzgelegenheit, und der Ort war in jede mögliche Richtung durch die Ruinen eines Lagerhauses im Norden vor Blicken abgeschirmt. Dies, so dachte ich, war der perfekte Ort für eine lange, geheime Unterhaltung. Also führte ich meinen Gefährten die Straße hinunter und suchte einen Platz auf den bemoosten Steinen. Die Stimmung von Tod und Zerstörung war schaurig, und der Gestank nach Fisch schier unerträglich, doch ich war entschlossen, mich durch nichts abhalten zu lassen.

Wenn ich den Acht-Uhr-Bus nach Arkham noch erreichen wollte, blieben mir ungefähr vier Stunden für die Unterhaltung, und ich begann, dem alten Säufer mehr Schnaps zu geben, während ich mein karges Mittagessen zu mir nahm. Ich war vorsichtig mit der Menge Alkohol, denn ich wollte nicht die Grenze überschreiten, wo sich Zadoks trunkene Geschwätzigkeit in Benommenheit verwandelte. Nach einer Stunde schien sich sein verstohlenes Schweigen zu lockern, doch zu meiner Enttäuschung wich er immer noch meinen Fragen über Innsmouth und seiner von Schatten heimgesuchten Vergangenheit aus. Er brabbelte über heutige Dinge, enthüllte eine weitreichende Kenntnis der Zeitungen und zeigte eine deutliche Tendenz, auf eine salbungsvoll ländliche Art zu philosophieren.

Als das Ende der zweiten Stunde nahte, befürchtete ich, dass mein Liter Whiskey nicht ausreichen würde, um Resultate zu bringen, und fragte mich, ob ich nicht den alten Zadok hier lassen und noch mehr Schnaps holen sollte. Seltsamerweise eröffnete mir genau in diesem Moment das Glück einen Ansatz, den meine Fragen nicht in der Lage gewesen waren zu schaffen, und das keuchende Faseln des Alten nahm eine Wendung, die mich aufschreckte und aufmerksam zuhören ließ. Ich saß mit dem Rücken zu dem nach Fisch stinkenden Meer, doch er sah direkt darauf, und, was auch immer seinen Blick auf die niedrige, weitentfernte Linie des Teufelsriffs gelenkt hatte, das sich klar und beeindruckend aus den Wellen erhob, der Anblick schien ihn zu verstören, denn er begann, übel zu fluchen, und endete in einem vertraulichen Flüstern, gepaart mit einem wissenden Grinsen. Er beugte sich zu mir, ergriff meinen Jackenaufschlag und zischte einige Andeutungen hervor, die nicht misszuverstehen waren.

»Dort hat alls angefangen – der verfluch Ort allr Bösartigkeit, kam aus dm tiefen Wasser. Tor vonde Hölle – steiler Abgrund bis zum Boden, wo kin Lot nich hinkomm. De Alte Käpn Obed abe doch – er, der mehr gefunn hat, als gut vor ihn war aufn Inseln inner Südsee.

Jeder war aufm schlechten Weg in jen Tagen. Handel ging runner, de Manufakturen machten kin Geschäft – selbst de neuen nich – und die besten von de Männer zogen innen Krieg von 1812 und wurden getötet, oder gingn mit der Brigg *Elizy* und der Schute *Ranger* unter, beide gehörtn dem Gilman. Obed Marsh hatte drei Schiffe aufm Meer – die Brigantine *Columby*, die Brigg *Hetty* un de Bark *Sumatry Queen*. War de einzige de weiter Handel mit Ostindin und dem Pazifik trieb – un ja, mit Ausnahme von Esdras Martin, der es mit seiner Schonebark *Malay Pride* im Jahr achunzwanzig nochmal versucht hat.

Niemals war ner wie Käpn Obed – der alte hinkende Satan! He, he! Kann ihm nich verdenkn, dass immer hat erzählt von de fremdn Länner und die Leut alle für blöd hielt, in die christlichen Kirchen zu laufen, un ihre Last sanfmütig und niedergdrückt zu ertragen. Sagte, sie solln sich besser Götter suchn wie einige der Leut von den West-Indies, Götter, wie solche, die ihnen viel Fische bringn als Dank für ihre Opfer un die wirklich antwortn auf die Gebet der Leut.

Matt Eliot, erster Maat, erzählte auch viel, war aber dagegn, dass die Leut was mit heidnischen Dingen machen. Hat erzählt von ner Insel östlich von Otaheite, wo ne Menge Steinruinen sein solln, älter als man sich vorstelln kann, un keiner weiß was darüber, genauso welche auf Ponape in den Karolinen, aber mit eingemeißelten Gesichtern, die aussehn wie de Statuen auf de Osterinsel. Da war ne kleine Vulkaninsel inner Nähe mit andern Ruinen und andern Bildern – die Ruinen alle abgeschliffen, als ob se einst unner Wasser gewesen wärn nur mit Bildern von schrecklichn Monstern drauf.

Nu, Sir, Matt sacht, die Eingebornen dort hättn all den Fisch, dense fangen können, un tolle Armbänder un Halsketten un Kopfschmuck, gemacht aus nem seltsamen Gold und verziert mit Bildern von Monstern, ganz wie die, die auf de Ruinen der kleinen Insel waren – ne Art von fischähnlichen Fröschen oder froschähnlichen Fischen, die in alln möglichen Stellungen dargestellt warn wie menschliche Wesen. Niemand konnt aus ihnen rausbringen, wo all de Sachen herkamn und all de anderen Eingeborenen fragtn sich, wieso se es schafftn, so viele Fische zu fangen, während die Insel direkt daneben keinen Fang machte. Matt fragte sich das auch un so Käpn Obed. Obed stellt auch fest, dass Jahr für Jahr die schönen jungn Leute plötzlich verschwandn, obwohl es kaum alte Leute aufer Insel gab. Auch dass einige von ihn verdammt merkwürdig aussahn, selbs für Kanakn.

Es brauchte schon nen Kerl wie Obed, um de Wahrheit aus en Heiden raus zu bekomm. Ich weiß nich, wie ers gemacht hat, aber es begann damit, dass er ihnen die Goldsachen, die se trugen, abhandelte. Fragte se, woher die Dinge käm und ob sie mehr von hättn und zog schließich dem alten Häupling – Walakea wurd er genannt – die Geschichte ause Nase. Nieman außer Obed hätt dem alten, jammerndn Teufel geglaubt, aber der Käpn konnt Menschen wie en Buch lesn. He, he! Niemand glaubt mer heut, wenn ich das erzähl, und ich glaub nich, dass du es tus, junger Freund, doch wenn ich mir dich so anseh, dann hast du die gleiche Art von lesenden Augn, die Obed hätt.«

Das Flüstern des alten Mannes wurde leiser und mir schauderte angesichts des schrecklichen, ernsten und unheilvollen Tons in seiner Stimme, selbst wenn ich mir bewusst war, das seine Erzählung nichts weiter war, als der Fantasie eines Betrunkenen entsprungen.

»Nu, Sir, Obed hat gelernt, dass es Dinge auf dieser Erde gib, von den die meistn Menschn nie erfahrn haben – un se nich glauben würden, wenn se davon hörten. Es hatte n Anschein, dass die Kanakn ne groß Anzahl ihrer jungen Männer un Frauen so ner Art von Gottwesen opferten, die in Meer lebtn, un im Gegenzug jede Menge Wohltatn erhielten. Se begegneten den Wesen aufm kleinen Eiland mit de seltsamen Ruinen, un es scheint, dass de graunhaftn Bilder von Frosch-Fisch-Monstern diese Gottwesen warn. Vielleicht warns diese Lebewesen, mit den de ganzn Geschichtn von Meerjungfrauen angefangen ham. Sie hatten jede Art von Städten aufm Meeresgrund, un diese Insel hat sich von dort erhoben. Schein so, als hättn einige dieser Gottwesen noch gelebt, als die Insel plötzlich an de Oberfläche kam. So kriegtn die Kanakn mit, dass die da unnen warn. Nachem de erste Schreck vorbei war, verständigten sie sich mit Zeichensprache un schlossen bald drauf en Abkommen.

De Wesen mochten Menschenopfer. Hattn sie schon lange Zeit vorher, aber dann verlorn se den Kontakt zur Oberwelt nach ner Weile. Was sie mit ihrn Opfern machn, kann ich nich sagn, un ich glaub auch, Obed war nich scharf drauf zu fragn. Aber für de Heiden wars in Ordnung, denn sie hattn schwere Zeiten und verzweifeltn an allm. Sie gaben den Meereswesen ne bestimmte Anzahl von jungn Leuten, zweimal jedes Jahr – Walpurgisnacht un Halloween – immer regelmäßig. Gabn ihnen auch einiges von dem geschnitzten Plunder, den se machten. Was die Dinger ihnen gaben war reichlich Fische, die se vom gesamten Meer zu ihnen hintriebn, und ein paar Goldsachen ab un zu.

Na, wie ich schon sag, de Eingeborenen trafn de Wesen auf der kleinen Vulkaninsel – fuhrn hin in den Kanus mit den Opfern unnem andern Zeug un brachtn den Goldschmuck mit zurück, wenn se welchen kriegtn. Zuerst kamn de Wesen nicht auf die Hauptinsel, aber nach ner Zeit wolltn se dann schon. Schien, als hätten se Lust, sich mit den Eingeborenen zu mischen und hatten gemeinsame Feiern an den großen Tagen – Walpurgisnacht und Halloween. Du siehst, se warn in der Lage, an Land und im Wasser zu leben – das nennt man amphibisch, glaub ich. Die Kanaken sagten ihnen, dass de Leute von andern Inseln sie vielleicht auslöschen wolltn, wenn sie erfahren, dass se hier sin, aber die sachtn, das kümmert se nich, denn se könnten die ganze menschliche Brut vernichtn, wenn se sich die Mühe machn würdn – jedn, der nich en bestimmtes Zeichen trüge, das vonner Alten Rasse, wer immer das auch sein soll, mal benutzt wurde. Doch sie wolltn ihre Ruhe un gingn in Deckung, wenn jemand die Insel besuchte.

Als de Kanaken sich mit de krötenartigen Fischen paaren solltn, wolltn se nich so recht, doch dann erfuhren sie was, was die Sache in nem andern Licht erscheinen ließ. Die Menschen schienen ne Art Verwandtschaft zu den Wasserbiestern zu habn, da alles Leben ja ausm Wasser mal gekommen is, un es braucht nur ne kleine Änderung, um wieder zurückzugehn. Die Biester sachtn de Kanaken, wenn es Mischlinge gäbe, die würdn ers wie Menschen aussehn, später dann sich aber mehr und mehr in de Biester verwandeln un schließlich ins Wasser gehn un sich de Hauptgruppe der Dinger da unnen anschließn. Un das is der wichtigste Teil, junger Freund, die, die sich in die Fischdinger verwandeln un ins Wasser gehn, *würden nicht sterben*. Die Dinger sterben nie, außer man bringt se um.

Nu, Sir, scheint so, als wärn zum Zeitpunkt, als Obed bei de Inselbewohnern war, die schon voll vom Fischblut der Meerdinger warn. Wenn die älter wurdn un man de Veränderungen sehn konnte, dann versteckte man se, bis sie bereit warn, ins Wasser zu gehn, un de Insel zu verlassen. Einige warn stärker verändert als annere un manche veränderten sich überhaupt gar nich weit genug, um ins Wasser zu gehn, doch meist änderten se sich genauso, wie de Dinger gesagt hattn. Ein paar, die schon bei de Geburt mehr aussahn wie de Dinger, änderten sich früh, aber die, die fast menschlich warn, blieben auf de Insel bis se über siebzig warn, doch unternahmen sie schon Versuche unner Wasser zu gehen vor ihrer Zeit. Leut, die ins Wasser gegangen warn, kamen normalerweise häufig zu Besuch, so hat n Mann oft mit seim Urururururgroßvater gesprochen, der die Insel vor einigen hunnert Jahrn verlassn hat.

Niemand hat mehr ans Sterben gedacht – außer bei Kanu-Kriegen mit anderen Insulanern oder als Opfer für de Gottwesen da unnen oder durch Schlangenbisse oder ne sich ausbreitende Seuche und sowas, wenns passierte, bevor se ins Wasser gehn konnten. Sie ham auf eine Art Verwandlung gewartet, die nach ner Weile nix Schreckliches mehr hatte. Sie glaubtn, dass alles, was se kriegtn, viel besser war, als das, was se aufgabn, un ich vermut, dass Obed auch der Meinung war, als er über die Erzählungen des alten Walakea en bissn nachgdacht hat. Walakea war aber einer de wenigen, die kein Fischblut in sich hattn – war königlichen Geblüts, das sich nur mit königlichem Geblüt anderer Inseln vereinigte.

Walakea, er zeigte Obed ne Menge Rituale un Beschwörungen, die mit den Meeresbiestern zu tun hattn, un auch Leute ausm Dorf, die sich schon stark verwandelt hattn. Wie auch immer, nie ließ er ihn eins der echten Dinger aus dem Wasser sehn. Letzlich gab er ihm ein sonderliches Ding aus Blei oder so, das die Fischdinger an jedem Platz, wo se möglicherweise en Nest hatten, aus dem Wasser rufen würd. Er bräucht es nur ins Wasser fallen lassen un de richtige Zauberformel oder so zu sprechn. Walakea hat gemeint, die Biester wärn über de ganze Welt verstreut, un wenn jemand sich umguckte, konnt er n Nest finden und die Dinger hochbringn, wenn er wollte.

Matt gefiel de Angelegenheit überhaupt nich, un wollte, dass sich Obed von der Insel fernhielt, aber der Käpn war so scharf aufn Profit un er hatte diese goldähnlichen Sachen so billig bekommn, dass er nur daran dachte. So lief es dann für Jahre, un Obed kriegte genug von dem goldartigen Zeug, dass er in Waites alter, kaputter Walkmühle ne Gießerei einrichtete. Er verkaufte die Stücke nich wie se waren, denn die Leut habn beständig Fragen gestellt. Aber wies so kommt, habn seine Seeleuten ab und an n Stück bekommn un es versetzt, obwohl se geschworen hattn, de Mund zu haltn, un seim Weibsvolk hat er erlaubt, einige der Stücke zu tragen, die menschlicher anmuteten als de meisten.

Nu, war so um achundzwanzig, als ich sieben Jahre alt war, da stellt Obed fest, dass sämtliche Insulaner in de Zeit zwischen seinen Besuchen ausgelöscht warn. Schien, als ob de andern Insulaner Wind davon bekommn ham, was da vorging, un hattn die Sache in de Hand genommn. Vermute, sie mussten es, denn nach allem warn diese alten, magischen Zeichen das Einzige, vor dem sich de Meeresbiester fürchteten. Keine Ahnung, was de Kanakn alles in die Finger bekommen habn, als de Insel mit de Ruinen, älter als de Sintflut, sich ausm Meer erhobn hat. Heiliger Zorn war das, – auf de Hauptinsel un de kleinen Vulkaninsel blieb kein Stein aufm annern, außer dem Teil der Ruinen, der zu mächtig war, um niedergerissn zu werdn. An manchen Stelln warn kleine Steine verstreut, ähnlich Fetischen, un drauf war was, was man heute wohl n Hakenkreuz nennt. Vielleicht das Zeichn der Großen Alten. De Menschen warn alle hinüber, kein Spur von goldartigen Dingern un keiner der in der Nähe lebenden Kanakn verlorn n Wort darüber. Gabn noch nich mal zu, dass de Insel jemals bewohnt war.

Das hat Obed ziemlich hart getroffn, damals wo sein übriger Handel ziemlich schlecht lief. Es traf auch ganz Innsmouth, denn in Zeitn de Schifffahrt hieß Gewinn für den Schiffseigner normal auch anteilign Gwinn für de Mannschaft. De meisten Leut in de Stadt ertrugn die harten Zeiten wie Schafe, hättn aufgegebn, aber sie warn inner schlechten Lage, denn de Fischfang bracht nichts ein, un um die Manufakturen stand es auch nich gut.

Zu dieser Zeit begann Obed, die Leut zu verfluchen, sie wärn dumme Schafe un beteten zu nem christlichen Gott, der doch niemandem hilft. Er sagt ihnen, dass er Menschen gekannt hätt, die zu Göttern beteten, die ihnen gäben, was se bräuchtn, un sagte, wenn ne Anzahl von Männern ihn unterstützt, könnt er vielleicht bestimmte Kräfte anrufn, die ihnen jede Menge Fische und auch ordentlich Gold bringen würdn. Natürlich ham die Männer, die auf der *Sumatry Queen* warn un de Insel besucht hattn, gewusst, waser meint, und warn nich erpicht drauf, in de Nähe der Meeresbiester zu komm, von denen se gehört hattn, doch die, die nich wusstn, um was es eigentlich ging, warn beeindruckt von dem, was Obed sachte, und fragten, was er tun könne, um se zu dem Glauben zu bringn, de ihnen helfen würde.«

An dieser Stelle stockte der alte Mann, murmelte und verfiel in ein übellauniges und sorgenvolles Schweigen, schaute über seine Schulter und wandte dann seinen Blick auf das entfernte, schwarze Riff. Als ich ihn ansprach, antwortete er nicht, also wusste ich, dass ich ihm den Rest in der Flasche geben musste. Dieses kranke Seemannsgarn, das er von sich gab, interessierte mich gewaltig, denn ich vermutete, dass sich dahinter eine Art krude Allegorie verbarg, die sich auf die Merkwürdigkeit von Innsmouth bezog und ausgeschmückt wurde von einer überbordenden Fantasie voller Bruchstücke von exotischen Legenden. Nicht einen Augenblick glaubte ich, dass die Geschichte tatsächlich eine wirkliche Grundlage hatte, aber dennoch beinhaltete sie eine Andeutung von wirklichem Schrecken, wenn auch nur die Sache mit den fremden Schmuckstücken, die eindeutig der gleichen Art waren wie die verwunschene Tiara, die ich in Newburyport gesehen hatte. Möglicherweise kam die Ornamentik von einer seltsamen Insel, und vielleicht stammten die wilden Geschichten von dem verstorbenen Obed selbst und nicht von dem alten Schluckspecht.

Ich reichte die Flasche Zadok und er trank sie bis auf den letzten Tropfen aus. Es war erstaunlich, wie viel Whiskey er vertrug, denn in seiner hohen, keuchenden Stimme war kein Anzeichen von Schwerfälligkeit zu bemerken. Er leckte die Flaschenöffnung ab und steckte die Flasche in seine Tasche, dann fing er an, zu nicken und leise mit sich selbst zu sprechen. Ich beugte mich zu ihm, um jedes verständliche Wort, das er murmelte, mitzubekommen, und glaubte unter dem dreckigen, buschigen Schnurrbart ein satanisches Grinsen zu bemerken. Ja, er formte tatsächlich Worte, und ich konnte die meisten davon verstehen.

»Armer Matt – Matt war immer dagegen – versuchte de Leute auf seine Seite zu bringn, un hat lang geredet mit den Geistlichen – zwecklos – sie jagten den Pastor der Kongregierten Gemeinde ause Stadt, un der von de Methodisten is von selbst weg – den Resolved Babcock, de Pastor der Baptisten, hab ich nie mehr gesehn – Zorn Gottes – ich war damals noch n verdammt junger Spund, aber was ich gehört hab, hab ich gehört, und was ich gesehn hab, hab ich gesehn. Dagon un Ashtoreth – Belial un Beelzebub – das Goldene Kalb un die Götzen von Kanaan un de Philister, Babylonische Abscheulichkeiten – *Mene, mene, tekel, upharsin-*«

Er hielt erneut inne, und der Blick aus seinen triefenden, blauen Augen ließ mich befürchten, dass er gleich ohnmächtig werden würde. Doch als ich ihn sanft an der Schulter rüttelte, drehte er sich mit erstaunlicher Heftigkeit um und stieß ein paar weitere geheimnisvolle Sätze hervor.

»Glaubst mir nich, he? He, he he, dann sag mir mal, junger Freund, warum Käpn Obed mit zwanzig merkwürdigen Genossen mittn inner Nacht raus zum Teufelsriff gerudert is und laut gesungen hat, sodass mer sie, wenner Wind gut stand, in de ganzen Stadt gehört hat? Sags mir, he? Un sag mir, warum Obed schweres Zeug auf de anderen Seite vom Riff ins Wasser warf, wos runter geht wie bei nem Abgrund, tiefer als ma denken kann? Sag mer, waser gemacht hat mit dem komischen Bleiding, das de Walakea ihm gegebn hat? He, Junge? Und was hamse alle an Walpurgisnacht da draußen gesungen un widder am folgenden Halloween? Un warum de neuen Pastoren – Kerle, die zuvor Seeleute waren – diese seltsamen Gewänder tragen und das goldartige Zeug, das Obed mitbrachte? He?«

In den triefenden, blauen Augen schimmerte jetzt fast Wildheit und Wahnsinn, und sein dreckiger, weißer Bart knisterte, als wäre er statisch aufgeladen. Der alte Zadok sah wahrscheinlich, wie ich zurückzuckte, und begann bösartig zu kichern.

»He, he, he, he! Fängst an zu verstehn, was? Vielleicht würdest gerne ich sein in jenen Tagn, als ich vom Kuppeldach von unserm

Haus aufm Meer Dinge bei Nacht gesehen habe. Oh, ich kann der sagen, junge Kerle haben große Ohrn, un ich hab nichts verpasst, wases an Gerüchten gab über Käpn Obed und das Volk draußen am Riff. He, he, he. Wie wärs mit der Nacht, als ich mein Vaters Fernrohr mit rauf auf de Kuppel nahm un gesehn hab, wie das Riff überquoll mit Gestalten, die sofort ins Wasser abtauchten, als de Mond aufging? Obed un sein Leut warn in nem Boot, doch die Gestalten verschwanden auf de gegenüberliegende Seit ins tiefe Wasser un warn nich mehr gesehen … Willst en kleiner Hosenscheißer sein oben inne Kuppel un sehn die Gestalten, die *nicht menschlich waren*? … He? … He, he, he, he?«

Der alte Mann begann hysterisch zu werden, und mich schauderte ob einer ungreifbaren Beunruhigung. Er legte eine seiner knorrigen Hände auf meine Schulter, und mir schien, dass sie nicht nur aus Heiterkeit zitterte.

»Nehm an, eines Nachts hättst du gesehn, wie was Schweres aus Obeds Boot hinter dem Riff ins Meer geworfen wird, und am nächsten Tag erfahrn, dass n junger Kerl vermisst wird? Ha? Hat jemand was von Hiram Gilman gesehn? Ham sie? Un Nick Pierce un Luelly Waite un Adoniram Southwick oder Henry Garrison? He! He, he, he, … de Gestalten machn Zeichensprache mit ihrn Händen … als ob se überhaupt Hände hättn …«

»Nu, Sir, zu dieser Zeit beganns, bei Obed wieder besser zu laufn, de Leut sahn seine Töchter mit so goldartigem Zeugs herumlaufen, was se nie nich zuvor getragn han, un ausn Gießereischornsteinen stieg wieder Rauch auf. Für andere Leute gings auch voran, de Fische schwammen in de Hafen, um sich fangen zu lassen, und de Himmel weiß, welch große Schiffsladungen wir nach Newb'ryport, Arkham un Boston brachten. Damals hat Obed auch dafür gesorgt, dass de alte Nebenstrecke der Bahn gebaut wurde. Einige Fischer aus Kingsport hatten von den guten Fängen gehört un kamn in ihrn Schaluppen rüber, aber sin alle verschwundn. Niemand hat se je wieder gesehn. Un genau zu dieser Zeit gründeten unsere Leut den Orden von Dagon und haben von de Kalvarien-Loge ihrn Freimaurertempel gekauft … he, he, he! Matt Eliot war selber en Freimaurer un gegen den Verkauf, aber plötzlich war er verschwundn un nich mehr gesehen.

Hör gut zu, ich sag nich, dass Obed Dinge hochgeholt hat wie die aufn Kanaken-Inseln. Ich glaub nich, dass er sich mit denen vermischen wollt, auch nich, dass er wollt, dass de Jungen ins Wasser gehn un zu unsterblichn Fischen werdn. Er wollte das Goldzeugs und hat ordentlich dafür bezahlt, un ich mein, die *anderen* warn für ne Zeit lang damit zufrieden …

Im Jahr vierundsechzig, dann, da hattn die Leut aufmerksam hingeschaut und sich ihre Gedanken gemacht. Zu viel wurdn vermisst – zu viel sonderbare Predigten sonntags inner Kirch – zu viel Gerüchte übers Riff. Ich denk, ich hab was dazu beigetragn, indem ich dem Abgeordneten Mowry was von dem erzählt hab, was ich von der Kuppel aus gesehn hab. Eines Nachts folgte eine Gruppe von Männern mit Booten dem Obed hinaus ans Riff, un ich hörte Schüsse von den Booten. Am nächsten Tag warn Obed und zweiunzwanzig andere im Knast, un jeder fragte sich, was passiert war un was man ihnen vorwarf. Mein Gott, wenn nur jemand hätt in de Zukunft blicken können … n paar Wochen später, als schon lang nichts mehr ins Meer geworfen worden war …«

Zadok zeigte Anzeichen von Furcht und Erschöpfung, und ich ließ ihn eine Zeit lang ausruhen, während ich besorgt auf meine Uhr schaute. Die Gezeiten hatten gewechselt, nun kam die Flut herein, und das Geräusch der Wellen schien ihn aufzurütteln. Ich war froh über die Flut, denn bei steigendem Wasserstand würde der Fischgestank nicht so penetrant sein. Wieder konzentrierte ich mich auf sein Flüstern.

»De schreckliche Nacht … ich hab se erlebt … ich war in de Kuppel … Horden von ihnen … ganze Schwärme von ihnen … bedeckten das ganze Riff und schwammen durch den Hafen den Manuxet hinauf … Mein Gott, was da in dieser Nacht inne Straßen von Innsmouth passiert ist … sie rüttelten an unserer Tür, doch Pa machte nich auf … dann isser mit seiner Muskete ausm Küchenfenster geklettert un hat den Abgeordneten Mowry gesucht, fragen, was er tun soll … Berge von Toten und Sterbenden … Schüsse und Schreie … Geschrei am Ol Square un Toawn Square un New Church Park … Gefängnis aufgebrochn … dann de Proklamation … Landesverrat … nannten es ne Seuche, als se reinkamen un sahn, dass de Hälfte der Leut verschwundn war … Niemand war mehr übrig außer den, die zu Obed und de Biester gehalten ham oder nichs gesagt ham … hab niemals mehr was von mein Pa gehört …«

Der alte Mann keuchte und war schweißgebadet. Seine Hand auf meiner Schulter verkrampfte sich.

»Alles war am Morgen aufgeräumt worden – doch s gab *Spurn* … Obed übernahm gütigerweise das Kommando und sachte, dass sich alls ändern würd … *andere* würdn mit uns die Versammlungen zelebrieren, un bestimmte Häuser mussten Gäste *aufnehmen* … *diese anderen* wollten sich vermischen, so wie ses bei de Kanakn getan ham, un deshalb sollte man se nich dran hindern. Obed is weit gegangn … gerade als wär er wahnsinnig gewordn, wenns um diese Sache ging. Sachte, sie wern uns Fisch un Schätze bring, nun sollten se kriegen, was se haben wolln …

Nichts würd sich nach außen hin ändern, nur müsstn wir uns gegenüber Fremdn zurückhalten, wenn mer wüssten, was gut für uns is. Wir alle musstn en Schwur auf Dagon leisten, später dann noch en zweiten und dritten. Die, die uns besonders dienen, kriegn ne besondre Belohnung – Gold un so – Macht kein Sinn sich mit denen anzulegen, denn da unten sin Millionen von ihnen. Se wollen sich nich gegen de Menschen wenden un se auslöschen, doch wenn man se dazu zwingt, könn se das ganz schnell machn. Wir ham kein altn Zauberformeln wie de Leut inner Südsee, mit den wer sie im Zaum halten könn, denn de Kanakn hättn niemals nich ihre Geheimnisse preisgegeben.

Wir brauchn ihnen nur genug Opfer bringn un genug von dem Trödel un die inne Stadt lassen, wann se wollen, dann ham wir unsre Ruh. Lassn de Fremden in Ruh, damit se nich draußen was rumerzählen, so isses, wenn se nich anfangen rumzuspionieren. Isn Band des Vertrauens – Orden von Dagon – un de Kinner werdn niemals sterben, aber gehen zurück zu Mutter Hydra un Vater

Dagon, von denen wir alle einst gekommen sind – *Iä! Iä! Cthulhu fhtagn! Ph'nglui mglw'nafh Cthulhu R'lyeh wgah-nagl fhtagn* –«

Der alte Zadok geriet zusehends in wilde Raserei, und ich hielt die Luft an. Arme alte Seele – in welchen erbarmungswürdigen Zustand von Halluzinationen hatte der Schnaps, zusammen mit seinem Hass auf den Verfall, die Fremdartigkeit und die Krankheit um ihn herum, seinen schöpferischen, fantasievollen Geist gebracht. Er begann jetzt zu jammern, Tränen rannen seine zerfurchten Wangen hinab und verschwanden in seinem dichten Bart.

»Mein Gott, was hab ich alles gesehn, seit ich fünfzehn war – *Mene, mene, tekel, upharsin!* – de Leute, die vermisst wurden, un dann behauptet, se hättn sich umgebracht – die, die Sachn in Arkham oder Ipswich oder solch Orten erzählt ham, alle wurden für verrückt gehaltn – genau wie du von mir denks – doch Gott im Himmel, was ich sehn hab – Sie hättn mich schon vor langer Zeit umgebracht, wenn ich nich de zweiten Schwur auf Dagon un aufn Obed gemacht hätt, wenn nich en Gericht beweist, dass ich Sachen offen und mit Absicht erzählt hätt, aber de dritten Schwur, de tu ich nich – da sterb ich lieber.

Um en Bürgerkrieg herum wurds schlimmer, *als de Kinder, die nach sechsunvierzig groß gewordn warn* – vor einigen hat ich wirklich Angst – hab niemals wieder gebet nach dieser schrecklichen Nacht, un hab nie eins von – *denen* – aus der Nähe gesehn, mein Leben lang nich, jedenfalls kein reinrassiges. Ich zog innen Krieg un wenn ich vernünftig gewesn wär und genug Mut gehabt hätt, dann wär ich niemals zurückgekommn, sonder hätt mich weit weg von hier niedergelassn. Doch de Leut schrieben mer, dass es nich so schlimm wär. War wohl, weil die Rekrutierungsbeamten der Regierung hier warn, nach dreiunsechzig. Doch nachm Krieg war es so schlimm wie zuvor. De Leuten gings schlecht, de Manufakturen und Geschäfte machtn zu, de Schifffahrt brach zusamm un de Hafen versandete, de Eisenbahn wurd stillgelegt, doch *die* … die hörtn nicht auf, den Fluss hinauf und hinunter zu schwimmn von dem verfluchtn Riff des Satans aus – un mehr un mehr Dachbodenfenster wurdn mit Brettern vernagelt, un immer öfter hörte ma Geräusche aus Häusern, wo keine Leute nich drin sein sollten …

Die Leut draußn ham ihre Geschichten über uns – nehm an, du hast ne Menge davon gehört, so wieste deine Fragen stellst – Geschichten über Dinge, die se manchmal gesehn ham, und über de seltsamen Schmuck, der immer noch von irgendwo herkommt, un nich alles wird eingeschmolzen – doch nichts is eindeutig. Keiner weiß nichts Genaues. Die glauben, das goldartige Zeug stammt ausem Piratenschatz un lassen de Leute aus Innsmouth ihr fremdes Blut ham oder ne Krankheit oder sowas. Außerdem vertreibn se so viele von de Fremde, wie se können, und warnen de Rest davor, nich zu neugierig zu sein, besonders nachts. De Hunde bellen de Biester an – de Pferde und Maultiere scheuen – doch mit den Automobils wurds besser.

Sechsunvierzig heiratete Käpn Obed zum zweiten Mal, ne Frau, *die niemand in der Stadt nich gesehn hat* – einige sagn, er hätt nich gewollt, doch wurd von denen, die er gerufn hat, gezwungen – hat drei Kinner von ihr – zwei sin schon ganz jung verschwunden, doch n Mädchen, sah ganz normal aus, wurd in Europa erzogen. Obed hat se schließlich mitm Trick mitm Kerl aus Arkham verheiratet, der von nichts gewusst hat. Aber heute will niemand von draußen was mit Leut aus Innsmouth zu tun ham. Barnabas Marsh, de jetzt de Gießerei hat, is Obeds Enkel vonner ersten Frau her, der Sohn von Onesiphorus, seim ältesten Sohn, *doch seine Mutter war eine von denen, die man nie in de Öffentlichkeit gesehn hat.*

Heute is Barnabas einer von den, de sich verändern. Kann sei Augen nich mehr schließn un is ganz deformiert. Man sacht, er trägt immer noch Kleindung, aber wird schon bald ins Meer gehen. Vielleicht haters ja schon versucht – sie gehn manchmal für ne kurze Zeit runter, bevor se für immer verschwindn. Hat sich nich mehr in de Stadt blicken lassn seit ner Nacht vor zehn Jahrn. Kein Ahnung wie sich sein arme Frau fühlt – se stammt aus Ipswich und die ham Barnabas fast umgebracht, als er se vor fünfzig Jahren gefreit hat. Obed starb achunsiebzig, un de ganze nachfolgende Generation is jetzt auch hin – die Kinner der ersten Frau sin tot und de Rest … weiß der Himmel …«

Das Geräusch der auflaufenden Flut war nun sehr deutlich zu hören, und Stück für Stück schien sich die Stimmung des alten Mannes von jammerndem Tränenvergießen zu einer wachsamen Furcht zu verändern. Er verstummte ab und zu, um erneut nervös über die Schulter oder hinaus aufs Riff zu blicken, und trotz der wilden Absurdität seiner Geschichte konnte ich nicht vermeiden, dass sich seine unbestimmte Besorgnis auch in mir breit machte. Zadoks Stimme wurde schriller, und er schien zu versuchen, sich mit lauter werdenden Worten Mut zu verschaffen.

»He, du, warum sachsten nichts? Wie würds dir gefalln, inner Stadt wie dieser zu leben, wo alles verfällt un stirbt, un weggesperrte Monster meckern un belfern unnen in dunklen Kellern un auf Dachböden, herumspringen, wo immer du auch guckst. Wie würds dir gefalln, se jede Nacht vonnen Kirchen und ausem Tempel des Orden von Dagon heulen zu hörn, *un wüsstest, was se tun, außer dem Heulen*? Willste gern wissn, was von dem schrecklichen Riff jedes Mal an Walpurgisnacht un Halloween kommt. He? Glaubst, der alte Mann is verrückt, was? Nun, Sir, *und das is noch nich mal das Schlimmste!*«

Zadok hatte jetzt wirklich zu schreien begonnen, und die irre Raserei in seiner Stimme beunruhigte mich mehr, als ich mir hätte vorstellen können.

»Verdamm noch mal, sitzt da nich so rum un starr mich an – ich sach dir, der Obed Marsh is jetzt inne Hölle un bleibt auch dort! He, he … inne Hölle, sach ich dir. Kann mich nich kriegn – ich hab nich nix getan, hab keinem was gesagt …

Un du, junger Freund? Wenn ich auch bis jetzt keinem nix gesagt hab, jetzt werd ichs tun! Du hältstn Mund und hörst einfach zu, Junge. Das hab ich noch nie irgendjemand erzählt. Ich hab nich rumspioniert nach jener Nacht, *un doch hab ichs trotzdem herausgefundn!*

Du wills wissn, was de wirkliche Schrecken is, he? Nu, is nich das, was de Fischteufel *getan ham, sondern was se tun werdn!* Se bringn das Zeug, was se da unnen ham, rauf mit inne Stadt – machens schon seit Jahrn, doch jetzt tun ses n bisschen langsamer. De Häuser nördlich vom Fluss, zwischen Water un Main Street sin voll davon – von diesen Teufeln *un was se bringen* – un wenn se bereit sin … ich sach, *wenn se bereit sin* … schon mal von eim *Shoggothen* gehört …?

He, verstehste mich? Ich sach dir, *ich weiß, was de Dinger sind – hab se gesehn inner Nacht als* … EH – AHHHH – AH! E'YA-AHHHH …«

Die überraschende Heftigkeit und unmenschliche Furcht, die in dem Schrei des alten Mannes lag, ließen mich fast ohnmächtig werden. Seine Augen, die an mir vorbei auf das übelriechende Meer gerichtet waren, fielen ihm fast aus dem Kopf, während sein Gesichtsausdruck eine Maske des Schreckens war, einer griechischen Tragödie würdig. Seine knochige Hand bohrte sich in meine Schulter, und er blieb völlig bewegungslos, als ich meinen Kopf in die Richtung drehte, in die er schaute, um zu sehen, was immer er auch erblickt hatte.

Da war nichts zu sehen. Nur die auflaufende Flut und vielleicht eine Stelle, an der das Meer aufgewühlter war als die lange Linie der Wellenkämme. Doch nun begann Zadok mich zu schütteln, ich drehte mich um und sah, wie sein von Furcht entstelltes Gesicht sich in ein Chaos von zuckenden Augenlidern und murmelnden Lippen verwandelte. Dann fand er seine Stimme wieder, doch es war nur ein schwaches Flüstern.

»*Hau ab!* Hau sofort ab! *Sie sehn uns* – lauf um dein Leben! Bleib nich stehen, für nichts auf de Welt! – *sie wissen jetzt* – renn weg – schnell – *raus aus de Stadt* –«

Eine weitere, große Welle schlug gegen das lose Mauerwerk des ehemaligen Kais, und das Flüstern des verrückten Alten verwandelte sich erneut in einen unmenschlichen Schrei, der das Blut gefrieren ließ.

»E – YAAHHHH! … YHAAAAAA! …«

Bevor ich noch meine fünf Sinne wieder beieinander hatte, löste sich sein Griff an meiner Schulter, und er stürmte wild Richtung Landesinnerem und rannte um die verfallenen Mauern des Lagerhauses nordwärts.

Ich schaute zurück aufs Meer, doch da war nichts zu sehen. Als ich die Water Street erreichte und an ihr entlang Richtung Norden sah, gab es dort kein Anzeichen mehr von Zadok Allen.

IV

Ich kann kaum Worte dafür finden, in welcher Stimmung mich dieses grauenvolle Erlebnis zurückließ – ein Erlebnis, das gleichzeitig verrückt, traurig, grotesk und Furcht einflößend war. Der Ladenjunge hatte mich darauf vorbereitet, doch die Realität ließ mich nichtsdestotrotz verwirrt und verstört zurück. So kindisch diese Geschichte auch war, hatte Zadoks verwirrte Ernsthaftigkeit und seine Angst bei mir doch eine zunehmende Unruhe ausgelöst, die sich mit meinem schon vorhandenen Gefühl des Abscheus gegenüber der Stadt und ihrem verderbten, ungreifbaren Schatten verband.

Später würde ich die Geschichte noch einmal überdenken und vielleicht einen Kern geschichtlicher Wahrheit darin finden, doch im Moment wollte ich sie einfach nur aus meinem Kopf bekommen. Es war inzwischen ziemlich spät geworden, meine Uhr zeigte 7:15 Uhr, und der Bus würde um acht am Town Square abfahren. Also lenkte ich meine Gedanken, so weit möglich, in unverfängliche Bahnen und auf praktische Dinge, während ich schnell durch die verlassenen Straßen mit verfallenen Dächern und schiefen Häusern in Richtung des Hotels ging, wo ich meine Reisetasche zurückgelassen hatten und meinen Bus vorfinden würde.

Das goldene Licht des frühen Abends gab den alten Dächern und baufälligen Schornsteinen einen Anstrich von geheimnisvoller Schönheit und Frieden, doch ich konnte nicht anders, als ab und zu über meine Schulter zu blicken. Ich würde sicher sehr froh sein, wenn ich erst einmal aus dem übelriechenden und von Furcht überschatteten Innsmouth heraus wäre, und wünschte, es gäbe ein anderes Beförderungsmittel als den Bus, der von dem finster aussehenden Kerl Sargent gefahren wurde. Doch ich beeilte mich nicht zu sehr, denn an jeder stillen Ecke gab es architektonische Besonderheiten, die es wert waren, genauer in Augenschein genommen zu werden, und ich könnte problemlos, so überschlug ich, in einer halben Stunde die vor mir liegende Strecke bewältigen.

Ich studierte die Karte des Ladenjungen und suchte mir einen Weg, den ich noch nicht genommen hatte. Ich entschied mich, anstatt der State die Marsh Street zu nehmen, um zum Town Square zu gelangen. In der Nähe der Einmündung der Fall Street fielen mir vereinzelte Gruppen von geheimnisvoll flüsternden Leuten auf, und als ich schließlich den Town Square erreichte, stellte ich fest, dass fast alle der in der Stadt herumlungernden Gestalten sich am Eingang des Gilman House versammelt hatten. Während ich meine Reisetasche aus der Lobby holte, schien es, als wären sämtliche hervorstehenden, triefenden, nicht blinzelnden Augen auf mich gerichtet, und ich hoffte, dass keine dieser unappetitlichen Kreaturen in den Bus einsteigen würde.

Etwas früher, kurz vor acht, rumpelte der Bus mit drei Fahrgästen an Bord heran und hielt an. Ein übel aussehender Kerl auf dem Bürgersteig murmelte ein paar unverständliche Worte zu dem Fahrer. Sargent warf einen Postsack und ein Bündel Zeitungen heraus und betrat das Hotel, während die Passagiere – dieselben, die ich am Morgen in Newburyport hatte ankommen gesehen – auf den Bürgersteig stolperten und mit einem der Herumstehenden ein paar kehlige Laute in einer Sprache wechselten, von der ich hätte schwören können, dass es kein Englisch war. Ich stieg in den Bus und nahm den gleichen Platz wie heute Morgen ein, doch ich saß noch nicht einmal richtig, als Sargent wieder auftauchte und mit seiner kehligen Stimme, die besonders abstoßend wirkte, etwas zu murmeln begann.

Wie es aussah, hatte ich richtig Pech. Mit dem Motor wäre etwas nicht in Ordnung, und obwohl man die Strecke von Newburyport fahrplanmäßig zurückgelegt hätte, könnte man die Fahrt nach Arkham nicht fortsetzen. Nein, es könnte nicht noch an diesem Abend repariert werden, auch gäbe es keine andere Fahrgelegenheit aus Innsmouth heraus, weder nach Arkham noch sonst wohin.

Sargent entschuldigte sich, ich würde im Gilman übernachten müssen. Wahrscheinlich würde der Portier mir einen guten Preis machen, eine andere Möglichkeit gäbe es nicht. Fast benommen von diesem plötzlich aufgetauchten Hindernis und in großer Furcht vor dem Einbruch der Nacht in dieser sterbenden und fast unbeleuchteten Stadt verließ ich den Bus und betrat erneut die Hotellobby, wo der merkwürdig aussehende Nachtportier sagte, dass ich für einen Dollar Zimmer 428 in der vorletzten Etage haben könnte – groß, aber ohne fließendes Wasser.

Trotz allem, was ich über dieses Hotel in Newburyport gehört hatte, trug ich mich im Anmeldebuch ein, bezahlte den Dollar, ließ den Portier meine Tasche nehmen und folgte dem griesgrämigen, eigenartigen Angestellten drei knarrende Treppen hinauf, vorbei an staubigen Korridoren, die völlig verlassen schienen. Mein düsteres, nach hinten gelegenes Zimmer hatte zwei Fenster und darin befanden sich nur ein paar billige Möbelstücke. Man sah in einen schmuddeligen Hinterhof, der von niedrigen, verfallenen Ziegelmauern umgeben war und meinen Blick auf verfallene, sich nach Westen erstreckende Dächer lenkte sowie auf das Sumpfgebiet dahinter. Am Ende des Korridors befand sich ein Badezimmer – ein entmutigendes Überbleibsel mit einem alten Marmorwaschbecken, einer Zinkwanne, schwachem, elektrischem Licht und vermoderten Holzpanelen über den Rohren und Leitungen.

Es war noch hell draußen. Ich ging hinunter auf den Town Square und schaute mich nach einer Möglichkeit um, wo ich ein Abendessen bekommen könnte. Währenddessen bemerkte ich die merkwürdigen Blicke der heruntergekommenen Stadtstreicher. Da der Lebensmittelladen schon geschlossen hatte, war ich gezwungen, in das Restaurant zu gehen, das ich vorher gemieden hatte. Ein gedrungener, schmalköpfiger Mann mit starrenden, nicht blinzelnden Augen und ein breitnasiges Weibsbild mit unglaublich dicken und unförmigen Händen erwarteten mich. Das Essen wurde an der Theke zubereitet, und ich war erleichtert, als ich feststellte, dass das meiste davon aus Dosen und Packungen angerichtet wurde. Ein Teller Gemüsesuppe und Kräcker reichten mir, und schon bald war ich wieder auf dem Rückweg zu meinem wenig einladenden Zimmer im Gilman. Von dem übel aussehenden Portier erhielt ich eine Abendzeitung und ein zerlesenes Magazin aus dem wackeligen Ständer neben seinem Tresen.

Als die Dämmerung zunahm, schaltete ich die einzige, schwache, elektrische Glühbirne ein, die sich oberhalb des eisernen Bettgestells befand, und versuchte, so gut es ging, mit meiner Lektüre fortzufahren. Ich hielt es für angebracht, meine Gedanken so weit wie möglich zu beschäftigen, denn es wäre nicht gut, über die Abnormalitäten dieser alten, von Fäulnis überschatteten Stadt nachzugrübeln, während ich mich noch innerhalb ihrer Grenzen befand. Dieses kranke Geschwätz, das der alte Trunkenbold von sich gegeben hatte, würde zu keinen schönen Träumen führen, und mir wurde klar, dass ich den Eindruck seiner wilden, triefenden Augen so weit wie möglich beiseiteschieben musste.

Auch sollte ich mich nicht mit dem beschäftigen, was der Fabrikinspektor dem Fahrkartenverkäufer in Newburyport über das Gilman House und die Stimmen seiner nächtlichen Gäste erzählt hatte – nicht damit und auch nicht mit dem Gesicht unter der Tiara in dem dunklen Eingang der Kirche, einem Gesicht, für dessen Schrecklichkeit mein gesunder Geist keine Erklärung fand. Es wäre mir vielleicht einfacher gefallen, meine Gedanken von diesen verstörenden Dingen fernzuhalten, wenn es in dem Zimmer nicht so grauenhaft muffig gerochen hätte. Aber es war so, dass der muffige Gestank der Verwesung sich auf grässliche Weise mit dem Fischgeruch vermischte und permanent die Vorstellung von Tod und Verfall heraufbeschwor.

Die andere Sache, die mich störte, war das Fehlen eines Riegels an meiner Tür. Wie die Spuren deutlich zeigten, hatte es einmal einen gegeben, doch es schien, als sei er erst vor Kurzem entfernt worden. Ohne Zweifel war er hinfällig geworden in diesem baufälligen Gebäude. Unruhig schaute ich mich um und entdeckte am Kleiderschrank einen Riegel, der die gleiche Größe zu haben schien wie der, der sich früher an der Tür befunden hatte, wie man aus den Spuren dort schließen konnte. Um meiner allgemeinen Anspannung etwas Erleichterung zu verschaffen, machte ich mich daran, den Riegel mithilfe des Schraubenziehers am praktischen Dreifach-Werkzeugs an meinem Schlüsselbund, an der Tür anzubringen. Der Riegel passte perfekt, und ich war einigermaßen erleichtert zu wissen, dass ich, wenn ich mich schlafen legte, die Tür fest verschließen konnte. Nicht, dass ich wirklich befürchtete, es wäre notwendig, doch jede Art von Sicherheit war in einer Umgebung wie dieser willkommen. An den beiden seitlichen Verbindungstüren zu den Nebenräumen befanden sich gleichfalls Riegel, die ich schloss.

Ich zog mich nicht aus, sondern entschied zu lesen, bis ich schläfrig wurde, und mich dann auf das Bett zu legen und nur meinen Mantel, den Hemdkragen und meine Schuhe auszuziehen. Ich nahm eine Taschenlampe aus meiner Reisetasche und steckte sie in die Hosentasche, sodass ich meine Uhr lesen konnte, falls ich später im Dunklen aufwachte. Die Schläfrigkeit stellte sich nicht ein, und als ich innehielt, um meine Gedanken zu ordnen, stellte ich zu meiner Beunruhigung fest, dass ich unbewusst auf etwas lauschte – auf etwas lauschte, was ich fürchtete und nicht benennen konnte. Die Geschichte des Inspektors musste stärker auf meine Einbildungskraft gewirkt haben, als ich vermutet hatte. Ich begann wieder zu lesen, musste aber feststellen, dass ich nicht vorankam.

Nach einer Weile glaubte ich, auf den Treppen und Korridoren ein Knarren zu vernehmen, das von Schritten stammte, und fragte mich, ob die anderen Zimmer sich jetzt füllten. Man hörte keine Stimmen, doch mir fiel auf, dass das Knarren etwas unterschwellig Heimliches an sich hatte. Das gefiel mir gar nicht, und ich überlegte mir, ob ich überhaupt schlafen sollte. In dieser Stadt gab es seltsame Menschen und es hatte eindeutig einige Vermisstenfälle gegeben. War das hier so eine Unterkunft, wo die Reisenden wegen ihres Geldes abgeschlachtet wurden? Ganz sicher sah ich nicht nach Reichtümern aus. Oder waren die Einwohner wirklich so schlecht auf neugierige Besucher zu sprechen? Hatte meine unverhohlene Besichtigungstour, zusammen mit meinen häufigen Blicken auf die Karte, zu ungünstiger Aufmerksamkeit geführt? Mir wurde bewusst, dass ich äußerst nervös sein musste, um mich durch ein paar vereinzelte Geräusche zu solchen Spekulationen hinreißen zu lassen – und dennoch bedauerte ich, nicht bewaffnet zu sein.

Mit der Zeit breitete sich Erschöpfung in mir aus, die aber nichts mit Schläfrigkeit zu tun hatte. Ich verriegelte die reparierte Korridortür, löschte das Licht und warf mich auf das harte, unbequeme Bett – mit Mantel, Hemdkragen, Schuhen und allem. In der Dunkelheit erschienen alle nächtlichen Geräusche lauter, und eine Flut von doppelt unangenehmen Gedanken brach über mich herein. Ich bereute, das Licht gelöscht zu haben, doch war zu müde, um aufzustehen und es wieder anzuschalten. Dann, nach einer langen, düsteren Zeitspanne und in Anbetracht des erneuten Knarren der Stufen und des Korridors, erklang das leise, verdammenswerte, unmissverständliche Geräusch, das mir wie eine schreckliche Bestätigung aller meiner Befürchtungen erschien. Ohne dass es den geringsten Zweifel gab, versuchte man mit einem Schlüssel, meine Korridortür zu öffnen – vorsichtig, verstohlen und heimlich.

Meine Aufregung, als ich dieses Anzeichen einer tatsächlichen Bedrohung bemerkte, war aufgrund meiner vorherigen, unbestimmten Ängste geringer als zu erwarten. Ich war, obwohl es keinen wirklichen Grund dafür gab, instinktiv auf der Hut gewesen, und das brachte mir in der neuen und realen Situation, welcher Art sie auch immer sein mochte, einen Vorteil. Trotzdem versetzte mir der Wandel der Bedrohung von einer unbestimmten Vorahnung in eine unmittelbare Realität einen ordentlichen Schock und wirkte wie ein mächtiger Hammerschlag. Nicht einen Moment hatte ich geglaubt, dass dieses Herumfummeln einfach ein Irrtum sein könnte. Böse Absichten, war alles, an was ich denken konnte, und ich verhielt mich mucksmäuschenstill und wartete auf den nächsten Schritt des vermeintlichen Eindringlings.

Nach einer Weile ließ das vorsichtige Kratzen nach, und ich hörte, wie das nördlich angrenzende Zimmer mit einem Schlüssel geöffnet wurde. Dann versuchte man es vorsichtig an der Verbindungstür zu meinem Zimmer. Natürlich hielt der Riegel, und ich hörte den Boden knarren, als der Eindringling das Zimmer verließ. Kurz darauf erklang erneut ein Klappern, und ich wusste, das Zimmer südlich von meinem war betreten worden. Wieder der verstohlene Versuch an einer verriegelten Tür und wieder das Knarren als das Zimmer verlassen wurde. Diesmal bewegte sich das Knarren den Korridor entlang und die Stufen hinunter, und mir war klar, dass der Eindringling festgestellt hatte, dass meine Türen verriegelt waren, und er sein Vorhaben für eine längere oder kürzere Zeitspanne aufgegeben hatte, wie lange, würde die Zukunft wohl zeigen.

Die Geschwindigkeit, mit der ich mir einen Plan zurechtlegte, bewies, dass ich unbewusst mit einer Bedrohung gerechnet hatte und über Wege, wie ich entkommen könnte, seit Stunden unbewusst nachgedacht hatte. Zuerst erkannte ich, dass der ungesehene Kerl, der an den Schlössern herumgefummelt hatte, eine Gefahr darstellte, der man besser aus dem Weg gehen und so schnell wie möglich davor fliehen sollte. Als Erstes musste ich möglichst schnell und lebend aus dem Hotel kommen, und zwar auf einem anderen Weg als über die Treppen und durch die Lobby.

Ich stand leise auf und richtete den Strahl meiner Taschenlampe auf den Lichtschalter, um die Glühbirne über meinem Bett einzuschalten, weil ich ein paar Dinge einstecken wollte, da ich bei meiner Flucht meine Reisetasche zurücklassen müsste. Allerdings passierte nichts, und ich stellte fest, dass die Stromleitung unterbrochen war. Ganz eindeutig gingen merkwürdige und üble Dinge vor, nur welche, war mir nicht klar. Als ich nun so dastand – die Hand an dem nutzlosen Schalter – und grübelte, hörte ich ein gedämpftes Knarren auf dem Korridor einen Stock tiefer und glaubte, leise Stimmen unterscheiden zu können, die sich unterhielten. Einen Moment später war ich mir nicht mehr sicher, dass es sich bei den tieferen Lauten um Stimmen handelte, da das offenbar raue Bellen und unzusammenhängende Krächzen wenig mit einer menschlichen Sprache gemein hatte. Dann dachte ich wieder mit neuer Kraft an das, was der Fabrikinspektor in jener Nacht in diesem verfaulten und verseuchten Gebäude gehört hatte.

Nachdem ich meine Taschen im Licht der Taschenlampe gefüllt hatte, setzte ich meinen Hut auf und ging auf Zehenspitzen an die Fenster, um zu sehen, welche Möglichkeiten bestanden, dort hinunterzuklettern. Entgegen der staatlichen Bestimmungen befand sich auf dieser Seite des Hotels keine Feuertreppe und meine Fenster ließen nur einen zwei Stockwerke tiefen Sprung auf den gepflasterten Hof zu. Allerdings reichten rechts und links einige alte Wirtschaftsgebäude aus Ziegeln ans Hotel heran, deren schräge Dächer sich in machbarer Sprungentfernung zu mir im dritten Stock befanden. Um eins dieser Gebäude erreichen zu können, würde ich mich in ein Zimmer begeben müssen, das zwei Türen von meinem entfernt war, entweder nach Norden oder nach Süden, und sofort wägte ich die Chancen ab, dorthin zu kommen.

Ich entschied, dass ich nicht den Korridor benutzen könnte, wo man meine Schritte sicher hören würde und die Schwierigkeiten, in das gewählte Zimmer zu kommen, unüberwindlich wären. Mein Weg, wenn überhaupt, müsste durch die weniger soliden Verbindungstüren der Zimmer untereinander führen, die Schlösser und Riegel müsste ich notfalls aufbrechen, indem ich meine Schulter als Rammbock benutzte. Das sollte möglich sein, überlegte ich, wenn man die Baufälligkeit des Gebäudes und der Schlösser in Betracht zog, doch es war klar, dass dies nicht geräuschlos vonstattengehen könnte. Ich musste auf Schnelligkeit setzen und auf die Möglichkeit, ein passendes Fenster zu erreichen, bevor irgendwelche feindseligen Kräfte sich so weit organisiert hatten, dass sie eine der Türen, die zu mir führten, mit einem Generalschlüssel öffnen konnten. Meine eigene Korridortür sicherte ich zusätzlich mit einer Kommode, die ich vorsichtig, um so wenig Lärm wie möglich zu machen, davorschob.

Mir war klar, dass meine Chancen höchst gering waren, und ich war auf jeden Zwischenfall vorbereitet. Selbst wenn es mir gelang, ein anderes Dach zu erreichen, wäre das Problem noch nicht gelöst, denn es blieb noch die Aufgabe, auf den Boden zu kommen und die Stadt zu verlassen. Ein Vorteil war der leer stehende und verfallene Zustand der angrenzenden Gebäude und die Anzahl der Dachluken, die in ihnen gähnend schwarz offen standen.

Anhand der Karte des Ladenjungen stellte ich fest, dass die beste Route, aus der Stadt herauszukommen, südwärts führte, und nahm zuerst die Verbindungstür auf der Südseite meines Zimmers in Augenschein. Sie war so angebracht, dass sie sich zu mir hin öffnete, doch nachdem ich den Riegel gelöst hatte, aber noch andere Schließmechanismen vorhanden waren, musste ich mir eingestehen, dass sie nicht geeignet war, um sie mit Gewalt zu öffnen. Nachdem ich diesen Weg verworfen hatte, schob ich das Bett vorsichtig dagegen, um jeden Angriff, der vielleicht später aus dem benachbarten Zimmer geführt wurde, zu erschweren. Die Tür auf der Nordseite öffnete sich von mir weg, und so musste – obwohl eine Überprüfung zeigte, dass sie von der anderen Seite her verschlossen und verriegelt war – dies mein Fluchtweg sein. Wenn ich die Dächer der Gebäude in der Paine Street erreichen könnte und es bis auf Straßenniveau schaffte, könnte ich vielleicht durch den Hinterhof und die benachbarten oder gegenüberliegenden Gebäude zur Washington oder Bates Street gelangen – oder durch die Paine Street entkommen und dann abbiegen in die Washington Street. Auf jeden Fall würde ich mich Richtung Washington Street bewegen und so schnell wie möglich aus der Gegend um den Town Square verschwinden. Wichtig war mir, der Paine Street auszuweichen, da die Feuerwache dort vielleicht die ganze Nacht besetzt war.

Während dieser Überlegungen schaute ich über das erbärmliche Meer von verfallenen Dächern unter mir, das nun vom Licht des fast vollen Mondes erhellt wurde. Auf der rechten Seite durchschnitt der schwarze Streifen des Flussbetts die Aussicht, verlassene Fabriken und der Bahnhof klebten wie Seepocken an dessen Hängen. Jenseits davon lagen die verrosteten Eisenbahngleise, und die Straße nach Rowley verlor sich in dem flachen, sumpfigen Gebiet, in dem vereinzelt höher gelegene, kleine, trockene Inseln herausragten, die mit Unterholz überwachsen waren. Zur Linken, deutlich näher, lag die von Bächen durchzogene Landschaft, und die schmale Straße nach Ipswich glänzte hell im Mondlicht. Von meiner Seite des Hotels aus konnte ich die südliche Route nach Arkham, die ich nehmen wollte, nicht sehen.

Ich sinnierte noch darüber, wann es am besten sei, die nördliche Tür in Angriff zu nehmen und wie das möglichst leise zu bewerkstelligen wäre, als ich bemerkte, dass die schwachen Geräusche unter mir von einem erneuten, deutlicheren Knarren der Treppe abgelöst wurden. Durch das Oberlicht meiner Tür drang ein flackernder Lichtschein, und die Dielen des Korridors ächzten unter einer erheblichen Last. Gedämpfte Laute, möglicherweise von Stimmen, näherten sich, und schließlich erklang ein hartes Klopfen an meiner Zimmertür.

Einen Moment lang hielt ich einfach die Luft an und wartete ab. Ewigkeiten schienen zu vergehen, und der üble Fischgestank um mich herum schien plötzlich ins Unermessliche anzuwachsen. Dann wiederholte sich das Klopfen – immer wieder und mit zunehmender Heftigkeit. Ich wusste, die Zeit zu handeln war gekommen, und entfernte unverzüglichen den Riegel an der nördlichen Verbindungstür. Dann holte ich tief Luft, um die Tür aufzubrechen. Das Klopfen wurde immer lauter, und ich hoffte, dass es die Geräusche des Aufbrechens der Tür überdecken würde. Schließlich legte ich los, ich warf mich mit meiner linken Schulter immer wieder gegen die dünnen Bretter, ohne mich um den Schmerz zu kümmern. Die Tür leistete größeren Widerstand, als ich gedacht hatte, doch ich gab nicht auf. Und während der ganzen Zeit nahm der Krach an der Korridortür zu.

Schließlich gab die Verbindungstür nach, allerdings unter so einem Getöse, dass mir klar war, die draußen mussten es gehört haben. Sofort wurde aus dem Klopfen ein heftiges Schlagen, während Schlüssel verdächtig in den Korridortüren der Zimmer auf beiden Seiten des meinen knirschten. Ich stürmte durch die neu entstandene Öffnung, und mir gelang es, die Korridortür zu verriegeln, bevor sich das Schloss öffnete, doch noch während ich dies tat, hörte ich, wie sich jemand an der Tür des dritten Zimmers – jenem, von dessen Fenster aus ich die darunterliegenden Dächer erreichen wollte – mit dem Hauptschlüssel zu schaffen machte.

Einen Moment lang war ich völlig verzweifelt, denn ich war in einem Zimmer gefangen, in dem es kein Fluchtfenster gab. Ein fast unmenschlicher Schrecken durchfuhr mich und verlieh den Spuren des Eindringlings, die ich kurz im Schein der Taschenlampe im Staub sah und der versucht hatte, die Verbindungstür von diesem Zimmer aus zu öffnen, eine unerklärliche, grauenerregende Absurdität. Doch dann, trotz der Hoffnungslosigkeit meiner Lage und halb betäubt, fasste ich den Plan, mich auf die nächste Verbindungstür zu stürzen und sie aufzubrechen – darauf hoffend, dass der Riegel der Korridortür, wie in dem zweiten Zimmer, noch intakt wäre und ich diese rechtzeitig verriegeln könnte, bevor sie von außen geöffnet würde.

Außerordentliches Glück verschaffte mir eine Galgenfrist, denn die vor mir liegende Verbindungstür war nicht nur unverschlossen, sondern stand offen. Blitzschnell war ich hindurch und stemmte mich mit dem rechten Knie und der Schulter gegen die Korridortür, die sich deutlich sichtbar nach innen öffnete. Der plötzliche Widerstand traf den Eindringling völlig überraschend, sodass es mir gelang, den gut erhaltenen Riegel einzurasten, so wie ich es bei der anderen Tür getan hatte. Als ich mir diese Verschnaufpause verschafft hatte, vernahm ich, wie das Hämmern an den anderen zwei Türen nachließ, während von der Verbindungstür, die ich mit dem Bettgestell gesichert hatte, eine wildes Knattern erklang. Offensichtlich hatte die Masse meiner Angreifer das südliche Zimmer betreten und sammelte sich zu einem tödlichen Angriff. Doch im gleichen Moment hörte ich einen Schlüssel im Schloss des nach Norden hin angrenzenden Zimmers, und mir war klar, dass diese Gefahr unmittelbarer war.

Die nördliche Verbindungstür stand weit offen, doch es blieb keine Zeit, sich der Korridortür zu widmen, in deren Schloss sich der Schlüssel bereits drehte. Ich konnte nur die Verbindungstür schließen und verriegeln, ebenso die auf der anderen Seite, und schob das Bettgestell gegen die eine und eine Kommode gegen die andere sowie einen Waschtisch vor die Korridortür. Ich sah ein, dass ich darauf vertrauen musste, dass diese behelfsmäßigen Barrikaden Stand hielten, bis ich aus dem Fenster und auf dem Dach des Gebäudeblocks in der Paine Street war. Doch selbst in diesem Moment bestand meine primäre Furcht nicht aufgrund der offensichtlichen Unzulänglichkeit meiner Verteidigungsmaßnahmen, sondern ich zitterte, weil keiner meiner Verfolger – außer einem grässlichen Keuchen und Grunzen und manchmal unterdrücktem Bellen – einen verständlichen Laut herausbrachte.

Während ich die Möbelstücke verschoben hatte und zum Fenster eilte, hörte ich ein Furcht einflößendes Herumhasten auf dem Korridor in Richtung des Zimmers nördlich von mir und bemerkte, dass das Getrommel im südlichen Zimmer nachgelassen hatte. Ganz eindeutig konzentrierten sich die meisten meiner Gegner auf die schwache Verbindungstür, die direkt zu mir führen musste. Draußen stand der Mond direkt über dem Dachfirst des Gebäudes unter mir und ich sah, dass der Sprung aufgrund der sehr schrägen Fläche, auf der ich landen musste, außerordentlich gefährlich sein würde.

Nachdem ich die Lage sondiert hatte, entschied ich, das südlichere der beiden Fenster als Fluchtweg zu nehmen, und plante, auf der inneren Dachseite zur landen und von dort zur nächstgelegenen Dachluke zu kommen. Einmal im Inneren des verfallenen Ziegelgebäudes musste ich damit rechnen, verfolgt zu werden, doch ich hoffte, es nach unten zu schaffen, dann durch die offen stehenden Türen und entlang des im Schatten liegenden Hinterhofs irgendwie zur Washington Street zu gelangen und Richtung Süden die Stadt zu verlassen.

Das Scheppern an der nördlichen Verbindungstür war jetzt beängstigend, und ich sah, dass das hinfällige Material zu splittern begann. Offensichtlich hatten meiner Belagerer etwas massives wie einen Rammbock ins Spiel gebracht. Das Bettgestell hielt allerdings, so bestand zumindest eine geringe Chance, dass meine Flucht erfolgreich sein könnte. Beim Öffnen des Fensters fielen mir die schweren Velour-Vorhänge links und rechts davon auf, die mit Messingringen an einer Gardinenstange befestigt waren, und auch, dass sich an der Außenseite eine weit vorspringende Halterung für die Fensterläden befand. Die Möglichkeit erkennend, den gefährlichen Sprung zu vermeiden, riss ich an der Halterung, und die Stange samt allem anderen kam herunter. Danach befestigte ich schnell zwei der Gardinenringe an der Halterung der Läden und warf den Vorhang hinaus. Die schweren Falten reichten bis hinab auf das Dach des nebenstehenden Gebäudes und ich ging davon aus, dass die Ringe und die Halterung mein Gewicht tragen würden. Also kletterte ich aus dem Fenster und die improvisierte Strickleiter hinunter und ließ für immer die düsteren und vom Schrecken heimgesuchten Mauern des Gilman House hinter mir zurück.

Ich landete sicher auf den losen Schieferplatten des steilen Daches und schaffte es, ohne abzurutschen, zu der klaffenden, schwarzen Öffnung der Dachluke. Als ich mich nach dem Fenster, aus dem ich geflohen war, umsah, stellte ich fest, dass es noch immer dunkel war, doch in weiter Entfernung, hinter den verfallenen Schornsteinen im Norden konnte ich Lichter geheimnisvoll aufflackern sehen. Sie kamen aus dem Tempel des Orden von Dagon, der Baptistenkirche und der Kongregierten Kirche, wobei die Erinnerung an diese mich schaudern ließ. Es schien, als befände sich niemand in dem Hinterhof unter mir, und ich hoffte, hier wegzukommen, bevor es einen allgemeinen Alarm gäbe. Ich richtete meine Taschenlampe in die Dachluke und sah, dass es keine Leiter nach unten gab. Indes war der Abstand zum Boden nicht so groß. Ich kletterte über den Rand, ließ mich fallen und landete auf einem staubigen Fußboden, der mit kaputten Kisten und Fässern übersät war.

Der Ort war unheimlich, doch ich war schon darüber hinaus, mich um solche Eindrücke zu kümmern, und begab mich sofort zu der Treppe, die ich im Licht meiner Taschenlampe gesehen hatte. Ein schneller Blick auf meine Uhr zeigte mir, dass es zwei Uhr war. Die Stufen knarrten, erweckten aber den Eindruck, stabil zu sein, und ich stürmte nach unten, vorbei am ersten Stock, der wie ein Lagerraum wirkte, und erreichte das Erdgeschoss. Es war gänzlich verlassen, und ich hörte nur das Echo meiner Schritte. Schließlich kam ich in die Eingangshalle und sah am anderen Ende ein schwach erhelltes Rechteck, dass die zerstörte Türöffnung zur Paine Street darstellte. Ich lief in die andere Richtung, stieß auf die Hintertür, die ebenfalls offen war, und schoss heraus, fünf Steinstufen hinunter auf die Gras überwucherten Pflastersteine des Hinterhofs.

Das Mondlicht reichte nicht bis hier herunter, aber ich konnte, ohne meine Taschenlampe zu benutzen, gerade noch meinen Weg erkennen. Einige der Fenster im Gilman House waren schwach erleuchtet und ich vermeinte leise Geräusche von dort zu vernehmen. Vorsichtig ging ich zu der Seite, wo die Washington Street lag, bemerkte einige offene Türen und wählte die aus, die am nächsten zu meinem Weg lag. Im Inneren der Eingangshalle war es pechschwarz, und als ich die gegenüberliegende Seite erreichte, stellte ich fest, dass die Tür zur Straße hoffnungslos verkeilt war. Gezwungen, ein anderes Gebäude zu suchen, tastete ich mich zurück in Richtung Hinterhof, doch als ich die Tür erreichte, blieb ich unvermittelt stehen.

Denn aus einer offenen Tür im Gilman House strömte eine große Anzahl von zweifelhaften Gestalten – Laternen schwankten in der Dunkelheit und schreckliche, krächzende Stimmen tauschten tiefe Rufe aus – in einer Sprache, die keinesfalls Englisch war. Die Gestalten bewegten sich unsicher, und zu meiner Erleichterung bemerkte ich, dass sie keine Ahnung hatten, wo ich mich befand, und doch ließen sie mich vor Schrecken erschaudern. Die Gestalten waren nicht zu unterscheiden, doch ihr geduckter, schlurfender Gang war außerordentlich abstoßend. Am Schlimmsten war eine Gestalt in einem seltsamen Gewand und zweifellos von einer hohen Tiara gekrönt, deren Aussehen mir nur allzu bekannt vorkam. Als die Gestalten im Hinterhof ausschwärmten, merkte ich, wie meine Furcht zunahm. Man stelle sich vor, ich fände aus diesem Gebäude keinen Ausgang zur Straße? Der Fischgestank wurde immer stärker, und ich fragte mich, ob ich ihn ertragen könnte, ohne ohnmächtig zu werden. Wieder tastete ich mich in Richtung der Straße, öffnete eine Tür, die aus der Halle hinausführte, und betrat einen Raum mit Fenstern ohne Scheiben, aber von Läden fest verschlossen. Ich fummelte im Licht meiner Taschenlampe herum und schaffte es, die Läden zu öffnen, im nächsten

Moment war ich herausgeklettert und verschloss die Fenster in gleicher Weise wieder.

Nun befand ich mich auf der Washington Street, und im Moment war weder ein lebendes Wesen noch ein Licht – außer dem des Mondes – zu sehen. Aus verschiedenen Richtungen, allerdings in einiger Entfernung, konnte ich den Klang rauer Stimmen hören und Schritte und eine Art von Klatschen, das gar nicht nach Schritten klang. Offen gesagt, ich hatte keine Zeit zu verlieren. Mein Weg war völlig klar, und ich war froh, dass sämtliche Straßenlaternen gelöscht waren, so wie es oft Sitte in rückständigen, ländlichen Gegenden in mondhellen Nächten ist. Einige der Geräusche kamen aus dem Süden, doch ich blieb bei meinem Plan, in diese Richtung zu fliehen. Es würde dort genügend verlassene Hauseingänge geben, in denen ich mich verbergen konnte, falls ich eine Person oder eine Gruppe sehen würde, die wie Verfolger wirkten.

Ich ging leise und schnell und blieb immer nahe bei den verfallenen Häusern. Ohne Hut und nach meinem beschwerlichen Abstieg ziemlich zerzaust sah ich nicht besonders präsentabel aus und hatte gute Chancen, wenn ich einem gewöhnlichen Streuner begegnete, unerkannt zu bleiben. In der Bates Street versteckte ich mich in einem offenen Vorzimmer, während vor mir zwei schlurfende Gestalten die Straße überquerten, war aber schon bald wieder auf meinem Weg und näherte mich dem offenen Terrain, wo an der südlichen Kreuzung die Eliot Street schräg die Washington Street querte. Obwohl ich diese Kreuzung nie gesehen hatte, hatte sie selbst auf der Karte des Ladenjungen schon gefährlich auf mich gewirkt, denn das Mondlicht würde dort freie Bahn haben. Es hatte keinen Sinn, diesen Bereich zu umgehen, denn jede andere Route würde Umwege mit gefährlichen Sichtverhältnissen und Verzögerungen bedeuten. Das Einzige, was man tun konnte, war, die Kreuzung offen und mutig zu überqueren, so gut man konnte das übliche Schlurfen der Leute aus Innsmouth zu imitieren und darauf zu vertrauen, dass niemand – oder zumindest keiner meiner Verfolger – dort sein würde.

Wie gut die Verfolgung organisiert war und was überhaupt ihr Ziel war, davon konnte ich mir kein Bild machen. In der Stadt schien es außergewöhnliche Aktivitäten zu geben, aber ich kam zu dem Schluss, dass die Nachricht von meinem Entkommen sich noch nicht verbreitet hatte. Ich würde aber schon bald von der Washington Street auf eine andere Straße Richtung Süden wechseln müssen, denn die Gruppe aus dem Hotel war untrüglich auf meinen Fersen. Ich hatte sicherlich im Staub des letzten alten Gebäudes Fußspuren hinterlassen, die zeigten, wie ich auf die Straße gekommen war.

Das offene Terrain lag wie erwartet im hellen Mondschein, und ich sah die Überreste einer parkähnlichen, von Eisengittern eingezäunten Grünfläche in der Mitte. Zum Glück war niemand zu sehen, jedoch schien eine merkwürdige Art von Brummen oder Dröhnen sich aus Richtung des Town Square zu nähern. Die South Street war sehr breit, führte einen leichten Abhang hinunter zum Hafen und bot einen weiten Blick hinaus aufs Meer. Ich hoffte, dass niemand von dort in meine Richtung sah, während ich durch das helle Mondlicht lief.

Unbehelligt kam ich voran, und keine neuen Geräusche erschollen, die darauf hindeuteten, dass ich entdeckt worden wäre. Als ich mich umsah, wurden meine Schritte für ein paar Sekunden unwillkürlich langsamer, und ich warf einen Blick auf das prächtig im hellen Mondschein am anderen Ende der Straße daliegende Meer. Weit draußen, jenseits des Wellenbrechers, befand sich die kaum sichtbare, dunkle Linie des Teufelsriffs, und als ich diese sah, konnte ich nicht anders, als an all die abscheulichen Legenden zu denken, die ich in den letzten vierunddreißig Stunden zu hören bekommen hatte. Legenden, die diesen zerklüfteten Felsen als einen tatsächlichen Eingang zu einem Reich unermesslichen Schreckens und unvorstellbarer Abnormitäten beschrieben.

Dann, völlig unvermittelt, sah ich auf dem weit abgelegenen Riff in regelmäßigen Abständen Lichter aufblitzen. Sie waren klar und deutlich zu sehen und lösten bei mir einen schieren Schrecken weit jenseits aller Vernunft aus. Meine Muskeln spannten sich – bereit für eine kopflose Flucht – und wurden nur von einer unbewussten Vorsicht und einer fast hypnotischen Faszination in Zaum gehalten. Und was die Sache noch schlimmer machte, jetzt leuchteten von der hohen Kuppel des Gilman House, die im Nordwesten hinter mir aufragte, entsprechende Lichter nur in einem anderen Rhythmus auf, die nichts anderes als ein Antwortsignal sein konnten.

Meine Muskeln wieder unter Kontrolle bekommend und erneut mir bewusst werdend, wie deutlich sichtbar ich war, nahm ich meine schnellere, vorgetäuscht schlurfende Gangart wieder auf, jedoch behielt ich das höllische und bedrohliche Riff so lange im Blick, wie die freie Sicht die South Street entlang es mir ermöglichte. Was das alles zu bedeuten hatte, konnte ich mir nicht vorstellen, außer dass es mit irgendeinem Ritus zu tun hätte, der mit dem Teufelsriff zusammenhing, oder dass jemand mit einem Boot auf diesem finsteren Fels gelandet wäre. Ich bog nun links um die verwahrloste Grünfläche, immer noch auf den Ozean blickend, der im geisterhaften, sommerlichen Mondlicht glänzte, und das geheimnisvolle Aufblitzen dieser unerklärlichen Leuchtfeuer verfolgend.

Es war in diesem Moment, als mich der schrecklichste Anblick von allen traf – der Anblick, der den letzten Rest meiner Selbstbeherrschung zerstörte und mich panisch nach Süden hetzen ließ, vorbei an den gähnenden, schwarzen Türöffnungen und fischäugig starrenden Fenstern dieser verlassenen, albtraumhaften Straßen. Denn bei einem genaueren Hinsehen hatte ich bemerkt, dass die Gewässer zwischen dem Riff und der Küste keinesfalls leer waren. Sie quollen über vor wimmelnden Horden von Kreaturen, die auf die Stadt zuschwammen, und selbst aus dieser Entfernung und nur für einen Moment konnte ich feststellen, dass die auf und ab hüpfenden Köpfe und die schlagenden Arme auf eine Art fremdartig und abnormal waren, die kaum zu beschreiben oder verstandesmäßig zu erfassen war.

Meine kopflose Flucht endete, noch bevor ich einen Gebäudeblock hinter mich gelegt hatte, denn zu meiner Linken vernahm ich etwas, was nach dem Geschrei und Getöse einer geordneten Verfolgergruppe klang. Man hörte Schritte und kehlige Laute und ein klapperndes Motorengeräusch, das entlang der Federal Street keuchte. Innerhalb eines Augenblicks waren alle meine Pläne hinfällig geworden; da die südliche Ausfallstraße vor mir blockiert war, musste ich einen anderen Weg hinaus aus Innsmouth finden. Ich hielt inne und schlüpfte durch eine offene Tür. Mir wurde bewusst, wie viel Glück ich gehabt hatte, das im Mondlicht liegende, freie Terrain überquert zu haben, bevor meine Verfolger die Parallelstraße entlanggekommen waren.

Ein zweiter Gedanke war weniger beruhigend. Da die Verfolger eine andere Straße nahmen, war klar, dass sie mir nicht direkt folgten. Sie hatten mich noch nicht entdeckt, sondern folgten dem grundsätzlichen Plan, meine Flucht zu verhindern. Das hieß allerdings, dass sämtliche Straßen, die aus Innsmouth herausführten, in gleicher Weise kontrolliert wurden, denn die Einheimischen konnte ja nicht wissen, welchen Weg ich nehmen würde. In diesem Fall müsste ich querfeldein fliehen und jede Straße meiden. Doch wie sollte ich das in Anbetracht der sumpfigen und von Bächen durchzogenen Landschaft zustande bringen? Für einen Moment wurde mir ganz schwindelig – einerseits von der blanken Hoffnungslosigkeit meiner Lage und andererseits von dem intensiver werdenden, allgegenwärtigen Fischgestank.

Dann kam mir die aufgelassene Eisenbahntrasse nach Rowley in den Sinn, deren fester, Unkraut überwachsener Bahndamm sich immer noch von dem verfallenen Bahnhof am Flussbett aus in Richtung Nordwesten erstreckte. Es bestand die Möglichkeit, dass die Stadtbewohner nicht daran denken würden, da die mit Dornenbüschen überwachsene Trasse fast unpassierbar und die wohl ungünstigste Route für eine Flucht war. Ich hatte die Strecke deutlich von meinem Hotelfenster aus gesehen und wusste, wo sie lag. Ein Großteil der anfänglichen Strecke war unangenehmerweise deutlich von der Straße nach Rowley und von höher gelegenen Punkten in der Stadt einsehbar, aber man könnte vielleicht unauffällig durch das Unterholz kriechen. Wie auch immer, es war meine einzige Möglichkeit zu entkommen, und mir blieb nichts anderes übrig, als es zu versuchen.

Ich zog mich etwas weiter in die Eingangshalle meines verlassenen Unterschlupfs zurück und studierte mithilfe der Taschenlampe noch einmal die Karte des Ladenjungen. Das entscheidende Problem war, wie die alte Bahnlinie zu erreichen sei. Ich sah, dass der sicherste Weg hin zur Babson Street vor mir und dann nach Westen zur Lafayette wäre, von dort aus am Rande eines offenen Geländes entlang, gleich dem, das ich überquert hatte, allerdings ohne es diesmal kreuzen zu müssen –, anschließend dann wieder nach Norden und Westen in einem Zickzackkurs durch die Lafayette, Bates, Adams und Bank Street, wobei letztere am Flussbett entlangführte, zu dem verlassenen und verfallenen Bahnhof, den ich von meinem Fenster aus gesehen hatte. Der Grund dafür, die Babson Street zu nehmen, lag darin, dass ich weder den freien Platz nochmals überqueren noch meinen Weg nach Westen auf einer so breiten Querstraße wie der South Street beginnen wollte.

Ich machte mich wieder auf den Weg und überquerte so vorsichtig wie möglich die Straße zu meiner Rechten zur Babson Street. Von der Federal Street her hörte ich immer noch Geräusche, und als ich zurückblickte, vermeinte ich Lichter in der Nähe des Gebäudes zu sehen, durch das ich geflohen war. Darauf bedacht, von der Washington Street wegzukommen, verfiel ich in ein lockeres Traben und vertraute auf mein Glück, dass mich niemand sah. Kurz bevor ich die Kreuzung mit der Babson Street erreicht hatte, bemerkte ich zu meinem Entsetzen, dass eins der Häuser noch bewohnt war, wie mir die Vorhänge an den Fenstern offenbarten, doch es war kein Licht im Inneren zu sehen, und ich kam ohne Zwischenfall daran vorbei.

In der Babson Street, die die Federal kreuzte, wodurch ich von meinen Verfolgern gesehen werden konnte, drückte ich mich so eng wie möglich an die verfallenen, ungleichmäßigen Gebäude und hielt zwei Mal inne, als die Geräusche hinter mir kurzzeitig anschwollen. Das Terrain vor mir lag offen und verlassen im Mondlicht, doch ich musste es auf meinem Weg ja nicht überqueren.

Während meiner zweiten Pause bemerkte ich ein neues, unterschwelliges Geräusch, und als ich vorsichtig aus meiner Deckung blickte, sah ich ein Automobil – aus der Eliot Street kommend, die hier auf die Babson und Lafayette traf – über den offenen Platz stadtauswärts fahren.

Während ich hinsah – halb erstickt von dem plötzlichen Anstieg des Fischgestanks, nachdem er zuvor nachgelassen hatte –, bemerkte ich eine Gruppe von unbeholfenen, gebeugten Gestalten, die sich torkelnd und schlurfend in dieselbe Richtung bewegten. Ich wusste, dass dies die Gruppe sein musste, die die Landstraße nach Ipswich bewachen sollte, denn diese war die Verlängerung der Eliot Street. Zwei der Gestalten trugen aufwendige Gewänder und eine davon ein spitzes Diadem, das im Mondlicht weiß glänzte. Der Gang einer der beiden Gestalten war so ekelerregend, dass mich ein Schauder durchlief, denn es schien, als ob die Gestalt fast *hüpfte*.

Als der Letzte der Gruppe außer Sicht war, setzte ich meinen Weg fort, huschte um die Ecke in die Lafayette Street und überquerte eilig die Eliot Street, falls Nachzügler der Gruppe noch auf der Durchgangsstraße entlangkämen. Ich hörte noch ein paar krächzende und klappernde Geräusche weit entfernt aus Richtung des Town Square, aber erreichte die andere Seite, ohne dass es zur Katastrophe kam. Die größte Herausforderung war das erneute Überqueren der breiten und vom Mond beschienenen South Street – mit dem Blick auf das Meer – also musste ich mich für diese Feuerprobe rüsten. Es war gut möglich, dass mich irgendjemand sah, und auch Nachzügler auf der Eliot Street könnten mich von zwei Stellen aus bemerken. Im letzten Moment entschied ich mich, meine gewöhnliche Gangart aufzugeben und die Überquerung wie zuvor in dem schlurfenden Gang eines durchschnittlichen Einwohners von Innsmouth zu machen.

Als der Blick auf das Meer sich wieder öffnete – diesmal zu meiner Rechten –, war ich eigentlich entschlossen, nicht dorthin zu schauen. Doch ich konnte nicht widerstehen und riskierte, während ich automatisch weiter in Richtung der Schatten vor mir schlurfte, einen verstohlenen Blick. Dort war kein Schiff zu sehen, wie ich eigentlich erwartet hatte. Stattdessen sah ich als erstes ein kleines Ruderboot, das auf die verlassenen Kaianlagen zusteuerte und in dem sich ein unförmiges, in Segeltuch verschnürtes Objekt befand. Obwohl weit entfernt und nur undeutlich zu sehen, wirkten die Ruderer außerordentlich abstoßend. Einige Schwimmer waren noch zu sehen, während auf dem weit entfernten schwarzen Riff ein beständiger Lichtschein, ganz anders als die Leuchtzeichen zuvor und von einer Farbe, die ich nicht genau zuordnen konnte, zu sehen war. Über den steilen Dächern vor und rechts neben mir erhob sich die hohe Kuppel des Gilman House, allerdings war sie völlig dunkel. Eine gnädige Brise hatte für einen Moment den Fischgestank vertrieben, der jetzt wieder mit unverminderter Macht hereinbrach.

Ich hatte die andere Straßenseite noch nicht erreicht, als ich eine brabbelnde Gruppe hörte, die sich von Norden her auf der Washington Street näherte. Als sie den weiten, offenen Raum erreichte, von dem aus ich meinen ersten beunruhigenden Blick aufs Meer geworfen hatte, stellte ich fest, dass sie gerade noch einen Häuserblock entfernt war, und erschrak ob der tierischen Abnormität ihrer Gesichter und ihres hundeähnlichen, nicht menschlichen, gebückten Gangs. Einer der Männer bewegte sich eindeutig wie ein Affe, wobei seine langen Arme ab und zu den Boden berührten, während eine andere Gestalt – gewandet und eine Tiara tragend – sich hüpfend fortbewegte. Es war offensichtlich jene Gruppe, die ich in dem Hinterhof des Gilman gesehen hatte. Diese Gruppe war eindeutig auf meinen Fersen. Als sich einer aus der Gruppe umdrehte und in meine Richtung sah, erstarrte ich innerlich vor Schreck, doch es gelang mir, meinen lockeren, schlurfenden Gang, den ich angenommen hatte, beizubehalten. Bis heute weiß ich nicht, ob sie mich gesehen haben. Wenn sie mich gesehen haben, dann musste meine List funktioniert haben, denn sie liefen weiter über den im Mondlicht liegenden Platz, ohne von ihrem Weg abzuweichen, während sie beständig in einem kehligen, grässlichen Idiom, das ich nicht identifizieren konnte, krächzten und plapperten.

Ich nahm meine gleichmäßige Gangart wieder auf und trabte an den schiefen, verfallenen Häusern entlang, die ausdruckslos in die Nacht starrten. Nachdem ich auf den westlichen Bürgersteig gewechselt war, bog ich an der nächsten Ecke in die Bates Street ab, wo ich mich eng an die Gebäude auf der Südseite hielt. Ich kam an zwei Häusern vorbei, die bewohnt schienen, in einem davon schimmerte im oberen Stockwerk ein schwacher Lichtschein, aber es traten keine Schwierigkeiten auf. Als ich die Adams Street erreicht hatte, verspürte ich eine deutliche Erleichterung, doch ich war wie vor den Kopf geschlagen, als direkt vor mir ein Mann aus einer schwarzen Türöffnung stolperte. Zum Glück stellte sich heraus, dass er sturzbetrunken war und keine Gefahr darstellte. So erreichte ich sicher die trostlose Ruine des Lagerhauses in der Bank Street.

Nichts rührte sich in der verlassenen Straße neben dem Flussbett, und das Donnern des Wasserfalls übertönte meine Schritte. Es war noch ein weiter Weg bis zu dem verfallenen Bahnhof, und die hohen Ziegelmauern des Lagerhauses um mich herum schienen irgendwie bedrohlicher als die Gebäudefronten der Wohnhäuser. Schließlich sah ich die Arkaden des alten Bahnhofs – oder was noch von ihnen übrig war – und ging direkt zu den Gleisen, die von der gegenüberliegenden Seite aus ihren Anfang nahmen.

Die Gleise waren verrostet, aber noch in Ordnung, und nur die Hälfte der Schwellen war verrottet. Das Laufen oder gar Rennen auf einem solchen Untergrund war sehr schwer, aber ich gab mein Bestes, und insgesamt schaffte ich es in einer sehr annehmbaren Zeit. Eine gewisse Strecke verliefen die Gleise entlang des Flussbetts, doch dann erreichte ich die lange, gedeckte Brücke, auf der sie den Abgrund in einer schwindelerregenden Höhe überquerten. Der Zustand dieser Brücke würde darüber entscheiden, was ich als nächstes tat. Wenn menschenmöglich, würde ich sie benutzen, wenn nicht, dann müsste ich eine weitere Wanderung durch die Straßen riskieren und die nächste, intakte Straßenbrücke nehmen.

Die enorme, scheunenartige Konstruktion der alten Brücke glänzte geheimnisvoll im Mondlicht, und ich sah, dass die Schwellen – zumindest auf den ersten Metern – in Ordnung waren. Als ich sie betrat, schaltete ich meine Taschenlampe ein und fiel fast in Ohnmacht, als eine Wolke von Fledermäusen an mir vorbeiflog. Nach der Hälfte der Strecke tat sich eine gefährliche Lücke in den Schwellen auf, und für einen Moment befürchtete ich, am Ende meines Weges zu sein, doch dann riskierte ich einen gefährlichen Sprung, der glücklicherweise gelang.

Ich war froh, das Mondlicht wiederzusehen, nachdem ich diesen merkwürdigen Tunnel verlassen hatte. Die alten Gleise kreuzten direkt dahinter die River Street und bogen dann sofort in ein Gebiet ab, das zunehmend ländlicher wurde, und der grässliche Fischgestank von Innsmouth verflog nach und nach. Hier behinderte mich allerdings der dichte Bewuchs von Büschen und Dornensträuchern, die meine Kleidung zerrissen, dennoch war ich froh, dass es sie gab und sie mir, im Fall einer Verfolgung, Deckung geben würden. Mir war klar, dass ein Großteil meines Weges von der Straße nach Rowley einsehbar war.

Kurz darauf begann das Sumpfgebiet, und die Gleise verliefen auf einem niedrigen, mit Gras überwachsenem Erdwall, wo der Bewuchs etwas spärlicher war. Dann führten die Gleise über eine Art von Insel, die etwas höher lag und eine flache Lichtung mit Büschen und Brombeersträucher aufwies. Ich war sehr froh über diesen teilweisen Sichtschutz, denn an dieser Stelle, wie ich von meinen Beobachtungen aus dem Fenster wusste, verlief die Straße unangenehm nah bei den Gleisen. Hinter der Lichtung würde sie die Bahngleise kreuzen und dann in einem sichereren Abstand verlaufen, doch bis dahin musste ich extrem vorsichtig sein. Zu diesem Zeitpunkt war ich mir erfreulicherweise sicher, dass die Bahnstrecke nicht überwacht wurde.

Bevor ich die Lichtung betrat, schaute ich zurück, doch es waren keine Verfolger zu sehen. Die alten Dächer und Türme des verfallenen Innsmouth glänzten lieblich und ätherisch im magischen, gelben Mondlicht, und ich stellte mir vor, wie sie wohl ausgesehen haben mussten in jenen alten Tagen, bevor der Schatten sich über Innsmouth legte. Doch dann, als mein Blick von der Stadt zur Insel wanderte, erweckte etwas Anderes, weniger Bezauberndes meine Aufmerksamkeit und ließ mich kurz erstarren.

Was ich sah – oder glaubte zu sehen – war eine beunruhigende, wellenförmige Bewegung weit im Süden, ein Anblick, der mich zu dem Schluss kommen ließ, dass eine große Horde auf Höhe der Straße nach Ipswich aus der Stadt hinausströmte. Die Entfernung war zu groß, als dass ich Einzelheiten erkennen konnte, doch der Anblick dieser Heerscharen gefiel mir überhaupt nicht. Die Wellenbewegung war zu heftig, und sie glänzte zu hell im Licht des jetzt schon untergehenden Mondes. Ich vernahm auch eine Ahnung von Lauten, obwohl der Wind in die andere Richtung stand – eine Ahnung von bestialischem Kratzen und Brüllen, viel schlimmer als das Gemurmel der Gruppen, zu ich zuvor belauscht hatte.

Mir gingen alle möglichen, unangenehmen Konsequenzen durch den Kopf. Ich dachte an die überaus abseitigen Exemplare der Innsmouth-Bewohner, die in dem verfallenen, Jahrhunderte altem Labyrinth in der Hafengegend versteckt wurden. Auch gingen mir die namenlosen Schwimmer, die ich gesehen hatte, nicht aus dem Sinn. In Anbetracht der Anzahl der Gruppen, die ich bis jetzt gesehen hatte und zusätzlich derer, die die anderen Straßen überwachten, musste die Zahl meiner Verfolger unwahrscheinlich groß für eine so verlassene Stadt wie Innsmouth sein.

Woher kam diese Menge von Leuten, die jetzt hinter mir her waren? Wimmelte dieses alte, unerforschte Labyrinth von herumwuselndem, unbekanntem und nicht kontrolliertem Leben? Oder hatte doch ein Schiff unbemerkt diese Legionen von unbekannten Außenweltlern auf das höllische Riff gebracht? Wer waren sie? Warum waren sie hier? Und wenn eine solch große Horde die Straße nach Ipswich überflutete, kontrollierten sie die anderen Straßen in gleicher Weise?

Ich hatte die mit Büschen bewachsene Lichtung erreicht und bewegte mich sehr langsam vorwärts, als dieser elende Fischgestank wieder intensiver wurde. Hatte sich der Wind plötzlich gedreht und kam aus Osten, sodass er vom Meer her über die Stadt wehte? Es musste wohl so sein, da ich jetzt ein beängstigendes, kehliges Murren aus einer Richtung vernahm, in der es vorher still gewesen war. Es gab noch ein anderes Geräusch – eine Form von umfassendem, mächtigem Klatschen oder Schlagen, das irgendwie bei mir Bilder der abscheulichsten Art heraufbeschwor. Unwillkürlich dachte ich an die unerquickliche, sich wellenförmig fortbewegende Horde auf der weit entfernten Straße nach Ipswich.

Und dann verstärkten sich der Gestank und die Geräusche, sodass ich zitternd und dankbar für die Deckung, die mir die Büsche gaben, eine Rast einlegte. Ich rief mir ins Gedächtnis, dass dies genau die Stelle war, an der die Straße ganz nah an der alten Bahnstrecke entlanglief, bevor sie diese in westlicher Richtung kreuzte und sich schließlich davon entfernte. Etwas näherte sich auf der Straße, und ich müsste mich ganz dicht auf den Boden pressen, bis es vorbei und in einer gewissen Entfernung verschwunden wäre. Gott sei Dank hatten diese Kreaturen keine Hunde zur Fährtenlese – vielleicht war das, aufgrund des hier herrschenden Gestanks, auch unmöglich. Verborgen zwischen den Büschen dieser sandigen Stelle fühlte ich mich einigermaßen sicher, obwohl mir klar war, dass der Suchtrupp die Bahngleise keine hundert Meter vor mir überqueren musste. Ich würde sie sehen, sie mich allerdings nicht, außer es würde ein abscheuliches Wunder geschehen.

Ganz plötzlich hatte ich Angst, sie bei der Überquerung zu beobachten. Ich sah die nahe gelegene, vom Mondlicht erleuchtete Stelle, wo sie vorbeikommen mussten, und machte mir seltsame Gedanken über die nicht wieder gutzumachende Verseuchung dieser Stelle. Wahrscheinlich wären sie die übelsten Exemplare des »Innsmouth-Aussehens« – etwas, an das man sich nicht erinnern möchte.

Der Gestank wurde unerträglich und die Geräusche schwollen zu einem Crescendo von Krächzen an, ein Bellen und Knurren, das keinerlei Ähnlichkeit mit menschlicher Sprache hatte. Waren dies wirklich die Stimmen meiner Verfolger? Hatten sie vielleicht doch Hunde bei sich? Bis jetzt hatte ich in Innsmouth keine Haustiere gesehen. Das Klatschen und Schlagen war abscheulich – ich konnte mir die degenerierten Kreaturen, die dafür verantwortlich waren, einfach nicht ansehen. Ich würde meine Augen geschlossen halten, bis die Geräusche Richtung Westen verschwunden wären. Die Horde war jetzt sehr nah, die Luft war erfüllt von ihrem rauen Knurren, und die Erde bebte fast von ihren fremdartigen Schritten. Mit blieb beinahe die Luft weg, und ich setzte meine ganze Willenskraft ein, meine Augenlider geschlossen zu halten.

Auch jetzt kann ich noch nicht mit Bestimmtheit sagen, ob das, was folgte, eine grässliche Tatsache oder nur ein albtraumhaftes Trugbild war. Die späteren Maßnahmen der Regierung, die auf meine verzweifelten Bitten hin getroffen wurden, tendieren dahin, dass es den Tatsachen entsprach. Doch besteht nicht die Möglichkeit, dass sich ein solches Trugbild unter dem hypnotischen Einfluss dieser alten, verwunschenen und überschatteten Stadt wiederholte? Solche Orte verfügen über seltsame Kräfte, und das Vermächtnis krankhafter Legenden könnte unter Umständen, inmitten dieser vom Gestank erfüllten Straßen und der Anhäufung von verrotteten Dächern und verfallener Kirchtürme, die Vorstellungskraft von mehr als einem menschlichen Wesen beeinflusst haben. Ist es nicht möglich, dass ein tatsächlicher Keim ansteckenden Wahnsinns in den Tiefen jenes Schattens über Innsmouth lauert? Wer kann sich noch der Realität sicher sein, wenn er Dinge wie die Erzählung des alten Zadok Allen gehört hat? Die Leute von der Regierung haben Zadok nie gefunden, noch konnten sie Angaben darüber machen, was aus ihm geworden war. Wo endet der Wahnsinn und wo beginnt die Wirklichkeit? Ist es möglich, dass selbst mein letzter Schrecken nur eine Wahnvorstellung war?

Doch ich muss versuchen zu berichten, was ich in jener Nacht im Licht des mich verhöhnenden Mondes zu sehen vermeinte – was da wogend und hüpfend, klar und deutlich vor mir sichtbar die Straße nach Rowley entlangkam, während ich unter den Brombeersträuchern an der aufgelassenen Bahnstrecke lag. Natürlich war mein Vorhaben, die Augen geschlossen zu lassen, gescheitert. Das Scheitern war vorauszusehen gewesen, denn wer konnte sich schon verstecken und die Augen geschlossen halten, wenn eine Horde von krächzenden, bellenden Wesen unbekannter Herkunft in nicht einmal hundert Metern Entfernung lärmend an ihm vorbeizog?

Ich glaubte, auf das Schlimmste vorbereitet zu sein, und das sollte ich auch in Anbracht dessen, was ich zuvor schon gesehen hatte. Meine anderen Verfolger waren abscheulich abnormal gewesen, also musste ich bereit sein für den Anblick einer *Steigerung* des Abnormalen, Gestalten zu erblicken, die nicht mehr eine Vermischung mit dem Normalen waren. Ich öffnete meine Augen erst, als das raue Geschrei von einem Punkt direkt vor mir kam, denn so wusste ich, dass ein Großteil der Horde deutlich zu sehen sein musste, dort wo der Bereich flacher wurde und die Straße die Gleise kreuzte, und ich konnte mich auch nicht länger zurückhalten, mich jedwelchem Schrecken zu stellen, den der grinsende, gelbe Mond mir enthüllen würde.

Es war das Ende all dessen, was mir noch vom Leben auf dieser Erde blieb, von jenem Rest von Seelenfrieden und dem Vertrauen in die Einheit von der Unverletzlichkeit der Natur und dem menschlichen Geist. Nichts, was ich mir hätte vorstellen können, – selbst nichts, was ich mir hätte zusammenreimen können, wenn ich Zadoks verrückter Geschichte aufs Wort geglaubt hätte – war in irgendeiner Weise vergleichbar der dämonischen, blasphemischen Realität, die ich sah – oder glaubte zu sehen. Ich habe versucht, nur Andeutungen zu machen, um den Schrecken, der damit einhergeht, es genau niederzuschreiben, zu vermeiden. Ist es möglich, dass dieser Planet wirklich solche Dinge hervorgebracht hat, dass menschliche Augen sie wirklich in Fleisch und Blut gesehen haben, Dinge die man bisher nur aus Fieberträumen und halb vergessenen Legenden kannte?

Und doch sah ich sie in einem endlosen Strom – stolpernd, hüpfend, krächzend, meckernd – im gespenstischem Mondlicht auf nicht menschliche Weise dahinwogen wie in einem grotesken, bösartigen Reigen eines fantastischen Albtraums. Einige von ihnen trugen hohe Tiaren aus diesem weißlichen Goldmetall … einige trugen seltsame Gewänder … und der, der sie anführte, war mit einem gespenstisch ausgebeulten, schwarzen Mantel und gestreiften Hosen bekleidet und hatte einen Hut auf das unförmige Ding gestülpt, das wohl seinem Kopf entsprach …

Ich glaube, sie waren im Wesentlichen grau-grün, allerdings hatten sie weiße Bäuche. Meist glänzten sie und waren glitschig, aber die Wülste auf ihren Rücken waren mit Schuppen bedeckt. Ihre Körper waren entfernt menschenähnlich, während ihre Köpfe die von Fischen waren, mit hervorstehenden Augen, die nie geschlossen waren. An ihren Hälsen befanden sich vibrierende Kiemen, und an ihren Pranken befanden sich Schwimmhäute. Ihr Hüpfen war unregelmäßig – manchmal auf zwei, manchmal auf vier Beinen. Ich war froh, dass sie nicht mehr als vier Beine hatten. Ihre krächzenden, bellenden Stimmen benutzten eindeutig eine Sprache, und sie waren der differenzierten Modulation fähig, während ihre Gesichter starr blieben.

Doch trotz all ihrer Monstrosität waren sie mir nicht unvertraut. Ich wusste nur zu gut, was sie sein mussten, denn meine Erinnerung an die teuflische Tiara in Newburyport war noch präsent. Sie waren jene blasphemischen Fischfrösche der unbekannten Ornamentik – lebend und Furcht einflößend –, und als ich sie sah, wurde mir auch klar, an was mich der bucklige, Tiara tragende Priester im dunklen Untergeschoss der Kirche erinnert hatte. Ihre Zahl war nicht zu schätzen. Es schien mir, als gäbe es unzählige Horden von ihnen – und mein kurzer Blick zeigte mir nur die Nachhut. Im nächsten Moment wurde alles ausgelöscht durch eine gnädige Bewusstlosigkeit, die erste, die mich je überkam.

V

Ein sanfter Regen weckte mich unter den Büschen der Lichtung aus meiner Benommenheit, und als ich hinaus auf die Straße stolperte, fand ich keinen Hinweis auf irgendwelche Spuren in dem frischen Schlamm. Auch der Fischgestank war verflogen. Die verfallenen Dächer und beschädigten Kirchtürme erhoben sich grau im Südosten, doch in den umliegenden Salzsümpfen konnte ich kein lebendes Wesen entdecken. Meine Uhr funktionierte noch und zeigte mir eine Stunde nach Mittag an.

Ob das, was ich durchgemacht hatte, wirklich so geschehen war, dessen war ich mir völlig unsicher, doch ich spürte, dass etwas Schreckliches im Hintergrund drohte. Ich musste von diesem üblen Schatten über Innsmouth wegkommen, und deshalb überprüfte ich meine verkrampften und müden Beine auf ihre Bewegungsfähigkeit. Trotz der Müdigkeit, des Hungers, der Schrecken und meiner Verwirrung war ich nach einiger Zeit in der Lage zu gehen, also begann ich langsam, die Straße nach Rowley entlangzulaufen. Noch vor dem Abend hatte ich ein Dorf erreicht, hatte eine Mahlzeit bekommen und mich mit ordentlicher Kleidung ausgestattet. Ich nahm den Nachtzug nach Arkham, und am nächsten Tag führte ich eine lange und ernsthafte Unterhaltung mit den staatlichen Behörden dort, eine Sache, die ich später in Boston wiederholte – mit dem wichtigsten Ergebnis, dass die Öffentlichkeit jetzt in Kenntnis gesetzt ist, und ich wünschte zum Wohle der Normalität, dass es nichts mehr zu berichten gäbe. Vielleicht verfalle ich dem Wahnsinn, vielleicht ist es ein größerer Schrecken, oder ein Wunder, was nach mir greift.

Wie man sich vorstellen kann, gab ich die meisten meiner Pläne für meine weitere Reise auf – die sehenswürdigen Landschaften, Architektur und Altertümer, auf die ich so viel Wert gelegt hatte. Auch traute ich mich nicht, das seltsame Schmuckstück in Augenschein zu nehmen, das sich im Museum der Miskatonic-Universität befinden sollte. Stattdessen nutzte ich meinen Aufenthalt in Arkham, um einige genealogische Hinweise zu verfolgen, wie ich es schon lange vorgehabt hatte. Es geschah sehr oberflächlich und übereilt, was wohl stimmt, doch wären sie mir später sehr nützlich, wenn ich vielleicht Zeit hätte, sie zu vergleichen und zu entschlüsseln. Der Kurator der dortigen Historischen Gesellschaft, Mr E. Lapham Peabody, war sehr zuvorkommend mir zu helfen und zeigte ungewöhnliches Interesse, als ich ihm erzählte, dass ich ein Enkel von Elisa Orne aus Arkham sei, die im Jahr 1867 geboren wurde und mit siebzehn Jahren einen James Williamson aus Ohio geheiratet hatte.

Es hatte den Anschein, dass ein Onkel von mir – mütterlicherseits – vor vielen Jahren mit gleichen Nachforschungen wie die meinen, hier gewesen war und dass die Familie meiner Großmutter einige Neugierde in der Gegend ausgelöst hatte. Es hatte da, so sagte Mr Peabody, einiges Gerede gegeben bezüglich der Heirat ihres Vaters, Benjamin Orne, direkt nach dem Bürgerkrieg, da die Herkunft der Braut ziemlich rätselhaft war. Man sagte, die Braut sei eine Waise aus der Familie Marsh von New Hampshire – eine Cousine der Essex County Marshs –, doch sie wäre in Frankreich erzogen worden und wüsste nur sehr wenig von ihrer Familie. Ein Vormund hatte bei einer Bostoner Bank einen Fond hinterlegt für ihren und ihrer französischen Gouvernante Unterhalt, allerdings war der Name des Vormunds niemandem in Arkham geläufig, und nach einer gewissen Zeit beachtete man ihn nicht länger, sodass die Gouvernante seine Rolle auf gerichtlichen Beschluss hin übernahm. Die Französin – jetzt schon lange tot – war sehr verschlossen gewesen, und es gab Leute, die behaupteten, sie hätte mehr gewusst als sie bereit gewesen war zu sagen.

Das Erstaunlichste war allerdings, dass niemand die offiziell geführten Eltern der jungen Frau – Enoch und Lydia (Meserve) Marsh – einer der bekannten Familien der Marsh in New Hampshire zuordnen konnte. Möglicherweise, so vermuteten viele, war sie die leibliche Tochter eines prominenten Marsh, ganz bestimmt aber hatte sie die typischen Marsh-Augen. Die meisten Gerüchte entstanden nach ihrem frühen Tod bei der Geburt ihres einzigen Kindes, meiner Großmutter. Nach meinen abstoßenden Erfahrungen im Zusammenhang mit dem Namen Marsh war mir die Nachricht, dass dieser Teil meines eigenen Stammbaums war, gar nicht recht und besonders nicht, dass Mr Peabody meinte, auch ich hätte die typischen Marsh-Augen. Aber egal, ich war dankbar für die Informationen, von denen ich sicher war, dass sie sich als wertvoll erweisen würden, und nahm Kopien von Schriftstücken und eine Liste von Referenzbüchern bezüglich der gut dokumentierten Orne-Familie mit.

Von Boston aus begab ich mich direkt nach Hause nach Toledo und erholte mich danach einen Monat in Maumee von meinen Strapazen. Im September ging ich nach Oberlin für mein letztes Studienjahr, und von da an bis zum nächsten Juni war ich vollauf mit meinem Studium und den ganzen anderen Aktivitäten beschäftigt. Erinnert wurde ich an den vergangenen Schrecken nur durch den gelegentlichen Besuch von Regierungsleuten in Zusammenhang mit den Maßnahmen, die sie aufgrund meiner Bitten und Beweisen durchgeführt hatten. Ungefähr Mitte Juli – genau ein Jahr nach meinem Abenteuer in Innsmouth – verbrachte ich eine Woche bei der Familie meiner verstorbenen Mutter in Cleveland und überprüfte meine neuen, genealogischen Daten mit den verschiedenen Aufzeichnungen, Überlieferungen und Erbstücken, die es dort gab, denn ich wollte feststellen, welche Querverbindungen ich wohl finden könnte.

Ich genoss diese Aufgabe nicht gerade, denn die Stimmung im Haus der Williamsons hatte mich stets bedrückt. Es herrschte dort immer ein Gefühl von Düsternis, und meine Mutter hatte mich als Kind nie dazu aufgefordert, ihre Eltern zu besuchen, obwohl es sie stets freute, wenn ihr Vater sie in Toledo besuchte. Meine in Arkham geborene Großmutter kam mir immer merkwürdig und Angst einflößend vor, und ich glaube nicht, dass es mir leid tat, als sie starb. Damals war ich acht Jahre alt, und es wurde gesagt, sie wäre nach dem Selbstmord ihres ältesten Sohnes, meines Onkels Douglas, in tiefe Trauer versunken. Er hatte sich nach einem Besuch in Neuengland erschossen, ohne Zweifel die Reise, die zu den Erinnerungen an seinen Besuch bei der Historischen Gesellschaft in Arkham geführt hatte.

Dieser Onkel war ihr sehr ähnlich gewesen, und auch ihn hatte ich nie gemocht. Etwas in dem starren, unbewegten Gesichtsausdruck der beiden hatte bei mir eine unbestimmte, nicht zu erklärende Bedrücktheit ausgelöst. Weder meine Mutter noch mein Onkel Walter hatten so ausgesehen. Sie waren wie ihr Vater, dennoch war der arme, kleine Cousin Lawrence – Walters Sohn – fast das genaue Ebenbild seiner Großmutter, bevor sein Zustand ihn in die

Abgeschiedenheit eines Sanatoriums in Canton brachte. Ich hatte ihn seit vier Jahren nicht mehr gesehen, doch mein Onkel erklärte, dass sein Zustand sowohl körperlich als auch geistig sehr schlecht sei. Dieser tragische Umstand war wahrscheinlich auch der Hauptgrund für den Tod seiner Mutter zwei Jahre zuvor.

Jetzt bildeten mein Großvater und sein verwitweter Sohn den Haushalt in Cleveland, doch die Erinnerung an alte Zeiten lastete schwer auf ihnen. Ich mochte den Ort immer noch nicht und versuchte, meine Nachforschungen so schnell wie möglich abzuschließen. Informationen über die Williamsons erhielt ich in Fülle von meinem Großvater, doch für Material über die Ornes war ich auf meinen Onkel Walter angewiesen, der mir all seine Unterlagen, Notizen, Zeitungsausschnitte, Briefe, Erbstücke, Fotografien und Bilder überließ.

Als ich die Briefe und Bilder der Orne-Seite durchsah, begann sich in mir ein schreckliches Gefühl bezüglich meiner eigenen Vorfahren zu entwickeln. Wie ich schon erwähnte, haben meine Großmutter und Onkel Douglas mich immer beunruhigt. Nun, Jahre nach ihrem Tod, schaute ich mit einem deutlich stärkeren Empfindung von Ablehnung und Fremdheit auf ihre im Bild festgehaltenen Gesichter.

Zuerst konnte ich die Veränderung nicht einordnen, doch nach und nach machte sich eine schreckliche Form von *Vergleich* wie von selbst in meinem Unterbewusstsein breit, und dies trotz der beständigen Weigerungen meines Bewusstseins, selbst den geringsten Verdacht anzuerkennen. Es war klar, dass der typische Ausdruck dieser Gesichter jetzt etwas in mir auslöste, was er vorher nicht getan hatte – etwas, das mich in völlige Panik versetzen würde, wenn ich es gewähren ließe.

Aber der schlimmste Schock traf mich, als mir mein Onkel die Orne-Juwelen zeigte, die sich in der Innenstadt in einem Bankschließfach befanden. Einige davon waren durchaus anmutend und interessant, doch in einer Schachtel befanden sich seltsame, alte Stücke, die aus dem Erbe meiner geheimnisvollen Urgroßmutter stammten und die mir mein Onkel nur widerwillig zeigte.

Ihre Gestaltung, so erklärte er, sei sehr abseitig und fast widerwärtig, und sie waren nie, soweit er wusste, in der Öffentlichkeit getragen worden, doch seine Großmutter liebte es, sie anzusehen. Verschwommene Legenden von Unglück gingen mit ihnen einher und die französische Gouvernante meiner Urgroßmutter hatte gesagt, dass man sie nicht in Neuengland tragen sollte, obwohl es ziemlich ungefährlich wäre, sie in Europa zu tragen.

Während mein Onkel vorsichtig und widerwillig die Sachen auspackte, warnte er mich, mich nicht von der fremden und teilweise abscheulichen Ornamentik schockieren zu lassen. Künstler und Archäologen, die sie gesehen hätten, hätten die handwerkliche Ausführung und die exotischen Formen gelobt, obgleich niemand das benutzte Material genau bestimmen oder sie einer speziellen Kunstrichtung zuordnen konnte. Es gab zwei Armreife, eine Tiara und eine Art Halskette, letztere wies reliefartige Figuren von fast unerträglicher Fremdheit auf.

Bei seinen Erklärungen behielt ich meine Gefühle fest im Griff, doch mein Gesicht musste meine ansteigende Furcht gezeigt haben. Mein Onkel wirkte besorgt, unterbrach das Auspacken und schaute mich fragend an. Ich bedeutete ihm weiterzumachen, und er tat es mit erneuten Anzeichen des Widerwillens. Als das erste Stück – die Tiara – zum Vorschein kam, schien er mit einer Reaktion zu rechnen, doch glaube ich nicht, dass er vorausgesehen hatte, was dann tatsächlich passierte. Ich ebenfalls nicht, da ich ja deutlich vorgewarnt war, als was sich der Schmuck erweisen würde. Ich fiel, ohne einen Laut von mir zu geben, in Ohnmacht, genauso wie zwischen den Dornenbüschen an der Bahnstrecke ein Jahr zuvor.

Von diesem Tag an war mein Leben ein Albtraum aus Grübeleien und Angst, ohne dass ich entscheiden konnte, wie viel davon abscheuliche Wahrheit und wie viel Wahnsinn war. Meine Urgroßmutter war eine Marsh unbekannter Herkunft gewesen, deren Ehemann aus Arkham kam – und hatte nicht der alte Zadok gesagt, dass die Tochter von Obed Marsh, geboren von einer monströsen Mutter, durch einen Trick mit einem Mann aus Arkham verheiratet worden war? Was stand hinter der Bemerkung des alten Säufers, meine Augen würden denen von Kapitän Obed ähneln? Auch in Arkham hatte mir der Kurator gesagt, ich hätte die typischen Marsh-Augen. War Obed Marsh mein Ururgroßvater? Wer – oder *was* – war meine Ururgroßmutter gewesen? Aber vielleicht war das alles auch eine Ausgeburt des Wahnsinns. Diese weißlich goldenen Schmuckstücke konnten auch einfach von dem Vater meiner Urgroßmutter, wer immer sie auch gewesen war, von einem Seemann erworben worden sein. Und dieser starrende Blick in den Augen meiner Großmutter und des durch die eigene Hand gestorbenen Onkels könnte auch reine Einbildung meinerseits sein – eine Einbildung, die noch durch den Schatten über Innsmouth, der meine Fantasie verdunkelt hatte, verstärkt worden war. Doch warum hatte sich mein Onkel, nachdem er Nachforschungen über seine Familiengeschichte in Neuengland angestellt hatte, umgebracht?

Mehr als zwei Jahre kämpfte ich – mit nur teilweisem Erfolg – gegen diese Überlegungen an. Mein Vater brachte mich bei einer Versicherungsagentur unter, und ich vergrub mich so tief wie möglich in die tägliche Routine. Ungefähr im Winter 1930/31 begannen die Träume. Anfänglich waren sie selten und verschwommen, doch im Laufe der nächsten Wochen wurden sie häufiger und lebendiger. Große Wasserflächen erstreckten sich vor mir, und ich schien durch gigantische, versunkene Arkaden und Labyrinthe zu laufen, vorbei an überwachsenen, zyklopischen Mauern, wobei mich seltsame Fische begleiteten. Dann erschienen diese *anderen Silhouetten,* die mich im Moment des Erwachens mit namenlosem Schrecken erfüllten. Doch während ich träumte, erschreckten sie mich überhaupt nicht, ich war einer von ihnen, trug ihre nicht menschlichen Geschmeide, folgte ihrem unterseeischen Leben und betete auf monströse Weise in ihren teuflischen Tempeln auf dem Meeresgrund.

Da war noch viel mehr, was mir nicht in Erinnerung blieb, doch selbst das, an was ich mich jeden Morgen erinnerte, würde ausreichen, mich entweder als wahnsinnig abzustempeln oder als Genie anzusehen, sollte ich mich je wagen, es niederzuschreiben. Ich spürte, dass ein beängstigender Einfluss mich langsam aus der wahren Welt des Lebens in unnennbare Abgründe der Dunkelheit und Fremdartigkeit zog, und dieser Prozess hatte starke Auswirkungen auf mich. Meine Gesundheit und mein Erscheinungsbild wurden beständig schlechter, bis ich schließlich gezwungen war, meinen Beruf aufzugeben und das gleichförmige, zurückgezogene Leben eines Kranken zu führen. Irgendein seltsames Nervenleiden hatte mich im Griff, und manchmal war es mir fast nicht möglich, meine Augen zu schließen.

Zu dieser Zeit betrachtete ich mein Spiegelbild mit zunehmender Beunruhigung. Es ist nicht angenehm, die langsamen Verwüstungen zu verfolgen, die eine Krankheit anrichtet, doch in meinem Fall war da noch etwas Unterschwelliges und Rätselhafteres im Hintergrund. Mein Vater schien es auch zu bemerken, denn er begann, mich neugierig, ja fast ängstlich anzusehen. Was geschah mit mir? Konnte es sein, dass ich meiner Großmutter und Onkel Douglas ähnlicher wurde?

Eines Nachts hatte ich einen beängstigenden Traum, in dem ich meiner Großmutter im Meer begegnete. Sie lebte in einem phosphoreszierenden Palast mit vielen Terrassen, mit Gärten voller Faltenkorallen und merkwürdigen, schwingenden Blüten, und sie begrüßte mich mit einer Herzlichkeit, die vielleicht sarkastisch gemeint war. Sie hatte sich verändert – so wie die, die ins Wasser gegangen sind – und sagte mir, dass sie nie gestorben sei. Stattdessen wäre sie zu einer Stelle gegangen, von der ihr toter Sohn ihr erzählt habe, und habe sich in ein Reich begeben, dessen Wunder – die auch für ihn bestimmt waren – er mit einer rauchenden Pistole verschmäht habe. Das sollte auch mein Reich sein – ich könnte dem nicht entfliehen. Ich würde nie sterben, sondern mit denen leben, die schon gelebt hatten, bevor der Mensch auf der Erde war.

Ich traf das Ding, was ihre Großmutter war. Seit achtzigtausend Jahren hatte Pth'thya-l'yi in Y'ha-nthlei gelebt und war nach Obed Marshs Tod dorthin zurückgekehrt. Y'ha-nthlei wurde nicht zerstört, als die oberirdischen Männer den Tod hinabschossen. Es wurde beschädigt, aber nicht zerstört. Die in der Tiefe können niemals zerstört werden, selbst wenn die vergessene *Alte Rasse* sie mit ihrer uralten Magie manchmal eindämmte. Im Moment würden sie sich eine Ruhepause gönnen, aber eines Tages, wenn sie sich erinnerten, dann würden sie sich wieder erheben, um den Tribut für den Großen Cthulhu einzufordern. Das nächste Mal würde es eine Stadt viel größer als Innsmouth sein. Sie planten, sich auszubreiten, und hätten jene aufgezogen, die ihnen helfen würden, doch jetzt müssten sie erst einmal abwarten. Um den oberirdischen Männern den Tod zu bringen, müsste ich Buße tun, doch es wäre keine schwere. Das war der Traum, in dem ich zum ersten Mal einen *Shoggothen* sah, und der Anblick ließ mich schreiend aufwachen. An diesem Morgen bestätigte mir der Spiegel eindeutig, dass ich das *»Innsmouth-Aussehen«* angenommen hatte.

Bis jetzt habe ich mich nicht erschossen wie mein Onkel Douglas. Ich habe mir eine Automatik gekauft und hätte fast den Schritt getan, doch bestimmte Träume hielten mich davon ab. Die Phasen des überwältigenden Schreckens wurden weniger, und ich fühlte mich von den unbekannten Tiefen des Meeres eher angezogen, statt sie zu fürchten. Im Schlaf höre und tue ich seltsame Dinge und wache erschöpft auf, anstatt von Furcht geplagt. Ich glaube nicht, dass ich auf die große Chance warten muss, wie die meisten anderen. Wenn ich das täte, dann würde mich mein Vater vielleicht in einem Sanatorium wegschließen, so wie meinen armen, kleinen Cousin. Wunder und unbekannte Herrlichkeiten erwarten mich dort unten, und schon bald werde ich sie sehen. *Iä-R'lyeh! Cthulhu fhtagn! Iä! Iä!* Nein, ich werde mich nicht erschießen! Niemand wird mich dazu bringen, mich zu erschießen!

Ich sollte die Flucht meines Cousins aus der Irrenanstalt in Canton planen, und zusammen werden wir ins von Wundern überschattete Innsmouth gehen. Wir werden zu diesem dräuenden Riff im Meer schwimmen und durch schwarze Abgründe hinab in das zyklopische und säulenreiche Y'ha-nthlei tauchen und in dieser Wohnstatt jener in der Tiefe inmitten von Wundern und Pracht ewig leben.

Der Schatten aus der Zeit

I

Nach zweiundzwanzig Jahren voller Schrecken und Albträume, einzig mich durch das verzweifelte Beharren auf die mythologischen Quellen bestimmter Eindrücke in Sicherheit wiegend, bin ich nicht bereit, die Wahrheit dessen, was ich glaube am 17. und 18. Juli 1935 in Westaustralien gefunden zu haben, zu beschwören. Es gibt Gründe dafür, dass das, was ich dort erlebt habe, gänzlich oder zum Teil eine Halluzination war, wofür auch tatsächlich reichlich Anhaltspunkte existieren. Und dennoch war es so realistisch, dass ich manchmal glaube, jede Hoffnung sei vergeblich. Wenn die Dinge wirklich geschehen sind, dann muss die Menschheit darauf vorbereitet sein, Vorstellungen vom Kosmos und von ihrem Platz im brodelnden Strudel der Zeit zu akzeptieren, deren bloße Erwähnung jeden erstarren lässt. Auch muss sie auf der Hut sein vor einer besonderen, lauernden Bedrohung, die, wenn auch nicht über die ganze Menschheit, so doch über einige ihrer gebildetsten Vertreter mit mächtigem und unvorstellbarem Schrecken hereinbrechen wird. Aus letzterem Grund verlange ich mit meiner ganzen Willenskraft, die Versuche, jene Fragmente der unbekannten, urzeitlichen Gebäude zu ergründen, die meine Expedition erforschen wollte, endgültig aufzugeben.

Unter der Voraussetzung, dass ich gesund und bei Sinnen war, wurde mir in jener Nacht etwas zuteil, was nie ein Mensch zuvor erfahren hatte. Es war eigentlich die furchtbare Bestätigung von allem, was ich als Mythos und Träume abgetan hatte. Gnädigerweise gibt es keinen Beweis, denn in meiner Angst verlor ich das grässliche Objekt, das – wenn ich es aus diesem üblen Abgrund herausgebracht hätte – ein unwiderlegbarer Beweis wäre. Als ich den Schrecken überwunden hatte, war ich alleine und habe niemandem davon erzählt. Ich konnte die anderen nicht davon abhalten, weitere Ausgrabungen in dieser Richtung vorzunehmen, doch glückliche Zufälle und der Treibsand haben bis jetzt verhindert, dass sie etwas gefunden haben. Nun muss ich eine klare Stellungnahme abgeben – nicht nur für meine eigene geistige Gesundheit, sondern auch, um die anderen zu warnen. Sie sollten es aufmerksam lesen.

Diese Seiten – vieles darin wird den aufmerksamen Lesern der üblichen Zeitungen und der wissenschaftlichen Magazine bekannt sein – wurden auf meiner Heimreise in der Kabine des Schiffes verfasst. Ich werde sie meinem Sohn, Prof. Wingate Peaslee von der Miskatonic-Universität, übergeben – das einzige Familienmitglied, das nach meinem damaligen eigenartigen Gedächtnisverlust zu mir gestanden hat, und dasjenige, das am besten mit den intimen Fakten meines Falls vertraut ist. Von allen lebenden Menschen ist er derjenige, der wohl am wenigsten dazu bereit ist, über meinen Bericht, was sich in dieser schicksalshaften Nacht ereignet hat, zu spotten. Bevor ich abreiste habe ich nicht mit ihm gesprochen, denn ich denke, es ist besser, wenn er die Enthüllungen schriftlich erhält. Wenn er dies gelesen und in Ruhe noch einmal gelesen hat, dann hätte er ein überzeugenderes Bild erhalten als durch ein konfuses Gespräch mit mir. Er kann mit diesem Bericht machen, was er für richtig erachtet – ihn mit passenden Erklärungen jedem Fachbereich zeigen, bei dem er glaubt, etwas Gutes erreichen zu können. Für jene Leser, die nicht mit der Vorgeschichte meines Falls vertraut sind, stelle ich eine ziemlich ausführliche Zusammenfassung des Hintergrunds voran.

Mein Name lautet Nathaniel Wingate Peaslee, und jene, die sich noch an Zeitungsberichte, die eine Generation zurückliegen, erinnern – oder an die Briefe und Artikel in psychologischen Fachzeitschriften vor sechs oder sieben Jahren –, werden wissen, wer und was ich bin. Die Zeitungen waren voll von Einzelheiten meiner seltsamen Amnesie in den Jahren von 1908 bis 1913, und es wurde der alte Schrecken, der Wahnsinn und die Hexerei aufgebauscht, die hinter den Fassaden der alten Stadt in Massachusetts lauern würden, die damals wie auch heute mein Wohnort ist. Aber ich möchte, dass bekannt ist, dass es rein gar nichts an Wahnsinn oder dunklen Umständen in meinem Stammbaum oder meinem früheren Leben gegeben hatte. Das ist besonders wichtig angesichts des Schattens, der so plötzlich von *äußeren* Quellen über mich gekommen ist. Möglicherweise hat dieses jahrhundertlange, dunkle Brüten in dem verfallenden und verwunschenen Arkham eine Empfänglichkeit für solche Schatten hervorgebracht, doch selbst das darf im Licht jener anderen Ereignisse, die ich später untersucht habe, in Zweifel gezogen werden. Der wesentliche Punkt ist allerdings, dass meine eigene Herkunft und Lebensgeschichte gänzlich normal sind. Was mir widerfuhr kam von *irgendwo anders* – von wo, wage ich noch nicht einmal jetzt klar auszusprechen.

Ich bin der Sohn von Jonathan und Hanna (Wingate) Peaslee, beide entstammen alten Haverhill-Familien. Ich wurde geboren und aufgezogen in Haverhill, auf dem alten Gehöft in der Boardman Street, in der Nähe von Golden Hill und kam zum ersten Mal nach Arkham, als ich im Alter von achtzehn Jahren in die Miskatonic-Universität eintrat. Das war im Jahr 1889. Nach meinem Abschluss studierte ich in Harvard und ging 1895 als Lehrer für Politische Ökonomie zurück an die Miskatonic. Die nächsten dreizehn Jahre verlief mein Leben ruhig und glücklich. Im Jahr 1896 heiratete ich Alice Keezar aus Haverhill, und meine drei Kinder, Robert K., Wingate und Hanna, wurden 1898, 1900 und 1903 geboren. 1898 wurde ich Assistenzprofessor und 1902 Professor. Zu keiner Zeit hatte ich irgendein Interesse an Okkultem oder der Psychologie des Abnormalen.

Es war am Donnerstag, dem 14. Mai 1908, als mich die seltsame Amnesie überkam. Es geschah recht plötzlich, doch später dann wurde mir klar, dass einige Stunden vorher bestimmte kurze, schimmernde Visionen – chaotische Visionen, die mich stark verwirrten, da sie völlig beispiellos waren – die Vorzeichen dafür gewesen sein mussten. Ich bekam Kopfschmerzen und hatte das eigenartige Gefühl – gänzlich neu für mich –, dass irgendjemand Besitz von meinen Gedanken ergreifen wollte.

Der Zusammenbruch ereignete sich gegen 10:20 Uhr, während ich den Kurs Politische Ökonomie VI gab – geschichtliche und gegenwärtige Entwicklungen der Ökonomie – für Studienanfänger und ein paar Studenten im zweiten Studienjahr. Ich sah auf einmal merkwürdige Formen vor meinen Augen und glaubte, mich in einem anderen, unheimlichen Raum, nicht dem Seminarraum, zu befinden. Meine Gedanken und was ich sagte, hatten nichts mehr mit dem Unterricht zu tun, und die Studenten bemerkten, dass etwas wirklich Schlimmes passiert sein musste. Dann sank ich in meinem Stuhl zusammen und fiel in eine Ohnmacht, aus der mich niemand aufwecken konnte. Und danach nahmen meine eigenen Sinne das Tageslicht und unsere normale Welt fünf Jahre, vier Monate und dreizehn Tage nicht mehr wahr.

Was dann folgte, weiß ich natürlich nur von anderen. Sechzehneinhalb Stunden blieb ich ohnmächtig, obwohl ich in mein Heim in der Crane Street 27 gebracht und auf beste Weise medizinisch versorgt wurde. Am 15. Mai um 3 Uhr morgens öffnete ich die Augen und begann zu sprechen, doch es dauerte nicht lange, bis die Ärzte und meine Familie von meiner Ausdrucksweise und meiner Sprache erheblich verängstigt waren. Es war klar, dass ich keine Erinnerung an meine Vergangenheit, oder daran, wer ich war, hatte, doch aus irgendeinem Grund versuchte, diese Wissenslücke zu füllen. Meine Augen musterten verwirrt die Menschen um mich herum, und meine Mimik war gänzlich ungewohnt.

Selbst mein Sprechen klang verwirrt und fremd. Ich benutzte meine Sprechorgane unbeholfen und vorsichtig, und meine Ausdrucksweise war seltsam gestelzt, so als ob ich die englische Sprache mühsam aus einem Buch gelernt hätte. Meine Aussprache war barbarisch fremd, während meine Wortwahl sowohl Bruchstücke von merkwürdiger Altertümlichkeit als auch Ausdrücke völlig unverständlicher Art beinhaltete. Von den letzteren war einer besonders prägnant – ja erschreckend –, wie sich der jüngste der Ärzte zwanzig Jahre später erinnerte. Zu diesem späteren Zeitpunkt kam eine Redewendung in Mode – zuerst in England und dann auch in den Vereinigten Staaten –, und obwohl sie einigermaßen komplex und auf jeden Fall gänzlich neu war, gab sie genau die Worte seines seltsamen Patienten im Jahr 1908 in Arkham wieder.

Körperlich war ich sofort wieder in Ordnung, obwohl ich seltsamerweise eine Menge wieder lernen musste, was den Gebrauch meiner Hände, Beine und meines restlichen Körpers im Allgemeinen betraf. Aus diesem Grund und wegen anderer Einschränkungen, die sich aus meiner Amnesie ergaben, blieb ich einige Zeit lang unter strikter medizinischer Aufsicht. Als ich merkte, dass meine Versuche, den Gedächtnisverlust zu verbergen, gescheitert waren, gab ich es offen zu und gierte nach Informationen aller Art. Es hatte für die Ärzte sogar den Anschein, als hätte ich das Interesse an meiner eigentlichen Persönlichkeit in dem Moment verloren, als ich die Amnesie als natürlichen Zustand akzeptierte. Sie bemerkten, dass meine Hauptinteressen bestimmten Dingen in der Geschichte, der Wissenschaft, der Kunst, der Sprache und der Volkskunde galten – einige von ihnen absolut abseitig, andere kindisch einfach –, die – in manchen Fällen sehr ungewöhnlich – meinem Bewusstsein entfallen waren.

Zur gleichen Zeit stellten sie fest, dass ich über unerklärliche Kenntnisse von fast unbekannten Wissensgebieten verfügte, Kenntnisse, die ich anscheinend eher verbergen denn preisgeben wollte. Ich sprach plötzlich mit beiläufiger Gewissheit über Ereignisse in dunkler Vergangenheit – weit jenseits der geschriebenen Geschichte – und ging mit der Bemerkung, es sei ein Scherz gewesen, darüber hinweg, wenn ich das Erstaunen in den Gesichtern meiner Zuhörer bemerkte. Und ich sprach über die Zukunft, was bei ein oder zwei Gelegenheiten wirkliche Angst auslöste. Diese unheimlichen Zwischenfälle schienen mit der Zeit weniger zu werden, wobei einige der Beobachter dies mehr auf eine größer gewordene Vorsicht meinerseits denn auf das Verschwinden der dahinterstehenden Kenntnisse schoben. Tatsächlich schien ich unnatürlich begierig darauf, die Sprache, die Sitten und Grundlagen meines Zeitalters zu erfassen, so als wäre ich ein Forscher aus einem weit entfernten, fremden Land.

Sobald ich die Erlaubnis hatte, suchte ich die College-Bibliothek zu jeder Stunde heim, und schon nach kurzer Zeit bereitete ich mich auf sonderbare Reisen und die speziellen Kurse an amerikanischen und europäischen Universitäten vor, die in den nächsten Jahren so viel Aufsehen erregten. Zu keiner Zeit litt ich unter dem Fehlen alter Beziehungen, da mein Fall sich einer gewissen Berühmtheit unter den Psychologen jener Periode erfreute. Über mich wurden Vorträge als typisches Beispiel für eine zweite Persönlichkeit gehalten – dennoch schien es manchmal, als verwirrte ich die Vortragenden durch einige sonderbare Symptome oder seltsame Andeutungen eines sorgfältig kaschierten Betrugs.

Wirkliche Anteilnahme wurde mir nur wenig entgegengebracht. Etwas in meiner Erscheinung und meiner Sprache schien unbestimmte Ängste und Abneigung in denen hervorzurufen, die ich traf, als ob ich ein Wesen wäre, das unendlich weit entfernt von der Normalität und der geistigen Gesundheit ist. Diese Vorstellung eines dunklen, verborgenen Schreckens zusammen mit unwägbaren Abgründen und einer Art von *Distanz* war seltsam weitverbreitet und hielt sich hartnäckig. Meine eigene Familie war dabei keine Ausnahme. Meine Ehefrau betrachtete mich nach meinem seltsamen Erwachen mit außergewöhnlichem Schrecken und Ekel und schwor, ich sei etwas gänzlich Fremdes, das den Körper ihres Ehemanns in Besitz genommen hätte. Im Jahr 1910 ließ sie sich von mir scheiden, und selbst nach meiner Rückkehr zur Normalität im Jahr 1913 verweigerte sie jeden Kontakt. Diese Haltung wurde von meinem älteren Sohn und meiner Tochter geteilt, die ich beide bis heute nicht mehr getroffen habe.

Lediglich mein zweiter Sohn, Wingate, schien in der Lage zu sein, den Schrecken und die Abscheu, die mit meiner Veränderung einherging, unter Kontrolle zu halten. Auch er spürte, dass ich ein Fremder war, doch obwohl erst acht Jahre alt, vertraute er darauf, dass mein eigentliches Selbst zurückkehren würde. Als ich dann wirklich zurückkehrte, kümmerte er sich um mich, und ein Gericht übertrug ihm die Vormundschaft. In den folgenden Jahren half er mir bei den Forschungen, zu denen ich mich getrieben sah, und heute – mit fünfunddreißig – ist er Psychologieprofessor an der Miskatonic. Doch ich wundere mich nicht über den Schrecken, den ich ausgelöst habe, denn ganz sicher waren der Geist, die Stimme und der Gesichtsausdruck jenes Wesens, das am 15. Mai 1908 erwachte, nicht die von Nathaniel Wingate Peaslee.

Ich werden keinen Versuch machen, viel von meinem Leben zwischen 1908 und 1913 zu erzählen, denn die Leser können die wichtigsten bekannten Ereignisse – so wie auch ich es getan habe – in den alten Zeitungen und wissenschaftlichen Journalen nachlesen. Ich erhielt die Verfügungsgewalt über mein Vermögen, und ich nutzte es vorsichtig und mit Bedacht für Reisen und das Studium an unterschiedlichen Lehranstalten. Meine Reisen allerdings waren einzigartig in ihrer Ungewöhnlichkeit, unter anderem zu abgelegenen und verwüsteten Orten. Im Jahr 1909 brachte ich einen Monat im Himalaja zu, und 1911 erweckte ich viel Aufsehen mit einer Kamelexpedition in die unbekannten Wüsten Arabiens. Was auf diesen Reisen geschehen ist, war ich nicht in der Lage herauszufinden. Während des Sommers von 1912 mietete ich ein Schiff und fuhr in die Arktis nach Spitzbergen, wonach man Anzeichen von Enttäuschung an mir feststellte. Später in diesem Jahr verbrachte ich mehrere Wochen alleine in den riesigen Kalksteinhöhlen in West Virginia und drang tiefer in sie hinein als je ein Mensch vor oder nach mir. Ein weitläufiges, dunkles Labyrinth, sodass man ein Nachverfolgen meiner Wege noch nicht einmal in Betracht ziehen konnte.

Meine Aufenthalte an den Universitäten waren gekennzeichnet durch eine unnatürlich schnelle Auffassungsgabe, so als ob die zweite Persönlichkeit über eine Intelligenz verfügte, die meiner grenzenlos überlegen war. Ich habe ebenfalls herausgefunden, dass meine Geschwindigkeit beim Lesen und in der Wissensaufnahme unglaublich war. Ich erfasste jede Kleinigkeit in einem Buch, indem ich mir die Seiten ansah, so schnell ich diese umblättern konnte, und meine Fähigkeit, komplexe Zahlenreihen in kürzester Zeit zu analysieren, war Ehrfurcht gebietend. Von Zeit zu Zeit erschienen hässliche Berichte über meine Macht, die Gedanken und Handlungen anderer zu beeinflussen. Doch es schien, als ob man die Berichte über solche Ereignisse so weit wie möglich unterdrückte.

Andere unschöne Berichte betrafen meine Verbindungen mit Vertretern von okkulten Gesellschaften und Gelehrten, die verdächtigt wurden, Kontakte zu namenlosen Gruppen von abscheulichen, antiken Hierophanten zu haben. Diese Gerüchte, obwohl damals nie bewiesen, wurden gestützt von der bekannten Liste der Bücher, die ich las, denn die Lektüre von seltenen Bücher kann in Bibliotheken nicht unbemerkt vonstattengehen. Es gibt konkrete Beweise – in Form von minimalen Anmerkungen –, dass ich sorgfältig solche Werke wie Comte d'Erlettes *Cultes des Goules*, Ludvig Prinns *De Vermis Mysteriis*, die *Unaussprechlichen Kulte* von von Junzt, die erhaltenen Fragmente des verwirrenden *Buch von Eibon* und das schreckliche *Necronomicon* des wahnsinnigen Arabers Abdul Alhazred durchgearbeitet habe. Ebenfalls ist unbestreitbar, dass eine neue und üble Welle der Aktivität von verborgenen Kulten zu eben jener Zeit meiner Verwandlung eingesetzt hatte.

Im Sommer 1913 zeigte ich Anzeichen von Langeweile und nachlassendem Interesse, und ich deutete gegenüber verschiedenen Bekannten an, dass bei mir möglicherweise eine Veränderung anstehe. Ich sprach von wiederkehrenden Erinnerungen, doch die meisten Zuhörer hielten das für unaufrichtig, denn all meine Rückerinnerungen waren so gewöhnlich, dass ich sie auch aus meinen alten, privaten Unterlagen hätte entnehmen können. Etwa Mitte August kehrte ich nach Arkham zurück und bezog wieder mein lange unbewohnt gebliebenes Haus in der Crane Street. Dort installierte ich einen außerordentlich merkwürdigen Apparat, dessen Einzelteile ich von verschiedenen Herstellern wissenschaftlicher Geräte in Europa und Amerika hatte bauen lassen, und versteckte ihn sorgfältig vor den Blicken derer, die intelligent genug waren, seine Funktion zu erkennen. Jene, die ihn sahen – ein Arbeiter, ein Hausmädchen und die neue Haushälterin –, sagten, es sei eine verrückte Mischung von Stangen, Rädern und Spiegeln gewesen und nur von 30 mal 30 Zentimetern Grundfläche und 60 Zentimeter hoch. Der

Spiegel in der Mitte war kreisförmig und konvex. All das konnte von den bekannten Herstellern der Einzelteile bestätigt werden.

Am Freitagabend, dem 26. September, gab ich der Haushälterin und dem Hausmädchen bis zum nächsten Mittag frei. Die Lichter im Haus brannten bis spät in die Nacht, und ein schlanker, dunkler, seltsam fremdländisch aussehender Mann besuchte mich mit seinem Automobil. Gegen ein Uhr morgens wurden die Lichter zuletzt gesehen. Um 2:15 Uhr beobachtete ein Polizist das dunkle Haus, vor dem immer noch der Wagen des Fremden am Bordstein stand. Um vier Uhr war der Wagen auf jeden Fall verschwunden. Es war um sechs Uhr morgens, als eine zögerliche, fremde Stimme Dr. Wilson telefonisch bat, zu meinem Haus zu kommen und mich aus einer merkwürdigen Ohnmacht aufzuwecken. Dieser Anruf – ein Ferngespräch – wurde später dann zurückverfolgt zu einer Telefonzelle im Nordbahnhof von Boston, doch von dem schlanken Ausländer fand man nicht die geringste Spur.

Als der Doktor mein Haus erreichte, fand er mich bewusstlos im Wohnzimmer in einem Ruhesessel, vor den ein Tisch geschoben war. In der polierten Tischfläche befanden sich Kratzer, die zeigten, wo ein schwerer Gegenstand sich befunden hatte. Der seltsame Apparat war verschwunden, und man hat niemals wieder etwas von ihm gesehen. Zweifellos hatte der dunkle, schlanke Ausländer ihn mitgenommen. Im Kamin der Bibliothek befand sich jede Menge Asche, dort war offensichtlich jedes noch vorhandene Stück Papier, das ich seit dem Beginn meiner Amnesie beschrieben hatte, verbrannt worden. Dr. Wilson erschien meine Atmung sehr unregelmäßig, doch nach einer subkutanen Spritze normalisierte sie sich wieder.

Um 11:15 Uhr am 17. September begann ich, heftig um mich zu schlagen, und mein bis dahin ausdrucksloses Gesicht zeigte Anzeichen einer Mimik. Dr. Wilson stellte fest, dass meine Gesichtszüge nicht mehr die meiner zweiten Persönlichkeit waren, sondern mehr denen meiner eigentlichen Persönlichkeit zu entsprechen schienen. Ungefähr um 11:30 Uhr murmelte ich einige seltsame Wortfetzen – Wortfetzen, die keiner menschlichen Sprache zugehörig schienen.

Es hatte auch den Anschein, als würde ich gegen etwas ankämpfen. Dann, kurz nach Mittag, die Haushälterin und das Hausmädchen waren inzwischen zurückgekehrt, begann ich auf Englisch zu murmeln.

»... von den traditionellen Ökonomen dieser Epoche stellt Jevons den vorherrschenden Trend zur wissenschaftlichen Korrelation heraus. Sein Versuch, den Wirtschaftskreislauf von Wachstum und Depression mit dem physikalischen Kreislauf der Bildung von Sonnenflecken in Korrelation zu setzen, stellt vielleicht den Höhepunkt von ...«

Nathaniel Wingate Peaslee war zurück – ein Geist, in dessen Zeitablauf es immer noch jener Donnerstagmorgen im Jahr 1908 war und die Ökonomiestudenten auf das zerkratzte Pult auf dem Podest blickten.

II

Meine Wiedereingliederung in das normale Leben war ein schmerzhafter und schwieriger Prozess. Der Verlust von mehr als fünf Lebensjahren führt zu mehr Komplikationen, als man sich vorstellen kann, und in meinem Fall gab es zahllose Angelegenheiten, die in Ordnung gebracht werden mussten. Was ich über meine Handlungen seit 1908 erfuhr, erstaunte und verwirrte mich, doch ich bemühte mich, die Sache so philosophisch zu nehmen, wie ich nur konnte. Als ich schließlich der Obhut meines zweiten Sohnes, Wingate, überlassen wurde, ließen wir uns in dem Haus in der Crane Street nieder, und ich bemühte mich, den Unterricht wieder aufzunehmen – meine ehemalige Professur, die mir von meinen Kollegen dankenswerterweise wieder angeboten worden war.

Ich begann zum Frühjahrssemester 1914, blieb aber nur ein Jahr dabei. Dann wurde mir klar, wie mitgenommen ich wirklich war. Obwohl ich wieder völlig gesund war – so nahm ich an – und ohne Lücken in meiner eigentlichen Persönlichkeit, besaß ich doch nicht meine frühere Nervenstärke. Verworrene Träume und seltsame Gedanken suchten mich regelmäßig heim. Beim Ausbruch des Weltkrieges richteten sich meine Gedanken auf die Geschichte, und ich begann, auf abseitige Weise über Zeitläufe und Ereignisse nachzudenken. Mein Verständnis der *Zeit* – meine Fähigkeit zwischen Synchronie und Diachronie zu unterscheiden – war nachhaltig gestört, sodass ich verworrene Vorstellungen über das Leben in meinem Zeitalter entwickelte, während mein Geist sich durch die Unendlichkeit auf der Suche nach dem Wissen aus vergangenen und zukünftigen Epochen bewegte.

Der Krieg führte bei mir zu merkwürdigen Eindrücken des *Erinnerns* an einige seiner zukünftigen *Folgen*, so als ob ich aus ferner Zukunft auf diese Zeit zurückblicken würde. All diese Pseudo-Erinnerungen gingen mit großen Schmerzen einher und dem Gefühl, dass eine künstlich geschaffene Sperre sie verhindern sollte. Wenn ich anderen gegenüber vorsichtig diese Eindrücke andeutete, dann stieß ich auf unterschiedliche Reaktionen. Einige Personen schauten mich beunruhigt an, doch Mitglieder der mathematischen Fakultät sprachen von neuen Entwicklungen in der Relativitätstheorie, die damals nur im Kreis von Wissenschaftlern diskutiert, später dann aber berühmt wurden. Dr. Albert Einstein, so sagten sie, hatte die *Zeit* schnell auf den Status einer bloßen Dimension zurückgeführt.

Aber die Träume und die verwirrenden Gefühle überkamen mich weiterhin, sodass ich meine regelmäßige Arbeit 1915 aufgeben musste. Einige dieser Eindrücke nahmen lästige Formen an und vermittelten mir die Vorstellung, dass meine Amnesie zu einer unheiligen Form von *Austausch* geführt hatte und meine zweite Persönlichkeit wirklich ein Eindringling aus unbekannten Bereichen gewesen ist und mein eigentliches Selbst unter der Verdrängung gelitten hatte. So wurde ich zu unbestimmten und beängstigenden Spekulationen bezüglich der Frage getrieben, wo mein wahres Selbst sich während der Jahre, als das andere meinen Körper kontrollierte, aufgehalten hatte. Die seltsamen Kenntnisse und das befremdliche Verhalten des ehemaligen Bewohners meines Körpers bereiteten mir, je mehr Einzelheiten ich von den Leuten und aus Zeitungen und Magazinen darüber erfuhr, immer größere Sorge. Die Abseitigkeit, die andere vor den Kopf stieß, schien auf schreckliche Weise mit dem Bodensatz dunklen Wissens zu harmonieren, der in den Tiefen meines Unterbewusstseins an mir nagte. Ich begann, fieberhaft nach jedem Fetzen Information über die Forschungen und Reisen *jenes anderen* während der dunklen Jahre zu suchen.

Nicht alle meine Schwierigkeiten waren so abstrakt wie diese. Da gab es die Träume, und sie schienen immer lebhafter und konkreter zu werden. Da ich wusste, wie die meisten diese einschätzen würden, erwähnte ich sie nur selten gegenüber anderen, außer meinem Sohn und bestimmten Psychologen, denen ich vertraute, doch schließlich begann ich mit dem wissenschaftlichen Studium anderer Fälle, um herauszufinden, wie typisch oder untypisch solche Visionen bei von Amnesie Betroffenen waren. Meine Ergebnisse, die mit der Hilfe von Psychologen, Historikern, Anthropologen und erfahrenen Gehirnspezialisten und unter Hinzuziehung aller Berichte von gespaltener Persönlichkeit – von den Legenden der Dämonenbesessenheit bis in die medizinisch akkurate Gegenwart – erzielt wurden, waren anfänglich eher ärgerlich denn beruhigend.

Schnell fand ich heraus, dass es für meine Träume tatsächlich nichts Entsprechendes in der Masse anderer Fälle von Amnesie gab. Wie auch immer, es blieb allerdings eine kleine Anzahl von Berichten, die, ob ihrer Übereinstimmung mit meinen eigenen Erfahrungen, mich über die Jahre erstaunte und schockierte. Einige waren Bruchstücke alter Volksmärchen, andere Fallstudien in den Annalen der Medizin, ein oder zwei waren Anekdoten, die auf obskure Weise in Geschichtsbüchern verborgen waren. Da mein spezielles Interesse so außerordentlich selten war, wurde mir erst langsam klar, dass sich Zwischenfälle dieser Art in großen Abständen seit dem Beginn der Geschichtsschreibung ereignet hatten. In manchen Jahrhunderten gab es ein, zwei oder drei Fälle, in anderen überhaupt keinen – oder zumindest keinen, der berichtet worden war.

Das Wesentliche war immer gleich – eine Person mit scharfem Verstand bekam eine zweite Existenz und führte für einen längeren oder kürzeren Zeitraum ein gänzlich fremdes Leben, das zuerst von sprachlicher und körperlicher Unbeholfenheit geprägt war, später dann von der vollständigen Aneignung von wissenschaftlichen, historischen, künstlerischen und anthropologischen Kenntnissen – eine Aneignung, die mit fieberhaften Bemühungen und einer unnatürlichen Auffassungsgabe vonstattenging. Dann die plötzliche Rückkehr des eigentlichen Bewusstseins, verbunden mit quälenden, verworrenen Träumen, in denen Bruchstücke einer grässlichen, sorgfältig blockierten Erinnerung auftauchten. Diese deutliche Übereinstimmung mit meinen eigenen Albträumen – selbst in winzigen Einzelheiten – ließ keinen Zweifel an ihrer eindeutig einem Muster folgenden Natur aufkommen. Ein oder zwei dieser Fälle lösten bei mir eine Schwingung von blasser, blasphemischer Vertrautheit aus, so als ob ich schon vorher durch kosmische Quellen davon erfahren hätte, die zu abseitig und Furcht einflößend waren, um darüber nachzudenken. Bei drei Begebenheiten wurde eindeutig eine solch unbekannte Apparatur erwähnt, wie sie sich in meinem Haus vor der zweiten Verwandlung befunden hatte.

Eine andere Sache, die mich während meiner Nachforschungen auf unbestimmte Weise beunruhigte, war die deutlich größere Häufigkeit von Fällen, in denen Menschen, die nachweislich nicht an Amnesie litten, einen kurzen Blick auf die typischen Albträume erhascht hatten. Diese Menschen waren alle nicht besonders intelligent gewesen – einige so zurückgeblieben, dass sie beim besten Willen nicht als Transportmittel für außergewöhnliche Gelehrsamkeit und geistige Aneignung dienen konnten. Einen Moment lang waren sie der fremden Kraft ausgesetzt, dann kam der sofortige Rückzug, und es blieb die schwache, schnell verblassende Erinnerung an einen unmenschlichen Schrecken.

Während des letzten halben Jahrhunderts hatten sich mindestens drei solcher Fälle ereignet – einer nur fünfzehn Jahre zuvor. Hatte sich etwas aus einem unbekannten Abgrund der Natur *blind durch die Zeit* getastet? Waren diese Ohnmachtsanfälle monströse, finstere *Experimente* von einer Art und Ursache jenseits des gesunden Verstandes? Solcher Art waren einige meiner unklaren Überlegungen, wenn es mir schlecht ging – Fantasien, die den Mythen entsprangen, auf die ich während meiner Forschungen gestoßen war. Ich zweifelte nicht daran, dass bestimmte, seit der ältesten Vorzeit immer weiter bestehende Legenden – offensichtlich den Opfern und Ärzten der letzten Fälle von Amnesie unbekannt – einen treffenden und Furcht einflößenden Zusammenhang für die umfassenden und unglaublichen Amnesien wie die meine bildeten.

Ich fürchte mich immer noch, von der Natur dieser Träume und Visionen, die insgeheim beständig zunahmen, zu sprechen. Sie schienen dem Wahnsinn zu huldigen, und manchmal glaubte ich wirklich, wahnsinnig zu werden. Gab es eine bestimmte Form der Wahnvorstellungen, die jene heimsuchten, die unter Gedächtnisverlust litten? Unter Umständen verursachten die Bemühungen des Unterbewusstseins, jene leeren Stellen mit Pseudo-Erinnerungen zu füllen, das Entstehen von seltsamen, falschen Bildern. Das war tatsächlich die Meinung von vielen der Psychologen (obwohl eine alternative, volkskundliche Theorie mir als wahrscheinlicher erscheint), die mir bei meiner Suche nach vergleichbaren Fällen halfen und die meine Verblüffung teilten, als wir manchmal auf identische Fälle stießen. Sie bezeichneten diese Fälle nicht als wirklich krank, sondern ordneten sie als geistige Verwirrung ein. Meinen Versuch, diese Umstände zurückzuverfolgen und zu analysieren, statt sie beiseitezuschieben und zu vergessen, befürworteten sie als nicht tadelnswert und mit den gängigen psychologischen Prinzipien übereinstimmend. Ich schätzte besonders den Rat jener Ärzte, die mich während meiner Besessenheit von der anderen Persönlichkeit studiert hatten.

Meine erste Verunsicherung war nicht auffällig, sondern betraf die abstrakteren Aspekte, die ich erwähnt habe. Da war ein Gefühl von deutlichen und unerklärlichen Ängsten in Bezug auf mich selbst. Ich entwickelte eine merkwürdige Angst gegenüber meiner eigenen Gestalt, so als ob meine Augen etwas gänzlich Fremdes und unbegreiflich Abscheuliches sehen würden. Wenn ich dann an mir herabsah und die menschliche Gestalt in guter grauer oder blauer Kleidung wahrnahm, verspürte ich eine seltsame Erleichterung, doch um mir diese Erleichterung zu verschaffen, musste ich erst eine unendliche Furcht überwinden. Ich vermied, so gut es ging, in den Spiegel zu schauen und ging immer zum Friseur, um mich rasieren zu lassen.

Es hat lange Zeit gedauert, bis ich diese deprimierenden Gefühle mit den sich entwickelnden, überwältigenden Visionen in Zusammenhang brachte. Die erste dieser Verbindungen war die seltsame Erfahrung, dass meine Erinnerung von außen künstlich blockiert wurde. Ich spürte, dass die kurzen Visionen, die ich hatte, von grundsätzlicher und schrecklicher Bedeutung waren und einen Bezug zu mir selbst hatten, mich aber ein zielgerichteter Einfluss davon abhielt, die Bedeutung und die Verbindung zu erkennen. Dann kam das Abseitige bezüglich der *Zeit* hinzu und damit einhergehend die verzweifelten Versuche, die Bruchstücke von Traumbildern chronologisch und räumlich zu einem Muster zu ordnen.

Diese Traumbilder selbst waren anfänglich eher fremdartig denn erschreckend. Es schien mir, als würde ich mich in einem riesigen Gewölberaum befinden, dessen hochaufragende Pfeiler gänzlich in der Dunkelheit über mir verschwanden. In welcher Zeit ich mich auch befand, das Prinzip des Bogens war vollständig bekannt und wurde genauso umfassend genutzt wie bei den Römern. Es gab riesige, runde Fenster und hohe, von Bogen gekrönte Tore sowie Sockel oder Tische so hoch wie ein normaler Raum. Weitläufige Regale aus dunklem Holz säumten die Wände, darauf befanden sich Bücher von ungeheurem Ausmaß mit merkwürdigen Hieroglyphen auf den Rücken. Das sichtbare Mauerwerk trug seltsame Ornamente, alle in mathematisch-geometrischen Mustern, und es gab eingravierte Inschriften derselben Art wie an den großen Büchern. Das dunkle Granitmauerwerk war von monströser, megalithischer Bauart, dabei passten die konkaven Blöcke der oberen Reihe perfekt in die konvexen Blöcke der unteren Reihe, auf denen sie ruhten. Es gab keine Stühle, aber die Oberflächen der riesigen Sockel waren übersät von Büchern, Papieren und etwas, das aussah wie Schreibutensilien – seltsam geformte Krüge aus einem violetten Material und Stäbe, deren Spitzen schmutzig waren. Obwohl die Sockel riesig waren, hatte ich manchmal den Eindruck, als würde ich von oben auf sie herabsehen. Auf einigen befanden sich große Kugeln aus leuchtendem Kristall, die als Lampen dienten, und unerklärliche Maschinen, die aus Glasrohren und Metallstäben bestanden. Die Fenster waren verglast und mit stabil wirkenden Gitterstäben versehen. Obwohl ich mich nicht getraute hinauszublicken, konnte ich von meinem Standpunkt die Spitzen einiger farnähnlicher Pflanzen sich hin und her bewegen sehen. Der Boden bestand aus achteckigen Steinplatten, während es weder Teppiche noch Wandschmuck gab.

Später dann hatte ich die Vision, durch zyklopische Steinkorridore zu gleiten und gigantische Rampen der gleichen monströsen Bauweise hoch und hinunter. Nirgendwo gab es Treppen, und jeder der Korridore war mindesten zehn Meter breit. Einige der Bauwerke, durch die ich glitt, mussten hunderte von Metern hoch sein. Es gab unzählige Gewölbeebenen unter mir und nie geöffnete Falltüren, die mit Metallschienen verschlossen waren und von denen eine dumpfe Ahnung einer besonderen Gefahr ausging. Es kam mir vor, als sei ich ein Gefangener und dass in allem, was ich sah, etwas Schreckliches brütete. Ich spürte, dass von den geometrischen Hieroglyphen an den Wänden eine Verhöhnung ausging, deren Botschaft meine Seele zerstören würde, wenn sie mir nicht gnädigerweise unverständlich wären.

Noch später zeigten mir meine Träume Ausblicke aus den großen, runden Fenstern und von dem riesigen, flachen Dach mit seinen seltsamen Gärten auf weit ausgedehnte, kahle Flächen und eine hohe, bogenförmige Steinbrüstung, zu der die oberste der schrägen Rampen führte. Es gab eine schier unendliche Anzahl von riesigen Gebäuden – jedes mit einem Garten –, die sich an gepflasterten Straßen von nahezu 70 Metern Breite entlangzogen. Sie waren sehr unterschiedlich in ihrer Bauart, doch nur ein paar maßen weniger als 50 Meter im Quadrat und waren weniger als 350 Meter hoch. Viele schienen so ausgedehnt, dass sie eine Fassade von mehreren hundert Metern haben mussten, während andere sich Bergen gleich hoch in den grauen, dunstigen Himmel erhoben. Die Dächer waren flach, mit Gärten darauf und meist mit bogenförmigen Brüstungen versehen. Manchmal gab es Terrassen und erhöhte Ebenen und weite, freie Flächen zwischen ihnen. Auf den großen Straßen gab es Anzeichen von Bewegung, doch in den frühen Visionen konnte ich keine Einzelheiten erkennen.

An bestimmten Stellen erhoben sich mächtige, dunkle, runde Türme weit über alle anderen Gebäude. Diese schienen von völlig einzigartiger Beschaffenheit zu sein und wiesen Anzeichen eines erstaunlichen Alters und von Verfall auf. Sie bestanden aus einem ungewöhnlichen Mauerwerk aus viereckigen Basaltsteinen und verjüngten sich zu ihren abgerundeten Spitzen hin. In keinem von ihnen gab es, abgesehen von den riesigen Türen, Fenster oder Ähnliches. Auch fielen mir einige niedrigere Gebäude auf – alle trugen Spuren des jahrhundertelangen Verfalls –, die in ihrer Bauweise an die runden Türme erinnerten. Über all diesen unnatürlichen Haufen von quaderförmigem Mauerwerk schwebte eine unerklärliche Aura der Bedrohung und des geballten Schreckens, genau wie bei den versiegelten Falltüren.

Die überall vorhandenen Gärten waren in ihrer Fremdartigkeit fast erschreckend mit diesen bizarren, ungewöhnlichen Pflanzen, deren Spitzen sich über den breiten Wegen wiegten, gesäumt von merkwürdig verzierten Monolithen. Unnatürliche, farnartige Gewächse bestimmten das Bild, einige grün und einige von einer grässlichen, pilzartigen Fahlheit. Dazwischen erhoben sich große, geisterhafte Dinge, die an Schachtelhalme erinnerten und deren bambusähnliche Stämme sich in unglaubliche Höhen erstreckten. Dann gab es noch buschige Formen wie bei den bekannten Palmfarnen und groteske, dunkelgrüne Büsche und Bäume, die wie Nadelhölzer aussahen. Die Blumen waren klein, farblos und kaum erkennbar und blühten in großer Anzahl in geometrisch angelegten Beeten zwischen den anderen Pflanzen. Auf einigen der Terrassen und den Dachgärten gab es größere und lebhafter blühende Pflanzen, die fast bedrohliche Formen hatten und den Eindruck erweckten, künstlich gezüchtet zu sein. Pilze von unglaublicher Größe, Aussehen und Farbe waren zu Mustern angeordnet und zeugten von einer unbekannten, aber hoch entwickelten gärtnerischen Tradition. In den größeren Gärten auf dem Boden schien es ein Bestreben zu geben, die Natur in einem unberührten Zustand zu belassen, doch auf den Dächern bestimmte die Auswahl und die bewusste Formgebung das Erscheinungsbild.

Die Luft war immer feucht, und der Himmel mit Wolken bedeckt, und manchmal wurde ich Zeuge von ausgedehnten Regenfällen. Doch ab und zu konnte man auch die Sonne sehen, die unnatürlich groß wirkte, und den Mond, dessen Erscheinungsbild etwas vom normalen abwich, ohne dass ich es wirklich benennen könnte. Wenn die Nacht – was sehr selten vorkam – bis zu einem gewissen Grad klar war, sah ich Sternenkonstellationen, von denen ich kaum eine wiedererkannte. Bekannte Formen konnte man manchmal erahnen, aber waren selten zu verifizieren, und aus den wenigen, die ich erkannte, schloss ich, dass ich mich auf der südlichen Erdhalbkugel, auf Höhe des Wendekreis des Steinbocks befinden musste. Der Horizont war immer dunstig und verschwommen, doch ich konnte einen dichten Dschungel jenseits der Stadt erkennen, der aus unbekannten Baumfarnen, Schuppen- und Siegelbäumen bestand und dessen fantastisch anmutende Front sich in den wechselnden Luftströmen höhnisch bewegte. Von Zeit zu Zeit hatte ich den Eindruck von Bewegungen in der Luft, doch dies haben meine frühen Visionen nie zur Gewissheit werden lassen.

Als der August 1914 kam, hatte ich unregelmäßige Träume, in denen ich über die Stadt und die umliegenden Regionen schwebte. Ich sah endlose Straßen, die durch Wälder von Furcht einflößendem Wachstum der gesprenkelten, flötenartigen, geriffelten Stämme und an anderen Städten vorbeiführten, die genauso seltsam waren wie jene, die mich beständig heimsuchte. Ich sah monströse Gebäude aus schwarzem oder glänzendem Stein auf Lichtungen und Kahlschlägen, wo ewiges Dämmerlicht herrschte, und überquerte eine lange Brücke über Sümpfe, die so dunkel waren, dass man wenig über ihre feuchte, hoch aufragende Vegetation sagen kann. Einmal sah ich ein riesiges Gebiet übersät mit den von den Zeitenläufen zerstörten Ruinen, und von einer Bauweise, die den wenigen, fensterlosen Türmen mit den abgerundeten Spitzen in jener verwunschen Stadt ähnelte. Und dann sah ich das Meer – eine grenzenlose, dampfende Fläche, die sich hinter den kolossalen Steinpiers einer mächtigen Stadt von Kuppeln und Rundbögen erstreckte. Große, formlose Anmutungen von Schatten bewegten sich über ihr, und an verschiedenen Stellen war der Boden mit einem unnatürlichem Auswurf verunreinigt.

III

Wie ich schon gesagt habe, diese verworrenen Visionen hatten nicht sofort ihre Furcht einflößende Qualität. Bestimmt haben viele Leute wesentlich beängstigendere Träume – Träume, in denen unzusammenhängende Fetzen des täglichen Lebens, Bilder und Gelesenes durch die unkontrollierten Kräfte des Schlafs zu etwas fantastisch Neuem zusammengesetzt werden. Einige Zeit lang nahm ich diese Visionen als etwas Gegebenes hin, obwohl ich nie zuvor häufig geträumt hatte. Viele der verschwommenen Merkwürdigkeiten, so redete ich mir ein, mussten ihren Ursprung in gewöhnlichen Dingen haben, die zu zahlreich waren, als dass man sie ermitteln könnte, während andere allgemeines Lehrbuchwissen über die Pflanzen und Bedingungen der vorzeitlichen Welt von vor hundertfünfzig Millionen Jahren wiedergaben – der Welt des Perm und des Trias. Allerdings nahm der Aspekt des Schreckens im Verlauf einiger Monate beständig zu. Das war, als die Träume unmissverständlich die Form von *Erinnerungen* annahmen und als meine Überlegungen begannen, sie mit dem wachsenden Gefühl einer nicht fassbaren Beunruhigung zu verknüpfen – dem Gefühl, dass meine Erinnerung blockiert wurde, die merkwürdigen Veränderungen in der Wahrnehmung der *Zeit*, das Gespür einer abscheulichen Verbindung mit meiner zweiten Persönlichkeit aus den Jahren 1908–1913 und – nach einer Weile – der unerklärliche Abscheu vor meiner eigenen Person.

Als bestimmte, klare Einzelheiten sich meiner Träume bemächtigten, steigerte sich der Schrecken um ein Vielfaches, bis mir im Oktober 1915 klar wurde, dass ich etwas unternehmen musste. Dies war der Zeitpunkt, als ich beschloss, andere Fälle von Amnesie und Visionen genau zu untersuchen, um damit meine Schwierigkeiten rational zu erklären und mich aus ihrem emotionalen Griff zu befreien. Wie auch immer und wie ich schon gesagt habe, erreichte ich damit zuerst nur das exakte Gegenteil. Es war überaus beunruhigend für mich, als ich herausfand, dass meine Träume so vollständig mit denen von anderen übereinstimmten, besonders da einige Berichte so weit zurücklagen, dass es zu jener Zeit keinerlei geologische Kenntnisse gegeben hatte und die entsprechenden Patienten so auch keine Vorstellungen von urzeitlichen Landschaften haben konnten. Mehr noch, viele dieser Berichte beinhalteten schreckliche Einzelheiten und Beschreibungen in Zusammenhang mit Visionen von großen Gebäuden und Dschungelgärten und anderer Dinge mehr. Die tatsächlichen Bilder und verschwommenen Eindrücke waren schon schlimm genug, doch einige der Träumer machten Andeutungen oder Behauptungen, die von Wahnsinn und Blasphemie erfüllt waren. Am schlimmsten aber war, dass meine eigenen Pseudo-Erinnerungen zu immer abseitigeren Träume und Hinweisen auf künftige Enthüllungen angeregt wurden. Und doch bestärkten mich die meisten Ärzte auf meinem Weg und hielten ihn im Großen und Ganzen für richtig.

Ich studierte systematisch Psychologie, und angesichts dieses Vorbildes tat mein Sohn Wingate dasselbe – seine Studien brachten ihm schließlich seine jetzige Professur ein. Im Jahr 1917 und 1918 belegte ich spezielle Kurse an der Miskatonic-Universität. In der Zwischenzeit setzte ich mein Studium von medizinischen, historischen und anthropologischen Berichten unermüdlich fort, unternahm Reisen zu weit entfernten Bibliotheken, und schließlich widmete ich mich sogar den abscheulichen Texten von verbotenen alten Überlieferungen, für die sich meine zweite Persönlichkeit so verstörend interessiert hatte. Im Besonderen waren dies die Exemplare, die ich in meiner alternativen Existenz zu Rate gezogen hatte, und ich war überaus entsetzt, darin Anmerkungen und angebliche Korrekturen des abscheulichen Textes in einer Schrift und einer Ausdrucksweise zu finden, die irgendwie nicht menschlich war.

Diese Anmerkungen waren meist in der Sprache verfasst, in dem das jeweilige Buch geschrieben war, und der Schreiber schien sie alle beherrscht zu haben, doch anscheinend nur auf akademischer Grundlage. Doch eine Notiz, die von Junzts *Unaussprechlichen Kulten* hinzugefügt war, war auf andere Weise Besorgnis erregend. Sie bestand aus einigen geschwungenen Hieroglyphen, geschrieben mit derselben Tinte, mit der auch die deutschen Anmerkungen verfasst waren, doch folgten sie keinem menschlichen Muster. Und diese Hieroglyphen ähnelten zweifellos jenen Schriftzeichen, auf die ich beständig in meinen Träumen gestoßen war – Schriftzeichen, deren Bedeutung mir manchmal für einen Moment klar zu sein schien oder an deren Sinn ich mich gleich erinnern zu können glaubte. Um meine totale Verwirrung auf die Spitze zu treiben, versicherten mir viele Bibliothekare, aufgrund vorheriger Nachforschungen und den Verleihunterlagen jener in Frage stehenden Werke, dass all diese Anmerkungen von mir selbst in der Zeit meiner zweiten Persönlichkeit gemacht worden waren. Und das, obwohl ich drei der in Frage kommenden Sprachen weder damals noch heute beherrscht habe.

Beim Zusammenführen der verstreuten, alten und modernen anthropologischen und medizinischen Berichte stieß ich auf eine ziemlich homogene Mischung von Mythen und Halluzinationen, deren Tragweite und Abseitigkeit mich völlig verwirrte. Es gab nur eine Sache, die mir Trost verschaffte, nämlich der Umstand, dass die Mythen schon so lange existierten. Welches verlorene Wissen für die Vorstellungen von Landschaften aus dem Paläozoikum oder Mesozoikum in diesen primitiven Legenden verantwortlich war, konnte ich nicht einmal erahnen, und doch waren diese Bilder vorhanden. Sie bildeten die Grundlage für eine Form von festgelegter Wahnvorstellung. Ohne Zweifel begründeten die Fälle von Amnesie ein allgemeines Muster in den Mythen. Später dann haben die fantastischen Elemente der Mythen wiederum auf die an Amnesie Leidenden eingewirkt und deren Pseudo-Erinnerungen ausgeschmückt. Meine Nachforschungen haben klar ergeben, dass ich selbst während meines Gedächtnisverlustes all die frühen Geschichten gelesen oder gehört habe. War es dann nicht selbstverständlich, dass meine darauf folgenden Träume und Visionen ausgeschmückt und vermischt wurden mit dem, was sich in meinem Gedächtnis noch aus der Zeit meiner zweiten Existenz erhalten hatte? Einige der Mythen weisen deutliche Verbindungen zu anderen, verschwommenen Legenden aus vormenschlicher Zeit auf, besonders zu jenen Hindu-Geschichten, die unendliche Abgründe der Zeit beinhalten und einen Teil der Lehren der modernen Theosophen darstellen.

Urzeitliche Mythen und moderne Wahnvorstellungen treffen sich in ihrer Überzeugung, dass die Menschheit nur eine – vielleicht die letzte – der hoch entwickelten und dominanten Spezies in der langen und in weiten Bereichen unbekannten Geschichte dieses Planeten ist. Sie legen nahe, dass Dinge von unbegreiflicher Gestalt riesige Türme bis in den Himmel errichtet und alle Geheimnisse der Natur erforscht hätten, lange bevor der erste amphibische Vorfahre der Menschheit vor dreihundert Millionen Jahren aus den heißen Ozeanen gekrochen ist. Einige waren von den Sternen gekommen, nur wenige waren so alt wie der Kosmos selbst, andere hatten sich aus irdischen Mikroben entwickelt, die so lange vor den Mikroben, aus denen unser Leben entstand, existierten, wie wir von den Ursprüngen unseres Lebens entfernt sind. Man spricht hier offen über Zeiträume von Tausenden von Millionen Jahren und über Verbindungen mit anderen Galaxien und Universen. Und natürlich gibt es so etwas wie die Zeit im menschlichen Sinn nicht.

Doch die meisten der Erzählungen und Vorstellungen betreffen eine relativ späte Rasse von seltsamer und komplizierter Gestalt, die keine Ähnlichkeit mit einer der Wissenschaft bekannten Lebensform hat und die bis fünfzig Millionen Jahre vor dem Erscheinen des Menschen gelebt hat. Diese Rasse, so wird behauptet, sei die mächtigste von allen gewesen, denn nur sie hätte das Geheimnis der Zeit entschlüsselt. Sie kannten alles, was auf der Erde zu erforschen war oder *jemals erforscht werden könnte*, mithilfe der Kraft ihres hoch entwickelten Geistes, der sie befähigte, in die Zukunft und die Vergangenheit zu reisen, selbst über die Abgründe von Millionen von Jahren hinweg, um die Überlieferungen eines jeden Zeitalters zu studieren. Von den Fähigkeiten dieser Rasse stammen alle Legenden der *Propheten*, einschließlich derer in den menschlichen Mythen.

In ihren riesigen Bibliotheken befinden sich Bücher und Bilder, in denen sämtliche Annalen der Erde festgehalten sind – die Geschichte und die Beschreibung jeder Spezies, die es gab oder jemals geben würde, mit dem gesamten Wissen von ihrer Kunst, ihren Entdeckungen, ihren Sprachen und ihrem Wesen. Mit diesem Äonen umfassenden Wissen wählt die Große Rasse aus jedem Zeitalter und von jeder Lebensform die Gedanken, Kunst und Lebensumstände aus, die ihrer eigenen Natur und Lebenslage hilfreich sein könnten. Wissen aus der Vergangenheit, erworben durch eine Art Gedankenübertragung außerhalb der üblichen Sinne, ist schwerer zu erlangen als Wissen aus der Zukunft.

Im letzteren Fall war das Verfahren einfacher und eher materiell. Mit der passenden Apparatur projizierte sich das Bewusstsein selbst in der Zeit vorwärts und suchte sich mit besonderen Sinnesorganen seinen verschwommenen Weg, bis es die gewählte Epoche erreicht hatte. Dann, nach einigen vorbereitenden Untersuchungen, wählte es den besten erreichbaren Vertreter der höchstentwickelten Lebensform dieser Periode, drang in das Gehirn dieses Organismus ein und übernahm dieses, während das verdrängte Bewusstsein in die Epoche des Eindringlings geschickt wurde und dort in dessen Körper verblieb, bis der umgekehrte Prozess eingeleitet wurde. Das in den Körper in der Zukunft projizierte Bewusstsein würde dann als ein Mitglied dieser Rasse agieren, deren äußere Form es angenommen hat, um so schnell wie möglich sämtliche Informationen und technisches Wissen aufzunehmen und alles über das ausgewählte Zeitalter zu erfahren.

In der Zwischenzeit würde man sich um das verdrängte Bewusstsein, das sich in dem Körper und dem Zeitalter des Eindringlings befand, sorgsam kümmern. Man verhinderte, dass es dem Gastkörper Schaden zufügte, und erfahrene Befrager würden sein gesamtes Wissen extrahieren. Meist konnte man es in seiner eigenen Sprache befragen, wenn vorherige Reisen in die Zukunft Aufnahmen dieser Sprache mit zurückgebracht hatten. Wenn das Bewusstsein allerdings aus einem Körper stammte, dessen Sprache die Große Rasse körperlich nicht in der Lage war zu reproduzieren, dann konstruierte man raffinierte Maschinen, auf denen man die fremde Sprache wie auf einem Musikinstrument spielen konnte. Die Vertreter der Großen Rasse sahen aus wie mächtige Kegel mit rauer Oberfläche und waren über drei Meter hoch. Ihr Kopf befand sich an der Spitze, und von dort gingen ausdehnbare Glieder von dreißig Zentimeter Durchmesser aus, an denen sich andere Organe befanden. Ihre Sprache klang wie das Klicken oder Kratzen von großen Tatzen oder Klauen, die sich am Ende von zwei ihrer vier Glieder befanden, und bewegten sich durch Zusammenziehen und Ausdehnen einer weichen Schicht an der breiten, drei Meter durchmessenden Unterseite des Kegels fort.

Wenn sich das Erstaunen und die Ablehnung des Gefangenen gelegt und er den Schrecken vor seiner zeitweise ungewöhnlichen Gestalt verloren hat (nehmen wir an, er stammt aus einem Körper, der sich völlig von dem der Großen Rasse unterscheidet), war ihm erlaubt, seine neue Umgebung zu erforschen und Wunder und Wissen zu erfahren, die denen, die sein Verdränger erlebte, vergleichbar waren. Mit entsprechenden Vorkehrungen und entsprechenden Gegenleistungen war ihm erlaubt, sich in den riesigen Luftschiffen oder großen, schiffartigen, atomgetriebenen Fahrzeugen, die über die breiten Straßen fuhren, in der gesamten bewohnten Welt zu bewegen. Er konnte sich auch ganz ungehindert in den Bibliotheken mit der Geschichte des Planeten in Vergangenheit und Zukunft beschäftigen. Dies versöhnte viele der gefangenen Bewusstseine mit ihren Entführern, denn sie waren alle intelligente Wesen, und für solche stellte die Enthüllung der verborgenen Geheimnisse der Erde – unzugängliche Kapitel in der unvorstellbaren Vergangenheit und verwirrende Wirbel zukünftiger Zeiten, was auch Zeiträume weit vor ihrer eigenen Epoche umfasste – trotz des entsetzlichen Schreckens, der häufig dabei zutage kam, die größte Erfahrung ihres Lebens dar.

Ab und zu durften bestimmte Gefangene sich mit anderen gefangenen Identitäten treffen, die aus der Zukunft geholt worden waren, um ihre Gedanken mit Bewusstseinen auszutauschen, die in Epochen hunderte oder tausende, ja Millionen Jahre vor oder nach ihnen gelebt haben. Und alle waren gehalten, umfangreiche Ausführungen in ihrer Sprache über sich selbst und ihre Epoche anzufertigen. Diese Dokumente wurden in dem großen Zentralarchiv aufbewahrt.

Man sollte noch hinzufügen, dass es einen besonderen, traurigen Typ von Gefangenen gab, dessen Privilegien wesentlich größer waren als die der Mehrheit. Dies waren die toten *dauerhaft* Verbannten, deren Körper in der Zukunft von hochintelligenten Angehörigen der Großen Rasse beschlagnahmt wurden, die im Angesicht des Todes versuchten, der geistigen Auslöschung zu entgehen. Diese traurigen Exilanten waren nicht so zahlreich, wie man vielleicht erwartete, da die Langlebigkeit der Großen Rasse die Freude am Leben verminderte – besonders bei jenen überragenden Denkern, die zur Projektion fähig waren. Diese Fälle von permanenter Übernahme durch ältere Angehörige der Großen Rasse waren für die dauerhaften Veränderungen der Persönlichkeit verantwortlich, die man in der jüngeren Geschichte – auch der menschlichen – festgestellt hatte.

Im normalen Fall einer Forschungsreise, wenn das ausgetauschte Bewusstsein in der Zukunft das erfahren hatte, was es wollte, dann baute es einen Apparat, der dem entsprach, mit dem es auf die Reise gegangen war und kehrte den Bewusstseinstransfer um. Damit wäre es wieder in seinem eigenen Körper und seinem eigenen Zeitalter, während das gefangene Bewusstsein in die Zukunft und in den Körper zurückkehrte, in den es eigentlich gehörte. Einzig wenn einer der beiden Körper während des Austauschs starb, dann wurde die Rückkehr unmöglich. In solchen Fällen musste das forschende Bewusstsein – wie bei den vor dem Tod Flüchtenden – sein Leben in dem fremden Körper in der Zukunft zu Ende führen, oder im anderen Fall der Gefangene – wie die sterbenden dauerhaften Exilanten – seine Tage in Gestalt und der Zeit der Großen Rasse beenden.

Dieses Schicksal war weniger schrecklich, wenn das gefangene Bewusstsein ebenfalls zur Großen Rasse gehörte, was nicht ungewöhnlich war, denn in allen Zeitaltern war diese Rasse sehr besorgt bezüglich ihrer eigenen Zukunft. Die Zahl der sterbenden, permanenten Exilanten der Großen Rasse war äußerst klein – im Wesentlichen aufgrund der drakonischen Strafen für den Austausch eines zukünftigen Bewusstseins der Großen Rasse durch einen Todgeweihten. Durch die Projektion war es möglich, diese Strafen auf die Übeltäter in ihren neuen Körpern in der Zukunft anzuwenden, und manchmal wurde auch ein erzwungener Rücktransfer durchgeführt. Komplexe Fälle, in denen ein forschendes Bewusstsein oder ein schon gefangenes Bewusstsein durch ein anderes verdrängt wurde, sind aus der Vergangenheit bekannt und wurden sorgfältig korrigiert. In jedem Zeitalter seit der Entdeckung des Bewusstseinstransfers gab es eine kleine, aber hochgeachtete Gruppe in der Gesellschaft, die aus Bewusstseinen der Großen Rasse aus vergangenen Epochen bestand, die sich hier für längere oder kürzere Zeit aufhielten.

Wenn ein gefangenes Bewusstsein in seinen eigenen Körper in der Zukunft zurückkehrt, dann wird alles, was es über das Zeitalter der Großen Rasse erfahren hat, durch eine komplizierte Form mechanischer Hypnose gelöscht. Dies geschieht wegen der vorhersehbaren, weitreichenden Konsequenzen, die ein solch umfangreiches Wissen nach sich ziehen würde. Die wenigen bekannten Fälle eines ungereinigten Transfers hatten zu großen Katastrophen geführt bzw. würden dazu führen, wie man aus der Zukunft wusste. Was die Menschen über die große Rasse wussten, lag in zwei solcher Fälle begründet (so sagen die alten Mythen). Alle Dinge, die *direkt oder materiell* aus dieser Äonen zurückliegenden Welt überlebt haben, sind lediglich große Steinruinen an abgelegenen Orten und auf dem Meeresgrund und Passagen in dem Furcht einflößenden *Pnakotischen Manuskript.*

Deshalb erreicht das zurückkehrende Bewusstsein sein eigenes Zeitalter nur mit sehr verschwommenen und bruchstückhaften

Bildern von dem, was ihm seit dem Austausch widerfahren ist. Alle Erinnerungen, die man löschen kann, werden gelöscht, sodass in den meisten Fällen von dem Austausch nur eine von Träumen überschattete Leere bleibt. Einige können sich an mehr erinnern als andere, und der zufällige Austausch von Erinnerungen hat manchmal Hinweise auf eine verbotene Vergangenheit und zukünftige Zeiten erbracht. Wahrscheinlich bewahrten Gruppen und Kulte in allen Zeiten diese Hinweise. Im *Necronomicon* wird die Existenz eines solchen Kultes unter den Menschen angedeutet – ein Kult der manchmal die Bewusstseine unterstützt, die durch die Äonen hindurch aus der Epoche der Großen Rasse gekommen sind.

Und währenddessen wurde die Große Rasse selbst allwissend und nahm die Aufgabe in Angriff, sich mit den Bewusstseinen auf anderen Planeten auszutauschen und deren Vergangenheit und Zukunft zu erforschen. Ebenso versuchten sie die letzten Jahre und ihre Herkunft von jenem schwarzen, schon seit Äonen toten Gestirn zu ergründen, von dem ihr eigenes geistiges Erbe herstammte, denn das Bewusstsein der Großen Rasse war älter als ihre körperliche Form. Die Wesen einer alten, sterbenden Welt – in Kenntnis der letzten Geheimnisse – hatten Ausschau nach einer neuen Welt und einer Spezies gehalten, die ihnen ein langes Leben böte. Sie hatten ihre Bewusstseine massenhaft in diese zukünftige Rasse transformiert, die ihnen als der beste Hort erschien – jene kegelförmigen Dinger, die unsere Erde vor Milliarden von Jahren bewohnten. So war die Große Rasse entstanden, während unzählige Bewusstseine ausgetauscht wurden und angesichts des Schreckens eines fremden Körpers starben. Später dann sah sich die Rasse erneut dem Tod gegenüber, doch überlebte sie durch einen weiteren Transfer ihrer intelligentesten Vertreter in die Körper von anderen, die noch eine längere Lebenserwartung hatten.

Solcherart war das Ergebnis der Verknüpfung von Legenden und Halluzinationen. Als ich um 1920 herum meine Forschungen in eine geordnete Form gebracht hatte, spürte ich ein leichtes Nachlassen der Anspannung, die in einem früheren Stadium eher noch zugenommen hatte. Nach all dem und trotz der Fantasien, die durch unerklärliche Emotionen ausgelöst wurden, waren nicht die meisten meiner Symptome tatsächlich erklärbar? Irgendein Zufall hatte mich dazu gebracht, mich während meiner Amnesie mit dunklen Dingen zu beschäftigen, worauf ich die verbotenen Legenden studierte und mich mit Mitgliedern von alten und schlecht beleumundeten Kulten traf. Schlicht und einfach stellte das wohl den Nährboden für die Träume und die beunruhigenden Gefühle dar, die, nachdem ich mein Gedächtnis wiedererlangt hatte, auftraten. Soweit es die wenigen Anmerkungen in Traumhieroglyphen und in Sprachen, die mir unbekannt sind, betraf, die mir von den Bibliothekaren unterstellt worden sind – ich hätte in meinem zweiten Stadium ganz nebenbei Bruchstücke dieser Sprachen aufschnappen können, während die Hieroglyphen ohne Zweifel in meiner Fantasie, beeinflusst von Beschreibungen in alten Legenden, entstanden sind und *danach* in meine Träume verwoben wurden. Ich habe versucht, bestimmte Punkte durch Gespräche mit bekannten Kultführern zu überprüfen, doch gelang es mir nie, die richtigen Verbindungen herzustellen.

Mit der Zeit beunruhigten mich die Übereinstimmungen bei so vielen Fällen und in so unterschiedlichen Zeitaltern wieder genauso wie am Anfang, doch andererseits wurde mir bewusst, dass die fantastischen, folkloristischen Erzählungen in der Vergangenheit weiter verbreitet gewesen waren als in der Gegenwart. Möglicherweise waren, in Fällen wie dem meinem, alle anderen Betroffenen wesentlich vertrauter mit den Geschichten gewesen, die ich erst in meinem zweiten Stadium kennengelernt hatte. Als diese Opfer ihr Gedächtnis verloren, haben sie eine Verbindung zu den Kreaturen in den Alltagsmythen hergestellt – die geheimnisvollen Eindringlinge wurden dafür verantwortlich gemacht, die Gehirne der Männer zu entfernen – und begaben sich so auf die Suche, die sie in eine fantastische, nicht menschliche Vergangenheit brachte. Dann, wenn sie ihre Erinnerung wiedererlangten, drehten sie den assoziativen Prozess um, und sie hielten sich nicht mehr für den Eindringling, sondern für den Verdrängten. Die Träume und Pseudo-Erinnerungen folgten dann dem üblichen mythischen Muster.

Abgesehen davon, dass diese Erklärungen weit hergeholt erscheinen, beherrschten sie schließlich mein gesamtes Denken – besonders da die konkurrierenden Theorien weit größere Lücken aufwiesen und eine bedeutende Anzahl von berühmten Psychologen und Anthropologen mir teilweise Recht gaben. Je mehr ich darüber nachdachte, desto mehr erschienen mir meine Überlegungen einen Sinn zu ergeben, bis ich schließlich ein wirksames Bollwerk gegen die Visionen und Bilder, die immer noch über mich kamen, errichtet hatte. Nehmen wir an, dass ich nachts seltsame Dinge sah. Das waren nur Dinge, von denen ich gelesen oder gehört hatte. Nehmen wir an, ich verspürte einen merkwürdigen Ekel, sah abseitige Bilder und hatte Pseudo-Erinnerungen. Auch diese waren nur der Widerhall von Mythen, die ich während meiner zweiten Phase aufgenommen hatte. Nichts, was ich vielleicht träumte, nichts, was ich möglicherweise fühlte, konnte eine wirkliche Bedeutung haben.

Gerüstet durch diese Haltung, festigte sich mein seelisches Gleichgewicht, selbst wenn die Visionen (mehr als die abstrakten Eindrücke) beständig zunahmen und beunruhigend konkreter wurden. Im Februar 1922 fühlte ich mich in der Lage, meine reguläre Arbeit wieder aufzunehmen und nutzte meine neu erworbenen Kenntnisse, um einen Einführungskurs in Psychologie an der Universität anzubieten. Mein ehemaliger Lehrstuhl für Politische Ökonomie war schon vor Langem adäquat neu besetzt worden, und außerdem hatten sich die Lehrmethoden in Ökonomie seit meinem Wirken als Professor stark verändert. Zu dieser Zeit begann mein Sohn mit seinem Aufbaustudium, das ihn hin zu seiner jetzigen Professur führte, und wir arbeiteten viel zusammen.

IV

Dennoch führte ich weiterhin sorgfältig Buch über meine überspannten Träume, die mich so eindrücklich und lebhaft heimsuchten. Diese Buchführung, so argumentierte ich, war als psychologisches Dokument von grundlegender Bedeutung. Die Einblicke wirkten abscheulicherweise immer noch wie *Erinnerungen*, doch ich bekämpfte diesen Eindruck mit ziemlichem Erfolg. Ich behandelte diese Phantasmagorien in meinen Aufzeichnungen so, als ob ich sie tatsächlich gesehen hätte, doch ansonsten schob ich sie als Gespinst nächtlicher Trugbilder beiseite. Niemals habe ich diese Angelegenheit in einer allgemeinen Unterhaltung erwähnt, doch Berichte darüber drangen, wie es nun einmal ist, nach außen, und es entstand eine Reihe von Gerüchten über meine geistige Gesundheit. Es ist amüsant, wenn man bedenkt, dass alle diese Gerüchte nur Laien zur Kenntnis gebracht wurden, doch nie einer Kapazität im Bereich Medizin oder Psychologie.

Von meinen Visionen nach 1914 will ich hier nur einige erwähnen, da die vollständigen Aufstellungen und Berichte dem wirklich Interessierten zugänglich sind. Klar ist, dass die seltsame Barriere bis zu einem gewissen Grad verschwand, da der Umfang meiner Visionen stark zunahm. Niemals jedoch waren es mehr als Bruchstücke ohne klaren Zusammenhang. Innerhalb der Träume allerdings schien ich langsam eine immer größere Bewegungsfreiheit zu erlangen. Ich schwebte durch viele merkwürdige Steingebäude, indem ich von einem zum anderen durch riesige, unterirdische Passagen gelangte, die wohl die üblichen Verbindungswege darstellten. Manchmal kam ich zu den gigantischen, verschlossenen Falltüren auf der untersten Ebene, über denen eine Aura von Furcht und Verbotenem hing. Ich sah beeindruckende, mit Mosaiken ausgelegte Teiche, und Räume, in denen sich seltsame und unbeschreibliche Gegenstände unzähliger Art befanden. Dann gab es große Kavernen mit komplizierten Maschinen, deren Form und Funktion mir gänzlich fremd waren und deren *Geräusche* ich erst nach vielen Jahren des Träumens hören konnte. Ich sollte hier anmerken, dass Sehen und Hören die einzigen Sinne waren, die mir in der visionären Welt gegeben waren.

Der wirkliche Schrecken begann im Mai 1915, als ich zum ersten Mal die *lebende Wesen* erblickte. Das war, bevor meine Studien mich gelehrt hatten, was ich aufgrund der Mythen und der geschriebenen Geschichte erwarten konnte. In dem Maße, wie die mentalen Barrieren bröckelten, gewahrte ich in großem Umfang einen dünnen Dunst in verschiedenen Teilen der Gebäude und in den darunterliegenden Straßen. Dieser wurde beständig dichter und deutlicher, bis ich zuletzt ihre monströse Form beängstigend klar wahrnehmen konnte. Es schienen enorme, schillernde Kegel zu sein, ungefähr drei Meter hoch und an der Basis mit einem Durchmesser von ebenfalls drei Metern, die aus einer beweglichen, schuppigen, halbelastischen Materie zu bestehen schienen. Von ihren Spitzen gingen vier röhrenförmige Gliedmaßen aus, jede dreißig Zentimeter dick und von der gleichen beweglichen, schuppigen Substanz wie die Kegel selbst. Diese Gliedmaßen waren manchmal bis fast zur Unsichtbarkeit zusammengezogen und manchmal bis zu drei Metern Länge ausgestreckt. An der Spitze von zwei von ihnen befanden sich große Klauen oder Zangen und an der Spitze einer dritten waren vier rote, trompetenartige Fortsätze. Die vierte endete in einer unregelmäßigen, gelblichen Kugel mit ungefähr sechzig Zentimeter Durchmesser und drei großen, dunkeln Augen in ihrer Mitte. Dieser Kopf wurde von vier dünnen, grauen Stielen gekrönt, an denen sich blütenartige Fortsätze befanden, während von unten am Kopf acht grünliche Antennen oder Tentakeln herabbaumelten. Die Unterseite des Kegels bestand aus einer gummiartigen grauen Substanz, die das gesamte Wesen durch Zusammenziehen und Ausstrecken fortbewegte.

Ihre Handlungen, obwohl harmlos, erschreckten mich noch mehr als ihr Erscheinungsbild, denn es ist nicht zuträglich, wenn man monströse Objekte etwas tun sieht, was man sonst nur von Menschen kennt. Diese Objekte bewegten sich zielgerichtet in den großen Räumen, holten Bücher von den Regalen und brachten sie zu den großen Tischen, oder umgekehrt, und manchmal schrieben sie eifrig mit einem besonderen Stab, den sie mit den grünlichen Kopftentakeln führten. Die großen Zangen wurden benutzt, um die Bücher zu tragen und um Gespräche zu führen – die Sprache war eine Art von Klicken und Kratzen. Die Objekte trugen keine Kleidung, allerdings Taschen oder Rucksäcke, die von der Spitze des kegelförmigen Rumpfes herabhingen. Gewöhnlich befanden sich ihr Kopf und die anderen Gliedmaßen auf Höhe der Spitze des Kegels, obwohl sie häufig auch höher oder niedriger gehalten wurden. Die drei anderen, großen Gliedmaßen hingen meist an der Seite des Kegels herunter und waren, wenn sie nicht gebraucht wurden, jeweils auf eine Länge von eineinhalb Meter zusammengezogen. Aus ihrer Geschwindigkeit beim Lesen, Schreiben und Bedienen ihrer Maschinen (die auf dem Tisch schienen irgendwie durch Geisteskraft mit ihnen verbunden) schloss ich, dass sie bei Weitem intelligenter als Menschen sein mussten.

Danach sah ich sie überall, sie liefen in all den großen Räumen und Korridoren herum, bedienten monströse Maschinen in tiefen Kellern und rasten in gigantischen, bootähnlichen Wagen über die breiten Straßen. Ich verlor die Angst vor ihnen, denn sie wirkten wie ein absolut natürlicher Teil ihrer Umgebung. Ich begann auch, individuelle Unterschiede bei ihnen wahrzunehmen, und einige von ihnen schienen irgendwie zurückhaltend zu sein. Diese, obwohl es keine körperlichen Abweichungen gab, unterschieden sich nicht nur durch ihre Gesten und ihr Verhalten von der Mehrheit, sondern auch deutlich untereinander. So wie es sich in meiner verschwommenen Vision darstellte, schrieben sie sehr viel in unterschiedlichen Schriften – nie aber in den geschwungenen Hieroglyphen, die die Mehrheit benutzte. Einige von ihnen benutzten zu meinem Erstaunen unser eigenes Alphabet. Die meisten von ihnen arbeiteten deutlich langsamer als die Allgemeinheit der Wesen.

Die ganze Zeit schien *meine eigene Rolle* in den Träumen die eines körperlosen Bewusstseins zu sein, das über ein erweitertes Vorstellungsvermögen verfügt und frei herumschwebt, allerdings eingeschränkt durch die üblichen Straßen und die Geschwindigkeit des Reisens. Erst ab August 1915 begann mich ein Gefühl körperlicher

Existenz zu plagen. Ich sage *plagen*, denn in der ersten Phase war es eine rein abstrakte, doch unendlich schreckliche Verknüpfung meines schon zuvor beschriebenen Ekels vor meinem Körper und Szenen aus meinen Visionen. Eine Zeit lang war mein Hauptaugenmerk darauf gerichtet, während der Träume nicht meinen Körper anzusehen, und ich erinnere mich daran, wie dankbar ich für das Nichtvorhandensein von großen Spiegeln in den seltsamen Räumen war. Mir bereitete die Tatsache Sorgen, dass ich mit den Platten der großen Tische, deren Höhe nicht weniger als drei Meter betrug, immer auf Augenhöhe war.

Dann wurde das morbide Verlangen, an mir selbst hinabzuschauen, immer mächtiger, bis ich eines Nachts nicht widerstehen konnte. Zuerst nahm ich bei meinem Blick nach unten überhaupt nichts wahr. Einen Moment später stellte ich fest, dass der Grund dafür war, dass mein Kopf sich am Ende eines sehr langen, biegsamen Halses befand. Diesen Hals einziehend und genau nach unten blickend, sah ich die schuppige, raue, schimmernde Masse eines mächtigen Kegels, drei Meter hoch und drei Meter Durchmesser am unteren Ende. Es war damals, dass meine Schreie, nachdem ich wie wahnsinnig aus den Tiefen des Schlafs aufschreckte, halb Arkham geweckt haben.

Erst nach Wochen, in denen sich diese abscheuliche Erfahrung immer wiederholte, gewöhnte ich mich so halb an die Vorstellung von mir selbst in monströser Form. Ab da bewegte ich mich in körperlicher Gestalt zwischen den anderen unbekannten Wesen, las schreckliche Bücher aus den endlosen Regalen und schrieb stundenlang an den großen Tischen mit einem Griffel, den ich in den grünen Tentakeln hielt, die von meinem Kopf herabhingen. Bruchstücke dessen, was ich gelesen und geschrieben habe, waren bestimmt noch in meinem Gedächtnis verborgen. Es waren schreckliche Annalen von anderen Welten und Universen und dem Gewirr formlosen Lebens außerhalb des Kosmos. Es gab da seltsame Anweisungen von Wesen, die in vergessener Vergangenheit die Welt bewohnt hatten, und Furcht einflößende Chroniken von Intelligenzen mit abseitigen Körpern, die diese Welt in Millionen von Jahren nach dem Tod des letzten menschlichen Wesens bewohnen würden. Ich erfuhr von Kapiteln der menschlichen Geschichte, die kein heutiger Gelehrter auch nur ahnen würde. Das meiste davon war in der Sprache der Hieroglyphen verfasst, die ich auf seltsame Weise mit der Hilfe von brummenden Maschinen lernte und die eine agglutinierende Sprache war, deren Grammatik keiner menschlichen Sprache ähnelte. Andere Bücher waren in wiederum anderen Sprachen abgefasst, die ich auf die gleiche Weise lernte. Ganz wenige waren in Sprachen geschrieben, die ich kannte. Sehr aussagekräftige Bilder, die sowohl eingefügt als auch in besonderen Bänden gesammelt waren, stellten für mich eine große Hilfe dar. Und die ganze Zeit schien es mir, als würde ich eine Geschichte meiner Zeit auf Englisch verfassen. Wachte ich auf, konnte ich mich nur an winzige und bedeutungslose Fetzen der Sprachen erinnern, die mein Traum-Ich beherrschte, allerdings an ganze Teile der von mir verfassten Geschichte.

Ich erfuhr – noch bevor mein waches Ich die ähnlichen Fälle von Amnesie oder die alten Mythen studiert hatte, aus denen meine Träume zweifellos entsprangen –, dass die Wesen um mich herum die mächtigste Rasse der Erde waren, die die Zeit überwunden und forschende Bewusstseine in alle Zeitalter geschickt hatte. Ich wusste auch, dass ich aus meiner Zeit entführt worden war, während ein *anderer* meinen Körper in dieser Zeit benutzte und dass einige der anderen seltsamen Formen ebenfalls ein Hort für transferierte Bewusstseine waren. Es hatte den Anschein, als würde ich mich in einer seltsamen, klickenden Sprache mit verbannten Intelligenzen aus allen Ecken des Sonnensystems unterhalten.

Da gab es ein Bewusstsein von dem Planeten, den wir Venus nennen, das in einem Zeitalter leben würde, das unergründbar weit in der Zukunft lag, und eines von einem der äußeren Monde des Jupiter, sechs Millionen Jahre in der Vergangenheit. Von den irdischen Bewusstseinen gab es einige aus der geflügelten, sternenköpfigen, halb pflanzlichen Rasse aus der paläontologischen Antarktis, eines von den Reptilienleuten des sagenhaften Valusia, drei von den bepelzten, vormenschlichen, hyperboreischen Verehrern von Tsathoggua, eins von den gänzlich abnormen Tcho-Tchos, zwei von den spinnenartigen Bewohnern im letzten irdischen Zeitalter, fünf der widerstandsfähigen, käferartigen Spezies, die direkt auf die Menschheit folgte und auf die die Große Rasse eines Tages in großer Zahl ihre fähigsten Denker angesichts einer schrecklichen Bedrohung übertragen würde, und eine Reihe aus verschiedenen Zweigen der menschlichen Rasse.

Ich sprach mit dem Bewusstsein des Yiang-Li, einem Philosophen des grausamen Königreichs von Tsan-Chan, das 5000 Jahre n. Chr. kommen würde, mit dem eines Generals der großköpfigen, schwarzen Leute, die 50 000 Jahre v. Chr. Südafrika beherrschten, mit dem eines Florentinischen Mönchs namens Bartolomeo Corsi aus dem zwölften Jahrhundert, mit dem eines Königs von Lomar, der in dem schrecklichen, arktischen Land herrschte, 100 000 Jahren bevor die gedrungenen, gelben Inutos aus dem Westen kamen, um es zu erobern, mit dem des Nug-Soth, einem Magier der dunklen Eroberer 16 000 n. Chr., mit dem eines Römers namens Titus Sempronius Blaesus, der zu Sullas Zeiten Quästor war, mit dem des Khephnes, eines Ägypters der 14. Dynastie, der mir das grässliche Geheimnis des Nyarlathotep enthüllte, mit dem eines Priesters aus dem mittleren Königreich von Atlantis, mit dem eines Adligen, James Woodville, aus den Tagen Cromwells, mit dem eines Hofastronomen im Peru der Vorinkazeit, mit dem des Australischen Physikers Nevil Kingston-Brown, der im Jahr 2518 n. Chr. sterben würde, mit dem eines Oberzauberers des im Pazifik untergegangenen Yhe, mit dem von Theodotides, einem persisch-griechischen Beamten 200 v. Chr., mit dem eines alten Franzosen aus der Zeit von Ludwig XIII. mit Namen Pierre-Louis Montmagny und so vielen anderen, dass mein Gehirn nicht in der Lage ist, sich an all die Geheimnisse und verwirrenden Wunder zu erinnern, von denen sie mir berichteten.

Jeden Morgen erwachte ich wie in einem Fieber und versuchte, manchmal hektisch, die Informationen zu bestätigen oder zu widerlegen, soweit sie in den Bereich des gegenwärtigen Wissens fielen. Bekannte Fakten erschienen in einem neuen, zweifelhaften

Licht, und ich wunderte mich über die Träume, die solch überraschende Aspekte der Geschichte und den Wissenschaften hinzufügen konnten. Mir schauderte angesichts der Mysterien, die in der Vergangenheit verborgen sein mochten, und zitterte vor den Bedrohungen, die die Zukunft wohl bringen mochte. Was die Aussagen der Nachfolger der Menschen bezüglich des Schicksals der Menschheit andeuteten, nahm mich so mit, dass ich es hier nicht darlegen kann. Nach den Menschen würde die mächtige Zivilisation der Käfer kommen, deren Körper die Besten der Großen Rasse übernehmen würden, wenn das gigantische Unheil über die alte Welt käme. Später, wenn die Zeit der Erde sich dem Ende näherte, würden ihre Bewusstseine erneut durch Zeit und Raum reisen – zu einem weiteren Zufluchtsort in den Körpern der ausladenden, pflanzlichen Entitäten des Merkur. Doch auch nach ihnen würde es Rassen geben, die sich verzweifelt an den kalten Planeten klammern und sich zu seinem schrecklichen Kern graben würden, bevor das endgültige Ende käme.

Ich unterdessen schrieb in meinen Träumen ohne Unterbrechung an der Geschichte meines Zeitalters – halb freiwillig und halb wegen der Versprechen weitgehenderer Nutzung der Bibliothek und größerer Reisemöglichkeiten –, die ich für das Zentralarchiv der Großen Rasse verfasste. Das Zentralarchiv befand sich in einer riesigen, unterirdischen Anlage in der Nähe der Stadtmitte, die ich gut aus häufigen Arbeitsaufenthalten und Beratungen kannte. Dafür geschaffen, so lange zu bestehen wie die Große Rasse selbst und sogar den schlimmsten Erdbeben standzuhalten, übertraf dieser Hort des Wissens in seiner soliden, bergähnlichen Festigkeit alle anderen Gebäude.

Die Berichte, als Manuskript oder gedruckt auf große Blätter aus einem seltsamen, zähen Papiermaterial wurden zu Büchern gebunden, die man von oben aufblätterte und in eigenen Behältern aus einem extrem leichten und rostfreien Metall von gräulicher Farbe aufbewahrte, die mit mathematischen Mustern verziert waren und den Titel in den geschwungenen Hieroglyphen der Großen Rasse trugen. Diese Behälter wurden in Türmen von rechteckigen Fächern – ähnlich geschlossenen, verriegelten Regalen – verwahrt, die aus dem gleichen, rostfreien Metall bestanden und durch komplizierte Drehschlösser gesichert waren. Die von mir verfasste Geschichte befand sich an einem speziellen Platz in den Gewölben in der untertesten bzw. der Wirbeltierebene, jene Abteilung, der die Kultur der Menschen zugeordnet war sowie den Fell-tragenden- und Reptilien-Rassen, die unmittelbar vorher die Erde dominiert hatten.

Jedoch keiner meiner Träume vermittelte mir jemals ein vollständiges Bild des täglichen Lebens. Es waren alles nur kleine, verschwommene und unzusammenhängende Bruchstücke, und es ist sicher, dass diese Bruchstücke nicht in der richtigen Reihenfolge auftauchten. Ich habe zum Beispiel nur eine sehr unvollständige Vorstellung von meinen Lebensumständen in der Traumwelt, doch glaube ich, einen großen Raum zu meiner persönlichen Verfügung gehabt zu haben. Meine Beschränkungen als Gefangener wurden nach und nach aufgehoben, sodass einige der Visionen lebhafte Erinnerungen an Reisen auf mächtigen Dschungelstraßen, Aufenthalte in seltsamen Städten und Erkundungen der weitläufigen, dunklen, fensterlosen Ruinen, vor denen die Große Rasse in unerklärlicher Furcht zurückschreckte, beinhalten. Auch gab es lange Seereisen in riesigen, mit vielen Decks versehenen Schiffen, die unglaublich schnell waren, und Ausflüge über unzugängliche Regionen in geschlossenen, projektilgleichen Luftschiffen, die durch elektrische Kräfte aufstiegen und flogen. Jenseits des weiten, warmen Ozeans befanden sich weitere Städte der Großen Rasse, und auf einem weit entfernten Kontinent sah ich die primitiven Dörfer der schwarzschnauzigen, geflügelten Kreaturen, die sich zur dominanten Rasse entwickeln würden, wenn die Große Rasse ihre größten Gelehrten in die Zukunft gesandt hätte, um dem herannahenden Schrecken zu entkommen. Das wesentliche Merkmal der Landschaft war, dass es sich stets um flache Ebenen mit überbordender Vegetation handelte. Es gab nur wenige, niedrige Hügel, und diese zeigten üblicherweise Anzeichen von Vulkanismus.

Über die Tiere, die ich sah, könnte ich Bücher füllen. Alle befanden sich in freier Wildbahn, denn die automatisierte Zivilisation der Großen Rasse hatte schon lange die Haltung von Nutztieren hinter sich gelassen, und die Nahrungsmittel waren gänzlich pflanzlich oder synthetisch. Unförmige Reptilien schwammen in großer Zahl in dampfenden Sümpfen, flogen durch die dichte Luft oder durchpflügten die Meere und Seen, und zwischen ihnen glaubte ich kleinere, archaische Vorformen anderer Spezies – Dinosaurier, Pterodaktylen, Ichthyosaurier, Labyrinthodonten, Plesiosaurier und ähnliches, was durch die Paläontologie bekannt war – vage zu erkennen. Vögel und Säugetiere konnte ich nicht feststellen.

Am Boden und in den Sümpfen wimmelte es von Schlangen, Eidechsen und Krokodilen, während Insekten beständig in der üppigen Vegetation herumsummten. Weit draußen auf dem Meer bliesen ungesehene und unbekannte Monster mächtige Dampfsäulen in den dunstigen Himmel. Einmal brachte man mich in einem gigantischen Unterseeboot mit großen Suchscheinwerfern unter den Meeresspiegel, wo ich einen Blick auf einige der lebenden Schrecken riesigen Ausmaßes werfen konnte. Ich sah außerdem die Ruinen von unbeschreiblichen, versunkenen Städten und eine Fülle von Seelilien, Muscheln, Korallen und Fischen, die überall vorhanden war.

Von der Physiologie, der Psychologie, den Bräuchen und der genauen Geschichte der Großen Rasse enthielten meine Visionen nur sehr wenige Informationen, und viele der verstreuten Fakten, die ich hier niederlege, stammen aus meinen Studien der alten Legenden und anderer Fälle, denn aus meinen eigenen Träumen. Denn zu einem gewissen Zeitpunkt hatte mein Studium und meine Forschungen natürlich den Punkt erreicht und überschritten, wo sie mehr Kenntnisse umfassten als meine Träume, sodass bestimmte Traumfragmente schon im Voraus erklärt waren und sie nur noch eine Bestätigung dessen waren, was ich schon wusste. Dies festigte in beruhigender Weise meinen Glauben, dass sowohl mein Studium und meine Forschungen, vervollständigt von meinem zweiten Ich, die Ursache für jenes ganze Gespinst von Pseudo-Erinnerungen war.

Die Zeit, von der meine Träume handelten, lag in etwa 150 Millionen Jahre zurück, als das Paläozän vom Mesozoikum abgelöst wurde. Die Körper, die von der Großen Rasse in Besitz genommen worden waren, stellten keine überlebende – oder auch nur wissenschaftlich bekannte – Linie in der irdischen Entwicklung dar, waren allerdings eine besondere, sehr homogene und höchst spezialisierte, organische Lebensform, die sich zwischen pflanzlichem und tierischem Zustand befand. Die Zellfunktionen verhinderten Müdigkeit und hatten die Notwendigkeit des Schlafes völlig eliminiert. Die Nahrung wurde durch die roten, trompetenartigen Auswüchse an einem der großen, beweglichen Glieder aufgenommen, war stets fast flüssig und in vielen Aspekten gänzlich anders als die Nahrung sonstiger Lebewesen. Diese Wesen besaßen nur zwei der Sinne, die wir haben – Sehen und Hören, für Letzteres benutzten sie die blütenartigen Fortsätze an den grauen Schläuchen auf ihrem Kopf – allerdings besaßen sie viele andere, nicht vergleichbare Sinne (natürlich nicht benutzbar durch die gefangenen Bewusstseine, die sich in ihren Körpern befanden). Ihre drei Augen waren so verteilt, dass sie ein wesentlich weiteres Gesichtsfeld ermöglichten. Ihr Blut war eine Art dunkelgrüne, sehr dicke Suppe. Sie hatten keinen Sex, aber pflanzten sich durch eine Art Samen oder Sporen fort, die sich an ihrer Unterseite befanden und nur unter Wasser entwickeln konnten. Für die Aufzucht ihrer Jungen – von denen es in Anbetracht der Langlebigkeit der Individuen, vier- bis fünftausend Jahre waren die gewöhnliche Lebenserwartung, nur sehr wenige gab –, benutzten sie große, flache Wassertanks.

Deutlich geschädigte Individuen wurden, sobald man den Defekt festgestellt hatte, stillschweigend entsorgt. Krankheiten und die Nähe des Todes wurden, da die Große Rasse keinen Gefühlssinn oder Schmerzempfinden hatte, nur an sichtbaren Symptomen wahrgenommen. Die Toten wurden in würdevollen Zeremonien eingeäschert. Manchmal, wie schon gesagt, umging ein überragender Geist dem Tod, indem er in die Zukunft projiziert wurde, doch diese Fälle waren sehr selten. Wenn es dazu kam, dann wurde das ausgetauschte Bewusstsein aus der Zukunft, bis sein ungewohnter Gastkörper verstarb, mit größter Freundlichkeit behandelt.

Die Große Rasse schien eine einzige, lose zusammenhängende Nation oder einen Staatenbund zu bilden mit gemeinsamen Institutionen, doch gab es vier genau getrennte Abteilungen. Das politische und ökonomische System einer jeden Abteilung war eine Art autoritärer Sozialismus, in dem die wichtigsten Ressourcen nach rationalen Kriterien verteilt wurden, und die Macht wurde durch eine Wahl von all jenen, die bestimmte Tests bezüglich ihrer Bildung und psychologischen Eignung bestanden hatten, an ein kleines Regierungskomitee delegiert. Die Familie spielte keine große Rolle, obwohl Verbindungen unter Personen gleicher Herkunft respektiert wurden und die Nachkommen im Allgemeinen von ihren Eltern aufgezogen wurden.

Übereinstimmungen mit menschlichem Verhalten und Institutionen waren natürlich in solchen Bereichen gegeben, die einerseits sehr abstrakte Dinge betrafen und bei denen andererseits die grundsätzlichen, unspezifischen Notwendigkeiten des üblichen organischen Lebens im Vordergrund standen. Einige wenige zusätzliche Ähnlichkeiten entstanden dadurch, dass die Große Rasse bei der Erforschung der Zukunft bewusst manches übernommen hatte, das ihr gefiel. Die Industrie, hoch automatisiert, forderte nur wenig Zeitaufwand von ihren Bürgern, und die zur Verfügung stehende Freizeit wurde für intellektuelle und künstlerische Aktivitäten unterschiedlicher Art genutzt. Die Wissenschaften befanden sich auf einem unglaublich hohen Entwicklungsstand, und die Kunst war ein wichtiger Teil des Lebens, obwohl sie in der Periode meiner Träume ihren Höhepunkt schon überschritten hatte. Ihre Technologie wurde durch ihren Kampf ums Überleben und durch die Notwendigkeit, ihre großen Städte in Zeiten ungeheurer, geologischer Umwälzungen in jenen urzeitlichen Tagen zu erhalten, außerordentlich vorangetrieben

Die Kriminalität war überraschend gering, und man begegnete ihr mit einer hoch effektiven Polizeiarbeit. Die Bestrafungen reichten von der Aberkennung von Privilegien über lebenslange Haft bis zur Persönlichkeitsveränderung und wurden nie ohne eine sorgfältige Untersuchung des Motivs des Kriminellen angewendet. Kriege, in den letzten paar Jahrtausenden meist Bürgerkriege, aber manchmal auch gegen reptilien- und krakenartige Eindringlinge oder gegen die geflügelte, sternköpfige Alte Rasse, die in der Antarktis lebte, kamen selten vor, hatten aber schwere Verwüstungen zur Folge. Eine riesige Armee, ausgerüstet mit Fotokameras ähnlichen Waffen, die gewaltige elektrische Effekte erzeugten, standen für Umstände zum Einsatz bereit, die nur selten erwähnt wurden, aber offensichtlich in Zusammenhang mit der beständigen Furcht vor den dunklen, fensterlosen Ruinen und den großen, fest verschlossenen Falltüren der untersten Ebene standen.

Die Furcht vor den Basalt-Ruinen und den Falltüren war größtenteils Gegenstand von unausgesprochenen Vermutungen oder von geheimnisumranktem Geflüster. Alles, was sich genauer damit beschäftigte, fehlte in den Büchern, die allgemein zugänglich waren. Es war die einzige Sache, die bei der Großen Rasse einem absoluten Tabu unterlag, und es schien gleichermaßen mit dem Schrecken vergangener Kämpfe und der zukünftigen Bedrohung in Verbindung zu stehen, die dazu führen würde, dass sie ihre besten Denker in großer Anzahl durch die Zeit schickten. So unvollständig und fragmentarisch wie die anderen Dinge in den Träumen und Legenden lagen, war diese Angelegenheit in noch erstaunlicherer Weise im Dunkeln. Die ungenauen, alten Mythen vermieden dieses Thema – oder vielleicht war es auch aus irgendwelchen Gründen gelöscht worden. Und in meinen Träumen, ebenso wie in denen von anderen, gab es nur überraschend wenige Hinweise darauf. Mitglieder der Großen Rasse sprachen nie absichtlich davon, und was man herausbekam, stammte von einigen der schärfer überwachten, gefangenen Bewusstseine.

Nach diesen bruchstückhaften Informationen war die Ursache dieser Furcht eine uralte Rasse von halb polypenartigen, gänzlich fremden Entitäten, die durch den Weltraum aus unermesslich weit entfernten Universen gekommen waren und die Erde sowie drei weitere Planeten unseres Sonnensystems vor ungefähr sechshundert

Millionen Jahren beherrscht hatten. Sie waren nur zum Teil materiell – so wie wir Materie verstehen –, und ihre Art von Bewusstsein und Wahrnehmung unterschied sich völlig von dem irdischer Organismen. Zum Beispiel konnten sie nicht sehen, ihre geistigen Vorstellungen waren ein seltsames, nicht visuelles Muster von Eindrücken. Dennoch waren sie in der Lage, Dinge aus normaler Materie zu benutzen, wenn sie sich in Bereichen des Kosmos befanden, in denen diese vorhanden war; und sie brauchten Wohnstätten, auch wenn diese von besonderer Art waren. Obwohl ihre *Sinne* alle Art von Materie durchdringen konnten, waren ihre *Körper* nicht dazu in der Lage, und bestimmte Formen von elektrischer Energie konnten sie völlig zerstören. Sie hatten die Fähigkeit zu fliegen, obwohl sie keine Flügel oder andere erkennbare Organe besaßen, sich in die Luft zu erheben. Die Struktur ihrer Gehirne war so, dass die Große Rasse keine Möglichkeit einer Verständigung fand.

Als diese Dinger über die Erde hereinbrachen, bauten sie mächtige Basaltstädte aus fensterlosen Türmen und jagten auf schreckliche Weise die Lebewesen, die sie vorfanden. Das war, als die Bewusstseine der Große Rasse von jener seltsamen, transgalaktischen Welt aus, bekannt aus den verstörenden und fragwürdigen *Scherben von Eltdown* als Yith, durch den Abgrund rasten. Für die Neuankömmlinge war es mit den Geräten, die sie entwickelten, einfach, die raubtierhaften Entitäten zu unterwerfen und sie in die Kavernen tief im Inneren der Erde zu treiben, die sie schon vorher als Lebensraum genutzt hatten. Dann versiegelten sie die Eingänge und überließen sie ihrem Schicksal. Danach übernahmen sie die meisten der großen Städte und bewahrten bestimmte imposante Gebäude aus Gründen, die eher etwas mit Aberglaube als mit Gleichgültigkeit, Kühnheit oder wissenschaftlichem und historischem Interesse zu tun hatten.

Aber im Verlauf der Äonen häuften sich die verschwommenen, bösen Anzeichen, dass diese Älteren Kreaturen in ihrer unterirdischen Welt stärker und zahlreicher wurden. Es kam zu einigen, teilweise scheußlichen Vorfällen in kleinen, abgelegenen Städten der Großen Rasse und in einigen der verfallenen, älteren Städte, die die Große Rasse nicht besiedelt hatte – Orte, wo die Eingänge in die unterirdischen Abgründe nicht ordentlich versiegelt oder bewacht worden waren. Danach wurden größere Sicherheitsmaßnahmen ergriffen und viele der Eingänge für immer verschlossen – allerdings behielt man einige versiegelte Falltüren aus strategischen Gründen zur Bekämpfung der Älteren Kreaturen bei, falls diese jemals an einer unerwarteten Stelle ausbrechen sollten. Gleiches galt für neu entstandene Risse durch jene geologischen Verwerfungen, die einige der Eingänge blockiert und mit der Zeit eine Anzahl der Gebäude an der Oberfläche und Ruinen, die von den besiegten Entitäten übrig geblieben waren, zerstört hatten.

Die Überfälle der Älteren Kreaturen müssen über alle Maßen erschreckend gewesen sein, denn sie haben bleibende Spuren im Wesen der Großen Rasse hinterlassen. Das war das eingebrannte Gefühl des Schreckens, das sie noch nicht einmal das *Aussehen* dieser Kreaturen erwähnen ließ – zu keinem Zeitpunkt konnte ich mir ein klares Bild darüber verschaffen, wie sie aussahen. Es gab verschwommene Andeutungen von monströser *Plastizität* und zeitweiser *Unsichtbarkeit*, während anderes, bruchstückhaftes Geflüster von ihrer Kontrolle und dem militärischen Einsatz von *großen Winden* raunte. Vereinzelte *Pfeifgeräusche* und riesige Fußabdrücke mit fünf einzelnen Zehenspuren wurden ebenfalls mit ihnen in Verbindung gebracht.

Es war offensichtlich, dass das von der Großen Rasse gefürchtete, kommende Unheil – das Unheil, das sie zwingen würde, Millionen von klugen Gehirnen über den Abgrund der Zeit in fremde Körper in einer sicheren Zukunft zu schicken – etwas mit einem letzten erfolgreichen Überfall der Älteren Kreaturen zu tun hatte. Geistige Projektionen über die Zeitalter hinweg hatten eindeutig diesen Schrecken angekündigt, und die Große Rasse hatte beschlossen, dass niemand, der entkommen konnte, dem ins Auge sehen sollte. Dass der Überfall ein Rachefeldzug und kein Versuch, die Erdoberfläche zurückzuerobern, sein würde, wussten sie aus der zukünftigen Geschichte des Planeten, denn ihre Projektionen hatte gezeigt, dass nachfolgende Rassen in ihrem

Kommen und Vergehen von den monströsen Kreaturen unbehelligt geblieben waren. Vielleicht hatten die Kreaturen die Abgründe im Erdinneren, da sie auf Licht keinen Wert legten, der so veränderlichen, Sturm gepeitschten Oberfläche vorgezogen. Vielleicht verloren sie im Verlauf von Äonen auch ihre Kraft. Tatsächlich wusste man, dass sie zur Zeit der nachmenschlichen Käferrasse, die die geflohenen Bewusstseine beherbergte, so gut wie ausgestorben waren. In der Zwischenzeit bewahrte die Große Rasse, mit mächtigen Waffen ständig in Bereitschaft und trotz der ängstlichen Verbannung des Themas aus den alltäglichen Gesprächen und Berichten, ihre vorsichtige Wachsamkeit. Und beständig schwebte ein Schatten namenloser Furcht über den versiegelten Falltüren und den dunklen, fensterlosen, uralten Türmen.

V

Dies war die Welt, in die mich meine Träume jede Nacht – blasse Bruchstücke der Erinnerung hinterlassend – entführten. Ich kann nicht hoffen, eine Vorstellung von dem Schrecken und dem Grauen, das sie beinhalteten, vermitteln zu können, denn es hatte eine gänzlich nicht greifbare Qualität – das klare Empfinden einer Pseudo-Erinnerung –, auf die dieses Gefühl sich hauptsächlich gründete. Wie ich schon sagte, stellten meine Studien in Form rationaler, psychologischer Erklärungen bis zu einem gewissen Grad einen Abwehrmechanismus gegen diese Gefühle dar, und dieser wohltuende Einfluss wurde noch durch eine unterschwellige Gewöhnung verstärkt, die sich im Lauf der Zeit einstellte. Trotz all dem kam der verschwommene, schleichende Schrecken ab und zu wieder hoch. Doch wie dem auch sei, nach 1921 überkam es mich nicht mehr wie in den Zeiten davor, und ich führte ein sehr normales, von Arbeit und Erholung geprägtes Leben.

Im Lauf der Jahre gelangte ich zu dem Entschluss, dass meine Erfahrungen – gemeinsam mit ähnlichen Fällen und den damit verbundenen Volkssagen – ordentlich zusammengefasst und zum Wohl ernsthafter Forschung publiziert werden sollten, deshalb bereitete ich eine Reihe von Artikeln vor, die die ganze Angelegenheit in kurzer Form abhandelten und mit groben Skizzen von einigen der Gestalten, Szenen, Ornamenten und Hieroglyphen, an die ich mich aus meinen Träumen erinnerte, illustriert waren. Diese erschienen zwischen 1928 und 1929 im *Journal of the American Psychological Society*, allerdings ohne viel Beachtung zu erhalten. In der Zwischenzeit fuhr ich damit fort, meine Träume aufs Genaueste zu protokollieren, obwohl das beständige Anwachsen dieser Protokolle inzwischen einen beängstigen Umfang erreicht hatte.

Am 10. Juli 1934 wurde von der Psychological Society ein Brief an mich weitergeleitet, mit dem der entscheidende und schrecklichste Abschnitt dieses wahnsinnigen Martyriums seinen Anfang nahm. Er war in Pilbarra in Westaustralien abgestempelt und trug die Unterschrift von jemandem, von dem ich durch Nachforschungen herausfand, dass er ein Bergbauingenieur von einiger Bekanntheit war. Dabei lagen einige sehr seltsame Fotos. Ich werde den Text in voller Länge wiedergeben, und jeder Leser wird verstehen, welch enorme Wirkung dieser und die Fotos auf mich hatten.

Eine Zeit lang war ich fassungslos und ungläubig, und obwohl ich häufig dachte, dass es einige tatsächlich existierende Fakten als Grundlage für die Aussagen der Legenden geben müsste, die meine Träume ausschmückten, war ich dennoch nicht auf ein konkretes Objekt aus einer vergangenen Welt, die jenseits von allem Vorstellungsvermögen lag, vorbereitet. Die Fotos waren am erschütterndsten, denn darauf – in der kalten, nackten Wirklichkeit – standen vor einem Hintergrund von Sandflächen bestimmte verwitterte, von Wasser und Wind zerfurchte Steinblöcke, deren schwach konvexe Spitzen und schwach konkave Unterseite bereits alles sagten. Als ich sie mit der Lupe untersuchte, konnte ich sehr leicht zwischen den Spuren der Verwitterung Überreste jener geschwungenen Muster und einiger Hieroglyphen erkennen, deren Bedeutung so grässlich für mich war. Doch hier ist der Brief, der für sich selbst spricht:

49, Dampier St.,
Pilbarra, W. Australia
18. Mai 1934

Prof. N. W. Peaslee
c/o Am. Psychological Society,
30 E. 41st St.
N. Y. City, USA

Sehr geehrter Herr ...
Aufgrund einer kürzlichen Unterhaltung mit Dr. E. M. Boyle aus Perth und einiger Zeitungen mit Ihren Artikeln, die er mir geschickt hat, scheint es mir angeraten, Sie über bestimmte Dinge zu informieren, die ich in der Great Sandy Dessert, östlich von unseren Goldvorkommen, gesehen habe. Es hat den Anschein, als ob ich in Bezug auf bestimmte Legenden über alte Städte mit riesigen Steingebäuden, die Sie beschrieben haben, auf etwas gestoßen bin, was von Interesse sein könnte.

Die Aborigines haben immer viel von »großen Steinen mit Zeichnungen darauf« geplappert und scheinen eine höllische Angst davor zu haben. Sie verbanden sie irgendwie mit den Legenden ihrer Rasse über Buddai, den gigantischen alten Mann, der seit Äonen tief unten mit dem Kopf auf seinem Arm schläft und eines Tages aufwacht, um die Welt zu verschlingen. Es gibt einige Legenden von riesigen, unterirdischen Hütten aus großen Steinen, zu denen Wege hinunter und immer weiter hinunter führen, und wo schreckliche Dinge geschehen sind. Die Aborigines behaupten, dass einmal einige Krieger dorthinein flohen und niemals wieder zurückkamen, aber Furcht einflößende Winde aus diesen Öffnungen strömten, kaum dass die Männer hinabgestiegen waren. Doch normalerweise ist an dem, was die Eingeborenen erzählen, nie viel dran.

Doch es gibt noch mehr zu berichten. Vor zwei Jahren, als ich ungefähr 800 Kilometer weiter östlich in der Wüste nach Gold suchte, stieß ich auf eine Anzahl merkwürdiger, verzierter Steine von etwa 90 auf 60 mal 60 Zentimetern, die bis fast zur Unkenntlichkeit verwittert und zerbröckelt waren. Zuerst konnte ich keinerlei Zeichen erkennen, von denen die Aborigines gesprochen hatten, doch als ich genauer hinsah, konnte ich einige tief eingekerbte Linien trotz der Verwitterung erkennen. Das waren die eigenartigen Bögen, genau wie sie die Schwarzen beschrieben hatten. Ich glaube, es waren vielleicht 30 oder 40 Blöcke, einige vollständig im Sand verborgen, und alle befanden sich in einem kreisförmigen Bereich von etwa 400 Metern Durchmesser.

Nachdem ich einige davon entdeckt hatte, schaute ich mich nach weiteren um und bestimmte sorgfältig die Position des Ortes mit meinen Instrumenten. Außerdem machte ich Bilder von 10 oder 12 der typischsten Steinblöcke und lege diese Fotografien bei, damit Sie sich selbst einen Eindruck verschaffen können. Ich gab meine Erkenntnisse an die Regierung in Perth weiter, doch die haben sich nicht darum gekümmert. Dann traf ich Dr. Boyle, der Ihre Artikel im *Journal of the American Psychological Society* gelesen hatte, und erwähnte ihm gegenüber die Steine. Er war außerordentlich interessiert und ziemlich begeistert, als ich ihm meine Fotografien zeigte. Er sagte, dass die Steine und die Zeichen genau dem Mauerwerk entsprächen, von dem Sie geträumt hätten und das in den Legenden beschrieben wurde. Er hatte vor, Ihnen zu schreiben, was sich aber verzögerte. In der Zwischenzeit schickte er mir die meisten der Magazine mit Ihren Artikeln, und aus Ihren Beschreibungen und Zeichnungen erkannte ich sofort, dass meine Steine ohne Zweifel die sind, die Sie meinen. Sie werden das anhand der beigelegten Fotos erkennen. Später werden Sie dann noch direkt von Dr. Boyle Nachricht erhalten.

Nun kann ich verstehen, wie wichtig dies alles für Sie ist. Fraglos stehen wir den Überresten einer unbekannten Zivilisation gegenüber, älter als wir es uns erträumen können, die die Grundlage für unsere Legenden ist. Als Bergbauingenieur habe ich einige geologische Kenntnisse und kann Ihnen sagen, dass diese Steinblöcke so alt sind, dass sie mir Furcht einflößen. Sie bestehen hauptsächlich aus Sandstein und Granit, doch einer davon ist unzweifelhaft aus einer Art Zement oder Beton. Sie weisen Anzeichen von Wasseraktivität auf, so als ob dieser Teil der Welt überflutet war und nach langen Zeiträumen wieder aufgetaucht ist – und das lange, nachdem diese Blöcke hergestellt und genutzt wurden. Das ist eine Sache von Hunderten von Tausenden von Jahren, oder weiß der Himmel, von wie viel mehr. Ich möchte eigentlich nicht darüber nachdenken.

In Anbetracht Ihrer schon geleisteten, umfangreichen Arbeit, die Legenden und alles, was damit zusammenhängt, zurückzuverfolgen, habe ich keinen Zweifel, dass Sie eine Expedition in die Wüste durchführen und einige archäologische Ausgrabungen vornehmen wollen. Wir beide, Dr. Boyle und ich, sind bereit, daran teilzunehmen, wenn Sie oder eine Ihnen bekannte Organisation das Geld dafür aufbringen kann. Ich kann ein Dutzend Minenarbeiter für die schweren Ausgrabungsarbeiten zur Verfügung stellen – die Aborigines wären nur von geringem Nutzen, da ich herausgefunden habe, dass sie eine panische Angst vor dieser besonderen Stelle haben. Boyle und ich verlieren kein Wort darüber zu anderen, da Ihnen offensichtlich als Erstem die Ehre an jedwelchen Entdeckungen, die dort enthüllt werden, zukommt.

Man kann die Stelle von Pilbarra aus in ungefähr 4 Tagen mit den motorisierten Fahrzeugen erreichen, die wir für unsere Gerätschaften brauchen. Sie liegt grob gesagt westlich und südlich von Warburton's Track aus dem Jahr 1873 und 160 Kilometer entfernt von Joanna Spring. Wir könnten unsere Ausrüstung auf dem De Grey River befördern, anstatt von Pilbarra aus zu starten – doch all das können wir später noch besprechen. Die Steine befinden sich ungefähr an einem Punkt 22 Grad, 3 Minuten, 14 Sekunden südlicher Breite und 125 Grad, 39 Sekunden östlicher Länge. Das Klima ist tropisch, und die Bedingungen sind herausfordernd. Eine Expedition sollte man besser im Winter unternehmen – Juni, Juli oder

August. Ich würde einen weiteren Austausch über diese Sache begrüßen, und ich bin wirklich daran interessiert, Ihnen bei jedem Plan, den Sie fassen, zur Seite zu stehen. Nachdem ich Ihre Artikel gelesen habe, bin ich von der besonderen Bedeutung der ganzen Angelegenheit überaus beeindruckt. Dr. Boyle wird Ihnen noch schreiben. Wenn schnelle Kommunikation vonnöten ist, dann können Sie nach Perth telegrafieren, es wird von dort über Funk weitergeleitet.
Hoffe innig auf eine schnelle Nachricht.
Glauben Sie mir.
Ihr überaus ergebener
Robert B. F. Mackenzie

Von dem, was nach diesem Brief folgte, kann man das meiste den Zeitungen entnehmen. Ich hatte großes Glück, mir die Rückendeckung der Miskatonic-Universität sichern zu können, und beide, Mackenzie und Dr. Boyle, erwiesen sich als unschätzbare Hilfe, wenn es darum ging, die Sache in Australien zu organisieren. Der Öffentlichkeit teilten wir nicht allzu viel über unser Vorhaben mit, denn sonst hätte die ganze Angelegenheit zu große Aufmerksamkeit und höhnische Berichterstattung in einigen der Boulevardblätter hervorgerufen. Als Folge davon gibt es nur wenige gedruckte Berichte, dennoch reichten sie aus, um unsere Suche nach Ruinen in Australien und den Verlauf unserer Vorbereitungen bekannt werden zu lassen.

Professor William Dyer vom geologischen Fachbereich des College (Leiter der Miskatonic-Antarktis-Expedition von 1930/31), Ferdinand C. Ashley vom Fachbereich Ältere Geschichte und Tyler M. Freeborn von der Anthropologie und mein Sohn Wingate begleiteten mich. Mein Briefpartner Mackenzie kam für die abschließenden Vorbereitungen Anfang 1935 nach Arkham. Er erwies sich als ein außerordentlich kompetenter und effektiver Mann um die fünfzig, bewundernswert belesen und umfangreich mit den Bedingungen des Reisens in Australien vertraut. Er hatte in Pilbarra die Fahrzeuge bereitgestellt, und wir hatten ein

Dampfboot mit außergewöhnlich flachem Tiefgang gemietet, um auf dem Fluss bis zu diesem Punkt zu kommen. Wir waren darauf eingerichtet, die Ausgrabung in höchst vorsichtiger und wissenschaftlicher Weise vorzunehmen, indem wir jedes Sandkorn entfernen und nichts an der Lage der Objekte, die sich an oder in der Nähe ihres angestammten Platzes befanden, verändern würden.

Am 28. März 1935 verließen wir an Bord der schnaufenden *Lexington* Boston und hatten eine entspannte Fahrt über den Atlantik, durch das Mittelmeer und den Suez-Kanal, das Rote Meer hinunter und über den Indischen Ozean zu unserem Ziel. Ich muss nicht erwähnen, wie mich der Anblick der flachen, sandigen Küste von Westaustralien deprimierte und wie ich die raue Minenstadt und die trostlosen Goldminen verabscheute, wo die Fahrzeuge mit den letzten Ausrüstungsstücken beladen wurden. Dr. Boyle, auf den wir dort trafen, erwies sich als von fortgeschrittenem Alter, freundlich und intelligent, und seine Kenntnisse der Psychologie führten zu langen Gesprächen mit meinem Sohn und mir.

Beunruhigung und Erwartung vermischten sich auf seltsame Weise bei den meisten von uns, als unsere Gruppe von achtzehn Personen endlich losfuhr und über die weite, trockene Landschaft aus Sand und Felsen ratterte. Am Freitag, den 31. Mai, durchquerten wir einen flachen Seitenarm des De Grey River und betraten ein Reich völliger Trostlosigkeit. Ein gewisser entschiedener Schrecken überkam mich, als wir uns dem Ort der älteren Welt hinter den Legenden näherten – ein Schrecken, der natürlich begünstigt wurde durch den Umstand, dass meine verstörenden Träume und Pseudo-Erinnerungen mich immer noch mit ungehinderter Macht heimsuchten.

Am Montag, den 3. Juni, sahen wir die ersten der halb verschütteten Blöcke. Ich kann die Gefühle nicht beschreiben, mit denen ich tatsächlich – in objektiver Realität – ein Fragment der zyklopischen Bauwerke berührte, das in jeder Einzelheit den Blöcken in meinen Traumgebäuden entsprach. Es gab eine schwache Spur von Gravierungen, und meine Hände zitterten, als ich einen Teil der geschwungenen Verzierungen erkannte, die mir über die Jahre quälender Albträume und verwirrender Nachforschungen hinweg schrecklich geworden waren.

Nachdem wir einen Monat lang gegraben hatten, belief sich die Zahl der freigelegten Blöcke auf 1250, und diese befanden sich in den unterschiedlichsten Stadien der Verwitterung und des Verfalls. Die meisten waren verzierte Megalithen mit gebogenen Ober- und Unterseiten. Eine geringere Anzahl waren kleiner, flacher, glatt und quadratisch oder achteckig – wie jene Steinplatten, die in meinen Träumen die Böden und Straßenbeläge bildeten –, während nur wenige besonders massiv und in einer besonderen Art gebogen oder schräg waren und so den Eindruck erweckten, in Gewölben, Leisten, Bögen oder zur Einfassung der runden Fenster benutzt worden zu sein. Je tiefer – und weiter nach Norden und Osten – wir gruben, desto mehr Blöcke fanden wir, doch entdeckten wir keine Spur einer bestimmten Anordnung. Professor Dyer war über das unermessliche Alter der Bruchstücke entsetzt, und Freeborn fand Spuren von Symbolen, die auf unheimliche Art zu unvorstellbar alten Legenden in Papua und Polynesien passten. Der Zustand und wie die Blöcke verstreut waren, zeugte stumm von verwirrenden Zyklen der Zeit und geologischen Umwälzungen von kosmischer Brutalität.

Wir hatten auch ein Flugzeug dabei, und mein Sohn Wingate stieg häufig auf verschiedene Höhen auf, um die Sand- und Felswüste nach nur schwer zu erkennenden, weitläufigen Umrissen abzusuchen und auch nach Höhenunterschieden oder Linien zwischen verstreuten Blöcken. Seine Ergebnisse waren insgesamt negativ, denn wann immer er an einem Tag dachte, er hätte eine bedeutende Struktur erkannt, dann war sie am anderen Tag durch eine ebenso vorläufige ersetzt worden – ausgelöst durch die sich aufgrund des Windes ständig verändernden Sanddünen. Doch ein oder zwei dieser vorübergehenden Eindrücke lösten bei mir ein unangenehmes Gefühl aus. Auf irgendeine Art schienen sie auf schreckliche Weise mit etwas verzahnt zu sein, von dem ich geträumt oder gelesen hatte, woran ich mich aber nicht erinnern konnte. Es lag darin eine schreckliche *Pseudo-Vertrautheit*, die mich irgendwie dazu brachte, verstohlen und ängstlich über das abscheuliche, lebensfeindliche Gebiet Richtung Norden und Nordosten zu blicken.

Ungefähr um die erste Juliwoche stellte sich bei mir ein unerklärlicher Wirrwarr von Gefühlen bezüglich der gesamten nordöstlichen Region ein. Da war Schrecken und Neugierde, doch noch mehr als das, nämlich die beständige und verblüffende Illusion von Erinnerung. Ich versuchte alle möglichen psychologischen Tricks, um diese Ideen aus meinem Kopf zu bekommen, doch erfolglos. Gleichzeitig wurde ich von Schlaflosigkeit heimgesucht, doch darüber war ich fast froh, denn so waren die Phasen, in denen die Träume kommen konnten, kürzer. Ich begann damit, nachts lange, einsame Spaziergänge zu unternehmen – meist in Richtung Norden oder Nordosten, wohin mich die Gesamtheit der neuen, seltsamen Einflüsse, denen ich unterworfen war, unterschwellig zu ziehen schien.

Bei diesen Wanderungen stolperte ich manchmal über fast vollständig begrabene Bruchstücke des uralten Mauerwerks. Obwohl an dieser Stelle deutlich weniger Blöcke zu sehen waren als dort, wo wir begonnen hatten, war ich mir sicher, dass sich hier unter der Oberfläche eine große Menge davon befinden mussten. Der Boden war nicht so flach wie in unserem Lager, und der beständige Wind türmte den Sand zu fantastischen, vorübergehenden Erhebungen auf und brachte dabei einige Anzeichen von älteren Steinen ans Licht, während er andere Anzeichen von ihnen verdeckte. Ich war eigenartig bestrebt, die Ausgrabungen auf diesen Bereich auszudehnen, doch gleichzeitig fürchtete ich das, was wir vielleicht enthüllen würden. Ganz offensichtlich verschlechterte sich mein Zustand beständig – und was noch schlimmer war, ich konnte nichts dagegen tun.

Als Bestätigung der schlechten Verfassung meines Nervenkostüms kann meine Reaktion auf eine seltsame Entdeckung angesehen werden, die ich auf einem meiner nächtlichen Spaziergänge machte. Es war am Abend des 11. Juli, als ein Dreiviertelmond die geheimnisvollen Dünen in einen rätselhaften Glanz tauchte. Ich schlenderte irgendwo jenseits meiner üblichen Route herum und stieß auf einen großen Stein, der sich deutlich von allen zu unterscheiden schien, die wir bis jetzt gefunden hatten. Er war fast völlig bedeckt, aber ich kniete nieder, befreite ihn mit meinen Händen vom Sand und studierte das Objekt sorgfältig im Mondlicht und unter Zuhilfenahme meiner elektrischen Taschenlampe. Anders als die anderen großen Brocken war dieser absolut rechtwinklig geformt, ohne konvexe oder konkave Oberflächen. Auch schien er aus dunklem Basalt zu bestehen, gänzlich anders als die uns inzwischen bekannten Granit- und Sandstein- oder manchmal Betonfragmente.

Plötzlich richtete ich mich auf und rannte, so schnell ich konnte, zum Lager. Es war eine völlig unbewusste und irrationale Flucht, und erst als ich mein Zelt schon fast erreicht hatte, realisierte ich, warum ich geflohen war. Es kam einfach über mich. Dieser seltsame dunkle Stein war etwas, von dem ich geträumt und gelesen hatte und was mit den größten Schrecken der uralten Legenden in Verbindung stand. Es war einer der Blöcke aus dem uralten Basaltmauerwerk, das die sagenhafte Große Rasse so fürchtete – die hohen, fensterlosen Ruinen von jenen, vor sich hinschwärenden, halbmateriellen, fremden *Dingern*, die in den Abgründen der Erde lebten und gegen deren windartige, unsichtbare Kräfte die Falltüren versiegelt und die niemals schlafenden Wächter aufgestellt worden waren.

Ich fand in dieser Nacht keinen Schlaf, aber im Morgengrauen wurde mir klar, wie dumm es von mir gewesen war, mich von einem Schatten eines Mythos so aus der Fassung bringen zu lassen. Anstatt Angst zu haben, sollte ich die Begeisterung eines Entdeckers verspüren. Am Vormittag erzählte ich den anderen von meinem Fund. Dyer, Freeborn, Boyle, mein Sohn und ich machten uns auf, den ungewöhnlichen Block zu untersuchen. Doch es misslang. Ich hatte keine klare Vorstellung, wo der Stein sich befand, und der Wind hatte später die Verwerfungen aus Treibsand völlig verändert.

VI

Jetzt komme ich zu dem entscheidenden und schwierigsten Teil meines Berichts, der noch schwieriger wird, da ich mir über die Wahrhaftigkeit der Ereignisse nicht gewiss bin. Manchmal bin ich mir beunruhigend sicher, dass ich nicht geträumt oder mich getäuscht habe, und genau dieses Gefühl – in Anbetracht der erstaunlichen Konsequenzen, die aus der objektiven Wahrheit meiner Erfahrungen resultieren würden – treibt mich dazu, diesen Bericht zu verfassen. Mein Sohn – ein ausgebildeter Psychologe und derjenige, der die umfassendste, anteilnehmende Kenntnis meines gesamten Falls besitzt – soll der erste Richter über das sein, was ich mitzuteilen habe.

Lassen Sie mich zuerst die äußeren Umstände umreißen, so wie sie im Lager gegeben waren. In der Nacht vom 17. auf den 18. Juli, nach einem windigen Tag zog ich mich früh zurück, konnte aber nicht schlafen. Als ich kurz nach elf Uhr nachts aufstand, hatte ich wie üblich ein seltsames Gefühl bezüglich des Gebiets im Nordosten. Ich machte mich auf einen meiner üblichen, nächtlichen Spaziergänge, wobei ich beim Verlassen des Lagergeländes nur einer Person, einem australischen Minenarbeiter namens Tupper, begegnet bin. Der Mond, der gerade seine volle Phase überschritten hatte, übergoss die alten Sanddünen mit einem weißen, ekelhaften Glanz, der mir irgendwie unendlich böse erschien. Der Wind hatte sich vollständig gelegt und frischte auch während der nächsten nahezu fünf Stunden nicht auf, wie von Tupper und anderen, die in dieser Nacht nicht geschlafen hatten, bestätigt wurde. Der Australier war der Letzte, der mich über die fahlen, Geheimnisse bewahrenden Dünen Richtung Nordosten laufen sah.

Gegen 3:30 Uhr erhob sich ein heftiger Wind, der alle im Lager aufweckte und drei Zelte niederriss. Der Himmel war wolkenlos, und die Wüste lag immer noch in diesem ekelhaften Mondlicht. Als die Gruppe die Zelte in Augenschein nahm, bemerkte man meine Abwesenheit, doch in Anbetracht meiner vorherigen Spaziergänge löste dieser Umstand keinen Alarm aus. Aber drei der Männer –

alles Australier – hatten ein Gefühl, dass etwas Übles in der Luft lag. Mackenzie erklärte Prof. Freeborn, dass dies eine Angst war, die aus dem Volksglauben der Aborigines entstanden war, denn die Eingeborenen hatten ein seltsames Gewebe von bösartigen Mythen um die hohen Winde, die in langen Zeitabständen bei klarem Himmel über den Sand wehten, geflochten. Diese Winde, so flüsterten sie, kämen aus den großen Steinhütten unter der Erde, wo sich schreckliche Dinge ereignet hätten, und man konnte sie nur in der Nähe der Orte, wo die großen, mit Zeichen versehenen Steine verstreut lagen, wahrnehmen. Kurz vor vier Uhr legte sich der Wind so plötzlich, wie er aufgekommen war, und ließ die Sanddünen in einer neuen, stark veränderten Form zurück.

Kurz nach fünf Uhr, der aufgeblähte, schwammige Mond ging gerade im Westen unter, stolperte ich ins Lager – ohne Hut, die Kleidung zerfetzt, zerkratzt und blutend und ohne meine elektrische Taschenlampe. Die meisten Männer lagen wieder im Bett, nur Prof. Dyer saß vor seinem Zelt und rauchte eine Pfeife. Als er meinen verwirrten und fast panischen Zustand erkannte, rief er Dr. Boyle, und die beiden brachten mich auf mein Feldbett und beruhigten mich. Mein Sohn wurde durch die Geräusche geweckt und gesellte sich schnell zu ihnen. Sie alle bemühten sich, mich zu beruhigen, und rieten mir, ich solle versuchen zu schlafen.

Doch für mich gab es keinen Schlaf. Mein psychischer Zustand war ziemlich außergewöhnlich – nicht mit dem zu vergleichen, was ich schon vorher durchgemacht hätte. Nach einiger Zeit bestand ich darauf zu reden. Nervös und ausführlich erklärte ich meinen Zustand. Ich erzählte ihnen, dass ich müde geworden sei und mich für ein kurzes Nickerchen in den Sand gelegt hätte. Dann kamen Träume, sagte ich ihnen, noch Furcht einflößender als üblich, und als ich durch den plötzlichen, starken Wind aufgeweckt wurde, versagten meine überbeanspruchten Nerven den Dienst. Ich floh in Panik, häufig fiel ich über halb bedeckte Steine, und das wäre der Grund für mein zerzaustes und derangiertes Äußeres. Ich müsste lange geschlafen haben, worauf die Stunden meiner Abwesenheit schließen ließen.

Darauf, dass ich irgendetwas Seltsames gesehen oder erlebt hätte, gab ich nicht den geringsten Hinweis. In dieser Beziehung unterwarf ich mich absoluter Selbstkontrolle. Allerdings erwähnte ich, dass sich meine Einstellung bezüglich der Arbeit der Expedition verändert hätte und bestand darauf, dass sämtliche Grabungsarbeiten in nordöstlicher Richtung eingestellt würden. Meine Argumentation stand offensichtlich auf schwachen Füßen, denn ich sprach von dort nicht vorhandenen Steinblöcken, davon, dass man den Aberglauben der Minenarbeiter nicht provozieren solle, dass das Geld des Colleges ausgehen könnte und nannte weitere Gründe, die entweder unerheblich oder an den Haaren herbeigezogen waren. Natürlich kümmerte man sich nicht im Geringsten um meine neuen Wünsche – noch nicht einmal mein Sohn, dessen Sorge um meine Gesundheit deutlich zu bemerken war.

Am nächsten Tag war ich wieder auf den Beinen und hielt mich im Lager auf, nahm aber nicht an den Ausgrabungen teil. Ich stellte fest, dass ich die Arbeiten nicht aufhalten konnte, und beschloss zum Wohle meiner Nerven, so schnell wie möglich heimzukehren. Mein Sohn versprach mir, mich mit dem Flugzeug nach Perth – tausendfünfhundert Kilometer südwestlich – zu bringen, sobald er das Gebiet, von dem ich will, dass es unberührt bleibt, erforscht hätte. Wenn, so überlegte ich, das Ding, das ich gesehen hatte, immer noch sichtbar wäre, dann sollte ich versuchen, davor zu warnen, selbst wenn ich mich damit lächerlich machen würde. Es war vorstellbar, dass die Minenarbeiter, die die örtlichen Volkssagen kannten, mir Rückendeckung geben würden. Wie um mich zu verspotten, unternahm mein Sohn seinen Erkundungsflug genau an diesem Nachmittag, um das gesamte Gebiet, das ich bei meinem Ausflug möglicherweise durchwandert hätte, in Augenschein zu nehmen. Doch nichts von dem, was ich gefunden hatte, war noch sichtbar. Es war genau wie bei dem abnormalen Basaltblock – der sich verändernde Sand hatte alle Spuren verwischt. Einen Augenblick lang bedauerte ich zum Teil, dass ich in meinem Entsetzen ein bestimmtes, Ehrfurcht gebietendes Objekt verloren hatte, doch inzwischen weiß ich, dass dieser Verlust eine Gnade war. Ich kann immer noch glauben, dieses ganze Erlebnis sei eine Illusion – besonders wenn, wie ich sehnlichst hoffe, dieser teuflische Abgrund nie gefunden wird.

Am 20. Juli brachte mich Wingate nach Perth, weigerte sich aber, die Expedition zu verlassen und nach Hause zurückzukehren. Er blieb bis zur Abfahrt des Dampfers nach Liverpool, am 25. Juli, bei mir. Jetzt, in meiner Kabine auf der *Empress*, brüte ich lange und hektisch über die ganze Angelegenheit und habe entschieden, dass zumindest mein Sohn informiert werden muss. Dann liegt es an ihm, ob er die Sache weitgehend bekannt machen wird. Um auf jede Eventualität vorbereitet zu sein, habe ich eine Zusammenfassung der Hintergründe angefertigt, wie sie in Bruchstücken schon auf die eine oder andere Art anderen bekannt sind. Nun will ich so kurz wie möglich schildern, was in jener grässlichen Nacht meiner Abwesenheit vom Lager möglicherweise passiert ist.

Die Nerven bis zum Zerreißen gespannt und in einem Zustand abseitigen Eifers, ausgelöst durch den unerklärlichen, mit Angst gemischten, von Pseudo-Erinnerungen getriebenen Zwang in Richtung Nordosten, trottete ich unter dem übel leuchtenden Mond dahin. Da und dort sah ich, halb vom Sand verborgen, diese urzeitlichen, zyklopischen Blöcke aus namenlosen, vergessenen Äonen. Das unbestimmbare Alter und der brütende Schrecken dieser monströsen Einöde lasteten wie nie zuvor auf mir, und ich konnte nicht verhindern, dass ich an meine wahnsinnig machenden Träume, die furchtbaren Legenden, die dahinterstanden, und die aktuellen Ängste der Eingeborenen und Minenarbeiter bezüglich der Wüste und diese mit Zeichen versehenen Steine denken musste.

Und doch trottete ich weiter wie zu einer geheimnisvollen Verabredung – immer mehr bedrängt von wilden Fantasien, Zwängen und Pseudo-Erinnerungen. Ich dachte über einige mögliche Formen der Linien der Steine nach, die mein Sohn aus der Luft gesehen hatte, und wunderte mich, dass sie auf einmal so bedrohlich und bekannt wirkten. Irgendetwas rüttelte und fummelte am Schloss meiner Erinnerungen, während eine andere, unbekannte Macht versuchte, den Zugang verschlossen zu halten.

Die Nacht war windstill, und der bleiche Sand erhob und senkte sich wie gefrorene Wellen eines Ozeans. Ich hatte kein Ziel, stolperte aber mit schicksalergebener Sicherheit voran. Meine Träume quollen in die wirkliche Welt über, sodass jeder im Sand steckende Megalith zu einem Teil von endlosen Räumen und Korridoren eines vormenschlichen Mauerwerks wurde, verziert und mit Hieroglyphen versehen, die ich nur zu gut aus meinen Jahren als gefangenes Bewusstsein der Großen Rasse kannte. Manchmal glaubte ich, diese allwissenden, kegelförmigen Schrecken zu sehen, die sich in Erfüllung ihrer üblichen Aufgaben umherbewegten, und ich hatte Angst, an mir herabzublicken und festzustellen, dass ich einer von ihnen war. Währenddessen sah ich zugleich die sandbedeckten Blöcke und die Räume und Korridore, den übel leuchtenden Mond und die schimmernden Kristalle, die endlose Wüste und die schwankenden Farne hinter den Fenstern. Ich war wach und ich träumte – alles zur selben Zeit.

Ich wusste nicht für wie lange und wie weit – oder auch in welche Richtung – ich gelaufen war, bis ich zum ersten Mal die Ansammlung von Blöcken sah, die vom Wind völlig freigelegt worden waren. Es war die größte Ansammlung von Blöcken, die ich bis jetzt gesehen hatte und die einen solchen Eindruck auf mich machte, dass die Visionen von fabelhaften Zeitaltern sofort verblassten. Doch noch immer waren da nur die Wüste und der üble Mond und die Bruchstücke einer unvorstellbaren Vergangenheit. Ich näherte mich, hielt dann inne und ließ das Licht meiner elektrischen Taschenlampe über den Steinhaufen gleiten. Der darüberliegende Sand war weggeblasen worden und hatte eine niedrige, unregelmäßige, runde Ansammlung von Megalithen und kleineren Bruchstücken – etwa zwölf Meter im Durchmesser und zwischen sechzig Zentimetern und einem Meter achtzig hoch – zum Vorschein gebracht.

Das gesamten Erscheinungsbild zeigte mir, dass ich es hier mit einer gänzlich beispiellosen Art von Steinen zu tun hatte. Nicht nur, dass schon ihre Anzahl ohne Entsprechung war, auch die vom Sand in Mitleidenschaft gezogenen Reste ihrer Ornamente, die ich im Licht des Mondes und meiner Taschenlampe untersuchte, nahmen mich gefangen. Es war nicht so, dass sie sich grundsätzlich von den Exemplaren unterschieden, die wir zuvor gefunden hatten. Es war etwas Subtileres als das. Der Eindruck entstand nicht, wenn ich lediglich einen der Blöcke ansah, nur wenn mein Blick gleichzeitig mehrere erfasste. Schließlich erkannte ich die Wahrheit. Die geschwungenen Muster auf vielen der Blöcke *hingen eng zusammen* – sie waren Teile eines weiten, schmückenden Konzepts. Zum ersten Mal in dieser uralten Wüste war ich auf ein erhaltenes Stück Mauerwerk gestoßen, zwar zusammengestürzt, doch immer noch in seiner ehemaligen Form erhalten.

An einer flachen Stelle stieg ich auf die Steine und kletterte mühsam über die Ansammlung, entfernte mit meinen Fingern den Sand und war unentwegt darum bemüht, die Unterschiede in Größe, Form und Stil und die Beziehungen im Muster zu deuten. Nach einer Weile hatte ich mir einen ungefähren Eindruck von der ehemaligen Struktur und den Mustern verschafft, die sich einstmals über die Oberfläche des urzeitlichen Mauerwerks erstreckt hatten. Die deutliche Übereinstimmung des Ganzen mit einigen meiner Traumbilder entsetzte und verunsicherte mich. Es war einmal einer der gigantischen Korridore gewesen, zehn Meter breit, ausgelegt mit achteckigen Fließen und einem soliden Gewölbe darüber. Auf der rechten Seite hatten sich Räume befunden und am gegenüberliegenden Ende eine der seltsamen, abschüssigen Rampen, die in tiefergelegene Bereiche führten.

Als mich diese Vorstellung überkam, erschrak ich heftig, denn es hing mehr damit zusammen, als die Blöcke allein aussagten. Wie konnte ich wissen, dass sich diese Ebene weit unter der Oberfläche befunden hatte? Wie konnte ich wissen, dass die nach oben führende Rampe hinter mir gewesen sein musste? Wie konnte ich wissen, dass die lange, unterirdische Passage zum Platz der Säulen zu meiner Rechten eine Ebene über mir lag? Wie konnte ich wissen, dass sich der Raum mit den Geräten und der nach rechts führende Tunnel zum Zentralarchiv zwei Ebenen unter mir lag? Wie konnte ich wissen, dass eine dieser schrecklichen, mit Metallschienen gesicherten Falltüren sich ganz unten, vier Ebenen tiefer befand? Gänzlich von diesem Einbruch meiner Traumwelt verwirrt, begann ich zu zittern und war in kaltem Schweiß gebadet.

Dann – als letzten, unerträglichen Schlag – spürte ich diesen schwachen, heimtückischen, kalten Luftstrom, der von einer flachen Stelle fast in der Mitte des großen Steinhügels kam. Wie zuvor verblassten meine Visionen sofort, und ich nahm nur noch das üble Mondlicht, die vor sich hinbrütende Wüste und die ausgedehnte Ansammlung von uraltem Mauerwerk wahr. Jetzt stand ich etwas Realem, Greifbarem gegenüber, obgleich erfüllt von grenzenlosen Andeutungen albtraumhafter Mysterien, denn dieser kalte Luftstrom konnte nur eines bedeuten – unter den auf der Oberfläche herumliegenden Blöcken befand sich ein versteckter, enormer Abgrund.

Mein erster Gedanke galt den düsteren Legenden der Aborigines von ausgedehnten, unterirdischen Hütten zwischen den Megalithen, wo sich Schreckliches abspielte und heftige Winde ihren Ursprung hatten. Dann kamen Gedanken an meine eigenen Träume zurück, und ich spürte, wie schwache Pseudo-Erinnerungen an meinem Geist zerrten. Welche Art von Ort lag da unter mir? Welche urzeitliche, unvorstellbare Quelle uralter Mythenzyklen und bedrückender Albträume war ich dabei zu enthüllen? Ich zögerte nur einen Moment, denn mehr als Neugierde und wissenschaftlicher Eifer trieb mich, entgegen meiner anwachsenden Furcht, voran.

Es schien, als würde ich mich automatisch fortbewegen, so als befände ich mich im Griff eines unwiderstehlichen Schicksals. Meine Taschenlampe wegsteckend und mit einer Kraft, von der ich nicht geglaubt hätte, sie zu besitzen, schob ich das erste, mächtige, steinerne Bruchstück zur Seite und dann ein weiteres, bis ein starker Luftzug hervorquoll, dessen Feuchtigkeit in einem seltsamen Gegensatz zu der trockenen Luft der Wüste stand. Ein schwarzer Riss klaffte auf und schließlich, als ich jedes Bruchstück, das klein genug war, um es bewegen zu können, beiseite geräumt hatte, fiel das ekelhafte Mondlicht auf eine Öffnung, die ausreichend war, mich einzulassen.

Ich zog meine Taschenlampe heraus und richtete ihren hellen Lichtstrahl in die Öffnung. Unter mir befand sich ein Chaos von verfallenem Mauerwerk, das grob in Richtung Norden in einem Winkel von ungefähr fünfundvierzig Grad nach unten führte. Offensichtlich war dies das Ergebnis eines Einsturzes weiter oben gewesen. Zwischen dem Mauerwerk und dem Punkt, an dem ich mich befand, klaffte ein undurchdringlicher, schwarzer Abgrund, an dessen Rand sich Anzeichen eines gigantischen, verfallenen Gewölbes befanden. In diesem Moment schien es, als läge der Wüstensand direkt auf dem Boden dieses enormen Gebildes aus der Frühzeit der Erde. Wie es sich durch die Äonen geologischer Verwerfungen erhalten hatte, konnte ich weder damals noch heute auch nur vermuten.

Im Nachhinein erscheint der kleinste Gedanke an ein sofortiges, alleiniges Eindringen in einen solch ungewissen Abgrund – und zu einem Zeitpunkt, da niemand meinen Aufenthaltsort kannte – als absoluter Höhepunkt geistiger Verwirrung. Vielleicht war dem so, aber in jener Nacht machte ich mich, ohne zu zögern, an den Abstieg. Auch war klar, dass Verlockung und das Getriebensein vom Schicksal wieder einmal mein Vorgehen bestimmten. Meine Taschenlampe, um die Batterie zu schonen, nur ab und zu aufleuchten lassend, begann ich mit der verrückten Kletterei, die zyklopische, finstere Rampe hinter der Öffnung hinabzusteigen – manchmal, wenn ich gute Haltepunkte für meine Hände und Füße fand, den Blick nach vorne gerichtet, und bei anderer Gelegenheit drehte ich mich um und sah auf die Anhäufung der Megalithen, während ich unsicher herumtastete. Beiderseits neben mir erhoben sich, kaum erkennbar im Licht meiner Taschenlampe, entfernte Wände aus verziertem, verfallenem Mauerwerk. Vor mir lag allerdings unverändert nur schwarze Leere.

Während ich nach unten kletterte, achtete ich nicht auf die Zeit. In meinen Gedanken tobten so verwirrende Hinweise und Bilder, dass alle realen Notwendigkeiten in unendliche Ferne gerückt waren. Sämtliche körperliche Empfindungen waren verschwunden, und selbst die Furcht war nur noch ein gespenstischer, untätiger Gargoyle, der mich machtlos angrinste. Irgendwann erreichte ich einen ebenen Flur, übersät mit herabgefallenen Blöcken, formlosen Bruchstücken von Steinen, Sand und allerlei Arten von Schutt. Auf beiden Seiten, etwa zehn Meter voneinander entfernt, ragten feste Mauern auf, die in mächtigen Simsen endeten. Ich konnte sehen, dass sie verziert waren, aber welcher Art die Ornamente waren, konnte ich nicht erkennen. Was mich am meisten erstaunte, war das Gewölbe über mir. Der Strahl meiner Taschenlampe reichte nicht bis zum Dach, doch der untere Teil der mächtigen Bögen war deutlich zu erkennen. Und die Übereinstimmung mit dem, was ich in unzähligen Träumen gesehen hatte, war so gravierend, dass ich zum ersten Mal wirklich zu zittern begann.

Dahinter und weit oben zeugte ein schwacher, heller Schein von dem entfernten Mondlicht der Welt da draußen. Ein kleiner Fetzen Vorsicht warnte mich, es nicht aus den Augen zu verlieren, denn ansonsten hätte ich keinen Anhaltspunkt für meine Rückkehr. Ich bewegte mich jetzt auf die Mauer zu meiner Linken zu, wo die Spuren von Ornamenten am deutlichsten waren. Der verschmutzte Flur war fast genauso schwer zu überwinden wie die abwärts führende Halle, doch ich bewältigte den schwierigen Weg. An einer Stelle schob ich einige Blöcke beiseite und beseitigte mit den Füßen den Schutt, um zu untersuchen, wie die Fliesen aussahen, und erschrak über die gänzliche, schicksalhafte Vertrautheit der großen, achteckigen Steinplatten, die sich immer noch auf dem aufgeworfenen Untergrund befanden.

Als ich einen passenden Abstand zu der Mauer erreicht hatte, ließ ich den Strahl der Taschenlampe über die verwitterten Reste der Ornamente gleiten. Es sah so aus, als hätten lang zurückliegende Wassereinbrüche auf die Oberfläche der Sandsteine eingewirkt, da es seltsame Einkerbungen gab, die ich mir nicht erklären konnte. An einigen Stellen war das Mauerwerk sehr locker und verschoben, und ich fragte mich, wie viele weitere Äonen dieses urzeitliche, verborgene Bauwerk – angesichts der Erdverschiebungen – noch die verbliebenen Spuren seiner Form bewahren konnte.

Allerdings waren es die Ornamente, die mich am meisten begeisterten. Trotz ihres durch die Zeitläufe verwitterten Zustands, konnte man sie, wenn man genau hinschaute, entschlüsseln, und die völlige, enge Vertrautheit einer jeden Einzelheit machte mich fassungslos. Dass die wesentlichen Attribute dieses uralten Mauerwerks mir bekannt sein sollten, lag nicht außerhalb normaler Wahrscheinlichkeit. Als beeindruckender Ausdruck der Gespinste bestimmter Mythen waren sie Teil im Fortbestand einer rätselhaften Überlieferung geworden, von der ich irgendwie während meiner Amnesie Kenntnis erhalten hatte, und diese hatte lebhafte Bilder in meinem Unterbewusstsein hervorgebracht. Doch wie konnte ich die genaue und bis ins kleinste gehende Übereinstimmung jeder Linie und Spirale dieser fremden Muster mit dem, was ich über viele Jahre hinweg geträumt hatte, erklären? Welche abseitige, vergessene Ikonografie hätte jede noch so kleine Abstufung und Nuance mit so beharrlicher Genauigkeit reproduzieren können, wie sie in den unveränderten Schlafvisionen, die mich Nacht für Nacht heimsuchten, vorkamen?

Dies war weder Zufall noch entfernte Ähnlichkeit. Ganz genau und bestimmt war dieser Millionen Jahre alte und seit Äonen verborgene Korridor, in dem ich stand, das Original von etwas, das ich im Schlaf so genau kannte wie mein Haus in der Crane Street in Arkham. Wahr ist, dass mir meine Träume den Ort in seiner unbeschädigten Vorzeit zeigten, aber die Übereinstimmung war deswegen nicht geringer. Ich kannte mich völlig und auf schreckliche Weise aus. Dieses spezielle Gebäude, in dem ich mich befand, kannte ich. Ebenfalls kannte ich seine Lage innerhalb der schrecklichen, uralten Stadt meiner Träume. Dass ich unfehlbar jeden Punkt in diesem Gebäude und in der Stadt, die die Veränderungen und den Verfall von unzähligen Zeitaltern überstanden hatte, erreichen konnte, erkannte ich mit grässlicher und instinktiver Gewissheit. Was, in Gottes Namen, hatte das alles zu bedeuten? Wie kam es dazu, dass ich wusste, was ich weiß? Und welche furchtbare Realität konnte hinter den alten Erzählungen von Lebewesen stecken, die in diesem Labyrinth urzeitlicher Steine gelebt hatten?

Worte können nur bruchstückhaft vermitteln, welches Chaos von Furcht und Verwirrung meinen Geist erfasst hatte. Ich kannte diesen Ort. Ich wusste, was sich vor mir befand und was sich über mir befunden hatte, bevor die unzähligen darüberliegenden Stockwerke zu Staub und Trümmern und zur Wüste zerfallen waren. Jetzt bestand kein Grund mehr dafür, so überlegte ich mir erschaudernd, das schwache Mondlicht im Auge zu behalten. Ich war zwischen dem Verlangen zu fliehen und einer fieberhaften Mischung von brennender Neugierde und schicksalhafter Getriebenheit hin und her gerissen. Was war mit dieser monströsen Metropole in den Millionen von Jahren seit der Zeit meiner Träume geschehen? Mit all den unterirdischen Labyrinthen, die unterhalb der Stadt lagen und ihre riesigen Türme verbanden? Wie viel davon hatte die Verwerfungen der Erdkruste überlebt?

War ich auf eine vollständige begrabene Welt unheiligen Archaismus gestoßen? Konnte ich noch das Haus der Schreiber finden und den Turm, in dem S'gg'ha, ein gefangenes Bewusstsein der sternköpfigen, pflanzlichen Fleischfresser aus der Antarktis, bestimmte Bilder in die freien Stellen auf der Mauer eingraviert hatte? Würde der Durchgang zu der Halle mit den fremden Bewusstseinen, zwei Stockwerke tiefer, noch intakt und begehbar sein? In dieser Halle hatte ein gefangenes Bewusstsein einer unglaublichen Entität – ein nur zur Hälfte veränderlicher Bewohner des hohlen Kerns eines unbekannten Planeten jenseits des Pluto aus achtzehn Millionen Jahren in der Zukunft – einen bestimmten Gegenstand, den es aus Ton modelliert hatte, aufbewahrt.

Ich schloss die Augen und barg meinen Kopf in den Händen, in dem vergeblichen, nutzlosen Versuch, diese kranken Traumfragmente aus meinem Bewusstsein zu bekommen. In diesem Moment spürte ich zum ersten Mal die Kühle, die Bewegung und die Feuchtigkeit in der mich umgebenden Luft. Mir wurde klar, dass sich tatsächlich eine große Anzahl von seit Äonen verlassenen, schwarzen Abgründen irgendwo vor und unter mir befinden mussten. Ich dachte an die Furcht einflößenden Räume, Korridore und Rampen, wie sie mir aus meinen Träumen in Erinnerung waren. Wäre der Weg zum Zentralarchiv noch offen? Wieder bedrängte diese schicksalhafte Macht beständig meinen Geist, als ich an die fantastischen Aufzeichnungen dachte, die einst in jenen rechteckigen Tresoren aus rostfreiem Metall lagen.

Dort, so besagten die Träume und Legenden, ruhte die gesamte Geschichte, Vergangenheit und Zukunft des kosmischen Raum-Zeit-Gefüges – geschrieben von gefangenen Bewusstseinen von jedem Planeten und aus jedem Zeitalter des Sonnensystems. Natürlich war das Wahnsinn – doch war ich jetzt nicht in eine albtraumhafte Welt gestolpert, so wahnsinnig wie ich selbst? Ich dachte an die verschlossenen Metallregale und die seltsamen Drehungen an den Schlössern, die nötig waren, ein jedes davon zu öffnen. Mein eigenes kam mir lebhaft in Erinnerung. Wie oft hatte ich, in der irdischen Wirbeltierabteilung auf der untersten Ebene, die eingefleischte Routine der verschiedenen Drehungen und das Hineindrücken ausgeführt. Jede Kleinigkeit war mir präsent und vertraut. Wenn es einen Tresor, wie ich geträumt hatte, gab, könnte ich ihn augenblicklich öffnen. In diesem Moment ergriff der Wahn mich völlig. Einen Augenblick später sprang und stolperte ich über die Trümmer in Richtung der mir gut in Erinnerung gebliebenen Rampe, die in die Tiefen unter mir führte.

VII

Von diesem Punkt an kann man meinen Eindrücken nur sehr eingeschränkt vertrauen, tatsächlich hege ich immer noch eine letzte, verzweifelte Hoffnung, dass sie nur Teile eines dämonischen Traums sind oder Wahnvorstellungen, geboren aus dem Delirium. Von einer Art Fieber geschüttelt, erschien mir alles wie in einem Nebel, manchmal sogar nur bruchstückhaft. Der Strahl meiner Taschenlampe huschte durch die mich umgebende Dunkelheit und enthüllte grässlich vertraute Mauern und Ornamente, sämtlich vom Verfall der Jahrtausende gezeichnet. An einer Stelle waren die Gewölbe auf weiter Strecke zusammengebrochen, sodass ich über eine riesige Anhäufung von Steinen klettern musste, die fast bis zum aufgerissenen, grotesk gezackten Dach reichte. Das alles war der absolute Höhepunkt des Albtraums, der noch durch den Einfluss der Pseudo-Erinnerung verschlimmert wurde. Eine Sache allerdings war mir nicht vertraut, meine eigene Größe im Vergleich zu dem monströsen Mauerwerk. Ich fühlte mich niedergedrückt von meiner eigenen Winzigkeit, so als ob der Anblick dieser aufragenden Mauern von einem menschlichen Körper aus etwas völlig Neues und Unnormales wäre. Immer wieder blickte ich an mir herab und war von meiner menschlichen Gestalt verunsichert.

Auf meinem weiteren Weg durch die Dunkelheit sprang, stürzte und stolperte ich voran – häufig ging ich zu Boden und handelte mir Prellungen ein, wobei ich einmal fast meine Taschenlampe verlor. Jeder Stein, jede Ecke dieses dämonischen Abgrunds war mir bekannt, und an vielen Stellen verharrte ich, leuchtete mit meiner Taschenlampe in blockierte und verfallene, doch vertraute Torbögen hinein. Einige der Räume waren vollständig in sich zusammengefallen, andere waren leer oder mit Schutt gefüllt. In ein paar davon sah ich Unmengen von Metall – manches intakt, anderes zerbrochen oder zerquetscht oder stark beschädigt –, in dem ich die riesigen Sockel und Tische aus meinen Träumen wiedererkannte. Was sie in Wirklichkeit gewesen waren, wagte ich nicht zu vermuten.

Ich fand die nach unten führende Rampe und begann mit dem Abstieg, doch nach einiger Zeit stand ich vor einer klaffenden Spalte, deren jenseitige Kante nicht weiter als gut einen Meter entfernt sein konnte. An dieser Stelle war das Mauerwerk eingestürzt und hatte unermessliche, schwarze Tiefen freigelegt. Ich wusste, dass es in diesem gigantischen Gebäude noch weitere zwei Kellergeschosse gab, und als ich mich an die mit Metallschienen verschlossenen Falltüren der untersten Ebene erinnerte, überkam mich erneut Panik. Jetzt konnten dort keine Wächter mehr sein – was auch immer dort unten lauerte, hatte schon längst seine grauenhafte Arbeit verrichtet und war schon lange seinem Niedergang anheimgefallen. Zur Zeit der nachmenschlichen Käferrasse würde es schon tot sein.

Und ja, als ich an die Legenden der Eingeborenen dachte, lief es mir wieder kalt den Rücken hinunter.

Es kostete mich eine schreckliche Überwindung, die gähnende Spalte zu überspringen, denn der verschmutzte Boden ließ keinen Anlauf für einen Sprung zu – doch der Wahnsinn trieb mich voran. Ich wählte eine Stelle nahe der linken Wand, wo der Riss nicht so breit und die Stelle meiner Landung einigermaßen frei von gefährlichem Schutt war, und erreichte – nach einem entsetzlichen Moment über dem Abgrund – sicher die andere Seite. Schließlich gelangte ich in die untere Ebene. Ich stolperte weiter durch die Tür in den Raum der Maschinen, in dem sich fantastisch anmutende Metalltrümmer befanden, halb begraben unter dem zusammengebrochenen Gewölbe. Alles war dort, wo ich es erwartet hatte, und ich kletterte selbstgewiss über Schuttberge, die den Weg in einen Verbindungskorridor blockierten. Mir war klar, dass ich so unter die Stadt und zum Zentralarchiv käme.

Endlose Zeitalter schienen sich vor mir auszubreiten, als ich mich stolpernd, springend und kriechend den mit Trümmern übersäten Korridor entlangbewegte. Ab und zu konnte ich auf den vom Alter gezeichneten Wänden Ornamente erkennen – einige bekannt, andere anscheinend erst nach der Periode meiner Träume hinzugekommen. Da dies ein unterirdischer Verbindungsweg zwischen den Häusern war, gab es keine Abzweigungen, außer, wenn er durch die unteren Bereiche verschiedener Gebäude führte. An einigen dieser Kreuzungen, schaute ich zur Seite, hinein in wohlbekannte Räume und entlang ebensolcher Korridore. Nur zweimal fielen mir deutliche Veränderungen gegenüber dem auf, was ich geträumt hatte – und in einem dieser Fälle konnte ich die Spuren von einem versiegelten Torbogen, an den ich mich erinnerte, erkennen.

Ich zitterte fürchterlich und spürte, wie eine merkwürdige Welle von zunehmender Schwäche über mich hereinbrach, als ich widerwillig einen schnellen Weg durch das Kellergewölbe eines der großen, fensterlosen, verfallenen Türme einschlug, dessen fremdes Basaltmauerwerk von seiner verfluchten und schrecklichen Herkunft zeugte. Dieses Gewölbe war rund, hatte einen Durchmesser von fast

70 Metern, und die dunklen Steinen wiesen keinerlei Verzierungen auf. Der Boden war hier frei von allem, außer Staub und Sand, und ich konnte die Öffnungen sehen, die nach oben und unten führten. Es gab keine Treppen oder Rampen – und meine Träume hatten mir auch gezeigt, dass diese Türme von der fabelhaften Großen Rasse völlig in Ruhe gelassen wurden. Jene, die sie erbaut hatten, brauchten keine Treppen oder Rampen. In meinen Träumen waren die nach unten führenden Öffnungen fest verschlossen und aufmerksam bewacht gewesen. Jetzt standen sie offen – schwarz und gähnend –, und aus ihnen drang ein Strom kalter, feuchter Luft. Was dort unten in den grenzenlosen Kavernen ewiger Nacht vor sich hin schwärte, erlaubte ich mir nicht vorzustellen.

Später, als ich auf einem übel aufgeworfenen Bereich des Korridors entlangkroch, gelangte ich an eine Stelle, wo das Dach gänzlich in sich zusammengebrochen war. Die Trümmer ragten wie ein Berg auf, ich stieg über sie und erreichte einen weiten, leeren Raum, wo das Licht meiner Taschenlampe weder Mauern noch Gewölbe enthüllen konnte. Das musste, so überlegte ich, der Keller des Hauses der Metall-Lieferanten sein, das an dem dritten Platz stand, nicht weit von den Archiven entfernt. Was mit ihm passiert war, konnte ich mir nicht vorstellen.

Hinter dem Berg von Trümmern und Steinen fand ich den Korridor wieder, doch nach nur einer kurzen Strecke stieß ich auf eine völlig blockierte Stelle, wo das herabgefallene Gewölbe fast bis an die herunterhängende Decke reichte. Wie ich es fertigbrachte, genügend Blöcke beiseite zu zerren und wegzuräumen, um hindurchzukommen, und wie ich es wagen konnte, die Lage der eng zusammenliegenden Bruchstücke zu verändern, wenn der letzte Ruck vielleicht das Gleichgewicht zunichtemachte und all die Tonnen von überdimensionalem Mauerwerk, das mich zermalmen würde, über mich hereinbrechen ließe, weiß ich nicht. Es war der reine Wahnsinn, der mich antrieb und führte – wenn nicht mein gesamtes unterirdisches Abenteuer, so wie ich hoffte, eigentlich eine höllische Illusion oder ein Traum war. Doch ich schuf – oder träumte zu schaffen – einen Durchgang, durch den ich gelangen konnte. Als ich mich über den

Berg von Trümmern schlängelte – meine beständig angeschaltete Taschenlampe fest im Mund –, quälten mich die fantastischen Stalaktiten des zerklüfteten Stockwerks über mir.

Ich war jetzt in der Nähe des großen, unterirdischen Archivgebäudes, das mein Ziel zu sein schien. Ich glitt und kroch die andere Seite der Barriere hinunter und nahm meinen Weg, die Taschenlampe in meiner Hand ab und zu anmachend, den restlichen Teil des Korridors entlang, in Angriff. Ich erreichte schließlich ein niedriges, rundes Gewölbe – immer noch wunderbar erhalten – mit einer Reihe von Türöffnungen im Mauerwerk. Das Mauerwerk, oder zumindest die Teile, die vom Strahl meiner Taschenlampe erreicht wurden, waren ausgiebig mit Hieroglyphen und den typischen, geschwungenen Symbolen versehen – einige erst nach der Periode in meinen Träumen hinzugefügt.

Dies, so wurde mir klar, war mein endgültiges Ziel, und ich durchschritt sofort einen vertrauten Torbogen zu meiner Linken. Dass ich einen freien Weg, die Rampe hinauf oder hinunter, finden würde, daran hatte ich seltsamerweise keinerlei Zweifel. Dieses ausgedehnte, durch Erdmassen geschützte Gebäude, in dem sämtliche Annalen des Sonnensystems gehütet wurden, war mit übernatürlichen Fähigkeiten und Kräften errichtet worden, um so lange Bestand zu haben wie das System selbst. Blöcke von enormer Größe, platziert mit mathematischer Genialität und verbunden mit Zement von unvorstellbarer Festigkeit, hatten sich zu einer Masse verbunden, so beständig wie die mächtigsten Berge. Hier, nach Zeitaltern, erstaunlicher als ich sie mit dem Verstand erfassen kann, stand dieser begrabene Koloss in all seinen wesentlichen Bereichen unbeschädigt, und die ausgedehnten, verstaubten Korridore waren kaum verunreinigt durch den sonst allgegenwärtigen Schmutz.

Das relativ einfache Vorankommen von diesem Punkt an stieg mir merkwürdigerweise zu Kopf. All die bisherige, mühevolle Anstrengung, die zusätzliche Enttäuschung durch die Hindernisse wich jetzt einer fieberhaften Hast, und ich rannte wortwörtlich durch die niedrigen Gänge, die hinter dem Torbogen lagen und an die ich mich unglaublich gut erinnern konnte. Ich war schon nicht mehr über die Vertrautheit dessen erstaunt, was ich sah. Auf jeder Seite erhoben sich monströs die großen, mit Hieroglyphen versehenen Metalltüren der Tresore, einige immer noch an ihren Platz, bei anderen waren die Türen aufgesprungen und noch andere waren verbogen und verbeult von den lange zurückliegenden geologischen Kräften, die aber nicht groß genug gewesen waren, dieses gigantische Gebäude zu zerstören. Da und dort schien ein staubbedeckter Hügel am Fuß eines offen stehenden Tresors darauf hinzudeuten, dass dieser durch die Kräfte eines Erdbebens zu Bruch gegangen war. An einigen Säulen befanden sich große Symbole oder Hieroglyphen, die besagten, zu welcher Klasse oder Unterklasse die Bücher gehörten.

Einmal hielt ich vor einem offenen Gewölbe an und sah, dass sich die gewohnten Metallbehälter immer noch – zwischen dem allgegenwärtigen, grobkörnigen Staub – an ihrer ursprünglichen Stelle befanden. Ich griff nach oben und holte mit einigen Schwierigkeiten eines der schmaleren Exemplare heraus und legte es, um einen Blick darauf zu werfen, auf den Boden. Der Titel war mit den vorherrschenden, geschwungenen Hieroglyphen geschrieben, doch etwas in der Anordnung der Schriftzeichen schien ziemlich ungewöhnlich. Der besondere Mechanismus des angebrachten Schlosses war mir gut bekannt, und ich klappte den immer noch rostfreien und funktionierenden Deckel auf und zog das darin liegende Buch heraus. Letzteres war wie erwartet ungefähr 50 x 40 Zentimeter groß und fünf Zentimeter dick, der dünne Deckel wurde an der Oberseite geöffnet. Die festen Papierseiten schienen die unzählbaren Zyklen der Zeit, die sie durchlaufen hatten, unbeschadet überstanden zu haben, und ich studierte die seltsam gefärbten, mit dem Pinsel angefertigten Buchstaben des Textes – gänzlich verschieden von den geschwungenen Hieroglyphen oder einem jeden anderem, dem Menschen bekannten Alphabet – mit eindringlicher, etwas aufgeregter Erinnerung. Mir fiel ein, dass dies die Sprache eines gefangenen Bewusstseins war, das ich in meinen Träumen flüchtig gekannt hatte – eines Bewusstseins, das von einem großen Asteroiden stammte, auf dem viel von dem früheren Leben und den Erzählungen des ehemaligen Planeten überlebt hatte, von welchem der Asteroid ein Bruchstück war. Im gleichen Moment erinnerte ich mich auch daran, dass diese Ebene des Archivs die Bücher enthielt, die sich mit den nicht solaren Planeten beschäftigten.

Als ich mein Grübeln über dieses unglaubliche Dokument einstellte, bemerkte ich, dass das Licht meiner Taschenlampe nachließ und legte schnell die Ersatzbatterie ein, die ich immer bei mir hatte. Dann, ausgerüstet mit einem deutlich stärkeren Lichtstrahl, nahm ich mein fieberhaftes Hasten durch das Gewirr der Gänge und Korridore wieder auf – erkannte ab und zu ein vertrautes Regal und ärgerte mich über die Akustik, die meine Schritte unpassend durch diese Katakomben von Äonen langem Tod und Stille hallen ließ. Die deutlichen Spuren meiner Schuhe, die ich in dem Millionen Jahre unberührten Staub zurückließ, ließ mich erschaudern. Niemals zuvor, wenn an meinen wahnsinnigen Träumen etwas Wahres war, hatten menschliche Füße dieses uralte Pflaster betreten. Über das eigentliche Ziel meines krankhaften Dahineilens gab mir mein Bewusstsein keinen Aufschluss. Und doch existierte, wie auch immer, eine böse Macht, die meinen benommenen Willen und begrabene Erinnerungen im Griff hatte, und ich war mir undeutlich bewusst, dass ich nicht planlos umherrannte.

Ich kam an eine abschüssige Rampe und lief auf ihr in größere Tiefen. Während ich rannte, passierte ich andere Stockwerke, aber ich hielt nicht an, um sie zu erkunden. In meinem wirren Gehirn begann sich ein bestimmter Rhythmus festzusetzen, der meine rechte Hand in entsprechender Weise zucken ließ. Ich wollte etwas aufschließen und spürte, dass ich all die komplizierten Drehungen und wo ich drücken musste, die dazu notwendig waren, kannte. Es wäre wie ein moderner Tresor mit einem Kombinationsschloss. Traum oder nicht, ich hatte es einst gewusst und wusste es noch immer. Wie konnte irgendein Traum – oder der Fetzen einer unbewusst aufgenommenen Legende – mir eine solch kleine, komplizierte und komplexe Einzelheit vermittelt haben? Ich versuchte erst gar nicht, eine Erklärung zu finden. Ich war jenseits aller vernünftiger Gedanken. War nicht diese ganze Erfahrung – diese Vertrautheit mit einer Ansammlung von unbekannten Ruinen und diese monströse, genaue Übereinstimmung von allem hier mit Dingen, die mir nur meine Träume und Fetzen von Mythen eingegeben haben konnten – ein Schrecken jenseits aller Vernunft? Wahrscheinlich, und das war damals meine grundsätzliche Überzeugung – wie auch jetzt, wo ich mich besser fühle –, dass ich überhaupt nicht wach war, sondern die gesamte, verborgene Stadt eine Ausgeburt meiner Fieberfantasien.

Schließlich erreichte ich die unterste Ebene und wandte mich beim Verlassen der Rampe nach rechts. Aus irgendwelchen dunklen Gründen bemühte ich mich, meine Schritte zu dämpfen, selbst wenn ich dadurch langsamer wurde. Auf diesem tief unten liegenden Stockwerk gab es eine offene Fläche, die ich fürchtete zu überqueren, und als ich näher kam, wusste ich wieder, wovor ich Angst hatte. Es war lediglich eine der mit Metallschienen versiegelten Falltüren, die so scharf bewacht worden waren. Jetzt gäbe es keine Wachen mehr, und aus diesem Grund zitterte ich und lief auf Zehenspitzen, wie ich es schon getan hatte, als ich die schwarze Basaltgruft, wo eine ebensolche Falltür gegähnt hatte, durchquert hatte. Ich bemerkte einen kalten, feuchten Luftzug, wie ich ihn auch dort gespürt hatte, und wünschte, mein Weg würde mich in eine andere Richtung führen. Warum ich genau diesen Weg nahm, wusste ich nicht.

Als ich zu der offenen Fläche kam, sah ich, dass die Falltür weit offen stand. Vor mir standen wieder Regale und vor einem von ihnen lag eine Anzahl von Behältern, nur mit einer dünnen Staubschicht bedeckt, als wären sie erst kürzlich heruntergefallen. Ich selben Moment erfasste mich eine neue Welle von Panik, doch warum, konnte ich eine Weile lang nicht ergründen. Haufen von herabgefallenen Behältern waren nicht ungewöhnlich, denn durch all die Äonen hindurch war dieses dunkle Labyrinth durch die Verschiebungen der Erdkruste angehoben worden und hatte von Zeit zu Zeit vom Ohren betäubenden Gepolter zusammenbrechender

Objekte widergehallt. Erst als ich die Fläche fast überquert hatte, wurde mir klar, worüber ich so entsetzt war.

Nicht die Haufen der Behälter, sondern etwas an dem Staub auf diesem untersten Stockwerk hatte mich irritiert. Im Licht meiner Taschenlampe erschien der Staub nicht so gleichmäßig, wie er hätte sein sollen – es gab Stellen, wo er dünner zu sein schien, als wäre er vor nicht allzu vielen Monaten aufgewirbelt worden. Ich war mir nicht sicher, denn selbst die offensichtlichen Stellen, wo er nicht so dick lag, waren noch staubig genug, doch eine bestimmte Anmutung von Gleichförmigkeit in den eingebildeten Unregelmäßigkeiten war höchst beunruhigend. Als ich mit der Taschenlampe eine der seltsamen Stellen untersuchte, gefiel mir gar nicht, was ich sah – denn der Eindruck der Regelmäßigkeit wurde sehr stark. Es schien, als wären es gerade Linien von zusammengehörigen Abdrücken – Abdrücke, die in Dreiergruppen verliefen, jeder mehr als dreißig mal dreißig Zentimeter groß und mit fünf fast runden sieben Zentimeter großen Zusätzen, einer davon ragte über die anderen hinaus.

Diese möglichen Linien von 30 x 30 Zentimeter großen Abdrücken schienen in zwei Richtungen zu führen, so als ob etwas irgendwohin gegangen und dann zurückgekommen wäre. Natürlich waren sie sehr schwach, und möglicherweise waren es Trugbilder oder ein Zufall, doch in dem Weg, den sie vermutlich genommen hatten, lag ein Anflug von schwachem, nagendem Schrecken. Denn an dessen einem Ende befand sich der Haufen von Behältern, die vor nicht allzu langer Zeit heruntergefallen sein konnten, während am anderen die geheimnisvolle Falltür war, aus der der kalte, feuchte Luftzug kam und die unbewacht einen unvorstellbaren Abgrund hinabführte.

VIII

Wie stark und überwältigend der seltsame Zwang war, unter dem ich stand, zeigte sich darin, wie er meine Furcht im Griff hatte. Keine rationale Überlegung hätte mich nach dem grässlichen Verdacht bezüglich der Abdrücke und den quälenden Traum-Erinnerungen, die davon ausgelöst wurden, dazu gebracht, weiterzumachen. Auch meine rechte Hand, selbst als sie vor Furcht zitterte, drehte sich immer noch rhythmisch im Eifer, ein Schloss zu öffnen, das sie zu finden hoffte. Bevor mir dies gewahr wurde, war ich schon an dem Haufen kürzlich herabgefallener Behälter vorbei und rannte auf Zehenspitzen durch Gänge gänzlich unberührten Staubs zu einem Punkt, den ich auf krankhaft schreckliche Weise nur zu gut zu kennen schien. Mein Geist stellte sich Fragen, deren Ursprung und Bedeutung ich erst langsam zu verstehen begann. Könnte man das Regal mit einem menschlichen Körper erreichen? Könnte meine menschliche Hand all die über Äonen hinweg erinnerten Bewegungen des Schließmechanismus bewältigen? Wäre das Schloss unbeschädigt und funktionierte es? Und was würde ich tun – was wagte ich mich zu tun – mit dem, was (wie mir jetzt langsam klar wurde) ich sowohl hoffte als auch fürchtete zu finden? Würde es sich als die Ehrfurcht gebietende, bewusstseinserschütternde Wahrheit über etwas jenseits aller normalen Vorstellungen erweisen oder nur zeigen, dass ich träumte?

Als nächstes wurde mir bewusst, dass ich mein Rennen auf Zehenspitzen aufgegeben hatte und vor einer Reihe von Regalen verharrte, die mit den vertrauten, wahnsinnig machenden Hieroglyphen verziert waren. Die Regale waren fast unbeschädigt erhalten und im näheren Umkreis standen nur bei drei von ihnen die Türen offen. Meine Gefühle beim Anblick dieser Regale waren unbeschreiblich – so umfassend und intensiv war das Gefühl einer alten Vertrautheit. Ich schaute zu einem Regalbrett hinauf, das sich völlig außer Reichweite befand und überlegte, wie ich dort hinaufkommen könnte. Eine offen stehende Regaltür vier Reihen oberhalb des Bodens wäre hilfreich, und die Schlösser der geschlossenen

Türen könnten meinen Händen und Füßen als Steighilfe dienen. Ich müsste meine Taschenlampe zwischen die Zähne nehmen, wie schon bei anderen Gelegenheiten, wo ich beide Hände gebraucht hatte. Und was ganz wichtig war, ich durfte keinen Krach machen. Wie ich das, was ich haben wollte, herunterbrachte, wäre kompliziert, aber vielleicht konnte ich das bewegliche Schloss an meinem Mantelkragen befestigen und den Behälter wie einen Tornister tragen. Erneut fragte ich mich, ob das Schloss unbeschädigt wäre. Dass ich in der Lage war, die vertrauten Handgriffe zum Öffnen auszuführen, daran bestand kein Zweifel. Aber ich hoffte, dass das Ding nicht kratzen oder quietschen würde und meine Hände ordentlich arbeiten würden.

Während mir diese Dinge durch den Kopf gingen, hatte ich schon die Taschenlampe in den Mund gesteckt und mit dem Aufstieg begonnen. Die hervorstehenden Schlösser waren eine armselige Unterstützung, doch wie ich erwartet hatte, war die offen stehende Tür eine große Hilfe. Ich nutzte sowohl die Tür als auch die Öffnung selbst für meinen Aufstieg und schaffte es, jedes Quietschen zu vermeiden. Auf dem oberen Rand der Tür balancierend und mich weit nach rechts beugend, konnte ich das Schloss, zu dem ich wollte, erreichen. Meine Finger, halb taub von der Kletterei, stellten sich zuerst sehr unbeholfen an, doch schon bald bewegten sie sich automatisch auf die richtige Weise. Und der Erinnerungs-Rhythmus führte sie sicher. Aus den Abgründen der Zeit hatten die komplizierten, geheimen Bewegungsmuster mein Gehirn mit jedem kleinsten Detail erreicht, denn nach weniger als fünf Minuten des Herumhantierens erklang ein Klicken, dessen Vertrautheit mich noch mehr überraschte, da ich es nicht bewusst erwartet hatte. Sofort schwang die Metalltür ohne das geringste Geräusch zu verursachen langsam auf.

Verwirrt musterte ich die Reihe von grauen Behältervorderseiten, die sich mir darboten, und spürte eine riesige Woge eines völlig unerklärlichen Gefühls. Gerade noch in Reichweite meiner rechten Hand befand sich ein Behälter, dessen geschwungene Hieroglyphen mir einen Stich versetzten, unendlich komplexer als das Empfinden bloßer Furcht. Immer noch zitternd, gelang es mir, ihn in einer Wolke körnigen Staubs heraus und zu mir hinzuziehen, ohne laute Geräusche zu verursachen. Wie der andere Behälter, den ich schon in der Hand gehabt hatte, war auch dieser 50 x 40 Zentimeter groß, mit geschwungenen, mathematischen Mustern reliefartig versehen und ungefähr sieben Zentimeter dick. Ich keilte ihn grob zwischen mir und dem Regal ein und hantierte an dem Schloss, bis sich schließlich der Riegel löste. Ich öffnete den Deckel, schob das schwere Objekt auf meinen Rücken und klemmte den Riegel unter meinem Kragen fest. Jetzt, da meine Hände wieder frei waren, kletterte ich unbeholfen auf den staubigen Boden hinunter und machte mich daran, meine Beute zu untersuchen.

In dem groben Staub kniend drehte ich den Behälter herum und platzierte ihn vor mir. Meine Hände zitterten, und ich fürchtete mich davor, das Buch herauszuziehen, und gleichzeitig konnte ich es kaum erwarten, ja fühlte mich fast gezwungen, es zu tun. Mir war einigermaßen klar, was ich finden würde, und diese Erkenntnis lähmte fast meine Handlungsfähigkeit. Wenn das Ding existierte – und ich nicht träumte –, wären die Konsequenzen weit jenseits dessen, was ein menschlicher Geist ertragen konnte. Was mich allerdings am meisten quälte, war meine momentane Unfähigkeit zu glauben, das alles sei nur ein Traum. Das Gefühl von Realität war grauenhaft – und ist es auch jetzt, wo ich mich an die Situation erinnere.

Schließlich zog ich mit zitternden Händen das Buch aus seinem Behälter und starrte fasziniert die mir gut bekannten Hieroglyphen auf dem Umschlag an. Es schien mir in sehr gutem Zustand und die geschwungenen Zeichen des Titels lösten bei mir einen fast hypnotischen Zustand aus, so als ob ich sie tatsächlich lesen könnte. Ich kann nicht wirklich beschwören, ob ich sie nicht in einem vorübergehenden Zustand abnormaler Erinnerung doch las. Ich kann nicht sagen, wie lange es dauerte, bis ich mich wagte, den dünnen Metallumschlag anzuheben. Ich zögerte und erfand für mich selbst Ausreden. Ich nahm die Taschenlampe aus meinem Mund und machte sie aus, um Batterie zu sparen. Dann, in der Dunkelheit, nahm ich meinen Mut zusammen und öffnete schließlich das Buch, ohne die Taschenlampe wieder einzuschalten. Zu guter Letzt leuchtete ich dann doch auf die aufgeschlagene Seite, während ich mich darauf vorbereitete, jedes Geräusch zu unterdrücken, was immer ich auch sehen würde.

Ich blickte einen kurzen Moment darauf, dann brach ich fast zusammen. Ich biss die Zähne aufeinander und blieb stumm. Ich sank auf den Boden, und inmitten der mich umgebenden Dunkelheit presste ich meine Hand an die Stirn. Was ich erwartet und befürchtet hatte war dort. Entweder träumte ich oder Raum und Zeit waren zu einem Witz geworden. Ich musste träumen – doch ich würde diesen Schrecken untersuchen, indem ich dieses Ding zurück zum Lager brächte und meinem Sohn zeigte, so als ob es tatsächlich existieren würde. Mein Kopf dröhnte entsetzlich, ohne dass in der mich unverändert umgebenden Düsternis irgendetwas zu sehen gewesen wäre. Vorstellungen und Bilder des absoluten Schreckens, heraufbeschworen durch Eindrücke, die mein kurzer Blick eröffnet hatte, brachen über mich herein und verdunkelten meine Sinne.

Ich dachte an die möglichen Abdrücke im Staub, und das Geräusch meines eigenen Atems ließ mich zittern. Noch einmal schaltete ich die Taschenlampe an und schaute auf die Seite wie das Kaninchen auf die Schlange. Danach schloss ich in völliger Dunkelheit unbeholfen das Buch, steckte es in den Behälter, schloss den Deckel und den seltsamen Riegel. Das Ding musste ich mit in die Außenwelt nehmen, wenn es denn wirklich existierte – wenn dieser ganze Abgrund wirklich existierte – wenn ich und die Welt selbst wirklich existierten.

Wann ich wieder auf die Beine kam und beschloss zurückzukehren, kann ich nicht mit Gewissheit sagen. Es erscheint mir seltsam – als ein Maßstab für den Grad meiner Entfremdung von der normalen Welt –, dass ich nicht ein einziges Mal während der grässlichen Stunden in der Unterwelt auf meine Uhr sah. Mit der Taschenlampe in der Hand und dem verhängnisvollen Behälter unter den Arm geklemmt fand ich mich schließlich auf Zehenspitzen und in stummer Panik an den aus den Abgründen heraufströmenden Winden und den lauernden möglichen Abdrücken vorbeilaufend wieder. Als ich die endlosen Rampen hinaufstieg, verringerte ich meine Vorsichtsmaßnahmen ein wenig, konnte aber das Gefühl einer Bedrohung, das ich beim Abstieg nicht hatte, nicht abschütteln.

Ich fürchtete mich davor, wieder jenes Basaltgewölbe, das älter war als die Stadt selbst, zu durchqueren, wo kalte Luftströme aus unbewachten Tiefen hervorquollen. Ich dachte an das, wovor sich die Große Rasse gefürchtet hatte, und das vielleicht immer noch dort unten lauerte – wie schwach und sterbend es auch sein mochte. Ich dachte an diese Abdrücke mit fünf Kreisen und an das, was meine Träume mir darüber enthüllt hatten, und an die merkwürdigen Winde und pfeifenden Geräusche, die damit einhergingen. Und ich dachte an die Geschichten der heutigen Aborigines, in denen der Schrecken heftiger Winde und namenloser unterirdischer Ruinen – samt ihrer Bewohner – beschworen wurde.

An einem auf eine Mauer gravierten Symbol erkannte ich den richtigen Gang und kam schließlich, nachdem ich an dem andere Buch, das ich untersucht hatte, vorbei war, zu dem großen runden Platz mit den abzweigenden Torbögen. Zu meiner Rechten und sofort zu erkennen, befand sich der Torbogen, durch den ich gekommen war. Den durchschritt ich jetzt, und mir war bewusst, dass mein restlicher Weg aufgrund des verfallenen Mauerwerks außerhalb des Archivgebäudes beschwerlich sein würde. Meine neue Bürde – in Form des Metallbehälters – lastete schwer auf mir, und während ich zwischen Trümmern und Bruchstücken aller Art herumstolperte, fiel es mir immer schwerer, leise zu sein.

Dann erreichte ich den bis zur Decke reichenden Trümmerhaufen, durch den ich mir einen dürftigen Durchgang geschaffen hatte. Meine Angst davor, mich wieder durch ihn zu schlängeln, war grenzenlos. Meine erste Durchquerung hatte einigen Lärm verursacht und nun, nachdem ich die womöglich Spuren gesehen hatte, fürchtete ich nichts mehr als Lärm. Auch der Behälter verdoppelte das Problem, den schmalen Spalt zu passieren. So gut es ging, erstieg ich die Barriere und stieß den Behälter durch die vor mir liegende Öffnung. Dann zwängte ich mich, die Taschenlampe im Mund, selbst hindurch. Mein Rücken wurde wie zuvor von den Stalaktiten zerkratzt. Als ich versuchte, den Behälter wieder aufzunehmen, fiel er ein Stück vor mir den Trümmerhaufen hinunter und verursachte dabei ein beunruhigendes Geklapper und einen Widerhall, bei dem mir der kalte Schweiß ausbrach. Ich sprang sofort hinterher und erlangte ihn ohne weitere Geräusche zurück, doch einen Augenblick später erzeugten die unter meinen Füßen zusammenfallenden Blöcke ein beispielloses Getöse.

Dieses Getöse war mein Verhängnis. Ob real oder nicht, vernahm ich eine schreckliche Antwort aus den Bereichen weit hinter mir. Ich glaubte, ein schrilles, pfeifendes Geräusch zu vernehmen, wie sonst nichts auf der Erde und nicht mit Worten zu beschreiben. Vielleicht war es auch nur Einbildung. Wenn dem so war, dann lag in dem, was danach geschah, eine grimmige Ironie, denn ohne die Panik, die es auslöste, wäre das nächste wohl nicht passiert.

Meine panische Verwirrung war absolut und ungebrochen. Meine Taschenlampe in den Mund nehmend und den Behälter fieberhaft umklammernd, sprang und stürmte ich wild nach vorne, an nichts anderes denkend und von dem wahnsinnigen Verlangen besessen, aus diesen albtraumhaften Ruinen heraus in die reale Welt der Wüste und des Mondlichts zu kommen, die so weit über mir lag. Ich nahm kaum wahr, dass ich den Trümmerberg erreichte, der sich in der ausgedehnten Dunkelheit jenseits des eingestürzten Daches erhob, und mir beim Ersteigen des steilen Hangs aus zerklüfteten Blöcken und Bruchstücken immer wieder Prellungen und Schnittwunden zuzog. Dann ereignete sich das große Unglück. Gerade als ich blindlings den Gipfel überschritt – unvorbereitet auf den Abhang vor mir – riss es mich komplett von den Füßen, und ich fand mich in einer Lawine von herabstürzendem Mauerwerk wieder, deren kanonengleiches Getöse die Dunkelheit der Kaverne mit einer betäubenden Serie von widerhallenden Geräuschen erfüllte, die die Erde erzittern ließen.

Ich habe keine Erinnerung daran, wie ich diesem Chaos entkam, doch ein momentaner Fetzen meines Bewusstseins zeigt mir, wie ich mich mitten in dem Getöse kriechend, stolpernd und hinkend in einem Korridor bewegte – meine Taschenlampe und den Behälter immer noch bei mir. Dann, als ich mich dem urzeitlichen Basaltgewölbe, das ich so fürchtete, näherte, kam der endgültige Wahnsinn. Denn als der Nachhall der Lawine sich gelegt hatte, wurde erneut das Furcht einflößende, fremde Pfeifen vernehmbar, das ich glaubte, schon vorher gehört zu haben. Diesmal gab es keinen Zweifel, und was noch schlimmer war, es kam von einer Stelle, die nicht hinter mir, sondern *vor mir lag*.

Vielleicht habe ich in diesem Moment laut geschrien. Ich habe ein unscharfes Bild von mir, wie ich durch die höllische Basaltgruft der Älteren Kreaturen stürmte und das verdammenswerte, fremde Pfeifen aus der unbewachten Öffnung zu der unteren Dunkelheit heraufdrang. Auch herrschte dort ein Luftzug, nicht unbedingt kalt und feucht, aber heftig und Unheil verkündend strömte er wild und eisig aus diesem abscheulichen Abgrund, aus dem das obszöne Pfeifen kam.

Ich erinnere mich, über Hindernisse aller Art gesprungen und getaumelt zu sein, während der Windzug und das kreischende Geräusch beständig zunahmen und bedrohlich um mich herumwirbelten und kräuselten, als es beängstigend aus dem Bereich hinter und unter mir herausbrach. Obwohl der Wind in meinem Rücken war, hinderte er mich mehr bei meinem Fortkommen, als er half, so als wirke er wie eine Schlinge oder ein Lasso, das mich gefangen hielt. Ohne auf den Lärm zu achten, den ich machte, trampelte ich über eine hohe Barriere von Blöcken und befand mich wieder in dem Gebäude, das an die Oberfläche führte. Ich kann mich erinnern, dass ich in die Bogenpassage zu dem Raum mit den Maschinen schaute und fast aufschrie, als ich die Rampe sah, die zwei Stockwerke hinunterführte, wo eine dieser blasphemischen Falltüren gähnte. Doch statt zu schreien, murmelte ich immer und immer wieder vor mich hin, dass dies nur ein Traum sei, aus dem ich schon bald erwachen musste. Vielleicht befand ich mich im Lager – vielleicht war ich auch zu Hause in Arkham. Als ich mir auf diese Weise Mut gemacht hatte, begann ich, die Rampe zu der nächsthöheren Ebene hochzusteigen.

Mir war natürlich klar, dass ich wieder über die mehr als einen Meter breite Spalte springen musste, doch hatten mich andere Ängste so fest im Griff, dass ich diese schreckliche Tatsache erst realisierte, als ich schon fast da war. Bei meinem Abstieg war der Sprung darüber einfach gewesen, doch konnte ich die Spalte genauso leicht auf dem Weg nach oben bewältigen, behindert von Furcht, Erschöpfung, dem Gewicht des Metallbehälters und der unnatürlichen Wirkung des dämonischen Rückenwindes? Erst im letzten Augenblick dachte ich an diese Dinge und auch an die namenlosen Entitäten, die möglicherweise in dem schwarzen Abgrund unter der Spalte lauerten.

Obwohl das flackernde Licht meiner Taschenlampe immer schwächer wurde, wusste ich aus meiner Erinnerung, dass ich mich der Spalte näherte. Der kalte Luftzug und das widerliche, kreischende Pfeifen hinter mir wirkten im Moment wie eine willkommene Droge, die meine Vorstellungen von den Schrecken des vor mir liegenden Abgrunds minderten. Doch dann bemerkte ich den zusätzlichen Luftzug und weiteres Pfeifen *vor mir* – Wogen der Abscheulichkeit drängten aus der Spalte aus Tiefen hervor, die man weder erahnen noch sich vorstellen konnte.

Jetzt war ich wirklich in den Klauen eines entsetzlichen Albtraums. Mein klares Denken war dahin – und nur noch von einem kreatürlichen Fluchtimpuls getrieben, stürzte und kämpfte ich mich über das Trümmerfeld der Rampe nach oben, so als ob es den Abgrund überhaupt nicht gäbe. Dann sah ich die Kante der Spalte, sprang wahnsinnig mit aller Kraft, die ich noch besaß, ab und befand mich sofort in einem dämonischen Strudel von abscheulichen Geräuschen und vollständiger, greifbarer Dunkelheit.

Das ist das Ende meiner Erlebnisse, soweit ich mich erinnern kann. Alle weiteren Eindrücke gehören völlig in die Abteilung eines fantasierenden Deliriums. Traum, Wahnsinn und Erinnerungen haben sich unkontrolliert zu einer Reihe von abseitigen, bruchstückhaften Trugbildern vermischt, die keinerlei Bezug zur Realität haben. Da war ein grässlicher Fall durch unzählbare Schichten von zäher, fühlbarer Dunkelheit hinab und ein Gewirr von gänzlich abseitigen Geräuschen, die allem, was wir von der Erde und ihrem organischen Leben kennen, fremd waren. In mir ruhende, rudimentäre Sinne schienen zum Leben zu erwachen, zeigten mir Gruben und Abgründe – bewohnt von schwebenden Schrecken – und dunkle Felsgipfel, Ozeane und Städte von fensterlosen Türmen, auf die niemals ein Lichtstrahl gefallen war.

Geheimnisse des urzeitlichen Planeten und seiner vergessenen Äonen schossen durch mein Gehirn ohne die Unterstützung von Bildern oder Geräuschen, und ich erkannte Dinge, die nicht einmal die wildesten meiner vorherigen Träume jemals angedeutet hatten. Und die ganze Zeit umklammerten und berührten mich kalte Finger aus feuchtem Dampf, und das unheimliche, verdammenswerte Pfeifen kreischte teuflisch über all die Wechsel von Geräuschen und Stille in jenem Strudel von Dunkelheit hinweg.

Danach kamen die Visionen von den zyklopischen Städten aus meinen Träumen, nicht von den Ruinen, sondern so, wie ich von ihnen geträumt hatte. Ich befand mich wieder in meinem kegelförmigen, nichtmenschlichen Körper und mischte mich unter die Wesen der Großen Rasse und der gefangenen Bewusstseine, die Bücher durch die hohen Korridore über die ausgedehnten Rampen hin und her trugen. Dann wurden diese Bilder überlagert von den Furcht einflößenden, kurz aufflackernden Eindrücken eines nicht sichtbaren Bewusstseins, das verzweifelte Kämpfe zeigte, ein sich windendes Befreien von klammernden Tentakeln aus pfeifendem Wind, einen üblen, fledermausgleichen Flug durch halbfeste Luft, ein fieberhaftes Wühlen durch Sturm gepeitschte Dunkelheit und ein wildes Stolpern und Kriechen über verfallenes Mauerwerk.

Einmal war da ein merkwürdiger, intensiver Moment des Halbsehens – eine schwache, undeutliche Ahnung von einem bläulichen Schein weit oberhalb. Dann kam der Traum von dem Klettern und Kriechen im entsetzlichen Wind, und, nachdem ich mich durch ein Gewirr von Trümmern, das hinter mir in einem widernatürlichen Hurrikan rutschte und zusammenbrach, gewühlt hatte, schließlich das Heraustreten in das lodernde, satanische Mondlicht. Es war der üble, eintönige Schein des in den Wahnsinn treibenden Mondlichts, der mir schließlich meine Rückkehr in das, was ich einmal als die reale, objektive Welt gekannt hatte, bestätigte.

Ich quälte mich durch den Sand der australischen Wüste und um mich herum tobte ein Sturm, wie ich noch keinen auf unserem Planeten erlebt hatte. Meine Kleidung war in Fetzen, und mein gesamter Körper mit Prellungen und Schürfwunden übersät. Mein Bewusstsein kam nur sehr langsam zurück, und zu keinem Zeitpunkt hätte ich sagen können, wo tatsächliche Erinnerungen endeten und fantastische Träume begannen. Es schien, als ob es einen Hügel aus riesigen Blöcken und einen Abgrund darunter gegeben hätte, eine monströse Offenbarung aus der Vergangenheit und am Ende einen albtraumhafter Schrecken, doch wie viel davon war real? Meine Taschenlampe war verloren und genauso jener Metallbehälter, den ich möglicherweise entdeckt hatte. Hat es wirklich einen Behälter gegeben oder einen Abgrund oder einen Hügel? Ich hob meinen Kopf, schaute hinter mich und sah nur die leblose, wellige Einöde.

Der dämonische Wind legte sich, und der aufgedunsene, schwammige Mond versank rötlich im Westen. Ich kam auf die Füße und stolperte Richtung Südwesten zum Lager. Was war mir wirklich widerfahren? War ich einfach nur in der Wüste zusammengebrochen und hatte meinen von Träumen geplagten Körper über Kilometer von Sand und verschütteten Blöcken geschleppt? Wenn nicht, wie konnte ich es ertragen, noch länger zu leben? Denn mit diesen neuen Zweifeln wurde mein Vertrauen in die aus Mythen geborene Unwirklichkeit meiner Visionen einmal mehr von den höllischen, älteren Zweifeln ersetzt. Wenn dieser Abgrund real war, dann war auch die Große Rasse real – und ihre blasphemischen Auswirkungen und ihre Bedeutung in den kosmischen Strudeln der Zeit waren keine Mythen oder Albträume, sondern eine erschütternde Tatsache.

War ich in jenen rätselhaften Tagen – in aller grässlichen Tatsächlichkeit – in eine vormenschliche Welt, hundertfünfzig Millionen Jahre zurückgeworfen worden? War mein jetziger Körper die Heimstadt eines fürchterlichen, fremden Bewusstseins aus den Abgründen der paläolithischen Zeit gewesen? Hatte ich, als gefangenes Bewusstsein dieser schlurfenden Schrecken, tatsächlich diese verfluchte Stadt aus Stein in ihren urzeitlichen Tagen erlebt und war diese vertrauten Korridore in der abscheulichen Gestalt meiner Entführer entlanggewackelt? Waren diese mehr als zwanzig Jahre andauernden, quälenden Träume die Ausgeburt starker, monströser *Erinnerungen*? Hatte ich wirklich einst mit Bewusstseinen von unerreichbaren Ecken aus Zeit und Raum gesprochen, hatte ich die Geheimnisse des Universums aus Vergangenheit und Zukunft erfahren und die Geschichte meiner eigenen Welt für diese Metallbehälter in jenem großen Archiv aufgezeichnet? Und waren diese anderen – diese entsetzlichen Älteren Kreaturen der wahnsinnigen Winde und des dämonischen Pfeifens – in Wahrheit eine schleichende, lauernde Bedrohung, die in dunklen Abgründen wartete und langsam an Kraft verlor, während unterschiedliche Lebensformen deren – sich über Millionen von Jahren erstreckenden – Pläne auf der vom Alter gezeichneten Oberfläche des Planeten ausführten?

Ich weiß es nicht. Wenn dieser Abgrund und was sich darin befindet, real ist, dann gibt es keine Hoffnung. Dann, und nur zu wahr, liegt über der Menschheit ein höhnischer und unglaublicher Schatten aus der Zeit. Doch gnädigerweise gibt es keinen Beweis dafür, dass diese Dinge nicht mehr sind als eine neue Phase meiner aus Mythen geborenen Träume. Ich habe den Metallbehälter, der ein Beweis gewesen wäre, nicht mitgebracht, und bis jetzt hat man die unterirdischen Korridore auch nicht gefunden. Wenn die Gesetze des Universums gütig sind, dann werden sie niemals gefunden. Doch ich muss meinem Sohn berichten, was ich sah oder glaubte gesehen zu haben, und es seinem Urteil als Psychologen überlassen, wie er die Realität meiner Erfahrung einschätzt und ob er dies anderen zur Kenntnis bringen will.

Ich habe schon erklärt, dass die schreckliche Wahrheit meiner quälenden Jahre des Träumens direkt damit zusammenhängt, was ich tatsächlich in diesen begrabenen, zyklopischen Ruinen glaubte, gesehen zu haben. Es ist mir schwer gefallen, diese entscheidende Enthüllung zu Papier zu bringen, obgleich kein Leser es nicht schon vermuten würde. Natürlich war es das Buch in dem Metallbehälter – den Behälter, den ich von seinem Aufbewahrungsort im unberührten Staub von Millionen Jahrhunderten entfernt habe. Kein Blick, keine Hand hat dieses Buch berührt, seit dem Aufkommen der menschlichen Rasse auf diesem Planeten. Und doch, als ich den Lichtstrahl meiner Taschenlampe in jenem Furcht einflößenden, urzeitlichen Abgrund darauf richtete, sah ich, dass die seltsam gefärbten Zeichen auf dem brüchigen, seit ewigen Zeitaltern ausgeblichenen Seiten keine Hieroglyphen aus der Frühzeit der Erde waren. Es waren tatsächlich die Buchstaben unseres vertrauten Alphabets, in denen englische Worte in meiner Handschrift geschrieben waren.

Das Ding auf der Schwelle

I

Es stimmt! Ich habe meinem besten Freund sechs Kugeln in den Kopf gejagt, und doch hoffe ich, mit diesem Bericht zu beweisen, dass ich nicht sein Mörder bin. Man könnte mich zuerst einmal einen Wahnsinnigen nennen – wahnsinniger als der Mann, den ich in seiner Zelle im Sanatorium von Arkham erschossen habe. Später dann werden meine Leser die verschiedenen Aussagen abwägen und an den bekannten Fakten messen und sich fragen, ob ich denn anders hätte handeln können, als ich es in Anbetracht jenes offensichtlichen Schreckens getan habe – jenem Ding auf der Schwelle.

Doch bis es so weit ist, erkenne auch ich in den wilden Geschichten, von denen ich ein Teil bin, nichts als Wahnsinn. Selbst jetzt noch frage ich mich, ob ich irregeführt wurde oder ob ich nicht doch wahnsinnig bin. Ich weiß es nicht – doch auch andere erzählen seltsame Dinge über Edward und Asenath Derby, und selbst die sture Polizei ist mit ihrer Weisheit am Ende, wenn es um den letzten, schrecklichen Besucher geht. Sie haben vergeblich versucht, sich eine Theorie von einem grässlichen Scherz oder einer Rache von entlassenen Dienstboten zusammenzubasteln, doch insgeheim wissen sie, dass es sich in Wahrheit um etwas unendlich Schrecklicheres und Unglaublicheres handelt.

Deshalb behaupte ich, dass ich Edward Derby nicht ermordet habe. Eher habe ich ihn gerächt, und indem ich dies tat, habe ich die Erde von einem Schrecken befreit, der vielleicht unvorstellbares Entsetzen über die gesamte Menschheit gebracht hätte. Abseits unserer täglichen Wege befinden sich dunkle Schattenzonen, und dann und wann verschaffen sich böse Seelen einen Durchgang. Wenn das geschieht, dann muss ein Mann, der Bescheid weiß, eingreifen, ohne an die Konsequenzen zu denken.

Ich habe Edward Pickman Derby sein Leben lang gekannt. Er war acht Jahre jünger als ich, allerdings so frühreif, dass wir, seit er acht und ich sechzehn war, schon viel gemeinsam hatten. Er war der mit Abstand beste Schüler, den ich je gekannt habe, und schon im Alter von sieben Jahren schrieb er Gedichte von einer düsteren, fantastischen, ja fast morbiden Art, die alle seine Lehrer erstaunte. Vielleicht hatte sein Privatunterricht und die verwöhnte Abgeschiedenheit etwas mit seinem vorpubertären Aufblühen zu tun. Er war ein Einzelkind und körperlich schwach, was seine besorgten, liebenden Eltern dazu veranlasste, ihn immer in ihrer Nähe zu haben. Er durfte nie ohne seine Kinderfrau hinausgehen und durfte nie frei mit anderen Kindern spielen. Ohne Zweifel begünstigte das eine seltsame, geheimnisvolle Entwicklung seines Charakters, wobei seine Vorstellungskraft der einzige Weg in die Freiheit war.

Auf jeden Fall war seine jugendliche Lernfähigkeit erstaunlich und ungewöhnlich, und seine leichthin geschriebenen Texte begeisterten mich trotz meines höheren Alters. Zu dieser Zeit hatte ich einen Hang zu künstlerischen Werken der mehr absonderlichen Art und fand in diesem Kind einen seltenen, verwandten Geist. Der Grund unserer gemeinsamen Vorliebe für Schatten und Wunder war zweifellos die alte, vermoderte und unterschwellig Furcht einflößende Stadt, in der wir lebten – das von Hexen verfluchte, legendenumwobene Arkham, dessen zusammengekauerte, durchhängende Walmdächer und bröckelnde, georgianischen Brüstungen schon seit Jahrhunderten neben dem dunklen, murmelnden Miskatonic River vor sich hin brüteten.

Die Zeit verging, ich wandte mich der Architektur zu und gab meinen Plan, ein Buch mit Edwards dämonischen Gedichten zu illustrieren, auf, dennoch wurde unsere Kameradschaft davon nicht beeinträchtigt. Das Genie des jungen Derby entwickelte sich beeindruckend, und als er achtzehn war, wurden seine gesammelten Albtraum-Gedichte, als sie unter dem Titel *Azathoth und andere Schrecken* erschienen, zu einer Sensation. Er wechselte intensiv Briefe mit dem berüchtigten, baudelaireschen Dichter Justin Goeffrey, der *The People of the Monolith* geschrieben hatte und der 1926 schreiend in einer Irrenanstalt gestorben war, nachdem er ein finsteres, übel beleumundetes Dorf in Ungarn besucht hatte.

In punkto Selbstvertrauen und bei praktischen Dingen war Derby aufgrund seines behüteten Lebens außerordentlich unterentwickelt. Seine Gesundheit hatte sich zwar gebessert, doch seine Art von kindlicher Abhängigkeit wurde von seinen übervorsichtigen Eltern noch bestärkt, und infolgedessen reiste er nie alleine, traf keine eigenen Entscheidungen oder übernahm Verantwortung. Schon früh zeigte sich, dass er niemals in der Lage wäre, sich in der Geschäftswelt oder einem Beruf zu behaupten, doch das Vermögen der Familie war so groß, dass dies kein Problem darstellte. Als er in die Jahre des Erwachsenseins kam, behielt er weiterhin den trügerischen Anschein von Knabenhaftigkeit. Blond und blauäugig strahlte er die Unbeschwertheit eines Kindes aus, und seine Versuche, sich einen Schnurrbart wachsen zu lassen, waren nur schwer wahrzunehmen. Seine Stimme war sanft und hoch, und seine unsportliche, verwöhnte Lebensweise führte eher zu einer kindlichen Molligkeit denn zu einem verfrühten Bauchansatz der mittleren Jahre. Er war groß gewachsen und sein hübsches Gesicht hätte ihn zu einem bemerkenswerten Kavalier gemacht, wenn nicht seine Schüchternheit ihn in die Abgeschiedenheit zu seinen Büchern getrieben hätte.

Derbys Eltern unternahmen jeden Sommer eine Auslandsreise mit ihm, und er eignete sich schnell die oberflächlichen Aspekte europäischer Denkart und Ausdrucksform an. Seine Poe ähnlichen Talente konzentrierten sich mehr und mehr auf das Dekadente und andere künstlerische Empfindsamkeiten, und dadurch wurden teilweise Sehnsüchte in ihm geweckt. In jenen Tagen führten wir heftige Diskussionen. Ich hatte in Harvard abgeschlossen, war in einem Bostoner Architekturbüro in die Lehre gegangen, hatte geheiratet und war schließlich nach Arkham zurückgekehrt, um meinen Beruf auszuüben. Ich hatte mich im Haus meiner Familie in der Saltonstall Street niedergelassen, da mein Vater aus gesundheitlichen Gründen nach Florida gezogen war. Edward besuchte mich fast jeden Abend, und schließlich sah ich ihn als Teil der Familie an. Er hatte eine typische Art zu klingeln oder den Türklopfer zu betätigen, die zu einem wahren Erkennungszeichen wurde, sodass ich nach dem Abendessen immer auf die vertrauten drei kurzen Schläge, nach einer Pause gefolgt von zwei weiteren, wartete. Ich besuchte ihn in seinem Haus weniger häufig und wenn, dann bemerkte ich neidisch die merkwürdigen Bücher in seiner stetig anwachsenden Bibliothek.

Derby durchlief die Miskatonic-Universität in Arkham, da seine Eltern nicht erlaubten, dass er woanders eine Wohnung nahm. Er trat im Alter von sechzehn Jahren ein und war nach drei Jahren fertig, seine Hauptfächer waren englische und französische Literatur, und er erhielt in allem sehr gute Noten, außer in Mathematik und Naturwissenschaften. Er hatte nur wenig Kontakt mit den anderen Studenten, doch schaute er neidisch auf die »Außenseiter« oder »Bohemiens« – deren oberflächlich »exaltierte« Sprache und ihre bedeutungslose, ironische Haltung er nachahmte und deren seltsames Benehmen er auch gerne angenommen hätte, wenn er sich denn getraut hätte.

Er wurde allerdings ein fast fanatischer Anhänger der abgründigen, magischen Überlieferungen, für die die Bibliothek der Miskatonic berühmt war und immer noch ist. Seine Interessen waren bisher immer auf der Oberfläche des Fantastischen und Merkwürdigen angesiedelt, doch jetzt grub er sich tief in die Runen und Rätsel ein, die aus einer sagenhaften Vergangenheit stammten und den Nachkommen als Leitfaden oder Rätsel hinterlassen worden waren. Er las Sachen wie das fürchterliche *Buch von Eibon*, die *Unaussprechlichen Kulte* von von Junzt und das verbotene *Necronomicon* des wahnsinnigen Arabers Arab Abdul Alhazred, allerdings sagte er seinen Eltern nicht, dass er sie kannte. Edward war zwanzig, als mein Sohn und einziges Kind geboren wurde, und schien geschmeichelt, als ich den Neuankömmling nach ihm Edward Derby Upton nannte.

Mit fünfundzwanzig war Edward Derby ein außerordentlich gelehrter Mann und ein ziemlich bekannter Dichter und Vertreter des Fantastischen, obwohl sein Mangel an Kontakten und öffentlichen Auftritten und seine überzogenen und konstruiert wirkenden Werke seine literarische Karriere behinderten. Ich war wahrscheinlich sein engster Freund – in ihm fand ich eine unerschöpfliche Quelle von wichtigen, theoretischen Erkenntnissen, während er meinen Rat in allen Angelegenheiten brauchte, die er nicht mit seinen Eltern besprechen konnte. Er blieb unverheiratet, eher aufgrund seiner Schüchternheit, seiner Trägheit und des elterlichen Beschützerinstinkts denn aus Absicht, und er nahm am gesellschaftlichen Leben nur sehr selten und äußerst zurückhaltend teil. Als der Krieg kam, fesselte ihn sowohl seine Gesundheit als auch seine eingefleischte Schüchternheit ans Haus. Ich begab mich in Plattsburg zur Armee, doch kam nie nach Übersee.

So vergingen die Jahre. Edwards Mutter starb, als er vierunddreißig war, und er war für Monate aufgrund einer seltsamen psychischen Erkrankung arbeitsunfähig. Sein Vater brachte ihn nach Europa, und wie auch immer, es gelang Edward, seine Schwierigkeiten zu überwinden, ohne dass sichtbare Nachwirkungen blieben. Danach schien er sich in einem merkwürdigen Zustand von Hochgefühl zu befinden, so als ob er sich von unsichtbaren Fesseln befreit hätte. Er schloss sich den »fortgeschrittenen« Studenten des Colleges an, obwohl er eigentlich schon zu alt dafür war, und nahm an einigen wilden Aktionen teil. Bei einer Gelegenheit bezahlte er eine beträchtliche Bestechungssumme (die er sich von mir lieh), um seine Teilnahme an einer bestimmten Sache vor seinem Vater geheim zu halten. Einige der hinter vorgehaltener Hand erzählten Gerüchte über die Miskatonic-Bande waren einzigartig. Es gab sogar Gerüchte über Schwarze Magie und Geschehnisse, die jenseits aller Glaubwürdigkeit waren.

II

Edward war achtunddreißig als er Asenath Waite begegnete. Sie war damals – nach meiner Einschätzung – ungefähr dreiundzwanzig und hatte auf der Miskatonic einen Kurs über mediterrane Metaphysik belegt. Die Tochter eines meiner Freunde war ihr schon vorher einmal begegnet – in der Hall-Schule in Kingport – und hatte beschlossen, Asenath wegen ihres sonderbaren Rufs aus dem Weg zu gehen. Sie war von dunklem Typ, zierlich und sehr gut aussehend – mit Ausnahme von den hervorstehenden Augen –, doch etwas in ihrem Aussehen war für besonders empfindsame Menschen befremdlich. Jedoch war es hauptsächlich ihre Herkunft und was sie sagte, was die gewöhnlichen Leute sie meiden ließ. Sie war eine der Innsmouth Waites, und dunkle Legenden umgaben seit Generationen das zerfallene, halb verlassene Innsmouth und seine Bewohner. Es gab Geschichten über einen schrecklichen Handel – um das Jahr 1850 herum – und von fremden Elementen, die »nicht ganz menschlich« waren, in den alten Familien des heruntergekommenen Fischereihafens – Legenden, die nur die alten Yankees sich ausdenken und mit der notwendigen Eindringlichkeit erzählen können.

In Asenaths Fall wurde es noch durch den Umstand verschlimmert, dass sie Ephraim Waites Tochter war – ein Kind seiner späten Jahre, von einer unbekannten Frau, die immer verschleiert gewesen war. Ephraim lebte in einem halb verfallenen Haus in der Washington Street in Innsmouth und jene, die es gesehen hatten (die Leute aus Arkham vermieden, wann immer sie konnten, nach Innsmouth zu fahren), berichteten, dass die Fenster des Dachbodens immer mit Brettern vernagelt seien und dass manchmal, wenn die Nacht hereinbrach, seltsame Geräusche herausdringen würden. Der alte Mann war zu seiner Zeit ein eifriger Student der Magie gewesen, und Legenden behaupten, dass er auf See Stürme ganz nach seinem Willen heraufbeschwören oder abflauen lassen konnte. In meiner Jugend hatte ich ihn ein oder zwei Mal gesehen, wenn er nach Arkham kam, um verbotene Folianten in der College-Bibliothek einzusehen, und ich hatte sein wölfisches, düsteres Gesicht mit dem zerzausten, weißen Bart gehasst. Er war geistig verwirrt gestorben – unter sehr seltsamen Umständen –, kurz bevor seine Tochter, die immer seine krankhaft eifrige Schülerin gewesen war und manchmal ebenso teuflisch aussah wie er selbst, (er hatte testamentarisch den Direktor zu ihrem Vormund bestellt) in die Hall-Schule kam.

Der Freund, dessen Tochter mit Asenath Waite zur Schule gegangen war, erzählte viele seltsame Dinge, als sich die Kunde von Edwards Verbindung mit ihr zu verbreiten begann. Asenath, so schien es, hatte sich an der Schule als eine Art von Hexe produziert und schien in der Lage gewesen zu sein, einige sehr verblüffende Wunder zu wirken. Sie behauptete, Gewitter erzeugen zu können, doch ihre Erfolge wurden allgemein irgendeinem unheimlichen Trick bei der Wettervorhersage zugeschrieben. Es war deutlich zu sehen, dass alle Tiere sie nicht leiden konnten, und sie brachte jeden Hund durch bestimmte Bewegungen ihrer rechten Hand zum Heulen. Es gab Momente, in denen sie Brocken von Wissen und Sprachen preisgab, überaus ungewöhnlich – und sehr schockierend – für ein junges Mädchen, und sie erschreckte ihre Mitschülerinnen mit Blicken und Gesten ganz ungewöhnlicher Art und schien aus dieser Situation eine obszöne und genussvolle Befriedigung zu erlangen.

Doch am Ungewöhnlichsten waren die gut belegten Fälle von ihrem Einfluss auf andere Personen. Sie war ohne Zweifel eine begabte Hypnotiseurin. Wenn sie eine Mitschülerin auf besondere Art ansah, vermittelte sie ihr das ausgeprägte Gefühl von *ausgetauschter Persönlichkeit* – als ob diese sich plötzlich in dem Körper der Hexe befände und durch den Raum hindurch ihren wirklichen Körper sehen könnte, in dem die Augen mit einem seltsamen Ausdruck loderten und hervortraten. Asenath traf häufig ausgefallene Aussagen über die Natur des Bewusstseins und seiner Unabhängigkeit von der körperlichen Hülle – oder zumindest von den Lebensprozessen der physischen Hülle. In höchste Wut konnte sie darüber geraten, dass sie kein Mann war, denn sie glaubte, dass ein männliches Gehirn über einzigartige, weitreichende kosmische Kräfte verfüge. Wenn sie ein männliches Gehirn hätte, so erklärte sie, dann wäre sie nicht nur ihrem Vater ebenbürtig, sondern würde ihn in der Beherrschung von unbekannten Mächten weit übertreffen.

Edward traf Asenath auf einem Treffen der »Intelligenzia«, das in einem der Studentenräume stattfand, und als er mich am nächsten Tag besuchte, konnte er von nichts anderem sprechen. Er hatte sie von all den Interessen und der Gelehrsamkeit erfüllt gefunden, in die auch er völlig versunken war, und war außerdem von ihrer Erscheinung überwältigt. Ich hatte die junge Frau niemals gesehen und konnte mich nur schwach an ihre Beschreibung erinnern, doch ich wusste, wer sie war. Ich fand es ziemlich bedauerlich, dass Derby sich so für sie begeisterte, doch ich sagte nichts, was ihn entmutigen könnte, da Verliebtheit durch Widerstand nur aufblüht. Er würde sie nicht, so sagte er, seinem Vater gegenüber erwähnen.

In den nächsten paar Wochen erfuhr ich nur sehr wenig von dem jungen Derby, außer wenn es um Asenath ging. Auch anderen fiel jetzt Edwards späte Verliebtheit auf, doch merkten sie an, dass sein Aussehen bei Weitem nicht seinem tatsächlichen Alter entsprach oder dass er eine unpassende Begleitung für seine bizarre Göttin sei. Er war lediglich ein bisschen rundlich, trotz seiner Trägheit und seiner Selbstgefälligkeit, und sein Gesicht war gänzlich faltenfrei. Auf der anderen Seite hatte Asenath vorzeitig Krähenfüße bekommen, die von der Ausübung ihres starken Willens herrührten.

Um diese Zeit brachte Edward die junge Frau mit zu mir, um sie mir vorzustellen, und ich bemerkte sofort, dass sein Interesse nicht einseitig war. Sie sah ihn beständig mit einem raubtierhaften Blick an, und ich musste feststellen, dass ihre Beziehung schon weit fortgeschritten war. Kurz darauf besuchte mich der alte Mr Derby, den ich immer bewundert und respektiert habe. Er habe die Geschichten über die neue Freundin seines Sohnes gehört und hätte die ganze Wahrheit aus »dem Jungen« herausgequetscht. Edward hatte vor, Asenath zu heiraten, und hatte sich sogar schon nach Häusern in den Vororten umgesehen. Da ihm mein großer Einfluss auf seinen Sohn bekannt sei, fragte mich der Vater, ob ich nicht behilflich sein könnte, diese unschöne Affäre zu beenden, doch ich äußerte zurückhaltend meine Zweifel. Dieses Mal war es nicht eine Frage von Edwards schwachem Willen, sondern von dem starken Willen der Frau. Das ewige Kind hatte seine Abhängigkeit von den Eltern durch eine neue und mächtigere Abhängigkeit ersetzt, und dagegen konnte man nichts tun.

Die Hochzeit fand einen Monat später statt – auf Wunsch der Braut vor einem Friedensrichter. Mr Derby erhob auf meinen Rat hin keinen Widerspruch, und er, ich selbst, meine Frau und mein Sohn nahmen an der kurzen Zeremonie teil, die anderen Gäste waren wilde, junge Leute aus dem College. Asenath hatte das alte Crowninshield-Anwesen am Ende der High Street gekauft, und dort wollten sie sich, nach einem kurzen Besuch in Innsmouth, von wo drei Bedienstete, einige Bücher und Haushaltsgegenstände mitgebracht würden, niederlassen. Es entsprang wahrscheinlich nicht so sehr einer Übereinkunft von Edward und seinem Vater, sondern Edwards Wunsch, in der Nähe des Colleges, seiner Bibliothek und der Gruppe von »Intellektuellen« zu sein, was Asenath dazu brachte, in Arkham zu wohnen, anstatt endgültig nach Hause zurückzukehren.

Als Edward mich nach den Flitterwochen besuchte, gewann ich den Eindruck, dass er sich etwas verändert hatte. Asenath hatte ihn dazu gebracht, sich von dem kaum entwickelten Schnurrbart zu trennen, doch es gab noch mehr. Er wirkte ernst und nachdenklich, sein gewöhnlicher Ausdruck von kindlicher Rebellion hatte sich in eine tiefgreifende Traurigkeit verwandelt. Ich rätselte, ob ich diese Veränderung als gut oder schlecht ansehen sollte. Ganz sicher wirkte er im Moment mehr wie ein normaler Erwachsener als jemals zuvor. Vielleicht tat ihm die Heirat gut – und führte der *Wandel* in der Abhängigkeit zu einer wirklichen *Befreiung*, die in einer verantwortungsbewussten Unabhängigkeit enden würde. Da Asenath viel beschäftigt war, kam er alleine. Sie hatte eine Menge von Büchern und Apparaten aus Innsmouth mitgebracht und beendete gerade die Renovierung des Crowninshield-Anwesens und des Gartens.

Ihr Zuhause in *jener Stadt* war ein ziemlich beunruhigender Ort, doch bestimmte Gegenstände darin hatten ihm einige überraschende Dinge offenbart. Er machte in Bezug auf die esoterischen Legenden schnelle Fortschritte, nun da Asenath seine Lehrerin war. Einige der Experimente, die sie vorschlug, waren sehr wagemutig und weitreichend – er hatte nicht das Recht, sie zu beschreiben –, doch er vertraute ihren Kräften und Absichten. Die drei Dienstboten waren sehr merkwürdig – ein unglaublich altes Ehepaar, das schon im Dienst von Ephraim gestanden hatte und das manchmal von ihm und Asenaths Mutter in geheimnisvollen Andeutungen sprach, sowie ein dunkelhäutiges, junges Weibsbild, das sonderbar ungestaltet aussah und beständig nach Fisch roch.

III

Im Verlauf der nächsten zwei Jahre sah ich Derby immer seltener. Manchmal vergingen zwei Wochen, ohne dass ich das vertraute drei- und zweimalige Klopfen an der Tür vernahm, und wenn er mich besuchte – oder ich ihn, was beständig seltener vorkam –, war er kaum bereit, über entscheidende Dinge zu reden. Er blieb verschlossen in Bezug auf die okkulten Studien, die er früher ausgiebig beschrieben und über die er mit mir diskutiert hatte, und zog es vor, nicht über seine Frau zu sprechen. Seit ihrer Hochzeit war sie dramatisch gealtert, bis sie jetzt – ungewöhnlich genug – als die ältere von beiden zu wirken schien. Ihr Gesichtsausdruck war der konzentrierteste und verbissendste, den ich je gesehen habe, und ihre ganze Erscheinung hatte eine schwache, nicht einzuordnende Widerwärtigkeit angenommen. Meine Frau und mein Sohn hatten den gleichen Eindruck, und wir alle vermieden zunehmend den Kontakt mit ihr, wofür sie, wie Edward in einem seiner jugendlichen, taktlosen Momente zugab, überaus dankbar war. Manchmal gingen die Derbys auf lange Reisen – angeblich nach Europa, doch Edward deutete zuweilen an, auch zu abseitigeren Zielen.

Es war nach einem Jahr, dass die Leute begannen, über die Veränderungen in Edward Derby zu reden. Es war das übliche Gerede, da die Veränderungen rein psychologischer Natur waren, doch es brachte einige interessante Dinge ans Licht. Ab und zu, so hatte es den Anschein, stellte man bei Edward einen besonderen Gesichtsausdruck fest, und er tat Dinge, die nicht zu seiner kraftlosen Natur passten. Ein Beispiel – obwohl er niemals Autofahren gelernt hatte, sah man ihn heutzutage manchmal am Steuer von Asenaths hochmotorisiertem Packard, den er meisterhaft beherrschte, aus der Einfahrt des alten Crowninshield-Anwesens preschen und sämtliche gefährliche Verkehrssituationen mit Bravour und Entschlossenheit meistern, die seiner eigentlichen Natur gänzlich fremd waren. In diesen Fällen, so schien es, kam er gerade von einer Ausfahrt zurück oder war zu einer solchen unterwegs – welche Art von Ausfahrt konnte niemand sagen, doch meist benutzte er die Straße nach Innsmouth.

Seltsamerweise schienen die Veränderungen nicht gänzlich erfreulich. Die Leute sagten, in diesen Momenten ähnelte er seiner Frau zu sehr oder sogar dem alten Ephraim selbst – aber vielleicht wirkten diese Momente auch so unnatürlich, weil sie sehr selten waren. Manchmal, Stunden nachdem er aufgebrochen war, kam er zurück, lustlos auf dem Rücksitz seines Wagens hingestreckt, während ein offensichtlich angeheuerter Fahrer oder Mechaniker das Fahrzeug lenkte. Auch sein übliches Verhalten in der Öffentlichkeit, während seiner immer seltener werdenden Gänge zu Besuchen (einschließlich derer bei mir), war in altbekannter Weise zurückhaltend – sein unverfängliches, kindliches Gehabe eher noch deutlicher als in der Vergangenheit. Während Asenaths Gesicht alterte, veränderte sich Edwards – abgesehen von den besonderen Gelegenheiten – zu einer Art entspannter Jugendlichkeit, außer wenn sich eine Spur der neuen Traurigkeit oder Erkenntnis in ihm zeigte. Es war wirklich sehr verwirrend. In der Zwischenzeit hatten die Derbys fast keinen Kontakt mehr zu dem Kreis der ausschweifenden Collegestudenten – nicht aus eigenem Antrieb, so hörte man, sondern weil etwas in Zusammenhang ihrer momentanen Studien selbst die gefühllosesten der anderen Dekadenten schockierte.

Im dritten Jahr ihrer Ehe begann Edward, offen mit mir über bestimmte Ängste und seine Unzufriedenheit zu sprechen. Er ließ Bemerkungen fallen wie »es geht zu weit« und sprach verhalten darüber, dass er »seine Identität retten müsse«. Zuerst überging ich solche Hinweise, doch nach einiger Zeit begann ich, vorsichtig nachzufragen, da ich mich daran erinnerte, was die Tochter meines Freundes über Asenaths hypnotischen Einfluss auf andere Mädchen in der Schule erzählt hatte – die Fälle, in denen Schülerinnen geglaubt hatten, sie wären in Asenaths Körper und blickten auf sich selbst. Diese Fragen schienen ihn augenblicklich aufzuschrecken und dankbar zu machen, und einmal murmelte er etwas, wie: er müsse mit mir später ein ernsthaftes Gespräch führen.

Um diese Zeit herum starb der alte Mr Derby, wofür ich im Nachhinein sehr dankbar bin. Edward war völlig erschüttert, doch keineswegs verstört. Seit seiner Heirat hatte er außerordentlich wenig Kontakt zu seinem Vater gehabt, denn Asenath hatte seinen gesamten, ausgeprägten Familiensinn auf sich konzentriert. Einige bezeichneten ihn angesichts seines Verlustes als herzlos – besonders weil die unbeschwerten und überschwänglichen Ausflüge mit dem Auto seitdem zugenommen hatten. Er wollte jetzt wieder in das alte Haus der Derbys ziehen, doch Asenath bestand darauf, im Crowninshield-Haus, in dem sie sich sehr gut eingerichtet hatte, zu bleiben.

Nicht lange danach erfuhr meine Frau von einer Freundin – eine von jenen, die nicht mit den Derbys gebrochen hatten – eine merkwürdige Sache. Sie war zum Ende der High Street gegangen, um das Paar zu besuchen, und hatte gesehen, wie ein Auto aus der Einfahrt geschossen kam, mit Edwards seltsam verbissenem, fast höhnischem Gesicht hinter dem Steuerrad. Als sie klingelte, beschied ihr das abweisende Weibsbild, dass Asenath ebenfalls nicht da sei, doch als die Freundin wieder ging, schaute sie am Haus hoch. Dort bemerkte sie hinter einem der Fenster von Edwards Bibliothek ein hastig zurückweichendes Gesicht – ein Gesicht, dessen Ausdruck von Schmerz, Niederlage und wehmütiger Hoffnungslosigkeit so erschütternd war, dass man es kaum beschreiben konnte. Es war –

unglaublich genug, in Anbetracht seines sonstigen herrschsüchtigen Ausdrucks – Asenaths Gesicht, doch die Besucherin hatte beschworen, dass in diesem Moment die traurigen, verwirrten Augen des armen Edwards daraus hervorblickten.

Edwards Besuche wurden jetzt etwas häufiger, und seine Andeutungen wurden manchmal konkreter. Was er sagte, war kaum zu glauben, selbst in dem Jahrhunderte alten und von Legenden heimgesuchten Arkham, doch er trug seine dunkle Erzählung mit einer Düsternis und Überzeugungskraft vor, die einen um seine geistige Gesundheit fürchten ließ. Er sprach von schrecklichen Zusammenkünften an einsamen Orten, von zyklopischen Ruinen im Herzen der Wälder von Maine, neben denen mächtige Treppen hinab in Abgründe nächtlicher Geheimnisse führten, von verschlungenen Gängen, die durch unsichtbare Mauern in andere Regionen von Zeit und Raum führten, und vom abscheulichen Austausch der Persönlichkeiten, der es möglich machte, abgelegene und verbotene Orte auf anderen Welten und in anderen Raum-Zeit-Kontinuen zu ergründen.

Ab und zu präsentierte er zum Beweis von bestimmten, abseitigen Andeutungen Objekte, die mich völlig erstaunten – sie waren von unbestimmter Farbe und verblüffender Struktur, wie man sie nie auf diesem Planeten gesehen hatte, deren ungewöhnliche Biegungen und Oberflächen auf keinen möglichen Zweck schließen ließen und keiner erkennbaren Geometrie folgten. Diese Dinge, so sagte er, stammten von »außerhalb«, und seine Frau wüsste, wie man sie bekäme. Manchmal – und immer nur in einem Furcht erfüllten, zweideutigem Flüstern – deutete er Dinge über den alten Ephraim Waite an, den er in jenen vergangenen Zeiten manchmal in der College-Bibliothek gesehen hatte. Diese dunklen Andeutungen blieben stets ungenau, drehten sich aber um den besonders schrecklichen Zweifel, ob der alte Hexenmeister nun wirklich tot sei – sowohl im geistigen als auch im körperlichen Sinn.

Von Zeit zu Zeit unterbrach Derby seine Enthüllungen abrupt, und ich fragte mich, ob Asenath möglicherweise seine Ausführungen aus der Entfernung verfolgt und sie durch eine unbekannte Art von telepathischem Mesmerismus unterbrochen hatte – eine Kraft, die sie schon in der Schule bewiesen hatte. Ganz sicher verdächtigte sie ihn, dass er mir bestimmte Dinge erzählte, denn im Verlauf von Wochen versuchte sie, seine Besuche mit Worten und Blicken von unerklärlicher Macht zu verhindern. Nur unter großen Schwierigkeiten konnte er mich noch besuchen, selbst wenn er behauptete, er würde woandershin gehen, behinderte üblicherweise eine unsichtbare Kraft seine Schritte oder ließ ihn sein Ziel für einige Zeit vergessen. Gewöhnlich besuchte er mich, wenn Asenath weg war – weg, in ihrem eignen Körper, wie er es seltsamerweise nannte. Doch sie kam immer dahinter – die Bediensteten überwachten sein Kommen und Gehen –, aber ganz offensichtlich hielt sie es für unklug, etwas Entscheidendes dagegen zu unternehmen.

IV

Als ich an einem Tag im August das Telegramm aus Maine erhielt, war Derby länger als drei Jahre verheiratet. Ich hatte ihn seit zwei Monaten nicht mehr gesehen, doch gehört, dass er »geschäftlich« unterwegs sei. Asenath sollte bei ihm sein, doch aufmerksame Urheber von Gerüchten meinten, dass sich jemand hinter den mit doppelten Vorhängen versehenen Fenstern im ersten Stock des Hauses befände. Sie hatten auch die Einkäufe der Bediensteten beobachtet. Und jetzt hatte mir der Polizeichef von Chesuncook County eine Nachricht über einen heruntergekommenen Wahnsinnigen telegrafiert, der aus den Wäldern gestolpert sei und wild tobend nach mir geschrien hätte, und dass ich ihn beschütze solle. Es war Edward, und er erinnerte sich gerade noch an seinen eigenen Namen und meinen und meine Adresse.

Chesuncook liegt nahe am wildesten, tiefsten und am wenigsten erschlossenen Waldgebiet von Maine, und man braucht einen ganzen Tag unsäglichen Geholpers durch eine fantastische und düstere Landschaft, um mit dem Auto dorthin zu kommen. Ich fand

Derby in einer Zelle der örtlichen Polizeistation, schwankend zwischen Raserei und Apathie. Er erkannte mich sofort und begann sogleich, einen Schwall bedeutungsloser, halb zusammenhängender Worte in meine Richtung auszustoßen.

»Dan – dem Himmel sei Dank! Die Grube der Shoggothen! Die sechstausend Stufen hinab … die Abscheulichkeit aller Abscheulichkeiten … Ich hätte ihr nie erlauben dürfen, mich mitzunehmen, und dann fand ich mich dort wieder … Iä! Shub-Niggurath … Die Gestalt erhob sich von dem Altar, und da waren 500, die heulten … Das Ding mit der Kapuze stieß ›Kamog! Kamog!‹ hervor – das war der geheime Name des alten Ephraim in dem Zirkel … Ich war dort, obwohl sie versprochen hat, mich nicht mitzunehmen … Eine Minute zuvor war ich in der Bibliothek eingeschlossen, und dann war ich dort, wohin sie mit meinem Körper gegangen war – an dem Ort der größten Blasphemie, in der unheimlichen Grube, wo das schwarze Reich beginnt und die Beobachter das Tor bewachen … Ich sah einen Shoggothen – er veränderte seine Gestalt … Ich kann es nicht ertragen … Ich werde es nicht ertragen … Wenn sie mich jemals wieder dorthin schickt, bringe ich sie um … Ich bringe diese Entität um … sie, ihn, es … Ich bringe es um! Bringe es mit meinen eigenen Händen um!«

Ich brauchte eine Stunde, um ihn zu beruhigen, doch schließlich lenkte er ein. Im Dorf besorgte ich ihm anständige Kleidung, und dann brach ich mit ihm Richtung Arkham auf. Seine hysterische Raserei war vorbei, und er hüllte sich in Schweigen, doch als wir durch Augusta fuhren, begann er, verworren vor sich hin zu murmeln – so als ob der Anblick der Stadt unschöne Erinnerungen in ihm weckte. Es war klar, dass er nicht nach Hause wollte, und in Anbetracht der abseitigen Wahnvorstellungen, die er von seiner Frau zu haben schien – Wahnvorstellungen, die ohne Zweifel von einer tatsächlichen, hypnotischen Quälerei, deren Opfer er gewesen war, hervorgerufen worden waren –, glaubte auch ich, dass dies besser wäre. Ich kam zu dem Schluss, ich sollte ihn eine Zeit lang mit zu mir nehmen, unabhängig davon, welche Unannehmlichkeiten das mit Asenath heraufbeschwören würde. Später dann würde ich ihm bei der Scheidung helfen, denn ganz offensichtlich gab es psychologische Aspekte dieser Ehe, die ihn in den Selbstmord treiben könnten. Als wir wieder in offenem Gelände waren, verstummte Derbys Gemurmel, und ich ließ ihn auf dem Beifahrersitz vor sich hindösen, während ich weiterfuhr.

Als wir bei Sonnenuntergang durch Portland rasten, setzte sein Gemurmel wieder ein, diesmal deutlicher als zuvor, und beim Hinhören bekam ich ein völlig krankes Gefasel über Asenath mit. Das Ausmaß, in dem sie auf Edwards Nervenkostüm eingewirkt hatte, war offensichtlich, denn er hatte ein ganzes Netz aus wirren Vorstellungen um sie herum gewoben. Sein gegenwärtiges Problem, murmelte er wütend, war nur eines in einer langen Reihe. Sie bekam ihn unter Kontrolle, und er wusste, dass sie ihn eines Tages nicht mehr loslassen würde. Selbst jetzt ließ sie ihn wahrscheinlich nur noch los, wenn sie musste, weil sie ihn nicht für längere Zeit unter Kontrolle halten konnte. Regelmäßig benutzte sie seinen Körper, um zu namenlosen Orten und namenlosen Riten zu gehen, und ließ ihn in ihrem Körper im Obergeschoss eingeschlossen zurück; doch manchmal konnte sie sich nicht in ihm halten, und er fand sich plötzlich in seinem eigenen Körper wieder – an einem weit entfernten, schrecklichen und vielleicht unbekannten Ort. Manchmal gelang es ihr, ihn wieder zu übernehmen, manchmal auch nicht. Häufig blieb er irgendwo zurück, so wie ich ihn gefunden hatte … immer wieder musste er sich seinen Weg aus beängstigenden Entfernungen zurück suchen und jemanden dazu bringen, den Wagen zu fahren, wenn er ihn gefunden hatte.

Das Schlimmste war, dass sie jedes Mal länger von ihm Besitz ergreifen konnte. Sie wollte ein Mann sein –völlig menschlich sein –, deshalb ergriff sie von ihm Besitz. Sie hatte bei ihm das Zusammentreffen von einem exzellenten Geist und einem schwachen Willen gespürt. Eines Tages würde sie ihn verdrängen und mit seinem Körper verschwinden – verschwinden, um ein großer Hexenmeister wie ihr Vater zu werden – und ihn, ausgesetzt in dieser weiblichen Hülle, die noch nicht einmal gänzlich menschlich war, zurücklassen. Ja, er wusste inzwischen von dem Innsmouth-Blut. Es hatte geschlechtlichen Verkehr mit den Dingern aus dem Meer gegeben – einfach schrecklich … Und der alte Ephraim – er kannte das Geheimnis, und als er älter wurde, hat er etwas Grässliches getan, um weiterzuleben … er wollte ewig leben … Asenath würde Erfolg haben – einen erfolgreichen Versuch hatte es ja schon gegeben.

Während Derby weiter vor sich hin brabbelte, sah ich ihn von der Seite genau an, um mir meinen Eindruck von seiner Veränderung, den ich schon bei einer früheren Musterung gewonnen hatte, zu bestätigen. Paradoxerweise schien er in einem besseren Zustand als üblich – gefestigter, mehr normal entwickelt und ohne eine Spur kranker Schwammigkeit aufgrund seines kindlichen Verhaltens. Es war, als ob er zum ersten Mal in seinem behüteten Leben wirklich aktiv und körperlich fit war, und ich nahm an, dass Asenaths Kraft ihn auf ungewohntem Weg zu körperlicher Betätigung und Wachsamkeit geführt hatte. Doch gerade jetzt war sein Geist in einem bemitleidenswerten Zustand, da er wilde Vermutungen über seine Frau murmelte, über Schwarze Magie, über den alten Ephraim und über einige Enthüllungen, die selbst mich überzeugten. Er erwähnte Namen, die ich aus vergangener Zeit vom Durchblättern verbotener Bücher wiedererkannte, und die mich über bestimmte, mythologische Zusammenhänge erschaudern ließen – es waren überzeugende Übereinstimmungen, die sich durch sein Gefasel zogen. Wieder hielt er inne, so als ob er Kraft für eine letzte und schreckliche Enthüllung schöpfen müsste.

»Dan, Dan, erinnerst du dich nicht an ihn – die wilden Augen und der ungepflegte Bart? Einmal starrte er mich an, und das konnte ich nie vergessen. Nun starrt *sie* auf diese Weise. *Und ich weiß, warum!* Er hat sie im *Necronomicon* gefunden – die Formel. Ich wage noch nicht, dir die Seite zu nennen, doch wenn ich es tue, dann kannst du es lesen und wirst verstehen. Dann weißt du, was mich verschlungen hat. Weiter, weiter, weiter, weiter – Körper für Körper für Körper – das bedeutet, nie zu sterben. Der Funke des Lebens – er weiß, wie man die Abfolge durchbrechen kann … er kann noch eine Weile flackern, während der Körper schon tot ist. Ich werde dir Hinweise geben und vielleicht ahnst du es. Hör zu,

Dan – weißt du, warum meine Frau sich solche Mühe mit dieser blöden, nach links geneigten Handschrift gibt? Hast du jemals ein Manuskript des alten Ephraim gesehen? Willst du wissen, warum ich erschauderte, als ich einige, schnell dahingeworfene Notizen von Asenath sah?

Asenath … *gibt es sie überhaupt?* Warum hat man vermutet, dass Gift im Magen des alten Ephraim war? Warum tuscheln die Gilmans über die Art, wie er geschrien hat – wie ein verängstigtes Kind –, als er wahnsinnig geworden ist, und Asenath ihn auf dem Dachboden mit den vernagelten Fenstern eingeschlossen hat, wo – der andere – gewesen war? *War es Ephraims Seele, die dort eingeschlossen wurde? Wer hat da wen eingeschlossen?* Warum hatte er monatelang nach jemandem mit einem wachen Geist und einem schwachen Willen gesucht? Warum verfluchte er seine Tochter, weil sie kein Sohn war? Sag's mir, Daniel Upton – *welcher teuflische Austausch hatte in dem schrecklichen Haus stattgefunden, wo dieses blasphemische Monster sein ihm vertrauendes, willensschwaches, halb menschliches Kind in seiner Gewalt hatte?* War dieser Austausch dauerhaft – wie sie es am Ende mit mir tun wird? Sag mir, warum schreibt dieses Ding, das sich Asenath nennt, auf andere Art, wenn es unbeobachtet ist, *sodass man bei dem Geschrieben keinen Unterschied zu …*«

Dann geschah es. Während Derbys wirre Ausführungen sich zu einem schrillen Schrei erhoben hatten, brachen sie mit einem fast mechanischen Klicken ab. Ich dachte an die anderen Gelegenheiten bei mir zu Hause, als seine vertraulichen Mitteilungen jäh abgebrochen waren – bei denen ich halb davon überzeugt war, dass eine unbekannte, telepathische Strömung von Asenaths geistiger Kraft dafür gesorgt hatte, ihn zum Schweigen zu bringen. Dies aber war etwas gänzlich anderes – und, so spürte ich, unendlich schrecklicher. Das Gesicht neben mir verzerrte sich für einen Augenblick fast nicht wahrnehmbar, während der ganze Körper zitterte, so als ob sämtliche Knochen, Organe, Muskeln, Nerven und Drüsen sich von selbst zu einer völlig anderen Haltung, Anordnung und gesamter Persönlichkeit zusammensetzten.

Doch worin der wesentliche Schrecken bestand, könnte ich im Leben nicht beschreiben, aber mich überkam eine solch übermächtige Welle von Übelkeit und Abscheu, so ein kaltes Gefühl absoluter Fremdheit und Abnormalität, dass meine Hände am Steuerrad die Kraft verließ und anfingen zu zittern. Die Gestalt neben mir schien nicht mehr der lebenslange Freund, sondern ein monströser Eindringling aus dem Weltraum zu sein – aus einem verdammenswerten, gänzlich verfluchten Kristallisationspunkt von unbekannten und bösartigen kosmischen Kräften.

Meine Verwirrung dauerte nur einen Moment, doch bevor noch ein weiterer vergangen war, hatte mein Gefährte schon das Lenkrad ergriffen und mich gezwungen, mit ihm die Plätze zu tauschen. Die Abenddämmerung war schon weit fortgeschritten, und die Lichter von Portland lagen weit hinter uns, sodass ich nicht viel von seinem Gesicht erkennen konnte. Doch das Lodern in seinen Augen war unglaublich, und ich wusste, dass er sich jetzt in diesem seltsamen, energiegeladenen Zustand befinden musste, der so untypisch für ihn war und den schon viele Menschen bei ihm bemerkt hatten. Es schien abseitig und unvorstellbar, dass der apathische Edward Derby – er, der sich nie durchsetzen konnte und der nie Autofahren gelernt hatte – mir Anweisungen gab und das Steuer meines eigenen Wagens übernahm, doch genau das war passiert. Eine Zeit lang sagte er kein Wort, und in meinem unbeschreiblichem Schrecken war ich froh darüber.

In den Lichter von Biddeford und Saco sah ich seinen zusammengekniffenen Mund und zitterte beim Anblick seiner lodernden Augen. Die Leute hatten Recht – er sah seiner Frau und dem alten Ephraim in diesen Zustand abscheulich ähnlich. Ich wunderte mich nicht, dass man diesen Zustand nicht mochte – ganz sicher hatte er etwas Unnatürliches und Diabolisches an sich, und ich spürte dieses finstere Element noch mehr, da ich seine wilden Fantasien vernommen hatte. Dieser Mann, gemessen an meiner lebenslangen Bekanntschaft mit Edward Pickman Derby, war ein Fremder – irgendein Eindringling aus den schwarzen Abgründen.

Er sprach nicht, bis wir uns auf einem dunklen Abschnitt der Straße befanden, und als er es tat, klang seine Stimme völlig fremd.

Sie war tiefer, fester und entschlossener, als ich sie je erlebt hatte, während sich sein Akzent und seine Betonung grundlegend verändert hatten und doch, schwach, weit entfernt und ziemlich verstörend erinnerten sie mich an etwas, was ich nicht einordnen konnte. Da war, so meinte ich, eine Spur von sehr tiefgründiger und sehr spezieller Ironie in dem Klang – es war nicht die auffällige, bedeutungslose, muntere Pseudo-Ironie der unreifen »Gelehrten«, die Derby gewöhnlich beeinflussten, sondern etwas verbissenes, tiefgreifendes, durchdringendes und potenziell Böses. Ich wunderte mich über diese so schnell nach dem panischen Gestammel eingetretene Selbstbeherrschung.

»Ich hoffe, du wirst meinen Anfall dort oben vergessen, Upton«, sagte er. »Du weißt, wie es um meine Nerven bestellt ist, und ich glaube, du kannst solche Dinge entschuldigen. Ich bin natürlich äußerst dankbar für diese Heimfahrt.

Und du musst natürlich auch all die verrückten Sachen vergessen, die ich vielleicht über meine Frau gesagt habe – oder auch über andere Dinge. Das kommt von der Überanstrengung, wenn man auf einem Gebiet forscht wie dem meinen. Mein Denken ist voll von obskuren Vorstellungen, und wenn der Geist ausgelaugt ist, dann brütet er alle möglichen Wahnvorstellungen von tatsächlichen Möglichkeiten aus. Ich werde mir ab heute eine Auszeit gönnen – du wirst mich vielleicht eine Zeit lang nicht zu Gesicht bekommen, und mach bitte nicht Asenath dafür verantwortlich.

Diese Reise war ein bisschen seltsam, doch es ist wirklich ganz einfach. Oben in den nördlichen Wäldern befinden sich bestimmte indianische Relikte – aufrecht stehende Steine und solches Zeug –, die in der der Folklore eine wichtige Bedeutung haben, und Asenath und ich sind dieser Sache nachgegangen. Es war eine komplizierte Suche, und deshalb habe ich wahrscheinlich den Kopf verloren. Ich muss jemanden nach dem Wagen schickten, wenn ich nach Hause komme. Ein Monat Erholung wird mich wohl wieder auf die Beine bringen.«

An das, was ich zu der Unterhaltung beitrug, kann ich mich nicht mehr erinnern, denn die rätselhafte Fremdheit meines Mitfahrers erfüllte mein gesamtes Denken. Mit jedem Moment intensivierte sich mein schwer fassbares Gefühl von kosmischem Schrecken, bis ich mich schließlich offensichtlich in einem Zustand befand, in dem ich nur noch das Ende der Fahrt herbeisehnte. Derby bot nicht an, dass ich das Steuer wieder übernehmen sollte, und ich war froh darüber, mit welcher Geschwindigkeit Portsmouth und Newburyport vorüberflogen.

An der Kreuzung, wo die Hauptstraße ins Landesinnere abbog, um Innsmouth zu umgehen, befürchtete ich fast, mein Fahrer würde die trostlose Küstenstraße, die durch diesen verdammenswerten Ort führte, nehmen. Nun, er tat es nicht, sondern raste an Rowley und Ipswich vorbei auf unser Ziel zu. Wir erreichten Arkham noch vor Mitternacht und stellten fest, dass im alten Crowninshield-Haus noch Licht war. Derby wiederholte hastig seinen Dank und stieg aus dem Wagen, und ich fuhr mit einem seltsamen Gefühl der Erleichterung nach Hause. Es war eine schreckliche Fahrt gewesen – noch schrecklicher, da ich nicht genau sagen konnte, warum, und ich bedauerte Derbys Ankündigung nicht, längere Zeit auf meine Gesellschaft zu verzichten.

V

In den nächsten zwei Monaten brodelte die Gerüchteküche. Die Menschen sprachen davon, Derby immer häufiger in seinem neuen, selbstbewussten Zustand gesehen zu haben, und Asenath war kaum einmal da, wenn ihre wenigen Besucher sie aufsuchen wollten. Es gab nur einen Besuch von Edward, als er kurz mit Asenaths Auto vorbeischaute – inzwischen ordnungsgemäß zurückgebracht, von wo auch immer er es in Maine zurückgelassen hatte – um ein paar Bücher, die er mir geliehen hatte, abzuholen. Er war in seinem neuen Zustand und blieb nur solange, um ein paar ausweichende, höfliche Bemerkungen zu machen. Es war deutlich zu sehen, dass er, wenn er sich in diesem Zustand befand, nichts mit mir zu besprechen hatte, und ich bemerkte, dass er sich noch nicht einmal die Mühe machte, das alte drei-und-zwei-Signal zu benutzen, als er die Türglocke läutete. Genau wie an dem Abend im Auto verspürte ich einen unendlich großen Schrecken, den ich mir nicht erklären konnte, sodass sein schneller Abgang eine gewaltige Erleichterung darstellte.

Mitte September war Derby eine Woche lang weg, und einige aus der dekadenten College-Gruppe sprachen gut informiert über die Angelegenheit und machten Andeutungen von einem Treffen mit einem berüchtigten Kultführer, der vor Kurzem aus England ausgewiesen worden war und in New York seinen Hauptsitz eingerichtet hatte. Was mich anging, konnte ich die seltsame Fahrt von Maine herunter nicht aus dem Kopf bekommen. Die Veränderung, deren Zeuge ich geworden war, hatte mich nachhaltig getroffen, und ich ertappte mich immer wieder dabei, wie ich versuchte, das Geschehen einzuordnen und auch den extremen Schrecken, den es bei mir ausgelöst hatte.

Die sonderbarsten Gerüchte waren allerdings die von dem Schluchzen im alten Crowninshield-Haus. Es war die Stimme einer Frau, und einige der jüngeren Leute meinten, dass sie wie Asenaths klingen würde. Sie wurde nur selten gehört und manchmal brach sie ab, so als ob man sie brutal unterbinden würde. Man sprach von einer polizeilichen Untersuchung, doch die hatte sich erübrigt, als Asenath in den Straßen auftauchte und lebhaft mit einer großen Anzahl von Bekannten plauderte, sich für ihre Abwesenheit in der letzten Zeit entschuldigte und nebenbei von dem Nervenzusammenbruch und der Hysterie eines Gastes aus Boston erzählte. Den Gast hat man nie gesehen, doch nach Asenaths Auftritt konnte man nichts mehr dazu sagen. Aber dann bekamen die Gerüchte neue Nahrung, indem jemand behauptete, das Schluchzen sei ein oder zwei Mal das einer männlichen Stimme gewesen.

Mitte Oktober hörte ich eines Abends das vertraute drei-und-zwei-Klingeln an der Haustür. Als ich die Tür öffnete, fand ich Edward auf der Türschwelle und sah sofort, dass seine Persönlichkeit die alte war, die seit seinem Toben auf der schrecklichen Fahrt von

Chesuncook nicht mehr in Erscheinung getreten war. Sein Gesicht war von einer Vielzahl von widersprüchlichen Gefühlen verzerrt, bei denen sich Furcht und Triumph die Waage zu halten schienen, und als ich die Tür hinter ihm schloss, schaute er verstohlen über seine Schulter.

Als er mir unsicher in mein Arbeitszimmer folgte, bat er um einen Whiskey, um seine Nerven zu beruhigen. Ich war ungeduldig, ihm Fragen zu stellen, doch ich wartete, bis er selbst bereit war zu sagen, was immer er sagen wollte. Schließlich gab er mit leiser Stimme einige Informationen preis.

»Asenath ist weg, Dan. Letzte Nacht, als die Bediensteten außer Haus waren, hatten wir ein langes Gespräch, und sie musste mir versprechen, mich in Ruhe zu lassen. Natürlich verfüge ich über bestimmte – bestimmte okkulte Verteidigungsmethoden, von denen ich dir nie erzählt habe. Sie musste nachgeben, doch sie wurde fürchterlich böse. Sie packte ihre Sachen und machte sich auf nach New York – ging geradewegs hinaus, um den 8:20-Uhr-Zug nach Boston zu nehmen. Ich nehme an, es wird unter den Leuten Gerede geben, doch das kann ich nicht ändern. Du solltest nicht erwähnen, dass es Ärger gegeben hat, sag einfach, sie wäre auf einer langen Forschungsreise.

Wahrscheinlich wird sie sich bei einer ihrer schrecklichen Gruppen von Bewunderern aufhalten. Ich hoffe, sie geht in den Westen und willigt in die Scheidung ein – wie auch immer, sie musste mir versprechen, sich fernzuhalten und mich in Ruhe zu lassen. Es war schrecklich, Dan – sie hat meinen Körper gestohlen – mich daraus vertrieben – hat einen Gefangenen aus mir gemacht. Ich lenkte ein und erweckte den Anschein, sie machen zu lassen, doch ich musste auf der Hut sein. Ich war in der Lage, Pläne zu schmieden, denn sie konnte meine Gedanken nicht wortwörtlich oder bis ins Kleinste erkennen, musste aber vorsichtig sein. Alles, was sie von meinen Plänen mitbekam, war der allgemeine Eindruck von Auflehnung – doch sie dachte immer, ich sei harmlos. Dachte niemals, dass ich sie überwältigen könnte … doch ich kenne ein oder zwei Zauberformeln, die funktionierten.«

Derby schaute über die Schulter und trank noch etwas Whiskey. »Heute Morgen, als sie zurückkamen, habe ich diese verdammten Bediensteten entlassen. Sie haben sich fürchterlich darüber aufgeregt, sind aber gegangen. Sie sind von Asenaths Art – Leute aus Innsmouth – und waren ihr hörig. Ich hoffe, dass sie mich in Ruhe lassen – es war unheimlich, wie sie lachten, als sie gingen. Ich muss so viele von Vaters Bediensteten zurückholen, wie ich kann. Ich werde jetzt wieder in mein altes Zuhause ziehen.

Ich vermute, du hältst mich für verrückt, Dan – doch in der Geschichte von Arkham gibt es Hinweise, die das bestätigen, was ich dir gesagt habe – und was ich dir noch sagen werde. Du warst selbst Zeuge einer dieser Verwandlungen – an jenem Tag, als wir in deinem Auto aus Maine kamen und ich dir von Asenath erzählt habe. Da hat sie mich erwischt – hat mich aus meinem Körper vertrieben. Das Letzte, an was ich mich von dieser Fahrt erinnere, ist, wie ich kurz davor war, dir zu sagen, *was für eine Teufelin sie ist.* Dann erwischte sie mich, und plötzlich war ich wieder in dem Haus – in der Bibliothek, in die mich diese verdammten Bediensteten eingeschlossen hatten – und in diesem verfluchten, teuflischen Körper …, der nicht einmal menschlich ist … Du weißt, dass sie es war, mit der du zurückgefahren bist … dieser beutesüchtige Wolf in meinem Körper … Du musst den Unterschied bemerkt haben!«

Mir lief ein kalter Schauder über den Rücken, als Derby innehielt. Ich *hatte* den Unterschied bemerkt, aber konnte ich eine solch abseitige Erklärung akzeptieren? Doch mein besorgter Besucher ging noch weiter.

»Ich musste mich retten – ich musste, Dan! An Allerheiligen hätte sie mich vollständig in Besitz genommen – sie veranstalten da einen Hexensabbat, oben hinter Chesuncook, und das Opfer hätte die Sache besiegelt. Sie hätte mich in ihrer Gewalt … sie wäre ich, und ich wäre sie gewesen … für immer … zu spät … mein Körper hätte für immer ihr gehört … Sie wäre ein Mann geworden und gänzlich menschlich, genauso, wie sie es immer wollte … Ich vermute, sie hätte mich aus dem Weg geräumt – ihren ehemaligen Köper mit mir darin getötet, verflucht sei sie, *genauso wie sie es schon vormals getan hatte* – genauso wie es, er oder sie es schon vorher getan hatte …«

Edwards Gesicht war jetzt auf grässliche Weise verzerrt, und er beugte sich unangenehm nah zu mir, als seine Stimme zu einem Flüstern wurde.

»Du musst dich doch erinnern, was ich im Auto angedeutet habe – *dass sie nicht wirklich Asenath ist, sondern eigentlich der alte Ephraim persönlich.* Ich hatte diesen Verdacht schon vor eineinhalb Jahren, und jetzt weiß ich es mit Bestimmtheit. Ihre Handschrift verrät es, wenn sie nicht aufpasst – manchmal macht sie eine Notiz in einer Schrift, die genau der in den Manuskripten ihres Vaters entspricht, Strich für Strich – und manchmal sagt sie Dinge, die niemand außer ein alter Mann wie Ephraim aussprechen würde. Als er den Tod herannahen spürte, hat er die Körper getauscht, sie war die Einzige mit den entsprechenden geistigen Fähigkeiten und einem ausreichend schwachem Willen, die er finden konnte – er übernahm ihren Körper dauerhaft, so wie sie es fast bei mir gemacht hätte, und vergiftete den alten Körper, in dem sie sich befand. Hast du nicht gesehen, wie die Seele des alten Ephraim Dutzende von Malen in den Augen dieser Teufelin geglüht hat … und in den meinen, wenn sie die Kontrolle über meinen Körper hatte?«

Der Flüsterer keuchte und schnappte nach Luft. Ich sagte nichts, und als er seine Stimme wiedergefunden hatte, klang sie ein Stück weit normaler. Das war, so überlegte ich, ein Fall für die Irrenanstalt, doch ich würde nicht der sein, der ihn dorthin brachte. Vielleicht würde die Zeit und die Trennung von Asenath etwas bewirken. Ich erkannte, dass er sich niemals wieder mit diesem morbiden Okkultismus beschäftigen würde.

»Später erzähle ich dir mehr – jetzt brauche ich erst einmal ausgiebig Ruhe. Ich werde dir etwas von den verbotenen Schrecken erzählen, in die sie mich geführt hat – etwas von den Jahrhunderte alten Schrecken, die selbst heute noch in versteckten Ecken schwären und von wenigen monströsen Priestern am Leben erhalten werden. Einige Menschen wissen Dinge über das Universum, die niemand wissen sollte, und vermögen Dinge zu tun, die zu tun keiner in der

Lage sein sollte. Ich war bis über meinen Kopf darin verstrickt, doch das ist jetzt vorbei. Heute würde ich dieses verdammte *Necronomicon* und den ganzen Rest verbrennen, wenn ich der Bibliothekar der Miskatonic wäre.

Aber jetzt kann sie mich nicht kriegen. Ich muss das verfluchte Haus verlassen und, so schnell ich kann, wieder in mein ehemaliges Heim umsiedeln. Ich weiß, du wirst mir helfen, wenn ich Hilfe brauche. Diese teuflischen Bediensteten, du weißt … und wenn die Leute zu neugierig in Bezug auf Asenath werden. Du verstehst, ich kann ihnen ihre Adresse nicht geben … Dann gibt es noch bestimmte Gruppen von Suchenden – bestimmte Kulte, verstehst du – die möglicherweise unsere Trennung missverstehen … einige von denen haben verdammt seltsame Vorstellungen und Methoden. Ich weiß, dass du zu mir hältst, wenn irgendwas passieren sollte – selbst wenn ich dir eine Menge erzählen muss, was dich entsetzen wird …«

Ich brachte Edward dazu, über Nacht zu bleiben und in einem der Gästezimmer zu schlafen, und am Morgen schien er sich beruhigt zu haben. Wir sprachen über verschiedene Vorbereitungen für seinen Umzug in das Haus der Derbys, und ich hoffte, er würde keine Zeit verlieren, diesen Umzug durchzuführen. Er besuchte mich nicht am nächsten Abend, doch in den folgenden Wochen sah ich ihn häufig. Wir sprachen so wenig wie möglich über seltsame und unschöne Dinge, sondern erörterten die Renovierung des alten Derby-Hauses und die Reisen, die Edward im nächsten Sommer mit mir und meinem Sohn unternehmen wollte.

Über Asenath sprachen wir nicht, denn ich merkte, dass dies ein besonders heikles Thema war. Natürlich kochte die Gerüchteküche, doch das war nichts Neues angesichts der seltsamen Umstände, die im alten Crowninshield-Haus geherrscht hatten. Eine Sache, die mir gar nicht gefiel, war die übertriebene Darstellung, die Derbys Bankier im Miskatonic-Klub zum Besten gab – betreffend die Schecks, die Edward regelmäßig an Moses und Abigail Sargent und Eunice Babson in Innsmouth sandte. Das erweckte den Eindruck, als würden diese übel aussehenden Bediensteten eine Art von

Abgabe von ihm erpressen – doch er hatte diese Angelegenheit mir gegenüber nie erwähnt.

Ich sehnte den Sommer herbei und damit die Ferien für meinen Sohn in Harvard, sodass wir Edward nach Europa bringen könnten. Wie ich schon bald feststellte, erholte er sich nicht so schnell, wie ich gehofft hatte, denn manchmal mischte sich in seine gelegentliche Hochstimmung eine Spur von Hysterie, während seine Anfälle von Furcht und Depression noch zu häufig waren. Das alte Derby Haus war im Dezember bereit, doch Edward verschob immer wieder den Umzug. Obwohl er Crowninshield hasste und zu fürchten schien, war er gleichzeitig auf seltsame Art daran gebunden. Es schien, als könne er nicht damit beginnen, Dinge einzupacken, und nutzte jeden möglichen Grund, den Umzug hinauszuzögern. Als ich ihm das darlegte, schien er mir auf unerklärliche Weise verängstigt zu sein. Der Butler seines Vaters – der sich dort mit anderen wiedereingestellten Bediensteten befand – erzählte mir eines Tages, dass Edwards gelegentliches Herumschleichen im Haus und besonders unten im Keller ihm seltsam und abseitig vorkäme. Ich fragte mich, ob Asenath ihm verstörende Briefe geschickt hatte, aber der Butler erklärte, dass keine Post gekommen sei, die von ihr stammen könnte.

VI

Es war um Weihnachten herum, als Derby eines Abends zusammenbrach, während er bei mir war. Ich lenkte die Unterhaltung auf die Reise im nächsten Sommer, als er plötzlich schrie und von seinem Stuhl mit einem Blick voller überwältigender und unkontrollierbarer Furcht aufsprang – ein kosmischer Schrecken und Abscheu einer Art, die nur die tiefen Abgründe eines Albtraums über einen gesunden Geist bringen können.

»Mein Gehirn! Mein Gehirn! Um Gottes Willen, Dan – es zerrt – von weit her – klopft – klammert – diese Teufelin – selbst jetzt –

Ephraim – Kamog! Kamog! – Die Grube der Shoggothen. Iä! Shub-Niggurath! Die Ziege mit der tausendfachen Brut …!

Die Flamme – die Flamme … jenseits des Körpers, jenseits des Lebens … in der Erde … oh Gott …!«

Ich drückte ihn zurück auf seinen Stuhl und gab ihm, als seine Raserei einer dumpfer Apathie gewichen war, etwas Wein zu trinken. Er wehrte sich nicht, aber seine Lippen bewegten sich, als ob er mit sich selbst spräche. Dann bemerkte ich, dass er versuchte, mir etwas zu sagen, und brachte mein Ohr an seinen Mund, um seine matten Worte zu verstehen.

»… wieder und wieder … versucht sie es … ich hätte es wissen müssen … niemand kann diese Kraft aufhalten, keine Entfernung, keine Magie oder der Tod … es kommt immer wieder, meistens bei Nacht … ich komme nicht los … es ist schrecklich … mein Gott, Dan, *wenn du nur wie ich wüsstest, wie schrecklich es ist …*«

Als er benommen zusammenbrach, machte ich es ihm mit ein paar Kissen bequem und ließ ihn schlafen, bis er aufwachte. Ich rief keinen Arzt, denn ich wusste, was man bezüglich seiner Gesundheit sagen würde, und wollte der Natur eine Chance geben, wenn ich könnte. Er wachte um Mitternacht auf, und ich brachte ihn nach oben ins Bett, am nächsten Morgen war er weg. Er hatte sich leise aus dem Haus geschlichen, und als ich bei ihm anrief, sagte mir sein Butler, dass er zu Hause sei und ruhelos in der Bibliothek umhergehe.

Kurz danach verfiel Edward zusehends. Er kam nicht mehr zu Besuch, doch ich schaute jeden Tag bei ihm vorbei. Er saß immer in seiner Bibliothek, starrte ins Nichts und erweckte den Eindruck, auf etwas zu *lauschen*. Manchmal redete er ganz vernünftig, doch nur über alltägliche Dinge. Jede Erwähnung seiner Schwierigkeiten, zukünftiger Pläne oder Asenaths versetze ihn in Raserei. Sein Butler erklärte, dass Edward nachts fürchterliche Anfälle hätte, bei denen er sich manchmal Schaden zufügte.

Ich hatte ein langes Gespräch mit seinem Arzt, seinem Bankier und seinem Anwalt, und schließlich suchte der Arzt ihn mit zwei Spezialisten auf. Der Tobsuchtsanfall, der auf die erste Frage folgte, war heftig und erbarmenswert – und an diesem Abend brachte man ihn in einem geschlossenen Wagen in das Sanatorium von Arkham. Ich wurde zu seinem Vormund bestellt und besuchte ihn zweimal die Woche. Mir kamen fast die Tränen, wenn ich seine wilden Schreie, sein abseitiges Geflüster und das entsetzliche, leiernde Wiederholen von Satzfetzen wie: »Ich muss es tun – ich muss es tun … es wird mich kriegen … es wird mich kriegen … dort unten … dort unten im Dunklen … Mutter, Mutter! Dan! Rette mich … rette mich …«, hörte.

Wie groß die Hoffnung auf eine Genesung war, konnte niemand sagen, doch ich bemühte mich, optimistisch zu sein. Edward musste ein Heim haben, wenn er entlassen wurde, also brachte ich seine Bediensteten in das Haus der Derbys, denn wenn Edward gesund wäre, dann würde er sicher diese Lösung gutheißen. Was mit dem Crowninshield-Wohnsitz und mit seinen umfangreichen Einrichtungen und Sammlungen von gänzlich fremden Objekten geschehen sollte, konnte ich nicht entscheiden, und so ließ ich es fürs Erste auf sich beruhen. Ich beauftragte das Hausmädchen aus Derbys Haus, einmal in der Woche hinüberzugehen und die wichtigsten Räume zu putzen und den Heizer an diesem Tag anzufeuern.

Der finale Albtraum kam noch vor Lichtmess – in grausamer Ironie durch einen falschen Hoffnungsschimmer angekündigt. An einem Morgen Ende Januar rief mich das Sanatorium an, um mir mitzuteilen, dass Edward plötzlich wieder vernünftig geworden sei. Sein Erinnerungsvermögen sei stark beeinträchtigt, doch seine Gesundung stehe fest. Natürlich müsse er noch einige Zeit zur Beobachtung bleiben, doch es bestehe nur wenig Zweifel an dem Ergebnis. Alles stehe gut, und er würde bestimmt in einer Woche entlassen werden.

Überwältigt vor Freude eilte ich ins Sanatorium, doch als mich eine Schwester in Edwards Zimmer gebracht hatte, stand ich verwirrt da. Der Patient stand auf, um mich zu begrüßen, dabei streckte er seine Hand mit einem höflichen Lächeln aus, doch ich erkannte sofort, dass es sich um die fremde, energische Persönlichkeit handelte, die seiner eigenen Natur so entgegengesetzt war – diese zupackende Persönlichkeit, die ich so erschreckend fand und von der Edward einst selbst gesagt hatte, es wäre die Seele seiner Frau, die von ihm Besitz ergriffen hätte. Da war derselbe glühende Blick wie der von Asenath und dem alten Ephraim – und derselbe entschlossene Mund, und als er sprach, erkannte ich dieselbe verbissene, durchdringende Ironie in der Stimme – diese umfassende Ironie, geschwängert von potenzieller Bösartigkeit. Das war die Person, die vor fünf Monaten meinen Wagen durch die Nacht gelenkt hatte – die Person, die ich seit seinem kurzen Besuch, als er das alte Klingelzeichen vergessen und in mir verschwommene Ängste heraufbeschworen hatte, nicht mehr gesehen hatte – und nun erfüllte er mich wieder mit demselben unterschwelligen Gefühl von blasphemischer Fremdheit und unbeschreiblichem, kosmischem Grauen.

Er sprach leutselig von Vorbereitungen für seine Entlassung – und ich hätte nichts zu tun, als meine Zustimmung zu geben, auch wenn es in seiner Erinnerung einige deutliche Lücken gäbe. Dennoch spürte ich, dass da etwas schrecklich und unerklärlich falsch und unnatürlich war. In dem Ding waren Schrecken, die ich nicht begreifen konnte. Vor mir stand eine gesunde Person, aber war sie wirklich der Edward Derby, den ich gekannt hatte? Wenn nicht, wer oder was war sie dann – *und wo war Edward*? Sollte sie frei sein oder in Verwahrung bleiben ... oder sollte man sie vom Angesicht der Erde tilgen? In allem, was die Kreatur sagte, war eine Andeutung von einer abgrundtiefen Teufelei – diese wie Asenath blickenden Augen verliehen bestimmten Worten einen rätselhaften, höhnischen Beigeschmack, wenn sie über »frühe Freiheit, errungen durch eine besonders harte Gefangenschaft« sprach. Ich muss mich ziemlich unbeholfen verhalten haben und war froh, als ich mich zurückziehen konnte.

Den ganzen Tag und auch den nächsten beschäftigte mich dieses Problem. Was war geschehen? Welches Bewusstsein schaute aus diesen fremden Augen in Edwards Gesicht? Ich konnte an nichts anderes als dieses dunkle, schreckliche Rätsel denken und gab alle Versuche auf, meine übliche Arbeit zu verrichten. Am zweiten Morgen rief das Krankenhaus an, um mir mitzuteilen, dass der Zustand des geheilten Patienten unverändert sei, und am Abend befand ich mich am Rande eines Nervenzusammenbruchs. Ich gebe das zu, obwohl andere es als Bestätigung für meine darauffolgenden Visionen ansehen werden. Dazu habe ich nichts zu sagen, außer, dass kein Wahnsinn meinerseits *alle* Beweise erklären könnte.

VII

Es war in der Nacht – nach jenem zweiten Abend –, als ein mächtiger, tiefer Schrecken über mich kam und meinen Geist in eine schwarze, erdrückende Panik hüllte, von der er sich nicht mehr befreien konnte. Es begann mit einem Telefonanruf kurz vor Mitternacht. Ich war als Einziger noch wach und nahm schläfrig in der Bibliothek den Hörer ab. Niemand schien in der Leitung zu sein, und ich wollte schon auflegen und zu Bett gehen, als ich am anderen Ende die schwache Ahnung eines Lauts wahrnahm. Versuchte da jemand, unter großen Schwierigkeiten zu sprechen? Als ich lauschte, glaubte ich, eine Art halbflüssiges, blubberndes Geräusch zu hören – »Blubb … blubb … blubb …« – das einen merkwürdigen Anklang von unartikulierten, unverständlichen Worten und Silben hatte. Ich fragte: »Wer ist da?« Doch die einzige Antwort war: »Blubb-blubb … blubb-blubb.« Ich konnte nur vermuten, dass das Geräusch mechanischen Ursprungs war, doch in dem Glauben, dass es vielleicht von einem kaputten Gerät herrührte, dass zwar empfangen, aber nicht senden konnte, fügte ich hinzu: »Ich kann Sie nicht hören. Besser Sie hängen auf und versuchen es bei der Störungsstelle.« Sofort hörte ich, wie der Hörer am anderen Ende aufgelegt wurde.

Das war, wie ich gesagt habe, kurz vor Mitternacht. Als man später den Anruf zurückverfolgt hatte, stellte man fest, dass er aus dem alten Crowninshield-Haus gekommen war, obwohl es eine halbe Woche vor dem Tag war, an dem sich das Hausmädchen gewöhnlich dort aufhielt. Ich kann nur erwähnen, was man in dem

Haus vorfand – die Unordnung in einem abgelegenen Lagerraum im Keller, die Spuren, den Dreck, die hastig herausgerissenen Kleidungsstücke, die absonderlichen Spuren am Telefon, das zusammengeknüllte Schreibpapier und den abscheulichen Geruch, der über allem lag. Die Polizei, diese armen Narren, haben ihre selbstgefälligen, kleinen Theorien und suchen noch immer nach den finsteren, entlassenen Bediensteten – die man mitten in dem momentanen Aufruhr völlig aus den Augen verloren hat. Sie reden von einem grässlichen Racheakt für irgendwelche Handlungen und behaupten, dass ich in der Sache mit drinstecke, weil ich Edwards bester Freund und Berater gewesen sei.

Idioten! – Glauben sie wirklich, dass diese absurden Hanswurste die Handschrift gefälscht haben könnten? Glauben sie, dass diese so raffiniert waren, das zu inszenieren, was dann kam? Sind sie so blind, dass sie nicht die Veränderungen an dem Körper bemerkt haben, der einmal Edwards war? Soweit es mich betrifft, *glaube ich inzwischen alles, was mir Edward Derby jemals erzählt hat.* Es gibt Schrecken jenseits des Lebens, die wir uns nicht vorstellen können, und von Zeit zu Zeit bringt sie die menschliche Neugierde in unsere Reichweite. Ephraim – Asenath – dieser Teufel hat sie heraufbeschworen, und sie verschlangen Edward, so wie sie mich verschlingen.

Kann ich denn gewiss sein, dass ich sicher bin? Diese Mächte überleben die physische Existenz. Am Nachmittag des nächsten Tages, als ich meine Erschöpfung überwunden hatte und in der Lage war, mich auf den Beinen zu halten und zusammenhängend zu sprechen, ging ich in die Irrenanstalt und erschoss ihn – zum Wohle Edwards und der Welt, doch sicher kann ich erst sein, wenn er eingeäschert ist. Sie bewahren den Körper für eine blödsinnige Autopsie durch verschiedene Ärzte auf – doch ich sage, er muss eingeäschert werden. *Er muss eingeäschert werden – dieses Ding, das nicht Edward Derby war, als ich es erschoss.* Wenn das nicht geschieht, dann werde ich verrückt, weil ich vielleicht der Nächste bin. Doch mein Wille ist nicht schwach – und ich werde mich nicht von den Schrecken unterwandern lassen, die um mich herum brüten. Ein

Leben – Ephraim, Asenath und Edward – wer jetzt? Ich *werde mich nicht* aus meinem Körper vertreiben lassen … Ich werde meine Seele nicht mit der dieses von Kugeln durchsiebten Kadavers in der Irrenanstalt tauschen.

Doch lassen Sie mich der Reihe nach von diesem letzten Schrecken berichten. Ich werde nicht von dem sprechen, was die Polizei so beharrlich ignoriert – den Geschichten von dem zwergenhaften, abseitigen, übelriechenden Ding, das von mindestens drei Spaziergängern kurz vor zwei Uhr morgens auf der High Street gesehen wurde, oder von der Beschaffenheit einzelner Fußabdrücke an bestimmten Orten. Ich will nur sagen, dass ich gegen zwei Uhr von der Türklingel und dem Klopfer geweckt wurde, Klingel und Klopfer wurden abwechselnd und unsicher wie in einer Art matter Verzweiflung betätigt, und *mit beiden wurde versucht, Edwards altes Signal von drei und zwei Schlägen auszuführen.*

Aus tiefem Schlaf gerissen dröhnte mir der Kopf. Derby war an der Tür und erinnerte sich an das alte Signal. Die andere Persönlichkeit konnte sich nicht daran erinnern … befand sich Edward wieder in seinem eigentlichen Zustand? Warum war er in einem solchen angespannten und abgehetzten Zustand hier? War er vorzeitig entlassen worden oder war er geflohen? Vielleicht, so überlegte ich, als ich mir einen Morgenmantel überwarf und die Stufen hinabeilte, ging seine Rückkehr zu seinem Selbst mit Ausbrüchen von Gewalt einher, was weitere Einschließung nach sich gezogen hätte und ihn zu einer verzweifelten Flucht in die Freiheit veranlasst hatte. Was auch immer passiert war, er war wieder der gute alte Edward, und ich würde ihm helfen!

Als ich die Tür in die von Ulmen gesäumte Dunkelheit öffnete, warf mich ein Schwall von unerträglich ekelhaften Gestanks fast um. Ich keuchte vor Übelkeit, und eine Sekunde lang bemerkte ich die zwergenhafte, bucklige Gestalt auf den Stufen gar nicht. Die Umstände passten zu Edward, doch wer war dieses ekelhafte, verwachsene Zerrbild? Wo war Edward hingegangen? Sein Klingeln war nur eine Sekunde, bevor ich die Tür geöffnet habe, erklungen.

Der Besucher trug einen von Edwards Mänteln, dessen Saum fast den Boden berührte, und die Ärmel waren hochgekrempelt, bedeckten aber immer noch seine Hände. Auf dem Kopf hatte er einen tief heruntergezogenen Schlapphut, während ein schwarzer Seidenschal sein Gesicht verdeckte. Als ich unsicher einen Schritt nach vorne trat, gab die Gestalt einen halbflüssigen Laut von sich, so wie ich ihn am Telefon gehört hatte – »*blubb ... blubb ...*« und streckte mir ein großes, eng beschriebenes Stück Papier, aufgespießt auf der Spitze eines langen Bleistifts, entgegen. Immer noch mit dem ekelhaften und unerklärlichen Gestank kämpfend, nahm ich das Papier und versuchte es im Licht, das aus dem Flur drang, zu lesen.

Zweifellos war es Edwards Handschrift. Doch warum hatte er es geschrieben, wo er doch hier war – und warum war die Schrift so unbeholfen, grob und zittrig? In dem schwachen Licht konnte ich nichts erkennen, und so trat ich zurück in den Flur. Die zwergenhafte Gestalt folgte mir automatisch, verharrte aber auf der Türschwelle. Der Gestank dieses seltsamen Boten war wirklich entsetzlich, und ich hoffte (nicht vergeblich, Gott sei Dank!), dass meine Frau nicht aufwachte und damit konfrontiert würde.

Dann, als ich das Schriftstück las, fühlte ich, wie meine Beine unter mir nachgaben und mir schwarz vor Augen wurde. Als ich wieder zu mir kam, lag ich auf dem Boden, dieses verfluchte Stück Papier immer noch in meiner vor Furcht zitternden Hand. Folgendes stand darauf:

Dan – geh zum Sanatorium und bring es um. Vernichte es. Es ist nicht mehr Edward Derby. Sie hat mich gekriegt – es ist Asenath – *und sie war dreieinhalb Monate lang tot.* Ich habe gelogen, als ich sagte, sie sei weggegangen. Ich habe sie getötet. Ich musste es tun. Es geschah plötzlich, aber wir waren alleine, und ich befand mich in meinem richtigen Körper. Ich habe einen Kerzenständer genommen und ihr den Kopf eingeschlagen. Sie hätte mich an Allerheiligen gänzlich übernommen.

Ich habe sie in einem abgelegenen Lagerraum im Keller unter alten Kisten begraben und alle Spuren verwischt. Die

Bediensteten haben am nächsten Morgen etwas vermutet, doch sie selbst haben genug Dreck am Stecken, dass sie nicht wagen würden, zur Polizei zu gehen. Ich habe sie entlassen, doch der Himmel weiß, was sie – und andere Anhänger des Kults – unternehmen werden.

Eine Weile glaubte ich, alles sei in Ordnung, doch dann fühlte ich das Zerren an meinem Geist. Ich wusste, was es war – ich hätte daran denken sollen. Eine Seele wie die ihre – oder Ephraims – löst sich nur halb und bleibt nach dem Tod noch, solange der Körper existiert. Sie kriegte mich und zwang mich, mit ihr den Körper zu tauschen – *nahm meinen Körper in Besitz und steckte mich in ihren Leichnam, der begraben im Keller lag.*

Ich wusste, was kommen würde, deshalb schnappte ich über und musste ins Irrenhaus. Dann geschah es – ich fand mich eingeschlossen im Dunkeln – in Asenaths verwesendem Kadaver, unten im Keller unter den Kisten, wo ich ihn begraben hatte. Und ich wusste, dass sie sich in meinem Körper im Sanatorium befand – für immer, denn es war nach Allerheiligen, und das Opfer dort hatte auch ohne ihre Anwesenheit funktioniert – gesund und bereit, um entlassen und zu einer Bedrohung für die ganze Welt zu werden. Ich war verzweifelt, *und trotz aller Widerstände wühlte ich mir meinen Weg nach draußen.*

Ich bin zu hinüber, um zu sprechen – ich schaffte es nicht, zu telefonieren – doch ich kann noch schreiben. Ich werde es irgendwie schaffen, dir diese letzten Worte und Warnung zu bringen. *Töte diese Teufelin*, wenn dir der Friede und die Annehmlichkeiten der Welt etwas bedeuten. *Sorge dafür, dass sie eingeäschert wird.* Wenn nicht, dann wird sie immer weiterleben, Körper für Körper in alle Ewigkeit. Ich kann dir nicht sagen, was es tun wird. Halte dich von Schwarzer Magie fern, Dan, sie ist das Geschäft des Teufels. Leb wohl, du warst ein guter Freund. Erzähle der Polizei, was immer sie bereit ist zu glauben – und es tut mir verdammt leid, dass ich dir das alles aufbürde. Schon bald werde ich meinen Frieden haben – das Ding hier wird sich bald auflösen. Hoffe, du kannst das alles lesen. *Und töte das Ding – töte es.*

Der Deine – Ed

Ich war am Ende des dritten Absatzes ohnmächtig geworden, erst nachdem ich wieder zu mir gekommen war, las ich die letzte Hälfte des Papiers. Danach fiel ich erneut in Ohnmacht, als ich sah und roch, was da auf der Türschwelle, wo die warme Luft auf es getroffen war, zusammengesunken war. Der Bote würde sich nicht mehr bewegen, noch hatte er einen Funken Leben in sich.

Der Butler, aus härterem Holz als ich geschnitzt, fiel nicht in Ohnmacht, als er am Morgen im Flur darauf stieß. Stattdessen rief er die Polizei. Als sie eintraf, hatte man mich schon nach oben ins Bett gebracht, doch jene – andere Masse – lag noch da, wo sie in der Nacht zusammengesunken war. Die Polizisten hielten sich Taschentücher vor die Nase.

Was sie schließlich in Edwards seltsam zusammengestellter Kleidung fanden, war zum großen Teil flüssiger Schrecken. Man fand auch Knochen – und einen eingeschlagenen Schädel. Ein zahntechnischer Abgleich ergab, dass es der Schädel von Asenath war.

Der Leuchtende Trapezoeder

(Gewidmet Robert Bloch)

Ich sah das dunkle Universum gähnen
Wo die schwarzen Planeten zogen ziellos ihre Bahn
Wo sie zogen in ihrem unbeachteten Grauen
Ohne Bewusstsein oder Glanz oder Namen

Nemesis

Eine vorsichtige Bewertung der Ereignisse wird sich hüten, die allgemeine Überzeugung, Robert Blake sei von einem Blitz oder von einem schweren Nervenschock aufgrund einer elektrischen Entladung getötet worden, in Zweifel zu ziehen. Es stimmt, dass das Fenster, vor dem er saß, unbeschädigt war, doch die Natur hat schon bewiesen, dass sie zu vielen unerklärlichen Dingen fähig ist. Sein Gesichtsausdruck mag sehr gut von einer ungewöhnlichen Muskelverkrampfung herrühren, die nichts mit dem zu tun hat, was er sah, während die Eintragungen in seinem Tagebuch das Ergebnis seiner ausufernden Vorstellungsgabe gewesen sein können, die von einigen örtlichen Aberglauben und gewissen alten Geschichten, die er enthüllt hat, angestachelt wurden. Was die unnatürlichen Bedingungen in der verlassenen Kirche von Federal Hill betrifft, zögern die erfahrenen Forscher nicht, sie irgendeiner Scharlatanerie, ob bewusst oder unbewusst, zuzuordnen, mit der Blake im Geheimen geliebäugelt hat.

Schließlich war das Opfer ein Schriftsteller und Maler, der sich ganz dem Feld der Mystik, des Traums, des Grauens und des Aberglaubens verschrieben hatte und beständig nach Orten und Erscheinungen der bizarren, gespenstischen Art gesucht hat. Sein vorheriger Aufenthalt in der Stadt, der Besuch bei einem seltsamen alten Mann, der in gleicher Weise wie er von verbotenen und okkulten Berichten fasziniert war, hatte in einem Inferno von Tod und Feuer geendet, und es muss eine morbide Ader in ihm gewesen sein, die ihn von seinem Haus in Milwaukee wieder hierhertrieb. Er musste die alten Geschichten gekannt haben, obwohl er in seinem Tagebuch das Gegenteil behauptet, und sein Tod hat vielleicht verhindert, dass ein erstaunlicher Schwindel literarische Formen annehmen konnte.

Doch unter jenen, die sämtliche Beweise in Augenschein nahmen und sich ein Bild machten, gibt es einige, die weniger rationalen und üblichen Erklärungsversuchen anhängen. Sie sehen den größten Teil von Blakes Tagebuch als der Wahrheit entsprechend an und weisen auf bestimmte wichtige Tatsachen hin wie die zweifellos echte Kirchenchronik, die nachgewiesene Existenz des unbeliebten und unorthodoxen Starry Wisdom, der bis 1877 Oberhaupt der Sekte war, das aktenkundige Verschwinden des Reporters Edwin M. Lillibridge im Jahr 1893 und ganz besonders auf den Ausdruck unglaublichen Grauens im Gesicht des jungen Schriftstellers bei seinem Tod. Es war einer dieser Vertreter, der sich zu einer dramatischen Aktion hinreißen ließ und den merkwürdig geformten Stein und den seltsam verzierten Metallkasten ins Meer warf, die man in dem alten Kirchturm gefunden hatte, dem dunklen fensterlosen Turm und nicht in jenem Turm, wo sie nach Blakes Tagebuch einstmals gewesen waren. Obwohl der Mann, ein angesehener Arzt mit einem Hang zu ungewöhnlichen Volkssagen, selbst nichts dazu sagte und auch bei der Befragung durch offizielle Stellen nicht viel preisgab, meinte er, die Welt von etwas befreit zu haben, das zu gefährlich sei, um in ihr zu existieren.

Zwischen diesen beiden Überzeugungen muss der Leser nun selbst abwägen. Dieser Bericht führt die gesicherten Tatsachen aus einer kritischen Warte auf und überlässt es anderen, ein Bild zu zeichnen, wie Robert Blake es wahrnahm oder glaubte wahrzunehmen oder darauf bestand, es so wahrzunehmen. Wenn man nun das Tagebuch genau, vorurteilsfrei und in Ruhe studiert, dann können wir die dunkle Kette der Ereignisse aus dem Blickwinkel ihres wichtigsten Protagonisten rekonstruieren.

Der junge Blake kehrte im Winter 1934/35 nach Providence zurück und mietete das Obergeschoss eines ehrenwerten Hauses an einer Grünanlage in der College Street. Es lag auf dem Kamm des östlichen Hügels in der Nähe der Brown-Universität, hinter dem Marmorgebäude der John Hay Bibliothek. Es war ein faszinierender und anheimelnder Ort in einer kleinen Grünoase von dörflicher Anmutung, wo große freundliche Katzen sich auf dem Dach eines kleinen Schuppens sonnten. Die quadratischen georgianischen Häuser hatten steile Dächer, klassische Hauseingänge und Sprossenfenster und all die anderen Merkmale von Handwerksarbeit aus dem frühen neunzehnten Jahrhundert. Die Türen im Inneren waren sechsfach getäfelt, die Bodendielen waren breit, es gab eine ausladende Treppe im Kolonialstil, weiße Kaminsimse und eine Reihe von Hinterzimmern, die drei Stufen tiefer als das Erdgeschoss lagen.

Von Blakes Arbeitszimmer, ein großer, nach Südwesten gelegener Raum, sah man auf der einen Seite den Vorgarten, während das westliche Fenster, vor dem sein Schreibtisch stand, vom Hügel herab einen hervorragenden Blick auf die Dächer der tiefer gelegenen Stadt und die geheimnisvollen Sonnenuntergänge dahinter bot. Ganz am Horizont befanden sich die purpurnen Hügel des offenen Landes. Vor ihnen erhob sich in zwei Meilen Entfernung der gespenstische Buckel von Federal Hill, auf dem die zusammengedrängten Dächer glitzerten, und Türme, deren weit entfernte Umrisse geheimnisvoll lockten und die, wenn der Rauch der Stadt sie einhüllte, fantastische Formen annahmen. Blake war der merkwürdigen Ansicht, dass er auf eine unbekannte ätherische Welt blickte, die vielleicht oder auch nicht wie ein Traum verschwände, sollte er sie je erkunden oder sich persönlich dorthin begeben.

Nachdem er von zu Hause die meisten seiner Bücher erhalten hatte, kaufte er ein paar für seine Wohnung passende antike

Möbelstücke und machte sich ans Schreiben und Malen. Er lebte allein und besorgte selbstständig die einfachen Haushaltsverrichtungen. Sein Atelier befand sich in einem nach Norden gelegenen Dachzimmer, wo die Fenster in dem steilen Dach für ausreichend Licht sorgten. Während des ersten Winters schrieb er fünf seiner bekanntesten Kurzgeschichten: *Der Bewohner der Tiefe, Die Stufen zur Gruft, Shaggi, Im Tal von Pnath* und *Eindringlinge von den Sternen* und malte sieben Ölbilder, Darstellungen von namenlosen, nicht menschlichen Monstern und eindeutig fremder, nicht irdischer Landschaften.

Bei Sonnenuntergang saß er häufig an seinem Schreibtisch und starrte verträumt auf die Landschaft im Westen – die dunklen Türme der Memorial Hall direkt unter sich, den Glockenturm des georgianischen Gerichtsgebäudes, die hohen Spitzen der Stadtmitte und das glänzende Häusermeer, dessen unbekannte Straßen und verschlungene Giebel seine Fantasie anstachelten. Von seinen wenigen Bekannten in dieser Gegend erfuhr er, dass sich auf dem entfernten Hügelhang ein ausgedehntes Italienerviertel befand, doch die meisten der Häuser waren noch von Amerikanern und Iren erbaut. Manchmal schaute er mit seinem Feldstecher auf diese gespenstische, unerreichbare Welt hinter den sich kräuselnden Rauchfahnen und betrachtete einzelne Dächer, Schornsteine und Türme und sinnierte über die seltsamen und ungewöhnlichen Geheimnisse, die ihnen vielleicht innewohnten. Selbst mit dieser Sehhilfe schien Federal Hill immer noch irgendwie fremd, teilweise fabelhaft und mit den unrealen, nicht greifbaren Wundern von Blakes eigenen Erzählungen und Bildern verbunden. Dieses Gefühl hielt sich auch noch, lange nachdem der Hügel im von Lampen erhellten Zwielicht versunken war und die Scheinwerfer des Gerichtsgebäudes und der rote Leuchtturm des Industrial Trust der Nacht einen bizarren Anstrich gaben.

Von all den Dingen auf Federal Hill faszinierte eine große dunkle Kirche Blake am meisten. Zu bestimmten Tageszeiten ragte sie mit einer besonderen Deutlichkeit hervor, und bei Sonnenuntergang zeichnete sich der große Turm mit seiner steilen Spitze drohend schwarz gegen den in Flammen getauchten Himmel ab. Sie schien auf einer besonderen Erhebung zu stehen, denn die rußige Fassade und die durch den Blickwinkel verzerrte Nordseite mit dem steilen Dach und den spitzen Fenstern erhob sich kühn über die umliegenden Dachfirste und Schornsteine. Deutlich grimmig und verschwiegen schien die Kirche, deren steinerne Mauern seit einem oder mehr Jahrhunderten von Rauch und Stürmen verwittert waren. Der Baustil, soweit man es durch das Fernglas erkennen konnte, gehörte zu den frühesten Versuchen der Neugotik, die der prächtigen Upjohn-Periode vorausging und einige der Formen und Proportionen des georgianischen Zeitalters beibehielt. Möglicherweise war sie um 1810 oder 1815 erbaut.

Die Monate vergingen, und Blake beobachtete das weit entfernte bedrohliche Gebäude mit seltsam wachsendem Interesse. Die nie erleuchteten hohen Fenster waren ein eindeutiger Beweis, dass sie leer stand. Je länger er sie betrachtete, desto mehr wurde seine Fantasie angeregt, bis er sich schließlich merkwürdige Dinge vorstellte. Er glaubte, dass eine unbestimmte, einzigartige Aura der Trostlosigkeit über dem Ort schwebte und selbst die Tauben und Schwalben ihre Dachsimse mieden. Um andere Türme und Glockenstühle herum erkannte er mit dem Fernglas große Vogelschwärme, doch dort hielten sie sich nie auf. Zumindest waren das seine Gedanken, und so hat er sie in seinem Tagebuch niedergelegt. Er zeigte einigen Freunden den Ort, doch keiner von ihnen war je auf Federal Hill gewesen und hatte die leiseste Ahnung, was die Kirche war oder einmal gewesen war.

Im Frühling packte Blake eine tiefe Unruhe. Er begann, seinen schon lange geplanten Roman, der davon ausging, dass der Hexenkult in Maine weiter existierte, doch er kam merkwürdigerweise nicht damit voran. Immer länger saß er am Westfenster und starrte auf den entfernten Hügel und den schwarzen, drohenden Turm, der von den Vögeln gemieden wurde. Als an den Zweigen im Garten die zarten Blätter sprossen, erfüllte sich die Welt mit neuer Schönheit, doch Blakes Ruhelosigkeit nahm nur noch zu. Zu diesem Zeitpunkt dachte er zum ersten Mal daran, die Stadt zu durchqueren und kühn den verwunschenen Hügel in die rauchverhüllte Traumwelt hinaufzusteigen.

Ende April, kurz vor der geschichtsträchtigen Walpurgisnacht, begab sich Blake zum ersten Mal ins Unbekannte. Er schleppte sich durch die Straßen der Innenstadt, über die öden, heruntergekommenen Plätze, die sich anschlossen, und erreichte schließlich eine ansteigende Flucht von jahrhundertealten ausgetretenen Stufen, verfallenen dorischen Portalen und Kuppeln mit blinden Fenstern. Diese Treppenflucht, so spürte er, musste zu der gut bekannten, unerreichbaren Welt hinter dem Dunst führen. Es gab schmutzige blauweiße Straßenschilder, die ihm nichts sagten, und nebenbei bemerkte er die seltsamen dunklen Gesichter der Menschen um ihn herum und die fremden Schilder über den merkwürdigen Geschäften in den braunen, seit Dekaden verwitterten Gebäuden. Nirgendwo fand er eines der Dinge, die er aus der Entfernung gesehen hatte, und einmal mehr glaubte er, dass der Federal Hill, den er aus der Ferne gesehen hatte, eine Traumwelt war, die keines Menschen Fuß je betritt.

Ab und zu kam eine verfallene Kirchenfassade oder ein eingestürzter Turm in Sicht, doch niemals die schwarze Masse, die er suchte. Als er einen Ladenbesitzer nach einer großen Steinkirche fragte, lächelte dieser und schüttelte den Kopf, obwohl Blake deutliches Englisch gesprochen hatte. Je höher er kam, desto seltsamer mutete die Gegend an, mit verwirrenden Irrgärten von düsteren dunklen Gassen, die endlos Richtung Süden führten. Er überquerte zwei oder drei breite Straßen und einmal glaubte er, einen vertrauten Turm zu erkennen. Noch einmal fragte er einen Ladenbesitzer nach der mächtigen Steinkirche und diesmal hätte er beschwören können, dass der Ausdruck der Unkenntnis vorgetäuscht war. Im Gesicht des dunkelhäutigen Mannes zeichnete sich Furcht ab, die er zu verbergen suchte, und Blake bemerkte, wie er mit der rechten Hand ein seltsames Zeichen machte.

Zu seiner Linken erhob sich unvermittelt eine schwarze Turmspitze gegen den bewölkten Himmel und über die Reihen von braunen Dächern, die sich an den nach Süden führenden Gassen entlangzog. Blake wusste sofort, was es war, und machte sich durch schmutzige, ungepflasterte Gassen, die steil von der Straße abbogen, auf den Weg dorthin. Zweimal verlor er die Orientierung, wagte aber nicht, die Männer und Frauen, die auf den Türstufen saßen, oder eines der Kinder, die schreiend im Schlamm der dunklen Gasse spielten, zu fragen.

Zu guter Letzt sah er den Turm gegen den südwestlichen Himmel, und ein riesiges Steingebäude erhob sich dunkel am Ende einer Gasse. Dann stand er auf einem windigen offenen Platz mit Kopfsteinpflaster und einer hohen kahlen Mauer auf der anderen Seite. Er war am Ende seiner Suche, denn auf dem weiten überwachsenen und mit einem Eisengeländer versehenen Platz, den die Mauer umgab – eine abgeteilte andere Welt, die ganze zwei Meter höher als die umgebenden Straßen lag –, stand ein schmutziger riesiger Klotz, über dessen Identität, ungeachtet von Blakes neuem Blickwinkel, es keinen Zweifel gab.

Die leer stehende Kirche war ziemlich verfallen. Einige der hohen steinernen Balustraden waren heruntergefallen, und einige der feinen Kreuzblumen lagen zertrümmert zwischen dem braunen, wuchernden Gestrüpp und Gras. Die rußigen gotischen Fenster waren zum großen Teil intakt, doch viele der Steinstreben waren verschwunden. Blake wunderte sich, wieso die bunten Glasfenster unbeschädigt waren, kannte man doch die Vorlieben von kleinen Jungen. Auf der Mauerkrone umschloss ein rostiger Eisenzaun das gesamte Areal, dessen Tor – am Ende einer Treppe, die von dem Platz hinaufführte – deutlich erkennbar mit einem Vorhängeschloss verschlossen war. Der Weg vom Tor zum Gebäude war völlig zugewachsen. Ödnis und Verfall hing wie ein Leichentuch über dem Ort, und das Gesims ohne Vögel und die schwarzen Mauern ohne Efeu vermittelten Blake ein vages Gefühl von Bedrohung, das er nicht beschreiben konnte.

Auf dem Platz befanden sich ein paar Leute, und am nördlichen Ende entdeckte Blake einen Polizisten, zu dem er ging und Fragen über die Kirche stellte. Es war ein großer gesunder Ire und es erschien merkwürdig, dass er sich bekreuzigte und murmelte, die

Menschen sprächen niemals über das Gebäude. Als Blake ihn nötigte, erklärte er hastig, dass der italienische Priester jeden davor warnte und beschwor, dass einstmals etwas unsäglich Böses dort gelebt und seine Spuren hinterlassen hätte. Er selbst hätte von seinem Vater düstere Gerüchte davon gehört, der sich noch aus seiner Jugendzeit an bestimmte Geräusche und Erzählungen erinnern konnte.

In den alten Tagen hätte es eine verrufene Sekte gegeben – eine Sekte von Ausgestoßenen, die schreckliche Dinge aus den unbekannten Tiefen der Nacht heraufbeschworen. Es hatte schon eines guten Priesters bedurft, um das Ding zu exorzieren, doch es gibt auch jene, die behaupten, nur das Licht könne das bewirken. Wenn Pater O'Malley noch leben würde, dann könnte er eine Menge davon erzählen. Doch jetzt konnte man es nur in Ruhe lassen. Es tat niemanden etwas, und die Besitzer waren tot oder lebten weit weg. Nachdem Aufruhr von 1877, als die Menschen sich darüber Sorgen machten, dass Leute aus der Nachbarschaft ab und zu verschwanden, waren sie wie die Ratten geflohen. Eines Tages träte die Stadt auf den Plan und würde den Besitz, weil es keine Erben gäbe, für sich in Anspruch nehmen, doch es käme nichts Gutes dabei heraus, wenn jemand die Hand daran legt. Besser man überließe es der Zeit, ihr Werk zu beenden, bevor man Dinge aufscheuchte, die in den schwarzen Abgründen für immer ruhen sollten.

Nachdem der Polizist weg war, stand Blake da und starrte den düsteren Steinhaufen an. Es erregte ihn, dass das Gebäude auf andere genauso bedrohlich wirkte wie auf ihn, und er fragte sich, wie viel Wahrheit in den alten Geschichten lag, die der Polizist erzählt hatte. Wahrscheinlich waren es lediglich Legenden, die durch das unheimliche Aussehen des Gebäudes entstanden waren, doch selbst wenn es so war, dann hatte es den Anschein, als seien seine eigenen Geschichten zum Leben erwacht.

Die Nachmittagssonne trat hinter den Wolken hervor, doch sie schien nicht in der Lage, die schmutzigen rußigen Mauern des alten Tempels zu erhellen, der auf seinem hohen Sitz thronte. Es war merkwürdig, dass man an den braunen verdorrten Pflanzen auf dem höher gelegenen, eingezäunten Platz keine Spur des Frühlings erkennen konnte. Blake bemerkte, wie er sich dem erhöhten Bereich näherte und die Einfassungsmauer und den verrosteten Zaun nach einer Möglichkeit hineinzukommen absuchte. Der schwarze Tempel übte eine schreckliche Anziehungskraft aus, der er nicht widerstehen konnte. In der Nähe der Stufen gab es in dem Zaun keine Lücke, doch hinten, auf der Nordseite, fehlten ein paar Gitterstäbe. Er könnte die Stufen hinaufsteigen und dann auf dem schmalen Sims außerhalb des Zauns entlanglaufen, bis er zu der Lücke kam. Wenn die Leute diesen Ort so fürchteten, musste er nicht damit rechnen, aufgehalten zu werden.

Er war auf dem Sims und an dem Zaun, bevor jemand ihn überhaupt bemerkte. Als er dann von dort hinunterschaute, sah er die wenigen Menschen auf dem Platz weglaufen und dabei mit ihrer rechten Hand das gleiche Zeichen machen wie der Ladenbesitzer es gemacht hatte. Einige Fenster wurden heftig zugeschlagen und eine fette Frau stürzte auf die Straße und zog einige kleine Kinder in ein baufälliges unverputztes Haus. Es war leicht, durch die Zaunlücke zu kommen, und schon bald watete Blake durch die verrotteten und verschlungenen Pflanzen auf dem verlassenen Hof. Einige abgebröckelte Grabsteine sagten ihm, dass hier einmal Leute begraben worden waren, doch dass, so bemerkte er, musste schon lange her sein. Die schiere Masse der Kirche war aus der Nähe beängstigend, doch er nahm seinen Mut zusammen und näherte sich den drei großen Toren in der Fassade. Alle waren fest verschlossen, und er begann, das riesige Bauwerk auf der Suche nach einem kleineren zugänglicheren Eingang zu umrunden. Selbst wenn er ihn finden würde, war er sich nicht sicher, ob er diesen Hort der Verlassenheit und der Schatten betreten wollte, doch die Faszination seiner Fremdartigkeit zog ihn automatisch weiter.

Ein klaffendes Kellerfenster auf der hinteren Seite bot die benötigte Gelegenheit. Als Blake hineinspähte, sah er eine unterirdische Gruft voller Spinnweben und Staub, die schwach von den gedämpften Strahlen der im Westen stehenden Sonne beleuchtet wurde. Er sah Schutt, alte Fässer, kaputte Kisten und unterschiedliche Möbelstücke, doch über allem lag eine dicke Staubschicht, die sämtliche Umrisse verwischte. Die verrosteten Überreste eines Heizungskessels zeigten, dass das Gebäude bis in die Mitte des Viktorianischen Zeitalters in Gebrauch gewesen und instand gehalten worden war.

Ohne sich dessen richtig bewusst zu sein, kroch Blake durch das Fenster und ließ sich auf den von Staub und Schutt überzogenen Betonboden hinab. Es war ein weit ausgedehntes Kellergewölbe ohne Unterteilungen und in einer weit entfernten Ecke zu seiner Rechten sah er einen schwarzen Gang, der zweifellos nach oben führte. Nun, da er tatsächlich in dem großen gespenstischen Gebäude war, verspürte er ein eigenartiges Gefühl der Beklemmung, brachte es aber unter Kontrolle, als er sich vorsichtig umsah und ein noch intaktes Fass zwischen dem Unrat fand, das er zum Fenster rollte, um seinen Ausstieg zu gewährleisten. Dann riss er sich zusammen und durchquerte den großen, mit Spinnweben erfüllten Raum in Richtung des Gangs. Halb erstickt von dem Staub und von den schrecklichen Spinnweben überzogen, erreichte er den Eingang und begann die ausgetretenen Stufen in die Dunkelheit hinaufzusteigen. Er hatte kein Licht, tastete sich aber vorsichtig mit den Händen vorwärts. Nach einer scharfen Biegung fühlte er vor sich eine geschlossene Tür, und nachdem er ein bisschen herumprobiert hatte, löste sich der alte Riegel. Sie öffnete sich nach innen, und dahinter lag im schwachen Licht ein Korridor, dessen Wände mit wurmstichigen Paneelen versehen waren.

Einmal im Erdgeschoss angekommen erkundete Blake jetzt schnell seine Umgebung. Alle Türen waren unverschlossen, und er gelangte ohne Schwierigkeiten von einem Raum in den anderen. Das kolossale Mittelschiff war ein fast unheimlicher Ort mit seinen Bergen und Verwehungen aus Staub auf den Kirchenbänken, dem Altar, der Kanzel, der Orgel und den riesigen Spinnweben, die sich zwischen den Bögen und um die gotischen Pfeiler gelegt hatten. Über diesem schweigenden Verfall lag ein scheußliches, bleiernes Licht, das die sinkende Nachmittagssonne durch die seltsamen, halbblinden Scheiben der großen Fenster der Apsis schickte.

Die Fensterbilder waren so mit Ruß bedeckt, dass Blake kaum erkennen konnte, was darauf dargestellt war, doch das wenige, was er erkannte, stieß ihn ab. Die Muster waren größtenteils traditionell, und seine Kenntnis außergewöhnlicher Symbole sagte ihm viel über die altertümlichen Darstellungen. Die Bilder der wenigen Heiligen hatten einen Ausdruck, der ohne Zweifel zu Kritik Anlass bot, während eines der Fenster lediglich einen dunklen Raum zu zeigen schien, in dem seltsame, leuchtende Spiralen verteilt waren. Als Blake sich von den Fenstern abwandte, stellte er fest, dass das von Spinnweben überzogene Altarkreuz nicht die übliche Form hatte, sondern an das urzeitliche Ankh oder das Crux Ansata des vorzeitlichen Ägyptens erinnerte.

In der Sakristei fand Blake einen verrotteten Schreibtisch und raumhohe Regale mit abgegriffenen, auseinanderfallenden Büchern. In diesem Moment packte ihn zum ersten Mal wirklich das Grauen, denn die Titel der Bücher sagten ihm viel. Sie handelten von dunklen, verbotenen Dingen, von denen die meisten normalen Menschen nie etwas gehört oder nur vage Gerüchte davon vernommen hatten. Es waren die verwunschenen und schrecklichen Bewahrer von zweideutigen Geheimnissen und vergessenen Beschwörungen, die im Strom der Zeit aus den Tagen der jungen Menschheit und jenen dunklen Äonen, bevor es Menschen gab, herübergekommen waren. Er selbst hatte viele von ihnen gelesen – eine lateinische Version des grauenhaften *Necronomicon*, das düstere *Liber Ivonis*, das unsägliche *Cultes des Ghoules* des Comte d'Erlette, die *Unaussprechlichen Kulte* von Juntz und des alten Ludwig Prinns höllisches *De Vermis Mysteriis*. Doch es gab auch andere, die er nur vom Hörensagen oder überhaupt nicht kannte – die *Pnakotischen Handschriften*, das *Buch von Dzyan* sowie ein zerfledderter Band in unbekannter Schrift verfasst, aber mit bestimmten Symbolen und Zeichnungen versehen, die den im Okkultismus Erfahrenen erzittern ließen. Ganz offensichtlich hatten die Gerüchte nicht gelogen. An diesem Ort hatte einst etwas Böses gelebt, das älter als die Menschheit und größer als das bekannte Universum ist.

In dem heruntergekommenen Schreibtisch fand er ein dünnes, in Leder gebundenes Heft mit Eintragungen in seltsamen verschlüsselten Zeichen. Die Schrift bestand aus den bekannten gebräuchlichen Symbolen, wie man sie in der Astronomie verwendet, und aus alten Zeichen der Alchimie, Astrologie und anderer zweifelhafter Künste – Symbole für die Sonne, den Mond, die Planeten, Aszendenten und Tierkreiszeichen –, die hier in einem eng geschriebenen Text mit Absätzen und Kapiteln zusammengefasst waren, sodass der Eindruck entstand, dass jedes Symbol einem Buchstaben des Alphabets entsprach.

In der Hoffnung, später das Rätsel zu lösen, steckte Blake das Heft in seine Manteltasche. Viele der dicken Bände in den Regalen faszinierten ihn ungemein, und er wollte sie sich zu einem späteren Zeitpunkt ausleihen. Er fragte sich, wieso sie so lange unbehelligt geblieben waren. War er der Erste, der die lähmende Furcht überwand, die seit fast sechzig Jahren diesen verlassenen Ort vor Eindringlingen schützte?

Nachdem er das Erdgeschoss erkundet hatte, stampfte Blake erneut durch den Staub des gespenstischen Mittelschiffs zum vorderen Eingang, wo er eine Tür und eine Treppe gesehen hatte, die wahrscheinlich den dunklen Turm zum Glockenstuhl hinaufführte, der ihm schon lange aus seinen Beobachtungen vertraut war. Der Aufstieg war eine atemraubende Angelegenheit, denn die Staubschicht war dick, und die Spinnen hatten in dem engen Gang ganze Arbeit geleistet. Es handelte sich um eine Wendeltreppe mit hohen schmalen Holzstufen, und von Zeit zu Zeit kam Blake an einem halbblinden Fenster vorbei, von dem man über die Stadt blicken konnte. Obwohl er unten keine Seile gesehen hatte, erwartete er eine Glocke oder ein Glockenspiel in dem Turm vorzufinden, dessen schmale, spitz zulaufende Schallfenster er mit seinem Feldstecher schon lange studiert hatte. Aber er wurde enttäuscht, denn als er oben an der Treppe angelangt war, fand er den Glockenstuhl leer und eindeutig einer ganz anderen Bestimmung zugedacht.

Der ungefähr vier Meter im Quadrat große Raum lag in einem dämmrigen Licht, das durch die Schlitze der verwitterten Läden an den vier hohen Fensteröffnungen fiel. Früher waren die Schlitze mit durchscheinenden Blenden abgedeckt gewesen, die aber inzwischen völlig verrottet waren. In der Mitte des staubigen Bodens stand eine seltsam proportionierte Steinsäule von eineinhalb Metern Höhe und sechzig Zentimetern Durchmesser, die auf jeder Seite mit bizarren, grob eingehauenen und gänzlich unbekannten Hieroglyphen bedeckt war. Auf der Säule befand sich ein asymmetrischer Metallkasten mit offenem Deckel und darin, soweit man es unter dem jahrzehntedicken Staub erkennen konnte, ein eiförmiges oder elliptisches Objekt mit einem Durchmesser von zehn Zentimetern. Um die Säule standen in etwa kreisförmig sieben gotische Stühle mit hohen Lehnen, die noch weitgehend in Ordnung waren, während dahinter, vor der dunklen Wandtäfelung, sieben Bildnisse aus zerbröckelndem, schwarz angemaltem Gips standen, die eindeutig an die Steinfiguren der geheimnisvollen Osterinsel erinnerten. In einer Ecke des mit Spinnweben überzogenen Raumes war in die Mauer eine Treppe eingelassen, die zu einer geschlossenen Falltür führte, durch die man in die fensterlose Turmspitze gelangte.

Als sich Blakes Augen an das Zwielicht gewöhnt hatten, bemerkte er an dem seltsamen Kasten aus gelbem Metall merkwürdige Basreliefs. Als er mit seinen Händen und einem Taschentuch den Staub von dem Kasten abgewischt hatte, sah er, dass die Figuren darauf von monströser und gänzlich fremder Art waren. Bei genauerer Betrachtung zeigte sich, dass die Wesen, obwohl sie eindeutig nach lebenden Vorbildern gestaltet waren, keiner Lebensform entsprachen, die sich jemals auf diesem Planeten entwickelt hat. Das zehn Zentimeter durchmessende Objekt erwies sich als ein fast schwarzer, rotgestreifter Trapezoeder mit vielen unregelmäßigen flachen Facetten, der entweder ein sehr beachtlicher Kristall oder ein künstlich gestaltetes Objekt aus einem polierten Mineral war. Es lag nicht auf dem Boden des Kastens, sondern wurde durch ein Metallband um seine Mitte gehalten, von dem sieben merkwürdige Halterungen horizontal oben zu den Innenseiten des Kastens führten. Nachdem dieser Stein freigelegt war, übte er auf Blake eine fast bedenkliche Faszination aus. Er konnte kaum seinen Blick davon abwenden und als er die glänzende Oberfläche betrachtete, hatte er fast den Eindruck, sie wäre durchsichtig und darin befänden sich halb körperliche Wunderwelten. In seinem Geist entstanden fließende Bilder von fremden Welten mit großen Steintürmen und andere mit riesigen Bergen und keinem Anzeichen von Leben und noch entfernterer Weltenräume, in denen nur ein Wirbel in der Dunkelheit auf die Anwesenheit von Bewusstsein und Wille hindeutete.

Als er dann schließlich doch seinen Blick abwendete, bemerkte er in der Ecke neben der Leiter zum Dachstuhl einen merkwürdig geformten Haufen Staub. Warum er seine Aufmerksamkeit erregt hatte, konnte er nicht sagen, doch irgendwas in seiner Form übermittelte eine Botschaft an sein Unterbewusstsein. Als er sich durch die Spinnweben dorthin kämpfte, spürte er, dass etwas Grässliches damit verbunden war. Hand und Taschentuch enthüllten schon bald die Wahrheit, und Blake stöhnte mit einer erstaunten Mischung von Gefühlen auf. Es war ein menschliches Skelett, das schon sehr lange Zeit dort liegen musste. Die Kleidung war in Fetzen, doch einige Knöpfe und Reste sprachen für einen grauen Männeranzug. Es gab noch andere Hinweise – Schuhe, Metallschnallen, große Manschettenknöpfe, eine Anstecknadel, deren Symbol nicht mehr zu erkennen war, eine Reportermarke mit dem Namen des alten *Providence Telegram* und ein vergilbtes, in Leder gebundenes Notizbuch. Das letztere untersuchte Blake vorsichtig, fand eine Reihe von Rechnungen uralten Datums, einen Werbekalender aus dem Jahr 1893, einige Visitenkarten mit dem Namen »Edwin M. Lillibridge« und ein Stück Papier mit Bleistiftnotizen.

Auf dem Papier standen verwirrende Sachen, und Blake las sie sorgfältig im trüben Licht des Westfensters. Der zusammenhanglose Text enthielt Passagen wie die folgende:

»Prof. Enoch Brown zurück aus Ägypten im Mai 1844 – kauft alte Kirche des Freien Willens im Juli – seine archäologischen Arbeiten & Studien des Okkultismus sind gut bekannt.

Dr. Drowne von den Baptisten des Vierten Tages warnt vor Starry Wisdom in seiner Predigt am 29. Dez. 1844.
Vereinigung von 97 am Ende von '45.
1846 – 3 Verschwundene – erstes Erwähnen des Leuchtenden Trapezoeders
7 Verschwundene 1848 – es beginnen die Gerüchte über Blutopfer.
Die Untersuchung 1853 bleibt ohne Ergebnis – Berichte von Geräuschen.
Pater O'Malley spricht von Teufelsanbetung mit einem Kasten, der in den großen ägyptischen Ruinen gefunden wurde – behauptet, sie beschwören etwas herauf, das im Licht nicht existieren kann. Flieht vor dem kleinsten Licht und wird gebannt durch helles Licht. Dann muss es wieder gerufen werden. Könnte das von dem sterbenden Francis X. Feeney erfahren haben, der sich '49 Starry Wisdom angeschlossen hat.
Diese Leute sagen, dass ihnen der Leuchtende Trapezoeder den Himmel & andere Welten & den Jäger der Dunkelheit zeigt. Er teilt ihnen irgendwie Geheimnisse mit.
Geschichte des Orrin B. Eddy 1857. Sie rufen es herbei, indem sie auf den Kristall starren & haben eine eigene Geheimsprache.
200 oder mehr bei Vers. 1863 nur für Frontsoldaten
Irische Männer stürmen 1869 nach dem Verschwinden von Patrick Regan die Kirche
Ein verschleierter Artikel in J. 14. März '72, doch die Leute sprechen nicht darüber
6 Verschwundene 1876 – ein geheimes Komitee spricht mit Bürgermeister Doyle
Aktionen werden angekündigt Feb. 1877 – die Kirche wird im April geschlossen
Die Bande – Federal Hill Boys bedrängt Dr. – und die Gemeindediener im Mai.
181 Personen verlassen die Stadt vor Ende '77 – keine Namen aufgeführt.

Die Geistergeschichten beginnen um 1880 – versuche den Wahrheitsgehalt eines Bericht zu bestätigen, dass seit 1877 niemand mehr die Kirche betreten hat.
Lanigan nach dem Foto fragen, das 1851 von dem Ort gemacht wurde …«

Nachdem Blake das Papier wieder in das Notizbuch gelegt und letzteres in seiner Tasche verstaut hatte, blickte er auf das Skelett im Staub. Die Aussage der Notizen war klar, und es bestand kein Zweifel daran, dass dieser Mann vor zweiundvierzig Jahren auf der Suche nach einer Story, an die sich niemand zuvor gewagt hatte, in das verlassene Gebäude eingedrungen war. Möglicherweise hatte niemand sonst von seinem Vorhaben gewusst, wer konnte das schon sagen? Doch er war nie zu seiner Zeitung zurückgekehrt. War er von seiner mutig unterdrückten Furcht plötzlich doch noch überwältigt worden und einem Herzanfall erlegen? Blake sinnierte über den schimmernden Gebeinen und bemerkte ihren außergewöhnlichen Zustand. Einige waren schrecklich zertrümmert und einige merkwürdig an den Enden geschmolzen. Andere waren von einem absonderlichen Gelb und zeigten Spuren von Feuer. Diese Feuerspuren fand man auch an einigen Kleidungsteilen. Der Schädel war in einem besonderen Zustand – völlig gelb und mit einer verkohlten Öffnung auf der Schädeldecke, so als ob sich eine Säure durch den Knochen gefressen hätte. Was dem Skelett während der vier Jahrzehnte, seit es hier lag, widerfahren war, konnte Blake sich nicht vorstellen.

Bevor es ihm bewusst wurde, schaute er schon wieder den Stein an und ließ dessen merkwürdigen Einfluss verschwommene Bilder in seinem Kopf hervorbringen. Er sah Prozessionen von in Festroben gekleideten und spitze Hüte tragenden Gestalten, deren Umrisse nicht menschlich waren, und schaute auf endlose verlassene Reihen von verzierten, in den Himmel ragenden Monolithen. Er sah Türme und Mauern in den dunklen Tiefen des Meeres und Mahlströme des Raums, wo Schwaden schwarzen Nebels vor dünn schimmernden, kalten, purpurnem Dunst schwebten. Und hinter allem erblickte er einen unendlichen Abgrund der Dunkelheit, wo feste und halbfeste Formen nur als luftige Wirbel und wolkige Muster aus Kraftfeldern bekannt waren und anscheinend eine Ordnung in das Chaos brachten, während sie den Schlüssel zu all den Paradoxa und Mysterien der uns bekannten Welt besaßen.

Dann wurde der Zauber durch das Aufkommen einer nagenden unbestimmten Furcht gebrochen. Blake hustete und wendete sich von dem Stein ab, sich einer gestaltlosen fremden Entität bewusst, die in seiner Nähe war und ihn mit schrecklichem Interesse beobachtete. Er fühlte sich mit etwas verbunden – etwas, das sich nicht in dem Stein befand, was aber durch ihn hindurch ihn angeblickt hatte –, etwas, was ihm auf den Fersen bleiben würde mit einer Wahrnehmung, die nicht als Sehen zu bezeichnen war. Einfach gesagt, strapazierte der Ort seine Nerven, genauso wie seine grauenvollen Entdeckungen. Auch das Tageslicht verschwand, und da er keine Lampe bei sich hatte, war ihm klar, dass es an der Zeit war, diesen Ort zu verlassen.

In diesem Augenblick, im zunehmenden Dämmerlicht, glaubte er in dem absonderlichen Stein eine Spur von Licht zu sehen. Er hatte versucht, ihn nicht mehr anzublicken, aber eine seltsame Anziehungskraft brachte ihn dazu, doch immer wieder hinzusehen. Gab es um das Ding ein unterschwelliges, radioaktives Phosphoreszieren? Was hatten die Notizen des Mannes über einen *Leuchtenden Trapezoeder* gesagt? Was hatte überhaupt sein Gerede von dem kosmischen Bösen zu bedeuten? Was war hier gemacht worden, und was mag noch in den von Vögeln gemiedenen Schatten lauern? Es schien, als breite sich ein ekelhafter Gestank ganz in der Nähe aus, doch die Quelle davon war nicht zu entdecken. Blake schloss den Deckel des schon so lange offenstehenden Kastens. Er bewegte sich ganz leicht in den absonderlichen Scharnieren und schloss sich vollständig über dem deutlich glühenden Stein.

Mit dem scharfen Klicken des Schließens schien jenseits der Falltür aus der ewigen Dunkelheit des Dachstuhls herab ein leises raschelndes Geräusch zu erklingen. Ohne Zweifel Ratten, die einzigen lebenden Wesen, die seit seinem Eindringen ihre Anwesenheit in diesem verfluchten Steinhaufen zu erkennen gaben. Und doch jagte ihm dieses Rascheln im Dachstuhl einen grauenhaften Schreck ein, sodass er kopflos die Wendeltreppe hinunterstürzte, durch das ghoulische Kirchenschiff in das Kellergewölbe stürmte, hinaus in die Dämmerung des verlassenen Platzes und durch das furchtbare Gewirr der Gassen und Straßen von Federal Hill zu den lichten Alleen des Stadtzentrums und den heimatlichen gepflasterten Bürgersteigen des Universitätsviertels.

In den folgenden Tagen erzählte Blake niemandem von seinem Ausflug. Stattdessen las er viel in bestimmten Büchern, durchforschte in der Innenstadt viele Jahrgänge von Zeitungen und arbeitete fieberhaft an der Entschlüsselung des Buches, das er aus der spinnwebenüberzogenen Sakristei mitgenommen hatte. Die Verschlüsselung war, wie er bald feststellte, nicht einfach, und nach langen Bemühungen war er sich sicher, dass die Sprache nicht Englisch, Latein, Griechisch, Französisch, Spanisch, Italienisch oder Deutsch sein konnte. Offensichtlich musste er die tiefsten Quellen seines außergewöhnlichen Wissens bemühen.

Jeden Abend kam das alte Verlangen, nach Westen zu schauen, zurück, und wie vormals sah er den schwarzen Glockenturm zwischen den glänzenden Dächern einer entfernten, halb märchenhaften Welt. Doch jetzt hielt sie einen neuen Schrecken für ihn bereit. Er wusste von dem bösen Erbe, was sich hinter ihr verbarg, und mit diesem Wissen bewegten sich seine Visionen in merkwürdig neuen Bahnen. Die Zugvögel kehrten zurück, und beim Beobachten ihres Fluges stellte er fest, dass sie der verlassenen einsamen Turmspitze noch weiter als sonst auswichen. Wenn sich ein Schwarm näherte, stellte er sich vor, wie sie in panischer Verwirrung flatterten und schnatterten – und konnte das Zwitschern erahnen, das ihn über die dazwischen liegende Entfernung nicht erreichte.

Im Juni berichtet Blakes Tagebuch von seinem Sieg über die Verschlüsselung. Der Text war, so fand er heraus, in der alten Sprache Aklo abgefasst, die bestimmte Kulte des urzeitlichen Bösen benutzten, und die er aus früheren Studien stockend beherrschte. Es gab Verweise auf einen Jäger der Dunkelheit, den man durch den

Blick in den Leuchtenden Trapezoeder erweckte, und schreckliche Zusammenhänge mit den schwarzen Abgründen des Chaos, aus denen er heraufbeschworen wurde. Von diesem Wesen wurde behauptet, es wisse alles und fordere unglaubliche Opfergaben. Einige von Blakes Eintragungen sprechen von Furcht, wenn das Ding, von dem er anscheinend glaubte, es wäre heraufbeschworen, umgehen würde, doch er fügt an, dass die Straßenlaternen ein Hindernis bildeten, das nicht zu überschreiten war.

Von dem Leuchtenden Trapezoeder sprach er häufig, nannte ihn ein Fenster zu Raum und Zeit und verfolgte seine Geschichte von den Tagen an, als er auf dem dunklen Yuggoth hergestellt wurde, noch bevor die Großen Alten ihn zur Erde brachten. Er wurde zum Schatz der lilienartigen Wesen der Antarktis, die ihn auch in jenen Kasten legten, dann wurde er aus ihren Ruinen von den Schlangenmenschen von Valusia geraubt und trat Äonen später in Lemuria bei den ersten Menschen in Erscheinung. Er durchquerte fremde Länder und noch unbekanntere Meere, bis er mit Atlantis versank. Ein minoischer Fischer fand ihn in seinem Netz und verkaufte ihn an die dunkelhäutigen Händler aus dem dämmrigen Khem. Der Pharao Nephren-Ka baute um ihn herum einen Tempel mit einer fensterlosen Gruft und machte dann das, was dazu führte, dass sein Name aus jedem Monument und allen Büchern getilgt wurde. Später ruhte der Stein in den Ruinen jenes bösen Heiligtums, das die Priester und der neue Pharao zerstörten, bis der Spaten eines Forschers ihn wieder ans Licht brachte, um die Menschheit heimzusuchen.

Anfang Juli bestätigten die Zeitungen merkwürdigerweise Blakes Eintragungen auf eine so beiläufige und unauffällige Art, dass nur das Tagebuch selbst die Aufmerksamkeit auf eben jene Berichte lenkte. Es schien, als sei auf Federal Hill eine erneute Welle der Furcht ausgebrochen, seit ein Fremder die schreckliche Kirche betreten hatte. Die Italiener flüsterten über ungewöhnliches Kratzen, Klopfen und Scharren in dem dunklen, fensterlosen Dachstuhl und liefen zu ihrem Pfarrer, damit er ein Wesen banne, das sie in ihren Träumen verfolgte. Irgendetwas, so sagten sie, hielte unausgesetzt an der Tür Wache, um zu sehen, wann es dunkel genug wäre, um herauszukommen. Die Zeitungen wiesen auf den lange bestehenden örtlichen Aberglauben hin, schafften es aber nicht, den weit zurückliegenden Hintergrund dieses Grauens zu erhellen. Es wurde deutlich, dass die jungen Reporter von heute keine Altertumsforscher sind. Als Blake in seinem Tagebuch über diese Dinge schrieb, zeigte er eine seltsame Art von Gewissensbissen und spricht von der Pflicht, den Leuchtenden Trapezoeder wieder zu begraben und das zu bannen, was er heraufbeschworen hat, als er das Sonnenlicht in den abscheulichen Dachstuhl ließ. Zur gleichen Zeit zeigte sich aber auch ein gefährliches Anwachsen seiner Faszination, und er spricht von einem morbiden Verlangen – das sogar seine Träume bestimmt – den verfluchten Turm aufzusuchen und nochmals die kosmischen Geheimnisse in dem leuchtenden Stein zu erblicken.

Dann löste etwas im *Journal* vom 17. Juli bei dem Tagebuchschreiber ein entsetzliches Grauen aus. Es war nur eine Variante der anderen halb ironischen Berichte über die Unruhe auf Federal Hill, doch für Blake war es irgendwie wirklich bedrohlich. In der Nacht hatte ein Gewitter das Beleuchtungssystem der Stadt für eine Stunde lahmgelegt, und in dieser Zeit wurden die Italiener fast verrückt vor Angst. Jene, die in der Nähe der schrecklichen Kirche wohnten, schworen, dass das Ding im Turm den Vorteil der ausgefallenen Straßenbeleuchtung genutzt und sich ins Kirchenschiff begeben hätte, wo es auf eine unheilige und schreckliche Art herumgekrochen und herumgetappt wäre. Zum Schluss schließlich sei es den Turm hinaufgepoltert, und man hörte das Geräusch von zersplitterndem Glas. Bei Dunkelheit könne es überall hingehen, doch Licht würde es vertreiben.

Als die Straßenbeleuchtung wieder anging, hatte es in dem Turm eine beunruhigende Erschütterung gegeben, denn selbst der dünnste Lichtstrahl, der durch die geschwärzten und geschlossenen Fensterläden drang, war zu viel für das Ding. Es hatte es noch gerade rechtzeitig in seinen dunklen Dachstuhl geschafft – denn eine längere Einwirkung von Licht hätte es zurück in den Abgrund geschickt, von wo es der verrückte Fremde heraufbeschworen hatte. Während des Stromausfalls hatte sich im Regen eine betende Menge mit Kerzen und Lampen, die sie mit Schirmen und gefalteten Papierbögen schützten, um die Kirche versammelt – eine Lichtwache, um die Stadt vor dem Albtraum zu retten, der durch die Dunkelheit streifte. Einmal, so erklärten diejenigen, die der Kirche am nächsten waren, wurde abscheulich an der Eingangstür gerüttelt.

Doch auch das war nicht das Schlimmste. An diesem Abend las Blake im *Bulletin*, was die Reporter herausgefunden hatten. Angestachelt durch den Wert, den diese Furcht für die Zeitung darstellte, hatten sich zwei von ihnen durch die aufgestachelte Menge der Italiener gezwängt und waren, nachdem sie vergeblich die Türen ausprobiert hatten, durch das Kellerfenster in die Kirche eingestiegen. Sie fanden den Staub im Vestibül und im Kirchenschiff auf eigenartige Weise aufgewirbelt und verrottete Sitzkissen und Altartücher waren merkwürdig verstreut. Überall herrschte ein übler Gestank, und vereinzelt fanden sie gelben Schmutz und Flecken, die wie verbrannt aussahen. Als sie die Tür zum Turm öffneten und sie ein kratzendes Geräusch von oben innehalten ließ, sahen sie, dass die schmale Wendeltreppe ziemlich sauber war.

Den Turmraum selbst fanden sie im gleichen halb gereinigten Zustand vor. Sie sprachen von der siebenseitigen Steinsäule, den umgeworfenen gotischen Stühle und den absonderlichen Gipsfiguren, doch seltsamerweise berichteten sie nicht über den Metallkasten und das alte, in Mitleidenschaft gezogene Skelett. Was Blake am meisten beunruhigte – außer den Hinweisen auf den Schmutz, die Brandflecken und den üblen Geruch –, war die Einzelheit, die das Zersplittern von Glas erklärte. Alle Spitzbogenfenster des Turms waren zerbrochen und zwei davon waren auf grobe hastige Art abgedeckt worden, indem man Altartücher und Kissen in die Spalten der Fensterläden gestopft hatte. Weitere Tuchfetzen und Reste von Kissen lagen auf dem sauber gewischten Boden umher, so als ob jemand dabei unterbrochen worden sei, als er den Turmraum wieder in absolute Dunkelheit hüllen wollte, wie in den Tagen, als Vorhänge die Fenster dicht abgedeckt hatten.

Gelber Schmutz und Brandabdrücke wurden auf der Leiter zu dem fensterlosen Dachstuhl gefunden, doch als ein Reporter hinaufkletterte, die zur Seite gleitende Falltür öffnete und mit dem Blitzlicht den dunklen, stinkenden Raum erhellte, sah er nichts außer Dunkelheit und einen Haufen von unidentifizierbarem Müll in der Nähe der Öffnung. Das Urteil lautete natürlich: Scharlatanerie. Jemand hatte sich mit den abergläubischen Bewohnern von Federal Hill einen Scherz erlaubt, oder ein Verrückter unter ihnen hatte ihre Ängste geschürt. Vielleicht hatten auch einige von den jüngeren und vernünftigeren Bewohnern sich mit dem Rest der Stadt einen Spaß erlaubt. Es gab noch ein amüsantes Nachspiel, als die Polizei einen Beamten losschicken wollte, um den Bericht der Reporter zu überprüfen. Nacheinander fanden drei Männer einen Weg, sich dieser Aufgabe zu entziehen, und der vierte ging nur widerstrebend und kehrte schnell zurück, ohne dem Bericht der beiden Reporter etwas hinzuzufügen.

Von diesem Zeitpunkt an war in Blakes Tagebuch eine ansteigende Welle schleichenden Grauens und nervöser Zerrüttung zu bemerken. Er machte sich Vorwürfe, weil er nichts unternahm, und stellte wilde Spekulationen über die Auswirkungen eines erneuten Zusammenbruchs der Stromversorgung an. Man konnte nachweisen, dass er dreimal – während Gewitter – mit den Elektrizitätswerken telefonierte und verzweifelt darum bat, dass man Vorkehrungen gegen einen Ausfall des Stromnetzes träfe. Ab und zu sprach aus den Eintragungen die Besorgnis, dass die Reporter weder den Metallkasten noch den Stein oder das merkwürdig beschädigte alte Skelett gefunden hatten, als sie den dunklen Turmraum untersuchten. Er nahm an, dass diese Dinge entfernt worden waren – doch von wem oder was, konnte er nur vermuten. Doch seine schlimmsten Befürchtungen betrafen ihn selbst und die unheilige Verbindung, die zwischen seinem Geist und dem in dem entfernten Turm lauernden Grauen zu bestehen schien – jenem monströsen Ding der Nacht, das seine Voreiligkeit aus den tiefsten Tiefen des schwarzen Raumes heraufgerufen hatte. Er schien ein beständiges Ziehen an seinem Willen zu verspüren, und jene, die ihn während dieser Zeit besuchten, erinnern sich daran, dass er geistesabwesend an seinem Schreibtisch saß und aus dem Westfenster auf die weit entfernten Türme des Steinklotzes starrte, der sich jenseits des Rauchs der Stadt erhob. Seine Tagebucheintragungen drehten sich beständig um bestimmte, schreckliche Träume und der während des Schlafes immer stärker werdenden unheiligen Anziehungskraft. Blake erwähnt eine Nacht, in der er aufwachte und sich vollständig bekleidet auf dem Weg den College Hill hinunter in Richtung Westen befand. Immer wieder kommt er auf den Umstand zurück, dass das Ding im Dachstuhl weiß, wo es ihn finden kann.

In der Woche nach dem 30. Juli kam es zu dem zeitweisen Zusammenbruch von Blake. Er zog sich nicht mehr an und bestellte sein Essen per Telefon. Besucher sahen die Seile an seinem Bett, und er erklärte, dass sein Schlafwandeln ihn dazu gezwungen hätte, seine Füße mit festen Knoten anzubinden, die hielten, oder er zumindest bei dem Versuch, sie zu lösen, aufwachen würde.

In seinem Tagebuch berichtet er von der abscheulichen Erfahrung, die zu seinem Zusammenbruch geführt hatte. In der Nacht des 30. Juli stellte er plötzlich fest, dass er in einem fast schwarzen Raum herumkroch. Er sah nur einen schmalen, schwachen bläulichen Lichtstreifen, konnte aber den überwältigenden Gestank riechen und ein merkwürdig leises Schleifen über sich hören. Bei jeder Bewegung stolperte er über etwas, und jedes Geräusch, das er machte, wurde mit einem Laut von oben beantwortet – ein unbestimmtes Scharren verband sich mit dem vorsichtigen Schleifen von Holz auf Holz.

Einmal berührten seine tastenden Hände eine Steinsäule mit leerer Oberseite, während er kurz danach die Sprossen einer Leiter, die in die Wand eingelassen war, umklammerte und unsicher nach oben stieg, wo der Gestank stärker wurde und ein heißer Luftzug auf ihn herabfuhr. Vor seinen Augen breiteten sich kaleidoskopartig fantastische Bilder aus, die sich in Abständen zu der Darstellung eines weiten unergründlichen Abgrunds der Nacht vereinigten, in denen sich Sonnen und Welten noch tieferer Schwärze befanden. Er dachte an die alten Legenden vom urzeitlichen Chaos, in dessen

Zentrum sich der blinde, geisteskranke Gott Azathoth, Herr aller Dinge, befand, umgeben von seiner hüpfenden Schar von geistlosen und amorphen Tänzern und eingeschläfert von dem dünnen eintönigen Gewimmer einer dämonischen Flöte, die von unbeschreiblichen Pranken gehalten wurde.

Dann weckte ihn ein lautes Geräusch aus der Außenwelt, durchbrach seine Betäubung und machte ihm seine grauenhafte Lage bewusst. Was es war, erfuhr er nie – vielleicht ein verspäteter Feuerwerkskörper, die man den ganzen Sommer lang auf Federal Hill zur Ehren der verschiedenen Heiligen oder zu Ehren der Heiligen in ihren Geburtsorten in Italien gezündet hatte. Wie auch immer, jedenfalls schrie er laut auf, ließ sich entsetzt von der Leiter fallen und stolperte über den mit Trümmern übersäten Boden des fast nachtschwarzen Raumes.

Er wusste sofort, wo er war, stürmte kopflos die Wendeltreppe hinunter und holte sich an den Mauern Prellungen und Abschürfungen. Es war eine albtraumhafte Flucht durch das spinnwebenüberzogene Kirchenschiff, dessen Bögen bis in dunkle Reiche hinaufreichten, ein blindes Stolpern durch den mit Abfall vollgestopften Keller und schließlich das Entkommen in die frische Luft und zu den Straßenlaternen draußen. Weiter ging es durch eine grässliche, stille Stadt mit hohen schwarzen Gebäuden und den steilen östlichen Anstieg hinauf zu seiner eigenen altertümlichen Haustür.

Als er am nächsten Morgen wieder zu Bewusstsein kam, lag er vollständig bekleidet auf dem Boden seines Arbeitszimmers. Er war von Staub und Spinnweben bedeckt, und jeder Zentimeter seines Körpers schien mit Blutergüssen bedeckt. Der Blick in den Spiegel zeigte ihm, dass sein Haar völlig versengt war, während in seiner Kleidung Spuren eines merkwürdigen widerwärtigen Gestanks hafteten. In diesem Moment ereilte ihn ein Nervenzusammenbruch. Danach lief er erschöpft in seinem Hausmantel herum und unternahm nichts, außer aus dem Westfenster zu starren, zu zittern, wenn ein Gewitter drohte, und unzusammenhängende Tagebucheintragungen zu machen.

Kurz vor Mitternacht am 8. August begann das große Gewitter. In allen Teilen der Stadt schlugen mehrfach Blitze ein, und es gab Berichte von zwei bemerkenswerten Kugelblitzen. Es regnete in Sturzbächen, und der andauernde Donner brachte Tausende um den Schlaf. Blake war von seiner Furcht um die Straßenbeleuchtung völlig aufgelöst und versuchte gegen ein Uhr morgens mit den Elektrizitätswerken zu telefonieren, denn zu diesem Zeitpunkt wurde die Stromversorgung aus Sicherheitsgründen teilweise eingestellt. Er hat alles in seinem Tagebuch verzeichnet – die großen, unsicheren und häufig nicht zu entziffernden Buchstaben erzählen eine eigene Geschichte von wachsender Raserei und Verzweiflung und von Einträgen, die blind im Dunkel gemacht wurden.

Um aus den Fenster sehen zu können, musste er in seinem Zimmer das Licht löschen, und es hat den Anschein, als hätte er die meiste Zeit an seinem Schreibtisch verbracht und furchtsam durch den Regen über die glitzernden Dächer der Innenstadt hinweg zu den Lichtern von Federal Hill hinübergesehen. Ab und zu kritzelte er Sätze in sein Tagebuch in der Art von: »Die Lichter dürfen nicht ausgehen«, »Es weiß, wo ich bin«, »Ich muss es zerstören« und »Es ruft mich, doch vielleicht will es mir nichts antun«, die man auf den Seiten findet.

Dann verlöschten in der gesamten Stadt die Lichter. Nach den Aufzeichnungen der Elektrizitätsgesellschaft geschah dies um 2:12 Uhr, doch Blakes Tagebuch gibt keinen Hinweis auf den Zeitpunkt. Der Eintrag lautet schlicht: »Die Lichter sind aus – Gott steh mir bei.« Auf Federal Hill gab es Beobachter, die genauso verängstigt wie er waren. Regendurchnässte Gruppen von Männern säumten den Platz und die Straßen, um die bedrohliche Kirche mit von Schirmen geschützten Kerzen, Taschenlampen, Öllichtern, Kruzifixen und allen möglichen Beschwörungsformeln, die im südlichen Italien üblich sind, zu bannen. Sie segneten jeden Blitz und machten mit der rechten Hand Zeichen der Furcht, wenn eine Veränderung des Gewitters die Blitze weniger werden ließ und sie schließlich ganz ausblieben. Ein aufkommender Wind blies die meisten Kerzen aus, sodass es zunehmend dunkler wurde. Jemand holte

Pater Merluzzo von der Kirche Spirito Santo, und der hastete zu dem unheilvollen Platz, um jedes möglicherweise hilfreiche Gebet zu sprechen. Es gab keinen Zweifel über die Natur der unruhigen und merkwürdigen Geräusche aus dem schwarzen Turm.

Für die Geschehnisse um 2:35 haben wir die Aussage des Priesters, ein junger, intelligenter und gebildeter Mensch, von Streifenpolizist William J. Monoham vom Polizeihauptquartier, einem höchst glaubwürdigen Beamten, der seine Patrouille unterbrochen hatte, um die Menge in Augenschein zu nehmen, und von den meisten der achtundsiebzig Männer, die sich um die Mauer an der Kirche versammelt hatten – besonders von denen, in deren Blickfeld die östliche Fassade lag. Natürlich gibt es keine Beweise für etwas, was außerhalb der Naturgesetze liegen würde. Es gibt viele mögliche Erklärungen für die Ereignisse. Niemand kann mit Bestimmtheit etwas über die seltsamen chemischen Prozesse sagen, die in einem weitläufigen, alten, schlecht belüfteten und leer stehenden Gebäude mit vielfältigen Inneneinrichtungen ablaufen mögen – Gase, die durch Fäulnis entstehen –, eine Menge von unzähligen Phänomenen kann dafür verantwortlich sein. Und natürlich kann man groben Unfug keinesfalls ausschließen. Die Sache war eigentlich ziemlich einfach und dauerte noch nicht einmal drei Minuten. Pater Merluzzo, ein sorgfältiger Beobachter, hat mehrfach auf seine Uhr gesehen.

Es begann mit einem Anschwellen der dumpfen schabenden Geräusche in dem schwarzen Turm. Schon eine Zeit lang waren absonderliche, ekelhafte Dünste aus der Kirche gedrungen und diese waren jetzt überwältigend und unerträglich geworden. Schließlich hörte man Holz splittern, und ein großes schweres Objekt krachte neben der bedrohlichen östlichen Fassade auf den Boden des Hofes. Da die Kerzen verloschen waren, konnte man den Turm nicht erkennen, doch als das Objekt sich dem Boden näherte, war den Leuten klar, dass es der schwere Fensterladen aus dem Ostfenster des Glockenstuhls war.

Gleich danach drang aus den unsichtbaren Höhen ein unerträglicher Gestank herab, der die zitternden Umherstehenden keuchen und jene auf dem Platz fast zu Boden gehen ließ. Zur gleichen Zeit erzitterte die Luft wie von Flügelschlag, und ein plötzlicher Ostwind, stärker als jede Böe zuvor, blies die Hüte weg und riss den Leuten die nassen Schirme aus den Händen. In der pechschwarzen Nacht konnte man nichts Genaues erkennen, doch einige der nach oben blickenden Zuschauer glaubten einen weit ausgedehnten Fleck noch größerer Dunkelheit vor dem schwarzen Himmel zu sehen – etwas wie eine formlose Rauchwolke, das mit irrsinniger Geschwindigkeit nach Osten flog.

Das war alles. Die Leute waren halb betäubt vor Furcht, Respekt und der ungemütlichen Lage und wussten kaum, was sie tun sollten oder ob sie überhaupt etwas tun sollten. Da sie nicht wussten, was passiert war, brachen sie ihre Nachtwache nicht ab, sondern begannen zu beten, als ein verspäteter Blitz, gefolgt von einem krachenden Donner, den Regenhimmel zerriss. Eine halbe Stunde später hörte der Regen auf, und nach weiteren fünfzehn Minuten gingen die Straßenlaternen wieder an und schickten die müden durchnässten Zuschauer erleichtert nach Hause.

Die Zeitungen schenkten im Rahmen ihrer allgemeinen Berichterstattung über den Sturm diesen Ereignissen nur untergeordnete Beachtung. Es hatte den Anschein, als hätten der mächtige Blitz und der ihm folgende Donner, den man über Federal Hill beobachtet hatte, weiter östlich viel größere Auswirkungen gehabt, wo man ebenfalls einen ungewöhnlichen Gestank bemerkt hatte. Das Phänomen hatte besonders über College Hill Aufmerksamkeit erregt, wo der Donner alle Schlafenden geweckt und zu wilden Spekulationen Anlass gegeben hatte. Von jenen, die zu diesem Zeitpunkt schon wach waren, sahen nur wenige den riesigen Lichtblitz in der Nähe der Hügelkuppe oder bemerkten den fürchterlichen Luftzug, der fast die Blätter von den Bäumen gerissen hätte und die Pflanzen in den Gärten entwurzelte. Übereinstimmend war man der Ansicht, dass der Blitz irgendwo in der Nachbarschaft eingeschlagen haben musste, doch später fand man keinen Hinweis darauf. Ein Student im Haus der Tau-Omega-Verbindung glaubte eine merkwürdige und grässliche Rauchwolke in der Luft gesehen zu haben, kurz bevor der ungewöhnliche Blitz einschlug, doch seine Beobachtung konnte nicht verifiziert werden. Jeder der wenigen Augenzeugen bestätigte aber den heftigen Windstoß aus westlicher Richtung und die Welle des Gestanks, die auf den Blitz folgte, während der deutliche Brandgeruch nach dem Blitzschlag allgemein bemerkt wurde.

Alle diese Punkte wurden sorgfältig in Hinblick auf den Tod von Robert Blake untersucht. Studenten im Haus der Psi-Delta-Vereinigung, deren Fenster in Richtung von Blakes Arbeitszimmer lagen, hatten am Morgen des neunten das verschwommene weiße Gesicht am Westfenster bemerkt und sich über den Gesichtsausdruck gewundert. Als sich das Gesicht am Abend noch unverändert an derselben Stelle befand, waren sie besorgt und warteten darauf, dass das Licht im Zimmer anginge. Später dann klingelten sie an der dunklen Wohnung und schließlich holten sie einen Polizisten, der die Tür aufbrach.

Der steife Körper saß aufrecht am Schreibtisch vor dem Fenster, und als die Hereingekommenen die vorgewölbten Augen und das maskenhafte, in abgrundtiefer Furcht verzogene Gesicht sahen, wandten sie sich vor Abscheu ab. Kurz danach führte der Gerichtsmediziner seine Untersuchung durch und stellte als Todesursache, trotz des intakten Fensters, einen elektrischen Schlag oder einen Schlaganfall aufgrund einer elektrischen Entladung fest. Den verzerrten Gesichtsausdruck ignorierte er vollständig und sah ihn als mögliche Folge des Schocks an, wie es bei einer Person mit so unnatürlichen Vorstellungsgaben und heftigen Gefühlen gut möglich war. Dies meinte er aus den später in der Wohnung in Augenschein genommenen Büchern, Gemälden und Manuskripten sowie den blind hingekritzelten Eintragungen in dem Tagebuch auf dem Schreibtisch schließen zu können. Blake hatte seine Eintragungen bis zum Schluss fortgesetzt, und der Stift befand sich noch in seiner verkrallten rechten Hand.

Die Eintragungen nach dem Ausfall des Lichts waren überaus unzusammenhängend und nur teilweise lesbar. Daraus haben bestimmte Leute Schlüsse gezogen, die erheblich von der offiziellen

Darstellung abweichen, doch solche Spekulationen haben wenig Chancen gegen die konservative Meinung. Die Handlungen des abergläubischen Doktor Dexter, der den seltsamen Kasten mit dem geschliffenen Stein – ein Objekt, das aus sich selbst heraus leuchtete, wie man bei seinem Fund in dem dunklen fensterlosen Dachstuhl sehen konnte – in die tiefste Stelle der Narragansett Bay warf, waren für die Vertreter der spekulativen Theorie wenig hilfreich. Eine ausufernde Fantasie und psychische Instabilität bei Blake, gesteigert noch durch seine Kenntnisse über den teuflischen untergegangenen Kult, auf dessen Spuren er gestoßen war, sind Grundlage der vorherrschenden Interpretation seiner letzten hingeworfenen Sätze. Dies sind die Einträge oder zumindest das, was entzifferbar ist.

»Die Lichter sind immer noch aus – müssen inzwischen fünf Minuten sein. Alles hängt von den Blitzen ab. Yaddish hilf, dass es so bleibt! … Irgendein Einfluss macht sich bemerkbar … Regen, Donner und der nachlassende Wind … Das Ding nimmt Besitz von meinem Geist …
Schwierigkeiten mit dem Gedächtnis. Ich sehe Dinge, die ich nie zuvor gesehen habe. Andere Welten und andere Galaxien … Dunkel … Die Blitze erscheinen dunkel und die Dunkelheit hell …
Es kann nicht der wirkliche Hügel und die echte Kirche sein, die ich in der pechschwarzen Dunkelheit sehe. Muss ein Nachbild auf der Netzhaut sein, das von den Blitzen stammt. Dem Himmel sei Dank, dass die Italiener mit ihren Kerzen dort sind, wenn die Blitze aufhören!
Wovor habe ich Angst? Ist es nicht eine Verkörperung von Nyarlathotep, der im alten und dunklen Khem sogar die menschliche Gestalt annahm? Ich erinnere mich an Yuggoth und den noch entfernteren Shaggai und den unendlichen Abgrund der schwarzen Planeten …
Der lange heulende Flug durch die Tiefe … kann nicht das Universum des Lichts durchqueren … wieder erschaffen

durch die Gedanken, eingefangen durch den Leuchtenden Trapezoeder … schickt sie durch den schrecklichen Abgrund des Lichts …
Mein Name ist Blake – Robert Harrison Blake, aus der East Knapp Street 620, Milwaukee, Wisconsin … Ich bin hier auf diesem Planeten …
Azathoth, hab Mitleid! – die Blitze zucken nicht länger – schrecklich – Ich kann alles mit einem monströsen Sinn sehen, der nichts mit Sehen zu tun hat – Licht ist Dunkelheit und Dunkelheit ist Licht … diese Menschen auf dem Hügel … Wachen … Kerzen und Gebete … ihre Priester …
Das Gefühl für Entfernung ist weg – nah ist fern und fern ist nah. Kein Licht – kein Fernglas – sehe den Dachstuhl – den Turm – Fenster – kann hören – Roderick Usher – ich bin wahnsinnig oder werde es – das Ding schlurft und kratzt im Turm – ich bin es und es ist ich – Ich will raus – muss raus und die Kräfte sammeln … Es weiß, wo ich bin …
Ich bin Robert Blake, doch ich sehe den Turm im Dunkeln. Da ist ein widerwärtiger Gestank … die Sinne verändern sich … ich stehe an dem Turmfenster, es bricht und macht den Weg frei … lä … ngai … ygg …
Ich sehe es – kommen hier – Höllenwind – Titan verschwommen – schwarz Schwingen – Yog-Sothoth rette mich – das brennende Augen mit drei Lidern …«

In den Mauern von Eryx

(Zusammen mit Kenneth Sterling)

Bevor ich versuche, mich etwas auszuruhen, werde ich einige Notizen für meinen Bericht niederschreiben. Was ich gefunden habe, ist so einzigartig und widerspricht all unseren vorherigen Erkenntnissen und Erwartungen, dass eine genaue Beschreibung notwendig ist.

Ich erreichte die Hauptlandezone auf der Venus am 18. März irdischer Zeit, was dem 9. VI. planetarischer Zeitrechnung entspricht. Ich wurde der Hauptgruppe unter Miller zugeteilt, erhielt meine Ausrüstung – die Uhren wurden der etwas schnelleren Planetenrotation angepasst – und absolvierte das übliche Atemmaskentraining. Nach zwei Tagen erklärte man mich für einsatzfähig.

Am 12. VI. gegen Tagesanbruch verließ ich den Handelsposten der Crystal Company in Terra Nova und folgte der südlichen Route, die Anderson aus der Luft kartografiert hatte. Ich kam nur langsam voran, da diese Dschungel nach einem Regen fast unpassierbar sind. Es muss die Feuchtigkeit sein, die den verschlungenen Ranken und Kriechpflanzen ihre lederne Zähigkeit verleiht, eine Zähigkeit, die so groß ist, dass man manchmal mit einem Buschmesser zehn Minuten braucht, um sie zu durchtrennen. Um die Mittagszeit wurde es trockener – die Pflanzen wurden weicher und biegsamer und das Messer ging ganz leicht hindurch –, doch selbst dann kam ich nicht besonders schnell voran. Diese Carter-Atmungsgeräte sind einfach zu schwer – das reine Gewicht macht einen durchschnittlichen Mann schon halb kaputt. Eine Dubois-Maske mit einem Schwammtank statt der Flaschen lieferte eine ebenso gute Luftversorgung bei nur der Hälfte des Gewichts.

Der Kristalldetektor schien einwandfrei zu funktionieren und deutete beständig in die mit Andersons Bericht übereinstimmende Richtung. Es ist erstaunlich, wie das Affinitätsprinzip arbeitet, und das ohne den Humbug der alten »Wünschelruten« auf der Erde. Innerhalb von tausend Meilen musste sich ein großes Kristallvorkommen befinden, obwohl wahrscheinlich diese verfluchten Echsenmänner es beständig beobachten und bewachen. Vielleicht halten sie uns für genauso verrückt, zur Venus zu kommen und dem Zeug hinterherzujagen, wie wir sie, wenn sie beim Anblick eines Kristalls sofort in den Schlamm springen oder wenn sie einen riesigen Brocken auf einem Podest in ihrem Tempel stehen haben. Ich wünschte, sie würden sich eine neue Religion zulegen, denn sie machen mit den Kristallen nichts anderes als sie anzubeten. Gäbe es diese Religion nicht, dann könnten wir uns so viele nehmen, wie wir wollten – und selbst wenn sie lernten, die Energie daraus zu verwenden, gäbe es genug für ihren Planeten und auch noch für die Erde. Ich meinerseits bin es leid, um die großen Lagerstätten einen Bogen zu machen und in den Flussläufen des Dschungels nach einzelnen Kristallen zu suchen. Manchmal wünschte ich mir, eine gute, schlagkräftige Armee von zuhause würde diese schuppigen Bettler ausradieren. Ungefähr zwanzig Schiffe könnten ausreichend Truppen für diese Aufgabe herbringen. Man kann diese verdammten Biester doch nicht wegen ihrer »Städte« und ihren Türmen mit Menschen gleichsetzen. Sie haben keine Fähigkeiten, außer Gebäude zu errichten – und Schwerter und vergiftete Pfeile zu benutzen –, und ich glaube nicht, dass ihre so genannten »Städte« mehr sind als Ameisenhügel oder Biberdämme. Ich bezweifle, dass sie wirklich eine Sprache haben – all das Geschwätz über psychische Kommunikation mittels der Tentakel an ihrer Brust ist in meinen Augen nur Mist. Was die Leute täuscht, ist ihr aufrechter Gang, eine rein zufällige Übereinstimmung mit uns Menschen.

Ich möchte einmal durch einen Venusdschungel streifen, ohne nach ihren herumschleichenden Trupps Ausschau halten oder vor ihren verfluchten Pfeilen in Deckung gehen zu müssen. Vielleicht waren sie ja ganz in Ordnung, bevor wir begannen, uns die Kristalle zu nehmen, doch jetzt sind sie eindeutig eine Landplage – mit ihren Pfeilen und dem Zerstören unserer Wasserleitungen. Immer mehr komme ich zu der Überzeugung, dass sie über einen besonderen Sinn verfügen, so wie unsere Kristalldetektoren. Niemals haben sie einen Menschen behelligt – abgesehen von Pfeilschüssen aus weiter Entfernung –, wenn er keine Kristalle bei sich hatte.

Gegen ein Uhr mittags riss ein Pfeil mir fast den Helm ab, und einen Moment lang glaubte ich, eine meiner Sauerstoffflaschen hätte ein Leck abbekommen. Dieser hinterhältige Teufel hatte kein Geräusch gemacht, doch nun drangen drei von denen auf mich ein. Ich erwischte sie alle, indem ich meine Flammenwerferpistole im Kreise herumschwenkte, denn obwohl sie die gleiche Farbe wie der Dschungel haben, konnte ich sie an ihren Bewegungen ausmachen. Einer von ihnen war ganze zweieinhalb Meter groß und hatte eine Schnauze wie ein Tapir. Die anderen beiden waren die üblichen zwei Meter zehn groß. Dass sie sich gegen uns behaupten konnten, lag nur an ihrer großen Anzahl – doch schon ein einziges Regiment von Flammenwerfern könnte ihnen die Hölle heiß machen. Es ist verwunderlich, wie sie zur beherrschenden Rasse auf diesem Planeten werden konnten. Es gibt kein höher entwickeltes Wesen als die kriechenden Akmans und Skorahs oder die fliegenden Tukahs auf dem anderen Kontinent – außer natürlich, dass sich in den Löchern auf dem Dionasischen Plateau noch irgendetwas verbirgt.

Gegen zwei Uhr verschob sich die Anzeige meines Detektors nach Westen und zeigte vereinzelte Kristalle rechts vor mir an. Das stimmte mit den Angaben von Anderson überein, und ich änderte meine Route demgemäß. Der Weg wurde beschwerlicher, nicht nur wegen des ansteigenden Geländes, sondern auch wegen jetzt zahlreicherer Tiere und dichterer fleischfressender Pflanzen. Die ganze Zeit zerfetzte ich Ugrats und trat auf Skorahs, und mein Lederanzug war voller Flecken von den zerplatzenden Darohs, die von allen Seiten auf mich eindrangen. Der Dunst machte das Sonnenlicht noch schlimmer und gab ihm keine Chance, den Schlamm auszutrocknen. Bei jedem Schritt sanken meine Füße zehn bis fünfzehn Zentimeter ein, und jedes Mal, wenn ich sie herauszog, gab es ein saugendes Pflopp. Ich wünschte, jemand würde einen sicheren Anzug aus einem anderen Material als Leder für dieses Klima entwickeln. Stoff würde natürlich verrotten, aber eine dünne, reißfeste Metallfolie – wie die Oberfläche dieser drehbaren, unzerstörbaren Berichtrolle – müsste doch eines Tages machbar sein.

Gegen 3:30 Uhr habe ich gegessen, wenn man diese elenden Nahrungstabletten, die man sich durch die Maske in den Mund schiebt, als Essen bezeichnen kann. Kurz danach hat sich dann die Landschaft merklich verändert – die hellen, giftig wirkenden Pflanzen wechselten die Farbe und sahen gespenstisch aus. Sämtliche Umrisse der Dinge schimmerten rhythmisch, und helle Lichtpunkte tauchten auf und tanzten mit der gleichen langsamen Geschwindigkeit. Danach schien die Temperatur sich im Gleichklang mit einem sonderbaren, rhythmischen Dröhnen zu verändern.

Das gesamte Universum schien in tiefen gleichmäßigen Schlägen zu pulsieren, die jeden Winkel des Raums erfassten und durch meinen Körper und meinen Geist drangen. Ich verlor vollständig meinen Gleichgewichtssinn und taumelte verwirrt umher. Es half auch nichts, wenn ich meine Augen schloss und meine Hände auf die Ohren presste. Trotzdem konnte ich noch klar denken und nach ein paar Minuten wusste ich, was los war.

Nun war ich doch noch in die Nähe einer dieser merkwürdigen *Trugpflanzen* gekommen, über die viele der Männer Geschichten erzählten. Anderson hatte mich davor gewarnt und mir genau beschrieben, wie sie aussahen – der raue Stamm, die spitzen Blätter und die gefleckten Blüten, deren gasförmige, benebelnde Ausdünstungen jede bekannte Atemmaske durchdrangen.

Bei dem Gedanken, was Bailey vor drei Jahren passiert war, verfiel ich kurzzeitig in Panik und begann in der verrückten, chaotischen Welt, die die Ausdünstungen der Pflanze um mich herum hatte entstehen lassen, wild herumzurennen und zu stolpern. Dann gewann mein Verstand wieder die Oberhand, und ich begriff, dass ich mich nur von den gefährlichen Blüten entfernen musste – weg von der Quelle des Pulsierens – und mir blind einen Weg bahnen musste – ungeachtet dessen, was um mich herum geschah –, bis ich außer Reichweite der Pflanze in Sicherheit war.

Obwohl sich alles um mich herum drehte, versuchte ich die richtige Richtung einzuschlagen und hackte mir meinen Weg frei. Ich musste mich alles andere als geradeaus bewegt haben, denn mir schienen Stunden zu vergehen, bis ich dem bewusstseinsverändernden Einfluss der Trugpflanze entkommen war. Langsam verschwanden die tanzenden Lichter, und die schimmernde, gespenstische Szenerie nahm wieder feste Formen an. Als ich wieder völlig klar war, schaute ich auf meine Uhr und stellte zu meiner Überraschung fest, dass es erst 4:20 Uhr war. Obwohl es mir wie eine Ewigkeit vorgekommen war, hatte der ganze Zwischenfall wenig mehr als eine halbe Stunde gedauert.

Jede Verzögerung war allerdings unangenehm, und bei meinem Rückzug von der Pflanze hatte ich Boden verloren. Ich eilte jetzt den Hang hinauf in die Richtung, die mein Kristalldetektor anzeigte, und verwendete all meine Kraft darauf, Zeit gutzumachen. Der Dschungel war immer noch dicht, aber es gab weniger Tiere. Einmal umschlang eine fleischfressende Blüte meinen Fuß und klammerte sich so fest, dass ich mich mit meinem Messer freihacken und die Pflanze in Stücke schneiden musste, bevor sie mich losließ.

Es dauerte keine Stunde, dann wurde der Dschungel lichter, und um fünf Uhr, nachdem ich einen Streifen von Baumfarnen mit nur wenig Unterholz durchquert hatte, trat ich auf ein weites, moosbewachsenes Plateau. Nun kam ich sehr schnell voran, und das Zittern der Detektornadel zeigte mir, dass ich den gesuchten Kristallen immer näher kam. Das war ungewöhnlich, denn die meisten der verstreuten eigroßen Kugeln fand man in bestimmten Dschungelflüssen und nicht auf einem baumlosen Hochland wie diesem.

Das Gebiet stieg an und endete eindeutig in einem Bergkamm. Ich erreichte den Kamm ungefähr um 5:30 Uhr, und vor mir breitete sich eine weite Ebene mit entfernten Wäldern aus. Das war ohne Zweifel die Hochebene, die Matsugawa vor fünfzig Jahren aus der Luft kartografiert hatte und die in unseren Karten als »Eryx« oder das »Erysische Hochland« bezeichnet wurde. Doch was mein Herz höherschlagen ließ, war ein kleineres Detail, dessen Lage ziemlich genau in der Mitte der Ebene war. Es war ein einzelner Lichtpunkt, der durch den Nebel schimmerte und die vom Dunst geschwächten gelben Sonnenstrahlen zu einer stechenden Helligkeit zu konzentrieren schien. Dies war ohne Zweifel der von mir gesuchte Kristall – ein Ding, wahrscheinlich nicht größer als ein Hühnerei, das aber genug Energie enthielt, um eine Stadt ein Jahr lang zu heizen. Als ich den entfernten Glanz sah, wunderte es mich nicht, dass die elenden Echsenmänner diese Kristalle verehrten. Und dabei haben sie keine Ahnung, welche Kräfte darin wohnen.

Ich rannte los, um den nicht erwarteten Fund so schnell wie möglich zu erreichen, und war verärgert, als das feste Moos einem dünnen, widerlichen Schlamm wich, in dem es vereinzelte Flecken von Gras und Kriechpflanzen gab. Doch ich stürmte weiter und dachte kaum daran, nach herumschleichenden Echsenmännern Ausschau zu halten. Es war unwahrscheinlich, dass ich auf diesem freien Feld überfallen würde. Als ich näher kam, schien das Licht vor mir größer und intensiver zu werden, und mir fiel seine eigentümliche Lage auf. Eindeutig war es ein Kristall bester Qualität, und meine Begeisterung wuchs mit jedem platschenden Schritt.

Ich muss nun sehr sorgfältig Bericht erstatten, denn was ich von nun ab zu sagen habe, beinhaltet unerhörte – aber glücklicherweise beweisbare – Sachverhalte. Ich stürmte mit wachsendem Eifer vor und war schon auf ungefähr hundert Meter an den Kristall heran – dessen etwas erhöhte Lage in dem umgebenden Schlamm sehr seltsam schien, als plötzlich eine übermächtige Kraft meine Brust und die Knöchel meiner geballten Fäuste traf und mich rückwärts in den Schlamm warf. Ich stürzte mit einem riesigen Klatschen zu Boden, und der weiche Untergrund sowie einige Gräser und Kriechpflanzen bewahrten mich auch nicht vor einer kurzzeitigen Benommenheit. Einen Moment lang blieb ich auf dem Rücken liegen, zu überrascht, um einen Gedanken zu fassen. Dann stand ich automatisch auf und begann, den schlimmsten Dreck und die Pflanzenreste von meinem Lederanzug zu kratzen.

Ich hatte nicht die leiseste Ahnung, was mir widerfahren war. Ich hatte nichts bemerkt, was für den Schlag hätte verantwortlich sein können, und auch jetzt konnte ich nichts feststellen. War ich vielleicht nur im Schlamm ausgerutscht? Meine schmerzende Brust und Knöchel widersprachen dieser Möglichkeit. Oder war dieser ganze Zwischenfall das Produkt einer versteckten Trugpflanze? Auch dafür gab es keinen Beweis, denn ich verspürte keines der üblichen Symptome und es gab in der Nähe auch keine Stelle, wo eine so farbenfrohe und auffällige Pflanze verborgen sein konnte. Wäre ich auf der Erde gewesen, dann hätte ich eine Barriere aus N-Kraft vermutet, die die Regierung um eine verbotene Zone errichtet hat, doch in dieser menschenleeren Gegend ist eine solche Vermutung widersinnig.

Schließlich raffte ich mich auf und beschloss, vorsichtig die Sache zu untersuchen. Ich streckte den Arm mit dem Messer in der Hand so weit wie möglich aus, sodass die merkwürdige Kraft zuerst das Messer treffen würde, und machte mich wieder auf den Weg zu dem leuchtenden Kristall – wobei ich mich mit größter Vorsicht Schritt für Schritt vortastete. Beim dritten Schritt wurde ich durch einen offensichtlich festen Widerstand an der Messerspitze aufgehalten – eine feste Barriere, obwohl ich nichts erkennen konnte.

Nach einem Moment des Nachdenkens fasste ich Mut. Ich streckte meine behandschuhte linke Hand aus und überzeugte mich vom Vorhandensein fester Materie – oder die ertastbare Illusion von fester Materie. Durch Abtasten stellte ich fest, dass die Barriere ziemlich ausgedehnt und von einer glasartigen Glätte war, die nirgendwo Anzeichen von einzelnen, zusammengesetzten Teilen aufwies. Ich zwang mich zu weiteren Schritten und zog einen Handschuh aus, um das Ding mit der bloßen Hand zu untersuchen. Es war tatsächlich hart und glasartig und wies eine seltsame Kälte auf, die der Umgebung widersprach. Ich kniff die Augen zusammen, um irgendeine Spur des Hindernisses zu erkennen, konnte aber rein gar nichts sehen. Die dahinterliegende Landschaft gab auch keinen Hinweis auf irgendeinen Brechungsfaktor. Auch traten keine Spiegelungen auf, wie man an den Sonnenstrahlen feststellen konnte.

Brennende Neugierde verdrängte alle anderen Gefühle, und ich weitete meine Untersuchungen so gut ich konnte aus. Durch Abtasten fand ich heraus, dass die Barriere vom Boden aus höher aufragte, als ich reichen konnte, und dass sie sich unendlich nach beiden Seiten hin erstreckte. Es war also irgendeine *Mauer* – doch alle Vermutungen über das Material und den Sinn waren fruchtlos. Wieder dachte ich an die Trugpflanze und die von ihr hervorgerufenen Fantasiebilder, doch nach kurzem Nachdenken verwarf ich den Gedanken.

Mit dem Knauf meines Messers schlug ich hart gegen die Barriere und trat mit meinen schweren Stiefeln dagegen, um aus dem Klang des Materials Rückschlüsse zu ziehen. Irgendwie erinnerte der Klang an Zement oder Beton, obwohl das Abtasten der Oberfläche eher auf Glas oder Metall hindeutete. Ohne Zweifel stand ich hier vor etwas, das bisher völlig unbekannt war.

Die logische Folgerung war, dass ich mir eine Vorstellung über die Ausmaße der Mauer verschaffen musste. Die Höhe zu ermitteln wäre schwer, wenn nicht sogar unmöglich, doch die Breite und Form würde festzustellen sein. Mit ausgestreckten Armen und dicht an die Mauer gepresst bewegte ich mich vorsichtig nach links – und achtete genau auf den Weg, den ich nahm. Nach ein paar Schritten bemerkte ich, dass die Mauer nicht gerade verlief, sondern ich mich in einer Art weitem Kreis oder einer Ellipse bewegte. Dann wurde meine Aufmerksamkeit von etwas völlig anderem in Anspruch genommen – etwas, das mit dem immer noch weit entfernten Kristall zu tun hatte, der das Ziel meiner Suche gewesen war.

Ich hatte gesagt, dass selbst aus größerer Entfernung die Lage des leuchtenden Objekts seltsam merkwürdig war – auf einem kleinen Hügel, der sich aus dem Schlamm erhob. Nun konnte ich aus einer Entfernung von ungefähr hundert Metern trotz des Dunstes deutlich sehen, was für ein Hügel das war. Es war der auf dem Rücken liegende Körper eines Mannes, bekleidet mit einem Lederanzug der Crystal Company, dessen Atemmaske halb im Schlamm versunken ein paar Zentimeter daneben lag. In seiner rechten Hand, die verzweifelt an die Brust gepresst war, hielt er den Kristall, der mich hierher geführt hatte – eine Kugel von unglaublicher Größe, sodass die toten Finger sie gar nicht richtig umschließen konnten. Selbst auf diese Entfernung konnte ich sehen, dass die Leiche noch nicht lange hier lag. Es gab nur geringe Anzeichen von Verwesung, und wenn man das Klima in Betracht zog, hieß das, der Tod war höchstens vor einem Tag ein- getreten. Schon bald würden sich die ekelhaften Farnothfliegen auf der Leiche versammeln. Ich fragte mich, wer der Mann war. Bestimmt niemand, den ich auf dieser Tour getroffen hatte. Es musste einer der alten Hasen sein, der auf einem langen Streifzug war und ohne Andersons Karten in diese besondere Region gekommen war. Da lag er nun, bar aller Probleme, und die Strahlen des großen Kristalls leuchteten zwischen seinen steifen Fingern hindurch.

Volle fünf Minuten stand ich verwirrt und besorgt da. Eine merkwürdige Furcht überkam mich, und ich hatte das unerklärliche Verlangen, davonzurennen. Es konnten nicht diese herumschleichenden Echsenmänner gewesen sein, denn er hielt den Kristall immer noch in seinen Händen. Gab es da irgendeine Verbindung zu der unsichtbaren Mauer? Wo hatte er den Kristall gefunden? Andersons Instrumente hatten in diesem Gebiet einen angezeigt, aber das war lange, bevor der Mann umgekommen sein konnte. Die unsichtbare Mauer erschien mir jetzt als etwas Bedrohliches, und ich dachte mit Schaudern an sie. Doch ich wusste, dass ich dieses Geheimnis aufgrund der kürzlich stattgefundenen Tragödie noch schneller und sorgfältiger untersuchen musste.

Plötzlich – als ich mich wieder mit dem Problem, was vor mir lag, beschäftigte – kam mir eine Idee, wie ich die Höhe der Mauer herausfinden könnte oder zumindest, ob sie sich unendlich in die Höhe erstreckte. Ich nahm eine Handvoll Schlamm, ließ ihn trocknen, bis er einigermaßen fest war, und warf ihn dann hoch in Richtung der völlig unsichtbaren Barriere. In einer Höhe von ungefähr vier Metern traf er mit einem lauten Klatschen auf die unsichtbare Oberfläche, verteilte sich sofort und lief in verschiedenen Rinnsalen überraschend schnell herunter. Ganz offensichtlich war die Mauer ziemlich hoch. Eine zweite Handvoll, noch steiler geworfen, traf die Oberfläche in über fünf Metern Höhe und lief genauso schnell herunter wie die erste.

Jetzt nahm ich all meine Kraft zusammen und wollte eine dritte Ladung so hoch wie möglich werfen. Ich ließ den Schlamm trocknen und presste ihn fest zusammen. Ich warf ihn so steil, dass ich schon befürchtete, er würde das Hindernis gar nicht erreichen. Doch er tat es und diesmal flog der Schlamm über die Barriere und fiel mit einem mächtigen Platschen in den Schlamm auf der anderen Seite. Nun hatte ich endlich eine grobe Vorstellung von der Höhe der Mauer, denn der Scheitelpunkt der Flugbahn lag etwa sechs bis sechseinhalb Meter über dem Boden.

Bei einer senkrechten Mauer von sechs Metern Höhe mit einer glasartigen, glatten Oberfläche war an ein Darüberklettern nicht zu denken. Ich musste weiter an der Mauer entlanglaufen und hoffen, das Ende, ein Tor oder sonst einen Durchlass zu finden. Bildete das Hindernis einen vollständigen Kreis oder eine andere geschlossene Form oder war es nur ein Bogen oder Halbkreis? Aus diesem Grund nahm ich meinen langsamen Weg nach links wieder auf und tastete mit den Händen über die unsichtbare Oberfläche, um ein Fenster oder eine andere kleine Lücke zu finden. Bevor ich losging, versuchte ich meine Position zu markieren, indem ich ein Loch in den Schlamm trat, doch er war zu dünnflüssig, als dass das Loch lange sichtbar geblieben wäre. Ich bestimmte ungefähr die Stelle, indem ich mir einen hohen Baum in dem Wald merkte, die genau auf einer Linie mit dem glänzenden Kristall hundert Meter vor mir lag. Falls es kein Tor oder eine Lücke gab, dann wusste ich auf diese Weise, wann ich die Mauer vollständig umrundet hatte.

Ich war noch nicht weit gekommen, als die Krümmung – unter der Voraussetzung, sie war regelmäßig – nach meiner Einschätzung auf einen Kreis mit ungefähr hundert Metern Durchmesser hindeutete. Das bedeutete, dass der Tote nah an der Mauer genau gegenüber meinem Anfangspunkt lag. War er nun direkt innerhalb oder außerhalb der Mauer? Das würde ich bald feststellen.

Als ich die Barriere langsam umrundete und dabei weder ein Tor noch ein Fenster oder eine andere Lücke fand, kam ich zu der Überzeugung, dass der Tote innerhalb liegen musste. Bei genauerem Hinsehen erweckten die Züge des Toten ein ungutes Gefühl. Etwas in seinem Gesichtsausdruck und wie seine gebrochenen Augen starrten, beunruhigte mich. Als ich ihm schon sehr nahe war, glaubte ich in dem Toten Dwight zu erkennen, einen Veteranen, den ich nicht persönlich gekannt, den man mir aber letztes Jahr im Handelsposten gezeigt hatte. Der Kristall, den er umklammert hielt, war zweifellos ein Riesenfang – es war das größte Einzelstück, das ich je gesehen hatte.

Als meine linke Hand eine Kante in der Oberfläche ertastete, war ich der Leiche so nahe, dass ich sie, wenn die Barriere nicht gewesen wäre, hätte berühren können. Schnell stellte ich fest, dass sich dort eine etwa einen Meter breite Lücke in der Mauer befand, die höher war, als ich reichen konnte. Es gab keine Tür und auch keine Hinweise auf Türangeln von einer ehemaligen Tür. Ohne auch nur einen Augenblick zu zögern, trat ich hindurch und war mit zwei Schritten bei dem daliegenden Körper, der im rechten Winkel zu dem Gang lag, den ich betreten hatte und der ein einmündender, türloser Korridor zu sein schien. Ich war aufs Neue erstaunt, als ich herausfand, dass das Innere dieses weiten, abgegrenzten Bereichs durch Trennwände unterteilt wurde.

Als ich mich herabbeugte, um den Leichnam zu untersuchen, stellte ich fest, dass er keine Wunden aufwies. Das überraschte mich nicht, denn das Vorhandensein des Kristalls sprach gegen die reptiliengleichen Eingeborenen. Als ich nach möglichen Todesursachen suchte, blieb mein Blick an der Atemmaske hängen, die dicht bei den Füßen der Leiche lag. Das war wirklich ein Anhaltspunkt. Ohne diese Maske konnte kein Mensch länger als dreißig Sekunden die Luft der Venus atmen, und Dwight – wenn er es denn war – hatte seine offensichtlich verloren. Wahrscheinlich hatte er sie nachlässig befestigt, und das Gewicht der Sauerstoffflaschen hatte die Gurte gelöst – etwas, was bei einer Dubois-Schwammmaske nicht passieren konnte. Die Gnadenfrist von einer halben Minute hatte dem Mann nicht ausgereicht, um sich zu bücken und seinen Atemschutz wieder anzulegen – vielleicht war der Zyananteil in der Luft auch zu diesem Zeitpunkt extrem hoch gewesen. Möglicherweise war er auch damit beschäftigt gewesen, den Kristall zu bewundern – wo immer er ihn auch gefunden haben mag. Offensichtlich hatte er ihn aus der Tasche seines Anzugs genommen, denn sie stand noch offen.

Ich machte mich jetzt daran, den großen Kristall aus den Fingern des toten Prospektors zu lösen – ein Unterfangen, das durch die Leichenstarre sehr schwierig wurde. Die Kugel war größer als eine Männerfaust und glühte in den rötlichen Strahlen der untergehenden Sonne, als würde sie leben. Als ich die glänzende Oberfläche berührte, erschauderte ich unfreiwillig – es war, als ob mit dem wertvollen Objekt, das ich an mich nahm, auch das Unheil, das dem vorherigen Besitzer widerfahren war, auf mich überging. Meine Skrupel legten sich bald und ich steckte den Kristall vorsichtig in die Tasche meines Lederanzuges. Ich hatte nie etwas auf Aberglauben gegeben.

Nachdem ich den Helm auf das tote, starrende Gesicht des Mannes gelegt hatte, richtete ich mich auf und ging den unsichtbaren Gang zu dem Einlass in die weite Umfriedung zurück. Jetzt kehrte meine Neugierde auf das seltsame Bauwerk wieder, und ich zermarterte mir mit Spekulationen über das Material, den Ursprung und den Sinn das Gehirn. Dass es von Menschenhand errichtet war, glaubte ich nicht eine Sekunde lang. Die ersten unserer Raumschiffe hatten die Venus vor zweiundsiebzig Jahren erreicht, und die einzigen Menschen auf dem Planeten lebten in Terra Nova. Auch kannte die menschliche Wissenschaft kein absolut durchsichtiges, nicht reflektierendes, festes Material, wie es für dieses Bauwerk verwendet worden war. Vorzeitliche menschliche Expeditionen zur Venus konnte man guten Gewissens auch ausschließen, sodass man sich mit dem Gedanken anfreunden muss, dass irgendwer von der Venus dafür verantwortlich ist. Gab es eine vergessene Rasse von hoch entwickelten Lebewesen, die vor den Echsenwesen die Herren der Venus waren? Trotz ihrer kunstvoll gebauten Städte fiel es schwer, diesen Pseudoreptilien etwas in dieser Art zuzutrauen. Es musste vor Äonen eine andere Rasse gegeben haben, und das hier war ihr letztes Überbleibsel. Oder werden zukünftige Expeditionen ähnliche Ruinen finden? Der *Zweck* dieses Bauwerks übersteigt alle Mutmaßungen – aber das seltsame und offensichtlich nicht praktische Baumaterial legt eine religiöse Bedeutung nahe.

Als mir klar wurde, dass es nicht in meiner Macht stand, darauf eine Antwort zu finden, beschloss ich, die unsichtbare Anlage zumindest zu erforschen. Ich war überzeugt, dass eine Vielzahl von Räumen und Korridoren sich auf der leer erscheinenden Schlammebene befanden, und ich glaubte, dass die Kenntnis ihrer Anordnung etwas Wichtiges enthüllen könnte. Ich tastete mich durch den Gang zurück, schob mich an dem Leichnam vorbei und begab mich durch den Korridor in die inneren Regionen, von wo der Tote wahrscheinlich gekommen war. Später dann würde ich den Gang untersuchen, den ich gerade verlassen hatte.

Trotz des trüben Sonnenlichts tastete ich mich wie ein Blinder langsam vor. Schon bald machte der Korridor einen scharfen Knick und führte in immer enger werdenden Spiralen zur Mitte. Ab und zu spürte ich eine türlose Einmündung, und einige Male traf ich auf eine Kreuzung mit zwei, drei und vier abgehenden Gängen. In diesen Fällen folgte ich immer dem innersten Weg, der eine Fortsetzung des Ganges zu sein schien, den ich gekommen war. Wenn ich erst einmal die Mitte erreicht hätte und wieder zurück war, dann bliebe noch genug Zeit, diese Seitenkorridore zu erforschen. Ich kann kaum die Fremdheit dieser Erfahrung beschreiben – die nicht sichtbaren Gänge eines unsichtbaren Gebäudes zu erforschen, das von vergessenen Händen auf einem fremden Planeten errichtet worden ist!

Schließlich, ich tastete mich immer noch stolpernd voran, spürte ich, wie der Korridor in einen offenen Raum hinlänglicher Größe mündete. Durch Herumtasten stellte ich fest, dass ich mich in einer runden Kammer von drei Metern Durchmesser befand, und aus der Position des Toten in Relation zu bestimmten Anhaltspunkten im Wald schloss ich, dass ich mich in oder nahe der Mitte der Anlage befand. Außer dem Eingang, durch den ich gekommen war, führten fünf weitere Gänge aus der Kammer hinaus, doch ich merkte mir meinen Eingang genau, indem ich zwischen dem Leichnam und einem bestimmten Baum am Horizont eine Linie zog, bevor ich die Kammer betrat.

In dem Raum war nichts Besonderes – es gab nur den Schlammboden, der überall vorhanden war. Da ich mich fragte, ob dieser Teil des Gebäudes ein Dach hätte, wiederholte ich mein Experiment mit dem hoch geworfenen Schlamm und stellte fest, dass keine Abdeckung existierte. Wenn es jemals eine gegeben hatte, dann musste sie schon vor langer Zeit eingefallen sein, denn meine Füße waren nie auf eine Spur eines solchen Unglücks oder Bruchstücke gestoßen. Als ich darüber nachdachte, kam es mir sehr seltsam vor, dass diese offensichtlich vorzeitliche Anlage keine Baufälligkeiten, Risse in den Wänden oder andere Spuren des Verfalls aufwies.

Was war es? Zu was hatte es einst gedient? Aus welchem Material bestand es? Warum gab es keinen Hinweis auf einzelne Teilstücke in der glatten, erstaunlich gleichförmigen Mauer? Warum gab es weder innen noch nach außen Anzeichen von Türen? Ich wusste nur, dass ich mich in einer runden Anlage ohne Dach befand, die aus einem harten, glatten, völlig durchsichtigen, brechungsfreien und nicht reflektierenden Material bestand, einen Durchmesser von hundert Metern, viele Gänge und einen runden Raum in der Mitte hatte. Mehr konnte ich durch meine Untersuchungen nicht erfahren.

Ich bemerkte, dass die Sonne schon sehr tief im Westen stand – eine goldrote Scheibe, die in einem Meer von Violett und Orange über den dunstverhangenen Bäumen am Horizont schwebte. Ich würde mich ganz offensichtlich beeilen müssen, wenn ich vor Einbruch der Dunkelheit einen trockenen Schlafplatz finden wollte. Schon vor einiger Zeit hatte ich beschlossen, mein Nachtlager auf dem Moos am Rand des Plateaus in der Nähe des Kamms aufzuschlagen, von wo aus ich den glänzenden Kristall zum ersten Mal erblickt hatte, und auf mein sprichwörtliches Glück zu vertrauen, dass ich von den Echsenmännern unbehelligt bliebe. Ich war immer dafür gewesen, in Gruppen von zwei oder mehr hinauszugehen, sodass während der Schlafenszeit einer immer Wache halten konnte, doch die wirklich geringe Zahl von nächtlichen Angriffen hatte die Company sorglos werden lassen. Diese schuppigen Wichte schienen bei Nacht trotz ihrer seltsamen Glühfackeln schlecht zu sehen.

Nachdem ich mich wieder in den Gang, durch den ich gekommen war, begeben hatte, machte ich mich auf den Weg zum Eingang der Anlage. Weitere Erkundungen verschob ich auf einen anderen Tag. Ich tastete meinen Weg, so gut ich konnte, durch den spiralförmigen Korridor – dabei hatte ich nur meinen Orientierungssinn, meine Erinnerung und das Wiedererkennen einer Reihe von merkwürdig geformten Grasbüscheln auf dem Boden als Anhaltspunkte – und schon bald befand ich mich wieder ziemlich nah bei dem Toten. Jetzt summten über dem helmbedeckten Gesicht ein oder zwei Farnothfliegen, und mir war klar, dass die Verwesung einsetzte. Von instinktivem Ekel gepackt, hob ich die Hand und wollte diese Vorboten der Aasfresser verscheuchen – als auf einmal etwas Seltsames und Überraschendes passierte. Eine unsichtbare Wand hielt meine Armbewegung auf und zeigte mir, dass ich – trotzdem ich meinen Weg sehr sorgfältig gewählt hatte – nicht wirklich in den Korridor zurückgekehrt war, in dem der Leichnam lag. Stattdessen befand ich mich in einem Parallelgang. Zweifellos hatte ich während meines Weges durch die verwirrenden Gänge an einer Abzweigung die falsche Richtung eingeschlagen.

In der Hoffnung, einen Weg zu dem Ausgang vor mir zu finden, ging ich weiter, stieß aber sofort gegen eine Wand. Ich müsste also zurück in den Mittelraum gehen und von dort aufs Neue meinen Weg suchen. Wo genau ich den Fehler gemacht hatte, konnte ich nicht sagen. Ich blickte auf den Boden, ob dort durch irgendein Wunder noch Fußabdrücke zu sehen waren, an denen ich mich orientieren konnte, musste aber feststellen, dass in dem dünnflüssigen Schlamm die Abdrücke nur ein paar Augenblicke bestehen blieben. Ich hatte keine Schwierigkeiten, meinen Weg zurück in die Mitte zu finden, und als ich dort war, überlegte ich mir genau, wie ich wieder nach draußen käme. Beim ersten Mal hatte ich mich zu weit nach rechts orientiert. Diesmal musste ich mich an irgendeiner

Gabelung mehr links halten – wo genau, konnte ich entscheiden, wenn ich dort war.

Als ich mich das zweite Mal vorantastete, war ich ziemlich überzeugt, auf dem richtigen Weg zu sein, und wandte mich an einer Gabelung, die ich mit ziemlicher Sicherheit wiedererkannte, nach links. Der spiralförmige Korridor setzte sich fort, und ich achtete darauf, bei keiner Einmündung den falschen Weg zu nehmen. Schon bald musste ich zu meinem Unwillen feststellen, dass ich in deutlichem Abstand an dem Leichnam vorbeilief; dieser Gang stieß offensichtlich weit hinter dem Toten auf die Außenmauer. In der Hoffnung, dass sich in der Hälfte, die ich noch nicht erforscht hatte, vielleicht ein weiterer Ausgang befand, schritt ich voran, doch schon bald stand ich wieder vor einem festen Hindernis. Die Anlage war eindeutig viel komplizierter angelegt, als ich gedacht hatte.

Jetzt überlegte ich mir, ob ich noch mal zurück zur Mitte gehen oder einen der Seitengänge ausprobieren sollte, die in Richtung des Leichnams führten. Wenn ich mich für Letzteres entschied, dann bestand die Gefahr, dass ich die Orientierung verlor, deshalb verzichtete ich darauf, solange ich keine Möglichkeit hatte, meinen Weg irgendwie zu markieren. Doch eine Spur zu legen, war ein ziemliches Problem, und ich zermarterte mir den Kopf nach einer Lösung. Es schien nichts außer mir selbst zu geben, womit ich eine Spur legen könnte, auch kein Material, was ich ausstreuen könnte – oder zerkleinern und ausstreuen könnte.

Mein Stift hinterließ auf der unsichtbaren Mauer keine Spuren, und ich konnte auch meine wertvollen Nahrungstabletten nicht zur Markierung verwenden. Selbst wenn ich dazu bereit gewesen wäre, hätte ich nicht annähernd genug gehabt – abgesehen davon, dass die kleinen Pillen sofort in dem dünnflüssigen Schlamm versunken wären. Ich durchsuchte meine Taschen nach einem altertümlichen Notizbuch – die wurden auf der Venus nicht selten inoffiziell benutzt, obwohl Papier in dieser Atmosphäre schnell verrottete –, dessen Seiten ich zerreißen und ausstreuen konnte, doch ich hatte keins dabei. Es war klar, dass ich die feste, dünne, verrottungssichere Metallfolie der Berichtswalze nicht zerreißen konnte, und auch meine Kleidung bot keine Möglichkeiten. In der besonderen Atmosphäre der Venus konnte ich auf meinen Lederanzug nicht verzichten, und Unterwäsche war aufgrund des Klimas abgeschafft worden.

Ich versuchte, die glatten, unsichtbaren Wände mit Schlamm zu beschmieren, nachdem ich ihn so trocken wie möglich gemacht hatte, doch er rutschte genauso schnell ab wie die Batzen, die ich zuvor bei meinem Höhentest verwendet hatte. Zum Schluss nahm ich mein Messer und versuchte, eine Linie in die glasartige unsichtbare Oberfläche zu kratzen – etwas, was ich mit den Händen spüren, wenn auch nicht von Weitem sehen konnte. Es war nutzlos, denn die Klinge bewirkte nicht die kleinste Beschädigung in dem erstaunlichen unbekannten Material.

Niedergeschlagen durch die vergeblichen Versuche, eine Spur zu legen, suchte ich wieder den Mittelraum auf. Es schien einfacher zu sein, anhand meiner Erinnerung zurück zu diesem Raum zu kommen, als eine klar definierte Route nach draußen zu finden, und ich hatte keine Schwierigkeiten, wieder in die Mitte zu gelangen. Diesmal verzeichnete ich auf meiner Berichtrolle jedes Abbiegen – zeichnete eine grobe Skizze meines Weges und markierte darin alle Abzweigungen. Es war natürlich ein in den Wahnsinn treibendes, langsames Vorankommen, wenn man sich alles ertasten muss, und es gab unendlich viele Möglichkeiten, Fehler zu begehen, doch ich war davon überzeugt, dass es sich am Ende auszahlte.

Die lange Dämmerung auf der Venus war fast schon zur Nacht geworden, als ich den Mittelraum erreichte, doch ich hatte immer noch Hoffnung, vor der endgültigen Dunkelheit draußen zu sein. Als ich meine neue Skizze mit meinen Erinnerungen verglich, glaubte ich, den Punkt meines ersten Fehlers zu erkennen, und machte mich ein weiteres Mal auf den Weg durch die unsichtbaren Korridore. Ich wand mich früher nach links als bei meinen vormaligen Versuchen und verzeichnete jedes Mal, wenn ich abbog, auf der Berichtrolle, falls ich doch wieder in die Irre lief. Im schwindenden Licht sah ich die schwachen Umrisse des Leichnams, der jetzt von einer ekelerregenden Wolke von Farnothfliegen umgeben war. Es würde ohne Zweifel nicht lange dauern, dann kämen die im Schlamm lebenden Sificlighs von der Ebene herein, um das grässliche Werk zu vollenden. Widerstrebend näherte ich mich dem Körper und bereitete mich darauf vor, an ihm vorbeizugehen, als ein plötzlicher Aufprall mir zeigte, dass ich wieder falsch war.

Jetzt wurde mir eindeutig klar, dass ich festsaß. Der Aufbau der Anlage war für eine schnelle Lösung zu kompliziert, und ich würde wahrscheinlich einige sorgfältige Untersuchungen anstellen müssen, bevor ich hoffen konnte herauszukommen. Immer noch wollte ich trockenen Boden erreichen, bevor die Nacht hereinbrach, deshalb kehrte ich in die Mitte zurück und begann mit einer Reihe ziemlich unüberlegter Versuche und Irrtümer – wobei ich mir im Licht meiner Taschenlampe Notizen machte. Als ich sie benutzte, stellte ich mit Interesse fest, dass ihr Licht von den durchsichtigen Wänden um mich herum nicht reflektiert wurde – nicht das geringste Schimmern. Darauf war ich natürlich vorbereitet gewesen, denn schon die Sonne hatte zu keinem Zeitpunkt irgendeine glänzende Reflektion in dem seltsamen Material hervorgerufen.

Als es dunkel wurde, tastete ich immer noch herum. Ein dichter Nebel verdeckte die meisten Sterne und Planeten, doch die Erde war als blaugrüner Punkt im Südosten deutlich zu sehen. Sie stand zurzeit in Opposition und wäre durch ein Teleskop ein prächtiger Anblick. Wenn sich der Dunst etwas lichtete, konnte ich sogar den Mond daneben erkennen. Es war jetzt unmöglich, den Leichnam auszumachen – meinen einzigen Anhaltspunkt –, deshalb stolperte ich nach ein paar Fehlversuchen zurück in den Mittelraum. Ich würde wohl die Hoffnung aufgeben müssen, auf trockenem Boden zu schlafen. Vor Tagesanbruch konnte ich nichts unternehmen und da konnte ich mich auch hier niederlassen. Sich auf den schlammigen Boden zu legen wäre nicht angenehm, aber mit dem Lederanzug war das zu machen. Auf früheren Expeditionen hatte ich schon unter wesentlich schlechteren Bedingungen geschlafen, und jetzt würde die Erschöpfung helfen, meinen Widerwillen zu überwinden.

So sitze ich hier im Schlamm des Mittelraums und mache im Licht der Taschenlampe diese Notizen auf der Berichtrolle. Meine befremdliche, unvergleichliche Misere hat schon fast etwas Belustigendes. Eingeschlossen in einem Gebäude ohne Türen – ein Gebäude, das ich nicht sehen kann! Zweifellos komme ich am frühen Morgen heraus und sollte am späten Nachmittag mit dem Kristall zurück in Terra Nova sein. Er ist eindeutig ein Prachtstück – selbst im schwachen Licht der Lampe glänzt er überraschend hell. Ich hatte ihn gerade herausgenommen, um ihn zu untersuchen. Trotz meiner Müdigkeit stellt sich der Schlaf nur langsam ein, deshalb schreibe ich alles sehr ausführlich nieder. Ich muss jetzt aufhören. An diesem Ort besteht kaum Gefahr, von diesen verfluchten Eingeborenen belästigt zu werden. Was mir am wenigsten behagt, ist der Leichnam – doch glücklicherweise bewahrt mich meine Sauerstoffmaske vor den schlimmsten Auswirkungen. Mit den Chloratwürfeln gehe ich sehr sparsam um. Werde jetzt einige Nahrungstabletten nehmen und mich dann hinlegen. Später mehr.

Später – 13. VI. Am Nachmittag

Es gab mehr Schwierigkeiten, als ich erwartet hatte. Ich befinde mich noch immer in der Anlage und muss schnell und überlegt handeln, wenn ich heute auf trockenem Boden übernachten will. Es dauerte lange, bis ich Schlaf fand, und ich wachte erst heute Mittag auf. Ich hätte sogar noch länger geschlafen, wenn nicht die Sonne durch den Dunst auf mich heruntergebrannt hätte. Der Leichnam war ein ziemlich übler Anblick – er wimmelte von Sificlighs und war von einer Wolke von Farnothfliegen umgeben. Irgendwas hatte den Helm vom Gesicht gestoßen, und man sah besser nicht hin. Wenn ich mir die Sache vor Augen führte, war ich glücklich über meine Sauerstoffmaske.

Schließlich schüttelte und bürstete ich mich trocken, nahm einige Nahrungstabletten und steckte einen neuen Würfel Kaliumchlorat in den Filter meiner Maske. Ich verwende diese Würfel nur sparsam und wünschte, mein Vorrat wäre größer. Nach dem Schlaf fühlte ich mich viel besser und erwartete, schnell aus der Anlage herauszukommen.

Als ich mir meine Notizen und die Skizzen ansah, war ich beeindruckt von der Komplexität der Korridore und von der Möglichkeit, dass ich einen grundsätzlichen Fehler begangen hatte. Von den sechs Ausgängen des Mittelraums hatte ich einen bestimmten als den gewählt, durch den ich gekommen war – und hatte dabei eine Sichtlinie als Anhaltspunkt gewählt. Wenn ich mich in dem Ausgang befand, lag der fünfzig Meter entfernte Leichnam genau auf einer Linie mit einem bestimmten Schuppenbaum in dem Wald am Horizont. Jetzt schien es, als ob diese Linie nicht exakt genug bestimmt war – die Entfernung des Leichnams machte den Unterschied in Bezug auf den Horizont relativ gering, wenn ich ihn von den Ausgängen direkt neben meinem zuerst gewählten anvisierte. Außerdem unterschied sich der Schuppenbaum nicht ausreichend von anderen am Horizont.

Als ich den Sachverhalt untersuchte, stellte ich zu allem Übel fest, dass ich nicht mit Sicherheit sagen konnte, welcher der drei Ausgänge der richtige war. Hatte ich bei jedem Versuch einen anderen Ausgang gewählt? Diesmal würde ich sichergehen. Mir kam in den Sinn, dass ich, obwohl es unmöglich war, eine Spur zu legen, doch eine Markierung hinterlassen konnte. Wenn ich schon nicht auf meinen Anzug verzichten konnte, konnte ich doch – aufgrund meines dichten Haars – auf meinen Helm verzichten, der groß und leicht genug war, um auf dem dünnen Schlamm sichtbar liegen zu bleiben. Daraufhin nahm ich das nahezu halbkugelförmige Ding ab und legte es vor den Ausgang eines der Korridore – ich probierte den rechten der drei aus.

Ich würde diesem Gang in der Annahme, es sei der richtige, folgen, die mir erscheinenden richtigen Abbiegungen nehmen und dauernd meine Notizen zu Rate ziehen und neue machen. Wenn ich nicht nach draußen gelänge, dann würde ich systematisch sämtliche möglichen Varianten erkunden und bliebe dies erfolglos, würde ich die Korridore, die von der nächsten Öffnung ausgingen, auf die gleiche Weise untersuchen – und wenn nötig es auch mit dem dritten so machen. Früher oder später musste ich so auf den richtigen Weg zum Ausgang stoßen, doch ich musste Geduld haben. Selbst im schlimmsten Fall würde ich die freie Ebene noch rechtzeitig erreichen, um im Trockenen schlafen zu können.

Ungefähr gegen ein Uhr legte ich meinen Helm als Markierung an den Ausgang und begann, die dahinterliegenden Gänge zu erforschen. Zuerst glaubte ich die Biegungen wiederzuerkennen, doch bald befand ich mich in einem völlig unbekannten Gewirr von Korridoren. Ich kam nicht an den Leichnam heran und diesmal schien es auch so, als sei ich von dem Mittelraum abgeschnitten, obwohl ich jeden meiner Schritte aufgezeichnet hatte. Es schien heikle Biegungen und Kreuzungen zu geben, die zu kompliziert waren, als dass ich sie in meiner groben Skizze festhalten konnte, und in mir machte sich ein Gemisch aus Wut und Hilflosigkeit breit. Würde am Ende auch ganz gewiss die Geduld siegen, wurde mir doch klar, dass meine Suche akribisch, rastlos und ausdauernd sein müsse.

Um zwei Uhr streifte ich immer noch verzweifelt durch unbekannte Korridore – mir unausgesetzt den Weg ertastend, blickte abwechselnd zu meinem Helm und dem Leichnam und machte mir mit schwindender Zuversicht Notizen. Ich verfluchte meine Dummheit und meine überhebliche Neugierde, die mich in dieses Gewirr von unsichtbaren Mauern geführt hatten – wenn ich dieses Ding in Ruhe gelassen und mich, nachdem ich den Kristall an mich genommen hatte, auf den Rückweg gemacht hätte, dann wäre ich jetzt schon in Terra Nova in Sicherheit.

Plötzlich kam mir der Gedanke, dass ich vielleicht mit meinem Messer einen Tunnel unter den unsichtbaren Mauern hindurch und eine Abkürzung nach draußen graben könnte – oder zu einem nach draußen führenden Korridor. Ich hatte keine Vorstellung, wie tief die Fundamente der Anlage wären, doch der allgegenwärtige Schlamm schien darauf hinzudeuten, dass es keine Art von Fußboden gab. Den entfernten und immer schrecklicher anzusehenden Leichnam vor Augen, begann ich fieberhaft mit der breiten, scharfen Klinge zu graben.

Der fast flüssige Schlamm reichte etwa fünfzehn Zentimeter tief, danach wurde der Boden deutlich härter. Die darunterliegende Erde hatte eine andere Farbe, eine Art grauer Lehm, ähnlich dem Boden in der Nähe des Nordpols der Venus. Als ich mich an der unsichtbaren Barriere weiter nach unten arbeitete, wurde der Boden immer härter. Der zähflüssige Schlamm floss genauso schnell in das Loch hinein, wie ich den Lehm herausholte, doch ich arbeitete mich hindurch. Wenn ich es schaffte, die Mauer irgendwie zu untertunneln, dann würde mich der Schlamm nicht daran hindern, hindurchzukriechen.

In ungefähr einem Meter Tiefe behinderte der Boden mein Graben nachhaltig. Die Festigkeit war größer als alles, was mir jemals untergekommen war, selbst auf diesem Planeten, und dazu kam noch ein unnormales Gewicht. Ich musste mit dem Messer den dicht zusammengepressten Lehm zerhacken und zerkleinern, und die Bruchstücke, die ich herausholte, waren wie Steine oder Metallstücke. Schließlich wurde sogar dieses Hacken unmöglich, und ich musste meine Arbeit abbrechen, ohne das untere Ende der Mauer erreicht zu haben.

Der stundenlange Versuch war vergeblich und eine Verschwendung gewesen, denn er kostete mich eine Menge Kraft und zwang mich, sowohl eine zusätzliche Nahrungstablette zu nehmen als auch einen neuen Chloratwürfel in meine Maske zu setzen. Außerdem erzwang er eine Pause in dem Herumtasten, denn ich war immer noch zu erschöpft, um herumzulaufen. Nachdem ich meine Arme und Hände vom gröbsten Schmutz gesäubert hatte, habe ich mich hingesetzt und diese Aufzeichnungen angefertigt – mit dem Rücken gegen eine unsichtbare Wand gelehnt und den Blick von dem Leichnam abgewandt.

Der Leichnam war jetzt nur noch eine von Parasiten wimmelnde Masse – der Gestank hatte einige der schleimigen Akmans aus dem weit entfernten Dschungel angelockt. Ich bemerke, dass viele der Efjehpflanzen auf der Ebene ihre aasfressenden Fühler nach dem Ding ausstreckten, doch ich bezweifle, dass sie lang genug sind, dorthin zu reichen. Ich wünschte, wirkliche Fleischfresser, wie die

Skorahs, würden auftauchen, mich vielleicht wittern und sich durch die Anlage zu mir her schlängeln. Solche Wesen haben einen außerordentlichen Orientierungssinn. Ich könnte sie auf ihrem Weg beobachten und mir ihre Route merken, wenn es ihnen nicht gelänge, eine vollständige Reihe zu bilden. Selbst das wäre eine große Hilfe. Wenn sie auf mich träfen, dann würde meine Pistole kurzen Prozess mit ihnen machen.

Doch eigentlich kann ich nicht auf so viel Glück hoffen. Nachdem ich das jetzt niedergeschrieben habe, werde ich mich noch ein wenig ausruhen und später dann noch etwas herumtasten. Sobald ich wieder im Mittelraum bin – was eigentlich ganz einfach sein müsste –, werde ich einen Versuch mit dem linken Ausgang unternehmen. Vielleicht schaffe ich es doch noch bis zur Abenddämmerung nach draußen.

Nacht – 13. VI.

Neue Schwierigkeiten. Mein Entkommen wird entsetzlich schwer werden, denn da gibt es Dinge, die ich nicht erwartet habe. Noch eine Nacht im Schlamm und morgen wartet ein Kampf auf mich. Ich hatte meine Erholungspause abgekürzt und war um vier Uhr wieder unterwegs. Nach einer Viertelstunde hatte ich den Mittelraum erreicht und versetzte meinen Helm, um den letzten der drei möglichen Ausgänge zu markieren. Als ich durch diesen Ausgang trat, kam mir der Weg wesentlich vertrauter vor, doch in weniger als fünf Minuten wurde ich durch einen Anblick, der mich mehr entsetzte, als ich sagen kann, eines Besseren belehrt.

Eine Gruppe von vier oder fünf dieser elenden Echsenmänner kam aus dem Wald auf der anderen Seite der Ebene. Auf diese Entfernung konnte ich sie nicht genau erkennen, doch sie hielten an, drehten sich zu den Bäumen hin um und gestikulierten, wonach ein weiteres Dutzend sich ihnen anschloss. Die so vergrößerte Gruppe bewegte sich direkt auf die unsichtbare Anlage zu, und während sie sich näherte, nahm ich sie genau in Augenschein. Ich hatte sie noch nie außerhalb des dampfenden Schattens des Dschungels beobachten können.

Ihre Ähnlichkeit mit Reptilien war deutlich, doch ich wusste, dass dies nur scheinbar so war, denn diese Wesen haben keine Gemeinsamkeiten mit irdischen Lebensformen. Als sie näher kamen, relativierte sich der reptilienhafte Eindruck – nur der flache Schädel und die grüne, schleimige, froschähnliche Haut vermittelten noch diesen Eindruck. Sie bewegten sich auf ihren absonderlichen dicken Beinen aufrecht, und ihre Saugscheiben machten im Schlamm merkwürdige Geräusche. Es waren durchschnittliche Vertreter der Rasse, etwa zwei Meter zehn groß, mit vier langen, seilähnlichen Tentakeln an der Brust. Die Bewegung dieser Tentakel – wenn die Theorien von Fogg, Ekberg und Janat zutreffen, was ich vormals bezweifelt habe, doch jetzt durchaus zu glauben bereit bin – deutete darauf hin, dass diese Biester eine angeregte Unterhaltung führten.

Ich zog meinen Flammenwerfer und machte mich auf einen harten Kampf gefasst. Die Chancen standen schlecht, doch meine Waffe verschaffte mir einen Vorteil. Wenn diese Biester die Anlage kannten, dann würden sie zu mir vordringen und so ein Schlüssel zu meinem Entkommen sein, ganz wie es die Fleisch fressenden Skorahs gewesen wären. Dass sie mich angreifen würden, erschien mir sicher, auch wenn sie den Kristall in meiner Tasche nicht sehen konnten, spürten sie mit ihrem speziellen Wahrnehmungssinn sein Vorhandensein.

Nun, überraschenderweise griffen sie mich nicht an. Stattdessen verteilten sie sich und bildeten einen weiten Kreis um mich – in einer Entfernung, die darauf schließen ließ, dass sie sich gegen die unsichtbare Mauer pressten. Wie sie da im Kreis standen, starrten diese Wesen still und fragend auf mich, bewegten ihre Tentakel, nickten manchmal mit den Köpfen und gestikulierten mit ihren oberen Gliedmaßen. Nach einer Weile kamen noch weitere aus dem Wald und schlossen sich der neugierigen Menge an. Diejenigen in der Nähe des Leichnams warfen einen kurzen Blick darauf, machten aber keine Anstalten, ihn zu untersuchen. Er bot einen schrecklichen Anblick, was den Echsenwesen aber nichts auszumachen schien. Ab und zu verscheuchte eines von ihnen mit seinen Gliedmaßen oder den Tentakeln die Farnothfliegen oder zertrat einen sich windenden Sificligh oder Akman oder eine ausgestreckte Efjehpflanze mit den Saugscheiben unten an seinen Stümpfen.

Als ich auf die absonderlichen und unerwarteten Besucher zurückstarrte und mich beunruhigt fragte, warum sie mich nicht sofort angegriffen hatten, verlor ich eine Zeit lang Willenskraft und Nervenstärke, meine Suche nach einem Weg nach draußen fortzusetzen. Stattdessen lehnte ich mich kraftlos gegen die unsichtbare Wand in dem Gang, wo ich gerade stand, und ließ meine Verwunderung in eine Kette wildester Vermutungen übergehen. Hundert Geheimnisse, die mich vormals verblüfft hatten, schienen jetzt eine neue und düstere Bedeutung anzunehmen, und eine plötzliche beispiellose Furcht ließ mich zittern.

Ich glaube, ich weiß, warum diese grässlichen Wesen sich erwartungsvoll um mich versammelt haben. Auch glaube ich endlich das Geheimnis der durchsichtigen Anlage ergründet zu haben. Der verlockende Kristall, den ich genommen hatte, die Leiche des Mannes, der ihn vor mir hatte – all diese Dinge bekamen eine düstere, bedrohliche Bedeutung.

Es war nicht übliches Missgeschick gewesen, das mich in diesem Gewirr von unsichtbaren, dachlosen Korridoren die Orientierung verlieren ließ. Weit gefehlt. Zweifellos war dies hier als Irrgarten geplant – ein Labyrinth, errichtet von diesen teuflischen Biestern, deren Fähigkeiten und Mentalität ich so sträflich unterschätzt hatte. Hätte ich das nicht vorher ahnen können, da ich doch ihre unheimlichen, architektonischen Fähigkeiten kannte? Der Zweck lag offen zutage. Es war eine Falle – eine Falle, um Menschen zu fangen, und der Kristall war der Köder. Diese Reptilienwesen hatten sich in ihrem Kampf gegen die Räuber der Kristalle auf Hinterlist verlegt und setzten unsere Habgier gegen uns ein.

Dwight – wenn dieser verwesende Leichnam wirklich er war – war ein Opfer. Er musste vor einiger Zeit in die Falle gegangen sein und keinen Weg hinausgefunden haben. Der Wassermangel hatte ihn zweifellos in den Wahnsinn getrieben, und vielleicht waren ihm auch die Chloratwürfel ausgegangen. Möglicherweise war seine Maske auch nicht zufällig heruntergerutscht. Selbstmord war wahrscheinlicher. Bevor ihn ein schleichender Tod ereilte, hatte er die Sache dadurch beendet, dass er absichtlich die Maske abgenommen hatte und die tödliche Atmosphäre schnell ihre Arbeit erledigen ließ. Die schreckliche Ironie der Sache lag in dem Umstand, wo er sich befand – nur ein paar Schritte von dem rettenden Ausgang entfernt, den er nicht gefunden hatte. Hätte er nur eine Minute weiter gesucht, wäre er gerettet gewesen.

Und nun saß ich genauso in der Falle wie er. Gefangen und umgeben von einem Kreis neugieriger Beobachter, die sich über mein Missgeschick lustig machen. Diese Vorstellung machte mich verrückt, und als mir das bewusst wurde, ergriff mich unvermittelt Panik und ich rannte ziellos durch die unsichtbaren Gänge. Für kurze Zeit war ich völlig wahnsinnig – stolperte, fiel und verletzte mich an den unsichtbaren Mauern und brach schließlich als eine keuchende, zuckende, geistlose Masse blutenden Fleisches im Schlamm zusammen.

Der Fall brachte mich ein wenig zur Besinnung, sodass ich wieder Dinge erkannte und nüchtern denken konnte, als ich schwankend auf die Beine kam. Die im Kreis herumstehenden Zuschauer wedelten seltsam mit ihren Tentakeln, was den Eindruck eines verschlagenen, fremdartigen Gelächters hervorrief, und ich drohte ihnen heftig mit der Faust, als ich aufstand. Meine Geste schien ihre grässliche Freude nur noch zu vergrößern – einige imitierten sie schwerfällig mit ihren grünen oberen Gliedmaßen. Beschämt gewann meine Vernunft die Oberhand, und ich versuchte, meine Sachen aufzusammeln und die Lage zu überdenken.

Insgesamt war ich nicht so schlecht dran wie Dwight. Anders als er war mir die Situation klar – vorgewarnt heißt vorbereitet. Ich wusste, dass ich letztendlich den Ausgang erreichen konnte, und würde nicht seine tragische Handlung aus ungeduldiger Verzweiflung wiederholen. Der Leichnam – oder das Skelett, das er bald wäre – war mir beständig als Anhaltspunkt für den gesuchten Ausgang vor Augen, und verbissene Geduld würde mich ganz sicher dorthin bringen, wenn ich lange und überlegt genug vorginge.

Ich hatte jedoch den Nachteil, von diesen reptilischen Teufeln eingekreist zu sein. Nachdem ich jetzt wusste, um was für eine Falle es sich handelte – deren unsichtbares Material für eine Technologie sprach, die jeder auf der Erde haushoch überlegen war –, konnte ich nicht länger die Intelligenz und Fähigkeiten meiner Feinde in Abrede stellen. Selbst mit meiner Flammenwerferpistole würde es mir schwerfallen zu entkommen – doch Kühnheit und Schnelligkeit würden mich am Ende durchbringen.

Doch zuerst musste ich nach draußen kommen – wenn es mir nicht gelang, einige der Kreaturen zu provozieren oder anzulocken, zu mir zu kommen. Als ich meine Pistole überprüfte und meine reichlich bemessene Munition durchzählte, kam mir der Gedanke, ihre Wirkung auf die unsichtbaren Wände auszuprobieren. Hatte ich etwa eine Möglichkeit zu entkommen übersehen? Es gab keinen Hinweis auf die chemische Zusammensetzung der durchsichtigen Barriere und es war denkbar, dass sie aus etwas bestand, durch das eine Flammenzunge schnitt wie durch Käse. Ich wählte eine Stelle, die in Richtung des Leichnams lag, schoss aus kurzer Entfernung darauf und tastete mit meinem Messer die Stelle ab, auf die ich gezielt hatte. Nichts hatte sich verändert. Ich hatte gesehen, wie sich die Flamme ausbreitete, als sie auf die Oberfläche traf, und musste nun feststellen, dass meine Hoffnung vergeblich gewesen war. Nur die lange, mühevolle Suche nach dem Ausgang würde mich jemals nach draußen bringen.

Nachdem ich eine weitere Nahrungstablette geschluckt und einen weiteren Würfel in die Kammer meiner Maske gesteckt hatte, nahm ich meine langwierige Suche wieder auf. Ich folgte meinem Weg zurück in den Mittelraum und fing von vorne an. Unablässig zog ich meine Notizen und Skizzen zu Rate und legte neue an – bog beständig falsch ab, stolperte aber verzweifelt immer weiter, bis das Nachmittagslicht schon fast verblasst war. Während meiner verbissenen Suche blickte ich von Zeit zu Zeit zu dem Kreis stummer, höhnischer Zuschauer und stellte einen kaum merklichen Wechsel fest. Ab und zu kehrten einige von ihnen in den Wald zurück, während andere kamen, um deren Platz einzunehmen. Je mehr ich über ihre Pläne nachdachte, desto weniger gefielen sie mir, denn sie gaben mir Hinweise auf die möglichen Motive dieser Wesen. Sie hätten jederzeit zu mir eindringen und mich angreifen können, doch sie schienen lieber meinen Bemühungen herauszukommen zuzusehen. Es war offensichtlich, dass sie das Spektakel genossen – und das schreckte mich noch mehr von der Vorstellung ab, ihnen in die Hände zu fallen.

Als es dunkel war, gab ich meine Suche auf und setzte mich in den Schlamm, um auszuruhen. Ich schreibe dies im Licht meiner Lampe und gleich werde ich versuchen, etwas zu schlafen. Ich hoffe, dass ich morgen draußen sein werde, denn meine Feldflasche ist fast leer und Lakoltabletten sind nur ein schlechter Ersatz für Wasser. Ich werde es nicht mit der Flüssigkeit dieses Schleims versuchen, denn das Wasser in sämtlichen Schlammfeldern ist nur abgekocht zu genießen. Deshalb haben wir die langen Rohrleitungen in die gelben Lehmfelder gelegt – oder müssen auf Regenwasser zurückgreifen, wenn diese Teufel unsere Leitungen finden und zerstören. Ich habe auch nicht mehr viele Chloratwürfel und muss meinen Sauerstoffverbrauch so weit wie möglich reduzieren. Mein Untertunnelungsversuch vom frühen Nachmittag und später dann mein panisches Herumlaufen haben einen erheblichen Teil des Sauerstoffs verbraucht. Morgen werde ich die körperliche Anstrengung auf ein Minimum reduzieren, zumindest bis ich mich mit den Reptilien auseinandersetzen muss. Ich brauche noch eine ganze Menge Würfel für meine Rückkehr nach Terra Nova. Meine Feinde lauern immer noch auf mich, ich kann den Kreis ihrer trüben Glühfackeln um mich herum erkennen. Diese Lichter verbreiten einen Schrecken, der mich wach hält.

Nacht – 14. VI.

Ein weiterer Tag unablässiger Suche und immer noch kein Weg nach draußen! Die Wasserversorgung bereitet mir jetzt Sorgen, denn heute Nachmittag habe ich meine Feldflasche geleert. Am Nachmittag gab es einen Regenschauer, und ich lief zurück in den Mittelraum, wo ich meinen Helm als Markierung zurückgelassen hatte, den ich als Auffangschüssel benutzte und so zwei Tassen Wasser erhielt. Das meiste davon habe ich sofort getrunken und den kläglichen Rest in meine Feldflasche gefüllt. Lakoltabletten bewirken gegen richtigen Durst nur wenig, und ich hoffe auf weitere Regenfälle in der Nacht. Ich lasse meinen Helm verkehrt herum liegen, um alles aufzufangen, was da herunterkommt. Nahrungstabletten habe ich nicht mehr allzu viele, doch die Situation ist noch nicht bedenklich. Von jetzt an werde ich meine Rationen halbieren. Mein größtes Problem sind die Chloratwürfel, denn auch ohne besondere Anstrengungen hat das Herumwandern den ganzen Tag lang eine bedrohliche Menge davon verbraucht. Ich fühle mich von meiner Beschränkung im Sauerstoffverbrauch und von dem beständig zunehmenden Durst ausgelaugt. Wenn ich noch meine Nahrungsaufnahme reduziere, dann werde ich mich noch schwächer fühlen.

Etwas an diesem Labyrinth ist verdammungswürdig – unheimlich. Ich könnte schwören, dass ich bestimmte Biegungen durch meine Skizzen ausgeschlossen habe, doch jeder neue Versuch straft einige Annahmen Lügen, die ich für erwiesen gehalten hatte. Nie zuvor war mir zu Bewusstsein gekommen, wie verloren wir ohne sichtbaren Anhaltspunkt sind. Ein Blinder hätte sich vielleicht besser zurechtgefunden – doch für die meisten von uns ist das *Sehen* der König der Sinne. Das Ergebnis all dieses fruchtlosen Herumwanderns ist Mutlosigkeit. Ich kann verstehen, wie sich der arme Dwight gefühlt haben muss. Sein Körper ist jetzt nur noch ein Skelett, und die Sificlighs, Akmans und Farnothfliegen haben sich verzogen. Die Efjehpflanzen nagen den Lederanzug in Stücke, denn sie waren länger und wuchsen schneller, als ich erwartet hatte. Und die ganze Zeit stehen immer neue Abordnungen der tentakelbewehrten Zuschauer glotzend um die Barriere herum und ergötzen sich an meinem Elend. Noch ein Tag, und ich werde verrückt, wenn ich nicht aus Erschöpfung tot umfalle.

Wie auch immer, ich kann nichts anderes tun als durchzuhalten. Dwight wäre rausgekommen, wenn er nur eine Minute weitergemacht hätte. Es besteht auch die Möglichkeit, dass schon bald jemand aus Terra Nova nach mir suchen wird, obwohl ich erst drei Tage unterwegs bin. Meine Muskeln schmerzen schrecklich, und ich kann mich in dem ekelhaften Schlamm kaum ausruhen. Trotz meiner großen Müdigkeit habe ich letzte Nacht nur wenig Schlaf bekommen und ich fürchte, heute Nacht wird es auch nicht besser. Ich befinde mich in einem nicht endenden Albtraum – gefangen zwischen Wachen und Schlafen, weder wirklich wach noch wirklich schlafend. Meine Hand zittert, und ich kann jetzt nicht weiterschreiben. Dieser Kreis von trüben Glühfackeln ist abscheulich.

Später Nachmittag – 15. VI.

Ein wirklicher Fortschritt! Es sieht gut aus. Ich fühle mich sehr schwach und habe bis zum Morgengrauen nicht viel geschlafen. Dann habe ich bis Mittag gedöst, doch ich fühle mich nicht erholt. Kein Regen, und der Durst schwächt mich. Habe eine zusätzliche Nahrungstablette genommen, damit ich mich auf den Beinen halten kann, doch ohne Wasser bringt das nicht viel. Ich wagte, einen kleinen Schluck von dem Schlammwasser zu probieren, doch davon wurde mir entsetzlich schlecht und ich wurde noch durstiger als zuvor. Muss Chloratwürfel sparen, deshalb leide ich unter Sauerstoffmangel. Kann meist nicht aufrecht gehen, doch ich schaffe es, durch den Schlamm zu kriechen. Gegen 2:00 Uhr glaubte ich einige Durchgänge wiederzuerkennen und kam näher an den Leichnam – oder das Skelett –, als ich seit meinen Versuchen am ersten Tag je gekommen war. Einmal war ich in eine Sackgasse geraten, doch mit meinen Notizen und den Skizzen schaffte ich es zurück in den Hauptgang. Das Problem mit den Notizen ist, dass es so viele sind. Sie bedecken jetzt schon einen Meter auf der Berichtrolle, und ich muss viel Zeit aufwenden, sie durchzugehen. Von dem Durst, der Entbehrung und der Erschöpfung bin ich ganz verwirrt, und ich verstehe nicht mehr alles, was ich niedergeschrieben habe. Diese verdammten grünen Kreaturen starren mich immer noch an und lachen mit ihren Tentakeln und manchmal gestikulieren sie auf eine Art, dass ich denke, sie erzählen sich einen schrecklichen Witz, den ich nicht verstehe.

Es war drei Uhr, als ich einen wirklichen Fortschritt machte. Ich kam an einen Durchgang, den ich meinen Notizen nach noch nicht durchquert hatte, und als ich es tat, stellte ich fest, dass ich auf Umwegen auf das von Pflanzen überwachsene Skelett zukriechen konnte. Der Gang bildete eine Art Spirale, sehr ähnlich dem, in dem ich zuerst den Mittelraum erreicht hatte. Immer, wenn ich an eine Einmündung oder eine Kreuzung kam, hielt ich mich an die Route, die am ehesten meinem ersten Weg entsprach. Als ich mich immer näher an meinen grässlichen Anhaltspunkt heranschob, wurden die geheimnisvollen Gesten und das teuflische, stumme Lachen der draußen wartenden Zuschauer immer heftiger. Offensichtlich sahen sie in meinem Fortschritt etwas grässlich Erheiterndes – zweifellos war ihnen klar, wie hilflos ich sein würde, wenn ich auf sie träfe. Ich überließ sie bereitwillig ihrer Fröhlichkeit, doch gleichzeitig war mir auch meine extreme Schwäche bewusst. Ich vertraute darauf, dass mich meine Flammenpistole und die reichliche Ersatzmunition durch die Ansammlung dieser widerwärtigen Echsen bringen würde.

Die Hoffnung beflügelte mich, doch ich unternahm keinen Versuch, mich aufzurichten. Es war besser, weiterhin zu kriechen und meine Kräfte für die Auseinandersetzung mit den Echsenwesen aufzusparen. Ich kam nur sehr langsam voran, und die Gefahr, in eine Sackgasse zu geraten, war sehr groß, dennoch schien ich mich beständig in Kreisen auf meinen knöchernen Anhaltspunkt zuzubewegen. Diese Aussicht gab mir neue Kraft, und im Moment machte ich mir keine Sorgen wegen meiner Schmerzen, meines Durstes oder meines schwindenden Vorrats an Würfeln. Die Kreaturen hatten sich jetzt alle am Eingang versammelt – gestikulierten, sprangen herum und lachten mit ihren Tentakeln. Schon bald, so ging es mir durch den Kopf, würde ich der ganzen Horde gegenüberstehen – und vielleicht auch der Verstärkung, die sie aus dem Wald erhalten könnten.

Jetzt befinde ich mich nur noch ein paar Meter von dem Skelett entfernt und ich lege eine Pause ein, um diese Eintragungen zu machen, bevor ich hinausgehe und mir meinen Weg durch die grässliche Ansammlung von Kreaturen bahne. Ich bin davon überzeugt, dass ich sie mit letzter Kraft trotz ihrer Überzahl in die Flucht schlagen kann, denn meine Pistole hat eine beachtliche Reichweite. Dann würde ich auf dem trockenen Moos am Rande des Plateaus übernachten, und am nächsten Tag würde dann ein ermüdender Gang durch den Dschungel nach Terra Nova folgen. Ich werde froh sein, wenn ich wieder unter lebenden Menschen und in von Menschenhand geschaffenen Gebäuden bin. Die Zähne des Skeletts glänzten und grinsten abscheulich.

Gegen Abend – 15. VI.

Grauen und Verzweiflung. Wieder getäuscht! Nach den letzten Eintragungen bin ich weiter auf das Skelett zugekrochen, stieß aber plötzlich gegen eine Querwand. Erneut bin ich betrogen worden und befand mich offensichtlich dort, wo ich schon vor drei Tagen bei meinem ersten vergeblichen Versuch, das Labyrinth zu verlassen, gewesen bin. Ich weiß nicht, ob ich laut aufgeschrien habe – vielleicht war ich auch zu schwach, um einen Ton hervorzubringen. Lange Zeit lag ich nur benommen im Schlamm, während die grünen Kreaturen draußen herumsprangen, lachten und gestikulierten.

Nach einer Weile kehrte meine Vernunft zurück. Der Durst, die Schwäche und die Atemnot zehrten an mir, und mit letzter Kraft schob ich einen neuen Würfel in den Filter der Maske – unbekümmert und nicht an den Bedarf für den Rückweg nach Terra Nova denkend. Der frische Sauerstoff belebte mich etwas, und ich sah mich genauer um.

Es schien, als befände ich mich ein bisschen weiter von dem armen Dwight entfernt als bei meinem ersten enttäuschenden Versuch, und ich fragte mich dumpf, ob ich mich wohl in einem anderen Korridor befand, der etwas weiter ab lag. Mit diesem schwachen Hoffnungsschimmer quälte ich mich schwerfällig weiter – doch nach etwa einem Meter stieß ich auf die Barriere wie schon bei dem vorherigen Versuch.

Das war nun also das Ende. In drei Tagen war ich keinen Schritt weitergekommen und ich hatte keine Kraft mehr. Schon bald würde mich der Durst wahnsinnig machen, und ich hatte nicht mehr genügend Würfel, um nach Terra Nova zurückzukehren. Ich wunderte mich ein bisschen darüber, warum diese Albtraumgestalten sich alle am Eingang versammelt hatten, um mich zu verspotten. Vielleicht war es ein Teil des Spotts – mich glauben zu machen, ich würde mich einem Ausgang nähern, den es gar nicht gab.

Ich werde es nicht mehr lange machen, doch ich will nichts überstürzen, wie Dwight es getan hat. Sein grinsender Totenschädel hat sich gerade, bewegt durch eine der Efjehpflanzen, die seinen Lederanzug auseinanderpflückten, in meine Richtung gedreht. Der ghoulische Blick dieser leeren Augenhöhlen ist schlimmer als das Starren der grauenhaften Echsen. Er verlieh dem toten Grinsen der weißen Zähne eine grässliche Bedeutung.

Ich sollte mich ganz ruhig in den Schlamm legen und so viel Kraft sparen, wie ich kann. Dieser Bericht – ich hoffe, dass er die erreicht und warnt, die nach mir kommen – wird schon bald beendet sein. Wenn ich mit Schreiben fertig bin, werde ich eine lange Ruhepause einlegen. Dann, wenn in der Dunkelheit diese grauenvollen Kreaturen nichts sehen können, werde ich meine letzten Kräfte zusammennehmen und versuchen, die Berichtrolle über die Mauer und den dazwischenliegenden Korridor nach draußen zu werfen. Ich sollte darauf achten, sie nach links zu werfen, wo sie nicht in die herumhüpfende Ansammlung der spottenden Belagerer fällt. Vielleicht ist sie auf immer in dem dünnflüssigen Schlamm verloren – doch vielleicht landet sie auch auf einem ausgedehnten Grasfleck und gelangt schließlich in die Hände von Menschen.

Wenn sie die Sache übersteht, hoffe ich, dass sie mehr bewirkt, als nur vor dieser Falle zu warnen. Ich hoffe, sie lehrt unsere Rasse, diese glänzenden Kristalle zu lassen, wo sie sind. Sie gehören auf die Venus. Unser Planet braucht sie nicht wirklich, und ich denke, dass wir mit unseren Versuchen, sie uns zu nehmen, gegen einige seltsame und geheimnisvolle Gesetze verstoßen haben – Gesetze, die tief in den Geheimnissen des Universums ruhen. Wer kann sagen, welche dunklen, mächtigen und weitreichenden Kräfte diese Reptilienwesen unterstützen, die ihre Schätze auf so merkwürdige Art bewachen? Dwight und ich haben dafür bezahlt, so wie andere bezahlt haben und bezahlen werden. Aber vielleicht sind diese vereinzelten Todesfälle nur das Vorspiel zu weit größeren Schrecken. Lassen wir auf der Venus, was auf die Venus gehört.

*

Mein Tod steht jetzt kurz bevor, und ich befürchte, dass ich nach Einbruch der Nacht nicht in der Lage sein werde, die Rolle hinüberzuwerfen. Wenn nicht, dann werden die Echsenwesen sie sich holen, denn sie wissen wahrscheinlich, was es ist. Sie wollen nicht, dass jemand vor dem Labyrinth gewarnt wird – und sie werden nicht erkennen, dass meine Nachricht eine Bitte zu ihren Gunsten beinhaltet. Im Angesicht des Endes habe ich diesen Wesen gegenüber freundlichere Gefühle. Wer kann schon sagen, welche Rasse auf der Messlatte des unendlichen Kosmos höher steht oder einer das Universum einschließenden Norm mehr entspricht – ihre oder unsere?

*

Ich habe gerade den großen Kristall aus meiner Tasche genommen, um ihn in meinen letzten Augenblicken zu betrachten. Im roten Licht des sterbenden Tages glänzt er wild und bedrohlich. Die herumhüpfende Horde hat ihn entdeckt, und ihre Gesten haben sich auf unverständliche Weise verändert. Ich frage mich, warum sie sich immer noch um den Eingang drängen anstatt an einem näheren Punkt an der durchsichtigen Mauer.

*

Meine Glieder werden taub, und ich kann nicht mehr viel schreiben. Alles um mich herum dreht sich, doch ich bin noch bei Bewusstsein. Kann ich die Berichtrolle über die Mauer werfen? Der Kristall glüht hell, und dennoch wird es dunkler.

*

Dunkelheit. Bin sehr schwach. Sie hüpfen immer noch lachend um den Eingang und haben diese höllischen Glühfackeln entzündet.

*

Gehen sie weg? Ich träumte ein Geräusch zu hören … Licht am Himmel …

*

Bericht von Wesley P. Miller,
Einsatzgruppe A, Venus Crystal Company
(Terra Nova auf der Venus – 16. VI.)

Unser Angestellter A-49 Kenton J. Stanfield aus Richmond, Virginia, Marshall Street 5317, verließ am 12. VI. Terra Nova, um einen in nicht allzu weiter Entfernung durch den Detektor angezeigten Kristall zu bergen. Sollte am 13. oder 14. zurück sein. War am Abend des 15. noch nicht wieder da, deshalb verließ das Suchflugzeug FR-58 mit fünf Leuten unter meinem Kommando um 20:00 Uhr die Basis und folgte seiner Route mit einem Detektor. Die Nadel zeigte keine Abweichungen zu früheren Messungen.

Folgten der Anzeige zum Erysinischen Hochland und hatten die ganze Zeit die Suchscheinwerfer an. Flammenwerfer mit dreifacher Reichweite und D-Strahlungs-Zylinder hätten jede normale Ansammlung von feindlichen Eingeborenen oder gefährliche Ballungen von Fleisch fressenden Skorahs niedergemacht.

Als wir das offene Plateau von Eryx erreicht hatten, sahen wir eine Gruppe von sich bewegenden Lichtern, die wir als Glühfackeln der Eingeborenen identifizierten. Als wir uns näherten, flohen sie in den Wald. Wahrscheinlich waren es insgesamt fünfundsiebzig bis hundert. Der Detektor zeigte einen Kristall an dem Ort an, an dem sie sich befunden hatten. Als wir langsam über dem Punkt schwebten, sahen wir am Boden Objekte. Ein Skelett, eingehüllt in Efjehpflanzen, und ein intakter Körper etwa drei Meter davon. Brachten das Flugzeug in der Nähe der Objekte auf den Boden, und die Ecke einer Tragfläche krachte in ein unsichtbares Hindernis.

Als wir uns zu Fuß den Körpern näherten, wurden wir durch eine glatte, unsichtbare Barriere aufgehalten, die uns in ziemliches Erstaunen versetzte. Als wir uns in der Nähe des Skeletts daran entlangtasteten, kamen wir zu einer Öffnung, hinter der ein freier Raum mit einer weiteren Öffnung war, die zum Skelett führte. Dies war durch die Pflanzen sämtlicher Kleidung beraubt, hatte aber einen der Metallhelme der Company neben sich liegen. Es war der Angestellte B-9 Frederick N. Dwight aus Königs Abteilung, der vor zwei Monaten Terra Nova für eine lange Sammeltour verlassen hatte.

Zwischen diesem Skelett und dem intakten Körper schien sich eine weitere Wand zu befinden, doch wir konnten diesen zweiten Mann problemlos als Stanfield identifizieren. In seiner linken Hand befand sich eine Berichtrolle und in der rechten ein Stift. Es schien, als wäre er beim Schreiben gestorben. Kein Kristall war zu sehen, doch der Detektor zeigte ein großes Exemplar in der Nähe von Stanfields Körper an.

Wir hatten große Schwierigkeiten, zu Stanfield vorzustoßen, schafften es aber schließlich. Der Leichnam war noch warm, und ein großer Kristall lag, von Schlamm bedeckt, neben ihm. Sofort studierten wir die Berichtrolle in seiner linken Hand und unternahmen aufgrund dieser Daten bestimmte Schritte. Der Inhalt der Rolle ist die lange Erzählung, die diesem Bericht vorangestellt ist, eine Erzählung, deren wichtigste Aussagen wir überprüft haben und die eine gute Beschreibung dessen ist, was wir vorgefunden haben. Die späteren Teile davon tragen Anzeichen geistiger Verwirrung, doch es gibt keinen Anlass, alles anzuzweifeln. Ganz offensichtlich ist Stanfield an einer Kombination von Durst, Atemnot, Herzversagen und Depression gestorben. Er hatte seine Maske auf, und sie lieferte genügend Sauerstoff, trotz eines alarmierend niedrigen Vorrats an Würfeln.

Unser Flieger war beschädigt, und über Funk riefen wir Anderson mit dem Reparaturflugzeug FG-7 herbei, eine Mannschaft von Abbrucharbeitern und eine Ladung Sprengstoff. Am nächsten Morgen war FH-58 repariert, und wir flogen mit Anderson, den beiden Leichen und dem Kristall zurück. Wir werden Dwight und Stanfield auf dem Friedhof der Company begraben und den Kristall mit dem nächsten Schiff Richtung Erde nach Chicago schicken. Später dann werden wir Stanfields Vorschlag aufgreifen – der vernünftige, den er in dem früheren, nicht verworrenen Teil seines Berichts macht – und genug Truppen hierherbringen, um die Eingeborenen allesamt niederzumachen. Wenn die Lage bereinigt ist, dann gibt es keine Beschränkungen in der Menge der Kristalle, die wir hier sicherstellen können.

Am Nachmittag untersuchten wir die unsichtbare Anlage oder Falle mit großer Vorsicht, erforschten sie mithilfe von langen Seilen und legten eine vollständige Karte für unser Archiv an. Ihr Aufbau beeindruckte uns stark, und wir bewahrten Proben des Materials für eine chemische Analyse auf. Dieses Wissen wird hilfreich sein, wenn wir die verschiedenen Städte der Eingeborenen einnehmen. Unsere Diamantbohrer vom Typ C waren in der Lage, in das Material einzudringen, und die Abbrucharbeiter bringen jetzt das Dynamit für die Sprengung an. Wenn wir fertig sind, dann ist nichts mehr davon übrig. Die Anlage stellt eine wirkliche Gefahr für den Luft- und anderen Verkehr dar.

Wenn man sich den Plan des Labyrinths ansieht, dann ist man nicht nur von der Ironie von Dwights Schicksal betroffen, sondern auch von dem Stanfields. Als wir versuchten, den zweiten Körper von dem Skelett aus zu erreichen, konnten wir rechts davon keinen Zugang finden, doch Markheim fand einen Durchgang von dem ersten Innenraum vier Meter hinter Dwight und einen hinter Stanfield. Dahinter schloss sich ein langer Gang an, den wir erst später erkundeten, doch auf der rechten Seite dieses Ganges befand sich ein weiterer Durchgang, der direkt zu dem Leichnam führte. Stanfield hätte den Ausgang nach draußen nach sechs oder sieben Metern erreichen können, wenn er die Öffnung gefunden hätte, die direkt hinter ihm lag – eine Öffnung, die er in seiner Erschöpfung und Verzweiflung übersehen hatte.

Quellenverzeichnis

Das Tier in der Höhle (engl. *The Beast in the Cave*), geschrieben 1905, erschienen Juni 1918 in: The Vagrant, No. 7 [dt. aus: *Die besten Geschichten*, Anaconda 2016]

Der Alchimist (engl. *The Alchemist*), geschrieben 1908, erschienen November 1916 in: The United Amateur, 16, No. 4 [dt. aus: *Die besten Geschichten*, Anaconda 2016]

Das Grab (engl. *The Tomb*), geschrieben 1917, erschienen März 1922 in: The Vagrant, No. 14 [dt. aus: *Die besten Geschichten*, Anaconda 2016; Übersetzung des Gedichts »Her zu mir, Freunde« aus: H. P. Lovecraft, *In der Gruft und andere makabre Erzählungen.* Aus dem Amerikanischen von Michael Walter.]

Die Aussage des Randolph Carter (engl. *The Statement of Randolph Carter*), geschrieben 1919, erschienen Mai 1920 in: The Vagrant, No. 13 [dt. aus: *Die besten Geschichten*, Anaconda 2016]

Die Ratten im Gemäuer (engl. *The Rats in the Walls*), geschrieben 1923, erschienen März 1924 in: Weird Tales, 3, No. 3 [dt. aus: *Die besten Geschichten*, Anaconda 2016]

Das Unbeschreibliche (engl. *The Unnamable*), geschrieben 1923, erschienen Juli 1925 in: Weird Tales, 6, No. 1 [dt. aus: *Die besten Geschichten*, Anaconda 2016]

Gefangen bei den Pharaonen (engl. *Under the Pyramids*, mit Harry Houdini), geschrieben 1924, erschienen Mai–Juni–Juli 1924 in: Weird Tales, 4, No. 2 [dt. aus: *Die besten Geschichten*, Anaconda 2016]

Die Musik des Erich Zann (engl. *The Music of Erich Zann*), geschrieben 1925, erschienen März 1922 in: The National Amateur, 44, No. 4 [dt. aus: *Die besten Geschichten*, Anaconda 2016]

In der Gruft (engl. *In the Vault*), geschrieben 1925, erschienen November 1925 in: The Tryout, 10, No. 6 [dt. aus: *Die besten Geschichten*, Anaconda 2016]

Pickmans Modell (engl. *Pickman's Model*), geschrieben 1926, erschienen Oktober 1927 in: Weird Tales, 10, No. 4 [dt. aus: *Die besten Geschichten*, Anaconda 2016]

Cthulhus Ruf (engl. *The Call of Cthulhu*), geschrieben 1926, erschienen Februar 1928 in: Weird Tales, 11, No. 2 [dt. aus: *Die besten Geschichten*, Anaconda 2016]

Die Farbe aus dem All (engl. *The Colour out of Space*), geschrieben 1927, erschienen September 1927 in: Amazing Stories, Vol. 2, No. 6 [dt. aus: *Der Schatten über Innsmouth*, Anaconda 2023]

Das Grauen von Dunwich (engl. *The Dunwich Horror*), geschrieben 1928, erschienen November 1929 in: Weird Tales, 14, No. 5 [dt. aus: *Die besten Geschichten*, Anaconda 2016]

Der Flüsterer im Dunkeln (engl. *The Whisperer in Darkness*), geschrieben 1930, erschienen August 1931 in: Weird Tales, 18, No. 1 [dt. aus: *Der Schatten über Innsmouth*, Anaconda 2023]

Die Berge des Wahnsinns (engl. *At the Mountains of Madness*), geschrieben 1931, erschienen Februar–April 1936 in: Astounding Stories, 16, No. 6–17, No. 2 [dt. als Einzelausgabe, Anaconda 2022; Gedicht von Edgar Allan Poe in der Übersetzung Hedwig Lachmanns, 1891]

Der Schatten über Innsmouth (engl. *The Shadow over Innsmouth*), geschrieben 1931, erschienen 1936 (Einzelausgabe bei Visionary Publishing Co.) [dt. aus: *Der Schatten über Innsmouth*, Anaconda 2023]

Der Schatten aus der Zeit (engl. *The Shadow out of Time*), geschrieben 1933, erschienen Juni 1936 in: Astounding Stories, 17, No. 4 [dt. aus: *Der Schatten über Innsmouth*, Anaconda 2023]

Das Ding auf der Schwelle (engl. *The Thing on the Doorstep*), geschrieben 1933, erschienen Januar 1937 in: Weird Tales, 29, No. 1 [dt. aus: *Der Schatten über Innsmouth*, Anaconda 2023]

Der Leuchtende Trapezoeder (engl. *The Haunter of the Dark*), geschrieben 1935, erschienen Dezember 1936 in: Weird Tales, 28, No. 5 [dt. aus: *Die besten Geschichten*, Anaconda 2016]

In den Mauern von Eryx (engl. *In the Walls of Eryx*, mit Kenneth Sterling), geschrieben 1936, erschienen Oktober 1939 in: Weird Tales, 34, No. 4 [dt. aus: *Die besten Geschichten*, Anaconda 2016]